OEUVRES ILLUSTRÉES

DE BALZAC

CE VOLUME CONTIENT :

Les deux Poètes. — Un Grand Homme de province à Paris.
La Femme abandonnée.
Eve et David. — Facino Cane. — Albert Savarus — Le Réquisitionnaire — Le Message
Le Martyr calviniste. — La Confidence des Ruggieri. — Les deux Rêves.
Melmoth réconcilié. — Séraphita. — Le Bal de Sceaux

OEUVRES ILLUSTRÉES
DE BALZAC

300 DESSINS

PAR MM. TONY JOHANNOT, STAAL, BERTALL, E. LAMPSONIUS,
H. MONNIER, DAUMIER, MEISSONNIER, ETC.

PARIS

CHEZ MARESCQ ET COMPAGNIE
Éditeurs des œuvres de Balzac
5, RUE DU PONT-DE-LODI, 5

ET CHEZ GUSTAVE HAVARD
Libraire
15, RUE GUÉNÉGAUD, 15

1852

COMÉDIE HUMAINE

ŒUVRES ILLUSTRÉES DE BALZAC

LES DEUX POÈTES

Dess. Tony Johannot, Staal, Bertall,
Daumier, E. Lampsonius, etc.

Gravures par les meilleurs
Artistes.

A MONSIEUR VICTOR HUGO.

Vous qui, par le privilège
des Raphaël et des Pitt, étiez
déjà grand poète à l'âge où
les hommes sont encore si
petits, vous avez, comme
Chateaubriand, comme tous
les vrais talents, lutté contre
les envieux embusqués derrière les colonnes, ou tapis
dans les souterrains du journal. Aussi désiré-je que votre nom victorieux aide à la
victoire de cette œuvre que
je vous dédie, et qui, selon
certaines personnes, serait
un acte de courage autant
qu'une histoire pleine de vérité. Les journalistes n'eus-
sent-ils donc pas appartenu,
comme les marquis, les financiers, les médecins et les
procureurs, à Molière et à
son Théâtre? Pourquoi donc
la Comédie Humaine, qui
castigat ridendo mores, ex-
cepterait-elle une puissance,
quand la Presse parisienne
n'en excepte aucune?

Je suis heureux, monsieur,
de pouvoir me dire ainsi,

Votre sincère admirateur et
ami,

DE BALZAC.

Mort du père de Lucien — PAGE 5.

A l'époque où commence
cette histoire, la presse de
Stanhope et les rouleaux à
distribuer l'encre ne fonctionnaient pas encore dans
les petites imprimeries de
province. Malgré la spécialité qui la met en rapport
avec la typographie pari-
sienne, Angoulême se servait
toujours des presses en bois,
auxquelles la langue est re-
devable du mot faire gémir
la presse, maintenant sans
application. L'imprimerie arriérée y employait encore les
balles en cuir frottées d'encre, avec lesquelles l'un des
pressiers tamponnait les caractères. Le plateau mobile
où se place la forme pleine
de lettres sur laquelle s'applique la feuille de papier
était encore en pierre, et
justifiait son nom de marbre.
Les dévorantes presses mécaniques ont aujourd'hui si
bien fait oublier ce mécanisme, auquel nous devons,
malgré ses imperfections,
les beaux livres des Elzévir,
des Plantin, des Alde et des
Didot, qu'il est nécessaire de
mentionner les vieux outils
auxquels Jérôme-Nicolas Séchard portait une superst-
tieuse affection, car ils jouent
leur rôle dans cette grande
petite histoire.

Ce Séchard était un ancien compagnon pressier, que, dans leur argot typographique, les ouvriers chargés d'assembler les lettres appellent un ours. Le mouvement de va-et-vient, qui ressemble assez à celui d'un ours en cage, par lequel les pressiers se portent de l'encrier à la presse et de la presse à l'encrier, leur a sans doute valu ce sobriquet. En revanche, les ours ont nommé les compositeurs des singes, à cause du continuel exercice qu'ils font pour attraper les lettres dans les cent cinquante-deux petites cases où elles sont contenues. A la désastreuse époque de 1793, Séchard, âgé d'environ cinquante ans, se trouva marié. Son âge et son mariage le firent échapper à la grande réquisition, qui emmena presque tous les ouvriers aux armées. Le vieux pressier resta seul dans l'imprimerie, dont le maître, autrement dit le naïf, venait de mourir en laissant une veuve sans enfants. L'établissement parut menacé d'une destruction immédiate : l'ours solitaire était incapable de se transformer en singe; car, en sa qualité d'imprimeur, il ne sut jamais ni lire ni écrire. Sans avoir égard à ses incapacités, un représentant du peuple, pressé de répandre les beaux décrets de la Convention, investit le pressier du brevet de maître imprimeur, et mit sa typographie en réquisition. Après avoir accepté ce périlleux brevet, le citoyen Séchard indemnisa la veuve de son maître en lui apportant les économies de sa femme, avec lesquelles il paya le matériel de l'imprimerie à moitié de la valeur. Ce n'était rien. Il fallait imprimer sans faute ni retard les décrets républicains. En cette conjoncture difficile, Jérôme-Nicolas Séchard eut le bonheur de rencontrer un noble Marseillais qui ne voulait ni émigrer, pour ne pas perdre ses terres, ni se montrer pour ne pas perdre sa tête, et qui ne pouvait trouver de pain que par un travail quelconque. M. le comte de Maucombe endossa donc l'humble veste d'un prote de province : il composa, lut et corrigea lui-même les décrets qui portaient la peine de mort contre les citoyens qui cachaient des nobles, l'ours, devenu naïf, les tira, les fit afficher, et tous deux ils restèrent sains et saufs. En 1795, le grain de la Terreur étant passé, Nicolas Séchard fut obligé de chercher un autre maître Jacques qui pût être compositeur, correcteur et prote. Un abbé, depuis évêque sous la Restauration, qui refusait alors de prêter le serment, remplaça le comte de Maucombe jusqu'au jour où le premier consul rétablit la religion catholique. Le comte et l'évêque se rencontrèrent plus tard sur le même banc de la Chambre des pairs. Si en 1802, Jérôme-Nicolas Séchard ne savait pas mieux lire et écrire qu'en 1793, il s'était ménagé d'assez belles étoffes pour pouvoir payer un prote. Le compagnon, si insoucieux de son avenir, était devenu très-redoutable à ses singes et à ses ours. L'avarice commence où la pauvreté cesse. Le jour où l'imprimeur entrevit la possibilité de se faire une fortune, l'intérêt développa en lui une intelligence matérielle de son état, mais avide, soupçonneuse et pénétrante. Sa pratique narguait la théorie. Il avait fini par toiser d'un coup d'œil le prix d'une page et d'une feuille selon chaque espèce de caractère. Il prouvait à ses ignares chalands que les grosses lettres coûtaient plus cher à remuer que les fines, s'agissait-il des petites, il disait qu'elles étaient plus difficiles à manier. La composition étant la partie typographique à laquelle il ne comprenait rien, il avait si peur de se tromper qu'il ne faisait jamais que des marchés léonins. Si ses compositeurs travaillaient à l'heure, son œil ne les quittait jamais. S'il savait un fabricant dans la gêne, il achetait ses papiers à vil prix et les emmagasinait. Aussi, dès ce temps, possédait-il déjà la maison où l'imprimerie était logée depuis un temps immémorial. Il eut toute espèce de bonheur, il devint veuf et n'eut qu'un fils, qu'il mit au lycée de la ville, moins pour lui donner de l'éducation que pour se préparer un successeur, il le traitait sévèrement afin de prolonger la durée de son pouvoir paternel, aussi, les jours de congé, le faisait-il travailler à la casse en lui disant d'apprendre à gagner sa vie pour pouvoir un jour récompenser son pauvre père, qui se saignait pour l'élever. Au départ de l'abbé Séchard choisit pour prote celui de ses quatre compositeurs que le futur évêque lui signala comme ayant autant de probité que d'intelligence. Par ainsi, le bonhomme fut en mesure d'atteindre le moment où son fils pourrait diriger l'établissement, qui s'agrandirait alors sous des mains connues et habiles. David Séchard fit au lycée d'Angoulême les plus brillantes études. Quoiqu'un ours, parvenu sans connaissances ni éducation, méprisât considérablement la science, le père Séchard envoya son fils à Paris pour y étudier la haute typographie ; mais il lui fit une si violente recommandation d'amasser une bonne somme dans un pays qu'il appelait le paradis des ouvriers, en lui disant de ne pas compter sur la bourse paternelle, qu'il voyait sans doute un moyen d'arriver à ses fins dans ce séjour au pays de sapience. Tout en apprenant son métier, David acheva son éducation à Paris. Le prote des Didot devint un savant. Vers la fin de l'année 1819, David quitta Paris sans y avoir coûté un rouge liard à son père, qui le rappelait pour mettre entre ses mains le timon des affaires. L'imprimerie de Nicolas Séchard possédait alors le seul journal d'annonces judiciaires qui existât dans le département, la pratique de la préfecture et celle de l'évêché, trois chalandises qui devaient procurer une grande fortune à un jeune homme actif.

Précisément à cette époque, les frères Cointet, fabricants de papiers, achetèrent le second brevet d'imprimeur à la résidence d'Angoulême, que jusqu'alors le vieux Séchard avait su réduire à la plus complète inaction, à la faveur des crises militaires qui, sous l'Empire, comprimèrent tout mouvement industriel, par cette raison, il n'en avait point fait l'acquisition, et sa parcimonie fut une cause de ruine pour la vieille imprimerie. En apprenant cette nouvelle, le vieux Séchard pensa joyeusement que la lutte qui s'établirait entre son établissement et les Cointet serait soutenue par son fils, et non par lui.
— J'y aurais succombé, se dit-il ; mais un jeune homme élevé chez MM. Didot s'en tirera. Le septuagénaire soupirait après le moment où il pourrait vivre à sa guise. S'il avait peu de connaissances en haute typographie, en revanche il passait pour être extrêmement fort dans un art que les ouvriers ont plaisamment nommé la soûlographie, art bien estimé par le divin auteur du Pantagruel, mais dont la culture, persécutée par les sociétés dites de tempérance, est de jour en jour plus abandonnée. Jérôme-Nicolas Séchard, fidèle à la destinée que son nom lui avait faite, était doué d'une soif inextinguible. Sa femme avait pendant longtemps contenu, dans de justes bornes, cette passion pour le raisin pilé, goût si naturel aux ours, que M. de Chateaubriand l'a remarqué chez les véritables ours de l'Amérique, mais que les philosophes ont remarqué que les habitudes du jeune âge reviennent avec force dans la vieillesse de l'homme. Séchard confirmait cette observation : plus il vieillissait, plus il aimait à boire. Sa passion laissait sur sa physionomie oursine des marques qui la rendaient originale. Son nez avait pris le développement et la forme d'un A majuscule corps de triple canon. Ses deux joues veinées ressemblaient à ces feuilles de vigne pleines de gibbosités violettes, purpurines et souvent panachées. Vous eussiez dit d'une truffe monstrueuse enveloppée par les pampres de l'automne. Cachés sous deux gros sourcils pareils à deux buissons chargés de neige, ses petits yeux gris, où pétillait la ruse d'une avarice qui tuait tout en lui, même la paternité, conservaient leur esprit jusque dans l'ivresse. Sa tête chauve et découronnée, mais ceinte de cheveux grisonnants qui frisottaient encore, rappelait à l'imagination les Cordeliers des Contes de la Fontaine. Il était court et ventru comme beaucoup de ces vieux lampions qui consomment plus d'huile que de mèche, car les excès en toute chose poussent le corps dans la voie qui lui est propre. L'ivrognerie, comme l'étude, engraisse encore l'homme gras et maigrit l'homme maigre. Jérôme-Nicolas Séchard portant depuis trente ans le fameux tricorne municipal, qui, dans quelques provinces, se retrouve encore sur la tête du tambour de la ville. Son gilet et son pantalon étaient en velours verdâtre. Enfin, il avait une vieille redingote brune, des bas de coton chinés et des souliers à boucles d'argent. Ce costume, où l'ouvrier se retrouvait encore dans le bourgeois, convenait si bien à ses vices et à ses habitudes, qu'il exprimait si bien sa vie, que ce bonhomme semblait avoir été créé tout habillé : vous ne l'auriez pas plus imaginé sans ses vêtements qu'un oignon sans sa pelure. Si le vieil imprimeur n'eût pas depuis longtemps donné la mesure de son aveugle avidité, son abdication suffirait à peindre son caractère. Malgré les connaissances que son fils devait rapporter de la grande école des Didot, il se proposa de faire avec lui la bonne affaire qu'il ruminait depuis longtemps. Si le père en faisait une bonne, le fils devait en faire une mauvaise. Mais, pour le bonhomme, il n'y avait ni fils ni père, en affaire. S'il avait d'abord vu dans David son unique enfant, plus tard il y vit un acquéreur naturel de qui les intérêts étaient opposés aux siens : il voulait vendre cher, David devait acheter à bon marché, son fils devenait donc un ennemi à vaincre. Cette transformation du sentiment en intérêt personnel, ordinairement lente, tortueuse et hypocrite chez les gens bien élevés, fut rapide et directe chez le vieil ours, qui montra combien la soûlographie rusée l'emportait sur la typographie instruite. Quand son fils arriva, le bonhomme lui témoigna la tendresse commerciale que les gens habiles ont pour leurs dupes : il s'occupa de lui comme un amant se serait occupé de sa maîtresse ; il lui donna le bras, il lui dit où il fallait mettre les pieds pour ne pas se crotter, il lui avait fait bassiner son lit, allumer du feu, préparer un souper. Le lendemain, après avoir essayé de griser son fils durant un plantureux dîner, Jérôme-Nicolas Séchard, fortement aviné, lui dit un : — Causons d'affaires ! qui passa si singulièrement entre deux hoquets, que David le pria de remettre les affaires au lendemain. Le vieil ours savait trop bien tirer parti de son ivresse pour abandonner une bataille préparée depuis si longtemps. D'ailleurs, après avoir porté son boulet pendant cinquante ans, il ne voulait pas, dit-il, le garder une heure de plus. Demain son fils serait le naïf.

Ici peut-être est-il nécessaire de dire un mot de l'établissement. L'imprimerie, située dans l'endroit où la rue de Beaulieu débouche sur la place du Mûrier, s'était établie dans cette maison vers la fin du règne de Louis XIV. Aussi, depuis longtemps, les lieux avaient-ils été disposés pour l'exploitation de cette industrie. Le rez-de-chaussée formait une immense pièce éclairée sur la rue par un vieux vitrage, et par un grand châssis sur une cour intérieure. On pouvait d'ailleurs arriver au bureau du maître par une allée. Mais en province les procédés de la typographie sont toujours l'objet d'une curiosité si vive, que les chalands aimaient mieux entrer par une porte vitrée pratiquée dans la devanture donnant sur la rue, quoiqu'il fallût descendre quelques marches, le sol de l'atelier se trouvant au-dessous du niveau de la chaussée. Les curieux, ébahis, ne prenaient jamais garde aux inconvénients du passage à travers les défilés de l'atelier. S'ils regardaient les berceaux formés par les feuilles étendues sur des cordes attachées au plancher, ils se heurtaient le long des rangs de casses, ou se faisaient décoiffer par les barres de fer qui maintenaient les presses. S'ils suivaient les agiles mouvements d'un compositeur grappillant ses lettres dans les cent cinquante-deux cassetins de sa casse, lisant sa copie, relisant sa ligne dans son composteur en y glissant une interligne, ils donnaient dans une rame de papier trempé chargée de ses pavés, ou s'attrapaient la hanche dans l'angle d'un banc : le tout au grand amusement des singes et des ours. Jamais personne n'était arrivé sans accident jusqu'à deux grandes cages situées au bout de cette caverne, qui formaient deux misérables pavillons sur la cour, et où trônaient d'un côté le prote, de l'autre le maître imprimeur. Dans la cour, les murs étaient agréablement décorés par des treilles qui, vu la réputation du maître, avaient une appétissante couleur locale. Au fond, et adossé à un noir mur mitoyen, s'élevait un appentis en ruine où se trempait et se façonnait le papier. Là, était l'évier sur lequel se lavaient, avant et après le tirage, les formes, ou, pour employer le langage vulgaire, les planches de caractères, il s'en échappait une décoction d'encre mêlée aux eaux ménagères de la maison, qui faisait croire aux paysans, venus les jours de marché, que le diable se débarbouillait dans cette maison. Cet appentis était flanqué d'un côté par la cuisine, de l'autre par un bûcher. Le premier étage de cette maison, au-dessus duquel il n'y avait que deux chambres en mansardes, contenait trois pièces. La première, aussi longue que l'allée, moins la cage du vieil escalier de bois éclairée sur la rue par une petite croisée oblongue, et sur la cour par un œil-de-bœuf, servait à la fois d'antichambre et de salle à manger. Purement et simplement blanchie à la chaux, elle se faisait remarquer par la cynique simplicité de l'avarice commerciale : le carreau sale n'avait jamais été lavé ; le mobilier consistait en trois mauvaises chaises, une table ronde et un buffet situé entre deux portes qui donnaient entrée dans une chambre à coucher et dans un salon, les fenêtres et la porte étaient noires de crasse, des papiers blancs ou imprimés l'encombraient la plupart du temps, souvent le dessert, les bouteilles, les plats du dîner de Jérôme-Nicolas Séchard se voyaient sur les ballots. La chambre à coucher, dont la croisée avait un vitrage en plomb qui tirait son jour de la cour, était tendue de ces vieilles tapisseries que l'on voit en province, le long des maisons, au jour de la Fête-Dieu. Il s'y trouvait un grand lit à colonnes garni de rideaux, de bonnes-grâces et d'un couvre-pied en serge rouge, deux fauteuils vermoulus, deux chaises en bois de noyer et en tapisserie, un vieux secrétaire, et sur la cheminée un cartel. Cette chambre, où se respirait une bonhomie patriarcale et pleine de teintes brunes, avait été arrangée par le sieur Rouzeau, prédécesseur et maître de Jérôme-Nicolas Séchard. Le salon, modernisé par feu madame Séchard, offrait d'épouvantables boiseries peintes en bleu de perruquier, les panneaux étaient décorés d'un papier à scènes orientales, coloriées en bistre sur fond blanc, le meuble consistait en six chaises garnies de basane bleue dont les dossiers représentaient des lyres. Les deux fenêtres grossièrement cintrées, et par où l'on embrassait la place du Mûrier, étaient sans rideaux ; la cheminée n'avait ni flambeaux, ni pendule, ni glace. Madame Séchard était morte au milieu de ses projets d'embellissement, et l'ours ne devinant pas l'utilité d'améliorations qui ne rapportaient rien, les avait abandonnées. Ce fut là que, pede titubante, Jérôme-Nicolas Séchard amena son fils, et lui montra, sur la table ronde, un état du matériel de son imprimerie, dressé, sous sa direction, par le prote.

— Lis cela, mon garçon, dit Jérôme-Nicolas Séchard, en roulant ses yeux ivres du papier à son fils, et de son fils au papier. Tu verras quel bijou d'imprimerie je te donne.

— Trois presses en bois maintenues par des barres en fer, à marbre en fonte...

— Une amélioration que j'ai faite, dit le vieux Séchard en interrompant son fils.

— Avec tous leurs ustensiles : encriers, balles et bancs, etc., seize cents francs ! Mais, mon père, dit David Séchard en laissant tomber l'inventaire, vos presses sont des sabots qui ne valent pas cent écus, et dont il faut faire du feu.

— Des sabots !... s'écria le vieux Séchard, des sabots !... Prends l'inventaire et descendons ! Tu vas voir si vos inventions de méchante serrurerie manœuvrent comme ces bons vieux outils éprouvés. Après, tu n'auras pas le cœur d'injurier d'honnêtes presses qui roulent comme des voitures en poste, et qui iront encore pendant toute ta vie sans nécessiter la moindre réparation. Des sabots ! Oui, c'est des sabots où tu trouveras du sel pour cuire des œufs ! des sabots que ton père a manœuvrés pendant vingt ans, et qui lui ont servi à le faire ce que tu es.

Le père dégringola l'escalier raboteux, usé, tremblant sans s'y briser, il ouvrit la porte de l'allée qui donnait dans l'atelier, se précipita sur la première de ses presses sournoisement huilée et nettoyée, il montra les fortes jumelles en bois de chêne frotté par son apprenti.

— Est-ce là un amour de presse ? dit-il.

Il s'y trouvait le billet de faire part d'un mariage. Le vieil ours abaissa la frisquette sur le tympan, le tympan sur le marbre, qu'il fit rouler sous la presse ; il tira le barreau, déroula la corde pour ramener le marbre, releva tympan et frisquette avec l'agilité qu'aurait mise un jeune ours. La presse, ainsi manœuvrée, jeta un si joli cri, que vous eussiez dit d'un oiseau qui serait venu heurter à une vitre et se serait enfui.

— Y a-t-il une seule presse anglaise capable d'aller ce train-là ? dit le père à son fils étonné.

Le vieux Séchard courut successivement à la seconde, à la troisième presse sur chacune desquelles il fit la même manœuvre avec une égale habileté. La dernière offrit à son œil troublé de vin un endroit négligé par l'apprenti, l'ivrogne, après avoir notablement juré, prit le pan de sa redingote pour le frotter, comme un maquignon qui lustre le poil d'un cheval à vendre.

— Avec ces trois presses-là, sans prote, tu peux gagner tes neuf mille francs par an, David. Comme ton futur associé, je m'oppose à ce que tu les remplaces par ces maudites presses en fonte qui usent les caractères. Vous avez crié miracle, à Paris, en voyant l'invention de ce maudit Anglais, un ennemi de la France, qui a voulu faire la fortune des fondeurs. Ah ! vous avez voulu des Stanhope ! merci de vos Stanhope qui coûtent chacune deux mille cinq cents francs, presque deux fois plus que valent mes trois bijoux ensemble, et qui vous échinent la lettre par leur défaut d'élasticité. Je ne suis pas instruit comme toi, mais retiens bien ceci : La vie des Stanhope est la mort du caractère. Ces trois presses te feront un bon user, l'ouvrage sera proprement tiré, et les Angoumoisins ne t'en demanderont pas davantage. Imprime avec de l'or ou avec du bois, avec de l'or ou de l'argent, tu n'en payeront pas un liard de plus.

— Item, dit David, cinq milliers de livres de caractères, provenant de la fonderie de M. Vaflard... À ce nom, l'élève des Didot ne put s'empêcher de sourire.

— Ris, ris ! Après douze ans, les caractères sont encore neufs. Voilà ce que j'appelle un fondeur ! M. Vaflard est un honnête homme qui fournit de la matière dure ; et, pour moi, le meilleur fondeur est celui chez lequel on va le moins souvent.

— Estimés dix mille francs, reprit David en continuant. Dix mille francs, mon père ! mais c'est quarante sous la livre, et MM. Didot ne vendent leur cicéro neuf que trente-six sous la livre. Vos têtes de clous ne valent que le prix de la fonte, dix sous la livre.

— Tu donnes le nom de têtes de clous aux bâtardes, aux coulées, aux rondes de M. Gillé, anciennement imprimeur de l'empereur, des caractères qui valent six francs la livre, des chefs-d'œuvre de gravure achetés il y a cinq ans, et dont plusieurs ont encore le blanc de la fonte, tiens ! Le vieux Séchard attrapa quelques cornets pleins de sortes, qui n'avaient jamais servi, et les montra.

— Je ne suis pas savant, je ne sais ni lire ni écrire, mais j'en sais encore assez pour deviner que les caractères d'écriture de la maison Gillé ont été les pères des anglaises de les MM. Didot. Voici une ronde, dit-il en désignant une casse et y prenant un M, une ronde de cicéro qui n'a pas encore été dégommée.

David s'aperçut qu'il n'y avait pas moyen de discuter avec son père. Il fallait tout admettre ou tout refuser, il se trouvait entre un non et un oui. Le vieil ours avait compris dans l'inventaire jusqu'aux cordes de l'étendage. La plus petite ramette, les tas, les jattes, la pierre et les brosses à laver, tout était chiffré avec le scrupule d'un avare. Le total allait à trente mille francs, y compris le brevet de maître imprimeur et l'achalandage. David se demandait en lui-même si l'affaire était ou non faisable. En voyant son fils muet sur le chiffre, le vieux Séchard devint inquiet. En ces sortes de marchés, le débat violent à une acceptation silencieuse. En ces sortes de marchés, le débat annonce un négociant capable qui défend ses intérêts. Qui tope à tout, disait le vieux Séchard, ne paye rien. Tout en épiant la pensée de son fils, il fit le dénombrement des méchants ustensiles nécessaires à l'exploitation d'une imprimerie en province ; il amena successivement David devant une presse à rogner, pour faire les ouvrages de ville, et il lui en vanta l'usage et la solidité.

— Les vieux outils sont toujours les meilleurs, dit-il. On devrait, en imprimerie, les payer plus cher que les neufs, comme cela se fait chez les batteurs d'or.

D'épouvantables vignettes représentant des hymens, des amours, des morts qui soulevaient la pierre de leurs sépulcres en décrivant un V ou un M, d'énormes cadres à masques pour les affiches de spectacles, devinrent, par l'effet de l'éloquence avinée de Jérôme-Nicolas, des objets de la plus immense valeur. Il dit à son fils les habitudes des gens de province étaient si fortement enracinées, qu'il essayerait en vain de leur donner de plus belles choses. Lui, Jérôme-Nicolas Séchard, avait tenté de leur vendre des almanachs meilleurs que le Double Liégeois imprimé sur du papier à sucre ! Eh bien ! le vrai Double Liégeois avait été préféré aux plus magnifiques almanachs.

David reconnaîtrait bientôt l'importance de ces vieilleries, en les vendant plus cher que les plus coûteuses nouveautés.

— Ah! ah! mon garçon, la province est la province, et Paris est Paris. Si un homme de l'Houmeau t'arrive pour faire faire son billet de mariage, et que tu le lui imprimes sans un amour avec des guirlandes, il ne se croira point marié, et te le rapportera s'il n'y voit qu'un M, comme chez les MM. Didot, qui sont la gloire de la typographie, mais dont les inventions ne seront pas adoptées avant cent ans dans les provinces. Et voilà.

Les gens généreux font de mauvais commerçants. David était une de ces natures pudiques et tendres qui s'effrayent d'une discussion, et qui cèdent au moment où l'adversaire leur pique un peu trop le cœur. Ses sentiments élevés et l'empire que le vieil ivrogne avait conservé sur lui le rendaient encore plus impropre à soutenir un débat d'argent avec son père, surtout quand il lui croyait les meilleures intentions ; car il attribua d'abord la voracité de l'intérêt à l'attachement que le pressier avait pour ses outils. Cependant, comme Jérôme-Nicolas Séchard avait eu le tout de la veuve Rouzeau pour dix mille francs en assignats, et qu'en l'état actuel des choses trente mille francs étaient un prix exorbitant, le fils s'écria : — Mon père, vous m'égorgez !

— Moi, qui t'ai donné la vie !... dit le vieil ivrogne en levant la main vers l'étendage. Mais, David, à quoi donc évalues-tu le brevet ? Sais-tu ce que vaut le journal d'annonces à dix sous la ligne ? privilège qui, à lui seul, a rapporté cinq cents francs le mois dernier. Mon gars, ouvre les livres, vois ce que produisent les affiches et les registres de la préfecture, la pratique de la mairie et celle de l'évêché ! Tu es un fainéant qui ne veut pas faire sa fortune. Tu marchandes le cheval qui doit te conduire à quelque beau domaine, comme celui de Marsac.

A cet inventaire était joint un acte de société entre le père et le fils. Le bon père louait à la société sa maison pour un loyer de douze cents francs, quoiqu'il ne l'eût achetée que six mille livres, et il s'y réservait une des deux chambres pratiquées dans les mansardes. Tant que David Séchard n'aurait pas remboursé les trente mille francs, les bénéfices se partageraient par moitié, le jour où il aurait remboursé cette somme à son père, il deviendrait seul et unique propriétaire de l'imprimerie. David estima le brevet, la clientèle et le journal, sans s'occuper des outils ; il crut pouvoir se libérer et accepta ces conditions. Habitué aux finasseries de paysan, et ne connaissant rien aux larges calculs des Parisiens, le père fut étonné d'une si prompte conclusion.

— Mon fils se serait-il enrichi ? se dit-il, ou invente-t-il en ce moment de ne pas me payer ? Dans cette pensée, il le questionna pour savoir s'il apportait de l'argent, afin de le lui prendre en à-compte. La curiosité du père éveilla la défiance du fils. David resta boutonné jusqu'au menton. Le lendemain, le vieux Séchard fit transporter son apprenti, dans la chambre du deuxième étage, les meubles qu'il comptait faire apporter à sa campagne par les charrettes qui en reviendraient à vide. Il livra les trois chambres du premier étage toutes nues à son fils, de même qu'il le mit en possession de l'imprimerie sans lui donner un centime pour payer les ouvriers. Quand David pria son père, en sa qualité d'associé, de contribuer à la mise nécessaire à l'exploitation commune, le vieux pressier fit l'ignorant. Il ne s'était pas obligé, dit-il, à donner de l'argent en donnant son imprimerie : sa mise de fonds était faite. Pressé par la logique de son fils, il lui répondit que, quand il avait acheté l'imprimerie à la veuve Rouzeau, il s'était tiré d'affaire sans un sou. Si lui, pauvre ouvrier dénué de connaissances, avait réussi, un élève de Didot ferait encore mieux. D'ailleurs David avait gagné de l'argent qui provenait de l'éducation payée à la sueur du front de son vieux père, il pouvait bien l'employer aujourd'hui.

— Qu'as-tu fait de tes banques ? lui dit-il en revenant à la charge, afin d'éclaircir le problème que le silence de son fils avait laissé, la veille, indécis.

— Mais, n'ai-je pas eu à vivre, n'ai-je pas acheté des livres ? répondit David indigné.

— Ah ! tu achetais des livres ? tu feras de mauvaises affaires. Les gens qui achètent des livres ne sont guère propres à en imprimer, répondit l'ours.

David éprouva la plus horrible des humiliations, celle que cause l'abaissement d'un père : il lui fallut subir le flux de raisons viles, pleurneuses, lâches, commerciales, par lesquelles le vieil avare formula son refus. Il refoula ses douleurs dans son âme, en se voyant seul, sans appui, en trouvant un spéculateur dans son père, que, par curiosité philosophique, il voulut connaître à fond. Il lui fit observer qu'il ne lui avait jamais demandé compte de la fortune de sa mère. Si cette fortune ne pouvait entrer en compensation du prix de l'imprimerie, elle devait au moins servir à l'exploitation en commun.

— La fortune de ta mère ? dit le vieux Séchard, mais c'était son intelligence et sa beauté !

A cette réponse, David devina son père tout entier, et comprit que, pour en obtenir un compte, il faudrait lui intenter un procès interminable, coûteux et déshonorant. Ce noble cœur accepta le fardeau qui allait peser sur lui, car il savait avec combien de peines il acquitterait les engagements pris envers son père.

— Je travaillerai, se dit-il. Après tout, si j'ai du mal, le bonhomme en a eu. Ne sera-ce pas d'ailleurs travailler pour moi-même !

— Je te laisse un trésor, dit le père, inquiet du silence de son fils.

David demanda quel était ce trésor.

— Marion, dit le père.

Marion était une grosse fille de campagne indispensable à l'exploitation de l'imprimerie : elle trempait le papier et le rognait, faisait les commissions et la cuisine, blanchissait le linge, déchargeait les voitures de papier, allait toucher l'argent et nettoyait les tampons. Si Marion eût su lire, le vieux Séchard l'aurait mise à la composition.

Le père partit à pied pour la campagne. Quoique très heureux de sa vente, déguisée sous le nom d'association, il était inquiet de la manière dont il serait payé. Après les angoisses de la vente, viennent toujours celles de sa réalisation. Toutes les passions sont essentiellement jésuitiques. Cet homme, qui regardait l'instruction comme inutile, s'efforça de croire à l'influence de l'instruction. Il hypothéquait ses trente mille francs sur les idées d'honneur que l'éducation devait avoir développées chez son fils. En jeune homme bien élevé, David suerait sang et eau pour payer ses engagements, ses connaissances lui feraient trouver des ressources, il s'était montré plein de beaux sentiments. Beaucoup de pères, qui agissent ainsi, croient avoir agi paternellement, comme le vieux Séchard avait fini par se le persuader en atteignant son vignoble situé à Marsac, petit village à quatre lieues d'Angoulême. Ce domaine, où le précédent propriétaire avait bâti une jolie habitation, s'était augmenté d'année en année depuis 1809, époque où le vieil ours l'avait acquis. Il y échangea les soins du pressoir contre ceux de la presse, et il était, comme il le disait, depuis trop longtemps dans les vignes pour ne pas s'y bien connaître.

Pendant la première année de sa retraite à la campagne, le père Séchard montra une figure soucieuse au-dessus de ses échalas, car il était toujours dans son vignoble, comme jadis il demeurait au milieu de son atelier. Ces trente mille francs inespérés le grisaient encore plus que la purée septembrale, qu'il maniait idéalement entre ses pouces. Moins la somme était due, plus il désirait l'encaisser. Aussi, souvent accourait-il de Marsac à Angoulême, attiré par ses inquiétudes. Il gravissait les rampes du rocher sur le haut duquel est assise la ville, il entrait dans l'atelier pour voir si son fils se tirait d'affaire. Or les presses étaient à leurs places, l'unique apprenti, coiffé d'un bonnet de papier, décrassait les tampons, le vieil ours entendait crier une presse sur quelque billet de faire part, il reconnaissait ses vieux caractères, il apercevait son fils et le prote, chacun lisant dans sa cage un livre que l'Ours prenait pour des épreuves. Après avoir dîné avec David, il retournait alors à son domaine de Marsac en ruminant ses craintes. L'avarice a comme l'amour un don de seconde vue sur les faits contingents, elle les flaire, elle les pressent. Loin de l'atelier où l'aspect de ses outils le fascinait en le reportant aux jours où il faisait fortune, le vigneron trouvait chez son fils d'inquiétants symptômes d'inactivité. Le nom de Cointet frères l'effarouchait, il le voyait dominant celui de Séchard et fils. Enfin il sentait le vent du malheur. Ce pressentiment était juste, le malheur planait sur la maison Séchard. Mais les avares ont un dieu. Par un concours de circonstances imprévues, ce dieu devait faire trébucher dans l'escarcelle de l'ivrogne le prix de sa vente usuraire. Voici pourquoi l'imprimerie Séchard tombait, malgré ses éléments de prospérité.

Indifférent à la réaction religieuse que produisait la Restauration dans le gouvernement, mais également insoucieux du libéralisme, David gardait la plus nuisible des neutralités en matière politique et religieuse. Il se trouvait dans un temps où les commerçants de province devaient professer une opinion afin d'avoir des chalands, car il fallait opter entre la pratique des libéraux et celle des royalistes. Un amour qui vint au cœur de David et ses préoccupations scientifiques, son beau naturel, l'empêchèrent d'avoir cette âpreté au gain qui constitue le vrai commerçant, et qui lui eût fait étudier les différences qui distinguent l'industrie provinciale de l'industrie parisienne. Les nuances si tranchées dans les départements disparaissent dans le grand mouvement de Paris. Ses concurrents, les frères Cointet se mirent à l'unisson des opinions monarchiques, ils firent ostensiblement maigre, hantèrent la cathédrale, cultivèrent les prêtres, et réimprimèrent les premiers livres religieux dont le besoin se fit sentir. Les Cointet prirent ainsi l'avance dans cette branche lucrative, et calomnièrent David Séchard en l'accusant de libéralisme et d'athéisme. Comment, disaient-ils, employer un homme qui avait pour père un septembriseur, un ivrogne, un bonapartiste, un vieil avare qui devait lui laisser des monceaux d'or ! Ils étaient pauvres, chargés de famille, tandis que David était garçon et serait puissamment riche, aussi n'en prenait-il qu'à son aise. Influencés par ces accusations portées contre David, la préfecture et l'évêché finirent par donner le privilège de leurs impressions aux frères Cointet. Bientôt ces avides antagonistes, enhardis par l'incurie de leur rival, créèrent un second journal d'annonces. La vieille imprimerie fut réduite aux impressions de la ville, et le produit de sa feuille d'annonces diminua de moitié. Riche de gains considérables réalisés sur les livres d'église et de piété, la maison Cointet proposa bientôt aux Séchard de leur acheter leur journal, afin d'avoir les annonces du département et les insertions judiciaires sans partage. Aussitôt que David eut transmis cette nouvelle à son père, le vieux vigneron, épouvanté déjà par les progrès de la maison Cointet, fondit de Marsac sur la place du Mûrier avec la rapidité du corbeau qui a flairé les cadavres d'un champ de bataille.

— Laisse-moi manœuvrer les Cointet, ne te mêle pas de cette affaire, dit-il à son fils.

Le vieillard eut bientôt deviné l'intérêt des Cointet, il les effraya par la sagacité de ses aperçus. Son fils commettait une sottise qu'il venait empêcher, disait-il. — Sur quoi reposera notre clientèle, s'il cède notre journal ? Les avoués, les notaires, tous les négociants de l'Houmeau ont voulu nuire aux Séchard en les accusant de libéralisme, ils leur ont ainsi préparé une planche de salut, les annonces des libéraux resteront aux Séchard. Vendre le journal ! mais autant vendre matériel et brevet. Il demandait alors aux Cointet soixante mille francs de l'imprimerie pour ne pas ruiner son fils, il aimait son fils, il défendait son fils. Le vigneron se servit de son fils comme les paysans se servent de leurs femmes : son fils voulait ou ne voulait pas, selon les propositions qu'il arrachait une à une aux Cointet, et il les amena, non sans efforts, à donner une somme de vingt-deux mille francs pour le Journal de la Charente. Mais David dut s'engager à ne jamais imprimer quelque journal que ce fût, sous peine de trente mille francs de dommages-intérêts. Cette vente était le suicide de l'imprimerie Séchard, mais le vigneron ne s'en inquiétait guère. Après le vol vient toujours l'assassinat. Le bonhomme comptait absolument cette somme au payement de son fonds et, pour la palper, il aurait donné David par-dessus le marché, d'autant plus que ce gênant fils avait droit à la moitié de ce trésor inespéré. En dédommagement, le généreux père lui abandonna l'imprimerie, mais en maintenant le loyer de la maison aux fameux douze cents francs.

Depuis la vente du journal aux Cointet, le vieillard vint rarement en ville, il allégua son grand âge; mais la raison véritable était le peu d'intérêt qu'il portait à une imprimerie qui ne lui appartenait plus. Néanmoins il ne put entièrement répudier la vieille affection qu'il portait à ses outils. Quand les affaires l'amenaient à Angoulême, il eût été très-difficile de décider qui l'attirait le plus dans sa maison, ou de ses presses en bois ou de son fils, auquel il venait par forme demander ses loyers. Son ancien prote, devenu celui des Cointet, savait à quoi s'en tenir sur cette générosité paternelle ; il disait que ce fin renard se ménageait ainsi le droit d'intervenir dans les affaires de son fils, en devenant créancier privilégié par l'accumulation des loyers.

La nonchalante incurie de David Séchard avait des causes qui peindront le caractère de ce jeune homme. Quelques jours après son installation dans l'imprimerie paternelle, il avait rencontré l'un de ses amis de collége, alors en proie à la plus profonde misère. L'ami de David Séchard était un jeune homme, alors âgé d'environ vingt et un ans, nommé Lucien Chardon, et fils d'un ancien chirurgien des armées républicaines mis hors de service par une blessure. La nature avait fait un chimiste de M. Chardon le père, et le hasard l'avait établi pharmacien à Angoulême. La mort le surprit au milieu des préparatifs nécessités par une lucrative découverte à la recherche de laquelle il avait consumé plusieurs années d'études scientifiques. Il voulait guérir toute espèce de goutte. La goutte est la maladie des riches, et, comme les riches payent cher la santé quand ils en sont privés, il avait choisi ce problème à résoudre parmi tous ceux qui s'étaient offerts à ses méditations. Placé entre la science et l'empirisme, feu Chardon comprit que la science pouvait seule assurer sa fortune : il avait donc étudié les causes de la maladie, et basé son remède sur un certain régime qui l'appropriait à chaque tempérament. Il était mort pendant un séjour à Paris, où il sollicitait l'approbation de l'Académie des sciences, et perdit ainsi le fruit de ses travaux. Pressentant sa fortune, le pharmacien n'avait rien épargné pour l'éducation de son fils et de sa fille, en sorte que l'entretien de sa famille avait constamment dévoré les produits de sa pharmacie. Ainsi, non-seulement il laissa ses enfants dans la misère, mais encore, pour leur malheur, il les avait élevés dans l'espérance de destinées brillantes qui s'éteignirent avec lui. L'illustre Desplein, qui lui donna des soins, le vit mourir dans les convulsions de rage. Cette ambition eut pour principe le violent amour que l'ancien chirurgien portait à sa femme, dernier rejeton de la famille de Rubempré, miraculeusement sauvé par lui de l'échafaud en 1793. Sans que la jeune fille eût voulu consentir à ce mensonge, il avait gagné du temps en la disant enceinte. Après s'être en quelque sorte créé le droit de l'épouser, il l'épousa malgré les enfants dans la commune pauvreté. Ses enfants, comme tous les enfants de l'amour, eurent pour tout héritage la merveilleuse beauté de leur mère, présent si souvent fatal quand la misère l'accompagne. Ces espérances, ces travaux, ces désespoirs si vivement épousés, avaient profondément altéré la beauté de madame Chardon, de même que les lentes dégradations de l'indigence avaient changé ses mœurs, mais son courage et celui de ses enfants égala leur infortune. La pauvre veuve vendit la pharmacie, située dans la Grand rue de l'Houmeau, le principal faubourg d'Angoulême. Le prix de la pharmacie lui permit de se constituer trois cents francs de rente, somme insuffisante pour sa propre existence, mais elle et sa fille acceptèrent leur position sans en rougir, et se vouèrent à des travaux mercenaires. La mère gardait les femmes en couche, et ses bonnes façons la faisaient préférer à toute autre dans les maisons riches, où elle vivait sans rien coûter à ses enfants, tout en gagnant vingt sous par jour. Pour éviter à son fils le désagrément de voir sa mère dans un pareil abaissement de condition, elle avait pris le nom de madame Charlotte. Les personnes qui réclamaient ses soins s'adressaient à M. Postel, le successeur de M. Chardon. La sœur de Lucien travaillait chez une blanchisseuse de fin, sa voisine, et gagnait environ quinze sous par jour ; elle conduisait ses ouvrières, et jouissait dans l'atelier d'une espèce de suprématie qui la sortait un peu de la classe des grisettes. Les faibles produits de leur travail, joints aux trois cents livres de rente de madame Chardon, arrivaient environ à huit cents francs par an, avec lesquels ces trois personnes devaient vivre, s'habiller et se loger. La stricte économie de ce ménage rendait à peine suffisante cette somme, presque entièrement absorbée par Lucien. Madame Chardon et sa fille Ève croyaient en Lucien comme la femme de Mahomet crut en son mari, leur dévouement à son avenir était sans bornes. Cette pauvre famille demeurait à l'Houmeau dans un logement loué pour une très-modique somme par le successeur de M. Chardon, et situé au fond d'une cour intérieure, au-dessus du laboratoire. Lucien y occupait une misérable chambre en mansarde. Stimulé par un père qui, passionné pour les sciences naturelles, l'avait d'abord poussé dans cette voie, Lucien fut un des plus brillants élèves du collége d'Angoulême, où il se trouvait en troisième lorsque Séchard y finissait ses études.

Quand le hasard fit rencontrer les deux camarades de collége, Lucien, fatigué de boire à la grossière coupe de la misère, était sur le point de prendre un de ces partis extrêmes auxquels on se décide à vingt ans. Quarante francs par mois que David donna généreusement à Lucien en s'offrant à lui apprendre le métier de prote, quoiqu'un prote lui fût parfaitement inutile, sauva Lucien de son désespoir. Les liens de leur amitié de collége ainsi renouvelés se resserrèrent bientôt par les similitudes de leurs destinées et par les différences de leurs caractères. Tous deux, l'esprit gros de plusieurs fortunes, ils possédaient cette haute intelligence qui met l'homme de plain-pied avec toutes les sommités, et se voyaient jetés au fond de la société. Cette injustice du sort fut un lien puissant. Puis tous deux étaient arrivés à la poésie par une pente différente. Quoique destiné aux spéculations les plus élevées des sciences naturelles, Lucien se portait avec ardeur vers la gloire littéraire, tandis que David, que son génie méditatif prédisposait à la poésie, inclinait par goût vers les sciences exactes. Cette interposition des rôles engendra comme une fraternité spirituelle. Lucien communiqua bientôt à David les hautes vues qu'il tenait de son père sur les applications de la science à l'industrie, et David fit apercevoir à Lucien les routes nouvelles où il devait s'engager dans la littérature pour s'y faire un nom et une fortune. L'amitié de ces deux jeunes gens devint en peu de jours une de ces passions qui ne naissent qu'au sortir de l'adolescence. David entrevit bientôt la belle Ève, et s'en éprit, comme se prennent les esprits mélancoliques et méditatifs. L'Et nunc et semper et in secula seculorum de la liturgie est la devise de ces sublimes poètes inconnus dont les œuvres consistent en de magnifiques épopées enfantées et perdues entre deux cœurs ! Quand l'amant eut pénétré le secret des espérances que la mère et la sœur de Lucien mettaient sur ce beau front de poète, quand leur dévouement aveugle lui fut connu, il trouva doux de se rapprocher de sa maîtresse en partageant ses immolations et ses espérances. Lucien fut donc pour David un frère choisi. Comme les ultras qui voulaient être plus royalistes que le roi, David outra la foi que la mère et la sœur de Lucien avaient en son génie, il le gâta comme une mère gâte son enfant. Durant une de ces conversations où, pressés par le défaut d'argent qui leur liait les mains, ils ruminaient, comme tous les jeunes gens, les moyens de réaliser une prompte fortune en secouant tous les arbres déjà dépouillés par les premiers venus sans en obtenir de fruits, Lucien se souvint de deux idées émises par son père. M. Chardon avait parlé de réduire de moitié le prix du sucre par l'emploi d'un nouvel agent chimique, et de diminuer d'autant le prix du papier, en tirant de l'Amérique certaines matières végétales analogues à celles dont se servent les Chinois et qui coûtaient peu. David s'empara de cette idée en y voyant une fortune, et considéra Lucien comme un bienfaiteur envers lequel il ne pourrait jamais s'acquitter.

Chacun devine combien les pensées dominantes et la vie intérieure des deux amis les rendaient impropres à gérer une imprimerie. Loin de rapporter quinze à vingt mille francs, comme celle des frères Cointet, imprimeurs-libraires de l'évêché, propriétaires du Courrier de la Charente, désormais le seul journal du département, l'imprimerie de Séchard fils produisait à peine trois cents francs par mois, sur lesquels il fallait prélever le traitement du prote, les gages de Marion, les impositions, le loyer, ce qui réduisait David à une centaine de francs par mois. Des hommes actifs et industrieux auraient renouvelé les caractères, acheté des presses en fer, se seraient procuré dans la librairie parisienne des ouvrages qu'ils eussent imprimés à bas prix ; mais le maître et le prote, perdus dans les absorbants travaux de l'intelligence, se contentaient des ouvrages que leur donnaient leurs derniers clients. Les frères Cointet avaient fini par connaître le caractère et les mœurs de David, ils ne le calomniaient plus, au contraire, une sage politique leur conseillait de laisser vivoter cette imprimerie, et de l'entretenir dans une honnête médiocrité, pour qu'elle ne tombât point entre les mains de quelque redoutable antagoniste, ils y envoyaient eux-mêmes les ouvrages dits de ville. Ainsi, sans le savoir, David Séchard n'existait, commercialement parlant, que par un habile calcul de ses concurrents. Heureux de ce qu'ils nommaient sa manie, les Cointet avaient pour lui des procédés en apparence pleins de droiture et de loyauté, mais ils agissaient, en réalité, comme l'administration des Messageries, lorsqu'elle simule une concurrence pour en éviter une véritable.

L'extérieur de la maison Séchard était en harmonie avec la crasse avarice qui régnait à l'intérieur, où le vieil ours n'avait jamais rien réparé. La pluie, le soleil, les intempéries de chaque saison avaient donné l'aspect d'un vieux tronc d'arbre à la porte de l'allée, tant elle était sillonnée de fentes inégales. La façade, mal bâtie en pierres et en briques mêlées sans symétrie, semblait plier sous le poids d'un toit vermoulu surchargé de ces tuiles creuses qui composent toutes les toitures dans le midi de la France. Le vitrage vermoulu était garni de ces énormes volets maintenus par les épaisses traverses que exige la chaleur du climat. Il eût été difficile de trouver dans tout Angoulême une maison aussi lézardée que celle-là, qui ne tenait plus que par la force du ciment. Imaginez cet atelier clair aux deux extrémités, sombre au milieu, ses murs couverts d'affiches, brunis en bas par le contact des ouvriers qui y avaient roulé depuis trente ans, son attirail de cordes au plancher, ses piles de papier, ses vieilles presses, ses tas de pavés à charger des papiers trempés, ses rangs de casses, et au bout les deux cages où, chacun de leur côté, se tenaient le maître et le prote ; vous comprendrez alors l'existence des deux amis.

En 1821, dans les premiers jours du mois de mai, David et Lucien étaient près du vitrage de la cour au moment où, vers deux heures, leurs quatre ou cinq ouvriers quittèrent l'atelier pour aller dîner. Quand le maître vit son apprenti fermant la porte à sonnette qui donnait sur la rue, il emmena Lucien dans la cour, comme si la senteur des papiers, des encriers, des presses et des vieux bois lui eût été insupportable. Tous deux s'assirent sous un berceau de vigne d'où leurs yeux pouvaient voir quiconque entrerait dans l'atelier. Les rayons du soleil qui se jouaient dans les pampres de la treille caressèrent les deux amis en les enveloppant de sa lumière comme d'une auréole. Le contraste produit par l'opposition de ces deux caractères et de ces deux figures fut alors si vigoureusement accusé, qu'il aurait séduit la brosse d'un grand peintre. David avait les formes que donne la nature aux êtres destinés à de grandes luttes, éclatantes ou secrètes. Son large buste était flanqué par de fortes épaules en harmonie avec la plénitude de toutes ses formes. Son visage, brun de ton, coloré, gras, supporté par un gros cou, enveloppé d'une abondante forêt de cheveux noirs, ressemblait au premier abord à celui des chanoines chantés par Boileau, mais un second examen vous révélait dans les sillons des lèvres épaisses, dans la fossette du menton, dans la tournure d'un nez carré, fendu par un méplat tourmenté, dans les yeux surtout ! le continu d'un unique amour, la sagacité du penseur, l'ardente mélancolie d'un esprit qui pouvait embrasser les deux extrémités de l'horizon, en en pénétrant toutes les sinuosités, et qui se dégoûtait facilement des jouissances tout idéales en y portant les clartés de l'analyse. Si l'on devinait dans cette face les éclairs du génie qui s'élance, on voyait aussi les cendres auprès du volcan ; l'espérance s'y éteignait dans un profond sentiment du néant social où la naissance obscure et le défaut de fortune maintiennent tant d'esprits supérieurs. Auprès du pauvre imprimeur, à qui son état, quoique si voisin de l'intelligence, donnait des nausées, auprès de ce silène lourdement appuyé sur lui-même qui buvait à longs traits dans la coupe de la science et de la poésie, en s'enivrant afin d'oublier les malheurs de la vie de province, Lucien se tenait dans la pose gracieuse trouvée par les sculpteurs pour le Bacchus indien. Son visage avait la distinction des lignes de la beauté antique : c'était un front et un nez grecs, la blancheur veloutée des femmes, des yeux noirs tant ils étaient bleus, des yeux pleins d'amour, et dont le blanc le disputait en fraîcheur à celui d'un enfant. Ces beaux yeux étaient surmontés de sourcils comme tracés par un pinceau chinois et bordés de longs cils châtains. Le long des joues brillait un duvet soyeux dont la couleur s'harmoniait à celle d'une blonde chevelure naturellement bouclée. Une suavité divine respirait dans ses tempes d'un blanc doré. Une incomparable noblesse était empreinte dans son menton court, relevé sans brusquerie. Le sourire des anges tristes errait sur ses lèvres de corail rehaussées par de belles dents. Il avait les mains de l'homme bien né, des mains élégantes, à un signe desquelles les hommes devaient obéir et que les femmes aiment à baiser. Lucien était mince et de taille moyenne. À voir ses pieds, un homme aurait été d'autant plus tenté de le prendre pour une jeune fille déguisée, que, semblable à la plupart des hommes fins, pour ne pas dire astucieux, il avait les hanches conformées comme celles d'une femme. Cet indice, rarement trompeur, était vrai chez Lucien, que la pente de son esprit remuant amenait souvent, quand il analysait l'état actuel de la société, sur le terrain de la dépravation particulière aux diplomates, qui croient que le succès est la justification de tous les moyens, quelque honteux qu'ils soient. L'un des malheurs auxquels sont soumis les grandes intelligences, c'est de comprendre forcément toutes choses, les vices aussi bien que les vertus.

Ces deux jeunes gens jugeaient la société d'autant plus souverainement qu'ils s'y trouvaient placés plus bas, car les hommes méconnus se vengent de l'humilité de leur position par la hauteur de leur coup d'œil. Mais aussi leur désespoir était d'autant plus amer, qu'ils allaient ainsi plus rapidement là où les portait leur véritable destinée. Lucien avait beaucoup lu, beaucoup comparé. David avait beaucoup pensé, beaucoup médité. Malgré les apparences d'une santé vigoureuse et rustique, l'imprimeur était un génie mélancolique et maladif. Il doutait de lui-même, tandis que Lucien, doué d'un esprit entreprenant, mais mobile, avait une audace en désaccord avec sa tournure molle, presque débile, mais pleine de grâces féminines. Lucien avait au plus haut degré le caractère gascon, hardi, brave, aventureux, qui s'exagère le bien et amoindrit le mal, qui ne recule point devant une faute s'il y a profit, et qui se moque du vice s'il s'en fait un marche-pied. Ces dispositions d'ambitieux étaient alors comprimées par les belles illusions de la jeunesse, par l'ardeur qui le portait vers les nobles moyens que les hommes amoureux de gloire emploient avant tous les autres. Il n'était encore aux prises qu'avec ses désirs et non avec les difficultés de la vie, avec sa propre puissance et non avec la lâcheté des hommes, qui est d'un fatal exemple pour les esprits mobiles. Vivement séduit par le brillant de l'esprit de Lucien, David l'admirait tout en rectifiant les erreurs dans lesquelles le jetait la furie française. Cet homme juste avait un caractère timide en désaccord avec sa forte constitution, mais il ne manquait point de la persistance des hommes du Nord. S'il entrevoyait toutes les difficultés, il se promettait de les vaincre sans se rebuter, et, s'il avait la fermeté d'une vertu vraiment apostolique, il la tempérait par les grâces d'une inépuisable indulgence. Dans cette amitié déjà vieille, l'un des deux aimait avec idolâtrie, et c'était David. Aussi Lucien commandait-il en femme qui se sait aimée. David obéissait avec plaisir. La beauté physique de son ami comportait une supériorité qu'il acceptait en se trouvant lourd et commun.

— Au bœuf l'agriculture patiente, à l'oiseau la vie insouciante, se disait l'imprimeur. Je serai le bœuf, Lucien sera l'aigle.

Depuis environ trois ans, les deux amis avaient donc confondu leurs destinées si brillantes dans l'avenir. Ils lisaient les grandes œuvres qui apparurent depuis la paix sur l'horizon littéraire et scientifique, les ouvrages de Schiller, de Gœthe, de lord Byron, de Walter Scott, de Jean Paul, de Berzélius, de Davy, de Cuvier, de Lamartine, etc. Ils s'échauffaient à ces grands foyers, ils s'essayaient dans des œuvres avortées ou prises, quittées et reprises avec ardeur. Ils travaillaient continuellement sans lasser les inépuisables forces de la jeunesse. Également pauvres, mais dévorés par l'amour de l'art et de la science, ils oubliaient la misère présente en s'occupant à jeter les fondements de leur renommée.

— Lucien, sais-tu ce que je viens de recevoir de Paris ? dit l'imprimeur en tirant de sa poche un petit volume in-18°. Écoute !

David lut, comme savent lire les poètes, l'idylle d'André de Chénier intitulée Néère, puis celle du Jeune Malade, puis l'élégie sur le Suicide, celle dans le goût ancien, et les deux derniers iambes.

— Voilà donc ce qu'est André de Chénier ! s'écria Lucien à plusieurs reprises. Il est désespérant, répétait-il pour la troisième fois quand David trop ému pour continuer lui laissa prendre le volume. — Un poète retrouvé par un poète, dit-il en voyant la signature de la préface.

— Après avoir produit ce volume, reprit David, Chénier croyait n'avoir rien fait qui fût digne d'être publié.

Lucien lut à son tour l'épique morceau de l'Aveugle et plusieurs élégies. Quand il tomba sur le fragment :

S'ils n'ont point de bonheur, en est-il sur la terre ?

il baisa le livre, et les deux amis pleurèrent, car tous deux aimaient avec idolâtrie. Les pampres étaient colorés, les vieux murs de la maison, fendillés, bossués, inégalement traversés par d'ignobles lézardes, avaient été revêtus de cannelures, de bossages, de bas-reliefs et des innombrables chefs-d'œuvre de je ne sais quelle architecture par les doigts d'une fée. La fantaisie avait secoué ses fleurs et ses rubis sur la petite cour obscure. La Camille d'André Chénier était devenue pour David son Ève adorée, et pour Lucien une grande dame qu'il courtisait. La poésie avait secoué les pans majestueux de sa robe étoilé sur l'atelier où grimaçaient les singes et les ours de la typographie. Cinq heures sonnaient, mais les deux amis n'avaient ni faim ni soif, la vie leur était un rêve d'or, ils avaient tous les trésors de la terre à leurs pieds, ils apercevaient ce coin d'horizon bleuâtre indiqué du doigt par l'espérance à ceux dont la vie est orageuse et auxquels sa voix de sirène dit : « Allez, volez, vous échapperez au malheur par cet espace d'or, d'argent ou d'azur. » En ce moment l'apprenti de l'imprimerie ouvrit la petite porte vitrée qui donnait de l'atelier dans la cour, et désigna les deux amis à un inconnu qui s'avança vers eux en les saluant.

— Monsieur, dit-il à David en tirant de sa poche un énorme cahier, voici un Mémoire que je désirerais faire imprimer, voudriez-vous évaluer ce qu'il coûtera ?

— Monsieur, nous n'imprimons pas des manuscrits si considérables, répondit David sans regarder le cahier, voyez MM. Cointet.

— Mais nous avons cependant un très-joli caractère qui pourrait convenir, reprit Lucien en prenant le manuscrit. Il faudrait que vous eussiez la complaisance de revenir demain, et de nous laisser votre ouvrage pour estimer les frais d'impression.

— N'est-ce pas à monsieur Lucien Chardon que j'ai l'honneur ?....

— Oui, monsieur, répondit le prote.

— Je suis heureux, monsieur, dit l'auteur, d'avoir pu rencontrer un jeune poète promis à de si belles destinées. Je suis envoyé par madame de Bargeton.

En entendant ce nom, Lucien rougit et balbutia quelques mots pour exprimer sa reconnaissance de l'intérêt que lui portait madame de Bargeton. David remarqua la rougeur et l'embarras de son ami, qu'il laissa soutenant la conversation avec le gentilhomme campagnard, auteur d'un Mémoire sur la culture des vers à soie, et que la vanité poussait à se faire imprimer pour pouvoir être lu par ses collègues de la Société d'agriculture.

— Eh bien ! Lucien, dit David quand le gentilhomme s'en alla, aimerai-tu madame de Bargeton ?

— Éperdument !

— Mais vous êtes plus séparés l'un de l'autre par les préjugés que si vous étiez, elle à Pékin, toi dans le Groenland.

— La volonté de deux amants triomphe de tout, dit Lucien en baissant les yeux.

— Tu nous oublieras, répondit le craintif amant de la belle Ève.

— Peut-être t'ai-je, au contraire, sacrifié ma maîtresse ! s'écria Lucien.

— Que veux-tu dire ?

— Malgré mon amour, malgré les divers intérêts qui me portent à m'impatroniser chez elle, je lui ai dit que je n'y retournerais jamais si un homme de qui les talents sont supérieurs aux miens, dont l'avenir devait être glorieux, si David Séchard, mon frère, mon ami, n'y était reçu. Je dois trouver une réponse à la maison. Mais, quoique tous les aristocrates soient invités ce soir pour m'entendre lire des vers, si la réponse est négative, je ne remettrai jamais les pieds chez madame de Bargeton.

David serra violemment la main de Lucien, après s'être essuyé les yeux. Six heures sonnèrent.

— Ève doit être inquiète, adieu, dit brusquement Lucien.

Il s'échappa, laissant David en proie à l'une de ces émotions que l'on ne sent aussi complètement qu'à cet âge, surtout dans la situation où se trouvaient ces deux jeunes cygnes auxquels la vie de province n'avait pas encore coupé les ailes.

— Cœur d'or ! s'écria David en accompagnant de l'œil Lucien, qui traversait l'atelier.

Lucien descendit à l'Houmeau par la belle promenade de Beaulieu, par la rue du Minage et la porte Saint-Pierre. S'il prenait ainsi le chemin le plus long, dites-vous que la maison de madame de Bargeton était située sur cette route. Il éprouvait tant de plaisir à passer sous les fenêtres de cette femme, même à son insu, que depuis deux mois il ne revenait plus à l'Houmeau par la porte Palet.

En arrivant sous les arbres de Beaulieu, il contempla la distance qui séparait Angoulême de l'Houmeau. Les mœurs du pays avaient élevé des barrières morales bien autrement difficiles à franchir que les rampes par où descendait Lucien. Le jeune ambitieux qui venait de s'introduire dans l'hôtel de Bargeton en jetant la gloire comme un pont volant entre la ville et le faubourg, était inquiet de la décision de sa maîtresse comme un favori qui craint une disgrâce après avoir essayé d'étendre son crédit. Ces paroles doivent paraître obscures à ceux qui n'ont pas encore observé les mœurs particulières aux cités divisées en ville haute et ville basse ; mais il est d'autant plus nécessaire d'entrer ici dans quelques explications sur Angoulême, qu'elles feront comprendre madame de Bargeton, un des personnages les plus importants de cette histoire.

Angoulême est une vieille ville, bâtie au sommet d'une roche en pain de sucre qui domine les prairies où se roule la Charente. Ce rocher tient vers le Périgord à une longue colline qu'il termine brusquement sur la route de Paris à Bordeaux, en formant une sorte de promontoire dessiné par trois pittoresques vallées. L'importance qu'avait cette ville au temps des guerres religieuses est attestée par ses remparts, par ses portes et par les restes d'une forteresse assise sur le piton du rocher. Sa situation en faisait jadis un point stratégique également précieux aux catholiques et aux calvinistes, mais sa force d'autrefois constitue sa faiblesse aujourd'hui : en l'empêchant de s'étaler sur la Charente, ses remparts et la pente trop rapide du rocher l'ont condamnée à la plus funeste immobilité. Vers le temps où cette histoire s'y passa, le gouvernement essayait de pousser la ville vers le Périgord en bâtissant le long de la colline le palais de la préfecture, une école de marine, des établissements militaires, en préparant des routes. Mais le commerce avait pris les devants ailleurs. Depuis longtemps le bourg de l'Houmeau s'agrandit comme une couchée de champignons au pied du rocher et sur les bords de la rivière, le long de laquelle passe la grande route de Paris à Bordeaux. Personne n'ignore la célébrité des papeteries d'Angoulême, qui, depuis trois siècles, s'étaient forcément établies sur la Charente et sur ses affluents, où elles trouvèrent des chutes d'eau. L'État avait fondé à Ruelle sa plus considérable fonderie de canons pour la marine. Le roulage, la poste, les auberges, le charronnage, les entreprises de voitures publiques, toutes les industries qui vivent par la route et par la rivière, se groupèrent au bas d'Angoulême pour éviter les difficultés que présentent ses abords. Naturellement les tanneries, les blanchisseries, tous les commerces aquatiques restèrent à la portée de la Charente ; puis les magasins d'eaux-de-vie, les dépôts de toutes les matières premières voiturées par la rivière, enfin tout le transit borda la Charente de ses établissements. Le faubourg de l'Houmeau devint donc une ville industrieuse et riche, une seconde Angoulême que jalousa la ville haute, où restèrent le gouvernement, l'évêché, la justice, l'aristocratie. Ainsi, l'Houmeau, malgré son active et croissante puissance, ne fut qu'une annexe d'Angoulême. En haut, la noblesse et le pouvoir, en bas le commerce et l'argent : deux zones sociales constamment ennemies en tous lieux ; aussi est-il difficile de deviner qui des deux villes haït le plus sa rivale. La Restauration avait depuis neuf ans aggravé cet état de choses assez calme sous l'Empire. La plupart des maisons du haut Angoulême sont habitées ou par des familles nobles ou par d'antiques familles bourgeoises qui vivent de leurs revenus, et composent une sorte de nation autochthone dans laquelle les étrangers ne sont jamais reçus. À peine si, après deux cents ans d'habitation, si après une alliance avec l'une des familles primordiales, une famille venue de quelque province voisine se voit adoptée ; aux yeux des indigènes elle semble être arrivée d'hier dans le pays. Les préfets, les receveurs généraux, les administrations qui se sont succédé depuis quarante ans, ont tenté de civiliser ces vieilles familles perchées sur leur roche comme des corbeaux défiants ; les familles ont accepté leurs fêtes et leurs dîners ; mais, quant à les admettre chez elles, elles s'y sont refusées constamment. Moqueuses, dénigrantes, jalouses, avares, elles se marient entre elles, se forment en bataillon serré pour ne laisser ni sortir ni entrer personne, les créations du luxe moderne, elles les ignorent. Pour elles, envoyer un enfant à Paris, c'est vouloir le perdre. Cette prudence peint les mœurs et les coutumes arriérées de ces maisons atteintes d'un royalisme immobilisateur, entichées de dévotion plutôt que religieuses, qui toutes vivent immobiles comme leur ville et son rocher. Angoulême jouit cependant d'une grande réputation dans les provinces adjacentes pour l'éducation qu'on y reçoit. Les villes voisines y envoient leurs filles dans les pensions et dans les couvents. Il est facile de concevoir combien l'esprit de caste influe sur les sentiments qui divisent Angoulême et l'Houmeau. Le commerce est riche, la noblesse est généralement pauvre. L'une se venge de l'autre par un mépris égal des deux côtés. La bourgeoisie d'Angoulême épouse cette querelle. Le marchand de la haute ville dit d'un négociant du faubourg, avec un accent indéfinissable : — C'est un homme de l'Houmeau ! En dessinant la position de la noblesse en France et lui donnant des espérances qui ne pouvaient se réaliser sans un bouleversement général, la Restauration étendit la distance morale qui séparait, encore plus fortement que la distance locale, Angoulême de l'Houmeau. La société noble, unie alors au gouvernement, devint là plus exclusive qu'en tout autre endroit de la France. L'habitant de l'Houmeau ressemblait assez à un paria. De là procédaient ces haines sourdes et profondes qui donnèrent une effroyable unanimité à l'insurrection de 1830, et détruisirent les éléments d'un durable état social en France. La morgue de la noblesse de cour désaffectionna du trône la noblesse de province, autant que celle-ci désaffectionnait la bourgeoisie, en en froissant toutes les vanités. Un homme de l'Houmeau, fils d'un pharmacien, introduit chez madame de Bargeton était donc une petite révolution. Quels en étaient les auteurs ? Lamartine et Victor Hugo, Casimir Delavigne et Canalis, Béranger et Chateaubriand, Villemain et M. Aignan, Soumet et Tissot, Étienne et d'Avrigny, Benjamin Constant et Lamennais, Cousin et Michaud, toutes les vieilles aussi bien que les jeunes illustrations littéraires, les libéraux comme les royalistes. Madame de Bargeton aimait les arts et les lettres, goût extravagant, manie hautement déplorée dans Angoulême, mais qu'il est nécessaire de justifier en esquissant la vie de cette femme née pour être célèbre, maintenue dans l'obscurité par de fatales circonstances, et dont l'influence détermina la destinée de Lucien.

M. de Bargeton était l'arrière-petit-fils d'un jurat de Bordeaux, nommé Mirault, anobli sous Louis XIII par suite d'un long exercice en sa charge. Sous Louis XIV, son fils, devenu Mirault de Bargeton, fut officier dans les gardes de la Porte, et fit un si grand mariage d'argent, que, sous Louis XV, son fils fut appelé purement et simplement M. de Bargeton. Ce M. de Bargeton, petit-fils de M. Mirault le Jurat, tint si fort à se conduire en parfait gentilhomme, qu'il mangea tous les biens de la famille, et en arrêta la fortune. Deux de ses frères, grands-oncles du Bargeton actuel, redevinrent négociants, en sorte qu'il se trouve des Mirault dans le commerce à Bordeaux.

Vous eussiez dit d'une truffe monstrueuse enveloppée par les pampres de l'automne. — PAGE 2

Comme la terre de Bargeton, située en Angoumois, dans la mouvance du fief de la Rochefoucauld, était substituée, ainsi qu'une maison d'Angoulême appelée l'hôtel de Bargeton, le petit-fils de M. de Bargeton le Mangeur hérita de ces deux biens. En 1789 il perdit ses droits utiles, et n'eut plus que le revenu de la terre, qui valait environ six mille livres de rente. Si son grand-père eût suivi les glorieux exemples de Bargeton Ier et de Bargeton II, Bargeton V, qui peut se surnommer le Muet, aurait été marquis de Bargeton; il se fût allié à quelque grande famille, se serait trouvé duc et pair comme tant d'autres, tandis qu'en 1805 il fut très-flatté d'épouser mademoiselle Marie-Louise-Anaïs de Nègrepelisse, fille d'un gentilhomme oublié depuis longtemps dans sa gentilhommière, quoiqu'il appartînt à la branche cadette d'une des plus antiques familles du Midi de la France. Il y eut un Negrepelisse parmi les otages de saint Louis; mais le chef de la branche aînée porte l'illustre nom d'Espard, acquis sous Henri IV par un mariage avec l'héritière de cette famille. Ce gentilhomme, cadet d'un cadet, vivait sur le bien de sa femme, petite terre située près de Barbezieux, qu'il exploitait à merveille en allant vendre son blé au marché, brûlant lui-même son vin, et se moquant des rail-leries pourvu qu'il entassât des écus, et que de temps en temps il pût amplifier son domaine.

Des circonstances assez rares au fond des provinces avaient inspiré à madame de Bargeton le goût de la musique et de la littérature. Pendant la Révolution, un abbé Niollant, le meilleur élève de l'abbé Roze, se cacha dans le petit castel d'Escarbas, en y apportant son bagage de compositeur. Il avait largement payé l'hospitalité du vieux gentilhomme en faisant l'éducation de sa fille, Anaïs, nommée Naïs par abréviation, et qui sans cette aventure eût été abandonnée à elle-même ou, par un plus grand malheur, à quelque mauvaise femme de chambre. Non-seulement l'abbé était musicien, mais il possédait des connaissances étendues en littérature, il savait l'italien et l'allemand. Il enseigna donc ces deux langues et le contre-point à mademoiselle de Negrepelisse; il lui expliqua les grandes œuvres littéraires de la France, de l'Italie et de l'Allemagne, en déchiffrant avec elle la musique de tous les maîtres. Enfin, pour combattre le désœuvrement de la profonde solitude à laquelle les condamnaient les événements politiques, il lui apprit le grec et le latin, et lui donna quelque teinture des sciences naturelles. La présence d'une mère ne modifia point cette mâle éducation chez une jeune personne déjà trop portée à l'indépendance par la vie champêtre. L'abbé Niollant, âme enthousiaste et poétique, était surtout remarquable par l'esprit particulier aux artistes, qui comporte plusieurs prisables qualités, mais qui s'élève au-dessus des idées bourgeoises par la liberté des jugements et par l'étendue des aperçus. Si, dans le monde, cet esprit se fait pardonner ses témérités par son originale profondeur, il peut sembler nuisible dans la vie privée par les écarts qu'il inspire. L'abbé ne manquait point de cœur, ses idées furent donc contagieuses pour une jeune fille chez qui l'exaltation naturelle aux jeunes personnes se trouvait corroborée par la solitude de la campagne. L'abbé Niollant communiqua sa hardiesse d'examen et sa facilité de jugement à son élève, sans songer que ces qualités si nécessaires à un homme deviennent des défauts chez une femme destinée aux humbles occupations d'une mère de famille. Quoique l'abbé recommandât continuellement à son élève d'être d'autant plus gracieuse et modeste, que son savoir était plus étendu, mademoiselle de Négrepelisse prit une excellente opinion d'elle-même, et conçut un robuste mépris pour l'humanité. Ne voyant autour d'elle que des inférieurs et des gens empressés de lui obéir, elle eut la hauteur des grandes dames, sans avoir les douces fourberies de leur politesse. Flattée dans toutes ses vanités par un pauvre abbé qui s'admirait en elle comme un auteur dans son œuvre, elle eut le malheur de ne rencontrer aucun point de comparaison qui l'aidât à se juger. Le manque de compagnie est un des plus grands inconvénients de la vie de campagne. Faute de rapporter aux autres les petits sacrifices exigés par le maintien et la toilette, on perd l'habitude de se gêner pour autrui. Tout en nous se vicie alors, la forme et l'esprit. N'étant pas réprimée par le commerce de la société, la hardiesse des idées de mademoiselle de Negrepelisse passa dans ses manières, dans son regard; elle eut cet air cavalier qui paraît, au premier abord, original, mais qui ne sied qu'aux femmes de vie aventureuse. Ainsi cette éducation, dont les aspérités se seraient polies dans les hautes régions sociales, devait la rendre ridicule à Angoulême, alors que ses adorateurs cesseraient de diviniser des erreurs, gracieuses seulement pendant la jeunesse. Quant à M. de Negrepelisse, il aurait donné tous les livres de sa fille pour sauver un bœuf malade: car il était si avare, qu'il ne lui aurait pas accordé deux liards au delà du revenu auquel elle avait droit, quand même il eût été question de lui acheter la bagatelle la plus nécessaire à son éducation. L'abbé mourut en 1802, avant le mariage de sa chère enfant, mariage qu'il aurait sans doute déconseillé. Le vieux gentilhomme se trouva bien empêché de sa fille quand l'abbé fut mort. Il se sentit trop faible pour soutenir la lutte qui allait éclater entre son avarice et l'esprit indépendant de sa fille inoccupée. Comme toutes les jeunes personnes sorties de la route tracée où doivent cheminer les femmes, Naïs avait jugé le mariage et s'en souciait peu. Elle répugnait à soumettre son intelligence et sa personne aux hommes sans valeur et sans grandeur personnelle qu'elle avait pu rencontrer. Elle voulait commander, et devait obéir. Entre obéir à des caprices grossiers, à des esprits sans indulgence pour ses goûts, et s'enfuir avec un amant qui lui plairait, elle n'aurait pas hésité. M. de Negrepelisse était encore assez gentilhomme pour craindre une mésalliance. Comme beaucoup de pères, il se résolut à marier sa fille, moins pour elle que pour sa propre tranquillité. Il lui fallait un noble ou un gentilhomme peu spirituel, incapable de chicaner sur le compte de tutelle qu'il voulait rendre à sa fille, assez nul d'esprit et de volonté pour que Naïs pût se conduire à sa fantaisie, assez désintéressé pour l'épouser sans dot. Mais comment trouver un gendre qui convînt également au père et à la fille? Un pareil homme était le phénix des gendres. Dans ce double intérêt, M. de Negrepelisse étudia les hommes de la province, et M. de Bargeton lui parut être le seul qui répondît à son programme. M. de Bargeton, quadragénaire fort endommagé par les dissipations de sa jeunesse, était accusé d'une remarquable impuissance d'esprit; mais il lui restait précisément assez de bon sens pour gérer sa fortune, et assez de manières pour demeurer dans le monde d'Angoulême sans y commettre ni gaucheries ni sottises. M. de Nègrepelisse expliqua tout crûment à sa fille la valeur négative du mari-modèle qu'il lui proposait, et lui fit apercevoir le parti qu'elle en pouvait tirer pour son propre bonheur: elle épousait un nom, elle achetait un chaperon, elle conduirait à son gré sa fortune à l'abri d'une raison sociale, et à l'aide des liaisons que son esprit et sa beauté lui procureraient à Paris. Naïs fut séduite par la perspective d'une semblable liberté. M. de Bargeton crut faire un brillant mariage, en estimant que son beau-père ne tarderait pas à lui laisser la terre qu'il arrondissait avec amour; mais en ce moment M. de Nègrepelisse paraissait devoir écrire l'épitaphe de son gendre.

Madame de Bargeton se trouvait alors âgée de trente-six ans, et son mari en avait cinquante-huit. Cette disparité choquait d'autant plus, que M. de Bargeton semblait avoir soixante-dix ans, tandis que sa femme pouvait impunément jouer à la jeune fille, se mettre en rose, ou se coiffer à l'enfant. Quoique leur fortune n'excédât pas douze mille livres de rente, elle était classée parmi les six fortunes les plus considérables de la vieille ville, les négociants et les administrateurs exceptés. La nécessité de cultiver leur père, dont madame de Bargeton attendait l'héritage pour aller à Paris, et qui le fit si bien attendre que son gendre mourut avant lui, força M. et madame de Bargeton d'habiter Angoulême, où les brillantes qualités d'esprit et les richesses brutes cachées dans le cœur de Naïs devaient se perdre sans fruit, et se changer avec le temps en ridicules. En effet, nos ridicules sont, en grande partie, causés par un beau sentiment, par des vertus ou par des facultés portées à l'extrême. La fierté que ne modifie pas l'usage du grand monde devient de la roideur en se déployant sur de petites choses au lieu de s'agrandir dans un cercle de sentiments élevés. L'exaltation, cette vertu dans la vertu, qui engendre les saintes, qui inspire les dévouements cachés et les éclatantes poésies, devient de l'exagération en se prenant aux riens de la province. Loin du centre où brillent les grands esprits, où l'air est chargé de pensées, où tout se renouvelle, l'instruction vieillit, le goût se dénature comme une eau stagnante. Faute d'exercice, les passions se rapetissent en grandissant des choses minimes. Là est la raison de l'avarice et du commérage qui empestent la vie de province. Bientôt, l'imitation des idées étroites et des manières mesquines gagne la personne la plus distinguée. Ainsi périssent des hommes nés grands, des femmes qui, redressées par les enseignements du monde et formées par des esprits supérieurs, eussent été charmantes. Madame de Bargeton prenait la lyre à propos d'une bagatelle, sans distinguer les poésies personnelles des poésies publiques. Il est en effet des sensations incomprises qu'il faut garder pour soi-même. Certes, un coucher de soleil est un grand poème, mais une femme n'est-elle pas ridicule en le dépeignant à grands mots devant des gens matériels? Il s'y rencontre de ces voluptés qui ne peuvent se savourer qu'à deux, poète à poète, cœur à cœur. Elle avait le défaut d'employer de ces immenses phrases hardées de mots emphatiques, si ingénieusement nommées des *tartines* dans l'argot du journalisme, qui, tous les matins, en taille à ses abonnés de fort peu digérables, que néanmoins ils avalent. Elle prodiguait démesurément des superlatifs qui chargeaient sa conversation, où les moindres choses prenaient des proportions gigantesques. Dès cette époque, elle commençait à tout *typiser, individualiser, synthétiser, dramatiser, supérioriser, analyser, poétiser, prosaïser, colossifier, angéliser, néologiser* et *tragiquer*; car il faut violer pour un moment la langue, afin de peindre des travers nouveaux que partagent quelques femmes. Son esprit s'enflammait d'ailleurs comme son langage. Le dithyrambe était dans son cœur et sur ses lèvres. Elle palpitait, elle se pâmait, elle s'enthousiasmait pour tout événement: pour le dévouement d'une sœur grise et l'exécution des frères Faucher, pour l'Ipsiboé de M. d'Arlincourt comme pour l'Anaconda de Lewis, pour l'évasion de Lavalette comme pour une de ses amies qui avait mis des voleurs en fuite en faisant la grosse voix. Pour elle, tout était sublime, extraordinaire, étrange, divin, merveilleux. Elle s'animait, se courrouçait, s'abattait sur elle-même, s'élançait, retombait, regardait le ciel ou la terre; ses yeux se remplissaient de larmes. Elle usait sa vie en de perpétuelles admirations et se consumait en d'étranges dédains. Elle concevait le pacha de Janina, elle aurait voulu lutter avec lui dans son sérail, et trouvait quelque chose de grand à être cousue dans un sac et jetée à l'eau. Elle enviait lady Esther Stanhope, ce bas-bleu du désert. Il lui prenait envie de se faire sœur de Sainte-Camille et d'aller mourir de la fièvre jaune à Barcelone en soignant les malades: c'était là une grande, une noble destinée! Enfin elle avait soif de tout ce qui n'était pas l'eau claire de sa vie, cachée entre les herbes. Elle adorait lord Byron, Jean-Jacques Rousseau, toutes les existences poétiques et dramatiques. Elle avait des larmes pour tous les malheurs et des fanfares pour toutes les victoires. Elle sympathisait avec Napoléon vaincu, elle sympathisait avec Méhémet-Ali massacrant les tyrans de l'Égypte. Enfin elle revêtait les gens de génie d'une auréole,

Lucien et David.

et croyait qu'ils vivaient de parfums et de lumière. A beaucoup de personnes elle paraissait une folle dont la folie était sans danger; mais, certes, à quelque perspicace observateur, ces choses eussent semblé les débris d'un magnifique amour écroulé aussitôt que bâti, les restes d'une Jérusalem céleste, enfin l'amour sans l'amant. Et c'était vrai. L'histoire des dix-huit premières années du mariage de madame de Bargeton peut s'écrire en peu de mots. Elle vécut pendant quelque temps de sa propre substance et d'espérances lointaines. Puis, après avoir reconnu que la vie de Paris, à laquelle elle aspirait, lui était interdite par la médiocrité de sa fortune, elle se prit à examiner les personnes qui l'entouraient, et frémit de sa solitude. Il ne se trouvait autour d'elle aucun homme qui pût lui inspirer une de ces folies auxquelles les femmes se livrent, poussées par le désespoir que leur cause une vie sans issue, sans événement, sans intérêt. Elle ne pouvait compter sur rien, pas même sur le hasard, car il y a des vies sans hasard. Au temps où l'Empire brillait de toute sa gloire, lors du passage de Napoléon en Espagne, où il envoyait la fleur de ses troupes, les espérances de cette femme, trompées jusqu'alors, se réveillèrent. La curiosité la poussa naturellement à contempler ces héros qui conquéraient l'Europe sur un mot mis à l'ordre du jour, et qui renouvelaient les fabuleux exploits de la chevalerie. Les villes les plus avaricieuses et les plus réfractaires étaient obligées de fêter la garde impériale, au-devant de laquelle allaient les maires et les préfets, une harangue en bouche, comme pour la royauté. Madame de Bargeton, venue à une redoute offerte par un régiment à la ville, s'éprit d'un gentilhomme, simple sous-lieutenant à qui le rusé Napoléon avait montré le bâton de maréchal de France. Cette passion contenue, noble, grande, et qui contrastait avec les passions alors si facilement nouées et dénouées, fut chastement consacrée par la main de la mort. A Wagram, un boulet de canon écrasa sur le cœur du marquis de Cante-Croix le seul portrait qui attestât la beauté de madame de Bargeton. Elle pleura longtemps ce beau jeune homme, qui, en deux campagnes, était devenu colonel, échauffé par la gloire, par l'amour, et qui mettait une lettre de Naïs au-dessus des distinctions impériales. La douleur jeta sur la figure de cette femme un voile de tristesse. Ce nuage ne se dissipa qu'à l'âge terrible où la femme commence à regretter ses belles années passées sans qu'elle en ait joui, où elle voit ses roses se faner, où les désirs d'amour renaissent avec l'envie de prolonger les derniers sourires de la jeunesse. Toutes ses supériorités firent plaie dans son âme au moment où le froid de la province la saisit. Comme l'hermine, elle serait morte de chagrin si, par hasard, elle se fût souillée au contact d'hommes qui ne pensaient qu'à jouer quelques sous, le soir, après avoir bien dîné. Sa fierté la préserva des tristes amours de la province. Entre la nullité des hommes qui l'entouraient et le néant, une femme si supérieure dut préférer le néant. Le mariage et le monde furent donc pour elle un monastère. Elle vécut par la poésie, comme la carmélite vit par la religion. Les ouvrages des illustres étrangers, jusqu'alors inconnus, qui se publièrent de 1815 à 1821, les grands traités de M. de Bonald et ceux de M. de Maistre, ces deux aigles penseurs, enfin les œuvres moins grandioses de la littérature française qui poussa si vigoureusement ses premiers rameaux, lui embellirent sa solitude, mais n'assouplirent ni son esprit ni sa personne. Elle resta droite et forte comme un arbre qui a soutenu un coup de foudre sans en être abattu. Sa dignité se guinda, sa royauté la rendit précieuse et quintessenciée. Comme tous ceux qui se laissent adorer par des courtisans quelconques, elle trônait avec ses défauts. Tel était le passé de madame de Bargeton, froide histoire, nécessaire à dire pour faire comprendre sa liaison avec Lucien, qui fut assez singulièrement introduit chez elle. Pendant le dernier hiver, il était survenu dans la ville une personne qui avait animé la vie monotone que menait madame de Bargeton. La place de directeur des contributions indirectes étant venue à vaquer, M. de Barante envoya pour l'occuper un homme de qui la destinée aventureuse plaidait assez en sa faveur pour que la curiosité féminine lui servît de passe-port chez la reine du pays.

M. du Châtelet, venu au monde Sixte Châtelet tout court, mais qui, dès 1804, avait eu le bon esprit de se qualifier, était un de ces agréables jeunes gens qui, sous Napoléon, échappèrent à toutes les conscriptions en demeurant auprès du soleil impérial. Il avait commencé sa carrière par la place de secrétaire des commandements d'une princesse impériale. M. du Châtelet possédait toutes les incapacités exigées par sa place. Bien fait, joli homme, bon danseur, savant joueur de billard, adroit à tous les exercices, médiocre acteur de société, chanteur de romances, applaudisseur de bons mots, prêt à tout, souple, envieux, il savait et ignorait tout. Ignorant en musique, il accompagnait au piano, tant bien que mal, une femme qui voulait chanter, par complaisance, une romance apprise avec mille peines pendant un mois. Incapable de sentir la poésie, il demandait hardiment la permission de se promener pendant dix minutes pour faire un impromptu, quelque quatrain plat comme un soufflet, et où la rime remplaçait l'idée. M. du Châtelet était encore doué du talent de remplir la tapisserie dont les fleurs avaient été commencées par la princesse; il tenait avec une grâce infinie les écheveaux de soie qu'elle dévidait, en lui disant des riens où la gravelure se cachait sous une gaze plus ou moins trouée. Ignorant en peinture, il savait copier un paysage, crayonner un profil, croquer un costume et le colorier. Enfin il avait tous ces petits talents qui étaient de si grands véhicules de fortune dans un temps où les femmes ont eu plus d'influence qu'on ne le croit sur les affaires. Il se prétendait fort en diplomatie, la science de ceux qui n'en ont aucune et qui sont profonds par leur vide, science d'ailleurs fort commode, en ce sens qu'elle se démontre par l'exercice même de ses hauts emplois, que, voulant des hommes discrets, elle permet aux ignorants de ne rien dire, de se retrancher dans des hochements de tête mystérieux, et qu'enfin l'homme le plus fort en cette science est celui qui nage en tenant sa tête au-dessus du fleuve des événements qu'il semble alors conduire, ce qui devient une question de légèreté spécifique. Là comme dans les arts, il se rencontre mille médiocrités pour un homme de génie. Malgré son service ordinaire et extraordinaire auprès de l'altesse impériale, le crédit de sa protectrice n'avait pu le placer au conseil d'État, non qu'il n'eût fait un délicieux maître des requêtes comme tant d'autres, mais la princesse le trouvait mieux placé près d'elle que partout ailleurs. Cependant il fut nommé baron, vint à Cassel comme envoyé extraordinaire, et y parut, en effet, très-extraordinaire. En d'autres termes, Napoléon s'en servit au milieu d'une crise comme d'un courrier diplomatique. Au moment où l'Empire tomba, le baron du Châtelet avait la promesse d'être nommé ministre en Westphalie, près de Jérôme. Après avoir manqué ce qu'il nommait une ambassade de famille, le désespoir le prit; il fit un voyage en Égypte avec le général Armand de Montriveau. Séparé de son compagnon par des événements bizarres, il avait erré pendant deux ans de désert en désert, de tribu en tribu, captif des Arabes, qui se le revendaient les uns aux autres sans pouvoir tirer le moindre parti de ses talents. Enfin il atteignit les possessions de l'iman de Mascate, pendant que Montriveau se dirigeait sur Tanger; mais il eut le bonheur de trouver à Mascate un bâtiment anglais qui mettait à la voile, et put revenir à Paris un an avant son compagnon de voyage. Ses malheurs récents, quelques liaisons d'ancienne date, des services rendus à des personnages mis en faveur, le recommandèrent au président du conseil, qui le plaça près de M. de Barante, en attendant la première direction libre. Le rôle rempli par M. du Châtelet auprès de l'altesse impériale, sa réputation d'homme à bonnes fortunes, les événements singuliers de son voyage, ses souffrances, tout excita la curiosité des femmes d'Angoulême. Ayant appris les mœurs de la haute ville, M. le baron Sixte du Châtelet se conduisit en conséquence. Il fit le malade, joua l'homme dégoûté, blasé. A tout propos, il se prit la tête comme si ses souffrances ne lui laissaient pas un moment de relâche, petite manœuvre qui rappelait son voyage, et le rendait intéressant. Il alla chez les autorités supérieures, le général, le préfet, le receveur général et l'évêque, mais il se montra partout poli, froid, légèrement dédaigneux, comme les hommes qui ne sont pas à leur place et qui attendent les faveurs du pouvoir. Il laissa deviner ses talents de société, qui gagnèrent à ne pas être connus, puis, après s'être fait désirer, sans avoir lassé la curiosité, après avoir reconnu la nullité des hommes et savamment examiné les femmes pendant plusieurs dimanches à la cathédrale, il reconnut en madame de Bargeton la personne dont l'intimité lui convenait. Il compta sur la musique pour s'ouvrir les portes de cet hôtel impénétrable aux étrangers. Il se procura secrètement une messe de Miroir, l'étudia au piano; puis, un beau dimanche où toute la société d'Angoulême était à la messe, il extasia les ignorants en touchant l'orgue, et réveilla l'intérêt qui s'était attaché à sa personne, en faisant indiscrètement circuler son nom par les gens du bas clergé. Au sortir de l'église, madame de Bargeton le complimenta, regretta de ne pas avoir l'occasion de faire de la musique avec lui; pendant cette rencontre cherchée, il se vit naturellement offrir le passe-port qu'il n'eût pas obtenu s'il l'eût demandé. L'adroit baron vint chez la reine d'Angoulême, à laquelle il rendit des soins compromettants. Ce vieux beau, car il avait quarante-cinq ans, reconnut dans cette femme toute une jeunesse à ranimer, des trésors à faire valoir, peut-être une veuve riche en espérances à épouser, enfin une alliance avec la famille des Nègrepelisse, qui lui permettrait d'aborder à Paris la marquise d'Espard, dont le crédit pouvait lui rouvrir la carrière politique. Malgré le gui sombre et luxuriant qui gâtait cet arbre, il résolut de s'y attacher, de l'émonder, de le cultiver, d'en obtenir de beaux fruits. L'Angoulême noble cria contre l'introduction d'un giaour dans la Casba, car le salon de madame de Bargeton était le cénacle d'une société pure de tout alliage. L'évêque seul y venait habituellement, le préfet y était reçu deux ou trois fois dans l'an; le receveur général n'y pénétrait point, madame de Bargeton allait à ses soirées, à ses concerts, et n'y dînait jamais chez lui. Ne pas voir le receveur général et agréer un simple directeur des contributions, ce renversement de la hiérarchie parut inconcevable aux autorités dédaignées.

Ceux qui peuvent s'initier par la pensée à des petitesses qui se retrouvent d'ailleurs dans chaque sphère sociale, doivent comprendre combien l'hôtel de Bargeton était imposant dans la bourgeoisie d'Angoulême. Quant à l'Houmeau, les grandeurs de ce Louvre au petit pied, la gloire de cet hôtel de Rambouillet angoumoisin brillait à une distance solaire. Tous ceux qui s'y rassemblaient étaient les plus pitoyables esprits, les plus mesquines intelligences, les plus pauvres sires à vingt lieues à la ronde. La politique se répandait en banalités verbeuses et passionnées; la *Quotidienne* y paraissait tiède, Louis XVIII y était traité de Jacobin. Quant aux femmes, la plupart, sottes et sans grâce, se mettaient mal, toutes avaient quelque imperfection qui les faussait, rien n'y était complet, ni la conversation ni la toilette, ni l'esprit ni la chair. Sans ses projets sur madame de Bargeton, Châtelet n'y eût pas tenu. Néanmoins, les manières et l'esprit de caste, l'air gentilhomme, la fierté du noble au petit castel, la connaissance des lois de la politesse, y couvraient tout ce vide. La noblesse des sentiments était beaucoup plus réelle que dans la sphère des grandeurs parisiennes; il y éclatait un respectable attachement *quand même* aux Bourbons. Cette société pouvait se comparer, si cette image est admissible, à une argenterie de vieille forme, noircie, mais pesante. L'immobilité de ses opinions politiques ressemblait à de la fidélité. L'espace mis entre elle et la bourgeoisie, la difficulté d'y parvenir simulaient une sorte d'émulation et lui donnaient une valeur de convention. Chacun de ces nobles avait son prix pour les habitants, comme le cauris représente l'argent chez les nègres du Bambarra. Plusieurs femmes, flattées par M. du Châtelet et reconnaissant en lui de la supériorité qui manquaient aux hommes de leur société, calmèrent l'insurrection des amours-propres : toutes espéraient s'approprier la succession de l'altesse impériale. Les puristes pensèrent qu'on verrait l'intrus chez madame de Bargeton, mais qu'il ne serait reçu dans aucune autre maison. Du Châtelet essuya plusieurs impertinences, mais il se maintint dans sa position en cultivant le clergé. Puis il caressa les défauts que le terroir avait donnés à la reine d'Angoulême, il lui apporta tous les livres nouveaux, il lui lisait les poésies qui paraissaient. Ils s'extasiaient ensemble sur les œuvres des jeunes poètes, elle de bonne foi, lui s'ennuyant, mais prenant en patience les poètes romantiques, qu'en homme de l'école impériale il comprenait peu. Madame de Bargeton, enthousiasmée de la renaissance due à l'influence des lis, aimait M. de Châteaubriand de ce qu'il avait nommé Victor Hugo un enfant sublime. Triste de ne connaître le génie que de loin, elle soupirait après Paris, où vivaient les grands hommes. M. du Châtelet crut alors faire merveille en lui apprenant qu'il existait à Angoulême un autre enfant sublime, un jeune poète qui, sans le savoir, surpassait par son éclat le lever sidéral des constellations parisiennes. Un grand homme futur était né dans l'Houmeau ! Le proviseur du collège avait montré d'admirables pièces de vers au baron. Pauvre et modeste l'enfant était un Chatterton sans lâcheté politique, sans la haine féroce contre les grandeurs sociales, qui poussa le poète anglais à écrire des pamphlets contre ses bienfaiteurs. Au milieu des cinq ou six personnes qui partageaient son goût pour les arts et les lettres, celui-ci parce qu'il raclait un violon, celui-là parce qu'il tachait plus ou moins le papier blanc de quelque sépia, l'un en sa qualité de président de la Société d'agriculture, l'autre en vertu d'une voix de basse qui lui permettait de chanter en manière d'hallali le *Se fiato in corpo avete;* parmi ces figures fantasques, madame de Bargeton se trouvait comme un affamé devant un dîner de théâtre, où les mets sont en carton. Aussi rien ne pourrait-il peindre sa joie au moment où elle apprit cette nouvelle. Elle voulut voir ce poète cet ange ! elle en raffola, elle s'enthousiasma, elle en parla pendant des heures entières. Le surlendemain Lucien courrier diplomatique avait négocié, par le proviseur, la présentation de Lucien chez madame de Bargeton.

Vous seuls, pauvres ilotes de province, pour qui les distances sociales sont plus longues à parcourir que pour les Parisiens, aux yeux desquels elles se raccourcissent de jour en jour, vous sur qui pèsent si durement les grilles entre lesquelles chaque monde s'anathématise et se dit *raca*, vous seuls comprendrez le bouleversement qui laboura la cervelle et le cœur de Lucien Chardon, quand son imposant proviseur lui dit que les portes de l'hôtel de Bargeton allaient s'ouvrir devant lui ! la gloire les avait fait tourner sur leurs gonds ; il serait bien accueilli dans cette maison dont les vieux pignons attiraient son regard quand il se promenait le soir à Beaulieu avec David, en se disant que leurs noms ne parviendraient peut-être jamais à ces oreilles dures à la science lorsqu'elle partait de trop bas. Sa sœur fut seule initiée à ce secret. En bonne ménagère, en divine devineresse, Ève sortit quelques louis du trésor pour aller acheter à Lucien des souliers fins chez le meilleur bottier d'Angoulême, un habillement neuf chez le plus célèbre tailleur. Elle lui garnit sa meilleure chemise d'un jabot qu'elle blanchit et plissa elle-même. Quelle joie, quand elle le vit ainsi vêtu ! combien elle fut fière de son frère ! combien de recommandations ! Elle devina mille petites niaiseries. L'entraînement de la méditation avait donné à Lucien l'habitude de s'accouder aussitôt qu'il était assis, il allait jusqu'à attirer une table pour s'y appuyer ; Ève lui défendit de se laisser aller dans le sanctuaire aristocratique à des mouvements sans gêne. Elle l'accompagna jusqu'à la porte Saint-Pierre, arriva presque en face de la cathédrale, le regarda pour aller à la promenade, où l'attendait M. du Châtelet. Puis la pauvre fille demeura tout émue, comme si quelque grand événement se fût accompli. Lucien chez madame de Bargeton, c'était pour Ève l'aurore de la fortune. La sainte créature, elle ignorait que là où l'ambition commence les naïfs sentiments cessent. En arrivant dans la rue du Minage, les choses extérieures n'étonnèrent point Lucien. Ce Louvre, tant agrandi par ses idées, était une maison bâtie en pierre tendre particulière au pays, et dorée par le temps. L'aspect, assez triste sur la rue, était intérieurement des plus simple : c'était la cour de province, froide et propre; une architecture sobre, quasi monastique, bien conservée. Lucien monta par un vieil escalier à balustres de châtaignier, dont les marches cessèrent d'être en pierre à partir du premier étage. Après avoir traversé une antichambre mesquine, un grand salon peu éclairé, il trouva la souveraine dans un petit salon lambrissé de boiseries sculptées dans le goût du dernier siècle et peintes en gris. Le dessus des portes était en camaïeu. Un vieux damas rouge, maigrement ac-

compagné, décorait les panneaux. Les meubles de vieille forme se cachaient piteusement sous des housses à carreaux rouges et blancs. Le poète aperçut madame de Bargeton assise sur un canapé à petit matelas piqué, devant une table ronde couverte d'un tapis vert, éclairée par un flambeau de vieille forme, à deux bougies et à garde-vue. La reine ne se leva point, elle se tortilla fort agréablement sur son siège en souriant au poète, que ce frétinossement serpentin émut beaucoup, il le trouva distingué.

L'excessive beauté de Lucien, la timidité de ses manières, sa voix, tout en lui saisit madame de Bargeton. Le poète était déjà la poésie. Le jeune homme examina, par de discrètes œillades, cette femme, qui lui parut en harmonie avec son renom ; elle ne trompait aucune de ses idées sur la grande dame. Madame de Bargeton portait, suivant une mode nouvelle, un béret tailladé en velours noir. Cette coiffure comporte un souvenir du moyen âge qui en impose à un jeune homme en amplifiant pour ainsi dire, la femme. Il s'en échappait une forte chevelure d'un blond rouge, dorée à la lumière, ardente au contour des boucles. La noble dame avait le teint éclatant par lequel une femme rachète les prétendus inconvénients de cette fauve couleur. Ses yeux gris étincelaient, son front, déjà ridé, les couronnait bien par sa masse blanche hardiment taillée en plein renom ; ils étaient cernés par une marge nacrée où, de chaque côté du nez, deux veines bleues faisaient ressortir la blancheur de ce brillant encadrement. Le nez offrait une courbure bourbonnienne, qui ajoutait au feu d'un visage long en présentant comme un point brillant où se peignait le royal entraînement des Condé. Les cheveux ne cachaient pas entièrement le cou. La robe, négligemment croisée, laissait voir une poitrine de neige, où l'œil devinait une gorge intacte et bien placée. De ses doigts effilés et soignés, mais un peu secs, madame de Bargeton fit au jeune poète un geste amical, pour lui indiquer la chaise qui était près d'elle. M. du Châtelet prit un fauteuil. Lucien s'aperçut alors qu'ils étaient seuls.

La conversation de madame de Bargeton enivra le poète de l'Houmeau. Les trois heures passées près de madame de Bargeton furent un de ces rêves que l'on voudrait rendre éternels. Il trouva cette femme plutôt maigre que maigre, amoureuse sans amour, maladive malgré sa force, ses défauts, ses manières exagérantes, lui plurent, car les jeunes gens commencent par aimer l'exagération, ce mensonge des belles âmes. Il ne remarqua point les fleurs des joues couperosées sur les pommettes et auxquelles les ennuis et quelques souffrances avaient donné des tons de brique. Son imagination s'empara d'abord de ces yeux de feu, de ces boucles élégantes où ruissellait la lumière, de cette éclatante blancheur, points lumineux auxquels il se prit comme un papillon aux bougies. Puis cette âme parla trop à la sienne pour qu'il pût juger la femme. L'entrain de cette exaltation féminine, la verve des phrases, un peu vieilles, que répétait depuis longtemps madame de Bargeton, mais qui lui parurent neuves, le fascinèrent d'autant mieux, qu'il voulait trouver tout bien. Il n'avait point apporté de poésie à lire, mais il n'en fut pas question : il avait oublié ses vers pour avoir le droit de revenir madame de Bargeton n'en avait point parlé pour l'engager à lui faire quelque lecture un autre jour. N'était-ce pas une première entente? M. Sixte du Châtelet fut mécontent de cette réception. Il aperçut tardivement un rival dans ce beau jeune homme, qu'il reconduisit jusqu'au détour de la première rampe au-dessous de Beaulieu, pour le dessein de le soumettre à sa diplomatie. Lucien ne fut pas médiocrement étonné d'entendre le directeur des contributions indirectes se vantant de l'avoir introduit, et lui donnant à ce titre des conseils.

« Plût à Dieu qu'il fût mieux traité que lui, disait M. du Châtelet. La cour était moins impertinente que cette société de ganaches. On y recevait des blessures mortelles, on y essuyait d'affreux dédains. La révolution de 1789 recommencerait si ces gens-là ne se réformaient pas. Quant à lui, s'il continuait d'aller dans cette maison, c'était par goût pour madame de Bargeton, la seule femme un peu propre qu'il y eût à Angoulême, à laquelle il avait fait la cour par désœuvrement, et de laquelle il était devenu follement amoureux. Il allait bientôt la posséder, il était aimé, tout le lui présageait. La soumission de cette reine orgueilleuse serait la seule vengeance qu'il tirerait de cette sotte maisonnée de hobereaux. »

Châtelet exprima sa passion en homme capable de tuer un rival s'il en rencontrait un. Le vieux papillon impérial tomba de tout son poids sur le pauvre poète, en essayant de l'écraser sous son importance, et de lui faire peur. Il se grandit en racontant les périls de son voyage grossis, mais s'il imposa à l'imagination du poète, il n'effraya point l'amant.

Depuis cette soirée, nonobstant le vieux fat, malgré ses menaces et sa contenance de spadassin bourgeois, Lucien était revenu chez madame de Bargeton, d'abord avec la discrétion d'un homme de l'Houmeau, puis il se familiarisa bientôt avec ce qui lui avait paru d'abord une énorme faveur. Le fils d'un pharmacien fut pris, par les gens de cette société, pour un être sans conséquence. Dans les commencements, si quelque gentilhomme ou quelques femmes venus en visite chez Naïs rencontraient Lucien, tous avaient pour lui l'accablante politesse dont usent les gens comme il faut avec leurs inférieurs. Lucien trouva d'abord ce monde fort gracieux ; mais, plus tard, il reconnut le sentiment d'où procédaient ces fallacieux égards. Bientôt il surprit quelques airs protecteurs qui remuèrent son fiel, et le confirmèrent dans les haineuses idées républicaines par lesquelles beaucoup de ces futurs patriciens préludent avec la haute société. Mais combien de souffrances n'auraient-il pas endurées pour Naïs, qu'il entendait nommer ainsi, car entre eux les intimes de ce clan, de même que les grands d'Espagne et les personnages de la *crème* à Vienne, s'appelaient, hommes et femmes, par leurs petits noms, dernière nuance inventée pour mettre une distinction au cœur de l'aristocratie angoumoisine.

Naïs fut aimée comme tout jeune homme aime la première femme qui le flatte, car Naïs pronostiquait un grand avenir, une gloire immense à Lucien. Madame de Bargeton usa de toute son adresse pour établir chez elle son poète : non-seulement elle l'exaltait outre mesure, mais elle le représentait comme un enfant sans fortune qu'elle voulait placer ; elle le rapetissait pour le garder, elle en faisait son lecteur, son secrétaire ; mais elle l'aimait plus qu'elle ne croyait pouvoir aimer, après l'affreux malheur qui lui était advenu. Elle se traitait fort mal intérieurement, elle se disait que ce serait une folie d'aimer un jeune homme de vingt ans, qui, par sa position, était déjà si loin d'elle. Ses familiarités étaient capricieusement démenties par les fiertés que lui inspiraient ses scrupules. Elle se montrait tour à tour altière et protectrice, tendre et flatteuse. D'abord intimidé par le haut rang de cette femme, Lucien eut donc toutes les terreurs, les espoirs et les désespérances qui martèlent le premier amour et le mettent si avant dans le cœur par les coups que frappent alternativement la douleur et le plaisir. Pendant deux mois, il vit en elle une bienfaitrice qui allait s'occuper de lui maternellement. Mais les confidences commencèrent. Madame de Bargeton appela son poète cher Lucien, puis cher, tout court. Le poète enhardi nomma cette grande dame Naïs. En l'entendant lui donner ce nom, elle eut une de ces colères qui séduisent tant un enfant ; elle lui reprocha de prendre le nom dont se servait tout le monde. La noble Nègrepelisse offrit à ce bel ange un de ses noms, elle voulut être Louise pour lui. Lucien atteignit au troisième ciel de l'amour. Un soir, Lucien étant entré pendant que Louise contemplait un portrait qu'elle serra promptement, il voulut le voir. Pour calmer le désespoir d'un premier accès de jalousie, Louise montra le portrait du jeune Cante-Croix, et raconta, non sans larmes, la douloureuse histoire de ses amours, si purs et si cruellement étouffées. S'essayait-elle à quelque infidélité envers son mort, ou avait-elle inventé de faire à Lucien un rival de ce portrait ? Lucien était trop jeune pour analyser sa maîtresse, il se désespéra naïvement, car elle ouvrit la campagne pendant laquelle les femmes font battre en brèche des scrupules plus ou moins ingénieusement fortifiés. Leurs discussions sur les devoirs, sur les convenances, sur la religion, sont comme des places fortes qu'elles aiment à voir prendre d'assaut. L'innocent Lucien n'avait pas besoin de ces coquetteries, il eût guerroyé tout naturellement.

— Je ne mourrai pas, moi, je vivrai pour vous, dit audacieusement un soir Lucien, qui voulut en finir avec M. de Cante-Croix, et qui jeta sur Louise un regard où se peignait une passion arrivée à terme.

Effrayée des progrès que ce nouvel amour faisait chez elle et chez son poète, elle lui demanda les vers promis pour la première page de son album, en cherchant un sujet de querelle dans le retard qu'il mettait à les faire. Que devint-elle en lisant les deux stances suivantes, qu'elle trouva naturellement plus belles que les meilleures de M. de Lamartine :

> Le magique pinceau, les muses mensongères,
> N'ornai ont pas toujours de mes feuilles légères
>   Le fidèle vélin,
> Et le crayon furtif de ma belle maîtresse
> Me confia souvent sa secrète allégresse
>   Ou son muet chagrin.
>
> Ah ! quand ses doigts plus lourds à mes pages finies
> Demanderont raison des riches destinées
>   Que lui tient l'avenir,
> Alors veuille l'Amour que de ce beau voyage
>   Le fécond souvenir
> Soit doux à contempler comme un ciel sans nuage !

— Est-ce bien moi qui vous les ai dictés ? dit-elle.

Ce soupçon, inspiré par la coquetterie d'une femme, qui se plaisait à jouer avec le feu, fit venir une larme aux yeux de Lucien ; elle le calma en le baisant au front pour la première fois. Lucien fut décidément un grand homme, qu'elle voulut former. Elle imagina de lui apprendre l'italien et l'allemand, de dégourdir ses manières, elle trouva là des prétextes pour l'avoir toujours chez elle, à la barbe de ses ennuyeux courtisans. Quel intérêt dans sa vie ! Elle se remit à la musique pour son poète à qui elle révéla le monde musical, elle lui joua quelques beaux morceaux de Beethoven, et le ravit, heureuse de sa joie, elle lui disait hypocritement en le voyant à demi pâmé : — Ne peut-on pas se contenter de ce bonheur ? Le pauvre poète avait la bêtise de répondre : — Oui.

Enfin, les choses arrivèrent à un tel point que Louise avait fait dîner Lucien avec elle dans la semaine précédente, en tiers avec M. de Bargeton. Malgré cette précaution, toute la ville sut le fait et le tint pour si exorbitant, que chacun se demanda s'il était vrai. Ce fut une rumeur affreuse. A plusieurs, la société parut à la veille d'un bouleversement. D'autres s'écrièrent : Voilà le fruit des doctrines libérales ! Le jaloux du Châtelet apprit alors que madame Charlotte, qui gardait les femmes en couches, était madame Chardon, mère du Chateaubriand de l'Houmeau, disait-il. Cette expression passa pour un bon mot. Madame de Chandour accourut la première chez madame de Bargeton.

— Savez-vous, chère Naïs, ce dont tout Angoulême parle ? lui dit-elle, le petit poétriau a pour mère madame Charlotte, qui gardait il y a deux mois ma belle-sœur en couches.

— Ma chère, dit madame de Bargeton en prenant un air tout à fait royal, qu'y a-t-il d'extraordinaire à ceci ? n'est-elle pas la veuve d'un apothicaire ? une pauvre destinée pour une demoiselle de Rubempré. Supposons-nous sans un sou vaillant... que ferions-nous pour vivre, nous ? comment nourririez-vous vos enfants ?

Le sang-froid de madame de Bargeton tua les lamentations de la noblesse. Les âmes grandes sont toujours disposées à faire une vertu d'un malheur. Puis, dans la persistance à faire un bien qu'on incrimine, il se trouve d'invincibles attraits : l'innocence a le piquant du vice. Dans la soirée, le salon de madame de Bargeton fut plein de ses amis, venus pour lui faire des remontrances. Elle déploya toute la causticité de son esprit : elle dit que si les gentilshommes ne pouvaient être ni Molière, ni Racine, ni Rousseau, ni Voltaire, ni Massillon, ni Beaumarchais, ni Diderot, il fallait bien accepter les tapissiers, les horlogers, les couteliers dont les enfants devenaient des grands hommes. Elle dit que le génie était toujours gentilhomme. Elle gourmanda les hobereaux sur le peu d'entente de leurs vrais intérêts. Enfin elle dit beaucoup de bêtises qui auraient éclairé des gens moins niais, mais ils en firent honneur à son originalité. Elle conjura donc l'orage à coups de canon. Quand Lucien, mandé par elle, entra pour la première fois dans le vieux salon fané où l'on jouait au whist à quatre tables, elle lui fit un gracieux accueil, et le présenta en reine qui voulait être obéie. Elle appela le directeur des contributions, M. Châtelet, et le pétrifia en lui faisant comprendre qu'elle connaissait l'illégale superfétation de sa particule. Lucien fut dès ce soir violemment introduit dans la société de madame de Bargeton, mais il y fut accepté comme une substance vénéneuse que chacun se promit d'expulser en la soumettant aux réactifs de l'impertinence. Malgré ce triomphe, Naïs perdit de son empire : il y eut des dissidents qui tentèrent d'émigrer. Par le conseil de M. Châtelet, Amélie, qui était madame de Chandour, résolut d'élever autel contre autel en recevant chez elle les mercredis. Madame de Bargeton ouvrait son salon tous les soirs, et les gens qui venaient chez elle étaient si routiniers, si bien habitués à se retrouver devant les mêmes tapis, à jouer aux mêmes trictracs, à voir les gens, les flambeaux, à mettre leurs manteaux, leurs doubles souliers, leurs chapeaux dans le même couloir, qu'ils aimaient les marches de l'escalier autant que la maîtresse de la maison. Tous se résignèrent à subir le chardonneret du sacré bocage, dit Alexandre de Brébian, autre bon mot. Enfin le président de la Société d'agriculture apaisa la sédition par une observation magistrale.

— Avant la Révolution, dit-il, les plus grands seigneurs recevaient Duclos, Grimm, Crébillon, tous gens qui, comme ce petit poète de l'Houmeau, étaient sans conséquence mais ils n'admettaient point les receveurs des tailles, ce qu'est, après tout, Châtelet.

Du Châtelet paya peu à peu Chardon, qui lui marqua de la froideur. En se sentant attaqué, le directeur des contributions, qui, depuis le moment où il l'avait appelé Châtelet, s'était juré à lui-même de posséder madame de Bargeton, entra dans les vues de la maîtresse du logis ; il soutint le jeune poète en se déclarant son ami. Ce grand diplomate dont s'était si maladroitement privé l'empereur caressa Lucien, il se dit son ami. Pour lancer le poète, il donna un dîner où se trouvèrent le préfet, le receveur général, le colonel du régiment en garnison, le directeur de l'école de Marine, le président du tribunal, enfin toutes les sommités administratives. Le pauvre poète fut fêté si grandement, que tout autre qu'un jeune homme de vingt-deux ans aurait véhémentement soupçonné de mystification les louanges au moyen desquelles on abusa de lui. Au dessert, Châtelet fit réciter à son rival une ode de Sardanapale mourant, le chef-d'œuvre du moment. En l'entendant, le proviseur du collège, homme flegmatique, battit des mains en disant que Jean-Baptiste Rousseau n'avait pas mieux fait. Le baron Sixte Châtelet pensa que le petit rimeur crèverait tôt ou tard dans la serre chaude des louanges, ou que, dans l'ivresse de sa gloire anticipée, il se permettrait quelques impertinences qui le feraient rentrer dans son obscurité primitive. En attendant le décès de ce génie, il parut immoler ses prétentions aux pieds de madame de Bargeton, mais, avec l'habileté des roués, il avait arrêté son plan, et suivi avec une attention stratégique la marche des deux amants en épiant l'occasion d'exterminer Lucien. Il s'éleva dès lors dans Angoulême et dans les environs un bruit sourd qui proclamait l'existence d'un grand homme en Angoumois. Madame de Bargeton était généralement louée pour les soins qu'elle prodiguait à ce jeune aigle. Une fois sa conduite approuvée, elle voulut obtenir une sanction générale. Elle tambourina dans le département une soirée à glaces, à gâteaux et à thé, grande innovation dans une ville où le thé se vendait encore chez les apothicaires, comme une drogue employée contre les indigestions. La fleur de l'aristocratie fut conviée pour entendre une grande œuvre que devait lire Lucien.

Louise avait caché les difficultés vaincues à son ami, mais elle lui toucha quelques mots de la conjuration formée contre lui par le monde, car elle ne voulait pas lui laisser ignorer les dangers de la carrière que doivent parcourir les hommes de génie, et où se rencontrent des obstacles infranchissables aux courages médiocres. Elle fit de cette victoire un enseignement. De ses blanches mains, elle lui montra la gloire achetée par de continuels supplices, elle lui parla du bûcher des martyrs à traverser, elle lui beurra ses plus belles tartines et les panacha de ses plus pompeuses expressions. Ce fut une contrefaçon des improvisations qui déparent le roman de Corinne. Louise se trouva si grande par son éloquence, qu'elle aima davantage le Benjamin qui le lui inspirait : elle lui conseilla de répudier audacieusement son père en prenant le noble nom de Rubempré, sans se soucier des criailleries soulevées par un échange que d'ailleurs le roi légitimerait. Ces mots, le roi, la marquise d'Espard, la cour, Lucien vit comme un feu d'artifice, et la nécessité de ce baptême lui fut prouvée.

— Cher petit, lui dit Louise d'une voix tendrement moqueuse, plus tôt il se fera, plus vite il sera sanctionné.

Elle souleva l'une après l'autre les couches successives de l'état social, et fit compter au poëte les échelons qu'il franchissait soudain par cette habile détermination. En un instant, elle fit abjurer à Lucien ses idées populacières sur la chimérique égalité de 1793, elle réveilla chez lui la soif des distinctions que la froide raison de David avait calmée, elle lui montra la haute société comme le seul théâtre sur lequel il devait se tenir. Le haineux libéral devint monarchique *in petto*. Lucien mordit à la pomme du luxe aristocratique et de la gloire. Il jura d'apporter aux pieds de sa dame une couronne, fût-elle ensanglantée ; il la conquerrait à tout prix, *quibuscumque viis*. Pour prouver son courage, il raconta ses souffrances actuelles, qu'il avait cachées à Louise, conseillé par cette indéfinissable pudeur attachée aux premiers sentiments, et qui défend au jeune homme d'étaler ses grandeurs, tant il aime à voir apprécier son âme dans son *incognito*. Il peignit les étreintes d'une misère supportée avec orgueil, ses travaux chez David, ses nuits employées à l'étude. Cette jeune ardeur rappela le colonel de vingt-six ans à madame de Bargeton, dont le regard s'amollit. En voyant la faiblesse gagner son imposante maîtresse, Lucien prit une main qu'on lui laissa prendre, et la baisa avec la furie du poëte, du jeune homme, de l'amant. Louise alla jusqu'à permettre au fils de l'apothicaire d'atteindre à son front et d'y imprimer ses lèvres palpitantes.

— Enfant ! enfant ! si l'on nous voyait, je serais bien ridicule, dit-elle en se réveillant d'une torpeur extatique.

Pendant cette soirée, l'esprit de madame de Bargeton fit de grands ravages dans ce qu'elle nommait les préjugés de Lucien. A l'entendre, les hommes de génie n'avaient ni frères ni sœurs, ni pères ni mères, les grandes œuvres qu'ils devaient édifier leur imposant un apparent égoïsme, en les obligeant de tout sacrifier à leur grandeur. Si la famille souffrait d'abord des dévorantes exactions perçues par un cerveau gigantesque, plus tard elle recevait au centuple le prix des sacrifices de tout genre exigés par les premières luttes d'une royauté contrariée, en partageant les fruits de la victoire. Le génie ne relevait que de lui-même, il était seul juge de ses moyens, car lui seul connaissait la fin : il devait donc se mettre au-dessus des lois, appelé qu'il était à les refaire ; d'ailleurs, qui s'empare de son siècle peut tout prendre, tout risquer, car tout est à lui. Elle citait les commencements de la vie de Bernard de Palissy, de Louis XI, de Fox, de Napoléon, de Christophe Colomb, de César, et de tous les illustres joueurs, d'abord criblés de dettes ou misérables, incompris, tenus pour fols, pour mauvais fils, mauvais pères, mauvais frères, mais qui plus tard devenaient l'orgueil de la famille, du pays, du monde.

Ces raisonnements abondaient dans les vices secrets de Lucien et avançaient la corruption de son cœur ; car, dans l'ardeur de ses désirs, il admettait les moyens *a priori*. Mais ne pas réussir est un crime de lèse-majesté sociale. Un vaincu n'a-t-il pas alors assassiné toutes les vertus bourgeoises sur lesquelles repose la société, qui chasse avec horreur les Marius assis devant leurs ruines ! Lucien ne se savait pas entre l'infamie des bagnes et les palmes du génie ; il planait sur le Sinaï des prophètes, sans comprendre qu'au bas s'étend une mer Morte, l'horrible suaire de Gomorrhe.

Louise débrida si bien le cœur et l'esprit de son poëte des langes dont les avait enveloppés la vie de province, que Lucien voulut éprouver madame de Bargeton afin de savoir s'il pouvait, sans éprouver la honte d'un refus, conquérir cette haute proie. La soirée annoncée lui donna l'occasion de tenter cette épreuve. L'ambition se mêlait à son amour. Il aimait et voulait s'élever, double désir bien naturel chez les jeunes gens qui ont un cœur à satisfaire et l'indigence à combattre. En conviant aujourd'hui tous ses enfants à un même festin, la société réveille leurs ambitions dès le matin de la vie. Elle destitue la jeunesse de ses grâces et vicie la plupart de ses sentiments généreux en y mêlant des calculs. La poésie voudrait qu'il en fût autrement ; mais le fait vient trop souvent démentir la fiction à laquelle on voudrait croire, pour qu'on puisse se permettre de représenter le jeune homme autrement qu'il est au dix-neuvième siècle. Le calcul de Lucien lui parut fait au profit d'un beau sentiment, de son amitié pour David.

Lucien écrivit une longue lettre à sa Louise, car il se trouva plus hardi la plume à la main que la parole à la bouche. En douze feuillets trois fois recopiés, il raconta le génie de son père, ses espérances perdues, et la misère horrible à laquelle il était en proie. Il peignit sa chère sœur comme un ange, David comme un Cuvier futur, qui, avant d'être un grand homme, était un frère, un ami pour lui, il se croirait indigne d'être aimé de Louise, sa première gloire, s'il ne lui demandait pas de faire pour David ce qu'elle faisait pour lui-même. Il renoncerait à tout plutôt que de trahir David Séchard, il voulait que David assistât à son succès. Il écrivit une de ces lettres folles où les jeunes gens opposent le pistolet à un refus, où tourne le casuisme de l'enfance, où parle la logique insensée des belles âmes ; délicieux verbiage brodé de ces déclarations naïves échappées du cœur à l'insu de l'écrivain, et que les femmes aiment tant. Après avoir remis cette lettre à la femme de chambre, Lucien était venu passer la journée à corriger des épreuves, à diriger quelques travaux, à mettre en ordre les petites affaires de l'imprimerie, sans rien dire à David. Dans ces jours où le cœur est encore enfant, les jeunes gens ont de ces sublimes discrétions. D'ailleurs peut-être Lucien commençait-il à redouter la hache de Phocion, que savait manier David peut-être craignait-il la clarté d'un regard qui allait au fond de l'âme. Après la lecture de Chénier, son secret avait passé de son cœur sur ses lèvres, atteint par un reproche qu'il sentit comme le doigt que pose un médecin sur une plaie.

Maintenant embrassez les pensées qui durent assaillir Lucien pendant qu'il descendait d'Angoulême à l'Houmeau. Cette grande dame s'était-elle fâchée ? allait-elle recevoir David chez elle ? Quoique, avant de baiser Louise au front, Lucien eût pu mesurer la distance qui sépare une reine de son favori, il ne se disait pas que David ne pouvait franchir en un clin d'œil l'espace qu'il avait mis cinq mois à parcourir. Ignorant combien était absolu l'ostracisme prononcé sur les petites gens, il ne savait pas qu'une seconde tentative de ce genre serait la perte de madame de Bargeton. Atteinte et convaincue de s'être encanaillée, Louise serait obligée de quitter la ville, où sa caste la fuirait comme au moyen âge on fuyait un lépreux. Le clan des hautes aristocratie et le clergé lui-même défendraient Naïs envers et contre tous, au cas où elle se permettrait une faute, mais le crime de voir mauvaise compagnie ne lui serait jamais remis, car, si l'on excuse les fautes du pouvoir, on le condamne après son abdication. Or, recevoir David, n'était-ce pas abdiquer ? Si Lucien n'embrassait pas ce côté de la question, son instinct aristocratique lui faisait pressentir bien d'autres difficultés qui l'épouvantaient. La noblesse des sentiments ne donne pas inévitablement la noblesse des manières. Si Racine avait l'air du plus complet courtisan, Corneille ressemblait fort à un marchand de bœufs. Descartes avait la tournure d'un bon négociant hollandais. Souvent, en rencontrant Montesquieu son râteau sur l'épaule, son bonnet de nuit sur la tête, les visiteurs de la Brède le prirent pour un vulgaire jardinier. L'usage du monde, quand il n'est pas un don de haute naissance, une science sucée avec le lait ou transmise par le sang, constitue une éducation que le hasard doit seconder par une certaine élégance de formes, par une distinction dans les traits, par un timbre de voix. Toutes ces grandes petites choses manquaient à David, tandis que la nature en avait doué son ami. Gentilhomme par sa mère, Lucien avait jusqu'au pied haut courbé du Franc ; tandis que David Séchard avait les pieds plats du Welche et l'encolure de son père le pressier. Lucien entendait les railleries qui pleuvraient sur David, il lui semblait voir le sourire que réprimerait madame de Bargeton. Enfin, sans avoir précisément honte de son frère, il se promettait de ne plus écouter ainsi son premier mouvement, et de le discuter à l'avenir.

Donc après l'heure de la poésie et du dévouement, après une lecture qui venait de montrer aux deux amis les campagnes littéraires éclairées par un nouveau soleil, l'heure de la politique et des calculs sonnait pour Lucien. En rentrant dans l'Houmeau, il se repentait de sa lettre, il aurait voulu la reprendre ; car il apercevait par une échappée les impitoyables lois du monde. En devinant combien la fortune acquise favorisait l'ambition, il lui coûtait de retirer son pied du premier bâton de l'échelle par laquelle il devait monter à l'assaut des grandeurs. Puis les images de sa vie simple et tranquille, parée des plus vives fleurs du sentiment, ce David plein de génie qui l'avait si noblement aidé, qui lui donnerait au besoin sa vie, sa mère, si grande dame dans son abaissement, et qui le croyait aussi bon qu'il était spirituel ; sa sœur, cette fille si gracieuse dans sa résignation, son enfance si pure et sa conscience encore blanche ; ses espérances, qu'aucune bise n'avait effanées, tout refleurissait dans son souvenir. Il se disait alors qu'il était plus beau de percer les épais bataillons de la tourbe aristocratique ou bourgeoise à coups de succès que de parvenir par les faveurs d'une femme. Son génie luisait tôt ou tard comme celui de tant d'hommes, ses prédécesseurs, qui avaient dompté la société ; les femmes l'aimeraient alors ! L'exemple de Napoléon, si fatal au dix-neuvième siècle par les prétentions qu'il inspire à tant de gens médiocres, apparut à Lucien qui jeta ses calculs au vent en se les reprochant. Ainsi était fait Lucien, il allait du mal au bien, du bien au mal avec une égale facilité. Au lieu de l'amour que le savant porte à sa retraite, Lucien éprouvait depuis un mois une sorte de honte en apercevant la boutique où se lisait en lettres jaunes sur un fond vert :

Pharmacie de POSTEL, *successeur de* CHARDON.

Le nom de son père, écrit ainsi dans un lieu par où passaient toutes les voitures, lui blessait la vue. Le soir où il franchit sa porte ornée d'une petite grille à barreaux de mauvais goût, pour se produire à Beaulieu, parmi les jeunes gens les plus élégants de la haute ville en donnant le bras à madame de Bargeton, il avait étrangement déploré le désaccord qu'il reconnaissait entre cette habitation et sa bonne fortune.

— Aimer madame de Bargeton, la posséder bientôt peut-être, et loger dans ce nid à rats ! se disait-il en débouchant par l'allée dans la petite cour où plusieurs paquets d'herbes bouillies étaient à allés le long des murs, où l'apprenti récurait les chaudrons du laboratoire, où M. Postel, ceint d'un tablier de préparateur, une cornue à la main, examinait un produit chimique tout en jetant l'œil sur sa boutique, et s'il regardait trop attentivement sa drogue, il avait l'oreille à la sonnette. L'odeur des camomilles, des menthes, de plusieurs plantes distillées, remplissait la cour et le modeste appartement où l'on montait par un de ces escaliers droits appelés des escaliers de meunier, sans autre rampe que deux cordes. Au-dessus était l'unique chambre en mansarde où demeurait Lucien.

— Bonjour, mon fiston, lui dit M. Postel, le véritable type du boutiquier de province. Comment va notre petite santé ? Moi, je viens de faire une expérience sur la mélasse, mais il aurait fallu votre père pour trouver ce que je cherche. C'était un fameux homme, celui-là ! Si j'avais connu son secret contre la goutte, nous roulerions tous deux carrosse aujourd'hui !

Il ne se passait pas de semaine que le pharmacien, aussi bête qu'il était bonhomme, ne donnât un coup de poignard à Lucien en lui parlant de la fatale discrétion que son père avait gardée sur sa découverte.

— C'est un grand malheur, répondit brièvement Lucien qui commençait à trouver la fantaisie d'un peintre auraient mis une grosse figure grêlée prédécesseur, lequel après l'honnête Postel secourut la veuve et les enfants de son maître.

— Qu'avez-vous donc ? demanda M. Postel en posant son éprouvette sur la table du laboratoire.

— Est-il venu quelque lettre pour moi ?

— Oui, une qui flaire comme baume ! elle est auprès de mon pupitre sur le comptoir.

La lettre de madame de Bargeton mêlée aux bocaux de la pharmacie ! Lucien s'élança dans la boutique.

— Dépêche-toi, Lucien ! ton dîner t'attend depuis une heure, il sera froid, cria doucement une jolie voix à travers une fenêtre entr'ouverte et que Lucien n'entendit pas.

— Il est toqué, votre frère, mademoiselle, dit Postel en levant le nez.

Ce célibataire, assez semblable à une petite tonne d'eau-de-vie sur laquelle la fantaisie d'un peintre aurait mis une grosse figure grêlée de petite vérole et rougeaude, prit en regardant Ève un air cérémonieux et agréable qui prouvait qu'il pensait à épouser la fille de son prédécesseur, sans pouvoir mettre fin au combat que l'amour et l'intérêt se livraient dans son cœur. Aussi disait-il souvent à Lucien en souriant la phrase qu'il lui redit quand le jeune homme repassa près de lui : — Elle est fameusement jolie, votre sœur ! Vous n'êtes pas mal non plus !

Ève était une grande brune, aux cheveux noirs, aux yeux bleus. Quoiqu'elle offrît les symptômes d'un caractère viril, elle était douce, tendre et dévouée. Sa candeur, sa naïveté, sa tranquille résignation à une vie laborieuse, sa sagesse que nulle médisance n'attaquait, avaient dû séduire David Séchard. Aussi, depuis leur première entrevue, une sourde et simple passion s'était-elle émue entre eux, à l'allemande, sans manifestations bruyantes ni déclarations empressées. Chacun d'eux avait pensé secrètement à l'autre, comme s'ils eussent été séparés par quelque mari jaloux que ce sentiment aurait offensé.

Tous deux se cachaient de Lucien, à qui peut-être ils croyaient porter quelque dommage. David avait peur de ne pas plaire à Ève, qui, de son côté, se laissait aller aux timidités de l'indigence. Une véritable ouvrière aurait eu de la hardiesse, mais une enfant bien élevée et déchue se conformait à sa triste fortune. Modeste en apparence, fière en réalité, Ève ne voulait pas courir sus au fils d'un homme qui passait pour riche. En ce moment, les gens au fait de la valeur croissante des propriétés estimaient à plus de quatre-vingt mille francs le domaine de Marsac, sans compter les terres que le vieux Séchard, riche d'économies, heureux à la récolte, habile à la vente, devait y joindre en guettant les occasions. David était peut-être la seule personne qui sût rien de la fortune de son père. Pour lui, Marsac était une bicoque achetée en 1810, quinze ou seize mille francs, où il allait une fois par an au temps des vendanges, et où son père le promenait à travers les vignes, en lui vantant des récoltes que l'imprimeur ne voyait jamais, et dont il se souciait fort peu. L'amour d'un savant habitué à la solitude, et qui agrandit encore les sentiments en s'en exagérant les difficultés, voulait être encouragé car, pour David, Ève était une femme plus imposante que ne l'est une grande dame pour un simple clerc. Gauche et inquiet près de son idole, aussi pressé de partir que d'arriver, l'imprimeur contenait sa passion au lieu de l'exprimer. Souvent, le soir, après avoir forgé quelque prétexte pour consulter Lucien, il descendait de la place du Mûrier jusqu'à l'Houmeau, par la porte Palet ; mais en atteignant la porte verte à barreaux de fer, il s'enfuyait, craignant de venir trop tard ou de paraître importun à Ève, qui sans doute était couchée. Quoique ce grand amour ne se révélât que par de petites choses, Ève l'avait bien compris, elle était flattée sans orgueil de se voir l'objet du profond respect imprimé dans les regards, dans les paroles, dans les manières de David, mais la plus grande séduction de l'imprimeur était son fanatisme pour Lucien : il avait deviné le meilleur moyen de plaire à Ève. Pour dire en quoi les muettes délices de cet amour différaient des passions tumultueuses, il faudrait le comparer aux fleurs champêtres opposées aux éclatantes fleurs des parterres. C'étaient des regards doux et délicats comme les lotos bleus qui nagent sur les eaux, des expressions fugitives comme les faibles parfums de l'églantine, des mélancolies tendres comme le velours des mousses ; fleurs de deux belles âmes qui naissaient d'une terre riche, féconde, immuable. Ève avait plusieurs fois déjà deviné la force cachée sous cette faiblesse, elle tenait si bien compte à David de tout ce qu'il n'osait pas, que le plus léger incident pouvait amener une plus intime union de leurs âmes.

Lucien trouva la porte ouverte par Ève, et s'assit, sans lui rien dire, à une petite table posée sur un X, sans linge, où son couvert était mis. Le pauvre petit ménage ne possédait que trois couverts d'argent, Ève les employait tous pour le frère chéri.

— Que fais-tu donc là ? dit-elle après avoir mis sur la table un plat qu'elle retira du feu, et après avoir éteint son fourneau mobile en le couvrant de l'étouffoir.

Lucien ne répondit pas. Ève prit une petite assiette coquettement arrangée avec des feuilles de vigne, et la mit sur la table avec une jatte pleine de crème.

— Tiens, Lucien, je t'ai eu des fraises.

Lucien prêtait tant d'attention à sa lecture qu'il n'entendit point. Ève vint alors s'asseoir près de lui, sans laisser échapper un murmure, car il entre dans le sentiment d'une sœur pour son frère un plaisir immense à être traitée sans façon.

— Mais qu'as-tu donc ? s'écria-t-elle en voyant briller des larmes dans les yeux de son frère.

— Rien, rien, Ève, dit-il en la prenant par la taille, l'attirant à lui, la baisant au front et sur les cheveux, puis sur le cou, avec une effervescence surprenante.

— Tu te caches de moi.

— Eh bien ! elle m'aime !

— Je savais bien que ce n'était pas moi que tu embrassais, dit d'un ton boudeur la pauvre sœur en rougissant.

— Nous serons tous heureux ! s'écria Lucien en avalant son potage à grandes cuillerées.

— Nous ? répéta Ève. Inspirée par le même pressentiment qui s'était emparé de David, elle ajouta : — Tu vas nous aimer moins !

— Comment peux-tu croire cela, si tu me connais ?

Ève lui tendit la main pour presser la sienne, puis elle ôta l'assiette vide, la soupière en terre brune, et avança le plat qu'elle avait fait. Au lieu de manger, Lucien relut la lettre de madame de Bargeton, que la discrète Ève ne demanda point à voir, tant elle avait de respect pour son frère : s'il voulait la lui communiquer, elle devait attendre, et s'il ne le voulait pas, pouvait-elle l'exiger ? Elle attendit. Voici cette lettre :

« Mon ami, pourquoi refuserais-je à votre frère en science l'appui que je vous ai prêté ? A mes yeux, les talents ont des droits égaux ; mais vous ignorez les préjugés des personnes qui composent ma société. Nous ne ferons pas reconnaître l'anoblissement de l'esprit à ceux qui sont l'aristocratie de l'ignorance. Si je ne suis pas assez puissante pour leur imposer M. David Séchard, je vous ferai volontiers le sacrifice de ces pauvres gens. Ce sera comme une hécatombe antique. Mais, cher ami, vous ne voulez sans doute pas me faire accepter la compagnie d'une personne dont l'esprit ou les manières pourraient ne pas me plaire. Vos flatteries m'ont appris combien l'amitié s'aveugle facilement! m'en voudrez-vous, si je mets à mon consentement une restriction? Je veux voir votre ami, le juger, savoir par moi-même, dans l'intérêt de votre avenir, si vous ne vous abusez point. N'est-ce pas un de ces soins maternels que doit avoir pour vous, mon cher poète,

« LOUISE DE NÈGREPELISSE? »

Lucien ignorait avec quel art le oui s'emploie dans le beau monde pour arriver au non, et le non pour amener un oui. Cette lettre fut un triomphe pour lui. David irait chez madame de Bargeton, il y brillerait de la majesté du génie. Dans l'ivresse que lui causait une victoire qui lui fit croire à la puissance de son ascendant sur les hommes, il prit une attitude si fière, tant d'espérances se reflétaient sur son visage en y produisant un éclat radieux, que sa sœur ne put s'empêcher de lui dire qu'il était beau.

— Si elle a de l'esprit, elle doit bien t'aimer, cette femme! Et alors ce soir elle sera chagrine, car toutes les femmes vont te faire mille coquetteries. Tu seras bien beau en lisant ton Saint Jean dans Pathmos! Je voudrais être souris, pour me glisser là! Viens, j'ai apprêté la toilette dans la chambre de notre mère.

Cette chambre était celle d'une misère décente. Il s'y trouvait un lit en noyer, garni de rideaux blancs, et au bas duquel s'étendait un maigre tapis vert. Puis une commode à dessus de bois, ornée d'un miroir, et des chaises en noyer complétaient le mobilier. Sur la cheminée, une pendule rappelait les jours de l'ancienne aisance disparue. La fenêtre avait des rideaux blancs. Les murs étaient tendus d'un papier gris, à fleurs grises. Le carreau, mis en couleur et frotté par Ève, brillait de propreté. Au milieu de cette chambre était un guéridon où, sur un plateau rouge à rosaces dorées, se voyaient trois tasses et un sucrier en porcelaine de Limoges. Ève couchait dans un cabinet contigu qui contenait un lit étroit, une vieille bergère et une table à ouvrage près de la fenêtre. L'exiguïté de cette cabine de marin exigeait que la porte vitrée restât toujours ouverte afin d'y donner de l'air. Malgré la détresse qui se révélait dans les choses, la modestie d'une vie studieuse respirait là. Pour ceux qui connaissaient la mère et ses deux enfants, ce spectacle offrait d'attendrissantes harmonies.

Lucien mettait sa cravate quand le pas de David se fit entendre dans la petite cour, et l'imprimeur parut aussitôt avec la démarche et les façons d'un homme pressé d'arriver.

— Eh bien! David, s'écria l'ambitieux, nous triomphons! elle m'aime! tu iras.

— Non, dit l'imprimeur d'un air confus, je viens te remercier de cette preuve d'amitié, qui m'a fait faire de sérieuses réflexions. Ma vie, à moi, Lucien, est arrêtée. Je suis David Séchard, imprimeur du roi à Angoulême, et dont le nom se lit sur tous les murs, au bas des affiches. Pour les personnes de cette caste, je suis un artisan, un négociant si tu veux, mais un industriel établi en boutique, rue de Beaulieu, au coin de la place du Mûrier. Je n'ai encore ni la fortune d'un Keller, ni le renom d'un Desplein, deux sortes de puissances que les nobles essayent encore de nier, mais qui, je suis d'accord avec eux en ceci, ne sont rien sans le savoir-vivre et les manières du gentilhomme! Par quoi puis-je légitimer cette subite élévation? Je me ferais moquer de moi par les bourgeois autant que par les nobles. Toi, tu te trouves dans une situation différente. Un protè n'est engagé à rien. Tu travailles à acquérir des connaissances indispensables pour réussir, tu peux expliquer tes occupations actuelles par ton avenir. D'ailleurs tu peux demain entreprendre autre chose, étudier le droit, la diplomatie, entrer dans l'administration. Enfin, tu n'es ni chiffré ni casé. Profite de ta virginité sociale, marche seul et mets la main sur les honneurs! Savoure joyeusement tous les plaisirs, même ceux que procure la vanité. Sois heureux, tu jouiras de tes succès, tu seras un second moi-même. Oui, ma pensée me permettra de vivre de ta vie. À toi les fêtes, l'éclat du monde et les rapides ressorts de ses intrigues. À moi la vie sobre, laborieuse du commerçant, et les lentes occupations de la science. Tu seras notre aristocratie, dit-il en regardant Ève. Quand tu chancelleras, tu trouveras mon bras pour te soutenir. Si tu as à te plaindre de quelque trahison, tu pourras te réfugier dans nos cœurs, tu y trouveras un amour inaltérable. La protection, la faveur, le bon vouloir des gens, divisés sur deux têtes, pourraient se lasser, nous nous nuirions à deux, marche devant, tu me remorqueras s'il le faut. Loin de t'envier, je me consacre à toi. Ce que tu viens de faire pour moi, en risquant de perdre ta bienfaitrice, ta maîtresse peut-être, plutôt que de m'abandonner, que de me renier, cette simple chose, si grande, eh bien! Lucien, elle me lierait à jamais à toi, si nous n'étions pas déjà comme deux frères. N'aie ni remords ni soucis de paraître prendre la plus forte part. Ce partage à la Montgomery est dans mes goûts. Enfin, quand tu me causeras quelques tourments, qui sait si je ne serai pas toujours ton obligé? En disant ces mots, il coula le plus timide des regards vers Ève, qui avait les yeux pleins de larmes, car elle devinait tout. — Enfin, dit-il à Lucien étonné, tu es bien fait, tu as une jolie taille, tu portes bien tes habits, tu as l'air d'un gentilhomme d'ans ton habit bleu à boutons jaunes, avec un simple pantalon de Nankin; moi, j'aurais l'air d'un ouvrier au milieu de ce monde, je serais gauche, gêné, je dirais des sottises ou je ne dirais rien du tout; toi, tu peux, pour obéir au préjugé des noms, prendre celui de ta mère, te faire appeler Lucien de Rubempré; moi, je suis et serai toujours David Séchard. Tout te sert et tout me nuit dans le monde où tu vas. Tu es fait pour y réussir. Les femmes adoreront ta figure d'ange. N'est-ce pas, Ève?

Lucien sauta au cou de David et l'embrassa. Cette modestie coupait court à bien des doutes, à bien des difficultés. Comment n'eût-il pas redoublé de tendresse pour un homme qui arrivait à faire par amitié les mêmes réflexions qu'il venait de faire par ambition? L'ambitieux et l'amoureux sentirent la route aplanie, le cœur du jeune homme et celui de l'ami s'épanouissait. Ce fut un de ces moments rares dans la vie où toutes les forces sont doucement tendues, où toutes les cordes vibrent en rendant des sons pleins. Mais cette sagesse d'une belle âme excitait encore en Lucien la tendance qui porte l'homme à tout rapporter à lui. Nous disons tous, plus ou moins, comme Louis XIV : L'État, c'est moi ! L'exclusive tendresse de sa mère et de sa sœur, le dévouement de David, l'habitude qu'il avait de se voir l'objet des efforts secrets de ces trois êtres, lui donnaient les vices de l'enfant de famille, engendraient en lui cet égoïsme qui dévore le noble, et que madame de Bargeton caressait en l'incitant à oublier ses obligations envers sa sœur, sa mère et David. Il n'en était rien encore; mais n'y avait-il pas à craindre qu'en étendant autour de lui le cercle de son ambition il ne fût contraint de ne penser qu'à lui pour s'y maintenir.

Cette émotion passée, David fit observer à Lucien que son poème de Saint Jean dans Pathmos était peut-être trop biblique pour être lu devant un monde à qui la poésie apocalyptique devait être peu familière. Lucien, qui se produisait devant le public le plus difficile de la Charente, parut inquiet. David lui conseilla d'emporter André de Chénier, et de remplacer un plaisir douteux par un plaisir certain. Lucien lisait à la perfection, il plairait nécessairement et montrerait une modestie qui le servirait sans doute. Comme la plupart des jeunes gens, ils donnaient aux gens du monde leur intelligence et leurs vertus. Si la jeunesse, qui n'a pas encore failli, est sans indulgence pour les fautes des autres, elle leur prête aussi ses magnifiques croyances. Il faut, en effet, avoir bien expérimenté la vie avant de reconnaître que, suivant un beau mot de Raphaël, comprendre c'est égaler. En général, le sens nécessaire à l'intelligence de la poésie est rare en France, où l'esprit dessèche promptement la source des saintes larmes de l'extase, où personne ne veut prendre la peine de défricher le sublime, de le sonder pour en percevoir l'infini. Lucien allait faire sa première expérience des ignorances et des froideurs mondaines! Il passa chez David pour y prendre le volume de poésie.

Quand les deux amants furent seuls, David se trouva plus embarrassé qu'en aucun moment de sa vie. En proie à mille terreurs, il voulait et redoutait un éloge, il désirait s'enfuir, car la pudeur a sa coquetterie aussi! Le pauvre amant n'osait dire un mot qui aurait eu l'air de quêter un remerciement; il trouvait toutes les paroles compromettantes, et se taisait en gardant une attitude de criminel. Ève, qui devinait les tortures de cette modestie, se plut à jouir du silence; mais quand David tortilla son chapeau pour s'en aller, elle sourit.

— Monsieur David, lui dit-elle, si vous ne passez pas la soirée chez madame de Bargeton, nous pouvons la passer ensemble. Il fait beau, voulez-vous aller nous promener le long de la Charente? nous causerons de Lucien.

David eut envie de se prosterner devant cette délicieuse jeune fille. Ève avait mis dans le son de sa voix des récompenses inespérées; elle avait, par la tendresse de l'accent, résolu les difficultés de cette situation; sa proposition était plus qu'un éloge, c'était la première faveur de l'amour.

— Seulement, dit-elle à un geste que fit David, laissez-moi quelques instants pour m'habiller.

David, qui de sa vie n'avait su ce qu'était un air, sortit en chantonnant, ce qui surprit l'honnête Postel, lui donna de violents soupçons sur les relations d'Ève et de l'imprimeur.

Les plus petites circonstances de cette soirée agirent beaucoup sur Lucien, que son caractère portait à écouter les premières impressions. Comme tous les amants inexpérimentés, il arriva de si bonne heure, que Louise n'était pas encore au salon. M. de Bargeton s'y trouvait seul. Lucien avait déjà commencé son apprentissage des petites lâchetés par lesquelles l'amant d'une femme mariée achète son bonheur, et qui donnent aux femmes la mesure de ce qu'elles peuvent exiger; mais il ne s'était pas encore trouvé face à face avec M. de Bargeton.

Ce gentilhomme était un de ces petits esprits doucement établis entre l'inoffensive nullité qui comprend encore, et la fière stupidité qui ne veut ni rien accepter ni rien rendre. Pénétré de ses devoirs envers le monde, et s'efforçant de lui être agréable, il avait adopté le sourire du danseur pour unique langage. Content ou mécontent, il souriait. Il souriait à une nouvelle désastreuse aussi bien qu'à l'annonce d'un heureux événement. Ce sourire répondait à tout par les expressions que lui donnait M. de Bargeton. S'il fallait absolument une approbation directe, il renforçait son sourire par un rire complaisant, en ne lâchant une parole qu'à la dernière extrémité. Un tête-à-tête lui faisait éprouver le seul embarras qui compliquait sa vie végétative; il était alors obligé de chercher quelque chose dans l'immensité de son vide intérieur. La plupart du temps il se tirait de peine en reprenant les naïves coutumes de son enfance : il pensait tout haut, il vous initiait aux moindres détails de sa vie; il vous exprimait ses besoins, ses petites sensations, qui, pour lui, ressemblaient à des idées. Il ne parlait ni de la pluie ni du beau temps; il ne donnait pas dans les lieux communs de la conversation par où se sauvent les imbéciles, il s'adressait aux plus intimes intérêts de la vie.

— Par complaisance pour madame de Bargeton, j'ai mangé ce matin du veau qu'elle aime beaucoup, et mon estomac me fait bien souffrir, disait-il. Je sais cela, j'y suis toujours pris! expliquez-moi cela! Ou bien : — Je vais sonner pour demander un verre d'eau sucrée, en voulez-vous un par la même occasion? Ou bien : — Je monterai demain à cheval, et j'irai voir mon beau-père. Ces petites phrases, qui ne supportaient pas la discussion, arrachaient un non ou un oui à l'interlocuteur, et la conversation tombait à plat. M. de Bargeton implorait alors l'assistance de son visiteur en mettant à l'ouest son nez de vieux carlin poussif; il vous regardait de ses gros yeux vairons d'une façon qui signifiait : — Vous dites? — Les ennuyeux empressés de parler d'eux-mêmes, il les chérissait, il les écoutait avec une probe et délicate attention, qui le leur rendait si précieux, que les bavards d'Angoulême lui accordaient une sournoise intelligence, et le prétendaient mal jugé. Aussi, quand ils n'avaient plus d'auditeurs, ces gens venaient-ils achever leurs récits ou leurs raisonnements auprès du gentilhomme, sûrs de trouver son sourire élogieux. Le salon de sa femme était toujours plein, il s'y trouvait généralement à l'aise. Il s'occupait des plus petits détails : il regardait qui entrait, saluait en souriant et conduisait à sa femme le nouvel arrivé; il guettait ceux qui partaient, et leur faisait la conduite en accueillant leurs adieux par son éternel sourire. Quand la soirée était animée, et qu'il voyait chacun à son affaire, l'heureux muet restait planté sur ses deux hautes jambes comme une cigogne sur ses pattes, ayant l'air d'écouter une conversation politique; ou il venait étudier les cartes d'un joueur sans y rien comprendre, car il ne savait aucun jeu; ou il se promenait en humant son tabac et soufflant sa digestion. Anaïs était le beau côté de sa vie, elle lui donnait des jouissances infinies. Lorsqu'elle jouait son rôle de maîtresse de maison, il s'étendait dans une bergère en l'admirant; car elle parlait pour lui; puis il s'était fait un plaisir de chercher l'esprit de ses phrases; et, comme souvent il ne les comprenait que longtemps après qu'elles étaient dites, il se permettait des sourires qui partaient comme

M. de Chandour.

des boulets enterrés qui se réveillent. Son respect pour elle allait d'ailleurs jusqu'à l'adoration. Une adoration quelconque ne suffit-elle pas au bonheur de la vie? En personne spirituelle et généreuse, Anaïs n'avait pas abusé de ses avantages en reconnaissant chez son mari la nature facile d'un enfant qui ne demandait pas mieux que d'être gouverné. Elle avait pris soin de lui comme on prend soin d'un manteau; elle le tenait propre, le brossait, le serrait, le ménageait; en se sentant ménagé, brossé, soigné, M. de Bargeton avait contracté pour sa femme une affection canine. Il est si facile de donner un bonheur qui ne coûte rien! Madame de Bargeton, ne connaissant à son mari aucun autre plaisir que celui de la bonne chère, lui faisait faire d'excellents dîners; elle avait pitié de lui; jamais elle ne s'en était plainte, et quelques personnes, ne comprenant pas le silence de sa fierté, prêtaient à M. de Bargeton des vertus cachées. Elle l'avait d'ailleurs discipliné militairement, et l'obéissance de cet homme aux volontés de sa femme était passive. Elle lui disait : — Faites une visite à M. ou à madame une telle, il y allait comme un soldat à sa faction. Aussi devant elle se tenait-il au port d'armes et immobile. Il était en ce moment question de nommer ce muet député. Lucien ne pratiquait pas depuis assez longtemps la maison pour avoir soulevé le voile sous lequel se cachait ce caractère inimaginable. M. de Bargeton, enseveli dans sa bergère, paraissait tout voir et tout comprendre, se faisait une dignité de son silence, lui semblait prodigieusement imposant. Au lieu de le prendre pour une borne de granit, Lucien fit de ce gentilhomme un sphinx redoutable, par suite du penchant qui porte les hommes d'imagination à tout grandir ou à prêter une âme à toutes les formes, et il crut nécessaire de le flatter.

— J'arrive le premier, dit-il en le saluant avec un peu plus de respect que l'on en accordait à ce bonhomme.

— C'est assez naturel, répondit M. de Bargeton.

Lucien prit ce mot pour l'épigramme d'un mari jaloux, il devint rouge et se regarda dans la glace en cherchant une contenance.

— Vous habitez l'Houmeau, dit M. de Bargeton, les personnes qui demeurent loin arrivent toujours plus tôt que celles qui demeurent près.

— A quoi cela tient-il? dit Lucien en prenant un air agréable.

— Je ne sais pas, répondit M. de Bargeton, qui rentra dans son immobilité.

— Vous n'avez pas voulu le chercher, reprit Lucien. Un homme capable de faire l'observation peut trouver la cause.

— Ah! fit M. de Bargeton, les causes finales! Hé! hé!...

Lucien se creusa la cervelle pour ranimer la conversation, qui tomba là.

— Madame de Bargeton s'habille sans doute? dit-il en frémissant de la niaiserie de cette demande.

— Oui, elle s'habille, répondit naturellement le mari.

Lucien leva les yeux pour regarder les deux solives saillantes, peintes en gris, et dont les entre-deux étaient plafonnés, sans trouver une phrase de rentrée; mais il ne vit pas alors sans terreur le petit lustre à vieilles pendeloques de cristal, dépouillé de sa gaze et garni de bougies. Les housses du meuble avaient été ôtées, et le lampasse rouge montrait ses fleurs fanées. Ces apprêts annonçaient une réunion extraordinaire. Le poète conçut des doutes sur la convenance de son costume, car il était en bottes. Il alla regarder avec la stupeur de la crainte un vase du Japon qui ornait une console à guirlandes du temps de Louis XV; puis il eut peur de déplaire à ce mari en ne le courtisant pas, et il résolut de chercher si le bonhomme avait un dada que l'on pût caresser.

— Vous quittez rarement la ville, monsieur? dit-il à M. de Bargeton, vers lequel il revint.

— Rarement.

Le silence recommença. M. de Bargeton épia comme une chatte soupçonneuse les moindres mouvements de Lucien, qui troublait son repos. Chacun d'eux avait peur de l'autre. — Aurait-il conçu des soupçons sur mes assiduités? pensa Lucien, car il paraît m'être bien hostile!

En ce moment, heureusement pour Lucien, fort embarrassé de soutenir les regards inquiets avec lesquels M. de Bargeton l'examinait allant et venant, le vieux domestique, qui avait mis une livrée, annonça du Châtelet. Le baron entra fort aisément, salua son ami Bargeton, et fit à Lucien une petite inclination de tête qui était alors à la mode, mais que le poète trouva financièrement impertinente. Sixte du Châtelet portait un pantalon d'une blancheur éblouissante, à sous-pieds intérieurs qui le maintenaient dans ses plis. Il avait des souliers fins et des bas de fil écossais. Sur son gilet blanc flottait le ruban noir de son lorgnon. Enfin son habit noir se recommandait par une coupe et une forme parisiennes. C'était bien le bellâtre que ses antécédents annonçaient; mais l'âge l'avait déjà doté d'un petit ventre rond assez difficile à contenir dans les bornes de l'élégance. Il teignait ses cheveux et ses favoris blanchis par les souffrances de son voyage, ce qui lui donnait un air dur. Son teint, autrefois très-délicat, avait pris la couleur cuivrée des gens qui reviennent des Indes: mais sa tournure, quoique ridicule par les prétentions qu'il conservait,

M. de Bartas, l'homme qui chantait les airs de basse-taille. — PAGE 18.

révélait néanmoins l'agréable secrétaire des commandements d'une altesse impériale. Il prit son lorgnon, regarda le pantalon de nankin, les bottes, le gilet, l'habit bleu fait à Angoulême de Lucien, enfin tout son rival. Puis il remit froidement le lorgnon dans la poche de son gilet comme s'il eût dit : — Je suis content. Ecrasé déjà par l'élégance du financier, Lucien pensa qu'il aurait sa revanche quand il montrerait à l'assemblée son visage animé par la poésie; mais il n'en éprouva pas moins une vive souffrance qui continua le malaise intérieur que la prétendue hostilité de M. de Bargeton lui avait donné. Le baron semblait faire peser sur Lucien tout le poids de sa fortune pour mieux humilier cette misère. M. de Bargeton, qui comptait n'avoir plus rien à dire, fut consterné du silence que gardèrent les deux rivaux en s'examinant; mais, quand il se trouvait au bout de ses efforts, il avait une question qu'il se réservait comme une poire pour la soif, et il jugea nécessaire de la lâcher en prenant un air

affairé. — Eh bien! monsieur, dit-il à du Châtelet, qu'y a-t-il de nouveau? dit-on quelque chose?

— Mais, répondit méchamment le directeur des contributions, le nouveau, c'est M. Chardon. Adressez-vous à lui. Nous apportez-vous quelque joli poème? demanda le sémillant baron en redressant la boucle majeure d'une de ses faces qui lui parut dérangée.

— Pour savoir si j'ai réussi, j'aurais dû vous consulter, répondit Lucien. Vous avez pratiqué la poésie avant moi.

— Bah! quelques vaudevilles assez agréables faits par complaisance, des chansons de circonstance, des romances que la musique a fait valoir, ma grande épître à une sœur de Buonaparte (l'ingrat!), ne sont pas des titres à la postérité!

En ce moment madame de Bargeton se montra dans tout l'éclat d'une toilette étudiée. Elle portait un turban juif enrichi d'une agrafe orientale. Une écharpe de gaze sous laquelle brillaient les camées d'un collier était gracieusement tournée à son cou. Sa robe de mousseline peinte, à manches courtes, lui permettait de montrer plusieurs bracelets étagés sur ses beaux bras blancs. Cette mise théâtrale charma Lucien. M. du Châtelet adressa galamment à cette reine des compliments nauséabonds qui la firent sourire de plaisir, tant elle fut heureuse d'être louée devant Lucien. Elle n'échangea qu'un regard avec son cher poète, et répondit au directeur des contributions en le mortifiant par une politesse qui l'exceptait de son intimité.

En ce moment, les personnes invitées commencèrent à venir. En premier lieu se produisirent l'évêque et son grand vicaire, deux figures dignes et solennelles, mais qui formaient un violent contraste : monseigneur était grand et maigre, son acolyte était court et gras. Tous deux, ils avaient des yeux brillants, mais l'évêque était pâle et son grand vicaire offrait un visage empourpré par la plus riche santé. Chez l'un et chez l'autre les gestes et les mouvements étaient rares. Tous deux paraissaient prudents, leur réserve et leur silence intimidaient, ils passaient pour avoir beaucoup d'esprit.

Les deux prêtres furent suivis par madame de Chaudour et son mari, personnages extraordinaires que les gens auxquels la province est inconnue seraient tentés de croire une fantaisie. Le mari d'Amélie, la femme qui se posait comme l'antagoniste de madame de Bargeton, M. de Chaudour, qu'on nommait Stanislas, était un ci-devant jeune homme, encore mince à quarante-cinq ans, et dont la figure ressemblait à un crible. Sa cravate était toujours nouée de manière à présenter deux pointes menaçantes, l'une à la hauteur de l'oreille droite, l'autre abaissée vers le ruban rouge de sa croix. Les basques de son habit étaient violemment renversées. Son gilet très-ouvert laissait voir une chemise bouffante, empesée, fermée par des épingles surchargées d'orfèvrerie. Enfin tout son vêtement avait un caractère exagéré qui lui donnait une si grande ressemblance avec les caricatures, qu'en le voyant les étrangers ne pouvaient s'empêcher de sourire. Stanislas se regardait continuellement avec une sorte de satisfaction de haut en bas, en vérifiant le nombre des boutons de son gilet, en suivant les lignes onduleuses que dessinait son pantalon collant, en caressant ses jambes par un regard qui s'arrêtait amoureusement sur les pointes de ses bottes. Quand il cessait de se contempler ainsi, ses yeux cherchaient une glace, il examinait si ses cheveux tenaient la frisure; il interrogeait les femmes d'un œil heureux en mettant un de ses doigts dans la poche de son gilet, se penchant en arrière et se posant de trois quarts, agaceries de coq qui lui réussissaient dans la société aristocratique, de laquelle il était le beau. La plupart du temps, ses discours comportaient des gravelures comme il s'en disait au dix-huitième siècle. Ce détestable genre de conversation lui procurait quelques succès auprès des femmes, il les faisait rire. M. du Châtelet commençait à lui donner des inquiétudes. En effet, intriguées par le dédain du fat des contributions indirectes, stimulées par son affectation à prétendre qu'il était impossible de le faire sortir de son marasme, et piquées par son ton de sultan blasé, les femmes le recherchaient encore plus vivement qu'à son arrivée depuis que madame de Bargeton s'était éprise du Byron d'Angoulême. Amélie était une petite femme maladroitement comédienne, grasse, blanche, à cheveux noirs, outrant tout, parlant haut, faisant la roue avec sa tête chargée de plumes en été, de fleurs en hiver, belle parleuse, mais ne pouvant achever sa période sans lui donner pour accompagnement les sifflements d'un asthme inavoué.

M. de Saintot, nommé Astolphe, le président de la Société d'agriculture, homme haut en couleur, grand et gros, apparut remorqué par sa femme, espèce de figure assez semblable à une fougère desséchée, qu'on appelait Lili, abréviation d'Elisa. Ce nom, qui supposait dans la personne quelque chose d'enfantin, jurait avec le caractère et les manières de madame de Saintot, femme solennelle, extrêmement pieuse, joueuse difficile et tracassière. Astolphe passait pour être un savant du premier ordre. Ignorant comme une carpe, il n'en avait pas moins écrit les articles sucre et eau-de-vie dans un dictionnaire d'agriculture, deux œuvres pillées en maiseries dans tous les articles des journaux et dans tous les anciens ouvrages où il était question de ces deux produits. Tout le département le croyait occupé d'un traité sur la culture moderne. Quoiqu'il restât enfermé pendant toute la matinée dans son cabinet, il n'avait pas encore écrit deux pages depuis douze ans. Si quelqu'un venait le voir, il se laissait surprendre brouillant des papiers, cherchant une note égarée ou taillant sa plume; mais il employait en maiseries tout le temps qu'il demeurait dans son cabinet : il y lisait longuement le journal, il sculptait des bouchons avec son canif, il traçait des dessins fantastiques sur son garde-main, il feuilletait Cicéron pour y prendre à la volée une phrase ou des passages dont le sens pouvait s'appliquer aux événements du jour, puis il se soir il s'efforçait d'amener la conversation sur un sujet qui lui permit de dire : — Il se trouve dans Cicéron une page qui semble avoir été écrite pour ce qui se passe de nos jours, il récitait alors son passage au grand étonnement des auditeurs, qui se répétaient entre eux : — Vraiment Astolphe est un puits de science. Ce fait curieux se contait par toute la ville, et l'entretenait dans ses flatteuses croyances sur M. de Saintot.

Après ce couple, vint M. de Bartas, nommé Adrien, l'homme qui chantait les airs de basse-taille et qui avait d'énormes prétentions en musique. L'amour-propre l'avait assis sur le solfège : il avait commencé par s'admirer lui-même en chantant, puis il s'était mis à parler musique, et avait fini par s'en occuper exclusivement. L'art musical était devenu chez lui comme une monomanie, il ne s'animait qu'en parlant de musique, il souffrait pendant une soirée jusqu'à ce qu'on le priât de chanter. Une fois qu'il avait beuglé un de ses airs, sa vie commençait : il paradait, il se haussait sur ses talons en recevant des compliments, il faisait le modeste; mais il allait néanmoins de groupe en groupe pour y recueillir des éloges; puis, quand tout était dit, il revenait à la musique en entamant une discussion à propos des difficultés de la composition, ou en vantant le compositeur.

M. Alexandre de Brebian, le héros de la sépia, le dessinateur qui infestait les chambres de ses amis par des productions saugrenues, et gâtait tous les albums du département, accompagnait M. de Bartas. Chacun d'eux donnait le bras à la femme de l'autre. Au dire de la chronique scandaleuse, cette transposition était complète. Les deux femmes, Lolotte (madame Charlotte de Brebian) et Fifine (madame Joséphine de Bartas), également préoccupées d'un fichu, d'une garniture, de l'assortiment de quelques couleurs hétérogènes, étaient dévorées du désir de paraître Parisiennes, et négligeaient leur maison, où tout allait mal. Si les deux femmes, serrées comme des poupées dans des robes économiquement établies, offraient sur elles une exposition de couleurs outrageusement bizarres, les maris se permettaient, en leur qualité d'artistes, un laisser-aller de province qui les rendait curieux à voir. Leurs habits fripés leur donnaient l'air des comparses qui, dans les petits théâtres, figurent la haute société invitée aux noces.

Parmi les figures qui débarquèrent dans le salon, l'une des plus originales fut celle de M. le comte de Senonches, aristocratiquement nommé Jacques, grand chasseur, hautain, sec, à figure hâlée, aimable comme un sanglier, défiant comme un Vénitien, jaloux comme un More, et vivant en très-bonne intelligence avec M. du Hautoy, autrement dit Francis, l'ami de la maison.

Madame de Senonches (Zéphirine) était grande et belle, mais couperosée déjà par une certaine ardeur de foie, qui la faisait passer pour une femme exigeante. Sa taille fine, ses délicates proportions, lui permettaient d'avoir des manières langoureuses qui sentaient l'affectation, mais qui peignaient la passion et les caprices, toujours satisfaits, d'une personne aimée.

Francis était un homme assez distingué, qui avait quitté le consulat de Valence et ses espérances dans la diplomatie, pour venir à Angoulême auprès de Zéphirine, dite aussi Zizine. L'ancien consul prenait soin du ménage, faisait l'éducation des enfants, leur apprenait les langues étrangères, et dirigeait la fortune de M. et de madame de Senonches avec un entier dévouement. L'Angoulême noble, l'Angoulême administratif, l'Angoulême bourgeois, avaient longtemps glosé sur la parfaite unité de ce ménage en trois personnes, mais, à la longue, ce mystère de trinité conjugale parut si rare et si joli, que M. du Hautoy eût semblé prodigieusement immoral s'il avait fait mine de se marier. Quand Jacques chassait aux environs, chacun lui demandait des nouvelles de Francis, et il racontait les petites indispositions de son intendant volontaire, en lui donnant le pas sur sa femme. Cet aveuglement paraissait si curieux chez un homme jaloux, que ses meilleurs amis s'amusaient à le faire poser, et l'annonçaient à ceux qui ne connaissaient pas le mystère afin de les amuser. M. du Hautoy était un précieux dandy dont les petits soins personnels avaient tourné à la mignardise et à l'enfantillage. Il s'occupait de sa toux, de son sommeil, de sa digestion et de son manger. Zéphirine avait amené son factotum à faire l'homme de petite santé : elle le ouatait, l'embéguinait, le médicamentait, elle l'empâtait de mets choisis comme un bichon de marquise; elle lui ordonnait ou lui défendait tel ou tel aliment, elle lui brodait des gilets, des bouts de cravates, et des mouchoirs, elle avait fini par l'habituer à porter de si jolies choses, qu'elle le métamorphosait en une sorte d'idole japonaise. Leur entente était d'ailleurs sans mécompte : Zizine regardait à tout propos Francis, et Francis semblait prendre ses idées dans les yeux de Zizine. Ils blâmaient, ils souriaient ensemble, et semblaient se consulter pour dire le plus simple bonjour.

Le plus riche propriétaire des environs, l'homme envié de tous, M. le marquis de Pimentel et sa femme, qui réunissaient à eux deux quarante mille livres de rente, et passaient l'hiver à Paris, vinrent de la campagne en calèche avec leurs voisins, M. le baron et madame la baronne de Rastignac, accompagnés de la tante de la baronne, et de leurs filles, deux charmantes jeunes personnes, bien élevées, pauvres, mais mises avec cette simplicité qui fait tant valoir les beautés naturelles. Ces personnes, qui, certes, furent l'élite de la compagnie, furent reçues par un froid silence et par un respect plein de jalousie, surtout quand chacun vit les distinctions d'accueil que leur fit madame de Bargeton. Ces deux familles appartenaient à ce petit nombre de gens qui, dans les provinces, se tiennent au-dessus des commérages, ne se mêlent à aucune société, vivent dans une retraite silencieuse, et gardent une imposante dignité. M. de Pimentel et M. de Rastignac étaient appelés par leurs titres; aucune familiarité ne mêlait leurs femmes ni leurs filles à la haute coterie d'Angoulême, ils approchaient trop la noblesse de cour pour se commettre avec les niaiseries de la province.

Le préfet et le général arrivèrent les derniers, accompagnés du gentilhomme campagnard qui, le matin, avait apporté son mémoire sur les vers à soie chez David. C'était sans doute quelque maire de canton recommandable par de belles propriétés, mais sa tournure et sa mise trahissaient une désuétude complète de la société : il était gêné dans ses habits, il ne savait où mettre ses mains, il tournait autour de son interlocuteur en parlant, il se levait et se rasseyait pour répondre quand on lui parlait, il semblait prêt à rendre un service domestique, il se montrait tour à tour obséquieux, inquiet, grave, il s'empressait de rire d'une plaisanterie, il écoutait d'une façon servile, et parfois il prenait un air sournois en croyant qu'on se moquait de lui. Plusieurs fois, dans la soirée, oppressé par son mémoire, il essaya de parler vers à soie, mais l'infortuné M. de Séverac tomba sur M. de Bartas, qui lui répondit musique, et sur M. de Saintot, qui lui cita Cicéron. Vers le milieu de la soirée, le pauvre maire finit par s'entendre avec une veuve et sa fille, madame et mademoiselle du Brossard, qui n'étaient pas les deux figures les moins intéressantes de cette société. Un seul mot dira tout : elles étaient aussi pauvres que nobles. Elles avaient dans leur mise cette prétention à la parure qui revèle une misère secrète. Madame du Brossard vantait fort maladroitement, et à tout propos, sa grande et grosse fille, âgée de vingt-sept ans, qui passait pour forte sur le piano, et qui faisait officiellement partager tous les goûts des gens à marier, et, dans son désir d'établir sa chère Camille, elle avait, dans une même soirée, prétendu que Camille aimait la vie errante des garnisons et la vie tranquille des propriétaires qui cultivent leur bien. Toutes deux, elles avaient la dignité pincée, aigre-douce, des personnes que chacun est enchanté de plaindre, auxquelles on s'intéresse par égoïsme, et qui ont sondé le vide des phrases consolatrices par lesquelles le monde se fait un plaisir d'accueillir les malheureux. M. de Séverac avait cinquante-neuf ans, il était veuf et sans enfants; la mère et la fille écoutèrent donc avec une dévotieuse admiration les détails qu'il leur donna sur ses magnaneries.

— Ma fille a toujours aimé les animaux, dit la mère. Aussi, comme la soie que font ces petites bêtes intéresse les femmes, je vous demanderai la permission d'aller à Séverac montrer à ma Camille comment ça se récolte. Camille a tant d'intelligence qu'elle saisira sur-le-champ tout ce que vous lui direz. N'a-t-elle pas compris un jour la raison inverse du carré des distances?

Cette phrase termina glorieusement la conversation entre M. de Séverac et madame du Brossard, après la lecture de Lucien.

Quelques habitués se coulèrent familièrement dans l'assemblée, ainsi que deux ou trois fils de famille, timides, silencieux, parés comme des châsses, heureux d'avoir été conviés à cette solennité littéraire. Toutes les femmes se rangèrent sérieusement en un cercle, derrière lequel les hommes se tinrent debout. Cette assemblée de personnages bizarres, aux costumes hétéroclites, aux visages grimés, devint très-imposante pour Lucien, dont le cœur palpita quand il se vit l'objet de tous les regards. Quelque hardi qu'il fût, il ne soutint pas facilement cette première épreuve, malgré les encouragements de sa maîtresse, qui déploya le faste de ses révérences et ses plus précieuses grâces en recevant les illustres sommités de l'Angoumois. Le malaise auquel il était en proie fut continué par une circonstance facile à prévoir, mais qui devait effaroucher un jeune homme encore peu familiarisé avec la tactique du monde. Lucien, tout yeux et tout oreilles, s'entendait appeler M. de Rubempré par Louise, par M. de Bargeton, par l'évêque, par quelques complaisants de la maîtresse du logis, et M. Chardon par la majorité de ce redouté public. Intimidé par les œillades interrogatives des curieux, il pressentait son nom bourgeois au seul mouvement des lèvres; il devinait les jugements anticipés que l'on portait sur lui avec cette franchise provinciale, souvent un peu trop près de l'impolitesse. Ces continuels coups d'épingle inattendus le mirent encore plus mal avec lui-même. Il attendait avec impatience le moment de commencer sa lecture, afin de prendre une attitude qui fit cesser son supplice intérieur; mais Jacques racontait sa dernière chasse à madame de l'Imentel, Adrien s'entretenait du nouvel astre musical, de Rossini, avec mademoiselle Laure de Rastignac, Astolphe, qui avait appris par cœur, dans un journal, la description d'une nouvelle charrue, en parlait au baron. Lucien ne savait pas, le pauvre poète, qu'aucune de ces intelligences, excepté celle de madame de Bargeton ne pouvait comprendre la poésie. Toutes ces personnes, privées d'émotions, étaient accourues en se trompant elles-mêmes sur le genre du spectacle que les attendait. Il est des mots qui, semblables aux trompettes, aux cymbales, à la grosse caisse des saltimbanques, attirent toujours le public. Les mots beauté, gloire, poésie, ont des sortilèges qui séduisent les esprits les plus grossiers.

Quand tout le monde fut arrivé, que les causeries eurent cessé, non sans mille avertissements donnés aux interrupteurs par M. de Bargeton, que sa femme envoya comme un suisse d'église, qui fit retentir sa canne sur les dalles, Lucien se mit à la table ronde, près de madame de Bargeton, en éprouvant une violente secousse d'âme. Il annonça d'une voix troublée que, pour ne pas tromper l'attente de personne, il allait lire les chefs-d'œuvre récemment retrouvés d'un grand poète inconnu. Quoique les poésies d'André de Chénier eussent été publiées en 1819, personne, à Angoulême, n'avait encore entendu parler d'André de Chénier. Chacun voulut voir, dans cette annonce, un biais trouvé par madame de Bargeton pour ménager l'amour-propre du poète et mettre les auditeurs à l'aise. Lucien lut d'abord le Jeune malade, qui fut accueilli par des murmures flatteurs; puis l'Aveugle, poème que ces esprits médiocres trouvèrent long. Pendant sa lecture, Lucien fut en proie à l'une de ces souffrances infernales qui ne peuvent être parfaitement comprises que par d'éminents artistes, ou par ceux que l'enthousiasme et une haute intelligence mettent à leur niveau. Pour être traduite par la voix, comme pour être saisie, la poésie exige une sainte attention. Il doit se faire entre le lecteur et l'auditoire une alliance intime, sans laquelle les électriques communications des sentiments n'ont plus lieu. Cette cohésion des âmes manque-t-elle, le poète se trouve alors comme un ange essayant de rechanter un hymne céleste au milieu des ricanements de l'enfer. Or, dans la sphère où se développent leurs facultés, les hommes d'intelligence possèdent la vue circonspecte du colimaçon, le flair du chien et l'oreille de la taupe; ils voient, ils sentent, ils entendent tout autour d'eux. Le musicien et le poète se savent aussi promptement admirés ou incompris qu'une plante se sèche ou se ravive dans une atmosphère amie ou ennemie. Les murmures des hommes, qui n'étaient venus là que pour leurs femmes, et qui se parlaient de leurs affaires,

retentissaient à l'oreille de Lucien par les lois de cette acoustique particulière, de même qu'il voyait les hiatus sympathiques de quelques mâchoires violemment entrebâillées, et dont les dents le narguaient. Lorsque, semblable à la colombe du déluge, il cherchait un coin favorable où son regard pût s'arrêter, il rencontrait les yeux impatientés de gens qui pensaient évidemment à profiter de cette réunion pour s'interroger sur quelques intérêts positifs. A l'exception de Laure de Rastignac, de deux ou trois jeunes gens et de l'évêque, tous les assistants s'ennuyaient. En effet, ceux qui comprennent la poésie cherchent à développer dans leur âme ce que l'auteur a mis en germe dans ses vers; mais ces auditeurs glacés, loin d'aspirer l'âme du poète, n'écoutaient même pas ses accents. Lucien éprouva donc un si profond découragement, qu'une sueur froide mouilla sa chemise. Un regard de feu lancé par Louise, vers laquelle il se tourna, lui donna le courage d'achever; mais son cœur de poète saignait de mille blessures.

— Trouvez-vous cela bien amusant, Fifine? dit à sa voisine la sèche Lili, qui s'attendait peut-être à des tours de force.

— Ne me demandez pas mon avis, ma chère, mes yeux se ferment aussitôt que j'entends lire.

— J'espère que Naïs ne nous donnera pas souvent des vers le soir, dit Francis. Quand j'écoute lire après mon dîner, l'attention que je suis forcé d'avoir trouble ma digestion.

— Pauvre chat, dit Zéphirine à voix basse, buvez un verre d'eau sucrée.

— C'est fort bien déclamé, dit Alexandre, mais j'aime mieux le whist.

En entendant cette réponse, qui passa pour spirituelle à cause de la signification anglaise du mot, quelques joueuses prétendirent que le lecteur avait besoin de repos. Sous ce prétexte, un ou deux couples s'esquivèrent dans le boudoir. Lucien, supplié par Louise, par la charmante Laure de Rastignac et par l'évêque, réveilla l'attention, grâce à la verve contre-révolutionnaire des iambes, que plusieurs personnes, entraînées par la chaleur du débit, applaudirent sans les comprendre. Ces sortes de gens sont influençables par la vocifération comme les palais grossiers sont excités par les liqueurs fortes. Pendant un moment où l'on prit des glaces, Zéphirine envoya Francis voir le volume, et dit à sa voisine Amélie que les vers lus par Lucien étaient imprimés.

— Mais, répondit Amélie avec un visible bonheur, c'est bien simple, M. de Rubempré travaille chez un imprimeur. C'est, dit-elle en regardant Lolotte, comme si une jolie femme faisait elle-même ses robes.

— Il a imprimé ses poésies lui-même, se dirent les femmes.

— Pourquoi s'appelle-t-il donc alors M. de Rubempré? demanda Jacques. Quand il travaille de ses mains, un noble doit quitter son nom.

— Il a effectivement quitté le sien, qui était roturier, dit Zizine, mais pour prendre celui de sa mère, qui est noble.

— Puisque ses vers (en province on prononce verse) sont imprimés, nous pouvons les lire nous-mêmes, dit Astolphe.

Cette stupidité compliqua la question jusqu'à ce que Sixte du Châtelet eût daigné dire à cette ignorante assemblée que l'annonce n'était pas une précaution oratoire, et que ces belles poésies appartenaient à un frère royaliste de sa mère, le révolutionnaire Marie-Joseph de Chénier. La société d'Angoulême, à l'exception de l'évêque, de madame de Rastignac et de sa fille, se crut mystifiée, et s'offensa de cette supercherie. Un sourd murmure s'éleva; mais Lucien ne l'entendit pas. Isolé de ce monde odieux par l'enivrement que produisait en lui une mélodie intérieure, il s'efforçait de la répéter, et voyait les figures comme à travers un nuage. Il lut la sombre élégie sur le suicide, celle dans le goût ancien, où respire une mélancolie sublime; puis celle où est ce vers :

Tes vers sont doux, j'aime à les répéter

Enfin, il termina par la suave idylle intitulée Néère.

Plongée dans une délicieuse rêverie, une main dans ses boucles, qu'elle avait défrisées sans s'en apercevoir, l'autre pendant, ses yeux distraits, seule au milieu de son salon, madame de Bargeton se sentait, pour la première fois de sa vie, transportée dans la sphère qui lui était propre. Jugez combien elle fut désagréablement distraite par Amélie qui s'était chargée de lui exprimer les vœux publics.

— Naïs, nous étions venues pour entendre les poésies de M. Chardon, et vous nous donnez des vers (verse) imprimés. Quoique ces morceaux soient fort jolis, par patriotisme ces dames aimeraient mieux le vin du cru.

— Ne trouvez-vous pas que la langue française se prête peu à la poésie? dit Astolphe au directeur des contributions. Je trouve la prose de Cicéron mille fois plus poétique.

— La vraie poésie française est la poésie légère, la chanson, répondit du Châtelet.

— La chanson prouve que notre langue est très-musicale, dit Adrien.

— Je voudrais bien connaître les vers (verse) qui ont causé la perte de Naïs, dit Zéphirine, mais, d'après la manière dont elle accueille la demande d'Amélie, elle n'est pas disposée à nous en donner un échantillon.

— Elle se doit à elle-même de les lui faire dire, répondit Francis, car le génie de ce petit bonhomme est sa justification.

— Vous qui avez été dans la diplomatie, obtenez-nous cela, dit Amélie à M. du Châtelet.

— Rien de plus aisé, dit le baron.

L'ancien secrétaire des commandements, habitué à ces petits manéges, alla trouver l'évêque et sut le mettre en avant. Prié par monseigneur, Naïs fut obligée de demander à Lucien quelque morceau qu'il sût par cœur. Le prompt succès du baron dans cette négociation lui valut un langoureux sourire d'Amélie.

— Décidément ce baron est bien spirituel, dit-elle à Lolotte.

Lolotte se souvenait du propos aigre-doux d'Amélie sur les femmes qui faisaient elles-mêmes leurs robes.

— Depuis quand reconnaissez-vous les barons de l'empire? lui répondit-elle en souriant.

Lucien avait essayé de déifier sa maîtresse dans une ode qui lui était adressée sous un titre inventé par tous les jeunes gens au sortir du collège. Cette ode, si complaisamment caressée, embellie de tout l'amour qu'il se sentait au cœur, lui parut la seule œuvre capable de lutter avec la poésie de Chénier. Il regarda d'un air passablement fat madame de Bargeton, en disant : A ELLE! Puis il se posa fièrement pour dérouler cette pièce ambitieuse, car son amour-propre d'auteur se sentait à l'aise derrière la jupe de madame de Bargeton.

En ce moment, Naïs laissa échapper son secret aux yeux des femmes. Malgré l'habitude qu'elle avait de dominer ce monde de toute la hauteur de son intelligence, elle ne put s'empêcher de trembler pour Lucien. Sa contenance fut gênée, ses regards demandèrent en quelque sorte l'indulgence ; puis elle fut obligée de rester les yeux baissés, et de cacher son contentement à mesure que se déployèrent les strophes suivantes.

A ELLE

Du sein de ces torrents de gloire et de lumière,
Où, sur des sistres d'or, les anges attentifs,
Aux pieds de Jéhova redisent la prière
    De nos astres plaintifs,

Souvent un chérubin à chevelure blonde,
Voilant l'éclat de Dieu sur son front arrêté,
Laisse au parvis des cieux son plumage argenté,
    Il descend sur le monde.

Il a compris de Dieu le bienfaisant regard :
Du génie aux abois il endort la souffrance,
Jeune fille adorée, il berce le vieillard
    Dans les fleurs de l'enfance.

Il inscrit des méchants les tardifs repentirs,
A la mère inquiète, il dit en rêve : Espère!
Et, le cœur plein de joie, il compte les soupirs
    Qu'on donne à la misère.

De ces beaux messagers un seul est parmi nous,
Que la terre amoureuse arrête dans sa route;
Mais il pleure, et poursuit d'un regard triste et doux
    La paternelle voûte.

Ce n'est point de son front l'éclatante blancheur
Qui m'a dit le secret de sa noble origine,
Ni l'éclair de ses yeux, ni la féconde ardeur
    De sa vertu divine.

Mais par tant de lueur mon amour ébloui
A tenté de s'unir à sa sainte nature,
Et du terrible archange il a heurté sur lui
    L'impénétrable armure.

Ah! gardez, gardez bien de lui laisser revoir
Le brillant séraphin qui vers les cieux revole,
Trop tôt il en saurait la magique parole
    Qui se chante le soir!

Vous le verriez alors, des nuits perçant les voiles,
Comme un point de l'aurore, atteindre les étoiles
    Par un vol fraternel,
Et le matin qui veille, attendant un présage,
De leurs pieds lumineux montrerait le passage,
    Comme un phare éternel.

— Comprenez-vous ce calembour? dit Amélie à M. du Châtelet en lui adressant un regard de coquetterie.

— C'est des vers comme nous en avons tous plus ou moins fait au sortir du collège, répondit le baron d'un air ennuyé, pour obéir à son rôle de jugeur que rien n'étonnait. Autrefois nous donnions dans les brumes ossianiques. C'était des Malvina, des Fingal, des apparitions nuageuses, des guerriers qui sortaient de leurs tombes avec des étoiles au dessus de leurs têtes. Aujourd'hui, cette friperie poétique est remplacée par Jéhova, par les sistres, par les anges, par les plumes, des séraphins, par toute la garde-robe du paradis remise à neuf avec les mots immense, infini, solitude, intelligence. C'est des lacs, des paroles de Dieu, une espèce de panthéisme christianisé, enrichi de rimes rares, péniblement cherchées comme émeraude et frande, aigu et glacial, etc. Enfin nous avons changé de latitude : au lieu d'être au nord, nous sommes dans l'orient; mais les ténèbres y sont tout aussi épaisses.

— Si l'ode est obscure, dit Zéphirine, la déclaration me semble très-claire.

— Et l'armure de l'archange est une robe de mousseline assez légère, dit Francis.

Quoique la politesse voulût que l'on trouvât ostensiblement l'ode ravissante à cause de madame de Bargeton, les femmes, furieuses de ne pas avoir de poète à leur service pour les traiter d'anges, se levèrent comme ennuyées, en murmurant d'un air glacial : Très-bien, joli, parfait.

— Si vous m'aimez, vous ne complimenterez ni l'auteur ni son ange, dit Lolotte à son cher Adrien d'un air despotique auquel il dut obéir.

— Après tout, c'est des phrases, dit Zéphirine à Francis, et l'amour est une poésie en action.

— Vous avez dit là, Zizine, une chose que je pensais, mais que je n'aurais pas aussi finement exprimée, repartit Stanislas en s'épluchant de la tête aux pieds par un regard caressant.

— Je ne sais pas ce que je donnerais, dit Amélie à du Châtelet, pour voir rabaisser la fierté de Naïs, qui se fait traiter d'archange, comme si elle était plus que nous, et qui nous encanaille avec le fils d'un apothicaire et d'une garde-malade, dont la sœur est une grisette, et qui travaille chez un imprimeur.

— Puisque le père vendait des biscuits contre les vers, dit Jacques, il aurait dû en faire manger à son fils.

— Il continue le métier de son père, car ce qu'il vient de nous donner me semble de la drogue, dit Stanislas en prenant une de ses poses les plus agaçantes. Drogue pour drogue, j'aime mieux autre chose.

En un moment, chacun s'entendit pour humilier Lucien par quelque mot d'ironie aristocratique. Lili, la femme pieuse, y vit une action charitable en disant qu'il était temps d'éclairer Naïs, bien près de faire une folie. Francis, le diplomate, se chargea de mener à bien cette sotte conspiration, à laquelle tous ces petits esprits s'intéressèrent comme au dénoûment d'un drame, et dans laquelle ils virent une aventure à raconter le lendemain.

L'ancien consul, peu soucieux d'avoir à se battre avec un jeune poète qui, sous les yeux de sa maîtresse, enragerait d'un mot insultant, comprit qu'il fallait assassiner Lucien avec un fer sacré, contre lequel la vengeance fût impossible. Il imita l'exemple que lui avait donné l'adroit du Châtelet, quand il avait été question de faire dire des vers à Lucien, quand il vint causer avec l'évêque en feignant de partager l'enthousiasme que l'ode de Lucien avait inspiré à Sa Grandeur, puis il le mystifia en lui faisant croire que la mère de Lucien était une femme supérieure et d'une excessive modestie, qui fournissait à son fils les sujets de toutes ses compositions. Le plus grand plaisir de Lucien était de voir rendre justice à sa mère, qu'il adorait. Une fois cette idée inculquée à l'évêque, Francis s'en remit sur les hasards de la conversation pour amener le mot blessant qu'il avait médité de faire dire par monseigneur.

Quand Francis et l'évêque revinrent dans le cercle au centre duquel était Lucien, l'attention redoubla parmi les personnes qui déjà lui faisaient boire la ciguë à petits coups. Tout à fait étranger au manége des salons, le pauvre poète ne savait que regarder madame de Bargeton, et répondre gauchement aux gauches questions qui lui étaient adressées. Il ignorait les noms et les qualités de la plupart des personnes présentes, et ne savait quelle conversation tenir avec des femmes qui lui disaient des niaiseries dont il avait honte. Il se sentait d'ailleurs à mille lieues de ces divinités angoumoisines en s'entendant nommer tantôt M. Chardon, tantôt M. de Rubempré, tandis qu'elles s'appelaient Lolotte, Adrien, Astolphe, Lili, Fifine. Sa confusion fut extrême quand, ayant pris Lili pour un nom d'homme, il appela M. Lili le brutal M. de Senonches. Le Nembrod interrompit Lucien par un : — M. Lulu ? qui fit rougir madame de Bargeton jusqu'aux oreilles.

— Il faut être bien aveuglée pour admettre ici et nous présenter ce petit bonhomme, dit-il à demi-voix.

— Madame la marquise, dit Zéphirine à madame de Pimentel, à voix basse, mais de manière à se faire entendre, ne trouvez-vous pas une grande ressemblance entre M. Chardon et M. de Cante-Croix ?

— La ressemblance est idéale, répondit en souriant madame de Pimentel.

— La gloire a des séductions que l'on peut avouer, dit madame de Bargeton à la marquise. Il est des femmes qui s'éprennent de la grandeur comme d'autres de la petitesse, ajouta-t-elle en regardant Francis.

Zéphirine ne comprit pas, car elle trouvait son comte très-grand; mais la marquise se rangea du côté de Naïs en se mettant à rire.

— Vous êtes bien heureux, monsieur, dit à Lucien M. de Pimentel, qui se reprit pour le nommer M. de Rubempré après l'avoir appelé Chardon, vous ne devez jamais vous ennuyer ?

— Travaillez-vous promptement ? lui demanda Lolotte de l'air dont elle eût dit à un menuisier : Êtes-vous longtemps à faire une boîte ?

Lucien resta tout abasourdi sous le coup d'assommoir ; mais il releva la tête en entendant madame de Bargeton répondre en souriant :
— Ma chère, la poésie ne pousse pas dans la tête de M. de Rubempré comme l'herbe dans nos cours.

— Madame, dit l'évêque à Lolotte, nous ne saurions avoir trop de respect pour les grands esprits en qui Dieu met un de ses rayons. Oui, la poésie est chose sainte. Qui dit poésie, dit souffrance. Combien de nuits silencieuses n'ont pas valu les strophes que vous admirez ! Saluez avec amour le poète qui mène presque toujours une vie malheureuse, et à qui Dieu réserve sans doute une place dans le ciel parmi ses prophètes. Ce jeune homme est un poète, ajouta-t-il en posant la main sur la tête de Lucien, ne voyez-vous pas quelque fatalité imprimée sur ce beau front ?

Heureux d'être si noblement défendu, Lucien salua l'évêque par un regard suave, sans savoir que le digne prélat allait être son bourreau. Madame de Bargeton lança sur le cercle ennemi des regards pleins de triomphe, qui s'enfoncèrent, comme autant de dards, dans le cœur de ses rivales, dont la rage redoubla.

— Ah ! monseigneur, répondit le poète, en espérant frapper ces têtes imbéciles de son sceptre d'or, le vulgaire n'a ni votre esprit, ni votre charité. Nos douleurs sont ignorées, personne ne sait nos travaux. Le mineur a moins de peine à extraire l'or de la mine que nous n'en avons à arracher nos images aux entrailles de la plus ingrate des langues. Si le but de la poésie est de mettre les idées au point précis où tout le monde peut les voir et les sentir, le poète doit incessamment parcourir l'échelle des intelligences humaines afin de les satisfaire toutes ; il doit cacher sous les plus vives couleurs la logique et le sentiment, deux puissances ennemies ; il lui faut enfermer tout un monde de pensées dans un mot, résumer des philosophies entières par une peinture, enfin ses vers sont des graines dont les fleurs doivent éclore dans les cœurs, en y cherchant les sillons creusés par les sentiments personnels. Ne faut-il pas avoir tout senti pour tout rendre ? Et sentir vivement, n'est-ce pas souffrir ? Aussi les poésies ne s'enfantent-elles qu'après de pénibles voyages entrepris dans les vastes régions de la pensée et de la société. N'est-ce pas des travaux immortels que ceux auxquels nous devons des créatures dont la vie devient plus authentique que celle des êtres qui ont véritablement vécu, comme la *Clarisse* de Richardson, la *Camille* de Chénier, la *Délie* de Tibulle, l'*Angélique* de l'Arioste, la *Francesca* du Dante, l'*Alceste* de Molière, le *Figaro* de Beaumarchais, la *Rebecca* de Walter Scott, le *Don Quichotte* de Cervantès !

— Et que nous créerez-vous ? demanda du Châtelet.

— Annoncer de telles conceptions, répondit Lucien, n'est-ce pas se donner un brevet d'homme de génie ? D'ailleurs ces enfantements sublimes veulent une longue expérience du monde, une étude des passions et des intérêts humains que je ne saurais avoir faite, mais je commence, dit-il avec amertume en jetant un regard vengeur sur ce cercle. Le cerveau porte longtemps..

— Votre accouchement sera laborieux, dit M. du Hautoy en l'interrompant.

— Votre excellente mère pourra vous aider, dit l'évêque.

Ce mot si habilement préparé, cette vengeance attendue, alluma dans tous les yeux un éclair de joie. Sur toutes les bouches il courut un sourire de satisfaction aristocratique, augmenté par l'imbécillité de M. de Bargeton, qui se mit à rire après coup.

— Monseigneur, vous êtes un peu trop spirituel pour nous en ce moment, ces dames ne vous comprennent pas, dit madame de Bargeton, qui par ce seul mot paralysa les rires et attira sur elle les regards étonnés. Un poète qui prend toutes ses inspirations dans la Bible, a dans l'Église une véritable mère. Monsieur de Rubempré, dites-nous *Saint Jean dans Pathmos*, ou le *Festin de Balthazar*, pour montrer à monseigneur que Rome est toujours la *Magna parens* de Virgile.

Les femmes échangèrent un sourire en entendant Naïs disant les deux mots latins.

Au début de la vie, les plus fiers courages ne sont pas exempts d'abattement. Ce coup avait envoyé tout d'abord Lucien au fond de l'eau ; mais il frappa du pied, et revint à la surface, en se jurant de dominer ce monde. Comme le taureau piqué de mille flèches, il se releva furieux, et allait obéir à la voix de Louise en déclamant *Saint Jean dans Pathmos* ; mais la plupart des tables de jeu avaient attiré leurs joueurs, qui retombaient dans l'ornière de leurs habitudes et y trouvaient un plaisir que la poésie ne leur avait pas donné. Puis la vengeance de tant d'amours-propres irrités n'eût pas été complète sans le dédain négatif que l'on témoigna pour la poésie indigène, en désertant Lucien et madame de Bargeton. Chacun parut préoccupé : celui-ci alla causer d'un chemin cantonal avec le préfet, celle-là parla de varier les plaisirs de la soirée en faisant un peu de musique. La haute société d'Angoulême, se sentant mauvais juge en fait de poésie, était surtout curieuse de connaître l'opinion des Rastignac, des Pimentel, sur Lucien, et plusieurs personnes allèrent autour d'eux. La haute influence que ces deux familles exerçaient dans le département était toujours reconnue dans les grandes circonstances, chacun les jalousait et les courtisait, car tout le monde prévoyait avoir besoin de leur protection.

— Comment trouvez-vous notre poète et sa poésie ? dit Jacques à la marquise, chez laquelle il chassait.

— Mais pour des vers de province, dit-elle en souriant, ils ne sont pas mal, d'ailleurs un si beau poète ne peut rien faire mal.

Chacun trouva l'arrêt adorable, et l'alla répéter en y mettant plus de méchanceté que la marquise n'y voulait mettre.

Du Châtelet fut alors requis d'accompagner M. de Bartas, qui massacra le grand air de Figaro. Une fois la porte ouverte à la musique, il fallut écouter la romance chevaleresque faite sous l'Empire par Chateaubriand, chantée par Châtelet. Puis vinrent les morceaux à quatre mains exécutés par des petites filles, et réclamés par madame du Brossard, qui voulait faire briller le talent de sa chère Camille aux yeux de M. de Séverac.

Madame de Bargeton, blessée du mépris que chacun marquait à son poète, rendit dédain pour dédain en s'en allant dans son boudoir pendant le temps que l'on fit de la musique. Elle fut suivie de l'évêque, à qui son grand vicaire avait expliqué la profonde ironie de son involontaire épigramme, et qui voulait la racheter. Mademoiselle de Rastignac, que la poésie avait séduite, se coula dans le boudoir à l'insu de sa mère. En s'asseyant sur son causeuse piquée, où elle entraîna Lucien, Louise put, sans être entendue ni vue, lui dire à l'oreille : — Cher ange, ils ne t'ont pas compris ! mais...

Tes vers sont doux j'aime à les répéter.

Lucien, consolé par cette flatterie, oublia pour un moment ses douleurs.

— Il n'y a pas de gloire à bon marché, lui dit madame de Bargeton en lui prenant la main et la lui serrant. Souffrez, souffrez, mon ami, vous serez grand, vos douleurs sont le prix de votre immortalité. Je voudrais bien avoir à supporter les travaux d'une lutte. Dieu vous garde d'une vie atone et sans combats, où les ailes de l'aigle ne trouvent pas assez d'espace. J'envie vos souffrances, car vous vivez au moins, vous ! Vous déploierez vos forces, vous espérerez une victoire ! Votre lutte sera glorieuse. Quand vous serez arrivé dans la sphère impériale où trônent les grandes intelligences, souvenez-vous des pauvres gens déshérités par le sort, dont l'intelligence s'annihile sous l'oppression d'un azote moral, et qui périssent après avoir constamment su ce qu'était la vie sans pouvoir vivre, qui ont eu des yeux perçants et n'ont rien vu, de qui l'odorat était délicat, et qui n'ont senti que des fleurs empestées. Chantez alors la plante qui se dessèche au fond d'une forêt, étouffée par des lianes, par des végétations gourmandes, touffues, sans avoir été aimée par le soleil, et qui meurt sans avoir fleuri ! Ne serait-ce pas un poème d'horrible mélancolie, un sujet tout fantastique ? Quelle composition sublime que la peinture d'une jeune fille née sous les cieux de l'Asie, ou de quelque fille du désert transportée dans quelque froid pays d'occident, appelant son soleil bien-aimé, mourant de douleurs incomprises, également accablée de froid et d'amour ! Ce serait le type de beaucoup d'existences.

— Vous peindriez ainsi l'âme qui se souvient du ciel, dit l'évêque, un poème qui doit avoir été fait jadis, je me suis plu à en voir un fragment dans le Cantique des Cantiques.

— Entreprenez cela, dit Laure de Rastignac en exprimant une naïve croyance au génie de Lucien.

— Il manque à la France un grand poème sacré, dit l'évêque. Croyez-moi : la gloire et la fortune appartiendront à l'homme de talent qui travaillera pour la religion.

— Il l'entreprendra, monseigneur, dit madame de Bargeton avec emphase. Ne voyez-vous pas l'idée du poème poindant déjà comme une flamme de l'aurore, dans ses yeux ?

— Naïs nous traite bien mal, disait Fifine. Que fait-elle donc ?

— Ne l'entendez-vous pas ? répondit Stanislas. Elle est à cheval sur ses grands mots qui n'ont ni queue ni tête.

Amélie, Fifine, Adrien et Francis, apparurent à la porte du boudoir, en accompagnant madame de Rastignac, qui venait chercher sa fille pour partir.

— Naïs, dirent les deux femmes, enchantées de troubler l'aparté du boudoir, vous seriez bien aimable de nous jouer quelque morceau.

— Ma chère enfant, répondit madame de Bargeton, M. de Rubempré va nous dire son *Saint Jean dans Pathmos*, un magnifique poème biblique.

— Biblique ! répéta Fifine étonnée.

Amélie et Fifine rentrèrent dans le salon en y apportant ce mot comme une pâture à moquerie. Lucien s'excusa de dire le poème en objectant son défaut de mémoire. Quand il reparut, il n'excita plus le moindre intérêt. Chacun causait ou jouait. Le poète avait été dépouillé de tous ses rayons, les propriétaires ne voyaient en lui rien de bien utile, les gens à prétentions le craignaient comme un pouvoir hostile à leur ignorance ; les femmes jalouses de madame de Bargeton, la Béatrix de nouveau Dante, selon le vicaire général, lui jetaient des regards froidement dédaigneux.

— Voilà donc le monde ! se dit Lucien en descendant à l'Houmeau par les rampes de Beaulieu, car il est des instants dans la vie où l'on aime à prendre le plus long, afin d'entretenir par la marche le mouvement d'idées où l'on se trouve, et au courant desquelles on veut se livrer. Loin de le décourager, la rage de l'ambitieux repoussé donnait à Lucien de nouvelles forces. Comme tous les gens emmenés par leur instinct dans une sphère élevée, où ils arrivent avant de pouvoir s'y soutenir, il se promettait de tout sacrifier pour demeurer dans la haute société. Chemin faisant, il ôtait un à un les traits envenimés qu'il avait reçus, il se parlait tout haut à lui-même, il gourmandait les niais auxquels il avait eu affaire ; il trouvait des réponses fines aux sottes demandes qu'on lui avait faites, et se désespérait d'avoir ainsi de l'esprit après coup. En arrivant sur la route de Bordeaux, qui serpente au bas de la montagne et côtoie les rives de la Charente, il crut voir, au clair de lune, Ève et David assis sur une solive au bord de la rivière, près d'une fabrique, et descendit vers eux par un sentier.

Pendant que Lucien courait à sa torture chez madame de Bargeton, sa sœur avait pris une robe de percaline rose à mille raies, son chapeau de paille cousue, un petit châle de soie, mise simple qui faisait croire qu'elle était parée, comme il arrive à toutes les personnes chez lesquelles une grandeur naturelle rehausse les moindres accessoires. Aussi, quand elle quittait son costume d'ouvrière, intimidait-elle prodigieusement David. Quoique l'imprimeur se fût résolu à parler de lui-même, il ne trouva plus rien à dire quand il donna le bras à la belle Ève pour traverser l'Houmeau. L'amour se plaît dans ces respectueuses terreurs, semblables à celles que la gloire de Dieu cause aux fidèles. Les deux amants marchèrent silencieusement vers le pont Sainte-Anne, afin de gagner la rive gauche de la Charente. Ève, qui trouva ce silence gênant, s'arrêta vers le milieu du pont pour contempler la rivière, qui, de là jusqu'à l'endroit où se construisait la poudrerie forme une longue nappe où le soleil couchant jetait alors une joyeuse traînée de lumière.

— La belle soirée ! dit-elle en cherchant un sujet de conversation, l'air est à la fois tiède et frais, les fleurs embaument, le ciel est magnifique.

— Tout parle au cœur, répondit David en essayant d'arriver à son amour par analogie. Il y a pour les gens aimants un plaisir infini à trouver dans les accidents d'un paysage, dans la transparence de l'air, dans les parfums de la terre, la poésie qu'ils ont dans l'âme. La nature parle pour eux.

— Et elle leur délie aussi la langue, dit Ève en riant. Vous étiez bien silencieux en traversant l'Houmeau. Savez-vous que j'étais embarrassée.

— Je vous trouvais si belle que j'étais saisi, répondit naïvement David.

— Je suis donc moins belle, en ce moment ? lui demanda-t-elle.

— Non, mais je suis si heureux de me promener seul avec vous, que...

Il s'arrêta tout interdit et regarda les collines par où descend la route de Saintes.

— Si vous trouvez quelque plaisir à cette promenade, j'en suis ravie ; car je me crois obligée à vous donner une soirée en échange de celle que vous m'avez sacrifiée. En refusant d'aller chez madame de Bargeton, vous avez été tout aussi généreux que l'était Lucien en risquant de la fâcher par sa demande.

— Non pas généreux, mais sage, répondit David. Puisque nous sommes seuls sous le ciel, sans autres témoins que les roseaux et les buissons qui bordent la Charente, permettez-moi, chère Ève, de vous exprimer quelques-unes des inquiétudes que me cause la marche actuelle de Lucien. Après ce que je viens de lui dire, mes craintes vous paraîtront, je l'espère, un raffinement d'amitié. Vous et votre mère, vous avez tout fait pour le mettre au-dessus de sa position, mais, en excitant son ambition, ne l'avez-vous pas imprudemment voué à de grandes souffrances ? Comment soutiendra-t-il dans le monde où le portent ses goûts ? Je le connais, il est de nature à aimer les récoltes sans le travail. Les devoirs de société lui dévoreront son temps, et le temps est le seul capital des gens qui n'ont que leur intelligence pour fortune, il aime à briller, le monde irritera ses désirs, qu'aucune somme ne pourra satisfaire, il dépensera de l'argent et n'en gagnera pas, enfin, vous l'avez habitué à se croire grand ; mais, avant de reconnaître une supériorité quelconque, le monde demande d'éclatants succès. Or, les succès littéraires ne se conquièrent que dans la solitude et par d'obstinés travaux. Que donnera madame de Bargeton à votre frère, en retour de tant de journées passées à ses pieds ? Lucien est trop fier pour accepter ses secours, et nous le savons encore trop pauvre pour continuer à voir sa société, qui est doublement ruineuse. Tôt ou tard, cette femme abandonnera notre chère frère, après lui avoir fait perdre le goût du travail, après avoir développé chez lui le goût du luxe, le mépris de notre vie sobre, l'amour des jouissances, son penchant à l'oisiveté, cette débauche des âmes poétiques. Oui, je tremble que cette grande dame ne s'amuse de Lucien comme d'un jouet : ou elle l'aime sincèrement et il lui fera tout oublier, ou elle ne l'aime pas et le rendra malheureux, car il en est fou.

— Vous me glacez le cœur, dit Ève en s'arrêtant au barrage de la Charente. Mais, tant que ma mère aura la force de faire son pénible métier et tant que je vivrai, les produits de notre travail suffiront peut-être aux dépenses de Lucien, et lui permettront d'attendre le moment où sa fortune commencera. Je ne manquerai jamais de courage, car l'idée de travailler pour une personne aimée, dit Ève en s'animant, ôte au travail toute son amertume et ses ennuis. Je suis heureuse en songeant pour qui je me donne tant de peine, si toutefois c'est de la peine. Oui, ne craignez rien, nous gagnerons assez d'argent pour que Lucien puisse aller dans le beau monde. Là est sa fortune.

— Là est aussi sa perte, reprit David. Écoutez-moi, chère Ève, la lente exécution des œuvres du génie exige une fortune considérable toute venue ou le sublime cynisme d'une vie pauvre. Croyez-moi, Lucien a une si grande horreur des privations de la misère, il a si complaisamment savouré l'arome des festins, la fumée des succès, son amour-propre a si bien grandi dans le boudoir de madame de Bargeton, qu'il tentera tout plutôt que de déchoir; et les produits de votre travail ne seront jamais en rapport avec ses besoins.

— Vous n'êtes donc qu'un faux ami ! s'écria Eve désespérée. Autrement vous ne nous décourageriez pas ainsi.

— Eve ! Eve ! répondit David, je voudrais être le frère de Lucien. Vous seule pouvez me donner ce titre, qui lui permettrait de tout accepter de moi, qui me donnerait le droit de me dévouer à lui avec le saint amour que vous mettez à vos sacrifices, mais en y portant le discernement du calculateur. Eve, chère enfant aimée, faites que Lucien ait un trésor où il puisse puiser sans honte ! La bourse d'un frère ne sera-t-elle pas comme la sienne ? Si vous saviez toutes les réflexions que m'a suggérées la position nouvelle de Lucien ! S'il veut aller chez madame de Bargeton, il ne doit plus être mon protégé, il ne doit plus loger à l'Houmeau, vous ne devez plus rester ouvrière, votre mère ne doit plus faire son métier. Si vous consentiez à devenir ma femme, tout s'aplanirait : Lucien pourrait demeurer au second, chez moi, pendant que je lui bâtirais un appartement au-dessus de l'appentis au fond de la cour, à moins que mon père ne veuille élever un second étage. Nous lui arrangerions ainsi une vie sans soucis, une vie indépendante. Mon désir de soutenir Lucien me donnera pour faire fortune un courage que je n'aurais pas s'il ne s'agissait que de moi, mais il dépend de vous d'autoriser mon dévouement. Peut-être un jour ira-t-il à Paris, le seul théâtre où il puisse se produire, et où ses talents seront appréciés et rétribués. La vie de Paris est chère, et nous ne serons pas trop de trois pour l'y entretenir. D'ailleurs, à vous comme à lui, ne faudra-t-il pas un appui ? Chère Eve, épousez-moi par amour pour Lucien. Plus tard, vous m'aimerez peut-être en voyant les efforts que je ferai pour le servir et pour vous rendre heureuse. Nous sommes, tous deux, également modestes dans nos goûts, il ne nous faudra peu de chose ; le bonheur de Lucien sera notre grande affaire, et son cœur sera le trésor où nous mettrons fortune, sentiment, sensations, tout !

— Les convenances nous séparent, dit Eve émue en voyant combien ce grand amour se faisait petit. Vous êtes riche et je suis pauvre. Il faut aimer beaucoup pour passer par-dessus une semblable difficulté.

— Vous ne m'aimez donc pas assez encore ! s'écria David atterré.

— Mais votre père s'opposerait peut-être..

— Bien ! bien ! répondit David, s'il n'y a que mon père à consulter, vous serez ma femme. Eve, ma chère Eve ! vous venez de me rendre la vie bien facile à porter en un moment. J'avais, hélas ! le cœur bien lourd de sentiments que je ne pouvais ni ne savais exprimer. Dites-moi seulement que vous m'aimez un peu, je prendrai le courage nécessaire pour vous parler de tout le reste.

— En vérité, dit-elle, vous me rendez toute honteuse ; mais, puisque nous nous confions nos sentiments, je vous dirai que je n'ai jamais de ma vie pensé à un autre qu'à vous. J'ai vu en vous un de ces hommes auxquels une femme peut se trouver fière d'appartenir, et je n'osais espérer pour moi, pauvre ouvrière sans avenir, une si grande destinée.

— Assez, assez, dit-il en s'asseyant sur la traverse du barrage auprès duquel ils étaient revenus, car ils allaient et venaient comme des fous en parcourant le même espace.

— Qu'avez-vous ? lui dit-elle en exprimant pour la première fois cette inquiétude si gracieuse que les femmes éprouvent pour un être qui leur appartient.

— Rien que de bon, dit-il. En apercevant toute une vie heureuse, l'esprit est comme ébloui, l'âme est accablée. Pourquoi suis-je le plus heureux ? dit-il avec une expression de mélancolie. Mais je le sais.

Eve regarda David d'un air coquet et douteur qui voulait une explication.

— Chère Eve, je reçois plus que je ne donne. Aussi vous aimerai-je toujours mieux que vous ne m'aimerez, parce que j'ai plus de raisons de vous aimer : vous êtes un ange et je suis un homme.

— Je ne suis pas si savante, répondit Eve en souriant. Je vous aime bien...

— Autant que vous aimez Lucien ? dit-il en l'interrompant.

— Assez pour être votre femme, pour me consacrer à vous et tâcher de ne vous donner aucune peine dans la vie, d'abord un peu pénible, que nous mènerons.

— Vous êtes-vous aperçue, chère Eve, que je vous ai aimée depuis le premier jour où je vous ai vue ?

— Quelle est la femme qui ne se sent pas aimée ? demanda-t-elle.

— Laissez-moi donc dissiper les scrupules que vous cause ma prétendue fortune. Je suis pauvre, ma chère Eve. Oui, mon père a pris plaisir à me ruiner, il a spéculé sur mon travail, il a fait comme beaucoup de prétendus bienfaiteurs avec leurs obligés. Si je deviens riche, ce sera pour vous. Ceci n'est pas une parole de l'amant, mais une réflexion du penseur. Je dois vous faire connaître mes défauts, et ils sont énormes chez un homme obligé de faire sa fortune. Mon caractère, mes habitudes, les occupations qui me plaisent, me rendent impropre à tout ce qui est commerce et spéculation, et cependant nous ne pouvons devenir riches que par l'exercice de quelque industrie. Si je suis capable de découvrir une mine d'or, je suis singulièrement inhabile à l'exploiter. Mais vous, qui, par amour pour votre frère, êtes descendue aux plus petits détails, qui avez le génie de l'économie, la patiente attention du vrai commerçant, vous récolterez la moisson que j'aurai semée. Notre situation, car depuis longtemps je me suis mis au sein de votre famille, m'oppresse si fort le cœur, que j'ai consumé mes jours et mes nuits à chercher une occasion de fortune. Mes connaissances en chimie, et l'observation des besoins du commerce, m'ont mis sur la voie d'une découverte lucrative. Je ne puis vous en rien dire encore, je prévois trop de lenteurs. Nous souffrirons pendant quelques années peut-être, mais je finirai par trouver les procédés industriels à la piste desquels je suis depuis quelques jours, et qui nous procureront une grande fortune. Je n'ai rien dit à Lucien, car son caractère ardent gâterait tout, il convertirait mes espérances en réalités, il vivrait en grand seigneur et s'endetterait peut-être. Ainsi, gardez-moi le secret. Votre douce et chère compagnie pourra seule me consoler pendant ces longues épreuves, comme le désir de vous enrichir, vous et Lucien, me donnera de la constance et de la ténacité...

— J'avais deviné aussi, lui dit Eve en l'interrompant, que vous étiez un de ces inventeurs auxquels il faut, comme à mon pauvre père, une femme qui prenne soin d'eux.

— Vous m'aimez donc ? Ah ! dites-le moi sans crainte, à moi qui ai vu dans votre nom un symbole de mon amour. Eve était la seule femme qu'il y eût dans le monde, et ce qui était matériellement vrai pour Adam l'est moralement pour moi. Mon Dieu ! m'aimez-vous ?

— Oui, dit-elle en allongeant cette simple syllabe par la manière dont elle la prononça, comme pour peindre l'étendue de ses sentiments.

— Eh bien ! asseyons-nous là, dit-il en conduisant Eve par la main vers une longue poutre qui se trouvait au bas des roues d'une papeterie. Laissez-moi respirer l'air du soir, entendre les cris des rainettes, admirer les rayons de la lune qui tremblent sur les eaux, laissez-moi m'emparer de cette nature où je crois voir mon bonheur écrit en toute chose, et qui m'apparaît pour la première fois dans sa splendeur, éclairée par l'amour, embellie par vous. Eve, chère aimée ! voici le premier moment de joie sans mélange que le sort m'ait donné ! Je doute que Lucien soit aussi heureux que moi !

En sentant la main d'Eve humide et tremblante dans la sienne, David y laissa tomber une larme. Ce fut en ce moment que Lucien aborda sa sœur.

— Je ne sais pas, dit-il, si vous avez trouvé cette soirée belle, mais elle a été cruelle pour moi.

— Mon pauvre Lucien, que t'est-il donc arrivé ? dit Eve en remarquant l'animation du visage de son frère.

Le poète, irrité, raconta ses angoisses en versant dans ces cœurs amis les flots de pensées qui l'assaillaient. Eve et David écoutèrent Lucien en silence, affligés de voir passer ce torrent de douleurs qui révélait autant de grandeur que de petitesse.

— M. de Bargeton, dit Lucien en terminant, est un vieillard qui sera sans doute bientôt emporté par quelque indigestion, eh bien ! je dominerai ce monde orgueilleux, j'épouserai madame de Bargeton ! J'ai lu dans ses yeux ce soir un amour égal au mien. Oui, mes blessures, elle les a ressenties, mes souffrances, elle les a calmées, elle est aussi grande et noble qu'elle est belle et gracieuse ! Non, elle ne me trahira jamais !

— N'est-il pas temps de lui faire une existence tranquille ? dit à voix basse David à Eve.

Eve pressa silencieusement le bras de David, qui, comprenant ses pensées, s'empressa de raconter à Lucien les projets qu'il avait médités. Les deux amants étaient aussi pleins d'eux-mêmes que Lucien était plein de lui, en sorte qu'Eve et David, pressés de faire approuver leur bonheur, n'aperçurent point le mouvement de surprise que laissa échapper l'amant de madame de Bargeton en apprenant le mariage de sa sœur et de David. Lucien, qui rêvait de faire faire à sa sœur une belle alliance quand il aurait saisi quelque haute position, afin d'étayer son ambition de l'intérêt que lui porteraient une puissante famille, fut désolé de voir dans cette union un obstacle de plus à ses succès dans le monde.

— Si madame de Bargeton consent à devenir madame de Rubempré, jamais elle ne voudra se trouver être la belle-sœur de David Séchard! Cette phrase est la formule nette et précise des idées qui tenaillèrent le cœur de Lucien. — Louise a raison! les gens d'avenir ne sont jamais compris par leurs familles, pensa-t-il avec amertume.

Quand les deux amants furent seuls, David se trouva plus embarrassé qu'en aucun moment de sa vie. — PAGE 15.

Si cette union lui eût été présentée en un moment où il n'eût pas fantastiquement tué M. de Bargeton, il aurait sans doute fait éclater la joie la plus vive. En réfléchissant à sa situation actuelle, en interrogeant la destinée d'une fille belle et sans fortune, d'Ève Chardon, il eût regardé ce mariage comme un bonheur inespéré. Mais il habitait un de ces rêves d'or où les jeunes gens, montés sur des si, franchissent toutes les barrières. Il venait de se voir dominant la société, le poète souffrait de tomber si vite dans la réalité. Ève et David penserènt que leur frère, accablé de tant de générosité, se taisait. Pour ces deux belles âmes, une acceptation silencieuse prouvait une amitié vraie. L'imprimeur se mit à peindre avec une éloquence douce et cordiale le bonheur qui les attendait tous quatre. Malgré les interjections d'Ève, il meubla son premier étage avec le luxe d'un amoureux; il bâtit avec une ingénue bonne foi le second pour Lucien et le dessus de l'appentis pour madame Chardon, envers laquelle il voulait déployer tous les soins d'une filiale sollicitude. Enfin il fit la famille si heureuse et son frère si indépendant, que Lucien, charmé

par la voix de David et par les caresses d'Ève, oublia sous les ombrages de la route, le long de la Charente calme et brillante, sous la voûte étoilée et dans la tiède atmosphère de la nuit, la blessante couronne d'épines que la société lui avait enfoncée sur la tête. M. de Rubempré reconnut enfin David. La mobilité de son caractère le rejeta bientôt dans la vie pure, travailleuse et bourgeoise qu'il avait menée; il la vit embellie et sans soucis. Le bruit du monde aristocratique s'éloigna de plus en plus. Enfin, quand il atteignit le pavé de l'Houmeau, l'ambitieux serra la main de son frère et se mit à l'unisson des heureux amants.

— Pourvu que ton père ne contrarie pas ce mariage? dit-il à David.

— Tu sais s'il s'inquiète de moi : le bonhomme vit pour lui; mais j'irai demain le voir à Marsac, quand ce ne serait que pour obtenir de lui qu'il fasse les constructions dont nous avons besoin.

David accompagna le frère et la sœur jusque chez madame Chardon, à laquelle il demanda la main d'Ève avec l'empressement d'un homme qui ne voulait aucun retard. La mère prit la main de sa fille, la mit dans celle de David avec joie, et l'amant, enhardi, baisa au front sa belle promise, qui lui sourit en rougissant.

— Voilà les accordailles des gens pauvres, dit la mère en levant les yeux comme pour implorer la bénédiction de Dieu. Vous avez du courage, mon enfant, dit-elle à David, car nous sommes dans le malheur, et je tremble qu'il ne soit contagieux.

— Nous serons riches et heureux, dit gravement David. Pour commencer, vous ne ferez plus votre métier de garde-malade, et vous viendrez demeurer avec votre fille et Lucien à Angoulême.

Les trois enfants s'empressèrent alors de raconter à leur mère étonnée leur charmant projet, en se livrant à l'une de ces folles causeries de famille où l'on se plaît à engranger toutes les semailles, à jouir par avance de toutes les joies. Il fallut mettre David à la porte: il aurait voulu que cette soirée fût éternelle. Une heure du matin sonna quand Lucien reconduisit son futur beau-frère jusqu'à la Porte-Palet. L'honnête Postel, inquiet de ces mouvements extraordinaires, était debout derrière sa persienne; il avait ouvert la croisée et se disait, en voyant de la lumière à cette heure chez Ève : — Que se passe-t-il donc chez les Chardon?

— Mon fiston, dit-il en voyant revenir Lucien, que vous arrive-t-il donc? Auriez-vous besoin de moi?

— Non, monsieur, répondit le poète; mais, comme vous êtes notre ami, je puis vous dire l'affaire : ma mère vient d'accorder la main de ma sœur à David Séchard.

Pour toute réponse, Postel ferma brusquement sa fenêtre, au désespoir de n'avoir pas demandé mademoiselle Chardon.

Au lieu de rentrer à Angoulême, David prit la route de Marsac. Il alla tout en se promenant chez son père, et arriva le long du clos attenant à la maison, au moment où le soleil se levait. L'amoureux aperçut sous un amandier la tête du vieil ours, qui s'élevait au-dessus d'une haie.

— Bonjour, mon père, lui dit David.

— Tiens, c'est toi, mon garçon? par quel hasard te trouves-tu sur la route à cette heure? Entre par là, dit le vigneron en indiquant à son fils une petite porte à claire-voie. Mes vignes ont toutes passé fleur, pas un cep de gelé! Il y aura plus de vingt poinçons à l'arpent cette année; mais aussi comme c'est fumé!

— Mon père, je viens vous parler d'une affaire importante.

— Eh bien! comment vont nos presses? tu dois gagner de l'argent gros comme toi?

— J'en gagnerai, mon père, mais pour le moment je ne suis pas riche.

— Ils me blâment tous ici de fumer à mort, répondit le père. Les bourgeois, c'est-à-dire M. le marquis, M. le comte, MM. ci et ça, prétendent que j'ôte de la qualité au vin. A quoi sert l'éducation? à vous brouiller l'entendement. Écoute! ces messieurs récoltent sept, quelquefois huit pièces à l'arpent, et les vendent soixante francs la pièce, ce qui fait au plus quatre cents francs par arpent dans les bonnes années. Moi, j'en récolte vingt pièces, et les vends trente francs, total six cents francs! Où sont les niais? La qualité! la qualité! Qu'est-ce que ça me fait, la qualité? Qu'ils la gardent pour eux, la qualité, MM. les marquis! pour moi, la qualité, c'est les écus. Tu dis?

— Mon père, je me marie, je viens vous demander...

— Me demander? quoi? rien du tout, mon garçon. Marie-toi, j'y consens; mais, pour te donner quelque chose, je me trouve sans un sou. Les façons m'ont ruiné! Depuis deux ans, j'avance des façons, des impositions, des frais de toute nature; le gouvernement prend tout, le plus clair va au gouvernement! Voilà deux ans que les pauvres vignerons ne font rien. Cette année ne se présente pas mal, eh bien! mes gredins de poinçons valent déjà onze francs! On récoltera pour le tonnelier. Pourquoi te marier avant les vendanges?

— Mon père, je ne viens vous demander que votre consentement.

— Ah! c'est une autre affaire. A l'encontre de qui te maries-tu, sans curiosité?

— J'épouse mademoiselle Ève Chardon.

— Qu'est-ce que c'est que ça? qu'est-ce qu'elle mange?

— Elle est fille de feu M. Chardon, le pharmacien de l'Houmeau.

— Tu épouses une fille de l'Houmeau, toi, un bourgeois! toi, l'imprimeur du roi à Angoulême! Voilà les fruits de l'éducation! Mettez donc vos enfants au collège! Ah çà! elle est donc bien riche, mon garçon? dit le vieux vigneron en se rapprochant de son fils d'un air câlin, car, si tu épouses une fille de l'Houmeau, elle doit avoir des mille et des cents! Bon! tu me payeras mes loyers. Sais-tu, mon garçon, que voilà deux ans trois mois de loyers dus, ce qui fait deux mille sept cents francs, qui me viendraient bien à point pour payer le tonnelier. A tout autre qu'à mon fils, je serais en droit de demander des intérêts, car, après tout, les affaires sont les affaires; mais je te les remets. Eh bien! qu'a-t-elle?

— Mais elle a ce qu'avait ma mère.

Le vieux vigneron allait dire : — Elle n'a que dix mille francs! Mais il se souvint d'avoir refusé des comptes à son fils, et s'écria : — Elle n'a rien!

— La fortune de ma mère était son intelligence et sa beauté.

— Va donc au marché avec ça, et tu verras ce qu'on te donnera dessus! Nom d'une pipe, les pères sont-ils malheureux dans leurs enfants! David, quand je me suis marié, j'avais sur la tête un bonnet de papier pour toute fortune et mes deux bras, j'étais un pauvre ours; mais avec la belle imprimerie que je t'ai donnée, avec ton industrie et tes connaissances, tu dois épouser une bourgeoise de la ville, une femme riche de trente à quarante mille francs. Laisse ta passion, et je te marierai, moi! Nous avons à une lieue d'ici une veuve de trente-deux ans, meunière, qui a cent mille francs de bien au soleil; voilà ton affaire. Tu peux réunir ses biens à ceux de Marsac, ils se touchent! Ah! le beau domaine que nous aurions, et comme je le gouvernerais! On dit qu'elle va se marier avec Courtois, son premier garçon; tu vaux encore mieux que lui! Je menerais le moulin tandis qu'elle ferait les beaux bras à Angoulême.

— Mon père, je suis engagé...

— David, tu n'entends rien au commerce, je te vois ruiné. Oui, si tu te maries avec cette fille de l'Houmeau, je me mettrai en règle vis-à-vis de toi, je t'assignerai pour me payer mes loyers, car je ne prévois rien de bon. Ah! mes pauvres presses! mes presses! il vous fallait de l'argent pour vous huiler, vous entretenir et vous faire rouler. Il n'y a qu'une bonne année qui puisse me consoler de cela.

Le préfet et le général arrivèrent les derniers, accompagnés du gentilhomme... — PAGE 18.

— Mon père, il me semble que, jusqu'à présent, je vous ai causé peu de chagrin...

— Et très-peu payé de loyers, répondit le vigneron.

— Je venais vous demander, outre votre consentement à mon mariage, de me faire élever le second étage de votre maison et de construire un logement au-dessus de l'appentis.

— Bernique, je n'ai pas le sou, tu le sais bien. D'ailleurs, ce serait de l'argent jeté dans l'eau, car qu'est-ce que ça rapporterait? Ah! tu te lèves des le matin pour venir me demander des constructions à ruiner un roi. Quoique on t'ait nommé David, je n'ai pas les trésors de Salomon. Mais tu es fou! On m'a changé mon enfant en nourrice. En voilà-t-il un qui aura du raisin! dit-il en s'interrompant pour montrer un cep à David. Voilà des enfants qui ne trompent pas l'espoir de leurs parents : vous les fumez, ils vous rapportent. Moi, je t'ai mis au lycée, j'ai payé des sommes énormes pour faire de toi un savant, tu vas étudier chez les Didot; et toutes ces frimes aboutissent à me donner pour bru une fille de l'Houmeau, sans un sou de dot! Si tu n'avais pas étudié, que tu fusses resté sous mes yeux, tu te serais conduit à ma fantaisie, et je te marierais aujourd'hui avec une meunière de cent mille francs, sans compter le moulin. Ah! ton esprit te sert à croire que je te récompenserai de ce beau sentiment, en te faisant construire des palais?... Mais ne dirait-on pas en vérité que, depuis deux cents ans, la maison où tu es n'a logé que des cochons, et que la fille de l'Houmeau ne peut pas y coucher. Ah çà! c'est donc la reine de France?

— Eh bien! mon père, je construirai le second étage à mes frais, ce sera le fils qui enrichira le père. Quoique ce soit le monde renversé, cela se voit quelquefois.

— Comment, mon gars, tu as de l'argent pour bâtir, et tu n'en as pas pour payer tes loyers? Finaud, tu ruses avec ton père!

La question ainsi posée devint difficile à résoudre, car le bonhomme était enchanté de mettre son fils dans une position qui lui permît de ne lui rien donner tout en paraissant paternel. Aussi David ne put-il obtenir de son père qu'un consentement pur et simple au mariage, et la permission de faire à ses frais, dans la maison paternelle, toutes les constructions dont il pouvait avoir besoin. Le vieil ours, ce modèle des pères conservateurs, fit à son fils la grâce de ne pas exiger ses loyers et de ne pas lui prendre les économies qu'il avait eu l'imprudence de laisser voir. David revint triste : il comprit que, dans le malheur, il ne pourrait pas compter sur le secours de son père.

Il ne fut question dans tout Angoulême que du mot de l'évêque et de la réponse de madame de Bargeton. Les moindres événements furent si bien dénaturés, augmentés, embellis, que le poète devint le héros du moment. De la sphère supérieure où grondait cet orage de caucans, il en tomba quelques gouttes dans la bourgeoisie. Quand Lucien passa par Beaulieu pour aller chez madame de Bargeton, il s'aperçut de l'attention envieuse avec laquelle plusieurs jeunes gens le regardèrent, et saisit quelques phrases qui l'enorgueillirent.

— Voilà un jeune homme heureux, disait un fils de famille qui avait assisté à la lecture, il est joli garçon, il a du talent, et madame de Bargeton en est folle !

— La plus belle femme d'Angoulême est à lui, fut une autre phrase qui remua toutes les vanités de son cœur.

Il avait impatiemment attendu l'heure où il savait trouver Louise seule, il avait besoin de faire accepter le mariage de sa sœur à cette femme, devenue l'arbitre de ses destinées. Après la soirée de la veille, Louise serait peut-être plus tendre, et cette tendresse pouvait amener un moment de bonheur. Il ne s'était pas trompé : madame de Bargeton le reçut avec une emphase de sentiment qui parut à ce novice en amour un touchant progrès de passion. Elle abandonna ses beaux cheveux d'or, ses mains, sa tête, aux baisers enflammés du poète, qui, la veille, avait tant souffert.

— Si tu avais vu ton visage pendant que tu lisais, dit-elle, car ils étaient arrivés la veille au tutoiement, a cette caresse du langage, alors que, sur le canapé, Louise avait de sa blanche main essuyé les gouttes de sueur qui, par avance, mettaient des perles sur le front où elle posait une couronne. Il s'échappait des étincelles de tes beaux yeux ! je voyais sortir de tes lèvres les chaînes d'or qui suspendent les cœurs à la bouche des poètes. Tu me liras tout Chénier, c'est le poète des amants. Tu ne souffriras plus, je ne le veux pas ! Oui, cher ange, je te ferai une oasis où tu vivras toute ta vie de poète, active, molle, indolente, laborieuse, pensive tour à tour, mais n'oublie jamais que vos lauriers me sont dus, que ce sera pour moi la noble indemnité des souffrances qui m'adviendront. Pauvre cher, ce monde ne m'épargnera pas plus qu'il ne t'épargne, il se venge de tous les bonheurs qu'il ne partage pas. Oui, je serai toujours jalousée, ne l'avez-vous pas vu hier? Ces mouches buveuses de sang sont-elles accourues assez vite pour s'abreuver dans les piqûres qu'elles ont faites ? Mais j'étais heureuse ! je vivais ! Il y a si longtemps que toutes les cordes de mon cœur n'ont résonné !

Des larmes coulèrent sur les joues de Louise, Lucien lui prit une main, et pour toute réponse la baisa longtemps. Les vanités de ce poète furent donc caressées par cette femme comme elles l'avaient été par sa mère, par sa sœur et par David. Chacun autour de lui continuant à exhausser le piédestal imaginaire sur lequel il se mettait. Entretenu dans le monde, par ses amis comme par la rage de ses ennemis, dans ses croyances ambitieuses, il marchait dans une atmosphère pleine de mirages. Les jeunes imaginations sont si naturellement complices de ces louanges et de ces idées, tout s'empresse tant à servir un jeune homme beau, plein d'avenir, qu'il faut plus d'une leçon amère et froide pour dissiper de tels prestiges.

— Tu veux donc bien, ma belle Louise, être ma Béatrix, mais une Béatrix qui se laisse aimer?

Elle releva ses beaux yeux, qu'elle avait tenus baissés, et dit en démentant sa parole par un angélique sourire : — Si vous le méritez... plus tard ! N'êtes-vous pas heureux? avoir un cœur à soi ! pouvoir tout dire avec la certitude d'être compris, n'est-ce pas le bonheur?

— Oui, répondit-il en faisant une moue d'amoureux contrarié.

Enfant ! dit-elle en se moquant. Allons, n'avez-vous pas quelque chose à me dire? Tu es entré tout préoccupé, mon Lucien.

Lucien confia timidement à sa bien-aimée l'amour de David pour sa sœur, celui de sa sœur pour David, et le mariage projeté.

— Pauvre Lucien, dit-elle, il a eu peur d'être battu, grondé, comme si c'était lui qui se mariait ! Mais où est le mal? reprit-elle en passant ses mains dans les cheveux de Lucien. Que me fait ta famille, où tu es une exception? Si mon père épousait sa servante, t'en inquiéterais-tu beaucoup? Cher enfant, les amants sont à eux seuls toute leur famille. Ai-je dans le monde un autre intérêt que mon Lucien? Sois grand, sache conquérir la gloire, voilà nos affaires !

Lucien fut l'homme du monde le plus heureux de cette égoïste réponse. Au moment où il écoutait les folles raisons par lesquelles Louise lui prouva qu'ils étaient seuls dans le monde, M. de Bargeton entra. Lucien fronça le sourcil et parut interdit, Louise lui fit un signe et le pria de rester à dîner avec eux, en lui demandant de lui lire André Chénier, jusqu'à ce que les joueurs et les habitués vinssent.

— Vous ne ferez pas seulement plaisir à elle, M. de Bargeton, mais à moi aussi. Rien ne m'arrange mieux que d'entendre lire après mon dîner.

Caliné par M. de Bargeton, caliné par Louise, servi par les domestiques avec le respect qu'ils ont pour les favoris de leurs maîtres, Lucien resta dans l'hôtel de Bargeton eu s'identifiant à toutes les jouissances d'une fortune dont l'usufruit lui était livré. Quand le salon fut plein de monde, il se sentit si fort de la bêtise de M. de Bargeton et de l'amour de Louise, qu'il prit un air dominateur que sa belle maîtresse encouragea. Il savoura les plaisirs du despotisme conquis par Naïs, et qu'elle aimait à lui faire partager. Enfin il s'essaya pendant cette soirée à jouer le rôle d'un héros de petite ville. En voyant la nouvelle attitude de Lucien, quelques personnes pensèrent qu'il était, suivant une expression de l'ancien temps, du dernier bien avec madame de Bargeton. Amélie, venue avec M. du Chatelet, affirmait ce grand malheur dans un coin du salon où s'étaient réunis les jaloux et les envieux.

— Ne rendez pas Naïs comptable de la vanité d'un petit jeune homme tout fier de se trouver dans un monde ou il ne croyait jamais pouvoir aller, dit Châtelet. Ne voyez-vous pas que ce Chardon prend les phrases gracieuses d'une femme du monde pour des avances, il ne sait pas encore distinguer le silence que garde la passion vraie du langage protecteur que lui méritent sa beauté, sa jeunesse et son talent. Les femmes seraient trop à plaindre si elles étaient coupables de tous les désirs qu'elles nous inspirent. Il est certainement amoureux, mais quant à Naïs...

— Oh ! Naïs, répéta la perfide Amélie, Naïs est très-heureuse de cette passion. A son âge, l'amour d'un jeune homme offre tant de séductions ! On redevient jeune auprès de lui, l'on se fait jeune fille, on en prend les scrupules, les manières, et l'on ne songe pas au ridicule... Voyez donc ! le fils d'un pharmacien se donne des airs de maître chez madame de Bargeton.

— L'amour ne connaît pas ces distances-là, chanteronna Adrien.

Le lendemain, il n'y eut pas une seule maison dans Angoulême où l'on ne discutât le degré d'intimité dans lequel se trouvaient M. Chardon, alias de Rubempré, et madame de Bargeton : à peine coupables de quelques baisers, le monde les accusait déjà du plus criminel bonheur. Madame de Bargeton portait la peine de sa royauté. Parmi les bizarreries de la société, n'avez-vous pas remarqué les caprices de ses jugements et la folie de ses exigences? Il est des personnes auxquelles tout est permis : elles peuvent faire les choses les plus déraisonnables, d'elles, tout est bienséant, c'est à qui justifiera leurs actions. Mais il en est d'autres pour lesquelles le monde est d'une incroyable sévérité, celles-là doivent faire tout bien, ne jamais se tromper, ni faillir, ni même laisser échapper une sottise, vous diriez des statues admirées que l'on ôte de leur piédestal dès que l'hiver leur a fait tomber un doigt ou cassé le nez ; on ne leur permet rien d'humain, elles sont tenues d'être toujours divines et parfaites. Un seul regard de madame de Bargeton à Lucien équivalait aux douze années de bonheur de Zizine et de Francis. Un serrement de main entre ces deux amants allait attirer sur eux toutes les foudres de la Charente.

David avait rapporté de Paris un pécule secret qu'il destinait aux frais nécessités par son mariage et par la construction du second étage de la maison paternelle. Agrandir cette maison, n'était-ce pas travailler pour lui? tôt ou tard elle lui reviendrait, son père avait soixante-dix-huit ans. L'imprimeur fit donc construire un colombage l'appartement de Lucien, afin de ne pas surcharger les vieux murs de cette maison lézardée. Il se plut à décorer, à meubler galamment, l'appartement du premier, où la belle Ève devait passer sa vie. Ce fut un temps d'allégresse et de bonheur sans mélange pour les deux amis. Quoique las des chétives proportions de l'existence en province, et fatigué de cette sordide économie, qui faisait d'une pièce de cent sous une somme énorme, Lucien supporta sans se plaindre les calculs de la misère et ses privations. Sa sombre mélancolie avait fait place à la radieuse expression de l'espérance. Il voyait briller une étoile au-dessus de sa tête ; il rêvait une belle existence en asseyant son bonheur sur la tombe de M. de Bargeton, lequel avait de temps en temps des digestions difficiles, et l'heureuse manie de regarder l'indigestion de son dîner comme une maladie qui devait se guérir par celle du souper.

Vers le commencement du mois de septembre, Lucien n'était plus prote, il était M. de Rubempré, logé magnifiquement en comparaison de la misérable mansarde à lucarne où le petit Chardon demeurait à l'Houmeau ; il n'était plus un homme de l'Houmeau, il habitait le haut Angoulême, et dînait près de quatre fois par semaine chez madame de Bargeton. Pris en amitié par monseigneur, il était admis à l'évêché. Ses occupations le classaient parmi les personnes les plus élevées. Enfin il devait prendre place un jour parmi les illustrations de la France. Certes, en parcourant un joli salon, une charmante chambre à coucher et un cabinet plein de goût, il pouvait se consoler de prélever trente francs par mois sur les salaires si péniblement gagnés par sa sœur et par sa mère, car il apercevait le jour où le roman historique auquel il travaillait depuis deux ans, l'Archer de Charles IX, et un volume de poésies, intitulé les Marguerites, répandraient son nom dans le monde littéraire, en lui donnant assez d'argent pour s'acquitter envers sa mère, sa sœur et David. Aussi, se trouvant grandi, prêtant l'oreille au retentissement de son nom dans l'avenir, acceptait-il maintenant ces sacrifices avec une noble assurance : il souriait de sa détresse, il jouissait de ses dernières misères. Ève et David avaient fait passer le bonheur de leur frère avant le leur. Le mariage était retardé par le temps que demandaient encore les ouvriers pour achever les meubles, les peintures, les papiers, destinés au premier étage : car les affaires de Lucien avaient eu la primauté. Quiconque connaissait Lucien ne se serait pas étonné de ce dévouement : il était si séduisant ! ses manières étaient si câlines ! son impatience et ses désirs, il les exprimait si gracieusement ! il avait toujours gagné sa cause avant d'avoir parlé. Ce fatal privilège perd plus de jeunes gens qu'il n'en sauve. Habitués aux prévenances qu'inspire une jolie jeunesse, heureux de cette égoïste protection que le monde accorde à un être qui lui plaît, comme il fait l'aumône au mendiant qui réveille un sentiment et lui donne une émotion, beaucoup de ces grands enfants jouissent de cette faveur au lieu de l'exploiter. Trompés sur le sens et sur le mobile des relations sociales, ils croient toujours rencontrer de décevants sourires : mais ils arrivent nus, chauves, dépouillés, sans valeur ni fortune, au moment où, comme de vieilles coquettes et de vieux haillons, le monde les laisse à la porte d'un salon et au coin d'une borne. Ève avait d'ailleurs désiré ce retard, elle voulait établir économiquement les choses nécessaires à un jeune ménage. Que pouvaient refuser deux amants à un frère qui, voyant travailler sa sœur, disait avec un accent parti du cœur : — Je voudrais savoir coudre ! Puis le grave et observateur David avait été complice de ce dévouement. Néanmoins, depuis le triomphe de Lucien chez madame de Bargeton, il eut peur de la transformation qui s'opérait chez Lucien, il craignit de lui voir mépriser les mœurs bourgeoises. Dans le désir d'éprouver son frère, David le mit quelquefois entre les joies patriarcales de la famille et les plaisirs du grand monde, et, voyant Lucien leur sacrifier ses vanteuses jouissances, il s'était écrié : — On ne nous le corrompra point ! Plusieurs fois les trois amis et madame Chardon firent des parties de plaisir, comme elles se font en province : ils allaient se promener dans les bois qui avoisinent Angoulême et longent la Charente, ils dînaient sur l'herbe avec des provisions que l'apprenti de David apportait à un certain endroit et à une heure convenue, puis ils revenaient le soir, un peu fatigués, n'ayant pas dépensé trois francs. Dans les grandes circonstances, quand ils dînaient à ce qui se nomme un *restaurat*, espèce de restaurant champêtre qui tient le milieu entre le *bouchon* des provinces et la *guinguette* de Paris, ils allaient jusqu'à cent sous partagés entre David et les Chardon. David savait un gré infini à Lucien d'oublier, dans ces champêtres journées, les satisfactions qu'il trouvait chez madame de Bargeton, et les somptueux dîners du monde. Chacun voulait alors fêter le grand homme d'Angoulême.

Dans ces conjonctures, au moment où il ne manquait presque plus rien au futur ménage, pendant un voyage que David fit à Marsac pour obtenir de son père qu'il vînt assister à son mariage, et espérant que la bonhomme, séduit par sa belle-fille, contribuerait aux énormes dépenses nécessitées par l'arrangement de la maison, il arriva l'un de ces événements qui, dans une petite ville, changent entièrement la face des choses.

Lucien et Louise avaient dans du Châtelet un espion intime qui guettait avec la persistance d'une haine mêlée de passion et d'avarice l'occasion d'amener un éclat. Sixte voulait forcer madame de Bargeton à si bien se prononcer pour Lucien, qu'elle fût ce qu'on nomme *perdue*. Il s'était posé comme le humble confident de madame de Bargeton, mais, s'il admirait Lucien rue du Minage, il le démolissait partout ailleurs. Il avait insensiblement conquis les petites entrées chez Naïs, qui ne se défiait plus de son vieil adorateur, mais il avait trop présumé des deux amants ; l'amour restait platonique, au grand désespoir de Louise et de Lucien. Il y a, en effet, des passions qui s'embarquent mal ou bien, comme on voudra. Deux personnes se jettent dans la tactique du sentiment, parlent au lieu d'agir, et se battent en plein champ au lieu de faire un siège. Elles se blasent ainsi souvent d'elles-mêmes en fatiguant leurs désirs dans le vide. Deux amants se donnent alors le temps de réfléchir, de se juger. Souvent des passions qui étaient entrées en campagne, enseignes déployées, pimpantes, avec une ardeur à tout renverser, finissent alors par rentrer chez elles, sans victoire, honteuses, désarmées, sottes de leur vain bruit. Ces fatalités sont parfois explicables par les timidités de la jeunesse et par les temporisations auxquelles se plaisent les femmes qui débutent, car ces sortes de tromperies mutuelles n'arrivent ni aux fats, qui connaissent la pratique, ni aux coquettes, habituées aux manèges de la passion.

La vie de province est d'ailleurs singulièrement contraire aux contentements de l'amour, et favorise les débats intellectuels de la passion, comme aussi les obstacles qu'elle oppose au doux commerce qui lie tant les amants, précipitent les âmes ardentes en des partis extrêmes. Cette vie est basée sur un espionnage si méticuleux, d'une si grande transparence des intérieurs, elle admet si peu l'intimité, qui console sans offenser la vertu, les relations les plus pures y sont si déraisonnablement incriminées, que beaucoup de femmes sont flétries malgré leur innocence. Certaines d'entre elles s'en veulent alors de ne pas goûter toutes les félicités d'une faute dont tous les malheurs les accablent. La société qui blâme ou critique, sans aucun examen sérieux, les faits patents par lesquels se terminent de longues luttes secrètes, est ainsi primitivement complice de ces éclats ; mais la plupart des gens qui déblatèrent contre les prétendus scandales offerts par quelques femmes calomniées sans raison n'ont jamais pensé aux causes qui déterminent chez elles une résolution publique. Madame de Bargeton allait se trouver dans cette bizarre situation, où se sont trouvées beaucoup de femmes qui ne se sont perdues qu'après avoir été injustement accusées.

Au début de la passion, les obstacles effrayent les gens inexpérimentés, et ceux que rencontraient les deux amants ressemblaient fort aux liens par lesquels les Lilliputiens avaient garrotté Gulliver. C'était des riens multipliés qui rendaient tout mouvement impossible et annulaient les plus violents désirs. Ainsi, madame de Bargeton devait rester toujours visible. Si elle avait fait fermer sa porte aux heures où venait Lucien, tout eût été dit, autant aurait valu s'enfuir avec lui. Elle le recevait, à la vérité, dans ce boudoir, auquel il s'était si bien accoutumé, qu'il s'en croyait le maître, mais les portes demeuraient consciencieusement ouvertes. Tout se passait le plus vertueusement du monde. M. de Bargeton se promenait chez lui comme un hanneton, sans croire que sa femme voulût être seule avec Lucien. S'il n'y eût eu d'autre obstacle que lui, Naïs aurait très-bien pu le renvoyer ou l'occuper ; mais elle était accablée de visites, et il y avait d'autant plus de visiteurs, que la curiosité était plus éveillée. Les gens de province sont naturellement taquins, ils aiment à contrarier les passions naissantes. Les domestiques allaient et venaient dans la maison sans être appelés ni sans prévenir de leur arrivée, par suite de vieilles habitudes prises, et qu'une femme qui n'avait rien à cacher leur avait laissé prendre. Changer les mœurs intérieures de sa maison, n'était-ce pas avouer l'amour dont doutait encore tout Angoulême ? Madame de Bargeton ne pouvait pas mettre le pied hors de chez elle sans que la ville sût où elle allait. Se promener seule avec Lucien hors de la ville était une démarche décisive : il aurait été moins dangereux de s'enfermer avec lui. Si Lucien était resté après minuit chez madame de Bargeton, sans y être en compagnie, on en aurait glosé le lendemain. Ainsi, au dedans comme au dehors, madame de Bargeton vivait toujours en public. Ces détails peignent toute la province : les fautes y sont ou avouées ou impossibles.

Louise, comme toutes les femmes entraînées par une passion sans en avoir l'expérience, reconnaissait une à une les difficultés de sa position, elle s'en effrayait. Sa frayeur réagissait alors sur ces amoureuses discussions, qui prennent les plus belles heures où deux amants se trouvent seuls. Madame de Bargeton n'avait pas de terre où elle pût emmener son cher poète, comme font quelques femmes qui, sous un prétexte habilement forgé, vont s'enterrer à la campagne. Fatiguée de vivre en public, poussée à bout par cette tyrannie dont le joug était plus dur que ses plaisirs n'étaient doux, elle pensait à l'Escarbas, et méditait d'y aller voir son vieux père, tant elle s'irritait de ces misérables obstacles.

Du Châtelet ne croyait pas à tant d'innocence. Il guettait les heures auxquelles Lucien venait chez madame de Bargeton, et s'y rendait quelques instants après, en se faisant toujours accompagner de M. de Chandour, l'homme le plus indiscret de la coterie, et auquel il cédait le pas pour entrer, espérant toujours une surprise en cherchant si opiniâtrement un hasard. Son rôle et la réussite de son plan étaient d'autant plus difficiles, qu'il devait rester neutre, afin de diriger tous les acteurs du drame qu'il voulait faire jouer. Aussi, pour endormir Lucien, qu'il caressait, et madame de Bargeton, qui ne manquait pas de perspicacité, s'était-il attaché pour contenance la jalouse Amélie. Pour mieux faire espionner Louise et Lucien, il avait réussi depuis quelques jours à établir entre M. de Chandour et lui une controverse au sujet des deux amoureux. Du Châtelet prétendait que madame de Bargeton se moquait de Lucien, qu'elle était trop fière, trop bien née pour descendre jusqu'au fils d'un pharmacien. Ce rôle d'incrédule allait au plan qu'il s'était tracé, car il désirait passer pour le défenseur de madame de Bargeton. Stanislas soutenait que Lucien n'était pas un amant malheureux. Amélie aiguillonnait la discussion en souhaitant savoir la vérité. Chacun donnait ses raisons. Comme il arrive dans les petites villes, souvent quelques intimes de la maison Chandour arrivaient au milieu d'une conversation où du Châtelet et Stanislas justifiaient à l'envi leur opinion par d'excellentes observations. Il était bien difficile que chaque adversaire ne cherchât pas des partisans en demandant à son voisin : — Et vous, quel est votre avis ? Cette controverse tenait madame de Bargeton et Lucien constamment en vue. Enfin, un jour du Châtelet fit observer que toutes les fois que M. de Chandour et lui se présentaient chez madame de Bargeton et que Lucien s'y trouvait, aucun indice ne trahissait de relations suspectes : la porte du boudoir était ouverte, les gens allaient et venaient, rien de mystérieux n'annonçait les jolis crimes de l'amour, etc. Stanislas, qui ne manquait pas d'une certaine dose de bêtise, se promit d'arriver le lendemain sur la pointe du pied, ce à quoi la perfide Amélie l'engagea fort.

Ce lendemain fut pour Lucien une de ces journées où les jeunes gens s'arrachent quelques cheveux en se jurant à eux-mêmes de ne pas continuer le sot métier de soupirant. Il s'était accoutumé à sa position. Le poète, qui avait si timidement pris une chaise dans le boudoir sacré de la reine d'Angoulême, s'était métamorphosé en amoureux exigeant. Six mois avaient suffi pour qu'il se crût l'égal de Louise, et il voulait alors en être le maître. Il partit de chez lui, se promettant d'être très-déraisonnable, de mettre sa vie en jeu, d'employer toutes les ressources d'une éloquence enflammée, de dire qu'il avait la tête perdue, qu'il était incapable d'avoir une pensée ni d'écrire une ligne. Il existe chez certaines femmes une horreur des partis pris qui fait honneur à leur délicatesse, elles aiment à céder à l'entraînement, et non à des conventions. Généralement, personne ne veut d'un plaisir imposé. Madame de Bargeton remarqua sur le front de Lucien, dans ses yeux, dans sa physionomie et dans ses manières, cet *air agité* qui trahit une résolution arrêtée : elle se proposa de la déjouer, un peu par esprit de contradiction, mais aussi par une noble entente de l'amour. En femme exagérée, elle s'exagérait la valeur de sa personne. A ses yeux, madame de Bargeton était une souveraine, une Béatrix, une Laure. Elle s'asseyait, comme au moyen âge, sous le dais du tournoi littéraire, et Lucien devait la mériter après plusieurs victoires, il avait à effacer *l'enfant sublime*, Lamartine, Walter Scott, Byron. La noble créature considérait son amour comme un principe généreux : les désirs qu'elle inspirait à Lucien devaient être une cause de gloire pour lui. Ce *donquichottisme* féminin est un sentiment qui donne à l'amour une consécration respectable, elle l'utilise, elle l'agrandit, elle l'honore. Obstinée à jouer le rôle de Dulcinée dans la vie de Lucien pendant sept à huit ans, madame de Bargeton voulait, comme beaucoup de femmes de province, faire acheter sa personne par une espèce de servage, par un temps de constance qui lui permit de juger son ami.

Quand Lucien eut engagé la lutte par une de ces fortes bouderies dont se rient les femmes encore libres d'elles-mêmes, et qui n'attristent que les femmes aimées, Louise prit un air digne, et commença l'une de ses longs discours bardés de mots pompeux.

— Est-ce là ce que vous m'aviez promis, Lucien ? dit-elle en finissant. Ne mettez pas dans un présent si doux des remords qui, plus tard, empoisonneraient ma vie. Ne gâtez pas l'avenir ! Et je le dis avec orgueil, ne gâtez pas le présent ! N'avez-vous pas tout mon cœur ? Que vous faut-il donc ? votre amour se laisserait-il influencer par les sens, tandis que le plus beau privilège d'une femme aimée est de leur imposer silence ? Pour qui me prenez-vous donc ? ne suis-je donc plus votre Béatrix ? Si je ne suis pas pour vous quelque chose de plus qu'une femme, je suis moins qu'une femme.

— Vous ne diriez pas autre chose à un homme que vous n'aimeriez pas, s'écria Lucien furieux.

— Si vous ne sentez pas tout ce qu'il y a de véritable amour dans mes idées, vous ne serez jamais digne de moi.

— Vous mettez mon amour en doute pour vous dispenser d'y répondre, dit Lucien en se jetant à ses pieds et pleurant.

Le pauvre garçon pleura sérieusement en se voyant pour si longtemps à la porte du paradis. Ce furent les larmes du poète qui se croyait humilié dans sa puissance, des larmes d'enfant au désespoir de se voir refuser le jouet qu'il demande.

— Vous ne m'avez jamais aimé ! s'écria-t-il.

— Vous ne croyez pas ce que vous dites, répondit-elle, flattée de cette violence.

— Prouvez-moi donc que vous êtes à moi, dit Lucien échevelé.

En ce moment, Stanislas arriva sans être entendu, vit Lucien à demi renversé, les larmes aux yeux et la tête appuyée sur les genoux de Louise. Satisfait de ce tableau, suffisamment suspect, Stanislas se replia brusquement sur du Châtelet, qui se tenait à la porte du salon. Madame de Bargeton s'élança vivement, mais elle n'atteignit pas les deux espions, qui s'étaient précipitamment retirés comme des gens importuns.

— Qui donc est venu ? demanda-t-elle à ses gens.

— MM. de Chandour et du Châtelet, répondit Gentil, son vieux valet de chambre.

Elle rentra dans son boudoir pâle et tremblante.

— S'ils vous ont vu ainsi, je suis perdue, dit-elle à Lucien.

— Tant mieux ! s'écria le poète.

Elle sourit à ce cri d'égoïsme plein d'amour. En province, une semblable aventure s'aggrave par la manière dont elle se raconte. En un moment, chacun sut que Lucien avait été surpris aux genoux de Naïs. M. de Chandour, heureux de l'importance que lui donnait cette affaire, alla d'abord raconter le grand événement au cercle, puis de maison en maison. Du Châtelet s'empressa de dire partout qu'il n'avait rien vu ; mais en se mettant ainsi en dehors du fait, il excitait Stanislas à parler, il lui faisait enchérir sur les détails ; et Stanislas, se trouvant spirituel, en ajoutait de nouveaux à chaque récit. Le soir, la société afflua chez Amélie, car le soir les versions les plus exagérées circulaient dans l'Angoulême noble, où chaque narrateur avait imité Stanislas. Femmes et hommes étaient impatients de connaître la vérité. Les femmes qui se voilaient la face en criant le plus au scandale, à la perversité, étaient précisément Amélie, Zéphirine, Fifine, Lolotte, qui toutes étaient plus ou moins grevées de bonheurs illicites. Le cruel thème se variait sur tous les tons.

— Eh bien ! disait l'une, cette pauvre Naïs, vous savez ? Moi, je ne le crois pas, elle a devant elle toute une vie irréprochable, elle est beaucoup trop fière pour être autre chose que la protectrice de M. Chardon. Mais, si cela est, je la plains de tout mon cœur.

— Elle est d'autant plus à plaindre, qu'elle se donne un ridicule affreux, car elle pourrait être la mère de M. Lulu, comme l'appelait Jacques. Ce poétriau a tout au plus vingt-deux ans, et Naïs, entre nous soit dit, a bien quarante ans.

— Moi, disait Châtelet, je trouve que la situation même dans laquelle était M. de Rubempré prouve l'innocence de Naïs. On ne se met pas à genoux pour redemander ce qu'on a déjà eu.

— C'est selon ! dit Francis d'un air égrillard qui lui valut de Zéphirine une œillade improbative.

— Mais, dites-nous donc bien ce qui en est, demandait-on à Stanislas, en se formant en comité secret dans un coin du salon.

Stanislas avait fini par composer un petit conte plein de gravelures, et l'accompagnait de gestes et de poses qui incriminaient prodigieusement la chose.

— C'est incroyable ! répétait-on.

— A midi, disait l'une.

— Naïs aurait été la dernière que j'eusse soupçonnée.

— Que va-t-elle faire ?

Puis des commentaires, des suppositions infinies !... Du Châtelet défendait madame de Bargeton, mais il la défendait si maladroitement qu'il attisait le feu du commérage au lieu de l'éteindre. Lili, désolée de la chute du plus bel ange de l'olympe augoumoisin, alla tout en pleurs colporter la nouvelle à l'évêché. Quand la ville entière fut bien certainement en rumeur, l'heureux du Châtelet alla chez madame de Bargeton, où il n'y avait, hélas ! qu'une seule table de whist, il demanda diplomatiquement à Naïs d'aller causer avec elle dans son boudoir. Tous deux s'assirent sur le petit canapé.

— Vous savez sans doute, dit du Châtelet à voix basse, ce dont tout Angoulême s'occupe...

— Non, dit-elle.

— Eh bien ! reprit-il, je suis trop votre ami pour vous le laisser ignorer. Je dois vous mettre à même de faire cesser des calomnies sans doute inventées par Amélie, qui a l'outrecuidance de se croire votre rivale. Je venais ce matin vous voir avec le singe de Stanislas, qui me précédait de quelques pas, lorsque, en arrivant là, dit-il en montrant la porte du boudoir, il prétend vous avoir vue avec M. de Rubempré dans une situation qui ne lui permettait pas d'entrer ; il est revenu sur moi tout effaré en m'entraînant, sans me laisser le temps de me reconnaître, et nous étions à Beaulieu quand il me dit la raison de sa retraite. Si je l'avais connue, je ne aurais pas bougé de chez vous, afin d'éclaircir cette affaire à votre avantage ; mais revenir chez vous après en être sorti ne prouvait plus rien. Maintenant, que Stanislas ait vu de travers, ou qu'il ait raison, *il doit avoir tort*. Chère Naïs, ne laissez pas jouer votre vie, votre honneur, votre avenir par un sot, imposez-lui silence à l'instant. Vous connaissez ma situation ici. Quoique j'y aie besoin de tout le monde, je vous suis entièrement dévoué. Disposez d'une vie qui vous appartient. Quoique vous ayez repoussé mes vœux, mon cœur sera toujours à vous, et, en toute occasion, je vous prouverai combien je vous aime. Oui, je veillerai sur vous comme un fidèle serviteur, sans espoir de récompense, uniquement pour le plaisir que je trouve à vous servir, même à votre insu. Ce matin, j'ai partout dit que j'étais à la porte du salon et que je n'avais rien vu. Si l'on vous demande qui vous a instruite des propos tenus sur vous, servez-vous de moi. Je serais bien glorieux d'être votre défenseur avoué ; mais, entre nous, M. de Bargeton est le seul qui puisse demander raison à Stanislas... Quand ce petit Rubempré aurait fait quelque folie, l'honneur d'une femme ne saurait être à la merci du premier étourdi qui se met à ses pieds. Voilà ce que j'ai dit.

Naïs remercia du Châtelet par une inclination de tête, et demeura pensive. Elle était fatiguée, jusqu'au dégoût, de la vie de province. Au premier mot du Châtelet, elle avait jeté les yeux sur Paris. Le silence de madame de Bargeton mettait son savant adorateur dans une situation gênante.

— Disposez de moi, dit-il, je vous le répète.
— Merci, répondit-elle.
— Que comptez-vous faire?
— Je verrai.

Long silence.

— Aimez-vous donc tant ce petit Rubempré?

Elle laissa échapper un superbe sourire, et se croisa les bras en regardant les rideaux de son boudoir. Du Châtelet sortit sans avoir pu déchiffrer ce cœur de femme altière. Quand Lucien et les quatre fidèles vieillards qui étaient venus faire leur partie sans s'émouvoir de ces cancans problématiques furent partis, madame de Bargeton arrêta son mari, qui se disposait à s'aller coucher, en ouvrant la bouche pour souhaiter une bonne nuit à sa femme.

— Venez par ici, mon cher, j'ai à vous parler, dit-elle avec une sorte de solennité.

M. de Bargeton suivit sa femme dans le boudoir.

— Monsieur, lui dit-elle, j'ai peut-être eu tort de mettre dans mes soins protecteurs envers M. de Rubempré une chaleur aussi mal comprise par les sottes gens de cette ville que par lui-même. Ce matin, Lucien s'est jeté à mes pieds, là, en me faisant une déclaration d'amour. Stanislas est entré dans le moment où je relevais cet enfant. Au mépris des devoirs que la courtoisie impose à un gentilhomme envers une femme, en toute espèce de circonstance, il a prétendu m'avoir surprise dans une situation équivoque avec ce garçon, que je traitais alors comme il le mérite. Si ce jeune écervelé savait les calomnies auxquelles sa folie donne lieu, je le connais, il irait insulter Stanislas et le forcerait à se battre. Cette action serait comme un aveu public de son amour. Je n'ai pas besoin de vous dire que votre femme est pure, mais vous penserez qu'il y a quelque chose de déshonorant pour vous et pour moi à ce que soit M. de Rubempré qui la défende. Allez à l'instant chez Stanislas, et demandez-lui sérieusement raison des insultants propos qu'il a tenus sur moi; songez que vous ne devez pas souffrir que l'affaire s'arrange, à moins qu'il ne se rétracte en présence de témoins nombreux et importants. Vous conquerrez ainsi l'estime de tous les honnêtes gens, vous vous conduirez en homme d'esprit, en galant homme, et vous aurez des droits à mon estime. Je vais faire partir Gentil à cheval pour l'Escarbas, mon père doit être votre témoin, malgré son âge, je le sais homme à fouler aux pieds cette poupée qui noircit la réputation d'une Negrepelisse. Vous avez le choix des armes, battez-vous au pistolet, vous tirez à merveille.

— J'y vais, reprit M. de Bargeton, qui prit sa canne et son chapeau.

— Bien! mon ami, dit sa femme émue; voilà comme j'aime les hommes. Vous êtes un gentilhomme.

Elle lui présenta son front à baiser, que le vieillard baisa tout heureux et fier. Cette femme, qui avait une espèce de sentiment maternel à ce grand enfant, ne put réprimer une larme en entendant retentir la porte cochère quand elle se referma sur lui.

— Comme il m'aime! se dit-elle. Le pauvre homme tient à la vie, et cependant il la perdrait sans regret pour moi.

M. de Bargeton ne s'inquiétait pas d'avoir à s'aligner le lendemain devant un homme, à regarder froidement la bouche d'un pistolet dirigé sur lui; non, il n'était embarrassé que d'une seule chose, il en frémissait même en allant chez M. de Chandour. — Que vais-je dire? pensait-il. Naïs aurait bien dû me faire un thème! Et il se creusait la cervelle afin de formuler quelques phrases qui ne fussent point ridicules.

Mais les gens qui vivent, comme vivait M. de Bargeton, dans un silence imposé par l'étroitesse de leur esprit et le peu de portée, ont, dans les grandes circonstances de la vie, une solennité toute faite. Parlant peu, il leur échappe naturellement peu de sottises, puis, réfléchissant beaucoup de ce qu'ils doivent dire, leur extrême défiance d'eux-mêmes les porte à si bien étudier leurs discours, qu'ils s'expriment à merveille par un phénomène pareil à celui qui délia la langue à l'ânesse de Balaam. Aussi M. de Bargeton se comporta-t-il comme un homme supérieur. Il justifia l'opinion de ceux qui le regardaient comme un philosophe de l'école de Pythagore. Il entra chez Stanislas à onze heures du soir, et y trouva nombreuse compagnie. Il alla saluer silencieusement Amélie, et offrit à chacun son niais sourire, qui, dans les circonstances présentes, parut profondément ironique. Il se fit alors un grand silence, comme dans la nature à l'approche d'un orage. Châtelet, qui était revenu, regarda tour à tour d'une façon très-significative M. de Bargeton et Stanislas, que le mari offensé aborda poliment.

Du Châtelet comprit le sens d'une visite faite à une heure où ce vieillard était toujours couché : Naïs agitait évidemment ce bras débile; et, comme sa position auprès d'Amélie lui donnait le droit de se mêler des affaires du ménage, il se leva, prit M. de Bargeton à part, et lui dit : — Vous voulez parler à Stanislas?

— Oui, dit le bonhomme, heureux d'avoir un entremetteur qui peut-être prendrait la parole pour lui.

— Eh bien! allez dans la chambre à coucher d'Amélie, lui répondit le directeur des contributions, heureux de ce duel qui pouvait rendre madame de Bargeton veuve en lui interdisant d'épouser Lucien, la cause du duel.

— Stanislas, dit-il chez Châtelet à M. de Chandour, Bargeton vient sans doute vous demander raison des propos que vous tenez sur Naïs. Venez chez votre femme, et conduisez-vous tous deux en gentilshommes. Ne faites point de bruit, affectez beaucoup de politesse, ayez enfin toute la froideur d'une dignité britannique.

En un moment Stanislas et du Châtelet vinrent trouver Bargeton.

— Monsieur, dit le mari offensé, vous prétendez avoir trouvé madame de Bargeton dans une situation équivoque avec M. de Rubempré?

— Avec M. Chardon, reprit ironiquement Stanislas, qui ne croyait pas Bargeton un homme fort.

— Soit! reprit le mari. Si vous ne démentez pas ce propos en présence de la société qui est chez vous en ce moment, je vous prie de prendre un témoin. Mon beau-père, M. de Negrepelisse, viendra vous chercher à quatre heures du matin. Faisons chacun nos dispositions, car l'affaire ne peut s'arranger que de la manière que je viens d'indiquer. Je choisis le pistolet, je suis l'offensé.

Durant le chemin, M. de Bargeton avait ruminé ce discours, le plus long qu'il eût fait en sa vie, il le dit sans passion et de l'air le plus simple du monde. Stanislas pâlit et se dit en lui-même : — Qu'ai-je vu, après tout? Mais, entre la honte de démentir ses propos devant toute la ville, en présence de ce muet qui paraissait ne pas vouloir entendre raillerie, et la peur, la hideuse peur qui lui serrait le cou de ses mains brûlantes, il choisit le péril le plus éloigné.

— C'est bien! A demain, dit-il à M. de Bargeton en pensant que l'affaire pourrait s'arranger.

Les trois hommes rentrèrent, et chacun étudia leur physionomie : du Châtelet souriait, M. de Bargeton était absolument comme s'il se trouvait chez lui; mais Stanislas se montra blême. A cet aspect quelques femmes devinèrent l'objet de la conférence. Ces mots — Ils se battent! circulèrent d'oreille en oreille. La moitié de l'assemblée pensa que Stanislas avait tort, sa pâleur et sa contenance accusaient un mensonge; l'autre moitié admira la tenue de M. de Bargeton. Du Châtelet fit le grave et le mystérieux. Après être resté quelques instants à examiner les visages M. de Bargeton se retira.

— Avez-vous des pistolets? dit Châtelet à l'oreille de Stanislas, qui frissonna de la tête aux pieds.

Amélie comprit tout et se trouva mal, les femmes s'empressèrent de la porter dans sa chambre à coucher. Il y eut une rumeur affreuse, tout le monde parlait à la fois. Les hommes restèrent dans le salon et déclarèrent, d'une voix unanime, que M. de Bargeton était dans son droit.

— Auriez-vous cru le bonhomme capable de se conduire ainsi? dit M. de Saintot.

— Mais, dit l'impitoyable Jacques, dans sa jeunesse il était un des plus forts sous les armes. Mon père m'a souvent parlé des exploits de Bargeton.

— Bah! vous les mettrez à vingt pas, et ils se manqueront si vous prenez des pistolets de cavalerie, dit Francis à Châtelet.

Quand tout le monde fut parti, Châtelet rassura Stanislas et sa femme en leur expliquant que tout irait bien, et que dans un duel entre un homme de soixante ans et un homme de trente-six, celui-ci avait tout l'avantage.

Le lendemain matin, au moment où Lucien déjeunait avec David, qui était revenu de Marsac sans son père, madame Chardon entra tout effarée.

— Eh bien! Lucien, sais-tu la nouvelle dont on parle jusque dans le marché? M. de Bargeton a presque tué M. de Chandour, ce matin à cinq heures, dans le pré de M. Tulloye, un nom qui donne lieu à des calembours. Il paraît que M. de Chandour a dit hier qu'il l'avait surpris avec madame de Bargeton.

— C'est faux! madame de Bargeton est innocente! s'écria Lucien.

— Un homme de la campagne à qui j'ai entendu raconter les détails avait tout vu du dessus sa charrette. M. de Negrepelisse était venu dès trois heures du matin pour assister M. de Bargeton, il a dit à M. de Chandour que, s'il arrivait malheur à son gendre, il se chargeait de le venger. Un officier du régiment de cavalerie a prêté ses pistolets, ils ont été essayés à plusieurs reprises par M. de Negrepelisse. M. du Châtelet voulait s'opposer à ce qu'on exerçât les pistolets, mais l'officier que l'on avait pris pour arbitre a dit qu'à moins de se conduire comme des enfants, on devait se servir d'armes en état. Les témoins ont placé les deux adversaires à vingt-cinq pas l'un de l'autre. M. de Bargeton, qui était là comme s'il se promenait, a tiré le premier, et logé une balle dans le cou de M. de Chandour, qui est tombé sans pouvoir riposter. Le chirurgien de l'hôpital a déclaré tout à l'heure que M. de Chandour aura le cou de travers pour le reste de ses jours. Je suis venue te dire l'issue de ce duel pour que tu n'ailles pas chez madame de Bargeton, car quelques amis de M. de Chandour pourraient te provoquer.

En ce moment, Gentil, le valet de chambre de M. de Bargeton, entra conduit par l'apprenti de l'imprimerie, et remit à Lucien une lettre de Louise.

« Vous avez sans doute appris, mon ami, l'issue du duel entre Chandour et mon mari. Nous ne recevrons personne aujourd'hui ; soyez prudent, ne vous montrez pas, je vous le demande au nom de l'affection que vous avez pour moi. Ne trouvez-vous pas que le meilleur emploi de cette triste journée est de venir écouter votre Béatrix, dont la vie est toute changée par cet événement et qui a mille choses à vous dire. »

— Heureusement, dit David, mon mariage est arrêté pour après-demain, tu auras une occasion d'aller moins souvent chez madame de Bargeton.

— Cher David, répondit Lucien, elle me demande de venir la voir aujourd'hui ; je crois qu'il faut lui obéir, elle saura mieux que nous comment je dois me conduire dans les circonstances actuelles.

— Tout est donc prêt ici ? demanda madame Chardon.

— Venez voir, s'écria David, heureux de montrer la transformation qu'avait subie l'appartement du premier étage, où tout était frais et neuf.

Là respirait ce doux esprit qui règne dans les jeunes ménages, où les fleurs d'oranger, le voile de la mariée, couronnent encore la vie intérieure, où le printemps de l'amour se reflète dans les choses, où tout est blanc, propre et fleuri.

— Ève sera comme une princesse, dit la mère ; mais vous avez dépensé trop d'argent, vous avez fait des folies !

David sourit sans rien répondre, car madame Chardon avait mis le doigt dans le vif d'une plaie secrète qui faisait cruellement souffrir le pauvre amant : ses prévisions avaient été si grandement dépassées par l'exécution, qu'il lui était impossible de bâtir au-dessus de l'appentis. Sa belle-mère ne pouvait avoir de longtemps l'appartement qu'il voulait lui donner. Les esprits généreux éprouvent les plus vives douleurs à manquer à ces sortes de promesses qui sont, en quelque sorte, les petites vanités de la tendresse. David cachait soigneusement sa gêne, afin de ménager le cœur de Lucien, qui aurait pu se trouver accablé des sacrifices faits pour lui.

— Ève et ses amies ont bien travaillé de leur côté, disait madame Chardon. Le trousseau, le linge de ménage, tout est prêt. Ces demoiselles l'aiment tant, qu'elles lui ont, sans qu'elle en sût rien, couvert les matelas en futaine blanche, bordée de lisérés roses. C'est joli ! ça donne envie de se marier.

La mère et la fille avaient employé toutes leurs économies à fournir la maison de David des choses auxquelles ne pensent jamais les jeunes gens. En sachant combien il déployait de luxe, car il était question d'un service de porcelaine demandé à Limoges, elles avaient tâché de mettre de l'harmonie entre les choses qu'elles apportaient et celles que s'achetait David. Cette petite lutte d'amour et de générosité devait amener les deux époux à se trouver gênés dès le commencement de leur mariage, au milieu de tous les symptômes d'une aisance bourgeoise, qui pouvait passer pour du luxe dans une ville arriérée comme l'était alors Angoulême.

Au moment où Lucien vit sa mère et David passant dans la chambre à coucher, dont la tenture bleue et blanche, dont le joli mobilier lui étaient connus, il s'esquiva chez madame de Bargeton. Il trouva Naïs déjeunant avec son mari, qui, mis en appétit par sa promenade matinale, mangeait sans s'inquiéter de ce qui s'était passé. Le vieux gentilhomme campagnard, M. de Négrepelisse, cette imposante figure, reste de la vieille noblesse française, était auprès de sa fille. Quand Gentil eut annoncé M. de Rubempré, le vieillard à tête blanche lui jeta le regard inquisitif d'un père empressé de juger l'homme que sa fille a distingué. L'excessive beauté de Lucien le frappa si vivement, qu'il ne put retenir un regard d'approbation, mais il semblait voir dans la liaison de sa fille une amourette plutôt qu'une passion, un caprice plutôt qu'une passion durable. Le déjeuner finissait, Louise put se lever, laisser son père et M. de Bargeton, en faisant signe à Lucien de la suivre.

— Mon ami, dit-elle d'un son de voix triste et joyeux en même temps, je vais à Paris, et mon père emmène Bargeton à l'Escarbas, où il restera pendant mon absence. Madame d'Espard, une demoiselle de Blamont-Chauvry, à qui nous sommes alliés par les d'Espard, les aînés de la famille des Négrepelisse, est en ce moment très-influente par elle-même et par ses parents. Si elle daigne nous reconnaître, je veux la cultiver beaucoup : elle peut nous obtenir, par son crédit, une place pour Bargeton. Mes sollicitations pourront le faire désirer par la cour pour député de la Charente, ce qui aidera sa nomination ici. La députation pourra plus tard favoriser mes démarches à Paris. C'est toi, mon enfant chéri, qui m'as inspiré ce changement d'existence. Le duel de ce matin me force à fermer ma maison pour quelque temps, car il y aura des gens qui prendront parti pour les Chandour contre nous. Dans la situation où nous sommes, et dans une petite ville, une absence est toujours nécessaire pour laisser aux haines le temps de s'assoupir. Mais ou je réussirai et ne reverrai plus Angoulême, ou je ne réussirai pas et veux attendre à Paris le moment où je pourrai passer tous les étés à l'Escarbas, et les hivers à Paris. C'est la seule vie d'une femme comme il faut, j'ai trop tardé à la prendre. La journée suffira pour tous nos préparatifs, je partirai demain dans la nuit, et vous m'accompagnerez, n'est-ce pas ? Vous irez en avant. Entre Mansle et Ruffec je vous prendrai dans ma voiture, et nous serons bientôt à Paris. Là, cher, est la vie des gens supérieurs. On ne se trouve à l'aise qu'avec ses pairs, partout ailleurs on souffre. D'ailleurs, Paris, capitale du monde intellectuel, est le théâtre de vos succès ! franchissez promptement l'espace qui vous sépare ! Ne laissez pas vos idées se rancir en province, communiquez promptement avec les grands hommes qui représenteront le dix-neuvième siècle. Rapprochez-vous de la cour et du pouvoir. Ni les distinctions ni les dignités ne viennent trouver le talent qui s'étiole dans une petite ville. Nommez-moi d'ailleurs les belles œuvres exécutées en province. Voyez au contraire le sublime et pauvre Jean-Jacques invinciblement attiré par ce soleil moral qui crée les gloires en réchauffant les esprits par le frottement des rivalités. Ne devez-vous pas vous hâter de prendre votre place dans la pléiade qui se produit à chaque époque ? Vous ne sauriez croire combien il est utile à un jeune talent d'être mis en lumière par la haute société. Je vous ferai recevoir chez madame d'Espard, personne n'a facilement l'entrée de son salon, où vous trouverez tous les grands personnages, les ministres, les ambassadeurs, les orateurs de la Chambre, les pairs les plus influents, des gens riches ou célèbres. Il faudrait être bien maladroit pour ne pas exciter leur intérêt, quand on est beau, jeune et plein de génie. Les grands talents n'ont pas de petitesse, ils vous prêteront leur appui. Quand on vous saura haut placé, vos œuvres acquerront une immense valeur. Pour les artistes, le grand problème à résoudre est de se mettre en vue. Il se rencontrera donc là pour vous mille occasions de fortune, des sinécures, une pension sur la cassette. Les Bourbons aiment tant à favoriser les lettres et les arts ! aussi soyez à la fois poète religieux et poète royaliste. Non-seulement ce sera bien mais vous ferez fortune. Est-ce l'opposition, est-ce le libéralisme, qui donne les places, les récompenses, et qui fait la fortune des écrivains ? Ainsi prenez la bonne route et venez là où vont tous les hommes de génie. Vous avez mon secret, gardez-le plus profond silence, et disposez-vous à me suivre. Ne le voulez-vous pas ? ajouta-t-elle, étonnée de la silencieuse attitude de son amant.

Lucien, hébété par le rapide coup d'œil qu'il jeta sur Paris, en entendant ces séduisantes paroles, crut n'avoir jusqu'alors joui que de la moitié de son cerveau, il lui sembla que l'autre moitié se découvrait, tant ses idées s'agrandirent : il se vit dans Angoulême comme une grenouille sous sa pierre au fond d'un marécage. Paris et ses splendeurs, Paris, qui se produit dans toutes les imaginations de province comme un eldorado, lui apparut avec sa robe d'or, la tête ceinte de pierreries royales, les bras ouverts aux talents. Les gens illustres allaient lui donner l'accolade fraternelle. Là tout souriait au génie. Là ni gentillâtres jaloux qui lançassent des mots piquants pour humilier l'écrivain, ni sotte indifférence pour la poésie. De là jaillissaient les œuvres des poètes, là elles étaient payées et mises en lumière. Après avoir lu les premières pages de l'Archer de Charles IX, les libraires ouvriraient leurs caisses et lui diraient : Combien voulez-vous ? Il comprenait d'ailleurs qu'après un voyage où les circonstances les auraient mariés par les circonstances, madame de Bargeton serait à lui tout entière, qu'ils vivraient ensemble.

A ces mots : — Ne le voulez-vous pas ? il répondit par une larme, saisit Louise par la taille, la serra sur son cœur et lui marbra le cou par de violents baisers. Puis il s'arrêta tout à coup comme frappé d'un souvenir, et s'écria : — Mon Dieu ! ma sœur se marie après-demain.

Ce cri fut le dernier soupir de l'enfant noble et pur. Les liens si puissants qui attachent les jeunes cœurs à leur famille, à leur premier ami, à tous les sentiments primitifs, allaient recevoir un terrible coup de hache.

— Eh bien ! s'écria l'altière Negrepelisse, qu'a de commun le mariage de votre sœur et la marche de notre amour ? tenez-vous tant à être le coryphée de cette noce de bourgeois et d'ouvriers, que vous ne puissiez m'en sacrifier les nobles joies ? le beau sacrifice ! dit-elle avec mépris. J'ai envoyé ce matin mon mari se battre à cause de vous ! Allez, monsieur, quittez-moi ! je me suis trompée.

Elle tomba pâmée sur son canapé. Lucien l'y suivit en demandant pardon, en maudissant sa famille, David et sa sœur.

Je croyais tant en vous ! dit-elle. M. de Cante-Croix avait une mère qu'il idolâtrait, mais pour obtenir une lettre où je lui disais : « Je suis contente » il est mort au milieu du feu. Et vous, quand il s'agit de voyager avec moi, vous ne savez point renoncer à un repas de noce !

Lucien voulut se tuer, et son désespoir fut si vrai, si profond, que Louise pardonna, mais en faisant sentir à Lucien qu'il aurait à racheter cette faute.

— Allez donc, dit-elle enfin, soyez discret, et trouvez-vous demain soir à minuit à une centaine de pas après Mansle.

Lucien sentit la terre petite sous ses pieds, il revint chez David suivi de ses espérances comme Oreste l'était de ses furies, car il entrevoyait mille difficultés qui se comprenaient toutes dans ce mot terrible : de l'argent ? La perspicacité de David l'épouvantait si fort, qu'il s'enferma dans son joli cabinet pour se remettre de l'étourdissement que lui causait sa nouvelle position. Il fallait donc quitter cet appartement si chèrement établi, rendre inutiles tant de sacrifices. Lucien pensa que sa mère pourrait loger là, David économiserait ainsi la coûteuse bâtisse qu'il avait projeté de faire au fond de la cour. Ce départ devait arranger sa famille, il trouva mille raisons péremptoires à sa fuite, car il n'y a rien de jésuite comme un désir. Aussitôt il courut à l'Houmeau, chez sa sœur, pour lui apprendre sa nouvelle destinée et se concerter avec elle ! Notre union tournera mal si tu n'y es pas. En arrivant devant la boutique de Postel, il pensa que, s'il n'y avait pas d'autre moyen, il emprunterait au successeur de son père la somme nécessaire à son séjour durant un an.

— Si je vis avec Louise, un écu par jour sera pour moi comme une fortune, et cela ne fait que mille francs pour un an, se dit-il. Or, dans six mois, je serai riche !

Eve et sa mère entendirent, sous la promesse d'un profond secret, les confidences de Lucien. Toutes deux pleurèrent en écoutant l'ambitieux ; et, quand il voulut savoir la cause de ce chagrin, elles lui apprirent que tout ce qu'elles possédaient avait été absorbé par le linge de table et de maison, par le trousseau d'Eve, par une foule d'acquisitions auxquelles n'avait pas pensé David, et qu'elles étaient heureuses d'avoir faites, car l'imprimeur reconnaissait à Eve une dot de dix mille francs. Lucien leur fit alors part de son idée d'emprunt, et madame Chardon se chargea d'aller demander à M. Postel mille francs pour un an.

— Mais, Lucien, dit Eve avec un serrement de cœur, tu n'assisteras donc pas à mon mariage ? Oh ! reviens, j'attendrai quelques jours. Elle te laissera bien revenir ici, dans une quinzaine, une fois que tu l'auras accompagnée ! Elle nous accordera bien huit jours, à nous qui t'avons élevé pour elle ! Notre union tournera mal si tu n'y es pas. Mais auras-tu assez de mille francs ? dit-elle en s'interrompant tout à coup. Quoique ton habit t'aille divinement, tu n'en as qu'un ! Tu n'as que deux chemises fines, les six autres sont en grosse toile. Tu n'as que trois cravates de batiste, les trois autres sont en jaconas commun, et puis tes mouchoirs ne sont pas beaux. Trouveras-tu dans Paris une sœur pour te blanchir ton linge dans la journée où tu en auras besoin ? Il t'en faut davantage. Tu n'as qu'un pantalon de nankin fait cette année, ceux de l'année dernière te sont justes, il faudra donc te faire habiller à Paris, les prix de Paris ne sont pas ceux d'Angoulême. Tu n'as que deux gilets blancs de mettables, j'ai déjà raccommodé les autres. Tiens, je te conseille d'emporter deux mille francs.

En ce moment David, qui entrait, parut avoir entendu ces deux derniers mots, car il examina le frère et la sœur en gardant le silence.

— Ne me cachez rien, dit-il.

— Eh bien ! s'écria Eve, il part avec elle.

— Postel, dit madame Chardon en entrant sans voir David, consent à prêter les mille francs, mais pour six mois seulement, et il veut une lettre de change de toi, acceptée par ton beau-frère, car il dit que tu n'offres aucune garantie.

La mère se retourna, vit son gendre, et ces quatre personnes gardèrent un profond silence. La famille Chardon sentait combien elle

avait abusé de David. Tous étaient honteux. Une larme roula dans les yeux de l'imprimeur.

— Tu ne seras donc pas à mon mariage ? dit-il, tu ne resteras donc pas avec nous ? Et moi qui ai dissipé tout ce que j'avais ! Ah ! Lucien, moi qui apportais à Eve ses pauvres petits bijoux de mariée, je ne savais pas, dit-il en essuyant ses yeux et tirant des écrins de sa poche, avoir à regretter de les avoir achetés.

Il posa plusieurs boîtes couvertes en maroquin sur la table, devant sa belle-mère.

— Pourquoi pensez-vous tant à moi ? dit Eve avec un sourire d'ange qui corrigeait sa parole.

— Chère maman, dit l'imprimeur, allez dire à M. Postel que je consens à donner ma signature, car je vois sur ta figure, Lucien, que tu es bien décidé à partir.

Lucien inclina mollement et tristement la tête en ajoutant un moment après : — Ne me jugez pas mal, mes anges aimés. Il prit Eve et David, les embrassa, les rapprocha de lui, les serra en disant : — Attendez les résultats, et vous saurez combien je vous aime. David, à quoi servirait notre hauteur de pensée, si elle ne nous permettait pas de faire abstraction des petites cérémonies dans lesquelles les lois entortillent les sentiments ? Malgré la distance, mon âme ne sera-t-elle pas ici ? la pensée ne nous réunira-t-elle pas ? N'ai-je pas une destinée à accomplir ? Les libraires viendront-ils chercher ici mon Archer de Charles IX, et les Marguerites ? Un peu plus tôt, un peu plus tard, ne faut-il pas toujours faire ce que je fais aujourd'hui ? puis-je jamais rencontrer des circonstances plus favorables ? N'est-ce pas toute ma fortune, que d'entrer pour mon début à Paris dans le salon de la marquise d'Espard ?

— Il a raison, dit Eve. Vous-même ne me disiez-vous pas qu'il devait aller promptement à Paris ?

David prit Eve par la main, l'emmena dans cet étroit cabinet où elle dormait depuis sept années, et lui dit à l'oreille : — Il a besoin de deux mille francs, disais-tu, mon amour ? Postel n'en prête que mille.

Eve regarda son prétendu par un regard affreux qui disait toutes ses souffrances.

— Écoute, mon Eve adorée, nous allons mal commencer la vie. Oui, mes dépenses ont absorbé tout ce que je possédais. Il ne me reste que mille francs, et la moitié est indispensable pour faire aller l'imprimerie. Donner mille francs à ton frère, c'est donner notre pain, compromettre notre tranquillité. Si j'étais seul, je sais ce que je ferais ; mais nous sommes deux. Décide.

Eve, éperdue, se jeta dans les bras de son amant, le baisa tendrement et lui dit à l'oreille, tout en pleurs : — Fais comme si tu étais seul, je travaillerai pour regagner cette somme.

Malgré le plus ardent baiser que deux fiancés aient jamais échangé, David laissa Eve abattue, et revint trouver Lucien.

— Ne te chagrine pas, lui dit-il, tu auras tes deux mille francs.

— Allez voir Postel, dit madame Chardon, car vous devez signer tous deux le papier.

Quand les deux amis remontèrent, ils surprirent Eve et sa mère à genoux, qui priaient Dieu. Si elles savaient combien d'espérances le retour devait réaliser, elles sentaient en ce moment tout ce qu'elles perdaient dans cet adieu, car elles trouvaient le bonheur à venir payé trop cher par une absence qui allait briser leur vie et les jeter dans mille craintes sur les destinées de Lucien.

— Si jamais tu oubliais cette scène, dit David à l'oreille de Lucien, tu serais le dernier des hommes.

L'imprimeur jugea sans doute ces graves paroles nécessaires, l'influence de madame de Bargeton ne l'épouvantait pas moins que la funeste mobilité de caractère, qui pouvait tout aussi bien jeter Lucien dans une mauvaise comme dans une bonne voie. Eve eut bientôt fait le paquet de Lucien. Ce Fernand Cortès littéraire emportait peu de chose. Il garda sur lui sa meilleure redingote, son meilleur gilet et l'une de ses deux chemises fines. Tout son linge, son fameux habit, ses effets et ses manuscrits formèrent un si mince paquet, que, pour le cacher aux regards de madame de Bargeton, David proposa de l'envoyer par la diligence à son correspondant, un marchand de papier, auquel il écrirait de le tenir à la disposition de Lucien.

Malgré les précautions prises par madame de Bargeton pour cacher son départ, M. du Châtelet l'apprit et voulut savoir si elle ferait le voyage seule ou accompagnée de Lucien, il envoya son valet de chambre à Ruffec, avec la mission d'examiner toutes les voitures qui relayeraient à la poste.

— Si elle enlève son poète, pensa-t-il, elle est à moi.

Lucien partit le lendemain au petit jour, accompagné de David, qui s'était procuré un cabriolet et un cheval en annonçant qu'il allait traiter d'affaires avec son père, petit mensonge qui, dans les circonstances actuelles, était probable. Les deux amis se rendirent à Marsac, où ils passèrent une partie de la journée chez le vieil ours ; puis le soir ils allèrent au delà de Mansle attendre madame de Bargeton, qui arriva vers le matin. En voyant la vieille calèche sexagénaire qu'il avait tant de fois regardée sous la remise, Lucien éprouva l'une des plus vives émotions de sa vie, il se jeta dans les bras de David, qui lui dit : — Dieu veuille que ce soit pour ton bien!

L'imprimeur remonta dans son méchant cabriolet, et disparut le cœur serré : il avait d'horribles pressentiments sur les destinées de Lucien à Paris.

FIN DES DEUX POÈTES

Madame de Bargeton.

ŒUVRES ILLUSTRÉES DE BALZAC

UN GRAND HOMME DE PROVINCE A PARIS

LA FEMME ABANDONNÉE

Dess. Tony Johannot, E. Lampsonius, Bertall, H. Monnier, etc.

Gravures par les meilleurs Artistes.

Du Châtelet souriait aux hésitations, aux étonnements, aux questions que... — PAGE 3.

Ni Lucien, ni madame de Bargeton, ni Gentil, ni Albertine, la femme de chambre, ne parlèrent jamais des événements de ce voyage; mais il est à croire que la présence continuelle des gens le rendit fort maussade pour un amoureux qui s'attendait à tous les plaisirs d'un enlèvement. Lucien, qui allait en poste pour la première fois de sa vie, fut très-ébahi de voir semer sur la route d'Angoulême à Paris presque toute la somme qu'il destinait à sa vie d'une année. Comme les hommes qui unissent les grâces de l'enfance à la force du talent, il eut le tort d'exprimer ses naïfs étonnements à l'aspect des choses nouvelles pour lui. Un homme doit bien étudier une femme avant de lui laisser voir ses émotions et ses pensées comme elles se produisent. Une maîtresse aussi tendre que grande sourit aux enfantillages et les comprend; mais pour peu qu'elle ait de la vanité, elle ne pardonne pas à son amant de s'être montré enfant, vain ou petit. Beaucoup de femmes portent une si grande exagération dans leur culte, qu'elles veulent toujours trouver un dieu dans leur idole; tandis que celles qui aiment un homme pour lui-même avant de l'aimer pour elles, adorent ses petitesses autant que ses grandeurs. Lucien n'avait pas encore deviné que chez madame de Bargeton l'amour était greffé sur l'orgueil. Il eut le tort de ne pas s'expliquer certains sourires qui échappèrent à Louise durant ce voyage, quand, au lieu de les contenir, il se laissait aller à ses gentillesses de jeune rat sorti de son trou.

Les voyageurs débarquèrent à l'hôtel du Gaillard-Bois, rue de l'Echelle, avant le jour. Les deux amants étaient si fatigués l'un et l'autre, qu'avant tout Louise voulut se coucher et se coucha, non sans avoir ordonné à Lucien de demander une chambre au-dessus de l'appartement qu'elle prit. Lucien dormit jusqu'à quatre heures du soir. Madame de Bargeton le fit éveiller pour dîner; il s'habilla précipitamment en apprenant l'heure, et trouva Louise dans une de ces ignobles chambres qui sont la honte de Paris, où, malgré tant de prétentions à l'élégance, il n'existe pas encore un seul hôtel où tout voyageur riche puisse retrouver son chez soi. Quoiqu'il eût sur les yeux ces nuages que laisse un brusque réveil, Lucien ne reconnut pas sa Louise dans cette chambre froide, sans soleil, à rideaux passés, dont le carreau frotté semblait inégal, où le meuble était usé, de mauvais goût, vieux ou d'occasion. Il est en effet certaines personnes qui n'ont plus ni le même aspect ni la même valeur, une fois séparées des figures, des choses, des lieux qui leur servent de cadre. Les physionomies vivantes ont une sorte d'atmosphère qui leur est propre, comme le clair-obscur des tableaux flamands est nécessaire à la vie des figures qu'y a placées le génie des peintres. Les gens de province sont presque tous ainsi. Puis madame de Bargeton parut plus digne, plus pensive, qu'elle ne le devait l'être en un moment où commençait un bonheur sans entraves. Lucien ne pouvait se plaindre : Gentil et Albertine les servaient. Le dîner n'avait plus ce caractère d'abondance et d'essentielle bonté qui distingue la vie en province. Les plats, comptés par la spéculation, sortaient d'un restaurant voisin, ils étaient maigrement servis, ils sentaient la portion congrue. Paris n'est pas beau dans ces petites choses auxquelles sont condamnés les gens à fortune médiocre. Lucien attendit la fin du repas pour questionner Louise, le changement lui semblait inexplicable. Il ne se trompait point. Un événement grave, car les réflexions sont les événements de la vie morale, était survenu pendant son sommeil.

Sur les deux heures après midi, Sixte du Châtelet s'était présenté à l'hôtel, avait fait éveiller Albertine, avait manifesté le désir de parler à sa maîtresse, et il était revenu après avoir à peine laissé le temps à madame de Bargeton de faire sa toilette. Aussi, dont la curiosité fut excitée par cette singulière apparition de M. du Châtelet, elle qui se croyait si bien cachée, l'avait reçu vers trois heures.

— Je vous ai suivie en risquant d'avoir une réprimande à l'administration, dit-il en la saluant, car je prévoyais ce qui vous arrive. Mais dussé-je perdre ma place, au moins vous ne serez pas perdue, vous !

— Que voulez-vous dire ? s'écria madame de Bargeton.

— Je vois bien que vous aimez Lucien, reprit-il d'un air tendrement résigné, car il faut bien aimer un homme pour ne réfléchir à rien, pour oublier toutes les convenances, vous qui les connaissez si bien ! Croyez-vous donc, chère Naïs adorée, que vous serez reçue chez madame d'Espard ou dans quelque salon de Paris que ce soit, du moment où l'on saura que vous vous êtes comme enfuie d'Angoulême avec un jeune homme, et surtout après le duel de M. de Bargeton et de M. de Chandour ? Le séjour de votre mari à l'Escarbas a l'air d'une séparation. En un cas semblable, les gens comme il faut commencent par se battre pour leurs femmes, et les laissent libres après. Aimez M. de Rubempré, protégez-le, faites-en tout ce que vous voudrez, mais ne demeurez pas ensemble ! Si quelqu'un ici savait que vous avez fait le voyage dans la même voiture, vous seriez mis à l'index par le monde que vous voulez voir. D'ailleurs, Naïs, ne faites pas encore de ces sacrifices à un jeune homme que vous n'avez encore comparé à personne, qui n'a été soumis à aucune épreuve, et qui peut vous oublier pour une Parisienne en la croyant plus nécessaire que vous à ses ambitions. Je ne veux pas nuire à celui que vous aimez, mais vous me permettrez de faire passer vos intérêts avant les siens, et de vous dire : « Étudiez-le ! Connaissez bien toute l'importance de votre démarche. » Si vous trouvez les portes fermées, si les femmes refusent de vous recevoir, au moins n'ayez aucun regret de tant de sacrifices, en songeant que celui auquel vous les faites en sera toujours digne, et les comprendra. Madame d'Espard est d'autant plus prude et sévère qu'elle-même est séparée de son mari, sans que le monde ait pu pénétrer la cause de leur désunion, mais les Navarreins, les Blamont-Chauvry, les Lenoncourt, tous ses parents l'ont entourée, les femmes les plus collet monté vont chez elle et la reçoivent avec respect, de sorte que le marquis d'Espard a tort. Dès la première visite que vous lui ferez, vous reconnaîtrez la justesse de mes avis. Certes, je puis vous le prédire, moi qui connais Paris : en entrant chez la marquise, vous seriez au désespoir qu'elle sût que vous êtes à l'hôtel du Gaillard-Bois avec le fils d'un apothicaire, tout M. de Rubempré qu'il veut être. Vous aurez ici des rivales bien autrement astucieuses et rusées qu'Amélie, elles ne manqueront pas de savoir qui vous êtes, d'où vous venez, ce que vous faites. Vous avez compté sur l'incognito, je le vois, mais vous êtes de ces personnes pour lesquelles l'incognito n'existe pas. Ne rencontrerez-vous pas Angoulême partout ? c'est les députés de la Charente qui viennent pour l'ouverture des Chambres, c'est le général qui est à Paris en congé, mais il suffira d'un seul habitant d'Angoulême qui vous apercevra pour que votre vie soit arrêtée d'une étrange manière : vous ne seriez plus que la maîtresse de Lucien. Si vous avez besoin de moi pour quoi que ce soit, je suis chez le receveur général, rue du Faubourg-Saint-Honoré, à deux pas de chez madame d'Espard. Je connais assez la maréchale de Carigliano, madame de Serizy et le président du conseil pour vous y présenter ; mais vous verrez tant de monde chez madame d'Espard, que vous n'aurez pas besoin de moi. Loin d'avoir à désirer d'aller dans tel ou tel salon, vous serez désirée dans tous les salons.

Du Châtelet put parler sans que madame de Bargeton l'interrompît : elle était saisie par la justesse de ces observations. La reine d'Angoulême avait en effet compté sur l'incognito.

— Vous avez raison, cher ami, dit-elle, mais comment faire ?

— Laissez-moi, répondit Châtelet, vous chercher un appartement tout meublé, convenable, vous mènerez ainsi une vie moins chère que la vie des hôtels, et vous serez chez vous, et, si vous m'en croyez, vous y coucherez ce soir.

— Mais comment avez-vous connu mon adresse ? dit-elle.

— Votre voiture était facile à reconnaître, et d'ailleurs je vous suivais. À Sèvres, le postillon qui vous a menée a dit votre adresse au mien. Me permettez-vous d'être le maréchal des logis ? Je vous écrirai bientôt pour vous dire où je vous aurai casée.

— Eh bien ! faites, dit-elle.

Ce mot ne semblait rien, et c'était tout. Le baron du Châtelet avait parlé la langue du monde à une femme du monde. Il s'était montré dans toute l'élégance d'une mise parisienne ; un joli cabriolet bien attelé l'avait amené. Par hasard, madame de Bargeton se mit à la croisée pour réfléchir à sa position, et vit partir le vieux dandy. Quelques instants après, Lucien, brusquement éveillé, brusquement habillé, se produisit à ses regards, dans son pantalon de nankin de l'an dernier, avec sa méchante petite redingote. Il était beau, mais ridiculement mis. Habillez l'Apollon du Belvédère ou l'Antinoüs en porteur d'eau, reconnaîtrez-vous alors la divine création du ciseau grec ou romain ? Les yeux comparent avant que le cœur n'ait rectifié ce rapide jugement machinal. Le contraste entre Lucien et Châtelet fut trop brusque pour ne pas frapper les yeux de Louise. Lorsque vers six heures le dîner fut terminé, madame de Bargeton fit signe à Lucien de venir près d'elle sur un méchant canapé de calicot rouge à fleurs jaunes, où elle s'était assise.

— Mon Lucien, dit-elle, n'es-tu pas d'avis que, si nous avons fait une folie qui nous tue également, il y a de la raison à la réparer ? Nous ne devons, cher enfant, ni demeurer ensemble à Paris, ni laisser supposer que nous y soyons venus de compagnie. Ton avenir dépend beaucoup de ma position, et je ne dois rien y déranger. Aussi, dès ce soir je vais aller me loger à quelques pas d'ici, mais tu demeureras dans cet hôtel, et nous pourrons nous voir tous les jours sans que personne y trouve à redire.

Louise expliqua les lois du monde à Lucien, qui ouvrit de grands yeux. Sans savoir que les femmes qui reviennent sur leurs folies les réparent, il comprit qu'il n'était plus le Lucien d'Angoulême. Louise ne lui parlait que d'elle, de ses intérêts, de sa réputation, du monde, et, pour excuser son égoïsme, elle essayait de lui faire croire qu'il s'agissait pour lui-même. Il n'avait aucun droit sur Louise, si promptement redevenue madame de Bargeton, et, chose plus grave ! il n'avait aucun pouvoir. Aussi ne put-il retenir de grosses larmes qui roulèrent dans ses yeux.

— Si je suis votre gloire, vous êtes encore plus pour moi, vous êtes ma seule espérance et tout mon avenir. Je comprends que, si vous épousiez mes succès, vous devriez épouser mon infortune, et voilà que déjà nous nous séparons.

— Vous jugez ma conduite, dit-elle, vous ne m'aimez pas. Lucien la regarda avec une expression si douloureuse qu'elle ne put s'empêcher de lui dire : — Cher petit, je resterai si tu le veux, nous nous perdrons et resterons sans appui. Mais quand nous serons également misérables et tous deux repoussés, quand l'insuccès, car il faut tout prévoir, nous aura rejetés à l'Escarbas, souviens-toi, mon amour, que j'aurai prévu cette fin, et que je t'ai proposé d'abord de parcourir selon les lois du monde en leur obéissant.

— Louise, répondit-il en l'embrassant, je suis effrayé de te voir si sage. Songe que je suis un enfant, que je me suis abandonné tout entier à ta volonté. Moi, je voulais triompher des hommes et des choses de vive force, mais, si je puis arriver plus promptement par ton aide que seul, je serai bien heureux de te devoir toutes mes fortunes. Pardonne ! j'ai trop mis en toi pour ne pas tout craindre. Pour moi, une séparation est l'avant-coureur de l'abandon, et l'abandon, c'est la mort.

— Mais, cher enfant, le monde te demande peu de chose, répondit-elle. Il s'agit seulement de coucher ici, et tu demeureras, tout le jour chez moi sans qu'on y trouve à redire.

Quelques caresses achevèrent de calmer Lucien. Une heure après, Gentil apporta un mot par lequel Châtelet apprenait à madame de Bargeton qu'il lui avait trouvé un appartement rue Neuve-du-Luxembourg. Elle se fit expliquer la situation de cette rue, qui n'était pas très-éloignée de la rue de Lichelle, et dit à Lucien : — Nous sommes voisins.

Deux heures après, Louise monta dans une voiture que lui envoyait du Châtelet pour se rendre chez elle. L'appartement, un de ceux où les tapissiers mettent des meubles et qu'ils louent à de riches députés ou à de grands personnages venus pour peu de temps à Paris, était somptueux, mais incommode. Lucien retourna sur les onze heures à son petit hôtel du Gaillard-Bois, n'ayant encore vu de Paris que la partie de la rue Saint-Honoré qui se trouve entre la rue Neuve-du-Luxembourg et la rue de Lichelle. Il se coucha dans sa misérable petite chambre, qu'il ne put s'empêcher de comparer au magnifique appartement de Louise. Au moment où il sortait de chez madame de Bargeton, le baron Châtelet y arrivait, revenant de chez le ministre des affaires étrangères, dans la splendeur d'une mise de bal. Il venait rendre compte de toutes les conventions qu'il avait faites pour madame de Bargeton. Louise était inquiète, ce luxe l'épouvantait. Les mœurs de la province avaient fini par réagir sur elle, elle était devenue méticuleuse dans ses comptes ; elle avait tant d'ordre, qu'à Paris, elle allait passer pour avare. Elle avait emporté près de vingt mille francs avoir un bon du receveur général, en destinant cette somme à couvrir l'excédant de ses dépenses pendant quatre années ; elle craignait de à de ne pas avoir assez et de faire des dettes. Châtelet lui apprit que son appartement ne lui coûtait que six cents francs par mois.

— Une misère, dit-il en voyant le haut-le-corps que fit Naïs. — Vous avez à vos ordres une voiture pour cinq cents francs par mois, ce qui fait en tout cinquante louis. Vous n'avez plus qu'à penser à votre toilette. Une femme qui voit le grand monde ne saurait s'arranger autrement ; si vous voulez faire de M. de Bargeton un receveur général, ou lui obtenir une place dans la maison du roi, vous ne devez pas avoir un air misérable. Je trouve que l'on n'a pas ici de vous assez de faire qu'aux riches. Il est fort heureux, dit-il, que vous ayez Gentil pour vous accompagner, et Albertine pour vous habiller, car les domestiques sont une ruine à Paris. Vous mangerez rarement chez vous, comme vous allez l'être.

Madame de Bargeton et le baron causèrent de Paris. Du Châtelet raconta les nouvelles du jour, les mille riens qu'on doit savoir sous peine de ne pas être de Paris. Il donna bientôt à Naïs des conseils sur les magasins où elle devait se fournir : il lui indiqua Herbault pour les toques, Juliette pour les chapeaux et les bonnets ; il lui donna l'adresse de la couturière qui pouvait remplacer Victorine, enfin il lui fit sentir la nécessité de se désangoulémer. Puis il partit sur le dernier trait d'esprit qu'il eut le bonheur de trouver.

— Demain, dit-il négligemment, j'aurai sans doute une loge à quelque spectacle, je viendrai vous prendre vous et M. de Rubempré, car vous me permettrez de vous faire à vous deux les honneurs de Paris.

— Il a dans le caractère plus de générosité que je ne le pensais, se dit madame de Bargeton en lui voyant inviter Lucien.

Au mois de juin, les ministres ne savent que faire de leurs loges aux théâtres : les députés ministériels et leurs commettants font leurs vendanges ou veillent à leurs moissons, leurs connaissances les plus exigeantes sont à la campagne ou en voyage ; aussi, vers cette époque, les plus belles loges des théâtres de Paris reçoivent-elles des hôtes hétéroclites que les habitués ne revoient plus et qui donnent au public l'air d'une tapisserie usée. Du Châtelet avait déjà pensé que, grâce à cette circonstance, il pourrait, sans dépenser beaucoup d'argent, procurer à Naïs les amusements qui affriandent le plus les provinciaux. Le lendemain, pour la première fois qu'il vint, Lucien ne trouva pas Louise. Madame de Bargeton était sortie pour quelques emplettes indispensables. Elle était allée tenir conseil avec les graves et illustres autorités en matière de toilette féminine que Châtelet lui avait citées, car elle avait écrit son arrivée à la marquise d'Espard. Quoique madame de Bargeton eût en elle-même cette confiance que donne une longue domination, elle avait singulièrement peur de paraître provinciale. Elle avait assez de tact pour savoir combien les relations entre femmes dépendent des premières impressions ; et, quoiqu'elle se sût de force à se mettre promptement au niveau des femmes supérieures comme madame d'Espard, elle sentait avoir besoin de bienveillance à son début, et voulait surtout ne manquer d'aucun élément de succès. Aussi sut-elle à Châtelet un gré infini de lui avoir indiqué les moyens de se mettre à l'unisson du beau monde parisien. Par un singulier hasard, la marquise se trouvait dans une situation à être enchantée de rendre service à une personne de la famille de son mari. Sans cause apparente, le marquis d'Espard s'était retiré du monde, il ne s'occupait ni de ses affaires, ni des affaires politiques, ni de sa famille, ni de sa femme. Devenue ainsi maîtresse d'elle-même, la marquise sentait le besoin d'être approuvée par le monde, elle était donc heureuse de remplacer le marquis en cette circonstance en se faisant la protectrice de sa famille. Elle allait mettre de l'ostentation à son patronage afin de rendre les torts de son mari plus évidents. Dans la journée même, elle écrivit à madame de Bargeton, née Nègrepelisse, un de ces charmants billets où la forme est si jolie, qu'il faut bien du temps avant d'y reconnaître le manque de fond.

« Elle était heureuse d'une circonstance qui rapprochait de la famille une personne de qui elle avait entendu parler, et qu'elle souhaitait connaître, car les amitiés de Paris n'étaient pas si solides, qu'elle ne désirât avoir quelqu'un de plus à aimer sur la terre ; et si cela ne devait pas avoir lieu, ce ne serait qu'une illusion à ensevelir avec les autres. Elle se mettait tout entière à la disposition de sa cousine, qu'elle serait allée voir sans une indisposition qui la retenait chez elle, mais elle se regardait déjà comme son obligée de ce qu'elle eût songé à elle. »

Pendant sa première promenade vagabonde à travers les boulevards et la rue de la Paix, Lucien, comme tous les nouveaux venus, s'occupa beaucoup plus des choses que des personnes. A Paris, les masses s'emparent tout d'abord de l'attention : le luxe des boutiques, la hauteur des maisons, l'affluence des voitures, les constantes oppositions que présentent un extrême luxe et une extrême misère, saisissent avant tout. Surpris de cette foule à laquelle il était étranger, cet homme d'imagination éprouva comme une immense diminution de lui-même. Les personnes qui jouissent, en province, d'une considération quelconque, et qui y rencontrent à chaque pas une preuve de leur importance, ne s'accoutument point à cette perte totale et subite de leur valeur. Être quelque chose dans son pays et n'être rien à Paris, sont deux états qui veulent des transitions ; et ceux qui passent trop brusquement de l'un à l'autre tombent dans une espèce d'anéantissement. Pour un jeune poète qui trouvait un écho à tous ses sentiments, un confident pour toutes ses idées, une âme pour partager ses moindres sensations, Paris allait être un affreux désert. Lucien n'était pas allé chercher son bel habit bleu, en sorte qu'il fut gêné par la mesquinerie, pour ne pas dire le délabrement de son costume en se rendant chez madame de Bargeton à l'heure où elle devait être rentrée ; il y trouva le baron du Châtelet, qui les emmena tous deux dîner au Rocher de Cancale. Lucien, étourdi par la rapidité du tournoiement parisien, ne pouvait rien dire à Louise, ils étaient tous les trois dans la voiture, mais il lui pressa la main, elle répondit amicalement à toutes ses pensées qu'il exprimait ainsi. Après le dîner, Châtelet conduisit ses deux convives au Vaudeville. Lucien éprouvait un secret mécontentement à l'aspect de du Châtelet, il maudissait le hasard qui l'avait conduit à Paris. Le directeur des contributions mit le sujet de son voyage sur le compte de son ambition : il espérait être nommé secrétaire général d'une administration, et entrer au conseil d'État comme maître des requêtes ; il venait demander raison des promesses qui lui avaient été faites, car un homme comme lui ne pouvait pas rester directeur des contributions, il aimait mieux ne rien être, devenir député, rentrer dans la diplomatie. Il se grandissait. Lucien reconnaissait vaguement dans ce vieux beau la supériorité de l'homme du monde au fait de la vie parisienne, il était surtout honteux de lui devoir ses jouissances. Là où le poète était inquiet et gêné, l'ancien secrétaire des commandements se trouvait comme un poisson dans l'eau. Du Châtelet souriait aux hésitations, aux étonnements, aux questions, aux petites fautes que le manque d'usage arrachait à son rival, comme les vieux loups de mer se moquent des novices qui n'ont pas le pied marin. Le plaisir qu'éprouvait Lucien, en voyant pour la première fois le spectacle à Paris, compensa le déplaisir que lui causaient ses confusions. Cette soirée fut remarquable par la répudiation secrète d'une grande quantité de ses idées sur la vie de province. Le cercle s'élargissait, la société prenait d'autres proportions. Le voisinage de plusieurs jolies Parisiennes si élégamment, si fraîchement mises, lui fit remarquer la vieillerie de la toilette de madame de Bargeton, quoiqu'elle fût passablement ambitieuse ; les étoffes, ni les façons, ni les couleurs, n'étaient de mode. La coiffure qui le séduisait tant à Angoulême lui parut d'un goût affreux, comparée aux délicates inventions par lesquelles se recommandait chaque femme. — Va-t-elle rester comme ça ? se dit-il, sans savoir que la journée avait été employée à préparer une transformation. En province, il n'y a ni choix, ni comparaison à faire : l'habitude de voir les physionomies leur donne une beauté conventionnelle. Transportée à Paris, une femme qui passe pour jolie en province n'obtient pas la moindre attention, car elle n'est belle que par l'application du proverbe : Dans le royaume des aveugles les borgnes sont rois. Les yeux de Lucien faisaient la comparaison que madame de Bargeton avait faite la veille entre lui et Châtelet. De son côté, madame de Bargeton se permettait d'étranges réflexions sur son amant. Malgré son étrange beauté, le pauvre poète n'avait point de tournure. Sa redingote, dont les manches étaient trop courtes, ses mauvais gants de province, son gilet étriqué, le rendaient prodigieusement ridicule auprès des jeunes gens du balcon : madame de Bargeton lui trouvait un air piteux. Châtelet, occupé d'elle sans prétention, veillant sur elle avec un soin qui trahissait une passion profonde, Châtelet, élégant et à son aise comme un acteur qui retrouve les planches de son théâtre, regagnait en deux jours tout le terrain qu'il avait perdu en six mois. Quoique le vulgaire n'admette pas que les sentiments changent brusquement, il est certain que deux amants se séparent souvent plus vite qu'ils ne se sont liés. Il se préparait chez madame de Bargeton et chez Lucien un désenchantement sur eux-mêmes, dont la cause était Paris. La vie s'y agrandissait aux yeux du poète, comme la société prenait une face nouvelle aux yeux de Louise. A l'un et à l'autre, il ne fallait plus qu'un accident pour trancher les liens qui les unissaient. Ce coup de hache, terrible pour Lucien, ne se fit pas longtemps attendre. Madame de Bargeton mit le poète à son hôtel, et retourna chez elle accompagnée de du Châtelet, ce qui déplut horriblement au pauvre amoureux.

— Que voudront dire de moi ? pensait-il en montant dans sa triste chambre.

— Ce pauvre garçon est singulièrement ennuyeux, dit du Châtelet en souriant, quand la portière fut refermée.

— Il en est ainsi de tous ceux qui ont un monde de pensées dans le cœur et dans le cerveau. Les hommes qui ont tant de choses à exprimer en de belles œuvres longtemps rêvées, professent un

certain mépris pour la conversation, commerce où l'esprit s'amoindrit en se monnayant, dit la fière Négrepelisse, qui eut encore le courage de défendre Lucien, moins pour Lucien que pour elle-même.
— Je vous accorde volontiers ceci, reprit le baron, mais nous vivons avec les personnes et non avec les livres. Tenez, chère Naïs, je le vois, il n'y a encore rien entre vous et lui, j'en suis ravi. Si vous vous décidez à mettre dans votre vie un intérêt qui vous a manqué jusqu'à présent, je vous en supplie, que ce ne soit pas pour ce prétendu homme de génie. Si vous vous trompez, si dans quelques jours, en le comparant aux véritables talents, aux hommes sérieusement remarquables que vous allez voir, vous reconnaissiez, chère belle sirène, avoir pris sur votre dos éblouissant et conduit au port, au lieu d'un homme armé de la lyre, un petit singe, sans manières, sans portée, sot et avantageux, qui peut avoir de l'esprit à l'Houmeau, mais qui devient à Paris un garçon extrêmement ordinaire? Après tout, il se publie ici par semaine des volumes de vers dont le moindre vaut encore mieux que toute la poésie de M. Chardon. De grâce, attendez et comparez! Demain, vendredi, il y a opéra, dit-il en voyant la voiture entrant dans la rue Neuve-du-Luxembourg, madame d'Espard dispose de la loge des premiers gentilshommes de la chambre, et vous y mènera sans doute. Pour vous voir dans votre gloire, j'irai dans la loge de madame de Sérizy. On donne les Danaïdes.
— Adieu, dit-elle.
Le lendemain, madame de Bargeton tâcha de se composer une mise du matin convenable pour aller voir sa cousine, madame d'Espard. Il faisait légèrement froid, elle ne trouva rien de mieux dans ses vieilleries d'Angoulême qu'une certaine robe de velours vert, garnie d'une manière assez extravagante. De son côté, Lucien sentit la nécessité d'aller chercher son fameux habit bleu, car il avait pris en horreur sa maigre redingote, et il voulait se montrer toujours bien mis, en songeant qu'il pourrait rencontrer la marquise d'Espard, ou aller chez elle à l'improviste. Il monta dans un fiacre, afin de rapporter immédiatement son paquet. En deux heures de temps, il dépensa trois ou quatre francs, ce qui lui donna beaucoup à penser sur les proportions financières de la vie parisienne. Après être arrivé au superlatif de sa toilette, il vint rue Neuve-du-Luxembourg, où, sur le pas de la porte, il rencontra Gentil en compagnie d'un chasseur magnifiquement emplumé.
— J'allais chez vous, monsieur; madame m'envoie ce petit mot pour vous, dit Gentil, qui ne connaissait pas les formules du respect parisien, habitué qu'il était à la bonhomie des mœurs provinciales.
Le chasseur prit le poëte pour un domestique. Lucien décacheta le billet, par lequel il apprit que madame de Bargeton passait la journée chez la marquise d'Espard et allait le soir à l'Opéra, mais elle disait à Lucien de s'y trouver, sa cousine lui permettait de donner une place dans sa loge au jeune poëte, à qui la marquise était enchantée de procurer ce plaisir.
— Elle m'aime donc! mes craintes sont folles, se dit Lucien, elle me présente à sa cousine dès ce soir.
Il bondit de joie, et voulut passer joyeusement le temps qui le séparait de cette heureuse soirée. Il s'élança vers les Tuileries en rêvant de s'y promener jusqu'à l'heure où il irait dîner chez Véry. Voilà Lucien gambadant, sautillant, léger de bonheur, qui débouche sur la terrasse des Feuillants et la parcourut en examinant les promeneurs, les jolies femmes avec leurs adorateurs, les élégants, deux par deux, bras dessus bras dessous, se saluant les uns les autres par un coup d'œil en passant. Quelle différence de cette terrasse avec Beaulieu! Les oiseaux de ce magnifique perchoir étaient autrement jolis que ceux d'Angoulême! C'était tout le luxe de couleurs qui brille sur les familles ornithologiques des Indes ou de l'Amérique, comparé aux couleurs grises des oiseaux de l'Europe. Lucien passa deux cruelles heures dans les Tuileries : il y fit un violent retour sur lui-même et se jugea. D'abord, il ne vit pas un seul habit à ces jeunes élégants. S'il apercevait un homme en habit, c'était un vieillard hors la loi, quelque pauvre diable, un rentier venu du Marais, ou quelque garçon de bureau. Après avoir reconnu qu'il y avait une mise du matin et une mise du soir, le poëte aux émotions vives, au regard pénétrant, reconnut la laideur de sa défroque, les défectuosités qui frappaient de ridicule son habit, dont la coupe était passée de mode, dont le bleu était faux, dont le collet était outrageusement disgracieux, dont les basques de devant, trop longtemps portées, penchaient l'une vers l'autre, les boutons avaient rougi, les plis dessinaient de fatales lignes blanches. Puis son gilet était trop court, et la façon si grotesquement provinciale que, pour le cacher, il boutonna brusquement son habit. Enfin il ne voyait de pantalon de nankin qu'aux gens communs. Les gens comme il faut portaient de délicieuses étoffes de fantaisie ou le blanc toujours irréprochable. D'ailleurs, tous les pantalons étaient à sous-pieds, et le sien se mariait très-mal avec les talons de ses bottes, pour lesquels les bords de l'étoffe recroquevillée manifestaient une violente antipathie. Il avait une cravate blanche à bouts brodés par sa sœur, qui, après en avoir vu de semblables à M. de Hautoy, à M. de Chandour, s'était empressée d'en faire de pareilles à son frère. Non-seulement personne, excepté les gens graves,

quelques vieux financiers, quelques sévères administrateurs, ne portaient de cravates blanches le matin; mais encore le pauvre Lucien vit passer de l'autre côté de la grille, sur le trottoir de la rue de Rivoli, un garçon épicier tenant un panier sur sa tête, et sur qui l'homme d'Angoulême surprit deux bouts de cravate brodés par la main de quelque grisette adorée. A cet aspect, Lucien reçut un coup à la poitrine, à cet organe encore mal défini où se réfugie notre sensibilité, où, depuis qu'il existe des sentiments, les hommes portent la main, dans les joies comme dans les douleurs excessives. Ne taxez pas ce récit de puérilité! Certes, pour les riches qui n'ont jamais connu ces sortes de souffrances, il se trouve ici quelque chose de mesquin et d'incroyable, mais les angoisses des malheureux ne méritent pas moins d'attention que les crises qui révolutionnent la vie des puissants et des privilégiés de la terre. Puis, ne se rencontre-t-il pas autant de douleur de part et d'autre? La souffrance agrandit tout. Enfin, changez les termes : au lieu d'un costume plus ou moins beau, mettez un ruban, une distinction, un titre! Ces apparentes petites choses n'ont-elles pas tourmenté de brillantes existences? La question du costume est d'ailleurs énorme chez ceux qui veulent paraître avoir ce qu'ils n'ont pas, car c'est souvent le meilleur moyen de le posséder plus tard. Lucien eut une sueur froide en pensant que le soir il allait comparaître ainsi vêtu devant la marquise d'Espard, la parente d'un premier gentilhomme de la chambre du roi, devant une femme chez laquelle allaient des illustrations de tous les genres, des illustrations choisies.
— J'ai l'air du fils d'un apothicaire, d'un vrai courtaud de boutique! se dit-il à lui-même avec rage, en voyant passer les gracieux, les coquets, les élégants jeunes gens des familles du faubourg Saint-Germain, qui tous avaient une manière à eux qui les rendait tous semblables par la finesse des contours, par la noblesse de la tenue, par l'air du visage, et tous différents par le cadre que chacun s'était choisi pour se faire valoir. Tous faisaient ressortir leurs avantages par une espèce de mise en scène que les jeunes gens entendent à Paris aussi bien que les femmes. Lucien tenait de sa mère les précieuses distinctions physiques dont les privilèges éclataient à ses yeux, mais cet or était dans sa gangue, et non mis en œuvre. Ses cheveux étaient mal coupés. Au lieu de maintenir sa figure haute par une souple baleine, il se sentait enseveli dans un vilain col de chemise, et sa cravate, n'offrant pas de résistance, lui laissait pencher sa tête attristée. Quelle femme eût deviné ses jolis pieds dans la botte ignoble qu'il avait apportée d'Angoulême? Quel jeune homme eût envié sa jolie taille déguisée par le sac bleu qu'il avait cru jusqu'alors être un habit? Il voyait de ravissants boutons sur des chemises étincelantes de blancheur, la sienne était roussie! Tous ces élégants gentilshommes étaient merveilleusement gantés, et il avait des gants de gendarme! Celui-ci badinait avec une canne délicieusement montée. Celui-là portait une chemise à poignets retenus par de mignons boutons d'or. En parlant à une femme, l'un tordait une charmante cravache, et les plis abondants de son pantalon tacheté de quelques petites éclaboussures, ses éperons retentissants, sa petite redingote serrée, montraient qu'il allait remonter sur un des deux chevaux tenus par un tigre gros comme le poing. Un autre tirait de la poche de son gilet une montre plate comme une pièce de cent sous, et regardait l'heure en homme qui avait avancé ou manqué l'heure d'un rendez-vous. En regardant ces jolies bagatelles que Lucien ne soupçonnait pas, le monde des superfluités nécessaires lui apparut, et il frissonna en pensant qu'il fallait un capital énorme pour exercer l'état de joli garçon! Plus il admirait ces jeunes gens à l'air heureux et dégagé, plus il avait conscience de son air étrange, l'air d'un homme qui ignore où aboutit le chemin qu'il suit, qui ne sait ni où se trouve le Palais-Royal quand il y touche, et qui demande où est le Louvre à un passant qui répond : — Vous y êtes. Lucien se voyait séparé de ce monde par un abîme, il se demandait par quels moyens il pouvait le franchir, car il voulait être semblable à cette svelte et délicate jeunesse parisienne. Tous ces patriciens saluaient des femmes divinement mises et divinement belles, des femmes pour lesquelles Lucien se serait fait hacher sur pour d'un seul baiser, comme le page de la comtesse de Konismarck. Dans les ténèbres de sa mémoire, Louise, comparée à ces souveraines, se dessina comme une vieille femme. Il rencontra plusieurs de ces femmes dont on parlera dans l'histoire du dix-neuvième siècle, de qui l'esprit, la beauté, les amours, ne seront pas moins célèbres que celles des reines du temps passé. Il vit passer une fille sublime, mademoiselle des Touches, si connue sous le nom de Camille Maupin, écrivain éminent, aussi grand par sa beauté que par un esprit supérieur, et dont le nom fut répété tout bas par les promeneurs et par les femmes.
— Ah! se dit-il, voilà la poésie.
Qu'était madame de Bargeton auprès de cet ange brillant de jeunesse, d'espoir, d'avenir, au doux sourire, et dont l'œil noir était vaste comme le ciel, ardent comme le soleil! Elle riait en causant avec Firmiani, l'une des plus charmantes femmes de Paris. Une voix lui cria bien : « L'intelligence est le levier avec lequel on remue le monde. » Mais une autre voix lui cria que le point d'appui de l'intelligence était l'argent. Il ne voulut pas rester au milieu de

ses ruines et sur le théâtre de sa défaite, il prit la route du Palais-Royal, après l'avoir fermaudée, car il ne connaissait pas encore la topographie de son quartier. Il entra chez Véry, commanda, pour s'initier aux plaisirs de Paris, un dîner qui le consolât de son désespoir. Une bouteille de vin de Bordeaux, des huîtres d'Ostende, un poisson, une perdrix, un macaroni, des fruits furent le *nec plus ultra* de ses désirs. Il savoura cette petite débauche en pensant à faire preuve d'esprit ce soir auprès de la marquise d'Espard, et à racheter la mesquinerie de son bizarre accoutrement par le déploiement de ses richesses intellectuelles. Il fut tiré de ses rêves par le total de la carte qui lui enleva les cinquante francs avec lesquels il croyait aller fort loin dans Paris. Ce dîner coûtait un mois de son existence d'Angoulême. Aussi ferma-t-il respectueusement la porte de ce palais, en pensant qu'il n'y remettrait jamais les pieds.

— Ève avait raison, se dit-il en s'en allant par la galerie de pierre chez lui pour y reprendre de l'argent, les prix de Paris ne sont pas ceux de l'Houmeau.

Chemin faisant, il admira les boutiques des tailleurs, et songeant aux toilettes qu'il avait vues le matin : — Non, s'écria-t-il, je ne paraîtrai pas fagoté comme je le suis devant madame d'Espard. Il courut avec une vélocité de cerf jusqu'à l'hôtel du Gaillard-Bois, monta dans sa chambre, y prit cent écus, et redescendit au Palais-Royal pour s'y habiller de pied en cap. Il avait vu des bottiers, des lingers, des giletiers, des coiffeurs au Palais-Royal où sa future élégance était éparse dans dix boutiques. Le premier tailleur chez lequel il entra lui fit essayer autant d'habits qu'il voulut en mettre, et lui persuada qu'ils étaient tous de la dernière mode. Lucien sortit possédant un habit vert, un pantalon blanc et un gilet de fantaisie pour la somme de deux cents francs. Il eut bientôt trouvé une paire de bottes fort élégante et à son pied. Enfin, après avoir fait emplette de tout ce qui lui était nécessaire, il demanda le coiffeur chez lui où chaque fournisseur apporta sa marchandise. A sept heures du soir, il monta dans un fiacre et se fit conduire à l'Opéra, frisé comme un saint Jean de procession, bien gileté, bien cravaté, mais un peu gêné dans cette espèce d'étui où il se trouvait pour la première fois. Suivant la recommandation de madame de Bargeton, il demanda la loge des premiers gentilshommes de la chambre. A l'aspect d'un homme dont l'élégance empruntée le faisait ressembler à un premier garçon de noces, le contrôleur le pria de montrer son coupon.

— Je n'en ai pas.

— Vous ne pouvez pas entrer, lui répondit-on sèchement.

— Mais je suis de la société de madame d'Espard, dit-il.

— Nous ne sommes pas tenus de savoir cela, dit l'employé qui ne put s'empêcher d'échanger un imperceptible sourire avec ses collègues du contrôle.

En ce moment une voiture s'arrêta sous le péristyle. Un chasseur, que Lucien ne reconnut pas, déplia le marchepied d'un coupé d'où sortirent deux femmes parées. Lucien, qui ne voulut pas recevoir du contrôleur quelque impertinent avis pour se ranger, fit place aux deux femmes.

— Mais cette dame est la marquise d'Espard que vous prétendez connaître, monsieur, dit ironiquement le contrôleur.

Lucien fut d'autant plus abasourdi que madame de Bargeton n'avait pas l'air de le reconnaître dans son nouveau plumage, mais quand il l'aborda, elle lui sourit et lui dit : — Cela se trouve à merveille, venez !

Les gens du contrôle étaient redevenus sérieux. Lucien suivit madame de Bargeton, qui, tout en montant le vaste escalier de l'Opéra, présenta son Rubempré à sa cousine. La loge des premiers gentilshommes est celle qui se trouve dans l'un des deux pans coupés au fond de la salle : on y est vu comme on y voit de tous côtés. Lucien se mit derrière sa cousine, sur une chaise, heureux d'être dans l'ombre.

— Monsieur de Rubempré, dit la marquise d'un ton de voix flatteur, vous venez pour la première fois à l'Opéra, ayez-en tout le coup d'œil, prenez ce siège, mettez-vous sur le devant, nous vous le permettons.

Lucien obéit, le premier acte de l'opéra finissait.

— Vous avez bien employé votre temps, lui dit Louise à l'oreille dans le premier moment de surprise que lui causa le changement de Lucien.

Louise était restée la même. Le voisinage d'une femme à la mode, de la marquise d'Espard, cette madame de Bargeton de Paris, lui nuisait tant, la brillante Parisienne faisait si bien ressortir les imperfections de la femme de province, que Lucien, doublement éclairé par le beau monde de cette pompeuse salle et par cette femme éminente, vit enfin dans la pauvre Anaïs de Nègrepelisse la femme réelle, la femme que les gens de Paris voyaient : une femme grande, sèche, couperosée, fanée, plus que rousse, anguleuse, guindée, précieuse, prétentieuse, provinciale dans son parler, mal arrangée surtout ! En effet, les plis d'une vieille robe de Paris attestent encore du goût, on l'explique, on devine ce qu'elle fut, mais une vieille robe de province est inexplicable, elle est risible. La robe et la femme étaient sans grâce ni fraîcheur, le velours était miroité comme le teint. Lucien, honteux d'avoir aimé cet os de sèche, se promit de profiter du premier accès de vertu de sa Louise pour la quitter. Son excellente vue lui permettait de voir les lorgnettes braquées sur la loge aristocratique par excellence. Les femmes les plus élégantes examinaient certainement madame de Bargeton, car elles souriaient toutes en se parlant. Si madame d'Espard reconnut, aux gestes et aux sourires féminins, la cause des sarcasmes, elle y fut tout à fait insensible. D'abord chacun devait reconnaître dans sa compagne la pauvre parente venue de province, de laquelle peut être affligée toute famille parisienne. Puis sa cousine lui avait parlé toilette, en l'apercevant quelque crainte ; elle l'avait rassurée en s'apercevant qu'Anaïs, une fois habillée, aurait bientôt pris les manières parisiennes. Si madame de Bargeton manquait d'usage, elle avait la hauteur native d'une femme noble et ce *je ne sais quoi* que l'on peut nommer la *race*. Le lundi suivant elle prendrait donc sa revanche. D'ailleurs, une fois que le public aurait appris que cette femme était sa cousine, la marquise savait qu'il suspendrait le cours de ses railleries et attendrait un nouvel examen avant de la juger. Lucien ne devinait pas le changement que feraient dans la personne de Louise une écharpe roulée autour du cou, une jolie robe, une élégante coiffure et les conseils de madame d'Espard. En montant l'escalier, la marquise avait déjà dit à sa cousine de ne pas tenir son mouchoir déplié à la main. Le bon ou le mauvais goût tiennent à mille petites nuances de ce genre, qu'une femme d'esprit saisit promptement, et que certaines femmes ne comprendront jamais. Madame de Bargeton, déjà pleine de bon vouloir, était plus spirituelle qu'il ne le fallait pour reconnaître en quoi elle péchait. Madame d'Espard, sûre que son élève lui ferait honneur, ne s'était pas refusée à la former. Enfin il s'était fait entre ces deux femmes un pacte cimenté par leur mutuel intérêt. Madame de Bargeton avait soudain voué un culte à l'idole du jour, dont les manières, l'esprit et l'entourage l'avaient séduite, éblouie, fascinée. Elle avait reconnu chez madame d'Espard l'occulte pouvoir de la grande dame ambitieuse, et s'était dit qu'elle parviendrait en se faisant le satellite de cet astre : elle l'avait donc franchement admirée. La marquise avait été sensible à cette naïve conquête, elle s'était intéressée à sa cousine en la trouvant faible et pauvre, puis elle s'était assez bien arrangée d'avoir une élève pour faire école, et ne demandait pas mieux que d'acquérir en madame de Bargeton une espèce de dame d'atour, une esclave qui chanterait ses louanges, trésor encore plus rare parmi les femmes de Paris qu'un critique dévoué dans la gent littéraire. Cependant le mouvement de curiosité devenait trop visible pour que la nouvelle débarquée ne s'en aperçût pas, et madame d'Espard voulut poliment lui faire prendre le change sur cet émoi.

— S'il nous vient des visites, lui dit-elle, nous saurons peut-être à quoi nous devons l'honneur d'occuper ces dames.

— Je soupçonne fort ma vieille robe de velours et ma figure augoumoisine d'amuser les Parisiennes, dit en riant madame de Bargeton.

— Non, ce n'est pas vous, il y a quelque chose que je ne m'explique pas, ajouta-t-elle en regardant le poète, qu'elle regarda pour la première fois et qu'elle parut trouver singulièrement mis.

— Voici M. du Châtelet, dit en ce moment Lucien en levant le doigt pour montrer la loge de madame de Sérizy, où le vieux beau remis à neuf venait d'entrer.

A ce signe, madame de Bargeton se mordit les lèvres de dépit, car la marquise ne put retenir un regard et un sourire d'étonnement, qui disait si dédaigneusement : — D'où sort ce jeune homme ? que Louise se sentit humiliée dans son amour, la sensation la plus piquante pour une Française, et qu'elle ne pardonne pas à son amant de lui causer. Dans ce monde où les petites choses deviennent grandes, un geste, un mot, perdent un débutant. Le principal mérite des belles manières et du ton de la haute compagnie est d'offrir un ensemble harmonieux où tout est si bien fondu, que rien ne choque. Ceux même qui, soit par ignorance, soit par un emportement quelconque de la pensée, n'observent pas les lois de cette science, comprendront tous qu'en cette matière une seule dissonance est, comme en musique, une négation complète de l'art lui-même, dont toutes les conditions doivent être exécutées dans la moindre chose, sous peine de ne pas être.

— Qui est ce monsieur ? demanda la marquise en montrant Châtelet. Connaissez-vous donc déjà madame de Sérizy ?

— Ah ! cette personne est la fameuse madame de Sérizy, qui a eu tant d'aventures, et qui néanmoins est reçue partout.

— Une chose inouïe, ma chère, répondit la marquise, une chose explicable, mais inexpliquée ! Les hommes les plus redoutables sont ses amis, et pourquoi ? Personne n'ose sonder ce mystère. Ce monsieur est-il donc le lion d'Angoulême ?

— Mais M. le baron du Châtelet, dit Anaïs, qui, par vanité, rendit à Paris le titre qu'elle contestait à son adorateur, est un homme qui a fait beaucoup parler de lui. C'est le compagnon de M. de Montriveau.

— Ah ! fit la marquise, je n'entends jamais ce nom sans penser à la pauvre duchesse de Langeais, qui a disparu comme une étoile filante. Voici, reprit-elle en montrant une loge, M. de Rastignac et madame de Nucingen, la femme d'un fournisseur, banquier, homme d'affaires, brocanteur en grand, un homme qui s'impose au monde de Paris par sa fortune, et qu'on dit peu scrupuleux sur les moyens de l'augmenter : il se donne mille peines pour faire croire à son dévouement pour les Bourbons, il a déjà tenté de venir chez moi. En prenant la loge de madame de Langeais, sa femme a cru qu'elle en aurait les grâces, l'esprit et le succès ! Toujours la table du geai qui prend les plumes du paon !

— Comment font M. et madame de Rastignac, à qui nous ne connaissons pas mille écus de rente, pour soutenir leur fils à Paris ? dit Lucien à madame de Bargeton, en s'étonnant de l'élégance et du luxe que révélait la mise de ce jeune homme.

— Il est facile de voir que vous venez d'Angoulême, répondit la marquise assez ironiquement, sans quitter sa lorgnette.

Lucien ne comprit pas, il était tout entier à l'aspect des loges où il devinait les jugements qui s'y portaient sur madame de Bargeton et la curiosité dont il était l'objet. De son côté, Louise était singulièrement mortifiée du peu d'estime que la marquise faisait de la beauté de Lucien. — Il n'est donc pas si beau que je le croyais ! se disait-elle. De là, à le trouver moins spirituel, il n'y avait qu'un pas. La toile était baissée. Châtelet, qui était venu faire une visite à la duchesse de Carigliano, dont la loge avoisinait celle de madame d'Espard, y salua madame de Bargeton, qui répondit par une inclinaison de tête. Une femme du monde voit tout, et la marquise remarqua la tenue supérieure de du Châtelet. En ce moment quatre personnes entrèrent successivement dans la loge de la marquise, quatre célébrités parisiennes.

Le premier était M. de Marsay, homme fameux par les passions qu'il inspirait, remarquable surtout par une beauté de jeune fille, beauté molle, efféminée, mais corrigée par un regard fixe, calme, fauve et rigide comme celui d'un tigre : on l'aimait, et il effrayait. Lucien était aussi beau, mais chez lui le regard était si doux, son œil bleu était si limpide, qu'il ne paraissait pas susceptible d'avoir cette force et cette puissance à laquelle s'attachent tant les femmes. D'ailleurs rien ne faisait encore valoir le poète, tandis que de Marsay avait un entrain d'esprit, une certitude de plaire, une toilette appropriée à sa nature, qui écrasait autour de lui tous ses rivaux. Jugez de ce que pouvait être dans ce voisinage Lucien, gourmé, gommé, roide et neuf comme ses habits. De Marsay avait conquis le droit de dire des impertinences par l'esprit qu'il leur donnait et par la grâce des manières dont il les accompagnait. L'accueil de la marquise indiqua soudain à madame de Bargeton la puissance de ce personnage. Le second était l'un des deux Vandenesse, celui qui avait causé l'éclat de lady Dudley, un jeune homme doux et spirituel, modeste, et qui réussissait par les qualités tout opposées à celles qui faisaient la gloire de de Marsay. Le troisième était le général Montriveau, l'auteur de la perte de la duchesse de Langeais. Le quatrième était M. de Canalis, l'un des plus illustres poètes de cette époque, un jeune homme qui n'en était encore qu'à l'aube de sa gloire, et qui se contentait d'être un gentilhomme aimable et spirituel : il essayait de se faire pardonner son génie. Mais on devinait dans ses formes un peu sèches, dans sa réserve, une immense ambition qui devait plus tard faire jeter la poésie et le lancer au milieu des orages politiques. Sa beauté froide et compassée, mais pleine de dignité, rappelait Canning.

En voyant ces quatre figures si remarquables, madame de Bargeton s'expliqua le peu d'attention de la marquise pour Lucien. Puis, quand la conversation commença, quand chacun de ces esprits si fins, si délicats, se révéla par des traits qui avaient plus de sens, plus de profondeur, que ce qu'Anaïs entendait durant un mois en province, quand surtout le grand poète fit entendre une parole vibrante où se retrouvait le positif de cette époque, mais doré de poésie, Louise comprit ce que du Châtelet lui avait dit la veille : Lucien ne fut plus rien. Chacun regardait le pauvre inconnu avec une si cruelle indifférence, il était si bien là comme un étranger qui ne savait pas la langue, que la marquise en eut pitié.

— Permettez-moi, monsieur, dit-elle à Canalis, de vous présenter M. de Rubempré. Vous occupez une position trop haute dans le monde littéraire pour ne pas accueillir un débutant. M. de Rubempré arrive d'Angoulême, il aura sans doute besoin de votre protection auprès de ceux qui mettent ici le génie en lumière. Il n'a pas encore d'ennemis qui puissent faire sa fortune en l'attaquant. N'est-ce pas une entreprise assez originale pour le tenter, que de lui faire obtenir par l'amitié ce que vous tenez de la haine ?

Les quatre personnages regardèrent alors Lucien pendant le temps que la marquise parla. Quoiqu'à deux pas du nouveau venu, de Marsay prit son lorgnon pour le voir, son regard allait de Lucien à madame de Bargeton, et de madame de Bargeton à Lucien, en les appareillant par une pensée moqueuse qui les mortifia cruellement l'un et l'autre. Il les examinait comme deux bêtes curieuses, et il souriait. Ce sourire fut un coup de poignard pour le grand homme de province. Félix de Vandenesse eut un air charitable. Montriveau jeta sur Lucien un regard pour le sonder jusqu'au vif.

— Madame, dit M. de Canalis en s'inclinant, je vous obéirai, malgré l'intérêt personnel qui nous porte à ne pas favoriser nos rivaux ; mais vous nous avez habitués aux miracles.

— Eh bien ! faites-moi le plaisir de venir dîner lundi chez moi avec M. de Rubempré, vous causerez plus à l'aise qu'ici des affaires littéraires. Je tâcherai de racoler quelques-uns des tyrans de la littérature et les célébrités qui la protègent : l'auteur d'Ourika et quelques jeunes poètes bien pensants.

— Madame la marquise, dit de Marsay, si vous prenez monsieur pour son esprit, moi je le protégerai pour sa beauté : je lui donnerai des conseils qui en feront le plus heureux dandy de Paris. Après cela, il sera poète s'il veut.

Madame de Bargeton remercia sa cousine par un regard plein de reconnaissance.

— Je ne vous savais pas jaloux des gens d'esprit, dit Montriveau à de Marsay. Le bonheur tue les poètes.

— Est-ce pour cela que monsieur cherche à se marier ? reprit le dandy en s'adressant à Canalis.

Lucien, qui se sentait dans ses habits comme une statue égyptienne dans sa gaine, était honteux de ne rien répondre. Il dit enfin de sa voix tendre à la marquise : — Vos bontés, madame, me condamnent à n'avoir que des succès.

Du Châtelet entra dans ce moment, en saisissant aux cheveux l'occasion de se faire appuyer auprès de la marquise par Montriveau, un des rois de Paris. Il salua madame de Bargeton, et pria madame d'Espard de lui pardonner la liberté qu'il prenait d'envahir sa loge : il était séparé depuis si longtemps de son compagnon de voyage ! Montriveau et lui se revoyaient pour la première fois après s'être quittés au milieu du désert.

— Se quitter dans le désert et se retrouver à l'Opéra ! dit Lucien.

— C'est une véritable reconnaissance de théâtre, dit Vandenesse.

Montriveau présenta le baron du Châtelet à la marquise, et la marquise fit à l'ancien secrétaire des commandements de l'altesse impériale un accueil d'autant plus flatteur, qu'elle l'avait déjà vu bien reçu dans trois loges, que madame de Sérizy n'admettait que des gens bien posés, et qu'enfin il était le compagnon de Montriveau. Ce dernier titre avait une si grande valeur, que madame de Bargeton put remarquer dans le ton, dans les regards et dans les manières des quatre personnages, qu'ils reconnaissaient du Châtelet pour un des leurs sans discussion. La conduite sultanesque tenue par Châtelet en province fut tout à coup expliquée à Naïs. Enfin du Châtelet vit Lucien, et lui fit un de ces petits saluts secs et froids par lesquels un homme en déconsidère un autre, en indiquant aux gens du monde la place infime qu'il occupe dans la société. Il accompagna son salut d'un air sardonique par lequel il semblait dire : Par quel hasard se trouve-t-il là ? Du Châtelet fut bien compris, car de Marsay se pencha vers Montriveau pour lui dire à l'oreille, de manière à se faire entendre du baron : — Demandez-lui donc quel est ce singulier jeune homme qui a l'air d'un mannequin habillé à la porte d'un tailleur.

Du Châtelet parla pendant un moment à l'oreille de son compagnon, en ayant l'air de renouveler connaissance, et sans doute il coupa son rival en quatre. Surpris par l'esprit d'à-propos, par la finesse avec laquelle ces hommes formulaient leurs réponses, Lucien était étourdi par ce qu'on nomme le trait, le mot, surtout par la désinvolture de la parole et l'aisance des manières. Le luxe qui l'avait épouvanté le matin dans les choses, il le retrouvait dans les idées. Il se demandait par quel mystère ces gens trouvaient à brûle-pourpoint des réflexions piquantes, des reparties qu'il n'aurait imaginées qu'après de longues méditations. Puis, non-seulement ces cinq hommes du monde étaient à l'aise par la parole, mais ils l'étaient dans leurs habits : ils n'avaient rien de neuf ni rien de vieux. En eux, rien ne brillait, et tout attirait le regard. Leur luxe d'aujourd'hui était celui d'hier, il devait être celui du lendemain. Lucien devina qu'il avait l'air d'un homme qui s'était habillé pour la première fois de sa vie.

— Mon cher, disait de Marsay à Félix de Vandenesse, ce petit Rastignac s'élance comme un cerf-volant ! le voilà chez la marquise de Listomère, il fait des progrès, il nous lorgne ! Il connaît sans doute monsieur, reprit le dandy en s'adressant à Lucien, mais sans le regarder.

— Il est difficile, répondit madame de Bargeton, que le nom du grand homme dont nous sommes fiers ne soit pas venu jusqu'à lui, sa sœur a entendu dernièrement M. de Rubempré nous lire de très-beaux vers.

Félix de Vandenesse et de Marsay saluèrent la marquise et se rendirent chez madame de Listomère. Le second acte commença, et chacun laissa madame d'Espard, sa cousine et Lucien seuls : les uns pour aller expliquer madame de Bargeton aux femmes intriguées de sa présence, les autres pour leur raconter l'arrivée du poète et se moquer de sa toilette. Lucien fut heureux de la diversion que produisait le spectacle. Toutes les craintes de madame de Bargeton relativement à Lucien furent augmentées par l'attention que sa cousine avait accordée au baron du Châtelet, et qui avait un tout autre caractère que sa politesse protectrice envers Lucien. Pendant le second acte, la loge de madame de Listomère resta pleine de monde, et parut agitée d'une conversation où il s'agissait de madame de Bargeton et de Lucien.

Le jeune Rastignac était évidemment l'amoureux de cette loge, il donnait le branle à ce train parisien qui, se portant chaque jour sur une nouvelle pâture, s'empresse d'épuiser le sujet présenté en en faisant quelque chose de vieux et d'usé dans un seul moment. Madame d'Espard devint inquiète; mais elle devinait les mœurs parisiennes, et savait qu'on ne laisse ignorer aucune médisance à ceux qu'elle blesse : elle attendit la fin de l'acte. Quand les sentiments se sont retournés sur eux-mêmes comme chez Lucien et chez madame de Bargeton, il se passe d'étranges choses en peu de temps : les révolutions morales s'opèrent par des lois d'un effet rapide. Louise avait présentes à la mémoire les paroles sages et politiques que du Châtelet lui avait dites sur Lucien en revenant du Vaudeville, chaque phrase était une prophétie, et Lucien prit à tâche de les accomplir toutes. En perdant ses illusions sur madame de Bargeton, comme madame de Bargeton perdait les siennes sur lui, le pauvre enfant, de qui la destinée ressemblait un peu à celle de J.-J. Rousseau, l'imita en ce point qu'il fut fasciné par madame d'Espard, et s'amouracha d'elle aussitôt. Les jeunes gens ou les hommes qui se souviennent de leurs émotions de jeunesse comprendront que cette passion était extrêmement probable et naturelle. Les jolies petites manières, ce parler délicat, ce son de voix fin, cette femme fluette, si noble, si haut placée, si enviée, cette reine, apparaissait au poète comme madame de Bargeton lui était apparue à Angoulême. La mobilité de son caractère le poussa promptement à désirer cette haute protection; le plus sûr moyen était de posséder la femme, il aurait tout alors ! Il avait réussi à Angoulême; pourquoi ne réussirait-il pas à Paris ? Involontairement et malgré les magies de l'Opéra toutes nouvelles pour lui, son regard, attiré par cette magnifique Célimène, se coulait à tout moment vers elle; et, plus il la voyait, plus il avait envie de la voir ! Madame de Bargeton surprit un de ces regards pétillants de Lucien, elle l'observa et le vit plus occupé de la marquise que du spectacle. Elle se serait de bonne grâce résignée à être délaissée pour les cinquante filles de Danaüs; mais, quand un regard plus ambitieux, plus ardent, plus significatif que les autres, lui expliqua ce qui se passait dans le cœur de Lucien, elle devint jalouse, mais moins pour l'avenir que pour le passé. — Il ne m'a jamais regardée ainsi, pensa-t-elle. Mon Dieu, Châtelet avait raison ! Elle reconnut alors l'erreur de son amour. Quand une femme arrive à se repentir de ses faiblesses, elle passe comme une éponge sur sa vie, afin d'en effacer tout. Quoique chaque regard de Lucien la courrouçât, elle demeura calme.

De Marsay revint à l'entr'acte en amenant M. de Listomère. L'homme grave et le jeune fat apprirent bientôt à l'altière marquise que le garçon du noce endimanché qu'elle avait eu le malheur d'admettre dans sa loge ne se nommait pas plus M. de Rubempré qu'un juif n'a de nom de baptême. Lucien était le fils d'un apothicaire nommé Chardon. M. de Rastignac, très au fait des affaires d'Angoulême, avait fait rire déjà deux loges aux dépens de cette espèce de momie que la marquise nommait sa cousine, et de la précaution que cette dame prenait d'avoir près d'elle un pharmacien pour maintenir sans doute artificiellement par des drogues sa vie et ses arts vieillis. Enfin de Marsay rapporta quelques-unes des mille plaisanteries auxquelles se livrèrent en un instant les Parisiens, et qui sont aussi promptement oubliées que dites, mais derrière lesquelles était Châtelet, l'auteur de cette machination carthaginoise.

— Ma chère, dit sous l'éventail madame d'Espard à madame de Bargeton, de grâce, dites-moi si votre protégé se nomme réellement M. de Rubempré ?
— Il a pris le nom de sa mère, dit Anaïs embarrassée.
— Mais quel est le nom de son père ?
— Chardon.
— Et que faisait ce Chardon ?
— Il était pharmacien.
— J'étais bien sûre, ma chère amie, que tout Paris ne pouvait se moquer d'une femme que j'adopte. Je ne me soucie pas de voir venir ici des plaisants enchantés de me trouver avec le fils d'un apothicaire, si vous m'en croyez, nous nous en irons ensemble à l'instant.

Madame d'Espard prit un air assez impertinent, sans que Lucien pût deviner en quoi il avait donné lieu à ce changement de visage. Il pensa que son gilet était de mauvais goût, ce qui était vrai, que la façon de son habit était d'une mode exagérée, ce qui était encore vrai. Il reconnut avec une secrète amertume qu'il fallait se faire habiller par un habile tailleur, et il se promit bien le lendemain d'aller chez le plus célèbre, afin de pouvoir, lundi prochain, rivaliser avec les hommes qu'il trouverait chez la marquise. Quoique perdu dans ses réflexions, ses yeux, attentifs au troisième acte, ne quittaient pas la scène. Tout en regardant les pompes de ce spectacle magique, il se livrait à son rêve sur madame d'Espard. Il fut au désespoir de cette subite froideur qui contrariait l'étrange activité morale avec laquelle il attaquait ce nouvel amour, insoucieux des difficultés immenses qu'il apercevait, et qu'il se promettait de vaincre. Il sortit de sa profonde contemplation pour revoir sa nouvelle idole; mais, en tournant la tête, il se vit seul, il avait entendu quelque léger bruit, la porte se fermait, madame d'Espard entraînait sa cousine. Lucien fut surpris au dernier point de ce brusque abandon, mais il n'y pensa pas longtemps, précisément parce qu'il le trouvait inexplicable.

Quand les deux femmes furent montées dans leur voiture et qu'elle roula par la rue de Richelieu vers le faubourg Saint-Honoré, la marquise dit avec un ton de colère déguisée : — Ma chère enfant, à quoi pensez-vous ? mais attendez donc que le fils d'un apothicaire soit réellement célèbre avant de vous y intéresser. Ce n'est pas votre fils à vous, tenant, n'est-ce pas ? et cette femme hautaine en jetant à sa cousine un regard inquisitif et clair.

— Quel bonheur pour moi d'avoir tenu ce petit à distance et de ne lui avoir rien accordé ! pensa madame de Bargeton.

— Eh bien ! reprit la marquise qui prit l'expression des yeux de sa cousine pour une réponse, laissez-le, je vous en conjure. S'arroger un nom illustre !... mais c'est une audace que la société punit. J'admets que ce soit celui de sa mère, mais songez donc, ma chère, qu'au roi seul appartient le droit de conférer, par une ordonnance, le nom des Rubempré au fils d'une demoiselle de cette maison; et, si elle s'est mésalliée, la faveur est énorme. Pour l'obtenir, il faut une immense fortune, des services rendus, de très-hautes protections. Cette mise de boutiquier endimanché prouve que ce garçon n'est ni riche ni gentilhomme, sa figure est belle, mais il me paraît fort sot, il ne sait ni se tenir ni parler; enfin il n'est pas élevé. Par quel hasard le protégez-vous ?

Madame de Bargeton renia Lucien, comme Lucien l'avait renié en lui-même; elle eut une effroyable peur que sa cousine n'apprît la vérité sur son voyage.

— Mais, chère cousine, je suis au désespoir de vous avoir compromise.

— On ne me compromet pas, dit en souriant madame d'Espard. Je ne songe qu'à vous.

— Mais vous l'avez invité à venir dîner lundi.

— Je serai malade, répondit vivement la marquise, vous le préviendrez de ne le comprendre sous son double nom à ma porte.

Lucien imagina de se promener pendant l'entr'acte dans le foyer en voyant que tout le monde y allait. D'abord aucune des personnes qui étaient venues dans la loge de madame d'Espard ne le salua ni ne parut faire attention à lui, ce qui sembla fort extraordinaire au poète de province. Puis du Châtelet, auquel il essaya de s'accrocher, le guettait du coin de l'œil et l'évita constamment. Après s'être convaincu, en voyant les hommes qui vaguaient dans le foyer, que sa mise était assez ridicule, Lucien alla se replacer au coin de sa loge et demeura, tout le reste de la représentation, absorbé, et par le tour pompeux du spectacle du ballet du cinquième acte, si célèbre par son Enfer, par la perspective de la salle dans laquelle son œil alla de loge en loge, et par ses propres réflexions qui furent profondes en présence de la société parisienne.

— Voilà donc mon royaume ! se dit-il, voilà le monde que je dois dompter.

Il retourna chez lui à pied en pensant à tout ce qu'avaient dit les personnages qui étaient venus faire leur cour à madame d'Espard, leurs manières, leurs gestes, la façon d'entrer et de sortir, tout lui revint à sa mémoire avec une étonnante fidélité. Le lendemain, vers midi, sa première occupation fut de se rendre chez Staub, le tailleur le plus célèbre de cette époque. Il obtint, à force de prières et par la vertu de l'argent comptant, que ses habits fussent faits pour le fameux lundi. Staub alla jusqu'à lui promettre une délicieuse redingote, un gilet et un pantalon pour le jour décisif. Lucien se commanda des chemises, des mouchoirs, enfin tout un petit trousseau, chez une lingère, et se fit prendre mesure de souliers et de bottes par un cordonnier célèbre. Il acheta une jolie canne chez Verdier, des gants et des boutons de chemise chez madame Irlande; enfin il tâcha de se mettre à la hauteur des dandys. Quand il eut satisfait ses fantaisies, il alla rue Neuve-du-Luxembourg, et trouva Louise sortie.

— Elle dîne chez madame la marquise d'Espard et reviendra tard, lui dit Albertine.

Lucien alla dîner dans un restaurant à quarante sous au Palais-Royal, et se coucha de bonne heure. Le dimanche, il alla dès onze heures chez Louise, elle n'était pas levée. À deux heures, il revint.

— Madame ne reçoit pas encore, lui dit Albertine, mais elle m'a donné un mot pour vous.

— Elle ne reçoit pas encore, répéta Lucien, mais je ne suis pas quelqu'un...

— Je ne sais pas, dit Albertine d'un air fort impertinent.

Lucien moins surpris de la réponse d'Albertine que de recevoir une lettre de madame de Bargeton prit le billet et lut dans la rue ces lignes désespérantes :

« Madame d'Espard est indisposée, elle ne pourra pas vous recevoir lundi, moi-même je ne suis pas très-bien, et cependant je vais m'habiller pour aller lui tenir compagnie. Je suis désespérée de cette petite contrariété; mais vos talents me rassurent, et vous percerez sans charlatanisme. »

— Et pas de signature! se dit Lucien, qui se trouva dans les Tuileries, sans croire avoir marché. Le don de seconde vue que possèdent les gens de talent lui fit soupçonner la catastrophe annoncée par ce froid billet. Il allait perdu dans ses pensées il allait devant lui, regardant les monuments de la place Louis XV. Il faisait beau. De belles voitures passaient incessamment sous ses yeux en se dirigeant vers la grande avenue des Champs-Elysées. Il suivit la foule des promeneurs et vit alors les trois ou quatre mille voitures qui, par une belle journée, affluent en cet endroit le dimanche, et improvisent un Longchamp. Etourdi par le luxe des chevaux, des toilettes et des livrées, il allait toujours, et arriva devant l'Arc-de-Triomphe commencé. Que devint-il quand, en revenant, il vit venir à lui madame d'Espard et madame de Bargeton dans une calèche admirablement attelée, et derrière laquelle ondulaient les plumes du chasseur dont l'habit vert brodé d'or les lui fit reconnaître. La file s'arrêta par suite d'un encombrement. Lucien put voir Louise dans sa transformation,

Il se courrouça, il devint fier et se mit à écrire la lettre suivante. — PAGE 9

elle n'était pas reconnaissable : les couleurs de sa toilette étaient choisies de manière à faire valoir son teint; sa robe était délicieuse, ses cheveux arrangés gracieusement lui seyaient bien, et son chapeau d'un goût exquis était remarquable à côté de celui de madame d'Espard, qui commandait à la mode. Il y a une indéfinissable façon de porter un chapeau ; mettez le chapeau un peu trop en arrière, vous avez l'air effronté; mettez-le trop en avant, vous avez l'air sournois; de côté, l'air devient cavalier; les femmes comme il faut posent leurs chapeaux comme elles veulent et ont toujours bon air. Madame de Bargeton avait sur-le-champ résolu cet étrange problème. Une jolie ceinture dessinait sa taille svelte. Elle avait pris les gestes et les façons de sa cousine ; assise comme elle, elle jouait avec une élégante cassolette attachée à l'un des doigts de sa main droite par une petite chaîne, et montrait ainsi sa main fine et bien gantée sans avoir l'air de vouloir la montrer. Enfin elle s'était faite semblable à madame d'Espard sans la singer; elle était la digne cousine de la marquise, qui paraissait être fière de son élève. Les femmes et les hommes qui se promenaient sur la chaussée regardaient la brillante voiture aux armes d'Espard et des Blamont-Chauvry, dont les deux écussons étaient adossés. Lucien fut étonné du grand nombre de personnes qui saluaient les deux cousines; il ignorait que tout ce Paris, qui consiste en vingt salons, savait déjà la parenté de madame de Bargeton et de madame d'Espard. Des jeunes gens à cheval, parmi lesquels Lucien remarqua de Marsay et Rastignac, se joignirent à la calèche pour conduire les deux cousines au bois. Il fut facile à Lucien de voir, au geste des deux fats, qu'ils complimentaient madame de Bargeton sur sa métamorphose. Madame d'Espard pétillait de grâce et de santé : ainsi son indisposition était un prétexte pour ne pas recevoir Lucien, puisqu'elle ne remettait pas son dîner à un autre jour. Le poète furieux s'approcha de la calèche, alla lentement, et, quand il fut en vue des deux femmes, il les salua : madame de Bargeton ne voulut pas le voir, la marquise le lorgna et ne répondit pas à son salut. La réprobation de l'aristocratie parisienne n'était pas comme celle des souverains d'Angoulême : en s'efforçant de blesser Lucien, les hobereaux admettaient son pouvoir et le tenaient pour un homme; tandis que, pour madame d'Espard, il n'existait même pas. Ce n'était pas un arrêt, mais un déni de justice. Un froid mortel saisit le pauvre poète quand de Marsay le lorgna; le lion parisien laissa retomber son lorgnon si singulièrement que ce semblait à Lucien que ce fût le couteau de la guillotine. La calèche passa. La rage, le désir de la vengeance s'emparèrent de cet homme dédaigné : s'il avait tenu madame de Bargeton, il l'aurait égorgée; il se fit Fouquier-Tinville pour se donner la jouissance d'envoyer madame d'Espard à l'échafaud, il aurait voulu pouvoir faire subir à de Marsay un de ces supplices raffinés qu'ont inventés les sauvages. Il vit passer Canalis à cheval, élégant comme s'il n'était pas sublime, et qui saluait les femmes les plus jolies.

— Mon Dieu! de l'or à tout prix ! se disait Lucien, l'or est la seule puissance devant laquelle ce monde s'agenouille. Non! lui cria sa conscience, mais la gloire, et la gloire c'est le travail! Du travail ! c'est le mot de David. Mon Dieu! pourquoi suis-je ici ? mais je triompherai! Je passerai dans cette avenue en calèche à chasseur! j'aurai des marquises d'Espard!

Au moment où il se disait ces paroles enragées, il était chez Urbain et y dînait à quarante sous. Le lendemain, à neuf heures, il alla chez Louise dans l'intention de lui reprocher la barbarie : non-seulement madame de Bargeton n'y était pas pour lui, mais encore le portier ne le laissa pas monter; il resta dans la rue, faisant le guet, jusqu'à midi. A midi, du Châtelet sortit de chez madame de Bargeton, vit le poète du coin de l'œil et l'évita. Lucien, piqué au vif, poursuivit son rival, du Châtelet se sentant serré, se retourna et le salua dans l'intention évidente d'aller au large après cette politesse.

— De grâce, monsieur, dit Lucien, accordez-moi une seconde, j'ai deux mots à vous dire. Vous m'avez témoigné de l'amitié, je l'invoque pour vous demander le plus léger des services. Vous sortez de chez madame de Bargeton, expliquez-moi la cause de ma disgrâce auprès d'elle et de madame d'Espard.

— Monsieur Chardon, répondit du Châtelet avec une fausse bonhomie, savez-vous pourquoi ces dames vous ont quitté à l'Opéra?

— Non, dit le pauvre poète.

— Eh bien ! vous avez été desservi, dès votre début, par M. de Rastignac. Le jeune dandy, questionné sur vous, a purement et simplement dit que vous vous nommiez M. Chardon, et non M. de Rubempré; que votre mère gardait les femmes en couches, que votre père était en son vivant apothicaire à l'Houmeau, faubourg d'Angoulême; que votre sœur était une charmante jeune fille, qui repassait admirablement les chemises, et qu'elle allait épouser un imprimeur d'Angoulême nommé Séchard. Voilà le monde. Mettez-vous en vue, il vous discute. M. de Marsay est venu rire de vous avec madame d'Espard, et aussitôt ces deux dames se sont enfuies en se croyant compromises auprès de vous. N'essayez pas d'aller chez l'une ni chez l'autre. Madame de Bargeton ne serait pas reçue par sa cousine si elle continuait à vous voir. Vous avez du génie, tâchez de prendre votre revanche. Le monde vous dédaigne, dédaignez le monde. Réfugiez-vous dans une mansarde, faites-y des chefs-d'œuvre, saisissez un pouvoir quelconque, et vous verrez le monde à vos pieds ; vous lui rendrez alors les meurtrissures qu'il vous aura faites là où il vous les aura faites. Plus madame de Bargeton vous a marqué d'amitié, plus elle aura d'éloignement pour vous. Ainsi vont les sentiments féminins. Mais il ne s'agit pas, en ce moment, de reconquérir l'amitié d'Anaïs, il s'agit de ne pas l'avoir pour ennemie, et je vais vous en donner le moyen. Elle vous a écrit, renvoyez-lui toutes ses lettres, elle sera sensible à ce procédé de gentilhomme, plus tard, si vous avez besoin d'elle, elle ne vous sera pas hostile. Quant à moi, j'ai une si haute opinion de votre avenir, que je vous ai partout défendu, et que, dès à présent, si je puis ici faire quelque chose pour vous, vous me trouverez toujours prêt à vous rendre service.

Lucien était si morne, si pâle, si défait, qu'il ne rendit pas au vieux beau rajeuni par l'atmosphère parisienne le salut sèchement poli qu'il reçut de lui. Il revint à son hôtel, où il trouva Staub lui-même, venu moins pour lui essayer ses habits, qu'il lui essaya, que pour savoir de l'hôtesse du Gaillard-Bois ce qu'était, sous le rapport financier, sa pratique inconnue. Lucien était arrivé en poste, madame de Bargeton l'avait ramené du Vaudeville jeudi dernier en voiture. Ces renseignements étaient bons. Staub nomma Lucien monsieur le comte, et lui fit voir avec quel talent il avait mis ses charmantes formes en lumière.

— Un jeune homme mis ainsi, lui dit-il, peut s'aller promener aux Tuileries; il épousera une riche Anglaise au bout de quinze jours.

Cette plaisanterie de tailleur allemand et la perfection de ses habits, la finesse du drap, la grâce qu'il se trouvait à lui-même en se regardant dans la glace, ces petites choses rendirent Lucien moins triste. Il se dit vaguement que Paris était la capitale du hasard, et il crut au hasard pour un moment. N'avait-il pas un volume de poésies et un magnifique roman, *l'Archer de Charles IX*, en manuscrit? Il espéra dans sa destinée. Staub promit la redingote et le reste des habillements pour le lendemain.

Le lendemain, le bottier, la lingère et le tailleur revinrent tous munis de leurs factures. Lucien, ignorant la manière de les congédier, Lucien, encore sous le charme des coutumes de province, les solda; mais après les avoir payés, il ne lui resta plus que trois cent soixante francs sur les deux mille francs qu'il avait apportés à Paris: il y était depuis une semaine! Néanmoins il s'habilla et alla faire un tour sur la terrasse des Feuillants. Il y prit une revanche. Il était si bien mis, si gracieux, si beau, que plusieurs femmes le regardèrent, et deux ou trois furent assez saisies par sa beauté pour se retourner. Lucien étudia la démarche et les manières des jeunes gens, et fit son cours de belles manières tout en pensant à ses trois cent soixante francs.

Le soir, seul dans sa chambre, il lui vint à l'idée d'éclaircir le problème de sa vie à l'hôtel du Gaillard-Bois, où il déjeunait des mets les plus simples, en croyant économiser. Il demanda son mémoire en homme qui voulait déménager, il se vit débiteur d'une centaine de francs. Le lendemain, il courut au pays latin, que David lui avait recommandé pour le bon marché. Après avoir cherché pendant longtemps, il finit par rencontrer rue de Cluny, près de la Sorbonne, un misérable hôtel garni, où il eut une chambre pour le prix qu'il voulait y mettre. Aussitôt il paya son hôtesse du Gaillard-Bois, et vint s'installer rue de Cluny dans la journée. Son déménagement ne lui coûta qu'une course de fiacre. Après avoir pris possession de sa pauvre chambre, il rassembla toutes les lettres de madame de Bargeton, en fit un paquet, il le posa sur sa table, et, avant de lui écrire, il se mit à penser à cette fatale semaine. Il ne se dit pas qu'il avait, lui premier, étourdiment renié son amour, sans savoir ce que deviendrait sa Louise à Paris; il ne vit pas ses torts, il vit sa situation actuelle; il accusa madame de Bargeton: au lieu de l'éclairer, elle l'avait perdu. Il se courrouça, il devint fier, et il se mit à écrire la lettre suivante dans le paroxysme de sa colère.

Lucien se sentit poussé vers l'inconnu par un irrésistible élan de sympathie. — PAGE 11.

« Madame,

« Que diriez-vous d'une femme à qui aurait plu quelque pauvre enfant timide, plein de ces croyances nobles que plus tard l'homme appelle des illusions, et qui aurait employé les grâces de la coquetterie, les finesses de son esprit, et les plus beaux semblants de l'amour maternel pour détourner cet enfant? Ni les promesses les plus caressantes, ni les châteaux de cartes dont il s'émerveille, ne lui coûtent; elle l'emmène, elle s'en empare, elle le gronde de son peu de confiance, elle le flatte tour à tour; quand l'enfant abandonne sa famille, et la suit aveuglément, elle le conduit au bord d'une mer immense, le fait entrer par un sourire dans un frêle esquif, et le lance seul, sans secours, à travers les orages; puis, du rocher où elle reste, elle se met à rire et lui souhaite bonne chance. Cette femme, c'est vous; cet enfant, c'est moi. Aux mains de cet enfant se trouve un souvenir qui pourrait trahir les crimes de votre bienfaisance et les faveurs de votre abandon. Vous pourriez avoir à rougir en rencontrant l'enfant aux prises avec les vagues, si vous souteniez que vous l'avez tenu sur votre sein. Quand vous lirez cette lettre, vous aurez le souvenir en votre pouvoir. Libre à vous de tout oublier. Après les belles espérances que votre doigt m'a montrées dans le ciel, j'aperçois les réalités de la misère dans la boue de Paris. Pendant que vous irez, brillante et adorée, à travers les grandeurs de ce monde, sur le seuil duquel vous m'avez amené, je grelotterai dans le misérable grenier où vous m'avez jeté. Mais peut-être un remords viendra-t-il vous saisir au sein des fêtes et des plaisirs, peut-être penserez-vous à l'enfant que vous avez plongé dans un abîme. Eh bien! madame, pensez-y sans remords! Au fond de sa misère, cet enfant vous offre la seule chose qui lui reste, son pardon dans un dernier regard. Oui, madame, grâce à vous il ne me reste rien. Rien? n'est-ce pas ce qui a servi à faire le monde? le génie doit imiter Dieu: je commence par avoir sa clémence sans savoir si j'aurai sa force. Vous n'aurez à trembler que si j'allais à mal; vous seriez complice de mes fautes. Hélas! je vous plains de ne pouvoir plus rien être à la gloire vers laquelle je vais tendre, conduit par le travail.

« Lucien. »

Après avoir écrit cette lettre emphatique, mais pleine de cette sombre dignité que l'artiste de vingt et un ans exagère souvent, Lucien se reporta, par la pensée, au milieu de sa famille: il revit le joli appartement que David lui avait décoré en y sacrifiant une partie de sa fortune, il eut une vision des joies tranquilles, modestes, bourgeoises, qu'il avait goûtées; les ombres de sa mère, de sa sœur, de David, vinrent autour de lui, il entendit de nouveau les larmes qu'ils avaient versées au moment de son départ, et il pleura lui-même, car il était seul dans Paris, sans amis, sans protecteurs.

Quelques jours après, voici ce que Lucien écrivit à sa sœur:

« Ma chère Ève, les sœurs ont le triste privilége d'épouser plus de
« chagrins que de joies en partageant l'existence de frères voués à
« l'art, et je commence à craindre de te devenir bien à charge. N'ai-
« je pas abusé déjà de vous tous, qui vous êtes sacrifiés pour moi ? Ce
« souvenir de mon passé, si rempli par les joies de la famille, m'a
« soutenu contre la solitude de mon présent. Avec quelle rapidité
« d'aigle revenant à son aire n'ai-je pas traversé la distance qui nous
« sépare, pour me trouver dans une sphère d'affections vraies, après
« avoir éprouvé les premières misères et les premières déceptions
« du monde parisien ! Vos lumières ont-elles pétillé ? Les tisons de vo-
« tre foyer ont-ils roulé ? Avez-vous entendu des bruissements dans
« vos oreilles ? Ma mère a-t-elle dit : « Lucien pense à nous ! » David
« a-t-il répondu : « Il se débat avec les hommes et les choses ? » Mon
« Ève, je n'écris cette lettre qu'à toi seule. A toi seule j'oserai confier
« le bien et le mal qui m'adviendront, en rougissant de l'un et de
« l'autre, car ici le bien est aussi rare que devrait l'être le mal. Tu
« vas apprendre beaucoup de choses en peu de mots : madame de
« Bargeton a eu honte de moi, m'a renié, congédié, répudié, le neu-
« vième jour de mon arrivée. En me voyant, elle a détourné la tête,
« et moi, pour la suivre dans le monde où elle voulait me lancer, j'a-
« vais dépensé dix-sept cent soixante francs sur les deux mille em-
« portés d'Angoulême, et si péniblement trouvés. A quoi ? diras-tu.
« Ma pauvre sœur, Paris est un étrange gouffre : on y trouve à dîner
« pour dix-huit sous, et le plus simple dîner d'un *restaurant* élégant
« coûte cinquante francs ; il y a des gilets et des pantalons à quatre
« francs et quarante sous ; les tailleurs à la mode ne vous les font pas
« à moins de cent francs. On donne un sou pour passer les ruisseaux
« des rues quand il pleut. Enfin, la moindre course en voiture vaut
« trente-deux sous. Après avoir habité le beau quartier, je suis au-
« jourd'hui hôtel de Cluny, rue de Cluny, dans l'une des plus pauvres
« et des plus sombres petites rues de Paris, serrée entre trois églises
« et les vieux bâtiments de la Sorbonne. J'occupe une chambre gar-
« nie au quatrième étage de cet hôtel, et, quoique bien sale et dénuée,
« je la paye encore quinze francs par mois. Je déjeune d'un petit pain
« de deux sous et d'un sou de lait, mais je dîne très-bien pour vingt-
« deux sous au restaurant d'un nommé Flicoteaux, lequel est situé sur
« la place même de la Sorbonne. Jusqu'à l'hiver, ma dépense n'excé-
« dera pas soixante francs par mois, tout compris, du moins je l'es-
« père. Ainsi mes deux cent quarante francs suffiront aux quatre pre-
« miers mois. D'ici là, j'aurai sans doute vendu *l'Archer de Charles IX*
« et les *Marguerites*. N'ayez donc aucune inquiétude à mon sujet. Si
« le présent est froid, nu, mesquin, l'avenir est bleu, riche et splen-
« dide. La plupart des grands hommes ont éprouvé les vicissitudes
« qui m'affectent sans m'accabler. Plaute, un grand poète comique, a
« été garçon de moulin. Machiavel écrivait le *Prince* le soir, après
« avoir été confondu parmi des ouvriers pendant la journée. Enfin, le
« grand Cervantes, qui avait perdu le bras à la bataille de Lépante en
« contribuant au gain de cette fameuse journée, appelé vieux et igno-
« ble manchot par les écrivailleurs de son temps, mit, faute de li-
« braire, dix ans d'intervalle entre la première et la seconde partie
« de son sublime *Don Quichotte*. Nous n'en sommes pas là aujour-
« d'hui. Les chagrins et la misère ne peuvent atteindre que les talents
« inconnus, mais, quand ils se sont fait jour, les écrivains deviennent
« riches, et je serai riche. Je vis d'ailleurs par la pensée, je passe la
« moitié de la journée à la bibliothèque Sainte-Geneviève, où j'ac-
« quiers l'instruction qui me manque, et sans laquelle je n'irais pas
« loin. Aujourd'hui je me trouve donc presque heureux. En quelques
« jours je me suis conformé joyeusement à ma position. Je me livre
« dès le jour à un travail que j'aime, la vie matérielle est assurée ; je
« médite beaucoup, j'étudie, je ne vois pas où je puis être maintenant
« blessé, après avoir renoncé au monde, où ma vanité pouvait souf-
« frir à tout moment. Les hommes illustres d'une époque sont tenus
« de vivre à l'écart. Ne sont-ils pas les oiseaux de la forêt ? ils chan-
« tent, ils charment la nature, et nul ne doit les apercevoir. Ainsi fe-
« rai-je, si tant est que je puisse réaliser les plans ambitieux de mon
« esprit. Je ne regrette pas madame de Bargeton. Une femme qui se
« conduit ainsi ne méritait pas un souvenir. Je ne regrette pas non plus
« d'avoir quitté Angoulême. Cette femme avait raison de me jeter
« dans Paris en m'abandonnant à mes propres forces. Ce pays est
« celui des écrivains, des penseurs, des poètes. Là seulement se cul-
« tive la gloire, et je connais les belles récoltes qu'elle produit au-
« jourd'hui. Là seulement les écrivains peuvent trouver, dans les mu-
« sées et dans les collections, les vivantes œuvres des génies des temps
« passés qui réchauffent les imaginations et les stimulent. Là seule-
« ment d'immenses bibliothèques, sans cesse ouvertes, offrent à l'es-
« prit des renseignements et une pâture. Enfin, à Paris, il y a dans
« l'air et dans les moindres détails un esprit qui se respire et s'em-
« preint dans les créations littéraires. On apprend plus de choses en
« conversant au café, au théâtre, pendant une demi-heure, qu'en pro-
« vince en dix ans. Ici, vraiment, tout est spectacle, comparaison et
« instruction. Un excessif bon marché, une cherté excessive, voilà
« Paris, où toute abeille rencontre son alvéole, où toute âme s'assi-
« mile ce qui lui est propre. Si donc je souffre en ce moment, je ne
« me repens de rien. Au contraire, un bel avenir se déploie et réjouit

« mon cœur un moment endolori. Adieu, ma chère sœur, ne t'attends
« pas à recevoir régulièrement mes lettres : une des particularités de
« Paris est qu'on ne sait réellement pas comment le temps passe. La
« vie y est d'une effrayante rapidité. J'embrasse ma mère, David, et
« toi plus tendrement que jamais. Adieu donc, ton frère qui t'aime,
«   « LUCIEN. »

Flicoteaux est un nom inscrit dans bien des mémoires. Il est peu
d'étudiants logés au quartier latin pendant les douze premières années de la Restauration qui n'aient fréquenté ce temple de la faim et
de la misère. Le dîner, composé de trois plats, coûtait dix-huit sous,
avec un carafon de vin ou une bouteille de bière, et vingt-deux sous
avec une bouteille de vin. Ce qui, sans doute, a empêché cet ami de
la jeunesse de faire une fortune colossale est un article de son programme imprimé en grosses lettres dans les affiches de ses concurrents et ainsi conçu : PAIN A DISCRÉTION, c'est-à-dire jusqu'à l'indiscrétion. Bien des gloires ont eu Flicoteaux pour père nourricier. Certes,
le cœur de plus d'un homme célèbre doit éprouver les jouissances de
mille souvenirs indicibles à l'aspect de la devanture à petits carreaux
donnant sur la place de la Sorbonne et sur la rue Neuve-de-Richelieu,
que Flicoteaux II ou III avait encore respectée, au lieu de ces peintures
de Juillet, en leur laissant ces teintes brunes, cet air ancien et respectable qui annonçait un profond dédain pour le charlatanisme des dehors, espèce d'annonce faite pour les yeux aux dépens du ventre par
presque tous les restaurateurs d'aujourd'hui. Au lieu de ces tas de gibier empaillé destinés à réjouir les regards, au lieu de ces poissons fantastiques qui justifient le mot du saltimbanque : « J'ai vu une belle carpe,
je compte l'acheter dans huit jours » au lieu de ces primeurs qu'il
faudrait appeler postmeurs, exposées en de fallacieux étalages pour
le plaisir des caporaux et de leurs payses, l'honnête Flicoteaux exposait des saladiers ornés de maint raccommodage, où des tas de pru-
neaux cuits réjouissaient le regard du consommateur, sûr que ce mot,
trop prodigué sur d'autres affiches, *dessert*, n'était pas une charte.
Les pains de six livres, coupés en quatre tronçons, tenaient sur la
promesse du pain à discrétion. Tel était le luxe d'un établissement
que, de son temps, Molière eût célébré, tant était plaisante l'épigramme du nom. Flicoteaux subsiste, il vivra tant que les étudiants
voudront vivre. On y mange, rien de moins, rien de plus, mais on y
mange comme on travaille, avec une activité sombre ou joyeuse, selon les caractères ou les circonstances. Cet établissement célèbre consistait alors en deux salles disposées en équerre, longues, étroites et
basses, éclairées l'une sur la place de la Sorbonne, l'autre sur la rue
Neuve-de-Richelieu, toutes deux meublées de tables venues de quelque réfectoire abbatial, car leur longueur a quelque chose de monastique, et les couverts y sont préparés avec les serviettes des abonnés passées dans des coulants de moire métallique numérotés. Flicoteaux Ier ne changeait ses nappes que tous les dimanches ; mais Flicoteaux II les a changées, dit-on, deux fois par semaine dès que la
concurrence a menacé sa dynastie. Ce restaurant est un atelier avec
ses ustensiles, et non la salle de festin avec son élégance et ses plaisirs : chacun en sort promptement. Au dedans, les mouvements intérieurs sont rapides. Les garçons y vont et viennent sans flâner, ils
sont tous occupés, tous nécessaires. Les mets sont peu variés. La
pomme de terre y est éternelle, il n'y aurait pas une pomme de terre
en Irlande, elle manquerait partout, qu'il s'en trouverait chez Flicoteaux. Elle s'y produit depuis trente ans sous cette couleur blonde
affectionnée par Titien, semée de verdure hachée, et jouit d'un privilége envié par les femmes : telle vous l'avez vue en 1814, telle vous
la trouverez en 1840. Les côtelettes de mouton, le filet de bœuf, sont à
la carte de cet établissement ce que les coqs de bruyère, les filets d'es-
turgeon, sont à celle de Véry, des mets extraordinaires qui exigent la
commande dès le matin. La femelle du bœuf y domine, et son fils y
foisonne sous les aspects les plus ingénieux. Quand le merlan, les ma-
quereaux, donnent sur les côtes de l'Océan, ils rebondissent chez Flicoteaux. Là, tout est en rapport avec les vicissitudes de l'agriculture
et les caprices des saisons françaises. On y apprend des choses dont
ne se doutent pas les riches, les oisifs, les indifférents aux phases de
la nature. L'étudiant parqué dans le quartier latin y a la connaissance
la plus exacte des temps : il sait quand les haricots et les petits pois
réussissent, quand la Halle regorge de choux, quelle salade y abonde,
et si la betterave a manqué. Une vieille calomnie, répétée au moment
où Lucien y venait, consistait à attribuer l'apparition des biftecks à
quelque mortalité sur les chevaux. Peu de restaurants parisiens offrent
un si beau spectacle. Là vous ne trouvez que jeunesse et foi, la misère gaiement supportée, quoique cependant les visages ardents et
graves, sombres et inquiets, n'y manquent pas. Les costumes sont généralement négligés. Aussi remarque-t-on les habitués qui viennent
bien mis. Chacun sait que cette tenue extraordinaire signifie : maîtresse attendue, partie de spectacle ou visite dans les sphères supérieures. Il s'y est, dit-on, formé quelques amitiés entre plusieurs étudiants devenus plus tard célèbres, comme on le verra dans cette histoire. Néanmoins, excepté les jeunes gens du même pays réunis au
même bout de table, généralement les dîneurs ont une gravité qui se
déride difficilement, peut-être à cause de la catholicité du vin qui s'op-

posé à toute expansion. Ceux qui ont cultivé Flicoteaux peuvent se rappeler plusieurs personnages sombres et mystérieux, enveloppés dans les brumes de la plus froide misère, qui ont pu dîner la pendant deux ans, et disparaître sans qu'aucune lumière ait éclairé ces fantômes parisiens aux yeux des plus curieux habitués. Les amitiés ébauchées chez Flicoteaux se scellaient dans les cafés voisins aux flammes d'un punch liquoreux, ou à la chaleur d'une demi-tasse de café bénie par un gloria quelconque.

Pendant les premiers jours de son installation à l'hôtel de Cluny, Lucien, comme tout néophyte, eut des allures timides et régulières. Après la triste épreuve de la vie élégante qui venait d'absorber ses capitaux, il se jeta dans le travail avec cette première ardeur que dissipent si vite les difficultés et les amusements que Paris offre à toutes les existences, aux plus luxueuses comme aux plus pauvres, et qui, pour être domptés, exigent la sauvage énergie du vrai talent ou le sombre vouloir de l'ambition. Lucien tombait chez Flicoteaux vers quatre heures et demie, après avoir remarqué l'avantage d'y arriver des premiers; les mets étaient alors plus variés, celui qu'on préférait s'y trouvait encore. Comme tous les esprits poétiques, il avait affectionné une place, et son choix annonçait assez de discernement. Dès le premier jour de son entrée chez Flicoteaux, il avait distingué, près du comptoir, une table où les physionomies des dîneurs, autant que leurs discours saisis à la volée, lui dénoncèrent des compagnons littéraires. D'ailleurs, une sorte d'instinct lui fit deviner qu'en se plaçant près du comptoir il pourrait parlementer avec les maîtres du restaurant. À la longue la connaissance s'établirait, et au jour des détresses financières il obtiendrait sans doute un crédit nécessaire. Il s'était donc assis à une petite table carrée à côté du comptoir, où il n'y avait que deux couverts ornés de deux serviettes blanches sans coulant, et destinées probablement aux allants et venants. Le vis-à-vis de Lucien était un maigre et pâle jeune homme, vraisemblablement aussi pauvre que lui, dont le beau visage déjà flétri annonçait que des espérances envolées avaient laissé fatigué son front et laissé dans son âme des sillons où les graines ensemencées ne germaient point. Lucien se sentit poussé vers l'inconnu par ces vestiges de poésie et par un irrésistible élan de sympathie.

Ce jeune homme, le premier avec lequel le poète d'Angoulême put échanger quelques paroles, au bout d'une semaine de petits soins, de paroles et d'observations échangées, se nommait Étienne Lousteau. Comme Lucien, Étienne avait quitté sa province, une ville du Berry, depuis deux ans. Son geste animé, son regard brillant, sa parole brève par moments, trahissaient en lui une amère connaissance de la vie littéraire. Étienne était venu de Sancerre, sa tragédie en poche, attiré par ce qui poignait Lucien: la gloire, le pouvoir et l'argent. Ce jeune homme, qui dîna d'abord quelques jours de suite, ne se montra bientôt plus que de loin en loin. Après cinq ou six jours d'absence, en retrouvant une fois son poète, Lucien espérait le revoir le lendemain; mais le lendemain la place était prise par un inconnu. Quand, entre jeunes gens, on s'est vu la veille, le feu de la conversation du jour se reflète sur celle d'aujourd'hui; mais ces intervalles obligeaient Lucien à rompre chaque fois la glace, et retardaient d'autant une intimité qui, durant les premières semaines, fit peu de progrès. Après avoir interrogé la dame du comptoir, Lucien apprit que son ami était rédacteur d'un petit journal, où il faisait des articles sur les livres nouveaux, et rendait compte des pièces jouées à l'Ambigu-Comique, à la Gaîté, au Panorama-Dramatique. Ce jeune homme devint tout à coup un personnage aux yeux de Lucien, qui compta bien engager la conversation avec lui d'une manière un peu plus intime, et faire quelques sacrifices pour obtenir une amitié si nécessaire à un débutant. Le journaliste resta quinze jours absent. Lucien ne savait pas encore qu'Étienne ne dînait chez Flicoteaux que quand il était sans argent, ce qui lui donnait cet air sombre et désenchanté, cette froideur à laquelle Lucien opposait de flatteurs sourires et de douces paroles. Néanmoins cette liaison exigeait de mûres réflexions, car ce journaliste obscur paraissait mener une vie coûteuse, mélangée de petits verres, de tasses de café, de bols de punch, de spectacles et de soupers. Or, pendant les premiers jours de son installation dans le quartier, la conduite de Lucien fut celle d'un pauvre enfant étourdi par sa première expérience de la vie parisienne. Aussi, après avoir étudié le prix des consommations et soupesé sa bourse, Lucien n'osa-t-il pas prendre les allures d'Étienne, en craignant de recommencer les bévues dont il se repentait encore. Toujours sous le joug des religions de la province, ses deux anges gardiens, Ève et David, se dressaient à la moindre pensée mauvaise, et lui rappelaient les espérances mises en lui, le bonheur dont il était comptable à sa vieille mère, et toutes les promesses de son génie. Il passait ses matinées à la bibliothèque Sainte-Geneviève à étudier l'histoire. Ses premières recherches lui avaient fait apercevoir d'effroyables erreurs dans son roman de l'Archer de Charles IX. La bibliothèque fermée, il venait dans sa chambre humide et froide corriger son ouvrage, y recoudre, y supprimer des chapitres entiers. Après avoir dîné chez Flicoteaux, il descendait au passage du Commerce, lisait au cabinet littéraire de Blosse les œuvres de la littérature contemporaine, les journaux, les recueils périodiques, les livres de poésie, pour se mettre au courant du mouvement de l'intelligence, et regagnait son misérable hôtel vers minuit sans avoir usé de bois ni de lumière. Ces lectures changeaient si énormément ses idées, qu'il revit son recueil de sonnets sur les fleurs, ses chères Marguerites, et les retravailla si bien, qu'il n'y eut pas cent vers de conservés. Ainsi, d'abord, Lucien mena la vie innocente et pure des pauvres enfants de la province qui trouvent du luxe chez Flicoteaux en le comparant à l'ordinaire de la maison paternelle, qui se récréent par de lentes promenades sous les allées du Luxembourg en y regardant les jolies femmes d'un œil oblique et le cœur gros de sang, qui ne sortent pas du quartier, et s'adonnent saintement au travail en songeant à leur avenir. Mais Lucien, né poète, soumis bientôt à d'immenses désirs, se trouva sans force contre les séductions des affiches de spectacles. Le Théâtre-Français, le Vaudeville, les Variétés, l'Opéra-Comique, où il allait au parterre, lui enlevèrent une soixantaine de francs. Quel étudiant pouvait résister au bonheur de voir Talma dans les rôles qu'il a illustrés? Le théâtre, ce premier amour de tous les esprits poétiques, fascina Lucien. Les acteurs et les actrices lui semblaient des personnages imposants; il ne croyait pas à la possibilité de franchir la rampe et de les voir familièrement. Ces auteurs de ses plaisirs étaient pour lui des êtres merveilleux que les journaux traitaient comme les grands intérêts de l'État. Être auteur dramatique, se faire jouer, quel rêve caressé! Ce rêve, quelques audacieux, comme Casimir Delavigne, le réalisaient. Ces fécondes pensées, ces moments de croyance en soi suivis du désespoir agitèrent Lucien et le maintinrent dans la sainte voie du travail et de l'économie malgré les grondements sourds de plus d'un fanatique désir. Par excès de sagesse il se défendait de pénétrer dans le Palais-Royal, ce lieu de perdition, où, pendant une seule journée, il avait dépensé cinquante francs chez Véry, et près de cinq cents francs en habits. Aussi, quand il cédait à la tentation de voir Fleury, Talma, les deux Baptiste, ou Michot, n'allait-il pas plus loin que l'obscure galerie où l'on faisait queue dès cinq heures et demie, et où les retardataires étaient obligés d'acheter pour dix sous une place auprès du bureau. Souvent, après être resté là pendant deux heures, ces mots: Il n'y a plus de billets! retentissaient à l'oreille de plus d'un étudiant désappointé. Après le spectacle, Lucien revenait les yeux baissés, ne regardant point dans les rues, alors remplies de séductions vivantes. Peut-être lui arriva-t-il quelques-unes de ces aventures d'une excessive simplicité, mais qui prennent une place immense dans les jeunes imaginations timorées. Effrayé de la baisse de ses capitaux, un jour où il compta ses écus, Lucien eut des sueurs froides en songeant à la nécessité de s'enquérir d'un libraire et de chercher quelques travaux payés. Le jeune journaliste dont il s'était fait, à lui seul, un ami, ne venait plus chez Flicoteaux. Lucien attendait un hasard qui ne se présentait pas. À Paris, il n'y a de hasard que pour les gens extrêmement répandus; le nombre de relations y augmente les chances du succès en tout genre, et le hasard aussi est du côté des gros bataillons. En homme chez qui la prévoyance des gens de la province subsistait encore, Lucien ne voulut pas en arriver au moment où il n'aurait plus que quelques écus; il résolut d'affronter les libraires.

Par une assez froide matinée du mois de septembre, il descendit la rue de la Harpe, ses manuscrits sous le bras. Il chemina jusqu'au quai des Augustins, se promena le long du trottoir en regardant alternativement l'eau de la Seine et les boutiques des libraires, comme si un bon génie lui conseillait de se jeter à l'eau plutôt que de se jeter dans la littérature. Après des hésitations poignantes, après un examen approfondi des figures plus ou moins tendres, récréatives, renfrognées, joyeuses ou tristes, qu'il observait à travers les vitres ou sur le seuil des portes, il avisa une maison devant laquelle des commis empressés emballaient des livres. Il s'y faisait des expéditions, les murs étaient couverts d'affiches. En vente: Le Solitaire, par M. le vicomte d'Arlincourt. Troisième édition. Léonide, par Victor Ducange; cinq volumes in-12, imprimés sur papier fin. Prix, 12 francs. Inductions morales, par Kératry.

— Ils sont heureux ceux-là! se disait Lucien.

L'affiche, création neuve et originale du fameux Ladvocat, florissait alors pour la première fois sur les murs. Paris fut bientôt bariolé par les imitateurs de ce procédé d'annonce, la source d'un des revenus publics. Enfin, le cœur gonflé de sang et d'inquiétude, Lucien, si grand naguère à Angoulême, et à Paris si petit, se coula le long des maisons, et rassembla son courage pour entrer dans cette boutique, encombrée de commis, de chalands, de libraires! — Et peut-être d'auteurs, pensa Lucien.

— Je voudrais parler à M. Vidal ou à M. Porchon, dit-il à un commis.

Il avait lu sur l'enseigne en grosses lettres: Vidal et Porchon, libraires commissionnaires pour la France et l'étranger.

— Ces messieurs sont tous deux en affaires, lui répondit un commis affairé.

— J'attendrai.

On laissa dans la boutique, où il examina les ballots, il resta deux heures occupé à regarder les titres, à ouvrir les livres, à lire des pages çà et là. Lucien finit par s'appuyer l'épaule à un vitrage

garni de petits rideaux verts, derrière lequel il soupçonna que se tenait ou Vidal ou Porchon, et il entendit la conversation suivante.
— Voulez-vous m'en prendre cinq cents exemplaires? je vous les passe alors à cinq francs, et vous donne double treizième.
— A quel prix ça les mettrait-il?
— A seize sous de moins.
— Quatre francs quatre sous, dit Vidal ou Porchon à celui qui offrait ses livres.
— Oui, répondit le vendeur.
— En compte? demanda l'acheteur.
— Vieux farceur! et vous me régleriez dans dix-huit mois, en billets à un an?
— Non, réglés immédiatement, répondit Vidal ou Porchon.
— A quel terme, neuf mois? demanda le libraire ou l'auteur qui offrait sans doute un livre.
— Non, mon cher, à un an, répondit l'un des deux libraires commissionnaires.
Il y eut un moment de silence.
— Vous m'égorgez! s'écria l'inconnu.
— Mais, aurons-nous placé dans un an cinq cents exemplaires de *Léonide?* répondit le libraire-commissionnaire à l'éditeur de Victor Ducange. Si les livres allaient au gré des éditeurs, nous serions millionnaires, mon cher maître; mais ils vont au gré du public. On donne les romans de Walter Scott à dix-huit sous le volume, trois livres douze sous l'exemplaire, et vous voulez que je vende vos bouquins plus cher? Si vous voulez que je pousse ce roman-là, faites-moi des avantages. — Vidal!
Un gros homme quitta la caisse et vint, une plume passée entre son oreille et sa tête.
— Dans ton dernier voyage, combien as-tu placé de Ducange? lui demanda Porchon.
— J'ai fait deux cents *Petit vieillard de Calais;* mais il a fallu, pour les placer, déprécier deux autres ouvrages sur lesquels on ne nous faisait pas de si fortes remises, et qui sont devenus de fort jolis *rossignols.*
Plus tard, Lucien apprit que ce sobriquet de rossignol était donné, par les libraires, aux ouvrages qui restent perchés sur les casiers, dans les profondes solitudes de leurs magasins.
— Tu sais, d'ailleurs, reprit Vidal, que Picard prépare des romans. On nous promet vingt pour cent de remise sur le prix ordinaire de librairie, afin d'organiser un succès.
— Eh bien! à quoi, répondit piteusement l'éditeur, foudroyé par la dernière observation confidentielle de Vidal à Porchon.
— Est-ce dit? demanda nettement Porchon à l'inconnu.
— Oui.
Le libraire sortit. Lucien entendit Porchon disant à Vidal : — Nous en avons trois cents exemplaires de demandés, nous lui allongerons son règlement, nous vendrons les *Léonide* cent sous à l'unité, nous nous ferons régler à six mois, et...
— Et, dit Vidal, voilà quinze cents francs de gagnés.
— Oh! j'ai bien vu qu'il était gêné.
— Il s'enfonce! il paye quatre mille francs à Ducange pour deux mille exemplaires.
Lucien arrêta Vidal en bouchant la petite porte de cette cage.
—Messieurs, dit-il aux deux associés, j'ai l'honneur de vous saluer.
Les libraires le saluèrent à peine.
— Je suis auteur d'un roman sur l'histoire de France, à la manière de Walter Scott, et qui a pour titre l'*Archer de Charles IX*; je vous propose de le faire l'acquisition.
Porchon jeta sur Lucien un regard sans chaleur en posant sa plume sur son pupitre.
Vidal, lui, regarda l'auteur d'un air brutal, et lui répondit : — Monsieur, nous ne sommes pas libraires éditeurs, nous sommes libraires commissionnaires. Quand nous faisons des livres pour notre compte, ils consistent des opérations, que nous entreprenons alors avec des *noms faits*. Nous n'achetons, d'ailleurs, que des livres sérieux, des résumés.
— Mais mon livre est très-sérieux, il s'agit de peindre sous son vrai jour la lutte des catholiques, qui tenaient pour le gouvernement absolu, et des protestants, qui voulaient établir la république.
— Monsieur Vidal! cria un commis.
Vidal s'esquiva.
— Je ne vous dis pas, monsieur, que votre livre ne soit pas un chef-d'œuvre, reprit Porchon en faisant un geste assez impoli, mais nous ne nous occupons que des livres fabriqués. Allez voir ceux qui achètent des manuscrits, le père Doguereau, rue du Coq, auprès du Louvre, il est un de ceux qui font le roman. Si vous aviez parlé plus tôt, vous venez de voir Pollet, le concurrent de Doguereau et des libraires des galeries de bois.
— Monsieur, j'ai un recueil de poésie...
— Monsieur Porchon! cria-t-on.
— De la poésie! s'écria Porchon en colère. Et pour qui me prenez-vous? ajouta-t-il en lui riant au nez, et disparaissant dans son arrière-boutique.

Lucien traversa le pont Neuf, en proie à mille réflexions. Ce qu'il avait compris de cet argot commercial lui fit deviner que, pour ces libraires, les livres étaient comme des bonnets de coton pour des bonnetiers, une marchandise à vendre cher, à acheter bon marché.
— Je me suis trompé, se dit-il, frappé néanmoins du brutal et matériel aspect que prenait la littérature.
Il avisa, rue du Coq, une boutique modeste, devant laquelle il avait déjà passé, sur laquelle étaient peints en lettres jaunes, sur un fond vert, ces mots : DOGUEREAU, LIBRAIRE. Il se souvint d'avoir vu ces mots répétés au bas du frontispice de plusieurs des romans qu'il avait lus au cabinet littéraire de Blosse. Il entra, non sans cette trépidation intérieure que cause à tous les hommes d'imagination la certitude d'une lutte. Il trouva dans la boutique un singulier vieillard, l'une des figures originales de la librairie sous l'Empire. Doguereau portait un habit noir à grandes basques carrées, et la mode taillait alors les fracs en queue de morue. Il avait un gilet d'étoffe commune à carreaux de diverses couleurs, d'où pendaient, à l'endroit du gousset, une chaîne d'acier et une clef de cuivre qui jouaient sur une vaste culotte noire. La montre devait avoir la grosseur d'un oignon. Ce costume était complété par des bas drapés, couleur gris de fer, et par des souliers ornés de boucles en argent. Le vieillard avait la tête nue, décorée de cheveux grisonnants, et assez poétiquement épars. Le père Doguereau, comme l'avait surnommé Porchon, tenait, par l'habit, par la culotte et par les souliers, au professeur de belles-lettres, et au marchand par le gilet, la montre et les bas. Sa physionomie ne démentait point cette singulière alliance : il avait l'air magistral, dogmatique, la figure creusée du maître de rhétorique, et les yeux vifs, la bouche soupçonneuse, l'inquiétude vague du libraire.
— M. Doguereau? dit Lucien.
— C'est moi, monsieur...
— Je suis auteur d'un roman, dit Lucien.
— Vous êtes bien jeune, dit le libraire.
— Mais, monsieur, mon âge ne fait rien à l'affaire.
— C'est juste, dit le vieux libraire en prenant le manuscrit. Ah! diantre, l'*Archer de Charles IX*, un bon titre. Voyons, jeune homme, dites-moi votre sujet en deux mots.
— Monsieur, c'est une œuvre historique dans le genre de Walter Scott, où le caractère de la lutte entre les protestants et les catholiques est présenté comme un combat entre deux systèmes de gouvernement, et où le trône était sérieusement menacé. J'ai pris parti pour les catholiques.
— Eh! mais, jeune homme, voilà des idées. Eh bien! je lirai votre ouvrage, je vous le promets. J'aurais mieux aimé un roman dans le genre de madame Radcliffe; mais, si vous êtes travailleur, si vous avez un peu de style, de la conception, des idées, l'art de la mise en scène, je ne demande pas mieux que de vous être utile. Que nous faut-il?... de bons manuscrits.
— Quand pourrai-je venir?
— Je vais ce soir à la campagne, je serai de retour après-demain, j'aurai lu votre ouvrage, et, s'il me va, nous pourrons traiter le jour même.
Lucien, le voyant si bonhomme, eut la fatale idée de sortir le manuscrit des *Marguerites*.
— Monsieur, j'ai fait aussi un recueil de vers...
— Ah! vous êtes poète, je ne veux plus de votre roman, dit le vieillard en lui tendant le manuscrit. Les rimailleurs échouent quand ils veulent faire de la prose. En prose, il n'y a pas de chevilles, il faut absolument dire quelque chose.
— Mais, monsieur, Walter Scott a fait des vers aussi...
— C'est vrai, dit Doguereau, qui se radoucit, devina la pénurie du jeune homme, et garda le manuscrit. Où demeurez-vous? j'irai vous voir.
Lucien donna son adresse, sans soupçonner chez ce vieillard la moindre arrière-pensée, il ne reconnaissait pas en lui le libraire de la vieille école, un homme du temps où les libraires souhaitaient tenir dans un grenier et sous clef Voltaire et Montesquieu mourants de faim.
— Je reviens précisément par le quartier latin, lui dit le vieux libraire après avoir lu l'adresse.
— Le brave homme! pensa Lucien en saluant le libraire. J'ai donc rencontré un ami de la jeunesse, un connaisseur qui sait quelque chose. Parlez-moi de celui-là! Je le disais bien à David : le talent parvient facilement à Paris.
Lucien revint heureux et léger, il rêvait la gloire. Sans plus songer aux sinistres paroles qui venaient de frapper son oreille dans le comptoir de Vidal et Porchon, il se voyait riche d'au moins douze cents francs. Douze cents francs représentaient une année de séjour à Paris, une année pendant laquelle il préparerait de nouveaux ouvrages. Combien de projets bâtis sur cette espérance? Combien de douces rêveries en voyant sa vie assise sur le travail? Il se casa, s'arrangea, peu s'en fallut qu'il ne fît quelques acquisitions. Il ne trompa son impatience que par des lectures constantes au cabinet de Blosse. Deux jours après, le vieux Doguereau, surpris du style que Lucien avait dépensé dans sa première œuvre, enchanté de l'exagération des carac-

teres qu'admettait l'époque où se développait le drame, frappé de la fougue d'imagination avec laquelle un jeune auteur dessine toujours son premier plan, il n'était pas gâté, le père Doguereau! vint à l'hôtel où demeurait son Walter Scott en herbe. Il était décidé à payer mille francs la propriété entière de l'Archer de Charles IX, et à lier Lucien par un traité pour plusieurs ouvrages. En voyant l'hôtel, le vieux renard se ravisa. — Un jeune homme logé là n'a que des goûts modestes, il aime l'étude, le travail; je peux ne lui donner que huit cents francs. L'hôtesse, à laquelle il demanda M. Lucien de Rubempré, lui répondit : — Au quatrième! Le libraire leva le nez, et n'aperçut que le ciel au-dessus du quatrième. — Ce jeune homme, pensa-t-il, est joli garçon, il est même très-beau; s'il gagnait trop d'argent, il se dissiperait, il ne travaillerait plus. Dans notre intérêt commun, je lui offrirai six cents francs, mais en argent, pas de billets. Il monta l'escalier, frappa trois coups à la porte de Lucien, qui vint ouvrir. La chambre était d'une nudité désespérante. Il y avait sur la table un bol de lait et une flûte de deux sous. Ce dénûment du génie frappa le bonhomme Doguereau.

— Qu'il conserve, pensa-t-il, ces mœurs simples, cette frugalité, ces modestes besoins. J'éprouve du plaisir à vous voir, dit-il à Lucien. Voilà, monsieur, comment vivait Jean-Jacques, avec lequel vous aurez plus d'un rapport. Dans ces logements-ci brille le feu du génie et se composent les bons ouvrages. Voilà comment devraient vivre les gens de lettres, au lieu de faire ripaille dans les cafés, dans les restaurants, d'y perdre leur temps, leur talent et notre argent. Il s'assit. Jeune homme, votre roman n'est pas mal. J'ai été professeur de rhétorique, je connais l'histoire de France; il y a d'excellentes choses. Enfin vous avez de l'avenir.

— Ah! monsieur.

— Non, je vous le dis, nous pouvons faire des affaires ensemble. Je vous achète votre roman...

Le cœur de Lucien s'épanouit, il palpitait d'aise, il allait entrer dans le monde littéraire, il serait enfin imprimé.

— Je vous l'achète quatre cents francs, dit Doguereau d'un ton mielleux et en regardant Lucien d'un air qui semblait annoncer un effort de générosité.

— Le volume? dit Lucien.

— Le roman, dit Doguereau sans s'étonner de la surprise de Lucien. Mais, ajouta-t-il, ce sera comptant. Vous vous engagerez à m'en faire deux par an pendant six ans. Si le premier s'épuise en six mois, je vous payerai les suivants six cents francs. Ainsi, à deux par an, vous aurez cent francs par mois, vous aurez votre vie assurée, vous serez heureux. J'ai des auteurs que je ne paye que trois cents francs par roman. Je donne deux cents francs pour une traduction de l'anglais. Autrefois ce prix eût été exorbitant.

— Monsieur, nous ne pourrons pas nous entendre, je vous prie de me rendre mon manuscrit, dit Lucien glacé.

— Le voilà, dit le vieux libraire. Vous ne connaissez pas les affaires, monsieur. En publiant le premier roman d'un auteur, un éditeur doit risquer seize cents francs d'impression et de papier. Il est plus facile de faire un roman que de trouver une pareille somme. J'ai cent manuscrits de romans chez moi, et n'ai pas cent soixante mille francs dans ma caisse. Hélas! je n'ai pas gagné cette somme depuis vingt ans que je suis libraire. On ne fait donc pas fortune au métier d'imprimer des romans. Vidal et Porchon nous les prennent qu'à des conditions qui deviennent de jour en jour plus onéreuses pour nous. Là où vous risquez votre temps, je dois, moi, débourser deux mille francs. Si nous sommes trompés, nam habent sua fata libelli, je perds deux mille francs; quant à vous, vous n'avez qu'à lancer une ode contre la stupidité publique. Après avoir médité sur ce que j'ai l'honneur de vous dire, vous viendrez me revoir. — Vous reviendrez, répéta le libraire avec autorité pour répondre à un geste plein de superbe que Lucien laissa échapper. Loin de trouver un libraire qui veuille risquer deux mille francs pour un jeune inconnu, vous ne trouverez pas un commis qui se donne la peine de lire votre griffonnage. Moi, qui l'ai lu, je puis vous y signaler plusieurs fautes de français. Vous avez mis observer pour faire observer, et malgré que. Malgré veut un régime direct. Lucien parut humilié. — Quand je vous reverrai, vous aurez perdu cent francs, ajouta-t-il, je ne vous donnerai plus alors que cent écus. Il se leva, salua, mais sur le pas de la porte il dit : — Si vous n'aviez pas du talent, de l'avenir, si je ne m'intéressais pas aux jeunes gens studieux, je ne vous aurais pas proposé de si belles conditions. Cent francs par mois! Songez-y. Après tout, un roman dans un tiroir, ce n'est pas comme un cheval à l'écurie, ça ne mange pas de pain. A la vérité, ça n'en donne pas non plus!

Lucien prit son manuscrit, le jeta par terre en s'écriant : — J'aime mieux le brûler, monsieur!

— Vous avez une tête de poète, dit le vieillard.

Lucien dévora sa flûte, lappa son lait et descendit. Sa chambre n'était pas assez vaste, il y aurait tourné sur lui-même comme un lion dans sa cage au Jardin des Plantes.

A la bibliothèque Sainte-Geneviève, où Lucien comptait aller, il avait toujours aperçu dans le même coin un jeune homme d'environ vingt-cinq ans qui travaillait avec cette application soutenue que rien ne distrait ni dérange, et à laquelle se reconnaissent les véritables ouvriers littéraires. Ce jeune homme y venait sans doute depuis longtemps, les employés et le bibliothécaire lui-même avaient pour lui des complaisances; le bibliothécaire lui laissait emporter des livres que Lucien voyait rapporter le lendemain par le studieux inconnu, dans lequel le poète reconnaissait un frère de misère et d'espérance. Petit, maigre et pâle, ce travailleur cachait un beau front sous une épaisse chevelure noire assez mal tenue, il avait de belles mains, il attirait le regard des indifférents par une vague ressemblance avec le portrait de Bonaparte gravé d'après Robert Lefebvre. Cette gravure est tout un poème de mélancolie ardente, d'ambition contenue, d'activité cachée. Examinez-la bien : vous y trouverez du génie et de la discrétion, de la finesse et de la grandeur. Les yeux ont de l'esprit comme des yeux de femme. Le coup d'œil est avide de l'espace et désireux de difficultés à vaincre. Le nom de Bonaparte ne serait pas écrit au-dessous, vous le contempleriez tout aussi longtemps. Le jeune homme qui réalisait cette gravure avait ordinairement un pantalon à pied dans des souliers à grosses semelles, une redingote de drap commun, une cravate noire, un gilet de drap gris, mélangé de blanc, boutonné jusqu'en haut, et un chapeau à bon marché. Son dédain pour toute toilette inutile était visible. Ce mystérieux inconnu, marqué du sceau que le génie imprime au front de ses esclaves, Lucien le retrouvait chez Flicoteaux le plus régulier de tous les habitués; il y mangeait pour vivre, sans faire attention à des aliments avec lesquels il paraissait familiarisé, il buvait de l'eau. Soit à la bibliothèque, soit chez Flicoteaux, il déployait en tout une sorte de dignité qui venait sans doute de la conscience d'une vie occupée par quelque chose de grand, et qui le rendait inabordable. Son regard était penseur. La méditation habitait sur son beau front noblement coupé. Ses yeux noirs et vifs, qui voyaient bien et promptement, annonçaient une habitude d'aller au fond des choses. Simple en ses manières, il avait une contenance grave. Lucien éprouvait un respect involontaire pour lui. Déjà plusieurs fois, l'un et l'autre ils s'étaient mutuellement regardés comme pour se parler à l'entrée ou à la sortie de la bibliothèque ou du restaurant, mais ni l'un ni l'autre ils n'avaient osé. Ce silencieux jeune homme allait au fond de la salle, dans la partie située en retour sur la place de la Sorbonne. Lucien n'avait donc pu se lier avec lui, quoiqu'il se sentît porté vers ce jeune travailleur en qui se trahissaient les indicibles symptômes de la supériorité. L'un et l'autre, ainsi qu'ils le reconnurent plus tard, ils étaient deux natures vierges et timides, adonnées à toutes les peurs dont les émotions plaisent aux hommes solitaires. Sans leur subite rencontre au moment du désastre qui venait d'arriver à Lucien, peut-être ne se seraient-ils jamais mis en communication. Mais en entrant dans la rue des Grès, Lucien aperçut le jeune inconnu qui revenait de Sainte-Geneviève.

— La bibliothèque est fermée, je ne sais pourquoi, monsieur, lui dit-il.

En ce moment Lucien avait des larmes dans les yeux, il remercia l'inconnu par un de ces gestes qui sont plus éloquents que le discours, et qui, de jeune homme à jeune homme, ouvrent aussitôt les cœurs. Tous deux descendirent la rue des Grès en se dirigeant vers la rue de la Harpe.

— Je vais alors me promener au Luxembourg, dit Lucien. Quand on est sorti, il est difficile de revenir travailler.

— On n'est plus dans le courant d'idées nécessaires, reprit l'inconnu. Vous paraissez chagrin, monsieur?

— Il vient de m'arriver une singulière aventure, dit Lucien.

Il raconta sa visite sur le quai, puis celle au vieux libraire et les propositions qu'il venait de recevoir; il se nomma, et dit quelques mots de sa situation. Depuis un mois environ, il avait dépensé soixante francs pour vivre, trente francs à l'hôtel, neuf francs au spectacle, dix francs au cabinet littéraire, en tout cent vingt francs, il ne lui restait plus que cent vingt francs.

— Monsieur, lui dit l'inconnu, votre histoire est la mienne et celle de mille à douze cents jeunes gens qui, tous les ans, viennent de la province à Paris. Nous ne sommes pas encore les plus malheureux. Voyez-vous ce théâtre? dit-il en lui montrant les cimes de l'Odéon. Un jour vint se loger, dans une des maisons qui sont sur la place, un homme de talent qui avait roulé dans des abîmes de misère; marié, surcroît de malheur qui ne nous afflige encore ni l'un ni l'autre, à une femme qu'il aimait, pauvre ou riche, comme vous voudrez, de deux enfants, criblé de dettes, mais confiant dans sa plume. Il présente à l'Odéon une comédie en cinq actes, elle est reçue, elle obtient un tour de faveur, les comédiens la répètent, et le directeur active les répétitions. Ces cinq bonheurs constituent cinq drames encore plus difficiles à réaliser que cinq actes à écrire. Le pauvre auteur, logé dans un grenier que vous pouvez voir d'ici, épuise ses dernières ressources pour vivre pendant la mise en scène de sa pièce, sa femme met ses vêtements au mont-de-piété, la famille ne mange que du pain. Le jour de la dernière répétition, la veille de la représentation, le ménage devait cinquante francs dans le quartier, au boulanger, à la laitière, au portier. Le poète avait conservé le strict nécessaire : un habit, une chemise, un pantalon, un gilet et des bottes.

Sûr du succès, il vient embrasser sa femme, il lui annonce la fin de leurs infortunes. — Enfin il n'y a plus rien contre nous! s'écrie-t-il. — Il y a le feu, dit la femme, regarde, l'Odéon brûle. Monsieur, l'Odéon brûlait. Ne vous plaignez donc pas. Vous avez des vêtements, vous n'avez ni femme ni enfants, vous avez pour cent vingt francs de hasard dans votre poche, et vous ne devez rien à personne. La pièce a eu cent cinquante représentations au théâtre Louvois. Le roi a fait une pension à l'auteur. Buffon l'a dit, le génie, c'est la patience. La patience est en effet ce qui, chez l'homme, ressemble le plus au procédé que la nature emploie dans ses créations. Qu'est-ce que l'art, monsieur? c'est la nature concentrée.

Les deux jeunes gens arpentaient alors le Luxembourg. Lucien apprit bientôt le nom, devenu depuis célèbre, de l'inconnu qui s'efforçait de le consoler. Ce jeune homme était Daniel d'Arthez, aujourd'hui l'un des plus illustres écrivains de notre époque, et l'un des gens rares qui, selon la belle pensée d'un poète, offrent

L'accord d'un beau talent et d'un beau caractère

— On ne peut pas être grand homme à bon marché, lui dit Daniel de sa voix douce. Le génie arrose ses œuvres de ses larmes. Le talent est une créature morale qui a, comme tous les êtres, une enfance sujette à des maladies. La société repousse les talents incomplets comme la nature emporte les créatures faibles ou mal conformées. Qui veut s'élever au-dessus des hommes doit se préparer à une lutte, ne reculer devant aucune difficulté. Un grand écrivain est un martyr qui ne mourra pas, voilà tout. Vous avez au front le sceau du génie, dit d'Arthez à Lucien en lui jetant un regard qui l'enveloppa, si vous n'en avez pas au cœur la volonté, si vous n'en avez pas la patience angélique, si à quelque distance du but que vous mettent les bizarreries de la destinée vous ne repreniez pas, comme les tortues en quel que pays qu'elles soient, le chemin de votre ami, comme elles prennent celui de leur cher océan, renoncez dès aujourd'hui.

— Vous vous attendez donc, vous, à des supplices? dit Lucien.

— A des épreuves en tout genre, à la calomnie, à la trahison, à l'injustice de mes rivaux, aux effronteries, aux ruses, à l'âpreté du commerce, répondit le jeune homme d'une voix résignée. Si votre œuvre est belle, qu'importe une première perte…

— Voulez-vous lire et juger la mienne? dit Lucien.

— Soit, dit d'Arthez. Je demeure rue des Quatre-Vents, dans une maison où l'un des hommes les plus illustres, un des beaux génies de notre temps, un phénomène dans la science, Desplein, le plus grand chirurgien connu, souffrit son premier martyre en se débattant avec les premières difficultés de la vie et de la gloire à Paris. Ce souvenir me donne tous les soirs la dose de courage dont j'ai besoin tous les matins. Je suis dans cette chambre où il a souvent mangé comme Rousseau, du pain et des cerises, mais sans Thérèse. Venez dans une heure, j'y serai.

Les deux poètes se quittèrent en se serrant la main avec une indicible effusion de tendresse mélancolique. Lucien alla chercher son manuscrit. Daniel d'Arthez alla mettre au mont-de-piété sa montre pour pouvoir acheter deux falourdes, afin que son nouvel ami trouvât du feu chez lui, car il faisait froid. Lucien fut exact et vit d'abord une maison moins décente que son hôtel et qui avait une allée sombre, au bout de laquelle se développait un escalier obscur. La chambre de d'Arthez, située au cinquième étage, avait deux méchantes croisées entre lesquelles était une bibliothèque en bois noirci, pleine de cartons étiquetés. Une maigre couchette en bois peint, semblable aux couchettes de collège, une table de nuit achetée d'occasion, et deux fauteuils couverts en crin occupaient le fond de cette pièce tendue d'un papier écossais verni par l'usage et par le temps. Une longue table chargée de papiers était placée entre la cheminée et l'une des croisées. En face de cette cheminée, il y avait une mauvaise commode en bois d'acajou. Un tapis de hasard couvrait entièrement le carreau. Ce luxe nécessaire évitait du chauffage. Devant la table, un vulgaire fauteuil de bureau en maroquin rouge blanchi par l'usage, puis six mauvaises chaises complétaient l'ameublement. Sur la cheminée, Lucien aperçut un vieux flambeau de bouillotte à garde-vue, muni de quatre bougies. Quand Lucien demanda la raison des bougies, en reconnaissant en toutes choses les symptômes d'une âpre misère, d'Arthez lui répondit qu'il lui était impossible de supporter l'odeur de la chandelle. Cette circonstance indiquait une grande délicatesse de sens, l'indice d'une exquise sensibilité.

La lecture dura sept heures. Daniel écouta religieusement, sans dire un mot ni faire une observation, une des plus rares preuves de bon goût que puissent donner les auteurs.

— Eh bien? dit Lucien à Daniel en remettant le manuscrit sur la cheminée.

— Vous êtes une belle et bonne tête, répondit gravement le jeune homme; mais votre œuvre est à remanier. Si vous voulez ne pas être le singe de Walter Scott, il faut vous créer une manière différente, et vous l'avez imité. Vous commencez, comme lui, par de

longues conversations pour poser vos personnages: quand ils ont causé, vous faites arriver la description et l'action. Cet antagonisme nécessaire à toute œuvre dramatique vient en dernier. Renversez-moi les termes du problème. Remplacez ces diffuses causeries, magnifiques chez Scott, mais sans couleur chez vous, par des descriptions auxquelles se prête si bien notre langue. Que chez vous le dialogue soit la conséquence attendue qui couronne vos préparatifs. Entrez tout d'abord dans l'action. Prenez-moi votre sujet tantôt en travers, tantôt par la queue: enfin variez vos plans, pour n'être jamais le même. Vous serez neuf tout en adaptant à l'histoire de France la forme du drame dialogué de l'Écossais. Walter Scott est sans passion, il l'ignore, ou peut-être lui était-elle interdite par les mœurs hypocrites de son pays. Pour lui, la femme est le devoir incarné. A de rares exceptions près, ses héroïnes sont absolument les mêmes, il n'a eu pour elles qu'un seul poncif, selon l'expression des peintres. Elles procèdent toutes de Clarisse Harlowe, en les ramenant toutes à une idée, il ne pouvait que tirer des exemplaires d'un même type variés par un coloriage plus ou moins vif. La femme porte le désordre dans la société par la passion. La passion a des accidents infinis. Peignez donc les passions, vous aurez les ressources immenses dont s'est privé ce grand génie pour être lu dans toutes les familles de la prude Angleterre. En France, vous trouverez les fautes charmantes et les mœurs brillantes du catholicisme à opposer aux sombres figures du calvinisme pendant la période la plus passionnée de notre histoire. Chaque règne authentique, à partir de Charlemagne, demandera tout au moins un ouvrage, et quelquefois quatre ou cinq, comme pour Louis XIV, Henri IV, François Ier. Vous ferez ainsi une histoire de France pittoresque où vous peindrez les costumes, les meubles, les maisons, les intérieurs, la vie privée tout en donnant l'esprit du temps, au lieu de narrer péniblement des faits connus. Vous avez un moyen d'être original en relevant les erreurs populaires qui défigurent la plupart de nos rois. Osez, dans votre première œuvre, rétablir la grande et magnifique figure de Catherine de Médicis sacrifiée aux préjugés qui planent encore sur elle. Enfin peignez Charles IX comme il était, et non comme l'ont fait les écrivains protestants. Au bout de dix ans de persistance, vous aurez gloire et fortune.

Il était alors neuf heures. Lucien imita l'action secrète de son futur ami, en lui offrant à dîner chez Edon, où il dépensa douze francs. Pendant ce dîner, Daniel livra le secret de ses espérances et de ses études à Lucien. D'Arthez n'admettait pas de talent hors ligne sans de profondes connaissances métaphysiques. Il procédait en ce moment au dépouillement de toutes les richesses philosophiques des temps anciens et modernes pour se les assimiler. Il voulait, comme Molière, être un profond philosophe avant de faire des comédies. Il étudiait le monde écrit et le monde vivant, la pensée et le fait. Il avait pour amis de savants naturalistes, de jeunes médecins, des écrivains politiques et des artistes, société de gens studieux, sérieux, pleins d'avenir. Il vivait d'articles consciencieux et mal payés, mis dans des dictionnaires biographiques, encyclopédiques ou de sciences naturelles; il n'en écrivait ni plus ni moins que ce qu'il en fallait pour vivre et pouvoir suivre sa pensée. D'Arthez avait une œuvre d'imagination, entreprise uniquement pour étudier les ressources de la langue. Ce livre, encore mâché, repris par caprice, il le gardait pour les jours de grande détresse. C'était une œuvre psychologique et de haute portée sous la forme du roman. Quoique Daniel se découvrît modestement, il parut gigantesque à Lucien. En sortant du restaurant, à onze heures, Lucien s'était pris d'une vive amitié pour cette vertu sans emphase, sublime sans le savoir. Le poète ne discuta pas les conseils de Daniel, il les suivit à la lettre. Ce talent, déjà mûri par la pensée et par une critique solitaire, inédite, faite pour lui, non pour autrui, lui avait tout à coup poussé la porte des plus magnifiques palais de la fantaisie. Les lèvres du provincial avaient été touchées d'un charbon ardent, et la parole du travailleur parisien trouva dans le cerveau poète d'Angoulême une terre préparée. Lucien se mit à refondre son œuvre.

Heureux d'avoir rencontré dans le désert de Paris un cœur où abondaient des sentiments généreux en harmonie avec les siens, le grand homme de province fit ce que font tous les jeunes gens affamés d'affection: il s'attacha comme une maladie chronique à d'Arthez et alla le chercher pour se rendre à la bibliothèque, il se promena près de lui au Luxembourg par les belles journées, il l'accompagna tous les soirs jusque dans sa pauvre chambre, après avoir dîné près de lui chez Flicoteaux, enfin il se serra contre lui comme un soldat se pressant son voisin dans les plaines glacées de la Russie. Pendant les premiers jours de sa connaissance avec Daniel, Lucien ne remarqua pas sans chagrin une certaine gêne causée par sa présence dès que les intimes étaient réunis. Les discours de ces êtres supérieurs, dont lui parlait d'Arthez avec un enthousiasme concentré, se tenaient dans les bornes d'une réserve en désaccord avec les témoignages visibles de leur amitié. Lucien était alors discrètement et respectueusement une sorte de peine causée par l'ostracisme dont il était l'objet et par la curiosité qu'excitaient en lui ces personnages inconnus, car tous s'appelaient par leurs noms de baptême. Tous portaient au tout, comme d'Arthez, le secau d'un génie spécial. Après de secrètes oppositions combattues à son insu par Daniel, Lucien fut enfin jugé digne d'entrer dans ce cénacle de grands esprits. Lucien put dès lors connaître ces personnes unies par les plus vives sympathies, par le sérieux de leur existence intellectuelle et qui se réunissaient presque tous les soirs chez d'Arthez. Tous pressentaient en lui un grand écrivain ; ils le regardaient comme leur chef depuis qu'ils avaient et perdu leur premier chef, qui, pour des raisons inutiles à rapporter, était retourné dans sa province, et dont Lucien entendait souvent parler sous le nom de Louis. On comprendra facilement combien ces personnages avaient dû réveiller l'intérêt et la curiosité d'un poëte, à l'indication de ceux dont depuis ont conquis, comme d'Arthez, toute leur gloire, car plusieurs succombèrent.

Parmi ceux qui vivent encore était Horace Bianchon, alors interne à l'Hôtel-Dieu, devenu depuis l'un des flambeaux de l'école de Paris, et trop connu maintenant pour qu'il soit nécessaire de peindre sa personne ou d'expliquer son caractère et la nature de son esprit. Puis venait Léon Giraud, ce profond philosophe, ce hardi théoricien qui remue tous les systèmes, les juges, les exprime, les formule et les traîne aux pieds de son idole, l'humanité ; toujours grand même dans ses erreurs, ennobli par sa bonne foi. Ce travailleur intrépide, ce savant consciencieux, est devenu chef d'une école morale et politique, sur le mérite de laquelle le temps seul pourra prononcer. Si ses convictions lui ont fait une de lui de ces régions étrangères à celles où ses camarades se sont élancés, il n'en est pas moins resté un fidèle ami. L'art était représenté par Joseph Bridau, l'un des meilleurs peintres de la jeune école. Sans les malheurs secrets auxquels le condamne une nature trop impressionable, Joseph, dont le dernier mot n'est pas d'ailleurs pas dit, aurait pu continuer les grands maîtres de l'école italienne : il a le dessin de Rome et la couleur de Venise ; mais l'amour le tue et il ne lui en pas que son cœur : l'amour lui lance ses flèches dans le cerveau, lui dérange sa vie et lui fait faire les plus étranges zigzags. Si sa maîtresse éphémère le rend ou trop heureux ou trop misérable, Joseph ne peut rien pour l'exposition tantôt des esquisses où la couleur empâte le dessin, tantôt des tableaux qu'il a voulu finir sous le poids de chagrins imaginaires, et où le dessin l'a si bien préoccupé, que la couleur, dont il dispose à son gré, ne s'y retrouve pas. Il trompe incessamment et le public et ses amis. Hoffmann l'eût adoré pour ses pointes poussées avec hardiesse dans le champ des arts, pour ses caprices, pour sa fantaisie. Quand il est complet, il excite l'admiration, il la savoure et s'efarouche alors de ne plus recevoir d'éloges pour les œuvres manquées où les yeux de son ami voient tout, de ceux qui sont absent pour l'œil du public. Fantasque au suprême degré, ses amis lui ont vu détruire un tableau achevé auquel il trouvait l'air trop peigné. — C'est trop fait, disait-il, c'est trop écolier. Original et sublime parfois, il a tous les malheurs et toutes les félicités des organisations nerveuses, chez lesquelles la perfection tourne en maladie. Son esprit est frère de celui de Sterne, mais sans le travail littéraire. Ses mots, ses jets de pensée, ont une saveur inouïe. Il est éloquent et sait aimer, mais avec ses caprices, qu'il porte dans les sentiments comme dans son faire. Il était cher au cénacle précisément à cause de ce que le monde bourgeois eût appelé ses défauts. Enfin, Fulgence Ridal, l'un des auteurs de notre temps, le poëte le plus de verve comique, un poëte insoucieux de la gloire, ne jetait au théâtre que ses productions les plus vulgaires, et gardant dans le sérail de son cerveau, pour lui, pour ses amis, les plus jolies scènes, ne demandant au public que l'argent nécessaire à son indépendance, et ne voulant plus rien faire dès qu'il aura obtenu de quoi vivre. Paresseux et fécond comme Rossini, obligé, comme les grands poètes comiques, comme Molière et Rabelais, de considérer toute chose à l'endroit du pour et à l'envers du contre, il était sceptique, il pouvait rire et rire de tout. Fulgence Ridal est un grand philosophe pratique. La science du monde, son génie d'observation, son dédain de la gloire, qu'il appelle la parade, ne lui ont point desséché le cœur. Aussi actif pour autrui qu'il est indifférent à ses intérêts, s'il marche, c'est pour un ami. Pour ne pas mentir à son masque vraiment rabelaisien, il ne hait pas la bonne chère et ne la recherche point, il est à la fois mélancolique et gai. Ses amis le nomment le chien du régiment, rien ne le peint mieux que ce sobriquet. Trois autres, au moins aussi supérieurs que les quatre amis peints de profil, devaient succomber par intervalles. Meyraux d'abord, qui mourut après avoir ému la célèbre dispute entre Cuvier et Geoffroy Saint-Hilaire, grande question qui devait partager le monde scientifique entre ces deux génies égaux, quelques mois avant la mort de celui qui tenait pour une science étroite et analyste contre le panthéiste qui vit encore et que l'Allemagne révère. Meyraux était l'ami de ce Louis, qu'une mort anticipée devait bientôt ravir au monde intellectuel. A ces deux hommes, tous deux marqués par la mort, tous deux obscurs aujourd'hui, malgré l'immense portée de leur savoir et de leur génie, il faut joindre Michel Chrestien, républicain d'une haute portée, qui rêvait la fédération de l'Europe, et qui fut, en 1830, pour beaucoup dans le mouvement moral des saint-simoniens. Homme politique de la force de Saint-Just et de Danton, mais simple

et doux comme une jeune fille, plein d'illusions et d'amour, doué d'une voix mélodieuse qui aurait ravi Mozart, Weber ou Rossini, et chantant certaines chansons de Béranger à enivrer le cœur de poésie, d'amour ou d'espérance. Michel Chrestien, pauvre comme Lucien, comme Daniel, comme tous ses amis, gagnait sa vie avec une insouciance diogénique. Il faisait des tables de matières pour de grands ouvrages, des prospectus pour les libraires, muet d'ailleurs sur ses doctrines comme est muette une tombe sur les secrets de la mort. Ce gai bohémien de l'intelligence, ce grand homme d'état, qui peut-être eût changé la face du monde, mourut au cloître Saint-Méry comme un simple soldat. La balle de quelque négociant tua la l'une des plus nobles créatures qui foulassent le sol français. Michel Chrestien périt pour d'autres doctrines que les siennes. Sa fédération menaçait beaucoup plus que la propagande républicaine l'aristocratie européenne ; elle était plus rationnelle et moins folle que les affreuses idées de liberté indéfinie proclamées par les jeunes insensés qui se portent héritiers de la Convention. Ce noble plébéien fut pleuré de tous ceux qui le connaissaient. Il n'est aucun d'eux qui ne songe, et souvent à ce grand homme politique inconnu.

Ces neuf personnes composaient un cénacle où l'estime et l'amitié faisaient régner la paix entre les idées et les doctrines les plus opposées. Daniel d'Arthez, gentilhomme picard, tenait pour la monarchie avec une conviction égale à celle qui faisait tenir Michel Chrestien à son fédéralisme européen. Fulgence Ridal se moquait des doctrines philosophiques de Léon Giraud, qui lui-même, prédisait à d'Arthez la fin du christianisme et de la famille. Michel Chrestien, qui croyait à la religion du Christ, le divin législateur de l'égalité, défendait l'immortalité de l'âme contre le scalpel de Bianchon, l'analyste par excellence. Tous discutaient sans disputer. Ils n'avaient point de vanité, étant eux-mêmes leur auditoire. Ils se communiquaient leurs travaux, et se consultaient avec l'adorable bonne foi de la jeunesse. S'agissait-il d'une affaire sérieuse : l'opposant quittait son opinion pour entrer dans les idées de son ami, d'autant plus apte à l'aider, qu'il était impartial dans une cause ou dans une œuvre en dehors de ses idées. Presque tous avaient l'esprit doux et tolérant, deux qualités qui prouvaient leur supériorité. L'envie, cet horrible trésor de nos espérances trompées, de nos talents avortés, de nos succès manqués, de nos prétentions blessées, leur était inconnue. Tous marchaient d'ailleurs dans des voies différentes. Aussi, ceux qui furent admis, comme Lucien, dans leur société, se sentaient-ils à l'aise. Le vrai talent est toujours bon enfant et candide, ouvert, point goguenard, chez lui, l'épigramme caresse l'esprit, et ne vise jamais l'amour-propre. Une fois la première émotion que cause le respect dissipée, on éprouvait des douceurs infinies auprès de ces jeunes gens d'élite. La familiarité n'excluait pas la conscience que chacun avait de sa valeur, chacun sentait une profonde estime pour son voisin, enfin, chacun se sentant de force à être à son tour le bienfaiteur ou l'obligé, tout le monde acceptait sans façon. Les conversations pleines de charmes et sans fatigue, embrassaient les sujets les plus variés. Légers à la manière des flèches, les mots allaient à fond tout en allant vite. La grande misère extérieure et la splendeur des richesses intellectuelles produisaient un singulier contraste. Là, personne ne pensait aux réalités de la vie que pour en tirer d'amicales plaisanteries. Par une journée où le froid se fit prématurément sentir, cinq des amis de d'Arthez arrivèrent avec chacun la même pensée, tous apportaient du bois sous leur manteau, comme dans ces repas champêtres où, chaque invité devant fournir son plat, tout le monde donne un pâté. Tous doués de cette beauté morale qui réagit sur la forme, et qui, non moins que les travaux et les veilles, dore les jeunes visages d'une teinte divine, ils offraient ces traits un peu tourmentés, que la pureté de la vie et le feu de la pensée régularisent et purifient. Leurs fronts se recommandaient par une ampleur poétique. Leurs yeux vifs et brillants déposaient d'une vie sans souillures. Les souffrances de la misère, quand elles se faisaient sentir, étaient si gaiement supportées, épousées avec une telle ardeur par tous, qu'elles n'altéraient point la sérénité particulière aux visages des jeunes gens encore exempts de fautes graves, qui ne se sont amoindris dans aucune de ces lâches actions qu'arrachent la misère mal supportée, l'envie de parvenir sans aucun choix de moyens, et la facile complaisance avec laquelle les gens de lettres accueillent ou pardonnent les trahisons. Ce qui rend les amitiés indissolubles, et double leur charme, est un sentiment qui manque à l'amour, la certitude. Ces jeunes gens étaient sûrs d'eux-mêmes : l'ennemi de l'un devenait l'ennemi de tous, ils eussent brisé leurs intérêts les plus urgents pour obéir à la sainte solidarité de leurs cœurs. Incapables tous d'une lâcheté, ils pouvaient opposer un non formidable à toute accusation, et se défendre les uns les autres avec sécurité. Également nobles par le cœur et d'égale force dans les choses de sentiment, ils pouvaient tout penser et se tout dire sur le terrain de la science et de l'intelligence, de là l'innocence de leur commerce, la gaieté de leur parole. Certains de se comprendre, leur esprit divaguait à l'aise, aussi ne tenaient-ils point de façon entre eux, ils se confiaient leurs peines et leurs joies, ils pensaient et souffraient à plein cœur. Les charmantes délicatesses, qui font de la fable des Deux Amis un trésor pour les grandes âmes, étaient habituelles chez eux. Leur sévérité pour admettre dans leur sphère un nouvel habitant se conçoit. Ils avaient trop la conscience de leur grandeur et de leur bonheur pour le troubler en y laissant entrer des éléments nouveaux et inconnus.

Cette fédération de sentiments et d'intérêts dura sans choc ni mécomptes pendant vingt années. La mort, qui leur enleva Louis Lambert, Meyraux et Michel Chrestien, put seule diminuer cette noble pléiade. Quand, en 1832, ce dernier succomba, Horace Bianchon, Daniel d'Arthez, Léon Giraud, Joseph Bridau, Fulgence Ridal, allèrent, malgré le péril de la démarche, retirer son corps à Saint-Merry, pour lui rendre les derniers devoirs à la face brûlante de la politique. Ils accompagnèrent ces restes chéris jusqu'au cimetière du Père-Lachaise pendant la nuit. Horace Bianchon leva toutes les difficultés à ce sujet, et ne recula devant aucune, il sollicita les ministres en leur confessant sa vieille amitié pour le fédéraliste expiré. Ce fut une scène touchante gravée dans la mémoire des amis, peu nombreux, qui assistèrent les cinq hommes célèbres. En vous promenant dans cet élégant cimetière, vous verrez un terrain acheté à perpétuité, où s'élève une tombe de gazon surmontée d'une croix en bois noir sur laquelle sont gravés en lettres rouges ces deux noms : MICHEL CHRESTIEN. C'est le seul monument qui soit dans ce style. Les cinq amis ont pensé qu'il fallait rendre hommage à cet homme simple par cette simplicité.

Dans cette froide mansarde se réalisaient donc les plus beaux rêves du sentiment.

Là, des frères, tous également forts en différentes régions de la science, s'éclairaient mutuellement avec bonne foi, se disant tout, même leurs pensées mauvaises, tous d'une instruction immense et tous éprouvés au creuset de la misère.

Une fois admis parmi ces êtres d'élite et pris pour un égal, Lucien y représenta la poésie et la beauté. Il y lut des sonnets qui furent admirés. On lui demandait un sonnet, comme il priait Michel Chrestien de lui chanter une chanson. Dans le désert de Paris, Lucien trouva donc une oasis rue des Quatre-Vents.

Au commencement du mois d'octobre, Lucien, après avoir employé le reste de son argent pour se procurer un peu de bois, resta sans ressources au milieu du plus ardent travail, celui du remaniement de son œuvre. Daniel d'Arthez, lui, brûlait des mottes, et supportait héroïquement la misère : il ne se plaignait point, il était rangé comme une vieille fille, et ressemblait à un avare, tant il avait de méthode. Ce courage excitait celui de Lucien, qui, nouveau venu dans le cénacle, éprouvait une invincible répugnance à parler de sa détresse. Un matin, il alla jusqu'à la rue du Coq pour vendre l'*Archer de Charles IX* à Doguereau, qu'il ne rencontra pas. Lucien ignorait combien les grands esprits ont d'indulgence. Chacun de ses amis concevait les faiblesses particulières aux hommes de poésie, les abattements qui suivent les efforts de l'âme, surexcitée par les contemplations de la nature qu'ils ont mission de reproduire. Ces hommes si forts contre leurs propres maux étaient tendres pour les douleurs de Lucien. Ils avaient compris son manque d'argent. Le cénacle couronna donc les douces soirées de causeries, de profondes méditations, de poésies, de confidences, de courses à pleines ailes dans les champs de l'intelligence, dans l'avenir des nations, dans les domaines de l'histoire, par un trait qui prouve combien Lucien avait peu compris ses nouveaux amis.

— Lucien, mon ami, lui dit Daniel, tu n'es pas venu dîner hier chez Flicoteaux, et nous savons pourquoi.

Lucien ne put retenir des larmes qui coulèrent sur ses joues.

— Tu as manqué de confiance en nous, lui dit Michel Chrestien, nous ferons une croix à la cheminée, et quand nous serons à dix...

— Nous avons tous, dit Bianchon, trouvé quelque travail extraordinaire : moi j'ai gardé pour le compte de Desplein un riche malade, d'Arthez a fait un article pour la *Revue Encyclopédique*, Chrestien a voulu aller chanter un soir dans les champs Élysées avec un mouchoir et quatre chandelles ; mais il a trouvé une brochure à faire pour un homme qui veut devenir un homme politique, et il lui a donné pour six cents francs de Machiavel, Léon Giraud a emprunté cinquante francs à son libraire, Joseph a vendu des croquis, et Fulgence a fait donner sa pièce dimanche, il a eu salle pleine.

— Voilà deux cents francs, dit Daniel, acceptez-les, et qu'on ne t'y reprenne plus.

— Allons, ne va-t-il pas nous embrasser, comme si nous avions fait quelque chose d'extraordinaire ? dit Chrestien.

Pour faire comprendre quelles délices ressentait Lucien dans cette vivante encyclopédie d'esprits angéliques, de jeunes gens empreints des originalités diverses que chacun d'eux tirait de la science qu'il cultivait, il suffira de rapporter les réponses que Lucien reçut, le lendemain à une lettre écrite à sa famille, chef-d'œuvre de sensibilité, de bon vouloir, un horrible cri que lui avait arraché sa détresse.

D'Arthez à la bibliothèque de Sainte-Geneviève — Page 15.

LETTRE DE DAVID SÉCHARD A LUCIEN.

« Mon cher Lucien, tu
« trouveras ci-joint un
« effet, à quatre-vingt-
« dix jours et à ton or-
« dre, de deux cents fr.
« Tu pourras le négo-
« cier chez M. Métivier,
« marchand de papier,
« notre correspondant à
« Paris, rue Serpente. Mon bon Lucien, nous n'avons absolument
« rien. Ma femme s'est mise à diriger l'imprimerie, et s'acquitte de sa
« tâche avec un dévouement, une patience, une activité, qui me font
« bénir le ciel de m'avoir donné pour femme un pareil ange. Elle-
« même a constaté l'impossibilité où nous sommes de t'envoyer le
« plus léger secours. Mais, mon ami, je te crois dans un si beau
« chemin, accompagné de cœurs si grands et si nobles, que tu ne
« saurais faillir à ta belle destinée en te trouvant aidé par les intelli-
« gences presque divines de MM. Daniel d'Arthez, Michel Chrestien
« et Léon Giraud, conseillé par MM. Meyraux, Bianchon et Ridal, que
« ta chère lettre nous a fait connaître. A l'insu d'Ève, j'ai donc
« souscrit cet effet, que je trouverai moyen d'acquitter à l'échéance.
« Ne sors pas de la voie : elle est rude, mais elle sera glorieuse. Je
« préférerais souffrir mille maux à l'idée de te savoir tombé dans
« quelques bourbiers de Paris, où j'en ai tant vu. Aie le courage d'é-

UN GRAND HOMME DE PROVINCE A PARIS.

« viter, comme tu le fais, les mauvais endroits, les méchantes gens,
« les étourdis et certains gens de lettres que j'ai appris à estimer à
« leur juste valeur pendant mon séjour à Paris. Enfin, sois le digne
« émule de ces esprits célestes que tu m'as rendus chers. Ta con-
« duite sera bientôt récompensée. Adieu, mon frère bien-aimé, tu
« m'as ravi le cœur, je n'avais pas attendu de toi tant de courage.

« DAVID. »

LETTRE D'ÈVE SÉCHARD A LUCIEN CHARDON.

« Mon ami, ta lettre nous a fait pleurer tous. Que ces nobles cœurs
« vers lesquels ton bon ange te guide le sachent : une mère, une
« pauvre jeune femme, prieront Dieu soir et matin pour eux ; et, si les
« prières les plus ferventes montent jusqu'à son trône, elles obtien-
« dront quelques faveurs
« pour vous tous. Oui,
« mon frère, leurs noms
« sont gravés dans mon
« cœur. Ah ! je les ver-
« rai quelque jour. J'irai,
« dussé-je faire la route
« à pied, les remercier
« de leur amitié pour toi,
« car elle a répandu com-
« me un baume sur mes
« plaies vives. Ici, mon
« ami, nous travaillons
« comme de pauvres ou-
« vriers. Mon mari, ce
« grand homme incon-
« nu, que j'aime chaque
« jour davantage en dé-
« couvrant de moments
« en moments de nou-
« velles richesses dans
« son cœur, délaisse son
« imprimerie, et je de-
« vine pourquoi : ta mi-
« sère, la nôtre, celle de
« notre mère, l'assassi-
« nent. Notre adoré Da-
« vid est comme Promé-
« thée dévoré par un
« vautour, un chagrin
« jaune à bec aigu. Quant
« à lui, le noble homme,
« il n'y pense guère, il a
« l'espoir d'une fortune.
« Il passe toutes ses jour-
« nées à faire des expé-
« riences sur la fabrica-
« tion du papier ; il m'a
« priée de m'occuper à
« sa place des affaires
« dans lesquelles il m'ai-
« de autant que lui per-
« met sa préoccupation.
« Hélas ! je suis grosse.
« Cet événement, qui
« m'eût comblée de joie,
« m'attriste dans la si-
« tuation où nous som-
« mes tous. Ma pauvre
« mère est redevenue
« jeune, elle a retrouvé
« des forces pour son fa-
« tigant métier de garde-
« malade. Aux soucis de
« fortune près nous serions heureux. Le vieux père Séchard ne veut
« pas donner un liard à son fils ; David est allé le voir pour lui em-
« prunter quelques deniers afin de te secourir, car ta lettre l'avait
« mis au désespoir. « Je connais Lucien, il perdra la tête, et fera des
« sottises, » disait-il. Je l'ai bien grondé. Mon frère, manquer à quoi
« que ce soit !... lui ai-je répondu, Lucien sait que j'en mourrais de
« douleur.

« Ma mère et moi, sans que David s'en doute, nous avons engagé
« quelques objets ; ma mère les retirera dès qu'elle rentrera dans
« quelque argent. Nous avons pu faire ainsi cent francs que je t'en-
« voie par les messageries. Si je n'ai pas répondu à ta première let-
« tre, ne m'en veux pas, mon ami. Nous étions dans une situation à
« passer les nuits, je travaillais comme un homme. Ah ! je ne me sa-
« vais pas autant de force. Madame de Bargeton est une femme sans
« âme ni cœur ; elle se devait, même en ne t'aimant plus, de te pro-

Une femme pouvait y venir... — PAGE 26.

« téger et de t'aider, après t'avoir arraché de nos bras pour te jeter
« dans cette affreuse mer parisienne où il faut une bénédiction de
« Dieu pour rencontrer des amitiés vraies parmi ces flots d'hommes
« et d'intérêts. Elle n'est pas à regretter. Je te voulais auprès de toi
« quelque femme dévouée, une seconde moi-même ; mais maintenant
« que je te sais des amis qui continuent nos sentiments, me voilà
« tranquille. Déploie tes ailes, mon beau génie aimé ! Tu seras notre
« gloire, comme tu es déjà notre amour.

« ÈVE. »

« Mon enfant chéri, je ne puis que te bénir après ce que te dit ta
« sœur, et t'assurer que mes prières et mes pensées ne sont, hélas !
« pleines que de toi, au détriment de ceux que je vois ; car il est des
« cœurs où les absents ont raison, et il en est ainsi dans le cœur de

« TA MÈRE. »

Ainsi, deux jours
après, Lucien put ren-
dre à ses amis leur prêt
si gracieusement offert.
Jamais peut-être la vie
ne lui sembla plus belle,
mais le mouvement de
son amour-propre n'é-
chappa point aux re-
gards profonds de ses
amis et à leur délicate
sensibilité.

— On dirait que tu as
peur de nous devoir
quelque chose ! s'écria
Fulgence.

— Oh ! le plaisir qu'il
manifeste est bien grave
à mes yeux, dit Michel
Chrestien, il confirme
les observations que j'ai
faites : Lucien a de la
vanité.

— Il est poète, dit
d'Arthez.

— M'en voulez-vous
d'un sentiment aussi
naturel que le mien ?

— Il faut lui tenir
compte de ce qu'il ne
nous l'a pas caché, dit
Léon Giraud, il est en-
core franc ; mais j'ai
peur que plus tard il ne
nous redoute.

— Et pourquoi ? de-
manda Lucien.

— Nous lisons dans
ton cœur, répondit Jo-
seph Bridau.

— Il y a chez toi,
lui dit Michel Chrestien,
un esprit diabolique avec
lequel tu justifieras à
tes propres yeux les
choses les plus contrai-
res à nos principes : au
lieu d'être un sophiste
d'idées, tu seras un so-
phiste d'actions.

— Ah ! j'en ai peur,
dit d'Arthez. Lucien, tu
feras en toi-même des
discussions admirables
où tu seras grand, et qui aboutiront à des faits blâmables... Tu ne
seras jamais d'accord avec toi-même.

— Sur quoi donc appuyez-vous votre réquisitoire ? demanda Lucien.

— Ta vanité, mon cher poète, est si grande, que tu en mets jusque
dans ton amitié, s'écria Fulgence. Toute vanité de ce genre accuse
un effroyable égoïsme, et l'égoïsme est le poison de l'amitié.

— Oh ! mon Dieu, s'écria Lucien, vous ne savez donc pas combien
je vous aime.

— Si tu nous aimais comme nous nous aimons, aurais-tu mis tant
d'empressement et tant d'emphase à nous rendre ce que nous avions
tant de plaisir à te donner ?

— On ne se prête rien ici, on se donne, lui dit brutalement Joseph
Bridau.

— Ne nous crois pas rudes, mon cher enfant, lui dit Michel Chrestien, nous sommes prévoyants. Nous avons peur de te voir un jour préférant les joies d'une petite vengeance aux joies de notre pure amitié. Lis le Tasse de Goethe, la plus grande œuvre de ce beau génie, et tu y verras que le poète aimait les brillantes étoffes, les festins, les triomphes, l'éclat : eh bien ! sois le Tasse sans sa folie. Le monde et ses plaisirs t'appelleront... reste ici. Transporte dans la région des idées tout ce que tu demandes à tes vanités. Folie pour folie, mets la vertu dans tes actions et le vice dans tes idées ; au lieu, comme le disait d'Arthez, de bien penser et de te mal conduire.

Lucien baissa la tête : ses amis avaient raison.

— J'avoue que je ne suis pas aussi fort que vous l'êtes, dit-il en leur jetant un adorable regard. Je n'ai pas des reins et des épaules à soutenir Paris, à lutter avec courage. La nature nous a donné des tempéraments et des facultés différents, et vous connaissez mieux que personne l'envers des vices et des vertus. Je suis déjà fatigué, je vous le confie.

— Nous te soutiendrons, dit d'Arthez, voilà précisément à quoi servent les amitiés fidèles.

— Le secours que je viens de recevoir est précaire, et nous sommes tous aussi pauvres les uns que les autres ; le besoin me poursuivra bientôt. Chrestien, aux gages du premier venu, ne peut rien en librairie. Bianchon est en dehors de ce cercle d'affaires. D'Arthez ne connaît que les libraires de science ou de spécialités, qui n'ont aucune prise sur les éditeurs de nouveautés. Horace, Fulgence Ridal et Bridau travaillent dans un ordre d'idées qui les met à cent lieues des libraires. Je dois prendre un parti.

— Tiens-toi donc au nôtre : souffrir ! dit Bianchon, souffrir courageusement et se fier au travail !

— Mais ce qui n'est que souffrance pour vous est la mort pour moi, dit vivement Lucien.

— Avant que le coq ait chanté trois fois, dit Léon Giraud en souriant, cet homme aura trahi la cause du travail pour celle de la paresse et des vices de Paris.

— Où le travail vous a-t-il menés ? dit Lucien en riant.

— Quand on part de Paris pour l'Italie, on ne trouve pas Rome à moitié chemin, dit Joseph Bridau. Pour toi, les petits pois devraient pousser tout accommodés au beurre.

— Ils ne poussent ainsi que pour les fils aînés des pairs de France, dit Michel Chrestien. Mais, nous autres, nous les semons, les arrosons et les trouvons meilleurs.

La conversation devint plaisante, et changea de sujet. Ces esprits perspicaces, ces cœurs délicats, cherchèrent à faire oublier cette petite querelle à Lucien, qui comprit dès lors combien il était difficile de les tromper. Il arriva bientôt à un désespoir intérieur qu'il cacha soigneusement à ses amis, en les croyant des mentors implacables. Son esprit méridional, qui parcourait si facilement le clavier des sentiments, lui faisait prendre les résolutions les plus contraires.

À plusieurs reprises il parla de se jeter dans les journaux, et toujours ses amis lui dirent : — Gardez-vous-en bien.

— Là serait la tombe du beau, du suave Lucien que nous aimons et connaissons, dit d'Arthez.

— Tu ne résisterais pas à la constante opposition de plaisir et de travail qui se trouve dans la vie des journalistes ; et, résister, c'est le fond de la vertu. Tu serais si enchanté d'exercer le pouvoir, d'avoir droit de vie et de mort sur les œuvres de la pensée, que tu serais journaliste en deux mois. Être journaliste, c'est passer proconsul dans la république des lettres. Qui peut tout dire, arrive à tout faire ! Cette maxime est de Napoléon et se comprend.

— Ne serez-vous pas près de moi ? dit Lucien.

— Nous n'y serons plus, s'écria Fulgence. Journaliste, tu ne penserais pas plus à nous que la fille d'Opéra brillante, adorée, ne pense, dans sa voiture doublée de soie, à son village, à ses vaches, à ses sabots. Tu n'as que trop les qualités du journaliste : le brillant et la soudaineté de la pensée. Tu ne te refuserais jamais à un trait d'esprit, dût-il faire pleurer ton ami. Je vois les journalistes aux foyers de théâtre, ils me font horreur. Le journalisme est un enfer, un abîme d'iniquités, de mensonges, de trahisons, que l'on ne peut traverser et d'où l'on ne peut sortir pur, que protégé comme Dante par le divin laurier de Virgile.

Plus le cénacle défendait cette voie à Lucien, plus son désir de connaître le péril l'invitait à s'y risquer, et il commençait à discuter en lui-même : n'était-il pas ridicule de se laisser encore une fois surprendre par la détresse sans avoir rien fait contre elle ? En voyant l'insuccès de ses démarches à propos de son premier roman, Lucien était peu tenté d'en composer un second. D'ailleurs, de quoi vivrait-il pendant le temps de l'écrire ? Il avait épuisé sa dose de patience durant un mois de privations. Ne pourrait-il faire noblement ce que les journalistes faisaient sans conscience ni dignité ? Ses amis l'insultaient avec leurs défiances, il voulait leur prouver sa force d'esprit. Ils l'aideraient peut-être un jour, il serait le héros de leurs gloires !

— D'ailleurs, qu'est donc une amitié qui recule devant la complicité ? demanda-t-il un soir à Michel Chrestien, qui l'avait reconduit jusque chez lui, en compagnie de Léon Giraud.

— Nous ne reculons devant rien, répondit Michel Chrestien. Si tu

avais le malheur de tuer ta maîtresse, je t'aiderais à cacher ton crime et pourrais t'estimer encore ; mais, si tu devenais espion, je te fuirais avec horreur, car tu serais lâche et infâme par système. Voilà le journalisme en deux mots. L'amitié pardonne l'erreur, le mouvement irréfléchi de la passion ; elle doit être implacable pour le parti pris de trafiquer de son âme, de son esprit et de sa pensée.

— Ne puis-je me faire journaliste pour vendre mon recueil de poésies et mon roman, puis abandonner aussitôt le journal !

— Machiavel se conduirait ainsi, mais non Lucien de Rubempré, dit Léon Giraud.

— Eh bien ! s'écria Lucien, je vous prouverai que je vaux Machiavel.

— Ah ! s'écria Michel en serrant la main de Léon, tu viens de le perdre. Lucien, dit-il, tu as trois cents francs, c'est de quoi vivre pendant trois mois à ton aise ; eh bien ! travaille, fais un second roman, d'Arthez et Fulgence t'aideront pour le plan, tu grandiras, tu seras un romancier. Moi, je pénétrerai dans un de ces lupanars de la pensée, je serai journaliste pendant trois mois, je te vendrai tes livres à quelque libraire de qui j'attaquerai les publications, j'écrirai les articles, j'en obtiendrai pour toi, nous organiserons un succès, tu seras un grand homme, et tu resteras notre Lucien.

— Tu me méprises donc bien en croyant que je périrais là où tu te sauverais ! dit le poète.

— Pardonnez-lui, mon Dieu, c'est un enfant ! s'écria Michel Chrestien.

Après s'être dégourdi l'esprit pendant les soirées passées chez d'Arthez, Lucien avait étudié les plaisanteries et les articles des petits journaux. Sûr d'être au moins l'égal des plus spirituels rédacteurs, il s'essaya secrètement à cette gymnastique de la pensée, et sortit un matin avec la triomphante idée d'aller demander du service à quelque colonel de ces troupes légères de la presse. Il mit dans sa tenue la plus distinguée et passa les ponts en pensant que des auteurs, des journalistes, ses futurs confrères, enfin ses frères futurs, auraient un peu plus de tendresse et de désintéressement que les deux genres de libraires contre lesquels s'étaient heurtées ses espérances. Il rencontrerait des sympathies, quelque bonne et douce affection comme celle qu'il trouvait au cénacle de la rue des Quatre-Vents. En proie aux émotions du pressentiment écouté, combattu, qu'aiment tant les hommes d'imagination, il arriva rue Saint-Fiacre auprès du boulevard Montmartre, devant la maison où se trouvaient les bureaux du journal et dont l'aspect lui fit éprouver les palpitations du jeune homme entrant dans un mauvais lieu. Néanmoins il monta dans les bureaux situés à l'entresol. Dans la première pièce, que divisait en deux parties égales une cloison moitié en planches et moitié grillagée jusqu'au plafond, il trouva un invalide manchot qui de sa main unique tenait plusieurs rames de papier sur la tête et avait entre ses dents le livret voulu par l'administration du timbre. Ce pauvre homme, dont la figure était d'un ton jaune et semée de bulbes rouges, ce qui lui valait le surnom de Coloquinte, lui montra derrière le grillage le Cerbère du journal. Ce personnage était un vieil officier décoré, le nez enveloppé de moustaches grises, un bonnet de soie noire sur la tête, et enseveli dans une ample redingote bleue comme une tortue dans sa carapace.

— De quel jour monsieur veut-il que parte son abonnement ? lui demanda l'officier de l'Empire.

— Je ne viens pas pour un abonnement, répondit Lucien. Le poète regarda, sur la porte qui correspondait à celle par laquelle il était entré, la pancarte où se lisaient ces mots : BUREAU DE RÉDACTION, et au-dessous : Le public n'entre pas ici.

— Une réclamation, sans doute, reprit le soldat de Napoléon. Ah ! oui ; nous avons été durs pour Mariette. Que voulez-vous, je ne sais pas encore le pourquoi. Mais, si vous demandez raison, je suis prêt, ajouta-t-il en regardant des fleurets et des pistolets, la panoplie moderne groupée au faisceau dans un coin.

— Encore moins, monsieur. Je viens pour parler au rédacteur en chef.

— Il n'y a jamais personne ici avant quatre heures.

— Voyez-vous, mon vieux Giroudeau, je trouve onze colonnes, lesquelles à cent sous pièce font cinquante-cinq francs ; j'en ai reçu quarante, donc vous me devez encore quinze francs, comme je vous le disais.

Ces paroles partirent d'une petite figure chafouine, claire comme un blanc d'œuf mal cuit, percée de deux yeux d'un bleu tendre, mais effrayants de malice, et qui appartenait à un jeune homme mince, caché derrière le corps opaque de l'ancien militaire. Cette voix glaça Lucien, elle tenait du miaulement des chats et de l'étouffement asthmatique de l'hyène.

— Oui, mon petit milicien, répondit l'officier en retraite ; mais vous comptez les titres et les blancs, j'ai ordre de Finot d'additionner le total des lignes et de les diviser par le nombre voulu pour chaque colonne. Après avoir pratiqué cette opération strangulatoire sur votre rédaction, il s'y trouve trois colonnes de moins.

— Il ne paye pas les blancs, l'arabe ! et il les compte à son associé dans le prix de sa rédaction en masse. Je vais aller voir Étienne Lousteau, Vernou...

— Je ne puis enfreindre la consigne, mon petit, dit l'officier. Comment, pour quinze francs, vous criez contre votre nourrice, vous qui faites des articles aussi facilement que je fume un cigare ! Eh ! vous payerez un bol de punch de moins à vos amis, ou vous gagnerez une partie de billard de plus, et tout sera dit !

— Finot réalise des économies qui lui coûteront bien cher, répondit le rédacteur, qui se leva et partit.

— Ne dirait-on pas qu'il est Voltaire et Rousseau ? se dit à lui-même le caissier en regardant le poète de province.

— Monsieur, reprit Lucien, je reviendrai vers quatre heures.

Pendant la discussion, Lucien avait vu sur les murs les portraits de Benjamin Constant, du général Foy, des dix-sept orateurs illustres du parti libéral, mêlés à des caricatures contre le gouvernement. Il avait surtout regardé la porte du sanctuaire où devait s'élaborer la feuille spirituelle qui l'amusait tous les jours et qui jouissait du droit de ridiculiser les rois, les événements les plus graves, enfin de mettre tout en question par un bon mot. Il alla flâner sur les boulevards, plaisir tout nouveau pour lui et si attrayant, qu'il vit les aiguilles des pendules chez les boulangers sur quatre heures sans s'apercevoir qu'il n'avait pas déjeuné. Le poète rabattit promptement vers la rue Saint-Fiacre, il monta l'escalier, ouvrit la porte, ne trouva plus le vieux militaire, et vit l'invalide assis sur son papier timbré mangeant une croûte de pain et gardant le poste d'un air résigné, tout au journal comme jadis à la corvée, et ne le comprenant pas plus qu'il ne connaissait la pourquoi de ces marches rapides ordonnées par l'empereur. Lucien conçut la pensée hardie de tromper ce redoutable fonctionnaire, il passa le chapeau sur la tête, et ouvrit, comme s'il était de la maison, la porte du sanctuaire. Le bureau de rédaction offrit à ses regards avides une table ronde couverte d'un tapis vert, et six chaises en merisier garnies de paille encore neuve. Le petit carreau de cette pièce, mis au couleur, n'avait pas encore été frotté ; mais il était propre, ce qui annonçait une fréquentation publique assez rare. Sur la cheminée, une glace, une pendule d'épicier couverte de poussière, deux flambeaux où deux chandelles avaient été brutalement fichées ; enfin des cartes de visite éparses. Sur la table grimaçaient de vieux journaux autour d'un encrier où l'encre séchée ressemblait à de la laque et décoré de plumes tortillées en soleils. Il lut sur de méchants bouts de papier quelques articles d'une écriture illisible et presque hiéroglyphique, déchirés en haut par les compositeurs de l'imprimerie, à qui cette marque sert à reconnaître les articles faits. Puis, çà et là, sur des papiers gris, il admira des caricatures dessinées assez spirituellement par des gens qui sans doute avaient tâché de tuer le temps en tuant quelque chose pour s'entretenir la main. Sur le petit papier de tenture couleur vert d'eau, il vit collés avec des épingles neuf dessins différents faits en charge à la plume sur le Solitaire, livre qu'un succès inouï recommandait alors à l'Europe et qui devait fatiguer les journalistes.

Le Solitaire en province, paraissant, les femmes étonne. — Dans un château, le Solitaire lu. — L'effet du Solitaire sur les domestiques animaux. — Chez l'habitant, le Solitaire expliqué, le plus succès brillant obtenu. — Le Solitaire traduit en chinois et présenté, par l'auteur, de Pékin à l'empereur. — Par le Mont-Sauvage. Et vie violée.

Cette caricature sembla très-impudente à Lucien, mais elle le fit rire.

— Par les journaux, le Solitaire sous un dais promené processionnellement. — Le Solitaire faisant éclater une presse, les ours blessés. — Lu à l'envers, étonne le Solitaire des académiciens par des supérieures beautés.

Lucien aperçut sur une bande de journal un dessin représentant un rédacteur tendant son chapeau, et dessous : Finot, mes cent francs ! signé d'un nom devenu fameux, mais qui ne sera jamais illustre. Entre la cheminée et la croisée se trouvaient une table à secrétaire, un fauteuil d'acajou, un panier à papiers et un tapis oblong appelé devant de cheminée ; le tout couvert d'une épaisse couche de poussière. Les fenêtres n'avaient que des petits rideaux. Sur le haut de ce secrétaire, il y avait environ vingt ouvrages déposés pendant la journée, des gravures, de la musique, des tabatières à la Charte, un exemplaire de la neuvième édition du Solitaire, toujours la grande plaisanterie du moment, et une dizaine de lettres cachetées. Quand Lucien eut inventorié cet étrange mobilier, eut fait des réflexions à perte de vue, que cinq heures eurent sonné, il revint à l'invalide pour le questionner. Coloquinte avait fini sa croûte et attendait avec la patience du factionnaire le militaire décoré qui peut-être se promenait sur le boulevard. En ce moment, une femme parut sur le seuil de la porte après avoir fait entendre le murmure de sa robe dans l'escalier et ce léger pas féminin si facile à reconnaître. Elle était assez jolie.

— Monsieur, dit-elle à Lucien, je sais pourquoi vous vantez tant les chapeaux de mademoiselle Virginie, et je viens vous demander d'abord un abonnement d'un an ; mais dites-moi ses conditions...

— Madame, je ne suis pas du journal.

— Ah !

— Un abonnement à dater d'octobre ? demanda l'invalide.

— Que réclame madame ? dit le vieux militaire, qui reparut.

Le vieil officier entra en conférence avec la belle marchande de modes. Quand Lucien, impatienté d'attendre, rentra dans la première pièce, il entendit cette phrase finale : — Mais je serai très-enchantée, monsieur. Mademoiselle Florentine pourra venir à mon magasin et choisira ce qu'elle voudra. Je tiens les rubans. Ainsi tout est bien entendu : vous ne parlerez plus de Virginie, une savetonne incapable d'inventer une forme, tandis que j'invente, moi.

Lucien entendit tomber un certain nombre d'écus dans la caisse. Puis le militaire se mit à faire son compte journalier.

— Monsieur, je suis là depuis une heure, dit le poète d'un air assez fâché.

— Ils ne sont pas venus ! dit le vétéran napoléonien en manifestant un émoi par politesse. Ça ne m'étonne pas. Voici quelque temps que je ne les vois plus. Nous sommes au milieu du mois, voyez-vous. Ces lapins-là ne viennent que quand on paye, entre les 29 et les 30.

— Et M. Finot ? dit Lucien, qui avait retenu le nom du directeur.

— Il est chez lui, rue Feydeau. Coloquinte, mon vieux, porte chez lui tout ce qui est venu aujourd'hui en portant le papier à l'imprimerie.

— Où se fait donc le journal ? dit Lucien en se parlant à lui-même.

— Le journal ? dit l'employé qui reçut de Coloquinte le reste de l'argent du timbre, le journal ?... broum ! broum ! Mon vieux, sois demain, à six heures, à l'imprimerie, pour voir à faire filer les porteurs. Le journal, monsieur, se fait dans la rue, chez les auteurs, à l'imprimerie, entre onze heures et minuit. Du temps de l'empereur, monsieur, ces boutiques de papier gâté n'étaient pas connues. Ah ! il vous aurait fait secouer ça par quatre hommes et un caporal, et ne se serait pas laissé embêter comme ceux-ci par des phrases. Mais, assez causé. Si mon neveu y trouve son compte, et que l'on écrive pour le fils de l'autre, broum ! broum ! après tout, ce n'est pas là un mal. Ah çà, les abonnés ne m'ont pas l'air d'arriver en colonne serrée ; je vais quitter le poste.

— Monsieur, vous me paraissez être au fait de la rédaction du journal.

— Sous le rapport financier, broum ! broum ! dit le soldat en ramassant les phlegmes qu'il avait dans le gosier. Selon les talents, cent sous ou trois francs la colonne, cinquante lignes à soixante lettres sans blancs, voilà. Quant aux rédacteurs, c'est de singuliers pistolets, de petits jeunes gens dont je n'aurais pas voulu pour des soldats du train, et qui, parce qu'ils mettent des pattes de mouche sur du papier blanc, ont l'air de mépriser un vieux capitaine des dragons de la garde impériale, retraité chef de bataillon, entré dans toutes les capitales de l'Europe avec Napoléon...

Lucien, poussé vers la porte par le soldat de Napoléon, qui brossait sa redingote bleue et manifestait l'intention de sortir, eut le courage de se mettre en travers.

— Je viens pour être rédacteur, dit-il, et vous jure que je suis plein de respect pour un capitaine de la garde impériale, des hommes de bronze...

— Bien dit, mon petit pékin, reprit l'officier en frappant sur le ventre de Lucien ; mais dans quelle classe de rédacteurs voulez-vous entrer ? répliqua le soudard en passant sur le ventre de Lucien et descendant l'escalier. Il ne s'arrêta que pour allumer son cigare chez le portier. — S'il vient des abonnements, recevez-les et prenez-en note, mère Chollet. Toujours l'abonnement, je ne connais que l'abonnement, reprit-il en se tournant vers Lucien, qui l'avait suivi. Finot est mon neveu, le seul de la famille qui m'ait adouci ma position. Aussi quiconque cherche querelle à Finot trouve-t-il à qui parler. Giroudeau, capitaine aux dragons, parti simple cavalier à l'armée de Sambre-et-Meuse, cinq ans maître d'armes au premier hussards, armée d'Italie ! Une, deux, et le plaignant serait à l'ombre, ajouta-t-il en faisant le geste de se fendre. Or donc, mon petit, nous avons différents corps dans les rédacteurs : il y a le rédacteur qui rédige et qui a sa solde, le rédacteur qui rédige et qui n'a rien, ce que nous appelons les volontaires ; enfin le rédacteur qui ne rédige pas, celui-là se donne les gants d'être un homme d'esprit, il appartient au journal, il nous paye à dîner, il flâne dans les théâtres, il entretient une actrice, il est très-heureux. Que voulez-vous être ?

— Mais, rédacteur travaillant bien, et partant, bien payé.

— Vous voilà comme tous les conscrits qui veulent être maréchaux de France ! Croyez-en le vieux Giroudeau, par file à gauche, pas accéléré, allez ramasser des clous dans le ruisseau comme ce brave homme qui a servi, à ce qu'il a la tournure. Est-ce pas une horreur qu'un vieux soldat qui est allé mille fois à la gueule du brutal ramasse des clous dans Paris ? Dieu de Dieu, tu es un gueux, tu n'as pas soutenu l'empereur ! Enfin, mon petit, ce particulier que vous avez vu ce matin a gagné quarante francs dans son mois. Ferez-vous mieux, vous qui, à l'en croire, c'est le plus spirituel.

— Quand vous êtes allé dans Sambre-et-Meuse, on vous a dit qu'il y avait du danger.

— Parbleu !
— Eh bien ?
— Eh bien ! allez voir mon neveu Finot, un brave garçon, le plus loyal garçon que vous rencontrerez, si vous pouvez le rencontrer ; car il se remue comme un poisson. Dans son métier, il ne s'agit pas d'écrire, voyez-vous, mais de faire que les autres écrivent. Il paraît que les paroissiens aiment mieux se régaler avec les actrices que de barbouiller du papier. Oh ! c'est de singuliers pistolets ! A l'honneur de vous revoir.

Le caissier fit mouvoir sa redoutable canne plombée, une des protectrices de Germanicus, et laissa Lucien sur le boulevard, aussi stupéfait de ce tableau de la rédaction qu'il l'avait été des résultats définitifs de la littérature chez Vidal et Porchon. Lucien courut dix fois chez Andoche Finot, directeur du journal, rue Feydeau, sans jamais le trouver. De grand matin, Finot n'était pas rentré. A midi, Finot était en course : — il déjeunait, disait-on, à tel café. Lucien allait au café, demandait Finot à la limonadière, en surmontant des répugnances inouïes : Finot venait de sortir. Enfin Lucien, lassé, regarda Finot comme un personnage apocryphe et fabuleux, il trouva plus simple de guetter Etienne Lousteau chez Flicoteaux. Le jeune journaliste expliquerait sans doute le mystère qui planait sur la vie du journal auquel il était attaché.

Depuis le jour béni cent fois où Lucien fit la connaissance de Daniel d'Arthez, il avait changé de place chez Flicoteaux : les deux amis dînaient à côté l'un de l'autre, et causaient à voix basse de haute littérature, des sujets à traiter, de la manière de les présenter, de les entamer, de les dénouer. En ce moment, Daniel d'Arthez tenait le manuscrit de l'Archer de Charles IX, il y refaisait des chapitres, il y écrivait les belles pages qui y sont, et avait encore pour quelques jours de corrections. Il y mettait la magnifique préface qui peut-être domine le livre, et qui jeta tant de clartés dans la jeune littérature. Un jour, au moment où Lucien s'asseyait à côté de Daniel, qui l'avait attendu et dont la main était dans la sienne, il vit à la porte Etienne Lousteau qui tournait le bec de cane. Lucien quitta brusquement la main de Daniel, et dit au garçon qu'il voulait dîner à son ancienne place auprès du comptoir. D'Arthez jeta sur Lucien un de ces regards angéliques, où le pardon enveloppe le reproche, et qui tomba si vivement dans le cœur tendre du poète, qu'il reprit la main de Daniel pour la lui serrer de nouveau.

— Il s'agit pour moi d'une affaire importante, je vous en parlerai, lui dit-il.

Lucien était à sa place au moment où Lousteau prenait la sienne ; le premier, il salua, la conversation s'engagea bientôt, et fut si vivement poussée entre eux, que Lucien alla chercher le manuscrit des Marguerites pendant que Lousteau finissait de dîner. Il avait obtenu de soumettre ses sonnets au journaliste, et comptait sur la bienveillance de parade pour avoir un éditeur ou pour entrer au journal. A son retour, Lucien vit, dans le coin du restaurant, Daniel tristement accoudé qui le regarda mélancoliquement ; mais, dévoré par la misère et poussé par l'ambition, il feignit de ne pas voir son frère du cénacle, et suivit Lousteau. Avant la chute du jour, le journaliste et le néophyte allèrent s'asseoir sous les arbres, dans cette partie du Luxembourg qui, de la grande allée de l'Observatoire, conduit à la rue de l'Ouest. Cette rue était alors un long bourbier, bordé de planches et de marais où les maisons se trouvaient seulement vers la rue de Vaugirard, et le passage était si peu fréquenté, qu'au moment où Paris dîne, deux amants pouvaient s'y quereller et s'y donner les arrhes d'un raccommodement aussi commodément sans crainte d'y être vus. Le seul trouble-fête possible était le vétéran en faction à la petite grille de la rue de l'Ouest, si le vénérable soldat s'avisait d'augmenter le nombre de pas qui compose sa promenade monotone. Ce fut dans cette allée, sur un banc de bois, entre deux tilleuls, qu'Etienne écouta les sonnets choisis pour échantillons parmi les Marguerites. Etienne Lousteau, qui, depuis deux ans d'apprentissage, avait le pied à l'étrier en qualité de rédacteur, et qui comptait quelques amitiés parmi les célébrités de cette époque, était un imposant personnage aux yeux de Lucien. Aussi, tout en détortillant le manuscrit des Marguerites, le poète de province jugea-t-il nécessaire de faire une sorte de préface.

— Le sonnet, monsieur, est une des œuvres les plus difficiles de la poésie. Ce petit poème a été généralement abandonné. Personne en France n'a pu rivaliser Pétrarque, dont la langue, infiniment plus souple que la nôtre, admet des jeux de pensée repoussés par notre positivisme (pardonnez-moi ce mot). Il m'a donc paru original de débuter par un recueil de sonnets. Victor Hugo a pris l'ode, Canalis le poëme, Béranger la chanson, Casimir Delavigne la tragédie.

— Êtes-vous classique ou romantique ? lui demanda Lousteau.

L'air étonné de Lucien dénotait une si complète ignorance de l'état des choses dans la république des lettres, que Lousteau jugea nécessaire de l'éclairer.

— Mon cher, vous arrivez au milieu d'une bataille acharnée, il faut vous décider promptement. La littérature est partagée d'abord en plusieurs zones, mais nos sommités sont divisées en deux camps. Les écrivains royalistes sont romantiques, les libéraux sont classiques. La divergence des opinions littéraires se joint à la divergence des opinions politiques, et il s'ensuit une guerre à toutes armes, encre à torrents, bons mots à fer aiguisé, calomnies pointues, sobriquets à outrance, entre les gloires naissantes et les gloires déchues. Par une singulière bizarrerie, les royalistes romantiques demandent la liberté littéraire et la révocation des lois qui donnent des formes convenues à notre littérature ; tandis que les libéraux veulent maintenir les unités, l'allure de l'alexandrin et les formes classiques. Les opinions littéraires sont donc en désaccord, dans chaque camp, avec les opinions politiques. Si vous êtes éclectique, vous n'aurez personne pour vous. De quel côté vous rangez-vous ?

— Quels sont les plus forts ?

— Les journaux libéraux ont beaucoup plus d'abonnés que les journaux royalistes et ministériels ; néanmoins Lamartine et Victor Hugo percent, quoique monarchiques et religieux, quoique protégés par la cour et par le clergé. — Bah ! des sonnets, c'est de la littérature d'avant Boileau, dit Etienne en voyant Lucien effrayé d'avoir à choisir entre deux bannières. Soyez romantique. Les romantiques se composent de jeunes gens, et les classiques sont des perruques : les romantiques l'emporteront.

Le mot perruque est le dernier mot trouvé par le journalisme romantique, qui en avait affublé les classiques.

— LA PAQUERETTE ! dit Lucien en choisissant le premier des deux sonnets qui justifiaient le titre et servaient d'inauguration.

> Pâquerettes des prés, vos couleurs assorties
> Ne brillent pas toujours pour égayer les yeux ;
> Elles disent encor les plus chers de nos vœux
> En un poème où l'homme apprend ses sympathies.
>
> Vos étamines d'or par de l'argent serties
> Révèlent les trésors dont il fera ses dieux ;
> Et vos filets, où coule un sang mystérieux,
> Ce que coûte un succès en douleurs ressenties !
>
> Est-ce pour être éclos le jour où du tombeau
> Jésus, ressuscité sur un monde plus beau,
> Fit pleuvoir des vertus en secouant ses ailes,
>
> Que l'automne revoit vos courts pétales blancs
> Parlant à nos regards de plaisirs infidèles,
> Ou pour nous rappeler la fleur de nos vingt ans ?

Lucien fut piqué de la parfaite immobilité de Lousteau pendant qu'il écoutait ce sonnet ; il ne connaissait pas encore la déconcertante impassibilité que donne l'habitude de la critique, et qui distingue les journalistes fatigués de prose, de drame et de vers. Le poète, habitué à recevoir des applaudissements, dévora son désappointement, et lut le sonnet préféré par madame de Bargeton et par quelques-uns de ses amis du cénacle.

— Celui-ci lui arrachera peut-être un mot, pensa-t-il.

DEUXIÈME SONNET.

LA MARGUERITE.

> Je suis la marguerite, et j'étais la plus belle
> Des fleurs dont s'étoilait le gazon velouté
> Heureuse, on me cherchait pour ma seule beauté,
> Et mes jours se flattaient d'une aurore éternelle
>
> Hélas ! malgré mes vœux, une vertu nouvelle
> A versé sur mon front sa fatale clarté.
> Le sort m'a condamnée au don de vérité,
> Et je souffre et je meurs : la science est mortelle.
>
> Je n'ai plus de silence et n'ai plus de repos,
> L'amour vient m'arracher l'avenir en deux mots,
> Il déchire mon cœur pour y lire qu'on l'aime.
>
> Je suis la seule fleur qu'on jette sans regret ;
> On dépouille mon front de son blanc diadème,
> Et l'on me foule aux pieds dès qu'on a mon secret.

Quand il eut fini, le poète regarda son aristarque. Etienne Lousteau contemplait les arbres de la pépinière.

— Eh bien ? lui dit Lucien.

— Eh bien ! mon cher, allez ! Ne vous écouté-je pas ? A Paris, écouter sans mot dire est un éloge.

— En avez-vous assez ? dit Lucien.

— Continuez, répondit assez brusquement le journaliste.

Lucien lut le sonnet suivant, mais il le lut la mort au cœur, et le sang-froid impénétrable de Lousteau lui glaça son débit. Plus avancé dans la vie littéraire, il aurait su que, chez les auteurs, le silence et la brusquerie, en pareille circonstance, trahissent la jalousie que cause une belle œuvre, de même que leur admiration annonce le bonheur inspiré par une œuvre médiocre qui rassure leur amour-propre.

TRENTIÈME SONNET.

LE CAMÉLIA.

Chaque fleur dit un mot du livre de nature :
La rose est à l'amour et fête la beauté,
La violette exhale une âme aimante et pure,
Et le lis resplendit de sa simplicité.

Mais le camélia, monstre de la culture,
Rose sans ambroisie et lis sans majesté,
Semble s'épanouir, aux saisons de froidure,
Pour les ennuis coquets de la virginité.

Cependant, au rebord des loges de théâtre,
J'aime à voir, évasant leurs pétales d'albâtre,
Couronne de pudeur, de blancs camélias

Parmi les cheveux noirs des belles jeunes femmes
Qui savent inspirer un amour pur aux âmes,
Comme les marbres grecs du sculpteur Phidias.

— Que pensez-vous de mes pauvres sonnets? demanda formellement Lucien.
— Voulez-vous la vérité? dit Lousteau.
— Je suis assez jeune pour l'aimer, et je veux trop réussir pour ne pas l'entendre sans me fâcher, mais non sans désespoir, répondit Lucien.
— Eh bien! mon cher, les entortillages du premier annoncent une œuvre faite à Angoulême et qui vous a sans doute trop coûté pour y renoncer; le second et le troisième sentent déjà Paris; mais lisez-m'en un autre encore, ajouta-t-il en faisant un geste qui parut charmant au grand homme de province.

Encouragé par cette demande, Lucien lut avec plus de confiance le sonnet que préféraient d'Arthez et Bridau, peut-être à cause de sa couleur.

CINQUANTIÈME SONNET.

LA TULIPE.

Moi, je suis la tulipe, une fleur de Hollande;
Et telle est ma beauté que l'avare Flamand
Paye un de mes oignons plus cher qu'un diamant
Si mes fonds sont bien durs, si je suis droite et grande

Mon air est féodal, et, comme une Yolande
Dans sa jupe à longs plis étoilée amplement,
Je porte des blasons peints sur mon vêtement;
Gueules lissé d'argent, or avec pourpre en bande;

Le jardinier divin a filé de ses doigts
Les rayons du soleil et la pourpre des rois
Pour me faire une robe à trame douce et fine.

Nulle fleur du jardin n'égale ma splendeur.
Mais la nature, hélas! n'a pas versé d'odeur
Dans mon calice fait comme un vase de Chine.

— Eh bien! dit Lucien après un moment de silence qui lui sembla d'une longueur démesurée.
— Mon cher, dit gravement Etienne Lousteau en voyant le bout des bottes que Lucien avait apportées d'Angoulême et qu'il achevait d'user, je vous engage à noircir vos bottes avec votre encre afin de ménager votre cirage, à faire des cure-dents de vos plumes pour vous donner l'air d'avoir dîné quand vous vous promenez, en sortant de chez Flicoteaux, dans la belle allée de ce jardin, et à chercher une place quelconque. Devenez petit clerc d'huissier si vous avez du cœur, commis si vous avez du plomb dans les reins, ou soldat si vous aimez la musique militaire. Vous avez l'étoffe de trois poètes; mais, avant d'avoir percé, vous avez six fois le temps de mourir de faim, si vous comptez sur les produits de votre poésie pour vivre. Or, vos intentions sont, d'après vos trop jeunes discours, de battre monnaie avec votre encrier. Je ne juge pas votre poésie, elle est de beaucoup supérieure à toutes les poésies qui encombrent les magasins de la librairie. Ces élégants rossignols, vendus un peu plus cher que les autres à cause de leur papier vélin, viennent presque tous s'abattre sur les rives de la Seine, où vous pouvez aller étudier leurs chants, si vous voulez faire un jour quelque pèlerinage instructif sur les quais de Paris, depuis l'étalage du père Jérôme, au pont Notre-Dame, jusqu'au pont Royal. Vous rencontrerez là tous les essais poétiques, les inspirations, les élévations, les hymnes, les chants, les ballades, les odes, enfin toutes les couvées écloses depuis sept années, des muses couvertes de poussière, éclaboussées par les fiacres, violées par tous les passants qui veulent voir la vignette du titre. Vous ne connaissez personne, vous n'avez d'accès dans aucun journal, vos Marguerites resteront chastement pliées comme vous les tenez : elles n'écloront jamais au soleil de la publicité dans la prairie des grandes marges, émaillée des fleurons que prodigue l'illustre Dauriat, le libraire des célébrités, le roi des galeries de bois. Mon pauvre enfant, je suis venu comme vous le cœur plein d'illusions, poussé par l'amour de l'art, porté par d'invincibles élans vers la gloire : j'ai trouvé les réalités du métier, les difficultés de la librairie et le positif de la misère. Mon exaltation, maintenant concentrée, mon effervescence première, me cachaient le mécanisme du monde; il a fallu le voir, se cogner à tous les rouages, heurter les pivots, me graisser aux huiles, entendre le cliquetis des chaînes et des volants. Comme moi, vous allez savoir que, sous toutes ces belles choses rêvées, s'agitent des hommes, des passions et des nécessités. Vous vous mêlerez forcément d'horribles luttes, d'œuvre à œuvre, d'homme à homme, de parti à parti, où il faut se battre systématiquement pour ne pas être abandonné par les siens. Ces combats ignobles désenchantent l'âme, dépravent le cœur et fatiguent en pure perte; car vos efforts servent souvent à faire couronner un homme que vous haïssez, un talent secondaire présenté malgré vous comme un génie. La vie littéraire a ses coulisses. Les succès surpris ou mérités, voilà ce qu'applaudit le parterre; les moyens, toujours hideux, les comparses enluminés, les claqueurs et les garçons de service, voilà ce que recèlent les coulisses. Vous êtes encore au parterre. Il en est temps, abdiquez avant de mettre un pied sur la première marche du trône que se disputent tant d'ambitions, et ne vous déshonorez pas comme je le fais pour vivre. (Une larme mouilla les yeux d'Etienne Lousteau.) Savez-vous comment je vis? reprit-il avec un accent de rage. Le peu d'argent que pouvait me donner ma famille fut bientôt mangé. Je me trouvai sans ressource après avoir fait recevoir une pièce au Théâtre-Français. Au Théâtre-Français, la protection d'un prince ou d'un premier gentilhomme de la chambre du roi ne suffit pas pour faire obtenir un tour de faveur : les comédiens ne cèdent qu'à ceux qui menacent leur amour-propre. Si vous aviez le pouvoir de faire dire que le jeune premier a un asthme, la jeune première une fistule où vous voudrez, que la soubrette tue les mouches au vol, vous seriez joué demain. Je ne sais pas si dans deux ans d'ici je serai, moi qui vous parle, en état d'obtenir un semblable pouvoir : il faut trop d'amis. Où, comment et par quoi gagner mon pain, fut une question que je me suis faite en sentant les atteintes de la faim. Après bien des tentatives, après avoir écrit un roman anonyme payé deux cents francs par Doguereau, qui n'y a pas gagné grand-chose, il m'a été prouvé que le journalisme seul pourrait me nourrir. Mais comment entrer dans ces boutiques? Je ne vous raconterai pas mes démarches et mes sollicitations inutiles, ni six mois passés à travailler comme surnuméraire et à m'entendre dire que j'effarouchais l'abonné, au contraire, je l'enorgueillissais. Passons sur ces avanies. Je rends compte aujourd'hui des théâtres du boulevard, presque gratis, dans le journal qui appartient à Finot, ce gros garçon qui déjeune encore deux ou trois fois par mois au café Voltaire (mais vous n'y allez pas!). Finot est rédacteur en chef. Je vis en vendant les billets que me donnent les directeurs de ces théâtres pour solder ma sous-bienveillance au journal, les livres que m'envoient les libraires et dont je dois parler. Enfin je trafique, une fois Finot satisfait, des tributs en nature qu'apportent les industries pour lesquelles il me permet de lancer des articles. L'Eau carminative, la Pâte des Sultanes, l'Huile céphalique, la Mixture brésilienne, paient un article goguenard vingt ou trente francs. Je suis forcé d'aboyer après le libraire qui donne peu d'exemplaires au journal : le journal en prend deux, que vend Finot, il m'en faut deux à vendre. Publiât-il un chef-d'œuvre, le libraire avare d'exemplaires est assommé. C'est ignoble, mais je vis de ce métier, moi comme cent autres! Ne croyez pas le monde politique beaucoup plus beau que le monde littéraire : tout, dans ces deux mondes, est corruption. Chaque homme y est ou corrupteur ou corrompu. Quand il s'agit d'une entreprise de librairie un peu considérable, le libraire me paye, de peur d'être attaqué. Aussi mes revenus sont-ils en rapport avec les prospectus. Quand le prospectus sort en éruptions miliaires, l'argent entre à flots dans mon gousset, je régale alors mes amis. Pas d'affaires en librairie, je dîne chez Flicoteaux. Les actrices payent aussi les éloges, mais les plus habiles payent les critiques, le silence est ce qu'elles redoutent le plus. Aussi une critique, faite pour être rétorquée ailleurs, vaut-elle mieux et se paye-t-elle plus cher qu'un éloge tout sec, oublié le lendemain. La polémique, mon cher, est le piédestal des célébrités. A ce métier de spadassin des idées et des réputations industrielles, littéraires et dramatiques, je gagne cinquante écus par mois, je puis vendre un roman

cinq cents francs, et je commence à passer pour un homme redoutable. Quand, au lieu de vivre chez Florine aux dépens d'un droguiste, qui se donne des airs de milord, je serai dans mes meubles, que je passerai dans un grand journal, où j'aurai un feuilleton, ce jour-là, mon cher, Florine deviendra une grande actrice; quant à moi, je ne sais pas alors ce que je puis devenir : ministre ou honnête homme, tout est encore possible. (Il releva sa tête humiliée, jeta vers le feuillage un regard de désespoir accusateur et terrible.) Et j'ai une belle tragédie reçue ! Et j'ai dans mes papiers un poème qui mourra ! Et j'étais bon ! J'avais le cœur pur : j'ai pour maîtresse une actrice du Panorama-Dramatique, moi qui rêvais de belles amours parmi les femmes les plus distinguées du grand monde ! Enfin, pour un exemplaire refusé par le libraire à mon journal, je dis du mal d'un livre que je trouve beau.

Lucien, ému aux larmes, serra la main d'Etienne.

— En dehors du monde littéraire, dit le journaliste en se levant et se dirigeant vers la grande allée de l'Observatoire où les deux poètes se promenèrent comme pour donner plus d'air à leurs poumons, il n'existe pas une seule personne qui connaisse l'horrible odyssée par laquelle on arrive à ce qu'il faut nommer, selon les talents, la vogue, la mode, la réputation, la renommée, la célébrité, la faveur publique, ces différents échelons qui mènent à la gloire, et qui ne la remplacent jamais. Ce phénomène moral, si brillant, se compose de mille accidents qui varient avec tant de rapidité, qu'il n'y a pas exemple de deux hommes parvenus par une même voie. Canalis et Nathan sont deux faits dissemblables et qui ne se renouvelleront pas. D'Arthez, qui s'éreinte à travailler, deviendra célèbre par un autre hasard. Cette réputation tant désirée est presque toujours une prostituée couronnée. Oui, pour les basses œuvres de la littérature, elle représente la pauvre fille qui gèle au coin des bornes ; pour la littérature secondaire, c'est la femme entretenue qui sort des mauvais lieux du journalisme et à qui je sers de souteneur, pour la littérature heureuse, c'est la brillante courtisane insolente, qui a des meubles, paye des contributions à l'Etat, reçoit les grands seigneurs, les traite et les maltraite à sa livrée, qui a sa voiture, et qui peut faire attendre ses créanciers altérés. Ah ! ceux pour qui elle est, pour moi jadis, pour vous aujourd'hui un ange aux ailes diaprées, revêtu de sa tunique blanche, montrant une palme verte dans sa main, une flamboyante épée dans l'autre, tenant à la fois de l'abstraction mythologique qui vit au fond d'un puits et de la fille vertueuse exilée dans un faubourg, ne s'enrichissant qu'aux clartés de la vertu par les efforts d'un noble courage, et revolant aux cieux avec un caractère immaculé, quand elle ne décède pas souillée, fouillée, violée, oubliée dans le char des pauvres, ces hommes à cervelle cerclée de bronze, aux cœurs encore chauds sous les tombées de neige de l'expérience, ils sont rares dans le pays que vous voyez à nos pieds, dit-il en montrant la grande ville qui fumait au déclin du jour.

Une vision du cénacle passa rapidement aux yeux de Lucien et l'émut, mais il fut entraîné par Lousteau, qui continua sou effroyable lamentation.

— Ils sont rares et clair-semés dans cette cuve en fermentation, rares comme les vrais amants dans le monde amoureux, rares comme les fortunes honnêtes dans le monde financier, rares comme un homme pur dans le journalisme. L'expérience du premier qui m'a dit ce que je vous dis a été perdue, comme la mienne sera sans doute inutile pour vous. Toujours la même ardeur précipite chaque année, de la province ici, un nombre égal, pour ne pas dire croissant, d'ambitions imberbes, qui s'élancent la tête haute, le cœur altier à l'assaut de la mode, cette espèce de princesse Tourandocte des Mille et Un Jours pour qui chacun veut être le prince Calaf ! Mais aucun ne devine l'énigme. Tous tombent dans la fosse du malheur, dans la boue du journal, dans les marais de la librairie. Ils glanent, ces mendiants, des articles biographiques, des tartines, des faits-Paris aux journaux, ou des livres commandés par de logiques marchands de papier noirci, qui préfèrent une bêtise qui s'enlève en quinze jours à un chef-d'œuvre qui veut du temps pour se vendre. Ces chenilles, écrasées avant d'être papillons, vivent de honte et d'infamie, prêtes à mordre un talent naissant, sur l'ordre d'un pacha du Constitutionnel, de la Quotidienne, des Débats, au signal des libraires, à la prière d'un camarade jaloux, souvent pour un dîner. Ceux qui surmontent les obstacles oublient les misères de leur début. Moi qui vous parle, j'ai fait pendant six mois des articles où j'ai mis la fleur de mon esprit pour un misérable qui les disait de lui, qui, sur ces échantillons, a passé rédacteur d'un feuilleton : il ne m'a pas pris pour collaborateur, il ne m'a pas même donné cent sous, je suis forcé de lui tendre la main et de lui serrer la sienne.

— Et pourquoi ? dit fièrement Lucien.

— Je puis avoir besoin de mettre dix lignes dans son feuilleton, reprit froidement Lousteau. Enfin, mon cher, le travail n'est pas le secret de la fortune en littérature, il s'agit d'exploiter le travail d'autrui. Les propriétaires de journaux sont des entrepreneurs, nous sommes des maçons. Aussi plus un homme est médiocre, plus promptement arrive-t-il ; il peut avaler des crapauds vivants, se résigner à tout, flatter les petites passions basses des sultans littéraires, comme

un nouveau venu de Limoges, Hector Merlin, qui fait déjà de la politique dans un journal du centre droit, et qui travaille à notre petit journal : je lui ai vu ramasser le chapeau tombé d'un rédacteur en chef. En n'offusquant personne, ce garçon-là passera entre les ambitions rivales pendant qu'elles se battront. Vous me faites pitié. Je me vois en vous comme j'étais, et je suis sûr que vous serez, dans un ou deux ans, comme je suis. Vous croirez à quelque jalousie secrète, à quelque intérêt personnel dans ces conseils amers, mais ils sont dictés par le désespoir du damné qui ne peut plus quitter l'enfer. Personne n'ose dire ce que je vous crie avec la douleur de l'homme atteint au cœur, et comme un autre Job sur le fumier : Voici mes ulcères !

— Lutter sur ce champ ou ailleurs, je dois lutter, dit Lucien.

— Sachez-le donc ! reprit Lousteau, cette lutte sera sans trêve si vous avez du talent, car votre meilleure chance serait de n'en pas avoir. L'austérité de votre conscience aujourd'hui pure fléchira devant ceux à qui vous verrez votre succès entre les mains ; qui, d'un mot, peuvent vous donner la vie et qui ne voudront pas le dire : car, croyez-moi, l'écrivain à la mode est plus insolent, plus dur envers les nouveaux venus que ne l'est le plus brutal libraire. Où le libraire ne voit qu'une perte, l'auteur redoute un rival : l'un vous éconduit, l'autre vous écrase. Pour faire de belles œuvres, mon pauvre enfant, vous puiserez à pleines plumées d'encre dans votre cœur la tendresse, l'énergie, et vous l'étalerez en passions, en sentiments, en phrases ! Oui vous écrirez au lieu d'agir, vous chanterez au lieu de combattre, vous aimerez, vous haïrez, vous vivrez dans vos livres, mais, quand vous aurez réservé vos richesses pour votre style, votre or, votre pourpre pour vos personnages, que vous vous promènerez en guenilles dans les rues de Paris, heureux d'avoir lancé, en rivalisant avec l'état civil, un être nommé Adolphe, Corinne, Clarisse, René, que vous aurez gâté votre vie et votre estomac pour donner la vie à cette création, vous verrez calomnié trahi vendue, déportée dans les lagunes de l'oubli par les journalistes, ensevelie par vos meilleurs amis. Pourrez-vous attendre le jour où votre créature s'élancera réveillée par qui ? quand ? comment ? Il existe un magnifique livre, le pianto de l'incrédulité Oberman, qui gît solitaire dans le désert des magasins, et que dès lors les libraires appellent ironiquement un rossignol : quand Pâques arrivera-t-il pour lui ? personne ne le sait ! Avant tout, essayez de trouver un libraire assez osé pour imprimer les Marguerites ! Il ne s'agit pas de vous les faire payer, mais de les imprimer. Vous verrez alors des scènes curieuses.

Cette rude tirade, prononcée avec les accents divers des passions qu'elle exprimait, tomba comme une avalanche de neige dans le cœur de Lucien et y mit un froid glacial. Il demeura debout et silencieux pendant un moment. Enfin son cœur, comme stimulé par l'horrible poésie des difficultés, éclata. Lucien serra la main de Lousteau, et lui cria : — Je triompherai !

— Bon ! dit le journaliste, encore un chrétien qui descend dans l'arène pour se livrer aux bêtes. Mon cher, il y a ce soir une première représentation au Panorama-Dramatique, elle ne commencera qu'à huit heures, il est six heures, allez mettre votre meilleur habit, enfin soyez convenable. Venez me prendre. Je demeure rue de la Harpe, au-dessus du café Servel, au quatrième étage. Nous passerons chez Dauriat d'abord. Vous persistez, n'est-ce pas ? Eh bien ! je vous ferai connaître ce soir un des rois de la librairie et quelques journalistes. Après le spectacle, nous souperons chez ma maîtresse avec des amis, car notre dîner ne peut pas compter pour un repas. Vous y trouverez Finot, le rédacteur en chef et le propriétaire de mon journal. Vous avez le mot de Minette du Vaudeville : Le temps est un grand maigre ? eh bien ! pour nous le hasard est aussi un grand maigre, il faut le tenter.

— Je n'oublierai jamais cette journée, dit Lucien.

— Munissez-vous de votre manuscrit, et soyez en tenue, moins à cause de Florine que du libraire.

La bonhomie du camarade, qui succédait au cri violent du poète peignant la guerre littéraire, toucha Lucien tout aussi vivement qu'il l'avait été naguère à la même place par la parole grave et religieuse de d'Arthez. Animé par la perspective d'une lutte immédiate entre les hommes et lui, l'inexpérimenté jeune homme ne soupçonna point la réalité des malheurs moraux que lui dénonçait le journaliste. Il ne se savait pas placé entre deux voies distinctes, entre deux systèmes représentés par le cénacle et par le journalisme, dont l'un était long, honorable, sûr ; l'autre semé d'écueils et périlleux, plein de ruisseaux fangeux, où devait se crotter sa conscience. Son caractère le portait à prendre le chemin le plus court, en apparence le plus agréable, à saisir les moyens décisifs et rapides. Il ne vit en ce moment aucune différence entre la noble amitié de d'Arthez et la facile camaraderie de Lousteau. Cet esprit mobile aperçut dans le journal une arme à sa portée, il se sentait habile à la manier, il la voulut prendre. Ebloui par les offres de son nouvel ami, dont la main frappa la sienne avec un laisser-aller qui lui parut charmant, pouvait-il savoir que, dans l'armée de la presse, chacun a besoin d'amis, comme les généraux ont besoin de soldats ? Lousteau, lui voyant de la résolution, le racolait en espérant se l'attacher. Le journaliste en était à son premier ami, comme Lucien à son premier protecteur : l'un voulait passer caporal, l'autre voulait être soldat.

Lucien revint joyeusement à son hôtel, où il fit une toilette aussi soignée que le jour néfaste où il avait voulu se produire dans la loge de la marquise d'Espard à l'Opéra. Mais déjà ses habits lui allaient mieux, il se les était appropriés. Il mit son beau pantalon collant de couleur claire, de jolies bottes à glands, qui lui avaient coûté quarante francs, et son habit de bal. Ses abondants et fins cheveux blonds, il les fit friser, parfumer, ruisseler en boucles brillantes. Son front se para d'une audace puisée dans le sentiment de sa valeur et de son avenir. Ses mains de femme furent soignées, leurs ongles en amande devinrent nets et rosés. Sur son col de satin noir, les blanches rondeurs de son menton étincelèrent. Jamais un plus joli jeune homme ne descendit la montagne du pays latin. Lucien était beau comme un dieu grec. Il prit un fiacre, et fut à sept heures moins un quart à la porte de la maison du café Servel. La portière l'invita à grimper quatre étages en lui donnant des notions topographiques assez compliquées. Armé de ces renseignements, il trouva, non sans peine, une porte ouverte au bout d'un long corridor obscur, et reconnut la chambre classique du quartier latin. La misère des jeunes gens le poursuivait là comme rue de Cluny, chez d'Arthez, chez Chrestien, partout ! Mais, partout, elle se recommande par l'empreinte que lui donne le caractère du patient. Là, cette misère était sinistre. Un lit en noyer, sans rideaux, au bas duquel grimaçait un méchant tapis d'occasion ; aux fenêtres, des rideaux jaunis par la fumée d'une cheminée qui n'allait pas, et par celle du cigare ; sur la cheminée, une lampe Carcel donnée par Florine et encore échappée au mont-de-piété, puis, une commode d'acajou terni, une table chargée de papiers, deux ou trois plumes ébouriffées là-dessus, pas d'autres livres que ceux apportés la veille ou pendant la journée ; tel était le mobilier de cette chambre dénuée d'objets de valeur, mais qui offrait un ignoble assemblage de mauvaises bottes baillant dans un coin, de vieilles chaussettes à l'état de dentelle, dans un autre, des cigares écrasés, des mouchoirs sales, des chemises en deux volumes, des cravates à trois éditions. C'était enfin un bivouac littéraire meublé de choses négatives et de la plus étrange nudité qui se puisse imaginer. Sur la table de nuit, chargée des livres lus pendant la matinée, brillait le rouleau rouge de Fumade. Sur le manteau de la cheminée erraient un rasoir, une paire de pistolets, une boîte à cigares. Dans un panneau, Lucien vit des fleurets croisés sous un masque. Trois chaises et deux fauteuils, à peine dignes du plus méchant hôtel garni de cette rue, complétaient cet ameublement. Cette chambre, à la fois sale et triste, annonçait une vie sans repos et sans dignité : on y dormait, on y travaillait à la hâte, elle était habitée par force, on éprouvait le besoin de la quitter. Quelle différence entre ce désordre cynique et la propre, la décente misère d'Arthez !... Ce conseil enveloppé dans un souvenir, Lucien ne l'écouta pas, car Étienne lui fit une plaisanterie pour masquer le nu du vice.

— Voilà mon chenil, ma grande représentation est rue de Bondy, dans le nouvel appartement que notre droguiste a meublé pour Florine, et que nous inaugurons ce soir.

Étienne Lousteau avait un pantalon noir, des bottes bien cirées, un habit boutonné jusqu'au cou, sa chemise, que Florine devait sans doute lui changer, étant cachée par un col de velours, et il brossait son chapeau pour lui donner l'apparence du neuf.

— Partons, dit Lucien.

— Pas encore, j'attends un libraire pour avoir de la monnaie, on jouera peut-être. Je n'ai pas un liard ; et, d'ailleurs, il me faut des gants.

En ce moment les deux nouveaux amis entendirent les pas d'un homme dans le corridor.

— C'est lui, dit Lousteau. Vous allez voir, mon cher, la tournure que prend la Providence quand elle se manifeste aux poètes. Avant de contempler dans sa gloire Dauriat, le libraire fashionable, vous aurez vu le libraire des Augustins, le libraire escompteur, le marchand de ferraille littéraire, le Normand ex-vendeur de salade. Arrivez donc, vieux Tartare ! cria Lousteau.

— Me voilà ! dit une voix fêlée comme celle d'une cloche cassée.

— Avec de l'argent ?

— De l'argent ? il n'y en a plus en librairie, répondit un jeune homme qui entra en regardant Lucien d'un air curieux.

— Vous me devez cinquante francs d'abord, reprit Lousteau. Puis voici deux exemplaires d'un Voyage en Égypte, qu'on dit une merveille, il y foisonne des gravures, il se vendra : Finot a été payé pour deux articles que je dois faire. Item, deux des derniers romans de Victor Ducange, un auteur illustre au Marais. Item, deux exemplaires du second ouvrage d'un commençant, Paul de Kock, qui travaille dans le même genre. Item, deux d'Yseult de Dôle, un joli ouvrage de province. En tout cent francs, au prix fort. Ainsi vous me devez cent francs, mon petit Barbet.

Barbet regarda les livres en en examinant les tranches et les couvertures avec soin.

— Oh ! ils sont dans un état parfait de conservation ! s'écria Lous-

teau, le Voyage n'est pas coupé, ni le Paul de Kock, ni le Ducange, ni celui-là, ni la cheminée, Considérations sur la symbolique je vous l'abandonne, le mythe est si ennuyeux, que je le donne pour ne pas en voir sortir des milliers de mites.

— Eh bien ! dit Lucien, comment ferez-vous vos articles ?

Barbet jeta sur Lucien un regard de profond étonnement, et reporta ses yeux sur Étienne en ricanant.

— On voit que monsieur n'a pas le malheur d'être homme de lettres.

— Non, Barbet, non ; monsieur est un poète, un grand poète, qui enfoncera Canalis, Béranger et Delavigne. Il ira loin, à moins qu'il ne se jette à l'eau, encore irait-il jusqu'à Saint-Cloud.

— Si j'avais un conseil à donner à monsieur, dit Barbet, ce serait de laisser les vers et de se mettre à la prose. On ne veut plus de vers sur le quai.

Barbet avait une méchante redingote boutonnée par un seul bouton, son col était gras, il gardait son chapeau sur la tête, il portait des souliers, son gilet entr'ouvert laissait voir une bonne grosse chemise de toile forte. Sa figure ronde, percée de deux yeux avides, ne manquait pas de bonhomie, mais il avait dans le regard l'inquiétude vague des gens habitués à s'entendre demander de l'argent et qui en ont. Il paraissait rond et facile, tant sa finesse était cotonnée d'embonpoint. Après avoir été commis, il avait pris depuis deux ans une misérable petite boutique sur le quai, d'où il s'élançait chez les journalistes, chez les auteurs, chez les imprimeurs, y achetait à bas prix les livres qui leur étaient donnés, et gagnait ainsi quelque dix ou vingt francs par jour. Riche de ses économies, il flairait les besoins de chacun, il espionnait quelque bonne affaire, il escomptait au taux de quinze ou vingt pour cent, chez les auteurs gênés, les effets des libraires auxquels il allait le lendemain acheter, à prix débattus en comptant, quelques bons livres demandés ; puis il leur rendait leurs propres effets au lieu d'argent. Il avait fait ses études, et son instruction lui servait à éviter soigneusement la poésie et les romans modernes. Il affectionnait les petites entreprises, les livres d'utilité, dont l'entière propriété coûtait mille francs, et qu'il pouvait exploiter à son gré, tels que l'Histoire de France mise à la portée des enfants, la Tenue des livres en vingt leçons, la Botanique des jeunes filles. Il avait laissé échapper déjà deux ou trois bons livres, après avoir fait revenir vingt fois les auteurs chez lui, sans se décider à leur acheter leur manuscrit. Quand on lui reprochait sa couardise, il montrait la relation d'un fameux procès dont le manuscrit, pris dans les journaux, ne lui coûtait rien, et lui avait rapporté deux ou trois mille francs.

Barbet était le libraire trembleur, qui vit de noix et de pain, qui souscrit peu de billets, qui grapille sur les factures, les réduit, colporte lui-même ses livres on ne sait où, mais qui les place et se les fait payer. Il était la terreur des imprimeurs, qui ne savaient comment le prendre : il les payait sous escompte et rognait leurs factures en devinant des besoins urgents ; puis il ne se servait plus de ceux qu'il avait étrillés, en craignant quelque piège.

— Eh bien ! continuons-nous nos affaires ? dit Lousteau.

— Eh ! mon petit, dit familièrement Barbet, j'ai dans ma boutique six mille volumes à vendre. Or, selon le mot d'un vieux libraire, les livres ne sont pas des francs. La librairie va mal.

— Si vous alliez dans sa boutique, mon cher Lucien, dit Étienne, vous trouveriez sur un comptoir en bois de chêne, qui vient de la vente après faillite de quelque marchand de vin, une chandelle non mouchée, elle se consume alors moins vite ; et, pour éclairé par cette lueur anonyme, vous apercevriez des casiers vides. Pour garder ce néant, un petit garçon en veste bleue souffle dans ses doigts, bat la semelle, ou se brasse comme un cocher de fiacre sur son siége. Regardez : pas plus de livres que je n'en ai ici. Personne ne peut deviner le commerce qu'il fait là.

— Voici un billet de cent francs à trois mois, dit Barbet, qui ne put s'empêcher de sourire en sortant un papier timbré de sa poche, et j'emporterai vos bouquins. Voyez-vous, je ne peux plus donner d'argent comptant, les ventes sont trop difficiles. J'ai pensé que vous aviez besoin de moi, j'étais sans le sou, j'ai souscrit un effet pour vous obliger, car je n'aime pas à donner ma signature.

— Ainsi, vous voulez encore de mon estime et des remerciements ? dit Lousteau.

— Quoiqu'on ne paye pas ses billets avec des sentiments, je les accepterai tout de même, répondit Barbet.

— Mais il me faut des gants, et les parfumeurs auront la lâcheté de refuser votre papier, dit Lousteau. Tenez, voilà une superbe gravure, là, dans le premier tiroir de la commode, elle vaut quatre-vingts francs, elle est avant la lettre et après l'article, car j'en ai fait un assez bouffon. Il y avait à mordre sur Hippocrate refusant les présents d'Artaxerxès. Hein ! cette belle planche convient à tous les médecins qui refusent les dons exagérés des satrapes parisiens. Vous trouverez encore sous la gravure une trentaine de romances. Allons, prenez le tout, et donnez-moi quarante francs.

— Quarante francs ! dit le libraire en jetant un cri de poule effrayée, tout au plus vingt. Encore puis-je les perdre, ajouta Barbet.

— Où sont les vingt francs ? dit Lousteau.

— Ma foi, je ne sais pas si je les ai, dit Barbet en se fouillant. Les voilà. Vous me dépouillez, vous avez sur moi un ascendant...

— Allons, partons, dit Lousteau, qui prit le manuscrit de Lucien et fit un trait à l'encre sous la corde.

— Avez-vous encore quelque chose? demanda Barbet.

— Rien, mon petit Shylock. Je te ferai faire une affaire excellente (où tu perdras mille écus, pour l'apprendre à me voler ainsi), dit à voix basse Étienne à Lucien.

— Et vos articles? dit Lucien en roulant vers le Palais-Royal.

— Bah! vous ne savez pas comment cela se bâcle. Quant au Voyage en Égypte, j'ai ouvert le livre et lu des endroits çà et là sans le couper, j'y ai découvert onze fautes de français. Je ferai une colonne en disant que si l'auteur a appris le langage des canards gravés sur les cailloux égyptiens appelés des obélisques, il ne connaît pas sa langue, et je le lui prouverai. Je dirai qu'au lieu de nous parler d'histoire naturelle et d'antiquités, il aurait dû ne s'occuper que de l'avenir de l'Égypte, du progrès de la civilisation, des moyens de rallier l'Égypte à la France, qui, après l'avoir conquise et perdue, peut se l'attacher encore par l'ascendant moral. Là-dessus une tartine patriotique, le tout entrelardé de tirades sur Marseille, sur le Levant, sur notre commerce.

— Mais, s'il avait fait cela, que diriez-vous?

— Eh bien! je dirais qu'au lieu de nous ennuyer de politique, il aurait dû s'occuper de l'art, nous peindre le pays sous son côté pittoresque et territorial. Le critique se lamente alors. La politique, dit-il, nous déborde, elle nous ennuie, on la trouve partout. Je regretterais ces charmants voyages où l'on nous expliquait les difficultés de la navigation, le charme des débouquements, les délices du passage de la ligne, enfin ce qu'ont besoin de savoir ceux qui ne voyageront jamais. Tout en les approuvant, on se moque des voyageurs qui célèbrent comme de grands événements un oiseau qui passe, un poisson volant, une pêche, les points géographiques relevés, les bas-fonds reconnus. On redemande ces choses scientifiques parfaitement inintelligibles, qui fascinent comme tout ce qui est profond, mystérieux, incompréhensible. L'abonné rit, il est servi. Quant aux romans, Florine est la plus grande liseuse de romans qu'il y ait au monde, elle m'en fait l'analyse, et je broche mon article d'après son opinion. Quand elle a été ennuyée par ce qu'elle nomme les *phrases d'auteur*, je prends le livre en considération, et fais redemander un exemplaire au libraire, qui l'envoie, enchanté d'avoir un article favorable.

— Bon Dieu! mais la critique, la sainte critique! dit Lucien imbu des doctrines de son cénacle.

— Mon cher, dit Lousteau, la critique est une brosse qui ne peut pas s'employer sur les étoffes légères, où elle emporterait tout. Écoutez, laissons là le métier. Voyez-vous cette marque? lui dit-il en lui montrant le manuscrit des Marguerites. J'ai uni par un peu d'encre votre corde au papier. Si Dauriat lit votre manuscrit, il lui sera certes impossible de remettre la corde exactement. Ainsi votre manuscrit est comme scellé. Ceci n'est pas inutile pour l'expérience que vous voulez faire. Encore, remarquez que vous n'arriverez pas, seul et sans parrain, dans cette boutique, comme ces petits jeunes gens qui se présentent chez dix libraires avant d'en trouver un qui leur présente une chaise...

Lucien avait éprouvé déjà la vérité de ce détail. Lousteau paya le fiacre en lui donnant trois francs, au grand ébahissement de Lucien, surpris de la prodigalité qui succédait à tant de misère. Puis les deux amis entrèrent dans les galeries de bois, où trônait alors la librairie dite de nouveautés.

A cette époque, les galeries de bois constituaient une des curiosités parisiennes les plus illustres. Il n'est pas inutile de peindre ce bazar ignoble; car, pendant trente-six ans, il a joué dans la vie parisienne un si grand rôle, qu'il est peu d'hommes âgés de quarante ans à qui cette description, incroyable pour les jeunes gens, ne fasse encore plaisir. En place de la froide, haute et large galerie d'Orléans, espèce de serre sans fleurs, se trouvaient des baraques, ou, pour être plus exact, des huttes en planches, assez mal couvertes, petites, mal éclairées sur la cour et sur le jardin par des jours de souffrance appelés croisées, mais qui ressemblaient aux plus sales ouvertures des guinguettes hors barrière. Une triple rangée de boutiques y formait deux galeries, hautes d'environ douze pieds. Les boutiques sises au milieu donnaient sur les deux galeries, dont l'atmosphère leur livrait un air méphitique, et dont la toiture laissait passer peu de jour à travers des vitres toujours sales. Ces alvéoles avaient acquis un tel prix par suite de l'affluence du monde, que, malgré l'étroitesse de certaines, à peine larges de six pieds et longues de huit à dix, leur location coûtait mille écus. Les boutiques éclairées sur le jardin et sur la cour étaient protégées par de petits treillages verts, peut-être pour empêcher la foule de démolir, par son contact, les murs en mauvais plâtres qui formaient le derrière des magasins. Là donc se trouvait un espace de deux ou trois pieds où végétaient les produits les plus bizarres d'une botanique inconnue à la science, mêlés à ceux de diverses industries non moins florissantes. Une maculature

Et pourquoi pas les gens qui se promènent? dit le libraire. — PAGE 27.

coiffait un rosier, en sorte que les fleurs de rhétorique étaient embaumées par les fleurs avortées de ce jardin mal soigné, mais fétidement arrosé. Des rubans de toutes les couleurs ou des prospectus fleurissaient dans les feuillages. Les débris de modes étouffaient la végétation : vous trouviez un nœud de ruban sur une touffe de verdure, et vous étiez déçu dans vos idées sur la fleur que vous veniez admirer en apercevant une coque de satin qui figurait un dahlia. Du côté de la cour, comme du côté du jardin, l'aspect de ce palais fantasque offrait tout ce que la saleté parisienne a produit de plus bizarre : des badigeonnages lavés, des plâtras refaits, de vieilles peintures, des écriteaux fantastiques. Enfin le public parisien salissait énormément les treillages verts, soit du côté du jardin, soit sur la cour. Ainsi, des deux côtés, une bordure infâme et nauséabonde semblait défendre l'approche des galeries aux gens délicats; mais les gens délicats ne reculaient pas plus devant ces horribles choses que les princes des contes de fées ne reculent devant les dragons et les obstacles interposés par un mauvais génie entre eux et les princesses. Ces galeries étaient, comme aujourd'hui, percées au milieu par un passage, et comme aujourd'hui l'on y pénétrait encore par les deux péristyles actuels commencés avant la Révolution et abandonnés faute d'argent. La belle galerie de pierre qui mène au Théâtre-Français formait alors un passage étroit d'une hauteur démesurée et si mal couvert qu'il y pleuvait souvent. On la nommait galerie vitrée, pour la distinguer des galeries de bois. Les toitures de ces bouges étaient toutes d'ailleurs en si mauvais état, que la maison d'Orléans eut un procès avec un célèbre marchand de cachemires et d'étoffes qui, pendant une nuit, trouva des marchandises avariées pour une somme considérable. Le marchand eut gain de cause. Une double toile goudronnée servait de couverture en quelques endroits. Le sol de la galerie vitrée, où Chevet commença sa fortune, et celui des galeries de bois étaient le sol naturel de Paris, augmenté du sol factice amené par les bottes et les souliers des passants. En tout temps, les pieds heurtaient des montagnes et des vallées de boue durcie, incessamment balayées par les marchands, et qui demandaient aux nouveaux venus une certaine habitude pour y marcher.

Ce sinistre amas de crottes, ces vitrages encrassés par la pluie et par la poussière, ces huttes plates et couvertes de haillons au dehors, la saleté des murailles commencées, cet ensemble de choses qui tenait du camp des Bohémiens, des baraques d'une foire, des constructions provisoires avec lesquelles on entoure, à Paris, les monuments qu'on ne bâtit pas, cette physionomie grimaçante allait admirablement aux différents commerces qui grouillaient sous ce hangar impudique, effronté, plein de gazouillements et d'une gaieté folle, où, depuis la Révolution de 1789 jusqu'à la Révolution de 1830, il s'est fait d'immenses affaires. Pendant vingt années, la Bourse s'est tenue en face, au rez-de-chaussée du palais. Ainsi, l'opinion publique, les réputations, se faisaient et se défaisaient là, aussi bien que les affaires politiques et financières. On se donnait rendez-vous dans ces galeries avant et après la Bourse. Le Paris des banquiers et des commerçants encombrait souvent la cour du Palais-Royal, et refluait sous ces abris par les temps de pluie. La nature de ce bâtiment, surgi sur ce point on ne sait comment, le rendait d'une étrange sonorité. Les éclats de rire y foisonnaient. Il n'arrivait pas une querelle à un bout qu'on ne sût à l'autre de quoi il s'agissait. Il n'y avait là que des libraires, de la poésie, de la politique et de la prose, des marchandes de modes, enfin des filles de joie qui venaient seulement le soir. Là fleurissaient les nouvelles et les livres, les jeunes et les vieilles gloires, les conspirations de la tribune et les mensonges de la librairie. Là se vendaient les nouveautés au public, qui s'obstinait à ne les acheter que là. Là se sont vendus, dans une seule soirée, plusieurs milliers de tel ou tel pamphlet de Paul-Louis Courier, ou des *Aventures de la fille d'un roi*. À l'époque où Lucien s'y produisait, quelques boutiques avaient des devantures, des vitrages assez élégants; mais ces boutiques appartenaient aux rangées donnant sur le jardin ou sur la cour. Jusqu'au jour où périt cette étrange colonie sous le marteau de l'architecte Fontaine, les boutiques sises entre les deux galeries furent entièrement ouvertes, soutenues par des piliers comme les boutiques des foires de province, et l'œil plongeait sur les deux galeries à travers les marchandises ou les portes vitrées. Comme il était impossible d'y avoir du feu, les marchands n'avaient que des chaufferettes, et faisaient eux-mêmes la police du feu, car une imprudence pouvait enflammer en un quart d'heure cette république de planches desséchées par le soleil et comme enflammées déjà par la prostitution, encombrées de gaze, de mousseline, de papiers, quelquefois ventilées par des courants d'air. Les boutiques de modistes étaient pleines de chapeaux inconcevables, qui semblaient être là moins pour la vente que pour l'étalage, tous accrochés par centaines à des broches de fer terminées en champignon, et pavoisant les galeries de leurs mille couleurs. Pendant vingt ans, tous les promeneurs se sont demandé sur quelles têtes ces chapeaux poudreux achevaient leur carrière. Des ouvrières généralement laides, mais égrillardes, raccrochaient les femmes par des paroles astucieuses, suivant la coutume et avec le langage de la Halle. Une grisette dont la langue était aussi déliée que ses yeux étaient actifs, se tenait sur un tabouret et harcelait les passants : — Achetez-vous un joli chapeau, madame? — Laissez-moi donc vous vendre quelque chose, monsieur! Leur vocabulaire fécond et pittoresque était varié par les inflexions de voix, par des regards et par des critiques sur les passants. Les libraires et les marchandes de modes vivaient en bonne intelligence. Dans le passage nommé si fastueusement la galerie vitrée, se trouvaient les commerces les plus singuliers. Là s'établissaient les ventriloques, les charlatans de toute espèce, les spectacles où l'on ne voit rien et ceux où l'on vous montre le monde entier. Là s'est établi, pour la première fois, un homme qui a gagné sept ou huit cent mille francs à parcourir les foires. Il avait pour enseigne un soleil tournant dans un cadre noir, autour duquel éclataient ces mots écrits en rouge : *Ici l'homme voit ce que Dieu ne saurait voir.* Prix : deux sous. L'aboyeur ne vous admettait jamais seul, ni jamais plus de deux. Une fois entré, vous vous trouviez nez à nez avec une grande glace. Tout à coup une voix, qui eût épouvanté Hoffmann le Berlinois, partait comme une mécanique dont le ressort est poussé. « Vous voyez là, messieurs, ce que, dans toute « l'éternité, Dieu ne saurait voir, c'est-à-dire votre semblable. Dieu « n'a pas son semblable! » Vous vous en alliez honteux, sans oser avouer votre stupidité. De toutes les petites portes partaient des voix semblables qui vous vantaient des cosmoramas, des vues de Constantinople, des spectacles de marionnettes, des automates qui jouaient aux échecs, des chiens qui distinguaient la plus belle femme de la société. Le ventriloque Fitz-James a fleuri là dans le café Borel avant d'aller mourir à Montmartre, mêlé aux élèves de l'École polytechnique. Il y avait des fruitières et des marchandes de bouquets, un fameux tailleur dont les broderies militaires reluisaient le soir

Allons, ne manque pas ton effet, ma petite, lui dit Lousteau — PAGE 28.

comme des soleils. Le matin, jusqu'à deux heures après midi, les galeries de bois étaient muettes, sombres et désertes. Les marchands y causaient comme chez eux. Le rendez-vous que s'y est donné la population parisienne ne commençait que vers trois heures, à l'heure de la Bourse. Dès que la foule venait, il se pratiquait des lectures gratuites à l'étalage des libraires par les jeunes gens affamés de littérature et dénués d'argent. Les commis chargés de veiller sur les livres exposés laissaient charitablement les pauvres gens toutant les pages. Quand il s'agissait d'un in-12 de deux cents pages, comme Smarra, Pierre Schlémihl, Jean Sbogar, Jocko, en deux séances il était dévoré. En ce temps-là, les cabinets de lecture n'existaient pas. Il fallait acheter un livre pour le lire; aussi les romans se vendaient-ils alors à des nombres qui paraîtraient fabuleux aujourd'hui. Il y avait donc je ne sais quoi de français dans cette aumône faite à l'intelligence jeune, avide et pauvre. La poésie de ce terrible bazar éclatait à la tombée du jour. De toutes rues adjacentes allaient et venaient un grand nombre de filles qui pouvaient s'y promener sans rétribution. De tous les points de Paris, une fille de joie accourait *faire son Palais.* Les galeries de pierre appartenaient à des maisons privilégiées qui payaient le droit d'exposer des créatures habillées comme des princesses, entre telle ou telle arcade, et à la place correspondante dans le jardin ; tandis que les galeries de bois étaient pour la prostitution un terrain public, le Palais par excellence, mot qui signifiait alors le temple de la prostitution. Une femme pouvait y venir, en sortir accompagnée de sa proie, et l'emmener où bon lui semblait. Ces femmes attiraient donc le soir, aux galeries de bois, une foule si considérable, qu'on y marchait au pas, comme à la procession ou au bal masqué. Cette lenteur, qui ne gênait personne, servait à l'examen. Ces femmes avaient une mise qui n'existe plus ; la manière dont elles se tenaient décolletées jusqu'au milieu du dos, et très-bas aussi par devant, leurs bizarres coiffures inventées pour attirer les regards : celle-ci en Cauchoise, celle-là en Espagnole ; l'une bouclée comme un caniche, l'autre en bandeaux lisses; leurs jambes serrées par des bas blancs et montrées on ne sait comment, mais toujours à propos, toute cette infâme poésie est perdue. La licence des interrogations et des réponses, ce cynisme public et harmonie avec le lieu, ne se retrouve plus, ni au bal masqué, ni dans les bals si célèbres qui se donnent aujourd'hui. C'était horrible et gai. La chair éclatante des épaules et des gorges étincelait au milieu des vêtements d'hommes presque toujours sombres, et produisait les plus magnifiques oppositions. Le brouhaha des voix et le bruit de la promenade formaient un murmure qui s'entendait dès le milieu du jardin comme une basse continue brodée des éclats de rire des filles ou des cris de quelque rare dispute. Les personnes comme il faut, les hommes les plus marquants, y étaient coudoyés par des gens à figure patibulaire. Ces monstrueux assemblages avaient je ne sais quoi de piquant, les hommes les plus insensibles étaient émus. Aussi tout Paris est-il venu là jusqu'au dernier moment ; il s'y est promené sur le plancher de bois que l'architecte a fait au-dessus des caves pendant qu'il les bâtissait. Des regrets immenses et unanimes ont accompagné la chute de ces ignobles morceaux de bois.

Le libraire Ladvocat s'était établi depuis quelques jours à l'angle du passage qui partageait ces galeries par le milieu, devant Dauriat, jeune homme maintenant oublié, mais audacieux, et qui défricha la route où brilla depuis son concurrent. La boutique de Dauriat se trouvait sur des rangées donnant sur le jardin, et celle de Ladvocat était sur la cour. Divisée en deux parties, la boutique de Dauriat offrait un vaste magasin à sa librairie, et l'autre portion lui servait de cabinet. Lucien, qui venait là pour la première fois le soir, fut étourdi de cet aspect, auquel ne résistaient pas les provinciaux ni les jeunes gens. Il perdit bientôt son introducteur.

— Si tu étais beau comme ce garçon-là, je te donnerais du retour, dit une créature à un vieillard, en lui montrant Lucien.

Lucien devint honteux comme le chien d'un aveugle, et suivit le torrent dans un état d'hébétement et excitation difficile à décrire. Harcelé par les regards des femmes, sollicité par des rondeurs blanches, par des gorges audacieuses qui l'éblouissaient, il se raccrochait à son manuscrit qu'il serrait pour qu'on ne le lui volât point, l'innocent !

— Eh bien ! monsieur ! cria-t-il en se sentant pris par un bras et croyant que sa poésie avait alléché quelque auteur.

Il reconnut son ami Lousteau, qui lui dit : Je savais bien que vous finiriez par passer là !

Le poète était sur la porte du magasin où Lousteau le fit entrer, et qui était plein de gens attendant le moment de parler au sultan de la librairie. Les imprimeurs, les papetiers et les dessinateurs, groupés autour des commis, les questionnaient sur des affaires en train ou qui se méditaient.

— Tenez, voilà Finot, le directeur de mon journal ; il cause avec un jeune homme de talent, Félicien Vernou, un petit drôle méchant comme une maladie secrète.

— Eh bien ! tu as une première représentation, mon vieux, dit Finot en venant avec Vernou à Lousteau. J'ai disposé de la loge.

— Tu l'as vendue à Braulard ?

— Eh bien ! après ? tu te feras placer. Que viens-tu demander à Dauriat ? Ah ! il est convenu que nous pousserons Paul de Kock, Dauriat en a pris deux cents exemplaires et Victor Ducange lui refuse un roman. Dauriat veut, dit-il, faire un nouvel auteur dans le même genre. Tu mettras Paul de Kock au-dessus de Ducange.

— Mais j'ai une pièce avec Ducange à la Gaîté, dit Lousteau.

— Eh bien ! tu lui diras que l'article est de moi, je serai censé l'avoir fait atroce, tu l'auras adouci, il te devra des remerciements.

— Ne pourrais-tu me faire escompter ce petit bon de cent francs par le caissier de Dauriat ? dit Etienne à Finot. Tu sais ! nous soupons ensemble pour inaugurer le nouvel appartement de Florine.

— Ah ! oui, tu nous traites, dit Finot en ayant l'air de faire un effort de mémoire. Eh bien ! Gabusson, dit Finot en prenant le billet de Barbet et le présentant au caissier, donnez quatre-vingt-dix francs pour moi à cet homme-là. Endosse le billet, mon vieux !

Lousteau prit la plume du caissier pendant que le caissier comptait l'argent, et signa. Lucien tout yeux et tout oreilles, ne perdit pas une syllabe de cette conversation.

— Ce n'est pas tout, mon cher ami, reprit Etienne, je ne te dis pas merci, c'est entre nous à la vie à la mort. Je dois présenter monsieur à Dauriat, et tu devrais le disposer à nous écouter.

— De quoi s'agit-il ? demanda Finot.

— D'un recueil de poésies, répondit Lucien.

— Ah ! dit Finot en faisant un haut-le-corps.

— Monsieur, dit Vernou en regardant Lucien, ne pratique pas depuis longtemps la librairie, il aurait déjà serré son manuscrit dans les coins les plus sauvages de son domicile.

En ce moment un beau jeune homme, Emile Blondet, qui venait de débuter au Journal des Débats par des articles de la plus grande portée, entra, donna la main à Finot, à Lousteau, et salua légèrement Vernou.

— Viens souper avec nous, à minuit, chez Florine, lui dit Lousteau.

— J'en suis, dit le jeune homme. Mais qu'y a-t-il ?

— Ah ! il y a, dit Lousteau. Florine et Matifat le droguiste ; du Bruel, l'auteur qui a donné un rôle à Florine pour son début, un petit vieux, le père Cardot et son gendre Camusot ; puis Finot...

— Fait-il les choses convenablement, ton droguiste ?

— Il ne nous donnera pas de drogues, dit Lucien.

— Monsieur a beaucoup d'esprit, dit sérieusement Blondet en regardant Lucien. Il est du souper, Lousteau ?

— Oui.

— Nous rirons bien.

Lucien avait rougi jusqu'aux oreilles.

— En as-tu pour longtemps, Dauriat ? dit Blondet en frappant à la vitre qui donnait au-dessous du bureau de Dauriat.

— Mon ami, je suis à toi.

— Bon, dit Lousteau à son protégé. Ce jeune homme, presque aussi jeune que vous, est aux Débats. Il est un des princes de la critique : il est redouté, Dauriat viendra le cajoler, et nous pourrons alors dire notre affaire au pacha des vignettes et de l'imprimerie. Autrement, à onze heures notre tour ne serait pas venu. L'audience se grossira de moment en moment.

Lucien et Lousteau s'approchèrent alors de Blondet, de Finot, de Vernou, et allèrent former un groupe à l'extrémité de la boutique.

— Que fait-il ? dit Blondet à Gabusson, le premier commis, qui se leva pour venir le saluer.

— Il achète un journal hebdomadaire qu'il veut restaurer, afin de l'opposer à l'influence de la Minerve, qui sert trop exclusivement Eymery, et au Conservateur, qui est trop aveuglément romantique.

— Payera-t-il bien ?

— Mais, comme toujours.. trop ! dit le caissier.

En ce moment un jeune homme entra, qui venait de faire paraître un magnifique roman, vendu rapidement et couronné par le plus beau succès, un roman dont la seconde édition s'imprimait devant Lucien. Ce jeune homme, doué de cette tournure extraordinaire et bizarre qui signale les natures artistes, frappa vivement Lucien.

— Voilà Nathan, dit Lousteau à l'oreille du poète de province.

Nathan malgré la sauvage fierté de sa physionomie, alors dans toute sa jeunesse, aborda les journalistes chapeau bas, et se tint presque humble devant Blondet, qu'il ne connaissait encore que de vue. Blondet et Finot garderaient leurs chapeaux sur la tête.

— Monsieur, je suis heureux de l'occasion que me présente le hasard...

— Il est si troublé, qu'il fait un pléonasme, dit Félicien à Lousteau.

— ... de vous peindre ma reconnaissance pour le bel article que vous avez bien voulu me faire au *Journal des Débats.* Vous êtes pour la moitié dans le succès de mon livre.

— Non, mon cher, non, dit Blondet d'un air où la protection se cachait sous la bonhomie. Vous avez du talent, le diable m'emporte, et je suis enchanté de faire votre connaissance.

— Comme votre article a paru, je ne paraîtrai plus être le flatteur du pouvoir : nous sommes maintenant à l'aise vis-à-vis l'un de l'autre. Voulez-vous me faire l'honneur et le plaisir de dîner avec moi demain? Finot en sera. Lousteau, mon vieux, tu ne me refuseras pas ? ajouta Nathan en donnant une poignée de main à Etienne. Ah ! vous êtes dans un beau chemin, monsieur, dit-il à Blondet, vous continuez les Dussault, les Fiévée, les Geoffroi ! Hoffmann a parlé de vous à Claude Vignon, son élève, un de mes amis, et lui a dit qu'il mourrait tranquille, que le *Journal des Débats* vivrait éternellement. On doit vous payer énormément.

— Cent francs la colonne, reprit Blondet. Ce prix est peu de chose quand on est obligé de lire les livres, d'en lire cent pour en trouver un dont on peut s'occuper, comme le vôtre. Votre œuvre m'a fait plaisir, parole d'honneur.

— Et lui a rapporté quinze cents francs, dit Lousteau à Lucien.

— Mais vous faites de la politique? reprit Nathan

— Oui, par-ci par-là, répondit Blondet.

Lucien, qui se trouvait là comme un embryon, avait admiré le livre de Nathan, il révérait l'auteur à l'égal d'un Dieu, et il fut stupide de tant de lâcheté devant ce critique dont le nom et la portée lui étaient inconnus. — Me conduirai-je jamais ainsi ? faut-il donc abdiquer sa dignité ? se dit-il. Mets donc ton chapeau, Nathan ! tu as fait un beau livre, et le critique n'a fait qu'un article. Ces pensées lui fouettaient le sang dans les veines. Il apercevait, de moment en moment, des jeunes gens timides, des auteurs besogneux, qui demandaient à parler à Dauriat ; mais qui, voyant la boutique pleine, désespéraient d'avoir audience, et disaient en sortant : — Je reviendrai. Deux ou trois hommes politiques causaient de la convocation des Chambres et des affaires publiques au milieu d'un groupe composé de célébrités politiques. Le journal hebdomadaire duquel traitait Dauriat avait le droit de parler politique. Dans ce temps, les tribunes de papier timbré devenaient rares. Un journal était un privilége aussi couru que celui d'un théâtre. Un des actionnaires les plus influents du *Constitutionnel* se trouvait au milieu du groupe politique. Lousteau s'acquittait à merveille de son office de cicerone. Aussi, de phrase en phrase, Dauriat grandissait-il dans l'esprit de Lucien, qui voyait la politique et la littérature convergeant dans cette boutique. A l'aspect d'un poète éminent y prostituant la muse à un journaliste, y humiliant l'art, comme la femme était humiliée, prostituée sous ces galeries ignobles, le grand homme de province recevait des enseignements terribles. L'argent ! était le mot de toute énigme. Lucien se sentait seul, inconnu, rattaché par le fil d'une amitié douteuse au succès et à la fortune. Il accusait ses tendres, ses vrais amis du cénacle, de lui avoir peint le monde sous de fausses couleurs, de l'avoir empêché de se jeter dans cette mêlée, sa plume à la main. — Je serais déjà Blondet, s'écria-t-il en lui-même. Lousteau, qui venait de crier sur les sommets du Luxembourg comme un aigle blessé, qui lui avait paru si grand, n'eut plus alors que des proportions minimes. Là, le libraire fashionable, le moyen de toutes ces existences, lui parut être l'homme important. Le poète ressentit, son manuscrit à la main, une trépidation qui ressemblait à de la peur. Au milieu de cette boutique, sur des piédestaux de bois peint en marbre, il vit des bustes, celui de Byron, celui de Gœthe et celui de M. de Canalis, de qui Dauriat espérait obtenir un volume, et qui, le jour où il vint dans cette boutique, avait pu mesurer à la hauteur à laquelle le mettait le libraire. Involontairement, Lucien perdait de sa propre valeur, son courage faiblissait, il entrevoyait quelle était l'influence de ce Dauriat sur sa destinée, et il attendait impatiemment l'apparition.

— Eh bien ! mes enfants, dit un petit homme gros et gras, à figure assez semblable à celle d'un proconsul romain, mais adoucie par un air de bonhomie auquel se prennent les gens superficiels. Me voilà propriétaire du seul journal hebdomadaire qui pût être acheté, et qui a deux mille abonnés.

— Farceur ! le timbre en accuse sept cents, et c'est déjà bien joli, dit Finot.

— Ma parole d'honneur la plus sacrée, il y en a douze cents. J'ai dit deux mille, ajouta-t-il à voix basse, à cause des papetiers et des imprimeurs qui sont là. Je te croyais plus de tact, mon petit, reprit-il à haute voix.

— Prenez-vous des associés ? demanda Finot.

— C'est selon, dit Dauriat. Veux-tu d'un tiers pour quarante mille francs ?

— Ça va, si vous acceptez pour rédacteurs Emile Blondet que voici, Claude Vignon, Scribe, Théodore Leclercq, Félicien Vernou, Jay, Jouy, Lousteau...

— Et pourquoi pas Lucien de Rubempré ? dit hardiment le poète de province en interrompant Finot.

— Et Nathan, dit Finot en terminant.

— Et pourquoi pas les gens qui se promènent ? dit le libraire en fronçant le sourcil et se tournant vers l'auteur des *Marguerites*. A qui ai-je l'honneur de parler ? dit-il en regardant Lucien d'un air impertinent.

— Un moment, Dauriat, répondit Lousteau. C'est moi qui vous amène monsieur. Pendant que Finot réfléchit à votre proposition, écoutez-moi.

Lucien eut sa chemise mouillée dans le dos en voyant l'air froid et mécontent de ce redoutable vizir de la librairie, qui tutoyait Finot, quoique Finot lui dît vous, qui appelait le redouté Blondet *mon petit*, qui avait tendu royalement sa main à Nathan en lui faisant un signe de familiarité.

— Une nouvelle affaire, mon petit, s'écria Dauriat. Mais, tu le sais, j'ai onze cents manuscrits. Oui, messieurs, cria-t-il, on m'a offert onze cents manuscrits, demandez à Gabusson. Enfin j'aurai bientôt besoin d'une administration pour régir le dépôt des manuscrits, un bureau de lecture pour les examiner ; il y aura des séances pour voter sur leur mérite, avec des jetons de présence, et un secrétaire perpétuel pour me présenter des rapports. Ce sera la succursale de l'Académie française, et les académiciens seront mieux payés aux galeries de bois qu'à l'Institut.

— C'est une idée, dit Blondet.

— Une mauvaise idée, reprit Dauriat. Mon affaire n'est pas de procéder au dépouillement des élucubrations de ceux d'entre vous qui se mettent littérateurs quand ils ne peuvent être ni capitalistes, ni bottiers, ni caporaux, ni domestiques, ni administrateurs, ni huissiers ! On n'entre ici qu'avec une réputation faite ! Devenez célèbre, et vous y trouverez des flots d'or. Voilà trois grands hommes de ma façon, j'ai fait trois ingrats ! Nathan parle de six mille francs pour la seconde édition de son livre, qui m'a coûté trois mille francs d'articles, et ne m'a pas rapporté mille francs. Les deux articles de Blondet, je les ai payés mille francs et un dîner de cinq cents francs...

— Mais, monsieur, si tous les libraires disent ce que vous dites, comment peut-on publier un premier livre ? demanda Lucien aux yeux de qui Blondet perdit énormément de sa valeur quand il apprit le chiffre auquel Dauriat avait mis les articles des *Débats*.

— Cela ne me regarde pas, dit Dauriat en plongeant un regard assassin sur le beau Lucien, qui le regarda d'un air agréable. Moi, je ne m'amuse pas à publier un livre, à risquer deux mille francs pour en gagner deux mille, je fais des spéculations en littérature : je publie quarante volumes à dix mille exemplaires, comme font Panckoucke et les Beaudouin. Ma puissance et les articles que j'obtiens poussent une affaire de cent mille écus au lieu de pousser un volume de deux mille francs. Il faut autant de peine pour faire prendre un nom nouveau à un auteur et son œuvre, que pour faire réussir les *Théâtres Etrangers*, *Victoires et Conquêtes*, ou les *Mémoires sur la Révolution*, qui sont une fortune. Je ne suis pas ici pour être le marche-pied des gloires à venir, mais pour gagner de l'argent et pour en donner aux hommes célèbres. Le manuscrit que j'achète cent mille francs est moins cher que celui dont l'auteur inconnu me demande six cents francs ! Si je ne suis pas tout à fait un Mécène, j'ai droit à la reconnaissance de la littérature : j'ai déjà fait hausser de plus du double du prix des manuscrits. Je vous donne ces raisons, parce que vous êtes l'ami de Lousteau, mon petit, dit Dauriat au poète en le frappant sur l'épaule par un geste d'une révoltante familiarité. Si je causais avec tous les auteurs qui veulent que je sois leur éditeur, il faudrait fermer ma boutique, car je passerais mon temps en conversations extrêmement agréables, mais beaucoup trop chères. Je ne suis pas encore assez riche pour écouter les monologues de chaque amour-propre. Ça ne se voit qu'au théâtre, dans les tragédies classiques.

Le luxe de la toilette de ce terrible Dauriat appuyait, aux yeux du poète de province, ce discours cruellement logique.

— Qu'est-ce que c'est que ça ? dit-il à Lousteau.

— Un magnifique volume de vers.

En entendant ce mot, Dauriat se tourna vers Gabusson par un mouvement digne de Talma : — Gabusson, mon ami, à compter d'aujourd'hui, quiconque viendra ici pour me proposer des manuscrits... Entendez-vous ça, vous autres ? dit-il en s'adressant à trois commis, qui sortirent de dessous les piles de livres à la voix colérique de leur patron, qui regardait ses ongles, sa main, qui avait belle, à quiconque m'apportera des manuscrits, vous demanderez si c'est des vers ou de la prose. En cas de vers, congédiez-le aussitôt. Les vers dévoreront la librairie !

— Bravo ! à bien dit cela, Dauriat, crièrent les journalistes.

— C'est vrai ! s'écria le libraire en arpentant sa boutique le manuscrit de Lucien à la main, vous ne connaissez pas, messieurs, le mal que le succès de lord Byron, de Lamartine, de Victor Hugo, de Casimir Delavigne, de Canalis et de Béranger ont produit. Leur gloire nous vaut une invasion de barbares. Je suis sûr qu'il y a dans ce moment en librairie mille volumes de vers proposés qui commencent par des histoires interrompues, et sans queue ni tête, à l'imitation du *Corsaire* et de *Lara*. Sous prétexte d'originalité, les jeunes gens se livrent à des strophes incompréhensibles, à des poèmes descriptifs où la jeune école se croit nouvelle en inventant Delille ! Depuis deux ans, les poètes ont pullulé comme les hannetons. J'y ai perdu vingt mille francs l'année dernière ! Demandez à Gabusson. Il peut y avoir dans le monde des poètes immortels, j'en connais de roses et de frais qui ne se font pas encore la barbe, dit-il à Lucien, mais en librairie, jeune homme, il n'y a que quatre poètes : Béranger, Casimir Delavigne, Lamartine et Victor Hugo, car Canalis !... c'est un poète fait à coups d'articles.

Lucien ne se sentit pas le courage de se redresser et de faire de la fierté devant ces hommes influents, qui riaient de bon cœur. Il comprit qu'il serait perdu de ridicule, mais il éprouvait une démangeaison violente de sauter à la gorge du libraire, de lui déranger l'insultante harmonie de son nœud de cravate, de briser la chaîne d'or qui brillait sur sa poitrine, de fouler sa montre et de la déchirer. L'amour-propre irrité ouvrit la porte à la vengeance, il jura une haine mortelle à ce libraire, auquel il souriait.

— La poésie est comme le soleil, qui fait pousser les forêts éternelles et qui engendre les cousins, les moucherons, les moustiques, dit Blondet. Il n'y a pas une vertu qui ne soit doublée d'un vice. La littérature engendre les libraires.

— Et les journalistes ! dit Lousteau.

Dauriat partit d'un éclat de rire.

— Qu'est-ce que ça, enfin ? dit-il en montrant le manuscrit.

— Un recueil de sonnets à faire honte à Pétrarque, dit Lousteau.

— Comment l'entends-tu ? demanda Dauriat.

— Comme tout le monde, dit Lousteau, qui vit un sourire fin sur toutes les lèvres.

Lucien ne pouvait se fâcher, mais il suait dans son harnais.

— Eh bien ! je le lirai, dit Dauriat en faisant un geste royal qui montrait toute l'étendue de cette concession. Si les sonnets sont à la hauteur du dix-neuvième siècle, je ferai de toi, mon petit, un grand poète.

— S'il a autant d'esprit qu'il est beau, vous ne courrez pas de grands risques, dit un des plus fameux orateurs de la Chambre, qui causait avec un des rédacteurs du *Constitutionnel* et le directeur de la *Minerve*.

— Général, dit Dauriat, la gloire c'est douze mille francs d'articles et mille écus de dîners, demandez à l'auteur du *Solitaire*. Si M. Benjamin Constant veut faire un article sur ce jeune poète, je ne serai pas longtemps à conclure l'affaire.

Au mot de général, et en entendant nommer l'illustre Benjamin Constant, la boutique prit aux yeux du grand homme de province les proportions de l'Olympe.

— Lousteau, j'ai à te parler, dit Finot ; mais je te retrouverai au théâtre. Dauriat, je fais l'affaire, mais à des conditions. Entrons dans votre cabinet.

— Viens, mon petit, dit Dauriat, en laissant passer Finot devant lui et faisant un geste d'homme occupé à dix personnes qui attendaient ; il allait disparaître, quand Lucien, impatient, l'arrêta.

— Vous gardez mon manuscrit, à quand la réponse ?

— Mais, mon petit poète, reviens ici dans trois ou quatre jours, nous verrons.

Lucien fut entraîné par Lousteau, qui ne lui laissa pas le temps de saluer Vernou, ni Blondet, ni Raoul Nathan, ni le général Foy, ni Benjamin Constant, dont l'ouvrage sur les Cent-Jours venait de paraître. Lucien entrevit à peine cette tête blonde et fine, ce visage oblong, ces yeux spirituels, cette bouche agréable, enfin l'homme qui, pendant vingt ans, avait été le Potemkin de madame de Staël, et qui faisait la guerre aux Bourbons après celle de Napoléon, mais qui devait mourir atterré de sa victoire.

— Quelle boutique ! s'écria Lucien quand il fut assis dans un cabriolet de place à côté de Lousteau.

— Au Panorama-Dramatique, et du train ! tu as trente sous pour ta course, dit Etienne au cocher. Dauriat est un drôle qui vend pour quinze ou seize cent mille francs de livres par an, il est comme le ministre de la littérature, répondit Lousteau, dont l'amour-propre était agréablement chatouillé, et qui se posait en maître devant Lucien. Son avidité, tout aussi grande que celle de Barbet, s'exerce sur des masses. Dauriat a des formes, il est généreux, mais il est vain ; quant à son esprit, ça se compose de tout ce qu'il entend dire autour de lui ; sa boutique est un lieu très-excellent à fréquenter. On peut y causer avec les gens supérieurs de l'époque. Là, mon cher, un jeune homme en apprend plus en une heure qu'à pâlir sur les livres pendant dix ans. On y discute des articles, on y brasse des sujets, on s'y lie avec des gens célèbres ou influents, qui peuvent être utiles. Aujourd'hui, pour réussir, il est nécessaire d'avoir des relations. Tout est hasard, vous le voyez. Ce qu'il y a de plus dangereux est d'avoir de l'esprit tout seul dans son coin.

— Mais quelle impertinence ! dit Lucien.

— Bah ! nous nous moquons tous de Dauriat, répondit Etienne. Vous avez besoin de lui, il vous marche sur le ventre ; il a besoin du *Journal des Débats*, Emile Blondet le fait tourner comme une toupie. Oh ! si vous entrez dans la littérature, vous en verrez bien d'autres ! Eh bien ! que vous disais-je ?

— Oui, vous avez raison, répondit Lucien. J'ai souffert dans cette boutique encore plus cruellement que je ne m'y attendais, d'après votre programme.

— Et pourquoi vous livrer à la souffrance ? Ce qui nous coûte notre vie, le sujet qui, durant des nuits studieuses, a ravagé notre cerveau ; toutes ces courses à travers les champs de la pensée, notre monument construit avec notre sang, devient pour les éditeurs une affaire bonne ou mauvaise. Les libraires vendront ou ne vendront pas votre manuscrit, voilà pour eux tout le problème. Un livre, pour eux, représente des capitaux à risquer. Plus le livre est beau, moins il a de chances d'être vendu. Tout homme supérieur s'élève au-dessus des masses, son succès est donc en raison directe avec le temps nécessaire pour apprécier l'œuvre. Aucun libraire ne veut attendre. Le livre d'aujourd'hui doit être vendu demain. Dans ce système là, les libraires refusent les livres substantiels, auxquels il faut de hautes et de lentes approbations.

— D'Arthez a raison ! s'écria Lucien.

— Vous connaissez d'Arthez ? dit Lousteau. Je ne sais rien de plus dangereux que les esprits solitaires qui pensent, comme ce garçon-là, pouvoir attirer le monde à eux. En fanatisant les jeunes imaginations par une croyance qui flatte la force immense que nous sentons d'abord en nous-mêmes, ces gens à gloire posthume les empêchent de se remuer à l'âge où le mouvement est possible et profitable. Je suis pour le système de Mahomet, qui, après avoir commandé à la montagne de venir à lui, s'est écrié : — Si tu ne viens pas à moi, j'irai donc vers toi !

Cette saillie, où la raison prenait une forme incisive, était de nature à faire hésiter Lucien entre le système de pauvreté soumise que prêchait le cénacle, et la doctrine militante que Lousteau lui exposait. Aussi le poète d'Angoulême garda-t-il le silence jusqu'au boulevard du Temple.

Le Panorama-Dramatique, aujourd'hui remplacé par une maison, était une charmante salle de spectacle située vis-à-vis la rue Charlot, sur le boulevard du Temple, et où deux administrations succombèrent sans obtenir un seul succès, quoique Bouffé, l'un des acteurs qui se sont partagé la succession de Potier, y ait débuté, ainsi que Florine, actrice qui, cinq ans plus tard, devint si célèbre. Les théâtres, comme les hommes, sont soumis à des fatalités. Le Panorama-Dramatique avait à rivaliser avec l'Ambigu, la Gaîté, la Porte-Saint-Martin et les théâtres de vaudeville ; il ne put résister à leurs manœuvres, aux restrictions de son privilège et au manque de bonnes pièces. Les auteurs ne voulurent pas se brouiller avec les théâtres existants pour un théâtre dont la vie semblait problématique. Cependant l'administration comptait sur la pièce nouvelle, espèce de mélodrame comique d'un jeune auteur, collaborateur de quelques célébrités, nommé du Bruel, qui disait l'avoir faite à lui seul. Cette pièce avait été composée pour le début de Florine, jusqu'alors comparse à la Gaîté, où, depuis un an, elle jouait des petits rôles dans lesquels elle s'était fait remarquer, sans pouvoir obtenir d'engagement, en sorte que le Panorama l'avait enlevée à sa voisine. Coralie, autre actrice, devait y débuter aussi. Quand les deux amis arrivèrent, Lucien fut stupéfait par l'exercice du pouvoir de la presse.

— Monsieur est avec moi, dit Etienne au contrôle, qui s'inclina tout autant.

— Vous trouverez bien difficilement à vous placer, dit le contrôleur en chef. Il n'y a plus de disponible que la loge du directeur.

Etienne et Lucien perdirent un certain temps à errer dans les corridors et à parlementer avec les ouvreuses.

— Allons dans la salle, nous parlerons du directeur, qui nous prendra dans sa loge. D'ailleurs, je vous présenterai à l'héroïne de la soirée, à Florine.

Sur un signe de Lousteau, le portier de l'orchestre prit une petite clef et ouvrit une porte perdue dans un gros mur. Lucien suivit son ami, et passa soudain du corridor illuminé au trou noir qui, dans presque tous les théâtres, sert de communication entre la salle et les coulisses. Puis, en montant quelques marches humides, le poète de province aborda la coulisse, où l'attendait le spectacle le plus étrange. L'étroitesse des *portants*, la hauteur du théâtre, les échelles à quinquets, les décorations, si horribles vues de près, les acteurs plâtrés, leurs costumes si bizarres et faits d'étoffes si grossières, les garçons à vestes huileuses, les cordes qui pendent, le régisseur qui se promène le chapeau sur la tête, les comparses assises, les toiles de fond suspendues, les pompiers, cet ensemble de choses bouffonnes, tristes, sales, affreuses, éclatantes, ressemblait si peu à ce que Lucien avait vu de sa place au théâtre qu'il eut un étonnement sans bornes. On achevait un bon gros mélodrame intitulé Bertram, pièce imitée d'une tragédie de Maturin, qu'estimaient infiniment Nodier, lord Byron et Walter Scott, mais qui n'obtint aucun succès à Paris.

— Ne quittez pas mon bras si vous ne voulez pas tomber dans une trappe, recevoir une forêt sur la tête, renverser un palais ou accrocher une chaumière, dit Etienne à Lucien. Florine est-elle dans sa loge, mon bijou ? dit-il à une actrice qui se préparait à son entrée en scène en écoutant les acteurs.

— Oui, mon amour. Je te remercie de ce que tu as dit de moi. Tu es d'autant plus gentil que Florine entrait ici.

— Allons, ne manque pas ton effet, ma petite, lui dit Lousteau. Précipite-toi, haut la patte ! dis-moi bien : *Arrête, malheureux !* car il y a deux mille francs de recette.

Lucien stupéfait vit l'actrice se composant et s'écriant : *Arrête, malheureux !* de manière à le glacer d'effroi. Ce n'était plus la même femme.

— Voilà donc le théâtre ! se dit-il.

— C'est comme la boutique des galeries de bois et comme un journal pour la littérature, une vraie cuisine.

Nathan parut.

— Pour qui venez-vous donc ici ? lui dit Lousteau.

— Mais, je fais les petits théâtres à la Gazette, en attendant mieux, répondit Nathan.

— Eh ! soupez donc avec nous ce soir, et traitez bien Florine, à charge de revanche, lui dit Lousteau.

— Tout à votre service, répondit Nathan.

— Vous savez, elle demeure maintenant rue de Bondy.

— Qui donc est ce beau jeune homme avec qui tu es, mon petit Lousteau ? dit l'actrice en rentrant de la scène dans la coulisse.

— Ah ! ma chère, un grand poète, un homme qui sera célèbre. Comme vous devez souper ensemble, monsieur Nathan, je vous présente M. Lucien de Rubempré.

— Vous portez un beau nom, monsieur, dit Raoul à Lucien.

— Lucien, monsieur Raoul Nathan, fit Etienne à son nouvel ami.

— Ma foi, monsieur, je vous lisais il y a deux jours, et je n'ai pas conçu, quand on a fait votre livre et votre recueil de poésies, que vous soyez si humble devant un journaliste.

— Je vous attends à votre premier livre, répondit Nathan en laissant échapper un fin sourire.

— Tiens, tiens, les ultras et les libéraux se donnent donc des poignées de main, s'écria Vernou en voyant ce trio.

— Le matin je suis les opinions de mon journal, dit Nathan, mais le soir je pense ce que je veux : la nuit, tous les rédacteurs sont gris.

— Etienne, dit Félicien en s'adressant à Lousteau, Finot est venu avec moi, il te cherche ; et... le voilà.

— Ah çà ! il n'y a donc pas une place ? dit Finot.

— Vous en avez toujours une dans nos cœurs, lui dit l'actrice, qui lui adressa le plus agréable sourire.

— Tiens, ma petite Florville, te voilà déjà guérie de ton amour ? On te disait enlevée par un prince russe.

— Est-ce qu'on enlève les femmes, aujourd'hui ? dit la Florville, qui était l'actrice d'*Arrête, malheureux* ! Nous sommes restés dix jours à Saint-Mandé, mon prince en a été quitte pour une indemnité payée à l'administration. Le directeur, reprit Florville en riant, va prier Dieu qu'il vienne beaucoup de princes russes, leurs indemnités lui feraient des recettes sans frais.

— Et toi, ma petite, dit Finot à une jolie paysanne qui les écoutait, où donc as-tu volé les boutons de diamants que tu as aux oreilles ? As-tu *fait* un prince indien ?

— Non, mais un marchand de cirage, un Anglais qui est déjà parti ! N'a pas veut, comme Florine et Coralie, des négociants millionnaires ennuyés de leur ménage : sont-elles heureuses !

— Tu vas manquer ton entrée, Florville, s'écria Lousteau, le cirage de ton amie te monte à la tête.

— Si tu veux avoir du succès, lui dit Nathan, au lieu de crier comme une furie : *Il est sauvé !* entre tout uniment, arrive jusqu'à la rampe, et dis d'une voix de poitrine : *Il est sauvé*, comme la Pasta dit : *O ! patria* dans *Tancrède*. Va donc ! ajouta-t-il en la poussant.

— Il n'est plus temps, elle rate son effet ! dit Vernou.

— Qu'a-t-elle fait ? la salle applaudit à tout rompre, dit Lousteau.

— Elle leur a montré sa gorge en se mettant à genoux, c'est sa grande ressource, dit l'actrice veuve du cirage.

— Le directeur nous donne sa loge, tu m'y retrouveras, dit Finot à Etienne.

Lousteau conduisit alors Lucien derrière le théâtre à travers le dédale des coulisses, des corridors et des escaliers jusqu'au troisième étage, à une petite chambre où ils arrivèrent suivis de Nathan et de Lucien Vernou.

— Bonjour ou bonsoir, messieurs, dit Florine. Monsieur, dit-elle en se tournant vers un homme gros et court qui se tenait dans un coin, ces messieurs sont les arbitres de mes destinées, mon avenir est entre leurs mains, mais ils seront, je l'espère, sous notre table demain matin, si M. Lousteau n'a rien oublié...

— Comment ! vous avez Blondet des *Débats*, lui dit Etienne, le vrai Blondet, Blondet lui-même, enfin Blondet ?

— Oh ! mon petit Lousteau, tiens, il faut que je t'embrasse, dit-elle en lui sautant au cou.

A cette démonstration, Matifat, le gros homme, prit un air sérieux. A seize ans, Florine était maigre. Sa beauté, comme un bouton de fleur plein de promesses, ne pouvait plaire qu'aux artistes qui préfèrent les esquisses aux tableaux. Cette charmante actrice avait dans les traits toute la finesse qui la caractérise, et ressemblait alors à la Mignon de Goethe. Matifat, riche droguiste de la rue des Lombards, avait pensé qu'une petite actrice des boulevards serait peu dispendieuse ; mais, en onze mois, Florine lui coûta cent mille francs. Rien ne parut plus extraordinaire à Lucien que cet honnête et probe négociant posé là comme un dieu Terme dans un coin de ce réduit de dix pieds carrés, tendu d'un joli papier, décoré d'une psyché, d'un divan, de deux chaises, d'un tapis, d'une cheminée et plein d'armoires. Une femme de chambre achevait d'habiller l'actrice en Espagnole. La pièce était un imbroglio où Florine faisait le rôle d'une comtesse.

— Cette créature sera, dans cinq ans, la plus belle actrice de Paris, dit Nathan à Félicien.

— Ah çà ! mes amours, dit Florine en se retournant vers les trois journalistes, soignez-moi demain : d'abord, j'ai fait garder des voitures cette nuit, car je vous renverrai soûls comme des mardis gras. Matifat a eu des vins, oh ! mais des vins dignes de Louis XVIII, et il a pris le cuisinier du ministre de Prusse.

— Nous nous attendons à des choses énormes en voyant monsieur, dit Nathan.

— Mais il sait qu'il traite les hommes les plus dangereux de Paris, répondit Florine.

Matifat regardait Lucien d'un air inquiet, car la grande beauté de ce jeune homme excitait sa jalousie.

— Mais, en voilà un que je ne connais pas ? dit Florine en avisant Lucien. Qui de vous a ramené de Florence l'Apollon du Belvédère ? Monsieur est gentil comme une figure de Girodet.

— Mademoiselle, dit Lousteau, monsieur est un poète de province que j'ai oublié de vous présenter. Vous êtes si belle ce soir, qu'il est impossible de songer à la civilité puérile et honnête...

— Est-il riche, qu'il fait de la poésie ? demanda Florine.

— Pauvre comme Job, répondit Lucien.

— C'est bien tentant pour nous autres, dit l'actrice.

Du Bruel, l'auteur de la pièce, un jeune homme en redingote, petit, délié, tenant à la fois du bureaucrate, du propriétaire et de l'agent de change, entra soudain.

— Ma petite Florine, vous savez bien votre rôle, hein ? pas de défaut de mémoire. Soignez la scène du second acte, du mordant, de la finesse ! Dites bien : *Je ne vous aime pas*, comme nous en sommes convenus.

— Pourquoi prenez-vous des rôles où il y a de pareilles phrases ? dit Matifat à Florine.

Un rire universel accueillit l'observation du droguiste.

— Qu'est-ce que cela vous fait, puisque ce n'est pas à vous que je parle, animal-bête ? Oh ! il fait mon bonheur avec ses niaiseries, ajouta-t-elle en regardant les auteurs. Foi d'honnête fille, je lui payerais tant par bêtise, si ça ne devait pas me ruiner.

— Oui, mais vous me regarderez en disant cela, comme quand vous répétez votre rôle, et ça me fait peur, répondit le droguiste.

— Eh bien ! je regarderai mon petit Lousteau, répondit-elle.

Une cloche retentit dans les corridors.

— Allez-vous-en tous, dit Florine, laissez-moi relire mon rôle et tâcher de le comprendre.

Lucien et Lousteau partirent les derniers. Lousteau baisa les épaules de Florine, et Lucien entendit l'actrice disant : — Impossible pour ce soir. Cette vieille bête a dit à sa femme qu'il allait à la campagne.

— La trouvez-vous gentille ? dit Etienne à Lucien.

— Mais, mon cher, ce Matifat... s'écria Lucien.

— Eh ! mon enfant, vous ne savez rien encore de la vie parisienne, répondit Lousteau. Il est des nécessités qu'il faut subir ! C'est comme si vous aimiez une femme mariée, voilà tout. On se fait une raison.

Etienne et Lucien entrèrent dans une loge d'avant-scène, au rez-de-chaussée, où ils trouvèrent le directeur du théâtre et Finot. En face, Matifat était dans la loge opposée, avec un de ses amis nommé Camusot, un marchand de soieries qui protégeait Coralie, et accompagné d'un honnête petit vieillard, son beau-père. Ces trois bourgeois nettoyaient le verre de leurs lorgnettes en regardant le parterre, dont les agitations les inquiétaient. Les loges offraient la société bizarre des premières représentations : des journalistes et leurs maîtresses, des femmes entretenues et leurs amants, quelques vieux habitués des théâtres, friands de premières représentations, des personnes du beau monde qui aiment ces sortes d'émotions. Dans une première loge se trouvait le directeur général et sa famille, qui avait casé du Bruel dans une administration financière où le faiseur de vaudevilles touchait les appointements d'une sinécure. Lucien, depuis son dîner, voyageait d'étonnements en étonnements. La vie littéraire, depuis deux mois si pauvre, si dénuée, si humble dans la chambre de Lousteau, si humble et si insolente à la fois aux galeries de bois, se déroulait avec d'étranges magnificences et sous des aspects singuliers. Ce mélange de hauts et de bas, de compromis avec la conscience, de suprématies et de lâchetés, de trahisons et de plaisirs, de grandeurs et de servitudes, le rendait hébété comme un homme attentif à un spectacle inouï.

— Croyez-vous que la pièce du Bruel vous fasse de l'argent ? dit Finot au directeur.

— La pièce est une pièce d'intrigue où du Bruel a voulu faire du Beaumarchais. Le public des boulevards n'aime pas ce genre, il veut être bourré d'émotions. L'esprit n'est pas apprécié ici. Tout, ce soir, dépend de Florine et de Coralie, qui sont ravissantes de grâce, de beauté. Ces deux créatures ont des jupes très-courtes, elles dansent un pas espagnol, elles peuvent enlever le public. Cette représentation est un coup de cartes. Si les journaux me font quelques articles spirituels, en cas de réussite, je puis gagner cent mille écus.

— Allons, je le vois, ce ne sera qu'un succès d'estime, dit Finot.

— Il y a une cabale montée par les trois théâtres voisins, on va siffler quand même ; mais je me suis mis en mesure de déjouer ces mauvaises intentions. J'ai surpayé les claqueurs envoyés contre moi, ils siffleront maladroitement. Voilà trois négociants qui, pour procurer un triomphe à Coralie et à Florine, ont pris chacun cent billets et les ont donnés à des connaissances capables de faire mettre la cabale à la porte. La cabale, deux fois payée, se laissera renvoyer, et cette exécution dispose toujours bien le public.

— Deux cents billets ! quels gens précieux ! s'écria Finot.

— Oui ! avec deux autres jolies actrices aussi richement entretenues que Florine et Coralie, je me tirerais d'affaires.

Depuis deux heures aux oreilles de Lucien, tout se résolvait par de l'argent. Au théâtre comme en librairie, en librairie comme au journal, de l'art et de la gloire, il n'en était pas question. Ces coups du grand balancier de la monnaie, répétés sur sa tête et sur son cœur, les lui martelaient. Pendant que l'orchestre jouait l'ouverture, il ne put s'empêcher d'opposer aux applaudissements et aux sifflets du parterre en émeute les scènes de poésie calme et pure qu'il avait goûtées dans l'imprimerie de David, quand tous deux ils voyaient les merveilles de l'art, les nobles triomphes du génie, la gloire aux ailes blanches. En se rappelant les soirées du cénacle, une larme brilla dans les yeux du poète.

— Qu'avez-vous ? lui dit Etienne Lousteau.

— Je vois la poésie dans un bourbier, dit-il.

— Eh ! mon cher, vous avez encore des illusions.

— Mais faut-il donc ramper et subir ici ces gros Matifat et Camusot, comme les actrices subissent les journalistes, comme nous subissons les libraires ?

— Mon petit, lui dit à l'oreille Etienne en lui montrant Finot, voyez ce lourd garçon sans esprit ni talent, mais avide, voulant la fortune à tout prix et habile en affaires, qui, dans la boutique de Dauriat, m'a pris quarante pour cent en ayant l'air de m'obliger ?... eh bien ! il a des lettres où plusieurs génies en herbe sont à genoux devant lui pour cent francs.

Une contraction causée par le dégoût serra le cœur de Lucien, qui se rappela : Finot, mes cent francs ? ce dessin laissé sur le tapis vert de la rédaction.

— Plutôt mourir ! dit-il.

— Plutôt vivre, lui répondit Etienne.

Au moment où la toile se leva, le directeur sortit et alla dans les coulisses pour donner quelques ordres.

— Mon cher, dit alors Finot à Etienne, j'ai la parole de Dauriat, je suis pour un tiers dans la propriété du journal hebdomadaire. J'ai traité pour trente mille francs comptant, à condition d'être fait rédacteur en chef et directeur. C'est une affaire superbe. Blondet m'a dit qu'il se prépare des lois restrictives contre la presse, les journaux existants seront seuls conservés. Dans six mois, il faudra un million pour entreprendre un journal. J'ai donc conclu sans avoir à moi plus de dix mille francs. Écoute-moi. Si tu peux faire acheter la moitié de ma part, un sixième, à Matifat, pour trente mille francs, je te donnerai la rédaction en chef de mon petit journal, avec deux cent cinquante francs par mois. Tu seras mon prête-nom. Je veux pouvoir toujours diriger la rédaction, y garder tous mes intérêts et ne pas avoir l'air d'y être pour quelque chose. Tous les articles te seront payés à raison de cent sous la colonne ; ainsi tu peux te faire un boni de quinze francs par jour en ne les payant que trois francs, et en profitant de la rédaction gratuite. C'est encore quatre cent cinquante francs par mois. Mais je veux rester maître de faire attaquer ou défendre les hommes et les affaires à mon gré dans le journal, tout en te laissant satisfaire les haines et les amitiés qui ne gêneront point ma politique. Peut-être serai-je ministériel ou ultra, je ne sais pas encore, mais je veux conserver, en dessous main, mes relations libérales. Je te dis tout, à toi, qui es un bon enfant. Peut-être te ferai-je avoir tiers trente mille francs à son imprimeur et à son marchand de papier. Il a, lui, son tiers gratis, et gagne dix mille francs, puisque le tout ne lui en coûte que cinquante mille. Mais, dans un an, le recueil vaudra deux cent mille francs à vendre à la cour, et si elle a, comme on le prétend, le bon sens d'amortir les journaux.

— Tu as du bonheur ! s'écria Lousteau.

— Si tu avais passé par les jours de misère que j'ai connus, tu ne dirais pas ce mot-là. Mais dans ce temps-ci, je jouis d'un malheur sans remède : je suis fils d'un chapelier qui vend encore des chapeaux rue du Coq. Il n'y a qu'une révolution qui puisse me faire arriver, et, faute d'un bouleversement social, je dois avoir des millions. Je ne sais pas si, de ces deux choses, la révolution n'est pas la plus facile. Si je portais le nom de ton ami, je serais dans une belle passe. Silence, voici le directeur. Adieu, dit Finot en se levant. Je vais à l'Opéra, j'aurai peut-être un duel demain : je fais et signe d'un F un article foudroyant contre deux danseuses qui ont des généraux pour amis. J'attaque, et roide, l'Opéra.

— Ah bah ! dit le directeur.

— Oui, chacun lésine avec moi, répondit Finot. Celui-ci me retranche mes loges, celui-là refuse de me prendre cinquante abonnements. J'ai donné mon ultimatum à l'Opéra : je veux maintenant cent abonnements et quatre loges par mois. S'ils acceptent, mon journal aura huit cents abonnés servis et mille payants. Je sais les moyens d'avoir encore deux cents autres abonnements : nous serons à douze cents en janvier...

— Vous finirez par nous ruiner, dit le directeur.

— Vous êtes bien malade, vous, avec vos dix abonnements ! Je vous ai fait faire deux bons articles au Constitutionnel.

— Oh ! je ne me plains pas de vous ! s'écria le directeur.

— A demain soir, Lousteau, reprit Finot. Tu me donneras réponse aux Français, où il y a une première représentation : et, comme je ne pourrai pas faire l'article, tu prendras ma loge au journal. Je te donne la préférence : tu t'es échiné pour moi, je suis reconnaissant. Félicien Vernou m'offre de me faire remise des appointements pendant un an et me propose vingt mille francs pour un tiers dans la propriété du journal ; mais j'y veux rester maître absolu. Adieu.

— Il ne se nomme pas Finot pour rien, cet homme-là, dit Lucien à Lousteau.

— Oh ! c'est un pendu qui fera son chemin, lui répondit Etienne sans se soucier d'être ou non entendu par l'homme habile qui fermait la porte de la loge.

— Lui ?... dit le directeur, il sera millionnaire, il jouira de la considération générale, et peut-être aura-t-il des amis...

— Bon Dieu ! dit Lucien, quelle caverne ! Et vous allez faire entamer par cette délicieuse fille une pareille négociation ? dit-il en montrant Florine, qui leur lançait des œillades.

— Et elle réussira. Vous ne connaissez pas le dévouement et la finesse de ces chères créatures, répondit Lousteau.

— Elles rachètent tous leurs défauts, elles effacent toutes leurs fautes par l'étendue, par l'infini de leur amour quand elles aiment, dit le directeur en continuant. La passion d'une actrice est une chose d'autant plus belle, qu'elle produit un plus violent contraste avec son entourage.

— C'est trouver dans la boue un diamant digne d'orner la couronne la plus orgueilleuse, répliqua Lousteau.

— Mais, reprit le directeur, Coralie est distraite. Votre ami fait Coralie sans s'en douter, et va lui faire manquer tous ses effets, elle n'est plus à ses répliques, voilà deux fois qu'elle n'entend pas le souffleur. Monsieur, je vous en prie, mettez-vous dans ce coin, dit-il à Lucien. Si Coralie vous aime amoureuse de vous, je vais aller lui dire que vous êtes parti.

— Eh ! non, s'écria Lousteau, dites-lui que monsieur est du souper, qu'elle en fera ce qu'elle voudra, et elle jouera comme mademoiselle Mars.

Le directeur partit.

— Mon ami, dit Lucien à Etienne, comment ! vous n'avez aucun scrupule de faire demander par mademoiselle Florine trente mille francs à ce droguiste pour la moitié d'une chose que Finot vient d'acheter à ce prix-là ?

Lousteau ne laissa pas à Lucien le temps de finir son raisonnement.

— Mais, de quel pays êtes-vous donc, mon cher enfant ? ce droguiste n'est pas un homme, c'est un coffre-fort donné par l'amour.

— Mais votre conscience ?

— La conscience, mon cher, est un de ces bâtons que chacun prend pour battre son voisin, et dont il ne se sert jamais pour lui. Ah ça ! à qui diable en avez-vous ? Le hasard fait pour vous en un jour un miracle que j'ai attendu pendant deux ans, et vous vous amusez à en discuter les moyens ? Comment ! vous qui me paraissez avoir de l'esprit, qui arriverez à l'indépendance d'idées que doivent avoir les aventuriers intellectuels dans le monde où nous sommes, vous barbotez dans des scrupules de religieuse qui s'accuse d'avoir mangé son œuf avec concupiscence ?... Si Florine réussit, je deviens rédacteur en chef, je gagne deux cent cinquante francs de fixe, je prends les grands théâtres, je laisse à Vernou les théâtres de vaudeville, vous mettrez le pied à l'étrier en me succédant dans tous les théâtres des boulevards. Vous aurez alors trois francs par colonne, et vous en écrirez une par jour, trente par mois, qui vous produiront quatre-vingt-dix francs ; vous aurez pour soixante francs de livres à vendre à Barbet ; puis vous pouvez demander mensuellement à vos théâtres dix billets, en tout quarante billets, que vous vendrez quarante francs au Barbet des théâtres, un homme avec qui je vous mettrai en relation. Ainsi, je vous vois deux cents francs par mois. Vous pourrez, en vous rendant utile à Finot, placer un article de cent francs son nouveau journal hebdomadaire, au cas où vous déploieriez un talent transcendant, car là on signe, et il ne faut pas lâcher comme dans le petit journal. Vous auriez alors cent écus par mois. Mon cher, il y a des gens de talent, comme ce pauvre d'Arthez, qui dine tous les jours chez Flicoteaux : ils sont dix ans avant de gagner cent écus. Vous vous ferez, avec votre plume, quatre mille francs par an, sans compter les revenus de la librairie, si vous écrivez pour elle. Or, un sous-préfet n'a que mille écus d'appointements, et s'amuse comme un bâton de chaise dans son arrondissement. Je ne vous parle pas du plaisir d'aller au spectacle sans payer, car ce plaisir deviendra bientôt une fatigue, mais vous aurez vos entrées dans les coulisses de quatre théâtres. Soyez dur et spirituel pendant un ou deux mois, vous serez accablé d'invitations, de parties avec les actrices; vous serez courtisé par leurs amants, vous ne dînerez chez Flicoteaux qu'aux jours où vous n'aurez pas trente sous dans votre poche, ni pas un dîner en ville. Vous ne saviez où donner de la tête à cinq heures dans le Luxembourg, vous êtes à la veille de devenir une des cent personnes privilégiées qui imposent des opinions à la France. Dans trois jours, si nous réussissons, vous pouvez, avec trente mots imprimés à raison de trois par jour, faire maudire la vie à un homme, vous pouvez vous créer des rentes de plaisir chez toutes les actrices de vos théâtres, vous pouvez faire tomber une bonne pièce et faire courir tout Paris à une mauvaise. Si Dauriat refuse d'imprimer les Marguerites sans vous en rien donner, vous pouvez le faire venir, humble et soumis, chez vous, vous les acheter deux mille francs. Ayez du talent, et flanquez dans trois journaux différents trois articles qui menacent de tuer quelques-unes des spéculations de Dauriat ou un livre sur lequel il compte, vous le verrez grimpant à votre mansarde et y séjournant comme une clématite. Enfin, votre roman, les libraires, qui dans ce moment vous mettraient à la porte plus ou moins poliment, feront queue chez vous, et le manuscrit, que le père Doguereau vous estimerait quatre cents francs, sera surenchéri jusqu'à quatre mille francs ! Voilà les bénéfices du métier de journaliste. Aussi défendons-nous l'approche des journaux à tous les nouveaux venus; non-seulement il faut un immense talent, mais encore bien du bonheur pour y pénétrer. Vous chicanez votre bonheur !... Voyez : si nous ne nous étions pas rencontrés aujourd'hui chez Flicoteaux, vous pouviez faire le pied de grue encore pendant trois ans et mourir de faim, comme d'Arthez, dans un grenier. Quand d'Arthez sera devenu aussi instruit que Bayle et aussi grand écrivain que Rousseau, nous aurons fait notre fortune, nous serons maîtres de la sienne et de sa gloire. Finot sera député, propriétaire d'un grand journal; et nous serons, nous, ce que nous aurons voulu être : pairs de France ou détenus à Sainte-Pélagie pour dettes.

— Et Finot vendra son grand journal aux ministres qui lui donneront le plus d'argent, comme il vend ses éloges à madame Bastienne en dénigrant mademoiselle Virginie, et prouvant que les chapeaux de la première sont supérieurs à ceux que le journal vantait d'abord ! s'écria Lucien en se rappelant la scène dont il avait été témoin.

— Vous êtes un niais, mon cher, répondit Lousteau d'un ton sec. Finot, il y a trois ans, marchait sur les tiges de ses bottes, dînait chez Tabar à dix-huit sous, brochait un prospectus pour dix francs, et son habit lui tenait sur le corps par un mystère aussi impénétrable que celui de l'immaculée conception. Finot a maintenant, à lui seul, son journal estimé cent mille francs, avec les abonnements payés et non servis, avec les abonnements réels et les contributions indirectes perçues par son oncle, il gagne vingt mille francs par an ; il a tous les jours les plus somptueux dîners du monde, il a un cabriolet depuis un mois ; enfin le voilà demain à la tête d'un journal hebdomadaire, avec un sixième de la propriété pour rien, cinq cents francs par mois de traitement, auxquels il ajoutera mille francs de rédaction obtenue gratis et qu'il fera payer à ses associés. Vous, le premier, si Finot consent à vous payer cinquante francs la feuille, serez trop heureux de lui apporter trois articles pour rien. Quand vous aurez gagné cent mille francs, vous pourrez juger Finot : on ne peut être jugé que par ses pairs. N'avez-vous pas un immense avenir, si vous obéissez aveuglément aux haines de position, si vous attaquez quand Finot vous dira : Attaque ! si vous louez quand il vous dira : Loue ! Lorsque vous aurez une vengeance à exercer contre quelqu'un, vous pourrez rouer votre ami ou votre ennemi par une phrase insérée tous les matins à notre journal, en me disant : Lousteau, tuons cet homme-là ! Vous réassassinerez votre victime par un grand article dans le journal hebdomadaire. Enfin, si l'affaire est capitale pour vous, Finot, à qui vous vous serez rendu nécessaire, vous laissera porter un dernier coup d'assommoir dans un grand journal, qui aura dix ou douze mille abonnés.

— Ainsi, vous croyez que Florine pourra décider son droguiste à faire le marché ? dit Lucien ébloui.

— Je le crois bien, voici l'entr'acte, je vais déjà lui en aller dire deux mots, cela se conclura cette nuit. Une fois sa leçon faite, Florine aura tout l'esprit de moi et le sien.

— Et cet honnête négociant qui est là, bouche béante, admirant Florine, sans se douter qu'on va lui escroquer trente mille francs !...

— Encore une autre sottise ! Ne dirait-on pas qu'on le vole ? s'écria Lousteau. Mais, mon cher, si le ministère achète le journal, dans six mois le droguiste aura peut-être cinquante mille francs de ses trente mille. Puis, Matifat ne verra pas le journal, mais les intérêts de Florine. Quand on saura que Matifat et Camusot (car ils se partageront l'affaire) sont propriétaires d'une Revue, il y aura dans tous les journaux des articles bienveillants pour Florine et Coralie. Florine va devenir célèbre, elle aura peut-être un engagement de douze mille francs dans un autre théâtre. Enfin, Matifat économisera les mille francs par mois que lui coûteraient les cadeaux et les dîners aux journalistes. Vous ne connaissez ni les hommes, ni les affaires.

— Pauvre homme ! dit Lucien, il compte avoir une nuit agréable.

— Et, reprit Lousteau, il sera scié en deux par mille raisonnements jusqu'à ce qu'il ait montré à Florine l'acquisition du sixième acheté à Finot. Et moi, le lendemain, je serai rédacteur en chef, et je gagnerai mille francs par mois. Voici donc la fin de mes misères ! s'écria l'amant de Florine.

Lousteau sortit, laissant Lucien abasourdi, perdu dans un abîme de pensées, volant au-dessus du monde comme il est. Après avoir vu aux galeries de bois les ficelles de la librairie et la cuisine de la gloire, après s'être promené dans les coulisses du théâtre, le poète apercevait l'envers des consciences, le jeu des rouages de la vie parisienne, le mécanisme de toute chose. Il avait envié le bonheur de Lousteau en admirant Florine en scène. Déjà, pendant quelques instants, il avait oublié Matifat. Il demeura là durant un temps inappréciable, peut-être cinq minutes. Ce fut une éternité. Des pensées ardentes enflammaient son âme, comme ses sens étaient embrasés par le spectacle de ces actrices aux yeux lascifs et relevés par le rouge, à gorges étincelantes, vêtues de basquines voluptueuses à plis licencieux, à jupes courtes, montrant leurs jambes en bas rouges à coins verts, chaussées de manière à mettre un parterre en émoi. Deux corruptions marchaient sur deux lignes parallèles, comme deux nappes qui, dans une inondation, veulent se rejoindre ; elles dévoraient le poète accoudé dans le coin de la loge, le bras sur le velours rouge de l'appui, la main pendante, les yeux fixés sur la toile, et d'autant plus accessible aux enchantements de cette vie mélangée d'éclairs et de nuages, qu'elle brillait comme un feu d'artifice après la nuit profonde de sa vie travailleuse, obscure, monotone. Tout à coup la lumière amoureuse d'un œil ruissela sur les yeux inattentifs de Lucien, en trouant le rideau du théâtre. Le poète, réveillé de son engourdissement, reconnut l'œil de Coralie, qui le brûlait; il baissa la tête, et garda Camusot, qui rentrait alors dans la loge en face.

Cet amateur était un bon gros et gras marchand de soieries de la rue des Bourdonnais, juge au tribunal de commerce, père de quatre enfants, marié, pour la seconde fois, à une épouse légitime, riche de quatre-vingt mille livres de rente, mais âgé de cinquante-six ans, ayant comme un bonnet de cheveux gris sur la tête, l'air papelard d'un homme qui jouissait de son reste, et qui ne voulait pas quitter la vie sans son compte de bonne joie, après avoir avalé les mille et une couleuvres du commerce. Il y avait sur ce front couleur beurre frais, sur ces joues monastiques et fleuries tout l'épanouissement d'une jubilation superlative : Camusot sans sa femme, et entendait applaudir Coralie à tout rompre. Coralie était toutes les vanités réunies de ce riche bourgeois, il tranchait chez elle du grand seigneur d'autrefois ; il se croyait là de moitié dans son succès, et il le croyait d'autant mieux, qu'il l'avait soldé. Cette conduite était sanctionnée par la présence du beau-père de Camusot, un petit vieux, à cheveux poudrés, aux yeux égrillards, et très-digne. Les répugnances de Lucien se réveillèrent, il se souvint de l'amour pur, exalté, qu'il avait ressenti pendant un an pour madame de Bargeton. Aussitôt l'amour des poètes déplia ses ailes blanches : mille souvenirs environnèrent de leurs horizons bleuâtres le grand homme d'Angoulême, il retomba dans la rêverie. La toile se leva. Coralie et Florine étaient en scène.

— Ma chère, il pense à toi comme au Grand Turc, dit Florine à voix basse, pendant que Coralie débitait son réplique.

Lucien ne put s'empêcher de rire, et regarda Coralie. Cette femme, une des plus charmantes et des plus délicieuses actrices de Paris, la rivale de madame Perrin et de mademoiselle Fleuriet, auxquelles elle ressemblait, et dont le sort devant être le sien, était le type des filles qui exercent à volonté la fascination sur les hommes. Coralie montrait une sublime figure hébraïque, ce long visage ovale d'un ton d'ivoire blond, à bouche rouge comme une grenade, à menton fin comme le bord d'une coupe. Sous les paupières chaudes et comme brûlées par une prunelle de jais, sous des cils recourbés, on devinait un regard languissant où scintillaient à propos les ardeurs du désert. Ces yeux étaient entourés d'un cercle olivâtre, et surmontés de sourcils arqués et fournis. Sur un front brun, couronné de deux bandeaux d'ébène où brillaient alors les lumières comme sur du vernis, siégeait une magnificence de pensée qui aurait pu faire croire à du génie. Mais Coralie, semblable à beaucoup d'actrices, était sans esprit malgré son nez ironique et fin, sans instruction malgré son expérience, elle n'avait que l'esprit des sens et la bonté des femmes amoureuses. Pouvait-on d'ailleurs s'occuper du moral, quand elle éblouissait le regard avec ses bras ronds et polis, ses doigts tournés en fuseaux, ses épaules dorées, avec la gorge chantée par le Cantique des cantiques, avec un cou mobile et recourbé, avec des jambes d'une élégance adorable, et chaussées en soie rouge ? Ces beautés, d'une poésie vraiment orientale, étaient encore mises en relief par le costume espagnol convenu dans nos théâtres. Coralie faisait la joie de la salle, où tous les yeux serraient sa taille bien prise dans sa basquine, et flattaient sa croupe andalouse, qui imprimait des torsions lascives à la jupe. Il y eut un moment où Lucien, en voyant cette créature jouant pour lui seul, se souciant de Camusot autant que le gamin du paradis se soucie de la pelure d'une pomme, mit l'amour sensuel au-dessus de l'amour pur, la jouissance au-dessus du désir, et le démon de la luxure lui souffla d'atroces pensées.

— J'ignore tout de l'amour qui se roule dans la bonne chère, dans le vin, dans les joies de la matière, se dit-il. J'ai encore vécu par la pensée que par le fait. Un homme qui veut tout peindre doit tout connaître. Voici mon premier souper fastueux, ma première orgie avec un monde étrange, pourquoi ne goûterais-je pas une fois ces délices si célèbres où se ruaient les grands seigneurs du dernier siècle en vivant avec des impures? Quand ce ne serait que pour les transporter dans les belles régions de l'amour vrai, ne faut-il pas apprendre les joies, les perfections, les transports, les ressources, les finesses de l'amour des courtisanes et des actrices? N'est-ce pas, après tout, la poésie des sens? Il y a deux mois, ces femmes me semblaient des divinités gardées par des dragons inabordables; en voilà une dont la beauté surpasse celle de Florine, que j'enviais à Lousteau; pourquoi ne pas profiter de sa fantaisie, quand les plus grands seigneurs achètent de leurs plus riches trésors une nuit à ces femmes-là? Les ambassadeurs, quand ils mettent le pied dans ces gouffres, ne se soucient ni de la veille ni du lendemain. Je serais un niais d'avoir plus de délicatesse que les princes, surtout quand je n'aime encore personne!

Lucien ne pensait plus à Camusot. Après avoir manifesté à Lousteau le plus profond dégoût pour le plus odieux partage, il tombait dans cette fosse, il nageait dans un désir, entraîné par le jésuitisme de la passion.

— Coralie est folle de vous, lui dit Lousteau en entrant. Votre beauté, digne des plus illustres marbres de la Grèce, fait un ravage inouï dans les coulisses. Vous êtes heureux, mon cher. A dix-huit ans, Coralie pourra, dans quelques jours, avoir trente mille francs par an pour sa beauté. Elle est encore très-sage. Vendue par sa mère, il y a trois ans, soixante mille francs, elle n'a encore eu que des chagrins, et cherche le bonheur. Elle est entrée au théâtre par désespoir, elle avait en horreur de Marsay, son premier acquéreur; et, au sortir de la galère, car elle a été bientôt lâchée par le roi de nos dandys, elle a trouvé ce bon Camusot, qu'elle n'aime guère; mais il est comme un père pour elle, elle le souffre et se laisse aimer. Elle a refusé déjà les plus riches propositions, et se tient à Camusot, qui ne la tourmente pas. Vous êtes donc son premier amour. Oh! elle a reçu comme un coup de pistolet dans le cœur en vous voyant, et Florine est allée l'arraisonner dans sa loge, où elle pleure de votre froideur. La pièce va tomber, Coralie ne sait plus son rôle, et adieu l'engagement au Gymnase que Camusot lui préparait!...

Coralie. — PAGE 31.

— Bah?... pauvre fille! dit Lucien, dont toutes les vanités furent caressées par ces paroles, et qui se sentit le cœur gonflé d'amour-propre. Il m'arrive, mon cher, dans une soirée, plus d'événements que dans les dix-huit premières années de ma vie.

Et Lucien raconta ses amours avec madame de Bargeton, et sa haine contre le baron Châtelet.

— Tiens, le journal manque de bête noire, nous allons l'empoigner. Ce baron est un beau de l'Empire, il est ministériel, il nous va, je l'ai vu souvent à l'Opéra. J'aperçois d'ici votre grande dame, elle est souvent dans la loge de la marquise d'Espard. Le baron fait la cour à votre ex-maîtresse, un os de sèche. Attendez! Finot vient de m'envoyer un exprès me dire que le journal est sans copie, un tour que lui joue un de nos rédacteurs, un drôle, le petit Hector Merlin, à qui l'on a retranché ses blancs. Finot, au désespoir, broche un article contre les danseuses et l'Opéra. Eh bien! mon cher, faites l'article sur cette pièce, écoutez-la, pensez-y. Moi, je vais aller dans le cabinet du directeur méditer trois colonnes sur votre homme et sur votre belle dédaigneuse, qui ne seront pas à la noce demain...

— Voilà donc où et comment se fait le journal? dit Lucien.

— Toujours comme ça, répondit Lousteau. Depuis dix mois que j'y suis, le journal est toujours sans *copie* à huit heures du soir.

On nomme, en argot typographique, *copie*, le manuscrit à composer, sans doute parce que les auteurs sont censés n'envoyer que la copie de leur œuvre. Peut-être aussi est-ce une ironique traduction du mot latin *copia* (abondance), car la copie manque toujours!...

— Le grand projet, qui ne se réalisera jamais, est d'avoir quelques numéros d'avance, reprit Lousteau. Voilà dix heures, et il n'y a pas une ligne. Je vais dire à Vernou et à Nathan, pour finir brillamment le numéro, de nous prêter une vingtaine d'épigrammes sur les députés, sur le chancelier Crusoé, sur les ministres, et sur nos amis au besoin. Dans ce cas-là, on massacrerait son père, on est comme un corsaire qui charge ses canons avec les écus de sa prise pour ne pas mourir. Soyez spirituel dans votre article, et vous aurez fait un grand pas dans l'esprit de Finot: il est reconnaissant par calcul. C'est la meilleure et la plus solide des reconnaissances, après, toutefois, celles du mont-de-piété.

— Quels hommes sont donc les journalistes?... s'écria Lucien. Comment, il faut se mettre à une table et avoir de l'esprit...

— Absolument comme on allume un quinquet... jusqu'à ce que l'huile manque.

Au moment où Lousteau ouvrait la porte de la loge, le directeur et du Bruel entrèrent.

— Monsieur, dit l'auteur de la pièce, laissez-moi dire de votre part à Coralie que vous vous en irez avec elle après souper, ou ma pièce va tomber. La pauvre fille ne sait plus ce qu'elle dit ni ce qu'elle fait, elle va pleurer quand il faudra rire, et rira quand il faudra pleurer. On a déjà sifflé. Vous pouvez encore sauver la pièce. Ce n'est pourtant pas un malheur que le plaisir qui vous attend.

— Monsieur, je n'ai pas l'habitude d'avoir des rivaux, dit Lucien.
— Ne lui dites pas cela, s'écria le directeur en regardant l'auteur, Coralie est fille à jeter Camusot par la fenêtre, à le mettre à la porte, et se ruinerait très-bien. Ce digne propriétaire du Cocon-d'Or donne à Coralie deux mille francs par mois, paye tous ses costumes et ses claqueurs.
— Comme votre promesse ne m'engage à rien, sauvez votre pièce, dit sultanesquement Lucien.
— Mais n'ayez pas l'air de la rebuter, cette charmante fille, dit le suppliant du Bruel.
— Allons, il faut que j'écrive l'article sur votre pièce, et que je sourie à votre jeune première, soit ! s'écria le poëte.

L'auteur disparut après avoir fait un signe à Coralie, qui joua des lors merveilleusement, et fit réussir la pièce. Bouffé, qui remplissait le rôle d'un vieil alcade, dans lequel il révéla pour la première fois son talent pour se grimer en vieillard, vint, au milieu d'un tonnerre d'applaudissements, dire : *Messieurs, la pièce que nous avons eu l'honneur de représenter est de MM. Raoul et du Bruel.*
— Tiens, Nathan est de la pièce, dit Lousteau, je ne m'étonne plus de l'intérêt qu'il y prend, ni de sa présence.
— Coralie ! Coralie ! s'écria le parterre soulevé.

De la loge où étaient les deux négociants, il partit une voix de tonnerre qui cria : — Et Florine !
— Florine et Coralie ! répétèrent alors quelques voix.

Le rideau se releva, Bouffé reparut avec les deux actrices, à qui Matifat et Camusot jetèrent chacun une couronne, Coralie ramassa la sienne et la tendit à Lucien. Pour Lucien, ces deux heures passées au théâtre furent comme un rêve. Les coulisses, malgré leurs horreurs, avaient commencé l'œuvre de cette fascination. Le poëte, encore innocent, y avait respiré le vent du désordre et l'air de la volupté. Dans ces sales couloirs encombrés de machines, et où fument des quinquets huileux, il règne comme une peste qui dévore l'âme. La vie n'y est plus ni sainte ni réelle. On y rit de toutes les choses sérieuses, et les choses impossibles paraissent vraies. Ce fut comme un narcotique pour Lucien, et Coralie acheva de le plonger dans une ivresse joyeuse. Le lustre s'éteignit. Il n'y avait plus alors dans la salle que des ouvreuses qui faisaient un singulier bruit en ôtant les petits bancs et fermaient les loges. La rampe, soufflée comme une seule chandelle, répandit une odeur infecte. Le rideau se leva. Une lanterne descendit du cintre. Les pompiers commencèrent leur ronde avec les garçons de service. A la féerie de la scène, au spectacle des loges pleines de jolies femmes, aux étourdissantes lumières, à la splendide magie des décorations et des costumes neufs succédaient le froid, l'horreur, l'obscurité, le vide. Ce fut hideux.
— Eh bien ! viens-tu, mon petit ? dit Lousteau sur le théâtre. Lucien était plongé dans une surprise indicible.
— Saute de la loge ici ! lui cria le journaliste.

D'un bond, Lucien se trouva sur la scène. A peine reconnut-il Flo-

Hector Merlin.

rine et Coralie déshabillées, enveloppées dans leurs manteaux et dans des douillettes communes, la tête couverte de chapeaux à voiles noirs, semblables enfin à des papillons rentrés dans leurs larves.
— Me ferez-vous l'honneur de me donner le bras ? lui dit Coralie en tremblant.
— Volontiers, dit Lucien qui sentit le cœur de l'actrice palpiter sur le sien, comme celui d'un oiseau, quand il l'eut pris.

L'actrice, en se serrant contre le poëte, eut la volupté d'une chatte qui se frotte à la jambe de son maître avec une moelleuse ardeur.
— Nous allons donc souper ensemble ! lui dit-elle.

Tous quatre sortirent et trouvèrent deux fiacres à la porte des acteurs qui donnait sur la rue des Fossés-du-Temple. Coralie fit monter Lucien dans la voiture où était déjà Camusot et son beau-père, le bonhomme Cardot. Elle offrit la quatrième place à du Bruel. Le directeur partit avec Florine, Matifat et Lousteau.
— Ces fiacres sont infâmes ! dit Coralie.
— Pourquoi n'avez-vous pas un équipage ? répliqua du Bruel.
— Pourquoi ? s'écria-t-elle avec humeur, je ne veux pas le dire devant M. Cardot, qui sans doute a formé son gendre. Croiriez-vous que, petit et vieux comme il est, M. Cardot ne donne que trois cents francs par mois à Florentine, juste de quoi payer son loyer, sa pâtée et ses socques. Le vieux marquis de Rochegude, qui a six cent mille livres de rente, m'offre un coupé depuis deux mois. Mais je suis une artiste et non une fille.
— Vous aurez une voiture après-demain, mademoiselle, dit gravement Camusot ; mais vous ne me l'aviez jamais demandée.
— Est-ce que ça se demande ? Comment, quand on aime une femme, la laisse-t-on patauger dans la crotte et risquer de se casser les jambes en allant à pied ? Il n'y a que ces chevaliers de l'aune pour aimer la boue au bas d'une robe.

En disant ces paroles avec une aigreur qui brisa le cœur de Camusot, Coralie trouvait la jambe de Lucien et la pressait entre les siennes, elle lui prit la main et la lui serra. Elle se tut alors et parut concentrée dans une de ces jouissances infinies qui récompensent ces pauvres créatures de tous leurs chagrins passés, de leurs malheurs, et qui développent dans leur âme une poésie inconnue aux autres femmes, à qui ces violents contrastes manquent, heureusement.
— Vous avez fini par jouer aussi bien que mademoiselle Mars, dit du Bruel à Coralie.
— Oui, dit Camusot, mademoiselle a eu quelque chose au commencement qui la chiffonnait ; mais, dès le milieu du second acte, elle a été délirante. Elle est pour la moitié dans votre succès.
— Et moi pour la moitié dans le sien, dit du Bruel.
— Vous vous battez de la chape de l'évêque, dit-elle d'une voix altérée.

L'actrice profita d'un moment d'obscurité pour porter à ses lèvres la main de Lucien, et la baisa en la mouillant de pleurs. Lucien fut alors ému jusque dans la moelle de ses os. L'humilité de la courtisane amoureuse comporte des magnificences morales qui en remontrent aux anges.

— Monsieur va faire l'article, dit du Bruel en parlant à Lucien, il peut écrire un charmant paragraphe sur notre chère Coralie.

— Oh! rendez-nous ce petit service, dit Camusot avec la voix d'un homme à genoux devant Lucien, vous trouverez en moi un serviteur bien disposé pour vous, en tout temps.

— Mais laissez donc à monsieur son indépendance! cria l'actrice enragée, il écrira ce qu'il voudra, achetez-moi des voitures et non pas des éloges.

— Vous les aurez à très-bon marché, répondit poliment Lucien. Je n'ai jamais rien écrit dans les journaux, je ne suis pas au fait de leurs mœurs, vous aurez la virginité de ma plume.

— Ce sera drôle, dit du Bruel.

— Nous voilà rue de Bondy, dit le père Cardot, que la sortie de Coralie avait atterré.

— Si j'ai les prémices de ta plume, tu auras celles de mon cœur, dit Coralie pendant le rapide instant où elle resta seule avec Lucien dans la voiture.

Coralie alla rejoindre Florine dans sa chambre à coucher, pour y prendre la toilette qu'elle y avait envoyée. Lucien ne connaissait pas le luxe que déploient chez les actrices ou chez leurs maîtresses les négociants enrichis qui veulent jouir de la vie. Quoique Matifat, qui n'avait pas une fortune aussi considérable que celle de son ami Camusot, eût fait les choses assez mesquinement, Lucien fut surpris en voyant une salle à manger artistement décorée, tapissée en drap vert garni de clous à têtes dorées, éclairée par de belles lampes, meublée de jardinières pleines de fleurs, et un salon tendu de soie jaune relevée par des agréments bruns, où resplendissaient les meubles alors à la mode, un lustre de Thomire, un tapis à dessins perses. La pendule, les candélabres, le feu, tout était de bon goût. Matifat avait laissé tout ordonner par Grindot un jeune architecte qui lui bâtissait une maison, et qui, sachant la destination de cet appartement, y mit un soin particulier. Aussi Matifat, toujours négociant, prenait-il des précautions pour toucher les moindres choses, il semblait avoir sans cesse devant lui le chiffre des mémoires, et regardait ces magnificences comme des bijoux imprudemment sortis d'un écrin.

— Voilà pourtant ce que je serai forcé de faire pour Florentine, était une pensée qui se lisait dans les yeux du père Cardot.

Lucien comprit soudain que l'état de la chambre où demeurait Lousteau n'inquiétait guère le journaliste aimé. Roi secret de ces fêtes, Étienne jouissait de toutes ces belles choses. Aussi se carrait-il en maître de maison devant la cheminée, en causant avec le directeur, qui félicitait du Bruel.

— La copie! la copie! cria Finot en entrant. Rien dans la boîte du journal. Les compositeurs tiennent mon article, et l'auront bientôt fini.

— Nous arrivons, dit Étienne. Nous trouverons une table et du feu dans le boudoir de Florine. Si monsieur Matifat veut nous procurer du papier et de l'encre, nous brocherons le journal pendant que Florine et Coralie s'habillent.

Cardot, Camusot et Matifat disparurent, empressés de chercher les plumes, les canifs et tout ce qu'il fallait aux deux écrivains. En ce moment une des plus jolies danseuses du temps, Tullia, se précipita dans le salon.

— Mon cher enfant, dit-elle à Finot, on t'accorde tes cent abonnements, ils ne coûteront rien à la direction, ils sont déjà placés, imposés au chant, à l'orchestre et au corps de ballet. Ton journal est si spirituel, que personne ne se plaindra. Tu auras tes loges. Enfin voici le prix du premier trimestre, dit-elle en présentant deux billets de banque. Ainsi, ne m'éreinte pas!

— Je suis perdu! s'écria Finot. Je n'ai plus d'article de tête pour mon numéro, car il faut aller supprimer ma diatribe...

— Quel beau mouvement, ma divine Laïs! s'écria Blondet, qui suivait la danseuse avec Nathan, Vernou et Claude Vignon, amené par lui. Tu resteras à souper avec nous, cher amour, ou je te fais écraser comme un papillon que tu es. En ta qualité de danseuse, tu n'exciteras ici aucune rivalité de talent. Quant à la beauté, vous avez toutes trop d'esprit pour être jalouses en public.

— Mon Dieu! mes amis, du Bruel, Nathan, Blondet, sauvez-moi, cria Finot. J'ai besoin de cinq colonnes.

— J'en ferai deux avec la pièce, dit Lucien.

— Mon sujet en donnera bien deux, dit Lousteau.

— Eh bien! Nathan, Vernou, du Bruel, faites-moi les plaisanteries de la fin. Ce brave Blondet pourra bien m'octroyer les deux petites colonnes de la première page. Je cours à l'imprimerie. Heureusement, Tullia, tu es venue avec ta voiture.

— Oui, mais le duc y est avec un ministre allemand, dit-elle.

— Invitons le duc et le ministre, dit Nathan.

— Un Allemand, ça boit bien, ça écoute, nous le fusillerons à coup de hardiesses, il en écrira à sa cour, s'écria Blondet.

— Quel est, de nous tous, le personnage assez sérieux pour descendre lui parler? dit Finot. Allons, du Bruel, tu es un bureaucrate, amène le duc de Rhétoré, le ministre, et donne le bras à Tullia. Mon Dieu! Tullia est-elle belle ce soir?...

— Nous allons être treize! dit Matifat en pâlissant.

— Non, quatorze! s'écria Florentine en arrivant. je veux surveiller milord Cardot!

— D'ailleurs, dit Lousteau, Blondet est accompagné de Claude Vignon.

— Je l'ai mené boire, répondit Blondet en prenant un encrier. Ah çà! vous autres, ayez de l'esprit pour les cinquante-six bouteilles de vin que nous boirons, dit-il à Nathan et à Vernou. Surtout stimulez du Bruel, c'est un vaudevilliste, il est capable de faire quelques méchantes pointes, élevez-le jusqu'au bon mot.

Lucien, animé par le désir de faire ses preuves devant des personnages si remarquables, écrivit son premier article sur la table ronde du boudoir de Florine, à la lueur des bougies roses allumées par Matifat.

Panorama Dramatique.

Première représentation de *l'Alcade dans l'embarras*, imbroglio en trois actes. Débuts de mademoiselle Florine. — Mademoiselle Coralie. — Bouffé

« On entre, on sort, on parle, ou se promène, on cherche quelque
« chose et l'on ne trouve rien. Tout est en rumeur. L'alcade a perdu
« sa fille et retrouve son bonnet, mais le bonnet ne lui va pas, ce
« doit être le bonnet d'un voleur. Où est le voleur? On entre, on sort,
« on parle, on se promène, on cherche de plus belle. L'alcade finit
« par trouver un homme sans sa fille, et sa fille sans un homme, ce
« qui est satisfaisant pour le magistrat, et non pour le public.
« Le calme renaît, l'alcade veut interroger l'homme. Ce vieil alcade
« s'assied dans un grand fauteuil d'alcade en arrangeant ses manches
« d'alcade. L'Espagne est le seul pays où il y ait des alcades attachés
« à de grandes manches, où se voient, autour du cou des alcades,
« des fraises qui, sur les théâtres de Paris, sont la moitié de leur
« place et de leur gravité. Cet alcade, qui a tant trottiné d'un petit
« pas de vieillard poussif, est Bouffé, Bouffé le successeur de Potier,
« un jeune acteur qui fait si bien les vieillards, qu'il fait rire les plus
« vieux vieillards. Il y a un avenir de cent vieillards dans ce front
« chauve, dans cette voix chevrotante, dans ces fuseaux tremblants
« sous un corps de Géronte. Il est si vieux, ce jeune acteur, qu'il
« effraye, on a peur que sa vieillesse ne se communique comme une
« maladie contagieuse. Et quel admirable alcade! Quel charmant
« sourire inquiet, quelle bêtise importante! quelle dignité stupide!
« quelle hésitation judiciaire! Comme cet homme sait bien que tout
« peut devenir alternativement faux et vrai! Comme il est digne
« d'être le ministre d'un roi constitutionnel! A chaque des demandes
« de l'alcade, l'inconnu l'interroge. Bouffé répond, en sorte que,
« questionné par la réponse, l'alcade éclaircit tout par ses demandes.
« Cette scène, éminemment comique, où respire un parfum de Molière,
« a mis la salle en joie. Tout le monde est d'accord, mais je
« suis hors d'état de vous dire ce qui est clair et ce qui est obscur :
« la fille de l'alcade était là, représentée par une véritable Andalouse,
« une Espagnole, aux yeux espagnols, au teint espagnol, à la taille
« espagnole, à la démarche espagnole, une Espagnole de pied en cap,
« avec son poignard dans sa jarretière, son amour au cœur, sa croix
« au bout d'un ruban sur la gorge. A la fin de l'acte, quelqu'un m'a
« demandé comment allait la pièce, je lui ai dit: Elle a des bas rouges
« à coins verts, un pied grand comme ça, dans des souliers vernis,
« et la plus belle jambe de l'Andalousie! Ah! cette fille d'alcade, elle
« fait venir l'amour à la bouche, elle vous donne des désirs horribles,
« on a envie de sauter dessus la scène et de lui offrir sa chaumière
« et son cœur, ou trente mille livres de rente et sa plume. Cette Andalouse
« est la plus belle actrice de Paris. Coralie, puisqu'il faut l'appeler
« par son nom, est capable d'être comtesse ou grisette, on ne
« sait sous quelle forme elle plairait davantage. Elle sera ce qu'elle
« voudra être, elle est née pour tout faire, n'est-ce pas ce qu'il y
« a de mieux à dire d'une actrice au boulevard?

« Au second acte, est arrivée une Espagnole de Paris, avec sa
« figure de camée et ses yeux assassins. J'ai demandé, à mon
« tour, d'où elle venait, on m'a répondu qu'elle sortait de la coulisse
« et se nommait mademoiselle Florine; mais, ma foi, je n'en ai
« rien pu croire, tant elle avait de feu dans les mouvements, de
« fureur dans son amour. Cette rivale de la fille de l'alcade est la
« femme d'un seigneur taillé dans le manteau d'Almaviva, où il y
« a de l'étoffe pour cent grands seigneurs du boulevard. Si Florine
« n'avait ni bas rouges à coins verts, ni souliers vernis, elle avait
« une mantille, un voile dont elle se servait admirablement, la grande
« dame qu'elle est! Elle a fait voir à merveille que la tigresse peut
« se venir chatte. J'ai compris qu'il y avait là quelque drame de jalousie,
« aux mots piquants que ces deux Espagnoles se sont dits. Puis,
« quand tout allait s'arranger, la bêtise de l'alcade a tout rebrouillé.
« Tout ce monde de flambeaux, de riches, de valets, de Figaros, de

« seigneurs, d'alcades, de filles et de femmes, s'est remis à chercher, « aller, venir, tourner. L'intrigue s'est alors renouée, et je l'ai laissée « se renouer, car ces deux femmes, Florine la jalouse et l'heureuse « Coralie, m'ont entortillé de nouveau dans les plis de leur basquine, « de leur mantille, et m'ont fourré leurs petits pieds dans l'œil.
« J'ai pu pagner le troisième acte sans avoir fait de malheur, sans « avoir nécessité l'intervention du commissaire de police, ni scanda-« lisé la salle, et je crois, à la puissance de la morale pu-« blique et religieuse dont on s'occupe à la Chambre des députés. « J'ai pu comprendre qu'il s'agit d'un homme aimé dans deux femmes « sans en être aimé, ou qui en est aimé sans les aimer, qui n'aime « pas les alcades ou les alcades n'aiment pas : mais qui, à coup « sûr, est un brave seigneur qui aime quelqu'un, lui-même ou Dieu, « comme pis-aller, car il se fait moine. Si vous voulez en savoir da-« vantage, allez au Panorama dramatique. Vous voilà suffisamment « prévenu qu'il faut y aller une première fois pour se faire à ces « triomphants bas rouges à coins verts, à ce petit pied plein de pro-« messes, à ces yeux qui filtrent le soleil, à ces finesses de femme « parisienne déguisée en Andalouse, et d'Andalouse déguisée en Pari-« sienne ; puis, une seconde fois, pour jouir de la pièce qui fait mou-« rir de rire sous forme de vieillard, pleurer sous forme de seigneur « amoureux. La pièce a réussi sous les deux espèces. L'auteur, qui, « dit-on, pour collaborateur un de nos grands poètes, a visé le suc-« cès avec une fille amoureuse dans chaque main ; aussi a-t-il failli « tuer de plaisir son parterre en émoi. Les jambes de ces deux filles « semblaient avoir plus d'esprit que l'auteur. Néanmoins, quand les « deux rivales s'en allaient, on trouvait le dialogue spirituel, ce qui « prouve assez victorieusement l'excellence de la pièce. L'auteur a « été nommé au milieu d'applaudissements qui ont donné des inquié-« tudes à l'architecte de la salle ; mais l'auteur, habitué à ces mou-« vements du Vésuve qui ont bout sous le lustre, ne tremblait pas : « c'est M. du Bruel. Quant aux deux actrices, elles ont dansé le fa-« meux boléro de Séville, qui a trouvé grâce devant les pères du « concile autrefois, et que la censure a permis, malgré la lasciveté « des poses. Ce boléro suffit à attirer tous les vieillards qui ne savent « que faire de leur reste d'amour, et j'ai la charité de les avertir de « tenir le verre de leur lorgnette très-limpide. »

Pendant que Lucien écrivait cet article, qui fit révolution dans le journalisme par la révélation d'une manière neuve et originale, Lousteau écrivait un article, dit de mœurs, intitulé l'ex-beau, et qui commençait ainsi :

« Le beau de l'Empire est toujours un homme long et mince, bien « conservé, qui porte un corset et qui a la croix de la Légion d'hon-« neur. Il s'appelle quelque chose comme Potelet, et, pour se mettre « bien en cour aujourd'hui, le baron de l'Empire s'est gratifié d'un « du : il est du Potelet, quitte à redevenir Potelet en cas de révolu-« tion. Homme à deux fins d'ailleurs, comme son nom, il fait la cour « au faubourg Saint-Germain après avoir été le glorieux, l'utile et l'a-« gréable porte-queue d'une sœur de cet homme que la pudeur « m'empêche de nommer. Si du Potelet renie son service auprès de « l'altesse impériale, il chante encore les romances de sa bienfaitrice « intime... »

L'article était un tissu de personnalités comme on les faisait à cette époque. Il s'y trouvait entre madame de Bargeton, à qui le baron Chatelet faisait la cour, et un os de seiche un parallèle bouffon qui plaisait sans qu'on eût besoin de connaître les deux personnes desquelles on se moquait. Chatelet était comparé à un héron. Les amours de ce héron, ne pouvant avaler la seiche, qui se cassait en trois quand il la laissait tomber, provoquaient irrésistiblement le rire. Cette plaisanterie, qui se divisa en plusieurs articles, eut, comme on sait, un retentissement énorme dans le faubourg Saint-Germain, et fut une des mille et une causes des rigueurs apportées à la législation de la presse. Une heure après, Blondet, Lousteau, Lucien, revinrent au salon où causaient les convives, le duc, le ministre et les quatre femmes, les trois négociants, le directeur du théâtre, Finot et les trois auteurs. Un apprenti, coiffé de son bonnet de papier, était déjà venu chercher la copie pour le journal.

— Les ouvriers vont quitter et je ne leur rapporte rien, dit-il.

— Tiens, voilà dix francs, qu'ils attendent, répondit Finot. — Si je les leur donne, monsieur, ils feront la soulographie, et adieu le jour-« nal. — Le bon sens de cet enfant m'épouvante, dit Finot.

Ce fut au moment où le ministre prédisait un brillant avenir à ce gamin que les trois auteurs entrèrent. Blondet lut un article excessi-vement spirituel contre les romantiques. L'article de Lousteau fit rire. Le duc de Rhétoré recommanda, pour ne pas trop indisposer le fau-bourg Saint-Germain, d'y glisser un éloge indirect pour madame d'Es-pard.

— Et vous, lisez-nous ce que vous avez fait, dit Finot à Lucien.

Quand Lucien, qui tremblait de peur, eut fini, le salon retentissait d'applaudissements, les actrices embrassaient le néophyte, les trois négociants le serraient à l'étouffer, du Bruel lui prenait la main et avait une larme à l'œil, enfin le directeur l'invitait à dîner.

— Il n'y a plus d'enfants ! dit Blondet. Comme M. de Chateaubriand a déjà fait le mot d'enfant sublime pour Victor Hugo, je suis obligé de vous dire tout simplement que vous êtes un homme d'esprit, de cœur et de style. — Monsieur est du journal, dit Finot en remerciant Étienne et lui jetant le fin regard de l'exploitateur.—Quels mots avez-vous faits ? dit Lousteau à Blondet et à du Bruel. — Voilà ceux de du Bruel, dit Nathan.

** En voyant combien M. le vicomte d'A...... occupe le public, M. le vicomte Démosthène a dit hier : — Ils vont peut-être me laisser tranquille.

** Une dame dit à un ultra qui blâmait le discours de M. Pas-quier, comme continuant le système de Decazes : — Oui, mais il a des mollets bien monarchiques.

— Si ça commence ainsi, je ne vous en demande pas davantage ; tout va bien, dit Finot. Cours leur porter cela, dit-il à l'apprenti. Le journal est un peu piqué, mais c'est notre meilleur numéro, dit-il en se tournant vers le groupe des écrivains, qui déjà regardaient Lucien avec une sorte de sournoiserie. — Il a de l'esprit, ce gars-là, dit Blondet. — Son article est bien, dit Claude Vignon. — A table ! cria Matifat.

Le duc donna le bras à Florine, Coralie prit celui de Lucien, et la danseuse eut d'un côté Blondet, de l'autre le ministre allemand.

— Je ne comprends pas pourquoi vous attaquez madame de Barge-ton et le baron Chatelet, qui est, dit-on, nommé préfet de la Cha-rente et maître des requêtes. — Madame de Bargeton a mis Lucien à la porte comme un drôle, dit Lousteau. — Un si beau jeune homme ! fit le ministre.

Le souper, servi dans une argenterie neuve, dans une porcelaine de Sèvres, sur du linge damassé, respirait une magnificence cossue. Chevet avait fait le souper, les vins avaient été choisis par le plus fa-meux négociant du quai Saint-Bernard, ami de Camusot, de Matifat et de Cardot. Lucien, qui vit pour la première fois le luxe parisien fonctionnant, marchait ainsi de surprise en surprise, et cachait son étonnement en homme d'esprit, de cœur et de style qu'il était, selon le mot de Blondet.

En traversant le salon, Coralie avait dit à l'oreille de Florine : — Fais-moi si bien griser Camusot qu'il soit obligé de rester endormi chez toi. — Tu as donc fait ton journaliste ? répondit Florine. — Non, ma chère, je l'aime ! répliqua Coralie en faisant un admirable petit mouvement d'épaules.

Ces paroles avaient retenti dans l'oreille de Lucien, apportées par le cinquième péché capital. Coralie était admirablement bien habillée, et sa toilette mettait savamment en relief ses beautés spéciales, car toute femme a des perfections qui lui sont propres. Sa robe, comme celle de Florine, avait le mérite d'être d'une délicieuse étoffe inédite, nommée mousseline de soie, dont la primeur appartenait pour quel-ques jours à Camusot, l'une des providences parisiennes des fabriques de Lyon, en sa qualité de chef d'œuvre d'Or. Ainsi l'amour et la toi-lette, le fard et le parfum de la femme, rehaussaient les séductions de l'heureuse Coralie. Un plaisir attendu, et qui ne nous échappera pas, exerce des séductions immenses sur les jeunes gens. Peut-être la certitude est-elle à leurs yeux tout l'attrait des mauvais lieux, peut-être est-elle le secret des longues fidélités ? L'amour pur, sincère, le premier amour enfin, joint à l'une de ces rages fantasques qui piquent ces pauvres créatures, et aussi l'admiration causée par la grande beauté de Lucien, donnèrent l'esprit du cœur à Coralie.

— Je t'aimerais laid et malade ! dit-elle à l'oreille de Lucien en se mettant à table.

Quel mot pour un poète ! Camusot disparut et Lucien ne le vit plus en voyant Coralie. Était-ce un homme tout jouissance, et tout sensa-tion ému de la monotonie de la province, attiré par les abîmes de Paris, lassé de misère, harcelé par sa continence forcée, fatigué de sa vie monacale rue de Cluny, de ses travaux sans résultat, qui pou-vait se retirer de ce festin brillant ? Lucien avait un pied dans le lit de Coralie, et l'autre dans la glu du journal, au-devant duquel il avait tant couru sans pouvoir le joindre. Après tant de factions montées en vain rue du Sentier, il trouvait le journal attablé, buvant frais, joyeux, bon garçon. Il venait d'être vengé de toutes ses douleurs par un ar-ticle qui devait, le lendemain même, percer deux cœurs où il avait voulu, mais en vain, verser la rage et la douleur dont on l'avait abreuvé. En regardant Lousteau, il se disait : — Voilà un ami ! sans se douter que déjà Lousteau le craignait comme un dangereux rival. Lucien avait eu le tort de montrer tout son esprit : un article terne eût admirablement servi. Blondet contre-balança l'envie qui devorait Lousteau, en disant à Finot qu'il fallait capituler avec le talent quand il était de cette force-là. Cet arrêt dicta la conduite de Lousteau, qui résolut de rester l'ami de Lucien et de s'entendre avec Finot pour ex-ploiter un nouveau venu si dangereux en le maintenant dans le be-soin. Ce fut un parti pris rapidement et compris dans toute son éten-due de ces deux hommes par deux phrases dites à l'oreille à l'oreille.

— Il a du talent. — Il sera exigeant. — Oh ! — Bon ! — Je ne soupe jamais sans effroi avec des journalistes français, dit le diplo-mate allemand avec sa bonhomie calme et digne en regardant Blon-det, qu'il avait vu chez la comtesse de Montcornet. Il y a un mot de Blucher que vous êtes chargés de réaliser. — Quel mot ? dit Nathan.

— Quand Blucher arriva sur les hauteurs de Montmartre avec Saaken, en 1814, pardonnez-moi, messieurs, de vous reporter à ce jour fatal pour vous. Saaken, qui était un brutal, dit : Nous allons donc brûler Paris ! — Gardez-vous-en bien, la France ne mourra que de ça ! répondit Blucher en montrant ce grand chancre qu'ils voyaient étendu à leurs pieds, ardent et fumeux, dans la vallée de la Seine. Je bénis Dieu de ce qu'il n'y a pas de journaux dans mon pays, reprit le ministre après une pause. Je ne suis pas encore remis de l'effroi que m'a causé ce petit bonhomme coiffé de papier, qui, à dix ans, possède la raison d'un vieux diplomate. Aussi, ce soir, me semble-t-il que je soupe avec des lions et des panthères qui me font l'honneur de velouter leurs pattes.

— Il est clair, dit Blondet, que nous pouvons dire et prouver à l'Europe que Votre Excellence a vomi un serpent ce soir, qu'elle a manqué l'inoculer à mademoiselle Tullia, la plus jolie de nos danseuses, et là-dessus faire des commentaires sur Ève, la Bible, le premier et le dernier péché. Mais rassurez-vous, vous êtes notre hôte. — Ce serait drôle, dit Finot.

— Nous ferions imprimer des dissertations scientifiques sur tous les serpents trouvés dans le cœur et dans le corps humain pour arriver au corps diplomatique, dit Lousteau. — Nous pourrions montrer un serpent quelconque dans ce bocal de cerises à l'eau-de-vie, dit Vernou. — Vous finirez par le croire vous-même, dit Vignon au diplomate. — Le serpent est assez bien de la danseuse, dit du Bruel. — Dites d'un premier sujet, reprit Tullia. — Messieurs, ne réveillez pas vos griffes qui dorment, s'écria le duc de Rhétoré. — L'influence et le pouvoir du journal n'est qu'à son aurore, dit Finot ; le journalisme est dans l'enfance. Il grandira. Tout, dans dix ans d'ici, sera soumis à la publicité. La pensée éclairera tout. — Elle flétrira tout, dit Blondet en interrompant Finot. — C'est un mot, dit Claude Vignon. — Elle fera les rois, dit Lousteau. — Et défera les monarchies, dit le diplomate. — Aussi, dit Blondet, si la presse n'existait point, faudrait-il ne pas l'inventer ; mais la voilà, nous en vivons. — Vous en mourrez, dit le diplomate. Ne voyez-vous pas que la supériorité des masses, en supposant que vous les éclairiez, rendra la grandeur de l'individu plus difficile, qu'en semant le raisonnement au cœur des basses classes, vous récolterez la révolte, et que vous en serez les premières victimes. Que casse-t-on, à Paris, quand il y a une émeute ? — Les réverbères, dit Nathan, mais nous sommes trop modestes pour avoir des craintes, nous ne serons que cassés des têtes. — Vous êtes un peu trop spirituel pour permettre à un gouvernement de se développer, dit le ministre. Sans cela, vous recommenceriez avec vos plumes la conquête de l'Europe, que votre épée n'a pas su garder. — Les journaux sont un mal, dit Claude Vignon. On pouvait utiliser ce mal, mais le gouvernement veut le combattre. Une lutte s'ensuivra. Qui succombera ? voilà la question. — Le gouvernement, dit Blondet, je ne me le tue à crier. En France, l'esprit est plus fort que tout, et les journaux ont, de plus que l'esprit de tous les hommes spirituels, l'hypocrisie de Tartufe. — Blondet ! Blondet ! dit Finot, tu vas trop loin : il y a des abonnés ici. — Tu es propriétaire d'un de ces entrepôts de venin, tu dois avoir peur, mais moi je me moque de toutes vos boutiques, quoique j'en vive !

— Blondet a raison, dit Claude Vignon. Le journal, au lieu d'être un sacerdoce, est devenu un moyen pour les partis, de moyen, il s'est fait commerce, et, comme tous les commerces, il est sans foi ni loi. Tout journal est, comme le dit Blondet, une boutique où l'on vend au public des paroles de la couleur dont il les veut. S'il existait un journal des bossus, il prouverait, soir et matin, la beauté, la bonté, la nécessité des bossus. Un journal n'est plus fait pour éclairer, mais pour flatter les opinions. Ainsi, tous les journaux seront, dans un temps donné, lâches, hypocrites, infâmes, menteurs, assassins ; ils tueront les idées, les systèmes, les hommes, et fleuriront par cela même. Ils auront le bénéfice de tous les êtres de raison : le mal sera fait sans que personne en soit coupable. Je serai, moi, Vignon ; vous serez, toi, Lousteau ; toi, Blondet ; toi, Finot, des Aristide, des Platon, des Caton, des hommes de Plutarque, nous serons tous innocents, nous pourrons nous laver les mains de toute infamie. Napoléon a donné la raison de ce phénomène moral ou immoral, comme il vous plaira, dans un mot sublime que lui ont dicté ses études sur la Convention : *Les crimes collectifs n'engagent personne.* Le journal peut se permettre la conduite la plus atroce, personne ne s'en croit sali personnellement. — Mais le pouvoir fera des lois répressives, dit du Bruel, il en prépare. — Bah ! que peut la loi contre l'esprit français, dit Nathan, le plus subtil de tous les dissolvants ? — Les idées ne peuvent être neutralisées que par des idées, reprit Vignon. La terreur, le despotisme, peuvent seuls étouffer le génie français, dont la langue se prête admirablement à l'allusion, à la double entente. Plus la loi sera répressive, plus l'esprit éclatera, comme la vapeur dans une machine à soupape. Ainsi, le roi fait du bien, si le journal est contre lui, ce sera le ministre qui aura tout fait, et réciproquement. Si le journal invente une infâme calomnie, on la lui a dite. À l'individu qui se plaint, il sera quitte pour demander pardon de la liberté grande. S'il est traîné devant les tribunaux, il se plaint qu'on ne soit pas venu lui demander une rectification, mais demandez-la-lui : il la refuse en riant, il traite son crime de bagatelle. Enfin il bafoue sa victime quand elle triomphe. S'il est puni, s'il a trop d'amende à payer, il vous signalera le plaignant comme un ennemi des libertés, du pays et des lumières. Il dira que M. un tel est un voleur, en expliquant comment il est le plus honnête homme du royaume. Ainsi, ses crimes, bagatelles ! ses agresseurs, des monstres ! et il peut, en un temps donné, faire croire ce qu'il veut à des gens qui le lisent tous les jours. Puis, rien de ce qui lui déplaît ne sera patriotique, et jamais il n'aura tort. Il se servira de la religion contre la religion, de la Charte contre le roi, il bafouera la magistrature quand la magistrature le froissera ; il la louera quand elle aura servi les passions populaires. Pour gagner des abonnés, il inventera les fables les plus émouvantes, il fera la parade comme Bobêche. Ce sera l'acteur servant son père tout cru à la croque au sel de ses plaisanteries, plutôt que de ne pas intéresser ou amuser son public. Ce sera le journal mettant les cendres de son fils dans l'urne pour pleurer véritablement, la maîtresse sacrifiant tout à son ami.

— C'est enfin le peuple in-folio, s'écria Blondet en interrompant Vignon. — Le peuple hypocrite et sans générosité, reprit Vignon, il bannira de son sein le talent comme Athènes a banni Aristide. Nous verrons les journaux, dirigés d'abord par des hommes d'honneur, tomber plus tard sous le gouvernement des plus médiocres qui auront la patience et la lâcheté de gomme élastique qui manquent aux beaux génies, ou à des épiciers qui auront de l'argent pour acheter des plumes. Nous voyons déjà ces choses-là ! Mais dans dix ans le premier gamin sorti du collège se croira un grand homme, il montera sur la colonne d'un journal pour souffleter ses devanciers, il les tirera par les pieds pour avoir leur place. Napoléon avait bien raison de museler la presse. Je gagerais que, sous un gouvernement issu par elles, les feuilles de l'opposition battraient en brèche, par les mêmes raisons et par les mêmes articles qui se font aujourd'hui contre celui du roi, ce même gouvernement au moment où il leur refuserait quoi que ce fût. Plus on fera de concessions aux journalistes, plus les journaux seront exigeants. Les journalistes parvenus seront remplacés par des journalistes affamés et pauvres. La plaie est incurable, elle sera de plus en plus maligne, de plus en plus insolente, et, plus le mal sera grand, plus il sera toléré, jusqu'au jour où la confusion se mettra dans les journaux par leur abondance, comme à Babylone. Nous savons tous, tant que nous sommes, que les journaux iront plus loin que les rois en ingratitude, plus loin que le plus sale commerce en spéculations et en calculs, qu'ils dévoreront nos intelligences à vendre tous les matins leur trois-six cérébral, mais nous y écrirons tous, comme ces gens qui exploitent une mine de vif-argent en sachant qu'ils y mourront. Voilà là-bas, à côté de Coralie, un jeune homme... comment se nomme-t-il ? Lucien ! il est beau, il est poète, et, ce qui vaut mieux pour lui, homme d'esprit ; eh bien ! il entrera dans quelques-uns de ces mauvais lieux de la pensée appelés journaux, il y jettera ses plus belles idées, il y desséchera son cerveau, il y corrompra son âme, il y commettra ces lâchetés anonymes qui, dans la guerre des idées, remplacent les stratagèmes, les pillages, les incendies, les revirements de bord dans la guerre des *condottieri*. Quand il aura, lui comme mille autres, dépensé quelque beau génie au profit des actionnaires, ces marchands de poison le laisseront mourir de faim s'il a soif, et de soif s'il a faim. — Merci, dit Finot. — Mais, mon Dieu ! dit Claude Vignon, je savais cela, je suis dans le bagne, et l'arrivée d'un nouveau forçat me fait plaisir. Blondet et moi, nous sommes plus forts que MM. tels et tels qui spéculent sur nos talents, et nous serons néanmoins toujours exploités par eux. Nous avons du cœur sous notre intelligence, il nous manque les féroces qualités de l'exploiteur. Nous sommes paresseux, contemplateurs, méditatifs, jugeurs : on boira notre cervelle et l'on nous accusera d'inconduite ! — J'ai cru que vous seriez plus drôles, s'écria Florine. — Florine a raison, dit Blondet, laissons la cure des maladies publiques à ces charlatans d'hommes d'État. Comme dit Charlet : Cracher sur la vendange ! jamais ! — Savez-vous de quoi Vignon me fait l'effet ? dit Lousteau en montrant Lucien, d'une de ces grosses femmes de la rue du Pélican, qui dirait à un collégien : Mon petit, tu es trop jeune pour venir ici...

Cette saillie fit rire, mais elle plut à Coralie. Les négociants buvaient et mangeaient en écoutant.

— Quelle nation que celle où il se rencontre tant de bien et tant de mal ! dit le ministre au duc de Rhétoré. Messieurs, vous êtes des prodigues qui ne pouvez pas vous ruiner.

Ainsi, par la bénédiction du hasard, aucun enseignement ne manquait à Lucien sur la pente du précipice où il devait tomber. D'Arthez avait mis le poète dans la noble voie du travail en réveillant le sentiment sous lequel disparaissent les obstacles. Lousteau lui-même avait essayé de l'éloigner par une pensée égoïste, en lui dépeignant le journalisme et la littérature sous leur vrai jour ; Lucien n'avait pas voulu croire à tant de corruptions cachées ; mais il entendait enfin des journalistes criant de leur mal, il les voyait à l'œuvre, éventrant leur nourrice pour prédire l'avenir. Il avait, pendant cette soirée, vu les choses comme elles sont. Au lieu d'être saisi d'horreur à l'aspect du cœur même de cette corruption parisienne, si bien qualifiée par Blucher, il jouissait avec ivresse de cette société spirituelle. Ces hommes extraordinaires sous l'armure damasquinée de leurs vices et le casque brillant de leur froide analyse, il les trouvait supérieurs aux hommes graves et sérieux du cénacle. Puis il savourait les premières délices de la richesse, il était sous le charme du luxe, sous l'empire de la bonne chère, ses instincts capricieux se réveillaient, il buvait pour la première fois des vins d'élite, il faisait connaissance avec les mets exquis de la haute cuisine ; il voyait un ministre, un duc et sa danseuse, mêlés aux journalistes, admirant leur atroce pouvoir, il sentait une horrible démangeaison de dominer ce monde de rois, il se trouvait la force de les vaincre. Enfin, cette Coralie qu'il venait de rendre heureuse par quelques phrases, il l'avait examinée à la lueur des bougies du festin, à travers la fumée des plats et le brouillard de l'ivresse, elle lui paraissait sublime, l'amour la rendait si belle ! Cette fille était d'ailleurs la plus jolie, la plus belle actrice de Paris. Le cénacle, ce ciel de l'intelligence noble, dut succomber sous une tentation si complète. La vanité particulière aux auteurs venait d'être caressée chez Lucien par des connaisseurs, il avait été loué par ses futurs rivaux. Le succès de son article et la conquête de Coralie étaient deux triomphes à tourner une tête moins jeune que la sienne. Pendant cette discussion, tout le monde avait remarquablement bien mangé, supérieurement bu. Lousteau, le voisin de Camusot, lui versa deux ou trois fois du kirsch sans vin, sans que personne y fit attention et il stimula son amour-propre pour l'engager à boire. Cette manœuvre fut si bien menée, que le négociant ne s'en aperçut pas, il se croyait, dans son genre, aussi malicieux que les journalistes. Les plaisanteries acerbes commencèrent au moment où les friandises du dessert et les vins circulèrent. Le diplomate, en homme de beaucoup d'esprit, fit un signe au duc et à la danseuse dès qu'il entendit ronfler les bêtises, qui annoncèrent chez ces hommes d'esprit les scènes grotesques par lesquelles finissent les orgies, et tous trois ils disparurent. Dès que Camusot eut perdu la tête, Coralie et Lucien, qui, durant tout le souper, se comportèrent en amoureux de quinze ans, s'enfuirent par les escaliers et se jetèrent dans un fiacre. Comme Camusot eut échoué tout qu'il avait disparu de compagnie avec l'actrice, il laissa ses hôtes fumant, buvant, riant, disputant, et suivit Florine quand elle alla se coucher. Le jour surprit les combattants, ou plutôt Bloudet, buveur intrépide, le seul qui pût parler, et qui proposait aux dormeurs un toast à l'Aurore aux doigts de rose.

Lucien n'avait pas l'habitude des orgies parisiennes, il jouissait bien encore de sa raison quand il descendit les escaliers, mais le grand air détermina son ivresse, qui fut hideuse. Coralie et sa femme de chambre furent obligées de monter le poète au premier étage de la belle maison où logeait l'actrice, rue de Vendôme. Dans l'escalier, Lucien faillit se trouver mal, et fut ignoblement malade.

— Vite, Bérénice, s'écria Coralie, du thé. Fais du thé ! — Ce n'est rien, c'est l'air, disait Lucien. Et puis, je n'ai jamais tant bu. — Pauvre enfant ! c'est innocent comme un agneau, dit Bérénice.

Bérénice était une grosse Normande aussi laide que Coralie était belle.

Enfin Lucien fut mis, à son insu, dans le lit de Coralie. Aidée par Bérénice, l'actrice avait déshabillé, et lui fit l'amour d'une mère pour un petit enfant, son poète, qui disait toujours : — C'est rien ! c'est l'air. Merci, maman. — Comme il dit bien maman, s'écria Coralie en le baisant dans les cheveux. — Quel plaisir d'aimer un pareil ange, mademoiselle, et où l'avez-vous pêché ? je ne crois pas qu'il puisse exister un homme aussi joli que vous êtes belle, dit Bérénice.

Lucien voulait dormir, il ne savait où il était et ne voyait rien, Coralie lui fit avaler plusieurs tasses de thé, puis elle le laissa dormant.

— La portière ni personne ne nous a vues, dit Coralie. — Non, je vous attendais. — Victoire ne sait rien. — Plus souvent, dit Bérénice.

Dix heures après, vers midi, Lucien se réveilla sous les yeux de Coralie, qui l'avait regardé dormant. Il comprit cela, le poète. L'actrice était encore dans sa belle robe abominablement tachée, de laquelle elle allait faire une relique. Lucien reconnut les dévouements, les délicatesses de l'amour vrai, qui voulait sa récompense : il regarda Coralie. Coralie fut déshabillée en un moment, et se coula comme une couleuvre auprès de Lucien. A cinq heures, le poète dormait bercé par des voluptés divines, il avait entrevu la chambre de l'actrice, une ravissante création du luxe, toute blanche et rose, un monde de merveilles et de coquettes recherches qui surpassaient ce que Lucien avait admiré déjà chez Florine. Coralie était debout. Pour jouer son rôle d'Andalouse, elle devait être à sept heures au théâtre. Elle avait encore contemplé son poète endormi dans le plaisir, elle s'était enivrée sans pouvoir se repaître de ce noble amour, qui reunissait les sens au cœur et le cœur aux sens pour les exalter ensemble. Cette divinisation, qui permet d'être deux ici-bas pour sentir, un seul dans le ciel pour aimer, était son absolution. A qui d'ailleurs la beauté surhumaine de Lucien n'aurait-elle pas servi d'excuse ? Agenouillée à ce lit, heureuse de l'amour en lui-même, l'actrice se sentait sanctifiée. Ces délices furent troublées par Bérénice.

— Voici le Camusot, il vous sait ici, cria-t-elle.

Lucien se dressa, pensant, avec une générosité innée, à ne pas nuire à Coralie. Bérénice leva un rideau. Lucien entra dans un délicieux cabinet de toilette, où Bérénice et sa maîtresse apportèrent avec une prestesse inouïe les vêtements de Lucien. Quand le négociant apparut, les bottes du poète frappèrent les regards de Coralie ; Bérénice les avait mises devant le feu pour les chauffer, après les avoir cirées en secret. La servante et la maîtresse avaient oublié ces bottes accusatrices. Bérénice partit après avoir échangé un regard d'inquiétude avec sa maîtresse. Coralie se plongea dans sa causeuse, et dit à Camusot de s'asseoir dans une gondole en face d'elle. Le brave homme, qui adorait Coralie, regardait les bottes et n'osait lever les yeux sur sa maîtresse.

— Dois-je prendre la mouche pour cette paire de bottes, et quitter Coralie ? La quitter ! ce serait se fâcher pour peu de chose. Il y a des bottes partout. Celles-ci seraient mieux placées dans l'étalage d'un bottier, ou sur les boulevards à se promener aux jambes d'un homme. Cependant, ici, sans jambes, elles disent bien des choses contraires à la fidélité. J'ai cinquante ans, il est vrai : je dois être aveugle comme l'amour.

Ce lâche monologue était sans excuse. La paire de bottes n'était pas de ces demi-bottes en usage aujourd'hui, et que, jusqu'à un certain point, un homme distrait pourrait ne pas voir : c'était, comme la mode ordonnait alors de les porter, une paire de bottes entières, très-élégantes, et à glands, qui reluisaient sur des pantalons collants presque toujours de couleur claire, et où se reflétaient les objets comme dans un miroir. Ainsi, les bottes crevaient les yeux de l'honnête marchand de soieries, et, disons-le, elles lui crevaient le cœur.

— Qu'avez-vous ? lui dit Coralie. — Rien, dit-il. — Sonnez, dit Coralie en souriant de la lâcheté de Camusot. Bérénice, dit-elle à la Normande dès qu'elle arriva, avez-vous donc des crochets pour me mettre encore ces damnées bottes. Vous n'oublierez pas de les apporter ce soir dans ma loge. — Comment ?... vos bottes ?... dit Camusot, qui respira plus à l'aise. — Eh ! que croyez-vous donc ? demanda-t-elle d'un air hautain. Grosse bête, n'allez-vous pas croire... Oh ! il le croirait ! dit Bérénice. Voici mon rôle d'homme dans la pièce de chose, et je ne me suis jamais mise en homme. Le bottier du théâtre m'a apporté ces bottes-là pour essayer à marcher, en attendant la paire de laquelle il m'a pris mesure, il me les a mises, mais j'ai tant souffert que je les ai ôtées, et je dois cependant les remettre. — Ne les remettez pas si elles vous gênent, dit Camusot, que les bottes avaient tant gêné. — Mademoiselle, dit Bérénice, ferait mieux, au lieu de se martyriser, comme tout à l'heure ; elle en pleurait, monsieur ! et si j'étais homme, jamais une femme que j'aimerais ne pleurerait ! elle ferait mieux de les porter en maroquin bien mince. Mais l'administration est si ladre ! Monsieur, vous devriez aller lui en commander... — Oui, oui, dit le négociant. Vous vous levez, dit-il à Coralie. — A l'instant, je ne suis rentrée qu'à six heures, après vous avoir cherché partout, vous m'avez fait garder mon fiacre pendant sept heures. Voilà de vos soins ! m'oublier pour des bouteilles. J'ai dû me soigner, moi qui vais jouer maintenant tous les soirs, tant que l'Alcade fera de l'argent. Je n'ai pas envie de mentir à l'article de ce jeune homme. — Il est beau, cet enfant-là, dit Camusot. — Vous trouvez ? Je n'aime pas ces hommes-là, ils ressemblent trop à une femme ; et puis, ça ne sait pas aimer comme vous autres, vieilles bêtes du commerce. Vous vous ennuyez tant... — Monsieur dîne-t-il avec madame ? demanda Bérénice. — Non, j'ai la bouche empâtée. Vous avez été joliment paf, hier. Ah ! papa Camusot, d'abord, moi je n'aime pas les hommes qui boivent... — Tu feras un cadeau à ce jeune homme, dit le négociant. — Ah ! oui, j'aime mieux le payer ainsi, que de faire ce que fait Florine. Allons, mauvaise race que vous aime, allez-vous-en, ou donnez-moi ma voiture pour que je file au théâtre. — Vous l'aurez demain pour dîner, avec votre directeur, au Rocher de Cancale, il ne donnera pas la pièce nouvelle dimanche. — Venez, je vais dîner, dit Coralie en emmenant Camusot.

Une heure après, Lucien fut délivré par Bérénice, la compagne d'enfance de Coralie, une créature aussi fine, aussi déliée d'esprit, qu'elle était corpulente.

— Restez ici, Coralie reviendra seule, elle veut même congédier Camusot s'il vous ennuie, dit Bérénice à Lucien mais, cher enfant de son cœur, vous êtes trop ange pour la ruiner. Elle me l'a dit, elle est décidée à tout planter là, à sortir de ce paradis pour aller vivre dans votre mansarde ! Oh ! les jaloux, les envieux, ne lui ont-ils pas expliqué que vous n'aviez ni sou ni maille, que vous viviez au quartier latin. Je vous suivrais, voyez-vous, je vous ferais votre ménage. Mais je viens de consoler la pauvre enfant. Pas vrai, monsieur, que vous avez trop d'esprit pour faire de pareilles bêtises ? Ah ! vous verrez bien que l'autre gros n'a rien que le cadavre, et que vous êtes le chéri, le bien-aimé, la divinité à laquelle on abandonne l'âme. Si vous saviez comme ma Coralie est gentille quand je lui fais répéter ses rôles ! un amour d'enfant, quoi ! Elle méritait bien que Dieu lui envoyât un de ses anges, elle avait le dégoût de la vie. Elle a été malheureuse avec sa mère, qui la battait, qui l'a vendue ! Oui, monsieur, une mère, sa propre enfant ! Si j'avais une fille, je la servirais comme ma petite Coralie, de qui je me suis fait un enfant. Voilà le premier bon temps que je lui ai vu. La première fois qu'elle a été bien applaudie. Il paraît que, vu ce que vous avez écrit, on a monté une fameuse claque pour la seconde représentation. Pendant que vous dormiez, Braulard est venu travailler avec elle. — Qui ! Braulard ? demanda Lucien, qui crut avoir entendu déjà ce nom. — Le chef des claqueurs, qui, de concert avec elle, est convenu des endroits du rôle où elle serait soignée. Quoiqu'elle se dise son amie, Florine pourrait vouloir lui jouer un mauvais tour, et prendre tout pour elle. Tout le boulevard est en rumeur à cause de votre article. Quel lit arrangé pour les amours d'une fée et d'un prince !.. dit-elle en mettant sur le lit un couvre-pied en dentelle.

Elle alluma les bougies. Aux lumières, Lucien étourdi se crut, en effet, dans un conte du *Cabinet des Fées*. Les plus riches étoffes du Cocon-d'Or avaient été choisies par Camusot pour servir aux tentures et aux draperies des fenêtres. Le poète marchait sur un tapis royal. Les meubles, en palissandre sculpté, arrêtaient dans les tailles du bois les frissons de lumière qui y papillotaient. La cheminée, en marbre blanc, resplendissait des plus coûteuses bagatelles. La descente du lit était en cygne bordé de martre. Des pantoufles en velours noir, doublées de soie pourpre, y parlaient des plaisirs qui attendaient le poète des *Marguerites*. Une délicieuse lampe pendait du plafond tendu de soie. Partout des jardinières merveilleuses montraient des fleurs choisies, de jolies bruyères blanches, des camélias sa parfum. Partout vivaient les images de l'innocence. Il était impossible d'imaginer là une actrice et les mœurs du théâtre. Bérénice remarqua l'ébahissement de Lucien.

— Est-ce gentil ? lui dit-elle d'une voix câline. Ne serez-vous pas mieux là pour aimer que dans un grenier ? Empêchez son coup de tête, reprit-elle en amenant devant Lucien un magnifique guéridon chargé de mets dérobés au dîner de sa maîtresse, afin que la cuisinière ne pût soupçonner la présence d'un amant.

Lucien dîna très-bien, servi par Bérénice dans une argenterie sculptée, dans des assiettes peintes à un louis la pièce. Le luxe agissait sur son âme comme une fille des rues agit sur ses chairs nues et ses bas blancs bien tirés sur un lycéen.

— Est-il heureux, ce Camusot ! s'écria-t-il. — Heureux ? reprit Bérénice. Ah ! il donnerait sa fortune contre la vôtre place, et pour troquer ses vieux cheveux gris contre votre jeune chevelure blonde.

Elle engagea Lucien, à qui elle donna le plus délicieux vin que Bordeaux ait soigné pour le plus riche Anglais, à se recoucher en attendant Coralie, à faire un petit somme provisoire, et Lucien avait, en effet, envie de se coucher dans le lit qu'il admirait. Bérénice, qui avait lu ce désir dans les yeux du poète, en était heureuse pour sa maîtresse. A dix heures et demie, Lucien s'éveilla sous un regard trempé d'amour. Coralie était là dans sa voluptueuse toilette de nuit. Lucien avait dormi, Lucien n'était plus ivre que d'amour. Bérénice se retira demandant : — A quelle heure demain ? — Onze heures, tu nous apporteras notre déjeuner au lit. Je n'y serai pas pour personne avant deux heures.

A onze heures le lendemain, l'actrice et son amant étaient habillés et en présence, comme si le poète fût venu faire une visite à sa protégée. Coralie avait baigné, peigné, coiffé, habillé Lucien, elle lui avait envoyé chercher douze belles chemises, douze cravates, douze mouchoirs chez Collau, une douzaine de gants dans une boîte de cèdre. Quand elle entendit le bruit d'une voiture à sa porte, elle se précipita vers la fenêtre avec Lucien. Tous deux virent Camusot descendant d'un coupé magnifique.

— Je ne croyais pas, dit-elle, qu'on pût haïr tant un homme et le luxe... Je suis trop pauvre pour consentir à ce que vous vous ruinez, dit Lucien en passant ainsi sous les fourches-caudines. — Pauvre petit chat, dit-elle en pressant Lucien sur son cœur, tu m'aimes donc bien ? J'ai engagé monsieur, dit-elle en montrant Lucien à Camusot, à venir me voir ce matin, en pensant que nous irions nous promener aux Champs-Elysées pour essayer la voiture. — Allez-y seuls, dit tristement Camusot, je ne dîne pas avec vous, c'est la fête de ma femme, je l'avais oublié. — Pauvre Musot ! comme tu m'ennuies, dit-elle en sautant au cou du marchand.

Elle était ivre de bonheur en pensant qu'elle étrennerait seule avec Lucien ce beau coupé, qu'elle irait, seule avec lui, au bois, et, dans son accès de joie, elle eut l'air d'aimer Camusot, à qui elle fit mille caresses.

— Je voudrais pouvoir vous donner une voiture tous les jours, dit le pauvre homme. — Allons, monsieur, il est deux heures, dit l'actrice à Lucien, qu'elle vit honteux et qu'elle consola par un geste adorable.

Coralie dégringola les escaliers en entraînant Lucien, qui entendit le négociant se traînant comme un phoque après eux, sans pouvoir les rejoindre. Le poète éprouva la plus enivrante des jouissances : Coralie, que le bonheur rendait sublime, offrit à tous les yeux ravis une toilette pleine de goût et d'élégance. Le Paris des Champs-Elysées admira ces deux amants. Dans une allée du bois de Boulogne, leur coupé rencontra la calèche de mesdames d'Espard et de Barge-

ton, qui regardèrent Lucien d'un air étonné, mais auxquelles il lança le coup d'œil méprisant du poète qui pressent sa gloire et va user de son pouvoir. Le moment où il put échanger par un coup d'œil avec ces deux femmes quelques-unes des pensées de vengeance qu'elles lui avaient mises au cœur pour le ronger, fut un des plus doux de sa vie et décida peut-être de sa destinée. Lucien fut repris par les furies de l'orgueil : il voulut reparaître dans le monde, y prendre une éclatante revanche, et toutes les petitesses sociales, naguère foulées aux pieds du travailleur, de l'ami du cénacle, rentrèrent dans son âme. Il comprit alors toute la portée de l'attaque faite pour lui par Lousteau : Lousteau venait de servir ses passions ; tandis que le cénacle, ce mentor collectif, avait l'air de les mâter au profit des vertus ennuyeuses et des travaux que Lucien commençait à trouver inutiles. Travailler ! n'est-ce pas la mort pour les âmes avides de jouissances ? Aussi avec quelle facilité les écrivains ne glissent-ils pas dans le *far niente*, dans la bonne chère et les délices de la vie luxueuse des actrices et des femmes faciles ! Lucien sentit une irrésistible envie de continuer la vie de ces deux folles journées.

Le dîner au Rocher de Cancale fut exquis. Lucien trouva les convives de Florine, moins le ministre, moins le duc et la danseuse, moins Camusot, remplacés par deux acteurs célèbres et par Hector Merlin accompagné de sa maîtresse, une délicieuse femme qui se faisait appeler madame du Val-Noble, la plus belle et la plus élégante des femmes qui composaient alors, à Paris, le monde exceptionnel, de ces femmes qu'aujourd'hui l'on nomme décemment nommer les *lorettes*. Lucien, qui vivait depuis quarante-huit heures dans un paradis, apprit le succès de son article. En se voyant fêté, envié, le poète trouva son aplomb : son esprit scintilla, il fut le Lucien de Rubempré qui pendant plusieurs mois brilla dans la littérature et dans le monde artiste. Finot, cet homme d'une incontestable adresse à deviner le talent, dont il devait faire une grande consommation, et qui le flairait comme un ogre sent la chair fraîche, cajola Lucien en essayant de l'embaucher dans l'escouade de journalistes qu'il commandait, et Lucien mordit à ses flatteries. Coralie observa le manège de ce consommateur d'esprit, et voulut mettre Lucien en garde contre lui.

— Ne t'engage pas, mon petit, dit-elle à son poète, attends, ils veulent t'exploiter, nous causerons de cela ce soir. — Bah ! lui répondit Lucien, je me sens assez fort pour être aussi méchant et aussi fin qu'ils peuvent l'être.

Finot, qui ne s'était sans doute pas brouillé pour les blancs avec Hector Merlin, présenta Merlin à Lucien et Lucien à Merlin. Coralie et madame du Val-Noble fraternisèrent, se comblèrent de caresses et de prévenances. Madame du Val-Noble invita Lucien et Coralie à dîner.

Hector Merlin, le plus dangereux de tous les journalistes présents à ce dîner, était un petit homme sec, à lèvres pincées, couvant une ambition démesurée, d'une jalousie sans bornes, heureux de tous les maux qui se faisaient autour de lui, profitant des divisions qu'il fomentait, ayant beaucoup d'esprit, peu de vouloir, mais remplaçant la volonté par l'instinct qui mène les parvenus vers les endroits éclairés par l'or et par le pouvoir. Lucien et lui se déplurent mutuellement. Il n'est pas difficile d'expliquer pourquoi. Merlin avait le malheur de parler à Lucien à haute voix comme Lucien pensait tout bas. Au dessert, les liens de la plus touchante amitié semblaient unir ces hommes, qui tous se croyaient supérieurs l'un à l'autre. Lucien, le nouveau venu, était l'objet de leurs coquetteries. On causait à cœur ouvert. Hector Merlin seul ne riait pas. Lucien lui demanda la raison de sa raison.

— Mais je vous vois entrant dans le monde littéraire et journaliste avec des illusions. Vous croyez aux amis. Nous sommes tous amis ou ennemis, selon les circonstances. Nous nous frappons les premiers avec l'arme qui devrait ne nous servir qu'à frapper les autres. Vous vous apercevrez avant peu que vous n'obtiendrez rien par les beaux sentiments. Si vous êtes bon, faites-vous méchant. Soyez hargneux par calcul. Si personne ne vous a dit cette loi suprême, je vous la confie, et je ne vous aurai pas fait une médiocre confidence. Pour être aimé, ne quittez jamais votre maîtresse qu'elle ne vous ait pleuré un peu, pour faire fortune en littérature, blessez toujours tout le monde, même sa mère, faites pleurer les amours-propres : tout le monde vous caressera.

Hector Merlin fut heureux en voyant à l'air de Lucien que sa parole entrait chez le néophyte comme la lame d'un poignard dans le cœur. On joua. Lucien perdit tout son argent. Il fut emmené par Coralie, et les délices de l'amour lui firent oublier les terribles émotions du jeu, qui, plus tard, devait trouver en lui l'une de ses victimes. Le lendemain, en sortant de chez elle et revenant au quartier latin, il trouva dans sa bourse l'argent qu'il avait perdu. Cette attention l'attrista d'abord, il voulut revenir chez l'actrice et lui rendre un don qui l'humiliait, mais il était déjà rue de la Harpe, il continua son chemin vers l'hôtel Cluny. Tout en marchant, il s'occupa de ce soin de Coralie, il vit une preuve de cet amour maternel que ces sortes de femmes mêlent à leurs passions. Chez elles, la passion comporte tous les sentiments. De pensée en pensée, Lucien finit par trouver une raison d'accepter en se disant : — Je l'aime, nous vivrons ensemble comme mari et femme, et je ne la quitterai jamais ! A moins d'être

Diogène, qui ne comprendrait alors les sensations de Lucien en montant l'escalier boueux, et puant de son hôtel, en faisant grincer la serrure de sa porte, en revoyant le carreau sale et la piteuse cheminée de sa chambre horrible de misère et de nudité ! Il trouva sur sa table le manuscrit de son roman et ce mot de Daniel d'Arthez.

« Nos amis sont presque contents de votre œuvre, cher poète. « Vous pourrez la présenter avec plus de confiance, disent-ils, à vos « amis et à vos ennemis. Nous avons lu votre charmant article sur le « Panorama-Dramatique, et vous devez exciter autant d'envie dans la « littérature que de regrets chez nous.
« DANIEL. »

— Regrets ! que veut-il dire ? s'écria Lucien surpris du ton de politesse qui régnait dans ce billet. Était-il donc un étranger pour le cénacle ? Après avoir dévoré les fruits délicieux que lui avait tendus l'Ève des coulisses, il tenait encore plus à l'estime et à l'amitié de ses amis de la rue des Quatre-Vents. Il resta pendant quelques instants plongé dans une méditation par laquelle il embrassait son présent dans cette chambre et son avenir dans celle de Coralie. En proie à des hésitations alternativement honorables et dépravantes, il s'assit et se mit à examiner l'état dans lequel ses amis lui rendaient son œuvre. Quel étonnement fut le sien ! De chapitre en chapitre, la plume habile et dévouée de ces grands hommes encore inconnus avaient changé ses pauvretés en richesses. Un dialogue plein, serré, concis, nerveux, remplaçait ses conversations, qu'il comprit alors n'être que des bavardages en les comparant à des discours où respirait l'esprit du temps. Ses portraits, un peu mous de dessin, avaient été vigoureusement accusés et colorés, tous se rattachaient aux phénomènes curieux de la vie humaine par des observations physiologiques dues sans doute à Bianchon, exprimées avec finesse, et qui les faisaient vivre. Ses descriptions verbeuses étaient devenues substantielles et vives. Il avait donné une enfant mal faite et mal vêtue, et il retrouvait une délicieuse fille en robe blanche, à ceinture, à écharpe roses, une création ravissante. La nuit le surprit, les yeux en pleurs, atterré de cette grandeur, sentant le prix d'une pareille leçon, admirant des corrections qui lui en apprenaient plus sur la littérature et sur l'art que ses quatre années de travaux, de lectures, de comparaisons et d'études. Le redressement d'un carton mal conçu, un trait magistral sur le vif, en disant toujours plus que les théories et les observations.

— Quels amis ! quels cœurs ! suis-je heureux ! s'écria-t-il en serrant le manuscrit.

Avec l'emportement naturel aux natures poétiques et mobiles, il courut chez Daniel. En montant l'escalier, il se crut cependant moins digne de ces cœurs que rien ne pouvait faire dévier du sentier de l'honneur. Une voix lui disait que, si Daniel avait aimé Coralie, il ne l'aurait pas acceptée avec Camusot. Il connaissait aussi la profonde horreur du cénacle pour les journalistes, et il se savait déjà quelque peu journaliste. Il trouva ses amis, moins Meyraux, qui venait de sortir, en proie à un désespoir peint sur toutes les figures.

— Qu'avez-vous, mes amis ? dit Lucien. — Nous venons d'apprendre une horrible catastrophe : le plus grand esprit de notre époque, notre ami le plus aimé, celui qui pendant deux ans a été notre lumière... — Louis Lambert ! dit Lucien. — Il est dans un état de catalepsie qui ne laisse aucun espoir, dit Bianchon. — Il mourra le corps insensible et la tête dans les cieux, ajouta solennellement Meyraux. — Il mourra comme il a vécu, dit d'Arthez. — L'amour jeté comme un feu dans le vaste empire de son cerveau l'a incendié, dit Léon Giraud. — Oui, dit Joseph Bridau, l'a exalté à un point où nous le perdons de vue. — C'est nous qui sommes à plaindre, dit Fulgence Ridal. — Il se guérira peut-être, s'écria Lucien. — D'après ce que nous a dit Meyraux, la cure est impossible, répondit Bianchon. — Sa tête est le théâtre de phénomènes sur lesquels la médecine n'a nul pouvoir. — Il existe cependant des agents... dit d'Arthez. — Oui, dit Bianchon, il n'est que cataleptique, nous pouvons le rendre imbécile. — Ne pouvoir pas ôter du génie de sa mal une tête en remplacement de celle-là ! Moi, je donnerais la mienne ! s'écria Michel Chrestien. — Et que deviendrait la fédération européenne ? dit d'Arthez. — Ah ! c'est vrai, reprit Michel Chrestien, avant d'être à un homme on appartient à l'humanité. — Je venais le cœur plein de remerciements pour vous tous, dit Lucien. Vous avez changé mon billon en louis d'or. — Ces remerciments ? Pour qui nous prends-tu ? dit Bianchon. — Le plaisir a été pour nous, reprit Fulgence. — Eh bien ! vous voilà journaliste ! lui dit Léon Giraud. Le bruit de votre début est arrivé jusque dans le quartier latin. — Pas encore, répondit Lucien. — Ah ! tant mieux ! dit Michel Chrestien. — Je vous le disais, Lucien, reprit d'Arthez. Lucien est un de ces cœurs qui connaissent le prix d'une conscience pure. N'est-ce pas un viatique fortifiant que de poser sa tête sur l'oreiller en pouvant se dire : « Je n'ai pas jugé les œuvres d'autrui, je n'ai causé d'affliction à personne ; mon esprit comme un poignard, n'a fouillé l'âme d'aucun innocent ; ma plaisanterie n'a immolé aucun bonheur, elle n'a même pas troublé la sottise heureuse, elle n'a pas injustement fatigué le génie ; j'ai dédaigné les faciles triomphes de l'épigramme, enfin je n'ai jamais menti à mes convictions ? » — Mais, dit Lucien, on peut, je crois, être ainsi, tout en travaillant à un journal. Si je n'avais, décidément, que ce

moyen d'exister, il faudrait bien y venir. — Oh ! oh ! oh ! fit Fulgence en montant d'un ton à chaque exclamation, nous capitulons. — Il sera journaliste, dit gravement Léon Giraud. Ah ! Lucien, si tu voulais l'être avec nous, qui allons publier un journal où jamais ni la vérité ni la justice ne seront outragées, où nous répandrons les doctrines utiles à l'humanité, peut-être... — Vous n'aurez pas un abonné, répliqua machiavéliquement Lucien en interrompant Léon. — Ils en auront cinq cents qui en vaudront cinq cent mille, répondit Michel Chrestien. — Il vous faudra bien des capitaux, reprit Lucien. — Non, dit d'Arthez, mais du dévouement. — Tu sens comme une vraie boutique de parfumeur, dit Michel Chrestien en flairant par un geste comique la tête de Lucien. On t'a vu dans une voiture supérieurement astiquée, traînée par des chevaux de dandy, avec une maîtresse de prince, Coralie. — Eh bien ! dit Lucien, y a-t-il du mal à cela ? — Tu dis cela comme s'il y avait, lui cria Bianchon. — J'aurais voulu à Lucien, dit d'Arthez, une Béatrix, une noble femme qui aurait soutenu dans la vie... — Mais, Daniel, est-ce que l'amour n'est pas partout semblable à lui-même ? dit le poète. — Ah ! dit le républicain, ici je suis aristocrate. Je ne pourrais pas aimer une femme qu'un acteur baise sur la joue en face du public, une femme tutoyée dans les coulisses, qui s'abaisse devant un parterre et lui sourit, qui danse des pas en relevant ses jupes et qui se met en homme pour montrer ce que je veux être seul à voir. Ou, si j'aimais une pareille femme, elle quitterait le théâtre et je la purifierais par mon amour. — Et si elle ne pouvait pas quitter le théâtre ? — Je mourrais de chagrin, de jalousie, de mille maux. On ne peut pas arracher son amour de son cœur comme on arrache une dent.

Lucien devint sombre et pensif. — Quand ils apprendront que je subis Camusot, ils me mépriseront, se disait-il. — Tiens, lui dit le sauvage républicain avec une affreuse bonhomie, tu pourras être un grand écrivain, mais tu ne seras jamais qu'un petit farceur.

Il prit son chapeau et sortit.

— Il est dur, Michel Chrestien, dit le poète. — Dur et salutaire comme le davier du dentiste, dit Bianchon. Michel voit ton avenir, et peut-être en ce moment pleure-t-il sur toi dans la rue.

D'Arthez fut doux et consolant, il essaya de relever Lucien. Au bout d'une heure, le poète quitta le cénacle, maltraité par sa conscience, qui lui criait : — Tu seras journaliste ! comme la sorcière crie à Macbeth : Tu seras roi !

Dans la rue, il regarda les croisées du patient d'Arthez, éclairées par une faible lumière, et revint chez lui le cœur attristé, l'âme inquiète. Une sorte de pressentiment lui disait qu'il avait été serré sur le cœur de ses vrais amis pour la dernière fois. En entrant dans la rue de Cluny par la place de la Sorbonne, il reconnut l'équipage de Coralie. Pour venir voir son poète un moment, pour lui dire un simple bonsoir, l'actrice avait franchi l'espace du boulevard du Temple à la Sorbonne. Lucien trouva sa maîtresse tout en larmes à l'aspect de sa mansarde, elle voulait être misérable comme son amant, elle pleurait en rangeant les chemises, les gants, les cravates et les mouchoirs dans l'affreuse commode de l'hôtel. Cela était si vrai, si grand, il exprimait tant d'amour, que Lucien, à qui l'on avait reproché d'avoir une actrice, vit dans Coralie une sainte bien près d'endosser le cilice de la misère. Pour venir, cette adorable créature avait pris le prétexte d'avertir Lucien que la société Camusot, Coralie et Lucien rendrait à la société Matifat, Florine et Lousteau leur souper, et de demander à Lucien s'il avait quelque invitation à faire qui lui fût utile. Lucien lui répondit qu'il en causerait avec Lousteau. L'actrice, après quelques moments, se sauva en cachant à Lucien que Camusot l'attendait en bas.

Le lendemain, dès huit heures, Lucien alla chez Étienne, ne le trouva pas et courut chez Florine. Le journaliste et l'actrice reçurent leur ami dans la jolie chambre à coucher où ils étaient maritalement établis, et tous trois y déjeunèrent splendidement.

— Mais mon petit, lui dit Lousteau quand ils furent attablés et que Lucien lui eut parlé du souper que donnerait Coralie, je te conseille de venir avec moi voir Félicien Vernou, de l'inviter, et de te lier avec lui autant qu'on puisse se lier avec un pareil drôle. Félicien donnera peut-être accès dans le journal politique où il cuisine le feuilleton, et où tu pourras fleurir à ton aise en grands articles dans le haut de ce journal. Cette feuille, comme la nôtre, appartient au parti libéral, tu seras libéral, c'est le parti populaire ; d'ailleurs, si tu voulais passer du côté ministériel, tu y entrerais avec d'autant plus d'avantages que l'on te ferait redouter. Hector Merlin et madame du Val Noble, chez qui vont quelques grands seigneurs, le jeunes dandys et les millionnaires, ne sont-ils pas priés par toi et Coralie, à dîner ? — Oui, répondit Lucien, et tu en es avec Florine.

Lucien et Lousteau, dans leur gaillarderie de vendredi et pendant leur dîner du dimanche, en étaient arrivés à se tutoyer.

— Eh bien ! nous rencontrerons Merlin au journal, c'est un gars qui suivra Finot de près ; tu feras bien de le soigner, de le mettre de ton souper avec sa maîtresse ; il sera peut-être utile avant peu, car les gens haineux ont besoin de tout le monde, et il te rendra service pour avoir ta plume au besoin. — Votre début a fait assez de sensation pour que vous n'éprouviez aucun obstacle, dit Florine à

Lucien, hâtez-vous d'en profiter, autrement vous seriez promptement oublié. — L'affaire, reprit Lousteau, la grande affaire, est consommée ! Ce Finot, un homme sans aucun talent, est directeur et rédacteur en chef du journal hebdomadaire de Dauriat, propriétaire d'un sixième qui ne lui coûte rien, et il a six cents francs d'appointements par mois. Je suis, de ce matin, mon cher, rédacteur en chef de notre petit journal. Tout s'est passé comme je le présumais l'autre soir : Florine a été superbe, elle rendrait des points au prince de Talleyrand. — Nous tenons les hommes par leur plaisir, dit Florine, les diplomates ne les prennent que par l'amour-propre, les diplomates leur voient faire des façons et nous leur voyons faire des bêtises, nous sommes donc les plus fortes. — En concluant, dit Lousteau, Matifat a commis le seul bon mot qu'il prononcera dans sa vie de droguiste : L'affaire, a-t-il dit, ne sort pas de mon commerce ! — Je soupçonne Florine de le lui avoir soufflé, s'écria Lucien. — Ainsi, mon cher amour, reprit Lousteau, tu as le pied à l'étrier. — Vous êtes né coiffé, dit Florine. Combien voyons-nous de petits jeunes gens qui *droguent* dans Paris pendant des années sans arriver à pouvoir insérer un article dans un journal ! Il en aura été de vous comme d'Émile Blondet. Dans six mois d'ici, je vous vois *faisant votre tête*, ajouta-t-elle en se servant d'un mot de son argot et en lui jetant un sourire moqueur. — Ne suis-je pas à Paris depuis trois ans, dit Lousteau, et, depuis hier seulement, Finot me donne trois cents francs de fixe par mois pour la rédaction en chef, me paye cent sous la colonne, et cent francs la feuille à son journal hebdomadaire. — Eh bien ! vous ne dites rien ?.... s'écria Florine en regardant Lucien. — Nous verrons, dit Lucien. — Mon cher, répondit Lousteau d'un air piqué, j'ai tout arrangé pour toi comme si tu étais mon frère ; mais je ne te réponds pas de Finot. Finot sera sollicité par soixante drôles qui, d'ici à deux jours, vont venir lui faire des propositions au rabais. J'ai promis pour toi, tu lui diras non si tu veux. Tu ne te doutes pas de ton bonheur, reprit le journaliste après une pause. Tu feras partie d'une coterie dont les camarades attaquent leurs ennemis dans plusieurs journaux, et s'y servent mutuellement. — Allons d'abord voir Félicien Vernou, dit Lucien, qui avait hâte de se lier avec ces redoutables oiseaux de proie.

Lousteau envoya chercher un cabriolet, et les deux amis allèrent rue Mandar, où demeurait Vernou, dans une maison à allée, il y occupait un appartement au deuxième étage. Lucien fut très-étonné de trouver ce critique acerbe, dédaigneux et gourmé, dans une salle à manger de la dernière vulgarité, tendue d'un mauvais petit papier briqueté, chargé de mousses par intervalles égaux, ornée de gravures à l'aqua-tinta dans des cadres dorés, attablé avec une femme trop laide pour ne pas être légitime, et deux enfants en bas âge perchés sur des chaises à pieds très élevés et à barrière, destinées à maintenir ces petits drôles. Surpris dans une robe de chambre confectionnée avec les restes d'une robe d'indienne à sa femme, Félicien eut un air assez mécontent.

— As-tu déjeuné, Lousteau ? dit-il en offrant une chaise à Lucien. — Nous sortons de chez Florine, dit Étienne, et nous y avons déjeuné.

Lucien ne cessait d'examiner madame Vernou, qui ressemblait à une bonne, grasse cuisinière, assez blanche, mais superlativement commune. Madame Vernou portait un foulard par-dessus un bonnet de nuit à brides, que ses joues pressées débordaient. Sa robe de chambre, sans ceinture, attachée au cou par un bouton, descendait à grands plis et l'enveloppait si mal, qu'il était impossible de ne pas la comparer à une borne. D'une santé désespérante, elle avait les joues presque violettes, et des mains à doigts en forme de boudins. Cette femme expliqua soudain à Lucien l'attitude gênée de Vernou dans le monde. Malade de son mariage, sans force pour abandonner femme et enfants, mais assez poète pour en toujours souffrir, cet auteur ne devait pardonner à personne un succès, il devait être mécontent de tout, en se sentant toujours mécontent de lui-même. Lucien comprit l'air aigre qui glaçait cette figure envieuse, l'âcreté des reparties que ce journaliste semait dans sa conversation, l'acerbité de sa phrase, toujours pointue et travaillée comme un stylet.

— Passons dans mon cabinet, dit Félicien en se levant, il s'agit sans doute d'affaires littéraires. — Oui et non, lui répondit Lousteau. Mon vieux, il s'agit d'un souper. — Je venais, dit Lucien, vous prier de la part de Coralie...

A ce nom, madame Vernou leva la tête.

— ...A souper d'aujourd'hui en huit, dit Lucien en continuant. Vous trouverez chez elle la société que vous avez eue chez Florine, et augmentée de madame du Val-Noble, de Merlin et de quelques autres. Nous jouerons.

— Mais, mon ami, ce jour-là nous devons aller chez madame Mahoudeau, dit la femme. — Eh ! qu'est-ce que cela fait ? dit Vernou. — Si nous n'y allons pas, elle se choquerait, et tu es bien aise de la trouver pour escompter tes effets de librairie. — Mon cher, voilà une femme qui ne comprend pas qu'un souper qui commence à minuit n'empêche pas d'aller à une soirée qui finit à onze heures. Je travaille à côté d'elle, ajouta-t-il. — Vous avez tant d'imagination ! répondit Lucien, qui se fit un ennemi mortel de Vernou par ce seul mot. — Eh bien ! reprit Lousteau, tu viens, mais ce n'est pas tout. M. de Rubempré devient un des nôtres, ainsi pousse-le à ton journal, présente-le comme un gars capable de faire la haute littérature, afin qu'il puisse mettre au moins deux articles par mois. — Oui, s'il veut être des nôtres, attaquer nos ennemis comme nous attaquerons les siens, et défendre nos amis, je parlerai de lui ce soir à l'Opéra, répondit Vernou. — Eh bien ! à demain, mon petit, dit Lousteau en serrant la main de Vernou avec les signes de la plus vive amitié. Quand paraît ton livre ?

— Mais, dit le père de famille, cela dépend de Dauriat, j'ai fini. — Es-tu content ?... — Mais, oui et non... — Nous chaufferons le succès, dit Lousteau en se levant et saluant la femme de son confrère.

Je ne crois que ce que vous voulez que je croie. — PAGE 42.

Cette brusque sortie fut nécessitée par les criailleries des deux enfants, qui se disputaient et se donnaient des coups de cuiller en s'envoyant de la panade sur la figure.
— Tu viens de voir, mon enfant, dit Etienne à Lucien, une femme qui, sans le savoir, fera bien des ravages en littérature. Ce pauvre Vernou ne nous pardonne pas sa femme. On devrait l'en débarrasser, dans l'intérêt public bien entendu. Nous éviterions un déluge d'articles atroces, d'épigrammes contre tous les succès et contre toutes les fortunes. Que devenir avec une pareille femme accompagnée de ces deux horribles moutards? Vous avez vu le Rigaudin de la Maison en loterie, la pièce de Picard... eh bien! comme Rigaudin, Vernou ne se battra pas, mais il fera battre les autres; il est capable de se crever un œil pour en crever deux à son meilleur ami; vous le verrez posant le pied sur tous les cadavres, souriant à tous les malheurs, attaquant les princes, les ducs, les marquis, les nobles, parce qu'il est roturier; attaquant les renommées célibataires à cause de sa femme, et parlant toujours morale, plaidant pour les joies domestiques et pour les devoirs de citoyen. Enfin, ce critique si moral ne sera doux pour personne, pas même pour les enfants. Il vit dans la rue Mandar entre une femme qui pourrait faire le mamamouchi du Bourgeois gentilhomme et deux petits Vernou laids comme des teignes; il veut se moquer du faubourg Saint-Germain, où il ne mettra jamais le pied, et fera parler les duchesses comme parle sa femme. Voilà l'homme qui va hurler après les jésuites, insulter la cour, lui prêter l'intention de rétablir les droits féodaux, le droit d'aînesse, et qui prêchera quelque croisade en faveur de l'égalité, lui qui ne se croit l'égal de personne. S'il était garçon, s'il allait dans le monde, s'il avait les allures des poètes royalistes, pensionnés, ornés de croix de la Légion d'honneur, ce serait un optimiste. Le journalisme a mille points de départ semblables. C'est une grande catapulte mise en mouvement par de petites haines. As-tu maintenant envie de te marier? Vernou n'a plus de cœur, le fiel a tout envahi. Aussi est-ce le journaliste par excellence, un tigre à deux mains qui déchire tout, comme si ses plumes avaient la rage. — Il est gynophobe, dit Lucien. A-t-il du talent? — Il a de l'esprit, c'est un *articlier*. Vernou porte des articles, fera toujours des articles, et rien que des articles. Le travail le plus obstiné ne pourra jamais greffer un livre sur sa prose. Félicien est incapable de concevoir une œuvre, d'en disposer les masses, d'en réunir harmonieusement les personnages dans un plan qui commence, se noue et marche vers un fait capital; il a des idées, mais il ne connaît pas les faits; ses héros seront des utopies philosophiques ou libérales; enfin son style est d'une originalité cherchée, sa phrase ballonnée tomberait si la critique lui donnait un coup d'épingle. Aussi craint-il énormément les journaux, comme tous ceux qui ont besoin des gourdes et des bourdes de l'éloge pour se soutenir au-dessus de l'eau.
— Quel article tu fais! s'écria Lucien. — Ceux-là, mon enfant, il faut se les dire et jamais les écrire. — Tu deviens rédacteur en chef, dit Lucien. — Où veux-tu que je te jette? lui demanda Lousteau.— Chez Coralie. — Ah! nous sommes amoureux, dit Lousteau. Quelle faute! Fais de Coralie ce que je fais de Florine, une ménagère, mais la liberté sur la montagne. — Tu ferais damner les saints! lui dit Lucien en riant. — On ne damne pas les démons, répondit Lousteau.

Le ton léger, brillant, de son nouvel ami, la manière dont il traitait la vie, ses paradoxes mêlés aux maximes vraies du machiavélisme parisien, agissaient sur Lucien à son insu. En théorie, le poète reconnaissait le danger de ces pensées, et les trouvait utiles à l'application. En arrivant sur le boulevard du Temple, les deux amis convinrent de se retrouver, entre quatre et cinq heures, au bureau du journal, où sans doute Hector Merlin viendrait. Lucien était, en effet, saisi par les voluptés de l'amour vrai des courtisanes, qui attachent leurs grappins aux endroits les plus tendres de l'âme en se pliant avec une incroyable souplesse à tous les désirs, en favorisant leurs habitudes d'où elles tirent leur force. Il avait déjà soif des plaisirs parisiens, il aimait la vie facile, abondante et magnifique que lui faisait l'actrice chez elle. Il trouva Coralie et Camusot ivres de joie. Le Gymnase proposait pour Pâques prochain un engagement dont les conditions nettement formulées surpassaient les espérances de Coralie.

— Nous vous devons ce triomphe, dit Camusot.

— Oh! certes, sans lui l'Alcade tombait, s'écria Coralie, il n'y avait pas d'article, et j'étais encore au boulevard pour six ans.

Elle lui sauta au cou devant Camusot. L'effusion de l'actrice avait je ne sais quoi de moelleux dans sa rapidité, de suave dans son entraînement: elle aimait! Comme tous les hommes dans leurs grandes douleurs, Camusot abaissa ses yeux à terre, et reconnut, le long de la couture des bottes de Lucien, le fil de couleur employé par les bottiers célèbres, et qui se dessinait en jaune foncé sur le noir luisant de la tige.

La couleur originale de ce fil l'avait préoccupé pendant son monologue sur la présence inexplicable d'une paire de bottes devant la cheminée de Coralie. Il avait lu, en lettres noires imprimées sur le cuir blanc et doux de la doublure, l'adresse d'un bottier fameux à cette époque: Gay, rue de la Michodière.

Il faut me quitter ou me prendre comme je suis, dit-elle. — PAGE 42.

— Monsieur, dit-il à Lucien, vous avez de bien belles bottes. — Il a tout beau, répondit Coralie. — Je voudrais bien me fournir chez votre bottier. — Oh! dit Coralie, comme c'est rue des Bourdonnais de demander les adresses des fournisseurs! Allez-vous porter des bottes de jeune homme? vous seriez joli garçon. Gardez donc vos bottes à revers, qui conviennent à un homme établi, qui a femme, enfants et maîtresse. — Enfin, si monsieur voulait tirer une de ses bottes, il me rendrait un service signalé, dit l'obstiné Camusot. — Je ne pourrais les remettre sans crochets, dit Lucien en rougissant. — Bérénice en ira chercher, dit cet homme en jetant à Lucien un air horriblement goguenard. — Papa Camusot, dit Coralie en lui jetant un regard empreint d'un atroce mépris, ayez le courage de votre lâcheté! Allons, dites toute votre pensée. Vous trouvez que les bottes de monsieur ressemblent aux miennes? Je vous défends d'ôter vos bottes, dit-elle à Lucien. Oui, monsieur Camusot, oui, ces bottes sont absolument les mêmes que celles qui se croisaient les bras devant mon foyer l'autre jour, et monsieur, caché dans mon cabinet de toilette, les attendait, il avait passé la nuit ici. Voilà ce que vous pensez, hein? Pensez-le, je le veux. C'est la vérité pure. Je vous trompe. Après? Cela me plaît, à moi!

Elle s'assit sans colère et de l'air le plus dégagé du monde en regardant Camusot et Lucien, qui n'osaient se regarder.

— Je ne croirai que ce que vous voudrez que je croie, dit Camusot. Ne plaisantez pas, j'ai tort. — On je suis une infâme dévergondée, qui dans un moment s'est amourachée de monsieur, ou je suis une pauvre misérable créature qui a senti pour la première fois le véritable amour après lequel courent toutes les femmes. Dans les deux cas, il faut me quitter ou me prendre comme je suis, dit-elle en faisant un geste de souveraine par lequel elle écrasa le négociant. — Serait-ce vrai? dit Camusot qui vit à la contenance de Lucien que Coralie ne riait pas, et qui mendiait une tromperie. — J'aime mademoiselle, dit Lucien.

En entendant ce mot dit d'une voix émue, Coralie sauta au cou de son poète, le pressa dans ses bras et tourna la tête vers le marchand de soieries en lui montrant l'admirable groupe d'amour qu'elle faisait avec Lucien.

— Pauvre Musot, reprends tout ce que tu m'as donné, je ne veux rien de toi, j'aime comme une folle cet enfant-là, non pour son esprit, mais pour sa beauté. Je préfère la misère avec lui à des millions avec toi.

Camusot tomba sur un fauteuil, se mit la tête dans les mains, et demeura silencieux.

— Voulez-vous que nous nous en allions? lui dit-elle avec une incroyable férocité.

Lucien eut froid dans le dos en se voyant chargé d'une femme, d'une actrice et d'un ménage.

— Reste ici, garde tout, Coralie, dit le marchand d'une voix faible et douloureuse qui partait de l'âme, je ne veux rien reprendre. Il y a pourtant pour soixante mille francs de mobilier, mais je ne saurais me faire à l'idée de ma Coralie dans la misère, et tu seras cependant avant peu dans la misère. Quelque grands que soient les talents de monsieur, ils ne peuvent pas te donner une existence. Voilà ce qui nous attend tous, nous autres vieillards! Laisse-moi, Coralie, le droit de venir te voir quelquefois: je puis t'être utile. D'ailleurs, je l'avoue, il serait impossible de vivre sans toi.

La douceur de tout ce pauvre homme, dépossédé de tout bonheur au moment où il se croyait le plus heureux, toucha vivement Lucien, mais non Coralie.

— Viens, mon pauvre Musot, viens tant que tu voudras, dit-elle. Je t'aimerai mieux en ne te trompant point.

Camusot parut content de n'être pas chassé de son paradis terrestre, où sans doute il devait souffrir, mais où il espéra rentrer plus tard dans tous ses droits en se fiant sur les hasards de la vie parisienne et sur les séductions qui allaient entourer Lucien. Le vieux marchand matois pensa que tôt ou tard ce beau jeune homme se permettrait des infidélités, et, pour l'espionner, pour le perdre dans l'esprit de Coralie, il voulait rester leur ami. Cette lâcheté de la passion vraie effraya Lucien. Camusot offrit à dîner au Palais-Royal, chez Very ce qui fut accepté.

— Quel bonheur! s'écria Coralie quand Camusot fut parti. Plus de mansarde au quartier latin, tu demeureras ici, nous ne nous quitterons pas, tu prendras, pour conserver les apparences, un petit appartement rue Charlot, et vogue la galère!

Elle se mit à danser son pas espagnol avec un entrain qui peignit une indomptable passion.

— Je puis gagner cinq cents francs par mois en travaillant beaucoup, lui dit Lucien.

— J'en ai tout autant au théâtre, sans compter les feux. Camusot m'habillera toujours, il m'aime! — Avec quinze cents francs par mois, nous vivrons comme des Crésus. — Et les chevaux, et le cocher, et le domestique? dit Bérénice. — Je ferai des dettes, s'écria Coralie.

Elle se remit à danser une gigue avec Lucien.

— Il faut dès lors accepter les propositions de Finot, s'écria Lucien. — Allons, dit Coralie, je m'habille et je te mène à ton journal, je t'attendrai en voiture, sur le boulevard.

Lucien s'assit sur le sofa, regarda l'actrice faisant sa toilette, et se livra aux plus graves réflexions. Il eût mieux aimé laisser Coralie libre que d'être jeté dans les obligations d'un pareil mariage; mais il la vit si belle, si bien faite, si attrayante, qu'il fut saisi par les pittoresques aspects de cette vie de bohème, et jeta le gant à la face de la fortune. Bérénice eut ordre de veiller au déménagement et à l'installation de Lucien. Puis la triomphante, la belle, l'heureuse Coralie entraîna son poète tant aimé, et traversa tout Paris pour aller rue Saint-Fiacre. Lucien grimpa lestement l'escalier et se produisit en maître dans les bureaux du journal. Coloquinte ayant toujours son papier timbré sur la tête, et le vieux Giroudeau lui dirent encore assez hypocritement que personne n'était venu.

— Mais les rédacteurs doivent se voir quelque part pour convenir du journal, dit-il. — Probablement, mais la rédaction ne me regarde pas, dit le capitaine de la garde impériale, qui se remit à vérifier ses bandes en faisant son cri connu brroum! brroum!

En ce moment, par un hasard, doit-on dire heureux ou malheureux? Finot vint pour annoncer à Giroudeau sa fausse abdication, et lui recommander de veiller à ses intérêts.

— Pas de diplomatie avec monsieur, il est du journal, dit Finot à son oncle en prenant la main de Lucien et la lui serrant. — Ah! monsieur est du journal, s'écria Giroudeau surpris du geste de son neveu. Eh bien! monsieur, vous n'avez pas eu de peine à y entrer. — Je veux y faire votre lit pour que vous ne soyez pas jobardé par Etienne, dit Finot en regardant Lucien d'un air fin. Monsieur aura trois francs par colonne pour toute sa rédaction, y compris les comptes rendus de théâtre. — Tu n'as jamais fait ces conditions à personne, dit Giroudeau en regardant Lucien avec étonnement. — Il aura les quatre théâtres du boulevard, tu auras soin que ses loges ne lui soient pas chipées, et que ses billets de spectacle lui soient remis. Je vous conseille néanmoins de vous les faire adresser chez vous, dit-il en se tournant vers Lucien. Monsieur s'engage à faire, en outre de sa critique, dix articles variés d'environ deux colonnes, pour cinquante francs par mois pendant un an. Cela vous va-t-il? — Oui, dit Lucien, qui avait la main forcée par les circonstances. — Mon oncle, dit Finot au caissier, tu rédigeras le traité, que nous signerons en descendant. — Qui est monsieur? demanda Giroudeau en se levant et ôtant sa toque de soie noire. — M. Lucien de Rubempré, l'auteur de l'article sur l'Alcade, dit Finot. — Jeune homme, s'écria le vieux militaire en frappant sur le front de Lucien, vous avez là des mines d'or. Je ne suis pas littéraire, mais votre article, je l'ai lu, il m'a fait plaisir. Parlez-moi de cela! Voilà de la gaîté. Aussi ai-je dit: Ça nous amènera des abonnés! Et il en est venu. Nous avons vendu cinquante numéros. — Mon traité avec Etienne Lousteau est-il copié doublé et prêt à signer? dit Finot à son oncle. — Oui, dit Giroudeau. — Mets à celui que je signe avec monsieur la date d'hier, afin que Lousteau soit sous l'empire de ces conventions. Finot prit le bras de son nouveau rédacteur avec un semblant de camaraderie qui séduisit le poète, et l'entraîna dans l'escalier en lui disant: Vous aurez ainsi une position faite. Je vous présenterai moi-même à mes rédacteurs. Puis, ce soir, Lousteau vous fera reconnaître aux théâtres. Vous pouvez gagner cinquante francs par mois à notre petit journal que dirigera Lousteau; aussi tâchez de bien vivre avec lui. Déjà le drôle m'en voudra de lui avoir lié les mains en votre endroit, mais vous avez du talent, et je ne veux pas que vous soyez en butte aux caprices d'un rédacteur en chef. Entre nous, vous pouvez m'apporter jusqu'à deux feuilles par mois pour ma Revue hebdomadaire, je vous les payerai deux cents francs. Ne parlez de cet arrangement à personne, je serais en proie à la vengeance de tous ces amours-propres blessés de la fortune d'un nouveau venu. Faites quatre articles de vos deux feuilles, signez-en deux de votre nom et deux d'un pseudonyme, afin de ne pas avoir l'air de manger le pain des autres. Vous devez votre position à Blondet et à Vignon, qui vous trouvent de l'avenir. Ainsi ne vous galvaudons pas. Surtout, défiez-vous de vos amis. Quant à nous deux, entendons-nous toujours. Servez-moi, je vous servirai. Vous avez pour quarante francs de loges et de billets à vendre, et pour soixante francs de livres à lazer. Ça et votre rédaction vous donneront cent cinquante francs par mois. Avec de l'esprit, vous saurez trouver au moins deux cents francs en sus chez les libraires, qui vous payeront des articles et des prospectus. Mais vous êtes à moi, n'est-ce pas? Je puis compter sur vous.

Lucien serra la main de Finot avec un transport de joie inouï.

— N'ayons pas l'air de nous être entendus, lui dit Finot à l'oreille en poussant la porte d'une mansarde au cinquième étage de la maison et située au fond d'un long corridor.

Lucien aperçut alors Lousteau, Félicien Vernou, Hector Merlin et deux autres rédacteurs qu'il ne connaissait pas, tous réunis à une table couverte d'un tapis vert, devant un bon feu, sur des chaises ou des fauteuils fumant ou fumé. La table était chargée de papiers, il s'y trouvait un véritable encrier plein d'encre, des plumes assez mauvaises, mais qui servaient aux rédacteurs. Il fut démontré au nouveau journaliste que là s'élaborait le grand œuvre.

— Messieurs, dit Finot, l'objet de la réunion est l'installation en mon lieu et place de notre cher Lousteau comme rédacteur en chef du journal, que je suis obligé de quitter. Mais, quoique mes opinions subissent une transformation nécessaire pour que je puisse passer rédacteur en chef de la Revue dont les destinées vous sont connues, mes convictions sont les mêmes et nous restons amis. Je suis tout à vous, comme vous serez à moi. Les circonstances sont variables, les principes sont fixes. Les principes sont le pivot sur lequel marchent les aiguilles du baromètre politique.

Tous les rédacteurs partirent d'un éclat de rire.

— Qui t'a donné ces phrases-là? demanda Lousteau. — Blondet, répondit Finot. — Vent, pluies, tempête, beau fixe, dit Merlin, nous parcourrons tout ensemble. — Enfin, reprit Finot, ne nous embarbouillons pas dans les métaphores: tous ceux qui auront quelques articles à m'apporter retrouveront Finot. Monsieur, dit-il en présentant Lucien, est des vôtres. J'ai traité avec lui, Lousteau.

Chacun complimenta Finot sur son élévation et sur ses nouvelles destinées.

— Te voilà à cheval sur nous et sur les autres, lui dit l'un des rédacteurs inconnus à Lucien, tu deviens Janus... — Pourvu qu'il ne soit pas Janot, dit Vernou. — Tu nous laisses attaquer nos bêtes noires? — Tout ce que vous voudrez ! dit Finot. — Ah ! mais, dit Lousteau, le journal ne peut pas reculer. M. Châtelet s'est fâché, nous n'allons pas le lâcher pendant une semaine. — Que s'est-il passé? dit Lucien. — Il est venu demander raison, dit Vernou. L'ex-beau de l'Empire a trouvé le père Giroudeau, qui, de plus beau sang-froid du monde, a montré dans Philippe Bridau l'auteur de l'article, et Philippe a demandé au baron son heure et ses armes. L'affaire en est restée là. Nous nous occupons à présenter des excuses au baron dans le numéro de demain. Chaque phrase est un coup de poignard. — Mordez-le ferme, il viendra me trouver, dit Finot. J'aurai l'air de lui rendre service en vous apaisant, il tient au ministère, et nous accrocherons là quelque chose, une place de professeur suppléant ou quelque bureau de tabac. Nous sommes heureux qu'il se soit piqué au jeu. Qui de vous veut faire dans mon nouveau journal un article de fond sur Nathan? — Donnez-le à Lucien, dit Lousteau. Hector et Vernou feront des articles dans leurs journaux respectifs... — Adieu, messieurs, nous nous reverrons seul à seul chez Barbin, dit Finot en riant.

Lucien reçut quelques compliments sur son admission dans le corps redoutable des journalistes, et Lousteau le présenta comme un homme sur qui l'on pouvait compter.

— Lucien vous invite en masse, messieurs, à souper chez sa maîtresse, la belle Coralie. — Coralie va au Gymnase, dit Lucien à Etienne. — Eh bien ! messieurs, il est entendu que nous pousserons Coralie, hein ! Dans tous vos journaux, mettez quelques lignes sur son engagement, et parlez de son talent. Vous donnerez du tact, de l'habileté à l'Administration du Gymnase, pouvons-nous lui donner de l'esprit? — Nous lui donnerons de l'esprit, répondit Merlin, Frédéric a une pièce avec Scribe. — Oh ! le directeur du Gymnase est alors le plus prévoyant et le plus perspicace des spéculateurs, dit Vernou. — Ah çà, ne faites pas vos articles sur le livre de Nathan que nous ne nous soyons concertés, vous saurez pourquoi, dit Lousteau. Nous devons être utiles à notre nouveau camarade. Lucien a deux livres à placer, un recueil de sonnets et un roman. Par la vertu de l'entre-filet il doit être un grand poète à trois mois d'échéance. Nous nous servirons de ses Marguerites pour rabaisser les odes, les ballades, les méditations, toute la poésie romantique. — Ça serait drôle si les sonnets ne valaient rien, dit Vernou. Que pensez-vous de vos sonnets, Lucien? — Là, comment les trouvez-vous? dit un des rédacteurs inconnus. — Messieurs, ils sont bien, dit Lousteau, parole d'honneur. — Eh bien ! j'en suis content, dit Vernou, je les jetterai dans les jambes de ces poètes de sacristie qui me fatiguent. — Si Dauriat, ce soir, ne prend pas les Marguerites, nous lui flanquerons article sur article contre Nathan. — Et Nathan, que dira-t-il? s'écria Lucien.

Les cinq rédacteurs éclatèrent de rire.

— Il sera enchanté, dit Vernou. Vous verrez comment nous arrangerons les choses. — Ainsi, monsieur est des nôtres? dit un des deux rédacteurs que Lucien ne connaissait pas. — Oui, oui, Frédéric, pas de farces. Tu vois Lucien, dit Etienne au néophyte, comment nous agissons avec toi, tu ne reculeras pas dans l'occasion. Nous aimons tous Nathan, et nous allons l'attaquer. Maintenant partageons-nous l'empire d'Alexandre. Frédéric, veux-tu les Français et l'Odéon? — Si ces messieurs y consentent, dit Frédéric.

Tous inclinèrent la tête, mais Lucien vit briller des regards d'envie.

— Je garde l'Opéra, les Italiens et l'Opéra-Comique, dit Vernou. — Eh bien! Hector prendra les théâtres de Vaudeville, dit Lousteau. — Et moi, je n'ai donc pas de théâtres? s'écria l'autre rédacteur que ne connaissait pas Lucien. — Eh bien ! Hector te laissera les Variétés, et Lucien la Porte-Saint-Martin, dit Etienne. Abandonne-lui la Porte-Saint-Martin, il est fou de Fanny Beaupré, dit-il à Lucien, tu prendras le Cirque-Olympique en échange. Moi, j'aurai Bobino, les Funambules et Madame-Saqui. Qu'avons-nous pour le journal de demain ? — Rien. — Rien. — Rien ! — Messieurs, soyez brillants pour mon premier numéro. Le baron Châtelet ne suffira pas à la semaine. L'auteur du Solitaire est bien usé. Sosthène-Démosthène n'est plus drôle, dit Vernou, tout le monde nous le prend, il nous faut de nouveaux morts, dit Frédéric. — Messieurs, si nous prenions des ridicules aux hommes vertueux de la droite? Si nous disions que M. de Bonald pue des pieds? s'écria Lousteau. — Commençons une série de portraits des orateurs ministériels ! dit Hector Merlin. — Fais cela, mon petit, dit Lousteau, tu les connais, ils sont de ton parti, tu pourras satisfaire quelques haines intestines. Empoigne Beugnot, Syrieys de Mayrinhac et autres. Les articles peuvent être prêts à l'avance, nous ne serons pas embarrassés pour le journal. Si nous inventions quelques refus de sépulture avec des circonstances plus ou moins aggravantes, dit Hector. — N'allons pas sur les brisées des grands journaux constitutionnels, qui ont leurs cartons aux curés pleins de canards, répondit Vernou. — Un canard? dit Lucien. — Nous appelons un canard, lui répondit Hector, un fait qui a l'air d'être vrai, mais qu'on invente pour relever les Faits-Paris quand

ils sont pâles. Le canard est une trouvaille de Franklin, qui a inventé le paratonnerre, le canard et la république. Ce journaliste trompa si bien les encyclopédistes par ses canards d'outre-mer, que, dans l'Histoire philosophique des Indes, Raynal a donné deux de ses canards pour des faits authentiques. — Je ne savais pas cela, dit Vernou. Quels sont ces deux canards? — L'histoire relative à l'Anglais qui vend sa libératrice, une négresse, après l'avoir rendue mère afin d'en tirer plus d'argent. Puis le plaidoyer sublime de la jeune fille grosse gagnant sa cause. Quand Franklin vint à Paris, il avoua ses canards chez Necker, à la grande confusion des philosophes français. Et voilà comment le nouveau monde a deux fois corrompu l'ancien. — Le journal, dit Lousteau, tient pour vrai tout ce qui est probable. Nous partons de là. — La justice criminelle ne procède pas autrement, dit Vernou. — Eh bien ! à ce soir, neuf heures, ici, dit Merlin. Chacun se leva, se serra les mains, et la séance fut levée au milieu des témoignages de la plus touchante familiarité.

— Qu'as-tu donc fait à Finot, dit Etienne à Lucien en descendant, pour qu'il ait passé un marché avec toi? Tu es le seul avec lequel il se soit lié. — Moi, rien, il me l'a proposé, dit Lucien. — Enfin, tu aurais avec lui des arrangements, j'en serais enchanté, nous n'en serions que plus forts tous deux.

Au rez-de-chaussée, Etienne et Lucien trouvèrent Finot, qui prit à part Lousteau dans le cabinet ostensible de la rédaction.

— Signez votre traité pour que le nouveau directeur croie la chose faite d'hier, dit Giroudeau, qui présentait à Lucien deux papiers timbrés.

En lisant ce traité, Lucien entendit entre Etienne et Finot une discussion assez vive qui roulait sur les produits en nature du journal. Etienne voulait sa part de ces impôts perçus par Giroudeau. Il y eut sans doute une transaction entre Finot et Lousteau, car les deux amis sortirent entièrement d'accord.

— A huit heures, aux galeries de bois, chez Dauriat, dit Etienne à Lucien.

Un jeune homme se présenta pour être rédacteur de l'air timide et inquiet qu'avait Lucien naguère. Lucien vit avec un plaisir secret Giroudeau pratiquant sur le néophyte les plaisanteries par lesquelles le vieux militaire l'avait abusé; son intérêt lui fit parfaitement comprendre la nécessité de ce manège, qui mettait des barrières presque infranchissables entre les débutants et la mansarde où pénétraient les élus.

— Il n'y a pas déjà tant d'argent pour les rédacteurs, dit-il à Giroudeau. — Si vous étiez plus de monde, chacun de vous en aurait moins, le capitaine. Et donc !

L'ancien militaire fit tourner sa canne plombée, sortit en broum-broumant, et parut stupéfait de voir Lucien montant dans le bel équipage qui stationnait sur les boulevards.

— Vous êtes maintenant les militaires, et nous sommes les pékins, lui dit le soldat. — Ma parole d'honneur, ces jeunes gens me paraissent être les meilleurs enfants du monde, dit Lucien à Coralie. Me voilà journaliste avec la certitude de pouvoir gagner six cents francs par mois, en travaillant comme un cheval ! mais je placerai mes deux ouvrages et j'en ferai d'autres, car mes amis vont m'organiser un succès ! Aussi, je dis comme toi, Coralie : Vogue la galère. — Tu réussiras, mon petit; mais ne sois pas aussi bon que tu es beau, tu te perdrais. Sois méchant avec les hommes, c'est bon genre.

Coralie et Lucien allèrent se promener au bois de Boulogne, ils y rencontrèrent encore la marquise d'Espard, madame de Bargeton et le baron du Châtelet. Madame de Bargeton regarda Lucien d'un air séduisant, qui pouvait passer pour un salut. Camusot avait commandé le meilleur dîner du monde. Coralie, en se sachant débarrassée de lui, fut si charmante pour le pauvre marchand de soieries, qu'il ne se souvint pas, durant les quatorze mois de leur liaison, de l'avoir vue si gracieuse et si attrayante.

— Allons, se dit-il, restons avec elle, quand même !

Camusot proposa secrètement à Coralie une inscription de six mille livres de rente sur le grand-livre, que ne connaissait pas sa femme, si elle voulait rester sa maîtresse, en consentant à fermer les yeux sur ses amours avec Lucien.

— Trahir un pareil ange?... mais regarde-le donc, pauvre magot, et regarde-toi ! dit-elle en lui montrant le poète, que Camusot avait légèrement étourdi en le faisant boire.

Camusot résolut d'attendre que la misère lui rendît la femme que la misère lui avait déjà livrée.

— Je ne serai donc que ton ami, dit-il en la baisant au front.

Lucien laissa Coralie et Camusot pour aller aux galeries de bois. Quel changement son initiation aux mystères du journal avait produit dans son esprit ! Il se mêla sans peur à la foule qui ondoyait dans les galeries, il eut l'air impertinent parce qu'il avait une maîtresse, il entra chez Dauriat d'un air dégagé, parce qu'il était journaliste. Il y trouva grande société, il y donna la main à Blondet, à Nathan, à Finot, à toute la littérature avec laquelle il avait fraternisé depuis une semaine; il se crut un personnage, et il se flatta de surpasser ses camarades; la petite pointe de vin qui l'animait le servit à merveille, il fut spirituel, et montra qu'il savait hurler avec les loups. Néanmoins, Lucien ne recueillit pas les approbations tacites, muettes ou parlées sur lesquelles il comptait, il aperçut au premier mouvement de jalousie parmi ce monde, moins inquiet que curieux peut-être de savoir quelle place prendrait une supériorité nouvelle, et ce qu'elle avalerait dans le partage général des produits de la presse. Finot, qui trouvait en Lucien une mine à exploiter, Lousteau, qui croyait avoir des droits sur lui, furent les seuls que le poète vit souriants. Lousteau, qui avait déjà pris les allures d'un rédacteur en chef, frappa vivement aux carreaux du cabinet de Dauriat.

— Dans un moment, mon ami, lui répondit le libraire en levant la tête au-dessus des rideaux verts et en le reconnaissant.

Le moment dura une heure, après laquelle Lucien et son ami entrèrent dans le sanctuaire.

— Eh bien ! avez-vous pensé à l'affaire de notre ami ? dit le nouveau rédacteur en chef. — Certes, dit Dauriat en se penchant sultanesquement dans son fauteuil. J'ai parcouru le recueil, je l'ai fait lire à un homme de goût, à un bon juge, car je n'ai pas la prétention de m'y connaître. Moi, mon ami, j'achète la gloire toute faite, comme cet Anglais achetait l'amour. Vous êtes aussi grand poète que vous êtes joli garçon, mon petit, dit Dauriat. Foi d'honnête homme, je ne dis pas de libraire, remarquez ! vos sonnets sont magnifiques, on n'y sent pas le travail, ce qui est rare quand on a l'inspiration et de la verve. Enfin, vous savez rimer, une des qualités de la nouvelle école. Vos *Marguerites* sont un beau livre, mais ce n'est pas une affaire, et je ne peux m'occuper que de vastes entreprises. Par conscience, je ne veux pas prendre vos sonnets, il me serait impossible de les pousser, il n'y a pas assez à gagner pour faire les dépenses d'un succès. D'ailleurs, vous ne continuerez pas la poésie, votre livre est un livre isolé. Vous êtes jeune, jeune homme ! vous m'apportez l'éternel recueil des premiers vers que font au sortir du collège, tous les gens de lettres, auquel ils tiennent tout d'abord, et dont ils se moquent plus tard. Lousteau, votre ami, doit avoir un poème caché dans ses vieilles chaussettes. N'as-tu pas un poème, Lousteau ? dit Dauriat en jetant à Étienne un fin regard de compère. — Eh ! comment pourrais-je écrire en prose ? dit Lousteau. — Eh bien ! vous le voyez, il ne m'en a jamais parlé, mais notre ami connaît la librairie et les affaires, reprit Dauriat. Pour moi, la question, dit-il en câlinant Lucien, n'est pas de savoir si vous êtes un grand poète ; vous avez beaucoup, beaucoup de mérite, si je commençais la librairie, je commettrais la faute de vous éditer. Mais d'abord, aujourd'hui, mes commanditaires et mes bailleurs de fonds me couperaient les vivres ; il suffit que j'y aie perdu vingt mille francs l'année dernière pour qu'ils ne veuillent entendre à aucune poésie, et ils sont mes maîtres. Néanmoins la question n'est pas là. J'admets que vous soyez un grand poète, serez-vous fécond ? Pondrez-vous régulièrement des sonnets ? Deviendrez-vous dix volumes ? Serez-vous une affaire ? Eh bien ! non, vous serez un délicieux prosateur ; vous avez trop d'esprit pour le gâter par des chevilles, vous avez à gagner trente mille francs par an dans les journaux, et vous ne les troquerez pas contre trois mille francs que vous donneront très-difficilement vos hémistiches, vos strophes et autres foliebarades ! — Oui, savez, Dauriat, que monsieur est du journal, dit Lousteau. — Oui, répondit Dauriat, j'ai lu son article ; et, dans son intérêt bien entendu, je lui refuse les *Marguerites* ! Oui, monsieur, je vous aurai donné plus d'argent dans six mois d'ici pour les articles que j'irai vous demander que pour votre poésie invendable ! — Et la gloire ? s'écria Lucien.

Dauriat et Lousteau se mirent à rire.

— Dame ! dit Lousteau, ça conserve des illusions. — La gloire, répondit Dauriat, c'est dix ans de persistance et une alternative de cent mille francs de perte ou de gain pour le libraire. Si vous trouvez des fous qui impriment vos poésies, dans un an d'ici vous aurez de l'estime pour eux en apprenant le résultat de leur opération. — Vous avez là le manuscrit ? dit Lucien froidement. — Le voici, mon ami, répondit Dauriat, dont les façons avec Lucien s'étaient déjà singulièrement édulcorées.

Lucien prit le rouleau sans regarder l'état dans lequel était la ficelle, tant Dauriat avait l'air d'avoir lu les *Marguerites*. Il sortit avec Lousteau sans paraître ni consterné ni mécontent. Dauriat accompagna les deux amis dans la boutique en parlant de son journal et de celui de Lousteau. Lucien jouait négligemment avec le manuscrit des *Marguerites*. — Tu crois que Dauriat a lu ou ait lire tes sonnets ? lui dit Étienne à l'oreille. — Oui, dit Lucien. — Regarde les scellés.

Lucien aperçut l'encre et la ficelle dans un état de conjonction parfaite.

— Quel sonnet avez-vous le plus particulièrement remarqué ? dit Lucien au libraire en pâlissant de colère et de rage. — Ils sont tous remarquables, mon ami, répondit Dauriat, mais celui sur la marguerite est délicieux, il se termine par une pensée fine et très-délicate. Là, j'ai deviné le succès que votre prose doit obtenir. Aussi vous ai-je recommandé sur-le-champ à Finot. Faites-nous des articles, nous les payerons bien. Voyez-vous, penser à la gloire, c'est fort beau, mais n'oubliez pas le solide, et prenez tout ce qui se présentera. Quand vous serez riche, vous ferez des vers.

Le poète sortit brusquement dans les galeries pour ne pas éclater,

il était furieux. — Eh bien ! enfant, dit Lousteau, qui le suivit, sois donc calme, accepte les hommes pour ce qu'ils sont, des moyens. Veux-tu prendre ta revanche ? — À tout prix, dit le poète. — Voici un exemplaire du livre de Nathan que Dauriat vient de me donner, et dont la seconde édition paraît demain, relis cet ouvrage, et fais un article qui le démolisse. Félicien Vernou ne peut souffrir Nathan, dont le succès nuit, à ce qu'il croit, au futur succès de son ouvrage. Une des manies de ces petits esprits est d'imaginer que, sous le soleil, il n'y a pas de place pour deux succès. Aussi fera-t-il mettre ton article dans le grand journal auquel il travaille. — Mais que peut-on dire contre ce livre ? il est beau ! s'écria Lucien. — Ah çà, mon cher, apprends ton métier, dit en riant Lousteau. Le livre, fût-il un chef-d'œuvre, doit devenir, sous ta plume, une stupide niaiserie, une œuvre dangereuse et malsaine. — Mais comment ? — Tu changeras les beautés en défauts. — Je suis incapable d'opérer une pareille métamorphose. — Mon cher, voici la manière de procéder en semblable occurrence. Attention, mon petit ! Tu commenceras par trouver l'œuvre belle, et tu peux t'amuser à écrire alors ce que tu en penses. Le public se dira : Ce critique est sans jalousie, il sera sans doute impartial. Dès lors le public tiendra la critique pour consciencieuse. Après avoir conquis l'estime de ton lecteur, tu regretteras d'avoir à blâmer le système dans lequel de semblables livres vont faire entrer la littérature française. La France, diras-tu, ne gouverne-t-elle pas l'intelligence du monde entier ? Jusqu'aujourd'hui de siècle en siècle, les écrivains français maintenaient l'Europe dans la voie de l'analyse, de l'examen philosophique, par la puissance du style et par la forme originale qu'ils donnaient aux idées. Ici, tu places, pour le bourgeois, un éloge de Voltaire, de Rousseau, de Diderot, de Montesquieu, de Buffon. Tu expliqueras combien, en France, la langue est implacable, tu prouveras qu'elle est un vernis étendu sur la pensée. Tu lâcheras des axiomes, comme : Un grand écrivain en France est toujours un grand homme, il est tenu, par la langue, à toujours penser, il n'en est pas ainsi dans les autres pays, etc. Tu démontreras ta proposition en comparant Rabener, un moraliste satirique allemand, à la Bruyère. Il n'y a rien qui pose un critique comme de parler d'un auteur étranger inconnu. Kant est le piédestal de Cousin. Une fois sur ce terrain, tu lances un mot qui résume et explique aux niais le système de nos hommes de génie du dernier siècle, en appelant leur littérature une *littérature idéée*. Armé de ce mot, tu jettes tous les morts illustres à la tête des auteurs vivants. Tu expliqueras alors que de nos jours il se produit une nouvelle littérature où l'on abuse du dialogue (la plus facile des formes littéraires) et des descriptions, qui dispensent de penser. Tu opposeras les romans de Voltaire, de Diderot, de Sterne, de Lesage, si substantiels, si incisifs, au roman moderne, où tout se traduit par des images, et que Walter Scott a beaucoup trop *dramatisé*. Dans un pareil genre, il n'y a place que pour l'inventeur. Le roman à la Walter Scott, diras-tu, est un genre et non un système. Tu foudroieras ce genre funeste où l'on délaye les idées, ou elles sont passées au laminoir, genre accessible à tous les esprits, genre où chacun peut devenir auteur à bon marché, genre que tu nommeras enfin la *littérature imagée*. Tu feras tomber cette argumentation sur Nathan, en démontrant qu'il est un imitateur, et n'a que l'apparence du talent. Le grand style serré du dix-huitième siècle manque à son livre, tu prouveras que l'auteur y a substitué les événements aux sentiments. Le mouvement n'est pas la vie, le tableau n'est pas l'idée ! Lâche de ces sentences-là, le public les répète. Malgré le mérite de cette œuvre, elle te paraît alors fatale et dangereuse, elle ouvre les portes du temple de la Gloire à la foule, et tu feras apercevoir dans le lointain une armée de petits auteurs empressés d'imiter cette forme. Ici tu pourras te livrer dès lors à de tonnantes lamentations sur la décadence du goût, et tu glisseras l'éloge de MM. Étienne, Jouy, Tissot, Gosse, Duval, Jay, Benjamin Constant, Aignan, Baour-Lormian, Villemain, les coryphées du parti libéral napoléonien, sous la protection desquels se trouve le journal de Vernou. Tu montreras cette glorieuse phalange résistant à l'invasion des romantiques, tenant pour l'idée et le style contre l'image et le bavardage, continuant l'école voltairienne, et s'opposant à l'école anglaise et allemande, de même que les dix-sept orateurs de la gauche défendent la nation contre les ultras de la droite. Protégé par ces noms révérés, de l'immense majorité des Français, qui seront toujours pour l'opposition de la gauche, tu peux écraser Nathan, dont l'ouvrage, quoique renfermant des beautés supérieures, donne en France droit de bourgeoisie à une littérature sans idées. Dès lors, il ne s'agit plus de Nathan ni de son livre, comprends-tu ! mais de la gloire de la France. Le devoir des plumes honnêtes et courageuses est de s'opposer vivement à ces importations étrangères. Là, tu flattes l'abonné. Selon toi, la France est une fine commerce, facile de la surprendre. Si le libraire a, par des raisons dans lesquelles tu ne veux pas entrer, escamoté un succès, le vrai public a bientôt fait justice des erreurs causées par les cinq cents niais qui composent son avant-garde. Tu diras que s'être donné le bonheur de vendre une édition de ce livre, le libraire a été bien audacieux d'en faire une seconde, et tu regretteras qu'un si habile éditeur connaisse si peu les instincts du pays. Voilà tes masses. Saupoudre-moi d'esprit ces raisonnements, relève-les par un petit filet de vinaigre, et Dauriat est frit dans la poêle aux articles. Mais n'oublie pas de terminer en ayant l'air de plaindre dans Nathan l'erreur d'un homme à qui, s'il quitte cette voie, la littérature contemporaine devra de belles œuvres.

Lucien fut stupéfait en entendant parler Lousteau : à la parole du journaliste, il lui tombait des écailles des yeux, il découvrait des vérités littéraires qu'il n'avait même pas soupçonnées.

— Mais, ce que tu me dis, s'écria-t-il, est plein de raison et de justesse. — Sans cela, pourrais-tu battre en brèche le livre de Nathan? dit Lousteau. Voilà, mon petit, une première forme d'article qu'on emploie pour démolir un ouvrage. C'est le pic du critique. Mais il y a bien d'autres formules ! ton éducation se fera. Quand tu seras obligé de parler absolument d'un homme que tu n'aimeras pas, quelquefois les propriétaires, les rédacteurs en chef d'un journal ont la main forcée, tu déploieras les négations de ce que nous appelons l'article de fonds. On met, en tête de l'article, le titre du livre dont on veut que vous vous occupiez ; on commence par des considérations générales dans lesquelles on peut parler des Grecs et des Romains, puis on dit à la fin : Ces considérations nous ramènent au livre de M. un tel, qui sera la matière d'un second article. C'est le pic du critique. Ici, tu ne fais pas un article contre Nathan, mais contre Dauriat, il faut un coup de pic. Sur un bel ouvrage, le pic n'entame rien, et il entre dans un mauvais livre jusqu'au cœur : au premier cas, il ne blesse que le libraire, et, dans le second, il rend service au public. Ces formes de critique littéraire s'emploient également dans la critique politique.

La cruelle leçon d'Etienne ouvrait des cases dans l'imagination de Lucien, qui comprit admirablement ce métier.

— Allons au journal, dit Lousteau, nous y trouverons nos amis, et nous conviendrons d'une charge à fond de train contre Nathan, et ça les fera rire, tu verras.

Arrivés rue Saint-Fiacre, ils montèrent ensemble à la mansarde où se faisait le journal, et Lucien fut aussi surpris que ravi de voir l'espèce de joie avec laquelle ses camarades convinrent de démolir le livre de Nathan. Hector Merlin prit un carré de papier, et il écrivit ces lignes, qu'il alla porter à son journal.

On annonce une seconde édition du livre de M. Nathan. Nous comptions garder le silence sur cet ouvrage, mais cette apparence de succès nous oblige à publier un article, moins sur l'œuvre que sur la tendance de la jeune littérature.

En tête des plaisanteries pour le numéro du lendemain, Lousteau mit cette phrase.

« *Le libraire Dauriat publie une seconde édition du livre M. de Nathan*. *Il ne connaît donc pas le proverbe du Palais :* NON BIS IN IDEM. *Honneur au courage malheureux!* »

Les paroles d'Etienne avaient été comme un flambeau pour Lucien, à qui le désir de se venger de Dauriat tint lieu de conscience et d'inspiration. Trois jours après, pendant lesquels il ne sortit pas de la chambre de Coralie, où il travaillait au coin du feu, servi par Bérénice et caressé, dans ses moments de lassitude, par l'attentive et silencieuse Coralie, Lucien improvisa un article critique, d'environ trois colonnes, où il s'était élevé à une hauteur surprenante. Il courut au journal, il était neuf heures du soir ; il y trouva les rédacteurs et leur lut son travail. Il fut écouté sérieusement. Félicien ne dit pas un mot, il prit le manuscrit et dégringola les escaliers.

— Que lui prend-il? s'écria Lucien. — Il porte ton article à l'imprimerie, dit Hector Merlin, c'est un chef-d'œuvre où il n'y a ni un mot à retrancher, ni une ligne à ajouter. — Il ne faut que te montrer le chemin! dit Lousteau. — Je voudrais voir la mine que fera Nathan demain en lisant cela, dit un autre rédacteur dont le visage duquel éclatait une douce satisfaction. — Il faut être votre ami, dit Hector Merlin. — C'est donc bien? demanda vivement Lucien. — Blondet et Vignon s'en trouveront mal, dit Lousteau. — Voici, reprit Lucien, un petit article que j'ai broché pour vous, et qui peut, en cas de succès, fournir une série de compositions semblables. — Lisez-nous cela, dit Lousteau.

Lucien leur lut alors un de ces délicieux articles qui firent la fortune de ce petit journal, et où, en deux colonnes, il peignait un des menus détails de la vie parisienne, une figure, un type, un événement normal, ou quelques singularités. Cet échantillon, intitulé : *les Passants de Paris*, était écrit dans cette manière neuve et originale où la pensée résultait du choc des mots, où le cliquetis des adverbes et des adjectifs réveillait l'attention. Cet article était aussi différent de l'article grave et profond sur les Lettres Persanes différent de l'Esprit des Lois.

— Tu es fort journaliste, lui dit Lousteau. Cela passera demain, fais-en tant que tu voudras. — Ah çà ! dit Merlin, Dauriat est furieux des deux obus que nous avons lancé dans son magasin. Je viens de chez lui, il fulminait des imprécations, il s'emportait contre Finot, qui lui disait t'avoir vendu son journal. Moi, je l'ai pris à part, et lui ai coulé ces mots dans l'oreille : Les Marguerites vous coûteront cher ! Il vous arrive un homme de talent, et vous l'envoyez promener quand nous l'accueillons à bras ouverts. — Dauriat sera foudroyé par l'article que nous venons d'entendre, dit Lousteau à Lucien. Tu vois, mon enfant, ce qu'est le journal. Mais ta vengeance marche! Le baron Châtelet est venu demander ce matin ton adresse, il y a eu ce matin un article sanglant contre lui, l'ex-beau a une tête faible, il est au désespoir. Tu n'as pas lu le journal? l'article est drôle. Vois? *Convoi du Héron pleuré par la Sèche.* Madame de Bargeton est décidément appelée l'*os de Sèche* dans le monde, et Châtelet n'est plus nommé que le baron *Héron*.

Lucien prit le journal et ne put s'empêcher de rire en lisant ce petit chef-d'œuvre de plaisanterie dû à Vernou.

— Ils vont capituler, dit Hector Merlin.

Lucien participa joyeusement à quelques-uns des bons mots et des traits avec lesquels on terminait le journal, en causant et fumant, en racontant les aventures de la journée, les ridicules des camarades ou quelques nouveaux détails sur leur caractère. Cette conversation éminemment moqueuse, spirituelle, méchante, mit Lucien au courant des mœurs et du personnel de la littérature.

— Pendant que l'on compose le journal, dit Lousteau, je vais aller faire un tour avec toi, te présenter à tous les contrôles et à toutes les coulisses des théâtres où tu as tes entrées ; puis nous irons retrouver Florine et Coralie au Panorama-Dramatique, où nous folichonnerons avec elles dans leurs loges.

Tous deux donc, bras dessus, bras dessous, ils allèrent de théâtre en théâtre, où Lucien fut intronisé comme rédacteur, complimenté par les directeurs, lorgné par les actrices, qui tous avaient vu l'importance qu'un seul article de lui venait de donner à Coralie et à Florine, engagées, l'une au Gymnase à douze mille francs par an, et l'autre à huit mille francs au Panorama. Ce fut autant de petites ovations qui grandirent Lucien à ses propres yeux, et lui donnèrent la mesure de sa puissance. A onze heures, les deux amis arrivèrent au Panorama-Dramatique, où Lucien eut un air dégagé qui fit merveille. Nathan y était, Nathan tendit la main à Lucien, qui la prit et la serra.

— Ah çà ! mes maîtres, dit-il en regardant Lucien et Lousteau, vous voulez donc m'enterrer? — Attends donc à demain, mon cher, tu verras comment Lucien t'a empoigné! Parole d'honneur! tu seras content. Quand la critique est aussi sérieuse que celle-là, un livre y gagne.

Lucien était rouge de honte.

— Est-ce dur? demanda Nathan. — C'est grave, dit Lousteau. — Il n'y aura donc pas de mal? reprit Nathan. Hector Merlin disait au foyer du Vaudeville que j'étais éreinté. — Laissez-le dire, et attendez, s'écria Lucien, qui se sauva dans la loge de Coralie en suivant l'actrice au moment où elle quittait la scène dans son attrayant costume.

Le lendemain, au moment où Lucien déjeunait avec Coralie, il entendit un cabriolet dont le bruit net, dans sa rue assez solitaire, annonçait une élégante voiture, et dont le cheval avait cette allure déliée et cette manière d'arrêter qui trahit la race pure. De sa fenêtre, Lucien aperçut en effet le magnifique cheval anglais de Dauriat, et Dauriat qui tendait les guides à son groom avant de descendre.

— C'est le libraire ! cria Lucien à sa maîtresse. — Faites attendre, dit aussitôt Coralie à Bérénice.

Lucien sourit de l'aplomb de cette jeune fille qui s'identifiait si admirablement à ses intérêts, et revint l'embrasser avec une effusion vraie ; elle avait eu de l'esprit. La promptitude de l'impertinent libraire, l'abaissement subit de ce prince des charlatans, tenait à des circonstances presque entièrement oubliées, tant le commerce de la librairie s'est violemment transformé depuis quinze ans. De 1816 à 1827, époque à laquelle les cabinets littéraires, d'abord établis pour la lecture des journaux, entreprirent de donner à lire les livres nouveaux moyennant une rétribution, et où l'aggravation des lois fiscales sur la presse périodique firent créer l'annonce, la librairie n'avait pas d'autres moyens de publication que les articles insérés ou dans les feuilletons ou dans le corps des journaux. Jusqu'en 1822, les journaux français paraissaient en feuilles d'une si médiocre étendue, que les grands journaux dépassaient à peine les dimensions des petits journaux d'aujourd'hui. Pour résister à la tyrannie des journalistes, Dauriat et Ladvocat, les premiers, inventèrent ces affiches par lesquelles ils captèrent l'attention de Paris, en y déployant des caractères de fantaisie, des coloriages bizarres, des vignettes, et, plus tard, des lithographies qui firent de l'affiche un poème pour les yeux, et souvent une déception pour la bourse des amateurs. Les affiches devinrent si originales, qu'un de ces maniaques appelés *collectionneurs* possède un recueil complet des affiches parisiennes. Ce moyen d'annonce, d'abord restreint aux vitres des boutiques et aux étalages des boulevards, mais, plus tard, étendu à la France entière, fut abandonné pour l'annonce. Néanmoins l'affiche, qui frappe encore les yeux quand l'annonce et souvent l'œuvre sont oubliées, subsistera toujours, surtout depuis qu'on a trouvé le moyen de la peindre sur les murs. L'annonce, accessible à tous moyennant finance, et qui a converti la quatrième page des journaux en un champ aussi fertile pour le fisc que pour les spéculateurs, naquit sous les rigueurs du timbre, de la poste et des cautionnements. Ces restrictions, inventées du temps de M. de Villèle, qui aurait pu tuer alors les journaux en les vulgarisant, créèrent au contraire des espèces de privilèges, en rendant la fondation d'un journal presque impossible. En 1821, les journaux avaient donc droit de vie et de mort sur les conceptions de la pensée et sur les entreprises de la librairie. Une annonce de quelques lignes, insérée aux faits-Paris, se payait horriblement cher. Les intrigues étaient si multipliées au sein des bureaux de rédaction et, le soir, sur le champ de bataille des imprimeries, à l'heure où la *mise en page* décidait de l'admission ou du rejet de tel ou tel article, que les fortes maisons de librairie avaient à leur solde un homme de lettres pour rédiger ces petits articles où il fallait faire entrer beaucoup d'idées en peu de mots. Ces journalistes obscurs, payés seulement après l'insertion, restaient souvent, pendant la nuit, aux imprimeries pour voir mettre sous presse, soit les grands articles obtenus, Dieu sait comme ! soit ces quelques lignes, qui prirent depuis le nom de *réclames*. Aujourd'hui, les mœurs de la littérature et de la librairie ont si fort changé, que beaucoup de gens traiteraient de fables les immenses efforts, les séductions, les lâchetés, les intrigues, que la nécessité d'obtenir des réclames inspirait aux libraires, aux auteurs, aux martyrs de la gloire, à tous les forçats condamnés au succès à perpétuité. Dîners, cajoleries, présents, tout était mis en usage auprès des journalistes. L'anecdote suivante expliquera, mieux que toutes les assertions, l'étroite alliance de la critique et de la librairie.

Un homme de haut style et visant à devenir homme d'État, dans ces temps-là jeune, galant et rédacteur d'un grand journal, devint le bien-aimé d'une fameuse maison de librairie. Un jour, un dimanche, à la campagne où l'opulent libraire fêtait les principaux rédacteurs des journaux, la maîtresse de la maison, alors jeune et jolie, emmena dans son parc l'illustre écrivain. Le premier commis, Allemand froid, grave et méthodique, ne pensant qu'aux affaires, se promenait, un feuilletoniste sous le bras, en causant d'une entreprise sur laquelle il le consultait, la causerie les mena dans une autre partie du parc, ils atteignent les bois. Au fond d'un fourré, l'Allemand voit quelque chose qui ressemble à sa patronne ; il prend son lorgnon, fait signe au jeune rédacteur de se taire, et retourne lui-même sur ses pas avec précaution sur ses pas. — Qu'avez-vous vu? lui demanda l'écrivain. — Presque rien, répondit-il. Notre grand article passe. Demain nous aurons au moins trois colonnes aux Débats.

Un autre fait expliquera cette puissance des articles. Un livre de M. de Chateaubriand, sur le dernier des Stuarts, était dans un magasin à l'état de rossignol. Un seul article, écrit par un jeune homme dans le journal des Débats, fit vendre ce livre en une semaine. Par un temps où, pour lire un livre, il fallait l'acheter et non le louer, on débitait dix mille exemplaires de certains ouvrages libéraux, vantés par toutes les feuilles de l'opposition, mais aussi la contre-façon belge n'existait pas encore. Les attaques préparatoires des amis de Lucien et son article avaient la vertu d'arrêter la vente du livre de Nathan. Nathan ne souffrait que dans son amour-propre, il n'avait rien à perdre, il était payé ; mais Dauriat pouvait perdre trente mille francs. En effet le commerce de la librairie, dite de *nouveautés*, se résume dans ce théorème commercial : une rame de papier blanc vaut quinze francs, imprimée, elle vaut, selon le succès, ou cent sous ou cent écus. Un article pour ou contre, dans ce temps-là, décidait souvent cette question financière. Dauriat, qui avait cinq cents rames à vendre, accourut donc pour capituler avec Lucien. Le sultan de libraire devenait esclave. Après avoir attendu pendant quelque temps en murmurant, en faisant le plus de bruit possible et parlementant avec Bérénice, il obtint de parler à Lucien. Ce fier libraire prit l'air riant des courtisans quand ils entrent à la cour, mais mêlé de suffisance et de bonhomie.

— Ne vous dérangez pas, mes chers amours ! dit-il. Sont-ils gentils, ces deux tourtereaux ! vous me faites l'effet de deux colombes ! Qui dirait, mademoiselle, que cet homme, qui a l'air d'une jeune fille, est un tigre à griffes d'acier qui vous déchire une réputation comme il doit déchirer vos peignoirs quand vous tardez à les ôter. Et il se mit à rire sans achever sa plaisanterie. Mon petit, dit-il en continuant et s'asseyant auprès de Lucien. — Mademoiselle, dit-il en s'interrompant.

Le libraire jugea nécessaire de lâcher le coup de pistolet de son nom, en ne se trouvant pas assez bien reçu par Coralie.

— Monsieur, avez-vous déjeuné, voulez-vous nous tenir compagnie? dit l'actrice. — Mais oui, nous causerons mieux à table, répondit Dauriat. D'ailleurs, en acceptant votre déjeuner, j'aurai le droit de vous avoir à dîner avec mon ami Lucien, car nous devons maintenant être amis comme le gant et la main. — Bérénice ! des huîtres, des citrons, du beurre frais et du vin de Champagne, dit Coralie. — Vous êtes homme de trop d'esprit pour ne pas savoir qui m'amène, dit Dauriat en regardant Lucien. — Vous venez acheter mon recueil de sonnets? — Précisément, répondit Dauriat. Avant tout, déposons les armes de part et d'autre.

Il tira de sa poche un élégant portefeuille, prit trois billets de mille francs, les mit sur une assiette, et les offrit à Lucien d'un air courtisanesque, en lui disant : — Monsieur est-il content? — Oui, dit le poète, qui se sentit inondé par une béatitude inconnue à l'aspect de cette somme inespérée.

Lucien se contint, mais il avait envie de chanter, de sauter, il croyait à la lampe merveilleuse, aux enchanteurs, il croyait enfin à son génie.

— Ainsi, les Marguerites sont à moi? dit le libraire. Mais vous n'attaquerez jamais aucune de mes publications. — Les Marguerites sont à vous, mais je ne puis engager ma plume, elle est à mes amis, comme la leur est à moi. — Mais, enfin, vous devenez un de mes auteurs. Tous mes auteurs sont mes amis. Ainsi vous ne nuirez pas à mes affaires sans que je sois averti des attaques, afin que je puisse les prévenir. — D'accord. — A votre gloire ! dit Dauriat en haussant son verre. — Je vois bien que vous avez lu les Marguerites, dit Lucien.

Dauriat ne se déconcerta pas.

— Mon petit, acheter les Marguerites sans les connaître est la plus belle flatterie que puisse se permettre un libraire. Dans six mois, vous serez un grand poète, vous aurez des articles, on vous craint, je n'aurai rien à faire pour vendre votre livre. Je suis aujourd'hui le même négociant d'il y a quatre jours. Ce n'est pas moi qui ai changé, mais vous : la semaine dernière, vos sonnets étaient pour moi comme des feuilles de choux, aujourd'hui votre position en a fait des Messéniennes. — Eh bien ! dit Lucien que le plaisir sultanesque d'avoir une belle maîtresse et la certitude de son succès rendait railleur et adorablement impertinent, si vous n'avez pas lu mes sonnets, vous avez lu mon article. — Oui, mon ami, sans cela serais-je venu si promptement? Il est malheureusement très-beau, ce terrible article. Ah! vous avez un immense talent, mon petit. Croyez-moi, profitez de la vogue, dit-il avec une bonhomie qui cachait la profonde impertinence du mot. Mais avez-vous reçu le journal, l'avez-vous lu? — Pas encore, dit Lucien, et cependant voilà la première fois que je publie un grand morceau de prose, mais Hector l'aura fait adresser chez moi, rue Charlot. — Tiens, lis ! dit Dauriat en imitant Talma dans Manlius.

Lucien prit la feuille, que Coralie lui arracha.

— A moi les prémices de votre plume, vous savez bien, dit-elle en riant.

Dauriat fut étrangement flatteur et courtisan, il craignait Lucien, il l'invita donc avec Coralie à un grand dîner qu'il donnait aux journalistes vers la fin de la semaine. Il emporta le manuscrit des Marguerites en disant à *son poète* de passer, quand il lui plairait, aux galeries de bois pour signer le traité qu'il tiendrait prêt. Toujours fidèle aux façons royales par lesquelles il essayait d'en imposer aux gens superficiels, et de passer plutôt pour un Mécène que pour un libraire, il laissa les trois mille francs sans en prendre de reçu, refusa la quittance offerte par Lucien en faisant un geste de nonchalance, et partit en baisant la main de Coralie.

— Eh bien ! mon amour, aurais-tu vu beaucoup de ces chiffons-là, si tu étais resté dans ton trou de la rue de Cluny à marauder dans les bouquins de la bibliothèque Sainte-Geneviève? dit Coralie à Lucien, qui lui avait raconté toute son existence. Tiens, tes petits amis de la rue des Quatre-Vents me font l'effet de grands *jobards !*

Ses frères du cénacle étaient des jobards ! et Lucien entendait cet arrêt en riant. Il avait lu son article imprimé, il venait de goûter cette ineffable joie des auteurs, ce premier plaisir d'amour-propre qui ne caresse l'esprit qu'une seule fois. En lisant et relisant son article, il en sentait mieux la portée et l'étendue. L'impression est aux manuscrits ce que le théâtre est aux femmes, elle met en lumière les beautés et les défauts ; elle tue aussi bien qu'elle fait vivre ; une faute saute alors aux yeux aussi vivement que les belles pensées. Lucien ne songeait plus à Nathan, Nathan était son marchepied, il nageait dans la joie, il se voyait riche. Pour un enfant qui naguère descendait modestement les rampes de Beaulieu à Angoulême, revenant à l'Houmeau dans le grenier de Postel, où toute la famille vivait avec douze cents francs par an, la somme apportée par Dauriat était le Potose. Un souvenir, bien vif encore, mais que les continuelles jouissances de la vie parisienne devaient éteindre, le ramena sur la place du Mûrier. Il se rappela sa noble sœur Ève, son David et sa pauvre mère, aussitôt il envoya Bérénice changer un billet, et pendant ce temps il écrivit une petite lettre à sa famille, puis il dépêcha Bérénice aux messageries en craignant de ne pouvoir, s'il tardait, donner les cinq cents francs qu'il adressait à sa mère. Pour lui, pour Coralie, cette restitution paraissait être une bonne action. L'actrice embrassa Lucien, elle le trouva le modèle des fils et des frères, elle le combla de caresses, car ces sortes de traits enchantent les bonnes filles, qui toutes ont le cœur sur la main.

— Nous avons maintenant, lui dit-elle, un dîner tous les jours pendant une semaine, nous allons faire un petit carnaval, tu as bien assez travaillé.

Coralie, en femme qui voulait jouir de la beauté d'un homme que toutes les femmes allaient lui envier, le ramena chez Staub, elle ne trouvait pas Lucien assez bien habillé. De là, les deux amants allèrent au bois de Boulogne, et revinrent dîner chez madame du Val-Noble, où Lucien trouva Rastignac, Bixiou, des Lupeaulx, Finot, Blondet, Vignon, le baron de Nucingen, Beaudenord, Philippe Bridau, Conti le grand musicien, tout le monde des artistes, des spéculateurs, des gens qui veulent opposer de grandes émotions à de grands travaux, et qui tous accueillirent Lucien a merveille. Lucien, sûr de lui, déploya son esprit comme s'il n'en faisait pas commerce, et fut proclamé *homme fort*, éloge alors à la mode entre ces demi-camarades.

— Oh! il faudra voir ce qu'il a dans le ventre, dit Théodore Gaillard à l'un des poètes protégés par la cour qui songeait à fonder un petit journal royaliste appelé plus tard le Réveil.

Après le dîner, les deux journalistes accompagnèrent leurs maîtresses à l'Opéra, où Merlin avait une loge, et où toute la compagnie se rendit. Ainsi Lucien reparut triomphant là où, quelques mois auparavant, il était lourdement tombé. Il se produisit au foyer donnant le bras à Merlin et à Blondet, regardant en face les dandys qui naguère l'avaient mystifié. Il tenait Châtelet sous ses pieds! De Marsay, Vandenesse, Manerville, les lions de cette époque, échangèrent alors quelques airs insolents avec lui. Certes, il avait été question du beau, de l'élégant Lucien dans la loge de madame d'Espard ou Rastignac fit un longue visite, car la marquise et madame de Bargeton lorgnèrent Coralie. Lucien excitait-il un regret dans le cœur de madame de Bargeton? Cette pensée préoccupa le poète: en voyant la corinne d'Angoulême, un désir de vengeance agitait son cœur comme au jour où il avait essuyé le mépris de cette femme et de sa cousine aux Champs-Élysées.

— Etes-vous venu de votre province avec une amulette? dit Blondet à Lucien, en entrant quelques jours après, vers onze heures, chez Lucien, qui n'était pas encore levé. Sa beauté, dit-il en montrant Lucien à Coralie, qu'il baisa au front, fait des ravages depuis le ciel jusqu'au grenier, en haut, en bas. Je viens vous mettre en réquisition, mon cher, dit-il en serrant la main au poète, hier, aux Italiens, madame la comtesse de Montcornet a voulu que je vous présentasse chez elle. Vous ne refuserez pas une femme charmante, jeune, et chez qui vous trouverez l'élite du beau monde? — Si Lucien est gentil, dit Coralie, il n'ira pas chez votre comtesse. Qu'a-t-il besoin de traîner sa cravate encore dans le monde? Il s'y ennuierait. — Voulez-vous le tenir en chartre privée? dit Blondet. Etes-vous jalouse des femmes comme il faut? — Oui, s'écria Coralie, elles sont pires que nous. — Comment le sais-tu, ma petite chatte? dit Blondet. — Par leurs maris, répondit-elle. Vous oubliez que j'eu de Marsay pendant six mois. — Croyez-vous, mon enfant, dit Blondet, que je tienne beaucoup à introduire chez madame de Montcornet un homme aussi beau que le vôtre? Si vous vous y opposez, prenons que je n'ai rien dit. Mais il s'agit moins, je crois, de femme que d'obtenir paix et miséricorde de Lucien à propos d'un pauvre garçon qu'il a pris pour le plastron de son journal. Le baron Châtelet a la sottise de prendre des articles au sérieux. La marquise d'Espard, madame de Bargeton et le salon de la comtesse de Montcornet s'intéressent au Héron, et j'ai promis de réconcilier Laure et Pétrarque. — Ah! s'écria Lucien, dont toutes les veines reçurent un sang plus frais et qui sentit l'enivrante jouissance de la vengeance satisfaite, j'ai donc le pied sur leur ventre! Vous me faites adorer ma plume, adorer mes amis, adorer le journal et la fatale puissance de la pensée. Je n'ai pas encore fait d'articles sur la Sèche et le Héron. J'irai, mon petit, dit-il en prenant Blondet par la taille, oui, j'irai, mais quand ce couple aura senti le poids de cette chose si légère! Il prit la plume avec laquelle il avait écrit l'article sur Nathan, et la brandit. Demain je leur lance deux petites colonnes à la tête. Après, nous verrons. Ne t'inquiète de rien, Coralie: il ne s'agit pas d'amour, mais de vengeance, et je la veux complète. — Voilà un homme! dit Blondet. Si tu savais, Lucien, combien il est rare de trouver une explosion semblable dans le monde blasé de Paris, tu pourrais t'apprécier. Tu seras un fier drôle, dit-il en se servant d'une expression un peu plus énergique, tu es dans la voie qui mène au pouvoir. — Il arrivera, dit Coralie. — Mais il a déjà fait bien du chemin en six semaines. — Et quand il ne sera séparé de quelque sceptre que par l'épaisseur d'un cadavre, il pourra se taire un marchepied du corps de Coralie. — Vous vous aimez comme au temps de l'âge d'or, dit Blondet. Je vous fais mon compliment sur ton grand article. Il y a de ces choses neuves. Te voilà passé maître.

Lousteau vint avec Merlin et Vernou voir Lucien, qui fut prodigieusement flatté d'être l'objet de leurs attentions. Félicien apportait cent francs à Lucien pour le prix de son article. Le journal avait senti la nécessité de rétribuer un travail si bien fait, et devait en attacher l'auteur. Coralie, en voyant ce chapitre de journalistes, avait envoyé commander un déjeuner au Cadran-Bleu, le restaurant le plus voisin, elle les invita tous à passer dans sa belle salle à manger quand Bérénice vint lui dire que tout était prêt. Au milieu du repas, quand le vin de Champagne eut monté toutes les têtes, la raison de la visite que faisaient à Lucien ses camarades se dévoila.

— Tu ne veux pas, lui dit Lousteau, te faire un ennemi de Nathan? Nathan est journaliste, il a des amis, il te jouerait un mauvais tour à ta première publication. N'as-tu pas l'Archer de Charles IX à vendre? Nous avons vu Nathan ce matin, il est au désespoir; mais tu vas lui faire un article où tu lui serviras des éloges par la figure. — Comment! après mon article contre son livre, vous voulez?... demanda Lucien.

Emile Blondet, Hector Merlin, Etienne Lousteau, Félicien Vernou, tous interrompirent Lucien par un éclat de rire.

— Tu l'as invité à souper ici pour après-demain? lui dit Blondet. — Ton article, lui dit Lousteau, n'est pas signé. Félicien, qui n'est pas si neuf que toi, n'a pas manqué d'y mettre au bas un C, avec lequel tu pourras désormais signer tes articles dans son journal, qui est gauche pure. Nous sommes tous de l'opposition. Félicien a eu la délicatesse de ne pas engager tes futures opinions. Dans la boutique d'Hector, dont le journal est centre droit, tu pourras signer par un L. On est anonyme pour l'attaque, mais on signe très-bien l'éloge. — Les signatures ne m'inquiètent pas, dit Lucien, mais je ne vois rien à dire en faveur du livre. — Tu pensais donc ce que tu as écrit? dit Hector à Lucien. — Oui. — Ah! mon petit, dit Blondet, je te croyais plus fort! Non, ma parole d'honneur, en regardant ton front, je te douais d'une omnipotence semblable à celle des grands esprits, tous assez puissamment constitués pour pouvoir considérer toute chose dans sa double forme. Mon petit, en littérature, chaque idée a son envers et son endroit; et personne ne peut prendre sur lui d'affirmer quel est l'envers. Tout est bilatéral dans le domaine de la pensée. Les idées sont binaires. Janus est le mythe de la critique et le symbole du génie. Il n'y a que Dieu de triangulaire! Ce qui met Molière et Corneille hors ligne, n'est-ce pas la faculté de faire dire à oui non à Alceste et non à Philinte, à Octave et à Cinna. Rousseau, dans la Nouvelle-Héloïse, a écrit une lettre pour et une lettre contre le duel: oseras-tu prendre sur toi de déterminer sa véritable opinion? Qui de nous pourrait prononcer entre Clarisse et Lovelace, entre Hector et Achille? Quel est le héros d'Homère? quelle fut l'intention de Richardson? La critique doit contempler les œuvres sous tous leurs aspects. Enfin nous sommes de grands rapporteurs. — Vous tenez donc à ce que vous écrivez? lui dit Vernou d'un air railleur. Mais nous sommes des marchands de phrases, et nous vivons de notre commerce. Quand vous voudrez faire une grande et belle œuvre, un livre enfin, vous pourrez y jeter vos pensées, votre âme, vous y attacher, la défendre; mais des articles lus aujourd'hui, oubliés demain, ça ne vaut à mes yeux que ce qu'on les paye. Si vous mettez de l'importance à de pareilles stupidités, vous ferez donc le signe de la croix et vous invoquerez l'esprit saint pour écrire un prospectus!

Tous parurent étonnés de trouver à Lucien des scrupules et achevèrent de mettre en lambeaux sa robe prétexte pour lui passer la robe virile des journalistes.

— Sais-tu par quel mot s'est consolé Nathan après avoir lu ton article? dit Lousteau. — Comment le saurais-je? — Nathan s'est écrié: Les petits articles passent, les grands ouvrages restent! Cet homme viendra souper ici dans deux jours, il doit se prosterner à tes pieds, baiser ton ergot, et te dire que tu es un grand homme. — Ce serait drôle, dit Lucien. — Drôle, reprit Blondet, c'est nécessaire. — Mes amis, je veux bien, dit Lucien un peu gris, mais comment faire? — Eh bien! dit Lousteau, écris pour le journal de Merlin trois belles colonnes où tu te réfuteras toi-même. Après avoir joui de la fureur de Nathan, nous venons de lui dire qu'il nous devrait bientôt des remerciements pour la polémique serrée à l'aide de laquelle nous allions faire enlever son livre en huit jours. Dans ce moment-ci, tu es, à ses yeux, un espion, une canaille, un drôle, après-demain tu seras un grand homme, une tête forte, un homme de Plutarque! Nathan t'embrassera comme son meilleur ami. Dauriat est venu, tu as les trois billets de mille francs; le tour est fait. Maintenant il te faut l'estime et l'amitié de Nathan. Il ne doit y avoir d'attrapé que le libraire. Nous ne devons humilier et poursuivre que nos ennemis. S'il s'agissait d'un homme qui eût conquis un nom sans nous, d'un talent incommode et qu'il fallût annuler, nous ne ferions pas de réplique semblable; mais Nathan est un de nos amis, Blondet l'avait fait attaquer dans le Mercure pour se donner le plaisir de répondre dans les Débats. Aussi la première édition du livre s'est-elle enlevée!

— Mes amis, foi d'honnête homme, je suis incapable d'écrire deux mots d'éloge sur ce livre. — Tu auras encore cent francs, dit Merlin. Nathan t'aura déjà rapporté dix louis; tu peux compter un article que tu peux faire dans la Revue de l'Inde, et qui te sera payé cinquante francs par Dauriat et cent francs par la Revue: total, vingt louis! — Mais que dire? demanda Lucien. — Voici comment tu peux t'en tirer, mon enfant, répondit Blondet en se recueillant. L'envie, qui s'attache à toutes les belles œuvres, comme les vers aux beaux et bons fruits, a essayé de mordre sur ce livre, diras-tu. Pour y trouver des défauts, la critique a été forcée d'inventer des théories à propos de ce livre, de distinguer deux littératures: celle qui se livre aux idées et celle qui s'adonne aux images. Là, mon petit, tu diras que le dernier degré de l'art littéraire est d'empreindre l'idée dans l'image. En essayant de prouver que l'image est toute la poésie, tu te plaindras du peu de poésie que comporte notre langue, tu parleras des reproches que nous font les étrangers sur le *positivisme* de notre style, et tu loueras M. de Canalis et Nathan des services qu'ils rendent à la France en déprosaïsant son langage. Accable ta précédente argumentation en faisant voir que nous sommes en progrès sur le dix-huitième siècle. Invente le *progrès* (une adorable mystification à faire aux bourgeois)! Notre jeune littérature procède par tableaux où se concentrent tous les genres, la comédie et le drame, les descriptions, les caractères, le dialogue, sertis par les nœuds brillants d'une intrigue intéressante. Le roman, qui veut le sentiment, le style et l'image, est la création moderne la plus immense. Il succède à la comédie qui, dans les mœurs modernes, n'est plus possible avec ses vieilles lois, il embrasse le fait et l'idée dans ses inventions qui exigent l'esprit de la Bruyère et sa morale incisive, les caractères traités comme l'entendait Molière, les grandes machines de Shakspeare et la peinture des nuances les plus délicates de la passion, unique trésor que nous aient laissé nos devanciers. Aussi le roman est-il bien supérieur à la discussion froide et mathématique, à la sèche analyse du dix-huitième siècle. Le roman, diras-tu sentencieusement, est une épopée amusante. Cite Corinne, appuie-toi sur madame de Staël. Le dix-huitième siècle a tout mis en question, le dix-neuvième est chargé de conclure, aussi conclut-il par des réalités; mais par des réalités qui vivent et qui marchent; enfin il met en jeu la passion, élément inconnu à Voltaire. Tirade contre Voltaire. Quant à Rousseau, il n'a fait qu'habiller des raisonnements et des systèmes. Julie et Claire sont des entéléchies, elles n'ont ni chair ni os. Tu peux démancher sur ce thème, et dire que nous devons à la paix, aux Bourbons, une littérature jeune et originale, car tu écris dans un journal centre droit. Moque-toi des faiseurs de systèmes. Enfin tu peux t'écrier par un beau mouvement : Voilà bien des erreurs, bien des mensonges chez notre confrère ! et pourquoi ? pour déprécier une belle œuvre, tromper le public et arriver à cette conclusion : Un livre qui ne se vend pas. *Proh pudor!* lâche *Proh pudor!* ce juron honnête anime le lecteur. Enfin annonce la décadence de la critique ! Conclusion : Il n'y a qu'une seule littérature, celle des livres amusants. Nathan est entré dans une voie nouvelle, il a compris son époque et répond à ses besoins. Le besoin de l'époque est le drame. Le drame est le vœu du siècle, où la politique est un mimodrame perpétuel. N'avons-nous pas vu en vingt ans, diras-tu, les quatre drames de la Révolution, du Directoire, de l'Empire et de la Restauration ! De là, tu roules dans le dithyrambe de l'éloge et la seconde édition s'enlève; car, samedi prochain, tu feras une feuille dans notre Revue, et tu la signeras DE RUBEMPRÉ en toutes lettres. Dans ce dernier article, tu diras : Le propre des belles œuvres est de soulever d'amples discussions. Cette semaine, tel journal a dit telle chose du livre de Nathan, tel autre lui a vigoureusement répondu. Tu critiques les deux critiques C. et L., tu me dis en passant une politesse à propos de mon article des Débats, et tu finis en affirmant que l'œuvre de Nathan est le plus beau livre de l'époque. C'est comme si tu ne disais rien, on fait cela de tous les livres. Tu auras gagné quatre cents francs dans ta semaine, outre le plaisir d'écrire la vérité quelque part. Les gens sensés donneront raison ou à C. ou à L. ou à Rubempré, peut-être à tous trois ! La mythologie, qui certes est une des plus grandes inventions humaines, a mis la vérité dans le fond d'un puits, ne faut-il pas des seaux pour l'en tirer ? tu en auras donné trois pour un au public

Voilà, mon enfant. Marche !..... Lucien fut étourdi, Blondet l'embrassa sur les deux joues en lui disant :
— Je vais à ma boutique.
Chacun s'en alla à sa boutique; car, pour ces hommes forts, le journal était une boutique. Tous devaient se revoir le soir aux galeries de bois où Lucien irait signer son traité chez Dauriat. Florine et Lousteau, Lucien et Coralie, Blondet et Finot dînaient au Palais-Royal, où du Bruel traitait le directeur du Panorama-Dramatique.
— Ils ont raison ! s'écria Lucien quand il fut seul avec Coralie, les hommes doivent être des moyens entre les mains des gens forts. Quatre cents francs pour trois articles ! Dogueureau me les donnait à peine pour un livre qui m'a coûté deux ans de travail. — Fais de la critique, dit Coralie. Amuse-toi ! Est-ce que je ne suis pas ce soir en Andalouse, demain ne me mettrai-je pas en Bohémienne, un autre jour en homme ? Fais comme moi, donne-leur des grimaces pour leur argent et vivons heureux.

Ne vous dérangez pas, mes chers amours ! — PAGE 46

Lucien, épris du paradoxe, fit monter son esprit sur ce mulet capricieux, fils de Pégase et de l'ânesse de Balaam. Il se mit à galoper dans les champs de la pensée pendant sa promenade au Bois, et découvrit des beautés originales dans la thèse de Blondet. Il dîna comme dînent les gens heureux, il signa chez Dauriat un traité par lequel il lui cédait en toute propriété le manuscrit des Marguerites sans y apercevoir aucun inconvénient; puis il alla faire un tour au journal, où il brocha deux colonnes, et revint rue de Vendôme. Le lendemain matin, il se trouva que les idées de la veille avaient germé dans sa tête, comme il arrive chez tous les esprits pleins de sève dont les facultés ont encore peu servi. Lucien éprouva du plaisir à méditer ce nouvel article, il s'y mit avec ardeur. Sous sa plume se rencontrèrent les beautés que fait naître la contradiction. Il fut spirituel et moqueur, il s'éleva même à des considérations neuves sur le sentiment et l'image en littérature. Ingénieux et fin, il retrouva, pour louer Nathan, ses premières impressions à la lecture du livre au cabinet littéraire de la cour du Commerce. De sanglant et âpre critique, de moqueur comique, il devint poète en quelques phrases finales qui se balancèrent majestueusement comme un encensoir chargé de parfums vers l'autel.
— Cent francs, Coralie ! dit-il en montrant les huit feuillets de papier écrits pendant qu'elle s'habillait.
Dans la verve où il était, il fit à petites plumées l'article terrible promis à Blondet contre Châtelet et madame de Bargeton. Il goûta pendant cette matinée l'un des plaisirs secrets les plus vifs des journalistes, celui d'aiguiser l'épigramme, d'en polir la lame froide qui trouve sa gaine dans le cœur de la victime, et de sculpter le manche pour les lecteurs. Le public admire le travail spirituel de cette poignée, il n'y entend pas malice, il ignore que l'acier du bon mot altéré de vengeance barbote dans un amour-propre fouillé savamment, blessé de mille coups. Cet horrible plaisir, sombre et solitaire, dégusté sans témoins, est comme un duel avec un absent, tué à distance avec le tuyau d'une plume, comme si le journaliste avait la

puissance fantastique accordée aux désirs de ceux qui possèdent des talismans dans les contes arabes. L'épigramme est l'esprit de la haine, de la haine qui hérite de toutes les mauvaises passions de l'homme, de même que l'amour concentre toutes ces bonnes qualités. Aussi n'est-il pas d'homme qui ne soit spirituel en se vengeant, par la raison qu'il n'en est pas un à qui l'amour ne donne des jouissances. Malgré la facilité, la vulgarité de cet esprit en France, il est toujours bien accueilli. L'article de Lucien devait mettre et mit le comble à la réputation de malice et de méchanceté du journal; il entra jusqu'au fond de deux cœurs, il blessa grièvement madame de Bargeton, son ex-Laure, et le baron Châtelet, son rival.

— Eh bien! allons faire une promenade au Bois, les chevaux sont mis, et ils piaffent, lui dit Coralie; il ne faut pas se tuer.

— Portons l'article sur Nathan chez Hector. Décidément le journal est comme la lance d'Achille, qui guérissait les blessures qu'elle avait faites, dit Lucien en corrigeant quelques expressions.

Les deux amants partirent et se montrèrent dans leur splendeur à ce Paris, qui, naguère, avait renié Lucien, et qui maintenant commençait à s'en occuper. Occuper Paris de soi quand on a compris l'immensité de cette ville et la difficulté d'y être quelque chose, causa d'enivrantes jouissances qui grisèrent Lucien.

— Mon petit, dit l'actrice, passons chez ton tailleur presser les habits ou les essayer s'ils sont prêts. Si tu vas chez les belles madames, je veux que tu effaces ce monstre de de Marsay, le petit Rastignac, les Ajuda-Pinto, les Maxime de Trailles, les Vandenesse, enfin tous les élégants. Songe que ta maîtresse est Coralie! Mais ne me fais pas de traits, hein?

Deux jours après, la veille du souper offert par Lucien et Coralie à leurs amis, l'Ambigu donnait une pièce nouvelle dont le compte devait être rendu par Lucien. Après leur dîner, Lucien et Coralie allèrent à pied de la rue de Vendôme au Panorama-Dramatique, par le boulevard du Temple du côté du café Turc, qui, dans ce temps-là, était un lieu de promenade en faveur. Lucien entendit vanter son bonheur et la beauté de sa maîtresse. Les uns disaient que Coralie était la plus belle femme de Paris, les autres trouvaient Lucien digne d'elle. Le poète se sentit dans son milieu. Cette vie était sa vie. Le cénacle, à peine l'apercevait-il. Ces grands esprits qu'il admirait tant deux mois auparavant, il se demandait s'ils n'étaient pas un peu niais avec leurs idées et leur puritanisme. Le mot de jobards, dit insoucieusement par Coralie, avait germé dans l'esprit de Lucien, et portait déjà ses fruits. Il mit Coralie dans sa loge, flâna dans les coulisses du théâtre où il se promenait en sultan, où toutes les actrices le caressaient par des regards brûlants et par des mots flatteurs.

— Il faut que j'aille à l'Ambigu faire mon métier, dit-il.

A l'Ambigu, la salle était pleine. Il ne s'y trouva pas de place pour Lucien. Lucien alla dans les coulisses et se plaignit amèrement de ne pas être placé. Le régisseur, qui ne le connaissait pas encore, lui dit qu'on avait envoyé deux loges à son journal, et l'envoya promener.

— Je parlerai de la pièce selon ce que j'en aurai entendu, dit Lucien d'un air piqué.

— Etes-vous bête! dit la jeune première au régisseur, c'est l'amant de Coralie!

Aussitôt le régisseur se tourna vers Lucien, et lui dit: — Monsieur, je vais aller parler au directeur.

Ainsi les moindres détails prouvaient à Lucien l'immensité du pouvoir du journal et caressaient sa vanité. Le directeur vint et obtint du duc de Rhétoré et de Tullia, le premier sujet, qui se trouvaient dans une loge d'avant-scène, de prendre Lucien avec eux. Le duc y consentit en reconnaissant Lucien.

— Vous avez réduit deux personnes au désespoir, lui dit le jeune homme en lui parlant du baron Châtelet et de madame de Bargeton.

— Que sera-ce donc demain? dit Lucien. Jusqu'à présent mes amis se sont portés contre eux en voltigeurs, mais je tire à boulet rouge cette nuit. Demain, vous verrez pourquoi nous nous moquons de Potelet. L'article est intitulé: *Potelet de 1811 à Potelet de 1821*. Châtelet sera le type des gens qui ont renié leur bienfaiteur en se ralliant aux Bourbons. Après avoir fait sentir tout ce que je puis, j'irai chez madame de Montcornet.

Lucien eut avec le jeune duc une conversation étincelante d'esprit; il était jaloux de prouver à ce grand seigneur combien mesdames d'Espard et de Bargeton s'étaient grossièrement trompées en le méprisant; mais il montra le bout de l'oreille en essayant d'établir ses droits à porter le nom de Rubempré, quand, par malice, le duc de Rhétoré l'appela Chardon.

— Vous devriez, lui dit le duc, vous faire royaliste. Vous vous êtes montré un homme d'esprit, soyez maintenant homme de bon sens. La seule manière d'obtenir une ordonnance du roi qui vous rende le titre et le nom de vos ancêtres maternels, est de le demander en récompense des services que vous rendrez au château. Les libéraux ne vous feront jamais comte! Voyez-vous, la Restauration finira par avoir raison de la presse, la seule puissance à craindre. On a déjà trop attendu, elle devrait être muselée. Profitez de ses derniers moments de liberté pour vous rendre redoutable. Dans quelques années, un nom et un titre seront en France des richesses plus sûres que le talent. Vous pouvez ainsi tout avoir: esprit, noblesse et beauté, vous arriverez à tout. Ne soyez donc en ce moment libéral que pour vendre avec avantage votre royalisme.

Le duc pria Lucien d'accepter l'invitation à dîner que devait lui envoyer le ministre avec lequel il avait soupé chez Florine. Lucien fut en un moment séduit par les réflexions du gentilhomme, et charmé de voir s'ouvrir devant lui les portes des salons d'où il se croyait à jamais banni quelques mois auparavant. Il admira le pouvoir de la pensée. La presse et l'esprit étaient donc le moyen de la société présente. Lucien comprit que peut-être Lousteau se repentait de lui avoir ouvert les portes du temple, il sentait déjà pour son propre compte la nécessité d'opposer des barrières difficiles à franchir aux ambitieux qui s'élançaient de la province vers Paris. Un poète

La puante escouade des claqueurs et des vendeurs de billets. — PAGE 51.

serait venu vers lui comme il s'était jeté dans les bras d'Etienne, il n'osait se demander quel accueil il lui ferait. Le jeune duc aperçut chez Lucien les traces d'une méditation profonde, et ne se trompa point en en cherchant la cause : il avait découvert à cet ambitieux, sans volonté fixe, mais non sans désir, tout l'horizon politique comme les journalistes lui avaient montré en haut du temple, ainsi que le démon à Jésus, le monde littéraire et ses richesses. Lucien ignorait la petite conspiration ourdie contre lui par les gens que blessait en ce moment le journal, et dans laquelle M. de Rhétoré trempait. Le jeune duc avait effrayé la société de madame d'Espard en leur parlant de l'esprit de Lucien. Chargé par madame de Bargeton de sonder le journaliste, il avait espéré le rencontrer à l'Ambigu-Comique. Ni le monde ni les journalistes n'étaient profonds : ne croyez pas à des trahisons ourdies. Ni l'un ni les autres ils n'arrêtent de plan, leur machiavélisme va pour ainsi dire au jour le jour, et consiste à toujours être là, prêts à tout, prêts à profiter du mal comme du bien, à épier les moments où la passion leur livre un homme. Pendant le souper de Florine, le jeune duc avait reconnu le caractère de Lucien, il venait de le prendre par ses vanités, et s'essayait sur lui à devenir diplomate.

Lucien, la pièce jouée, courut à la rue Saint-Fiacre y faire son article sur la pièce. Sa critique fut, par calcul, âpre et mordante ; il se plut à essayer son pouvoir. Le mélodrame valait mieux que celui du Panorama-Dramatique mais il voulait savoir s'il pouvait, comme on le lui avait dit, tuer une bonne et faire réussir une mauvaise pièce. Le lendemain, en déjeunant avec Coralie, il déplia le journal, après lui avoir dit qu'il y éreintait l'Ambigu-Comique. Lucien ne fut pas médiocrement étonné de lire, après son article sur madame de Bargeton et sur Châtelet, un compte-rendu de l'Ambigu si bien édulcoré durant la nuit, que, tout en conservant sa spirituelle analyse, il en sortait une conclusion favorable. La pièce devait remplir la caisse du théâtre. Sa fureur ne saurait se décrire, il se proposa de dire deux mots à Lousteau. Il se croyait déjà nécessaire, et se promettait de ne pas se laisser dominer, exploiter comme un niais. Pour établir définitivement sa puissance, il écrivit l'article où il résumait et balançait toutes les opinions émises à propos du livre de Nathan pour la Revue de Dauriat et de Finot. Puis, une fois monté, il brocha l'un de ses articles Variétés dus au petit journal. Dans leur première effervescence, les jeunes journalistes pondent des articles avec amour, et livrent ainsi très-imprudemment toutes leurs fleurs. Le directeur du Panorama-Dramatique donnait la première représentation d'un vaudeville, afin de laisser à Florine et à Coralie leur soirée. On devait jouer avant le souper. Lousteau vint chercher l'article de Lucien, fait d'avance sur cette petite pièce, dont il avait vu la répétition générale, afin de n'avoir aucune inquiétude relativement à la composition du numéro. Quand Lucien lui eut lu l'un de ces petits charmants articles sur les particularités parisiennes, qui firent la fortune du journal, Etienne l'embrassa sur les deux yeux et le nomma la providence des journaux.

— Pourquoi donc t'amuses-tu à changer l'esprit de mes articles ? dit Lucien, qui n'avait fait ce brillant article que pour donner plus de force à ses griefs.

— Moi ! s'écria Lousteau.

— Eh bien ! qui donc a changé mon article ?

— Mon cher, répondit Etienne en riant, tu n'es pas encore au courant des affaires. L'Ambigu nous prend neuf abonnements. Il n'est neuf seulement sont servis au directeur, au chef d'orchestre, au régisseur, à leurs maîtresses et à trois copropriétaires du théâtre. Chacun des théâtres du boulevard paye ainsi huit cents francs au journal. Il y a pour tout autant d'argent en loges données à Finot, sans compter les abonnements des acteurs et des auteurs. Le drôle se fait donc huit mille francs aux boulevards. Par les petits théâtres, juge des grands ! Comprends-tu ? Nous sommes tenus à beaucoup d'indulgence.

— Je comprends que je ne suis pas libre d'écrire ce que je pense.

— Eh ! que t'importe, lui s'écria Lousteau. D'ailleurs, mon cher, quel grief as-tu contre le théâtre ? il te faut une raison pour éreinter la pièce d'hier. Ereinter pour éreinter, nous compromettrions le journal. Quand le journal frapperait avec justice, il ne produirait plus aucun effet. Le directeur t'a-t-il manqué ?

— Il ne m'avait pas réservé de place.

— Bon, fit Lousteau. Je montrerai ton article au directeur, je lui dirai que je l'ai adouci, tu t'en trouveras mieux que de l'avoir fait paraître. Demande-lui demain des billets, il t'en signera quarante en blanc tous les mois, et je te mènerai chez un homme avec qui tu l'entendras pour les placer ; il te les achètera tous à cinquante pour cent de remise sur le prix des places. On fait sur les billets de spectacle le même trafic que sur les livres. Tu verras un autre Barbet, un chef de claque, il ne demeure pas loin d'ici, nous avons le temps, viens.

— Mais, mon cher, Finot fait un infâme métier à lever ainsi sur les champs de la pensée des contributions indirectes. Tôt ou tard...

— Ah ça ! d'où viens-tu ? s'écria Lousteau. Pour qui prends-tu Finot ? Sous sa fausse bonhomie, sous cet air fumeux, sous son ignorance et sa bêtise, il y a toute la finesse du marchand de chapeaux dont il est issu. N'as-tu pas vu dans sa cage, au bureau du journal, un vieux soldat de l'Empire, l'oncle de Finot ? Cet oncle est non-seulement un honnête homme, mais il a le bonheur de passer pour un niais. Il est l'homme compromis dans toutes les transactions pécuniaires. A Paris, un ambitieux est bien riche quand il a près de lui une créature qui consent à être compromise. Il est en politique comme en journalisme une foule de cas où les chefs ne doivent jamais être mis en cause. Si Finot devenait un personnage politique, son oncle deviendrait son secrétaire et recevrait pour son compte les contributions qui se lèvent dans les bureaux sur les grandes affaires. Girondeau, qu'au premier abord on prendrait pour un niais, a précisément assez de finesse pour être un compère indéchiffrable. Il est en vedette pour empêcher que nous ne soyons assommés par les criailleries, par les débutants, par les réclamations, et je ne crois pas qu'il y ait son pareil dans un autre journal.

— Il joue bien son rôle, dit Lucien, je l'ai vu à l'œuvre.

Etienne et Lucien allèrent dans la rue du Faubourg-du-Temple, où le rédacteur en chef s'arrêta devant une maison de belle apparence.

— M. Braulard y est-il ? demanda-t-il au portier.

— Comment, monsieur ? dit Lucien. Le chef des claqueurs est donc monsieur ?

— Mon cher, Braulard a vingt mille livres de rentes, il a la griffe des auteurs dramatiques du boulevard qui tous ont un compte courant chez lui, comme chez un banquier. Les billets d'auteur et de faveur se vendent. Cette marchandise, Braulard la place. Fais un peu de statistique, science assez utile quand on n'en abuse pas. A cinquante billets de faveur par soirée à chaque spectacle, tu trouveras deux cent cinquante billets par jour, si, l'un dans l'autre, ils valent quarante sous, Braulard paye cent vingt-cinq francs par jour aux auteurs et court la chance d'en gagner autant. Ainsi, les seuls billets des auteurs lui procurent près de quatre mille francs par mois, au total quarante-huit mille francs par an. Suppose vingt mille francs de perte, car il ne peut pas toujours placer ses billets.

— Pourquoi ?

— Ah ! les gens qui viennent payer leurs places au bureau passent concurremment avec les billets de faveur qui n'ont pas de places réservées. Enfin le théâtre garde les droits de location. Il y a des jours de beau temps et de mauvais spectacles. Ainsi, Braulard gagne peut-être trente mille francs par an sur cet article. Puis il a ses claqueurs, autre industrie. Florine et Coralie sont ses tributaires, si elles ne le subventionnaient pas, elles ne seraient point applaudies à toutes leurs entrées et leurs sorties.

Lousteau donnait cette explication à voix basse en montant l'escalier.

— Paris est un singulier pays, dit Lucien en trouvant l'intérêt accroupi dans tous les coins.

Une servante proprette introduisit les deux journalistes chez M. Braulard. Le marchand de billets, qui siégeait sur un fauteuil de cabinet, devant un grand secrétaire à cylindre, se leva en voyant Lousteau. Braulard, enveloppé d'une redingote de molleton gris, portait un pantalon à pied et des pantoufles rouges absolument comme un médecin ou comme un avoué. Lucien vit en lui l'homme du peuple enrichi : un visage commun, des yeux gris pleins de finesse, des mains de claqueur, un teint sur lequel les orgies avaient passé comme la pluie sur les toits, des cheveux grisonnants et une voix assez étouffée.

— Vous venez, sans doute, pour mademoiselle Florine, et monsieur pour mademoiselle Coralie, dit-il, je vous connais bien. Soyez tranquille, monsieur, dit-il à Lucien, j'achète la clientèle du Gymnase, je soignerai votre maîtresse et je l'avertirai des farces qu'on voudrait lui faire.

— Ce n'est pas de refus, mon cher Braulard, dit Lousteau, mais nous venons pour les billets du journal à tous les théâtres des boulevards ; moi, comme rédacteur en chef, monsieur comme rédacteur de chaque théâtre.

— Ah ! oui, Finot a vendu son journal. J'ai su l'affaire. Il va bien, Finot. Je lui donne à dîner à la fin de la semaine. Si vous voulez me faire l'honneur et le plaisir de venir, vous pouvez amener vos épouses, il y aura noces et festins, nous avons Adèle Dupuis, Ducange, Frédéric du Petit-Méré, mademoiselle Millot, ma maîtresse ; nous rirons bien ! nous boirons mieux !

— Il doit être gêné, Ducange, il a perdu son procès.

— Je lui ai prêté dix mille francs, le succès de Calas va me les rendre, aussi l'ai-je chauffé ! Ducange est un homme d'esprit, il a des moyens... Lucien croyait rêver en entendant cet homme apprécier les talents des auteurs. Coralie a gagné, lui dit Braulard de l'air d'un juge compétent. Si elle est honnête enfant, je la soutiendrai secrètement contre la cabale à son début au Gymnase. Ecoutez ! Pour elle, j'aurai des hommes bien mis aux galeries qui souriront et qui feront de petits murmures afin d'entraîner l'applaudissement. Voilà un manège qui pose une femme. Elle me plaît, Coralie, et vous devez être content d'elle, elle a des sentiments. Ah ! je puis faire chuter qui je veux.

— Mais pour les billets ? dit Lousteau.

— Eh bien ! j'irai les prendre chez monsieur vers les premiers

jours de chaque mois. Monsieur est votre ami, je le traiterai comme vous. Vous avez cinq théâtres, on vous donnera trente billets, ce sera quelque chose comme soixante quinze francs par mois. Peut-être désirez-vous une avance? dit le marchand de billets en revenant à son secrétaire et tirant sa caisse pleine d'écus.
— Non, non, dit Lousteau, nous garderons cette ressource pour les mauvais jours...
— Monsieur, reprit Braulard en s'adressant à Lucien, j'irai travailler avec Coralie ces jours-ci, nous nous entendrons bien.
Lucien ne regardait pas sans un étonnement profond le cabinet de Braulard, où il voyait une bibliothèque, des gravures, un meuble convenable. En passant par le salon, il en remarqua l'ameublement également éloigné de la mesquinerie et du trop grand luxe. La salle à manger lui parut être la pièce la mieux tenue, il en plaisanta.
— Mais Braulard est gastronome, dit Lousteau. Ses dîners, cités dans la littérature dramatique, sont en harmonie avec sa caisse.
— J'ai de bons vins, répondit modestement Braulard. Allons, voilà mes allumeurs, s'écria-t-il en entendant des voix enrouées et le bruit de pas singuliers dans l'escalier.
En sortant, Lucien vit défiler devant lui la puante escouade des claqueurs et des vendeurs de billets, tous gens à casquette, à pantalons mûrs, à redingotes râpées, à figures patibulaires, bleuâtres, verdâtres, boueuses, rabougries, à barbes longues, aux yeux féroces et patelins tout à la fois, horrible population qui vit et foisonne sur les boulevards de Paris, qui, le matin, vend des chaînes de sûreté, des bijoux en or pour vingt-cinq sous, et qui claque sous les lustres le soir, qui se plie enfin à toutes les fangeuses nécessités de Paris.
— Voilà les Romains! dit Lousteau en riant, voilà la gloire des actrices et des auteurs dramatiques. Vu de près, ça n'est pas plus beau que la nôtre.
— Il est difficile, répondit Lucien en revenant chez lui, d'avoir des illusions sur quelque chose à Paris. Il y a des impôts sur tout, on y vend tout, on y fabrique tout, même le succès.
Les convives de Lucien étaient Dauriat, le directeur du Panorama, Matifat et Florine, Camusot, Lousteau, Finot, Nathan, Hector Merlin et madame du Val-Noble, Félicien Vernou, Blondet, Vignon, Philippe Bridau, Mariette, Giroudeau, Cardot et Florentine, Bixiou. Il avait invité ses amis du cénacle. Tullia la danseuse, qui, disait-on, était peu cruelle pour du Bruel, lui avait été de la partie, mais sans son duc, ainsi que les propriétaires des journaux où travaillaient Nathan, Merlin, Vignon et Vernou. Les convives formaient une assemblée de trente personnes, la salle à manger de Coralie ne pouvait en contenir davantage.
Vers huit heures, au feu des lustres allumés, les meubles, les tentures, les fleurs de ce logis prirent cet air de fête qui prête au luxe parisien l'apparence d'un rêve. Lucien éprouva le plus indéfinissable mouvement de bonheur, de vanité satisfaite et d'espérance en se voyant le maître des lieux, et il ne s'expliquait plus ni comment ni par qui le coup de baguette avait été frappé. Florine et Coralie, mises avec la folle recherche et la magnificence artiste des actrices, souriaient au poète de province comme deux anges chargés de lui ouvrir les portes du palais des Songes. Lucien songeait presque. En quelques mois sa vie avait si brusquement changé d'aspect, il était si promptement passé de l'extrême misère à l'extrême opulence, que par moments il lui prenait des inquiétudes comme aux gens qui, tout en rêvant, se savent endormis. Son œil exprimait néanmoins, à la vue de cette belle réalité, une confiance à laquelle des envieux eussent donné le nom de fatuité. Lui-même, il avait changé. Heureux tous les jours, ses couleurs avaient pâli, son regard était trempé des moites expressions de la langueur, enfin, selon le mot de madame d'Espard, il avait l'air âmé. Il se trouvait beau gagnait. La conscience de son pouvoir et de sa force perçait dans sa physionomie éclairée par l'amour et par l'expérience. Il contemplait enfin le monde littéraire et la société face à face, en croyant pouvoir s'y promener en dominateur. À ce poète, qui ne devait réfléchir que sous le poids du malheur, le présent parut être sans soucis. Le succès enflait les voiles de son esquif, il avait à ses ordres les instruments nécessaires à ses projets : une maison montée, une maîtresse que tout Paris lui enviait, un équipage, enfin des sommes incalculables dans son écritoire. Son âme, son cœur et son esprit s'étaient également métamorphosés : il ne songeait plus à discuter les moyens en présence de si beaux résultats. Ce train de maison semblera si justement suspect aux économistes qui ont pratiqué la vie parisienne, qu'il n'est pas inutile de montrer la base, quelque frêle qu'elle fût, sur laquelle reposait le bonheur matériel de l'actrice et de son poète. Sans se compromettre, Camusot avait engagé les fournisseurs de Coralie à lui faire crédit pendant au moins trois mois. Les chevaux, les gens, tout devait donc aller comme par enchantement pour ces deux enfants, empressés de jouir, et qui jouissaient de tout avec délices. Coralie vint prendre Lucien par la main, et l'initia par avance au coup de théâtre de la salle à manger, parée d'un couvert splendide, de ses candélabres chargés de quarante bougies, aux recherches royales du dessert, et au menu, l'œuvre de Chevet. Lucien baisa Coralie au front en la pressant sur son cœur.

— J'arriverai, mon enfant, lui dit-il, et je te récompenserai de tant d'amour et de tant de dévouement.
— Bah! dit-elle, es-tu content?
— Je serais bien difficile.
— Eh bien! ce sourire paye tout, répondit-elle en apportant par un mouvement de serpent ses lèvres aux lèvres de Lucien.
Ils trouvèrent Florine, Lousteau, Matifat et Camusot en train d'arranger les tables de jeu. Les amis de Lucien arrivaient. Tous ces gens s'intitulaient déjà les amis de Lucien. On joua de neuf heures à minuit. Heureusement pour lui, Lucien ne savait aucun jeu, mais Lousteau perdit mille francs et les emprunta à Lucien, qui ne crut pas pouvoir se dispenser de les prêter, car son ami les lui demanda.
À dix heures environ Michel, Fulgence et Joseph se présentèrent. Lucien, qui alla causer avec eux dans un coin, trouva leurs visages assez froids et sérieux, pour ne pas dire contraints. D'Arthez n'avait pu venir, il achevait son livre. Léon Giraud était occupé par la publication du premier numéro de sa Revue. Le cénacle avait envoyé ses trois artistes, qui devaient se trouver moins dépaysés que les autres au milieu d'une orgie.
— Eh bien! enfants, dit Lucien en affichant un petit ton de supériorité, vous verrez que le petit farceur peut devenir un grand politique.
— Je ne demande pas mieux que de m'être trompé, dit Michel.
— Tu vis avec Coralie en attendant mieux? lui demanda Fulgence.
— Oui, reprit Lucien d'un air qu'il voulait rendre naïf. Coralie avait un pauvre vieux négociant qui l'adorait, elle l'a mis à la porte. Je suis plus heureux que ton frère Philippe, qui ne sait comment gouverner Mariette, ajouta-t-il en regardant Joseph Bridau.
— Enfin, dit Fulgence, tu es maintenant un homme comme un autre, tu feras ton chemin.
— Un homme qui, pour vous, restera le même en quelque situation qu'il se trouve, répondit Lucien.
Michel et Fulgence se regardèrent en échangeant un sourire moqueur que vit Lucien, et qui lui fit comprendre le ridicule de sa phrase.
— Coralie est bien admirablement belle, s'écria Joseph Bridau. Quel magnifique portrait à faire!
— Et bonne, répondit Lucien. Foi d'homme, elle est angélique; mais tu feras son portrait, prends-la, si tu veux, pour modèle de ta Vénitienne amenée au vieillard.
— Toutes les femmes qui aiment sont angéliques, dit Michel Chrestien.
En ce moment, Raoul Nathan se précipita sur Lucien avec une furie d'amitié, lui prit les mains et les lui serra.
— Mon bon ami, non-seulement vous êtes un grand homme, mais encore vous avez du cœur, ce qui est aujourd'hui plus rare que le génie, dit-il. Vous êtes dévoué à vos amis. Enfin, je suis à vous à la vie, à la mort, et n'oublierai jamais ce que vous avez fait cette semaine pour moi.
Lucien, au comble de la joie en se voyant patelinée par un homme dont s'occupait la renommée, regarda ses trois amis du cénacle avec une sorte de supériorité. Cette entrée de Nathan était due à la communication que Merlin lui avait faite de l'épreuve de l'article en faveur de son livre, et qui paraissait dans le journal du lendemain.
— Je n'ai consenti à écrire l'attaque, répondit Lucien à l'oreille de Nathan, qu'à la condition d'y répondre moi-même. Je suis des vôtres.
Il revint à ses trois amis du cénacle, enchanté d'une circonstance qui justifiait la phrase de laquelle avait ri Fulgence.
— Vienne le livre d'Arthez et je suis en position de lui être utile. Cette chance seule m'engagerait à rester dans les journaux.
— Y es-tu libre? dit Michel.
— Autant qu'on peut l'être quand on est indispensable, répondit Lucien avec une fausse modestie.
Vers minuit, les convives furent à table, et l'orgie commença. Les discours furent plus libres chez Lucien que chez Matifat, car personne ne soupçonna la divergence de sentiments qui existait entre les trois députés du cénacle et les représentants des journaux. Ces jeunes esprits, si dépravés par l'habitude du pour et du contre, en vinrent aux prises, et se renvoyèrent les plus terribles axiomes de la jurisprudence qu'enfantait alors le journalisme. Claude Vignon, qui voulait conserver à la critique un caractère auguste, s'éleva contre la tendance des petits journaux vers la personnalité, disant que plus tard les écrivains arriveraient à se déconsidérer eux-mêmes. Lousteau, Merlin et Finot prirent alors ouvertement la défense du système, appelé dans l'argot du journalisme la *blague*, en soutenant que ce serait comme un poinçon à l'aide duquel on marquerait le talent.

— Tous ceux qui résisteront à cette épreuve seront des hommes réellement forts, dit Lousteau.
— D'ailleurs, s'écria Merlin, pendant les ovations des grands hommes, il faut autour d'eux, comme autour des triomphateurs romains, un concert d'injures.
— Eh! dit Lucien, tous ceux de qui l'on se moquera croiront à leur triomphe!

— Ne dirait-on pas que cela te regarde? s'écria Finot.
— Et nos sonnets! dit Michel Chrestien, ne nous vaudraient-ils pas le triomphe de Pétrarque?
— L'or (Laure) y est déjà pour quelque chose, dit Dauriat, dont le calembour excita des acclamations générales.
— *Faciamus experimentum in anima vili*, répondit Lucien en souriant.
— Eh! malheur à ceux que le journal ne discutera pas, et auxquels il jettera des couronnes à leur début! Ceux-là seront relégués comme des saints dans leur niche, et personne n'y fera plus la moindre attention, dit Vernou.
— On leur dira comme Champcenetz au marquis de Genlis, qui regardait trop amoureusement sa femme : — Passez, bonhomme, on vous a déjà donné, dit Blondet.
— En France, le succès tue, dit Finot. Nous y sommes trop jaloux les uns des autres pour ne pas vouloir oublier et faire oublier les triomphes d'autrui.
— C'est, en effet, la contradiction qui donne la vie en littérature, dit Claude Vignon.
— Comme dans la nature, où elle résulte de deux principes qui se combattent, s'écria Fulgence. Le triomphe de l'un sur l'autre est la mort.
— Comme en politique, ajouta Michel Chrestien.
— Nous venons de le prouver, dit Lousteau. Dauriat vendra cette semaine deux mille exemplaires du livre de Nathan. Pourquoi? Le livre attaqué sera bien défendu.
— Comment un article semblable, dit Merlin en prenant l'épreuve de son journal du lendemain, n'enlèverait-il pas une édition?
— Lisez-moi l'article, dit Dauriat. Je suis libraire partout, même en soupant.
Merlin lut le triomphant article de Lucien, qui fut applaudi par toute l'assemblée.
— Cet article aurait-il pu se faire sans le premier? demanda Lousteau.
Dauriat tira de sa poche l'épreuve du troisième article et le lut. Finot suivit avec attention la lecture de cet article, destiné au second numéro de sa Revue, et, en sa qualité de rédacteur en chef, il exagéra son enthousiasme.
— Messieurs, dit-il, si Bossuet vivait dans notre siècle, il n'eût pas écrit autrement.
— Je le crois bien, dit Merlin. Bossuet aujourd'hui serait journaliste.
— A Bossuet II! dit Claude Vignon en élevant son verre et saluant ironiquement Lucien.
— A mon Christophe Colomb! répondit Lucien en portant un toast à Dauriat.
— Bravo! cria Nathan.
— Est-ce un surnom? demanda méchamment Merlin en regardant à la fois Finot et Lucien.
— Si vous continuez ainsi, dit Dauriat, nous ne pourrons pas vous suivre, et ces messieurs, ajouta-t-il en montrant Matifat et Camusot, ne vous comprendront plus. La plaisanterie est comme le coton, qui, filé trop fin, casse, a dit Bonaparte.
— Messieurs, dit Lousteau, nous sommes témoins d'un fait grave, inconcevable, inouï, vraiment surprenant. N'admirez-vous pas la rapidité avec laquelle notre ami s'est changé de provincial en journaliste?
— Il était né journaliste, dit Dauriat.
— Mes enfants, dit alors Finot en se levant et tenant une bouteille de vin de Champagne à la main, nous avons protégé tous et tous encouragé les débuts de notre amphitryon dans la carrière où il a surpassé nos espérances. En deux mois il a fait ses preuves par les beaux articles que nous connaissons : je propose de le baptiser journaliste authentiquement.
— Une couronne de roses, afin de constater sa double victoire, cria Bixiou en regardant Coralie.
Coralie fit un signe à Bérénice, qui alla chercher de vieilles fleurs artificielles dans les cartons de l'actrice. Une couronne de roses fut bientôt tressée dès que la grosse femme de chambre eut apporté des fleurs avec lesquelles se parèrent grotesquement ceux qui se trouvaient les plus ivres. Finot, le grand-prêtre, versa quelques gouttes de vin de Champagne sur la belle tête blonde de Lucien, en prononçant, avec une délicieuse gravité, ces paroles sacramentales : — Au nom du timbre, du cautionnement et de l'amende, je te baptise journaliste. Que tes articles te soient légers!
— Et payés sans déduction des blancs! dit Merlin.
En ce moment, Lucien aperçut les visages attristés de Michel Chrestien, de Joseph Bridau et de Fulgence Ridal, qui prirent leurs chapeaux, et sortirent au milieu d'un hurrah d'imprécations.
— Voilà de singuliers chrétiens! dit Merlin.
— Fulgence était un bon garçon, reprit Lousteau, mais ils l'ont perverti de morale.
— Qui? demanda Claude Vignon.
— Des jeunes hommes graves qui s'assemblent dans un *musico*

philosophique et religieux de la rue des Quatre-Vents, où l'on s'inquiète du sens général de l'humanité... répondit Blondet.
— Oh! oh! oh!
— ... On y cherche à savoir si elle tourne sur elle-même, dit Blondet en continuant, ou si elle est en progrès. Ils étaient très-embarrassés entre la ligne droite et la ligne courbe, ils trouvaient un non-sens au triangle biblique, et il leur est alors apparu je ne sais quel prophète, qui s'est prononcé pour la spirale.
— Des hommes réunis peuvent inventer des bêtises plus dangereuses! s'écria Lucien, qui voulut défendre le cénacle.
— Tu prends ces théories-là pour des paroles oiseuses, dit Félicien Vernou, mais il vient un moment où elles se transforment en coups de fusil ou en guillotine.
— Ils n'en sont encore, dit Bixiou, qu'à chercher la pensée providentielle du vin de Champagne, le sens humanitaire des pantalons, et la petite bête qui fait aller le monde. Ils ramassent des grands hommes tombés, comme Vico, Saint-Simon, Fourier. J'ai bien peur qu'ils ne tournent la tête à mon pauvre Joseph Bridau.
— Y enseigne-t-on la gymnastique et l'orthopédie des esprits? demanda Merlin.
— Ça se pourrait, répondit Finot. Bianchon m'a dit que Bianchon donnait dans ces rêveries.
— Leur chef visible n'est-il pas d'Arthez, dit Nathan, un petit jeune homme qui doit nous avaler tous?
— C'est un homme de génie! s'écria Lucien.
— J'aime mieux un verre de vin de Xérès, dit Claude Vignon en souriant.
En ce moment, chacun expliquait son caractère à son voisin. Quand les gens d'esprit en arrivent à vouloir s'expliquer eux-mêmes, à donner la clef de leurs cœurs, il est sûr que l'ivresse les a pris en croupe. Une heure après, tous les convives, devenus les meilleurs amis du monde, se traitaient de grands hommes, d'hommes forts, de gens à qui l'avenir appartenait. Lucien, en qualité de maître de maison, avait conservé quelque lucidité dans l'esprit : il écouta des sophismes qui le frappèrent, et achevèrent l'œuvre de sa démoralisation.
— Mes enfants, dit Finot, le parti libéral est obligé de raviver sa polémique, car il n'a rien à dire en ce moment contre le gouvernement, et vous comprenez dans quel embarras se trouve alors l'opposition. Qui de vous veut écrire une brochure pour demander le rétablissement du droit d'aînesse, afin de faire crier contre les desseins secrets de la cour? La brochure sera bien payée.
— Moi, dit Hector Merlin, c'est dans mes opinions.
— Ton parti dirait que tu te compromets, répliqua Finot. Félicien, charge-toi de cette brochure, Dauriat l'éditera, nous garderons le secret.
— Combien donne-t-on? dit Vernou.
— Six cents francs! Tu signeras : le comte C...
— Ça va! dit Vernou.
— Vous allez donc élever le canard jusqu'à la politique? reprit Lousteau.
— C'est l'affaire de Chabot, transportée dans la sphère des idées, reprit Finot. On attribue des intentions au gouvernement, et l'on déchaîne contre lui l'opinion publique.
— Je serai toujours dans le plus profond étonnement de voir un gouvernement abandonnant la direction des idées à des drôles comme nous autres, dit Claude Vignon.
— Si le ministère commet la sottise de descendre dans l'arène, reprit Finot, on le mène tambour battant; s'il se pique, on envenime la question, on désaffectionne les masses. Le journal ne risque jamais rien, là où le pouvoir a toujours tout à perdre.
— La France est annulée jusqu'au jour où le journal sera mis hors la loi, reprit Claude Vignon. Vous faites d'heure en heure des progrès, dit-il à Finot. Vous serez les jésuites, moins la foi, la pensée fixe, la discipline et l'union.
Chacun regagna les tables de jeu. Les lueurs de l'aurore firent bientôt pâlir les bougies.
— Tes amis de la rue des Quatre-Vents étaient tristes comme des condamnés à mort, dit Coralie à son amant.
— Ils étaient les juges, répondit le poète.
— Les juges sont plus amusants que ça, dit Coralie.
Lucien vit, pendant un mois, son temps pris par des soupers, des dîners, des déjeuners, des soirées, et fut entraîné par un courant invincible dans un tourbillon de plaisirs et de travaux faciles. Il ne calcula plus. La puissance du calcul au milieu des complications de la vie est le sceau des grandes volontés, que les poètes, les gens faibles ou purement spirituels ne contrefont jamais. Comme la plupart des journalistes, Lucien vécut au jour le jour, dépensant son argent à mesure qu'il le gagnait, ne songeant point aux charges périodiques de la vie parisienne, si écrasantes pour ces bohémiens. Sa mise et sa tournure rivalisaient avec celles des dandys les plus célèbres. Coralie aimait, comme tous les fanatiques, son idole : elle se ruina pour donner à son cher poète cet élégant mobilier des élégants, qu'il avait tant désiré pendant sa première promenade aux Tuileries. Lu-

rien eut alors des cannes merveilleuses, une charmante lorgnette, des boutons en diamants, des anneaux pour ses cravates du matin, des bagues à la chevalière, enfin des gilets mirifiques en assez grand nombre pour pouvoir assortir les couleurs de sa mise. Il passa bientôt dandy. Le jour où il se rendit à l'invitation du diplomate allemand, sa métamorphose excita une sorte d'envie contenue chez les jeunes gens qui s'y trouvèrent, et qui tenaient le haut du pavé dans le royaume de la fashion, tels que de Marsay, Vandenesse, Ajuda-Pinto, Maxime de Trailles, Rastignac, le duc de Maufrigneuse, Beaudenord, Manerville, etc. Les hommes du monde sont jaloux entre eux à la manière des femmes. La comtesse de Montcornet et la marquise d'Espard, pour qui le dîner se donnait, eurent Lucien entre elles, et le comblèrent de coquetteries.

— Pourquoi donc avez-vous quitté le monde? lui demanda la marquise. Il était si disposé à vous bien accueillir, à vous fêter. J'ai une querelle à vous faire! vous me deviez une visite, et je l'attends encore. Je vous ai aperçu l'autre jour à l'Opéra, vous n'avez pas daigné venir me voir ni me saluer.

— Votre cousine, madame, m'a si positivement signifié mon congé...

— Vous ne connaissez pas les femmes, répondit madame d'Espard en interrompant Lucien. Vous avez blessé le cœur le plus angélique et l'âme la plus noble que je connaisse. Vous ignorez tout ce que Louise voulait faire pour vous, et combien elle a mis de finesse dans son plan. Oh! elle eût réussi, fit-elle à une muette dénégation de Lucien. Son mari, qui maintenant est mort, comme il le devait mourir, d'une indigestion, n'allait-il pas lui rendre, tôt ou tard, sa liberté? Croyez-vous qu'elle voulût être madame Chardon? Le titre de comtesse de Rubempré valait bien la peine d'être conquis. Voyez-vous? l'amour est une grande vanité qui doit s'accorder, surtout en mariage, avec toutes les autres vanités. Je vous aimerais à la folie, c'est-à-dire assez pour vous épouser, il me serait très-dur de m'appeler madame Chardon. Convenez-en! Maintenant, vous avez vu les difficultés de la vie à Paris, vous savez combien de détours il faut faire pour arriver au but, eh bien! avouez que, pour un inconnu sans fortune, Louise aspirait à une faveur presque impossible, elle devait donc ne rien négliger. Vous avez beaucoup d'esprit, mais, quand nous aimons, nous en avons encore plus que l'homme le plus spirituel. Ma cousine voulait employer ce ridicule Châtelet... Je vous dois des plaisirs, vos articles contre lui m'ont fait bien rire! dit-elle en s'interrompant.

Lucien ne savait plus que penser. Initié aux trahisons et aux perfidies du journalisme, il ignorait celles du monde; aussi, malgré sa perspicacité, devait-il y recevoir de rudes leçons.

— Comment, madame, dit le poète, dont la curiosité fut vivement éveillée, ne protégez-vous pas le Héron?

— Mais, dans le monde, on est forcé de faire des politesses à ses plus cruels ennemis, de paraître s'amuser avec les ennuyeux, et souvent on sacrifie, en apparence, ses amis pour les mieux servir. Vous êtes donc encore bien neuf? Comment, vous qui voulez écrire, vous ignorez les tromperies courantes du monde! Si ma cousine a semblé vous sacrifier à Héron, ne le fallait-il pas pour mettre cette influence à profit pour vous, car notre homme est très-bien de notre ministère actuel; aussi, lui avons-nous démontré que, jusqu'à un certain point, vos attaques le servaient, afin de pouvoir vous raccommoder tous deux un jour. On a dédommagé Châtelet de vos persécutions. Comme le disait des Lupeaulx aux ministres : — Pendant que les journaux tournent Châtelet en ridicule, ils laissent en repos le ministère.

— M. Blondet m'a fait espérer que j'aurais le plaisir de vous voir chez moi, dit la comtesse de Montcornet pendant le temps que la marquise abandonna Lucien à ses réflexions. Vous y trouverez quelques artistes, des écrivains et une femme qui a le plus vif désir de vous connaître, mademoiselle des Touches, un de ces talents rares parmi notre sexe, et chez qui sans doute vous irez. Mademoiselle des Touches, Camille Maupin, si vous voulez, a l'un des salons les plus remarquables de Paris, elle est prodigieusement riche; on lui a dit que vous êtes aussi beau que spirituel, elle se meurt d'envie de vous voir.

Lucien ne put que se confondre en remerciements, et jeta sur Blondet un regard d'envie. Il y avait autant de différence entre une femme du genre et de la qualité de la comtesse de Montcornet et Coralie, qu'entre Coralie et une fille des rues. Cette comtesse, jeune, belle et spirituelle, avait, pour beauté spéciale, la blancheur excessive des femmes du Nord; sa mère était née princesse Scherbellof, aussi le ministre, avant le dîner, lui avait-il prodigué les plus respectueuses attentions. La marquise avait alors achevé de sucer dédaigneusement une aile de poulet.

— Ma pauvre Louise, dit-elle à Lucien, avait tant d'affection pour vous! J'étais dans la confidence du bel avenir qu'elle rêvait pour vous : elle aurait supporté bien des choses, mais quel mépris vous lui avez marqué en lui renvoyant ses lettres! Nous pardonnons les cruautés, il faut encore croire en nous pour nous blesser, mais l'indifférence!... l'indifférence est comme la glace des pôles, elle étouffe tout. Allons, convenez-en! vous avez perdu des trésors par votre faute. Pourquoi rompre? Quand même vous eussiez été dédaigné, n'avez-vous pas votre fortune à faire, votre nom à reconquérir? Louise pensait à tout cela.

— Pourquoi ne m'avoir rien dit? répondit Lucien.

— Eh! mon Dieu, c'est moi qui lui ai donné le conseil de ne pas vous mettre dans sa confidence. Tenez, entre nous, en vous voyant si peu fait au monde, je vous craignais : j'avais peur que votre inexpérience, votre ardeur étourdie, ne détruisissent ou ne dérangeassent ses calculs et nos plans. Pouvez-vous maintenant vous souvenir de vous-même? avouez-le! vous seriez de mon opinion en voyant aujourd'hui votre sosie. Vous ne vous ressemblez plus. Là est le seul tort que nous ayons eu. Mais, en mille, se rencontre-t-il un homme qui réunisse à tant d'esprit une si merveilleuse aptitude à prendre l'unisson? Je n'ai pas cru que vous fussiez une si surprenante exception. Vous vous êtes métamorphosé si promptement, vous vous êtes si facilement initié aux façons parisiennes, que je ne vous ai pas reconnu au bois de Boulogne il y a un mois.

Lucien écoutait cette grande dame avec un plaisir inexprimable : elle joignait à ses paroles flatteuses un air si confiant, si naïf, elle paraissait s'intéresser à lui si profondément, qu'il crut à quelque prodige semblable à celui de sa première soirée au Panorama-Dramatique. Depuis cet heureux soir, tout le monde lui souriait, il attribuait à sa jeunesse une puissance talismanique, il voulut alors éprouver la marquise en se promettant de ne pas se laisser surprendre.

— Quels étaient donc, madame, ces plans devenus aujourd'hui des chimères?

— Louise voulait obtenir du roi une ordonnance qui vous permît de porter le nom et le titre de Rubempré. Elle voulait enterrer le Chardon. Ce premier succès, si facile à obtenir alors, et que maintenant vos opinions rendent presque impossible, était pour vous une fortune. Vous traiterez ces idées de visions et de bagatelles : mais nous savons un peu la vie, et nous connaissons tout ce qu'il y a de solide dans le titre de comte porté par un élégant, par un ravissant jeune homme. Annoncez ici devant quelques jeunes Anglaises millionnaires ou devant des héritières : M. Chardon ou M. le comte de Rubempré, il se ferait deux mouvements bien différents. Fût-il endetté, le comte trouverait les cœurs ouverts, sa beauté mise en lumière serait comme un diamant dans une riche monture. M. Chardon ne serait pas seulement remarqué. Nous n'avons pas créé ces idées, nous les trouvons régnant partout, même parmi les bourgeois. Vous tournez en ce moment le dos à la fortune. Regardez ce joli jeune homme, le vicomte Félix de Vandenesse, il est l'un des deux secrétaires particuliers du roi. Le roi aime assez les jeunes gens de talent, et celui-là quand il est arrivé de sa province, n'avait pas un bagage plus lourd que le vôtre, vous avez mille fois plus d'esprit que lui; mais appartenez-vous à une grande famille? avez-vous un nom? Vous connaissez des Lupeaulx, son nom ressemble au vôtre, il se nomme Chardin; mais il ne vendrait pas pour un million sa métairie des Lupeaulx, il sera quelque jour comte des Lupeaulx, et son petit-fils deviendra peut-être un grand seigneur. Si vous continuez à marcher dans la fausse voie où vous vous êtes engagé, vous êtes perdu. Voyez combien M. Émile Blondet est plus sage que vous : il est dans un journal qui soutient le pouvoir, il est bien vu par toutes les puissances du jour, il peut sans danger se mêler aux libéraux, il pense bien; aussi parviendra-t-il tôt ou tard, mais il a su choisir et son opinion et ses protections. Cette jolie personne, votre voisine, est une demoiselle de Troisville qui a deux pairs de France et deux députés dans sa famille, elle a fait un riche mariage à cause de son nom; elle reçoit beaucoup, elle aura de l'influence et remuera le monde politique pour ce petit M. Émile Blondet. A quoi vous mène une Coralie? à vous trouver perdu de dettes et fatigué de plaisirs dans quelques années d'ici. Vous placez mal votre amour et vous arrangez mal votre vie. Voilà ce que me disait l'autre jour à l'Opéra la femme que vous prenez plaisir à blesser. En déplorant l'abus que vous faites de votre talent et de votre belle jeunesse, elle ne s'occupait pas d'elle, mais de vous.

— Ah! si vous disiez vrai, madame! s'écria Lucien.

— Quel intérêt verriez-vous à des mensonges? fit la marquise en jetant sur Lucien un regard hautain et froid qui le replongea dans le néant.

Lucien interdit ne reprit pas la conversation, la marquise offensée ne lui parla plus. Il fut piqué, mais il reconnut qu'il y avait eu de sa part maladresse, et il se promit de la réparer. Il se tourna vers madame de Montcornet et lui parla de Blondet en exaltant le mérite de ce jeune écrivain. Il fut reçu par la comtesse qui l'invita, sur un signe de madame d'Espard, à sa prochaine soirée, en lui demandant s'il n'y verrait pas avec plaisir madame de Bargeton lui, malgré son deuil, y viendrait : il ne s'agissait pas d'une grande soirée, c'était sa réunion des petits jours, on serait entre amis.

— Madame la marquise, dit Lucien, prétend que tous les torts sont de mon côté, n'est-ce pas à sa cousine à être bonne pour moi?

— Faites cesser les attaques ridicules dont elle est l'objet, qui d'ailleurs la compromettent fortement avec un homme de qui elle se moque, et vous aurez bientôt signé la paix. Vous vous êtes cru joué par elle, m'a-t-on dit, moi je l'ai vue très-triste de votre abandon. Est-il vrai qu'elle ait quitté sa province avec vous et pour vous?

Lucien regarda la comtesse en souriant, sans oser répondre.

— Comment pouviez-vous vous défier d'une femme qui vous faisait de tels sacrifices? Et d'ailleurs, belle et spirituelle comme elle l'est, elle devait être aimée *quand même*. Madame de Bargeton vous aimait moins pour vous que pour vos talents. Croyez-moi, les femmes aiment l'esprit avant d'aimer la beauté, dit-elle en regardant Émile Blondet à la dérobée.

Lucien reconnut dans l'hôtel du ministre les différences qui existent entre le grand monde et le monde exceptionnel où il vivait depuis quelque temps. Ces deux magnificences n'avaient aucune similitude, aucun point de contact. La hauteur et la disposition des pièces dans cet appartement, l'un des plus riches du faubourg Saint-Germain, les vieilles dorures des salons, l'ampleur des décorations, la richesse sérieuse des accessoires, tout lui était étranger, nouveau ; mais l'habitude si promptement prise des choses de luxe empêcha Lucien de paraître étonné. Sa contenance fut aussi éloignée de l'assurance et de la fatuité que de la complaisance et de la servilité. Le poète eut bonne façon et plut à ceux qui n'avaient aucune raison de lui être hostiles, comme les jeunes gens à qui sa soudaine introduction dans le grand monde, et ses succès et sa beauté donnèrent de la jalousie. En sortant de table, il offrit le bras à madame d'Espard, qui l'accepta. En voyant Lucien courtisé par la marquise d'Espard, Rastignac vint se recommander de leur compatriotisme, et lui rappeler leur première entrevue chez madame du Val-Noble. Le jeune noble parut vouloir se lier avec le grand homme de sa province en l'invitant à venir déjeuner chez lui quelque matin, et s'offrait à lui faire connaître les jeunes gens à la mode. Lucien accepta cette proposition.

— Le cher Blondet en sera, dit Rastignac.

Le ministre vint se joindre au groupe formé par le marquis de Ronquerolles, le duc de Rhétoré, de Marsay, le général Montriveau, Rastignac et Lucien.

— Très-bien, dit-il à Lucien avec la bonhomie allemande sous laquelle il cachait sa redoutable finesse, vous avez fait la paix avec madame d'Espard, elle est enchantée de vous, et, nous savons tous, dit-il en regardant les hommes à la ronde, combien il est difficile de lui plaire.

— Oui, mais elle adore l'esprit, dit Rastignac, et mon illustre compatriote en vend.

— Il ne tardera pas à reconnaître le mauvais commerce qu'il fait, dit vivement Blondet, il nous viendra, ce sera bientôt un des nôtres.

Il y eut autour de Lucien un chorus sur ce thème. Les hommes sérieux lancèrent quelques phrases profondes d'un ton despotique, les jeunes gens plaisantèrent du parti libéral.

— Il a, j'en suis sûr, dit Blondet, tiré à pile ou face pour la gauche ou la droite ; mais il va maintenant choisir.

Lucien se mit à rire en se souvenant de sa scène au Luxembourg avec Lousteau.

— Il a pris pour cornac, dit Blondet en continuant, un Étienne Lousteau, un bretteur de petit journal qui voit une pièce de cent sous par colonne, dont la politique consiste à croire au retour de Napoléon, et, ce qui me semble encore plus niais, à la reconnaissance, au patriotisme de messieurs du côté gauche. Comme Rubempré, les penchants de Lucien doivent être aristocrates ; comme journaliste, il doit être pour le pouvoir, ou il ne sera jamais un Rubempré ni secrétaire général.

Lucien, à qui le diplomate proposa une carte pour jouer le whist, excita la plus grande surprise quand il avoua ne pas savoir le jeu.

— Mon ami, lui dit à l'oreille Rastignac, arrivez de bonne heure chez moi le jour où vous y viendrez faire un méchant déjeuner, je vous apprendrai le whist, vous déshonorez notre royale ville d'Angoulême, et je répéterai un mot de M. de Talleyrand en vous disant que, si vous ne savez pas ce jeu-là, vous vous préparez une vieillesse très-malheureuse.

On annonça les Lupeaulx, un maître des requêtes en faveur et qui rendait des services secrets au ministère, homme fin et ambitieux qui se coulait partout. Il salua Lucien, avec lequel il s'était déjà rencontré chez madame du Val-Noble, et son salut un semblant d'amitié qui devait tromper Lucien. En trouvant là le jeune journaliste, cet homme, qui se faisait en politique ami de tout le monde afin de n'être pris au dépourvu par personne, comprit que Lucien allait obtenir dans le monde autant de succès que dans la littérature. Il vit dans l'ambitieux en poète, et il l'enveloppa de protestations, de témoignages d'amitié, d'intérêt, de manière à vieillir leur connaissance et tromper Lucien sur la valeur de ses promesses et de ses paroles. Des Lupeaulx avait pour principe de bien connaître ceux dont il voulait se défaire, quand il trouvait en eux des rivaux. Ainsi Lucien fut bien accueilli par le monde. Il comprit tout ce qu'il devait au duc de Rhétoré, au ministre, à madame d'Espard, à madame de Montcornet. Il alla causer avec chacune de ces femmes pendant quelques moments avant de partir, et déploya pour elles toute la grâce de son esprit.

— Quelle fatuité! dit des Lupeaulx à la marquise quand Lucien la quitta.

— Il se gâtera avant d'être mûr, dit à la marquise de Marsay en souriant. Vous devez avoir des raisons cachées pour lui tourner ainsi la tête.

Lucien trouva Coralie au fond de sa voiture dans la cour, elle était venue l'attendre, il fut touché de cette attention, et lui raconta sa soirée. A son grand étonnement, l'actrice approuva les nouvelles idées qui trottaient déjà dans la tête de Lucien, et l'engagea fortement à s'enrôler sous la bannière ministérielle.

— Tu n'as que des coups à gagner avec les libéraux, ils conspirent, ils ont tué le duc de Berry. Renverseront-ils le gouvernement? Jamais ! Par eux tu n'arriveras à rien, tandis que de l'autre côté tu deviendras comte de Rubempré. Tu peux rendre des services, être nommé pair de France, épouser une femme riche. Sois ultra. D'ailleurs, c'est bon genre, ajouta-t-elle en lançant le mot qui pour elle était la raison suprême. La Val-Noble, chez qui je suis allée dîner, m'a dit que Théodore Gaillard fondait décidément son petit journal royaliste appelé le *Réveil*, afin de riposter aux plaisanteries du vôtre et du *Miroir*. A l'entendre, M. de Villèle et son parti seront au ministère avant un an. Tâche de profiter de ce changement en te mettant avec eux pendant qu'ils ne sont rien encore, mais ne dis rien à Etienne ni à tes amis, qui seraient capables de te jouer quelque mauvais tour.

Huit jours après, Lucien se présenta chez madame de Montcornet, où il éprouva la plus violente agitation en revoyant la femme qu'il avait tant aimée, et à laquelle sa plaisanterie avait percé le cœur. Louise aussi s'était métamorphosée ! Elle était redevenue ce qu'elle eût été sans son séjour en province, grande dame. Elle avait dans son deuil une grâce et une recherche qui annonçaient une veuve heureuse. Lucien crut être pour quelque chose dans cette coquetterie, et il ne se trompait pas, mais il avait, comme un ogre, goûté la chair fraîche, il resta pendant toute cette soirée indécis entre la belle, l'amoureuse, la voluptueuse Coralie, et la sèche, la hautaine, la cruelle Louise. Il ne sut pas prendre un parti, sacrifier l'actrice à la grande dame. Ce sacrifice, madame de Bargeton, qui ressentait alors de l'amour pour Lucien en le voyant si spirituel et si beau, l'attendit pendant toute la soirée, elle en fut pour ses frais, pour ses paroles insidieuses, pour ses mines coquettes, et sortit du salon avec un irrévocable désir de vengeance.

— Eh bien ! cher Lucien, dit-elle avec une bonté pleine de grâce parisienne et de noblesse, vous deviez être mon orgueil, et vous m'avez prise pour votre première victime. Je vous ai pardonné, mon enfant, en songeant qu'il y avait un reste d'amour dans une pareille vengeance.

Madame de Bargeton reprenait sa position par cette phrase accompagnée d'un air royal. Lucien, qui croyait avoir mille fois raison, se trouvait avoir tort. Il ne fut question ni de la terrible lettre d'adieu par laquelle il avait rompu, ni des motifs de la rupture. Les femmes du grand monde ont un talent merveilleux pour amoindrir leurs torts en en plaisantant. Elles peuvent et savent tout effacer par un sourire, par une question qui joue la surprise. Elles ne se souviennent de rien, elles expliquent tout, elles s'étonnent, elles interrogent, elles commentent, elles amplifient, elles querellent, et finissent par enlever leurs torts comme on enlève une tache par un peu de savonnage ; vous les saviez noires, elles deviennent en un moment blanches et innocentes. Quant à vous, vous êtes bien heureux de ne pas vous trouver coupable de quelque crime irrémissible. En un moment, Lucien et Louise avaient repris leurs illusions sur eux-mêmes, parlaient le langage de l'amitié ; mais Lucien, ivre de vanité satisfaite, ivre de Coralie, qui, disons-le, lui rendait la vie facile, ne sut pas répondre nettement à ce mot que Louise accompagna d'un soupir d'hésitation : Êtes-vous heureux? Un non mélancolique eût fait sa fortune. Il crut être spirituel en expliquant Coralie, il se dit aimé pour lui-même, enfin toutes les bêtises de l'homme épris. Madame de Bargeton se mordit les lèvres. Tout fut dit. Madame d'Espard vint auprès de sa cousine avec madame de Montcornet. Lucien se vit pour ainsi dire le héros de la soirée : il fut caressé, calmé, fêté par ces trois femmes qui l'entortillèrent avec un art infini. Son succès dans ce beau et brillant monde ne fut donc pas moindre qu'au sein du journalisme. La belle mademoiselle des Touches, si célèbre sous le nom de Camille Maupin, et à qui mesdames d'Espard et de Bargeton présentèrent Lucien, l'invita pour un de ses mercredis à dîner, et parut émue de cette beauté si justement fameuse. Lucien essaya de prouver qu'il était encore plus spirituel que beau. Mademoiselle des Touches exprima son admiration avec cette naïveté d'engouement et cette jolie fureur d'amitié superficielle à laquelle se prennent tous ceux qui ne connaissent pas à fond la vie parisienne, où l'habitude et la continuité des jouissances rendent si avide de la nouveauté.

— Si je lui plaisais autant qu'elle me plaît, dit Lucien à Rastignac et à de Marsay, nous abrégerions le roman...

— Vous savez l'un et l'autre trop bien les écrire pour vouloir en faire, répondit Rastignac. Entre auteurs, peut-on jamais s'aimer? Il arrive toujours un certain moment où l'on se dit de petits mots piquants.

— Vous ne feriez pas un mauvais rêve, lui dit en riant de Marsay. Cette charmante fille a trente ans, il est vrai; mais elle a près de quatre-vingt mille livres de rente. Elle est adorablement capricieuse, et le caractère de sa beauté doit se soutenir fort longtemps. Coralie est une petite sotte, mon cher, bonne pour vous poser, car il ne faut pas qu'un joli garçon reste sans maîtresse, mais si vous ne faites pas quelque belle conquête dans le monde, l'actrice vous nuira à la longue. Allons, mon cher, supplantez Conti qui va chanter avec Camille Maupin. De tout temps la poésie a eu le pas sur la musique.

Quand Lucien entendit mademoiselle des Touches et Conti, ses espérances s'envolèrent.

— Conti chante trop bien, dit-il à des Lupeaulx.

Lucien revint à madame de Bargeton, qui l'emmena dans le salon où était la marquise d'Espard.

— Eh bien ! ne voulez-vous pas vous intéresser à lui ? dit madame de Bargeton à sa cousine.

— Mais M. Chardon, dit la marquise d'un air à la fois impertinent et doux, doit se mettre en position d'être patroné sans inconvénient. Pour obtenir l'ordonnance qui lui permettra de quitter le misérable nom de son père pour celui de sa mère, ne doit-il pas être au moins des nôtres?

— Avant deux mois j'aurai tout arrangé, dit Lucien.

— Eh bien ! dit la marquise, je verrai mon père et mon oncle qui sont de service auprès du roi, ils en parleront au chancelier.

Le diplomate et ces deux femmes avaient bien deviné l'endroit sensible chez Lucien. Ce poète, ravi des splendeurs aristocratiques, ressentait des mortifications indicibles à s'entendre appeler Chardon, quand il ne voyait entrer dans les salons que des hommes portant des noms sonores enchâssés dans des titres. Cette douleur se répéta partout où il se produisit pendant quelques jours. Il éprouvait d'ailleurs une sensation tout aussi désagréable en redescendant aux affaires de son métier, après être allé la veille dans le grand monde, où il se montrait convenablement avec l'équipage et les gens de Coralie. Il apprit à monter à cheval pour pouvoir galoper à la portière des voitures de madame d'Espard, de mademoiselle des Touches et de la comtesse de Montcornet, privilège qu'il avait tant envié à son arrivée à Paris. Finot lui enchanté de procurer à son rédacteur essentiel une entrée de faveur à l'Opéra. Lucien appartint dès lors au monde spécial des élégants de cette époque. Il rendit à Rastignac et à ses amis du monde un splendide déjeuner, mais il commit la faute de le donner chez Coralie. Lucien était trop jeune, trop poète et trop confiant pour connaître certaines nuances. Une actrice, excellente fille, mais sans éducation, pouvait-elle lui apprendre la vie? Le provincial prouva de la manière la plus évidente à ces jeunes gens, pleins de mauvaises dispositions pour lui, cette collusion d'intérêts entre l'actrice et lui que tout jeune homme jalouse secrètement et que chacun flétrit. Celui qui le soir même en plaisantait le plus cruellement fut Rastignac, quoiqu'il se soutînt dans le monde par de moyens pareils, mais en gardant si bien les apparences qu'il pouvait traiter la médisance de calomnie. Lucien avait promptement appris le whist. Le jeu devint chez lui une passion. Coralie, pour éviter toute rivalité, loin de désapprouver Lucien, favorisait ses dissipations avec l'aveuglement particulier des sentiments entiers, qui ne voient jamais que le présent, et qui sacrifient tout, même l'avenir, à la jouissance du moment. Le caractère de l'amour véritable offre de constantes similitudes avec l'enfance : il en a l'irréflexion, l'imprudence, la dissipation, le rire et les pleurs.

A cette époque florissait une société de jeunes gens riches et désœuvrés appelés viveurs, et qui vivaient en effet avec une incroyable insouciance, intrépides mangeurs, buveurs plus intrépides encore. Tous bourreaux d'argent et mêlant les plus rudes plaisanteries à cette existence, non pas folle, mais enragée, ils ne reculaient devant aucune impossibilité, se faisaient gloire de leurs méfaits, contenus néanmoins dans de certaines bornes. L'esprit le plus original courant leurs escapades, il était impossible de ne pas les leur pardonner. Aucun fait n'accuse si hautement l'ilotisme auquel la Restauration avait condamné la jeunesse. Les jeunes gens, qui ne savaient à quoi employer leurs forces, ne les jetaient pas seulement dans le journalisme, dans les conspirations, dans la littérature et dans l'art, ils les dissipaient dans les plus étranges excès, tant il y avait de sève et de luxuriantes puissances dans la jeune France. Travailleuse, cette belle jeunesse voulait le pouvoir et le plaisir; artiste, elle voulait des trésors, oisive, elle voulait animer ses passions; de toute manière elle voulait une place, et la politique ne lui en faisait nulle part. Les viveurs étaient à peu près tous doués de facultés éminentes; quelques-uns les ont perdues dans cette vie énervante, quelques autres y ont résisté. Le plus célèbre de ces viveurs, le plus spirituel, Rastignac, a fini par rentrer, conduit par de Marsay, dans une carrière sérieuse où il s'est distingué. Les plaisanteries auxquelles ces jeunes gens se sont livrés sont devenues si fameuses, qu'elles ont fourni le sujet de plusieurs vaudevilles. Lucien, lancé par Blondet dans cette société de dissipateurs, y brilla près de Bixiou, l'un des esprits les plus méchants et le plus infatigable railleur de ce temps. Pendant tout l'hiver, la vie de Lucien fut donc une longue ivresse coupée par les faciles travaux du journalisme, il continua la série de ses petits articles, et fit des efforts énormes pour produire de temps en temps quelques belles pages de critique fortement pensée. Mais l'étude était une exception, le poète ne s'y adonnait que contraint par la nécessité : les déjeuners, les dîners, les parties de plaisir, les soirées du monde, le jeu, prenaient tout son temps, et Coralie dévorait le reste. Lucien se défendait de songer au lendemain. Il voyait d'ailleurs ses prétendus amis se conduisaient tous comme lui, défrayés par des prospectus de librairie chèrement payés, par des primes données à certains articles nécessaires aux spéculations hasardeuses, mangeant à même et peu soucieux de l'avenir. Une fois admis dans le journalisme et dans la littérature sur un pied d'égalité, Lucien aperçut des difficultés énormes à vaincre au cas où il voudrait s'élever : chacun consentait à l'avoir pour égal, nul ne le voulait pour supérieur. Insensiblement il renonça donc à la gloire littéraire en croyant la fortune politique plus facile à obtenir.

— L'intrigue soulève moins de passions contraires que le talent, ses menées sourdes n'éveillent l'attention de personne, lui dit un jour Châtelet, avec qui Lucien s'était raccommodé. L'intrigue est d'ailleurs supérieure au talent. De rien elle fait quelque chose; tandis que la plupart du temps les immenses ressources du talent ne servent à rien.

A travers cette vie abondante, pleine de luxe, où toujours le lendemain marchait sur les talons de la veille au milieu d'une orgie, et ne trouvait jamais le travail promis, Lucien poursuivit donc sa pensée principale : il était assidu dans le monde, il courtisait madame de Bargeton, la marquise d'Espard, la comtesse de Montcornet, et ne manquait jamais une seule des soirées de mademoiselle des Touches. Il arrivait dans le monde avant une partie de plaisir, après quelque dîner donné par les auteurs ou par les libraires, il quittait les salons pour un souper, fruit de quelque pari. Les frais de la conversation parisienne et le jeu absorbaient le peu d'idées et de forces que lui laissaient ses excès. Lucien n'eut plus alors cette lucidité d'esprit, cette froideur de tête nécessaires pour observer autour de lui, pour déployer le tact exquis que les parvenus doivent employer à tout instant, il lui fut impossible de reconnaître les moments où madame de Bargeton revenait à lui, s'éloignait blessée, lui faisait grâce ou le condamnait de nouveau. Châtelet aperçut les chances qui restaient à son rival, et devint l'ami de Lucien pour le maintenir dans la dissipation où se perdaient ses forces. Rastignac, jaloux de son compatriote, et qui trouvait d'ailleurs dans le baron un allié plus sûr et plus utile que Lucien, en épousa la cause. Aussi, quelques jours après l'entrevue du Pétrarque et de la Laure d'Angoulême, Rastignac avait réconcilié le poète et le vieux beau de l'Empire au milieu d'un magnifique souper au Rocher de Cancale. Lucien, qui rentrait toujours le matin et se levait sur le tard du jour, ne savait pas résister à un amour à domicile et toujours prêt. Ainsi le ressort de sa volonté, sans cesse assoupli par une paresse qui le rendait indifférent aux belles résolutions prises dans les moments où il entrevoyait sa position sous son vrai jour, devint nul, et ne répondit bientôt plus aux plus fortes pressions de la misère. Après avoir été très-heureuse de voir Lucien s'amusant, après l'avoir encouragé en voyant dans cette dissipation des gages pour la durée de son attachement et des liens dans les nécessités qu'elle créait, la douce et tendre Coralie eut le courage de recommander à son amant de ne pas oublier le travail, et fut plusieurs fois obligée de lui rappeler qu'il avait gagné peu de chose dans son mois. L'amant et la maîtresse s'endettèrent avec une effrayante rapidité. Les quinze cents francs restant sur le prix des Marguerites, les premiers cinq cents francs gagnés par Lucien avaient été promptement dévorés. En trois mois, ses articles ne produisirent pas au poète plus de mille francs, et il crut avoir énormément travaillé. Mais Lucien avait adopté déjà la jurisprudence plaisante des viveurs sur les dettes. Les dettes sont jolies chez les jeunes gens de vingt-cinq ans plus tard, personne ne les pardonne. Il est à remarquer que certaines âmes, vraiment poétiques, mais où la volonté faiblit, occupées à sentir pour rendre leurs sensations par des images, manquent essentiellement du sens moral qui doit accompagner toute observation. Les poètes aiment plutôt à recevoir en eux des impressions que d'entrer chez les autres y étudier le mécanisme des sentiments. Ainsi Lucien ne demanda pas compte aux viveurs de ceux d'entre eux qui disparaissaient, il ne vit pas l'avenir de ces prétendus amis dont les uns avaient des héritages, les autres des espérances certaines, ceux-ci des talents reconnus, ceux-là la foi la plus intrépide en leur destinée, et le dessein prémédité de tourner les lois. Lucien crut à son avenir en se fiant à ces axiomes profonds de Blondet :

« Tout finit par s'arranger. — Rien ne se dérange chez les gens
« qui n'ont rien. — Nous ne pouvons perdre que la fortune que nous
« cherchons. — En allant avec le courant, on finit par arriver quel-
« que part. — Un homme d'esprit qui a pied dans le monde fait for-
« tune quand il le veut ! »

Cet hiver, rempli par tant de plaisirs, fut nécessaire à Théodore

Gaillard et à Hector Merlin pour trouver les capitaux qu'exigeait la fondation du Réveil, dont le premier numéro ne parut qu'en mars 1822. Cette affaire se traitait chez madame du Val-Noble. Cette élégante et spirituelle courtisane, qui disait, en montrant ses magnifiques appartements : — Voilà les comptes des mille et une nuits ! exerçait une certaine influence sur les banquiers, les grands seigneurs et les écrivains du parti royaliste, tous habitués à se réunir dans son salon pour traiter des affaires qui ne pouvaient être traitées que là. Hector Merlin, à qui la rédaction en chef du Réveil était promise, devait avoir pour bras droit Lucien, devenu son ami intime, et à qui le feuilleton d'un des journaux ministériels fut également promis. Ce changement de front dans la position de Lucien se préparait sourdement à travers les plaisirs de sa vie. Il se croyait un grand politique en dissimulant ce coup de théâtre, et comptait beaucoup sur les largesses

Braulard a vingt mille livres de rentes. Puis il a ses claqueurs.
— PAGE 50

ministérielles pour arranger ses comptes, pour dissiper les ennuis secrets de Coralie. L'actrice, toujours souriant, lui cachait sa détresse ; mais Bérénice, plus hardie, instruisait Lucien. Lucien, comme tous les poètes, s'apitoyait un moment sur les désastres, il promettait de travailler, il oubliait sa promesse et noyait ce souci passager dans ses débauches. Le jour où Coralie apercevait des nuages sur le front de Lucien, elle grondait Bérénice et disait à son poète que tout se pacifiait. Madame d'Espard et madame de Bargeton attendaient la conversion de Lucien pour faire demander au ministre par Châtelet l'ordonnance tant désirée par le poète. Lucien avait promis de dédier ses Marguerites à la marquise d'Espard, qui paraissait très-flattée d'une attention que les auteurs ont rendue rare aujourd'hui sont devenus un pouvoir. Quand Lucien allait le soir chez Dauriat et demandait où en était son livre, le libraire lui opposait d'excellentes raisons pour retarder la mise sous presse. Dauriat avait telle ou telle opération en train qui lui prenait tout son temps, Ladvocat allait publier un nouveau volume de M. Hugo, contre lequel il ne fallait pas se heurter, les secondes Méditations de M. de Lamartine étaient sous presse, et deux importants recueils de poésie ne devaient pas se rencontrer, Lucien devait d'ailleurs se fier à l'habileté de son libraire. Cependant les besoins de Lucien devenaient pressants, et il eut recours à Finot, qui lui fit quelques avances sur des articles. Quand le soir, à souper, Lucien, un peu triste, expliquait sa situation à ses amis les viveurs, ils noyaient ses scrupules dans des flots de vin de Champagne glacé de plaisanteries. Les dettes ! il n'y a pas d'homme fort sans dettes ! Les dettes représentent des besoins satisfaits, des vices exigeants. Un homme ne parvient que pressé par la main de fer de la nécessité.
— Aux grands hommes, le mont-de-piété reconnaissant ! lui criait Blondet.
— Tout vouloir, c'est devoir tout, criait Bixiou.
— Non, tout devoir, c'est avoir eu tout ! répondait des Lupeaulx.
Les viveurs savaient prouver à cet enfant que ses dettes seraient l'aiguillon d'or avec lequel il piquerait les chevaux attelés au char de sa fortune. Puis, toujours César avec ses quarante millions de dettes, et Frédéric II recevant de son père un ducat par mois, et toujours les fameux, les corrupteurs exemples des grands hommes montrés dans leurs vices et non dans la toute-puissance de leur courage et de leurs conceptions ! Enfin la voiture, les chevaux et le mobilier de Coralie furent saisis par plusieurs créanciers pour des sommes dont le total montait à quatre mille francs. Quand Lucien recourut à Lousteau pour lui redemander le billet de mille francs qu'il lui avait prêté, Lousteau lui montra des papiers timbrés qui établissaient chez Florine une position analogue à celle de Coralie ; mais Lousteau reconnaissant lui proposa de faire les démarches nécessaires pour placer l'Archer de Charles IX.
— Comment Florine en est-elle arrivée là ? demanda Lucien.
— Le Matifat s'est effrayé, répondit Lousteau, nous l'avons perdu ; mais si Florine le veut, il payera cher sa trahison ! Je te conterai l'affaire !
Trois jours après la démarche inutile faite par Lucien chez Lousteau, les deux amants déjeunaient tristement au coin du feu dans la belle chambre à coucher ; Bérénice leur avait cuisiné des œufs sur le plat dans la cheminée, car la cuisinière, le cocher, les gens étaient partis. Il était impossible de disposer du mobilier saisi. Il n'y avait plus dans le ménage aucun objet d'or ou d'argent, ni aucune valeur intrinsèque ; mais tout était d'ailleurs représenté par des reconnaissances du mont-de-piété formant un petit volume in-octavo très-instructif. Bérénice avait conservé deux couverts. Le petit journal rendait des services inappréciables à Lucien et à Coralie en maintenant le tailleur, la marchande de modes et la couturière, qui tous tremblaient de mécontenter un journaliste capable de tympaniser leurs établissements. Lousteau vint pendant le déjeuner en criant : Hourrah ! Vive l'Archer de Charles IX ! J'ai lavé pour cent francs de livres, mes enfants, dit-il, partageons !
Il remit cinquante francs à Coralie, et envoya Bérénice chercher un déjeuner substantiel.
— Hier, Hector Merlin et moi nous avons dîné avec des libraires, et nous avons préparé la vente de ton roman par de savantes insinuations. Tu es en marché avec Dauriat, mais Dauriat lésine, il ne veut pas donner plus de quatre mille francs pour deux mille exemplaires, et tu veux six mille francs. Nous t'avons fait deux fois plus grand que Walter Scott. Oh ! tu as dans le ventre des romans incomparables ! tu n'offres pas un livre, mais une affaire ; tu n'es pas l'auteur d'un roman plus ou moins ingénieux, tu seras une collection ! Ce mot collection a porté coup. Ainsi n'oublie pas ton rôle, tu as en portefeuille : la Grande mademoiselle, ou la France sous Louis XIV. — Cotillon Ier, ou les Premiers jours de Louis XV. — La Reine et le Cardinal, ou Tableau de Paris sous la Fronde. — Le Fils de Concini, ou une Intrigue de Richelieu !... Ces romans sont annoncés sur la couverture. Nous appelons cette manœuvre berner les succès. On fait sauter ses livres sur la couverture jusqu'à ce qu'ils deviennent célèbres, et l'on est alors bien plus grand par les œuvres qu'on ne fait pas que par celles qu'on a faites. Le Sous presse est l'hypothèque littéraire ! Allons, rions un peu ! Voici du vin de Champagne. Tu comprends, Lucien, que nos hommes ont ouvert des yeux grands comme les soucoupes... Tu as donc encore des soucoupes ?
— Elles sont saisies, dit Coralie.
— Je comprends, et je reprends, dit Lousteau. Les libraires croiront à tous les manuscrits, s'ils en voient un seul. En librairie, on demande à voir le manuscrit, on a la prétention de le lire. Laissons aux libraires leur fatuité : jamais ils ne lisent de livres, autrement ils n'en publieraient pas tant ! Hector et moi, nous avons laissé pressentir qu'à cinq mille francs nous accorderions trois mille exemplaires en deux éditions. Donne-moi le manuscrit de l'Archer, après-demain nous déjeunons chez les libraires et nous les enfonçons !
— Qui est-ce ? dit Lucien.
— Deux associés, deux bons garçons, assez ronds en affaires, nommés Fendant et Cavalier. L'un est un ancien premier commis de

la maison Vidal et Porchon, l'autre est le plus habile voyageur du quai des Augustins, tous deux établis depuis un an. Après avoir perdu quelques légers capitaux à publier des romans traduits de l'anglais, mes gaillards veulent maintenant exploiter les romans indigènes. Le bruit court que ces deux marchands de papier noirci risquent uniquement les capitaux des autres; mais il t'est, je pense, assez indifférent de savoir à qui appartient l'argent qu'on te donnera.

Le surlendemain, les deux journalistes étaient invités à déjeuner rue Serpente, dans l'ancien quartier de Lucien, où Lousteau conservait toujours sa chambre rue de la Harpe; et Lucien, qui vint y prendre son ami, la vit dans le même état où elle était le soir de son introduction dans le monde littéraire, mais il ne s'en étonna plus : son éducation l'avait initié aux vicissitudes de la vie des journalistes, il en concevait tout. Le grand homme de province avait reçu, joué, perdu le prix de plus d'un article en perdant aussi l'envie de le faire; il avait écrit plus d'une colonne d'après les procédés ingénieux que lui avait décrits Lousteau quand ils avaient descendu de la rue de la Harpe au Palais-Royal. Tombé sous la dépendance de Barbet et de Braulard, il trafiquait des livres et des billets de théâtres; enfin il ne reculait devant aucun éloge, ni devant aucune attaque; il éprouvait même en ce moment une espèce de joie à tirer de Lousteau tout le parti possible avant de tourner le dos aux libéraux, qu'il se proposait d'attaquer d'autant mieux qu'il les avait plus étudiés. De son côté, Lousteau recevait, au préjudice de Lucien, une somme de cinq cents francs er argent de Fendant et Cavalier, sous le nom de commission, pour avoir procuré ce futur Walter Scott aux deux libraires en quête d'un Scott français. La maison Fendant et Cavalier était une de ces maisons de librairie établies sans aucune espèce de capital, comme il s'en établissait beaucoup alors, et comme il s'en établira toujours, tant que la papeterie et l'imprimerie continueront à faire crédit à la librairie, pendant le temps de jouer sept à huit de ces coups de cartes appelés publications. Alors, comme aujourd'hui, les ouvrages s'achetaient aux auteurs en billets souscrits à des échéances de six, neuf et douze mois, payement fondé sur la nature de la vente qui se solde entre libraires par des valeurs encore plus longues. Ces libraires payaient en même monnaie les papetiers et les imprimeurs, qui avaient ainsi, pendant un an entre les mains, *gratis*, toute une librairie composée d'une douzaine ou d'une vingtaine d'ouvrages. En supposant deux ou trois succès, le produit des bonnes affaires soldait les mauvaises, et ils se soutenaient en enfant livre sur livre. Si les opérations étaient toutes douteuses, ou si, pour leur malheur, ils rencontraient de bons livres qui ne pouvaient se vendre qu'après avoir été goûtés, appréciés par le vrai public, si les escomptes de leurs valeurs étaient onéreux, s'ils subissaient eux-mêmes des faillites, ils déposaient tranquillement leur bilan, sans nul souci, préparés par avance à ce résultat. Ainsi toutes les chances étaient en leur faveur, ils jouaient sur le grand tapis vert de la spéculation les fonds d'autrui, non les leurs. Fendant et Cavalier se trouvaient dans cette situation. Cavalier avait apporté son savoir-faire, Fendant y avait joint son industrie. Le fonds social méritait éminemment ce titre, car il consistait en quelques milliers de francs, épargnes péniblement amassées par leurs maîtresses, sur lesquels ils s'étaient attribué, l'un et l'autre, des appointements assez considérables, très-scrupuleusement dépensés en dîners offerts aux journalistes et aux auteurs, au spectacle, où se faisaient, disaient-ils, les affaires. Ces demi-fripons passaient tous deux pour habiles; mais Fendant était plus rusé que Cavalier. Digne de son nom, Cavalier voyageait, Fendant dirigeait les affaires à Paris. Cette association fut ce qu'elle sera toujours entre deux libraires, un duel.

Les associés occupaient le rez-de-chaussée d'un de ces vieux hôtels de la rue Serpente, où le cabinet de la maison se trouvait au bout de vastes salons convertis en magasins. Ils avaient déjà publié beaucoup de romans, tels que *la Tour du Nord*, *le Marchand de Bénarès*, *la Fontaine du Sépulcre*, *Tekeli*, les romans de Galt, auteur anglais qui n'a pas réussi en France. Le succès de Walter Scott éveillait tant l'attention de la librairie sur les produits de l'Angleterre, que les libraires étaient tous préoccupés, en vrais Normands, de la conquête de l'Angleterre; ils y cherchaient du Walter Scott, comme, plus tard, on devait chercher des asphaltes dans les terrains caillouteux, du bitume dans les marais, et réaliser des bénéfices sur les chemins de fer en projet. Une des plus grandes niaiseries du commerce parisien est de vouloir trouver le succès dans les analogues quand il est dans les contraires. A Paris surtout, le succès tue le succès. Aussi, sous le titre de *les Strelitz, ou la Russie il y a cent ans*, Fendant et Cavalier inséraient-ils bravement en grosses lettres, *dans le genre de Walter Scott*. Fendant et Cavalier avaient soif d'un succès : un bon livre pouvait leur servir à écouler leurs ballots de pile, et ils avaient été affriolés par la perspective d'avoir des articles dans les journaux, la grande condition de la vente d'alors, car il est extrêmement rare qu'un livre soit acheté pour sa propre valeur, il est presque toujours publié pour des raisons étrangères à son mérite. Fendant et Cavalier voyaient en Lucien le journaliste, et dans son livre une publication dont la première vente leur faciliterait une fin de mois. Les journalistes trouvèrent les associés dans leur cabinet, le traité tout prêt, les billets signés. Cette promptitude émerveilla Lucien. Fendant était un petit homme maigre, porteur d'une sinistre physionomie : l'air d'un Kalmouk, petit front bas, nez rentré, bouche serrée, deux petits yeux noirs éveillés, les contours du visage tourmentés, un teint aigre, une voix qui ressemblait au son que rend une cloche fêlée, enfin tous les dehors d'un fripon consommé; mais il compensait ces désavantages par le mielleux de ses discours, il arrivait à ses fins par la conversation. Cavalier, garçon tout rond, et que l'on aurait pris pour un conducteur de diligence plutôt que pour un libraire, avait des cheveux d'un blond hasardé, le visage allumé, l'encolure épaisse et le verbe éternel du commis voyageur.

— Nous n'aurons pas de discussions, dit Fendant en s'adressant à Lucien et à Lousteau. J'ai lu l'ouvrage, il est très-littéraire et nous

Samanon. — PAGE 59.

convient si bien que j'ai déjà remis le manuscrit à l'imprimerie. Le traité est rédigé d'après les bases convenues, d'ailleurs, nous ne sortons jamais des conditions que nous y avons stipulées. Nos effets sont à six, neuf et douze mois, vous les escompterez facilement, et nous vous rembourserons l'escompte. Nous nous sommes réservé le droit de donner un autre titre à l'ouvrage, nous n'aimons pas l'*Archer de Charles IX*, il ne pique pas assez la curiosité des lecteurs, il y a plusieurs rois du nom de Charles, et, dans le moyen âge, il se trouvait tant d'archers ! Ah ! si vous disiez *le Soldat de Napoléon* ! mais *l'Archer de Charles IX* !... Cavalier serait obligé de faire un cours d'histoire de France pour placer chaque exemplaire en province.

— Si vous connaissiez les gens à qui nous avons affaire, s'écria Cavalier.

— *La Saint-Barthélemy* vaudrait mieux, reprit Fendant.

— *Catherine de Médicis*, ou *la France sous Charles IX*, dit Cavalier, ressemblerait plus à un titre de Walter Scott.

— Enfin nous le déterminerons quand l'ouvrage sera imprimé, reprit Fendant.

— Comme vous voudrez, dit Lucien, pourvu que le titre me convienne.

Le traité lu, signé, les doubles échangés, Lucien mit les billets dans sa poche avec une satisfaction sans égale. Puis, tous quatre, ils montèrent chez Fendant, où ils firent le plus vulgaire des déjeuners : des huîtres, des beefsteaks, des rognons au vin de Champagne et du fromage de Brie, mais ces mets furent accompagnés par des vins exquis, dus à Cavalier, qui connaissait un voyageur du commerce des vins. Au moment de se mettre à table apparut l'imprimeur à qui était confiée l'impression du roman, et qui vint surprendre Lucien en lui apportant les deux premières feuilles de son livre en épreuves.

— Nous voulons marcher rapidement, dit Fendant à Lucien, nous comptons sur votre livre, et nous avons diablement besoin d'un succès.

Le déjeuner, commencé vers midi, ne fut fini qu'à cinq heures.

— Où trouver de l'argent ? dit Lucien à Lousteau.

— Allons voir Barbet, répondit Étienne.

Les deux amis descendirent, un peu échauffés et avinés vers le quai des Augustins.

— Coralie est surprise au dernier point de la perte que Florine a faite, Florine ne lui a dite qu'hier en l'attribuant ce malheur, elle paraissait aigrie au point de la quitter, dit Lucien à Lousteau.

— C'est vrai, dit Lousteau, qui ne conserva pas sa prudence et s'ouvrit à Lucien. Mon ami, car tu es mon ami, toi Lucien, tu m'as prêté mille francs et ne me les a encore demandés qu'une fois. Défie-toi du jeu. Si je ne jouais pas, je serais heureux. Je dois à Dieu et au diable. J'ai dans ce moment-ci les gardes du commerce à mes trousses. Enfin je suis forcé, quand je vais au Palais-Royal, de doubler des caps dangereux.

Dans la langue des viveurs, doubler un cap dans Paris, c'est faire un détour, soit pour ne pas passer devant un créancier, soit pour éviter l'endroit où il peut être rencontré. Lucien, qui n'allait pas indifféremment par toutes les rues, connaissait la manœuvre sans en connaître le nom.

— Tu dois donc beaucoup ?

— Une misère ! reprit Lousteau. Mille écus me sauveraient. J'ai voulu me ranger, ne plus jouer, et, pour me liquider, j'ai fait un peu de chantage.

— Qu'est-ce que le chantage ? dit Lucien à qui ce mot était inconnu.

— Le chantage est une invention de la presse anglaise, importée récemment en France. Les *chanteurs* sont des gens placés de manière à disposer des journaux. Jamais un directeur de journal, ni un rédacteur en chef, n'est censé tremper dans le chantage. On a des Giroudeau, des Philippe Bridau. Ces bravi viennent trouver un homme qui, pour certaines raisons, ne veut pas qu'on s'occupe de lui. Beaucoup de gens ont sur la conscience des peccadilles plus ou moins originales. Il y a beaucoup de fortunes suspectes à Paris, obtenues par des voies plus ou moins légales, souvent par des manœuvres criminelles, et qui fourniraient de délicieuses anecdotes, comme la gendarmerie de Fouché cernant les espions du préfet de police qui, n'étant pas dans le secret de la fabrication des faux billets de la banque anglaise, allaient saisir les imprimeurs clandestins protégés par le ministre, puis l'histoire des diamants du prince Galathione, l'affaire Maubreuil, la succession Pombreton, etc. Le chanteur s'est procuré quelque pièce, un document important, il demande un rendez-vous à l'homme enrichi. Si l'homme compromis ne donne pas une somme quelconque, le chanteur lui montre la presse prête à l'entamer, à dévoiler ses secrets. L'homme riche a peur, il finance. Le tour est fait. Vous vous livrez à quelque opération périlleuse, elle peut succomber à une suite d'articles : on vous détache un chanteur qui vous propose le rachat des articles. Il y a des ministres à qui l'on envoie des chanteurs, et qui stipulent avec eux que le journal attaquera leurs actes politiques et non leur personne, ou qui livrent leur personne et demandent grâce pour leur maîtresse. Des Lupeaulx, ce

joli maître des requêtes que tu connais, est perpétuellement occupé de ces sortes de négociations avec les journalistes. Le drôle s'est fait une position merveilleuse au centre du pouvoir par ses relations : il est à la fois le mandataire de la presse et l'ambassadeur des ministres, il maquignonne les amours-propres, il étend même ce commerce aux affaires politiques, il obtient des journaux leur silence sur tel emprunt, sur telle concession, accordée sans concurrence ni publicité dans laquelle on donne une part aux loups-cerviers de la banque libérale. Tu as fait un peu de chantage avec Dauriat, il t'a donné mille écus pour empêcher de décrier Nathan. Dans le dix-huitième siècle, où le journalisme était en maillot, le chantage se faisait au moyen de pamphlets dont la destruction était achetée par les favorites et les grands seigneurs. L'inventeur du chantage est l'Arétin, un très-grand homme d'Italie qui imposait les rois, comme de nos jours tel journal impose les acteurs.

— Qu'as-tu pratiqué contre Matifat pour avoir tes mille écus ?

— J'ai fait attaquer Florine dans six journaux, et Florine s'est plainte à Matifat. Matifat a prié Braulard de découvrir la raison de ces attaques. Braulard a été joué par Finot. Finot, au profit de qui je *chantais*, a dit au droguiste que je démolissais Florine dans l'intérêt de Coralie. Giroudeau est venu dire confidentiellement à Matifat que tout s'arrangerait s'il voulait vendre son sixième de propriété dans la Revue de Finot, moyennant dix mille francs. Finot me donnait mille écus en cas de succès. Matifat allait conclure l'affaire, heureux de retrouver dix mille francs sur les trente mille, qui lui paraissaient aventurés, car depuis quelques jours Florine lui disait que la Revue de Finot ne prenait pas. Au lieu d'un dividende à recevoir, il était question d'un nouvel appel de fonds. Avant de déposer son bilan, le directeur du Panorama-Dramatique a eu besoin de négocier quelques effets de complaisance, et, pour lui faire placer par Matifat, il l'a prévenu du tour que lui jouait Finot. Matifat, en fin commerçant a quitté Florine, a gardé son sixième, et nous voit maintenant venir. Finot et moi, nous hurlons de désespoir. Nous avons eu le malheur d'attaquer un homme qui ne tient pas à sa maîtresse, un misérable sans cœur ni âme. Malheureusement le commerce que fait Matifat n'est pas justiciable de la presse, il est inattaquable dans ses intérêts. On ne critique pas un droguiste comme des chapeaux, des choses de mode, des théâtres ou des affaires d'art. Le cacao, le poivre, les bois de teinture, l'opium, ne peuvent pas se déprécier. Florine est aux abois, le Panorama ferme demain, elle ne sait que devenir.

— A la suite de la fermeture du théâtre, Coralie débute dans quelques jours au Gymnase, dit Lucien, elle pourra servir Florine.

— Jamais ! dit Lousteau. Coralie n'a pas d'esprit, mais elle n'est pas encore assez bête pour se donner une rivale ! Nos affaires sont furieusement gâtées ! Mais Finot est tellement pressé de rattraper son sixième...

— Et pourquoi ?

— L'affaire est excellente, mon cher. Il y a chance de vendre le journal trois cent mille francs. Finot aurait alors un tiers, plus une commission allouée par ses associés, et qu'il partage avec les Lupeaulx. Aussi vais-je lui proposer un coup de chantage.

— Mais, le chantage, c'est la bourse ou la vie !

— Bien mieux, dit Lousteau, c'est la bourse ou l'honneur. Avant-hier, un petit journal, au propriétaire duquel on avait refusé un crédit à dix jours que la montre à répétition entourée de diamants, appartenant à l'une des notabilités de la capitale, se trouvant d'une façon bizarre entre les mains d'un soldat de la garde royale, et promettant le récit de cette aventure, digne des *Mille et une Nuits*. La notabilité s'est empressée d'inviter le rédacteur en chef à dîner. Le rédacteur en chef a certes gagné quelque chose, mais l'histoire contemporaine a perdu l'anecdote de la montre. Toutes les fois que tu verras la presse acharnée après quelques gens puissants, sache qu'il y a là-dessous des escomptes refusés, des services qu'on n'a pas voulu rendre. Ce chantage, relatif à la vie privée, est ce que craignent le plus les riches Anglais, il entre pour beaucoup dans les revenus secrets de la presse britannique, infiniment plus dépravée que la nôtre. Nous sommes des enfants ! En Angleterre, on achète une lettre compromettante cinq à six mille francs pour la revendre.

— Quel moyen as-tu trouvé d'empoigner Matifat ? dit Lucien.

— Mon cher, reprit Lousteau, ce vil épicier a écrit les lettres les plus curieuses à Florine : orthographe, style, pensées, tout est d'un comique achevé. Matifat craint beaucoup sa femme, nous pouvons, sans le nommer, sans qu'il puisse se plaindre, l'atteindre au sein de ses lares et de ses pénates, où il se croit en sûreté. Juge de sa fureur en voyant le premier article d'un petit roman de mœurs, intitulé *les Amours d'un Droguiste*, quand il aura été loyalement prévenu du hasard qui met entre les mains des rédacteurs de tel journal de lettres où il parle du petit Cupidon, où il écrit *gamet* pour jamais, où il dit de Florine qu'elle l'aide à traverser le désert de la vie, ce qui peut faire croire qu'il la prend pour un chameau. Enfin, il y a de quoi défrayer la rate des abonnés pendant quinze jours dans cette correspondance éminemment drôlatique. On lui donnera la peur d'une lettre anonyme, par laquelle on mettrait sa femme au fait de

UN GRAND HOMME DE PROVINCE A PARIS.

la plaisanterie. Florine voudra-t-elle prendre sur elle de paraître poursuivre Matifat? Elle a encore des principes, c'est-à-dire des espérances. Peut-être gardera-t-elle les lettres pour elle, et veut-elle une part. Elle est rusée, elle est mal élevée. Mais quand elle saura que le garde du commerce n'est pas une plaisanterie quand Finot lui aura fait un présent convenable, ou donné l'espoir d'un engagement, elle me livrera les lettres, que je remettrai contre écus à Finot. Finot donnera la correspondance à son oncle, et Giraudeau fera capituler le dogiste.

Cette confidence dégrisa Lucien, il pensa d'abord qu'il avait des amis extrêmement dangereux, puis il songea qu'il ne fallait pas se brouiller avec eux, car il pouvait avoir besoin de leur terrible influence au cas où madame d'Espard, madame de Bargeton et Châtelet lui manqueraient de parole. Étienne et Lucien étaient alors arrivés sur le quai, devant la misérable boutique de Barbet.

— Barbet, dit Étienne au libraire, nous avons cinq mille francs de Fendant et Cavalier à six, neuf et douze mois, voulez-vous nous escompter leurs billets?

— Je les prends pour mille écus, dit Barbet avec un calme imperturbable.

— Mille écus! s'écria Lucien.

— Vous ne les trouverez chez personne, reprit le libraire. Ces messieurs feront faillite avant trois mois, mais je connais chez eux deux bons ouvrages dont la vente est due; ils ne peuvent pas attendre, je les leur achèterai comptant et leur rendrai leurs valeurs : j'ai ce moyen, j'aurai deux mille francs de diminution sur les marchandises.

— Veux-tu perdre deux mille francs? dit Étienne à Lucien.

— Non! s'écria Lucien, épouvanté de cette première affaire.

— Tu as tort, répondit Étienne.

— Ils ne négocieront leur papier nulle part, dit Barbet. Le livre de monsieur est le dernier coup de cartes de Fendant et Cavalier, ils ne peuvent l'imprimer qu'en laissant les exemplaires en dépôt chez leur imprimeur; un succès ne les sauvera que pour six mois, car tôt ou tard ils sauteront! Ces gens-là boivent plus de petits verres qu'ils ne vendent de livres! Pour moi, leurs effets représentent une affaire, et vous pouvez alors en trouver une valeur supérieure à celle que donneraient les escompteurs, qui se demandent ce que vaut chaque signature. Le commerce de l'escompteur consiste à savoir si trois signatures donneront chacune trente pour cent en cas de faillite. D'abord, vous n'offrez que deux signatures, et chacune ne vaut pas dix pour cent.

Les deux amis se regardèrent, surpris d'entendre sortir de la bouche de ce cuistre une analyse où se trouvait en peu de mots tout l'esprit de l'escompte.

— Pas de phrases, Barbet, dit Lousteau. Chez quel escompteur pouvons-nous aller?

— Le père Chaboisseau, quai Saint-Michel, vous savez, a fait la dernière fin de mois de Fendant. Si vous refusez ma proposition, voyez chez lui, mais vous me reviendrez, et je ne vous donnerai plus alors que mille cinq cents francs.

Étienne et Lucien allèrent sur le quai Saint-Michel, dans une petite maison à allée, où demeurait ce Chaboisseau, l'un des escompteurs de la librairie, ils le trouvèrent au second étage, dans un appartement meublé de la façon la plus originale. Ce banquier subalterne, et néanmoins millionnaire, aimait le style grec. La corniche de la chambre était une grecque. Drapé par une étoffe teinte en pourpre et disposée à la grecque le long de la muraille comme le fond d'un tableau de David, le lit, d'une forme très-pure, datait du temps de l'Empire, où tout se fabriquait dans ce goût. Les fauteuils, les tables, les lampes, les flambeaux, les moindres accessoires, sans doute choisis avec patience chez les marchands de meubles, respiraient la grâce fine et grêle, mais élégante, de l'antiquité. Ce système mythologique et léger formait une opposition bizarre avec les mœurs de l'escompteur. Il est à remarquer que les hommes les plus fantasques se trouvent parmi les gens adonnés au commerce de l'argent. Ces gens sont, en quelque sorte, les libertins de la pensée. Pouvant tout posséder, et conséquemment blasés, ils se livrent à des efforts énormes pour sortir de leur indifférence. Qui sait les étudier trouve toujours une manie, un coin du cœur, par où ils sont accessibles. Chaboisseau paraissait retranché dans l'antiquité comme dans un camp imprenable.

— Il est sans doute digne de son enseigne, dit en souriant Étienne à Lucien.

Chaboisseau, petit homme à cheveux poudrés, à redingote verdâtre, gilet couleur noisette, décoré d'une culotte noire, et terminé par des bas chinés et des souliers qui craquaient sous le pied, prit les billets, les examina, puis les rendit à Lucien gravement.

— MM. Fendant et Cavalier sont de charmants garçons, des jeunes gens pleins d'intelligence, mais je me trouve sans argent, dit-il d'une voix douce.

— Mon ami sera coulant sur l'escompte, répondit Étienne.

— Je ne prendrais ces valeurs pour aucun avantage, dit le petit homme, dont les mots glissèrent sur la proposition de Lousteau comme le couteau de la guillotine sur la tête d'un homme.

Les deux amis se retirèrent, en traversant l'antichambre, jusqu'où les reconduisit prudemment Chaboisseau, Lucien aperçut un tas de bouquins que l'escompteur, ancien libraire, avait achetés, et parmi lesquels brilla tout à coup aux yeux du romancier l'ouvrage de l'architecte Ducerceau sur les maisons royales et les célèbres châteaux de France, dont les plans sont dessinés dans ce livre avec une exactitude.

— Me céderiez-vous cet ouvrage? dit Lucien.

— Oui, dit Chaboisseau, qui d'escompteur redevint libraire.

— Quel prix?

— Cinquante francs.

— C'est cher, mais il me le faut, et je n'aurais pour vous payer que les valeurs dont vous ne voulez pas.

— Vous avez un effet de cinq cents francs à six mois, je vous le prendrai, dit Chaboisseau, qui sans doute devait à Fendant et Cavalier un reliquat de bordereau pour une somme équivalente.

Les deux amis rentrèrent dans la chambre grecque, où Chaboisseau fit un petit bordereau à six pour cent d'intérêt et six pour cent de commission, ce qui produisit une déduction de trente francs, il porta sur le compte les cinquante francs, prix du Ducerceau, et tira de sa caisse, pleine de beaux écus, quatre cent vingt francs.

— Ah çà! monsieur Chaboisseau, les effets sont tous bons ou tous mauvais, pourquoi ne nous escomptez-vous pas les autres?

— Je n'escompte pas, je me paye d'une vente, dit le bonhomme.

Étienne et Lucien riaient encore de Chaboisseau sans l'avoir compris, quand ils arrivèrent chez Dauriat, où Lousteau pria Gabusson de leur indiquer un escompteur. Les deux amis prirent un cabriolet à l'heure et allèrent au boulevard Poissonnière, munis d'une lettre de recommandation que leur avait donnée Gabusson, en leur annonçant le plus bizarre et le plus étrange particulier, selon son expression.

— Si Samanon ne prend pas vos valeurs, avait dit Gabusson, personne ne vous les escomptera.

Bouquiniste au rez-de-chaussée, marchand d'habits au premier étage, vendeur de gravures prohibées au second, Samanon était encore prêteur sur gages. Aucun des personnages introduits dans les romans d'Hoffmann, aucun des sinistres avares de Walter Scott, ne peut être comparé à ce que la nature sociale et parisienne s'était permis de créer en cet homme, si toutefois Samanon est un homme. Lucien ne put réprimer un geste d'effroi à l'aspect de ce petit vieillard sec, dont les os voulaient percer le cuir parfaitement tanné, taché de nombreuses plaques vertes ou jaunes, comme une peinture de Titien ou de Paul Véronèse vue de près. Samanon avait un œil immobile et glacé, l'autre vif et luisant. L'avare, qui semblait se servir de cet œil mort en escomptant, et employer l'autre à vendre ses gravures obscènes, portait une petite perruque plate dont le noir poussait au rouge, et sous laquelle se redressaient des cheveux blancs, son front jaune avait une attitude menaçante, ses joues étaient creusées carrément par la saillie des mâchoires, ses dents, encore blanches, paraissaient tirées sur ses lèvres comme celles d'un cheval qui bâille. Le contraste de ses yeux et du grimace de cette bouche, tout lui donnait un air passablement féroce. Les poils de sa barbe, durs et pointus, devaient piquer comme autant d'épingles. Une petite redingote râpée arrivée à l'état d'amadou, une cravate noire déteinte, usée par sa barbe, et qui laissait voir un cou ridé comme celui d'un dindon, annonçaient peu l'envie de racheter par la toilette une physionomie si sinistre. Les deux journalistes trouvèrent cet homme assis dans un comptoir horriblement sale, occupé à coller des étiquettes au dos de quelques vieux livres achetés à une vente. Après avoir échangé un coup d'œil par lequel ils se communiquèrent les mille questions que soulevait l'existence d'un pareil personnage, Lucien et Lousteau le saluèrent en lui présentant la lettre de Gabusson et les valeurs de Fendant et Cavalier. Pendant que Samanon lisait, il entra dans cette obscure boutique un homme d'une haute intelligence, vêtu d'une petite redingote qui paraissait avoir été taillée dans une couverture de zinc, tant elle était solidifiée par l'alliage de mille substances étrangères.

— J'ai besoin de mon habit, de mon pantalon noir et de mon gilet de satin, dit-il à Samanon en lui présentant une carte numérotée.

Dès que Samanon eut tiré le bouton en cuivre d'une sonnette, il descendit une femme qui paraissait être Normande à la fraîcheur de sa riche carnation.

— Prête à monsieur ses habits, dit-il en tendant la main à l'auteur. Il y a plaisir à travailler avec vous, mais un de vos amis m'a amené un petit jeune homme qui m'a rudement attrapé.

— On l'a trappé! dit l'artiste aux deux journalistes en leur montrant Samanon par un geste profondément comique.

Ce grand homme donna, comme donnent les lazzaroni pour ravoir un jour leurs habits de fête au Monte di pietà, trente sous que la main jaune et crevassée de l'escompteur prit et fit tomber dans la caisse de son comptoir.

— Quel singulier commerce fais-tu? dit Lousteau à ce grand artiste livré à l'opium, et qui, retenu par la contemplation en des palais enchantés, ne voulait ou ne pouvait rien créer.

— Cet homme prête beaucoup plus que le mont-de-piété sur les objets engageables, et il a de plus l'épouvantable charité de vous les laisser reprendre dans les occasions où il faut que l'on soit vêtu, répondit-il. Je vais ce soir dîner chez les Keller avec ma maîtresse. Il m'est plus facile d'avoir sous moi deux cents francs, et je viens chercher ma garde-robe, qui depuis six mois a rapporté cent francs. Samanon a déjà dévoré ma bibliothèque livre à livre.
— Et sou à sou, dit en riant Lousteau.
— Je vous donnerai quinze cents francs, dit Samanon à Lucien.
Lucien fit un bond comme si l'escompteur lui avait plongé dans le cœur une broche de fer rougi. Samanon regardait les billets avec attention, en examinant les dates.
— Encore, dit le marchand, ai-je besoin de voir Fendant, qui devrait me déposer des livres. Vous ne valez pas grand'chose, dit-il à Lucien, vous vivez avec Coralie, et ses meubles sont saisis.
Lousteau regarda Lucien, qui reprit ses billets et sauta de la boutique sur le boulevard en disant : — Est-ce le diable? Le poète contempla pendant quelques instants cette petite boutique, devant laquelle tous les passants devaient sourire, tant elle était piteuse, tant les petites caisses à livres étiquetés étaient mesquines et sales, en se demandant : — Quel commerce fait-on là?

Quelques moments après, le grand inconnu, qui devait assister, à dix ans de là, à l'entreprise immense mais sans base des saint-simoniens, sortit très-bien vêtu, sourit aux deux journalistes, et se dirigea vers le passage des Panoramas avec eux, pour y compléter sa toilette en se faisant cirer ses bottes.
— Quand on voit entrer Samanon chez un libraire, chez un marchand de papier ou chez un imprimeur, ils sont perdus, dit l'artiste aux deux écrivains. Samanon est alors comme un croque-mort qui vient prendre mesure d'une bière.
— Tu n'escompteras plus tes billets, dit alors Etienne à Lucien.
— Là où Samanon refuse, dit l'inconnu, personne n'accepte, car il est l'*ultima ratio!* C'est un des *moutons* de Gigonnet, de Palma, Werbrust, Gobseck et autres crocodiles qui nagent sur la place de Paris, et avec lesquels tout homme dont la fortune est à faire doit tôt ou tard se rencontrer.
— Si tu ne peux pas escompter tes billets à cinquante pour cent, reprit Etienne, il faut les échanger contre des écus.
— Comment?
— Donne-les à Coralie, elle les présentera chez Camusot. — Tu te révoltes, reprit Lousteau, que Lucien arrêta en faisant un bond. Quel enfantillage! Peux-tu mettre en balance ton avenir et une semblable niaiserie?
— Je vais toujours porter cet argent à Coralie, dit Lucien.
— Autre sottise! s'écria Lousteau. Tu n'apaiseras rien avec quatre cents francs là où il en faut quatre mille. Gardons de quoi nous griser en cas de perte, et joue!
— Le conseil est bon, dit le grand inconnu.

A quatre pas de Frascati, ces paroles eurent une vertu magnétique. Les deux amis renvoyèrent leur cabriolet et montèrent au jeu. D'abord ils gagnèrent trois mille francs, revinrent à cinq cents, regagnèrent trois mille sept cents francs, puis ils retombèrent à cent sous, se retrouvèrent à deux mille francs, et les risquèrent sur pair, pour les doubler d'un seul coup, pair n'avait pas passé depuis cinq coups, ils y pontèrent la somme, impair sortit encore. Lucien et Lousteau dégringolèrent alors par l'escalier de ce pavillon célèbre, après avoir consumé deux heures en émotions dévorantes. Ils avaient gardé cent francs. Sur les marches du petit péristyle à deux colonnes qui soutiennent extérieurement une petite marquise en tôle que l'on d'un œil à contempler avec amour ou désespoir, Lousteau dit en voyant le regard enflammé de Lucien : — Ne mangeons que cinquante francs.

Les deux journalistes remontèrent. En une heure ils arrivèrent à mille écus, ils les mirent les mille sous le rouge, qui avait passé cinq fois, et en se fiant au hasard auquel ils devaient leur perte précédente. Noir sortit. Il était six heures.
— Ne mangeons que vingt-cinq francs, dit Lucien.

Cette nouvelle tentative dura peu, les vingt-cinq francs furent perdus en dix coups. Lucien jeta rageusement ses derniers vingt-cinq francs sur le chiffre de son âge, et gagna : rien ne peut dépeindre le tremblement de sa main quand il prit le râteau pour retirer les écus que le banquier jeta. Il donna dix louis à Lousteau et lui dit : — Sauve-toi chez Véry!

Lousteau comprit Lucien et alla commander le dîner.
Lucien, resté seul au jeu, porta ses trente louis sur rouge et gagna. Enhardi par la voix secrète qu'entendent parfois les joueurs, il laissa le tout sur rouge et gagna, son ventre devint alors un brasier! Malgré la voix, il reporta les cent vingt louis sur noir et perdit. Il sentit alors en lui la sensation délicieuse qui succède, chez les joueurs, à leurs horribles agitations, quand, n'ayant plus rien à risquer, ils rentrent dans la vie réelle et quittent le palais ardent où passent leurs rêves fugaces. Il rejoignit Lousteau chez Véry, où il se rua, selon l'expression de la Fontaine, en cuisine, et noya ses soucis dans le vin. A neuf heures, il était si complètement gris, qu'il ne

comprit pas pourquoi sa portière de la rue de Vendôme le renvoyait rue de la Lune.
— Mademoiselle Coralie a quitté son appartement et s'est installée dans la maison dont l'adresse est écrite sur ce papier.

Lucien, trop ivre pour s'étonner de quelque chose, remonta dans le fiacre qui l'avait amené, se fit conduire rue de la Lune, et se dit à lui-même des calembours sur le nom de la rue. Pendant cette matinée, la faillite du Panorama-Dramatique avait éclaté. L'actrice effrayée s'était empressée de vendre tout son mobilier, du consentement de ses créanciers, au petit père Cardot qui, pour ne pas changer la destination de cet appartement, y mit Florentine. Coralie avait tout payé, tout liquidé et satisfait le propriétaire. Pendant le temps que prit cette opération, qu'elle appelait *une lessive*, Bérénice garnissait des meubles indispensables achetés d'occasion un petit appartement de trois pièces, au quatrième étage d'une maison rue de la Lune, à deux pas du Gymnase. Coralie y attendait Lucien, ayant sauvé de toutes ses splendeurs son amour sans souillure et un sac de douze cents francs. Lucien, dans son ivresse, raconta ses malheurs à Coralie et à Bérénice.
— Tu as bien fait, mon ange, lui dit l'actrice en le serrant dans ses bras. Bérénice saura bien négocier tes billets à Braulard.

Le lendemain matin, Lucien s'éveilla dans les joies enchanteresses que lui prodigua Coralie. L'actrice redoubla d'amour et de tendresse, comme pour compenser par les plus riches trésors du cœur l'indigence de son nouveau ménage. Elle était ravissante de beauté, ses cheveux échappés de dessous un foulard tordu, blanche et fraîche, les yeux rieurs, la parole gaie comme le rayon de soleil levant, qui entra par les fenêtres pour dorer cette charmante misère. La chambre, encore décente, était tendue d'un papier vert d'eau à bordure rouge, ornée de deux glaces, l'une à la cheminée, l'autre au-dessus de la commode. Un tapis d'occasion, acheté par Bérénice de ses deniers, malgré les ordres de Coralie, déguisait le carreau nu et froid du plancher. La garde-robe des deux amants tenait dans une armoire à glace et dans la commode. Les meubles d'acajou étaient garnis en étoffe de coton bleu. Bérénice avait sauvé du désastre une pendule et deux vases de porcelaine, quatre couverts en argent et six petites cuillers. La salle à manger, qui se trouvait avant la chambre à coucher, ressemblait à celle du ménage d'un employé à douze cents francs. La cuisine faisait face au palier. Au-dessus Bérénice couchait dans une mansarde. Le loyer ne s'élevait pas à plus de cent écus. Cette horrible maison avait une fausse porte cochère. Le portier logeait dans un des vantaux, condamné, percé d'un croisillon par où il surveillait dix-sept locataires. Cette niche s'appelle une loge. Le marbre se produit en état de notaire. Lucien aperçut un bureau, un fauteuil, de l'encre, des plumes et du papier. La gaieté de Bérénice, qui comptait sur le début de Coralie au Gymnase, celle de l'actrice, qui regardait son rôle, en cahier de papier noué avec un bout de faveur bleue, chassèrent les inquiétudes et la tristesse du poète dégrisé.
— Pourvu que dans le monde on ne sache rien de cette dégringolade, nous nous en tirerons, dit-il. Après tout, nous avons quatre mille cinq cents francs devant nous. Je vais exploiter ma nouvelle position dans les journaux royalistes. Demain nous inaugurons le Réveil, je me connais maintenant en journalisme, j'en ferai!

Coralie, qui ne vit que de l'amour dans ces paroles, baisa les lèvres qui les avaient prononcées. Pendant ce moment Bérénice avait mis la table auprès du feu, et venait de servir un modeste déjeuner composé d'œufs brouillés, de deux côtelettes et de café à la crème. On frappa. Trois amis sincères, d'Arthez, Léon Giraud et Michel Chrestien apparurent aux yeux étonnés de Lucien, qui vivement touché leur offrit de partager son déjeuner.
— Non, dit d'Arthez. Nous venons pour des affaires plus sérieuses que de simples consolations, car nous savons tout, nous revenons de la rue de Vendôme. Vous connaissez mes opinions, Lucien. Dans toute autre circonstance, je me réjouirais de vous voir adoptant mes convictions politiques, mais, dans la situation où vous vous êtes mis en écrivant aux journaux libéraux, vous ne sauriez passer dans les rangs des ultras sans flétrir à jamais votre caractère et souiller votre existence. Nous venons vous conjurer au nom de notre amitié, quelque affaiblie qu'elle soit, de ne pas vous entacher ainsi. Vous avez attaqué les romantiques, la droite et le gouvernement; vous ne pouvez pas maintenant défendre le gouvernement, la droite et les romantiques.
— Les raisons qui me font agir sont tirées d'un ordre de pensées supérieur, la fin justifiera tout, dit Lucien.
— Vous ne comprenez peut-être pas la situation dans laquelle nous sommes, dit Léon Giraud. Le gouvernement, la cour, les Bourbons, le parti absolutiste, ou, si vous voulez tout comprendre sous une expression générale, le système opposé au système constitutionnel, et qui se divise en plusieurs fractions toutes divergentes dès qu'il s'agit des moyens à prendre pour étouffer la révolution, est au moins d'accord sur la nécessité de supprimer la presse. La fondation du Réveil, de la Foudre, du Drapeau blanc, tous journaux destinés à répondre aux calomnies, aux injures, aux railleries de la presse libérale, que je n'approuve pas en ceci, car cette méconnaissance de la

grandeur de notre sacerdoce est précisément ce qui nous a conduits à publier un journal digne et grave dont l'influence sera dans peu de temps respectable et sentie, imposante et digne, dit-il en faisant une parenthèse, eh bien! cette artillerie royaliste et ministérielle est un premier essai de représailles, entrepris pour rendre aux libéraux trait pour trait, blessure pour blessure. Que croyez-vous qu'il arrivera, Lucien? Les abonnés sont en majorité du côté gauche. Dans la presse, comme à la guerre, la victoire se trouvera du côté des gros bataillons! Vous serez des infâmes, des menteurs, des ennemis du peuple, les autres seront des défenseurs de la patrie, des gens honorables, des martyrs, quoique plus hypocrites et plus perfides que vous, peut-être. Ce moyen augmentera l'influence pernicieuse de la presse, en légitimant et consacrant ses plus odieuses entreprises. L'injure et la personnalité deviendront un de ses droits publics, adopté pour le profit des abonnés et passé en force de chose jugée par un usage réciproque. Quand le mal se sera révélé dans toute son étendue, les lois restrictives et prohibitives, la censure, mise à propos de l'assassinat du duc de Berry et levée depuis l'ouverture des Chambres, reviendra. Savez-vous ce que le peuple français comprend à ce débat? il admettra les insinuations de la presse libérale, il croira que les Bourbons veulent attaquer les résultats matériels et acquis de la révolution, il se lèvera quelque beau jour et chassera les Bourbons. Non seulement vous salissez votre vie, mais vous serez un jour dans le parti vaincu. Vous êtes trop jeune, trop nouveau venu dans la presse, vous en connaissez trop peu les ressorts secrets, les rubriques; vous avez excité trop de jalousie pour résister au tolle général qui s'élèvera contre vous dans les journaux libéraux. Vous serez entraîné par la fureur des partis, qui sont encore dans le paroxysme de la fièvre. Seulement leur fièvre a passé, des actions brutales de 1815 et 1816, dans les idées, dans les luttes orales de la Chambre et dans les débats de la presse.

— Mes amis, dit Lucien, je ne suis pas l'étourdi, le poète que vous voulez voir en moi. Quelque chose qui puisse arriver, j'aurai conquis un avantage que jamais le triomphe du parti libéral ne peut me donner. Quand vous aurez la victoire, mon affaire sera faite.

— Nous te couperons... les cheveux, dit en riant Michel Chrestien.

— J'aurai des enfants alors, répondit Lucien, et me couper la tête, ce serait ne rien couper.

Les trois amis ne comprirent pas Lucien, chez qui ses relations avec le grand monde avaient développé au plus haut degré l'orgueil nobiliaire et les vanités aristocratiques. Le poète voyait, avec raison d'ailleurs, une immense fortune dans sa beauté, dans son esprit, appuyées du nom et du titre de comte de Rubempré. Madame d'Espard, madame de Bargeton et madame de Montcornet le tenaient par ce fil comme un enfant tient un hanneton. Lucien ne volait plus que dans un cercle déterminé. Ces mots : — « Il est des nôtres, il pense bien! » dits trois jours auparavant dans les salons de mademoiselle des Touches, l'avaient enivré, ainsi que les félicitations qu'il avait reçues des ducs de Lenoncourt, de Navarreins, de Grandlieu, de Rastignac, de Blondet, de la belle duchesse de Maufrigneuse, du comte d'Esgrignon, de des Lupeaulx, des gens les plus influents et les mieux en cour du parti royaliste.

— Allons, tout est dit, répliqua d'Arthez. Il te sera plus difficile qu'à tout autre de te conserver pur et d'avoir de la propre estime. Tu souffriras beaucoup, je te connais, quand tu te verras méprisé par ceux-là mêmes à qui tu te seras dévoué.

Les trois amis dirent adieu à Lucien sans lui tendre amicalement la main. Lucien resta pendant quelques instants pensif et triste.

— Eh! laisse donc ces mais-là, dit Coralie en sautant sur les genoux de Lucien et lui jetant ses beaux bras frais autour du cou, ils prennent la vie au sérieux, et la vie est une plaisanterie. D'ailleurs tu seras comte Lucien de Rubempré. Je ferai, s'il le faut, des agaceries à la chancellerie. Je sais par où prendre ce libertin de des Lupeaulx, qui fera signer ton ordonnance. Ne t'ai-je pas dit que, quand il te faudrait une marche de plus pour saisir ta proie, tu aurais le cadavre de Coralie?

Le lendemain Lucien laissa mettre son nom parmi ceux des collaborateurs du Réveil. Ce nom fut annoncé comme une conquête dans le prospectus, distribué par les soins du ministère à cent mille exemplaires. Lucien vint au repas triomphal, qui dura neuf heures, chez Robert, à deux pas de Frascati, et auquel assistaient les coryphées de la presse royaliste : Martinville, Auger, Destains, et une foule d'auteurs encore vivants qui, dans ce temps-là, faisaient de la monarchie et de la religion, selon une expression consacrée.

— Nous allons leur en donner, aux libéraux, dit Hector Merlin.

— Messieurs, répondit Nathan qui s'enrôla sous cette bannière en jugeant bien qu'il valait mieux avoir pour soi que contre soi l'autorité dans l'exploitation du théâtre à laquelle il songeait, si nous leur faisons la guerre, faisons-la sérieusement; ne nous tirons pas des balles de liège! Attaquons tous les écrivains classiques et libéraux sans distinction d'âge ni de sexe, passons-les au fil de la plaisanterie, et ne faisons pas de quartier.

— Soyons honorables, ne nous laissons pas gagner par les exemplaires, les présents, l'argent des libraires. Faisons la restauration du journalisme.

— Bien! dit Martinville. *Justum et tenacem propositi virum!* Soyons implacables et mordants. Je ferai de Lafayette ce qu'il est : Gilles premier.

— Moi, dit Lucien, je me charge des héros du *Constitutionnel*, du sergent Mercier, des œuvres complètes de M. Jouy, des illustres orateurs de la gauche!

Une guerre à mort fut résolue et votée à l'unanimité, à une heure du matin, par les rédacteurs, qui noyèrent toutes leurs nuances et toutes leurs idées dans un punch flamboyant.

— Nous nous sommes donné une fameuse culotte monarchique et religieuse, dit sur le seuil de la porte un des écrivains les plus célèbres de la littérature romantique.

Ce mot historique, révélé par un libraire qui assistait au dîner, parut le lendemain dans le *Miroir*, mais la révélation fut attribuée à Lucien. Cette défection fut le signal d'un effroyable tapage dans les journaux libéraux. Lucien devint leur bête noire et fut tympanisé de la plus cruelle façon : on raconta les infortunes de ses sonnets, on apprit au public que Dauriat aimait mieux perdre mille écus que de les imprimer, on l'appela le poète sans sonnets.

Un matin, dans ce même journal où Lucien avait débuté si brillamment, il lut les lignes suivantes, écrites uniquement pour lui, car le public ne pouvait guère comprendre cette plaisanterie :

« Si le libraire Dauriat persiste à ne pas publier les sonnets du futur Pétrarque français, nous agirons en ennemis généreux, nous ouvrirons nos colonnes à ces poèmes qui doivent être piquants, à en juger par celui-ci, que nous communique un ami de l'auteur. »

Et sous cette terrible annonce le poète lut ce sonnet, qui le fit pleurer à chaudes larmes :

Une plante chétive et de louche apparence
Surgit un beau matin dans un parterre en fleurs,
A l'en croire, pourtant, de splendides couleurs
Témoignaient un jour de sa noble semence

On la toléra donc! Mais, pour reconnaissance,
Elle insulta bientôt ses plus brillantes sœurs,
Qui, s'indignant enfin de ses grands airs causeurs,
La mirent au défi de prouver sa naissance

Elle fleurit alors. Mais un vil baladin
Ne fut jamais sifflé comme tout le jardin
Hooua, siffla, railla, ce calice vulgaire

Puis le maître, en passant, la brisa sans pardon,
Et le soir sur sa tombe un âne seul vint braire,
Car ce n'était vraiment qu'un ignoble chardon!

Vernou parla de la passion de Lucien pour le jeu, et signala d'avance l'*Archer* comme une œuvre antinationale, où l'auteur prenait le parti des égorgeurs catholiques contre les victimes calvinistes. En huit jours cette querelle s'envenima. Lucien comptait sur son ami Lousteau, qui lui devait mille francs, et avec lequel il avait eu des conventions secrètes; mais Lousteau devint l'ennemi juré de Lucien. Voici comment. Depuis trois mois Nathan aimait Florine, et ne savait comment l'enlever à Lousteau, pour qui d'ailleurs elle était une providence. Dans la détresse et le désespoir où se trouvait cette actrice en se voyant sans engagement, Nathan, le collaborateur de Lucien, vint voir Coralie, et la pria d'offrir à Florine un rôle dans une pièce de lui, se faisant fort de procurer un engagement conditionnel au Gymnase à l'actrice sans théâtre. Florine, enivrée d'ambition, n'hésita pas. Elle avait eu le temps d'observer Lousteau. Nathan était un ambitieux littéraire et politique, un homme qui avait autant d'énergie que de besoins, tandis que chez Lousteau les vices tuaient le vouloir. L'actrice, qui voulut reparaître environnée d'un nouvel éclat, livra les lettres du droguiste à Nathan, et Nathan les fit racheter par Matifat contre le sixième du journal convoité par Finot. Florine eut alors un magnifique appartement rue Hauteville, et prit Nathan pour protecteur à la face de tout le journalisme et du monde théâtral. Lousteau fut si cruellement atteint par cet événement, qu'il pleura vers la fin d'un dîner que ses amis lui donnèrent pour le consoler. Dans cette orgie, les convives trouvèrent que Nathan avait joué son jeu. Quelques écrivains comme Finot et Vernou savaient la passion du dramaturge pour Florine; mais, au dire de tous, Lucien, en manigançant cette affaire, avait manqué aux plus saintes lois de l'amitié. L'esprit de parti, le désir de servir ses nouveaux amis, rendaient le nouveau royaliste inexcusable.

— Nathan a emporté la logique des passions, tandis que le grand homme de province, comme dit Blondet, cède à des calculs! s'écria Bixiou.

Aussi la perte de Lucien, de cet intrus, de ce petit drôle qui voulait avaler tout le monde, fut-elle unanimement résolue et profondément méditée. Vernou, qui haïssait Lucien, se chargea de ne pas le lâcher. Pour se dispenser de payer mille écus à Lousteau, Finot accusa Lucien d'avoir empêché de gagner cinquante mille francs en donnant à Nathan le secret de l'opération contre Matifat. Nathan, conseillé par Florine, s'était ménagé l'appui de Finot en lui vendant son *petit sixième* pour quinze mille francs. Lousteau, qui perdait ses mille écus, ne pardonna pas à Lucien cette lésion énorme de ses intérêts. Les blessures d'amour-propre deviennent incurables quand l'oxyde d'argent y pénètre. Aucune expression, aucune peinture ne peut rendre la rage qui saisit les écrivains quand leur amour-propre souffre, ni l'énergie qu'ils trouvent au moment où ils se sentent piqués par les flèches empoisonnées de la raillerie. Ceux dont l'énergie et la résistance sont stimulées par l'attaque succombent promptement. Les gens calmes et dont le thème est fait d'après le profond oubli dans lequel tombe un article injurieux, ceux-là déploient le vrai courage littéraire. Ainsi les faibles, au premier coup d'œil, paraissent être les forts, mais leur résistance n'a qu'un temps. Pendant les premiers quinze jours, Lucien enragé fit pleuvoir une grêle d'articles dans les journaux royalistes, où il partagea le poids de la critique avec Hector Merlin. Tous les jours sur la brèche du *Réveil*, il fit feu de tout son esprit, appuyé d'ailleurs par Martinville, le seul qui le servit sans arrière-pensée, et qu'on ne mit pas dans le secret des conventions signées par des plaisanteries après boire, ou aux galeries de bois chez Dauriat, et dans les coulisses de théâtre, entre les journalistes des deux partis que la camaraderie unissait secrètement. Quand Lucien allait au foyer du Vaudeville, il n'était plus traité en ami, les gens de son parti lui donnaient seuls la main, tandis que Nathan, Hector Merlin, Théodore Gaillard, fraternisaient sans honte avec Finot, Lousteau, Vernou et quelques-uns de ces journalistes décorés du surnom de *bons enfants*. À cette époque, le foyer du Vaudeville était le chef-lieu des médisances littéraires, une espèce de boudoir où venaient des gens de tous les partis, des hommes politiques et des magistrats. Après une réprimande faite en certaine chambre du conseil, le président, qui avait reproché à l'un de ses collègues de balayer les coulisses de sa simarre, se trouva simarre à simarre avec le réprimandé dans le foyer du Vaudeville. Lousteau finit par y donner la main à Nathan. Finot y venait presque tous les soirs. Quand Lucien avait le temps, il y étudiait les dispositions de ses ennemis, et ce malheureux enfant voyait toujours en eux une implacable froideur.

En ce temps, l'esprit de parti engendrait des haines bien plus sérieuses qu'elles ne le sont aujourd'hui. Aujourd'hui, à la longue, tout s'est amoindri par une trop grande tension des ressorts. Aujourd'hui, la critique, après avoir immolé le livre d'un homme, lui tend la main. La victime doit embrasser le sacrificateur sous peine d'être passée par les verges de la plaisanterie. En cas de refus, un écrivain passe pour être insociable, mauvais coucheur, pétri d'amour-propre, inabordable, haineux, rancunier. Aujourd'hui, quand un auteur a reçu dans le dos les coups de poignard de la trahison, quand il a évité les pièges tendus avec une infâme hypocrisie, essuyé les plus mauvais procédés, il entend ses assassins lui souhaitant le bonjour, et manifestant des prétentions à son estime, voire même à son amitié. Tout s'excuse et se justifie à une époque où l'on a transformé la vertu en vice comme on a érigé certains vices en vertus. La camaraderie est devenue la plus sainte des libertés. Les chefs des opinions les plus contraires se parlent à mots émoussés, à pointes courtoise. Mais, en ce temps, si tant est qu'on s'en souvienne, il y avait du courage pour certains écrivains royalistes et pour quelques écrivains libéraux, à se trouver dans le même théâtre. On entendait les provocations les plus haineuses. Les regards étaient chargés comme des pistolets, la moindre étincelle pouvait faire partir le coup d'une querelle. Qui n'a pas surpris des imprécations chez son voisin, à l'entrée de quelques hommes plus spécialement en butte aux attaques respectives des deux partis ? Il n'y avait alors que deux partis, les royalistes et les libéraux, les romantiques et les classiques, la même haine sous deux formes, une haine qui faisait comprendre les échafauds de la Convention. Lucien, devenu royaliste et romantique forcené, de libéral et de voltairien enragé qu'il avait été à son début, se trouva donc sous le poids des inimitiés qui planaient sur la tête de l'homme le plus abhorré des libéraux à cette époque, de Martinville, le seul qui le défendit et l'aimât. Cette solidarité nuisit à Lucien. Les partis sont ingrats envers leurs vedettes, ils abandonnent volontiers leurs enfants perdus. Surtout en politique, il est nécessaire à ceux qui veulent parvenir d'aller avec le gros de l'armée. La principale méchanceté des petits journaux fut d'accoupler Lucien et Martinville. Le libéralisme les jeta dans les bras l'un de l'autre. Cette amitié, fausse ou vraie, leur valut à tous deux des articles écrits avec le fiel par l'élicien au désespoir des succès de Lucien dans le grand monde, et qui croyait, comme tous les anciens camarades du poète, à sa prochaine élévation. La prétendue trahison du poète fut alors enveloppée et embellie de circonstances les plus aggravantes. Lucien fut nommé le petit Judas, et Martinville le grand Judas, car Martinville était, à tort ou à raison, accusé d'avoir livré le pont du Pecq aux armées étrangères. Lucien répondit en riant à des Lupeaulx, que, quant

à lui, sûrement il avait livré le pont aux ânes. Le luxe de Lucien, quoique creux et fondé sur des espérances, révoltait ses amis, qui ne lui pardonnaient ni son équipage à bas, car pour eux il roulait toujours, ni ses splendeurs de la rue de Vendôme. Tous sentaient instinctivement qu'un homme jeune et beau, spirituel et corrompu par eux, allait arriver à tout ; aussi pour le renverser employèrent-ils tous les moyens.

Quelques jours avant le début de Coralie au Gymnase, Lucien vint bras dessus, bras dessous, avec Hector Merlin, au foyer du Vaudeville. Merlin grondait son ami d'avoir servi Nathan dans l'affaire de Florine.

— Vous vous êtes fait, de Lousteau et de Nathan, deux ennemis mortels. Je vous avais donné de bons conseils et vous n'en avez point profité. Vous avez distribué l'éloge et répandu le bienfait, vous serez cruellement puni de vos bonnes actions. Florine et Coralie ne vivront jamais en bonne intelligence se trouvant sur la même scène, l'une voudra l'emporter sur l'autre. Vous n'avez que nos journaux pour défendre Coralie. Nathan, outre l'avantage que lui donne son métier de faiseur de pièces, dispose des journaux libéraux dans la question des théâtres, et il est dans le journalisme depuis un peu plus de temps que vous.

Cette phrase répondit à des craintes secrètes de Lucien, qui ne trouvait ni chez Nathan, ni chez Gaillard, la franchise à laquelle il avait droit, mais il ne pouvait pas s'en plaindre, il était si fraîchement converti ! Gaillard accablait Lucien en lui disant que les nouveaux venus devaient donner pendant longtemps des gages avant que leur parti pût se fier à eux. Le poète rencontrait à l'intérieur des journaux royalistes et ministériels une jalousie à laquelle il n'avait pas pensé. La jalousie qui se déclare entre tous les hommes en présence d'un gâteau quelconque à partager, et qui fit le tel d'eux, semblables à des chiens se disputant une proie, ils offraient alors les mêmes grondements, les mêmes attitudes, les mêmes caractères. Ces écrivains se jouaient mille mauvais tours secrets pour se mettre les uns aux autres auprès du pouvoir, ils s'accusaient de tiédeur et pour se débarrasser d'un concurrent, ils inventaient les machines les plus perfides. Les libéraux n'avaient aucun sujet de débats intestins en se trouvant loin du pouvoir et de ses grâces. En entrevoyant cet inextricable lacis d'ambitions, Lucien n'eut pas assez de courage pour tirer l'épée et en couper les nœuds, et ne se sentit pas la patience de les démêler, il ne pouvait être ni l'Arétin, ni le Beaumarchais, ni le Fréron de son époque, il s'en tint à son unique désir : avoir son ordonnance, en comprenant que cette restauration lui vaudrait un beau mariage. Sa fortune ne dépendait plus alors que d'un hasard auquel aiderait sa beauté. Lousteau, qui lui avait marqué tant de confiance, avait son secret ; le journaliste savait où blesser à mort le poète d'Angoulême, aussi le jour où Merlin l'amenait au Vaudeville, Étienne avait-il préparé pour Lucien un piège horrible où cet enfant devait se prendre et succomber.

— Voilà notre beau Lucien, dit Finot en traînant des Lupeaulx avec lequel il causait devant Lucien, dont il prit la main avec les décevantes chatteries de l'amitié. Je ne connais pas d'exemples d'une fortune aussi rapide que la sienne, dit Finot en regardant tout à tour Lucien et le maître des requêtes. À Paris, la fortune est de deux espèces : il y a la fortune matérielle, l'argent que tout le monde peut ramasser, et la fortune morale, les relations, la position, l'accès dans un certain monde inabordable pour certaines personnes quelle que soit leur fortune matérielle, et mon ami...

— Notre ami, dit des Lupeaulx en jetant à Lucien un caressant regard.

— Notre ami, reprit Finot en tapotant la main de Lucien entre les siennes, a fait sous ce rapport une brillante fortune. À la vérité, Lucien a plus de moyens, plus de talent, plus d'esprit que tous ses envieux, puis il est d'une beauté ravissante ; ses anciens amis ne lui pardonnent pas ses succès, ils disent qu'il a eu du bonheur.

— Ces bonheurs-là, dit des Lupeaulx, n'arrivent jamais aux sots ni aux incapables. Eh ! peut-on appeler du bonheur le sort de Bonaparte ? Il y avait vingt généraux en chef avant lui pour commander les armées d'Italie, comme il y a cent jeunes gens en ce moment qui voudraient pénétrer chez mademoiselle des Touches, que déjà dans le monde on vous donne pour femme, mon cher ! dit des Lupeaulx en frappant sur l'épaule de Lucien. Ah ! vous êtes en grande faveur. Madame d'Espard, madame de Bargeton et madame de Montcornet sont folles de vous. N'êtes-vous pas ce soir de la soirée de madame Firmiani et demain du raout de la duchesse de Grandlieu ?

— Oui, dit Lucien.

— Permettez-moi de vous présenter un jeune banquier, M. du Tillet, un homme digne de vous, il a su faire une belle fortune, et en peu de temps.

Lucien et du Tillet se saluèrent, entrèrent en conversation, et le banquier invita Lucien à dîner. Finot et des Lupeaulx, deux hommes d'une égale profondeur et qui se connaissaient assez pour demeurer toujours amis, parurent continuer une conversation commencée, ils laissèrent Lucien, Merlin, du Tillet et Nathan causant ensemble, et

se dirigèrent vers un des divans qui meublaient le foyer du Vaudeville.
— Ah çà! mon cher ami, dit Finot à des Lupeaulx, dites-moi la vérité. Lucien est-il sérieusement protégé, car il est venu la bête noire de tous mes rédacteurs, et, avant de favoriser leur conspiration, j'ai voulu vous consulter pour savoir s'il ne vaut pas mieux la déjouer et le servir.

Ici le maître des requêtes et Finot se regardèrent pendant une légère pause avec une profonde attention.
— Comment, mon cher, dit des Lupeaulx, pouvez-vous imaginer que la marquise d'Espard, Châtelet et madame de Bargeton, qui a fait nommer le baron préfet de la Charente et comte afin de rentrer triomphalement à Angoulême, pardonnent à Lucien ses attaques? elles l'ont jeté dans le parti royaliste afin de l'annuler. Aujourd'hui, tous cherchent des motifs pour refuser ce qu'on a promis à cet enfant; trouvez-en: vous aurez rendu le plus immense service à ces deux femmes; un jour ou l'autre, elles s'en souviendront. J'ai le secret de ces deux dames, elles haïssent ce petit bonhomme à tel point, qu'elles m'ont surpris. Ce Lucien pouvait se débarrasser de sa plus cruelle ennemie, madame de Bargeton, en ne cessant ses attaques qu'à des conditions que toutes les femmes aiment à exécuter, vous comprenez? il est beau, il est jeune, il aurait noyé cette haine dans des torrents d'amour, il devenait alors comte de Rubempré, la sèche lui aurait obtenu quelque place dans la maison du roi, des sinécures! Lucien aurait fait un très-joli lecteur pour Louis XVIII, il eut été bibliothécaire je ne sais où, maître des requêtes pour rire, directeur de quelque chose aux Menus-Plaisirs. Ce petit sot a manqué son coup. Peut-être est-ce là ce qu'on ne lui a point pardonné. Au lieu d'imposer des conditions, il en a reçu. Le jour où Lucien s'est laissé prendre à la promesse de l'ordonnance, le baron Châtelet a fait un grand pas. Coralie a perdu cet enfant-là. S'il n'avait pas eu l'actrice pour maîtresse, il aurait revoulu la sèche, et il l'aurait eue.
— Ainsi, nous pouvons l'abattre, dit Finot.
— Par quel moyen? demanda négligemment des Lupeaulx, qui voulait se prévaloir de ce service auprès de la marquise d'Espard.
— Il a une marche qui l'oblige à travailler au petit journal de Lousteau, nous lui ferons d'autant mieux faire des articles qu'il est sans le sou. Si le garde des sceaux se sent chatouillé par un article plaisant et qu'on lui prouve que Lucien en est l'auteur, il le regardera comme un homme indigne des bontés du roi. Pour faire perdre un peu la tête à ce grand homme de province, nous avons préparé la chute de Coralie: il verra sa maîtresse sifflée et sans rôles. Une fois l'ordonnance indéfiniment suspendue, nous plaisanterons alors notre victime sur ses prétentions aristocratiques, nous parlerons de sa mère accoucheuse, de son père apothicaire. Lucien n'a qu'un courage d'épiderme, il succombera, nous le renverrons d'où il vient. Nathan m'a fait vendre par Florine le sixième de la Revue que possède Matifat, j'ai pu acheter la part du papetier, je suis seul avec Dauriat; nous pouvons nous entendre, vous et moi, pour absorber ce journal au profit de la cour. Je n'ai protégé Florine et Nathan qu'à la condition de la restitution de mon sixième, ils me l'ont vendu, je dois les servir, mais, auparavant, je voulais connaître les chances de Lucien...
— Vous êtes digne de votre nom, dit des Lupeaulx en riant. Allez! j'aime les gens de votre sorte...
— Eh bien! vous pouvez faire avoir à Florine un engagement définitif, dit Finot au maître des requêtes.
— Oui, mais débarrassez-nous de Lucien, car Rastignac et de Marsay ne veulent plus entendre parler de lui.
— Dormez en paix, dit Finot. Nathan et Merlin auront toujours des articles que Gaillard aura promis de faire passer, Lucien ne pourra pas donner une ligne, nous lui couperons ainsi les vivres. Il n'aura que le journal de Martinville pour se défendre et défendre Coralie: un journal contre tous, il est impossible de résister.
— Je vous dirai les endroits sensibles du ministre; mais, livrez-moi le manuscrit de l'article que vous aurez fait faire à Lucien? répondit des Lupeaulx, qui se garda bien de dire à Finot que l'ordonnance promise à Lucien était une plaisanterie.

Des Lupeaulx quitta le foyer. Finot vint à Lucien, et, de ce ton de bonhomie dont se sont pris tant de gens, il expliqua comment il ne pouvait renoncer à la rédaction qui lui était due. Finot reculait à l'idée d'un procès qui ruinerait les espérances que son ami voyait dans le parti royaliste. Finot aimait les hommes assez forts pour changer hardiment d'opinion. Lucien et lui ne devaient-ils pas se rencontrer dans la vie, n'auraient-ils pas l'un et l'autre mille petits services à se rendre? Lucien avait besoin d'un homme sûr dans le parti libéral pour faire attaquer les ministériels ou les ultras qui se refuseraient à le servir.
— Si l'on se joue de vous, comment ferez-vous? dit Finot en terminant. Si quelque ministre, croyant vous avoir attaché par le licou de votre apostasie, ne vous redoute plus et vous envoie promener, ne faudra-t-il pas lui lancer quelques chiens pour le mordre aux mollets? Eh bien! vous êtes brouillé à mort avec Lousteau, qui demande votre tête. Félicien et vous, vous ne vous parlez plus. Moi

seul, je vous reste! Une des lois de mon métier est de vivre en bonne intelligence avec les hommes vraiment forts. Vous pourrez me rendre, dans le monde où vous allez, l'équivalent des services que je vous rendrai dans la presse. Mais les affaires avant tout! envoyez-moi des articles purement littéraires, ils ne vous compromettront pas et vous aurez exécuté nos conventions.

Lucien ne vit que de l'amitié mêlée à de savants calculs dans les propositions de Finot, dont la flatterie et celle de des Lupeaulx l'avaient mis en belle humeur; il remercia Finot.

Dans la vie des ambitieux et de tous ceux qui ne peuvent parvenir qu'à l'aide des hommes et des choses, par un plan de conduite plus ou moins bien combiné, suivi, maintenu, il se rencontre un cruel moment où ne sais quelle puissance les soumet à de rudes épreuves: tout manque à la fois, de tous côtés les fils rompent ou s'embrouillent, le malheur apparaît sur tous les points. Quand un homme perd la tête au milieu de ce désordre moral, il est perdu. Les gens qui savent résister à cette première révolte des circonstances, qui se roidissent en laissant passer la tourmente, qui se sauvent en gravissant par un épouvantable effort la sphère supérieure, sont les hommes réellement forts. Tout homme, à moins d'être né riche, a donc ce qu'il faut appeler sa fatale semaine. Pour Napoléon, cette semaine fut la retraite de Moscou. Ce cruel moment lui vint pour Lucien. Tout s'était trop heureusement succédé pour lui dans le monde et dans la littérature; il avait été trop heureux, il devait voir les hommes et les choses se tourner contre lui. La première douleur fut la plus vive et la plus cruelle de toutes: elle l'atteignit là où il se croyait invulnérable, dans son cœur et dans son amour. Coralie pouvait n'être pas spirituelle, mais, douée d'une belle âme, elle avait la faculté de la mettre en dehors par ces mouvements soudains qui font les grandes actrices. Ce phénomène étrange, tant qu'il n'est pas devenu une habitude par un long usage, est soumis aux caprices du caractère, et souvent à une admirable pudeur qui domine les actrices encore jeunes. Intérieurement naïve et timide, en apparence hardie et leste comme doit être une comédienne, Coralie encore aimante éprouvait une réaction de son cœur de femme sur son masque de comédienne. L'art de rendre les sentiments, cette sublime fausseté, n'avait pas encore triomphé chez elle de la nature. Elle était honteuse de donner au public ce qui n'appartenait qu'à l'amour. Puis elle avait une faiblesse particulière aux femmes vraies. Tout en se sachant appelée à régner en souveraine sur la scène, elle avait besoin du succès. Incapable d'affronter une salle à laquelle elle ne sympathisait pas, elle tremblait toujours en arrivant en scène, et, alors, la froideur du public pouvait la glacer. Cette terrible émotion lui faisait trouver dans chaque nouveau rôle un nouveau début. Les applaudissements lui causaient une espèce d'ivresse, inutile à son amour-propre, mais indispensable à son courage: un murmure de désapprobation ou le silence d'un public distrait lui ôtaient ses moyens, une salle pleine, attentive, des regards admiratifs et bienveillants l'électrisaient, elle se mettait alors en communication avec les qualités nobles de toutes ces âmes, et se sentait la puissance de les élever, de les émouvoir. Ce double effet accusait bien et la nature nerveuse et la constitution du génie, en trahissant aussi les délicatesses et la tendresse de cette pauvre enfant. Lucien avait fini par apprécier les trésors que renfermait son cœur, il avait reconnu combien sa maîtresse était jeune fille. Inhabile aux faussetés de l'actrice, Coralie était incapable de se défendre contre les rivalités et les manœuvres des coulisses auxquelles s'adonnait Florine, fille aussi dangereuse, aussi dépravée déjà que son amie était simple et généreuse. Les rôles devaient venir trouver Coralie, elle était trop fière pour implorer les auteurs et subir leurs déshonorantes conditions, pour se donner au premier journaliste qui la menacerait d'un amour et de sa plume. Le talent, déjà si rare dans l'art extraordinaire du comédien, n'est qu'une condition du succès, le talent est même longtemps nuisible s'il n'est accompagné d'un certain génie d'intrigue qui manquait absolument à Coralie. Prévoyant les souffrances qui attendraient son amie à son début au Gymnase, Lucien voulut à tout prix lui procurer un triomphe. L'argent qui restait sur le prix du mobilier vendu, celui que Lucien gagnait, tout avait passé aux costumes, à l'arrangement de la loge, à tous les frais d'un début. Quelques jours auparavant, Lucien fit une démarche humiliante à laquelle il se résolut par amour: il prit les billets de Fendant et Cavalier, se rendit rue des Bourdonnais, à l'OEil-d'or, pour en proposer l'escompte à Camusot. Le poète n'était pas encore tellement corrompu qu'il pût aller froidement à cet assaut. Il laissa bien des douleurs sur le chemin, il le pava des plus terribles pensées en se disant alternativement: — oui! — non! Mais il arriva néanmoins au petit cabinet froid, noir, éclairé sur une cour intérieure, où siégeait gravement non plus l'amoureux de Coralie, le débonnaire, le fainéant, le libertin, l'incrédule Camusot, qu'il avait connu, mais le sérieux père de famille, le négociant poudré de ruses et de vertus, masqué de la pruderie judiciaire d'un magistrat du tribunal de commerce, et défendu par la froideur patelinée d'un chef de maison, entouré de commis, de caissiers, de cartons verts, de factures et d'échantillons, bardé de sa femme, accompagné d'une fille simplement mise. Lucien frémit de la tête aux pieds en l'abordant, car le digne négociant lui jeta le regard insolemment indifférent qu'il avait déjà vu dans les yeux des escompteurs.

— Voici des valeurs, je vous aurais mille obligations si vous vouliez me les prendre, monsieur! dit-il en se tenant debout auprès du négociant assis.

— Vous m'avez pris quelque chose, monsieur, dit Camusot, je m'en souviens.

Là, Lucien expliqua la situation de Coralie, à voix basse et en parlant à l'oreille du marchand de soieries, qui put entendre les palpitations du poëte humilié. Il n'était pas dans les intentions de Camusot que Coralie éprouvât une chute. En écoutant, le négociant regardait les signatures et souriait, il était juge au tribunal de commerce, il connaissait la situation des libraires. Il donna quatre mille cinq cents francs à Lucien, à la condition de mettre dans son endos *valeur reçue en soieries*. Lucien alla sur-le-champ voir Braulard, et fit très-bien les choses avec lui pour assurer à Coralie un beau succès. Braulard promit de venir et vint à la répétition générale afin de convenir des endroits où ses romains déploieraient leurs battoirs de chair, et enlèveraient le succès. Lucien remit le reste de son argent à Coralie en lui cachant sa démarche auprès de Camusot; il calma les inquiétudes de l'actrice et de Bérénice, qui déjà ne savaient comment faire aller le ménage. Martinville, un des hommes de ce temps qui connaissaient le mieux le théâtre, était venu plusieurs fois faire répéter le rôle de Coralie. Lucien avait obtenu de plusieurs rédacteurs royalistes la promesse d'articles favorables, il ne soupçonnait donc pas le malheur. La veille du début de Coralie, il arriva quelque chose de funeste à Lucien. Le livre de d'Arthez avait paru. Le rédacteur en chef du journal d'Hector Merlin donna l'ouvrage à Lucien comme à l'homme le plus capable d'en rendre compte : il devait sa fatale réputation en ce genre aux articles qu'il avait faits sur Nathan. Il y avait du monde au bureau, tous les rédacteurs s'y trouvaient. Martinville y était venu s'entendre sur un point de la polémique générale adoptée par les journaux royalistes contre les journaux libéraux. Nathan, Merlin, tous les collaborateurs du *Réveil* s'y entretenaient de l'influence du journal semi-hebdomadaire de Léon Giraud, influence d'autant plus pernicieuse que le langage en était prudent, sage et modéré. On commençait à parler du cénacle de la rue des Quatre-Vents, on l'appelait une Convention. Il avait été décidé que les journaux royalistes feraient une guerre à mort et systématique à ces dangereux adversaires, qui devinrent en effet les metteurs en œuvre de la doctrine, cette fatale secte qui bouleversa les Bourbons, dès le jour où la plus mesquine des vengeances amena le plus brillant écrivain royaliste à s'allier avec elle. D'Arthez, dont les opinions absolutistes étaient inconnues, enveloppé dans l'anathème prononcé sur le cénacle, allait être la première victime. Son livre devait être *éreinté*, selon le mot classique. Lucien refusa de faire l'article. Ce refus excita le plus violent scandale parmi les hommes considérables du parti royaliste venus à ce rendez-vous. On déclara nettement à Lucien qu'un nouveau converti n'avait pas de volonté; s'il ne lui convenait pas d'appartenir à la monarchie et à la religion, il pouvait retourner à son premier camp : Merlin et Martinville le prirent à part et lui firent amicalement observer qu'il livrait Coralie à la haine que les journaux libéraux lui avaient vouée, et qu'elle n'aurait plus les éloges des journaux royalistes et ministériels pour se défendre. L'actrice allait donner lieu sans doute à une polémique ardente qui lui vaudrait cette renommée après laquelle soupirent toutes les femmes de théâtre.

— Vous n'y connaissez rien, lui dit Martinville, elle jouera pendant trois mois au milieu des feux croisés de nos articles, et trouvera trente mille francs en province dans ses trois mois de congé. Pour un de ces scrupules qui vous empêcheront d'être un homme politique, et qu'on doit fouler aux pieds, vous allez tuer Coralie et votre avenir, vous jetez votre gagne-pain. Lucien se vit forcé d'opter entre d'Arthez et Coralie : sa maîtresse était perdue s'il n'égorgeait pas d'Arthez dans le grand journal et dans le *Réveil*. Le pauvre poëte revint chez lui, la mort dans l'âme; il s'assit au coin du feu dans sa chambre et lut ce livre, l'un des plus beaux de la littérature moderne. Il laissa des larmes de page en page, il hésita longtemps, mais enfin il écrivit un article moqueur, comme il savait si bien en faire, il prit ce livre comme les enfants prennent un bel oiseau pour le déplumer et le martyriser. Sa terrible plaisanterie était de nature à nuire au livre. En relisant cette belle œuvre, tous les bons sentiments de Lucien se réveillèrent : il traversa Paris à minuit, arriva chez d'Arthez, vit à travers les vitres trembler la chaste et timide lueur qu'il avait si souvent regardée avec les sentiments d'admiration que méritait la noble constance de ce vrai grand homme; il ne se sentit pas la force de monter, il demeura sur une borne pendant quelques instants. Enfin poussé par son bon ange, il frappa, trouva d'Arthez lisant et sans feu.

— Que vous arrive-t-il? dit le jeune écrivain en apercevant Lucien et devinant qu'un horrible malheur pouvait seul le lui amener.

— Ton livre est sublime! s'écria Lucien les yeux pleins de larmes, et ils m'ont commandé de l'attaquer.

— Pauvre enfant, tu manges ton pain bien dur, dit d'Arthez.

— Je ne vous demande qu'une grâce, gardez-moi le secret sur ma visite, et laissez-moi dans mon enfer à mes occupations de damné. Peut-être ne parvient-on à rien sans s'être fait des calus aux endroits les plus sensibles du cœur.

— Toujours le même! dit d'Arthez.

— Me croyez-vous un lâche? Non, d'Arthez, non, je suis un enfant ivre d'amour.

Et il lui expliqua sa position.

— Voyons l'article, dit d'Arthez ému par tout ce que Lucien venait de lui dire de Coralie.

Lucien lui tendit le manuscrit, d'Arthez le lut, et ne put s'empêcher de sourire : — Quel fatal emploi de l'esprit! s'écria-t-il; mais il se tut en voyant Lucien dans un fauteuil, accablé d'une douleur vraie.

Les amis dirent adieu à Lucien sans lui tendre amicalement la main. — PAGE 64.

UN GRAND HOMME DE PROVINCE A PARIS.

— Voulez-vous me le laisser corriger? je vous le renverrai demain, reprit-il. La plaisanterie déshonore une œuvre, une critique grave et sérieuse est parfois un éloge, je saurai rendre votre article plus honorable et pour vous et pour moi. D'ailleurs, moi seul je connais bien mes fautes!

— En montant une côte aride, on trouve quelquefois un fruit pour apaiser les ardeurs d'une soif horrible; ce fruit, le voilà! dit Lucien, qui se jeta dans les bras d'Arthez, y pleura, et lui baisa le front en disant : — Il me semble que je vous confie ma conscience pour me la rendre un jour!

— Je regarde le repentir périodique comme une grande hypocrisie, dit solennellement d'Arthez, le repentir est alors une prime donnée aux mauvaises actions. Le repentir est une virginité que notre âme doit à Dieu : un homme qui se repent deux fois est donc un horrible sycophante. J'ai peur que tu ne voies que des absolutions dans tes repentirs!

Ces paroles foudroyèrent Lucien, qui revint à pas lents rue de la Lune. Le lendemain, le poète porta au journal son article, renvoyé et remanié par d'Arthez; mais, depuis ce jour, il fut dévoré par une mélancolie qu'il ne sut pas toujours déguiser.

Quand le soir il vit la salle du Gymnase pleine, il éprouva les terribles émotions que donne un début au théâtre, et qui s'agrandirent chez lui de toute la puissance de son amour. Toutes ses vanités étaient en jeu, son regard embrassait toutes les physionomies comme celui d'un accusé embrasse les figures des jurés et des juges : un murmure allait le faire tressaillir; un petit incident sur la scène, les entrées et les sorties de Coralie, les moindres inflexions de voix devaient l'agiter démesurément. La pièce où débutait Coralie était une de celles qui tombent, mais qui rebondissent, et la pièce tomba. En entrant en scène, Coralie ne fut pas applaudie et fut frappée par la froideur du parterre. Dans les loges, elle n'eut pas d'autres applaudissements que celui de Camusot. Des personnes placées au balcon et aux galeries firent taire le négociant par des chut! répétés. Les galeries imposèrent silence aux claqueurs, quand les claqueurs se livrèrent à des salves évidemment exagérées. Martinville applaudissait courageusement, et l'hypocrite Florine, Nathan, Merlin, l'imitaient. Une fois la pièce tombée, il y eut foule dans la loge de Coralie; mais cette foule aggrava le mal par les consolations qu'on lui donnait. L'actrice revint au désespoir moins pour elle que pour Lucien.

— Nous avons été trahis par Braulard, dit-il.

Coralie eut une fièvre horrible, elle était atteinte au cœur. Le lendemain, il lui fut impossible de jouer : elle se vit arrêtée dans sa carrière, Lucien lui cacha les journaux, il les décacheta dans la salle à manger. Tous les feuilletonistes attribuaient la chute de la pièce à Coralie : elle avait trop présumé de ses forces; elle, qui faisait les délices des boulevards, était déplacée au Gymnase, elle avait été poussée là par une louable ambition, mais elle n'avait pas consulté ses moyens, elle avait mal pris son rôle. Lucien lut alors sur Coralie des tartines composées dans le système hypocrite de ses articles sur Nathan. Une rage digne de Milon de Crotone, quand il se sentit les mains prises dans le chêne qu'il avait ouvert lui-même, éclata chez Lucien, il devint blême : ses amis donnaient à Coralie, dans une phraséologie admirable de bonté, de complaisance et d'intérêt, les conseils les plus perfides. Elle devait jouer, y disait-on, des rôles que les perfides auteurs de ces feuilletons infâmes savaient être entièrement contraires à son talent. Tels étaient les journaux royalistes serinés sans doute par Nathan. Quant aux journaux libéraux et aux petits journaux, ils déployaient les perfidies, les moqueries que Lucien avait pratiquées. Coralie entendit un ou deux sanglots, elle sauta de son lit vers Lucien, aperçut les journaux, voulut les voir, et les lut. Après cette lecture, elle alla se recoucher, et garda le silence. Florine était de la conspiration, elle en avait prévu l'issue, elle savait le rôle de Coralie, elle avait eu Nathan pour répétiteur. L'administration, qui tenait à la pièce, voulut donner le rôle de Coralie à Florine. Le directeur vint trouver la pauvre actrice, elle était en larmes et abattue; mais quand il lui dit devant Lucien que Florine savait le rôle et qu'il était impossible de ne pas donner la pièce le soir, elle se dressa, sauta hors du lit.

Lucien dans un fauteuil, accablé d'une douleur vraie. — PAGE 64.

— Je jouerai! cria-t-elle.

Elle tomba évanouie. Florine eut donc le rôle et s'y fit une réputation, car elle releva la pièce; elle eut dans tous les journaux une ovation à partir de laquelle elle fut cette grande actrice que vous savez.

Le triomphe de Florine exaspéra Lucien au plus haut degré.

— Une misérable à laquelle tu as mis le pain à la main! Si le Gymnase le veut, il peut racheter ton engagement. Je serai comte de Rubempré, je ferai fortune et l'épouserai.

— Quelle sottise! dit Coralie en lui jetant un regard pâle.

— Une sottise! cria Lucien. Eh bien! dans quelques jours tu habiteras une belle maison, tu auras un équipage, et je te ferai un rôle!

Il prit deux mille francs et courut à Frascati. Le malheureux y resta sept heures dévoré par des furies, le visage calme et froid en apparence. Pendant cette journée et une partie de la nuit, il eut les chances les plus diverses : il posséda jusqu'à trente mille francs, et sortit sans un sou. Quand il revint, il trouva Finot, qui l'attendait pour avoir ses petits articles. Lucien commit la faute de se plaindre.

— Ah! tout n'est pas roses, répondit Finot, vous avez fait si brutalement votre demi-tour à gauche, que vous deviez perdre l'appui de la presse libérale, bien plus forte que la presse ministérielle et royaliste. Il ne faut jamais passer d'un camp dans un autre sans s'être fait un bon lit où l'on se console des pertes auxquelles on doit s'attendre; mais, dans tous les cas, un homme sage va voir ses amis, leur expose ses raisons, et se fait conseiller par eux son abjuration, ils en deviennent les complices, ils vous plaignent, et l'on convient alors, comme Nathan et Merlin avec leurs camarades, de se rendre des services mutuels. Les loups ne se mangent point. Vous avez eu, vous, en cette affaire, l'innocence d'un agneau. Vous serez forcé de montrer les dents à votre nouveau parti pour en tirer cuisse ou aile. Ainsi, l'on vous a sacrifié nécessairement à Nathan. Je ne vous cacherai pas le bruit, le scandale et les criailleries que soulève votre article contre d'Arthez. Marat est un saint comparé à vous. Il se prépare des attaques contre vous, votre livre y succombera. Où en est-il, votre roman?

— Voici les dernières feuilles, dit Lucien en montrant un paquet d'épreuves.

— On vous attribue les articles non signés des journaux ministériels et ultras contre ce petit d'Arthez. Maintenant, tous les jours les coups d'épingle du Réveil sont dirigés contre les gens de la rue des Quatre-Vents, et les plaisanteries sont d'autant plus sanglantes, qu'elles sont drôles. Il y a toute une coterie politique, grave et sérieuse, derrière le journal de Léon Giraud, une coterie à qui le pouvoir appartiendra tôt ou tard.

— Je n'ai pas mis le pied au Réveil depuis huit jours.

— Eh bien! pensez à mes petits articles. Faites-en cinquante sur-le-champ, je vous les payerai en masse; mais faites-les dans la couleur du journal.

Et Finot donna négligemment à Lucien le sujet d'un article plaisant contre le garde des sceaux en lui racontant une prétendue anecdote qui, lui dit-il, courait les salons.

Pour réparer sa perte au jeu, Lucien retrouva, malgré son affaissement, de la verve, de la jeunesse d'esprit, et composa trente articles de chacun deux colonnes. Les articles finis, Lucien alla chez Dauriat, sûr d'y rencontrer Finot, auquel il voulait les remettre secrètement; il avait d'ailleurs besoin de faire expliquer le libraire sur la non-publication des Marguerites. Il trouva la boutique pleine de ses ennemis. A son entrée il y eut un silence complet, les conversations cessèrent. En se voyant mis au ban du journalisme, Lucien sentit un redoublement de courage, et se dit en lui-même comme dans l'allée du Luxembourg : — Je triompherai! Dauriat ne fut ni protecteur ni doux, il se montra goguenard, retranché dans son droit : il ferait paraître les Marguerites à sa guise, il attendrait que la position de Lucien en assurât le succès, il avait acheté l'entière propriété. Quand Lucien objecta que Dauriat était tenu de publier ses Marguerites par la nature même du contrat et de la qualité des contractants, le libraire soutint le contraire, et dit que judiciairement il ne pourrait être contraint à une opération qu'il jugeait mauvaise, il était seul juge de l'opportunité. Il y avait d'ailleurs une solution que tous les tribunaux admettraient : Lucien était maître de rendre les mille écus, de reprendre son œuvre et de la faire publier par un libraire royaliste.

Lucien se retira plus piqué du ton modéré que Dauriat avait pris qu'il ne l'avait été de sa pompe autocratique à leur première entrevue. Ainsi les Marguerites ne seraient sans doute publiées qu'au moment où Lucien aurait pour lui les forces auxiliaires d'une camaraderie puissante, ou deviendrait formidable par lui-même. Le poète revint chez lui lentement, en proie à un découragement qui le menait au suicide, si l'action eût suivi la pensée. Il vit Coralie au lit, pâle et souffrante.

Un rôle, ou elle meurt, lui dit Bérénice pendant que Lucien s'habillait pour aller rue du Mont-Blanc chez mademoiselle des Touches, qui donnait une grande soirée où il devait trouver des Lupeaulx, Vignon, Blondet, madame d'Espard et madame de Bargeton.

La soirée était donnée pour Conti, le grand compositeur qui possédait une des voix les plus célèbres en dehors de la scène, pour la Cinti, la Pasta, Garcia, Levasseur, et deux ou trois voix illustres du beau monde. Lucien se glissa jusqu'à l'endroit où la marquise, sa cousine et madame de Montcornet étaient assises. Le malheureux jeune homme prit un air léger, content, heureux; il plaisanta, se montra comme il était dans les jours de splendeur, il ne voulut point paraître avoir besoin du monde. Il s'étendit sur les services qu'il rendait au parti royaliste, il en donna pour preuve les cris de haine que poussaient les libéraux.

— Vous en serez bien largement récompensé, mon ami, lui dit madame de Bargeton en lui adressant un gracieux sourire. Allez après-demain à la chancellerie avec le Héron et des Lupeaulx, et vous y trouverez une ordonnance signée par le roi. Le garde des sceaux la porte demain au château, mais il y a conseil, il reviendra tard : néanmoins, si je savais le résultat dans la soirée, j'enverrais chez vous. Où demeurez-vous?

— Je viendrai, répondit Lucien, honteux d'avoir à dire qu'il demeurait rue de la Lune.

— Les ducs de Lenoncourt et de Navarreins ont parlé de vous au roi, reprit la marquise, ils ont vanté en vous un de ces dévouements absolus et entiers qui voulaient une récompense éclatante afin de vous venger des persécutions du parti libéral. D'ailleurs, le nom et le titre des Rubempré, auxquels vous avez droit par votre mère, vont devenir illustres par vous. Le roi a dit à Sa Grandeur, le soir, de lui apporter une ordonnance pour autoriser le sieur Lucien Chardon à porter le nom et les titres des comtes de Rubempré, en sa qualité de petit-fils du dernier comte par sa mère. — Favorisons les chardon-

nerets du Pinde, a-t-il dit après avoir lu votre sonnet sur le lis, dont s'est heureusement souvenu ma cousine, et qu'elle avait donné au duc. — Surtout quand le roi peut faire le miracle de les changer en aigles, a répondu M. de Navarreins.

Lucien eut une effusion de cœur qui aurait pu attendrir une femme moins profondément blessée que ne l'était Louise d'Espard de Nègrepelisse. Plus Lucien était beau, plus elle avait soif de vengeance. Des Lupeaulx avait raison, Lucien manquait de tact : il ne sut pas deviner que l'ordonnance dont on lui parlait n'était qu'une plaisanterie comme savait en faire madame d'Espard. Enhardi par ce succès et par la distinction flatteuse que lui témoignait mademoiselle des Touches, il resta chez elle jusqu'à deux heures du matin pour pouvoir lui parler en particulier. Lucien avait appris dans les bureaux des journaux royalistes que mademoiselle des Touches était la collaboratrice secrète d'une pièce où devait jouer la grande merveille du moment, la petite Fay. Quand les salons furent déserts, il emmena mademoiselle des Touches sur un sofa, dans le boudoir, et lui raconta d'une façon si touchante le malheur de Coralie et le sien, que cette illustre hermaphrodite lui promit de faire donner le rôle principal à Coralie.

Le lendemain de cette soirée, au moment où Coralie, heureuse de la promesse de mademoiselle des Touches à Lucien, revenait à la vie et déjeunait avec son poète, Lucien lisait le journal de Lousteau, où se trouvait le récit épigrammatique de l'anecdote inventée sur le garde des sceaux et sur sa femme. La méchanceté la plus noire s'y cachait sous l'esprit le plus incisif. Le roi Louis XVIII y était admirablement mis en scène et ridiculisé sans que le parquet pût intervenir. Voici le fait auquel le parti libéral essayait de donner l'apparence de la vérité, mais qui n'a fait que grossir le nombre de ses spirituelles calomnies.

La passion de Louis XVIII pour une correspondance galante et musquée, pleine de madrigaux et d'étincelles, y était interprétée comme la dernière expression de son amour, qui devenait doctrinaire : il passait, y disait-on, du fait à l'idée. L'illustre maîtresse, cruellement attaquée par Béranger sous le nom d'Octavie, avait conçu les craintes les plus sérieuses. La correspondance languissait. Plus Octavie déployait d'esprit, plus son amant se montrait froid et terne. Octavie avait fini par découvrir la cause de sa défaveur, son pouvoir était menacé par les prémices et les épices d'une nouvelle correspondance du royal écrivain avec la femme du garde des sceaux. Cette excellente femme était supposée incapable d'écrire un billet, elle devait être purement et simplement l'éditeur responsable d'une audacieuse ambition. Qui pouvait être caché sous cette jupe? Après quelques observations, Octavie découvrit que le roi correspondait avec son ministre. Son plan est fait. Aidée par un ami fidèle, elle retient un jour le ministre à la Chambre par une discussion orageuse, et se ménage un tête-à-tête où elle révolte l'amour-propre du roi par la révélation de cette tromperie. Louis XVIII entre dans un accès de colère bourbonienne et royale, il éclate contre Octavie, il doute. Octavie offre une preuve immédiate en le priant d'écrire un mot qui voulût absolument une réponse. La malheureuse femme surprise envoie requérir son mari à la Chambre; mais tout était prévu, dans ce moment il occupait la tribune. La femme sue sang et eau, cherche tout son esprit, et répond avec l'esprit qu'elle trouve. — Votre chancelier vous dira le reste, s'écria Octavie en riant du désappointement du roi.

Quoique mensonger, l'article piquait au vif le garde des sceaux, sa femme et le roi. Des Lupeaulx, à qui Finot a toujours gardé le secret, avait, dit-on, inventé l'anecdote. Ce spirituel et mordant article fit la joie des libéraux et celle du parti de Monsieur. Lucien s'en amusa sans y voir autre chose qu'un très-agréable canard. Il alla le lendemain prendre des Lupeaulx et le baron du Châtelet. Le baron venait remercier Sa Grandeur. Le sieur Châtelet, nommé conseiller d'État en service extraordinaire, était fait comte avec la promesse de la préfecture de la Charente, dès que le préfet actuel aurait fini les quelques mois nécessaires pour compléter le temps voulu pour lui faire obtenir le maximum de la retraite. Le comte du Châtelet, car le du fut inséré dans l'ordonnance, prit Lucien dans sa voiture et le traita sur un pied d'égalité. Sans les articles de Lucien, peut-être ne serait-il peut-être pas parvenu si promptement, la persécution des libéraux avait été comme un piédestal pour lui. Des Lupeaulx était au ministère, dans le cabinet du secrétaire général. A l'aspect de Lucien, ce fonctionnaire eut un bond d'étonnement et regarda des Lupeaulx.

— Comment! vous osez venir ici, monsieur! dit le secrétaire général à Lucien stupéfait. Sa Grandeur a déchiré votre ordonnance préparée, la voici! Il montra le premier papier venu déchiré en quatre. Le ministre a voulu connaître l'auteur de l'épouvantable article d'hier, et voici la copie du numéro, dit le secrétaire général en tendant à Lucien les feuillets de son article. Vous vous dites royaliste, monsieur, et vous êtes collaborateur de cet infâme journal qui fait blanchir les cheveux aux ministres, qui chagrine les centres et nous entraîne dans un abîme. Vous déjeunez du Corsaire, du Miroir, du Constitutionnel du Courrier, vous dînez de la Quotidienne, du Réveil, et vous soupez avec Martainville, le plus terrible antagoniste de ministère, et qui pousse le roi vers l'absolutisme, ce qui l'amènerait à une révolution tout aussi promptement que s'il se livrait à l'extrême gauche ! Vous êtes un très-spirituel journaliste, mais vous ne serez jamais un homme politique. Le ministre vous a dénoncé comme l'auteur de l'article au roi, qui, dans sa colère, a grondé M. le duc de Navarreins, son premier gentilhomme de service. Vous vous êtes fait des ennemis d'autant plus puissants, qu'ils vous étaient plus favorables ! Ce qui chez un ennemi semble naturel est épouvantable chez un ami.

— Mais vous êtes donc un enfant, mon cher? dit des Lupeaulx. Vous m'avez compromis. Mesdames d'Espard et de Bargeton, madame de Montcornet, qui avaient répondu de vous, doivent être furieuses. Le duc a dû faire retomber sa colère sur la marquise, et la marquise a dû gronder sa cousine. N'y allez pas ! Attendez.

— Voici Sa Grandeur, sortez ! dit le secrétaire général.

Lucien se trouva sur la place Vendôme, hébété, comme un homme à qui l'on vient de donner sur la tête un coup d'assommoir. Il revint à pied par les boulevards en essayant de se juger. Il se vit le jouet d'hommes envieux, avides et perfides. Qu'était-il dans ce monde d'ambitions? Un enfant qui courait après les plaisirs et les jouissances de vanité, leur sacrifiant tout; un poète sans réflexion profonde, allant de lumière en lumière comme un papillon, sans plan fixe, l'esclave des circonstances, pensant bien et agissant mal. Sa conscience lui fut un impitoyable bourreau. Enfin, il n'avait plus d'argent et se sentait épuisé de travail et de douleur. Ses articles ne passaient qu'après ceux de Merlin et de Nathan. Il allait à l'aventure, perdu dans ses réflexions; il vit en marchant, que quelques cabinets littéraires qui commençaient à donner des livres en lecture avec les journaux, une affiche où, sous un titre bizarre à lui tout à fait inconnu, brillait son nom : Par M. Lucien Chardon de Rubempré. Son ouvrage paraissait, il n'en avait rien su, les journaux se taisaient. Il demeura les bras pendants, immobile, sans apercevoir un groupe de jeunes gens les plus élégants, parmi lesquels étaient Rastignac, de Marsay et quelques autres de sa connaissance. Il ne fit pas attention à Michel Chrestien et à Léon Giraud, qui venaient à lui.

— Vous êtes M. Chardon? lui dit Michel d'un ton qui fit résonner les entrailles de Lucien comme des cordes.

— Ne me connaissez-vous pas ? répondit-il en pâlissant

Michel lui cracha au visage.

— Voilà les honoraires de vos articles contre d'Arthez. Si chacun dans sa cause ou dans celle de ses amis imitait ma conduite, la presse resterait ce qu'elle doit être : un sacerdoce vraiment respecté !

Lucien avait chancelé, il s'appuya sur Rastignac en lui disant, ainsi qu'à de Marsay : — Messieurs, vous ne sauriez refuser d'être mes témoins. Mais je veux d'abord rendre la partie égale et l'affaire sans remède.

Lucien donna vivement un soufflet à Michel, qui ne s'y attendait pas. Les dandys et les amis de Michel se jetèrent entre le républicain et le royaliste, afin que cette lutte ne prît pas un caractère populacier. Rastignac saisit Lucien et l'emmena chez lui, rue Taitbout, à deux pas de cette scène, qui avait lieu sur le boulevard de Gand, à l'heure du dîner. Cette circonstance évita les rassemblements d'usage en pareil cas. De Marsay vint chercher Lucien, que les deux dandys forcèrent à dîner joyeusement avec eux au café Anglais, où ils se grisèrent.

— Êtes-vous fort à l'épée? lui dit de Marsay.

— Je n'en ai jamais manié.

— Au pistolet? dit Rastignac.

— Je n'ai pas dans ma vie tiré un seul coup de pistolet.

— Vous avez pour vous le hasard, vous êtes un terrible adversaire, vous pouvez tuer votre homme, dit de Marsay.

Lucien trouva fort heureusement Coralie au lit et endormie. L'actrice avait joué dans une petite pièce à l'improviste, elle avait pris sa revanche en obtenant des applaudissements légitimes et non stipendiés. Cette soirée, à laquelle ne s'attendaient pas ses ennemis, détermina le directeur à lui donner le principal rôle dans la pièce de Camille Maupin, car il avait fini par découvrir la cause de l'insuccès de Coralie à son début. Courroucé par les intrigues de Florine et de Nathan pour faire tomber une actrice à laquelle il tenait, le directeur avait promis à Coralie la protection de l'administration.

A cinq heures du matin, Rastignac vint chercher Lucien.

— Mon cher, vous êtes logé du système de votre rue, lui dit-il pour tout compliment. Soyons les premiers au rendez-vous, sur le chemin de Clignancourt, c'est de bon goût, et nous devons de bons exemples. — Voici le programme, lui dit de Marsay dès que le fiacre roula dans le faubourg Saint-Denis. Vous vous battez au pistolet, à vingt-cinq pas, à volonté l'un sur l'autre jusqu'à une distance de quinze pas. Vous avez chacun cinq pas à faire et trois coups à tirer, pas davantage. Quoi qu'il arrive, vous vous engagez à en rester l'un et l'autre. Nous chargeons les pistolets de votre adversaire, et ses témoins chargent les vôtres. Les armes ont été choisies par les quatre témoins réunis chez un armurier. Je vous promets que nous avons aidé le hasard : vous avez des pistolets de cavalerie.

Pour Lucien, la vie était devenue un mauvais rêve : il lui était indifférent de vivre ou de mourir. Le courage particulier au suicide lui servit donc à paraître en grand costume de bravoure aux yeux des spectateurs de son duel. Il resta, sans marcher, à sa place. Cette insouciance passa pour un froid calcul : on trouva ce poète très-fort. Michel Chrestien vint jusqu'à sa limite. Les deux adversaires firent feu en même temps, car les insultes avaient été regardées comme égales. Au premier coup, la balle de Chrestien effleura le menton de Lucien, dont la balle passa à dix pieds au-dessus de la tête de son adversaire. Au second coup, la balle de Michel se logea dans le col de la redingote du poète, lequel était heureusement piqué et garni de bougran. Au troisième coup, Lucien reçut la balle dans le sein et tomba.

— Est-il mort? demanda Michel.

— Non, dit le chirurgien, il s'en tirera.

— Tant pis, répondit Michel.

— Oh ! oui, tant pis, répéta Lucien en versant des larmes.

A midi, ce malheureux enfant se trouva dans sa chambre et sur son lit, il avait fallu cinq heures et de grands ménagements pour l'y transporter. Quoique son état fût sans danger, il exigeait des précautions : la fièvre pouvait amener de fâcheuses complications. Coralie étouffa son désespoir et ses chagrins. Pendant tout le temps que son ami fut en danger, elle passa les nuits avec Bérénice en apprenant ses rôles. Le danger de Lucien dura deux mois. Cette pauvre créature jouait quelquefois un rôle qui voulait de la gaieté, tandis qu'intérieurement elle se disait : — Mon cher Lucien meurt peut-être en ce moment !

Pendant ce temps, Lucien fut soigné par Bianchon : il dut la vie au dévouement de cet ami si vivement blessé, mais à qui d'Arthez avait confié le secret de la démarche de Lucien en justifiant le malheureux poète. Dans un moment lucide, car Lucien eut une fièvre nerveuse d'une haute gravité, Bianchon, qui soupçonnait d'Arthez de quelque générosité, questionna son malade. Lucien lui dit n'avoir pas fait d'autre article sur le livre de d'Arthez que l'article sérieux et grave inséré dans le journal d'Hector Merlin.

A la fin du premier mois, la maison Fendant et Cavalier déposa son bilan. Bianchon dit à l'actrice de cacher ce coup affreux à Lucien. Le fameux roman de l'Archer de Charles IX, publié sous un titre bizarre, n'avait pas eu le moindre succès. Pour faire de l'argent avant de déposer le bilan, Fendant, à l'insu de Cavalier, avait vendu cet ouvrage en bloc à des épiciers qui le revendaient à bas prix au moyen du colportage. En ce moment le livre de Lucien garnissait les parapets des ponts et les quais de Paris. La librairie du quai des Augustins, qui avait pris une certaine quantité d'exemplaires de ce roman, se trouvait donc perdre une somme considérable par suite de l'avilissement subi du prix : les quatre volumes in-12 qu'elle avait achetés quatre francs cinquante centimes étaient donnés pour cinquante sous. Le commerce jetait hauts cris, les journaux continuaient à garder le plus profond silence. Barbet n'avait pas prévu ce lavage, il croyait au talent de Lucien, contrairement à ses habitudes, il s'était jeté sur deux cents exemplaires, et la perspective d'une perte le rendait fou ; il disait des horreurs de Lucien. Barbet prit un parti héroïque ; il mit ses exemplaires dans un coin de son magasin par un entêtement particulier aux avares, et laissa ses confrères se débarrasser des leurs à vil prix. Plus tard, en 1824, quand la belle préface de d'Arthez, le mérite du livre et deux articles faits par Léon Girard eurent rendu à cette œuvre sa valeur, Barbet vendit ses exemplaires un par un au prix de dix francs. Malgré les précautions de Bérénice et de Coralie, il fut impossible d'empêcher Hector Merlin de venir voir son ami mourant, et il lui fit boire goutte à goutte le calice amer de ce bouillon, mot en usage dans la librairie pour peindre l'opération funeste à laquelle s'étaient livrés Fendant et Cavalier en publiant le livre d'un débutant. Martinville, seul fidèle à Lucien, fit un magnifique article en faveur de l'œuvre, mais l'exaspération était telle, et chez les libéraux et chez les ministériels, contre le rédacteur en chef de l'Aristarque, de l'Oriflamme et du Drapeau Blanc, que les efforts de ce courageux athlète, qui rendit toujours dix insultes pour une au libéralisme, nuisirent à Lucien. Aucun journal ne releva le gant de la polémique, quelque vives que fussent les attaques du bravo royaliste. Coralie, Bérénice et Bianchon fermèrent la porte à tous les soi-disant amis de Lucien, qui jetèrent les hauts cris ; mais il fut impossible de la fermer aux huissiers. La faillite de Fendant et de Cavalier rendait leurs billets exigibles en vertu d'une des dispositions du Code de commerce, la plus attentatoire aux droits des tiers, car ils se voient ainsi privés des bénéfices du terme. Lucien se trouva vigoureusement poursuivi par Camusot. En voyant ce nom, l'actrice comprit la terrible et humiliante démarche qu'avait dû faire son poète, pour elle si angélique, elle l'en aima dix fois plus, et ne voulut pas implorer Camusot. En venant chercher leur prisonnier, les gardes du commerce le trouvèrent au lit, et reculèrent à l'idée de l'emmener: ils allèrent chez Camusot avant de prier le président du tribunal d'indiquer la maison de santé dans laquelle ils déposeraient le débiteur. Camusot accourut aussitôt rue de la Lune. Coralie descendit et remonta tenant les pièces de la procédure, qui, d'après l'endos, avait déclaré Lucien commerçant. Comment avait-elle obtenu ces papiers de Camusot? quelle promesse avait-elle faite? elle garda le plus morne silence, mais elle était remontée quasi morte. Coralie joua dans la pièce de Camille Maupin, et contribua beaucoup à ce succès de l'illustre hermaphrodite littéraire. La création de ce rôle fut la dernière étincelle de cette belle lampe. A la vingtième représentation, au moment où Lucien rétabli commençait à se promener, à manger, et parlait de reprendre ses travaux, Coralie tomba malade: un chagrin secret la dévorait. Bérénice a toujours cru que, pour sauver Lucien, elle avait promis de revenir à Camusot. L'actrice eut la mortification de voir donner son rôle à Florine. Nathan déclarait la guerre au Gymnase dans le cas où Florine ne succéderait pas à Coralie. En jouant le rôle jusqu'au dernier moment pour ne pas le laisser prendre par sa rivale, Coralie outrepassa ses forces; le Gymnase lui avait fait quelques avances pendant la maladie de Lucien, elle ne pouvait plus rien demander à la caisse du théâtre; malgré son bon vouloir, Lucien était encore incapable de travailler, il soignait d'ailleurs Coralie afin de soulager Bérénice; ce pauvre ménage arriva donc à une détresse absolue, il eut cependant le bonheur de trouver dans Bianchon un médecin habile et dévoué, qui lui donna crédit chez un pharmacien. La situation de Coralie et de Lucien fut bientôt connue des fournisseurs et du propriétaire. Les meubles furent saisis. La couturière et le tailleur, ne craignant plus le journaliste, poursuivirent ces deux bohémiens à outrance. Enfin il n'y eut plus que le pharmacien et le charcutier qui fissent crédit à ces malheureux enfants. Lucien, Bérénice et la malade furent obligés pendant une semaine environ de ne manger que du porc sous toutes les formes ingénieuses et variées que lui donnent les charcutiers. La charcuterie, assez inflammatoire de sa nature, aggrava la maladie de l'actrice. Lucien fut contraint par la misère d'aller chez Lousteau réclamer les mille francs que cet ancien ami, ce traître, lui devait. Ce fut, au milieu de ses malheurs, la démarche qui lui coûta le plus. Lousteau ne pouvait plus rentrer chez lui rue de la Harpe, il couchait chez ses amis, il était poursuivi, traqué comme un lièvre. Lucien ne put trouver son fatal introducteur dans le monde littéraire que chez Flicoteaux. Lousteau dînait à la même table où Lucien l'avait rencontré, pour son malheur, le jour où il s'était éloigné de d'Arthez. Lousteau lui offrit à dîner, et Lucien accepta.

Quand, en sortant de chez Flicoteaux, Claude Vignon, qui y mangeait ce jour-là, Lousteau, Lucien et le grand inconnu qui remisait sa garde-robe chez Samanon voulurent aller au café Voltaire prendre du café, jamais ils ne purent faire trente sous en réunissant le bilan qui retentissait dans leurs poches. Ils flânèrent au Luxembourg, espérant y rencontrer un libraire, et ils virent en effet un des plus fameux imprimeurs du temps, auquel Lousteau demanda quarante francs, et qui les donna. Lousteau partagea la somme en quatre portions égales, et chacun des écrivains en prit une. La misère avait éteint toute fierté, tout sentiment chez Lucien, il pleura devant ces trois artistes en leur racontant sa situation, mais chacun de ses camarades avait un drame tout aussi cruellement horrible à lui dire: quand chacun eut paraphrasé le sien, le poète se trouva le moins malheureux des quatre. Aussi tous avaient-ils besoin d'oublier et leur malheur et leur pensée, qui doublait le malheur. Lousteau courut au Palais-Royal y jouer les neuf francs qui lui restèrent sur ses dix francs. Le grand inconnu, quoiqu'il eût une divine maîtresse, alla dans une vile maison suspecte se plonger dans le bourbier des voluptés dangereuses. Vignon se rendit au Petit Rocher de Cancale dans l'intention d'y boire deux bouteilles de vin de Bordeaux pour abdiquer sa raison et sa mémoire. Lucien quitta Claude Vignon sur le seuil du restaurant, en refusant sa part de ce souper. Une poignée de main au seul grand homme de province donna au seul journaliste qui ne lui avait pas été hostile fut accompagnée d'un horrible serrement de cœur.

— Que faire? lui demanda-t-il.

— A la guerre comme à la guerre, lui dit le grand critique. Votre livre est beau, mais il vous a fait des envieux, votre lutte sera longue et difficile. Le génie est une horrible maladie. Tout écrivain porte en son cœur un monstre, qui, semblable au ténia dans l'estomac, y dévore les sentiments à mesure qu'ils y éclosent. Qui triomphera? la maladie de l'homme, ou l'homme de la maladie? Certes, il faut être un grand homme pour tenir la balance entre son génie et son caractère. Le talent grandit, le cœur se dessèche. A moins d'être un colosse, à moins d'avoir des épaules d'Hercule, on reste ou sans cœur ou sans talent. Vous êtes mince et fluet, vous succomberez, ajouta-t-il en entrant chez le restaurateur.

Lucien revint chez lui en méditant sur cet horrible arrêt dont la profonde vérité lui éclairait la vie littéraire.

— De l'argent! lui criait une voix.

Il fit lui-même, à son ordre, trois billets de mille francs chacun à un, deux et trois mois d'échéance, en y imitant avec une admirable perfection la signature de David Séchard, et il les endossa. puis, le lendemain, il les porta chez Métivier, le marchand de papier de la rue Serpente, qui les lui escompta sans aucune difficulté. Lucien écrivit aussitôt à son beau-frère en le prévenant de la nécessité où il avait été de commettre ce faux, en se trouvant dans l'impossibilité de subir les délais de la poste, mais il lui promettait de faire les fonds à l'échéance. Les dettes de Coralie et celles de Lucien payées, il resta trois cents francs, que le poète remit entre les mains de Bérénice, en lui disant de ne lui rien donner s'il lui demandait de l'argent: il craignait d'être saisi par l'envie d'aller au jeu. Lucien, animé d'une rage sombre, froide et taciturne, se mit à écrire ses plus spirituels articles à la lueur d'une lampe en veillant Coralie. Quand il cherchait ses idées, il voyait cette créature adorée, blanche comme une porcelaine, belle de la beauté des mourantes, lui souriant de deux lèvres pâles, lui montrant des yeux brillants comme le sont ceux de toutes les femmes qui succombent autant à la maladie qu'au chagrin. Lucien envoyait ses articles aux journaux; mais comme il ne pouvait pas aller dans les bureaux pour tourmenter les rédacteurs en chef, les articles ne paraissaient pas. Quand il se décidait à venir au journal, Théodore Gaillard, qui lui avait fait des avances, et qui, plus tard, profita de ces diamants littéraires, le recevait froidement.

— Prenez garde à vous, mon cher! vous n'avez plus d'esprit, ne vous laissez pas abattre, ayez de la verve! lui disait-il.

— Ce petit Lucien n'avait que son roman et ses premiers articles dans le ventre, s'écriaient Félicien Vernou, Merlin et tous ceux qui le haïssaient quand il était question de lui chez Dauriat ou au Vaudeville. Il nous envoie des choses pitoyables.

Ne rien avoir dans le ventre, mot consacré dans l'argot du journalisme, constitue un arrêt souverain dont il est difficile d'appeler, une fois qu'il a été prononcé. Ce mot, colporté partout, tuait Lucien, à l'insu de Lucien.

Au commencement du mois de juin, Bianchon dit au poète que Coralie était perdue, elle n'avait pas plus de trois ou quatre jours à vivre. Bérénice et Lucien passèrent ces fatales journées à pleurer, sans pouvoir cacher leurs larmes à la pauvre fille au désespoir de mourir à cause de Lucien. Par un retour étrange, Coralie exigea que Lucien lui amenât un prêtre. L'actrice voulut se réconcilier avec l'Église, et mourir en paix. Elle fit une fin chrétienne, son repentir fut sincère. Cette agonie et cette mort achevèrent d'ôter à Lucien sa force et son courage. Le poète demeura dans un complet abattement, assis dans un fauteuil, au pied du lit de Coralie, en ne cessant de la regarder, jusqu'au moment où il vit les yeux de l'actrice tournés par la main de la mort. Il était alors cinq heures du matin. Un oiseau vint s'abattre sur les pots de fleurs qui se trouvaient en dehors de la croisée, et gazouilla quelques chants. Bérénice, agenouillée, baisait la main de Coralie, qui se refroidissait sous ses larmes. Il y avait alors onze sous sur la cheminée. Lucien sortit, poussé par un désespoir qui lui conseillait de demander l'aumône pour enterrer sa maîtresse, ou d'aller se jeter aux pieds de la marquise d'Espard, du comte du Châtelet, de madame de Bargeton, de mademoiselle des Touches, ou du terrible dandy de Marsay: il ne se sentait plus alors ni fierté ni force. Pour avoir quelque argent, il se serait engagé soldat! Il marcha de cette allure affaissée et décomposée que connaissent les malheureux jusqu'à l'hôtel de Camille Maupin, il y entra sans faire attention au désordre de ses vêtements, et la fit prier de le recevoir.

— Mademoiselle s'est couchée à trois heures du matin, et personne n'oserait entrer chez elle avant qu'elle n'ait sonné, répondit le valet de chambre.

— Quand sonne-t-elle?

— Jamais avant dix heures.

Lucien écrivit alors une de ces lettres épouvantables où les malheureux ne ménagent plus rien. Un soir, il avait mis en doute la possibilité de ces abaissements, quand Lousteau lui parlait des demandes faites par de jeunes talents à Finot, et sa plume l'emportait peut-être alors au delà des limites où l'infortune avait jeté ses prédécesseurs. Il revint las, imbécile et fiévreux par les boulevards, sans se douter de l'horrible chef-d'œuvre que venait de lui dicter le désespoir. Il rencontra Barbet.

— Barbet, cinq cents francs! lui dit-il en lui tendant la main.

— Non, deux cents, répondit le libraire.

— Ah! vous avez donc un cœur.

— Oui, mais j'ai aussi des affaires. Vous me faites perdre bien de l'argent, ajouta-t-il après lui avoir raconté la faillite de Fendant et de Cavalier, faites-m'en donc gagner.

Lucien frissonna.

— Vous êtes poète, vous devez savoir faire toutes sortes de vers, dit le libraire en continuant. En ce moment, j'ai besoin de chansons grivoises pour les mêler à quelques chansons prises à différents auteurs, afin de ne pas être poursuivi comme contrefacteur et pouvoir vendre dans les rues un joli recueil de chansons à dix sous. Si vous voulez m'envoyer demain dix bonnes chansons à boire ou croustilleuses... la... vous savez! je vous donnerai deux cents francs.

Lucien revint chez lui : il y trouva Coralie étendue droite et roide sur un lit de sangle, enveloppée dans un méchant drap de lit que cousait Bérénice en pleurant. La grosse Normande avait allumé quatre chandelles aux quatre coins de ce lit. Sur le visage de Coralie étincelait cette fleur de beauté qui parle si haut aux vivants en leur exprimant un calme absolu, elle ressemblait à ces jeunes filles qui ont la maladie des pâles couleurs : il semblait par moment que ses deux lèvres violettes allaient s'ouvrir et murmurer le nom de Lucien, ce mot qui, mêlé à celui de Dieu, avait précédé son dernier soupir. Lucien dit à Bérénice d'aller commander aux pompes funèbres un convoi qui ne coûtât pas plus de deux cents francs, en y comprenant le service à la chétive église de Bonne-Nouvelle.

Dès que Bérénice fut sortie, le poète se mit à sa table, auprès du corps de sa pauvre amie, et composa les dix chansons qui voulaient des idées gaies et des airs populaires. Il éprouva des peines inouïes avant de pouvoir travailler ; mais il finit par trouver son intelligence au service de la nécessité comme s'il n'eût pas souffert. Il exécutait déjà le terrible arrêt de Claude Vignon sur la séparation qui s'accomplit entre le cœur et le cerveau. Quelle nuit que celle où ce pauvre enfant se livrait à la recherche de poésies à offrir aux goguettes en écrivant à la lueur des cierges, à côté du prêtre qui priait pour Coralie?...

Le lendemain matin, Lucien, qui avait achevé sa dernière chanson, essayait de la mettre sur un air alors à la mode. Bérénice et le prêtre eurent alors peur que ce pauvre garçon ne fût devenu fou en lui entendant chanter les couplets suivants :

Amis, la morale en chanson
Me fatigue et m'ennuie ;
Doit-on invoquer la raison
Quand on sert la folie?
D'ailleurs tous les refrains sont bons
Lorsqu'on trinque avec des lurons :
Épicure l'atteste.
N'allons pas chercher Apollon
Quand Bacchus est notre échanson ;
Rions! buvons!
Et moquons-nous du reste.

Hippocrate à tout bon buveur
Promettait la centaine.
Qu'importe, après tout, par malheur,
Si la jambe incertaine
Ne peut plus poursuivre un tendron,
Pourvu qu'à vider un flacon
La main soit toujours leste ?
Si toujours, en vrais biberons,
Jusqu'à soixante ans nous trinquons,
Rions! buvons!
Et moquons-nous du reste.

Veut-on savoir d'où nous venons,
La chose est très-facile
Mais, pour savoir où nous irons,
Il faudrait être habile
Sans nous inquiéter, enfin,
Usons, ma foi, jusqu'à la fin
De la bonté céleste!
Il est certain que nous mourrons;
Mais il est sûr que nous vivons :
Rions! buvons!
Et moquons-nous du reste.

Au moment où le poète chantait cet épouvantable dernier couplet, Bianchon et d'Arthez entrèrent et le trouvèrent dans le paroxysme de l'abattement, il versait un torrent de larmes, et n'avait plus la force de remettre ses chansons au net. Quand, à travers ses sanglots, il eut expliqué sa situation, il vit des larmes dans les yeux de ceux qui l'écoutaient.

— Ceci, dit d'Arthez, efface bien des fautes !
— Heureux ceux qui trouvent l'enfer ici-bas, dit gravement le prêtre.

Le spectacle de cette belle morte souriant à l'éternité, la vue de son amant lui achetant une tombe avec des gravelures, Barbet payant un cercueil, ces quatre chandelles autour de cette actrice dont la basquine et les bas rouges à coins verts faisaient naguère palpiter toute une salle, puis sur la porte le prêtre qui l'avait réconciliée avec Dieu retournant à l'église pour y dire une messe en faveur de celle qui avait tant aimé ! ces grandeurs et ces infamies, ces douleurs écrasées sous la nécessité glacèrent le grand écrivain et le grand médecin, qui s'assirent sans pouvoir proférer une parole. Un valet apparut et annonça mademoiselle des Touches. Cette belle et sublime fille comprit tout, elle alla vivement à Lucien, lui serra la main, et y glissa deux billets de mille francs.

— Il n'est plus temps, dit-il en lui jetant un regard de mourant.

D'Arthez, Bianchon et mademoiselle des Touches ne quittèrent Lucien qu'après avoir bercé son désespoir des plus douces paroles, mais tous les ressorts étaient brisés chez lui. A midi, le cénacle, moins Michel Chrestien, qui cependant avait été détrompé sur la culpabilité de Lucien, se trouva dans la petite église de Bonne-Nouvelle, ainsi que Bérénice et mademoiselle des Touches, deux comparses du Gymnase, l'habilleuse de Coralie et Camusot. Tous les hommes accompagnèrent l'actrice au cimetière du Père-Lachaise. Camusot, qui pleurait à chaudes larmes, jura solennellement à Lucien d'acheter un terrain à perpétuité et d'y faire construire une colonnette sur laquelle on graverait : CORALIE, et au-dessous : *Morte à dix-neuf ans*.

Lucien demeura seul, jusqu'au coucher du soleil, sur cette colline d'où ses yeux embrassaient Paris. — Par qui serai-je aimé ? se demanda-t-il. Mes vrais amis me méprisent. Quoi que j'eusse fait, tout de moi semblait noble et bien à celle qui est là! Je n'ai plus que ma sœur, David et ma mère ! Que pensent-ils de moi, là-bas ?

Le pauvre grand homme de province revint rue de la Lune : et ses impressions furent si vives en revoyant l'appartement vide, qu'il alla se loger dans un méchant hôtel de la même rue. Les deux mille francs de mademoiselle des Touches payèrent toutes les dettes, mais en y ajoutant le produit du mobilier. Bérénice et Lucien eurent dix francs à eux, qui les firent vivre pendant dix jours, que Lucien passa dans un accablement maladif : il ne pouvait ni écrire ni penser, il se laissait aller à la douleur, et Bérénice eut pitié de lui.

— Si vous retournez dans votre pays, comment irez-vous ? répondit-elle un soir à une exclamation de Lucien, qui pensait à sa sœur, à sa mère et à David Séchard.

— A pied, dit-il.
— Encore faut-il pouvoir vivre et se coucher en route. Si vous faites douze lieues par jour, vous avez besoin d'au moins vingt francs.
— Je les aurai, dit-il.

Il prit ses habits et son beau linge, ne garda sur lui que le strict nécessaire, et alla chez Samanon, qui lui offrit cinquante francs de toute sa défroque. Il supplia l'usurier de lui donner assez pour prendre la diligence : il ne put le fléchir. Dans sa rage, Lucien monta d'un pied chaud à Frascati, tenta la fortune et revint sans un liard.

Quand il se trouva dans sa misérable chambre, rue de la Lune, il demanda le châle de Coralie à Bérénice. A quelques regards, la bonne fille comprit, d'après l'aveu que Lucien lui fit de la perte au jeu, quel était le dessein du pauvre poète au désespoir : il voulait se pendre.

— Êtes-vous fou, monsieur ? dit-elle. Allez vous promener et revenez à minuit, j'aurai gagné votre argent ; mais restez sur les boulevards, n'allez pas vers les quais.

Lucien se promena sur les boulevards, hébété de douleur, regardant les équipages, les passants, se trouvant diminué, seul, dans cette foule qui tourbillonne fouettée par les mille intérêts parisiens. En revoyant par la pensée les bords de sa Charente, il eut soif des joies de la famille, et alors un de ces éclairs de force qui trompent toutes ces natures à demi féminines : il ne voulut pas abandonner la partie avant d'avoir déchargé son cœur dans le cœur de David Séchard, et pris conseil des trois anges qui lui restaient. En flânant, il vit Bérénice endimanchée causant avec un homme, sur le boueux boulevard Bonne-Nouvelle, où elle stationnait au coin de la rue de la Lune.

— Que fais-tu ? dit Lucien épouvanté par les soupçons qu'il conçut à l'aspect de la Normande.

— Voilà vingt francs qui peuvent coûter cher, mais vous partirez, répondit-elle en coulant quatre pièces de cent sous dans la main du poète.

Bérénice se sauva sans que Lucien pût savoir par où elle avait passé, car, il faut le dire à sa louange, cet argent lui brûlait la main et il voulait le rendre ; mais il fut forcé de le garder comme un dernier stigmate de la vie parisienne.

LA FEMME ABANDONNÉE

A MADAME LA DUCHESSE D'ABRANTÈS.

Son affectionné serviteur,

HONORÉ DE BALZAC.

Paris, août 1835.

En 1822, au commencement du printemps, les médecins de Paris envoyèrent en basse Normandie un jeune homme qui relevait alors d'une maladie inflammatoire causée par quelque excès d'étude, ou de vie peut-être. Sa convalescence exigeait un repos complet, une nourriture douce, un air froid et l'absence totale de sensations extrêmes. Les grasses campagnes du Bessin et l'existence pâle de la province parurent donc propices à son rétablissement.

Il vint à Bayeux, jolie ville située à deux lieues de la mer, chez une de ses cousines, qui l'accueillit avec cette cordialité particulière aux gens habitués à vivre dans la retraite, et pour lesquels l'arrivée d'un parent ou d'un ami devient un bonheur.

A quelques usages près, toutes les petites villes se ressemblent. Or, après plusieurs soirées passées chez sa cousine madame de Sainte-Sévère, ou chez les personnes qui composaient sa compagnie, ce jeune Parisien, nommé M. le baron Gaston de Nueil, eut bientôt connu les gens que cette société exclusive regardait comme étant toute la ville. Gaston de Nueil vit en eux le personnel immuable que les observateurs retrouvent dans les nombreuses capitales de ces anciens États qui formaient la France d'autrefois.

C'était d'abord la famille dont la noblesse, inconnue à cinquante lieues plus loin, passe dans le département pour incontestable et de la plus haute antiquité. Cette espèce de *famille royale* au petit pied effleure par ses alliances, que personne n'en doute, les Créqui, les Montmorency, touche aux Lusignan et s'accroche aux Soubise. Le chef de cette illustre race est toujours un chasseur déterminé. Homme sans manières, il accable tout le monde de sa supériorité nominale, tolère le sous-préfet comme il souffre l'impôt, n'admet aucune des puissances nouvelles créées par le dix-neuvième siècle, et fait observer, comme une monstruosité politique, que le premier ministre n'est pas gentilhomme. Sa femme a le ton tranchant, parle haut, a eu des adorateurs, mais fait régulièrement ses pâques, elle élève mal ses filles, et pense qu'elles seront toujours assez riches de leur nom. La femme et le mari n'ont d'ailleurs aucune idée du luxe actuel : ils gardent les livrées de théâtre, tiennent aux anciennes formes pour l'argenterie, les meubles, les voitures, comme pour les mœurs et le langage. Ce vieux faste s'allie d'ailleurs assez bien avec l'économie des provinces. Enfin c'est les gentilshommes d'autrefois, moins les lods et ventes, moins la meute et les habits galonnés, tous pleins d'honneur entre eux, tous dévoués à des princes qu'ils ne voient qu'à distance. Cette maison historique *incognito* conserve l'originalité d'une antique tapisserie de haute-lice. Dans la famille végète infailliblement un oncle ou un frère, lieutenant général, cordon rouge, homme de cour, qui est allé en Hanovre avec le maréchal de Richelieu, et que vous retrouvez là comme le feuillet égaré d'un vieux pamphlet du temps de Louis XV.

A cette famille fossile s'oppose une famille plus riche, mais de noblesse moins ancienne. Le mari et la femme vont passer deux mois d'hiver à Paris, ils en rapportent le ton fugitif et les passions éphémères. Madame est élégante, mais un peu guindée, et toujours en retard avec les modes. Cependant elle se moque de l'ignorance affectée par ses voisins ; son argenterie est moderne ; elle a des grooms, des nègres, un valet de chambre. Son fils aîné a tilbury, ne fait rien, il a un majorat ; le cadet est auditeur au conseil d'État. Le père, très au fait des intrigues du ministère, raconte des anecdotes sur Louis XVIII et sur madame du Cayla, il place dans le *cinq pour cent*, évite la conversation sur les cidres, mais tombe encore parfois dans la manie de rectifier le chiffre des fortunes départementales ; il est membre du conseil général, se fait habiller à Paris, et porte la croix de la Légion d'honneur. Enfin ce gentilhomme a compris la Restauration et bat monnaie à la Chambre, mais son royalisme est moins pur que celui de la famille avec laquelle il rivalise. Il reçoit la *Gazette* et les *Débats*. L'autre famille ne lit que la *Quotidienne*.

Monseigneur l'évêque, ancien vicaire général, flotte entre ces deux puissances qui lui rendent les honneurs dus à la religion, mais en lui faisant sentir parfois la morale que le bon La Fontaine a mise à la fin de l'*Ane chargé de reliques*. Le bonhomme est roturier.

Puis viennent les astres secondaires, les gentilshommes qui jouissent de dix ou douze mille livres de rente, et qui ont été capitaines de vaisseau, ou capitaines de cavalerie, ou rien du tout. A cheval par les chemins, ils tiennent le milieu entre le curé portant les sacrements et le contrôleur des contributions en tournée. Presque tous ont été dans les pages ou dans les mousquetaires, et achèvent paisiblement leurs jours dans une *faisance-valoir*, plus occupés d'une coupe de bois ou de leur cidre que de la monarchie. Cependant ils parlent de la charte et des libéraux entre deux *rubbers* de whist ou pendant une partie de trictrac, après avoir calculé des dots, et arrangé des mariages en rapport avec les généalogies qu'ils savent par cœur. Leurs femmes font les fières et prennent les airs de la cour dans leurs cabriolets d'osier ; elles croient être parées quand elles sont affublées d'un châle et d'un bonnet ; elles achètent annuellement deux chapeaux, mais après de mûres délibérations, et se les font apporter de Paris par occasion ; elles sont généralement vertueuses et bavardes.

Autour de ces éléments principaux de la gent aristocratique se groupent deux ou trois vieilles filles de qualité qui ont résolu le problème de l'immobilisation de la créature humaine. Elles semblent scellées dans les maisons où vous les voyez : leurs figures, leurs toilettes, font partie de l'immeuble, de la ville, de la province, elles en sont la tradition, la mémoire, l'esprit. Toutes ont quelque chose de roide et de monumental, elles savent sourire ou hocher la tête à propos, et de temps en temps disent des mots qui passent pour spirituels.

Quelques riches bourgeois se sont glissés dans ce petit faubourg Saint-Germain, grâce à leurs opinions aristocratiques ou à leurs fortunes. Mais, en dépit de leurs quarante ans, là chacun dit d'eux : — Ce petit *un tel* pense bien ! Et l'on en fait des députés. Généralement ils sont protégés par les vieilles filles, mais l'on en cause.

Puis enfin deux ou trois ecclésiastiques sont reçus dans cette société d'élite pour leur étole, ou parce qu'ils ont de l'esprit, et que ces nobles personnes, s'ennuyant entre elles, introduisent l'élément bourgeois dans leurs salons, comme un boulanger met de la levure dans sa pâte.

La somme d'intelligence amassée dans toutes ces têtes se compose d'une certaine quantité d'idées anciennes auxquelles se mêlent quelques pensées nouvelles qui se brassent en commun tous les soirs. Semblables à l'eau d'une petite anse, les phrases qui représentent ces idées ont leur flux et reflux quotidien, leur remous perpétuel, exactement pareil : qui les entend aujourd'hui le vide retentissement l'entendra demain, dans un an, toujours. Leurs arrêts immuablement portés sur les choses d'ici-bas forment une science traditionnelle à laquelle il n'est au pouvoir de personne d'ajouter une goutte d'esprit. La vie de ces routinières personnes gravite dans une sphère d'habitudes aussi incommutables que le sont leurs opinions religieuses, politiques, morales et littéraires.

Un étranger est-il admis dans ce cénacle, chacun lui dira, non sans une sorte d'ironie : — Vous ne trouverez pas ici le brillant de votre monde parisien ! Et chacun condamnera l'existence de ses voisins en cherchant à faire croire qu'il est une exception dans cette société, qu'il a tenté sans succès de la rénover. Mais si, par malheur, l'étranger fortifié par quelque remarque l'opinion que ces gens ont naturellement d'eux-mêmes, il passe aussitôt pour un homme méchant, sans foi ni loi, pour un Parisien corrompu, *comme le sont en général tous les Parisiens*.

Quand Gaston de Nueil apparut dans ce petit monde, où l'étiquette était parfaitement observée, où chaque chose de la vie s'harmonisait, où tout se trouvait mis à jour, où les valeurs mobilières et territoriales étaient cotées comme le sont les fonds de la bourse à la dernière page des journaux, il avait été pesé d'avance dans les balances infaillibles de l'opinion bayeusaine. Déjà sa cousine madame de Sainte-Sévère avait dit le chiffre de sa fortune, celui de ses espérances, exhibé son arbre généalogique, vanté ses connaissances, sa politesse et sa modestie. Il reçut l'accueil auquel il devait strictement prétendre, fut accepté comme un bon gentilhomme, sans façon, parce qu'il n'avait que vingt-trois ans, mais certaines jeunes personnes et quelques mères lui firent les yeux doux. Il possédait dix-huit mille livres de rente dans la vallée d'Auge, et son père devait tôt ou tard lui laisser le château de Manerville avec toutes ses dépendances. Quant à son instruction, à son avenir politique, à sa valeur personnelle, à ses talents, il n'en fut seulement pas question. Ses terres étaient bonnes et les fermages bien assurés, d'excellentes plantations y avaient été faites, les réparations et les impôts étaient à la charge des fermiers, les pommiers avaient trente-huit ans ; enfin son père était en marché pour acheter deux cents arpents de bois contigus à son parc, qu'il voulait entourer de murs ; aucune espérance ministérielle, aucune célébrité humaine ne pouvait lutter contre de tels avantages. Soit malice, soit calcul, madame de Sainte-Sévère n'avait pas parlé du frère aîné de Gaston, et Gaston n'en dit pas un mot. Mais ce frère était poitrinaire, et paraissait devoir être bientôt enseveli, pleuré, oublié. Gaston de Nueil commença par s'amuser de ces personnages, il en dessina, pour ainsi dire, les figures sur son album dans la rapide vérité de leurs physionomies anguleuses, crochues, ridées, dans la plaisante originalité de leurs costumes et de leurs tics, il se délecta des *normanismes* de leur idiome, du fruste de leurs idées et de leurs caractères. Mais, après avoir épousé pendant un moment cette existence semblable à celle des écureuils occupés à tourner leur cage, il sentit l'absence d'oppositions dans une vie arrêtée d'avance, comme celle des religieux au fond des cloîtres, et tomba dans une crise qui n'est encore ni l'ennui, ni le dégoût, mais qui en comporte presque tous les effets. Après les légères souffrances de cette transition s'accomplit pour l'individu le phénomène de sa transplantation dans un terrain qui lui est contraire, où il doit s'atrophier et mener une vie rachitique. En effet, si rien ne le tire de ce monde, il en adopte insensiblement les usages, et se fait à ce vide qui le gagne et l'annule. Déjà les poumons de Gaston s'habituaient à cette atmosphère. Prêt à reconnaître une sorte de bonheur végétal dans ces journées passées sans soins et sans idées, il commençait à perdre le souvenir de ce mouvement de sève, de cette fructification constante des esprits qu'il avait si ardemment épousée dans la sphère parisienne, et allait se pétrifier parmi ces pétrifications, y demeurer pour toujours, comme les compagnons d'Ulysse, content de sa grasse enveloppe. Un soir Gaston de Nueil se trouvait assis entre une vieille dame et l'un des vicaires généraux du diocèse, dans un salon à boiseries peintes en gris, carrelé en grands carreaux de terre blancs, décoré de quelques portraits de famille, garni de quatre tables de jeu autour desquelles seize personnes babillaient en jouant au whist. Là, ne pensant à rien, mais digérant un de ces dîners exquis, l'avenir de la journée en province, il se surprit à justifier les usages du pays. Il concevait pourquoi ces gens-là continuaient à se servir des cartes de la veille, à les battre sur des tapis usés, et comment ils arrivaient à ne plus s'habiller ni pour eux-mêmes ni pour les autres. Il devinait je ne sais quelle philosophie dans le mouvement uniforme de cette vie circulaire, dans le calme de ces habitudes logiques et dans l'ignorance des choses élégantes. Enfin il comprenait presque l'inutilité du luxe. La ville de Paris, ses orages et ses plaisirs, n'était déjà plus dans son esprit que comme un souvenir d'enfance. Il admirait de bonne foi les mains rouges, l'air modeste et craintif d'une jeune personne dont, à la première vue, la figure lui avait paru niaise, les manières sans grâce, l'ensemble repoussant et la mine souverainement ridicule. C'en était fait de lui. Venu de la province à Paris, il allait retomber de l'existence inflammatoire de Paris dans la froide vie de province, sans une phrase qui frappa son oreille et lui apporta soudain une émotion semblable à celle que lui aurait causée quelque motif original parmi les accompagnements d'un opéra ennuyeux.

— N'êtes-vous pas allé voir hier madame de Beauséant ? dit une vieille femme au chef de la maison princière du pays.

— J'y suis allé ce matin, répondit-il. Je l'ai trouvée bien triste et si souffrante, que je n'ai pas pu la décider à venir dîner demain avec nous.

— Avec madame de Champignelles ? s'écria la douairière en manifestant une sorte de surprise.

— Avec ma femme, dit tranquillement le gentilhomme. Madame de Beauséant n'est-elle pas de la maison de Bourgogne ? Par les femmes, il est vrai, mais enfin ce nom-là blanchit tout. Ma femme aime beaucoup la vicomtesse, et la pauvre dame est depuis si longtemps seule, que...

En disant ces derniers mots, le marquis de Champignelles regarda d'un air calme et froid les personnes qui l'écoutaient en l'examinant ; mais il fut presque impossible de deviner s'il faisait une concession au malheur ou à la noblesse de madame de Beauséant, s'il était flatté de la recevoir, ou s'il voulait forcer par orgueil les gentilshommes du pays et leurs femmes à la voir.

Toutes les dames parurent se consulter en se jetant le même coup d'œil, et alors, le silence le plus profond ayant tout à coup régné dans le salon, leur attitude fut prise comme un indice d'improbation.

— Cette madame de Beauséant est-elle par hasard celle dont l'aventure avec M. d'Ajuda-Pinto a fait tant de bruit ? demanda Gaston à la personne près de laquelle il était.

— Parfaitement la même, lui répondit-on. Elle est venue habiter Courcelles après le mariage du marquis d'Ajuda, personne ici ne la reçoit. Elle a d'ailleurs beaucoup trop d'esprit pour ne pas avoir senti la fausseté de sa position : aussi n'a-t-elle cherché à voir personne. M. de Champignelles et quelques hommes se sont présentés chez elle, mais elle n'a reçu que M. de Champignelles, à cause peut-être de leur parenté : ils sont alliés par les Beauséant. Le marquis de Beauséant le père a épousé une Champignelles de la branche aînée. Quoique la vicomtesse de Beauséant passe pour descendre de la maison de Bourgogne, vous comprenez que nous ne pouvions pas admettre ici une femme séparée de son mari. C'est de vieilles idées auxquelles nous avons encore la bêtise de tenir. La vicomtesse a eu d'autant plus de tort dans ses escapades, que M. de Beauséant est un galant homme, un homme de cour : il aurait très-bien entendu raison. Mais sa femme est une tête folle...

M. de Nueil, tout en entendant la voix de son interlocutrice, ne l'écoutait plus. Il était absorbé par mille fantaisies. Existe-t-il d'autre mot pour exprimer les attraits d'une aventure au moment où elle sourit à l'imagination, au moment où l'âme conçoit de vagues espérances, pressent d'inexplicables félicités, des craintes, des événements, sans que rien encore n'alimente ni ne fixe les caprices de ce mirage ? L'esprit voltige alors, enfante des projets impossibles, et donne en germe les bonheurs d'une passion. Mais peut-être le germe de la passion contient-elle entièrement, comme une graine contient une belle fleur avec ses parfums et ses riches couleurs. M. de Nueil ignorait que madame de Beauséant se fût réfugiée en Normandie après un éclat que la plupart des femmes envient et condamnent, surtout lorsque les séductions de la jeunesse et de la beauté justifient presque la faute qui l'a cause. Il existe un prestige inconcevable dans toute espèce de célébrité, à quelque titre que ce soit. Il semble que, pour les femmes comme jadis pour les familles, la gloire d'un crime en efface la honte. Le même que telle maison s'enorgueillit de ses têtes tranchées, une jolie, une jeune femme, devient plus attrayante par la fatale renommée d'un amour heureux ou d'une affreuse trahison. Plus elle est à plaindre, plus elle excite de sympathies. Nous ne sommes impitoyables que pour les choses, pour les sentiments et les aventures vulgaires. En attirant les regards, nous paraissons grands. Ne faut-il pas en effet s'élever au-dessus des autres pour en être vu ? Or, la foule éprouve involontairement un sentiment de respect pour tout ce qui s'est grandi, sans trop demander compte des moyens. En ce moment, Gaston de Nueil se sentait poussé vers madame de Beauséant par la secrète influence de ces raisons, ou peut-être par la curiosité, par le besoin de mettre un intérêt dans sa vie actuelle, enfin par cette foule de motifs impossibles à dire, et que le mot de *fatalité* sert souvent à exprimer. La vicomtesse de Beauséant avait surgi devant lui tout à coup, accompagnée d'une foule d'images gracieuses : elle était un monde nouveau ; près d'elle sans doute il y avait à craindre, à espérer, à combattre, à vaincre. Elle devait contraster avec les personnes que Gaston voyait dans ce salon mesquin ; enfin c'était une femme, et il n'avait point encore rencontré de femme dans ce monde froid où les calculs remplaçaient les sentiments, où la politesse n'était plus que des devoirs, et où les idées les plus simples avaient quelque chose de trop blessant pour être acceptées ou émises. Madame de Beauséant réveillait en son âme le souvenir de ses rêves de jeune homme et ses plus vivaces passions, un moment endormies. Gaston de Nueil devint distrait pendant le reste de la soirée. Il pensait aux moyens de s'introduire chez madame de Beauséant, et certes il n'en existait guère. Elle passait pour être éminemment spirituelle. Mais, si les personnes d'esprit peuvent se laisser séduire par les choses originales ou fines, elles sont exigeantes, savent tout deviner, auprès d'elles il y a donc autant de chances pour se perdre que pour réussir dans la difficile entreprise de plaire. Puis la vicomtesse devait joindre à l'orgueil de sa situation la dignité que son nom lui commandait. La solitude profonde dans laquelle elle vivait semblait être la moindre des barrières élevées entre elle et le monde. Il était donc presque impossible à un inconnu, de quelque bonne famille qu'il fût, de se faire admettre chez elle.

Cependant le lendemain matin M. de Nueil dirigea sa promenade vers le pavillon de Courcelles, et fit plusieurs fois le tour de l'enclos qui en dépendait. Dupé par les illusions auxquelles il est si naturel de croire à son âge, il regardait à travers les brèches ou par-dessus les murs, restait en contemplation devant les persiennes fermées ou examinait celles qui étaient ouvertes. Il espérait un hasard romanesque, il en combinait les effets sans s'apercevoir de leur impossibilité, pour s'introduire auprès de l'inconnue. Il se promena pendant plusieurs matinées fort infructueusement, mais, à chaque promenade, cette femme, placée en dehors du monde, victime de l'amour, ensevelie dans la solitude, grandissait dans sa pensée et se logeait dans son âme. Aussi le cœur de Gaston battait-il d'espérance et de joie si par hasard, en longeant les murs de Courcelles, il venait à entendre le pas pesant de quelque jardinier.

Il pensait bien à écrire à madame de Beauséant, mais que dire à une femme que l'on n'a pas vue et qui ne nous connaît pas? D'ailleurs Gaston se défiait de lui-même; puis, semblable aux jeunes gens encore pleins d'illusions, il craignait plus que la mort les terribles dédains du silence, et frissonnait en songeant à toutes les chances que pouvait avoir sa première prose amoureuse d'être jetée au feu. Il était en proie à mille idées contraires qui se combattaient. Mais enfin, à force d'enfanter des chimères, de composer des romans et de se creuser la cervelle, il trouva l'un de ces heureux stratagèmes qui finissent par se rencontrer dans le grand nombre de ceux que l'on rêve, et qui révèlent à la femme la plus innocente l'étendue de la passion avec laquelle un homme s'est occupé d'elle.

Souvent les bizarreries sociales créent autant d'obstacles réels entre une femme et son amant que les poètes orientaux en ont mis dans les délicieuses fictions de leurs contes, et leurs images les plus fantastiques sont rarement exagérées. Aussi, dans la nature comme dans le monde des fées, la femme doit-elle toujours appartenir à celui qui sait arriver à elle et la délivrer de la situation où elle languit. Le plus pauvre des calenders, tombant amoureux de la fille d'un calife, n'en était pas certes séparé par une distance plus grande que celle qui se trouvait entre Gaston et madame de Beauséant. La vicomtesse vivait dans une ignorance absolue des circonvallations tracées autour d'elle par M. de Nueil, dont l'amour s'accroissait de toute la grandeur des obstacles à franchir, et qui donnait à sa maîtresse improvisée les attraits que possède toute chose lointaine.

Un jour, se fiant à son inspiration, il espéra tout de l'amour qui devait jaillir de ses yeux. Croyant la parole plus éloquente que ne l'est la lettre la plus passionnée, et spéculant aussi sur la curiosité naturelle à la femme, il alla chez M. de Champignelles en se proposant de l'employer à la réussite de son entreprise. Il dit au gentilhomme qu'il avait à s'acquitter d'une commission importante et délicate auprès de madame de Beauséant; mais, ne sachant point si elle lisait les lettres d'une écriture inconnue ou si elle accorderait sa confiance à un étranger, il le priait de demander à la vicomtesse, lors de sa première visite, si elle daignerait le recevoir. Tout en invitant le marquis à garder le secret en cas de refus, il l'engagea fort spirituellement à ne point taire à madame de Beauséant les raisons qui pouvaient le faire admettre chez elle. N'était-il pas homme d'honneur, loyal et incapable de se prêter à une chose de mauvais goût ou même malséante! Le hautain gentilhomme, dont les petites vanités avaient été flattées, fut complètement dupé par cette diplomatie de l'amour, qui prête à un jeune homme l'aplomb et la fine dissimulation d'un vieil ambassadeur. Il essaya bien de pénétrer les secrets de Gaston; mais celui-ci, fort embarrassé de les lui dire, opposa des phrases normandes aux adroites interrogations de M. de Champignelles, qui, en chevalier français, le complimenta sur sa discrétion.

Aussitôt le marquis courut à Courcelles avec cet empressement que les gens d'un certain âge mettent à rendre service aux jolies femmes. Dans la situation où se trouvait la vicomtesse de Beauséant, un message de cette espèce était de nature à l'intriguer. Aussi, quoiqu'elle ne vît, en consultant ses souvenirs, aucune raison qui pût amener chez elle M. de Nueil, n'aperçut-elle aucun inconvénient à le recevoir, après toutefois s'être prudemment enquise de sa position dans le monde. Elle avait cependant commencé par refuser; puis elle avait discuté le point de convenance avec M. de Champignelles, en l'interrogeant pour tâcher de deviner s'il savait le motif de cette visite; puis elle était revenue sur son refus. La discussion et la discrétion forcée du marquis avaient irrité sa curiosité.

M. de Champignelles, ne voulant point paraître ridicule, prétendait, en homme instruit, mais discret, que la vicomtesse devait parfaitement bien connaître l'objet de cette visite, quoiqu'elle le cherchât de bien bonne foi sans le trouver. Madame de Beauséant créait des liaisons entre Gaston et des gens qu'il ne connaissait pas, se perdait dans d'absurdes suppositions, et se demandait à elle-même si elle avait jamais vu M. de Nueil. La lettre d'amour la plus vraie ou la plus habile n'eût certes pas produit autant d'effet que cette espèce d'énigme sans mot de laquelle madame de Beauséant fut occupée à plusieurs reprises.

Quand Gaston apprit qu'il pouvait voir la vicomtesse, il fut tout à la fois dans le ravissement d'obtenir si promptement un bonheur ardemment souhaité et singulièrement embarrassé de donner un dénoûment à sa ruse. — Bah! la voir, répétait-il en s'habillant, la voir, c'est tout! Puis il espérait, en franchissant la porte de Courcelles, rencontrer un expédient pour dénouer le nœud gordien qu'il avait serré lui-même. Gaston était du nombre de ceux qui, croyant à la

Madame de Beauséant.

toute-puissance de la nécessité, vont toujours; et, au dernier moment, arrivés en face du danger, ils s'en inspirent et trouvent des forces pour le vaincre. Il mit un soin particulier à sa toilette. Il s'imaginait, comme les jeunes gens, que d'une boucle bien ou mal placée dépendait son succès, ignorant qu'au jeune âge tout est charme et attrait. D'ailleurs les femmes de choix qui ressemblent à madame de Beauséant ne se laissent séduire que par les grâces de l'esprit et par la supériorité du caractère. Un grand caractère flatte leur vanité, leur promet une grande passion et paraît devoir admettre les exigences de leur cœur. L'esprit les amuse, répond aux finesses de leur nature, et elles se croient comprises. Or, que veulent toutes les femmes, si ce n'est d'être amusées, comprises ou adorées? Mais il faut avoir bien réfléchi sur les choses de la vie pour deviner la haute coquetterie que comportent la négligence du costume et la réserve de l'esprit dans une première entrevue. Quand nous devenons assez rusés pour être d'habiles politiques, nous sommes trop vieux pour profiter de notre expérience. Tandis que Gaston se défiait assez de son esprit pour emprunter des séductions à son vêtement, madame de Beauséant, elle-même mettait instinctivement de la recherche dans sa toilette et se disait en arrangeant sa coiffure :

— Je ne veux cependant pas être à faire peur.

M. de Nueil avait dans l'esprit, dans sa personne et dans les manières, cette tournure naïvement originale qui donne une sorte de saveur aux gestes et aux idées ordinaires, permet de tout dire et fait tout passer. Il était instruit, pénétrant, d'une physionomie heureuse et mobile comme son âme impressible. Il y avait de la passion, de la tendresse dans ses yeux vifs; et son cœur, essentiellement bon, ne les démentait pas. La résolution qu'il prit en entrant à Courcelles fut donc en harmonie avec la nature de son caractère franc et de son imagination ardente. Malgré l'intrépidité de l'amour, il ne put cependant se défendre d'une violente palpitation quand, après avoir traversé une grande cour dessinée en jardin anglais, il arriva dans une salle où un valet de chambre, lui ayant demandé son nom, disparut et revint pour l'introduire. — M. le baron de Nueil.

Gaston entra lentement, mais d'assez bonne grâce, chose plus difficile encore dans un salon où il n'y a qu'une femme que dans celui où il y en a vingt. A l'angle de la cheminée, où, malgré la saison, brillait un grand foyer, et sur laquelle se trouvaient deux candélabres allumés jetant de molles lumières, il aperçut une jeune femme assise dans cette moderne bergère à dossier très-élevé, dont le siège bas lui permettait de donner à sa tête des poses variées pleines de grâce et d'élégance, de l'incliner, de la pencher, de la redresser languissamment, comme si c'était un fardeau pesant; puis de plier ses pieds, de les montrer sous les longs plis d'une robe noire. La vicomtesse voulut placer sur une petite table ronde le livre qu'elle lisait; mais ayant en même temps tourné la tête vers M. de Nueil, le livre, mal posé, tomba dans l'intervalle qui séparait la table de la bergère. Sans paraître surprise de cet accident, elle se rehaussa, et s'inclina pour répondre au salut du jeune homme, mais d'une manière imperceptible et presque sans se lever de son siège, où son corps resta plongé. Elle se courba pour s'avancer, remua vivement le feu; puis elle se baissa, ramassa un gant, qu'elle mit avec négligence à sa main gauche, en cherchant l'autre par un regard promptement réprimé; car de sa main droite, main blanche, presque transparente, sans bagues, fluette, à doigts effilés, et dont les ongles roses formaient un ovale parfait, elle montra une chaise comme pour dire à Gaston de s'asseoir. Quand son hôte inconnu fut assis, elle tourna la tête vers lui par un mouvement interrogant et coquet dont la finesse ne saurait se peindre; il appartient à ces intentions bienveillantes, à ces gestes gracieux, quoique précis, que donnent l'éducation première et l'habitude constante des choses de bon goût. Ces mouvements multipliés se succédèrent rapidement en un instant, sans saccades ni brusquerie, et charmèrent Gaston par ce mélange de soin et d'abandon qu'une jolie femme ajoute aux manières aristocratiques de la haute compagnie.

Madame de Beauséant contrastait trop vivement avec les automates parmi lesquels il vivait depuis deux mois d'exil au fond de la Normandie, pour ne pas lui personnifier la poésie de ses rêves; aussi ne pouvait-il en comparer les perfections à aucune de celles qu'il avait jadis admirées. Devant cette femme et dans ce salon meublé comme l'est un salon du faubourg Saint-Germain, plein de ces riens si riches qui traînent sur les tables, en apercevant des livres et des fleurs, il se retrouva dans Paris. Il foulait un vrai tapis de Paris, revoyait le type distingué, les formes frêles de la Parisienne, sa grâce exquise, et sa négligence des effets cherchés qui nuisent tant aux femmes de province.

Madame la vicomtesse de Beauséant était blonde, blanche comme une blonde, et avait les yeux bruns. Elle présentait noblement son front, un front d'ange déchu qui s'enorgueillit de sa faute et ne veut point de pardon. Ses cheveux, abondants et tressés en hauteur au-dessus de deux bandeaux qui décrivaient sur ce front de larges courbes, ajoutaient encore à la majesté de sa tête. L'imagination retrouvait, dans les spirales de cette chevelure dorée, la couronne ducale de Bourgogne; et, dans les yeux brillants de cette grande dame, tout le courage de sa maison; le courage d'une femme forte seulement pour repousser le mépris ou l'audace, mais pleine de tendresse pour les sentiments doux. Les contours de sa petite tête, admirablement posée sur un long cou blanc; les traits de sa figure fine, ses lèvres délices et sa physionomie mobile gardaient une expression de prudence exquise, une teinte d'ironie affectée qui ressemblait à de la ruse et à de l'impertinence. Il était difficile de ne pas lui pardonner ces deux péchés féminins en pensant à ses malheurs, à la passion qui avait failli lui coûter la vie, et qu'attestaient soit les rides qui, par le moindre mouvement, sillonnaient son front, soit la douloureuse éloquence de ses beaux yeux souvent levés vers le ciel. N'était-ce pas un spectacle imposant, et encore agrandi par la pensée, de voir dans un immense salon silencieux cette femme séparée du monde entier, et qui depuis trois ans, demeurait au fond d'une petite vallée, loin de la ville, seule avec les

Jacques m'a éclairé, dit-il en souriant. — PAGE 74.

souvenirs d'une jeunesse brillante, heureuse, passionnée, jadis remplie par des fêtes, par de constants hommages, mais maintenant livrée aux horreurs du néant ! ' e sourire de cette femme annonçant une haute conscience de sa valeur. N'étant ni mère ni épouse, repoussée par le monde, privée du seul cœur qui pût faire battre le sien sans honte, ne tirant d'aucun sentiment les secours nécessaires à son âme chancelante, elle devait prendre sa force sur elle-même, vivre de sa propre vie, et n'avoir d'autre espérance que celle de la femme abandonnée : attendre la mort, en hâter la lenteur malgré les beaux jours qui lui restaient encore. Se sentir destinée au bonheur, et périr sans le recevoir, sans le donner !... une femme ! Quelles douleurs ! M. de Nueil fit ces réflexions avec la rapidité de l'éclair, et se trouva bien honteux de son personnage en présence de la plus grande poésie dont puisse s'envelopper une femme. Séduit par le triple éclat de la beauté, du malheur et de la noblesse, il demeura presque béant, songeur, admirant la vicomtesse, mais ne trouvant rien à lui dire.

Madame de Beauséant, à qui cette surprise ne déplut sans doute point, lui tendit la main par un geste doux, mais impératif, puis, rappelant un sourire sur ses lèvres pâlies, comme pour obéir encore aux grâces de son sexe, elle lui dit : — M. de Champignelles m'a prévenu, monsieur, que vous êtes si complaisamment chargé pour moi. Serait-ce de la part de...

En entendant cette terrible phrase, Gaston comprit encore mieux le ridicule de sa situation, le mauvais goût, la déloyauté de son procédé, envers une femme et si noble et si malheureuse. Il rougit. Son regard, empreint de mille pensées, se troubla ; mais tout à coup, avec cette force que les jeunes cœurs savent puiser dans le sentiment de leurs fautes, il se rassura ; puis, interrompant madame de Beauséant, non sans faire un geste plein de soumission, il lui répondit d'une voix émue : — Madame, je ne mérite pas le bonheur de vous voir, je vous ai indignement trompée. Le sentiment auquel j'ai obéi, si grand qu'il puisse être, ne saurait faire excuser le misérable subterfuge qui m'a servi pour arriver jusqu'à vous. Mais, madame, si vous aviez la bonté de me permettre de vous dire...

La vicomtesse lança sur M. de Nueil un coup d'œil plein de hauteur et de mépris, leva la main pour saisir le cordon de la sonnette, sonna, le valet de chambre vint, elle lui dit, en regardant le jeune homme avec dignité : — Jacques, éclairez monsieur.

Elle se leva fière, salua Gaston, et se baissa pour ramasser le livre tombé. Ses mouvements furent aussi secs, aussi froids que ceux par lesquels elle l'avait accueilli avaient été mollement élégants et gracieux. M. de Nueil s'était levé, mais il restait debout. Madame de Beauséant lui jeta de nouveau un regard comme pour lui dire : — Eh bien ! vous ne sortez pas ?

Ce regard fut empreint d'une moquerie si perçante, que Gaston devint pâle comme un homme près de défaillir. Quelques larmes roulèrent dans ses yeux ; mais il les retint, les sécha dans les feux de la honte et du désespoir, regarda madame de Beauséant avec une sorte d'orgueil qui exprimait tout ensemble et de la résignation et une certaine conscience de sa valeur : la vicomtesse avait le droit de le punir, mais le devait-elle ? Puis il sortit. En traversant l'antichambre, la perspicacité de son esprit, et son intelligence aiguisée par la passion lui firent comprendre tout le danger de sa situation : — Si je quitte cette maison, se dit-il, je n'y pourrai jamais rentrer, je serai toujours un sot pour la vicomtesse. Il est impossible à une femme, et elle est femme, de ne pas deviner l'amour qu'elle inspire ; elle ressent peut-être un regret vague et involontaire de m'avoir si brusquement congédié, mais elle ne doit pas, elle ne peut pas révoquer son arrêt : c'est à moi de la comprendre.

A cette réflexion, Gaston s'arrête sur le perron, laisse échapper une exclamation, se retourne vivement, et dit : — J'ai oublié quelque chose ! Et il revint vers le salon suivi du valet de chambre, qui, plein de respect pour un baron et pour les droits sacrés de la propriété, fut complètement abusé par le ton naïf avec lequel cette phrase fut dite. Gaston entra doucement sans être annoncé. Quand la vicomtesse, pensant peut-être que l'intrus était son valet de chambre, leva la tête, elle trouva devant elle M. de Nueil.

— Jacques m'a éclairé, dit-il en souriant. Son sourire, empreint d'une grâce à demi triste, ôtait à ce mot tout ce qu'il avait de plaisant, et l'accent avec lequel il était prononcé devait aller à l'âme.

Madame de Beauséant fut désarmée.

— Eh bien ! asseyez-vous, dit-elle.

Gaston s'empara de la chaise par un mouvement avide. Ses yeux, animés par la félicité, jetèrent un éclat si vif, que la vicomtesse ne put soutenir ce jeune regard, baissa les yeux sur son livre et savoura le plaisir toujours nouveau d'être pour un homme le principe de son bonheur, sentiment impérissable chez la femme. Puis, madame de Beauséant avait été devinée. La femme est si reconnaissante de rencontrer un homme au fait des caprices si logiques de son cœur, comprenne les allures en apparence contradictoires de son esprit, les fugitives pudeurs de ses sensations tantôt timides, tantôt hardies, étonnant mélange de coquetterie et de naïveté !

— Madame, s'écria doucement Gaston, vous connaissez ma faute, mais vous ignorez mes crimes. Si vous saviez avec quel bonheur j'ai...

— Ah ! prenez garde, dit-elle en levant un de ses doigts d'un air mystérieux à la hauteur de son nez, qu'elle effleura ; puis, de l'autre main, elle fit un geste pour prendre le cordon de la sonnette.

Ce joli mouvement, cette gracieuse menace, provoquèrent sans doute une triste pensée, un souvenir de sa vie heureuse, du temps où elle pouvait être tout charme et tout gentillesse, où le bonheur justifiait les caprices de son esprit comme il donnait un attrait de plus aux moindres mouvements de sa personne. Elle amassa les plis de son front entre ses deux sourcils, son visage, si doucement éclairé par les bougies, prit une sombre expression ; elle regarda M. de Nueil avec une gravité dénuée de froideur, et lui dit, en femme profondément pénétrée par le sens de ses paroles : — Tout ceci est bien ridicule ! Un temps a été, monsieur, où j'avais le droit d'être follement gaie, où j'aurais pu rire avec vous et vous recevoir sans crainte, mais aujourd'hui ma vie est bien changée, je ne suis plus maîtresse de mes actions et suis forcée d'y réfléchir. A quel sentiment dois-je votre visite ? Est-ce curiosité ? Je paye alors bien cher un fragile instant de bonheur. Aimeriez-vous déjà passionnément une femme infailliblement calomniée, que vous n'avez jamais vue ? Vos sentiments seraient donc fondés sur la mésestime, sur une faute à laquelle le hasard a donné de la célébrité. Elle jeta son livre sur la table avec dépit. — Eh ! quoi, reprit-elle après avoir lancé un regard terrible sur Gaston, parce que j'ai été faible, le monde veut donc que je le sois toujours ? Cela est affreux, dégradant. Venez-vous chez moi pour me plaindre ? Vous êtes bien jeune pour sympathiser avec des peines de cœur. Sachez-le bien, monsieur, je préfère le mépris à la pitié ; je ne veux subir la compassion de personne. Il y eut un moment de silence. — Eh bien ! voyez, monsieur, reprit-elle en levant la tête vers lui d'un air triste et doux, quel que soit le sentiment qui vous ait porté à vous jeter étourdiment dans ma retraite, vous me blessez. Vous êtes trop jeune pour être tout à fait dénué de bonté, vous sentirez donc l'inconvenance de votre démarche ; je vous la pardonne, et vous en parle maintenant sans amertume. Vous ne reviendrez plus ici, n'est-ce pas ? Je vous prie quand je pourrais ordonner. Si vous me faisiez une nouvelle visite, il ne serait ni en votre pouvoir ni au mien d'empêcher toute la ville de croire que vous devenez mon amant, et vous ajouteriez à mes chagrins un chagrin bien grand. Ce n'est pas votre volonté, je pense.

Elle se tut en le regardant avec une dignité vraie qui le rendit confus.

— J'ai eu tort, madame, répondit-il d'un ton pénétré, mais l'ardeur, l'irréflexion, un vif besoin de bonheur, sont à mon âge des qualités et des défauts. Maintenant, reprit-il, je comprends que je n'aurais pas dû chercher à vous voir, et cependant mon désir était bien naturel...

Il tâcha de raconter avec plus de sentiment que d'esprit les souffrances auxquelles l'avait condamné son exil forcé. Il peignit l'état d'un jeune homme dont les feux brûlaient sans aliment, en lui faisant croire qu'il était digne d'être aimé tendrement, et néanmoins n'avait jamais connu les délices d'un amour inspiré par une femme jeune, belle, pleine de goût, de délicatesse. Il expliqua son manque de convenance sans vouloir le justifier. Il flatta madame de Beauséant en lui prouvant qu'elle réalisait pour lui le type de la maîtresse nécessairement mais vainement appelée par la plupart des jeunes gens. Puis, en parlant de ses promenades matinales autour de Courcelles, et des idées vagabondes qui s'emparaient à l'aspect du pavillon où il s'était enfin introduit, il excita cette indéfinissable indulgence que la femme trouve dans son cœur pour les folies qu'elle inspire. Il fit entendre une voix passionnée dans cette froide solitude, où il apportait les chaudes inspirations du jeune âge et les charmes d'esprit qui décèlent une éducation soignée. Madame de Beauséant était depuis trop longtemps des émotions que donnent les sentiments vrais finement exprimés pour ne pas en sentir l'attrait en les désirant. Elle ne put s'empêcher de regarder la figure expressive de M. de Nueil, et d'admirer en lui cette belle confiance de l'âme qui n'a encore ni déchirée par les cruels enseignements de la vie du monde, ni dévorée par les perpétuels calculs de l'ambition ou de la vanité. Gaston était le jeune homme dans sa fleur, et se produisait en homme de caractère qui méconnaissait encore ses hautes destinées. Ainsi tous deux faisaient à l'insu l'un de l'autre les réflexions les plus dangereuses pour leur repos, et tâchaient de se les cacher. M. de Nueil reconnaissait dans la vicomtesse une de ces femmes toujours victimes de leur propre perfection et de leur inextinguible tendresse, dont la beauté gracieuse est le moindre charme quand elles ont une permis l'accès de leur âme où les sentiments sont infinis, où tout est bon, où l'instinct du beau s'unit aux expressions les plus variées de l'amour pour purifier les voluptés et les rendre presque saintes : admirable secret de la femme, présent exquis si rarement accordé par la nature. De son côté, la vicomtesse, en écoutant l'accent vrai avec lequel Gaston lui parlait des malheurs de sa jeunesse, devinait les souffrances imposées par la timidité aux grands enfants de vingt-cinq ans, lorsque l'étude les a garantis de la corruption et du contact des gens du monde dont l'expérience raisonneuse corrode les belles qualités du jeune âge. Elle trouvait en lui le rêve de toutes les femmes, un homme chez lequel n'existait encore ni cet égoïsme de famille et de fortune, ni ce sentiment personnel qui finissent par tuer, dans leur premier élan, le dévouement, l'honneur, l'abnégation, l'estime de soi-même, fleurs d'âme sitôt fanées qui d'abord enrichissent la vie d'émotions délicates, quoique fortes, et ravivent en l'homme la probité du cœur. Une fois lancés dans les vastes espaces du sentiment, ils arrivèrent très-loin en théorie, sondèrent l'un et l'autre la profondeur de leurs âmes, s'informèrent de la vérité de leurs expressions. Cet examen, involontaire chez Gaston, était prémédité chez madame de Beauséant. Usant de sa finesse naturelle ou acquise, elle exprimait, sans se nuire à elle-même, des opinions contraires aux siennes pour connaître celles de M. de Nueil. Elle fut si spirituelle, si gracieuse, elle fut si bien elle-même avec un jeune homme qui se réveillait point sa défiance, en croyant ne plus le revoir, que Gaston s'écria naïvement à un mot délicieux dit par elle-même : — Eh ! madame, comment un homme a-t-il pu vous abandonner?

La vicomtesse resta muette. Gaston rougit, il pensait l'avoir offensée. Mais cette femme était surprise par le premier plaisir profond et vrai qu'elle ressentait depuis le jour de son malheur. Le roué le plus habile n'eût pas fait à force d'art le progrès que M. de Nueil dut à ce cri parti du cœur. Ce jugement arraché à la candeur d'un homme jeune la rendait innocente à ses yeux, condamnait le monde, accusait celui qui l'avait quittée, et justifiait la solitude où elle était venue languir. L'absolution mondaine, les touchantes sympathies, l'estime sociale, tant souhaitées, si cruellement refusées, enfin ses plus secrets désirs étaient accomplis par cette exclamation qu'embellissaient encore les plus douces flatteries du cœur et cette admiration toujours avidement savourée par les femmes. Elle était donc entendue et comprise, M. de Nueil lui donnait tout naturellement l'occasion de grandir de sa chute. Elle regarda la pendule.

— Oh ! madame, s'écria Gaston, ne me punissez pas de mon étourderie. Si vous ne m'accordez qu'une soirée, daignez ne pas l'abréger encore.

Elle sourit du compliment.

— Mais, dit-elle, puisque nous ne devons plus nous revoir, qu'importe au moment de plus ou de moins ! Si je vous plaisais, ce serait un malheur.

— Un malheur tout venu, répondit-il tristement.

— Ne me dites pas cela, reprit-elle gravement. Dans toute autre position je vous recevrais avec plaisir. Je vais vous parler sans détour, vous comprendrez pourquoi je ne veux pas, pourquoi je ne dois pas vous revoir. Je vous crois l'âme trop grande pour ne pas sentir que si j'étais seulement soupçonnée d'une seconde faute je deviendrais pour tout le monde une femme méprisable et vulgaire, je ressemblerais aux autres femmes. Une vie pure et sans tache donnera donc du relief à mon caractère. Je suis trop fière pour ne pas essayer de demeurer au milieu de la société comme un être à part, victime des lois par mon mariage, victime des hommes par mon amour. Si je ne restais pas fidèle à ma position, je mériterais tout le blâme qui m'accable, et perdrais ma propre estime. Je n'ai pas eu la haute vertu sociale d'appartenir à un homme que je n'aimais pas. J'ai brisé, malgré les lois, les liens du mariage : c'était un tort, un crime, ce sera tout ce que vous voudrez; mais pour moi cet état équivalait à la mort. J'ai voulu vivre. Si j'eusse été mère, peut-être aurais-je trouvé des forces pour supporter le supplice d'un mariage imposé par les convenances. A dix-huit ans, nous ne savons guère, pauvres jeunes filles, ce que l'on nous fait faire. J'ai violé les lois du monde, le monde m'a punie; nous étions justes l'un et l'autre. J'ai cherché le bonheur. N'est-ce pas une loi de notre nature que d'être heureuses ? J'étais jeune, j'étais belle.. J'ai cru rencontrer un être aussi aimant qu'il paraissait passionné. J'ai été bien aimée pendant un moment !...

Elle fit une pause.

— Je pensais, reprit-elle, qu'un homme ne devait jamais abandonner une femme dans la situation où je me trouvais. J'ai été quittée, j'aurai déplu. Oui, j'ai manqué sans doute à quelque loi de nature : j'aurai été trop aimante, trop dévouée ou trop exigeante, je ne sais. Le malheur m'a éclairée. Après avoir été longtemps l'accusatrice, je me suis résignée à être la seule criminelle. J'ai donc absous à mes dépens celui de qui je croyais avoir à me plaindre. Je n'ai pas été assez adroite pour le conserver : la destinée m'a fortement punie de ma maladresse. Je ne sais qu'aimer : le moyen de penser à soi quand on aime ! J'ai donc été l'esclave quand j'aurais dû me faire tyran.

Ceux qui me connaîtront pourront me condamner, mais ils m'estimeront. Mes souffrances m'ont appris à ne plus m'exposer à l'abandon. Je ne comprends pas comment j'existe encore après avoir subi les douleurs des huit premiers jours qui ont suivi cette crise, la plus affreuse dans la vie d'une femme. Il faut avoir vécu pendant trois ans seule pour avoir acquis la force de parler comme je le fais en ce moment de cette douleur. L'agonie se termine ordinairement par la mort, eh bien ! monsieur, c'était une agonie sans le tombeau pour dénoûment. Oh ! j'ai bien souffert !

La vicomtesse leva ses beaux yeux vers la corniche à laquelle sans doute elle confia tout ce que ne devait pas entendre un inconnu. Une corniche est bien la plus douce, la plus soumise, la plus complaisante confidente que les femmes puissent trouver dans les occasions où elles n'osent regarder leur interlocuteur. La corniche d'un boudoir est une institution. N'est-ce pas un confessionnal, moins le prêtre ? En ce moment, madame de Beauséant était éloquente et belle, il faudrait dire coquette, si ce mot n'était pas trop fort. En se rendant justice, en mettant entre elle et l'amour les plus hautes barrières, elle aiguillonnait tous les sentiments de l'homme : et plus elle élevait le but, mieux elle l'offrait aux regards. Enfin elle abaissa ses yeux sur Gaston, après leur avoir fait perdre l'expression trop attachante que leur avait communiquée le souvenir de ses peines.

— Avouez que je dois rester froide et solitaire ! lui dit-elle d'un ton calme.

M. de Nueil se sentait une violente envie de tomber aux pieds de cette femme alors sublime de raison et de folie, il craignit de lui paraître ridicule; il reprima donc et son exaltation et ses pensées : il éprouvait à la fois et la crainte de ne point réussir à les bien exprimer, et la peur de quelque terrible refus ou d'une moquerie dont l'appréhension glace les âmes les plus ardentes. La réaction des sentiments qu'il refoulait au moment où ils s'élançaient de son cœur lui causa cette douleur profonde que connaissent les gens timides et les ambitieux, souvent forcés de dévorer leurs désirs. Cependant il ne put s'empêcher de rompre le silence pour dire d'une voix tremblante : — Permettez-moi, madame, de me livrer à une des plus grandes émotions de ma vie, en vous avouant ce que vous me faites éprouver. Vous m'agrandissez le cœur ! je sens en moi le désir d'occuper ma vie à vous faire oublier vos chagrins, à vous aimer pour tous ceux qui vous ont haïe ou blessée. Mais c'est une effusion de cœur bien soudaine qu'aujourd'hui rien ne justifie et que je devrais...

— Assez, monsieur, dit madame de Beauséant. Nous sommes allés trop loin l'un et l'autre. J'ai voulu dépouiller de toute dureté le refus qui m'est imposé, vous en expliquer les tristes raisons, et non m'attirer des hommages. La coquetterie ne va bien qu'à la femme heureuse. Croyez-moi, restons étrangers l'un à l'autre. Plus tard, vous saurez qu'il ne faut point former de liens quand ils doivent nécessairement se briser un jour.

Elle soupira légèrement, et son front se plissa pour reprendre aussitôt la pureté de sa forme.

— Quelles souffrances pour une femme, reprit-elle, de ne pouvoir suivre l'homme qu'elle aime dans toutes les phases de sa vie ! Puis ce profond chagrin ne doit-il pas horriblement retentir dans le cœur de cet homme, si elle en est bien aimée. N'est-ce pas un double malheur ? Il y eut un moment de silence après lequel elle dit en souriant et en se levant pour faire lever son hôte : — Vous ne vous doutiez pas en venant à Courcelles d'y entendre un sermon.

Gaston se trouvait en ce moment plus loin de cette femme extraordinaire qu'à l'instant où il l'avait abordée. Attribuant le charme de cette heure délicieuse à la coquetterie d'une maîtresse de maison jalouse de déployer son esprit, il salua froidement la vicomtesse et sortit désespéré. Chemin faisant, le baron cherchait à surprendre le vrai caractère de cette créature souple et dure comme un ressort; mais il lui avait vu prendre tant de nuances, qu'il lui fut impossible d'asseoir sur elle un jugement vrai. Puis les intonations de sa voix lui retentissaient encore aux oreilles, et le souvenir prêtait tant de charmes aux gestes, aux airs de tête, au jeu des yeux, qu'il s'éprit davantage à cet examen. Pour lui, la beauté de la vicomtesse reluisait encore dans les ténèbres, les impressions qu'il en avait reçues se réveillaient attirées l'une par l'autre pour de nouveau le séduire en lui révélant des grâces de femme et d'esprit aperçues d'abord. Il tomba dans une de ces méditations vagabondes pendant lesquelles les pensées les plus lucides se combattent, se brisent les unes contre les autres, et jettent l'âme dans un court accès de folie. Il faut être jeune pour révéler et pour comprendre les secrets de ces sortes de dithyrambes du cœur, assailli par les idées les plus justes et les plus folles, cédant à la dernière qui y tombe, à une pensée d'espérance ou de désespoir, au gré d'une puissance inconnue. A l'âge de vingt-trois ans, l'homme est presque toujours dominé par un sentiment de modestie : les timidités, les troubles de la jeune fille l'agitent il a peur de mal exprimer son amour, il ne voit que des difficultés et s'en effraye, il tremble de ne pas plaire, il serait hardi s'il n'aimait pas tant ; plus il sent le prix du bonheur, moins il croit que sa maîtresse puisse le lui facilement accorder, d'ailleurs peut-être se livre-t-il trop entièrement à son plaisir, et craint-il de n'en point donner ; lorsque, par malheur, son idole est imposante, il l'adore en secret et de loin, s'il n'est pas deviné, son amour expire. Souvent cette passion hâtive, morte dans un jeune cœur, y reste brillante d'illusions. Quel homme n'a pas plusieurs de ces vierges souvenirs qui plus tard se réveillent toujours plus gracieux, et apportent l'image d'un bonheur parfait ? souvenirs semblables à ces enfants perdus à la fleur de l'âge, et dont les parents n'ont connu que les sourires. M. de Nueil revint donc de Courcelles en proie à un sentiment gros de résolutions extrêmes. Madame de Beauséant était déjà devenue pour lui la condition de son existence : il aimait mieux mourir que de vivre sans elle. Encore assez jeune pour ressentir ces cruelles fascinations que la femme parfaite exerce sur les âmes neuves et passionnées, il dut passer une de ces nuits orageuses pendant lesquelles les jeunes gens vont du bonheur au suicide, du suicide au bonheur, dévorent toute une vie heureuse et s'endorment impuissants. Nuits fatales où le plus grand malheur qui puisse arriver est de se réveiller philosophe. Trop véritablement amoureux pour dormir, M. de Nueil se leva, se mit à écrire des lettres dont aucune ne le satisfit, et les brûla toutes.

Le lendemain, il alla faire le tour du petit enclos de Courcelles ; mais à la nuit tombante, car il avait peur d'être aperçu par la vicomtesse. Le sentiment auquel il obéissait alors appartient à une nature d'âme si mystérieuse, qu'il faut être encore jeune homme, ou se trouver dans une situation semblable, pour en comprendre les muettes félicités et les bizarreries ; toutes choses qui feraient hausser les épaules aux gens assez heureux pour toujours voir le *positif* de la vie. Après des hésitations cruelles, Gaston écrivit à madame de Beauséant la lettre suivante, qui peut passer pour un modèle de la phraséologie particulière aux amoureux, et se comparer aux dessins faits en cachette par les enfants pour la fête de leurs parents, présents détestables pour tout le monde, excepté pour ceux qui les reçoivent.

« Madame,

« Vous exercez un si grand empire sur mon cœur, sur mon âme et ma personne, qu'aujourd'hui ma destinée dépend entièrement de vous. Ne jetez pas ma lettre au feu. Soyez assez bienveillante pour la lire. Peut-être me pardonnerez-vous cette première phrase en vous apercevant que ce n'est pas une déclaration vulgaire ni intéressée, mais l'expression d'un fait naturel. Peut-être serez-vous touchée par la modestie de mes prières, par la résignation que m'inspire le sentiment de mon infériorité, par l'influence de votre détermination sur ma vie. A mon âge, madame, je ne sais qu'aimer, j'ignore entièrement ce qui peut plaire à une femme et ce qui la séduit, mais je me sens au cœur pour elle d'enivrantes adorations. Je suis irrésistiblement attiré vers vous par le plaisir immense que vous me faites éprouver, et pense à vous avec tout l'égoïsme qui nous entraîne, là où pour nous est la chaleur vitale. Je ne me crois pas digne de vous. Non, il me semble impossible à moi, jeune, ignorant, timide, de vous apporter la millième partie du bonheur que j'aspirais en vous entendant, en vous voyant. Vous êtes pour moi la seule femme qu'il y ait dans le monde. Ne concevant pas la vie sans vous, j'ai pris la résolution de quitter la France et d'aller jouer mon existence jusqu'à ce que je la perde dans quelque entreprise impossible, aux Indes, en Afrique, je ne sais où. Ne faut-il pas que je combatte un amour sans bornes par quelque chose d'infini ? Mais, si vous voulez me laisser l'espoir, non pas d'être à vous, mais d'obtenir votre amitié, je reste. Permettez-moi de passer près de vous, rarement même si vous l'exigez, quelques heures semblables à celles que j'ai surprises. Ce frêle bonheur, dont les vives jouissances peuvent m'être interdites à la moindre parole trop ardente, suffira pour me faire endurer les bouillonnements de mon sang. Ai-je trop présumé de votre générosité en vous suppliant de souffrir un commerce où tout est profit pour moi seulement ? Vous saurez bien faire voir à ce monde auquel vous sacrifiez tant que je ne vous suis rien. Vous êtes si spirituelle et si fière ! Qu'auriez-vous à craindre ? Maintenant je voudrais pouvoir vous ouvrir mon cœur, afin de vous persuader que ma humble demande ne cache aucune arrière-pensée. Je ne vous aurais pas dit que mon amour était sans bornes en vous priant de m'accorder l'amitié, si j'avais l'espoir de vous faire partager le sentiment profond enseveli dans mon âme. Non, je serai près de vous ce que vous voudrez que je sois, pourvu que j'y sois. Si vous me refusiez, et vous le pouvez, je ne murmurerai point, je partirai. Si plus tard une femme autre que vous entre pour quelque chose dans ma vie, vous aurez eu raison ; mais si je meurs fidèle à mon amour, vous concevrez quelque regret peut-être ! L'espoir de vous causer un regret adoucira mes angoisses, et sera toute la vengeance de mon cœur méconnu. »

Il faut n'avoir ignoré aucun des excellents malheurs du jeune âge, il faut avoir grimpé sur toutes les chimères aux doubles ailes blanches qui offrent leur croupe féminine à de brûlantes imaginations pour comprendre le supplice auquel Gaston de Nueil fut en proie quand il supposa son premier *ultimatum* entre les mains de madame de Beauséant. Il voyait la vicomtesse froide, rieuse, et plaisantant de l'amour comme les êtres qui n'y croient plus. Il aurait voulu reprendre sa lettre, il la trouvait absurde. Il lui venait dans l'esprit mille et une idées infiniment meilleures, ou qui eussent été plus touchantes que ses froides phrases, ses maudites phrases alambiquées, sophistiques, prétentieuses, mais heureusement assez mal ponctuées et fort bien écrites de travers. Il essayait de ne pas penser, de ne pas sentir ; mais il pensait, il sentait et souffrait. S'il avait eu trente ans, il se serait enivré ; mais ce jeune homme encore naïf ne connaissait ni les ressources de l'opium ni les expédients de l'extrême civilisation. Il n'avait pas là, près de lui, un de ces bons amis de Paris qui savent si bien vous dire : — Poète, non dolet ! en vous tendant une bouteille de vin de Champagne, ou vous entraînent à une orgie pour vous adoucir les douleurs de l'incertitude. Excellents amis, toujours ruinés lorsque vous êtes riches, toujours aux eaux quand vous les cherchez, ayant toujours perdu leur dernier louis au jeu quand vous leur en demandez un, mais ayant toujours un mauvais cheval à vous vendre, au demeurant, les meilleurs enfants de la terre, et toujours prêts à s'embarquer avec vous pour descendre une de ces pentes rapides sur lesquelles se dépensent le temps, l'âme et la vie !

Enfin M. de Nueil reçut des mains de Jacques une lettre ayant un cachet de cire parfumée aux armes de Bourgogne, écrite sur un petit papier vélin, et qui sentait la jolie femme.

Il courut aussitôt s'enfermer pour lire et relire sa lettre.

« Vous me punissez bien sévèrement, monsieur, et de la bonne grâce que j'ai mise à vous sauver la rudesse d'un refus, et de la séduction que l'esprit exerce toujours sur moi. J'ai eu confiance en la noblesse du jeune âge, et vous m'avez trompée. Cependant je vous ai parlé, sinon à cœur ouvert, ce qui eût été parfaitement ridicule, du moins avec franchise, et vous ai dit ma situation, afin de faire concevoir ma froideur à une âme jeune. Plus vous m'avez intéressée, plus vive a été la peine que vous m'avez causée. Je suis naturellement tendre et bonne, mais les circonstances me rendent mauvaise. Une autre femme eût brûlé votre lettre sans la lire ; moi je l'ai lue et j'y réponds. Mes raisonnements vous prouveront que, si je ne suis pas insensible à l'expression d'un sentiment que j'ai fait naître, même involontairement, je suis loin de le partager, et ma conduite vous démontrera bien mieux encore la sincérité de mon âme. Puis j'ai voulu, pour votre bien, employer l'espèce d'autorité que vous me donnez sur votre vie, et désire l'exercer une seule fois pour faire tomber le voile qui vous couvre les yeux.

« J'ai bientôt trente ans, monsieur, et vous en avez vingt-deux à peine. Vous ignorez vous-même ce que seront vos pensées quand vous arriverez à mon âge. Les serments que vous jurez si facilement aujourd'hui pourront alors vous paraître bien lourds. Aujourd'hui, je veux bien le croire, vous me donneriez sans regret votre vie entière, vous sauriez mourir même pour un plaisir éphémère ; mais à trente ans l'expérience vous ôtera la force de me faire chaque jour des sacrifices, et moi, je serais profondément humiliée de les accepter. Un jour tout vous commandera, la nature elle-même ordonnera de me quitter. Je vous l'ai dit, je préfère la mort à l'abandon. Vous le voyez, le malheur m'a appris à calculer. Je raisonne, je n'ai point de passion. Vous me forcez à vous dire que je ne vous aime point, que je ne dois, ne peux ni ne veux vous aimer. J'ai passé le moment de la vie où les femmes cèdent à des mouvements de cœur irréfléchis, et je ne saurais plus être la maîtresse que vous quêtez. Mes consolations, monsieur, viennent de Dieu, non des hommes. D'ailleurs, je lis trop clairement dans les cœurs à la triste lumière de l'amour trompé, pour accepter l'amitié que vous demandez, que vous offrez. Vous êtes la dupe de votre cœur, et vous espérez bien plus en ma faiblesse qu'en votre force. Tout cela est un effet d'instinct. Je vous pardonne cette ruse d'enfant, vous n'en êtes pas encore complice. Je vous ordonne, au nom de cet amour passager, au nom de votre vie, au nom de ma tranquillité, de rester dans votre pays, de ne pas y manquer une vie honorable et belle pour une illusion qui s'éteindra nécessairement. Plus tard, lorsque vous aurez, en accomplissant votre véritable destinée, développé tous les sentiments qui attendent l'homme, vous apprécierez ma réponse, que vous accuserez peut-être eu ce moment de sécheresse. Vous retrouverez alors avec plaisir une vieille femme dont l'amitié vous sera certainement douce et précieuse : elle n'aura été soumise ni aux vicissitudes de la passion, ni aux désenchantements de la vie, enfin de nobles idées, des idées religieuses, la conserveront pure et sainte. Adieu, monsieur, obéissez-moi en pensant que vos succès jetteront quelque plaisir dans ma solitude, et ne songez à moi que comme on songe aux absents. »

Après avoir lu cette lettre, Gaston de Nueil écrivit ces mots :

« Madame, si je cessais de vous aimer en acceptant les chances que vous m'offrez d'être un homme ordinaire, je mériterais bien mon sort, avouez-le. Non, je ne vous obéirai pas, et je vous jure une fidélité qui ne se déliera que par la mort. Oh! prenez ma vie, à moins cependant que vous ne craigniez de mettre un remords dans la vôtre... »

Quand le domestique de M. de Nueil revint de Courcelles, son maître lui dit : — A qui as-tu remis mon billet? — A madame la vicomtesse elle-même, elle était en voiture, et partait... — Pour venir en ville? — Monsieur, je ne pense pas. La berline de madame la vicomtesse était attelée avec des chevaux de poste. — Ah! elle s'en va? dit le baron. — Oui, monsieur, répondit le valet de chambre.

Aussitôt Gaston fit ses préparatifs pour suivre madame de Beauséant. Elle le mena jusqu'à Genève sans se savoir accompagnée par lui. Entre les mille réflexions qui l'assaillirent pendant ce voyage, celle-ci : — Pourquoi s'est-elle en allée? l'occupa plus spécialement. Ce mot fut le texte d'une multitude de suppositions, parmi lesquelles il choisit naturellement la plus flatteuse, et que voici : — Si la vicomtesse veut m'aimer, il n'y a pas de doute qu'en femme d'esprit elle préfère la Suisse, où personne ne nous connaît, à la France, où nous rencontrerait des censeurs.

Certains hommes passionnés n'aimeraient pas une femme assez habile pour choisir son terrain, c'est des raffinés. D'ailleurs rien ne prouve que la supposition de Gaston fût vraie.

La vicomtesse prit une petite maison sur le lac. Quand elle y fut installée, Gaston s'y présenta par une belle soirée, à la nuit tombante. Jacques, valet de chambre essentiellement aristocratique, ne s'étonna point de voir M. de Nueil, et l'annonça en valet habitué à tout comprendre. En entendant ce nom, en voyant le jeune homme, madame de Beauséant laissa tomber le livre qu'elle tenait; sa surprise donna le temps à Gaston d'arriver à elle, et de lui dire d'une voix qui lui parut délicieuse : — Avec quel plaisir je prenais les chevaux qui vous avaient menée!

Etre si bien obéie dans ses vœux secrets! Où est la femme qui n'eût pas cédé à un tel bonheur? Une Italienne, une de ces divines créatures dont l'âme est à l'antipode de celle des Parisiennes, et que de ce côté des Alpes l'on trouverait profondément immorale, disait-on lisant les romans français : « Je ne vois pas pourquoi ces pauvres amoureux passent autant de temps à arranger ce qui doit être l'affaire d'une matinée. » Pourquoi le narrateur ne pourrait-il pas, à l'exemple de cette bonne Italienne, ne pas trop faire languir ses auditeurs ni son sujet? Il y aurait bien quelques scènes de coquetterie charmantes à dessiner, doux retards que madame de Beauséant voulut apporter au bonheur de Gaston pour tomber avec grâce comme les vierges de l'antiquité, peut-être aussi pour jouir des voluptés chastes d'un premier amour, et le faire arriver à sa plus haute expression de force et de puissance. M. de Nueil était encore dans l'âge où un homme est la dupe de ces caprices, de ces jeux qui plaisent tant aux femmes, et qu'elles prolongent, soit pour bien stipuler leurs conditions, soit pour jouir plus longtemps de leur pouvoir, dont la prochaine diminution est instinctivement devinée par elles. Mais ces petits protocoles de boudoir, moins nombreux que ceux de la conférence de Londres, tiennent trop peu de place dans l'histoire d'une passion vraie pour être mentionnés.

Madame de Beauséant et M. de Nueil demeurèrent pendant trois années dans la villa située sur le lac de Genève, que la vicomtesse avait louée. Ils y restèrent seuls, sans voir personne, sans faire parler d'eux, se promenant en bateau, se levant tard, enfin heureux comme nous rêvons tous de l'être. Cette petite maison était simple, à persiennes vertes, entourée de larges balcons ornés de tentes, une véritable maison d'amants, maison à canapés blancs, à tapis muets, à tentures fraîches, où tout reluisait de joie. A chaque fenêtre le lac apparaissait sous des aspects différents; dans le lointain, les montagnes et leurs fantaisies nuageuses, colorées, fugitives, au-dessus d'eux, un beau ciel; puis, devant eux, une longue nappe d'eau capricieuse, changeante! Les choses semblaient rêver pour eux, et tout leur souriait.

Des intérêts graves rappelèrent M. de Nueil en France; son frère et son père étaient morts, il fallut quitter Genève. Les deux amants achetèrent cette maison; ils auraient voulu briser les montagnes et faire enfuir l'eau du lac en ouvrant une soupape, afin de tout emporter avec eux. Madame de Beauséant suivit M. de Nueil. Elle réalisa sa fortune, acheta, près de Manerville, une propriété considérable qui joignait les terres de Gaston, et où ils demeurèrent ensemble. M. de Nueil abandonna très-gracieusement à sa mère l'usufruit des domaines de Manerville, en retour de la liberté qu'elle lui laissa de vivre garçon. La terre de madame de Beauséant était située près d'une petite ville, dans une des plus jolies positions de la vallée d'Auge. Là, les deux amants mirent entre eux et le monde des barrières que ni les idées sociales ni les personnes ne pouvaient franchir, et retrouvèrent leurs bonnes journées de la Suisse. Pendant neuf années entières ils goûtèrent un bonheur qu'il est inutile de décrire; le dénouement de cette aventure en fera sans doute deviner les délices à ceux dont l'âme peut comprendre, dans l'infini de leurs modes, la poésie et la prière.

Cependant, M. le marquis de Beauséant (son père et son frère aîné étaient morts), le mari de madame de Beauséant, jouissait d'une parfaite santé. Rien ne nous aide mieux à vivre que la certitude de faire le bonheur d'autrui une prompte mort. M. de Beauséant était un de ces gens ironiques et entêtés qui, semblables à des rentiers viagers, trouvent un plaisir de plus que n'en ont les autres à se lever bien portants chaque matin. Galant homme du reste, un peu méthodique, cérémonieux, et calculateur capable de déclarer son amour à une femme aussi tranquillement qu'un laquais dit : — Madame est servie.

Cette petite notice biographique sur le marquis de Beauséant a pour objet de faire comprendre l'impossibilité dans laquelle était la marquise d'épouser M. de Nueil.

Or, après ces neuf années de bonheur, le plus doux bail qu'une femme ait jamais pu signer, M. de Nueil et madame de Beauséant se trouvèrent dans une situation tout aussi naturelle et tout aussi fausse que celle où ils étaient restés depuis le commencement de cette aventure; crise fatale néanmoins, de laquelle il est impossible de donner une idée, mais dont les termes peuvent être posés avec une exactitude mathématique.

Madame la comtesse de Nueil, mère de Gaston, n'avait jamais voulu voir madame de Beauséant. C'était une personne roide et vertueuse, qui avait très-légalement accompli le bonheur de M. de Nueil le père. Madame de Beauséant comprit que cette honorable douairière devait être son ennemie, et tenterait d'arracher Gaston à sa vie immorale et antireligieuse. La marquise aurait bien voulu vendre sa terre, et retourner à Genève. Mais c'eût été se défier de M. de Nueil, elle en était incapable. D'ailleurs il avait précisément pris beaucoup de goût pour la terre de Valleroy, où il faisait force plantations, force mouvements de terrains. N'était-ce pas l'arracher à une espèce de bonheur mécanique que les femmes souhaitent toujours à leurs maris et même à leurs amants? Il était arrivé dans le pays une demoiselle de la Rodière, âgée de vingt-deux ans, et riche de quarante mille livres de rentes. Gaston rencontrait cette héritière à Manerville toutes les fois que son devoir l'y conduisait. Ces personnages étant ainsi placés comme les chiffres d'une proportion arithmétique, la lettre suivante, écrite et remise un matin à Gaston, expliquera maintenant l'affreux problème que, depuis un mois, madame de Beauséant tâchait de résoudre.

« Mon ange aimé, t'écrire quand nous vivons cœur à cœur, quand rien ne nous sépare, quand nos caresses nous servent si souvent de langage, et que les paroles sont aussi les caresses, n'est-ce pas un contre-sens? Eh bien! non, mon amour. Il est de certaines choses qu'une femme ne peut dire en présence de son amant ; la seule pensée de ces choses lui ôte la voix, lui fait refluer tout son sang vers le cœur; elle est sans force et sans esprit. Etre ainsi près de toi me fait souffrir, et j'y suis ainsi. Je sens que mon cœur doit être tout vérité pour toi, ne te déguiser aucune de ses pensées, même les plus fugitives, et j'aime trop ce doux laissez-aller, qui me sied si bien, pour rester plus longtemps gênée, contrainte. Aussi vais-je te confier mon angoisse : oui, c'est une angoisse. Ecoute-moi! Ne fais pas ce petit : ta ta ta... par lequel tu me fais taire avec une impertinence que j'aime, parce que de toi tout me plaît. Cher époux du ciel, laisse-moi te dire que tu as effacé tout souvenir des douleurs sous le poids desquelles jadis ma vie allait succomber. Je n'ai connu l'amour que par toi. Il a fallu la candeur de la belle jeunesse, la pureté de la grande âme pour satisfaire aux exigences d'un cœur de femme exigeante. Ami, j'ai bien souvent palpité de joie en pensant que, durant ces neuf années, si rapides et si longues, ma jalousie n'a jamais été réveillée. J'ai eu toutes les fleurs de ton âme, toutes tes pensées. Il n'y a pas eu le plus léger nuage dans notre ciel, nous n'avons pas su ce qu'était un sacrifice, nous avons toujours obéi aux inspirations de nos cœurs. J'ai joui d'un bonheur sans bornes pour une femme. Les larmes qui mouillent cette page te diront-elles bien toute ma reconnaissance ? j'aurais voulu l'avoir écrite à genoux. Eh bien ! cette félicité m'a fait connaître un supplice plus affreux que ne l'était celui de l'abandon. Cher, le cœur d'une femme a des replis bien profonds : j'ai ignoré moi-même jusqu'aujourd'hui l'étendue du mien, comme j'ignorais l'étendue de l'amour. Les misères les plus grandes qui puissent nous accabler sont encore légères à porter en comparaison de la seule idée du malheur de celui que nous aimons. Et si nous le causions, ce malheur, n'est-ce pas à en mourir ?... Telle est la pensée qui m'oppresse. Mais elle en traîne après elle une autre beaucoup plus pesante : celle-là dégrade la gloire de ton amour, elle le tue, elle en fait une humiliation qui ternit à jamais la vie. Tu as trente ans et j'en ai quarante. Combien de terreurs cette différence d'âge n'inspire-t-elle pas à une femme aimante ? Tu peux avoir d'abord involontairement, puis sérieusement senti les sacrifices que tu m'as faits, en renonçant à tout au monde pour moi. Tu as pensé peut-être à la destinée sociale, à ce mariage, qui doit augmenter nécessairement ta fortune, te permettre d'avouer ton bonheur, tes enfants, de transmettre tes biens, de reparaître dans le monde et d'y occuper ta place avec honneur. Mais tu auras réprimé ces pensées, heureux de me sacrifier, sans que je le sache, une héritière, une fortune et un bel avenir. Dans ta générosité de jeune homme, tu auras voulu rester fidèle aux serments que ne nous lient qu'à la face de Dieu. Mes douleurs passées te seront apparues, et j'aurai été protégée par le malheur d'où tu m'as tirée. Devoir ton amour à la pitié ! cette pensée m'est plus horrible encore que la crainte de te faire manquer ta vie. Ceux qui savent poignarder leurs maîtresses sont bien charitables quand ils les tuent heureuses, innocentes, et dans la gloire de leurs illusions... Oui, la mort est préférable aux deux pensées qui, depuis quelques jours, attristent secrètement mes heures. Hier, quand tu m'as demandé : Qu'as-tu ? tu m'as fait frissonner. J'ai cru que, selon ton habitude, tu lisais dans mon âme, et j'attendais des confidences, imaginant avoir eu de justes pressentiments en devinant les calculs de la raison. Je me suis alors souvenue de quelques attentions qui te sont habituelles, mais où j'ai cru apercevoir cette sorte d'affectation par laquelle les hommes trahissent une loyauté pénible à porter. En ce moment, j'ai payé bien cher mon bonheur, j'ai senti que la nature nous vend toujours les trésors de l'amour. En effet, le sort ne nous a-t-il pas séparés ? Tu te seras dit : — Tôt ou tard, je dois quitter la pauvre Claire, pourquoi ne pas m'en séparer à temps ? Cette phrase était écrite au fond de ton regard. Je t'ai quitté pour aller pleurer loin de toi. Te dérober des larmes ! voilà les premières que le chagrin m'a fait verser depuis dix ans, et je suis trop fière pour te les montrer ; mais je ne t'ai point accusé. Oui, tu as raison, je ne dois point avoir l'égoïsme de t'assujettir ta vie brillante et longue à la mienne bientôt usée... Mais si je me trompais ?... si j'avais pris une de tes mélancolies d'amour pour une pensée de raison !... ah ! mon ange, ne me laisse pas dans l'erreur, punis ta jalouse femme ; mais rends-lui la conscience de son amour et du tien : toute femme est dans ce sentiment, qui sanctifie tout. Depuis l'arrivée de ta mère, et depuis que tu as vu chez elle mademoiselle de la Rodière, je suis en proie à des doutes qui nous déshonorent. Fais-moi souffrir, mais ne me trompe pas ; je veux tout savoir, et ce que ta mère te dit et ce que tu penses ! Si tu as hésité entre quelque chose et moi, je te rends ta liberté... Je cacherai ma destinée, je saurai ne pas pleurer devant toi ; seulement, je ne veux plus te revoir... Oh ! je m'arrête, mon cœur se brise... »

« Je suis restée morne et stupide pendant quelques instants. Ami, je ne me trouve point de fierté contre toi, tu es si bon, si franc ! tu ne saurais ni me blesser, ni me tromper, mais tu me diras la vérité, quelque cruelle qu'elle puisse être. Veux-tu que j'encourage tes aveux ? Eh bien ! cœur à moi, je serai consolée par une pensée de femme. N'aurai-je pas possédé de toi jeune et pudique, tout grâce, toute beauté, toute délicatesse, un Gaston que nulle femme ne peut plus connaître, et de qui j'ai délicieusement joui... Non, tu n'aimeras plus comme tu m'as aimée, comme tu m'aimes, non, je ne saurais avoir de rivale. Mes souvenirs seront sans amertume en pensant à notre amour, qui fait toute ma pensée. N'est-il pas hors de ton pouvoir d'enchanter désormais une femme par les agaceries enfantines, par les jeunes gentillesses d'un cœur jeune, par ces coquetteries d'âme, ces grâces du corps et ces rapides ententes de volupté, enfin par l'adorable cortège qui suit l'amour adolescent ? Ah ! tu es homme ! maintenant, tu obéiras à ta destinée en calculant tout. Tu auras des soins, des inquiétudes, des ambitions, des soucis, qui la priveront de ce sourire constant et inaltérable par lequel tes lèvres étaient toujours embellies pour moi. Ta voix, pour moi toujours si douce, sera parfois chagrine. Tes yeux, sans cesse illuminés d'un éclat céleste en me voyant, se terniront souvent pour elle. Puis, comme il est impossible de t'aimer comme je t'aime, cette femme ne te plaira jamais autant que je t'ai plu. Elle n'aura pas ce soin perpétuel que j'ai eu de moi-même, et cette étude continuelle de ton bonheur, dont jamais l'intelligence ne m'a manqué. Oui, l'homme, le cœur, l'âme, que j'aurai connus n'existeront plus ; je les ensevelirai dans mon souvenir pour en jouir encore, et vivre heureuse de cette belle vie passée, mais inconnue à tout ce qui n'est pas nous.

« Mon cher trésor, si cependant tu n'as pas conçu la plus légère idée de liberté, si mon amour ne te pèse pas, si mes craintes sont chimériques, si je suis toujours pour toi ton Ève la seule femme qu'il y ait dans le monde, cette lettre lue, viens ! accours ! Je t'aimerai dans un instant plus que je ne t'ai aimé, je crois, pendant ces neuf années. Après avoir subi le supplice inutile de ces soupçons dont je m'accuse, chaque jour ajouté à notre amour, oui, un seul jour, sera toute une vie de bonheur. Ainsi, parle ! sois franc : ne me trompe pas, ce serait un crime. Dis ? veux-tu ta liberté ? As-tu réfléchi à ta vie d'homme ? As-tu un regret ? Moi, te causer un regret ! j'en mourrais. Je te l'ai dit : j'ai assez d'amour pour préférer ton bonheur au mien, ta vie à la mienne. Quitte, si tu le peux, la riche mémoire de nos neuf années de bonheur pour n'en être pas influencé dans ta décision, mais parle ! Je te suis soumise, comme à Dieu, à seul consolateur qui me reste si tu m'abandonnes. »

Quand madame de Beauséant sut la lettre entre les mains de M. de Nueil, elle tomba dans un abattement si profond, et dans une méditation si engourdissante, par la trop grande abondance de ses pensées, qu'elle resta comme endormie. Certes, elle souffrit de ces douleurs dont l'intensité n'a pas toujours été proportionnée aux forces de la femme, et que les femmes seules connaissent. Pendant que la malheureuse marquise attendait son sort M. de Nueil était, en lisant sa lettre, fort embarrassé, selon l'expression employée en ces jeunes gens dans ces sortes de crises. Il avait alors presque cédé aux instigations de sa mère et aux attraits de mademoiselle de la Rodière, jeune personne assez insignifiante, droite comme un peuplier, blanche et rose, muette à demi, suivant le programme prescrit à toutes les jeunes filles à marier, mais ses quarante mille livres de rente en fonds de terre parlaient suffisamment pour elle. Madame de Nueil, aidée par sa sincère affection de mère, cherchait à embaucher son fils pour la vertu. Elle lui faisait observer combien il y avait pour lui de flatteur à être préféré par mademoiselle de la Rodière, lorsque tant de riches partis lui étaient proposés : il était bien temps de songer à son sort, une si belle occasion ne se retrouverait plus ; il aurait un jour quatre-vingt mille livres de rente en biens-fonds ; la fortune consolait de tout, si madame de Beauséant l'aimait pour lui, elle devait être la première à l'engager à se marier. Enfin cette bonne mère n'oubliait aucun des moyens d'action par lesquels une femme peut influer sur la raison d'un homme. Aussi avait-elle amené son fils à chanceler. La lettre de madame de Beauséant arriva dans un moment où l'amour de Gaston luttait contre toutes les séductions d'une vie arrangée convenablement et conforme aux idées du monde : mais cette lettre décida le combat. Il résolut de quitter la marquise et de se marier.

— Il faut être homme dans la vie ! se dit-il.

Puis il soupçonna les douleurs que sa résolution causerait à sa maîtresse. Sa vanité d'homme, autant que sa conscience d'amant, les grandissant encore, il fut pris d'une sincère pitié. Il ressentit tout d'un coup cet immense malheur, et crut nécessaire, charitable d'amortir cette mortelle blessure. Il espéra pouvoir amener madame de Beauséant à un état calme, et se faire ordonner par elle ce cruel mariage, en l'accoutumant par degrés à l'idée d'une séparation nécessaire, en lui mettant toujours entre eux mademoiselle de la Rodière comme un fantôme, et en la lui sacrifiant d'abord pour la lui faire imposer plus tard. Il allait, pour réussir dans cette compatissante entreprise, jusqu'à compter sur la noblesse, la fierté de la marquise et sur les belles qualités de son âme. Il lui répondit alors afin d'endormir ses soupçons.

Répondre ! Pour une femme qui joignait à l'intuition de l'amour vrai les perceptions les plus délicates de l'esprit féminin, la lettre était un arrêt. Aussi, quand Jacques entra, qu'il s'avança vers madame de Beauséant pour lui remettre un papier plié triangulairement, la pauvre femme tressaillit-elle comme une hirondelle prise. Un froid inconnu tomba de sa tête à ses pieds, en l'enveloppant d'un linceul de glace. S'il n'accourait pas à ses genoux, s'il n'y venait pas pleurant, pâle, amoureux, tout était dit. Cependant il y a tant d'espérances dans le cœur des femmes qui aiment ! il faut bien des coups de poignard pour les tuer, elles aiment et saignent jusqu'au dernier.

— Madame a-t-elle besoin de quelque chose ? demanda Jacques d'une voix douce en se retirant.

— Non, dit-elle.

— Pauvre homme ! pensa-t-elle en essuyant une larme, il me devine, lui, un valet !

Elle lut : *Ma bien-aimée, tu te crées des chimères*... Là aperçut ces mots un voile épais se répandit sur les yeux de la marquise. La voix secrète de son cœur lui criait : — Il ment. Puis, sa vue embrassant toute la première page avec cette espèce d'avidité lucide que communique la passion, elle avait lu tout en bas ces mots : *Rien n'est arrêté...* Tournant la page avec une vivacité convulsive, elle vit distinctement l'esprit qui avait dicté les phrases entortillées de cette lettre où elle ne retrouva plus les jets impétueux de l'amour : elle la froissa, la déchira, la roula, la mordit, la jeta dans le feu et s'écria :
— Oh ! l'infâme ! il m'a possédée ne m'aimant plus !...

Puis, demi-morte, elle alla se jeter sur son canapé.

M. de Nueil sortit après avoir écrit sa lettre. Quand il revint, il trouva Jacques sur le seuil de la porte, et Jacques lui remit une lettre en lui disant : — Madame la marquise n'est plus au château.

M. de Nueil étonné brisa l'enveloppe et lut : « Madame, si je cessais de vous aimer en acceptant les chances que vous m'offrez d'être une femme ordinaire, je mériterais bien mon sort, avouez-le ! Non, je ne vous obtiendrai pas, et je vous jure une fidélité qui ne se déliera que par la mort. Oh ! prenez ma vie, à moins cependant que vous ne craigniez de mettre un remords dans la vôtre... » C'était le billet qu'il avait écrit à la marquise au moment où elle partait pour Genève. Au-dessous, Claire de Bourgogne avait ajouté. *Monsieur, vous êtes libre.*

M. de Nueil retourna chez sa mère, à Manerville. Vingt jours après, il épousa mademoiselle Stéphanie de la Rodière.

Si cette histoire, d'une vérité vulgaire, se terminait là, ce serait presque une mystification. Presque tous les hommes n'en ont-ils pas une plus intéressante à raconter ? Mais la célébrité du dénoûment, malheureusement vrai, mais tout ce qu'il pourra faire naître de souvenirs au cœur de ceux qui ont connu les célestes délices d'une passion infinie, et l'ont brisée eux-mêmes ou perdue par quelque fatalité cruelle, mettront peut-être ce récit à l'abri des critiques.

Madame la marquise de Beauséant n'avait point quitté son château de Valleroy lors de sa séparation avec M. de Nueil. Par une multitude de raisons qu'il faut laisser ensevelies dans le cœur des femmes, et d'ailleurs chacune d'elles devinera celles qui lui seront propres, Claire continua d'y demeurer après le mariage de M. de Nueil. Elle vécut dans une retraite si profonde, que ses gens, sa femme de chambre et Jacques exceptés, ne la virent point. Elle exigeait un silence absolu chez elle, et ne sortait de son appartement que pour aller à la chapelle de Valleroy, où un prêtre du voisinage venait lui dire la messe tous les matins.

Quelques jours après son mariage, le comte de Nueil tomba dans une espèce d'apathie conjugale, qui pouvait faire supposer le bonheur tout aussi bien que le malheur.

Sa mère disait à tout le monde : — Mon fils est parfaitement heureux.

Madame Gaston de Nueil, semblable à beaucoup de jeunes femmes, était un peu terne, douce, patiente ; elle devint enceinte après un mois de mariage. Tout cela se trouvait conforme aux idées reçues. M. de Nueil était très-bien pour elle, seulement il fut, deux mois après avoir quitté la marquise, extrêmement rêveur et pensif. — Mais il avait toujours été sérieux, disait sa mère.

Après sept mois de ce bonheur tiède, il arriva quelques événements, légers en apparence, mais qui comportaient de trop larges développements de pensées et accusent de trop grands troubles d'âme, pour n'être pas rapportés simplement, et abandonnés au caprice des interprétations de chaque esprit.

Un jour, pendant lequel M. de Nueil avait chassé sur les terres de Manerville et de Valleroy, il revint par le parc de madame de Beauséant, fit demander Jacques, l'attendit, et quand le valet de chambre fut venu : — La marquise aime-t-elle toujours le gibier ? lui demanda-t-il. Sur la réponse affirmative de Jacques, Gaston lui offrit une somme assez forte, accompagnée de raisonnements très-spécieux, afin d'obtenir de lui le léger service de réserver pour la marquise le produit de sa chasse. Il parut fort peu important à Jacques que sa maîtresse mangeât une perdrix tuée par son garde ou par M. de Nueil puisque celui-ci désirait que la marquise ne sût pas l'origine du gibier. — Il a été tué sur ses terres, dit le comte. Jacques se prêta pendant plusieurs jours à cette innocente tromperie. M. de Nueil partait dès le matin pour la chasse, et ne revenait chez lui que pour dîner, n'ayant jamais rien tué.

Une semaine entière se passa ainsi. Gaston s'enhardit assez pour écrire une longue lettre à la marquise, et la lui fit parvenir. Cette lettre lui fut renvoyée sans avoir été ouverte. Il était presque nuit quand le valet de chambre de la marquise la lui rapporta. Soudain le comte s'élança hors du salon, où il paraissait écouter un caprice d'Hérold écorché sur le piano par sa femme, et courut chez la marquise avec la rapidité d'un homme qui vole à un rendez-vous. Il sauta dans le parc par une brèche qui lui était connue, marcha lentement à travers les allées en s'arrêtant par moments comme pour essayer de réprimer les sonores palpitations de son cœur ; puis, arrivé près du château, il en écouta les bruits sourds, et présuma que tous les gens étaient à table. Il alla jusqu'à l'appartement de madame de Beauséant. La marquise ne quittait jamais sa chambre à coucher. M. de Nueil put en atteindre la porte sans avoir fait le moindre bruit. Là, il vit, à la lueur de deux bougies, la marquise maigre et pâle, assise dans un grand fauteuil, le front incliné, les mains pendantes, les yeux arrêtés sur un objet qu'elle paraissait ne point voir. C'était la douleur dans son expression la plus complète. Il y avait dans cette attitude une vague espérance, mais l'on ne savait si Claire de Bourgogne regardait la tombe ou dans le passé. Peut-être les larmes de M. de Nueil brillèrent-elles dans les ténèbres, peut-être sa respiration eut-elle un léger retentissement, peut-être lui échappa-t-il un tressaillement involontaire ou peut-être sa présence était-elle impossible sans le phénomène d'intussusception dont l'habitude est la gloire, le bonheur et la preuve du véritable amour. Madame de Beauséant tourna lentement son visage vers la porte et vit son ancien amant. Le comte fit alors quelques pas.

— Si vous avancez, monsieur, s'écria la marquise en pâlissant, je me jette par cette fenêtre.

Elle sauta sur l'espagnolette, l'ouvrit, et se tint un pied sur l'appui extérieur de la croisée, la main au balcon et la tête tournée vers Gaston.

— Sortez ! sortez ! cria-t-elle, ou je me précipite.

A ce cri terrible, M. de Nueil, entendant les gens en émoi, se sauva comme un malfaiteur.

Revenu chez lui, le comte écrivit une lettre très-courte, et chargea son valet de chambre de la porter à madame de Beauséant en lui recommandant de faire savoir à la marquise qu'il s'agissait de vie ou de mort pour lui. Le messager parti, M. de Nueil rentra dans le salon, et y trouva sa femme, qui continuait à déchiffrer le caprice d'Hérold. Il s'assit en attendant la réponse. Une heure après, le caprice fini, les deux époux étaient l'un devant l'autre, silencieux, chacun d'un côté de la cheminée, lorsque le valet de chambre revint de Valleroy, et remit à son maître la lettre, qui n'avait pas été ouverte. M. de Nueil passa dans un boudoir attenant au salon, où il avait mis son fusil en revenant de la chasse, et se tua.

Ce prompt et fatal dénoûment, si contraire à toutes les habitudes de la jeune France, est naturel.

Les gens qui ont bien observé, ou délicieusement éprouvé les phénomènes auxquels l'union parfaite de deux êtres donne lieu comprendront parfaitement ce suicide. Une femme ne se forme pas, ne se plie pas en un jour aux caprices de la passion. La volupté, comme une fleur rare, demande les soins de la culture la plus ingénieuse ; le temps, l'accord des âmes, peuvent seuls en révéler toutes les ressources, faire naître ces plaisirs tendres, délicats, pour lesquels nous sommes imbus de mille superstitions, et que nous croyons inhérents à la personne dont le cœur nous les prodigue. Cette admirable entente, cette croyance religieuse, et la certitude féconde de ressentir un bonheur particulier ou excessif près de la personne aimée, sont en partie le secret des attachements durables et des longues passions. Près d'une femme qui possède le génie de son sexe, l'amour n'est jamais une habitude ; son adorable tendresse sait revêtir des formes si variées, elle est si spirituelle et si aimante tout ensemble ; elle met tant d'artifices dans sa nature, ou de naturel dans ses artifices, elle se rend aussi puissante par le souvenir qu'elle l'est par sa présence. Auprès d'elle, toutes les femmes pâlissent. Il faut avoir eu la crainte de perdre un amour si vaste, si brillant, ou l'avoir perdu, pour en connaître tout le prix. Mais si, l'ayant connu, un homme s'en est privé pour tomber dans quelque mariage froid, si la femme avec laquelle il a espéré rencontrer les mêmes félicités lui prouve, par quelques-uns de ces faits ensevelis dans les ténèbres de la vie conjugale, qu'elles ne renaîtront plus pour lui : s'il a encore sur les lèvres le goût d'un amour céleste, et qu'il ait blessé mortellement sa véritable épouse au profit d'une chimère sociale, alors il lui faut mourir ou avoir cette philosophie matérielle, égoïste, froide, qui fait horreur aux âmes passionnées.

Quant à madame de Beauséant, elle ne crut sans doute pas que le désespoir de son ami allât jusqu'au suicide, après l'avoir largement abreuvé d'amour pendant neuf années. Peut-être pensait-elle avoir seule à souffrir. Elle était d'ailleurs bien en droit de se refuser au plus avilissant partage qui existe, et qu'une épouse peut subir par de hautes raisons sociales ; mais qu'une maîtresse doit avoir en haine, parce que dans la pureté de son amour en réside toute la justification.

Angoulême, septembre 1852.

FIN DE LA FEMME ABANDONNÉE.

Le comte écrivit une lettre très-courte, et chargea son valet de chambre de la porter. — PAGE 79.

ŒUVRES ILLUSTRÉES DE BALZAC

ÈVE ET DAVID

FACINO CANE

Dess. Tony Johannot, Staal, Bertall,
Daumier, E. Lampsonius, etc.

Gravures par les meilleurs
Artistes.

Le lendemain, Lucien fit viser son passe-port, acheta une canne de houx, prit, à la place de la rue d'Enfer, un coucou qui, moyennant dix sous, le mit à Lonjumeau. Pour première étape, il coucha dans l'écurie d'une ferme à deux lieues d'Arpajon. Quand il eut atteint Orléans, il se trouva déjà bien las et bien fatigué, mais, pour trois francs, un batelier le descendit à Tours, et pendant le trajet il ne dépensa que deux francs pour sa nourriture. De Tours à Poitiers, Lucien marcha pendant cinq jours. Bien au delà de Poitiers, il ne possédait plus que cent sous, mais il rassembla pour continuer sa route un reste de force. Un jour, Lucien fut surpris par la nuit dans une plaine, où il résolut de bivaquer, quand, au fond d'un ravin, il aperçut une calèche montant une côte. A l'insu du postillon, des voyageurs et d'un valet de chambre placé sur le siège, il put se blottir derrière entre deux paquets, et s'endormit en se plaçant de manière à pouvoir résister aux cahots. Au matin, réveillé par le soleil qui lui frappait les yeux et par un bruit de voix, il reconnut Mansle, cette petite ville où, dix-huit mois auparavant, il était allé attendre madame de Bar-

De Tours à Poitiers, Lucien marcha pendant cinq jours.

geton, le cœur plein d'amour, d'espérance et de joie. Se voyant couvert de poussière, au milieu d'un cercle de curieux et de postillons, il comprit qu'il devait être l'objet d'une accusation; il sauta sur ses pieds, et allait parler, quand deux voyageurs sortis de la calèche lui coupèrent la parole : il vit le nouveau préfet de la Charente, le comte Sixte du Châtelet et sa femme, Louise de Negrepelisse.

— Si nous avions su quel compagnon le hasard nous avait donné! dit la comtesse. Montez avec nous, monsieur.

Lucien salua froidement ce couple en lui jetant un regard à la fois humble et menaçant; il se perdit dans un chemin de traverse en avant de Mansle, afin de gagner une ferme où il pût déjeuner avec du pain et du lait, se reposer et délibérer en silence sur son avenir. Il avait encore trois francs. L'auteur des Marguerites, poussé par la fièvre, courut pendant longtemps; il descendit le cours de la rivière en examinant la disposition des lieux qui devenaient de plus en plus pittoresques. Vers le milieu du jour, il atteignit à un endroit où la nappe d'eau, environnée de saules, formait une espèce de lac. Il s'arrêta pour contempler ce frais et touffu bocage dont la grâce champêtre agit sur son âme. Une maison attenant à un moulin assis sur un bras de la rivière montrait entre les têtes d'arbres son toit de chaume orné de joubarbe. Cette naïve façade avait pour seuls ornements quelques buissons de jasmin, de chèvrefeuille et de houblon, et tout alentour brillaient les fleurs du flox et des plus splendides plantes grasses. Sur l'empierrement retenu par un pilotis grossier qui maintenait la chaussée au-dessus des plus grandes crues, il aperçut des filets étendus au soleil. Des canards nageaient dans le bassin clair qui se trouvait au delà du moulin, entre les deux courants d'eau mugissant dans les vannes. Le moulin faisait entendre son bruit agaçant. Sur un banc rustique, le poète aperçut une bonne grosse ménagère tricotant et surveillant un enfant qui tourmentait des poules.

— Ma bonne femme, dit Lucien en s'avançant, je suis bien fatigué, j'ai la fièvre et n'ai que trois francs, voulez-vous me nourrir de pain bis et de lait me coucher sur la paille pendant une semaine? j'aurai en le temps d'écrire à mes parents, qui m'enverront de l'argent ou qui viendront me chercher ici.

— Volontiers, dit-elle, si toutefois mon mari le veut. Eh! petit homme?

Le meunier sortit, regarda Lucien et ôta sa pipe de la bouche pour dire : — Trois francs, une semaine? autant ne vous rien prendre. — Peut-être finirai-je garçon meunier, se dit le poète en contemplant ce délicieux paysage avant de se coucher dans le lit que lui fit la meunière, et où il dormit de manière à effrayer ses hôtes. — Courtois, va donc voir si ce jeune homme est mort ou vivant; vous quatorze heures qu'il est couché, je n'ose pas y aller, dit la meunière le lendemain vers midi. — Je crois, répondit le meunier à sa femme qui achevait d'étaler ses filets et ses engins à prendre le poisson, que ce joli garçon-là pourrait bien être quelque amant de comédienne, sans son air malade. — A quoi vois-tu donc cela, petit homme? dit la meunière. Dame! ce n'est ni un prince, ni un ministre, ni un député, ni un évêque, d'où vient que ces mains blanches comme celles d'un homme qui ne fait rien? — Il est alors bien étonnant que la faim ne l'éveille pas dit la meunière, qui venait d'apprêter un déjeuner pour l'hôte que le hasard leur avait envoyé la veille. Un comédien, reprit-elle. Où irait-il? — Ce n'est pas encore le moment de l'opéra à l'Académie.

Ni le meunier ni la meunière ne pouvaient se douter qu'à part de comédien, le prince et l'évêque, il est un homme à la fois prince et comédien, un homme revêtu d'un magnifique sacerdoce, le poète qui semble ne rien faire et qui, néanmoins, règne sur l'humanité quand il a su la peindre.

— Qui serait-ce donc? dit Courtois à sa femme. — Y aurait-il du danger à le recevoir? demanda la meunière. — Bah! les voleurs sont plus dégourdis que ça, nous serions déjà dévalisés, reprit le meunier. — Je ne suis ni prince, ni voleur, ni député, ni évêque, ni comédien, dit tristement Lucien, qui se montra soudain, et qui, sans doute, avait entendu par la croisée le colloque de la femme et du mari. Je suis un pauvre jeune homme fatigué, venu à pied de Paris ici. Je me nomme Lucien de Rubempré, et suis le fils de M. Chardon, le prédécesseur de Postel, le pharmacien de l'Houmeau. Ma sœur a épousé David Séchard l'imprimeur de la place du Mûrier. — Attendez donc! dit le meunier. C't imprimeur-là n'est-il pas le fils de ce vieux malin qui fait valoir son domaine de Marsac? — Précisément, répondit Lucien. — Un drôle de père, allez! reprit Courtois. Il fait, dit-on, tout vendre chez son fils, et il a pour plus de deux cent mille francs de bien, sans compter son *escurpot*!

Lorsque l'âme et le corps ont été brisés dans une longue et douloureuse lutte, l'heure où les forces sont dépassées est suivie ou de la mort ou d'un anéantissement pareil à la mort, mais où les natures capables de résister reprennent alors des forces. Lucien, en proie à une crise de ce genre, parut près de succomber au moment où il apprit, quoique vaguement, la nouvelle d'une catastrophe arrivée à David Séchard.

— Oh! ma sœur! s'écria-t-il, qu'ai-je fait, mon Dieu! Je suis un infâme!

Puis il se laissa tomber sur un banc de bois, dans la pâleur et l'affaissement d'un mourant. La meunière s'empressa de lui apporter une jatte de lait, qu'elle le força de boire, mais il pria le meunier de l'aider à se mettre sur son lit en lui demandant pardon de lui donner l'embarras de sa mort, car il croyait sa dernière heure arrivée. En apercevant le fantôme de la mort, ce grand beau poète fut pris d'idées religieuses; il voulut voir le curé, se confesser et recevoir les sacrements. De telles plaintes exhalées d'une voix faible par un garçon doué d'une charmante figure et aussi bien fait que Lucien touchèrent vivement madame Courtois.

— Dis donc, petit homme, monte à cheval, et va donc quérir M. Marron, le médecin de Marsac; il verra ce qu'a ce jeune homme, qui ne me paraît point en bon état, et tu ramèneras aussi le curé. Peut-être sauront-ils mieux que toi ce qui s'est passé chez l'imprimeur de la place du Mûrier, puisque Postel est le gendre de M. Marron.

Courtois parti, la meunière, ayant, comme tous les gens de la campagne, de cette idée que la maladie exige de la nourriture, restaura Lucien, qui se laissa faire en s'abandonnant alors moins à sa prostration qu'à de violents remords.

Le moulin de Courtois se trouvait à une lieue de Marsac, chef-lieu de canton, situé à mi-chemin de Mansle et d'Angoulême, mais le brave meunier ramena d'autant plus promptement le médecin et le curé de Marsac, que l'un et l'autre avaient entendu parler de la liaison de Lucien avec madame de Bargeton, et que tout le département de la Charente causait en ce moment du mariage de cette dame et de sa rentrée à Angoulême avec son nouveau préfet, le comte Sixte du Châtelet. Aussi, en apprenant que Lucien était chez le meunier, le médecin comme le curé brûlèrent-ils du désir de connaître les raisons qui avaient empêché la veuve de M. de Bargeton d'épouser le jeune poète avec lequel elle s'était enfuie, et de savoir s'il revenait au pays pour secourir son beau-frère, David Séchard. La curiosité, l'humanité, tout se réunissait si bien pour amener promptement des secours au poète mourant, que, deux heures après le départ de Courtois, Lucien entendit sur la chaussée pierreuse du moulin le bruit de ferraille que rendait le méchant cabriolet du médecin de campagne. MM. Marron se montrèrent aussitôt, car le médecin était le neveu du curé. Ainsi Lucien voyait en ce moment des gens aussi liés avec le père de David Séchard que peuvent l'être les voisins dans un petit bourg vignoble. Quand le médecin eut observé le mourant, lui eut tâté le pouls, examiné la langue, il regarda la meunière en souriant.

— Madame Courtois, dit-il, si, comme je n'en doute pas, vous avez à la cave quelque bonne bouteille de vin, et dans votre ruisseau quelque belle anguille, servez-les à votre malade, qui n'a pas autre chose qu'une courbature, et, cela fait, il sera promptement sur pied!

— Ah! monsieur, dit Lucien, mon mal n'est pas au corps, mais à l'âme, et ces braves gens m'ont dit une parole qui m'a tué, en m'annonçant des désastres chez ma sœur, madame Séchard! Au nom de Dieu vous qui, si l'en croit madame Courtois, avez marié votre fille à Postel! vous devez savoir quelque chose des affaires de David Séchard? — Mais il doit être en prison, répondit le médecin, son père a refusé de le secourir... — En prison! reprit Lucien, et pourquoi? — Mais, pour des traites venues de Paris, qu'il avait sans doute oubliées, car il ne passe pas pour savoir trop ce qu'il fait, répondit M. Marron. — Laissez-moi, je vous prie, avec M. le curé, dit le poète, dont la physionomie s'altéra gravement.

Le médecin, le meunier et sa femme sortirent. Quand Lucien se vit seul avec le vieux prêtre, il s'écria : — Je mérite la mort que je sens venir, monsieur, et je suis bien grand misérable qui n'a plus qu'à se jeter dans les bras de la religion. C'est moi, monsieur, qui suis le bourreau de ma sœur et de mon frère, car David Séchard est un frère pour moi! J'ai fait les billets que David n'a pas pu payer... Je l'ai ruiné. Dans l'horrible misère où je me suis trouvé, j'oubliais ce crime.

Et Lucien raconta ses malheurs. Quand il eut achevé ce poème digne d'un poète, il supplia le curé d'aller à Angoulême et de s'enquérir auprès d'Ève, sa sœur, et de madame Chardon, sa mère, de la véritable état des choses, afin qu'il sût s'il pouvait encore y remédier.

— Jusqu'à votre retour monsieur, dit-il en pleurant à chaudes larmes, le pourrai-je vivre? Si ma mère, si ma sœur, si David ne me repoussent pas, je ne mourrai point!

La touchante éloquence du Parisien, les larmes de ce repentir effrayant, ce beau jeune homme pâle et quasi mourant de son désespoir, le récit d'infortunes qui dépassaient les forces humaines, tout excita la pitié, l'intérêt du curé.

— En province comme à Paris, monsieur, lui répondit-il, il ne faut croire que la moitié de ce qu'on dit. Ne vous épouvantez pas d'une rumeur qui, à trois lieues d'Angoulême, doit être très-erronée. Le vieux Séchard, notre voisin, a quitté Marsac depuis quelques jours, ainsi probablement il s'occupe à pacifier les affaires de son fils. Je vais à Angoulême et reviendrai vous dire si vous pouvez rentrer dans votre famille, auprès de laquelle vos aveux, votre repentir, m'aideront à plaider votre cause.

Le curé ne savait pas que, depuis dix-huit mois, Lucien s'était tant de fois repenti, que son repentir, quelque violent qu'il fût, n'avait d'autre valeur que celle d'une scène parfaitement jouée, et jouée encore de bonne foi!

Au curé succéda le médecin. En reconnaissant chez le malade une crise nerveuse qui pouvait devenir funeste, le neveu fut aussi consolant que l'avait été l'oncle, et finit par déterminer son malade à se restaurer.

Le curé, qui connaissait le pays et ses habitudes, avait gagné Mansle, où la voiture de Ruffec à Angoulême ne devait pas tarder à passer et dans laquelle il prit place. Le vieux prêtre comptait demander des renseignements sur David Séchard à son petit-neveu Postel, le pharmacien de l'Houmeau, l'ancien rival de l'imprimeur auprès de la belle Ève. À voir les précautions que le petit pharmacien pour aider le vieillard à descendre de l'affreux patache qui faisait alors le service de Ruffec à Angoulême, le spectateur le plus obtus eût deviné que M. et madame Postel hypothéquaient leur bien-être sur sa succession.

— Avez-vous déjeuné, voulez-vous quelque chose? Nous ne vous attendions point, et nous sommes agréablement surpris....

Le lut mille questions à la fois. Madame Postel était bien prédestinée à devenir la femme d'un pharmacien de l'Houmeau. De la taille du petit Postel, elle avait la figure rouge d'une fille élevée à la campagne, sa tournure était commune, et toute sa beauté consistait dans une grande fraîcheur. Sa chevelure rousse, plantée très bas sur le front, ses manières et son langage appropriés à la simplicité gravée dans les traits d'un visage rond, des yeux presque jaunes, tout en elle disait qu'elle avait été mariée pour ses espérances de fortune. Aussi déjà commandait-elle après un an de ménage, et paraissait-elle s'être entièrement rendue maîtresse de Postel, trop heureux d'avoir trouvé cette héritière. Madame Léonie Postel, née Marron, nourrissait un fils, l'amour du vieux curé, du médecin et de Postel, un horrible enfant, qui ressemblait à son père et à sa mère.

— Eh bien! mon oncle, que voulez-vous donc faire à Angoulême, dit Léonie, puisque vous ne voulez rien prendre et que vous parlez de nous quitter aussitôt entré?

Dès que le digne ecclésiastique eut prononcé le nom d'Ève et de David Séchard, Postel rougit et Léonie jeta sur le petit homme ce regard de jalousie obligée qu'une femme entièrement maîtresse de son mari ne manque jamais à exprimer pour le passé, dans l'intérêt de son avenir.

— Qu'est-ce qu'ils vous ont donc fait, ces gens-là, mon oncle, pour que vous vous mêliez de leurs affaires? dit Léonie avec une visible aigreur. — Ils sont malheureux, ma fille, répondit le curé, qui peignit à Postel l'état dans lequel se trouvait Lucien chez les Cointets.

— Ah! voilà dans quel équipage il revient de Paris, s'écria Postel. Pauvre garçon! il avait de l'esprit cependant, et il était ambitieux! Il allait chercher du grain, et il revient sans paille. Mais que vient-il faire ici? sa sœur est dans la plus affreuse misère, car tous ces génies-là, ce David tout comme Lucien, n'entendent rien au commerce. Nous avons parlé de lui au tribunal, et, comme juge, j'ai dû signer son jugement!... Ça m'a fait un mal! Je ne sais pas si Lucien pourra, dans les circonstances actuelles, aller chez sa sœur; mais, en tout cas, la petite chambre qu'il occupait ici est libre, et je la lui offre volontiers. — Bien, Postel, dit le prêtre en mettant son tricorne et se disposant à quitter la boutique après avoir embrassé l'enfant qui dormait dans les bras de Léonie. — Vous dinerez sans doute avec nous, mon oncle, dit madame Postel, vous n'aurez pas promptement fini si vous voulez débrouiller les affaires de ces gens-là. Mon mari vous reconduira dans sa carriole avec son petit cheval.

Les deux époux regardèrent leur précieux oncle s'en allant vers Angoulême.

— Il va bien vite tout de même pour son âge, dit le pharmacien.

Pendant que le vénérable septuagénaire monte les rampes d'Angoulême, il n'est pas inutile d'expliquer dans quel lacis d'intérêts il allait mettre le pied.

Après le départ de son beau-frère pour Paris, David Séchard, bœuf, courageux et intelligent comme celui que les peintres donnent pour compagnon à l'évangéliste, n'eut qu'une idée, celle de faire une grande et rapide fortune, moins pour lui que pour Ève et pour Lucien, ces deux charmants êtres auxquels il s'était consacré. Mettre sa femme dans la sphère d'élégance et de richesse où elle devait vivre, soutenir de son bras puis de l'ambition de son frère, tel fut le programme écrit en lettres de feu devant ses yeux. Le patient génie mis par Lucien sur la trace d'une invention dont s'était occupé Chardon le père, et dont la nécessité devait se faire sentir de jour en jour, se livra, sans en rien dire à personne, pas même à sa femme, à cette tâche pleine de difficultés. Après avoir embrassé par un coup d'œil l'esprit de son temps et le possesseur de la pauvre imprimerie de la rue du Molier, écrasé par les frères Cointet, devina le rôle que l'imprimerie allait jouer. Les journaux, la politique, l'immense développement de la librairie et de la littérature, celui des sciences, la pente à une discussion publique de tous les intérêts du pays, tout le mouvement social qui se déclara lorsque la Restauration parut assise, exigeait une production de papier presque décuplée comparée à la quantité sur laquelle spécula le célèbre Ouvrard aux commencements de la Révolution, guidé par de semblables motifs. En 1822, les papeteries étaient trop nombreuses en France pour qu'on pût se flatter de s'en rendre le possesseur exclusif, comme fit Ouvrard qui s'empara des principales usines après avoir accaparé leurs produits. David n'avait d'ailleurs ni l'audace, ni les capitaux nécessaires à de pareilles spéculations. Or, tant que pour ses fabrications la papeterie s'en tenait au chiffon, le prix du papier ne pouvait que baisser. On ne force pas la production du chiffon. Le chiffon est le résultat de l'usage du linge, et la population d'un pays ne peut que s'accroître dans une proportion déterminée. Cette quantité ne peut s'accroître que par une augmentation dans le chiffre des naissances. Pour opérer un changement sensible dans sa population, un pays veut un quart de siècle et de grandes révolutions dans les mœurs, dans le commerce ou dans l'agriculture. Si donc les besoins de la papeterie devenaient supérieurs à ce que la France produisait de chiffon, soit du double, soit du triple, il fallait, pour maintenir le papier à bas prix, introduire dans la fabri-

cation du papier un élément autre que le chiffon. Ce raisonnement reposait d'ailleurs sur les faits. Les papeteries d'Angoulême, les dernières qui se fabriquaient des papiers avec du chiffon de fil, voyaient le coton envahir la pâte dans une progression effrayante. En même temps que lord Stanhope inventa la presse en fer, et qu'on parlait des presses mécaniques de l'Amérique, la mécanique à faire le papier de toute longueur commençait à fonctionner en Angleterre. Ainsi les moyens s'adaptaient aux besoins de la civilisation française actuelle, qui repose sur la discussion étendue à tout et sur une perpétuelle manifestation de la pensée individuelle, à vrai malheur, car les peuples qui délibèrent agissent très-peu. Chose étrange! pendant que Lucien entrait dans les rouages de l'immense machine du journalisme, au risque d'y laisser son honneur et son intelligence en lambeaux, David Séchard, du fond de son imprimerie, embrassait le mouvement de la presse périodique dans ses conséquences matérielles. Aimé par Lucien de l'idée première que M. Chardon père avait eue sur la solution de ce problème d'industrie, il voulait mettre les moyens en harmonie avec le résultat vers lequel tendait l'esprit du siècle. Enfin, il voyait juste en cherchant une fortune dans la fabrication du papier à bas prix, car l'événement a justifié la prévoyance du sage imprimeur d'Angoulême. Pendant ces quinze dernières années, le bureau chargé des demandes de brevets d'invention a reçu plus de cent requêtes de prétendues découvertes de substances à introduire dans la fabrication du papier.

Ce dévoué jeune homme, certain de l'utilité de cette découverte, sans éclat, mais d'un immense profit, tomba donc, après le départ de son beau-frère pour Paris, dans la constante préoccupation que devait causer la recherche d'une pareille solution. Comme il avait épuisé toutes ses ressources pour se marier et pour subvenir aux dépenses du voyage de Lucien à Paris, il se vit au début de son mariage, dans la plus profonde misère. Il avait gardé mille francs pour les besoins de son imprimerie, et devait un billet de pareille somme à Postel, le pharmacien. Ainsi, pour ce profond penseur, le problème fut double: il fallait inventer et inventer promptement! il fallait enfin adapter les profits de la découverte aux besoins de son ménage et de son commerce. Or quelle épithète donner à la cervelle capable de secouer les cruelles préoccupations que causait et une indigence acerbe, et le spectacle d'une famille sans pain, et les exigences journalières d'une profession aussi méticuleuse que celle de l'imprimeur, tout en parcourant les domaines de l'inconnu avec l'ardeur et les enivrements du savant à la poursuite d'un secret qui, de jour en jour, échappe aux plus subtiles recherches? Hélas! comme on va le voir, les inventeurs ont bien encore d'autres maux à supporter sans compter l'ingratitude des masses à qui les oisifs et les incapables disent d'un homme de génie: — Il était né pour devenir inventeur, il ne pouvait pas faire autre chose. Il ne faut pas plus lui savoir gré de sa découverte qu'on ne sait gré à un homme d'être né prince! il exerce des facultés naturelles! et il a d'ailleurs trouvé sa récompense dans le travail même.

Le mariage cause à une jeune fille de profondes perturbations morales et physiques, mais, en se mariant dans les conditions bourgeoises de la classe moyenne, elle doit, de plus, étudier des intérêts tout nouveaux, et s'initier à des affaires; de là pour elle, une phase où nécessairement elle reste en observation sans agir. L'amour de David pour sa femme en retarda malheureusement l'éducation, il n'osa pas lui dire l'état des choses, ni le lendemain des noces, ni les jours suivants. Malgré la détresse profonde à laquelle le condamnait l'avarice de son père, le pauvre imprimeur ne put se résoudre à gâter sa lune de miel par le triste apprentissage de sa profession laborieuse et par les enseignements nécessaires à la femme d'un commerçant. Aussi, les mille francs, le seul avoir, furent-ils dévorés plus par le ménage que par l'atelier. L'insouciance de David et l'ignorance de sa femme durent trois mois! Le réveil fut terrible. À l'échéance du billet souscrit par David à Postel, le ménage se trouva sans argent, et la cause de cette dette était connue d'Ève assez profondément pour qu'elle sacrifiât à son acquittement ses bijoux de mariée et son argenterie. Le soir même du payement de cet effet, Ève voulut faire causer David sur ses affaires, car elle avait remarqué qu'il s'occupait de toute autre chose que de son imprimerie. En effet, dès le second mois de son mariage, David passa la majeure partie de son temps sous l'appentis situé au fond de la cour, dans une petite pièce qui lui servait à fondre ses rouleaux. Trois mois après son arrivée à Angoulême, il avait substitué, aux pelotes à tamponner les caractères l'encrier à la table et au cylindre, où l'encre se tatonne et se distribue au moyen de rouleaux composés de colle forte et de mélasse. Ce premier perfectionnement de la typographie fut tellement incontestable, qu'aussitôt après en avoir vu l'effet les frères Cointet l'adoptèrent. David avait adossé à un mur mitoyen de cette espèce de cuisine un fourneau à bassine en cuivre, sous prétexte de dépenser moins de charbon pour refondre ses rouleaux, dont les moules rouillés étaient rangés le long de la muraille, et qu'il ne renouvelait pas deux fois. Non-seulement il mit à cette pièce une solide porte en chêne intérieurement garnie en tôle, mais encore il remplaça le sale carreau du châssis donnant la lumière par des vitres en verre cannelé, pour empêcher de voir du dehors l'objet de ses occupations. Au premier mot que dit Ève à David au sujet de leur avenir, il la regarda d'un air inquiet et l'arrêta par ces paroles : — Mon enfant, je sais tout ce que doit t'inspirer la vue d'un atelier désert et l'espèce d'anéantissement commercial où je reste ; mais, vois-tu, reprit-il en l'amenant à la fenêtre de leur chambre, et lui montrant le réduit mystérieux, notre fortune est là... Nous aurons à souffrir encore pendant quelques mois, mais souffrons avec patience, et laisse-moi résoudre un problème d'industrie qui fera cesser toutes nos misères.

David était si bon, son dévouement devait être si bien cru sur parole, que la pauvre femme, préoccupée, comme toutes les femmes, de la dépense journalière, se donna pour tâche de sauver à son mari les ennuis du ménage. Elle quitta donc la jolie chambre bleu et blanche où elle se contentait de travailler à des ouvrages de femme en devisant avec sa mère, et descendit dans une des deux cages de bois situées au fond de l'atelier pour étudier le mécanisme commercial de la typographie. Durant ces trois mois, l'inerte imprimerie de David avait été désertée par les ouvriers jusqu'alors nécessaires à ses travaux, et qui s'en allèrent un à un. Accablés de besogne, les frères Cointet employaient non-seulement les ouvriers du département, alléchés par la perspective de faire chez eux de fortes journées, mais encore quelques-uns de Bordeaux, d'où venaient surtout les apprentis qui se croyaient assez habiles pour se soustraire aux conditions de l'apprentissage. En examinant les ressources que pouvait présenter l'imprimerie Séchard, Ève n'y trouva plus que trois personnes. D'abord l'apprenti que David se plaisait à former chez les Didot, comme font presque tous les protes qui, dans le grand nombre d'ouvriers auxquels ils commandent, s'attachent plus particulièrement à quelques-uns d'entre eux. David avait emmené cet apprenti, nommé Cérizet, à Angoulême, où il s'était perfectionné ; puis Marion, attachée à la maison comme un chien de garde, enfin Kolb, un Alsacien, jadis homme de peine chez MM. Didot. Pris par le service militaire, Kolb se trouva par hasard, à Angoulême, où David le reconnut à la revue, au moment où son temps de service expirait. Kolb alla voir David, et s'amouracha de la grosse Marion en découvrant chez elle toutes les qualités qu'un homme de sa classe demande a une femme : cette santé vigoureuse qui brunit les joues, cette force masculine qui permettait à Marion de soulever une forme de caractères avec aisance, cette probité religieuse à laquelle tiennent les Alsaciens, ce dévouement à ses maîtres, qui révèle un bon caractère, et enfin cette économie à laquelle elle devait une petite somme de mille francs, du linge, des robes et des effets d'une propreté provinciale. Marion, grosse et grasse, âgée de trente-six ans, assez flattée de se voir l'objet des attentions d'un cuirassier haut de cinq pieds sept pouces, bien bâti, fort comme un bastion, lui suggéra naturellement l'idée de devenir imprimeur. Au moment où l'Alsacien reçut son congé définitif, Marion et David en avaient fait un ours assez distingué, qui ne savait néanmoins ni lire ni écrire.

La composition des ouvrages dits de ville ne fut pas tellement abondante pendant ce trimestre, que Cérizet n'eût pu y suffire. À la fois compositeur, metteur en pages et prote de l'imprimerie, Cérizet réalisait ce que Kant appelle une triplicité phénoménale. En composant, il corrigeait sa composition, il inscrivait les commandes, et dressait les factures ; mais, le plus souvent sans ouvrage, il lisait des romans, dans sa cage au fond de l'atelier, attendant la commande d'une affiche ou d'un billet de faire part. Marion, formée par Séchard père, façonnait le papier, le trempait, aidait Kolb à l'imprimer, l'étendait, le rognait, et n'en faisait pas moins la cuisine, en allant au marché de grand matin.

Quand Ève se fit rendre compte de ce premier trimestre par Cérizet, elle trouva que la recette était de quatre cents francs. La dépense, à raison de trois francs par jour pour Cérizet et Kolb, qui avaient pour leur journée, l'un deux et l'autre un franc, s'élevait à trois cents francs. Or, comme le prix des fournitures exigées par les ouvrages fabriqués et livrés se montait à cent et quelques francs, il fut clair pour Ève que, pendant les trois premiers mois de son mariage, David avait perdu ses loyers, l'intérêt des capitaux représentés par la valeur de son matériel et de son brevet, les gages de Marion, l'encre, et enfin les bénéfices que doit faire un imprimeur, le monde de choses exprimées, en langage d'imprimerie, par le mot étoffes, expression dont au draps, aux soieries employées à rendre la pression de la vis moins dure aux caractères par l'interposition d'un carré d'étoffe (le blanchet) entre la platine de la presse et le papier qui reçoit l'impression. Après avoir compris en gros les moyens de l'imprimerie et ses résultats, Ève devina combien peu de ressources offrait cet atelier desséché par l'activité dévorante des frères Cointet, à la fois fabricants de papier, journalistes, imprimeurs, brevetés de l'évêché, fournisseurs de la ville et de la préfecture. Le journal que, deux ans auparavant, les Séchard père et fils avaient vendu vingt-deux mille francs, rapportait alors dix-huit mille francs par an. Ève reconnut les calculs cachés sous l'apparente générosité des frères Cointet, qui laissaient à l'imprimerie Séchard assez d'ouvrage pour subsister, et pas assez pour qu'elle leur fît concurrence. En prenant la conduite des affaires, elle commença par dresser un inventaire

exact de toutes les valeurs. Elle employa Kolb, Marion et Cérizet à ranger l'atelier, le nettoyer et y mettre de l'ordre. Puis, par une soirée où David revenait d'une excursion dans les champs, suivi d'une vieille femme qui lui portait un énorme paquet enveloppé de linges, Ève lui demanda des conseils pour tirer parti des débris que leur avait laissés le père Séchard, en lui promettant de diriger à elle seule les affaires. D'après l'avis de son mari, madame Séchard employa tous les restants de papiers qu'elle avait trouvés et mis par espèces, à imprimer sur deux colonnes et sur une seule feuille ces légendes populaires coloriées, que les paysans collent sur les murs de leurs chaumières : l'histoire du Juif Errant, Robert le Diable, la belle Magueloune, le récit de quelques miracles. Ève fit de Kolb un colporteur. Cérizet ne perdit pas un instant, il composa ces pages naïves et leurs grossiers ornements depuis le matin jusqu'au soir. Marion suffisait au tirage. Madame Chardon se chargea de tous les soins domestiques, car Ève coloria les gravures. En deux mois, grâce à l'activité de Kolb et à sa probité, madame Séchard vendit, à douze lieues à la ronde d'Angoulême, trois mille feuilles qui lui coûtèrent trente francs à fabriquer, et qui lui rapportèrent, à raison de deux sous pièce, trois cents francs. Mais, quand toutes les chaumières et les cabarets furent tapissés de ces légendes, il fallut songer à quelque autre spéculation, car l'Alsacien ne pouvait pas voyager au delà du département. Ève, qui remuait tout dans l'imprimerie, y trouva la collection des figures nécessaires à l'impression d'un almanach des Bergers, où les choses sont représentées par des signes, par des images, des gravures en rouge, en noir ou en bleu. Le vieux Séchard, qui ne savait ni lire ni écrire, avait jadis gagné beaucoup d'argent à imprimer ce livre, destiné à ceux qui ne savent pas lire. Cet almanach, qui se vend un sou, consiste en une feuille pliée soixante-quatre fois, ce qui constitue un in-64 de cent vingt-huit pages. Toute heureuse du succès de ses feuilles volantes, industrie à laquelle s'adonnent surtout les petites imprimeries de province, madame Séchard entreprit l'Almanach des Bergers sur une grande échelle en y consacrant ses bénéfices. Le papier de l'Almanach des Bergers, dont plusieurs millions d'exemplaires se vendent annuellement en France, est plus grossier que celui de l'Almanach Liégeois, et coûte environ quatre francs la rame. Imprimée, cette rame, qui contient cinq cents feuilles, se vend donc, à raison d'un sou la feuille, vingt-cinq francs. Madame Séchard résolut d'employer cent rames à un premier tirage, ce qui faisait cinquante mille almanachs à placer, et deux mille francs de bénéfice à recueillir.

Quoique distrait comme devait l'être un homme si profondément occupé, David fut surpris, en donnant un coup d'œil à son atelier, d'entendre grogner une presse, et de voir Cérizet toujours debout, composant sous la direction de madame Séchard. Le jour où il y entra pour surveiller les opérations entreprises par Ève, ce fut un beau triomphe pour elle que l'approbation de son mari, qui trouva l'affaire de l'almanach excellente. Aussi David promit-il ses conseils pour l'emploi des encres des diverses couleurs que nécessitent les configurations de cet almanach, où tout parle aux yeux. Enfin, il voulut refondre lui-même les rouleaux dans son atelier mystérieux pour aider, autant qu'il le pouvait, sa femme dans cette grande petite entreprise.

Au milieu de cette activité furieuse, vinrent les désolantes lettres par lesquelles Lucien apprit à sa mère, à sa sœur et à son beau-frère son insuccès et sa détresse à Paris. On doit comprendre alors qu'en envoyant à cet enfant gâté trois cents francs, madame Chardon et David avaient offert au poète, chacun de leur côté, le plus pur de leur sang. Accablée par ces nouvelles, et désespérée de gagner si peu en travaillant avec tant de courage, Ève n'accueillit pas sans effroi l'événement qui met le comble à la joie des jeunes ménages. En se voyant sur le point de devenir mère, elle se dit : — Si mon cher David n'a pas atteint le but de ses recherches au moment de mes couches, que deviendrons-nous ?... Et qui conduira les affaires naissantes de notre pauvre imprimerie ?

L'Almanach des Bergers devait être bien fini avant le premier janvier, or, Cérizet, sur qui roulait toute la composition, y mettait une lenteur d'autant plus désespérante, que madame Séchard ne connaissait pas assez l'imprimerie pour le réprimander. Elle se contentait d'observer ce jeune Parisien. Orphelin du grand hospice des Enfants-Trouvés de Paris, Cérizet avait été placé chez MM. Didot comme apprenti. De quatorze à dix-sept ans, il fut le séide de Séchard, qui le mit sous la direction d'un des plus habiles ouvriers, et qui en fit son gamin, son page typographique, car David s'intéressa naturellement à Cérizet en lui trouvant de l'intelligence et il conquit son affection en lui procurant quelques plaisirs et des douceurs que lui interdisait son indigence. Doué d'une assez jolie petite figure chafouine, à chevelure rousse, les yeux d'un bleu trouble, Cérizet importa les mœurs du gamin de Paris dans la capitale de l'Angoumois. Son esprit vif et railleur, sa malignité, le rendirent redoutable. Moins surveillé par David à Angoulême, soit que, plus âgé, il inspirât plus de confiance à son mentor, soit que l'imprimeur comptât sur l'influence de la province, Cérizet devint, à l'insu de son tuteur, le don Juan en casquette de trois ou quatre petites ouvrières, et se dépravait complètement. Sa moralité, fille des cabarets parisiens, prit l'intérêt personnel pour unique loi. D'ailleurs, Cérizet, qui, selon l'expression populaire, devait tirer à la conscription l'année suivante, se voyant sans carrière aussi fût-il des dettes en pensant que dans six mois il deviendrait soldat, et qu'alors aucun de ses créanciers ne pourrait courir après lui. David conservait quelque autorité sur ce garçon, non pas à cause de son titre de maître, non pas pour s'être intéressé à lui, mais parce que l'ex-gamin de Paris reconnaissait en David une haute intelligence. Cérizet fraternisa bientôt avec les ouvriers des Cointet, attiré vers eux par la puissance de la veste, de la blouse, enfin par l'esprit de corps, plus influent peut-être dans les classes inférieures que dans les classes supérieures. Dans cette fréquentation, Cérizet perdit le peu de bonnes doctrines que David lui avait inculquées ; néanmoins, quand on le plaisantait sur les *sabots* de son atelier, terme de mépris donné par les ours aux vieilles presses des Séchard, en lui montrant les magnifiques presses en fer, au nombre de douze, qui fonctionnaient dans l'immense atelier des Cointet, où la seule presse en bois existant servait à faire les épreuves, il prenait encore le parti de David, et jetait avec orgueil ces paroles au nez des *blagueurs* : — Avec ses sabots, mon maître ira plus loin que les vôtres avec leurs imboquets en fer, d'où il ne sort que des livres de messe ! Il cherche un secret qui fera la queue à toutes les imprimeries de France et de Navarre !... — En attendant, méchant prote à quarante sous, lui répondait-on pour bourgeois une repasseuse ! lui répondait-on. — Tiens, elle est jolie, répliquait Cérizet, et c'est plus agréable à voir que les *muffles* de vos bourgeois. — Est-ce que la vue de sa femme le nourrit ?

De la sphère du cabaret ou de la porte de l'imprimerie où ces disputes amicales avaient lieu, quelques lueurs parvinrent aux frères Cointet sur la situation de l'imprimerie Séchard, ils apprirent la spéculation tentée par Eve, et jugèrent nécessaire d'arrêter dans son essor une entreprise qui pouvait mettre cette pauvre femme dans une voie de prospérité.

— Donnons lui sur les doigts, afin de la dégoûter du commerce, se dirent les deux frères.

L'un des Cointet qui dirigeait l'imprimerie rencontra Cérizet, et lui proposa de lire des épreuves pour eux, à tant par épreuve, pour soulager leur correcteur, qui ne pouvait suffire à la lecture de leurs ouvrages. En travaillant quelques heures de nuit, Cérizet gagna plus chez les frères Cointet qu'avec David Séchard pendant sa journée. Il s'ensuivit quelques relations entre les Cointet et Cérizet, à qui l'on reconnut de grandes facultés, et qu'on plaignit d'être placé dans une situation si défavorable à ses intérêts.

— Vous pourriez, lui dit un jour l'un des Cointet, devenir prote d'une imprimerie considérable où vous gagneriez six francs par jour, et avec votre intelligence vous arriveriez à vous faire intéresser un jour dans les affaires. — A quoi cela peut-il me servir d'être un bon prote ? répondit Cérizet, je suis orphelin, je fais partie du contingent de l'année prochaine, et, si je tombe au sort, qui est-ce qui me payera un homme ?... — Si vous vous rendez utile, répondit le riche imprimeur, pourquoi ne vous avancerait-on pas la somme nécessaire à votre libération ? — Ce ne sera toujours pas mon naïf, dit Cérizet. — Bah ! peut-être aura-t-il trouvé le secret qu'il cherche ..

Cette phrase fut dite de manière à réveiller les plus mauvaises pensées chez celui qui l'écoutait, aussi Cérizet lança-t-il au fabricant de papier un regard qui valut la plus pénétrante interrogation. — Je ne sais pas de quoi il s'occupe, répondit-il prudemment en trouvant le bourgeois muet, mais ce n'est pas un homme à chercher des capitales dans son bas de casse ! — Tenez, mon ami, dit l'imprimeur en prenant six feuilles du Paroissien du diocèse, et tendant à Cérizet : si vous pouvez nous avoir corrigé cela pour demain, vous aurez demain dix-huit francs. Nous ne sommes pas méchants, nous faisons gagner de l'argent au prote de son concurrent ! Enfin nous pourrions laisser madame Séchard s'engager dans l'affaire de l'*Almanach des Bergers*, et la ruiner, eh bien ! nous vous permettons de lui dire que nous allons entreprendre un *Almanach des Bergers*, et de lui faire observer qu'elle n'arrivera pas la première sur la place...

On comprendra maintenant pourquoi Cérizet allait si lentement sur la composition de l'almanach. En apprenant que les Cointet troublaient sa pauvre petite spéculation, Eve fut saisie de terreur et voulut voir une preuve d'attachement dans la communication, assez hypocritement faite par Cérizet, de la concurrence qui l'attendait, mais elle surprit bientôt chez son unique compositeur quelques indices d'une curiosité trop vive qu'elle voulut attribuer à son âge.

— Cérizet, lui dit-elle un matin vous vous posez sur le pas de la porte, et vous attendez M. Séchard au passage afin d'examiner ce qu'il cache, vous regardez dans la cour lorsqu'il sort de l'atelier à fondre les rouleaux, au lieu d'achever la composition de notre almanach. Tout cela n'est pas bien, surtout quand vous me voyez moi, sa femme, respectant ses secrets, et me donnant tant de mal pour lui laisser la liberté de se livrer à ses travaux. Si vous n'aviez pas perdu de temps, l'almanach serait tiré, Kolb en vendrait déjà, les Cointet ne pourraient nous faire aucun tort. — Eh! madame, répondit Cérizet, pour quarante sous par jour que je gagne ici, croyez-vous que ce ne soit pas assez de vous faire pour cent sous de composition ? Mais si je n'avais pas des épreuves à lire le soir pour les frères Cointet, je pourrais bien me nourrir de son. — Vous êtes ingrat de bonne heure, vous ferez votre chemin, répondit Eve, atteinte au cœur moins par les reproches de Cérizet que par la grossièreté de son accent, par sa menaçante attitude et par l'agression de ses regards. — Ce ne sera toujours pas avec une femme pour bourgeois, car alors le mois n'a pas souvent trente jours.

En se sentant blessée dans sa dignité de femme, Eve jeta sur Cérizet un regard foudroyant et remonta chez elle. Quand David vint dîner, elle lui dit : — Es-tu sûr, mon ami, de ce petit drôle de Cérizet ? — Cérizet ? répondit-il. Eh! c'est mon gamin, je l'ai formé, je l'ai eu pour teneur de copie, je l'ai mis à la casse, enfin il me doit d'être tout ce qu'il est ! Autant demander à un père s'il est sûr de son enfant...

Eve apprit à son mari que Cérizet lisait des épreuves pour le compte des Cointet.

— Pauvre garçon ! il faut bien qu'il vive, répondit David avec l'humilité d'un maître qui se sentait en faute. — Oui, mais, mon ami, vois la différence qui existe entre Kolb et Cérizet. Kolb fait vingt lieues tous les jours, dépense quinze ou vingt sous, nous rapporte sept, huit, quelquefois neuf francs de feuilles vendues, et ne me demande que ses vingt sous, sa dépense payée. Kolb se couperait la main plutôt que de tirer le barreau d'une presse chez les Cointet, et il ne regarderait pas les choses que tu jettes dans la cour, quand on lui offrirait mille écus, tandis que Cérizet les ramasse et les examine.

Les belles âmes arrivent difficilement à croire au mal, à l'ingratitude, il leur faut de rudes leçons avant de reconnaître l'étendue de la corruption humaine, puis, quand leur éducation en ce genre est faite, elles s'élèvent à une indulgence qui est le dernier degré du mépris.

— Bah ! pure curiosité de gamin de Paris, s'écria donc David. — Eh bien ! mon ami, fais-moi le plaisir de descendre à l'atelier, d'examiner ce que ton gamin a composé depuis un mois, et de me dire si, pendant ce mois, il n'aurait pas dû finir notre almanach.

Après le dîner, David reconnut que l'almanach aurait dû être composé en huit jours, puis, en apprenant que les Cointet en préparaient un semblable, il vint au secours de sa femme : il fit interrompre à Kolb la vente des feuilles d'images, et dirigea tout dans son atelier ; il mit en train lui-même une forme que Kolb dut tirer avec Marion, tandis que lui-même tira l'autre avec Cérizet, en surveillant les impressions en encres de diverses couleurs. Chaque couleur exige une impression séparée. Quatre encres différentes veulent donc quatre coups de presse. Imprimé quatre fois pour une, l'*Almanach des Bergers* coûte alors tant à établir, qu'il se fabrique exclusivement dans les ateliers de province, où la main-d'œuvre et les intérêts du capital engagé dans l'imprimerie sont presque nuls. Ce produit, quelque grossier qu'il soit, est donc interdit aux imprimeries d'où sortent de beaux ouvrages. Pour la première fois depuis la retraite du vieux Séchard, on vit alors deux presses roulant dans le vieil atelier. Quoique l'Almanach fût, dans son genre, un chef-d'œuvre, néanmoins Eve fut obligée de le donner à deux liards, car les frères Cointet donnèrent le leur à trois centimes aux colporteurs, elle fit ses frais avec le colportage, elle gagna sur les ventes directement faites par Kolb ; mais sa spéculation fut manquée. En se voyant devenu l'objet de la défiance de sa belle patronne, Cérizet se posa dans son for intérieur en adversaire, et il se dit : — Tu me soupçonnes, je me vengerai ! Le gamin de Paris est ainsi fait. Cérizet accepta donc de MM. Cointet frères des émoluments évidemment trop forts pour la lecture des épreuves qu'il allait chercher à leur bureau tous les matins, et qu'il leur rendait tous les matins. En causant tous les jours davantage avec eux, il familiarisa, finit par apercevoir la possibilité de se libérer du service militaire, qu'on lui présentait comme appât, et, loin d'avoir à le corrompre, les Cointet entendirent de lui les premiers mots relativement à l'espionnage et à l'exploitation du secret que cherchait David. Inquiète en voyant combien elle devait peu compter sur Cérizet et dans l'impossibilité de trouver un autre Kolb, Eve résolut de renvoyer l'unique compositeur, en qui sa seconde vue de femme aimante lui fit voir un traître ; mais, comme c'était la mort de son imprimerie, elle prit une résolution virile : elle pria par une lettre M. Métivier, le correspondant de David Séchard, des Cointet et de presque tous les fabricants de papier du département, de faire mettre dans le *Journal de la Librairie* à Paris, l'annonce suivante :

« A céder, une imprimerie en pleine activité, matériel et brevet, « située à Angoulême. S'adresser pour les conditions, à M. Métivier, « rue Serpente. »

Après avoir lu le numéro du journal où se trouvait cette annonce, les Cointet se dirent : — Cette petite femme ne manque pas de tête, il est temps de nous rendre maîtres de son imprimerie en lui donnant de quoi vivre, autrement, nous pourrions rencontrer un adversaire dans le successeur de David, et notre intérêt est de toujours avoir un œil dans cet atelier.

Mus par cette pensée, les frères Cointet vinrent parler à David Séchard. Eve, à qui les deux frères s'adressèrent, éprouva la plus vive joie en voyant le rapide effet de sa ruse, car ils ne lui cachèrent pas leur dessein de proposer a M. Séchard de faire des impressions à leur compte : ils étaient encombrés, leurs presses ne pouvaient suffire à leurs travaux, ils avaient demandé des ouvriers à Bordeaux, et se faisaient fort d'occuper les trois presses de David.

— Messieurs, dit-elle aux deux frères Cointet, pendant que Cérizet allait avertir David de la visite de ses confrères, mon mari a connu chez MM. Didot d'excellents ouvriers, probes et actifs, il se choisira sans doute un successeur parmi les meilleurs... Ne vaut-il pas mieux vendre son établissement une vingtaine de mille francs qui nous donneront mille francs de rente, que de perdre mille francs par an au métier que vous nous faites faire? Pourquoi nous avoir envié la pauvre petite spéculation de notre almanach, qui, d'ailleurs, appartenait à cette imprimerie? — Eh! pourquoi, madame, ne pas nous en avoir prévenus? nous ne serions pas allés sur vos brisées, dit gracieusement celui des deux frères qu'on appelait le grand Cointet. — Allons donc, messieurs, vous n'avez commencé votre almanach qu'après avoir appris par Cérizet que je faisais le mien.

En disant ces paroles vivement, elle regarda celui qu'on appelait le grand Cointet, et lui fit baisser les yeux. Elle acquit ainsi la preuve de la trahison de Cérizet.

Ce Cointet, le directeur de la papeterie et des affaires, était beaucoup plus habile commerçant que son frère Jean, qui conduisait d'ailleurs l'imprimerie avec une grande intelligence, mais dont la capacité pouvait se comparer à celle d'un colonel, tandis que Boniface était un général, auquel Jean laissait le commandement en chef. Boniface, homme sec et maigre, à figure jaune comme un cierge, et marbrée de plaques rouges, à bouche serrée, et dont les yeux avaient de la ressemblance avec ceux des chats, ne s'emportait jamais : il écoutait avec le calme d'un dévot les plus grosses injures, et répondait d'une voix douce. Il allait à la messe, à confesse et communiait. Il cachait sous des manières patelines, sous un extérieur presque mou, la ténacité, l'ambition du prêtre et l'avidité du négociant dévoré par la soif des richesses et des honneurs. Dès 1820, le grand Cointet voulait tout ce que la bourgeoisie a fini par obtenir à la Révolution de 1830. Plein de haine contre l'aristocratie, indifférent en matière de religion, il était dévot comme Bonaparte fut montagnard. Son épine dorsale fléchissait avec une merveilleuse flexibilité devant la noblesse et l'administration, pour lesquelles il se faisait petit, humble et complaisant. Enfin, pour finir cet homme par un trait dont la valeur sera bien appréciée par des gens habitués à traiter les affaires, il avait des conserves à verres bleus à l'aide desquelles il cachait son regard, sous prétexte de préserver sa vue de l'éclatante réverbération de la lumière dans une ville où la terre, les constructions sont blanches, et où l'intensité du jour est augmentée par la grande élévation du sol. Quoique sa taille ne fût qu'un peu au-dessus de la moyenne, il paraissait grand à cause de sa maigreur, qui annonçait une nature accablée de travail, une pensée en continuelle fermentation. Sa physionomie jésuitique était complétée par une chevelure plate, grise, longue, taillée à la façon de celle des ecclésiastiques, et par son vêtement qui, depuis sept ans, se composait d'un pantalon noir, de bas noirs, d'un gilet noir et d'une lévite (le nom méridional d'une redingote) en drap couleur marron. On l'appelait le grand Cointet pour le distinguer de son frère, qu'on nommait le gros Cointet, en exprimant ainsi le contraste qui existait autant entre la taille qu'entre les capacités des deux frères, également redoutables d'ailleurs. En effet, Jean Cointet, bon gros garçon à face flamande, bruni par le soleil de l'Angoumois, petit et court, pansu comme Sancho, le sourire sur les lèvres, les épaules épaisses, produisait une opposition frappante avec son aîné. Jean ne différait pas seulement de physionomie et d'intelligence avec son frère, il professait des opinions presque libérales, il était centre gauche, il allait à la messe que les dimanches, et s'entendait à merveille avec les commerçants libéraux. Quelques négociants de l'Houmeau prétendaient que cette divergence d'opinions était un jeu joué par les deux frères. Le grand Cointet exploitant avec habileté l'apparente bonhomie de son frère, il se servait de Jean comme d'une massue. Jean se chargeait des paroles dures, des exécutions qui répugnaient à la mansuétude de son frère. Jean avait le département des colères, il s'emportait, il laissait échapper des propositions inacceptables qui rendaient celles de son frère plus douces, et ils arrivaient ainsi, tôt ou tard, à leurs fins.

Eve, avec le tact particulier aux femmes, eut bientôt deviné le caractère des deux frères, aussi resta-t-elle sur ses gardes en présence d'adversaires si dangereux. David, déjà mis au fait par sa femme, écouta d'un air profondément distrait les propositions de ses ennemis.

— Entendez-vous avec ma femme, dit-il aux deux Cointet en sortant du cabinet vitré pour retourner dans son petit laboratoire, elle est plus au fait de mon imprimerie que je ne le suis moi-même. Je m'occupe d'une affaire qui sera plus lucrative que ce pauvre établissement, et au moyen de laquelle je réparerai les pertes que j'ai faites avec vous... — Et comment? dit le gros Cointet en riant.

Eve regarda son mari pour lui recommander la prudence.

— Vous serez mes tributaires, vous et tous ceux qui consomment du papier, répondit David. — Et que cherchez-vous donc? demanda Benoît-Boniface Cointet.

Quand Boniface eut lâché sa demande d'un ton doux et d'une façon insinuante, Eve regarda de nouveau son mari pour l'engager à ne rien répondre ou à répondre quelque chose qui ne fût rien.

— Je cherche à fabriquer le papier à cinquante pour cent au-dessous du prix actuel de revient...

Et il s'en alla sans voir le regard que les deux frères échangèrent, et par lequel ils se disaient : — Cet homme devait être un inventeur; on ne pouvait pas avoir son encolure et rester oisif! — Exploitons-le, disait Boniface. — Et comment? disait Jean.

— David agit avec vous comme avec moi, dit madame Séchard. Quand je fais la curieuse, il se défie sans doute de mon nom, et me jette cette phrase qui n'est après tout qu'un programme. — Si votre mari peut réaliser ce programme, il fera certainement fortune plus rapidement que par l'imprimerie, et je m'explique alors pourquoi négliger cet établissement, reprit Boniface en se tournant vers l'atelier désert où Kolb assis sur un ais frottait son pain avec une gousse d'ail, mais il nous conviendrait peu de voir cette imprimerie aux mains d'un concurrent actif, remuant, ambitieux, et peut-être pourrions-nous arriver à nous entendre. Si, par exemple, vous consentiez à louer pour une certaine somme votre matériel à l'un de nos ouvriers, qui travaillerait pour nous, sous votre nom, comme cela se fait à Paris, nous occuperions assez ce gars-là pour lui permettre de vous payer un très-bon loyer et de réaliser de petits profits. — Cela dépend de la somme, répondit Eve Séchard. Que voulez-vous donner? ajouta-t-elle en regardant Boniface de manière à lui faire voir qu'elle comprenait parfaitement son plan. — Mais quelles seraient vos prétentions? répliqua vivement Jean Cointet. — Trois mille francs pour six mois, dit-elle. — Eh! ma chère petite dame vous parliez de vendre votre imprimerie vingt mille francs, répliqua tout doucement Boniface. L'intérêt de vingt mille francs n'est que de douze cents francs à six pour cent.

Eve resta pendant un moment tout interdite, et reconnut alors tout le prix de la discrétion en affaires.

— Vous vous servirez de nos presses, de nos caractères avec lesquels je vous ai prouvé que je savais faire encore de petites affaires, reprit-elle, et nous avons des loyers à payer à M. Séchard le père, qui ne nous comble pas de cadeaux.

Après une lutte de deux heures, Eve obtint deux mille francs pour six mois, dont mille seraient payés d'avance. Quand tout fut convenu, les deux frères lui apprirent que leur intention était de faire à Cérizet le bail des ustensiles de l'imprimerie. Eve ne put retenir un mouvement de surprise.

— Ne vaut-il pas mieux prendre quelqu'un qui soit au fait de l'atelier? dit le gros Cointet.

Eve salua les deux frères sans répondre, et se promit de surveiller elle-même Cérizet.

— Eh bien! voilà nos ennemis dans la place! dit en riant David à sa femme quand au moment du dîner elle lui montra les actes à signer. — Bah! dit-elle, je réponds de l'attachement de Kolb et de Marion, à eux deux, ils surveilleront tout. D'ailleurs, nous nous faisons quatre mille francs de rente d'un mobilier industriel qui nous coûtait de l'argent, et je te vois un an devant toi pour réaliser tes espérances! — Tu devais être la femme d'un chercheur d'inventions! dit Séchard en serrant la main de sa femme avec tendresse.

Si le ménage de David eut une somme suffisante pour passer l'hiver, il se trouva sous la surveillance de Cérizet, et, sans le savoir, dans la dépendance du grand Cointet.

— Ils sont à nous! dit en sortant le directeur de la papeterie à son frère l'imprimeur. Ces pauvres gens vont s'habituer à recevoir le loyer de leur imprimerie, ils compteront là-dessus, et s'endetteront. Dans six mois nous ne renouvellerons pas le bail, et nous verrons alors ce que cet homme de génie aura dans son sac, car nous lui proposerons de le tirer de peine en nous associant pour exploiter sa découverte.

Si quelque rusé commerçant avait pu voir le grand Cointet prononçant ces mots : en nous associant, il aurait compris que le danger du mariage est encore moins grand à la mairie qu'au tribunal de Commerce. N'était-ce pas trop déjà que ces féroces chasseurs fussent sur les traces de leur gibier? David et sa femme, aidés par Kolb et par Marion, étaient-ils en état de résister aux ruses d'un Boniface Cointet?

Quand l'époque des couches de madame Séchard arriva, le billet de cinq cents francs envoyé par Lucien, joint au second payement de Cérizet, permit de suffire à toutes les dépenses. Eve, sa mère et David, qui se croyaient oubliés par Lucien, éprouvèrent alors une joie égale à celle que leur donnaient les premiers succès du poète, dont les débuts dans le journalisme firent encore plus de tapage à Angoulême qu'à Paris.

Endormi dans une sécurité trompeuse, David chancela sur ses jambes en recevant de son beau-frère ce mot cruel :

« Mon cher David, j'ai négocié, chez Métivier, trois billets signés de toi, faits à mon ordre, à un, deux et trois mois d'échéance. Entre cette négociation et mon suicide, j'ai choisi cette horrible ressource qui, sans doute, te gênera beaucoup. Je t'expliquerai dans quelle nécessité je me trouve, et je tâcherai d'ailleurs de t'envoyer les fonds à l'échéance.

« Brûle ma lettre, ne dis rien ni à ma sœur ni à ma mère, car je l'avoue, j'ai compté sur ton héroïsme bien connu de

« Ton frère au désespoir,
« LUCIEN DE RUBEMPRÉ. »

— Ton pauvre frère, dit David à sa femme, qui relevait alors de couches, est dans d'affreux embarras : je lui ai envoyé trois billets de mille francs, à un, deux et trois mois, prends-en note.

Puis il s'en alla dans les champs afin d'éviter les explications que sa femme allait lui demander. Mais en commentant avec sa mère cette phrase pleine de malheurs, Ève, déjà très-inquiète du silence gardé par son frère depuis six mois, eut de si mauvais pressentiments, que, pour les dissiper, elle se résolut à faire une de ces démarches conseillées par le désespoir. M. de Rastignac fils était venu passer quelques jours dans sa famille, et il avait parlé de Lucien en assez mauvais termes pour que ces nouvelles de Paris, commentées par toutes les bouches qui les avaient emportées, fussent arrivées jusqu'à la sœur et à la mère du journaliste. Ève alla chez madame de Rastignac, y sollicita la faveur d'une entrevue avec le fils, à qui elle fit part de toutes ses craintes en lui demandant la vérité sur la situation de Lucien à Paris. En un moment, Ève apprit la liaison de son frère avec Coralie, son duel avec Michel Chrestien, cause par sa trahison envers d'Arthez, enfin toutes les circonstances de la vie de Lucien, envenimées par un dandy spirituel, qui sut donner à sa haine et à son envie les livrées de la pitié, la forme amicale du patriotisme alarmé sur l'avenir d'un grand homme et les couleurs d'une admiration sincère pour le talent d'un enfant d'Angoulême, si cruellement compromis. Il parla des fautes que Lucien avait commises et qui venaient de lui coûter la protection des plus hauts personnages, de faire déclarer une ordonnance qui lui conférait les armes et le nom de Rubempré.

— Madame, si votre frère eût été bien conseillé, il serait aujourd'hui dans la voie des honneurs et le mari de madame de Bargeton, mais que voulez-vous ?... il l'a quittée, insultée ! Elle est, à son grand regret, devenue madame la comtesse Sixte du Châtelet, car elle l'aimait Lucien. — Est-il possible ?... s'écria madame Séchard. — Votre frère est un aiglon qu'un premier rayon du luxe et de la gloire ont aveuglé. Quand un aigle tombe, qui peut savoir au fond de quel précipice il s'arrêtera : la chute d'un grand homme est toujours en raison de la hauteur à laquelle il est parvenu.

Ève revint épouvantée avec cette dernière phrase, qui lui traversa le cœur comme une flèche. Blessée dans les endroits les plus sensibles de son âme, elle ne dit à personne ce qu'elle pensait, plus d'une larme roula sur les joues et sur le front de l'enfant qu'elle nourrissait. Il est si difficile de renoncer aux illusions que l'esprit de famille autorise et qui naissent avec la vie, qu'Ève se défia d'Eugène de Rastignac, elle voulut entendre la voix d'un véritable ami. Elle écrivit donc une lettre touchante à d'Arthez, dont l'adresse lui avait été donnée par Lucien, au temps où Lucien était enthousiaste du Cénacle, et voici la réponse qu'elle reçut :

« Madame,

« Vous me demandez la vérité sur la vie que mène à Paris monsieur votre frère, vous voulez être éclairée sur son avenir, et, pour m'engager à vous répondre franchement, vous me répétez ce que vous en a dit M. de Rastignac en me demandant si de tels faits sont vrais. En ce qui me concerne, madame, il faut rectifier, à l'avantage de Lucien, les confidences de M. de Rastignac. Votre frère a éprouvé des remords, il est venu me montrer la critique de mon livre, en disant qu'il ne pouvait se résoudre à la publier, malgré le danger que sa désobéissance aux ordres de son parti faisait courir à une personne bien chère. Hélas ! madame, la tâche d'un écrivain est de concevoir les passions, puisqu'il met sa gloire à les exprimer : j'ai donc compris qu'entre une maîtresse et un ami, l'ami devait être sacrifié. J'ai facilité son crime à votre frère, j'ai corrigé moi-même cet article libellicule et l'ai complètement approuvé. Vous me demandez si Lucien a conservé mon estime et mon amitié. Ici, la réponse est difficile à faire. Votre frère est dans une voie où il se perdra. En ce moment, je le plains encore : bientôt je l'aurai volontairement oublié, non pas tant à cause de ce qu'il a déjà fait que de ce qu'il doit faire. Votre Lucien est un homme de poésie et non un poète, il rêve et ne pense pas, il s'agite et ne crée pas. Enfin c'est, permettez-moi de le dire, une femmelette qui aime à paraître, le vice principal du Français. Ainsi Lucien sacrifiera toujours le meilleur de ses amis au plaisir de montrer son esprit. Il signerait volontiers demain un pacte avec le démon, si ce pacte lui donnait pour quelques années une vie brillante et fastueuse. N'a-t-il pas déjà fait pis en troquant son avenir contre les passagers délices de sa vie publique avec une actrice ? En ce moment, la jeunesse, la beauté, le dévouement de cette femme car il en est adoré lui cachent les dangers d'une situation que ni la gloire, ni le succès, ni la fortune, ne font accepter par le monde. Eh bien ! à chaque nouvelle séduction, votre frère ne verra comme aujourd'hui, que les plaisirs du moment. Rassurez-vous Lucien n'ira jamais jusqu'au crime, il n'en aurait pas la force, mais il accepterait un crime tout fait, il en partagerait les profits sans en avoir partagé les dangers : ce qui semble horrible à tout le monde même aux scélérats. Il se méprisera lui-même, il se repentira mais la nécessité revenant, il recommencerait, car la volonté lui manque : il est sans force contre les amorces de la volupté, à la satisfaction de ses moindres ambitions. Paresseux comme tous les hommes à poésie, il se croit habile en escamotant les difficultés au lieu de les vaincre. Il aura du courage à telle heure, mais à telle autre il sera lâche. Et il ne faut pas plus lui savoir gré de son courage que lui reprocher sa lâcheté : Lucien est une harpe dont les cordes se tendent ou s'amollissent au gré des variations de l'atmosphère. Il pourra faire un beau livre dans une phase de colère ou de bonheur, et ne pas être sensible au succès, après l'avoir cependant désiré. Dès les premiers jours de son arrivée à Paris, il est tombé dans la dépendance d'un jeune homme sans moralité, mais dont l'adresse et l'expérience au milieu des difficultés de la vie littéraire l'ont ébloui. Ce prestidigitateur a complétement séduit Lucien, il l'a entraîné dans une existence sans dignité, sur laquelle, malheureusement pour lui, l'amour a jeté ses prestiges. Trop facilement accordée, l'admiration est un signe de faiblesse : on ne doit pas payer en même monnaie un danseur de corde et un poète. Nous avons été tous blessés de la préférence accordée à l'intrigue et à la friponnerie littéraire sur le courage et sur l'honneur de ceux qui conseillaient à Lucien d'accepter le combat au lieu de dérober le succès, de se faire une barque au lieu de se faire une des trompettes de l'orchestre. La société, madame, est, par une bizarrerie singulière, pleine d'indulgence pour les jeunes gens de cette nature ; elle les aime, elle se laisse prendre aux beaux semblants de leurs dons extérieurs, d'eux, elle n'exige rien, elle excuse toutes leurs fautes, elle leur accorde les bénéfices des natures complètes en ne voulant voir que leurs avantages, elle en fait enfin ses enfants gâtés. Au contraire, elle est d'une sévérité sans bornes pour les natures fortes et complètes. Dans cette conduite, la société, si violemment injuste en apparence, est peut-être sublime : elle s'amuse des bouffons sans leur demander autre chose que du plaisir, et les oublie promptement tandis que, pour plier le genou devant la grandeur, elle lui demande toutes ses divines magnificences. A chaque chose, sa loi : l'éternel diamant doit être sans tache la création momentanée de la mode a le droit d'être légère, bizarre et sans consistance. Aussi, malgré ses erreurs, peut-être Lucien réussira-t-il à merveille, il lui suffira de profiter de quelque veine heureuse, ou de se trouver en bonne compagnie ; mais, s'il rencontre un mauvais ange, il ira jusqu'au fond de l'enfer. C'est un brillant assemblage de belles qualités brodées sur un fond trop léger ; l'âge emporte les fleurs, il ne reste un jour que le tissu, et, s'il est mauvais, on y voit un haillon. Tant que Lucien sera jeune, il plaira ; mais, à trente ans, dans quelle position sera-t-il ? telle est la question que doivent se faire ceux qui l'aiment sincèrement. Si j'eusse été seul à penser ainsi de Lucien, peut-être aurais-je évité de vous donner un tel chagrin par ma sincérité, mais outre qu'éluder par des banalités les questions posées par votre sollicitude me semblait indigne de vous, dont la lettre est un cri d'angoisse, et de moi, dont vous faites trop d'estime, ceux de mes amis qui ont connu Lucien sont unanimes en ce jugement ; j'ai donc vu l'accomplissement d'un devoir dans la manifestation de la vérité, quelque terrible qu'elle soit On peut tout attendre de Lucien en bien comme en mal. Telle est notre pensée, en un seul mot, de ce résumé cette lettre. Si les hasards de sa vie, maintenant bien misérable, bien chanceuse ramenaient ce poète vers vous, usez de toute votre influence pour le garder au sein de la famille, car, jusqu'à ce que son caractère ait pris de la fermeté, Paris sera toujours dangereux pour lui. Il vous appelait, lui et votre mari, ses anges gardiens, et il vous a sans doute oubliés, mais il se souviendra de vous au moment où, battu par la tempête, il n'aura plus que sa famille pour asile ; gardez-lui donc votre cœur, madame, il en aura besoin.

« Agréez, madame, les sincères hommages d'un homme à qui vos précieuses qualités sont connues, et qui respecte trop vos maternelles inquiétudes pour ne pas vous offrir ici ses obéissances en se disant :

« Votre dévoué serviteur,

« D'ARTHEZ. »

Deux jours après avoir lu cette réponse, Ève fut obligée de prendre une nourrice : son lait tarissait. Après avoir fait un dieu de son frère, elle le voyait dépravé par l'exercice des plus belles facultés ; enfin, pour elle, il roulait dans la boue. Cette noble créature ne savait pas transiger avec la probité, avec la délicatesse, avec toutes les religions domestiques cultivées au foyer de la famille, encore si pur, si rayonnant au fond de la province. David avait donc eu raison dans ses prévisions. Quand le chagrin qui mettait sur son front si blanc des teintes de plomb fut confié par Ève à son mari, dans une de ces limpides conversations où le ménage de deux amants peut tout se dire, David fit entendre de consolantes paroles. Quoiqu'il eût les larmes aux yeux en voyant le beau sein de sa femme tari par la douleur, et cette mère au désespoir de ne pouvoir accomplir son œuvre maternelle, il rassura sa femme en lui donnant quelques espérances.

— Vois-tu, mon enfant, ton frère a péché par l'imagination. Il est si naturel à un poète de vouloir sa robe de pourpre et d'azur, il court avec tant d'empressement aux fêtes ! Cet oiseau se prend à l'éclat, au luxe, avec tant de bonne foi, que Dieu l'excuse là où la société le condamne ! — Mais il nous tue !... s'écria la pauvre femme. — Il nous tue aujourd'hui comme il nous sauvait il y a quelques mois en nous envoyant les prémices de son gain ! répondit le bon David, qui eut l'esprit de comprendre que le désespoir menait sa femme au delà des bornes, et qu'elle reviendrait bientôt à son amour pour Lucien. Mercier disait dans son Tableau de Paris, il y a environ cinquante ans, que la littérature, la poésie, les lettres et les sciences, que les créations du cerveau ne pouvaient jamais nourrir un homme ; et Lucien, en sa qualité de poète, n'a pas cru à l'expérience de cinq siècles. Les moissons arrosées d'encre ne se font (quand elles se font) que dix ou douze ans après les semailles, et Lucien a pris l'herbe pour la gerbe. Il aura du moins appris la vie. Après avoir été la dupe d'une femme, il devait être la dupe du monde et des fausses amitiés. L'expérience qu'il a gagnée est chèrement payée, voilà tout. Nos ancêtres disaient : Pourvu qu'un fils de famille revienne avec ses deux oreilles et l'honneur sauf, tout est bien... — L'honneur !.... s'écria la pauvre Eve. Hélas ! à combien de vertus Lucien a-t-il manqué !... Écrire contre sa conscience !..... Attaquer son meilleur ami !..... Accepter l'argent d'une actrice !.... Se montrer avec elle ! Nous mettre sur la paille !.....— Oh ! cela, ce n'est rien !..... s'écria David, qui s'arrêta.

Le secret du faux commis par son beau-frère allait lui échapper, et malheureusement Eve, en s'apercevant de ce mouvement, conserva de vagues inquiétudes.

— Comment rien ! répondit-elle. Et où prendrons-nous de quoi payer trois mille francs ? — D'abord, reprit David, nous allons avoir à renouveler le bail de l'exploitation de notre imprimerie avec Cérizet. Depuis six mois, les quinze pour cent que les Cointet lui allouent sur les travaux faits pour eux lui ont donné six cents francs, et il a su gagner cinq cents francs avec des ouvrages de ville. — Si les Cointet savent cela, peut-être ne recommenceront-ils pas le bail, ils auront peur de lui, dit Eve ; car Cérizet est un homme dangereux. — Eh ! que m'importe ! s'écria Séchard, dans quelques jours nous serons riches ! Une fois Lucien riche, mon ange, il n'aura que des vertus. — Ah ! David, mon ami, mon ami, quel mot viens-tu de laisser échapper ! En proie à la misère, Lucien serait donc sans force contre le mal ! Tu penses de lui tout ce qu'en pense M. d'Arthez ! Il n'y a pas de supériorité sans force, et Lucien est faible... Un ange qu'il ne faut pas tenter, qu'est-ce ?... — Eh ! c'est une nature qui n'est belle que dans son milieu, dans sa sphère, dans son ciel. Lucien n'est pas fait pour lutter, je lui épargnerai la lutte. Tiens, vois ! je suis trop près du résultat pour ne pas l'initier aux moyens. Il sortit de sa poche plusieurs feuillets de papier blanc de la grandeur d'un in-octavo, les brandit victorieusement et les apporta sur les genoux de sa femme. — Une rame de ce papier, format grand-raisin, ne coûtera pas plus de cinq francs, dit-il en faisant manier les échantillons à Eve, qui laissait voir une surprise enfantine à l'aspect d'une si petite chose apportée comme preuve de résultats si grands.

À une question de sa femme, qui ne savait pas ce que voulait dire ce mot grand-raisin, Séchard lui donna sur la papeterie des renseignements qui ne seront point déplacés dans une œuvre dont l'existence matérielle est due autant au papier qu'à la presse.

Le papier, produit non moins merveilleux que l'impression à laquelle il sert de base, existait depuis longtemps en Chine quand, par les filières souterraines du commerce, il parvint dans l'Asie Mineure,

David Séchard.

où, vers l'an 750, selon quelques traditions, on faisait usage d'un papier de coton broyé et réduit en bouillie. La nécessité de remplacer le parchemin, dont le prix était excessif, fit trouver, par une imitation du *papier bombycien* (tel fut le nom du papier de coton en Orient), le papier de chiffon, les uns disent à Bâle, en 1170, par des Grecs réfugiés ; les autres disent à Padoue, en 1301, par un Italien nommé Pax. Ainsi le papier se perfectionna lentement et obscurément ; mais il est certain que déjà sous Charles VI on fabriquait à Paris la pâte des cartes à jouer. Lorsque les immortels Faust, Coster et Guttenberg eurent inventé LE LIVRE, des artisans, inconnus comme tant de grands artistes de cette époque, approprièrent la papeterie aux besoins de la typographie. Dans ce quinzième siècle, si vigoureux et si naïf, les noms des différents formats de papier, de même que les noms donnés aux caractères, portèrent l'empreinte de la naïveté du temps. Ainsi le raisin, le jésus, le colombier, le papier pot, l'écu, le coquille, le couronne, furent ainsi nommés de la grappe, de l'image de Notre-Seigneur, de la couronne, de l'écu, du pot, enfin du filigrane marqué au milieu de la feuille, comme plus tard, sous Napoléon, on y mit un aigle : d'où le papier dit grand-aigle. De même, on appela les caractères cicéro, saint-augustin, gros-canon, des livres de liturgie, des œuvres théologiques et des traités de Cicéron auxquels ces caractères furent d'abord employés. L'*italique* fut inventé par les Alde, à Venise : de là son nom. Avant l'invention du papier mécanique, dont la longueur est sans limites, les plus grands formats étaient le grand-jésus ou le grand-colombier ; encore ce dernier ne servait-il guère que pour les atlas ou pour les gravures. En effet, les dimensions du papier d'impression étaient soumises à celles des marbres de la presse. À l'époque où Séchard cherchait à résoudre le problème de la fabrication du papier à bon marché, l'existence du papier continu paraissait une chimère en France, quoique déjà Denis Robert d'Essone eût, vers 1799, inventé dans ce but une machine que depuis Didot-Saint-Léger essaya de perfectionner. Le papier vélin, inventé par Ambroise Didot, ne date que de 1780. Ce rapide aperçu démontre invinciblement que toutes les grandes acquisitions de l'industrie et de l'intelligence se sont faites avec une excessive lenteur, et par des agrégations inaperçues, absolument comme procède la nature. Pour arriver à leur perfection, l'écriture, le langage peut-être?!... ont eu les mêmes tâtonnements que la typographie et la papeterie.

— Des chiffonniers ramassent dans l'Europe entière les chiffons, les vieux linges, et achètent les débris de toute espèce de tissus, dit Séchard à sa femme en terminant. Ces débris, triés par sortes, s'emmagasinent chez les marchands de chiffons en gros, qui fournissent les papeteries. Pour te donner une idée de ce commerce, apprends, mon enfant, qu'en 1814 le banquier Cardon, propriétaire des cuves de Buges et de Langlée, où Léorier de l'Isle essaya des 1776 la solution du problème dont s'occupa ton père, avait un procès avec un sieur Proust à propos d'une erreur de deux millions pesant de chiffons dans un compte de dix millions de livres, environ quatre millions de francs. Le fabricant lave ses chiffons et les réduit en une bouillie claire qui se passe, absolument comme une cuisinière passe une sauce à son tamis, sur un châssis en fer appelé *forme*, et dont l'intérieur est rempli par une étoffe métallique au milieu de laquelle se trouve le filigrane qui donne son nom au papier. De la grandeur de la *forme* dépend alors la grandeur du papier.

— Eh bien ! comment as-tu fait ces essais ? dit Ève à David. — Avec un vieux tamis en crin que j'ai pris à Marion, répondit-il. — Tu n'es donc pas encore content ? demanda-t-elle. — La question n'est pas dans la fabrication, elle est dans le prix de revient de la pâte, car je ne suis qu'un des derniers entrés dans cette voie difficile. Madame Masson, dès 1794, essayait de convertir les papiers imprimés en papier blanc, elle a réussi, mais à quel prix ! En Angleterre, vers 1800, le marquis de Salisbury tentait, en même temps que Séguin en 1801, en France, d'employer la paille à la fabrication du papier. Une foule de grands esprits a tourné autour de l'idée que je veux réaliser. Dans le temps où j'étais chez MM. Didot, on s'en occupait déjà comme on s'en occupe encore ; car aujourd'hui le perfectionnement cherché par ton père est devenu l'une des nécessités les plus impérieuses de ce temps-ci. Voici pourquoi. Le linge de fil est, à cause de sa cherté, remplacé par le linge de coton. Quoique la durée du fil, comparée à celle du coton, rende en définitive le fil moins cher que le coton, comme il s'agit toujours pour les pauvres de sortir une somme quelconque de leurs poches, ils préfèrent donner moins que plus, et subissent, en vertu du *væ victis!* des pertes énormes. La classe bourgeoise agit comme le pauvre. Ainsi le linge de fil va manquer, et l'on sera forcé de se servir de chiffons de coton. Aussi l'Angleterre, où le coton a remplacé le fil chez les quatre cinquièmes de la population, a-t-elle commencé à fabriquer le papier de coton. Ce papier, qui d'abord a l'inconvénient de se couper et de se casser, se dissout dans l'eau si facilement, qu'un livre en papier de coton s'y mettrait en bouillie en y restant un quart d'heure, tandis qu'un vieux livre ne serait pas perdu en y restant deux heures. On ferait sécher le vieux livre ; et, quoique jauni, passé, le texte en serait encore lisible, l'œuvre ne serait pas détruite. Nous arrivons à un temps où, les fortunes diminuant par leur égalisation, tout s'appauvrira : nous voudrons du linge et des livres à bon marché, comme on commence à vouloir de petits tableaux, faute d'espace pour en placer de grands. Les chemises et les livres ne dureront pas, voilà tout. La solidité des produits s'en va de toutes parts. Aussi le problème à résoudre est-il de la plus haute importance pour la littérature, pour les sciences et pour la politique. Il y eut donc un jour dans mon cabinet une vive discussion sur les ingrédients dont on se sert en Chine pour fabriquer le papier. Là, grâce aux matières premières, la papeterie a, dès son origine, atteint une perfection qui manque à la nôtre. On s'occupait alors beaucoup du papier de Chine, que sa légèreté et sa finesse rendent bien supérieur au nôtre, car ces précieuses qualités ne l'empêchent pas d'être consistant ; et, quelque mince qu'il soit, il n'offre aucune transparence. Un correcteur très-instruit (à Paris il se rencontre des savants parmi les correcteurs : Fourier et Pierre Leroux sont en ce moment correcteurs chez Lachevardière !) ; donc le comte de Saint-Simon, correcteur pour le moment, vint nous voir au milieu de la discussion. Il nous dit alors que, selon Kempfer et du Halde, le *broussonatia* fournissait aux Chinois la matière de leur papier tout végétal, comme le nôtre d'ailleurs. Un autre correcteur soutint que le papier de Chine se fabriquait principalement avec une matière animale, avec la soie, si abondante en Chine. Un pari se fit devant moi. Comme MM. Didot sont les imprimeurs de l'Institut, naturellement le débat fut soumis à des membres de cette assemblée de savants. M. Marcel, ancien directeur de l'imprimerie impériale, désigné comme arbitre, renvoya les deux correcteurs par-devant M. l'abbé Grozier, bibliothécaire à l'Arsenal. Au jugement de l'abbé Grozier, les correcteurs perdirent tous deux leur pari. Le papier de Chine ne se fabrique ni avec de la soie ni avec le *broussonatia*; sa pâte provient des fibres du bambou triturées. L'abbé Grozier possédait un

Kolb s'amouracha de la grosse Marion — PAGE 4.

livre chinois, ouvrage à la fois iconographique et technologique, où se trouvaient de nombreuses figures représentant la fabrication du papier dans toutes ses phases, et il nous montra les tiges de bambou peintes en tas dans le coin d'un atelier à papier supérieurement dessiné. Quand Lucien m'a dit que ton père, par une sorte d'intuition particulière aux hommes de talent, avait entrevu le moyen de remplacer les débris du linge par une matière végétale excessivement commune, immédiatement prise à la production territoriale, comme font les Chinois en se servant de tiges fibreuses, j'ai classé tous les essais tentés par mes prédécesseurs et me suis enfin mis à étudier la question. Le bambou est un roseau ; j'ai naturellement pensé aux roseaux de notre pays. Notre roseau commun, l'*arundo phragmitis*, a fourni les feuilles de papier que tu tiens. Mais je vais employer les orties, les chardons ; car, pour maintenir le bon marché de la matière première, il faut s'adresser à des substances végétales qui puissent venir dans les marécages et dans les mauvais terrains ; elles seront à vil prix. Le secret gît tout entier dans une préparation à donner à ces tiges. En ce moment le procédé n'est pas encore assez simple. La main-d'œuvre n'est rien en Chine, une journée y vaut trois sous : aussi les Chinois peuvent-ils, au sortir de la forme, appliquer leur papier feuille à feuille entre des tables de porcelaine blanche chauffées, au moyen desquelles ils le pressent et lui donnent ce lustre, cette consistance, cette légèreté, cette douceur de satin, qui en font le premier papier du monde. Eh bien ! il faut remplacer les procédés du Chinois par quelque machine. On arrive par des machines à résoudre le problème du bon marché que procure à la Chine le bas prix de sa main-d'œuvre. Si nous parvenions à fabriquer à bas prix du papier d'une qualité semblable à celui de la Chine, nous diminuerions de plus de moitié le poids et l'épaisseur des livres. Un Voltaire relié, qui, sur nos papiers vélins, pèse deux cent cinquante livres, n'en pèserait pas cinquante sur papier de Chine. Et voilà, certes, une conquête. L'emplacement nécessaire aux bibliothèques sera une question de plus en plus difficile à résoudre à une époque où le rapetissement général des choses et des hommes atteint tout, jusqu'à leurs habitations. À Paris, les grands hôtels, les grands appartements seront tôt ou tard démolis, il n'y aura bientôt plus de fortunes en harmonie avec les constructions de nos pères. Quelle honte pour notre époque de fabriquer des livres sans durée ! Encore dix ans, et le papier de Hollande, c'est-à-dire le papier fait en chiffon de fil, sera complètement impossible. Je veux t'aviser et donner à la fabrication du papier en France le privilège dont jouit notre littérature, en faire un monopole pour notre pays, comme les Anglais ont celui du fer, de la houille ou des poteries communes. Je veux être le Jacquard de la papeterie.

Ève se leva, émue par un enthousiasme et par une admiration que la simplicité de David excitait, elle ouvrit ses bras et le serra sur son cœur en penchant sa tête sur son épaule.

— Tu me récompenses comme si j'avais déjà trouvé, lui dit-il.

Pour toute réponse, Ève montra sa belle figure tout inondée de larmes, et resta pendant un moment sans pouvoir parler.

— Je n'embrasse pas l'homme de génie, dit-elle, mais le consolateur ! À une gloire tombée tu m'opposes une gloire qui s'élève. Aux chagrins que me cause l'abaissement d'un frère tu opposes la grandeur du mari... Oui, tu seras grand comme les Graindorge, les Rouvet, les Van Robais, comme le Persan qui nous a donné la garance, comme tous les hommes dont tu m'as parlé, dont les noms restent obscurs, parce qu'en perfectionnant une industrie ils ont fait le bien sans éclat. — Que font-ils à cette heure ? disait Boniface.

Le grand Cointet se promenait sur la place du Mûrier avec Cérizet en examinant les ombres de la femme et du mari qui se dessinaient sur les rideaux de mousseline, car il venait causer tous les jours à minuit avec Cérizet, chargé de surveiller les moindres démarches de son ancien patron.

— Il lui montre sans doute les papiers qu'il a fabriqués ce matin, répondit Cérizet. — De quelles substances s'est-il servi ? demanda le fabricant de papier. — Impossible de le deviner, répondit Cérizet ; j'ai troué le toit, j'ai grimpé dessus, et j'ai vu mon naïf, pendant la nuit dernière, faisant bouillir sa pâte dans la bassine en cuivre, j'ai eu beau examiner ses approvisionnements amoncelés dans un coin, tout ce que j'ai pu remarquer, c'est que les matières premières ressemblent à des tas de filasse... — N'allez pas plus loin, dit Boniface Cointet d'une voix paterne à son égline, ce serait improbe. — Madame Séchard vous proposera de renouveler votre bail de l'exploitation de l'imprimerie, dites que vous voulez vous faire imprimeur, offrez la moitié de ce que valent le brevet et le matériel, et si l'on y consentait, venez me trouver. En tout cas, traînez en longueur... Ils sont sans argent. — Sans un sou, dit Cérizet. — Sans un sou ! répéta le grand Cointet Ils sont à moi, se dit-il.

La maison Métivier et la maison Cointet frères joignaient la qualité de banquiers à leur métier de commissionnaires en papeterie et de papetiers-imprimeurs, titre pour lequel ils se gardaient bien d'ailleurs de payer patente. Le fisc n'a pas encore trouvé le moyen de contrôler les affaires commerciales au point de forcer tous ceux qui font subrepticement la banque à prendre patente de banquier, laquelle à Paris, par exemple, coûte cinq cents francs. Mais les frères Cointet et Métivier, pour être ce qu'on appelle à la Bourse des marrons, n'en remuaient pas moins entre eux quelques centaines de mille francs par trimestre sur les places de Paris, de Bordeaux et d'Angoulême. Or, dans la soirée même, la maison Cointet frères avait reçu de Paris les trois mille francs d'effets faux fabriqués par Lucien. Le grand Cointet avait aussitôt bâti sur cette dette une formidable machine dirigée, comme on va le voir, contre le patient et pauvre inventeur.

Le lendemain, à sept heures du matin, Boniface Cointet se promenait le long de la prise d'eau qui alimentait sa vaste papeterie, et dont le bruit couvrait celui des paroles. Il y attendait un jeune homme âgé de vingt-neuf ans, depuis six semaines avoué près le tribunal de première instance d'Angoulême, et nommé Pierre Petit-Claud.

— Vous étiez au collège d'Angoulême en même temps que David Séchard, dit le grand Cointet en saluant le jeune avoué, qui se gardait bien de manquer à l'appel du riche fabricant. — Oui, monsieur, répondit Petit-Claud en se mettant au pas du grand Cointet. — Avez-vous renouvelé connaissance ? — Nous nous sommes rencontrés deux fois tout au plus depuis son retour. Il ne pouvait pas en être autrement : j'étais enfoui dans l'étude ou au palais les jours ordinaires, et le dimanche ou les jours de fête je travaillais à compléter mon instruction, car j'attendais tout de moi-même...

Le grand Cointet hocha la tête en signe d'approbation.

— Quand David et moi nous nous sommes revus, il m'a demandé ce que je devenais. Je lui ai dit qu'après avoir fait mon droit à Poitiers j'étais devenu premier clerc de maître Olivet, et que j'espérais un jour ou l'autre traiter de cette charge. Je connaissais beaucoup plus Lucien Chardon, qui se fait maintenant appeler de Rubempré, l'amant de madame de Bargeton, notre grand poète, enfin le beau-frère de David Séchard. — Vous pouvez alors aller annoncer à David votre nomination et lui offrir vos services, dit le grand Cointet. — Cela ne se fait pas, répondit le jeune avoué. — Il n'a jamais eu de procès, il n'a pas d'avoué, cela peut se faire, répondit Cointet, qui toisait à l'abri de ses lunettes le petit avoué.

Fils d'un tailleur de l'Houmeau, dédaigné par ses camarades de collège, Pierre Petit-Claud paraissait avoir une certaine portion de fiel extravasée dans le sang. Son visage offrait une de ces colorations à teintes sales et brouillées qui accusent d'anciennes maladies, les veilles de la misère, et presque toujours des sentiments mauvais. Le style familier de la conversation fournit une expression qui peut peindre ce garçon en deux mots : il était cassant et pointu. Sa voix fêlée s'harmonisait à l'aigreur de sa face, à son air grêle, et à la couleur indécise de son œil de pie. L'œil de pie est, suivant une observation de Napoléon, un indice d'improbité. — Regardez un tel, disait-il à Las Cazes à Sainte-Hélène en lui parlant d'un de ses confidents qu'il fut forcé de renvoyer pour cause de malversations, je ne sais pas comment j'ai pu m'y tromper si longtemps, il a l'œil d'une pie. Aussi quand le grand Cointet eut bien examiné ce petit avoué maigrelet, piqué de petite vérole, à cheveux rares, dont le front et le crâne se confondaient déjà, quand il le vit faisant déjà poser à sa délicatesse le poing sur la hanche, se dit-il : — Voilà mon homme. En effet Petit-Claud, abreuvé de dédains, dévoré par une corrosive envie de parvenir, avait eu l'audace, quoique sans fortune, d'acheter la charge de son patron trente mille francs, en comptant sur un mariage pour se libérer ; et, suivant l'usage, il comptait sur son patron pour lui trouver une femme, car le prédécesseur a toujours intérêt à marier son successeur, pour se faire payer sa charge. Petit-Claud comptait encore plus sur lui-même, car il ne manquait pas d'une certaine supériorité, rare en province, mais dont le principe était dans sa haine. Grande haine, grands efforts.

Il se trouve une grande différence entre les avoués de Paris et les avoués de province, et le grand Cointet était trop habile pour ne pas mettre à profit les petites passions auxquelles obéissent les petits avoués. À Paris, un avoué remarquable, et il y en a beaucoup, comporte une des qualités qui distinguent le diplomate : le nombre des affaires, la grandeur des intérêts, l'étendue des questions qui lui sont confiées, le dispensent de voir dans la procédure un moyen de fortune. Arme offensive ou défensive, la procédure n'est plus pour lui, comme autrefois, un objet de lucre. En province, au contraire, les avoués cultivent ce qu'on appelle dans les études de Paris la broutille, cette foule de petits actes qui surchargent les mémoires de frais et consomment du papier timbré. Ces bagatelles occupent l'avoué de province, il voit des frais à faire là où l'avoué de Paris ne se préoccupe que des honoraires. L'honoraire est ce que le client doit, en sus des frais, à son avoué pour la conduite plus ou moins habile de son affaire. Le fisc est pour moitié dans les frais, tandis que les honoraires sont tout entiers pour l'avoué. Disons hardiment ! Les honoraires payés sont rarement en harmonie avec les honoraires demandés et que méritent les services que rend un bon avoué. Les avoués, les médecins et les avocats de Paris sont, comme les courtisanes avec leurs amants d'occasion, excessivement en garde contre la reconnaissance de leurs clients. Le client, avant et après l'affaire, pourrait faire deux admirables tableaux de genre, dignes de Meissonnier, et qui seraient sans doute enchéris par des avoués honoraires. Il existe entre l'avoué de Paris et l'avoué de province une autre différence. L'avoué de Paris plaide rarement, il parle quelquefois au tribunal dans les référés, mais, en 1822, dans la plupart des départements (depuis, l'avocat a pullulé), les avoués étaient avocats et plaidaient eux-mêmes leurs causes. De cette double vie il résulte un double travail qui donne à l'avoué de province les vices intellectuels de l'avocat, sans lui ôter les pesantes obligations de l'avoué. L'avoué de province devient bavard, et perd cette lucidité de jugement si nécessaire à la conduite des affaires. Ainsi dédoublé aussi, un homme supérieur trouve souvent en lui-même deux hommes médiocres. À Paris, l'avoué ne se dépensant point en paroles au tribunal, ne plaidant pas souvent le pour et le contre, peut conserver la rectitude dans les idées. S'il dispose la balistique du droit, s'il fouille dans l'arsenal des moyens que présentent les contradictions de la jurisprudence, il garde sa conviction sur l'affaire à laquelle il s'efforce de préparer un triomphe. En un mot, la pensée gêne beaucoup moins que la parole. À force de parler, un homme finit par croire à ce qu'il dit, tandis qu'on peut agir contre sa pensée sans se vicier, et faire gagner un mauvais procès sans soutenir qu'il est bon, comme le fait l'avocat plaidant. Aussi le vieil avoué de Paris peut-il faire, beaucoup mieux qu'un vieil avocat, un bon juge. Un avoué de province a donc bien des raisons d'être un homme médiocre : il épouse de petites passions, il mène de petites affaires, il vit en faisant des frais, il abuse du Code de procédure, et il plaide ! En un mot, il a beaucoup d'infirmités. Aussi, quand il se rencontre parmi les avoués de province un homme remarquable, est-il vraiment supérieur !

— Je croyais, monsieur, que vous m'aviez mandé pour vos affaires, répondit Petit-Claud en faisant de cette observation une épigramme par le regard qu'il lança sur les impénétrables lunettes du grand Cointet. — Pas d'ambages, répliqua Boniface Cointet. Écoutez-moi...

Après ce mot, gros de confidences, Cointet alla s'asseoir sur un banc en invitant Petit-Claud à l'imiter. — Quand M. du Hautoy passa par Angoulême en 1804 pour aller à Valence en qualité de consul, il y connut madame de Sénonches, alors mademoiselle Zéphirine, et il en eut une fille, dit Cointet tout bas à l'oreille de son interlocuteur. — Oui, reprit-il en voyant faire un haut-le-corps à Petit-Claud, le mariage de mademoiselle Zéphirine avec M. de Sénonches a suivi promptement cet accouchement clandestin. Cette fille, élevée à la campagne chez ma mère, est mademoiselle Françoise de la Haye, dont prend soin madame de Sénonches, selon l'usage, et sa marraine. Comme ma mère, fermière de la vieille madame de Cardanet, la grand'mère de mademoiselle Zéphirine, avait eu le secret de l'unique héritière des Cardanet et des Sénonches de la branche aînée, on m'a chargé de faire valoir la petite somme que M. Francis du Hautoy destinait dans le temps à sa fille. Ma fortune s'est faite avec ces dix mille francs qui se montent à trente mille francs aujourd'hui. Madame de Sénonches donnera bien le trousseau, l'argenterie et quelque mobilier à sa pupille, moi, je puis vous faire avoir la fille, mon garçon, dit Cointet en frappant sur le genou de Petit-Claud. En épousant Françoise de la Haye, vous augmenterez votre clientèle de celle d'une grande partie de l'aristocratie d'Angoulême. Cette alliance par la main gauche vous ouvre un avenir magnifique. La position d'un avocat-avoué paraîtra suffisante : on ne veut pas mieux, je le sais. — Que faut-il faire ?... dit avidement Petit-Claud, car vous avez maître Cachan pour avoué. — Aussi ne quitterai-je pas brusquement Cachan pour vous, vous n'aurez ma clientèle que bien plus tard, lui dit le grand Cointet. Ce qu'il faut faire, mon ami ? eh ! mais les affaires de David Séchard. Ce pauvre diable a mille écus de billets à nous payer, il ne les payera pas, vous le défendrez contre les poursuites de manière à faire énormément de frais... Soyez sans inquiétude, marchez, entassez les incidents. Doublon, mon huissier, qui sera chargé de l'actionner, sous la direction de Cachan, n'ira pas de main morte. À bon écouteur un mot suffit. Maintenant, jeune homme ?...

Il se fit une pause éloquente pendant laquelle ces deux hommes se regardèrent.

— Nous ne nous sommes jamais vus, reprit Cointet, je ne vous ai rien dit, vous ne savez rien de M. du Hautoy, ni de madame de Sénonches, ni de mademoiselle de la Haye, seulement, quand il en sera temps, dans deux mois, vous demanderez cette jeune personne en mariage. Quand nous aurons à nous voir, vous viendrez ici le soir. N'écrivons point. — Vous voulez donc ruiner Séchard ? demanda Petit-Claud. — Pas tout à fait, mais il faut le tenir pendant quelque temps en prison... — Et dans quel but ?... — Me croyez-vous assez niais pour vous le dire ? si vous avez l'esprit de le deviner, vous aurez celui de vous taire. — Le père Séchard est riche, dit Petit-Claud en entrant déjà dans les idées de Boniface et apercevant une cause d'insuccès. — Tant que le père vivra, il ne donnera pas un liard à son fils, et cet ex-typographe n'a pas encore envie de faire tirer son billet de mort... — C'est entendu ! dit Petit-Claud, je ne vous demande pas de garanties, je suis avoué... si j'étais joué nous aurions à compter ensemble. — Le drôle ira loin, pensa Cointet en saluant Petit-Claud.

Le lendemain de cette conférence, le 30 avril, les frères Cointet firent présenter le premier des trois billets fabriqués pour Lucien. Par malheur, l'effet fut remis à la pauvre madame Séchard, qui, en reconnaissant l'imitation de la signature de son mari par Lucien, appela David et lui dit à brûle-pourpoint : — Tu n'as pas signé ce billet ?... — Non, lui dit-il. Ton frère était si pressé, qu'il a signé pour moi...

Ève rendit le billet au garçon de caisse de la maison Cointet frères en lui disant : — Nous ne sommes pas en mesure.

Puis, en se sentant défaillir, elle monta dans sa chambre, où David la suivit.

— Mon ami, dit Ève à Séchard d'une voix mourante, cours chez MM. Cointet, ils auront des égards pour toi, prie-les d'attendre, et d'ailleurs fais-leur observer qu'au renouvellement du bail de Cérizet ils te devront mille francs.

David alla sur-le-champ chez ses ennemis.

Un prote peut toujours devenir imprimeur, mais il n'y a pas toujours un négociant chez un habile typographe aussi David, qui connaissait peu les affaires, resta-t-il court devant le grand Cointet lorsque, après lui avoir, la gorge serrée et le cœur palpitant, assez mal débité ses excuses et formulé sa requête, il en reçut cette réponse : — Ceci ne nous regarde en rien, nous tenons le billet de Métivier, Métivier nous payera. Adressez-vous à M. Métivier.

— Oh ! dit Ève en apprenant cette réponse, du moment où le billet retourne à M. Métivier, nous pouvons être tranquilles.

Le lendemain, Victor-Ange-Herménégilde Doublon, huissier de MM. Cointet fit le protêt à deux heures, heure où la place du Mûrier est pleine de monde ; et, malgré le soin qu'il eut de causer sur la porte de l'allée avec Marion et Kolb, le protêt n'en fut pas moins connu de tout le commerce d'Angoulême dans la soirée. D'ailleurs les formes hypocrites de maître Doublon, à qui le grand Cointet avait recommandé les plus grands égards, pouvaient-elles sauver Ève et David de l'ignominie commerciale qui résulte d'une suspension de payements ? qu'on en juge. Ici les longueurs vont paraître trop courtes. Quatre-vingt-dix lecteurs sur cent seront affriolés par les détails suivants comme par la nouveauté la plus piquante. Ainsi sera prouvé encore une fois la vérité de cet axiome : Il n'y a rien de moins connu que ce que tout le monde doit savoir, LA LOI !

Certes, à l'immense majorité des Français, le mécanisme d'un des rouages de la banque, bien décrit offrira l'intérêt d'un chapitre de voyage dans un pays étranger. Lorsqu'un négociant envoie de la ville où a son établissement un de ses billets à une personne demeurant dans une autre ville, comme David était censé l'avoir fait pour obliger Lucien, il change l'opération si simple, d'un effet souscrit entre négociants de la même ville pour affaires de commerce, en quelque chose qui ressemble à la lettre de change tirée d'une place sur une autre. Ainsi, en prenant les trois effets à Lucien, Métivier avait été obligé, pour en toucher le montant, de les envoyer à MM. Cointet frères, ses correspondants. De là une première perte pour Lucien, désignée sous le nom de *commission pour change de place*, et qui s'était traduite par un tant pour cent rabattu sur chaque effet, outre l'escompte. Les effets Séchard avaient donc passé dans la catégorie des affaires de banque. Vous ne sauriez croire à quel point la qualité de banquier, jointe au titre auguste de créancier, change la condition du débiteur. Ainsi, *en banque* (saisissez bien cette expression !), dès qu'un effet transmis de la place de Paris à la place d'Angoulême est impayé, les banquiers se doivent à eux-mêmes d'adresser ce que la loi nomme un *compte de retour*. Calembour à part, jamais les romanciers n'ont inventé de conte plus invraisemblable que celui-là ; car voici les ingénieuses plaisanteries à la Mascarille qu'un certain article du Code de commerce autorise, et dont l'explication vous démontrera combien d'atrocités se cachent sous ce mot terrible : *la légalité* !

Dès que maître Doublon eut fait enregistrer son protêt, il l'apporta lui-même à MM. Cointet frères. L'huissier était en compte avec ces loups-cerviers d'Angoulême, et leur faisait un crédit de six mois que le grand Cointet menait à un an par la manière dont il le soldait, tout en criant de mois en mois à ce sous-loup-cervier : — Doublou, vous faut-il de l'argent ? Ce n'est pas tout encore ! Doublon favorisait d'une remise de cette puissante maison, qui gagnait ainsi quelque chose sur chaque acte, une misère, un franc cinquante centimes sur un protêt !... Le grand Cointet se mit à son bureau tranquillement, y prit un petit carré de papier timbré de trente-cinq centimes tout en causant avec Doublon de manière à savoir de lui des renseignements sur l'état vrai des commerçants.

— Eh bien ! êtes-vous content du petit Gannerac ?... — Il ne va pas mal. Dame ! un roulage... — Ah ! le fait est qu'il du tirage. On m'a dit que sa femme lui causait beaucoup de dépenses... — À lui ?... s'écria Doublon d'un air narquois.

Et le loup-cervier, qui venait d'achever de régler son papier, écrivit en ronde le sinistre intitulé sous lequel il dressa le compte suivant. (*Sic !*)

COMPTE DE RETOUR ET FRAIS.

A un effet de MILLE FRANCS, daté d'Angoulême le dix février mil huit cent vingt-deux, souscrit par SÉCHARD fils, à l'ordre de LUCIEN CHARDON dit DE RUBEMPRÉ, passé à l'ordre de MÉTIVIER, et à notre ordre, échu le trente avril dernier, protesté par DOUBLON, huissier, le premier mai mil huit cent vingt-deux.

Principal.	1,000	
Protêt.	12	35
Commission à un demi pour cent.	5	»
Commission de courtage d'un quart pour cent.	2	50
Timbre de notre retraite et du présent.	1	35
Intérêts et ports de lettres.	3	»
	1,024	20
Change de place à un et un quart p. % sur 1,024 20.	15	25
	1,037	45

Mille trente-sept francs quarante-cinq centimes, de laquelle somme nous nous rembourserons en notre traite à vue sur M. Métivier, rue Serpente à Paris, à l'ordre de M. Gannerac de l'Houmeau.

Angoulême, le deux mai mil huit cent vingt-deux.

COINTET frères.

Au bas de ce petit mémoire, fait avec toute l'habitude d'un praticien, car il causait toujours avec Doublon, le grand Cointet écrivit la déclaration suivante :

« Nous soussignés, Postel, maître pharmacien à l'Houmeau, et Gannerac, commissionnaire en roulage, négociants en cette ville, certifions que le change de notre place sur Paris est de un et un quart pour cent.

« Angoulême, le trois mai mil huit cent vingt-deux. »

— Tenez, Doublon, faites-moi le plaisir d'aller chez Postel et chez Gannerac les prier de me signer cette déclaration, et rapportez-la moi demain matin.

Et Doublon, au fait de ces instruments de torture, s'en alla, comme s'il se fût agi de la chose la plus simple. Évidemment le protêt aurait été remis, comme à Paris, sous enveloppe, tout Angoulême devait être instruit de l'état malheureux dans lequel étaient les affaires de ce pauvre Séchard. Et de combien d'accusations son apathie ne fut-elle pas l'objet ! les uns le disaient perdu par l'amour excessif qu'il portait à sa femme ; les autres l'accusaient de trop d'affection pour son beau-frère. Et quelles atroces conclusions chacun ne tirait-il pas de ces prémisses ! on ne devait jamais épouser les intérêts de ses proches ! On approuvait la dureté du père Séchard envers son fils, on l'admirait.

Maintenant, vous tous qui, par des raisons quelconques, oubliez de *faire honneur à vos engagements*, examinez bien les procédés parfaitement légaux par lesquels, en dix minutes, on fait en banque rapporter vingt-huit francs d'intérêt à un capital de mille francs !

Le premier article de ce *compte de retour* en est la seule chose incontestable.

Le deuxième article contient la part du fisc et de l'huissier. Les six francs que perçoit le domaine en enregistrant le chagrin du débiteur et fournissant le papier timbré feront vivre l'abus encore pendant longtemps ! Vous savez d'ailleurs que cet article donne un bénéfice d'un franc cinquante centimes au banquier à cause de la remise faite par Doublon.

La commission d'un demi pour cent, objet du troisième article, est prise sous ce prétexte ingénieux, que ne pas recevoir son payement équivaut, en banque, à escompter un effet. Quoique ce soit absolument le contraire, rien de plus semblable que de donner mille francs ou de ne pas les encaisser. Quiconque a présenté des effets à l'escompte sait qu'outre les six pour cent dus légalement l'escompteur prélève, sous l'humble nom de commission, un tant pour cent qui représente les intérêts que lui donne, au-dessus du taux légal, le génie avec lequel il fait valoir ses fonds. Plus il peut gagner d'argent, plus il vous en demande. Aussi faut-il escompter chez les sots, c'est moins cher. Mais en banque y a-t-il des sots ?...

La loi oblige le banquier à faire certifier par un agent de change le taux du change. Dans les places assez malheureuses pour ne pas avoir de bourse, l'agent de change est suppléé par deux négociants. La commission dite de courtage due à l'agent est fixée à un quart pour cent de la somme exprimée dans l'effet protesté. L'usage s'est introduit de compter cette commission comme donnée aux négociants qui remplacent l'agent, et le banquier se la met tout simplement dans sa caisse. De là le troisième article de ce charmant compte.

Le quatrième article comprend le coût du carré de papier timbré sur lequel se rédige le *compte de retour* et celui du timbre de ce qu'on appelle si ingénieusement la retraite, c'est-à-dire la nouvelle traite tirée par le banquier sur son confrère, pour se rembourser.

Le cinquième article comprend le prix des ports de lettres et les intérêts légaux de la somme pendant tout le temps qu'elle peut manquer dans la caisse du banquier.

Enfin le change de place, l'objet même de la banque, est ce qu'il en coûte pour se faire payer d'une place à l'autre.

Maintenant épluchez ce compte, où, selon la manière de supputer du polichinelle de la chanson napolitaine si bien jouée par Lablache,

quinze et cinq font vingt-deux ! Évidemment la signature de MM. Postel et Gannerac était une affaire de complaisance : les Cointet certifiaient au besoin pour Gannerac ce que Gannerac certifiait pour les Cointet. C'est la mise en pratique de ce proverbe connu : *Passez-moi la rhubarbe, je vous passerai le séné*. MM. Cointet frères, se trouvant en compte courant avec Métivier, n'avaient pas besoin de faire traite. Entre eux, un effet retourné ne produisait qu'une ligne de plus au *crédit* ou au *débit*.

Ce compte fantastique se réduisait donc en réalité à mille francs dus, au protêt de treize francs, et à un demi pour cent d'intérêt pour un mois de retard, en tout peut-être mille dix-huit francs.

Si une grande maison de banque a tous les jours, en moyenne, un *compte de retour* sur une valeur de mille francs, elle touche tous les jours vingt-huit francs par la grâce de Dieu et les constitutions de la banque, royauté formidable inventée par les juifs au douzième siècle, et qui domine aujourd'hui les trônes et les peuples. En d'autres termes, mille francs rapportent alors à cette maison vingt-huit francs par jour, ou dix mille deux cent vingt francs par an. Triplez la moyenne des *comptes de retour*, et vous apercevrez un revenu de trente mille francs, donné par ces capitaux fictifs. Aussi rien de plus amoureusement cultivé que les *comptes de retour*. David Séchard serait venu payer son effet le trois mai, ou le lendemain même du protêt, MM. Cointet frères lui eussent dit : « Nous avons retourné votre effet à M. Métivier ! » quand même l'effet se fût encore trouvé sur leur bureau. Le *compte de retour* est acquis le soir même du protêt. Ceci, dans le langage de la banque de province, s'appelle *faire suer les écus*. Les seuls ports de lettres produisent quelque vingt mille francs à la maison Keller qui correspond avec le monde entier, et les *comptes de retour* payent la loge aux Italiens, la voiture et la toilette de madame la baronne de Nucingen. Le *port de lettre* est un abus d'autant plus effroyable, que les banquiers s'occupent de dix affaires semblables en dix lignes d'une lettre. Chose étrange ! le fisc a sa part dans cette prime arrachée au malheur, et le trésor public s'enfle ainsi des infortunes commerciales. Quant à la banque, elle jette au débiteur, du haut de ses comptoirs, cette parole pleine de raison : Pourquoi n'êtes-vous pas en mesure ? à laquelle malheureusement on ne peut rien répondre. Ainsi le *compte de retour* est un conte plein de fictions terribles pour lesquelles les débiteurs qui réfléchiront sur cette page instructive éprouveront désormais un effroi salutaire.

Le quatre mai, Métivier reçut de MM. Cointet frères le *compte de retour* avec un ordre de poursuivre à outrance à Paris M. Lucien Chardon dit de Rubempré.

Quelques jours après, Ève reçut, en réponse à la lettre qu'elle écrivit à M. Métivier, le petit mot suivant, qui la rassura complétement.

« A M. SÉCHARD FILS, IMPRIMEUR A ANGOULÊME.

« J'ai reçu en son temps votre estimée du 5 courant. J'ai compris, d'après vos explications relativement à l'effet impayé du 30 avril dernier, que vous aviez obligé votre beau-frère, M. de Rubempré, qui fait assez de dépenses pour que ce soit vous rendre service que de le contraindre à payer : il est dans une situation à ne pas se laisser longtemps poursuivre. Si votre honoré beau-frère ne payait point, je ferais fond sur la loyauté de votre vieille maison, et je me dis, comme toujours,

« Votre dévoué serviteur,

« MÉTIVIER. »

— Eh bien ! dit Ève à David, mon frère saura par cette poursuite que nous n'avons pas pu payer.

Quel changement cette parole n'annonçait-elle pas chez Ève ! L'amour grandissant que lui inspirait le caractère de David, de mieux en mieux connu, prenait dans son cœur la place de l'affection fraternelle. Mais à combien d'illusions ne disait-elle pas adieu !...

Voyons maintenant tout le chemin que le *compte de retour* sur la place de Paris. Un tiers porteur, nom commercial de celui qui possède un effet par transmission, est libre, aux termes de la loi, de poursuivre uniquement celui des divers débiteurs de cet effet qui lui présente la chance d'être payé le plus promptement. En vertu de cette faculté, Lucien fut poursuivi par l'huissier de M. Métivier. Voici quelles furent les phases de cette action, d'ailleurs entièrement inutile. Métivier, derrière lequel se cachaient les Cointet, connaissait l'insolvabilité de Lucien ; mais, toujours dans l'esprit de la loi, l'insolvabilité *de fait* n'existe en droit qu'après avoir été constatée. On constata donc l'impossibilité d'obtenir de Lucien le payement de l'effet de la manière suivante. L'huissier de Métivier dénonça, le 5 mai, le *compte de retour* et le protêt d'Angoulême à Lucien, en l'assignant au tribunal de commerce de Paris pour entendre dire une foule de choses, entre autres qu'il serait condamné par corps comme négociant. Quand, au milieu de sa vie de cerfs-abois, Lucien lut ce grimoire, il recevait la signification d'un jugement obtenu contre lui par défaut au tribunal de commerce. Coralie, sa maîtresse, ignorant ce dont il s'agissait, imagina que Lucien avait obligé son beau-frère ;

ÈVE ET DAVID.

elle lui donna tous les actes ensemble, trop tard. Une actrice voit trop d'acteurs ou d'huissiers dans les vaudevilles pour croire au papier timbré. Lucien eut des larmes aux yeux, il s'apitoya sur Séchard, il eut honte de son faux, et il voulut payer. Naturellement, il consulta ses amis sur ce qu'il devait faire pour gagner du temps. Mais quand Lousteau, Blondet, Bixiou, Nathan, eurent instruit Lucien du peu de cas qu'un poëte devait faire du tribunal de commerce, juridiction établie pour les boutiquiers, le poëte se trouvait déjà sous le coup d'une saisie. Il voyait à sa porte cette petite affiche jaune dont la couleur déteint sur les portières, qui a la vertu la plus astringente sur le crédit, qui porte l'effroi dans le cœur des moindres fournisseurs, et qui surtout glace le sang dans les veines des poëtes assez sensibles pour s'attacher à ces morceaux de bois, à ces gueulles de soie, à ces tas de laine coloriée, à ces brimborions appelés mobilier. Quand on vint pour enlever les meubles de Coralie, l'auteur des *Marguerites* alla trouver un ami de Bixiou, Desroches, un premier clerc qui venait de traiter d'une étude, et qui se mit à rire en voyant tant d'effroi chez Lucien pour si peu de chose. — Ce n'est rien, mon cher, vous voulez gagner du temps ? — Le plus possible. — Eh bien ! opposez-vous à l'exécution du jugement, allez trouver un de mes amis, Signol, un agréé, portez-lui vos pièces, il renouvellera l'opposition, se présentera pour vous, et déclinera la compétence du tribunal de commerce. Ceci ne fera pas la moindre difficulté, vous êtes un journaliste assez connu. Si vous êtes assigné devant le tribunal civil, vous viendrez me voir, ça me regardera : je me charge de faire promener ceux qui veulent chagriner la belle Coralie. Le 28 mai, Lucien, assigné devant le tribunal civil, y fut condamné plus promptement que ne le pensait Desroches, car on poursuivait Lucien à outrance. Quand une nouvelle saisie fut pratiquée, lorsque l'affiche jaune vint encore dorer les pilastres de la porte de Coralie et qu'on voulut enlever le mobilier, Desroches, un peu sot de s'être *laissé pincer par son confrère* (telle fut son expression), s'y opposa, prétendant, avec raison d'ailleurs, que le mobilier appartenait à mademoiselle Coralie : il introduisit un référé. Sur le référé, le président du tribunal renvoya les parties à l'audience, où la propriété des meubles fut adjugée à l'actrice par un jugement. Métivier, qui appela de ce jugement, fut débouté de son appel par un arrêt, le 30 juillet.

Le 7 août, maître Cachan reçut par la diligence un énorme dossier intitulé :

MÉTIVIER

CONTRE

SÉCHARD ET LUCIEN CHARDON.

La première pièce était la jolie petite note suivante, dont l'exactitude est garantie; elle a été copiée.

Billet du 30 avril dernier, souscrit par Séchard fils, ordre Lucien de Rubempré (2 mai). Compte de retour. 1,037 45
(5 mai.)
Dénonciation du compte de retour et du protêt avec assignation devant le tribunal de commerce de Paris pour le 7 mai. 8 75
(7 mai.)
Jugement, condamnation par défaut, avec contrainte par corps. . . . . 35 »
(10 mai.)
Signification du jugement. 8 50
(12 mai.)
Commandement. 5 30
(14 mai.)
Procès-verbal de saisie. . . . . 16 »
(18 mai.)
Procès-verbal d'apposition d'affiches. 15 25
(19 mai.)
Insertion au journal. . . . . 4 »
(24 mai.)
Procès-verbal de récolement précédant l'enlèvement, et contenant opposition à l'exécution du jugement par le sieur Lucien de Rubempré. . . . . 12 »
(27 mai.)
Jugement du tribunal qui, faisant droit, renvoie, sur l'opposition dûment réitérée, les parties devant le tribunal civil. . . . . 35 »
(28 mai.)
Assignation à bref délai par Métivier devant le tribunal civil avec constitution d'avoué. 6 50
(2 juin.)
Jugement contradictoire qui condamne Lucien Chardon à payer les causes du *compte de retour*, et laisse à la charge du poursuivant les frais faits devant le tribunal de commerce. . . . . 150 »
(6 juin.)
Signification dudit. . . . . 10 »
(15 juin.)
Commandement. 5 50
(19 juin.)
Procès-verbal tendant à saisie, et contenant opposition à cette saisie par la demoiselle Coralie, qui prétend que le mobilier lui appartient, et demande d'aller en référé sur l'heure, dans le cas où l'on voudrait passer outre. 20 »
Ordonnance du président, qui renvoie les parties à l'audience en état de référé. . . . . 40 »
(19 juin.)
Jugement qui adjuge la propriété des meubles à ladite demoiselle Coralie. . . . . 250 »
(20 juin.)
Appel par Métivier. . . . . 17 »
(30 juin.)
Arrêt confirmatif du jugement. . . . . 250 »

TOTAL. . . 889 »

Billet du 31 mai. 1,037 45
Dénonciation à Lucien. 8 75
————
1,046 20

Billet du 30 juin, compte de retour. 1,037 45
Dénonciation à Lucien. 8 75
————
1,046 20

Ces pièces étaient accompagnées d'une lettre par laquelle Métivier donnait l'ordre à maître Cachan, avoué d'Angoulême, de poursuivre David Séchard par tous les moyens de droit. Maître Victor-Ange-Herménégilde Doublon assigna donc David Séchard, le 3 juillet, au tribunal de commerce d'Angoulême pour le payement de la somme totale de quatre mille dix-huit francs quatre-vingt-cinq centimes, montant des trois effets et des frais déjà faits. Le jour où Doublon devait lui apporter à elle-même le commandement de payer cette somme énorme pour elle, Ève reçut dans la matinée cette lettre foudroyante écrite par Métivier :

« A MONSIEUR SÉCHARD FILS, IMPRIMEUR A ANGOULÊME.

« Votre beau-frère, M. Chardon, est un homme d'une insigne mauvaise foi, qui a mis son mobilier sous le nom d'une actrice avec laquelle il vit, et vous auriez dû, monsieur, me prévenir loyalement de ces circonstances, afin de ne pas me laisser faire des poursuites inutiles, car vous n'avez pas répondu à ma lettre du 10 mai dernier. Ne trouvez donc pas mauvais que je vous demande immédiatement le remboursement des trois effets et de tous mes débours.

« Agréez mes salutations,

« MÉTIVIER. »

En n'entendant plus parler de rien, Ève, peu savante en droit commercial, pensait que son frère avait réparé son crime en payant les billets fabriqués.
— Mon ami, dit-elle à son mari, cours avant tout chez Petit-Claud, explique-lui notre position, et consulte-le.
— Mon ami, dit le pauvre imprimeur en entrant dans le cabinet de son camarade, chez lequel il avait couru précipitamment, je ne savais pas, quand tu es venu m'annoncer ta nomination en m'offrant tes services, que je pourrais en avoir sitôt besoin.

Petit-Claud étudia la belle figure de penseur que lui présenta cet homme assis dans un fauteuil en face de lui, car il n'écouta pas le détail d'affaires qu'il connaissait mieux que ne le savait celui qui les lui expliquait. En voyant entrer Séchard inquiet, il s'était dit : — Le tour est fait ! Cette scène se joue assez souvent au fond du cabinet des avoués. — Pourquoi les Cointet le persécutent-ils ?... se demandait Petit-Claud. Il est dans l'esprit des avoués de pénétrer tout aussi bien dans l'âme de leurs clients que dans celle des adversaires : ils doivent connaître l'envers aussi bien que l'endroit de la trame judiciaire.

— Tu veux gagner du temps, répondit enfin Petit-Claud à Séchard quand Séchard eut fini. Que te faut-il, quelque chose comme trois ou quatre mois ? — Oh ! quatre mois, je suis sauvé, s'écria David, à qui Petit-Claud parut être un ange. — Eh bien ! l'on ne touchera à aucun de tes meubles et l'on ne pourra pas t'arrêter avant trois ou quatre mois... Mais cela te coûtera bien cher, dit Petit-Claud. — Eh ! qu'est-ce que cela me fait ? s'écria Séchard. — Tu attends des rentrées, en es-tu sûr ?... demanda l'avoué presque surpris de la tactique avec laquelle son client entrait dans la machination. — Dans trois mois je serai riche, répondit l'inventeur avec une assurance d'inventeur. — Ton père n'est pas encore au pré, répondit Petit-Claud, il tient à rester dans les vignes. — Est-ce que je compte sur la mort de mon père ?... répondit David. Je suis sur la trace d'un secret industriel qui me permettra de fabriquer sans un brin de coton un papier aussi solide que le papier de Hollande, et à cinquante pour cent au-dessous du prix de revient actuel de la pâte de coton... — C'est une fortune ! s'écria Petit-Claud qui comprit alors le projet du grand Cointet. — Une grande fortune, mon ami, car il faudra dix ans d'ici dix fois plus de papier qu'il ne s'en consomme aujourd'hui. Le journalisme sera la folie de notre temps ! — Personne n'a ton secret ?... — Personne, excepté ma femme. — Tu n'as pas dit ton projet, ton programme à quelqu'un ?.. aux Cointet, par exemple ? — Je leur en ai parlé, mais vaguement, je crois !

Un éclair de générosité passa dans l'âme enfiellée de Petit-Claud, qui essaya de tout concilier, l'intérêt des Cointet, le sien et celui de Séchard.

— Écoute, David, nous sommes camarades de collège, je te défendrai, mais, sache-le bien, cette défense à l'encontre des lois te coûtera cinq ou six mille francs !... Ne compromets pas ta fortune, je crois que tu seras obligé de partager avec un de nos fabricants. Voyons ! tu y regarderas à deux fois avant d'acheter ou de faire construire une papeterie... Il te faudra d'ailleurs prendre un brevet d'invention... Tout cela prendra du temps et voudra de l'argent. Les huissiers tomberont sur toi peut-être trop tôt, malgré les détours que nous allons faire devant eux... — Je tiens mon secret ! répondit David avec la naïveté du savant. — Eh bien ! ton secret sera la planche de salut, reprit Petit-Claud, repoussé dans sa première et loyale intention d'éviter un procès par une transaction, je ne veux pas le savoir, mais écoute-moi bien : tâche de travailler dans les entrailles de la terre, que personne ne te voie et ne puisse soupçonner les moyens d'exécution, car ta planche te serait volée sous tes pieds... Un inventeur cache souvent sous sa peau un jobard ! Vous pensez trop à vos secrets pour pouvoir penser à tout. On finira par se douter de l'objet de tes recherches, tu es environné de fabricants ! Autant de fabricants, autant d'ennemis ! Je te vois comme le castor au milieu des chasseurs, ne leur donne pas ta peau... — Merci, mon cher camarade, je me suis dit tout cela, s'écria Séchard, mais je suis obligé de me montrer tant de prudence et de sollicitude !... Je n'ai pas de nom dans cette entreprise. À moi, douze cents francs de rente me suffiraient, et mon père doit m'en laisser au moins trois fois autant quelque jour.. Je vis par l'amour et par la pensée !... une vie céleste... Il s'agit de Lucien et de ma femme, c'est pour eux que je travaille.... — Allons, signe-moi ce pouvoir, et ne t'occupe plus que de ta découverte. Le jour où il faudra te cacher à cause de la contrainte par corps, je te préviendrai la veille, car il faut tout prévoir. Et permets-moi de te dire de ne laisser pénétrer chez toi personne de qui tu ne sois sûr parfaitement de toi-même... — Cérizet n'a pas voulu continuer le bail de l'exploitation de mon imprimerie, et de là sont venus nos petits chagrins d'argent. Il ne reste donc plus chez moi que Marion, Kolb, un Alsacien, qui est comme un caniche pour moi, ma femme et ma belle-mère... — Écoute, dit Petit-Claud, défie-toi du caniche... — Tu ne le connais pas, s'écria David, Kolb est comme moi-même. — Veux-tu me le laisser éprouver ?... — Oui, dit Séchard. — Allons, adieu, mais envoie-moi la belle madame Séchard, un pouvoir de ta femme est indispensable. Et mon ami, songe bien que le feu est dans tes affaires, dit Petit-Claud à son camarade en le prévenant ainsi de tous les malheurs judiciaires qui allaient fondre sur lui. — Me voilà donc un pied en Bourgogne et un pied en Champagne, se dit Petit-Claud après avoir reconduit David Séchard jusqu'à la porte de l'étude.

En proie aux chagrins que cause le manque d'argent, aux peines que lui donnait l'état de sa femme, assassinée par l'infamie de Lucien, David cherchait son problème. Or, tout en allant de chez lui chez Petit-Claud, il avait mâché par distraction une tige d'ortie qu'il avait mise dans de l'eau pour arriver à une rouissage quelconque des tiges employées comme matière de sa pâte. Il voulait remplacer les divers broiements opérés par la macération par le tissage, enfin par l'usage de tout ce qui devient fil, linge, chiffon. Quand il alla par les rues, assez content de sa conférence avec son ami Petit-Claud il se trouva dans les dents une boule de pâte : il la prit sur sa main, l'étendit et vit une bouillie supérieure à toutes les compositions qu'il avait obtenues ; car le principal inconvénient des pâtes obtenues des végétaux est un défaut de liant. Ainsi la paille donne un papier cassant, quasi métallique et sonore. Ces hasards-là ne sont rencontrés que par les audacieux chercheurs des causes naturelles !

— Je vais, se disait-il, remplacer par l'effet d'une machine et d'un agent chimique l'opération que je viens de faire machinalement.

Et il apparut à sa femme dans la joie de sa croyance à un triomphe.

— Oh ! mon ange, sois sans inquiétude ! dit David en voyant que sa femme avait pleuré. Petit-Claud nous garantit pour quelques mois de tranquillité. L'on me fera des frais, mais, comme il me l'a dit en me reconduisant : — Tous les Français ont le droit de faire attendre leurs créanciers, pourvu qu'ils finissent par leur payer capital, intérêts et frais !... Eh bien ! nous payerons... — Et vivre ?... dit la pauvre Ève qui pensait à tout. — Ah ! c'est vrai, répondit David en portant la main à son oreille par un geste inexplicable et familier à presque tous les gens embarrassés. — Ma mère gardera notre petit Lucien et je puis me remettre à travailler, dit-elle. — Ève ! ô mon Ève ! s'écria David, les larmes aux yeux, en prenant sa femme et la serrant sur son cœur, Ève ! à deux pas d'ici, à Saintes, au seizième siècle, un des plus grands hommes de la France, car il ne fut pas seulement l'inventeur des émaux, il fut aussi le glorieux précurseur de Buffon, de Cuvier, il trouva la géologie avant eux, ce naïf bonhomme ! Bernard de Palissy souffrait la passion des chercheurs de secrets, mais il voyait sa femme et ses enfants, tout un faubourg contre lui. Sa femme lui vendait ses outils... Il errait dans la campagne, incompris !... pourchassé, montré au doigt !... Mais, moi, je suis aimé... — Bien aimé, répondit Ève avec une sainte et placide expression. — On peut souffrir alors tout ce qu'a souffert ce pauvre Bernard de Palissy, l'auteur des faïences d'Écouen et que Charles IX excepta de la Saint-Barthélemy, qui fit enfin à la face de l'Europe, vieux, riche et honoré, des cours publics sur sa science des terres, comme il l'appelait. — Tant que mes doigts auront la force de tenir un fer à repasser, tu ne manqueras de rien ! s'écria la pauvre femme avec l'accent du dévouement le plus profond. Dans le temps que j'étais première demoiselle chez madame Prieur, j'avais pour amie une petite fille bien sage, la cousine à Postel, Basine Clerget ; eh bien ! Basine vient de m'annoncer, en m'apportant mon linge fin qu'elle succède à madame Prieur, j'irai travailler chez elle... — Ah ! tu n'y travailleras pas longtemps ! répondit Séchard. J'ai trouvé !

Pour la première fois la sublime croyance au succès, qui soutient les inventeurs et leur donne le courage d'aller en avant dans les forêts vierges du pays des découvertes, fut accueillie par Ève avec un sourire presque triste, et David baissa la tête par un mouvement funèbre.

— Oh ! mon ami, je ne me moque pas, je ne ris pas, je ne doute pas ! s'écria la belle Ève en se mettant à genoux devant son mari. Mais je vois combien tu avais raison de garder le plus profond silence sur tes essais, sur tes espérances. Oui, mon ami, les inventeurs doivent cacher la pénible enfantement de leur gloire à tout le monde, même à leurs femmes !... Une femme est toujours femme. Ton Ève n'a pu s'empêcher de sourire en t'écoutant dire : J'ai trouvé !... pour la dix-septième fois depuis un mois.

David se mit à rire si franchement de lui-même qu'Ève lui prit la main et la baisa saintement. Ce fut un moment délicieux, une de ces roses d'amour et de tendresse qui fleurissent au bord des plus arides chemins de la misère et quelquefois au fond des précipices.

Ève redoubla de courage en voyant le malheur redoubler de furie. La grandeur de son mari, sa naïveté d'inventeur, les larmes qu'elle surprit parfois dans les yeux de cet homme de cœur et de poésie, tout développa chez elle une force de résistance inouïe. Elle eut encore une fois recours au moyen qui lui avait déjà si bien réussi. Elle écrivit à M. Métivier d'annoncer la vente de l'imprimerie, en lui offrant de le payer sur le prix qu'on en obtiendrait et en le suppliant de ne pas ruiner David en frais inutiles. Devant cette lettre sublime Métivier fit le mort, son premier commis répondit par l'absence de M. Métivier et il ne pouvait pas prendre sur lui d'arrêter les poursuites. Telle n'était pas la coutume de son patron en affaires. Ève proposa de renouveler les effets en payant tous les frais, et le commis y consentit, pourvu que le père de David Séchard donnât sa garantie par un aval. Ève se rendit alors à pied à Marsac, accompagnée de sa mère et de Kolb. Elle affronta le vieux vigneron, elle fut charmante, elle réussit à dérider cette vieille figure ; mais, quand le cœur tremblant, elle parla de l'aval, elle vit un changement complet et soudain sur cette face sculpturale.

— Si je laissais à mon fils la liberté de mettre la main à mes lèvres, au bord de ma caisse, il la plongerait jusqu'au fond de mes entrailles s'écria-t-il. Les enfants mangent tous à même dans la bourse paternelle. Et comment ai-je fait, moi ? Je n'ai jamais coûté un liard à mes parents. Votre imprimerie est vide. Les souris et les rats seuls y faire des impressions. Vous êtes belle, vous, je vous aime, vous êtes une femme travailleuse et soigneuse. Mais mon fils !... Sa-

ÈVE ET DAVID.

savez-vous ce qu'est David ! Eh bien ! c'est un talent de savant. Si je l'avais laissé comme on m'a livré, sans se connaître aux lettres, et que j'en eusse fait un ours comme son père, il aurait des rentes... Oh ! c'est ma croix, ce garçon-là, voyez-vous ! Et, par malheur, il est bien unique, car sa réédition n'existera jamais ! Enfin il vous rend malheureuse. (Ève protesta par un geste de dénégation absolue.) — Oui, reprit-il en répondant à ce geste, vous avez été obligée de prendre une nourrice, le chagrin vous a tari votre lait. Je sais tout, allez ! vous êtes au tribunal et tambourinés par la ville. Je n'étais qu'un ours, je ne suis pas savant, je n'ai pas été prote chez MM. Didot, la gloire de la typographie ; mais jamais je n'ai reçu de papier timbré ! Savez-vous ce que je me dis en allant dans mes vignes, les soignant et recoltant, et faisant mes petites affaires ?... Je me dis : — Mon pauvre vieux, tu te donnes bien du mal, tu mets écu sur écu, tu te feras de beaux biens, ce sera pour les huissiers, pour les avoués... ou pour les chimères... pour les idées. Tenez, mon enfant, vous êtes mère de ce petit garçon, qui m'a eu l'air d'avoir la truffe de son grand-père au milieu du visage quand je l'ai tenu sur les fonts avec madame Chardon, eh bien ! pensez moins à Séchard qu'à ce petit drôle-là... Je n'ai confiance qu'en vous. Vous pourriez empêcher la dissipation de mes biens... de mes pauvres biens. — Mais, mon cher papa Séchard, votre fils sera votre gloire, et vous le verrez un jour riche par lui-même et avec la croix de la Légion d'honneur à la boutonnière... — Qué qui fera donc pour cela ? demanda le vigneron. — Vous le verrez !... Mais, en attendant, mille écus vous ruineraient-ils ? Avec mille écus, vous feriez cesser les poursuites... Eh bien ! si vous n'avez pas confiance en lui, prêtez-les-moi, je vous les rendrai, vous les hypothéquerez sur ma dot, sur mon travail. — Da vid Séchard est donc poursuivi ! s'écria le vigneron étonné d'apprendre que ce qu'il croyait une calomnie était vrai. Voilà ce que c'est que de savoir signer son nom !... Et mes loyers !... Oh ! il faut, ma petite fille, que j'aille à Angoulême me mettre en règle et consulter Cachan, mon avoué. Vous avez joliment bien fait de venir. Un homme averti en vaut deux !

Après une lutte de deux heures, Ève fut obligée de s'en aller, battue par un argument invincible : — Les femmes n'entendent rien aux affaires. Venue avec un vague espoir de réussir, Ève refit le chemin de Marsac à Angoulême presque brisée. En rentrant, elle arriva précisément à temps pour recevoir la signification du jugement qui condamnait Séchard à tout payer à Métivier. En province, la présence d'un huissier à la porte d'une maison est un événement ; mais Doublon venait beaucoup trop souvent depuis quelque temps pour que le voisinage n'en causât pas. Aussi Ève n'osait-elle plus sortir de chez elle, elle avait peur d'entendre des chuchotements à son passage.

— Oh ! mon frère, mon frère ! s'écria la pauvre Ève en se précipitant dans son allée et montant les escaliers, je ne puis te pardonner que s'il s'agissait de ta... — Hélas ! lui dit Séchard, qui venait au-devant d'elle, il s'agissait d'éviter un suicide. — N'en parlons donc plus jamais, répondit-elle doucement. La femme qui t'a emmené dans ce gouffre de Paris est bien criminelle !... et ton père, mon David, est bien impitoyable !... Souffrons en silence.

Un coup frappé discrètement arrêta quelque tendre parole sur les lèvres de David, et Marion se présenta remorquant à travers la première pièce le grand et gros Kolb.

— Madame, dit-elle, Kolb et moi nous avons su que monsieur et madame étaient bien tourmentés, et, comme nous avons à nous deux seize cents francs d'économies, nous avons pensé qu'ils ne pouvaient pas être mieux placés qu'entre les mains de madame. — Te matame, répéta Kolb avec enthousiasme. — Kolb, s'écria David Séchard, nous ne nous quitterons jamais, porte mille francs à compte chez Cachan, l'avoué, mais en demandant une quittance ; nous garderons le reste. Kolb, qu'aucune puissance humaine ne t'arrache un mot sur ce que je fais, sur mes heures d'absence, sur ce que tu pourras me voir rapporter, et quand je t'enverrai chercher des herbes, tu sais, qu'aucun œil humain ne te voie. On cherchera, mon bon Kolb, à te séduire, on t'offrira peut-être des mille, des dix mille francs pour parler... — On m'ofrirait peut-être des millions, quien cheu ne tirais pas un motte ! Est-ce que che ne gonnais boind la gonzigne miltaire ? — Tu es averti, marche, et va prier M. Petit-Claud d'assister à la remise des fonds chez M. Cachan. — Ui, fit l'Alsacien, j'eshere edre assez riche un chour prie lui domper sire le gazaquin, à ced ôme se chustice ! Ch'aime bas sa fisache ! — C'est un bon homme, madame, dit la grosse Marion, il est fort comme un Turc et doux comme un mouton. En voilà un qui ferait le bonheur d'une femme. C'est lui pourtant qui a eu l'idée de placer ainsi nos gages, qu'il appelle des caches ! La pauvre homme ! s'il parle mal, il pense bien, et je l'entends tout de même. Il a l'idée d'aller travailler chez les autres pour ne nous rien coûter. — On deviendrait riche uniquement pour pouvoir récompenser ces braves gens-là, dit Séchard en regardant sa femme.

Ève trouvait cela tout simple, elle n'était pas étonnée de rencontrer des âmes à la hauteur de la sienne. Son attitude eût expliqué toute la beauté de son caractère aux êtres les plus stupides, et même à un indifférent.

— Vous serez riche, mon cher monsieur, vous avez du pain de

cuit, s'écria Marion, votre père vient d'acheter une ferme, il vous en fait, allez ! des rentes...

Dans la circonstance, ces paroles, dites par Marion pour diminuer en quelque sorte le mérite de son action ne trahissaient-elles pas une exquise délicatesse ?

Comme toutes les choses humaines, la procédure française a des vices. Néanmoins, de même qu'une arme à deux tranchants, elle sert aussi bien à la défense qu'à l'attaque. En outre, elle a cela de plaisant, que si deux avoués s'entendent (et ils peuvent s'entendre sans avoir besoin d'échanger deux mots), ils se compliquent par là la seule marche de leur procédure !) un procès ressemble alors à la guerre comme la faisait le premier maréchal de Biron à qui son fils proposait, au siège de Rouen, un moyen de prendre la ville en deux jours. — Tu es donc bien pressé, lui dit-il, d'aller planter nos choux ? Deux généraux peuvent éterniser la guerre en n'arrivant à rien de décisif et ménageant leurs troupes, selon la méthode des généraux autrichiens, que le conseil aulique ne réprimandé jamais d'avoir fait manquer une combinaison pour laisser manger la soupe à leurs soldats. Maître Cachan, Petit-Claud et Doublon se comportèrent encore mieux que des généraux autrichiens, ils se modelèrent sur un Autrichien de l'antiquité sur Fabius *Cunctator !*

Petit-Claud, malicieux comme un mulet, eut bientôt reconnu tous les avantages de sa position. Dès que le payement des frais à faire était garanti par le grand Cointet, il se promit de ruser avec Cachan, et de faire briller son génie aux yeux du papetier, en créant des incidents qui retomberaient à la charge de Métivier. Mais malheureusement pour la gloire de ce jeune Figaro de la basoche, l'historien doit passer sur le terrain de ses exploits comme s'il marchait sur des charbons ardents. Un seul mémoire de frais comme celui fait à Paris suffit sans doute à l'histoire des mœurs contemporaines. Imitons donc le style des bulletins de la grande-armée, car, pour l'intelligence du récit, plus rapide sera l'énoncé des faits et gestes de Petit-Claud, meilleure sera cette page exclusivement judiciaire.

Assigné le 3 juillet au tribunal de commerce d'Angoulême, David fit défaut, le jugement lui fut signifié le 8.

Le 10 Doublon lança un commandement, et tenta le 12 une saisie à laquelle s'opposa Petit-Claud en réassignant Métivier à quinze jours. De son côté, Métivier trouva ce temps trop long, réassigna le lendemain à bref délai, et obtint le 19 un jugement qui débouta Séchard de son opposition. Ce jugement, signifié rondement le 21, autorisa un commandement le 22, une signification de contrainte par corps le 25, et un procès-verbal de saisie le 24. Cette furie de saisie fut bridée par Petit-Claud, qui s'y opposa en interjetant appel en cour royale. Cet appel, réitéré le 15 juillet, traînait Métivier à Poitiers.

— Allez ! se dit Petit-Claud, nous resterons là pendant quelque temps.

Une fois l'orage dirigé sur Poitiers, chez un avoué de cour royale à qui Petit-Claud donna ses instructions, ce défenseur à double face fit assigner à bref délai David Séchard, par madame Séchard en séparation de biens. Selon l'expression du Palais, il diligenta de manière à obtenir son jugement de séparation le 28 juillet, il l'inséra dans le *Courrier de la Charente*, le signifia dûment, et le 1er août, il se faisait par-devant notaire une liquidation des reprises de madame Séchard, qui la constituait créancière de son mari pour la faible somme de dix mille francs, que l'amoureux David lui avait reconnue en dot par le contrat de mariage, et pour le payement de laquelle il lui abandonnait le mobilier de son imprimerie et celui du domicile conjugal.

Pendant que Petit-Claud mettait ainsi à couvert l'avoir du ménage, il faisait triompher à Poitiers la prétention sur laquelle il avait basé son appel. Selon lui, David devait d'autant moins être passible des frais faits à Paris sur Lucien de Rubempré, que le tribunal civil de la Seine les avait, par son jugement, mis à la charge de Métivier. Ce système, adopté par la Cour, fut consacré dans un arrêt qui confirma les condamnations portées au jugement du tribunal de commerce d'Angoulême contre Séchard fils, en faisant distraction d'une somme de six cents francs pour les frais de Paris, mis à la charge de Métivier, en compensant quelques frais entre les parties, eu égard à l'incident qui motivait l'appel de Séchard. Cet arrêt, signifié le 17 août à Séchard fils, se traduisit, le 18, en un commandement de payer le capital, les intérêts, les frais dus, suivi d'un procès-verbal de saisie, le 20. Là, Petit-Claud intervint au nom de madame Séchard, et revendiqua le mobilier comme appartenant à l'épouse, dûment séparée. De plus, Petit-Claud fit apparaître Séchard père, devenu son client. Voici pourquoi.

Le lendemain de la visite que lui fit sa belle-fille, le vigneron était venu voir son avoué d'Angoulême, maître Cachan, auquel il demanda la manière de recouvrer ses loyers compromis dans la bagarre où son fils était engagé.

— Je ne puis pas *occuper* pour le père lorsque je poursuis le fils, lui dit Cachan, mais allez voir Petit-Claud, il est très-habile, et il vous servira peut-être encore mieux que je ne le ferais.

Au Palais, Cachan dit à Petit-Claud : — Je t'ai envoyé le père Séchard, *occupe* pour moi à charge de revanche.

Entre avoués, ces sortes de services se rendent en province comme à Paris.

Le lendemain du jour où le père Séchard eut donné sa confiance à Petit-Claud, le grand Cointet vint voir son complice, et lui dit : — Tâchez de donner une leçon au père Séchard ! Il est homme à ne jamais pardonner à son fils de lui coûter mille francs, et ce débours séchera dans son cœur toute pensée généreuse, s'il en poussait !

— Allez à vos vignes, dit Petit-Claud à son nouveau client, votre fils n'est pas heureux, ne le grugez pas en mangeant chez lui. Je vous appellerai quand il en sera temps.

Donc, au nom de Séchard, Petit-Claud prétendit que les presses étant scellées devenaient d'autant plus immeubles par destination, que, depuis le règne de Louis XIV, la maison servait à une imprimerie. Cachan, indigné pour le compte de Métivier, qui, après avoir trouvé à Paris les meubles de Lucien appartenant à Coralie, trouvait encore à Angoulême les meubles de David appartenant à la femme et au père (il y eut là de jolies choses dites à l'audience), assigna le père et le fils pour faire tomber de telles prétentions.

« Nous voulons, s'écriait-il, démasquer les fraudes de ces hommes qui déploient les plus redoutables fortifications de la mauvaise foi ; qui, des articles les plus innocents et les plus clairs du Code, font des chevaux de frise pour se défendre ! et de quoi, de payer trois mille francs ! pris où ?... dans la caisse du pauvre Métivier. Et l'on ose accuser les escompteurs !... Dans quel temps vivons-nous !... Enfin, je le demande, n'est-ce pas à qui prendra l'argent de son voisin ?... Vous ne sanctionnerez pas une prétention qui ferait passer l'immoralité au cœur de la justice !... »

Le tribunal d'Angoulême, ému par la belle plaidoirie de Cachan, rendit un jugement, contradictoire entre toutes les parties, qui donna la propriété des meubles meublants seulement à madame Séchard, repoussa les prétentions de Séchard père et le condamna net à payer quatre cent trente-quatre francs soixante-cinq centimes de frais.

— Le père Séchard est bon, se dirent en riant les avoués, il a voulu mettre la main dans le plat, qu'il paye !

Le 26 août, ce jugement fut signifié de manière à pouvoir saisir les presses et les accessoires de l'imprimerie le 28 août. On apposa les affiches !... On obtint, sur requête, un jugement pour pouvoir vendre dans les lieux mêmes. On inséra l'annonce de la vente dans les journaux, et Doublon se flatta de pouvoir procéder au récolement et à la vente le 2 septembre.

En ce moment, David Séchard devait, par jugement en règle et par exécutoires levés, bien légalement, à Métivier la somme totale de cinq mille deux cent soixante-quinze francs vingt-cinq centimes, non compris les intérêts. Il devait à Petit-Claud douze cents francs et les honoraires, dont le chiffre était laissé, suivant la noble confiance des cochers qui vous ont conduit rondement, à sa générosité. Madame Séchard devait à Petit-Claud environ trois cent cinquante francs, et des honoraires. Le père Séchard devait ses quatre cent trente-quatre francs soixante-cinq centimes, et Petit-Claud lui demandait cent écus d'honoraires. Ainsi, le tout pouvait aller à dix mille francs.

A part l'utilité de ces documents pour les nations étrangères qui pourront y voir le jeu de l'artillerie judiciaire en France, il est nécessaire que le législateur, si toutefois le législateur a le temps de lire, connaisse jusqu'où peut aller l'abus de la procédure. Ne devrait-on pas bâcler une petite loi qui, dans certains cas, interdirait aux avoués de surpasser en frais la somme qui fait l'objet du procès ? N'y a-t-il pas quelque chose de ridicule à soumettre une propriété d'un centiare aux formalités qui régissent une terre d'un million ? On comprendra par cet exposé très-sec de toutes les phases par lesquelles passait le débat, la valeur de ces mots : *la forme, la justice, les frais !* dont ne se doute pas l'immense majorité des Français. Voilà ce qui s'appelle en argot de Palais mettre le feu dans les affaires d'un homme. Les caractères de l'imprimerie pesant cinq milliers valaient, au prix de la fonte, deux mille francs. Les trois presses valaient six cents francs. Le reste du matériel eût été vendu comme du vieux fer et du vieux bois. Le mobilier du ménage aurait produit tout au plus mille francs. Ainsi, de valeurs appartenant à Séchard fils et représentant une somme d'environ quatre mille francs, Cachan et Petit-Claud en avaient fait le prétexte de sept mille francs de fraissans compter l'avenir dont la fleur promettait d'assez beaux fruits, comme on va le voir. Certes, les praticiens de France et de Navarre, ceux de Normandie même, accorderont leur estime et leur admiration à Petit-Claud ; mais les gens de cœur n'accorderont-ils pas une larme de sympathie à Kolb et à Marion ?

Pendant cette guerre, Kolb, assis à la porte de l'allée sur une chaise tant que David n'avait pas besoin de lui, remplissait les devoirs d'un chien de garde. Il recevait les actes judiciaires, toujours surveillés d'ailleurs par un clerc de Petit-Claud. Quand des affiches annonçaient la vente du matériel composant une imprimerie, Kolb les arrachait aussitôt que l'afficheur les avait apposées, et il courait par la ville les ôter, en s'écriant : — *Les goquins ! dourmander ein si prafe ôme ! Ed ilz abellent ça de la chistice !* Marion

Les frères Cointet. — PAGE 5.

gagnait pendant la matinée une pièce de dix sous dans une papeterie et l'employait à la dépense journalière. Madame Chardon avait recommencé sans murmurer les fatigantes veillées de son état de garde-malade, et apportait à sa fille son salaire à la fin de chaque semaine. Elle avait déjà fait deux neuvaines, en s'étonnant de trouver Dieu sourd à ses prières, et aveugle aux clartés des cierges qu'elle lui allumait.

Le 2 septembre, Eve reçut la seule lettre que Lucien écrivit après celle par laquelle il avait annoncé la mise en circulation des trois billets à son beau-frère, et que David avait cachée à sa femme.

— Voilà la troisième lettre que j'aurai eue de lui depuis son départ, se dit la pauvre sœur en hésitant à décacheter le fatal papier.

En ce moment, elle donnait à boire à son enfant, elle le nourrissait au biberon, car elle avait été forcée de renvoyer la nourrice par économie. On peut juger dans quel état la mit la lecture de la lettre

ÈVE ET DAVID.

suivante ainsi que David, qu'elle fit lever. Après avoir passé la nuit à faire du papier, l'inventeur s'était couché vers le jour.

« Paris, 29 août.

« Ma chère sœur, il y a deux jours, à cinq heures du matin, j'ai reçu le dernier soupir d'une des plus belles créatures de Dieu, la seule femme qui pouvait m'aimer comme tu m'aimes, comme m'aiment David et ma mère, en joignant à ces sentiments si désintéressés ce qu'une mère et une sœur ne sauraient donner : toutes les félicités de l'amour ! Après m'avoir tout sacrifié, peut-être la pauvre Coralie est-elle morte pour moi ! pour moi qui n'ai pas en ce moment de quoi la faire enterrer... Elle m'eût consolé de la vie ; toi seule, mes chers anges, pourrez me consoler de sa mort. Cette innocente fille a, je le crois, été absoute par Dieu, car elle est morte chrétiennement. Oh ! Paris !.. Mon Ève, Paris est à la fois toute la gloire et toute l'infamie de la France : j'y ai déjà perdu bien des illusions, et je vais en perdre encore d'autres en y mendiant le peu d'argent dont j'ai besoin pour mettre en terre sainte le corps d'un ange !

Ton malheureux frère,
LUCIEN.

« P. S. J'ai dû te causer bien des chagrins par ma légèreté, tu sauras tout un jour, et tu m'excuseras. D'ailleurs, tu dois être tranquille : en nous voyant si tourmentés, Coralie et moi, un brave négociant à qui j'ai fait de cruels soucis, M. Camusot, s'est chargé d'arranger, a-t-il dit, cette affaire. »

— La lettre est encore humide de ses larmes ! dit-elle à David en le regardant avec tant de pitié, qu'il éclatait dans ses yeux quelque chose de son ancienne affection pour Lucien. — Pauvre garçon ! il a dû bien souffrir, s'il était aimé comme il le dit !... s'écria l'heureux époux d'Ève.

Et le mari comme la femme oublièrent toutes leurs douleurs, devant le cri de cette douleur suprême. En ce moment, Marion se précipita, disant : — Madame, les voilà !... les voilà !... — Qui ? — Doublon et ses hommes, le diable, Kolb se bat avec eux, on va vendre. — Non, non, l'on ne vendra pas, rassurez-vous ! s'écria Petit-Claud, dont la voix retentit dans la pièce qui précédait la chambre à coucher, je viens de signifier un appel. Vous ne devez pas rester sous le poids d'un jugement qui taxe de mauvaise foi. Je ne me suis pas avisé de me défendre ici. Pour vous gagner du temps, j'ai laissé bavarder Cachan, je suis certain de triompher encore une fois à Poitiers... — Mais combien ce triomphe coûtera-t-il ? demanda madame Séchard. — Des honoraires si vous triomphez, et mille francs si nous perdons. — Mon Dieu ! s'écria la pauvre Ève, mais le remède n'est-il pas pire que le mal ?

En entendant ce cri de l'innocence éclairée au feu judiciaire, Petit-Claud resta tout interdit, tant Ève était belle. Le père Séchard, mandé par Petit-Claud, arriva sur ces entrefaites. La présence du vieillard dans la chambre à coucher de ses enfants, où son petit-fils au berceau souriait au malheur, rendit cette scène complète. — Papa Séchard, dit le jeune avoué, vous me devez sept cents francs pour votre intervention ; mais vous les répéterez contre votre fils, en les ajoutant à la masse des loyers qui vous sont dus. Le vieux vigneron saisit la piquante ironie que Petit-Claud mit dans son accent et dans son air en lui adressant cette phrase. — Il vous en aurait moins coûté de cautionner votre fils ! lui dit Ève en quittant le berceau pour venir embrasser le vieillard.

David, accablé par la vue de l'attroupement qui s'était fait devant sa maison, où la lutte de Kolb et des gens de Doublon avait attiré du monde, tendit la main à son père sans lui dire bonjour. — Et comment puis-je vous devoir sept cents francs ? demanda le vieillard à Petit-Claud. — Mais parce que j'ai, d'abord, occupé pour vous. Comme il s'agit de vos loyers, vous êtes vis-à-vis de moi solidaire avec votre débiteur. Si votre fils ne me paye pas ces frais-là, vous me les payerez, vous... Mais ceci n'est rien : dans quelques heures on voudra mettre David en prison, l'y laisserez-vous aller ? — Que doit-il ? — Mais quelque chose comme cinq à six mille francs, sans compter ce qu'il vous doit et ce qu'il doit à sa femme.

Le vieillard, devenu tout défiance, regarda le tableau touchant qui se présentait à ses regards dans cette chambre bleue et blanche : une belle femme en pleurs auprès d'un berceau, David fléchissant enfin sous le poids de ses chagrins, l'avoué qui peut-être l'avait attiré là comme dans un piège ; l'ours crut alors sa paternité mise en jeu par eux, il eut peur d'être exploité. Il alla voir et caresser l'enfant, qui lui tendit ses petites mains. Au milieu de tant de soins, l'enfant, soigné comme celui d'un pair d'Angleterre, avait sur la tête un petit bonnet brodé doublé de rose. — Eh ! que David s'en tire comme il pourra, moi je ne pense qu'à cet enfant-là ! s'écria le vieux grand-père, et sa mère m'approuvera. David est si savant, qu'il doit savoir comment payer ses dettes. — Voilà, dit l'avoué d'un air moqueur, la véritable expression de vos sentiments. Tenez, papa Séchard, vous êtes jaloux de votre fils. Écoutez la vérité : vous avez mis David dans la position où il est, en lui vendant votre imprimerie trois fois ce qu'elle valait, et en le ruinant pour vous faire payer ce prix usuraire. Oui, ne branlez pas la tête : le journal vendu aux Cointet et dont le prix a été empoché par vous

Petit-Jean lui demandait cent écus d'honoraires. — PAGE 16.

en entier, était toute la valeur de votre imprimerie... Vous haïssez votre fils parce que vous l'avez dépouillé, parce que vous en avez fait un homme au-dessus de vous. Vous vous donnez le genre d'aimer prodigieusement votre petit-fils pour masquer la banqueroute de sentiments que vous faites à votre fils et à votre bru, qui vous coûteraient de l'argent hic et nunc, tandis que votre petit-fils n'a besoin de votre affection que in extremis. Vous aimez ce petit gars-là pour avoir l'air d'aimer quelqu'un de votre famille, et ne pas être taxé d'insensibilité. Voilà le fond de votre sac, père Séchard... — Est-ce pour entendre ça que vous m'avez fait venir ? dit le vieillard d'un ton menaçant en regardant tour à tour son avoué, sa belle-fille et son fils. — Mais, monsieur, s'écria la pauvre Ève en s'adressant à Petit-Claud, avez-vous donc juré notre ruine ? Jamais mon mari ne s'est plaint de son père...

Le vigneron regarda sa belle-fille d'un air sournois.

— Il m'a dit cent fois que vous l'aimiez à votre manière, dit-elle au vieillard en en comprenant la défiance.

D'après les instructions du grand Cointet, Petit-Claud achevait de brouiller le père et le fils, afin que le père ne fît pas sortir David de la cruelle position où il se trouvait. — Le jour où nous tiendrons David en prison, avait dit la veille le grand Cointet à Petit-Claud, vous serez présenté chez madame de Sénonches. L'intelligence que donne l'affection avait éclairé madame Séchard, qui devinait cette inimitié de commande, comme elle avait déjà senti la trahison de Cérizet. Chacun imaginera facilement l'air surpris de David, qui ne pouvait pas comprendre que Petit-Claud connût si bien et son père et ses affaires. Le loyal imprimeur ne savait pas les liaisons de son défenseur avec les Cointet, et d'ailleurs il ignorait que les Cointet fussent dans la peau de Métivier. Le silence de David était une injure pour le vieux vigneron; aussi l'avoué profita-t-il de l'étonnement de son client pour quitter la place.

— Adieu, mon cher David, vous êtes averti, la contrainte par corps n'est pas susceptible d'être infirmée par l'appel, il ne reste plus que cette voie à vos créanciers, ils vont la prendre. Ainsi, sauvez-vous !... ou plutôt, si vous m'en croyez, tenez, allez voir les frères Cointet, ils ont des capitaux, et, si votre découverte est faite, si elle tient ses promesses, associez-vous avec eux, ils sont, après tout, très-bons enfants...... — Quel secret? demanda le père Séchard. — Mais croyez-vous votre fils assez nigaud pour avoir abandonné son imprimerie sans penser à autre chose? s'écria l'avoué. Il est en train, m'a-t-il dit, de trouver le moyen de fabriquer pour trois francs la rame de papier qui revient en ce moment à dix francs. — Encore une manière de m'attraper, s'écria le père Séchard. Vous vous entendez tous ici comme des larrons en foire. Si David a trouvé cela, il n'a pas besoin de moi, le voilà millionnaire! Adieu, mes petits amis, bonsoir. Le vieillard s'en alla par les escaliers. — Songez à vous cacher, dit à David Petit-Claud, qui courut après le vieux Séchard pour l'exaspérer encore.

Le petit avoué retrouva le vigneron grommelant sur la place du Mûrier, le reconduisit jusqu'à l'Houmeau, et le quitta en le menaçant de prendre un exécutoire pour les frais qui lui étaient dus, s'il n'était pas payé dans la semaine. — Je vous paye si vous me donnez les moyens de déshériter mon fils sans nuire à mon petit-fils et à ma bru!... dit le vieux Séchard en quittant brusquement Petit-Claud. — Comme le grand Cointet connaît bien son monde!... Ah! il me le disait bien: ces sept cents francs à donner empêcheront le père de payer les sept mille francs de son fils, s'écriait le petit avoué en remontant à Angoulême. Néanmoins ne nous laissons pas enfoncer par ce vieux finaud de papetier, il est temps de lui demander autre chose que des paroles. — Eh bien! David, mon ami, que comptes-tu faire? dit Eve à son mari quand le père Séchard et l'avoué les eurent laissés. — Mets ta plus grande marmite au feu, mon enfant, s'écria David en regardant Marion, j'aurai tiens mon affaire!

En entendant ces paroles, Eve prit son chapeau, son châle, ses souliers avec une vivacité fébrile. — Habillez-vous, mon ami, dit-elle à Kolb, vous allez m'accompagner, car il faut que je sache s'il existe un moyen de sortir de cet enfer... — Monsieur, s'écria Marion quand Eve fut sortie, soyez donc raisonnable, ou madame mourra de chagrin. Gagnez de l'argent pour payer ce que vous devez, et, après, vous chercherez ce qui manque à votre aise... — Tais-toi, Marion, répondit David, la dernière difficulté sera vaincue. J'aurai tout à la fois un brevet d'invention et un brevet de perfectionnement.

La plaie des inventeurs, en France, est le brevet de perfectionnement. Un homme passe dix ans de sa vie à chercher un secret d'industrie, une machine, une découverte quelconque, il prend un brevet, il se croit maître de sa chose, il est suivi par un concurrent qui, s'il ne l'a pas prévu, lui perfectionne son invention par une vis, et la lui ôte ainsi des mains. Or, en inventant, pour fabriquer le papier, une pâte à bon marché, tout n'était pas dit! D'autres pouvaient perfectionner le procédé. David Séchard voulait tout prévoir, afin de ne pas se voir arracher une fortune cherchée au milieu de tant de contrariétés. Le papier de Hollande (ce nom reste au papier fabriqué tout en chiffon de fil de lin, quoique la Hollande n'en fabrique plus) est légèrement collé; mais il se colle feuille à feuille par une main-d'œuvre qui renchérit le papier. S'il devenait possible de coller la pâte dans la cuve, et par une colle peu dispendieuse (ce qui se fait d'ailleurs aujourd'hui, mais imparfaitement encore), il ne resterait aucun perfectionnement à trouver. Depuis un mois, David cherchait donc à coller en cuve la pâte de son papier. Il visait à la fois deux secrets.

Eve alla voir sa mère. Par un hasard favorable, madame Chardon gardait la femme du premier substitut, laquelle venait de donner un héritier présomptif à l'illustre famille des Milaud de Nevers. En défiance de tous les officiers ministériels, elle avait inventé de consulter, sur sa position, le défenseur légal des veuves et des orphelins, de lui demander s'il pouvait libérer David en s'obligeant; en vendant ses droits; mais elle espérait aussi savoir la vérité sur la conduite ambiguë de Petit-Claud.

Le magistrat, surpris de la beauté de madame Séchard, la reçut, non-seulement avec les égards dus à une femme, mais encore avec une espèce de courtoisie à laquelle Eve n'était pas habituée. Elle vit enfin dans les yeux du magistrat cette expression que, depuis son mariage, elle n'avait plus trouvée que chez Kolb, et qui, pour les femmes belles comme Eve, est le criterium avec lequel elles jugent les hommes. Quand une passion, quand l'intérêt ou l'âge glacent dans les yeux d'un homme le pétillement de l'obéissance absolue qui y flambe au jeune âge, une femme entre alors en défiance de cet homme et se met à l'observer. Les Cointet, Petit-Claud, Cérizet, tous les gens en qui elle avait deviné des ennemis, l'avaient regardée d'un œil sec et froid. Elle se sentit donc à l'aise avec le substitut, qui, tout en l'accueillant avec grâce, détruisit en peu de mots toutes ses espérances. — Il n'est pas certain, madame, lui dit-il, que la cour royale réforme le jugement qui restreint aux meubles meublants l'abandon que vous a fait votre mari de tout ce qu'il possédait pour vous remplir de vos reprises. Votre privilège ne doit pas servir à couvrir une fraude. Mais, comme vous serez admise en qualité de créancière au partage du prix des objets saisis, que votre beau-père doit exercer également son privilège pour la somme des loyers dus, il y aura, l'arrêt de la cour une fois rendu, matière à d'autres contestations, à propos de ce que nous appelons, en termes de droit, une contribution. — Mais M. Petit-Claud nous ruine donc?... s'écria-t-elle. — La conduite de Petit-Claud, reprit le magistrat, est conforme au mandat donné par votre mari, qui veut, dit son avoué, gagner du temps. Selon moi, peut-être vaudrait-il mieux se désister de l'appel, et vous rendre acquéreurs à la vente, vous et votre beau-père, des ustensiles les plus nécessaires à votre exploitation, vous dans la limite de ce qui doit vous revenir, lui pour la somme de ses loyers... Mais ce serait aller trop promptement au but. Les avoués vous grugent!... — Je serais alors dans les mains de M. Séchard père, à qui je devrais le loyer des ustensiles et celui de la maison; mon mari en resterait pas moins sous le coup des poursuites de M. Métivier, qui n'aurait presque rien eu... — Oui, madame. — Eh bien! notre position serait pire que celle où nous sommes... — La force de la loi, madame, appartient en définitive au créancier. Vous avez reçu trois mille francs, il faut nécessairement les rendre. — Oh! monsieur, nous croyez-vous donc capables de...

Eve s'arrêta en s'apercevant du danger que sa justification pouvait faire courir à son frère.

— Oh! je sais bien, reprit le magistrat, que cette affaire est obscure, et du côté des débiteurs, qui sont probes, délicats, grands même!... et du côté du créancier, qui n'est qu'un prête-nom...

Eve, épouvantée, regardait le magistrat d'un air hébété.

— Vous comprenez, dit-il en lui jetant un regard plein de grosse finesse, que nous avons, pour réfléchir à ce qui se passe sous nos yeux, tout le temps pendant lequel nous sommes assis à écouter les plaidoiries de MM. les avocats.

Eve revint au désespoir de son inutilité.

Le soir, à sept heures, Doublon apporta le commandement par lequel il dénonçait la contrainte par corps. A cette heure, la poursuite arriva donc à son apogée.

— A compter de demain, dit David, je ne pourrai plus sortir que pendant la nuit.

Eve et madame Chardon fondirent en larmes. Pour elles, se cacher était un déshonneur.

En apprenant que la liberté de leur maître était menacée, Kolb et Marion s'alarmèrent d'autant plus que, depuis longtemps, ils l'avaient jugé dénué de toute malice, et ils tremblèrent tellement pour lui, qu'ils vinrent trouver madame Chardon, Eve et David, sous prétexte de savoir à quoi leur dévouement pouvait être utile. Ils arrivèrent au moment où ces trois êtres, pour qui la vie avait été jusqu'alors si simple, pleuraient en apercevant la nécessité de cacher David. Mais comment échapper aux espions invisibles qui, à présent, devaient observer les moindres démarches de cet homme, malheureusement si distrait?

— Si matame feut adentre ein bedit quart t'hire, che fais bousser eine gonnaissanze dans le gamp ennemi, dit Kolb, et vis ferrez que che m'y gonnais, quoique chaie l'air d'ein Hallemante; gomme che vais ein frai Vrançais, chai engoi to la malice. — Oh! madame, dit Marion, laissez-le aller, il ne pense qu'à garder monsieur, il n'a pas d'autres idées. Kolb n'est pas un Alsacien. C'est... quoi?... un vrai terre-neuven! — Allez, mon bon Kolb, lui dit David, nous avons encore le temps de prendre un parti.

Kolb courut chez l'huissier, où les ennemis de David, réunis en conseil, avisaient aux moyens de s'emparer de lui.

L'arrestation des débiteurs est, en province, un fait exorbitant, anormal, s'il en fut jamais. D'abord, chacun s'y connaît trop bien pour que personne emploie jamais un moyen si odieux. On doit se trouver, créanciers et débiteurs, face à face pendant toute la vie. Puis, quand un commerçant, un banqueroutier, pour se servir des expressions de la province, qui ne ménage guère sur cette espèce de vol légal, médite une vaste faillite, Paris lui sert de refuge. Paris est en quelque sorte la Belgique de la province, où y trouve des retraites presque impénétrables, et le mandat de l'huissier poursuivant expire aux limites de sa juridiction. Il est d'autres empêchements quasi dirimants. Ainsi, la loi qui consacre l'inviolabilité du domicile règne sans exception en province, l'huissier n'y a pas le droit, comme à Paris, de pénétrer dans une maison tierce pour y venir saisir le débiteur. Le législateur a cru devoir excepter Paris, à cause de la réunion constante de plusieurs familles dans la même maison. Mais, en province, pour violer le domicile du débiteur lui-même, l'huissier doit se faire assister du juge de paix. Or, le juge de paix, qui tient sous sa puissance les huissiers, est à peu près le maître d'accorder ou de refuser son concours. A la louange des juges de paix, on doit dire que cette obligation leur pèse, ils ne veulent pas servir des passions aveugles, ou des vengeances. Il est encore d'autres difficultés non moins graves, et qui tendent à modifier la cruauté tout à fait inutile de la loi sur la contrainte par corps, par l'action des mœurs qui change souvent les lois au point de les annuler. Dans les grandes villes, il existe assez de misérables, de gens dépravés, sans foi ni loi, pour servir d'espions dans les petites villes chacun se connaît trop pour pouvoir se mettre aux gages d'un huissier. Quiconque, dans la classe infime, se prêterait à ce genre de dégradation, serait obligé de quitter la ville. Ainsi, l'arrestation d'un débiteur n'étant pas, comme à Paris ou comme dans les grands centres de population, l'objet de l'industrie privilégiée des gardes du commerce, devient une œuvre de procédure excessivement difficile, un combat de ruse entre le débiteur et l'huissier, dont les inventions ont quelquefois fourni de très-agréables récits aux faits-Paris des journaux.

Cointet l'aîné n'avait pas voulu se montrer ; mais le gros Cointet, qui se disait chargé de cette affaire par Métivier, était venu chez Doublon avec Cérizet, devenu son prote, et dont la coopération avait été acquise par la promesse d'un billet de mille francs. Doublon devait compter sur deux de ses praticiens. Ainsi, les Cointet avaient déjà trois limiers pour surveiller leur proie. Au moment de l'arrestation, Doublon pouvait d'ailleurs employer la gendarmerie, qui, aux termes des règlements, doit son concours à l'huissier qui le requiert. Ces cinq personnes étaient donc en ce moment même réunies dans le cabinet de maître Doublon, situé au rez-de-chaussée de la maison, ensuite de l'étude.

On entrait à l'étude par un assez large corridor dallé, qui formait comme une allée. La maison avait une simple porte bâtarde, de chaque côté de laquelle se voyaient les panonceaux ministériels dorés, au centre desquels on lit en lettres noires : huissier. Les deux fenêtres de l'étude donnant sur la rue étaient défendues par de forts barreaux de fer. Le cabinet avait vue sur un jardin, où l'huissier, amant de Pomone, cultivait lui-même avec un grand succès les espaliers. La cuisine faisait face à l'étude, et derrière la cuisine se développait l'escalier par lequel on montait à l'étage supérieur. Cette maison se trouvait dans une petite rue, derrière le nouveau palais de Justice, alors en construction, et qui ne fut fini qu'après 1830. Ces détails ne sont pas inutiles à l'intelligence de ce qui advint à Kolb. L'Alsacien avait inventé de se présenter à l'huissier, sous prétexte de lui vendre son maître, afin d'apprendre ainsi quels seraient les pièges qu'on lui tendrait, et de l'en préserver. La cuisinière vint ouvrir, Kolb lui manifesta le désir de parler à M. Doublon pour affaires. Contrariée d'être dérangée pendant qu'elle lavait sa vaisselle, cette femme ouvrit la porte de l'étude en disant à Kolb, qui lui était inconnu, d'y attendre monsieur, pour le moment en conférence dans son cabinet ; puis, elle alla prévenir son maître qu'un homme voulait lui parler. Cette expression, un homme, signifiait si bien un paysan, que Doublon dit : — Qu'il attende ! Kolb s'assit auprès de la porte du cabinet. — Ah ça ! comment comptez-vous procéder ? car, si nous pouvions l'emporter demain matin, ce serait du temps de gagné, disait le gros Cointet. — Il n'a pas volé son nom de Naïf, rien ne sera plus facile, s'écria Cérizet.

Tu reconnaîtras la voix du gros Cointet, mais surtout en entendant ces deux phrases, Kolb devina sur-le-champ qu'il s'agissait de son maître, et son étonnement alla croissant quand il distingua la voix de Cérizet. — Eine karson qui a marché son maître, s'écria-t-il frappé d'épouvante. — Mes enfants, dit Doublon, voici ce qu'il faut faire. Nous échelonnerons notre monde à de grandes distances. depuis la rue de Beaulieu et la place du Mûrier, dans tous les sens, de manière à suivre le Naïf, ce surnom me plaît, sans qu'il puisse s'en apercevoir ; nous ne le quitterons pas qu'il ne soit entré dans la maison où il se croira caché, nous lui laisserons quelques jours de sécurité, puis nous l'y rencontrerons quelque jour avant le lever ou le coucher du soleil. — Mais en ce moment que fait-il ? il peut nous échapper, dit le gros Cointet. — Il est chez lui, dit maître Doublon, s'il sortait, je le saurais. J'ai l'un de mes praticiens sur la place du Mûrier en observation, un autre au coin du Palais, et un autre à trente pas de ma maison. Si notre homme sortait, ils siffleraient, et il n'aurait pas fait trois pas, que je le saurais déjà par cette communication télégraphique.

Les huissiers donnent à leurs recors le nom de praticiens. Kolb n'avait pas compté sur un si favorable hasard, il sortit doucement de l'étude et dit à la servante : — M. Doublon est occupé pour longtemps, je reviendrai demain matin de bonne heure. L'Alsacien,

en sa qualité de cavalier, avait été saisi par une idée qu'il alla sur-le-champ mettre à exécution. Il courut chez un loueur de chevaux de sa connaissance, y choisit un cheval, le fit seller, et revint en toute hâte chez son maître, où il trouva madame Ève dans la plus profonde désolation. — Qu'y a-t-il, Kolb ? demanda l'imprimeur en trouvant à l'Alsacien un air à la fois joyeux et effrayé. — Vus êdes endourés de goquins. Le blis sire cède de gager mon maîdre. Montame a-d-elle beuse a meddre monziere quelque bard ?...

Quand l'honnête Kolb eut expliqué la trahison de Cérizet, les circonvallations tracées autour de la maison, la part que le gros Cointet prenait à cette affaire, et fait pressentir les ruses que méditeraient de tels hommes contre son maître, les plus fatales lueurs éclairèrent la position de David. — C'est les Cointet qui te poursuivent, s'écria la pauvre Ève anéantie, et voilà pourquoi Métivier se montrait si dur... Ils sont papetiers, ils veulent ton secret. — Mais que faire pour leur échapper ? s'écria madame Chardon. — Si montame beud atour ein bedide entroid a meddre monziere, ze brotmets te l'y gonture zaus qu'on le zache chamais. — N'entrez que chez Basine Clerget, répondit Ève, j'irai convenir de tout avec elle. Dans cette circonstance, Basine est une autre moi-même. — Les espions te suivront, dit enfin David, nous recouvra quelque présence d'esprit. Il s'agit de trouver un moyen de prévenir Basine sans qu'aucun de nous y aille. — Montame beud y hâler, dit Kolb. J'oissi ma gompinazion : che fais sordir affec monziere, nous emmenerons sur nos draces les siffeurs. Bentaut ce temps, matame ira chez matemoiselle Clerchet, elle ne sera bas zuifie. Chai ein gefal, che prents monsieur en groube, ed, ti tiaple, si l'on nus addrabe ! — Eh bien ! adieu, mon ami, s'écria la pauvre femme en se jetant dans les bras de son mari, aucun de nous n'ira te voir, car nous pourrions te faire prendre. Il faut nous dire adieu pour tout le temps que durera cette prison volontaire. Nous correspondrons par la poste. Basine y jettera tes lettres, et je t'écrirai sous son nom.

A leur sortie, David et Kolb entendirent les sifflements, et menèrent les espions jusqu'au bas de la porte Palet, où demeurait le loueur de chevaux. Là, Kolb prit son maître en croupe, en lui recommandant de se bien tenir à lui. — Ziffez, ziffez, mes pons hamis ! Che me mogue de vus dous ! s'écria Kolb. Vus n'addraberez bas ein fieux gafalier.

Et le vieux cavalier piqua des deux dans la campagne avec une rapidité qui devait mettre le mari et les espions dans l'impossibilité de les suivre, ni de savoir où ils allaient. Ève alla chez Postel sous le prétexte assez ingénieux de le consulter. Après avoir subi les insultes de cette pitié, ne prodigue que de paroles, elle quitta le ménage Postel, et put gagner, sans être vue, la maison de Basine, à qui elle confia ses chagrins en lui demandant secours et protection. Basine, qui, pour plus de discrétion, avait fait entrer Ève dans sa chambre, ouvrit la porte d'un cabinet contigu dont le jour venait d'un châssis à tabatière, et sur lequel aucun œil ne pouvait avoir de vue. Les deux amies débouchèrent une petite cheminée dont le tuyau longeait celui de la cheminée de l'atelier, où les ouvrières entretenaient du feu pour leurs fers. Elles étendirent de mauvaises couvertures sur le carreau pour assourdir le bruit, si David en faisait par mégarde, elles lui mirent un lit de sangle pour dormir, un fourneau pour ses expériences, une table et une chaise pour s'asseoir et pour écrire. Basine promit de lui donner à manger la nuit, et, comme personne ne pénétrait jamais dans sa chambre, David pouvait défier tous ses ennemis, et même la police. Enfin, dit Ève en embrassant son amie, il est en sûreté.

Ève retourna chez Postel pour éclaircir quelque doute qu'elle, dit-elle, la ramenait chez un si savant juge du tribunal de commerce, et elle se fit reconduire par lui chez elle en écoutant ses doléances. — Si vous m'aviez épousée, en seriez-vous là ?... Ce sentiment était au fond de toutes les phrases du petit pharmacien. Au retour, Postel trouva sa femme jalouse de l'admirable beauté de madame Séchard, et, furieuse de la politesse de son mari, Léonie fut apaisée par l'opinion que le pharmacien prétendait avoir de la supériorité des petites femmes rousseles sur les grandes femmes brunes, qui, selon lui, étaient, comme de beaux chevaux, toujours à l'écurie. Il donna sans doute quelques preuves de sincérité, car le lendemain madame Postel le mignardait. — Nous pouvons être tranquilles, dit Ève à sa mère et à Marion, qu'elle trouva, selon l'expression de Marion, encore saisies. — Oh ! ils sont partis, dit Marion, quand Ève regarda machinalement dans sa chambre. — U vand-il nus dirzer ?... demanda Kolb quand il tut à une lieue sur la grande route de Paris. — A Marsac, répondit David puisque tu m'as mis sur le chemin-là, je vais faire une dernière tentative sur le cœur de mon père. — C'haimerais mié monder a l'assaut t'une puderie te ganons, barce qu'il n'y a rien te gueur, monsieur fodre bere...

Le vieux pressier ne croyait pas en son fils : il le jugeait, comme juge le peuple, d'après les résultats. D'abord il ne croyait pas avoir dépouillé David, puis, sans s'arrêter à la différence des temps, il se disait : — Je l'ai mis à cheval sur une imprimerie, comme je m'y suis trouvé moi-même, et, lui, qui en savait mille fois plus que moi, n'a pas su marcher ! Incapable de comprendre son fils, il le condamnait, et se donnait sur cette haute intelligence une sorte de supériorité en se disant : — Je lui conserve du pain. Jamais les moralistes ne parviendront à faire comprendre toute l'influence que les sentiments exercent sur les intérêts. Cette influence est aussi puissante que celle des intérêts sur les sentiments. Toutes les lois de la nature ont un double effet, en sens inverse l'un de l'autre. David, lui, comprenait son père, et il avait la sublime charité de l'excuser. Arrivés à huit heures à Marsac, Kolb et David surprirent le bonhomme vers la fin de son dîner, qui se rapprochait forcément de son coucher — Je te vois par autorité de justice, dit le père à son fils avec un sourire amer. — Gommand, mon maldre et fus, bouffez-vus vus rengondrer... Je foyage taus les cieux, et vus èdes tuchurs dans les tignes... s'écria Kolb indigné. Bayez, bayez ! c'edde fôdre édad te bère... — Allons, Kolb, va-t-en, mets le cheval chez madame Courtois, afin de ne pas en embarrasser mon père, et sache que les pères ont toujours raison.

Kolb s'en alla grommelant comme un chien qui, grondé par son maître pour sa prudence, proteste encore en obéissant. David, sans dire ses secrets, offrit alors à son père de lui donner la preuve la plus évidente de sa découverte, en lui proposant un intérêt dans cette affaire pour prix des sommes qui lui devenaient nécessaires, soit pour se libérer immédiatement, soit pour se livrer à l'exploitation de son secret. — Eh ! comment me prouveras-tu que tu peux faire avec rien du beau papier qui ne coûte rien ? demanda l'ancien typographe en lançant à son fils un regard aviné, mais fin, curieux, avide. Vous eussiez dit un éclair sortant d'un nuage pluvieux, car le vieil ours, fidèle à ses traditions, ne se couchait jamais sans être coiffé de nuit. Son bonnet de nuit consistait en deux bouteilles d'excellent vin vieux que, selon son expression, il *sirotait*. — Rien de plus simple, répondit David. Je n'ai pas de papier sur moi, je suis venu par ici pour fuir Doublon ; et, me voyant sur la route de Marsac, j'ai pensé que je pourrais bien trouver chez vous les facilités que j'aurais trouvées chez un usurier. Je n'ai rien sur moi que mes habits. Enfermez-moi dans un local bien clos, où personne ne puisse pénétrer, où personne ne puisse me voir, et... — Comment, dit le vieillard en jetant à son fils un effroyable regard, tu ne me laisseras pas te voir faisant tes opérations... — Ah ! mon père, répondit David, vous m'avez prouvé qu'il n'y avait pas de père dans les affaires... — Ah ! tu te défies de celui qui t'a donné la vie. — Non, mais de celui qui m'a ôté les moyens de vivre. — Chacun pour soi, tu as raison ! dit le vieillard. Eh bien ! je te mettrai dans mon cellier. — J'y entre avec Kolb, vous me donnerez un chaudron pour faire ma pâte, reprit David sans avoir aperçu le coup d'œil que lui lança son père, puis vous irez me chercher des tiges d'artichaut, des tiges d'asperges, des orties à dard, des roseaux que vous couperez aux bords de votre petite rivière. Demain matin, je sortirai de votre cellier avec du magnifique papier... — Si c'est possible... s'écria l'ours en laissant échapper un hoquet, je te donnerai peut-être... je verrai si je puis te donner... bah !... vingt-cinq mille francs. — Mettez-moi à l'épreuve, j'y consens ! s'écria David. Kolb, monte à cheval, pousse jusqu'à Mansle, achètes-y un grand tamis de crin chez un boisselier, de la colle chez un épicier, et reviens en toute hâte. — Tiens, bois... dit le père en mettant devant son fils une bouteille de vin, du pain, et des restes de viandes froides. Prends des forces, je vais t'aller faire les provisions de chiffons verts, tes soût verts, tes chiffons ! j'ai même peur qu'ils ne soient un peu trop verts.

Deux heures après les onze heures du soir, le vieillard enfermait son fils et Kolb dans une petite pièce adossée à son cellier couverte en tuiles creuses, et où se trouvaient les ustensiles nécessaires à brûler les vins d'Angoumois qui fournissent, comme on sait, toutes les eaux-de-vie dites de Cognac. — Oh ! mais je suis là comme dans une fabrique... voilà du bois et des bassines, s'écria David. — Eh bien ! à demain, dit le père Séchard, je vais vous enfermer, et je lâcherai mes deux chiens, je suis sûr qu'on ne vous apportera pas de papier. Montre-moi des feuilles demain, je te déclare que je serai ton associé, les affaires seront alors claires et bien menées.

Kolb et David se laissèrent enfermer et passèrent deux heures environ à briser, à préparer les tiges, en se servant de deux madriers. Le feu brillait, l'eau bouillait. Vers deux heures du matin, Kolb, moins occupé que David, entendit un soupir tourné comme un hoquet d'ivrogne ; il prit une des deux chandelles et se mit à regarder partout ; il aperçut alors la figure violacée du père Séchard qui remplissait une petite ouverture carrée, pratiquée au-dessus de la porte par laquelle on communiquait du cellier au brûloir et cachée par des futailles vides. Le malicieux vieillard avait introduit son fils et Kolb dans son brûloir par la porte extérieure qui servait à passer les pièces pour les livrer. Cette autre porte intérieure permettait de rouler les poinçons du cellier dans le brûloir sans faire le tour par la cour. — Ah ! baba, ceci n'ed bas de cheu, fus foulez vilouder fôdre vils... Safez-vus ce que vus vaydes, quand fus pufez eine poudeille te bon fin ? Vus apprecufez ein goquin. — Oh ! mon pere, dit David. — Je vernais savoir si vous aviez besoin de quelque chose, dit le vigneron quasi désgrisé. — Et c'edde bar indéréd pir nus que fus affez bris ein bedide egelle ! dit Kolb qui ouvrit la porte après en avoir débarrassé

l'entrée, et qui trouva le vieillard monté sur une échelle courte, en chemise. — Risquer votre santé ! s'écria David. — Je crois que je suis somnambule, dit le vieillard honteux en descendant. Ton défaut de confiance en ton père m'a fait rêver, je songeais que tu t'entendais avec le diable pour réaliser l'impossible. — Le tiaple, c'ed fôdre bassion pire les bedids chaunets ! s'écria Kolb. — Allez vous recoucher, mon père, dit David ; enfermez-nous si vous voulez, mais épargnez-vous la peine de revenir : Kolb va faire sentinelle.

Le lendemain, à quatre heures, David sortit du brûloir, ayant fait disparaître toutes les traces de ses opérations, et vint apporter à son père une trentaine de feuilles de papier dont la finesse, la blancheur, la consistance, la force, ne laissaient rien à désirer, et qui portait des filigranes formés des marques des fils plus forts tels que les lames du tamis de crin. Le vieillard prit ces échantillons, il y appliqua la langue en ours habitué, depuis son jeune âge, à faire de son papier une éprouvette à papiers ; il les mania, les chiffonna, les plia, les soumit à toutes les épreuves que les typographes font subir aux papiers pour en reconnaître les qualités, et, quoiqu'il n'y eût rien à redire, il ne voulut pas s'avouer vaincu. — Il faut savoir ce que ça deviendra sous presse !... dit-il pour se dispenser de louer son fils. — Trôle t'ome ! s'écria Kolb.

Le vieillard, devenu froid, couvrit sous sa dignité personnelle une irrésolution jouée. — Je ne veux pas vous tromper, mon père, ce papier-là me semble devoir coûter encore trop cher, et je veux résoudre le problème du collage en cuve... il ne me reste plus que cet avantage à conquérir... — Ah ! tu voudrais m'attraper ! — Mais, vous le dirai-je ? le colle bien en cuve, mais jusqu'à présent la colle ne pénètre pas également ma pâte, et donne au papier le rêche d'une brosse. — Eh ben ! perfectionne ton collage en cuve, et tu auras mon argent. — Mon maldre me ferra chamais la gouleur te fodre archant.

Évidemment le vieillard voulait faire payer à David la honte qu'il avait eue la nuit ; aussi le traita-t-il plus que froidement. — Mon père, dit David qui renvoya Kolb, je ne vous en ai jamais voulu d'avoir estimé votre imprimerie à un prix exorbitant, et de me l'avoir vendue à votre seule estimation ; j'ai toujours vu le père en vous. Je me suis dit : Laissons un vieillard qui s'est donné bien du mal, qui m'a certainement élevé mieux que je ne devais l'être, jouir en paix et à sa manière du fruit de ses travaux. Je vous ai même abandonné le bien de ma mère, et j'ai pris sans murmurer la vie obérée que vous m'aviez faite. Je me suis promis de gagner une belle fortune sans vous importuner. Eh bien ! ce secret, je l'ai trouvé les pieds dans le feu, sans pain chez moi, tourmenté pour des dettes qui ne sont pas les miennes... Oui, j'ai lutté patiemment jusqu'à ce que mes forces se soient épuisées. Peut-être me devez-vous des secours !... mais ne pensez pas à moi, voyez une femme et un petit enfant !... là, David ne put retenir ses larmes, et prêtez-leur aide et protection. Serez-vous au-dessus de Marion et de Kolb, qui m'ont donné leurs économies ? s'écria David en voyant son père froid comme un marbre de presse. — Et ça ne t'a pas suffi... s'écria le vieillard sans éprouver la moindre vergogne, mais tu dévorerais la France... Bonsoir ! moi, je suis trop ignorant pour me fourrer dans des exploitations où il n'y aurait que moi d'exploité. Le singe ne mangera pas l'ours, dit-il en faisant allusion à leur surnom d'atelier. Je suis vigneron, je ne suis pas banquier... Et puis, vois-tu, des affaires entre père et fils, ça va mal. Dînons, tiens, tu ne diras pas que je ne te donne rien !...

David était un de ces cœurs à profond qui peuvent et repousser leurs souffrances de manière à en faire un secret pour ceux qui leur sont chers ; aussi, chez eux, quand la douleur déborde ainsi, est-ce leur effort suprême. Ève avait bien compris ce beau caractère d'homme. Mais le père était dans ce flot de douleur ramené du fond à la surface la plainte vulgaire des enfants qui veulent *attraper leurs pères*, et il prit l'excessif abattement de son fils pour la honte de l'insuccès. Le père et le fils se quittèrent brouillés. David et Kolb revinrent à minuit environ à Angoulême, où ils entrèrent à pied avec autant de précautions qu'en eussent pris des voleurs pour un vol. Vers une heure du matin, David fut introduit, sans témoin, chez mademoiselle Basine Clerget, dans l'asile impénétrable préparé pour lui par sa femme. En entrant là, David allait être gardé par la plus ingénieuse de toutes les pitiés, celle d'une grisette. Le lendemain matin, Kolb se vanta d'avoir fait sauver son maître à cheval, et de ne l'avoir quitté qu'après l'avoir mis dans une patache qui devait l'emmener aux environs de Limoges. Une assez grande provision de matières premières fut emmagasinée dans la cave de Basine, en sorte que Kolb, Marion, madame Séchard et sa mère purent n'avoir aucune relation avec mademoiselle Clerget.

Deux jours après cette scène avec son fils, le vieux Séchard, qui se vit encore à lui vingt jours avant de se livrer aux occupations de la vendange, accourut chez sa belle-fille, amené par son avarice. Il ne dormait plus, il voulait savoir si la découverte offrait quelques chances de fortune, et comptait à veiller au grain, selon son expression. Il vint habiter au-dessus de l'appartement de sa belle-fille une des deux chambres en mansarde qu'il s'était réservées, et vécut en tenant les yeux fixés sur le dénûment pécuniaire qui affligeait le ménage

de son fils. On lui devait des loyers, on pouvait bien le nourrir! il ne trouvait rien d'étrange à ce qu'on se servît de couverts en fer étamé.
— J'ai commencé comme ça, répondit-il à sa belle-fille quand elle s'excusa de ne pas le servir en argenterie.

Marion fut obligée de s'engager envers les marchands pour tout ce qui se consommerait au logis. Kolb servait les maçons à vingt sous par jour. Enfin, bientôt il ne resta plus que dix francs à la pauvre Eve, qui, dans l'intérêt de son enfant et de David, sacrifiait ses dernières ressources à bien recevoir le vigneron. Elle espérait toujours que ses chatteries, que sa respectueuse affection, que sa résignation, attendriraient l'avare; mais elle le trouvait toujours insensible. Enfin, en lui voyant l'œil froid des Cointet, de Petit-Claud et de Cérizet, elle voulut observer son caractère et deviner ses intentions; mais ce fut peine perdue! Le père Séchard se rendait impénétrable en restant toujours entre deux vins. L'ivresse est un double voile. A la faveur de sa griserie, aussi souvent jouée que réelle, le bonhomme essayait d'arracher à Eve les secrets de David. Tantôt il caressait, tantôt il effrayait sa belle-fille. Quand Eve lui répondait qu'elle ignorait tout, il lui disait : — Je boirai tout mon bien, *je le mettrai en viager*... Ces luttes déshonorantes fatiguaient la pauvre victime, qui, pour ne pas manquer de respect à son beau-père, avait fini par garder le silence. Un jour, poussée à bout, elle lui dit : — Mais, mon père, il y a une manière bien simple de tout avoir; payez les dettes de David, il reviendra ici, vous vous entendrez ensemble. — Ah ! voilà tout ce que vous voulez avoir de moi, s'écria-t-il, c'est bon à savoir.

Le père Séchard, qui ne croyait pas en son fils, croyait aux Cointet. Les Cointet, qu'il alla consulter, l'éblouirent à dessein, en lui disant qu'il s'agissait de millions dans les recherches entreprises par son fils. — Si David peut prouver qu'il a réussi, je n'hésiterai pas à mettre en société une papeterie en comptant à votre fils sa découverte pour une valeur égale, lui dit le grand Cointet.

Le défiant vieillard prit tant d'informations en prenant des petits verres avec les ouvriers, il questionna si bien Petit-Claud en faisant l'imbécile, qu'il finit par soupçonner les Cointet de se cacher derrière Métivier; il leur attribua le plan de ruiner l'imprimerie Séchard et de se faire payer par lui en l'amorçant avec la découverte, car le vieil homme du peuple ne pouvait pas deviner la complicité de Petit-Claud ni les trames ourdies pour s'emparer tôt ou tard de ce beau secret industriel. Enfin, un jour, le vieillard, exaspéré de ne pouvoir vaincre le silence de sa belle-fille et de ne pas même obtenir d'elle de savoir où David s'était caché, résolut de forcer la porte de l'atelier à fondre les rouleaux, après avoir fini par apprendre que son fils y faisait ses expériences. Il descendit de grand matin et se mit à travailler la serrure. — Eh bien! que faites-vous donc là, papa Séchard? lui cria Marion qui se levait au jour pour aller à sa fabrique et qui bondit jusqu'à la tremperie. — Ah çà! devenez-vous voleur sur vos vieux jours !... vous êtes à jeun cependant... Je vais conter cela tout chaud à madame. — Tais-toi, Marion, dit le vieillard en tirant de sa poche deux écus de six francs. Tiens... — Je me tairai, mais je reviens pas ! lui dit Marion en le menaçant du doigt, ou je le dirais à tout Angoulême.

Dès que le vieillard fut sorti, Marion monta chez sa maîtresse. — Tenez, madame, j'ai soutiré douze francs à votre beau-père, les voilà... — Et comment as-tu fait ?— Ne voulait-il pas voir les bassines et les provisions de monsieur, histoire de découvrir le secret. Je savais bien qu'il n'y avait plus rien dans la petite cuisine, mais je lui ai fait peur comme s'il allait voler son fils, et il m'a donné deux écus pour me taire.

En ce moment, Basine apporta joyeusement à son amie une lettre de David, écrite sur du magnifique papier, et qu'elle lui remit en secret.

« Mon Eve adorée, je t'écris à toi la première sur la première feuille de papier obtenue par mes procédés. J'ai réussi à résoudre le problème du collage en cuve! La livre de pâte revient, même en supposant la mise en culture spéciale de bons terrains pour les produits que j'emploie, à cinq sous. Ainsi la rame de douze livres emploiera pour trois francs de pâte collée. Je suis sûr de supprimer la moitié du poids des livres. L'enveloppe, la lettre, les échantillons, sont de diverses fabrications. Je t'embrasse, nous serons heureux par la fortune, la seule chose qui nous manquait. »

— Tenez, dit Eve à son beau-père en lui tendant les échantillons, donnez à votre fils le prix de votre récolte, et laissez-lui faire sa fortune, il vous rendra dix fois ce que vous lui aurez donné, car il a réussi.

Le père Séchard courut aussitôt chez Cointet. Là, chaque échantillon fut essayé, minutieusement examiné : les uns étaient collés, les autres sans colle ; ils étaient étiquetés depuis trois francs jusqu'à dix francs par rame ; les uns étaient d'une pureté métallique, les autres doux comme du papier de Chine ; il y en avait de toutes les nuances possibles du blanc. Des juifs examinant des diamants n'auraient pas eu les yeux plus animés que ne l'étaient ceux des Cointet et du vieux Séchard. — Votre fils est en bon chemin, dit le gros Cointet. — Eh bien ! payez ses dettes, dit le vieux pressier. — Bien volontiers, s'il veut nous prendre pour associés, répondit le grand Cointet. — Vous êtes des *chauffeurs !* s'écria l'ours retiré, vous poursuivez mon fils sous le nom de Métivier, et vous voulez que je vous paye, voilà tout. Pas si bête, bourgeois.

Les deux frères se regardèrent, mais ils se continrent. — Nous ne sommes pas encore assez millionnaires pour nous amuser à faire l'escompte, répliqua le gros Cointet : nous nous croirions assez heureux de pouvoir payer notre chiffon comptant, et nous faisons encore des billets à notre marchand. — Il faut tenter une expérience en grand, répondit froidement le grand Cointet, car ce qui réussit dans une marmite échoue dans une fabrication entreprise sur une grande échelle. Délivrez votre fils. — Oui, mais mon fils en liberté m'admettra-t-il comme son associé ? demanda le vieux Séchard. — Ceci ne nous regarde pas, dit le gros Cointet. Est-ce que vous croyez, mon bonhomme, que quand vous aurez donné dix mille francs à votre fils tout sera dit ? Un brevet d'invention coûte deux mille francs, il faudra des voyages à Paris ; puis, avant de se lancer dans des avances, il est prudent de fabriquer, comme dit mon frère, mille rames, risquer des cuvées entières afin de se rendre compte. Voyez-vous, il n'y a rien dont il faille plus se défier que des inventeurs. — Moi, dit le grand Cointet, j'aime le pain tout cuit.

Le vieillard passa la nuit à ruminer ce dilemme : Si je paye les dettes de David, il est libre, et une fois libre il n'a pas besoin de m'associer à sa fortune. Il sait bien que je l'ai roulé dans l'affaire de notre première association; il n'en voudra pas faire une seconde. Mon intérêt serait donc de le tenir en prison, malheureux.

Les Cointet connaissaient assez le père Séchard pour savoir qu'ils chasseraient de compagnie. Donc ces trois hommes disaient : — Pour faire une société basée sur le secret, il faut des expériences, et pour faire ces expériences il faut libérer David Séchard. David libéré nous échappe. Chacun avait de plus une petite arrière-pensée. Petit-Claud se disait : — Après mon mariage, je serai franc du collier avec les Cointet ; mais jusque-là je les tiens. Le grand Cointet se disait : — J'aimerais mieux avoir David sous clef, je serais le maître. Le vieux Séchard se disait : — Si je paye les dettes, mon fils me saluera avec un remercîment. Eve, attaquée, menacée par le vigneron d'être chassée de la maison, ne voulait ni révéler l'asile de son mari, ni même lui proposer d'accepter un sauf-conduit. Elle n'était pas certaine de réussir à cacher David une seconde fois aussi bien que la première, elle répondit donc à son beau-père : — Libérez votre fils, vous saurez tout. Aucun des quatre intéressés, qui se trouvaient tous comme devant une table bien servie, n'osait toucher au festin, tant il craignait de se voir devancé ; et tous s'observaient en se défiant les uns des autres.

Quelques jours après la réclusion de Séchard, Petit-Claud était venu trouver le grand Cointet à sa papeterie. — J'ai fait de mon mieux, lui dit-il, David s'est mis volontairement dans une prison qui nous est inconnue, et il y cherche en paix quelque perfectionnement. Si vous n'avez pas atteint à votre but, il n'y a pas de ma faute. Tiendrez-vous votre promesse ? — Oui, si nous réussissons, répondit le grand Cointet. Le père Séchard est ici depuis quelques jours, il est venu nous faire des questions sur la fabrication du papier, le vieil avare a flairé l'invention de son fils, il en veut profiter, il y a donc quelque espérance d'arriver à une association. Vous êtes l'avoué du père et du fils... — Ayez le saint-esprit de les livrer, reprit Petit-Claud en souriant. — Oui, répondit Cointet. Si vous réussissez ou à mettre David en prison ou à le mettre dans nos mains par un acte de société, vous serez le mari de mademoiselle de la Haye. — C'est bien là votre *ultimatum ?* dit Petit-Claud. — *Yes !* fit Cointet, puisque nous parlons des langues étrangères. — Voici le mien en bon français, reprit Petit-Claud d'un ton sec. — Ah ! voyons, répliqua Cointet d'un air curieux. — Présentez-moi demain à madame de Sénonches, faites qu'il y ait pour moi quelque chose de positif, enfin accomplissez votre promesse, ou je paye la dette de Séchard et m'associe avec lui en revendant ma charge. Je ne veux pas être joué. Vous m'avez parlé net, je me sers du même langage. J'ai fait mes preuves, faites les vôtres. Vous avez tout, je n'ai rien. Si je n'ai pas de gages de votre sincérité, je prends votre jeu.

Le grand Cointet prit son chapeau, son parapluie, son air jésuite, et sortit en disant à Petit-Claud de le suivre. — Vous verrez, mon cher ami, si je ne vous ai pas préparé les voies !... dit le négociant à l'avoué.

En un moment, le fin et rusé papetier avait reconnu le danger de sa position, et vu dans Petit-Claud un de ces hommes avec lesquels il faut jouer franc jeu. Déjà, pour être en mesure et par acquit de conscience, il avait, sous prétexte de donner un état de la situation financière de mademoiselle de la Haye, jeté quelques paroles dans l'oreille de l'ancien consul général. — J'ai l'affaire de Françoise, car avec trente mille francs de dot, aujourd'hui, dit-il en souriant, une fille ne doit pas être exigeante. — Nous en parlerons, avait répondu Francis du Hautoy. Depuis le départ de madame de Bargeton, la position de madame de Sénonches est bien changée : nous pourrons marier Françoise à quelque bon vieux gentilhomme campagnard. — Et elle se conduira mal, dit le papetier en prenant son air froid. Eh! mariez-la donc à un jeune homme capable, ambitieux, que vous protégerez, et qui mettra sa femme dans une belle position. — Nous verrons, avait répété Francis; la marraine doit être avant tout consultée.

A la mort de M. de Bargeton, Louise de Negrepelisse avait fait vendre l'hôtel de la rue du Minage. Madame de Sénonches, qui se trouvait petitement logée, décida M. de Sénonches à acheter cette maison, le berceau des ambitions de Lucien, et où cette scène a commencé. Zéphirine de Sénonches avait formé le plan de succéder à madame de Bargeton dans l'espèce de royauté qu'elle avait exercée, d'avoir un salon, de faire enfin la grande dame. Une scission avait eu lieu dans la haute société d'Angoulême entre ceux qui, lors du duel de M. Bargeton et de M. de Chandour, tinrent qui pour l'innocence de Louise de Negrepelisse, qui pour les calomnies de Stanislas de Chandour. Madame de Sénonches se déclara pour les Bargeton, et conquit d'abord tous ceux de ce parti. Puis, quand elle fut installée dans son hôtel, elle profita des accoutumances de bien des gens qui venaient y jouer depuis tant d'années. Elle reçut tous les soirs et l'emporta décidément sur Amélie de Chandour, qui se posa comme son antagoniste. Les espérances de Francis du Hautoy, qui se vit au cœur de l'aristocratie d'Angoulême, allaient jusqu'à vouloir marier Françoise avec le vieux M. de Séverac, que madame du Brossard n'avait pu capturer pour sa fille. Le retour de madame de Bargeton, devenue préfète d'Angoulême, augmenta les prétentions de Zéphirine pour sa bien-aimée filleule. Elle se disait que la comtesse Sixte du Châtelet userait de son crédit pour celle qui s'était constituée son champion. Le papetier, qui savait son Angoulême sur le bout du doigt, apprécia d'un coup d'œil toutes ces difficultés; mais il résolut de se tirer de ces pas difficile par une des audaces que Tartufe seul se serait permise. Le petit avoué, très-surpris de la loyauté de son commanditaire en chicane, le laissa à ses préoccupations en cheminant de la papeterie à l'hôtel de la rue du Minage, où, sur le palier, les deux importuns furent arrêtés par ces mots : — Monsieur et madame déjeunent. — Annoncez-nous tout de même, répondit le grand Cointet.

Et, sur son nom, le dévot commerçant, aussitôt introduit, présenta l'avocat à la précieuse Zéphirine, qui déjeunait en tête à tête avec M. Francis du Hautoy et mademoiselle de la Haye. M. de Sénonches était allé, comme toujours, ouvrir la chasse chez M. de Pimentel. — Voici, madame, le jeune avocat-avoué de qui je vous ai parlé, et qui se chargera de l'émancipation de votre belle pupille.

L'ancien diplomate examina Petit-Claud, qui, de son côté, regardait à la dérobée la *belle pupille*. Quant à la surprise de Zéphirine, à qui jamais Cointet ni Francis n'avaient dit un mot, elle telle que sa fourchette lui tomba des mains. Mademoiselle de la Haye, espèce de pie-grièche à figure rechignée, de taille peu gracieuse, maigre, à cheveux d'un blond pâle, était, malgré son petit air aristocratique, excessivement difficile à marier. Ces mots *père et mère inconnus* de son acte de naissance, lui interdisaient en réalité la sphère où l'amitié de sa marraine et de Francis la voulait placer. Mademoiselle de la Haye, ignorant sa position faisait la difficile : elle eût rejeté le plus riche commerçant de l'Houmeau. La grimace assez significative inspirée à mademoiselle de la Haye par l'aspect du maigre avoué, Cointet la retrouva sur les lèvres de Petit-Claud. Madame de Sénonches et Francis paraissaient se consulter pour savoir de quelle manière congédier Cointet avec son protégé. Cointet, qui vit tout, pria M. du Hautoy de lui accorder un moment d'audience, et passa dans le salon avec le diplomate.

— Monsieur, lui dit-il nettement, la paternité vous aveugle. Vous marierez difficilement votre fille; et, dans votre intérêt à tous, je vous ai mis dans l'impossibilité de reculer, car j'aime Françoise comme on aime sa pupille. Petit-Claud sait tout!... Son excessive ambition vous garantit le bonheur de votre chère petite. D'abord Françoise fera de son mari tout ce qu'elle voudra, mais vous, aidé par la préfète qui nous arrive, vous en ferez un procureur du roi. M. Milaud est nommé décidément à Nevers. Petit-Claud vendra sa charge, vous obtiendrez facilement pour lui la place de second substitut, et il deviendra bientôt procureur du roi, puis président du tribunal, député.

Revenu dans la salle à manger, Francis fut charmant pour le prétendu de sa fille. Il regarda madame de Sénonches d'une certaine manière, et finit cette scène de présentation en invitant Petit-Claud à dîner pour le lendemain afin de causer affaires. Puis il reconduisit le négociant et l'avoué jusque dans la cour en disant à Petit-Claud que, sur la recommandation de Cointet, il était disposé, ainsi que madame de Sénonches, à confirmer tout ce que le gardien de la fortune de mademoiselle de la Haye aurait disposé pour le bonheur de ce petit ange. — Ah! qu'elle est laide! s'écria Petit-Claud. Je suis pris!... — Elle a l'air distingué, répondit Cointet; mais si elle était belle vous la donnerait-on?... Ah! mon cher, il y a plus d'un petit propriétaire à qui trente mille francs, la protection de madame de Sénonches et celle de la comtesse du Châtelet iraient à merveille; d'autant plus que M. Francis du Hautoy ne se mariera jamais, et que cette fille est son héritière. Votre mariage est fait ! — Et comment? — Voilà ce que je viens de dire, repartit le grand Cointet en racontant à l'avoué son trait d'audace. Mon cher, M. Milaud va, dit-on, être nommé procureur du roi à Nevers; vous vendrez votre charge, et dans dix ans vous serez garde des sceaux. Vous êtes assez audacieux pour ne reculer devant aucun des services que demandera la cour. — Eh bien! trouvez-vous demain à quatre heures et demie sur la place du Mûrier, répondit l'avoué fanatisé par les probabilités de cet avenir, j'aurai vu le père Séchard, et nous arriverons à un acte de société où le père et le fils appartiendront au saint-esprit.

Au moment où le vieux curé de Marsac montait les rampes d'Angoulême pour aller instruire Eve de l'état où se trouvait son frère, David était caché depuis onze jours à deux portes de celle du pharmacien Postel, que le digne prêtre venait de quitter. Quand l'abbé Marron déboucha sur la place du Mûrier, il y trouva les trois hommes, remarquables chacun dans leur genre, qui pesaient de tout leur poids sur l'avenir et sur le présent du pauvre prisonnier volontaire : le père Séchard, le grand Cointet, le petit avoué maigrelet. Trois hommes, trois cupidités! mais trois cupidités aussi différentes que les hommes. L'un avait inventé de trafiquer de son fils, l'autre de son client, et le grand Cointet achetait toutes ces infamies en se flattant de ne rien payer. Il était environ cinq heures, et la plupart de ceux qui revenaient dîner chez eux s'arrêtaient pour regarder pendant un moment ces trois hommes. — Que diable le vieux père Séchard et le grand Cointet ont-ils donc à se dire? pensaient les plus curieux. — Il s'agit sans doute entre eux de ce pauvre malheureux qui laisse sa femme, sa belle-mère et son enfant sans pain, répondait-on. — Envoyez donc vos enfants apprendre un état à Paris! disait un esprit fort de province. — Eh! que venez-vous faire par ici, monsieur le curé? s'écria le vignoron en apercevant l'abbé Marron aussitôt qu'il déboucha sur la place. — Je viens pour les vôtres, répondit le vieillard. — Encore une idée de mon fils!... dit le vieux Séchard. — Il vous en coûterait bien peu de rendre tout le monde heureux, dit le prêtre en indiquant les fenêtres où madame Séchard montrait sa belle tête; car elle apaisait les cris de son enfant en lui faisant sauter et lui chantant une chanson. — Apportez-vous des nouvelles de mon fils, dit le père, ou que voudrait mieux, de l'argent? — Non, dit M. Marron; j'apporte à la sœur des nouvelles du frère. — De Lucien?... s'écria Petit-Claud. — Oui. Le pauvre jeune homme est venu de Paris à pied. Je l'ai trouvé chez Courtois, mourant de fatigue et de misère, répondit le prêtre. Oh! il est bien malheureux!

Petit-Claud salua le prêtre et prit le grand Cointet par le bras en disant à haute voix : — Nous dînons chez madame de Sénonches, il est temps de nous habiller!... Et à deux pas il lui dit à l'oreille : — Quand on a le petit, on a bientôt la mère. Nous tenons David. — Je vous ai marié, mariez-moi, dit le grand Cointet en laissant échapper un sourire faux. — Lucien est mon camarade de collège, nous étions *copins*! En huit jours je saurai bien quelque chose de lui. Faites en sorte que les bans se publient, et je vous réponds de mettre David en prison. Ma mission finit avec son écrou. — Ah! s'écria tout doucement le grand Cointet, la belle affaire serait de prendre le brevet à notre nom.

En entendant cette dernière phrase, le petit avoué maigrelet frissonna. En ce moment Eve voyait entrer son beau-père et l'abbé Marron, qui, par un seul mot, venait de dénouer le drame judiciaire. — Tenez, madame Séchard, dit le vieil ours à sa belle-fille, voici notre curé qui vient sans doute nous en raconter de belles sur votre frère — Oh! s'écria la pauvre Eve atteinte au cœur que peut-il donc lui être encore arrivé?

Cette exclamation annonçait tant de douleurs ressenties, tant d'appréhensions, et de tant de sortes, que l'abbé Marron se hâta de dire : — Rassurez-vous, madame, il vit! — Seriez-vous assez bon, mon père, dit Eve au vieux vigneron, pour aller chercher ma mère? elle entendra ce que monsieur doit avoir à nous dire de Lucien.

Le vieillard alla chercher madame Chardon, à laquelle il dit : — Vous aurez à en découdre avec l'abbé Marron, qui est bon homme *quoique prêtre*. Le dîner sera sans doute retardé, je reviens dans une heure. Et le vieillard, insensible à tout ce qui ne sonnait ou ne tintait pas or, laissa la vieille femme sans voir l'effet du coup qu'il venait de lui porter.

Le malheur qui pesait sur ses deux enfants, l'avortement des espérances assises sur la tête de Lucien, le changement si peu prévu d'un caractère qu'on crut si longtemps énergique et probe; enfin, tous les événements arrivés depuis dix-huit mois avaient déjà rendu madame Chardon méconnaissable. Elle n'était pas seulement noble de race, elle était encore noble de cœur, et adorait ses enfants. Aussi avait-elle souffert plus de maux dans ces derniers six mois que depuis son veuvage. Lucien avait eu la chance d'être Rubempré par une ordonnance du roi, de recommencer cette famille, d'en faire revivre le titre et les armes, de devenir grand! Il était tombé dans la fange! Car, plus sévère pour lui que la sœur, elle avait regardé Lucien comme perdu le jour où elle apprit l'affaire des billets. Les mères veulent quelquefois se tromper ; mais elles connaissent toujours bien les enfants qu'elles ont nourris, qu'elles n'ont pas quittés, et, dans les discussions que soulevaient entre David et sa femme les chances de Lucien à Paris, madame Chardon, tout en paraissant partager les illusions d'Ève sur son frère, tremblait que David n'eût raison, car il parlait comme elle entendait parler sa conscience de mère. Elle connaissait trop la délicatesse de sensation de sa fille pour pouvoir lui exprimer ses douleurs, elle était donc forcée de les dévorer dans ce silence dont sont capables seulement les mères qui savent aimer leurs enfants. Ève, de son côté, suivait avec terreur les ravages que faisaient les chagrins chez sa mère, elle la voyait passant de la vieillesse à la décrépitude, et allant toujours. La mère et la fille se faisaient donc l'une à l'autre de nobles mensonges qui ne trompent point. Dans la vie de cette mère, la phrase du féroce vigneron tut la goutte d'eau qui devait remplir la coupe des afflictions, madame Chardon se sentit atteinte au cœur.

Aussi, quand Ève dit au prêtre : — Monsieur, voici ma mère ! quand l'abbé regarda ce visage macéré comme celui d'une vieille religieuse, encadré de cheveux entièrement blanchis, mais embelli par l'air doux et calme des femmes pieusement résignées, et qui marchent, comme on dit, à la volonté de Dieu, comprit toute la vie de ces deux créatures. Le prêtre n'eut plus de pitié pour le bourreau, pour Lucien, il frémit en devinant tous les supplices subis par les victimes. — Ma mère, dit Ève en s'essuyant les yeux, mon pauvre frère est bien près de nous, il est à Marsac. — Et pourquoi pas ici ? demanda madame Chardon.

L'abbé Marron raconta tout ce que Lucien lui avait dit des misères de son voyage, et les malheurs de ses derniers jours à Paris. Il peignit les angoisses qui venaient d'agiter le poète quand il avait appris quels étaient au sein de sa famille les effets de ses imprudences, et quelles étaient ses appréhensions sur l'accueil qui pouvait l'attendre à Angoulême. — En est-il arrivé à douter de nous ? dit madame Chardon. — Le malheureux est venu vers vous à pied, en subissant les plus horribles privations, et il revient disposé à entrer dans les chemins les plus humbles de la vie... à réparer ses fautes. — Monsieur, dit la sœur, malgré le mal qu'il nous a fait, j'aime mon frère comme on aime le corps d'un être qui n'est plus, et l'aimer ainsi c'est encore l'aimer plus que beaucoup de sœurs n'aiment leurs frères. Il nous a rendus bien pauvres ; mais qu'il vienne, il partagera le chétif morceau de pain qui nous reste, enfin ce qu'il nous a laissé. Ah ! s'il ne nous avait pas quittés, monsieur, nous n'aurions pas perdu nos plus chers trésors. — Et c'est la femme qui nous l'a enlevé dont la voiture l'a ramené, s'écria madame Chardon. Parti dans la calèche de madame de Bargeton, à côté d'elle, il est revenu derrière ! — A quoi puis-je vous être utile dans la situation où vous êtes ? dit le brave curé qui cherchait une phrase de sortie. — Eh ! monsieur, répondit madame Chardon, plaie d'argent n'est pas mortelle, dit-on, mais ces plaies-là ne peuvent pas avoir d'autre médecin que le malade. — Si vous aviez assez d'influence pour déterminer mon beau-père à aider son fils, vous sauveriez toute une famille, dit madame Séchard. — Il ne croit pas en vous, et il m'a paru très-exaspéré contre votre mari, dit le vieillard à qui les paraphrases du vigneron avaient fait considérer les affaires de Séchard comme un guêpier où il ne fallait pas mettre le pied.

Sa mission terminée, le prêtre alla dîner chez son petit-neveu Postel, qui dissipa le peu de bonne volonté de son vieil oncle en donnant, comme tout Angoulême, raison au père contre le fils. — Il y a de la ressource avec les dissipateurs, dit en finissant le petit Postel ; mais avec ceux qui font des expériences, on se ruinerait.

La curiosité du curé de Marsac était entièrement satisfaite, ce qui, dans toutes les provinces de France, est le principal but de l'excessif intérêt qu'on y témoigne. Dans la soirée, il mit le poète au courant de tout ce qui se passait chez les Séchard, en lui donnant son voyage comme une mission dictée par la charité la plus pure. — Vous avez endetté votre sœur et votre beau-frère de dix à douze mille francs, dit-il en terminant, et personne, mon cher monsieur, n'a cette bagatelle à prêter à son voisin. En Angoumois, nous ne sommes pas riches. Je croyais qu'il s'agissait de beaucoup moins quand vous me parliez de billets. — Après avoir remercié le vieillard de ses bontés, le poète lui dit : — La parole de pardon que vous m'apportez est pour moi le vrai trésor.

Le lendemain, Lucien partit de très-grand matin de Marsac pour Angoulême, où il entra vers neuf heures, une canne à la main, vêtu d'une petite redingote assez endommagée par le voyage et d'un pantalon noir à teintes blanches. Ses bottes usées disaient d'ailleurs assez qu'il appartenait à la classe infortunée des piétons. Aussi ne se dissimulait-il pas l'effet que devait produire sur ses compatriotes le contraste de son retour et de son départ. Mais, le cœur encore palpitant sous l'étreinte des remords que lui causait le récit du vieux prêtre, il acceptait pour le moment cette punition, décidé d'affronter les regards des personnes de sa connaissance. Il se disait en lui-même : — Je suis héroïque ! Toutes ces natures de poète commencent par se duper elles-mêmes. A mesure qu'il marcha dans l'Houmeau, son âme lutta entre la honte de retour et la poésie de ses souvenirs. Son cœur battit en passant devant la porte de Postel, où, fort heureusement pour lui, Léonie Marron se trouva seule dans la boutique avec son enfant. Il vit avec plaisir (tant sa vanité conservait de force) le nom de son père effacé. Depuis son mariage, Postel avait fait repeindre sa boutique, et mis au-dessus, comme à Paris : PHARMACIE. En gravissant la rampe de la Porte-Palet, Lucien éprouva l'influence de l'air natal, il ne sentit plus le poids de ses infortunes, et se dit avec délices : — Je vais donc les revoir ! Il atteignit la place du Mûrier sans avoir rencontré personne : un bonheur qu'il espérait à peine, lui qui jadis se promenait en triomphateur dans sa ville ! Marion et Kolb, en sentinelle sur la porte, se précipitèrent dans l'escalier en criant : — Le voilà ! Lucien revit le vieil atelier et la vieille cour, il trouva dans l'escalier sa sœur et sa mère, et ils s'embrassèrent en oubliant pour un instant tous leurs malheurs dans cette étreinte. En famille, on compose presque toujours avec le malheur ; on s'y fait un lit, et l'espérance en fait accepter la dureté. Si Lucien offrait l'image du désespoir, il en offrait aussi la poésie : le soleil des grands chemins lui avait bruni le teint, une profonde mélancolie, empreinte dans ses traits, jetait ses ombres sur son front de poète. Ce changement annonçant tant de souffrances, qu'à l'aspect des traces laissées par la misère sur sa physionomie, le seul sentiment possible était la pitié. L'imagination partie du sein de la famille y trouvait au retour de tristes réalités. Ève eut au milieu de sa joie le sourire des saintes au milieu de leur martyre. Le chagrin rend sublime le visage d'une jeune femme très-belle. La gravité qui remplaçait dans la figure de sa sœur la complète innocence qu'il y avait vue à son départ pour Paris, parlait trop éloquemment à Lucien pour qu'il n'en reçût pas une impression douloureuse. Aussi la première effusion des sentiments, si vive, si naturelle, fut-elle suivie de part et d'autre d'une réaction : chacun craignait de parler. Lucien ne put cependant s'empêcher de chercher par un regard celui qui manquait à cette réunion. Ce regard bien compris fit fondre en larmes Ève, et par contre-coup Lucien. Quant à madame Chardon, elle resta blême, et en apparence impassible. Ève se leva, descendit pour épargner à son frère un mot dur, et alla dire à Marion : — Mon enfant, Lucien aime les fraises, il faut en trouver !... — Oh ! j'ai bien pensé que vous vouliez fêter M. Lucien. Soyez tranquille, vous aurez un joli petit déjeuner et un bon dîner aussi. — Lucien, dit madame Chardon à son fils, tu as beaucoup à réparer ici. Parti pour être un sujet d'orgueil pour ta famille, tu nous as plongés dans la misère. Tu as presque brisé dans les mains de ton frère l'instrument de la fortune à laquelle il n'a songé que pour sa nouvelle famille. Tu n'as pas brisé que cela, dit la mère. Il se fit une pause effrayante, et le silence de Lucien impliqua l'acceptation de ces reproches maternels. — Entre dans une voie de travail, reprit doucement madame Chardon. Je ne te blâme pas d'avoir tenté de faire revivre la noble famille dont je suis sortie ; mais, à de telles entreprises, il faut avant tout une fortune et des sentiments fiers ; tu n'as rien eu de tout cela. A la croyance, tu as fait succéder en nous la défiance. Tu as détruit la paix de cette famille travailleuse et résignée qui cheminait ici dans une voie difficile... Aux premières fautes, un premier pardon est dû. Ne recommence pas. Nous nous trouvons ici dans des circonstances difficiles, sois prudent, écoute ta sœur : le malheur est un maître dont les leçons, bien durement données, ont porté leur fruit chez elle : elle est devenue sérieuse, elle est mère, elle porte tout le fardeau du ménage par dévouement pour notre cher David, enfin elle est devenue, par ta faute, mon unique consolation. — Vous pouviez être plus sévère, dit Lucien en embrassant sa mère. J'accepte votre pardon, pour ce sera le seul que j'aurai jamais à recevoir.

Ève revint : à la pose humiliée de son frère, elle comprit que madame Chardon avait parlé. Sa bonté lui mit un sourire sur les lèvres, auquel Lucien répondit par des larmes réprimées. La présence a comme un charme, elle change les dispositions les plus hostiles entre amants comme au sein des familles, quelque torts que soient les motifs de mécontentement. Est-ce que l'affection trace dans le cœur des chemins où l'on aime à retomber ? Ce phénomène appartient-il à la science du magnétisme ? La raison dit-elle qu'il faut ou ne jamais se revoir ou se pardonner ? Que ce soit au raisonnement, à une cause physique ou à la nature, chacun doit avoir éprouvé que les regards, le geste, l'action d'un être aimé retrouvent chez ceux qu'il a le plus aimés, chagrinés ou maltraités, des vestiges de tendresse. Si l'esprit oublie difficilement, si l'intérêt souffre encore, le cœur, malgré tout, reprend sa servitude. Aussi, la pauvre sœur, en écoutant jusqu'à l'heure du déjeuner les confidences du frère, ne fut-elle pas maîtresse de ses yeux quand elle le regarda, ni de son accent quand elle laissa parler son cœur. En comprenant les éléments de la vie littéraire à Paris, elle comprit comment Lucien avait pu succomber dans la lutte. La joie du poète en caressant l'enfant de sa sœur, ses enfantillages, le bonheur de revoir son pays et les siens, mêlé au profond chagrin de savoir David caché, les mots de mélancolie qui échappèrent à Lucien, son attendrissement en voyant qu'au milieu de sa détresse sa sœur s'était souvenue de son goût quand Marion servit les fraises ; tout, jusqu'à l'obligation de loger le frère prodigue et de s'occuper de lui, fit de cette journée une fête. Ce fut

comme une halte dans la misère. Le père Séchard lui-même fit rebrousser aux deux femmes le cours de leurs sentiments, en disant :
— Vous le fêtez comme s'il vous apportait des mille et des cents !...
— Mais qu'a donc fait mon frère pour ne pas être fêté ?... s'écria madame Séchard jalouse de cacher la honte de Lucien.

Néanmoins, les premières tendresses passées, les nuances du vrai percèrent. Lucien aperçut bientôt chez Ève la différence de l'affection actuelle et de celle qu'elle lui portait jadis. David était profondément honoré, tandis que Lucien était aimé *quand même*, et comme on aime une maîtresse malgré les désastres qu'elle cause. L'estime, fonds nécessaire à nos sentiments, est la solide étoffe qui leur donne je ne sais quelle certitude, quelle sécurité dont on vit, et qui manquait entre madame Chardon et son fils, entre le frère et la sœur. Lucien se sentit privé de cette entière confiance qu'on aurait eue en lui s'il n'avait pas failli à l'honneur. L'opinion écrite par d'Arthez sur lui, devenue celle de sa sœur, se laissa deviner dans les gestes, dans les regards, dans l'accent. Lucien était plaint ! mais quant à être la gloire, la noblesse de la famille, le héros du foyer domestique, toutes ces belles espérances avaient fui sans retour. On craignit assez sa légèreté pour lui cacher l'asile où vivait David. Ève, insensible aux caresses dont fut accompagnée la curiosité de Lucien, qui voulait voir son frère, n'était plus l'Ève de l'Houmeau pour qui, jadis, un seul regard de Lucien était un ordre irrésistible. Lucien parla de réparer ses torts, en se vantant de pouvoir sauver David. Ève lui répondit : — Ne t'en mêle pas, nous avons pour adversaires les gens les plus perfides et les plus habiles. Lucien hocha la tête, comme s'il eût dit : — J'ai combattu des Parisiens... Sa sœur lui répliqua par un regard qui signifiait :
— Tu as été vaincu. —
Je ne suis plus aimé, pensa Lucien. Pour la famille comme pour le monde, il faut donc réussir.

Dès le second jour, en essayant de s'expliquer le peu de confiance de sa mère et de sa sœur, le poète fut pris d'une pensée non pas haineuse, mais chagrine. Il appliqua la mesure de la vie parisienne à cette chaste vie de province, en oubliant que la médiocrité patiente de cet intérieur sublime de résignation était son ouvrage. — Elles sont bourgeoises, elles ne peuvent pas me comprendre, se dit-il en se séparant ainsi de sa sœur, de sa mère et de Séchard, qu'il ne pouvait plus tromper ni sur son caractère ni sur son avenir.

Ève et madame Chardon, chez qui le sens divinatoire était éveillé par tant de chocs et tant de malheurs, épiaient les plus secrètes pensées de Lucien, elles se sentirent mal jugées et le virent s'isolant d'elles. — Paris nous l'a bien changé ! se dirent-elles. Elles recueillaient enfin le fruit de l'égoïsme qu'elles avaient elles-mêmes cultivé. De part et d'autre, ce léger levain devait fermenter, et il fermenta, mais principalement chez Lucien, qui se trouvait si reprochable. Quant à Ève, elle était bien de ces sœurs qui savent dire à un frère en faute : — Pardonne-moi *tes* torts... Lorsque l'union des âmes a été parfaite comme elle le fut au début de la vie entre Ève et Lucien, toute atteinte à ce beau idéal du sentiment est mortelle. Là où des

E. L.

scélérats se raccommodent après des coups de poignard, les amoureux se brouillent irrévocablement pour un regard, pour un mot. Dans ce souvenir de la quasi-perfection de la vie du cœur se trouve le secret de séparations souvent inexplicables. On peut vivre avec une défiance au cœur, quand le passé n'offre pas le tableau d'une affection pure et sans nuages ; mais pour deux êtres autrefois parfaitement unis, une vie où le regard, la parole exigent des précautions, devient insupportable. Aussi les grands poètes font-ils mourir leurs Paul et Virginie au sortir de l'adolescence. Comprendriez-vous Paul et Virginie brouillés ?..... Remarquons, à la gloire d'Ève et de Lucien, que les intérêts, si fortement blessés, n'avivaient point ces blessures : chez la sœur irréprochable, comme chez le poète de qui venaient les coups, tout était sentiment ; aussi le moindre malentendu, la plus petite querelle, un nouveau mécompte dû à Lucien pouvait-il les désunir ou inspirer une de ces querelles qui brouillent irrévocablement. En fait d'argent tout s'arrange, mais les sentiments sont impitoyables.

Le lendemain Lucien reçut un numéro du journal d'Angoulême, et pâlit de plaisir en se voyant le sujet d'un des premiers *Premiers-Angoulême* que se permit cette estimable feuille qui, semblable aux Académies de province, en fille bien élevée, selon le mot de Voltaire, ne faisait jamais parler d'elle.

« Que la Franche-Comté s'enorgueillisse d'avoir donné le jour à Victor Hugo, à Charles Nodier et à Cuvier ; la Bretagne, à Chateaubriand et à Lamennais ; la Normandie, à Casimir Delavigne ; la Touraine, à l'auteur d'*Éloa* ; aujourd'hui, l'Angoumois, où déjà sous Louis XIII l'illustre Guez, plus connu sous le nom de Balzac, a été fait notre compatriote, n'a plus rien à envier à ces provinces ni au Limousin, qui a produit Dupuytren, ni à l'Auvergne, patrie de Montlosier, ni à Bordeaux, qui a eu le bonheur de voir naître tant de grands hommes ; nous aussi, nous avons un poète ! l'auteur des beaux sonnets intitulés *les Marguerites* joint à la gloire du poète celle du prosateur, car on lui doit également le magnifique roman de *l'Archer de Charles IX*. Un jour nos neveux seront fiers d'avoir pour compatriote Lucien Chardon, un rival de Pétrarque !!!... » Dans les journaux de province de ce temps, les points d'admiration ressemblaient aux *hurra* par lesquels on accueille les *speech* des *meeting* en Angleterre. « Malgré ses éclatants succès à Paris, notre jeune poète s'est souvenu que l'hôtel de Bargeton avait été le berceau de ses triomphes, que l'aristocratie angoumoisine avait applaudi, la première, à ses poésies ; que l'épouse de M. le comte de Châtelet, préfet de notre département, avait encouragé ses premiers pas dans la carrière des Muses, et il est revenu parmi nous !... L'Houmeau tout entier s'est ému quand, hier, notre Lucien de Rubempré s'est présenté. La nouvelle de son retour excitait partout la plus vive sensation. Il est certain que la ville d'Angoulême ne se laissera pas devancer par l'Houmeau dans les honneurs qu'on parle de décerner à celui qui, soit dans la presse, soit dans la littérature, a représenté si glorieusement notre ville à Paris. Lucien, à la fois poète religieux et royaliste, a bravé la fureur des partis ; il est venu, dit-on, se reposer des fatigues d'une lutte qui fatiguerait des athlètes plus forts encore que des hommes de poésie et de rêverie.

« Par une pensée éminemment politique, à laquelle nous applaudissons, et que madame la comtesse du Châtelet a eue, dit-on, la première, il est question de rendre à notre grand poëte le titre et le nom de l'illustre famille des Rubempré, dont l'unique héritière est madame Chardon, sa mère. Rajeunir ainsi, par des talents et par des gloires nouvelles, les vieilles familles près de s'éteindre est, chez l'immortel auteur de la Charte, une nouvelle preuve de son constant désir exprimé par ces mots : *union et oubli.* »

« Notre poëte est descendu chez sa sœur, madame Séchard. »

A la rubrique d'Angoulême se trouvaient les nouvelles suivantes :

« Notre préfet, M. le comte du Châtelet, déjà nommé gentilhomme ordinaire de la chambre de Sa Majesté, vient d'être fait conseiller d'État en service extraordinaire. »

« Hier toutes les autorités se sont présentées chez M. le préfet. »

« Madame la comtesse Sixte du Châtelet recevra tous les jeudis. »

« Le maire de l'Escarbas, M. de Nègrepelisse, représentant de la branche cadette des d'Espard, père de madame du Châtelet, récemment nommé comte, pair de France, et commandeur de l'ordre royal de Saint-Louis, est, dit-on, désigné pour présider le grand collège électoral d'Angoulême aux prochaines élections. »

— Tiens, dit Lucien à sa sœur en lui apportant le journal.

Après avoir lu l'article attentivement, Eve rendit la feuille à Lucien d'un air pensif.

— Que dis-tu de cela ? lui demanda Lucien étonné d'une prudence qui ressemblait à de la froideur. — Mon ami, répondit-elle, ce journal appartient aux Cointet, ils sont absolument les maîtres d'y insérer des articles, et ne peuvent avoir la main forcée que par la préfecture ou par l'évêché. Supposes-tu que ton ancien rival, aujourd'hui préfet, assez généreux pour chanter ainsi tes louanges? Oublies-tu que les Cointet nous poursuivent sous le nom de Métivier et veulent sans doute amener David à les faire profiter de ses découvertes?... De quelque part que vienne cet article, je le trouve inquiétant. Tu n'excitais ici que des haines, des jalousies ; on t'y calomniait en vertu du proverbe : *Nul n'est prophète en son pays*, et voilà que tout change en un clin d'œil !... — Tu ne connais pas l'amour-propre des villes de province, répondit Lucien. On est allé dans une petite ville du Midi recevoir en triomphe, aux portes de la ville, un jeune homme qui avait remporté le prix d'honneur au grand concours, en voyant en lui un grand homme en herbe !

— Écoute-moi, mon cher Lucien, je ne veux pas te sermonner, je te dirai tout dans un seul mot : ici défie-toi des plus petites choses. — Tu as raison, répondit Lucien surpris de trouver sa sœur si peu enthousiaste.

Le poëte était au comble de la joie de voir changer en un triomphe sa mesquine et honteuse rentrée à Angoulême. — Vous ne croyez pas au peu de gloire qui nous coûte si cher ! s'écria Lucien après une heure de silence pendant laquelle il s'amassa comme un orage dans

son cœur. Pour toute réponse, Eve regarda Lucien, et ce regard le rendit honteux de son accusation.

Quelques instants avant le dîner, un garçon de bureau de la préfecture apporta une lettre adressée à M. Lucien Chardon, et qui parut donner gain de cause à la vanité du poëte, que le monde disputait à la famille. Cette lettre était l'invitation suivante :

« M. le comte Sixte du Châtelet et madame la comtesse du Châtelet prient M. Lucien Chardon de leur faire l'honneur de dîner avec eux le quinze septembre prochain.

R. S. V. P. »

A cette lettre était jointe cette carte de visite :

LE COMTE SIXTE DU CHATELET,

Gentilhomme ordinaire de la Chambre du Roi, Préfet de la Charente, Conseiller d'État.

— Vous êtes en faveur, dit le père Séchard, on parle de vous en ville comme d'un grand personnage... On se dispute entre l'Angoulême et l'Houmeau à qui vous tortillera des couronnes... — Ma chère Eve, dit Lucien à l'oreille de sa sœur, je me retrouve absolument comme j'étais à l'Houmeau le jour où je devais aller chez madame de Bargeton : je suis sans habit pour le dîner du préfet. — Tu comptes donc accepter cette invitation ? s'écria madame Séchard effrayée.

Il s'engagea, sur la question d'aller ou de ne pas aller à la préfecture, une polémique entre le frère et la sœur. Le bon sens de la femme de province disait à Eve qu'on ne doit se montrer au monde qu'avec un visage riant, en costume complet, et en tenue irréprochable ; mais elle cachait sa vraie pensée : — Où le dîner du préfet mènera-t-il Lucien ? Que peut pour lui le grand monde d'Angoulême ? Ne machine-t-on pas quelque chose contre lui ? Lucien finit par dire à sa sœur, avant d'aller se coucher : — Tu ne sais pas quelle est mon influence : la femme du préfet a peur du journaliste ; et d'ailleurs, dans la comtesse du Châtelet, il y a toujours Louise de Nègrepelisse ! Une femme qui vient d'obtenir tant de faveurs peut sauver David ! Je lui dirai la découverte que mon frère vient de faire, et ce ne sera

Il aperçut alors la figure violacée du père Séchard, qui remplissait... — PAGE 20.

rien pour elle que d'obtenir un secours de dix mille francs au ministère. A onze heures du soir, Lucien, sa sœur, sa mère et le père Séchard, Marion et Kolb furent réveillés par la musique de la ville, à laquelle s'était réunie celle de la garnison, et trouvèrent la place du Mûrier pleine de monde. Une sérénade fut donnée à Lucien Chardon de Rubempré par les jeunes gens d'Angoulême. Lucien se mit à la fenêtre de sa sœur, et dit au milieu du plus profond silence, après le dernier morceau : — Je remercie mes compatriotes de l'honneur qu'ils me font, je tâcherai de m'en rendre digne ; ils me pardonneront de ne pas en dire davantage : mon émotion est si vive, que je ne saurais continuer. — Vive l'auteur de *l'Archer de Charles IX* !... — Vive l'auteur des *Marguerites* ! — Vive Lucien de Rubempré !

Après ces trois salves, criées par quelques voix, trois couronnes et des bouquets furent adroitement jetés par la croisée dans l'appartement. Dix minutes après, la place du Mûrier était vide, le silence y régnait. — J'aimerais mieux dix mille francs, dit le vieux Séchard, qui tourna, retourna les couronnes et les bouquets d'un air profondément narquois. Mais vous leur avez donné des marguerites, ils vous rendent des bouquets, vous faites dans les fleurs. — Voilà l'estime que vous faites des honneurs que me décernent mes concitoyens! s'écria Lucien, dont la physionomie offrit une expression entièrement dénuée de mélancolie, et qui véritablement rayonna de satisfaction. Si vous connaissiez les hommes, papa Séchard, vous verriez qu'il ne se rencontre pas deux moments semblables dans la vie. Il n'y a qu'un enthousiasme véritable à qui l'on puisse devoir de semblables triomphes!... Ceci, ma chère mère et ma bonne sœur, efface bien des chagrins. Lucien embrassa sa sœur et sa mère comme l'on s'embrasse dans ces moments où la joie déborde à flots si larges qu'il faut la jeter dans le cœur d'un ami. (Faute d'un ami, disait un jour Bixiou, un auteur, ivre de son succès, embrasse son portier.) — Eh bien! ma chère enfant, dit-il à Ève, pourquoi pleures-tu?... Ah! c'est de joie...—Hélas! dit Ève à sa mère avant de se recoucher, et quand elles furent seules, dans un poète il y a, je crois, une jolie femme de la pire espèce... — Tu as raison, répondit la mère en hochant la tête. Lucien a déjà tout oublié, non seulement de ses malheurs, mais des nôtres.

La mère et la fille se séparèrent sans oser se dire toutes leurs pensées. Dans les pays dévorés par le sentiment d'insubordination sociale caché sous le mot *égalité*, tout triomphe est un de ces miracles qui ne va pas, comme certains miracles d'ailleurs, sans la coopération d'adroits machinistes. Sur dix ovations obtenues par des hommes vivants, et décernées au sein de la patrie, il y en a neuf dont les causes sont étrangères à l'homme. Le triomphe de Voltaire sur les planches du Théâtre-Français n'était-il pas celui de la philosophie de son siècle? En France, on ne peut triompher que quand tout le monde se couronne sur la tête du triomphateur. Aussi les deux femmes avaient-elles raison dans leurs pressentiments. Le succès du grand homme de province était trop antipathique aux mœurs immobiles d'Angoulême pour ne pas avoir été mis en scène par des intérêts ou par un machiniste passionné, collaborations également perfides. Ève, comme la plupart des femmes d'ailleurs, se défiait par sentiment et sans pouvoir se justifier à elle-même sa défiance. Elle se dit en s'endormant : — Qui donc aime assez ici mon frère pour avoir excité le pays?... Les *Marguerites* ne sont d'ailleurs pas encore publiées, comment peut-on le féliciter d'un succès à venir?... Ce triomphe était, en effet, l'œuvre de Petit-Claud. Le jour où le curé de Marsac lui annonça le retour de Lucien, l'avoué dînait pour la première fois chez madame de Sénonches, qui devait recevoir officiellement la demande de la main de sa pupille. Ce fut un de ces dîners de famille dont la solennité se trahit plus par les toilettes que par le nombre des convives. Quoiqu'en famille, on se sait en représentation, et les intentions percent dans toutes les contenances. Françoise était mise comme une étalage. Madame de Sénonches avait arboré les pavillons de ses toilettes les plus recherchées. M. du Hautoy était en habit noir. M. de Sénonches, à qui sa femme avait écrit l'arrivée de madame du Châtelet, qui devait se montrer pour la première fois chez elle, et la présentation officielle d'un prétendu pour Françoise, était revenu de M. de Pimentel. Cointet, vêtu de son plus bel habit marron à coupe ecclésiastique, offrit aux regards un diamant de six mille francs sur son jabot, la vengeance du riche commerçant sur l'aristocrate pauvre. Petit-Claud, épilé, peigné, savonné, n'avait pu se défaire de son petit air sec. Il était impossible de ne pas comparer cet avoué maigrelet, serré dans ses habits, à une vipère gelée ; mais l'espoir augmentait si bien la vivacité de ses yeux de pie, il mit tant de glace sur sa figure, il se gourma si bien, qu'il arriva juste à la dignité d'un petit procureur du roi ambitieux. Madame de Sénonches avait prié ses intimes de ne pas dire un mot sur la première entrevue de sa pupille avec un prétendu, ni de l'apparition de la préfète, en sorte qu'elle s'attendit à voir ses salons pleins. En effet, M. le préfet et sa femme avaient fait leurs visites officielles par cartes, en réservant l'honneur des visites personnelles comme un moyen d'action. Aussi l'aristocratie d'Angoulême était-elle travaillée d'une si énorme curiosité, que plusieurs personnes du camp de Chandour se proposèrent de venir à l'hôtel Bargeton, car on s'obstinait à ne pas appeler cette maison l'hôtel de Sénonches. Les preuves du crédit de la comtesse du Châtelet avaient réveillé leurs ambitions; et d'ailleurs, on la disait tellement changée à son avantage, que chacun voulait en juger par soi-même. En apprenant de Cointet, pendant le chemin, la grande nouvelle de la faveur que Zéphirine avait obtenue de la préfète pour pouvoir lui présenter le futur de la chère Françoise, Petit-Claud se flatta de tirer parti de la fausse position où le retour de Lucien mettait Louise de Nègrepelisse.

M. et madame de Sénonches avaient pris des engagements si lourds en achetant leur maison, qu'en gens de province ils ne s'aviseraient pas d'y faire le moindre changement. Aussi, le premier mot de Zéphirine à Louise fut-il, en allant à sa rencontre, quand on l'annonça : — Ma chère Louise, voyez... vous êtes encore ici chez vous!... en lui montrant le petit lustre à pendeloques, les boiseries et le mobilier qui, jadis, avaient fasciné Lucien. — C'est, ma chère, ce que je veux

le moins me rappeler, dit gracieusement madame la préfète en jetant un regard autour d'elle pour examiner l'assemblée.

Chacun s'avoua que Louise de Nègrepelisse ne se ressemblait pas à elle-même. Le monde parisien, où elle était restée pendant dix-huit mois, les premiers bonheurs de son mariage, qui transformaient aussi bien la femme que Paris avait transformé la provinciale, l'espèce de dignité que donne le pouvoir, tout faisait de la comtesse du Châtelet une femme qui ressemblait à madame de Bargeton comme une fille de vingt ans ressemble à sa mère. Elle portait un charmant bonnet de dentelles et de fleurs négligemment attaché par une épingle à tête de diamant. Ses cheveux à l'anglaise lui accompagnaient bien la figure et la rajeunissaient en en cachant les contours. Elle avait une robe en foulard, à corsage en pointe, délicieusement frangée, et dont la façon, due à la célèbre Victorine, faisait bien valoir sa taille. Ses épaules, couvertes d'un fichu de blonde, étaient à peine visibles sous une écharpe de gaze adroitement mise autour de son cou trop long. Enfin elle jouait avec ces jolies bagatelles dont le maniement est l'écueil des femmes de province : une jolie cassolette pendait à son bracelet par une chaîne ; elle tenait dans une main son éventail et son mouchoir roulé sans en être embarrassée. Le goût exquis des moindres détails, la pose et les manières copiées de madame d'Espard révélaient en Louise une savante étude du faubourg Saint-Germain. Quant au vieux beau de l'Empire, le mariage l'avait avancé comme ces melons qui, de verts encore la veille, deviennent jaunes dans une seule nuit. En retrouvant sur le visage épanoui de sa femme la verdeur que Sixte avait perdue, on se fit, d'oreille à oreille, des plaisanteries de province, et d'autant plus volontiers, que toutes les femmes enrageaient de la nouvelle supériorité de l'ancienne reine d'Angoulême, et le tenace intrus dut payer pour sa femme. Excepté M. de Chandour et sa femme, feu Bargeton, M. de Pimentel et les Rastignac, le salon se trouvait à peu près aussi nombreux que le jour où Lucien y fit sa lecture, car monseigneur l'évêque arriva suivi de ses grands vicaires. Petit-Claud, saisi par le spectacle de l'aristocratie angoumoisine, au cœur de laquelle il désespérait de se voir jamais quatre mois auparavant, sentit sa haine contre les classes supérieures se calmer. Il trouva la comtesse Châtelet ravissante en se disant : — Voilà pourtant la femme qui peut me faire nommer substitut ! Vers le milieu de la soirée, après avoir causé pendant le même temps avec chacune des femmes, en variant le ton de son entretien selon l'importance de la personne et la conduite qu'elle avait tenue à propos de sa fuite avec Lucien, Louise se retira dans le boudoir avec monseigneur. Zéphirine prit alors le bras de Petit-Claud, dont le cœur battit, et l'amena vers ce boudoir où les malheurs de Lucien avaient commencé et où ils allaient se consommer.

— Voici M. Petit-Claud, ma chère, je te le recommande d'autant plus vivement, que tout ce que tu feras pour lui profitera sans doute à ma pupille. — Vous êtes avoué, monsieur? dit l'auguste fille de Nègrepelisse en toisant Petit-Claud. — Hélas! oui, *madame la comtesse*. (Jamais le fils du tailleur de l'Houmeau n'avait eu, dans toute sa vie, une seule fois l'occasion de se servir de ces trois mots ; aussi sa bouche en fut-elle comme pleine.) Mais, reprit-il, il dépend de madame la comtesse de me faire tenir debout au parquet. M. Milaud va, dit-on, à Nevers... — Mais, reprit la comtesse, n'est-on pas second, puis premier substitut ? Je voudrais vous voir sur-le-champ premier substitut... Pour m'occuper de vous et vous obtenir cette faveur, je veux quelque certitude de votre dévouement à la légitimité, à la religion, et surtout à M. de Villèle. — Ah! madame, dit Petit-Claud en s'approchant de son oreille, je suis homme à obéir absolument au pouvoir. — C'est qu'il *nous* faut aujourd'hui, répliqua-t-elle en se reculant pour lui faire comprendre qu'elle ne voulait plus rien s'entendre dire à l'oreille. Si vous convenez toujours à madame de Sénonches, comptez sur moi, ajouta-t-elle en faisant un geste royal avec son éventail. — Madame, dit Petit-Claud, à qui Cointet se montra en arrivant à la porte du boudoir, Lucien est ici. — Eh bien! monsieur?... répondit la comtesse d'un ton qui eût arrêté toute espèce de parole dans le gosier d'un homme ordinaire. — Madame la comtesse ne me comprend pas, reprit Petit-Claud en se servant de la formule la plus respectueuse, je veux lui donner une preuve de mon dévouement à sa personne. Comment madame la comtesse veut-elle que le grand homme qu'elle a fait soit reçu dans Angoulême ? Il n'y a pas de milieu : il doit y être un objet ou de mépris ou de gloire.

Louise de Nègrepelisse n'avait pas pensé à ce dilemme, auquel elle était évidemment intéressée, plus à cause du passé que du présent. Or, des sentiments que la comtesse portait actuellement à Lucien dépendait la réussite du plan conçu par l'avoué pour mener à bien l'arrestation de Séchard. — Monsieur Petit-Claud, dit-elle en prenant une attitude de hauteur et de dignité, vous voulez appartenir au gouvernement, sachez que son premier principe doit être de ne jamais avoir eu tort, et que les femmes ont encore, mieux que les gouvernements, l'instinct du pouvoir et le sentiment de leur dignité.

— C'est bien là ce que je pensais, madame, répondit-il vivement en observant la comtesse avec une attention aussi profonde que peu visible. Lucien arrive ici dans la plus grande misère. Mais, s'il doit y recevoir une ovation, je puis aussi le contraindre, à cause de l'ovation même, à quitter Angoulême, où sa sœur et son beau-frère, David Séchard, sont sous le coup de poursuites ardentes...

Louise de Negrepelisse laissa voir sur son visage altier un léger mouvement produit par la répression même de son plaisir. Surprise d'être si bien devinée, elle regarda Petit-Claud en dépliant son éventail, car Françoise de la Haye entrait, ce qui lui donna le temps de trouver une réponse. — Monsieur, dit-elle avec un sourire significatif, vous serez promptement procureur du roi... N'était-ce pas tout dire sans se compromettre ? — Oh ! madame, s'écria Françoise en venant remercier la préfète, je vous devrai donc le bonheur de ma vie. Elle lui dit à l'oreille en se faisant vers sa protectrice par un petit geste de jeune fille : — Je serais morte à petit feu d'être la femme d'un avoué de province.

Si Zéphirine s'était ainsi jetée sur Louise, elle y avait été poussée par Francis, qui ne manquait pas d'une certaine connaissance du monde bureaucratique. — Dans les premiers jours de tout avénement, que ce soit celui d'un préfet, d'une dynastie ou d'une exploitation, dit l'ancien consul général à son amie, on trouve les gens tout feu pour rendre service ; mais ils ont bientôt reconnu les inconvénients de la protection, ils deviennent de glace. Aujourd'hui Louise fera pour Petit-Claud des démarches que, dans trois mois, elle ne voudrait plus faire pour votre mari. — Madame la comtesse pense-t-elle, dit Petit-Claud, à toutes les obligations du triomphe de notre poète ? Elle devra recevoir Lucien pendant les dix jours que durera notre engouement.

La préfète fit un signe de tête afin de congédier Petit-Claud, et se leva pour aller causer avec madame de Pimentel, qui montra sa tête à la porte du boudoir. Saisie par la nouvelle de l'élévation du bonhomme de Negrepelisse à la pairie, la marquise avait jugé nécessaire de venir caresser une femme assez habile pour avoir augmenté son influence en faisant une faute. — Dites-moi donc, ma chère, pourquoi vous vous êtes donné la peine de mettre votre père à la chambre haute ? dit la marquise au milieu d'une conversation confidentielle où elle pliait le genou devant la supériorité de sa chère Louise. — Ma chère, on m'a d'autant mieux accordé cette faveur que mon père n'a pas d'enfants, et votera toujours pour la couronne ; mais, si j'ai des garçons, je compte bien que mon aîné sera substitué au titre, aux armes et à la pairie de son grand-père...

Madame de Pimentel vit avec chagrin qu'elle ne pourrait pas employer à réaliser son désir de faire élever M. de Pimentel à la pairie une mère dont l'ambition s'étendait sur les enfants à venir. — Je tiens la préfète, disait Petit-Claud à Cointet en sortant, et je vous promets votre acte de société... Je serai dans un mois premier substitut, et vous, vous serez maître de Séchard. Tâchez maintenant de me trouver un successeur pour mon étude, j'en ai fait, en cinq mois, la première d'Angoulême... — Il ne fallait que vous mettre à cheval, dit Cointet, presque jaloux de son œuvre.

Chacun peut maintenant comprendre la cause du triomphe de Lucien dans son pays. A la manière de ce roi de France, qui ne vengeait pas le duc d'Orléans, Louise ne voulait pas se souvenir des injures reçues à Paris par madame Bargeton. Elle voulait patronner Lucien, l'écraser de sa protection, et s'en débarrasser honnêtement. Mis au fait de toute l'intrigue de Paris par les commérages, Petit-Claud avait bien deviné la haine vivace que les femmes portent à l'homme qui n'a pas su les aimer à l'heure où elles ont eu l'envie d'être aimées. Le lendemain de l'ovation, qui justifiait le passé de Louise de Negrepelisse, Petit-Claud, pour achever de griser Lucien et s'en rendre maître, se présenta chez madame Séchard à la tête de six jeunes gens qui lui étaient tous anciens camarades au collège d'Angoulême. Cette députation était envoyée à l'auteur des Marguerites et de l'Archer de Charles IX par ses condisciples, pour le prier d'assister au banquet qu'ils voulaient donner au grand homme sorti de leurs rangs. — Tiens, c'est toi, Petit-Claud ! s'écria Lucien. — Ta rentrée ici, lui dit Petit-Claud, a stimulé notre amour-propre, nous nous sommes piqués d'honneur, nous nous sommes cotisés, et nous te préparons un magnifique repas. Le proviseur et nos professeurs y assisteront ; et, à la manière dont vont les choses, nous aurons sans doute les autorités. — Et pour quel jour ? dit Lucien. — Dimanche prochain. — Cela me serait impossible, répondit le poète, je ne puis accepter que pour dans dix jours d'ici... Mais alors ce sera volontiers. — Eh bien ! nous sommes à tes ordres, lui dit Petit-Claud ; soit, dans dix jours.

Lucien fut charmant avec ses anciens camarades, qui lui témoignèrent une admiration presque respectueuse. Il causa pendant environ une demi-heure avec beaucoup d'esprit, car il se trouvait sur un piédestal et voulait justifier l'opinion du pays : il se mit les mains dans les goussets, il parla tout à fait en homme qui voit les choses de la hauteur où ses concitoyens l'ont mis. Il fut modeste et bon enfant, comme un génie en déshabillé. Ce fut les plaintes d'un athlète fatigué des luttes à Paris, désenchanté surtout il félicita ses camarades de ne pas avoir quitté leur bonne province, etc. Il les laissa tous enchantés de lui. Puis il prit Petit-Claud à part et lui demanda la vérité sur les affaires de David, en lui reprochant l'état de séquestration où se trouvait son beau-frère. Lucien voulait ruser avec Petit-Claud. Petit-Claud s'efforça de donner à son ancien camarade cette opinion que lui, Petit-Claud, était un pauvre petit avoué de province, sans aucune espèce de finesse. La constitution actuelle des sociétés, infiniment plus compliquée dans ses rouages que celle des sociétés antiques, a eu pour effet de subdiviser les facultés chez l'homme. Autrefois, les gens éminents, forcés d'être universels, apparaissaient en petit nombre et comme des flambeaux au milieu des nations antiques. Plus tard, si les facultés se spécialisèrent, la qualité s'adressait encore à l'ensemble des choses. Ainsi un homme riche en cautèle, comme on l'a dit de Louis XI, pouvait appliquer sa ruse à tout ; mais aujourd'hui la qualité s'est elle-même subdivisée. Par exemple, autant de professions, autant de ruses différentes. Un rusé diplomate sera très-bien joué, dans une affaire, au fond d'une province, par un avoué médiocre ou par un paysan. Le plus rusé journaliste peut se trouver fort niais en matière d'intérêts commerciaux, et Lucien devait être et fut le jouet de Petit-Claud. Le malicieux avocat avait naturellement écrit lui-même l'article où la ville d'Angoulême, compromise avec son faubourg de l'Houmeau, se trouvait obligée de fêter Lucien. Les concitoyens de Lucien venus sur la place du Mûrier étaient les ouvriers de l'imprimerie et de la papeterie des Cointet, accompagnés des clercs de Petit-Claud, de Cachan et de quelques camarades de collège. Redevenu pour le poète le copin du collège, l'avoué pensait avec raison que le camarade laisserait échapper, dans un temps donné, le secret de la retraite de David. Et si David périssait par la faute de Lucien, Angoulême n'était pas tenable pour le poète. Aussi, pour mieux assurer son influence, se posa-t-il comme l'inférieur de Lucien.

— Comment n'aurais-je pas fait pour le mieux ? dit Petit-Claud à Lucien. Il s'agissait de la sœur de mon copin ; mais au palais il y a des positions où l'on doit périr. David m'a demandé, le premier juin, de lui garantir sa tranquillité pendant trois mois ; il n'est en danger qu'en septembre, et encore ai-je su soustraire tout son avoir à ses créanciers, car je gagnerai le procès en cour royale ; j'y ferai juger que le privilège de la femme est absolu, que, dans l'espèce, il ne couvre aucune fraude... Quant à toi, tu reviens malheureux, mais tu es un homme de génie. (Lucien fit un geste comme d'un homme à qui l'encensoir arrive trop près du nez.) — Oui, mon cher, reprit Petit-Claud, j'ai lu l'Archer de Charles IX, et c'est plus qu'un ouvrage, c'est un livre ! La préface n'a pu être écrite que par deux hommes : Chateaubriand ou toi !

Lucien accepta cet éloge sans dire que cette préface était de d'Arthez. Sur cent auteurs français, quatre-vingt-dix-neuf eussent agi comme lui. — Eh bien ! ici l'on n'avait pas l'air de te connaître, reprit Petit-Claud en jouant l'indignation. Quand j'ai vu l'indifférence générale, je me suis mis en tête de révolutionner tout ce monde. J'ai fait l'article que tu as lu... — Comment ! c'est toi qui... s'écria Lucien. — Moi-même... Angoulême et l'Houmeau se sont trouvés en rivalités, j'ai rassemblé des jeunes gens, tes anciens camarades de collège, et j'ai organisé la sérénade d'hier ; puis, une fois lancés dans l'enthousiasme, nous avons lâché la souscription pour le dîner. « Si David se cache, au moins Lucien sera couronné ! » me suis-je dit. J'ai fait mieux, reprit Petit-Claud, j'ai vu la comtesse Châtelet. J'ai lui ai fait comprendre qu'elle se devait à elle-même de tirer David de sa position, elle le peut, elle le doit. Si David a bien réellement trouvé le secret dont il m'a parlé, le gouvernement ne se ruinera pas en le soutenant, et quel gonle pour un préfet d'avoir l'air d'être pour moitié dans une si grande découverte par l'heureuse protection qu'il accorde à l'inventeur ! On fait parler de soi comme d'un administrateur éclairé... Ta sœur s'est effrayée du feu de notre mousqueterie judiciaire, elle a eu peur de la fumée... La guerre au palais coûte aussi cher que sur les champs de bataille ; mais David a maintenu sa position, il est maître de son secret : on ne peut pas l'arrêter, on ne l'arrêtera pas. — Je te remercie, mon cher, et je vois que je puis te confier mon plan, tu m'aideras à le réaliser.

Petit-Claud regarda Lucien en donnant à son nez de poignée en vrille l'air d'un point d'interrogation. — Je veux sauver Séchard, dit Lucien avec une sorte d'importance, je suis la cause de son malheur, je réparerai tout... J'ai pour quel jour ! dit Lucien. — Qui, Louise... — La comtesse Châtelet !... Petit-Claud fit un mouvement. J'ai sur elle plus d'empire qu'elle ne le croit elle-même, reprit Lucien ; seulement, mon cher, si j'ai du pouvoir sur votre gouvernement, je n'ai pas d'habits. Petit-Claud fit un autre mouvement comme pour offrir sa bourse. — Merci, dit Lucien en serrant la main de Petit-Claud. Dans dix jours d'ici, j'irai faire une visite à madame la préfète, et je te rendrai la tienne.

Et ils se séparèrent en se donnant des poignées de main de camarades. — Il doit être poète, se dit en lui-même Petit-Claud, car il est fou. — On a beau dire, pensait Lucien en revenant chez sa sœur ; en fait d'amis, il n'y a que les amis de collège. — Mon Lucien, dit Ève, que t'a donc promis Petit-Claud pour lui témoigner tant d'amitié ? Prends garde à lui ! — A lui ? s'écria Lucien. Écoute, Ève, reprit-il en paraissant obéir à une réflexion, tu ne crois plus en moi, tu te défies de moi, tu peux bien te défier de Petit-Claud, mais dans douze ou quinze jours tu changeras d'opinion, ajouta-t-il d'un petit air fat.

Lucien remonta dans sa chambre, et y écrivit la lettre suivante à Lousteau.

« Mon ami, de nous deux, moi seul puis me souvenir du billet de mille francs que je t'ai prêté ; mais je connais trop bien, hélas ! la situation où tu seras en ouvrant ma lettre, pour ne pas ajouter aussitôt que je ne te les redemande pas en espèces d'or ou d'argent; non, je te les demande en crédit comme on les demanderait à Florine en plaisir. Nous avons le même tailleur, tu peux donc me faire confectionner sous le plus bref délai un habillement complet. Sans être précisément dans le costume d'Adam, je ne puis me montrer. Ici les honneurs départementaux dus aux illustrations parisiennes m'attendaient, à mon grand étonnement. Je suis le héros d'un banquet, ni plus ni moins qu'un député de la gauche ; comprends-tu maintenant la nécessité d'un habit noir ? Promets le payement ; charge-t'en, fais jouer la réclame ; enfin trouve une scène inédite de don Juan avec M. Dimanche, car il faut m'endimancher à tout prix. Je n'ai rien que des haillons : pars de là ! Nous sommes en septembre, il fait un temps magnifique ; ergo veille à ce que je reçoive, à la fin de cette semaine, un charmant habillement du matin : petite redingote vert-bronze foncé, trois gilets, l'un couleur soufre, l'autre de fantaisie, genre écossais, le troisième d'une entière blancheur ; plus trois pantalons à faire des femmes, l'un blanc étoffe anglaise, l'autre nankin, le troisième en léger casimir noir ; enfin un habit noir et un gilet de satin noir pour soirée. Si tu as retrouvé une muse tailleur quelconque, je me recommande à elle pour deux cravates de fantaisie. Ceci n'est rien, je compte sur toi, sur ton adresse : le tailleur m'inquiète peu. Mon cher ami, nous l'avons maintes fois déploré : l'intelligence de la misère, qui certes est le plus actif poison dont soit travaillé l'homme par excellence, le Parisien ! cette intelligence dont l'activité surprendrait Satan, n'a pas encore trouvé le moyen d'avoir à crédit un chapeau ! Quand nous aurons mis à la mode des chapeaux qui vaudront mille francs, les chapeaux seront possibles : mais jusque-là nous devrons toujours avoir assez d'or dans nos poches pour payer un chapeau. Ah ! quel mal la Comédie-Française nous a fait avec ce : — Lafleur, tu mettras de l'or dans mes poches ! Je sens donc profondément toutes les difficultés de l'exécution de cette demande : Joins une paire de bottes, une paire d'escarpins, un chapeau, six paires de gants, à l'envoi du tailleur ! C'est demander l'impossible, je le sais. Mais la vie littéraire n'est-elle pas l'impossible mis en coupe réglée ?... Je ne te dis qu'une seule chose : opère ce prodige en faisant un grand article ou quelque petite infamie, je te quitte et décharge de la dette. Et c'est une dette d'honneur, mon cher ; elle a douze mois de carnet : tu en rougirais si tu pouvais rougir. Mon cher Lousteau, plaisanterie à part, je suis dans des circonstances graves. Juges-en par ce seul mot : la Seiche est engraissée, elle est devenue la femme du Héron, et le Héron est préfet d'Angoulême. Cet affreux couple peut beaucoup pour mon beau-frère que j'ai mis dans une situation affreuse, il est poursuivi, caché, sous le poids de la lettre de change !... Il s'agit de reparaître aux yeux de madame la préfète et de les reprendre sur elle quelque empire à tout prix. N'est-ce pas effrayant de penser que la fortune de David Séchard dépende d'une jolie paire de bottes, de bas de soie gris à jour (ne va pas les oublier), et d'un chapeau neuf !... Je vais me dire malade et souffrant, me mettre au lit comme fit Duvicquet, pour me dispenser de répondre à l'empressement de mes concitoyens. Mes concitoyens m'ont donné, mon cher, une très-belle sérénade. Je commence à me demander combien il faut de sots pour composer ce mot : mes concitoyens, depuis que j'ai su que l'enthousiasme de la capitale de l'Angoumois avait eu quelques-uns de mes camarades de collège pour boute-en-train.

« Si tu pouvais mettre aux Faits-Paris quelques lignes sur ma réception, tu me grandirais ici de plusieurs talons de botte. Je ferais d'ailleurs sentir à la Seiche que j'ai, sinon des amis, du moins quelque crédit dans la presse parisienne. Comme je ne renonce à rien de mes espérances, je le revaudrai cela. S'il te fallait un bel article de fonds pour un recueil quelconque, j'ai le temps de méditer un loisir. Je ne te dis plus qu'un mot, mon cher ami : je compte sur toi, comme tu peux compter sur celui qui se dit :

« Tout à toi, LUCIEN DE R. »

« P. S. Adresse-moi le tout par les diligences, bureau restant. »

Cette lettre, où Lucien reprenait le ton de supériorité que son succès lui donnait intérieurement lui rappela Paris. Pris depuis six jours par le calme absolu de la province, sa pensée se reporta vers ses bonnes misères, il eut des regrets vagues, il resta pendant toute une semaine préoccupé de la comtesse Châtelet ; enfin il attacha tant d'importance à sa réapparition que, quand il descendit, à la nuit tombante, à l'Houmeau chercher au bureau des diligences les paquets qu'il attendait de Paris, il éprouvait toutes les angoisses de l'incertitude, comme une femme qui a mis ses dernières espérances sur une toilette et qui désespère de l'avoir. — Ah ! Lousteau, je te pardonne tes trahisons, se dit-il en remarquant sur la forme des paquets que l'envoi devait contenir tout ce qu'il avait demandé.

Il trouva la lettre suivante dans le carton à chapeau.

« Du salon de Florine.

« Mon cher enfant, le tailleur s'est très-bien conduit ; mais, comme ton profond coup d'œil rétrospectif te le faisait pressentir, les cravates, le chapeau, les bas de soie à trouver ont porté le trouble dans nos cœurs, car il n'y avait rien à troubler dans notre bourse. Nous le disions avec Blondet : il y aurait une fortune à faire en établissant une maison où les jeunes gens trouveraient ce qui coûte peu de chose. Car nous finissons par payer très-cher ce que nous ne payons pas. D'ailleurs, le grand Napoléon, arrêté dans sa course vers les Indes, faute d'une paire de bottes, l'a dit : Les affaires faciles ne se font jamais ! Donc tout allait, excepté ta chaussure... Je te voyais habillé sans chapeau, gileté sans souliers, et je pensais à t'envoyer une paire de mocassins qu'un Américain a donnés par curiosité à Florine. Florine a offert une masse de quarante francs à jouer pour toi. Nathan, Blondet et moi, nous avons été si heureux en ne jouant plus pour notre compte, que nous avons été assez riches pour emmener la Torpille. Lucien rat de des Lupeaulx, à souper. Frascati nous devait bien. ce. Florine s'est chargée des acquisitions ; elle y a joint trois belles chemises. Nathan t'offre une canne. Blondet, qui a gagné trois cents francs, t'envoie une chaîne d'or. Le rat y a joint une montre en or, grande comme une pièce de quarante francs qu'un imbécile lui a donnée et qui ne va pas. « C'est de la pacotille comme ce qu'il a eu ! » nous a-t-elle dit. Bixiou, qui nous est venu trouver au Rocher de Cancale, a voulu mettre un flacon d'eau de Portugal dans l'envoi que te fait Paris. Notre premier comique a dit : « Si cela peut faire son bonheur, qu'il le soit ! » avec cet accent de basse-taille et cette importance bourgeoise qu'il peint si bien. Tout cela, mon cher enfant, te prouve combien l'on aime ses amis dans le malheur. Florine, à qui j'ai eu la faiblesse de pardonner, te prie de nous envoyer un article sur le dernier ouvrage de Nathan. Adieu, mon fils ! Je ne puis que te plaindre d'être retourné dans le bocal d'où tu sortais quand tu t'es fait un vieux camarade de ton ami ÉTIENNE L. »

— Pauvres garçons ! ils ont joué pour moi, se dit-il tout ému.

Il vient des pays malsains ou de ceux où l'on a le plus souffert des bouffées qui ressemblent aux senteurs du paradis. Dans une vie tiède le souvenir des souffrances est comme une jouissance indéfinissable. Ève fut stupéfaite quand son frère descendit dans ses vêtements neufs ; elle ne le reconnaissait pas. — Je puis maintenant m'aller promener à Beaulieu, s'écria-t-il ; on ne dira pas de moi : Il est revenu en haillons ! Tiens, voilà une montre que je te rendrai, car elle est bien à moi ; puis elle me ressemble, elle est détraquée. — Quel enfant tu es !... dit Ève. On ne peut t'en vouloir de rien. — Croirais-tu donc, ma chère fille, que j'aie demandé tout cela dans la pensée assez niaise de briller aux yeux d'Angoulême, dont je me soucie comme de cela ! dit-il en fouettant l'air avec son jonc à pomme d'or ciselée. Je veux réparer le mal que j'ai fait, et je me suis mis sous les armes.

Le succès de Lucien comme élégant fut le seul triomphe réel qu'il obtint, mais il fut immense. L'envie délie autant de langues que l'admiration en glace. Les femmes raffolèrent de lui, les hommes en médirent, et il put s'écrier comme le chansonnier : O mon habit, que je te remercie ! Il alla mettre deux cartes à la préfecture, et fit également une visite à Petit-Claud, qu'il ne trouva pas. Le lendemain, jour du banquet, les journaux de Paris contenaient tous, à la rubrique d'Angoulême, les lignes suivantes :

« ANGOULÊME. Le retour d'un jeune poète dont les débuts ont été si « brillants, de l'auteur de l'Archer de Charles IX, l'unique roman « historique fait en France sans imitation du genre de Walter Scott, « et dont la préface est un événement littéraire, a été signalé par « une ovation aussi flatteuse que pour M. Lucien de « Rubempré. La ville s'est empressée de lui offrir un banquet patrio- « tique. Le nouveau préfet, à peine installé, s'est associé à la mani- « festation publique en fêtant l'auteur des Marguerites, dont le talent « fut si vivement encouragé à ses débuts par la comtesse Châtelet. »

Une fois l'élan donné, personne ne put plus l'arrêter. Le colonel du régiment en garnison offrit sa musique. Le maître d'hôtel de la Cloche, dont les expéditions de dindes truffées vont jusqu'en Chine et s'envoient dans les plus magnifiques porcelaines, le fameux aubergiste de l'Houmeau, chargé du repas, avait décoré sa grande salle avec des draps sur lesquels des couronnes de laurier entremêlées de fleurs faisaient un effet superbe. A cinq heures, quarante personnes étaient réunies là, toutes en habit de cérémonie. Une foule de cent et quelques habitants, attirés principalement par la présence des musiciens dans la cour, représentait les concitoyens. — Tout Angoulême est là, dit Petit-Claud en se mettant à la fenêtre. — Je n'y comprends rien, disait Postel à sa femme qui vint pour écouter la musique. Comment ! le préfet, le receveur général, le colonel, le directeur de la poudrerie, notre député, le maire, le proviseur, le directeur de la fonderie de Ruelle, le président, le procureur du roi, M. Milaud, toutes les autorités viennent d'arriver !...

Quand on se mit à table, l'orchestre militaire commença par des variations sur l'air de Vive le roi, vive la France ! qui n'a pu devenir populaire. Il était cinq heures du soir. A huit heures, un dessert de soixante-cinq plats, remarquable par un olympe en sucreries surmonté de la France en chocolat, donna le signal des toasts. — Messieurs, dit le préfet en se levant, au roi !... à la légitimité ! N'est-ce pas à la paix que les Bourbons nous ont ramenée que nous devons la génération de poètes et de penseurs qui maintient dans les mains de la France le sceptre de la littérature ?... — Vive le roi ! crièrent les convives, parmi lesquels les ministériels étaient en force. Le vénérable proviseur se leva. — Au jeune poète, dit-il, au héros du jour, qui a su allier à la grâce et à la poésie de Pétrarque, dans un genre que Boileau déclarait si difficile, le talent du prosateur ! — Bravo ! bravo ! Le colonel se leva. — Messieurs, au royaliste ! car le héros de cette fête a eu le courage de défendre les bons principes ! — Bravo ! dit le préfet, qui donna le ton aux applaudissements. Petit-Claud se leva. — Tous les camarades de Lucien à la gloire du collège d'Angoulême, au vénérable proviseur qui nous est si cher, et à qui nous devons reporter tout ce qui lui appartient dans nos succès !... Le vieux proviseur, qui ne s'attendait pas à ce toast, s'essuya les yeux. Lucien se leva, le plus profond silence s'établit, et le poète devint blanc. En ce moment le vieux proviseur, qui se trouvait à sa gauche, lui posa sur la tête une couronne de laurier. On battit des mains. Lucien eut des larmes dans les yeux et dans la voix. — Il est gris, dit à Petit-Claud le futur procureur du roi de Nevers. — Ce n'est pas le vin qui l'a grisé, répondit l'avoué. — Mes chers compatriotes, mes chers camarades, dit enfin Lucien, je voudrais avoir la France entière pour témoin de cette scène. C'est ainsi qu'on élève les hommes, et qu'on obtient dans notre pays les grandes œuvres et les grandes actions. Mais, voyant le peu que j'ai fait et le grand honneur que j'en reçois, je ne puis que me trouver confus et m'en remettre à l'avenir du soin de justifier l'accueil d'aujourd'hui. Le souvenir de ce moment me rendra des forces au milieu de luttes nouvelles. Permettez-moi de signaler à vos hommages celle qui fut et ma première muse et ma protectrice, et de boire aussi à ma ville natale : donc à la belle comtesse Sixte du Châtelet et à la noble ville d'Angoulême ! — Il ne s'en est pas mal tiré, dit le procureur du roi, qui hocha la tête en signe d'approbation ; car nos toasts étaient préparés, et le sien est improvisé.

A dix heures les convives s'en allèrent par groupes. David Séchard, entendant cette musique extraordinaire, dit à Basine : — Que se passe-t-il donc à l'Houmeau ? — L'on donne, répondit-elle, une fête à votre beau-frère Lucien. — Je suis sûr, dit-il, qu'il aura dû regretter de ne pas m'y voir !

A minuit Petit-Claud reconduisit Lucien jusque sur la place du Mûrier. Là Lucien dit à l'avoué : — Mon cher, entre nous c'est à la vie, à la mort. — Demain, dit l'avoué, l'on signe mon contrat de mariage, chez madame de Sénonches, avec mademoiselle Françoise de la Haye, sa pupille, fais-moi le plaisir d'y venir ; madame de Sénonches m'a prié de t'y amener, et tu y verras la préfète, qui sera très-flattée de ton toast, dont on va sans doute lui par... — J'avais bien mes idées, dit Lucien. — Oh ! tu sauveras David ! — en suis sûr, répondit le poète.

En ce moment David se montra comme par enchantement. Voici pourquoi. Il se trouvait dans une position assez difficile : sa femme lui défendait absolument et de recevoir Lucien et de lui faire savoir le lieu de sa retraite, tandis que Lucien lui écrivait les lettres les plus affectueuses en lui disant que sous de peu de jours il aurait réparé le mal. Or, mademoiselle Clerget avait remis à David les deux lettres suivantes en lui disant le motif de la fête dont la musique arrivait à son oreille.

« Mon ami, fais comme si Lucien n'était pas ici, ne t'inquiète de rien, et grave dans ta chère tête cette proposition : notre sécurité vient tout entière de l'impossibilité où sont tes ennemis de savoir où tu es. Tel est mon malheur, que j'ai plus de confiance en Kolb, en Marion, en Basine, qu'en mon frère. Hélas ! mon pauvre Lucien n'est plus le candide et tendre poète que nous avons connu. C'est précisément parce qu'il veut se mêler de tes affaires et qu'il a la présomption de faire payer tes dettes (par orgueil, mon David !...) que je le crains. Il a reçu de Paris de beaux habits, et cinq pièces d'or dans une belle bourse. Il a mis ces sommes à ma disposition, et nous vivons de cet argent. Nous avons enfin un ennemi de moins : ton père nous a quittés, et nous devons son départ à Petit-Claud, qui a démêlé les intentions du père Séchard et qui les a sur-le-champ annihilées en lui disant que tu ne ferais plus rien sans lui ; que lui, Petit-Claud, ne te laisserait rien céder à la découverte sans une indemnité préalable de trente mille francs : d'abord quinze mille francs pour te liquider, quinze mille que tu toucherais dans tous les cas, succès ou insuccès. Petit-Claud est inexplicable pour moi. Je t'embrasse comme une femme embrasse son mari malheureux. Notre petit Lucien va bien. Quel spectacle que celui de cette fleur qui se colore et grandit au milieu de nos tempêtes domestiques ! Ma mère, comme toujours, prie Dieu, et t'embrasse presque aussi tendrement que ton ÈVE. »

Petit-Claud et les Cointet, effrayés de la ruse paysanne du vieux Séchard, s'en étaient, comme on voit, d'autant mieux débarrassés, que ses vendanges le rappelaient à ses vignes de Marsac. La lettre de Lucien, incluse dans celle d'Ève, était ainsi conçue :

« Mon cher David, tout va bien. Je suis armé de pied en cap ; j'entre en campagne aujourd'hui, dans deux jours j'aurai fait bien du chemin. Avec quel plaisir je t'embrasserai quand tu seras libre et quitte de mes dettes ! Mais je suis blessé, pour la vie et au cœur, de la défiance que ma sœur et ma mère continuent à me témoigner. Ne sais-je pas déjà que tu te caches chez Basine ? Toutes les fois que Basine vient à la maison, j'ai de tes nouvelles et la réponse à mes lettres. Il est d'ailleurs évident que ma sœur ne pouvait compter que sur son amie d'atelier. Aujourd'hui je serai loin et cruellement marri de ne pas te faire assister à la fête que l'on me donne. L'amour-propre d'Angoulême m'a valu un petit triomphe qui dans quelques jours sera entièrement oublié, mais où la joie aurait été la seule de sincère. Enfin, encore quelques jours, et tu pardonneras tout à celui qui compte pour plus que toutes les gloires du monde d'être

« Ton frère, LUCIEN. »

David eut le cœur vivement tiraillé par ces deux forces, quoiqu'elles fussent inégales ; car il adorait sa femme, et son amitié pour Lucien s'était diminuée d'un peu d'estime. Mais dans la solitude la force des sentiments change entièrement. L'homme seul, et en proie à des préoccupations comme celles qui dévoraient David, cède à des pensées contre lesquelles il trouverait des points d'appui dans le milieu ordinaire de la vie. Ainsi, en lisant la lettre de Lucien au milieu des fanfares de ce triomphe inattendu, il fut profondément ému d'y voir exprimé le regret sur lequel il comptait. Les âmes tendres ne résistent pas à ces petits effets du sentiment, qu'ils estiment aussi puissants chez les autres que chez eux. N'est-ce pas la goutte d'eau qui tombe de la coupe pleine ? Aussi, vers minuit, toutes les supplications de Basine ne purent-elles empêcher David d'aller voir Lucien. — Personne, lui dit-il, ne se promène à cette heure dans les rues d'Angoulême, l'on ne me verra pas, l'on ne peut pas m'arrêter la nuit ; et, dans le cas où je serais rencontré, je puis me servir du moyen inventé par Kolb pour revenir dans ma cachette. Il y a d'ailleurs trop longtemps que je n'ai embrassé ma femme et mon enfant.

Basine céda devant toutes ces raisons assez plausibles, et laissa sortir David, qui criait : — Lucien ! au moment où Lucien et Petit-Claud se disaient bonsoir. Et les deux frères se jetèrent dans les bras l'un de l'autre en pleurant. Il n'y a pas beaucoup de moments semblables dans la vie. Lucien sentait l'effusion d'une de ces amitiés quand même, avec lesquelles on ne compte jamais et qu'on se reproche d'avoir trompées. David éprouvait le besoin de pardonner. Ce généreux et noble inventeur voulait surtout sermonner Lucien et dissiper les nuages qui voilaient l'affection de la sœur et du frère. Devant ces considérations de sentiment, tous les dangers engendrés par le défaut d'argent avaient disparu. Petit-Claud dit à son client : — Allez chez vous, profitez au moins de votre imprudence, embrassez votre femme et votre enfant, et qu'on ne vous voie pas ! — Quel malheur ! se dit Petit-Claud qui resta seul sur la place du Mûrier. Ah ! si j'avais là Cérizet.

Au moment où l'avoué se parlait à lui-même le long de l'enceinte en planches faite autour de la place où s'élève orgueilleusement aujourd'hui le palais de Justice, il entendit cogner derrière lui sur une planche, comme quand quelqu'un du doigt à une porte. — J'y suis, dit Cérizet, dont la voix passait entre la fente de deux planches mal jointes. J'ai vu David sortant de l'Houmeau. Je commençais à soupçonner le lieu de sa retraite, maintenant j'en suis sûr, et sais où le pincer ; mais, pour lui tendre un piège, il est nécessaire que je sache quelque chose des projets de Lucien, et voilà que vous les faites rentrer. Au moins restez là sous un prétexte quelconque. Quand David et Lucien sortiront, amenez-les près de moi : ils se croiront seuls, et j'entendrai les derniers mots de leur adieu. — Tu es un maître diable ! dit tout bas Petit-Claud. — Nom d'un petit bonhomme ! s'écria Cérizet, que ne ferait-on pas pour avoir ce que vous m'avez promis !

Petit-Claud quitta les planches et se promena sur la place du Mûrier en regardant les fenêtres de la chambre où la famille était réunie, et pensant à son avenir comme pour se donner du courage ; car l'adresse de Cérizet lui permettait de frapper le dernier coup. Petit-Claud était un de ces hommes profondément retors et traîtreusement souples, qui ne se laissent jamais prendre aux amorces du présent ni aux liens d'aucun attachement, après avoir observé les changements du cœur humain et la stratégie des intérêts. Aussi avait-il d'abord peu compté sur Cointet. Dans le cas où l'œuvre de son mariage aurait manqué sans qu'il eût le droit d'accuser le grand Cointet de traîtrise, il s'était mis en mesure de le chagriner ; mais, depuis son succès à l'hôtel de Bargeton, Petit-Claud jouait franc jeu. Son arrière-trame, devenue inutile, était dangereuse pour la situation politique à laquelle il aspirait. Voici les bases sur lesquelles il voulait asseoir son importance future. Gannerac et quelques gros négociants commençaient à former dans l'Houmeau un comité libéral qui se rattachait par les relations du commerce aux chefs de l'opposition. L'avènement du ministère Villèle, accepté par Louis XVIII mourant, était le signal d'un changement de conduite dans l'opposition, qui, depuis la mort de Napoléon, renonçait au moyen dangereux des conspirations. Le parti libéral organisait au fond des provinces son système de résistance légale : il tendit à se rendre maître de la matière électorale, afin d'arriver à son but par la conviction des masses. Enragé libéral et fils de l'Houmeau, Petit-Claud fut le promoteur, l'âme et le conseil secret de l'opposition de la basse ville, opprimée par l'aristocratie de la ville haute. Le premier il fit apercevoir le danger de laisser les Cointet disposer à eux seuls de la presse dans le département de la Charente, où l'opposition devait avoir un organe, afin de ne pas rester en arrière des autres villes. — Que chacun de nous donne un billet de cinq cents francs à Gannerac, il aura vingt et quelques mille francs pour acheter l'imprimerie Séchard, dont nous serons alors les maîtres en en tenant le propriétaire par un prêt, dit Petit-Claud.

L'avoué fit adopter cette idée, en vue de corroborer ainsi sa double position vis-à-vis de Cointet et de Séchard, et il jeta naturellement les yeux sur un drôle de l'encolure de Cérizet pour en faire l'homme dévoué du parti. — Si tu peux découvrir ton ancien bourgeois et le mettre entre mes mains, dit-il à l'ancien prote de Séchard, on te prêtera vingt mille francs pour acheter son imprimerie, et probablement tu seras à la tête d'un journal. Ainsi, marche.

Plus sûr de l'activité d'un homme comme Cérizet que de celle de tous les Doublon du monde, Petit-Claud avait alors promis au grand Cointet l'arrestation de Séchard fils, depuis que Petit-Claud caressait l'espérance d'entrer dans la magistrature, il prévoyait la nécessité de tourner le dos aux libéraux, et il avait si bien monté les esprits à l'Houmeau, que les fonds nécessaires à l'acquisition de l'imprimerie étaient réalisés. Petit-Claud résolut de laisser aller les choses à leur cours naturel. — Bah ! se dit-il, Cérizet commettra quelque délit de presse, et j'en profiterai pour montrer mes talents...

Il alla vers la porte de l'imprimerie, et dit à Kolb, qui faisait sentinelle : — Monte avertir David de profiter de l'heure pour s'en aller, et prenez bien vos précautions, je m'en vais, il est une heure... Lorsque Kolb quitta le pas de la porte, Marion vint prendre sa place. Lucien et David descendirent, Kolb les précéda de cent pas en avant, et Marion les suivit de cent pas en arrière. Quand les deux frères passèrent le long des planches, Lucien parlait avec chaleur à David. — Mon ami, lui dit-il, mon plan est d'une excessive simplicité ; mais comment en parler devant Ève, qui n'en comprendrait jamais les moyens ? Je suis sûr que Louise a dans le fond du cœur un désir que je saurai réveiller, je le veux uniquement pour me venger de cet imbécile de préfet. Si nous nous aimons, ne fût-ce qu'une semaine, je lui ferai demander au ministère un encouragement de vingt mille francs pour toi. Demain, je reverrai cette créature dans ce petit boudoir où nos amours ont commencé, et où, selon Petit-Claud, il n'y a rien de changé : j'y jouerai la comédie. Aussi, après-demain matin, te ferai-je remettre par Basine un petit mot pour te dire si j'ai été sifflé... Qui sait, peut-être seras-tu libre... Comprends-tu maintenant pourquoi j'ai voulu des habits de Paris ? Ce n'est pas en haillons qu'on peut jouer l'amour.

A six heures du matin, Cérizet vint voir Petit-Claud. — Demain, à midi, Doublon peut préparer son coup ; il prendra notre homme, j'en réponds, lui dit le Parisien, je dispose de l'une des ouvrières de mademoiselle Clerget, comprenez-vous ? Après avoir écouté le plan de Cérizet, Petit-Claud courut chez Cointet. — Faites en sorte que ce soir M. du Hautoy se soit décidé à donner à Françoise la nue propriété de ses biens, vous signerez dans deux jours un acte de société avec Séchard. Je ne me marierai que huit jours après le contrat, ainsi nous serons bien dans les termes de nos petites conventions : donnant donnant. Mais épions bien ce soir ce qui se passera chez madame de Sénonches entre Lucien et madame la comtesse du Châtelet, car tout est là.... Si Lucien espère réussir par la préfète, je tiens David. — Vous serez, je crois, garde des sceaux, dit Cointet. — Et pourquoi pas ? M. de Peyronnet en est bien ! dit Petit-Claud, qui n'avait pas encore tout à fait dépouillé la peau du libéral.

L'état douteux de mademoiselle de la Haye lui valut la présence de la plupart des nobles d'Angoulême à la signature de son contrat. La pauvreté de ce futur ménage, marié sans corbeille, avivait l'intérêt que le monde aime à témoigner, car il en est de la bienfaisance comme des triomphes : on aime une charité qui satisfait l'amour-propre. Aussi la marquise de Pimentel, la comtesse du Châtelet, M. de Sénonches et deux ou trois habitués de la maison firent-ils à Françoise quelques cadeaux dont on parla beaucoup en ville. Ces jolies bagatelles réunies au trousseau préparé depuis un an par Zéphirine, aux bijoux du parrain et aux présents d'usage du marié, consolèrent Françoise et piquèrent la curiosité de plusieurs mères, qui amenèrent leurs filles. Petit-Claud et Cointet avaient déjà remarqué que les nobles d'Angoulême les toléraient l'un et l'autre dans leur olympe comme une nécessité : l'un était le régisseur de la fortune, le subrogé-tuteur de Françoise, l'autre était indispensable à la signature du contrat comme le pendu à une exécution ; mais le lendemain de son mariage, si madame Petit-Claud conservait le droit de venir chez sa marraine, le mari s'y voyait difficilement admis, et il se promettait bien de s'imposer à ce monde orgueilleux. Rougissant de ses obscurs parents, l'avoué fit rester sa mère à Mansle, où elle s'était

retirée, il la pria de se dire malade et de lui donner son consentement par écrit. Assez humilié de se voir sans parents, sans protecteurs, sans signature de son côté, Petit-Claud se trouvait donc très-heureux de présenter dans l'homme célèbre un ami acceptable, et que la comtesse désirait revoir. Aussi vint-il prendre Lucien en voiture. Pour cette mémorable soirée, le poète avait fait une toilette qui devait lui donner, sans contestation, une supériorité sur tous les hommes. Madame de Sénonches avait d'ailleurs annoncé le héros du moment, et l'entrevue des deux amants brouillés était une de ces scènes dont on est particulièrement friand en province. Lucien était passé à l'état de lion. On le disait si beau, si changé, si merveilleux, que les femmes de l'Angoulême noble avaient toutes une velléité de le revoir. Suivant la mode de cette époque, à laquelle on doit la transition de l'ancienne culotte de bal aux ignobles pantalons actuels, il avait mis un pantalon noir collant. Les hommes dessinaient encore leurs formes, au grand désespoir des gens maigres ou mal faits ; et celles de Lucien étaient apolloniennes. Ses bas de soie gris à jour, ses petits souliers, son gilet de satin noir, sa cravate, tout fut scrupuleusement tiré, collé, pour ainsi dire, sur lui. Sa blonde et abondante chevelure frisée faisait valoir son front blanc, autour duquel les boucles se relevaient avec une grâce cherchée. Ses yeux, pleins d'orgueil, étincelaient. Ses petites mains de femme, belles sous le gant, ne devaient pas se laisser voir dégantées. Il copia son maintien sur celui de Marsay, le fameux dandy parisien, en tenant d'une main sa canne et son chapeau, qu'il ne quitta pas, et il se servit de l'autre pour faire des gestes rares, à l'aide desquels il commenta ses phrases.

Lucien aurait bien voulu se glisser dans le salon, à la manière de ces gens célèbres qui, par une fausse modestie, se baisseraient sous la porte Saint-Denis. Mais Petit-Claud, qui n'avait qu'un ami en abusa. Ce fut presque pompeusement qu'il amena Lucien jusqu'à madame de Sénonches au milieu de la soirée. A son passage, le poète entendit des murmures qui jadis lui eussent fait perdre la tête, et qui le trouvèrent froid : il était sûr de valoir, à lui seul, tout l'olympe d'Angoulême. — Madame, dit-il à madame de Sénonches, j'ai déjà félicité mon ami Petit-Claud, qui est de l'étoffe dont on fait les gardes des sceaux, d'avoir le bonheur de vous appartenir, quelque faibles que soient les liens entre une marraine et sa filleule (ce fut dit d'un air épigrammatique très-bien senti par toutes les femmes qui écoutaient sans en avoir l'air). Mais, pour mon compte, je bénis une circonstance qui me permet de vous offrir mes hommages.

Ce fut dit sans embarras et dans une pose de grand seigneur en visite chez de petites gens. Lucien écouta la réponse entortillée que lui fit Zéphirine, en jetant un regard de circumnavigation dans le salon, afin d'y préparer des effets. Aussi put-il saluer avec grâce et en nuançant ses sourires Francis du Hautoy et le préfet, qui le saluèrent ; puis il vint enfin à madame du Châtelet en feignant de l'apercevoir. Cette rencontre était si bien l'événement de la soirée, que le contrat de mariage sur lequel les gens marquants allaient mettre leur signature, conduits dans la chambre à coucher, soit par le notaire, soit par Françoise, fut oublié. Lucien fit quelques pas vers Louise de Nègrepelisse, et, avec cette grâce parisienne dont elle a fait si bon souvenir depuis son arrivée, il lui dit assez haut : — Est-ce à vous, madame, que je dois l'invitation qui me procure le plaisir de dîner après-demain à la préfecture ?... — Vous ne la devez, monsieur, qu'à votre gloire, répliqua sèchement Louise, un peu choquée de la tournure agressive de la phrase méditée par Lucien pour blesser l'orgueil de son ancienne protectrice. — Ah ! madame la comtesse, dit Lucien d'un air à la fois fin et fat, il m'est impossible de vous amener l'homme s'il est dans votre disgrâce. Et, sans attendre de réponse, il tourna sur lui-même en apercevant l'évêque, qu'il salua très-noblement. — Votre Grandeur a été presque prophète, dit-il d'une voix charmante, et je tâcherai qu'elle le soit tout à fait. Je m'estime heureux d'être venu ce soir ici, puisque je puis vous présenter mes respects.

Lucien entraîna monseigneur dans une conversation qui dura dix minutes. Toutes les femmes regardaient Lucien comme un phénomène. Son impertinence inattendue avait laissé madame du Châtelet sans voix ni réponse. En voyant Lucien l'objet de l'admiration de toutes les femmes ; en suivant, de groupe en groupe, le récit que chacune se faisait à l'oreille des phrases échangées où Lucien l'avait comme aplatie en ayant l'air de la dédaigner, elle fut piquée au cœur par une contraction d'amour-propre. — S'il ne venait pas demain, après cette phrase, quel scandale ! pensa-t-elle. D'où lui vient cette fierté ? Mademoiselle des Touches serait-elle éprise de lui ?... Il est si beau ! On dit qu'elle a couru chez lui, à Paris, le lendemain de la mort de l'actrice !... Peut-être est-il venu sauver son beau-frère, et s'est-il trouvé derrière notre calèche, à Mansle, par un accident de voyage. Ce matin-là, Lucien nous a singulièrement toisés, Sixte et moi. Ce fut une myriade de pensées, et malheureusement pour Louise, elle s'y laissait aller en regardant Lucien, qui causait avec l'évêque comme s'il eût été le roi du salon : il ne saluait personne, et attendait qu'on vint à lui, promenant son regard avec une variété d'expression, avec une aisance digne de de Marsay, son modèle. Il ne quitta pas le prélat pour aller saluer M. de Sénonches, qui se fit voir à peu de distance.

Au bout de dix minutes, Louise n'y tint plus. Elle se leva, marcha jusqu'à l'évêque et lui dit : — Que vous dit on donc, monseigneur, pour vous faire si souvent sourire? Lucien se recula de quelques pas pour laisser discrètement madame du Châtelet avec le prélat. — Ah! madame la comtesse, ce jeune homme a bien de l'esprit!... il m'expliquait comment il vous devait toute sa force... — Je ne suis pas ingrat, moi, madame! dit Lucien, en lançant un regard de reproche qui charma la comtesse. — Entendons-nous, dit-elle en ramenant à elle Lucien par un geste d'éventail, venez, avec monseigneur, par ici!... Sa Grandeur sera notre juge. Et elle montra le boudoir où y entraînant l'évêque. — Elle fait faire un drôle de métier à monseigneur, dit une femme du camp Chandour assez haut pour être entendue. — Notre juge!... dit Lucien en regardant tour à tour le prélat et la préfète. Il y aura donc une coupable?

Louise de Négrepelisse s'assit sur le canapé de son ancien boudoir. Après y avoir fait asseoir Lucien à côté d'elle et monseigneur de l'autre côté, elle se mit à parler. Lucien fit à son ancienne amie l'honneur, la surprise et le bonheur de ne pas écouter. Il eut l'attitude, les gestes de la Pasta dans *Tancredi*, quand elle va dire : *O patria*!... Il chanta sur sa physionomie la fameuse cavatine *del Rizzo*. Enfin, l'élève de Coralie trouva moyen de se faire venir un peu de larmes dans les yeux. — Ah! Louise, comme je t'aimais! lui dit-il à l'oreille sans se soucier du prélat ni de la conversation au moment où il vit que ses larmes avaient été vues par la comtesse. — Essuyez vos yeux, ou vous me perdriez, ici, encore une fois, dit-elle en se retournant vers lui par un aparté qui choqua l'évêque. — Et c'est assez d'une, reprit vivement Lucien. Ce mot de la cousine de madame d'Espard sécherait toutes les larmes d'une Madeleine. Mon Dieu!... j'ai retrouvé pour un moment mes souvenirs, mes illusions, mes vingt ans, et vous me les...

Monseigneur rentra brusquement au salon, en comprenant que sa dignité pouvait être compromise entre ces deux anciens amants. Chacun affecta de laisser la préfète et Lucien seuls dans le boudoir. Mais un quart d'heure après, Sixte, à qui les discours, les rires et les promenades au seuil du boudoir déplurent, y vint d'un air plus que soucieux, et trouva Lucien et Louise très-animés. — Madame, dit Sixte à l'oreille de sa femme, vous qui connaissez mieux que moi Angoulême, ne devriez-vous pas songer à madame la préfète et au gouvernement? — Mon cher, dit Louise en toisant son éditeur responsable d'un air de hauteur qui le fit trembler, je cause avec M. de Rubempré de choses importantes pour vous. Il s'agit de sauver un inventeur sur le point d'être victime des manœuvres les plus basses, et vous nous y aiderez. Quant à ce que les gens peuvent penser de moi, vous allez voir comment je vais me conduire pour glacer le venin sur leurs langues. Elle sortit du boudoir appuyée sur le bras de Lucien, et le mena signer le contrat en s'affichant avec une audace de grande dame. — Signons ensemble!... dit-elle en tendant la plume à Lucien.

Lucien se laissa montrer par elle la place où elle venait de signer, afin que leurs signatures fussent l'une auprès de l'autre. — Monsieur de Sénonches, auriez-vous reconnu M. de Rubempré? dit la comtesse en forçant l'impertinent chasseur à saluer Lucien.

Elle ramena Lucien au salon, elle le mit entre elle et Zéphirine sur le redoutable canapé du milieu. Puis, comme une reine sur son trône, elle commença, d'abord à voix basse, une conversation évidemment épigrammatique, à laquelle se joignirent quelques-uns de ses anciens amis et plusieurs femmes qui lui faisaient la cour. Bientôt Lucien, devenu le héros d'un cercle, fut mis par la comtesse sur la vie de Paris, dont la satire fut improvisée avec une verve incroyable, et semée d'anecdotes sur les gens célèbres, véritables friandises de conversation dont sont si avides les provinciaux. On admira l'esprit comme on avait admiré l'homme. Madame la comtesse Sixte triomphait si patemment de Lucien, elle en jouait si bien comme enchantée de son choix, elle lui fournissait la réplique avec tant d'à-propos, elle quêtait pour lui des approbations par des regards si compromettants, que plusieurs femmes commencèrent à voir dans la coïncidence du retour de Louise et de Lucien un profond amour victime de quelque malentendu. Un dépit avant amené le malencontreux mariage de Châtelet, contre lequel il se faisait alors une réaction. — Eh bien! fit Louise à une heure du matin et à voix basse à Lucien avant de se lever, après-demain, faites-moi le plaisir d'être exact...

La préfète laissa Lucien en lui faisant une petite inclination de tête excessivement amicale, et alla dire quelques mots au comte Sixte, qui chercha son chapeau. — Si ce que madame du Châtelet vient de me dire est vrai, mon cher Lucien, comptez sur moi, dit le préfet en se mettant à la poursuite de sa femme, qui partait sans lui, comme à Paris. Dès ce soir, votre beau-frère peut se regarder comme hors d'affaire. — Eh bien! nous sommes *jumes*... dit Cointet à l'oreille de Petit-Claud, témoin de cet adieu.

Petit-Claud, foudroyé par le succès de Lucien, stupéfait par les éclats de son esprit et par le jeu de sa grâce, regardait Françoise de la Haye, dont la physionomie, pleine d'admiration pour Lucien, semblait dire à son prétendu : Soyez comme votre ami. Un éclair de joie passa sur la figure de Petit-Claud. — Le dîner du préfet n'est que pour après-demain, nous avons encore une journée à nous, dit-il, je réponds de tout. — Eh bien! mon cher, dit Lucien à Petit-Claud, à deux heures du matin, en revenant à pied : je suis venu, j'ai vu, j'ai vaincu! Dans quelques heures, Séchard sera bien heureux. — Voilà tout ce que je voulais savoir, pensa Petit-Claud. Je ne te croyais que poète, et tu es aussi Lauzun, c'est être deux fois poète, répondit-il en lui donnant une poignée de main, qui devait être la dernière. — Ma chère Ève, dit Lucien en réveillant sa sœur, une bonne nouvelle! Dans un mois, David n'aura plus de dettes... — Et comment? — Eh bien! madame du Châtelet cachait sous sa jupe mon ancienne Louise; elle m'aime plus que jamais, et va faire un rapport au ministère de l'intérieur par son mari, en faveur de notre découverte!... Ainsi, nous n'avons plus d'un mois à souffrir, le temps de me venger du préfet et de le rendre le plus heureux des époux.

Ève crut continuer un rêve en écoutant son frère. — En revoyant le petit salon gris où je tremblais comme un enfant, à deux ans; en examinant ces meubles, les peintures et les figures, il me tombait une taie des yeux! comme Paris vous change les idées!... Est-ce un bonheur?.. dit Ève en comprenant enfin son frère. — Allons, tu dors, à demain, nous causerons après déjeuner, dit Lucien.

Le plan de Cérizet était d'une excessive simplicité. Quoiqu'il appartienne aux ruses dont se servent les huissiers de province pour arrêter leurs débiteurs, et dont le succès est hypothétique, il devait réussir, car il reposait autant sur la connaissance des caractères de Lucien et de David que sur leurs espérances. Parmi les petites ouvrières dont il était le don Juan, et qu'il gouvernait en opposant les unes aux autres, le prote des Cointet, pour le moment en service extraordinaire, avait distingué l'une des repasseuses de Basine Clerget, une fille presque aussi belle que madame Séchard, appelée Henriette Mignon, et dont les parents étaient de petits vignerons vivant dans leur bien à deux lieues d'Angoulême, sur la route de Saintes. Les Mignon, comme tous les gens de la campagne, n'étaient pas assez riches pour garder leur unique enfant avec eux, et ils l'avaient destinée à entrer en maison, c'est-à-dire à devenir femme de chambre. En province, une femme de chambre doit savoir blanchir et repasser le linge fin. La réputation de madame Prieur, à qui Basine succédait, était telle, que les Mignon y mirent leur fille en apprentissage en y payant pension pour la nourriture et le logement. Madame Prieur appartenait à cette race de vieilles maîtresses qui, dans les provinces, se croient substituées aux parents. Elle vivait en famille avec ses apprenties, elle les menait à l'église et les surveillait consciencieusement. Henriette Mignon, belle brune bien découplée, à l'œil hardi, à la chevelure forte et longue, était blanche comme sont blanches les filles du Midi, de la blancheur d'une fleur de magnolia. Aussi Henriette fut-elle une des premières grisettes que visa Cérizet; mais, comme elle appartenait à d'honnêtes cultivateurs, elle ne céda que vaincue par la jalousie, par le mauvais exemple et par cette phrase séductrice : — Je t'épouserai, que lui dit Cérizet, une fois qu'il se vit second prote chez MM. Cointet. En apprenant que les Mignon possédaient pour quelque dix ou douze mille francs de vignes et une petite maison assez logeable, le Parisien se hâta de mettre Henriette dans l'impossibilité d'être la femme d'un autre. Les amours de la belle Henriette et du petit Cérizet en étaient là quand Petit-Claud lui parla de le rendre propriétaire de l'imprimerie Séchard, en lui montrant une espèce de commandite de vingt mille francs qui devait être un licou. Cet avenir éblouit le prote, la tête lui tourna, mademoiselle Mignon lui parut un obstacle à ses ambitions, et il négligea la pauvre fille. Henriette, au désespoir, s'attacha d'autant plus au petit prote des Cointet, qui semblait la vouloir quitter. En découvrant que David se cachait chez mademoiselle Clerget, le Parisien changea d'idées à l'égard d'Henriette, mais sans changer de conduite; car il se proposait de faire servir à sa fortune l'espèce de folie qui travaille une fille menacée, pour cacher son déshonneur, par le fait de son séducteur. Pendant la matinée du jour où Lucien devait reconquérir sa Louise, Cérizet apprit à Henriette le secret de Basine, et lui dit que leur fortune et leur mariage dépendaient de la découverte de l'endroit où se cachait David. Une fois instruite, Henriette n'eut pas de peine à reconnaître que l'imprimeur ne pouvait être que dans le cabinet de toilette de mademoiselle Clerget, elle ne crut pas avoir fait le moindre mal en se livrant à cet espionnage, mais Cérizet l'avait engagée déjà sa trahison par ce commencement de participation.

Lucien dormait encore lorsque Cérizet, qui vint savoir le résultat de la soirée, écoutait dans le cabinet de Petit-Claud le récit des grands petits événements qui devaient soulever Angoulême. — Lucien vous a bien écrit un petit mot depuis son retour? demanda le Parisien après avoir hoché la tête en signe de satisfaction quand Petit-Claud eut fini. — Voilà le seul que j'aie, dit l'avoué, qui tendit une lettre où Lucien avait écrit quelques lignes sur le papier à lettre dont se servait sa sœur. — Eh bien! dit Cérizet, dix minutes avant le coucher du soleil, que Doublon s'embusque à la Porte-Palet, qu'il cache ses gendarmes et dispose son monde, vous aurez notre homme. — Es-tu sûr de ton affaire? dit Petit-Claud en examinant Cérizet. — Je m'adresse au hasard, dit l'ex-gamin de Paris, mais c'est un fier drôle, il n'aime pas les honnêtes gens. — Il faut réussir, dit Cérizet d'un ton sec. — Je réussirai, dit Cérizet. C'est vous qui m'avez poussé dans ce tas de boue, vous pouvez bien me donner quelques billets de banque pour m'essuyer... Mais, monsieur, dit le Parisien en surprenant une expression qui lui déplut sur la figure de l'avoué, si vous m'aviez trompé, si vous ne m'achetez pas l'imprimerie sous huit jours... Eh bien! vous laisserez une jeune veuve, dit tout bas le gamin de Paris en lançant la mort dans son regard. — Si nous écrouons David à six heures, sois à neuf heures chez M. Gannerac, et nous y ferons ton affaire, répondit péremptoirement l'avoué. — C'est entendu : vous serez servi, *bourgeois!* dit Cérizet.

Cérizet connaissait déjà l'industrie qui consiste à laver le papier, et qui met aujourd'hui les intérêts du fisc en péril. Il lava les quatre lignes écrites par Lucien, et les remplaça par celles-ci, en imitant l'écriture avec une perfection désolante pour l'avenir social du prote.

« Mon cher David, tu peux venir sans crainte chez le préfet, ton affaire est faite ; et d'ailleurs, à cette heure-ci, je puis sortir, je viens au-devant de toi, pour t'expliquer comment tu dois te conduire avec le préfet.

« Ton frère, LUCIEN. »

A midi, Lucien écrivit une lettre à David, où il lui apprenait le succès de la soirée, il lui donnait l'assurance de la protection du préfet, qui, dit-il, faisait aujourd'hui même un rapport au ministre sur la découverte dont il était enthousiaste.

Au moment où Marion apporta cette lettre à mademoiselle Basine, sous prétexte de lui donner à blanchir les chemises de Lucien, Cérizet, instruit par Petit-Claud de la probabilité de cette lettre, emmena mademoiselle Mignon et alla se promener avec elle sur le bord de la Charente. Il y eut sans doute un combat où l'honnêteté d'Henriette se défendit pendant longtemps, car la promenade dura deux heures. Non-seulement l'intérêt d'un enfant était en jeu, mais encore tout un avenir de bonheur, une fortune ; et ce que demandait Cérizet était une bagatelle, il se garda bien d'ailleurs d'en dire les conséquences. Seulement le prix exorbitant de ces bagatelles effrayait Henriette. Néanmoins, Cérizet finit par obtenir de sa maîtresse de se prêter à son stratagème. A cinq heures, Henriette dut sortir et rentrer en disant à mademoiselle Clerget que madame Séchard la demandait sur-le-champ. Puis, un quart d'heure après la sortie de Basine, elle monterait, cognerait au cabinet et remettrait à David la fausse lettre de Lucien. Après, Cérizet attendait tout du hasard.

Pour la première fois depuis plus d'un an, Ève sentit se desserrer l'étreinte de fer par laquelle la nécessité la tenait. Elle eut de l'espoir enfin. Elle aussi ! elle voulut jouir de son frère, se montrer au bras de l'homme fêté dans sa patrie, adoré des femmes, aimé de la fière comtesse du Châtelet. Elle se fit belle et se proposa de se promener à Beaulieu, après le dîner, au bras de son frère. A cette heure, tout Angoulême, au mois de septembre, se trouve à prendre le frais.

— Oh! c'est la belle madame Séchard, dirent quelques voix en voyant Ève. — Je n'aurais jamais cru cela d'elle, dit une femme. — Le mari se cache, la femme se montre, dit madame Postel assez haut pour que la pauvre femme l'entendît. — Oh! rentrons, j'ai eu tort, dit Ève à son frère.

Quelques minutes avant le coucher du soleil, la rumeur que cause un rassemblement s'éleva de la rampe qui descend à l'Houmeau. Lucien et sa sœur, pris de curiosité, se dirigèrent de ce côté, car ils entendirent quelques personnes qui venaient de l'Houmeau parlant entre elles, comme si quelque crime venait d'être commis.

— C'est probablement un voleur qu'on vient d'arrêter... Il est pâle comme un mort, dit un passant au frère et à la sœur en les voyant courir au-devant de ce monde grossissant.

Madame Chardon.

Ni Lucien ni sa sœur n'eurent la moindre appréhension. Ils regardèrent les trente et quelques enfants ou vieilles femmes, les ouvriers revenant de leur ouvrage qui précédaient les gendarmes, dont les chapeaux bordés brillaient au milieu du principal groupe. Ce groupe, suivi d'une foule d'environ cent personnes, marchait comme un nuage d'orage.

— Ah! dit Ève, c'est mon mari! — David! cria Lucien. — C'est sa femme! dit la foule en s'écartant. — Qui donc t'a pu faire sortir? demanda Lucien. — C'est ta lettre, répondit David pâle et blême. — J'en étais sûre, dit Ève, qui tomba roide évanouie.

Lucien releva sa sœur, que deux personnes l'aidèrent à transporter chez elle, où Marion la coucha. Kolb s'élança pour aller chercher un médecin. A l'arrivée du docteur, Ève n'avait pas encore repris connaissance. Lucien fut alors forcé d'avouer à sa mère qu'il était la cause de l'arrestation de David, car il ne pouvait pas s'expliquer le quiproquo produit par la lettre fausse. Lucien, foudroyé par un regard de sa mère, qui y mit sa malédiction, monta dans sa chambre et s'y enferma.

En lisant cette lettre écrite au milieu de la nuit et interrompue de moments en moments, chacun devinera par les phrases jetées comme une à une, toutes les agitations de Lucien.

« Ma sœur bien-aimée, nous nous sommes vus tout à l'heure pour la dernière fois. Ma résolution est sans appel. Voici pourquoi : dans beaucoup de familles, il se rencontre un être fatal qui, pour la famille, est une sorte de maladie. Je suis cet être-là pour vous. Cette observation n'est pas de moi, mais d'un homme qui a beaucoup vu le monde. Nous soupions un soir entre amis, au Rocher de Cancale. Entre les mille plaisanteries qui s'échangent alors, ce diplomate nous dit que telle jeune personne qu'on voyait avec étonnement rester fille *était malade de son père*. Et alors, il nous développa sa théorie sur les maladies de famille. Il nous expliqua comment, sans telle mère, telle maison eût prospéré, comment tel fils avait ruiné son père, comment tel père avait détruit l'avenir et la considération de ses enfants. Quoique soutenue en riant, cette thèse sociale fut en dix minutes

ÈVE ET DAVID.

appuyée de tant d'exemples que j'en restai frappé. Cette vérité payait tous les paradoxes insensés, mais spirituellement démontrés, par lesquels les journalistes s'amusent entre eux, quand il ne se trouve là personne à mystifier. Eh bien! je suis l'être fatal de notre famille. Le cœur plein de tendresse, j'agis comme un ennemi. A tous vos dévouements, j'ai répondu par des maux. Quoique involontairement porté, le dernier coup est de tous le plus cruel. Pendant que vous meniez à Paris une vie sans dignité, pleine de plaisirs et de misères, prenant la camaraderie pour l'amitié, laissant de véritables amis pour des gens qui voulaient et devaient m'exploiter, vous oubliant et ne me souvenant de vous que pour vous causer du mal, vous suiviez l'humble sentier du travail, allant péniblement mais sûrement à cette fortune que je tentais si follement de surprendre. Pendant que vous deveniez meilleurs, moi je mettais dans ma vie un élément funeste. Oui, j'ai des ambitions démesurées, qui m'empêchent d'accepter une vie humble. J'ai des goûts, des plaisirs dont la souvenance emporte toutes les jouissances qui sont à ma portée et qui m'eussent jadis satisfait. Ô ma chère Ève! je me juge plus sévèrement que qui que ce soit, car je me condamne absolument et sans pitié pour moi-même. La lutte à Paris exige une force constante, et mon vouloir ne va que par accès, ma cervelle est intermittente. L'avenir m'effraye tant, que je ne veux pas de l'avenir, et le présent m'est insupportable. J'ai voulu vous revoir, j'aurais mieux fait de m'expatrier à jamais. Mais l'expatriation sans moyens d'existence serait une folie, et je ne l'ajouterai pas à toutes les autres. La mort me semble préférable à une vie incomplète, et, dans quelque position que je me suppose, mon excessive vanité me ferait commettre des sottises. Certains êtres sont comme des zéros, il leur faut un chiffre qui les précède, et leur néant acquiert alors une valeur décuple. Je ne puis acquérir de valeur que par un mariage avec une volonté forte, impitoyable. Madame de Bargeton était bien ma femme, j'ai manqué ma vie en n'abandonnant pas Coralie pour elle. David et toi vous pourriez être d'excellents pilotes pour moi, mais vous n'êtes pas assez forts pour dompter ma faiblesse, qui se dérobe en quelque sorte à la domination. J'aime une vie facile, sans ennuis, et, pour me débarrasser d'une contrariété, je suis d'une lâcheté qui peut me mener très-loin. Je suis né prince. J'ai plus de dextérité d'esprit qu'il n'en faut pour parvenir, mais je n'en ai que pendant un moment, et le prix dans une carrière parcourue par tant d'ambitieux est à celui qui n'en déploie que le nécessaire et qui s'en trouve encore assez au bout de la journée. Je ferais le mal comme je viens de le faire ici, avec les meilleures intentions du monde. Il y a des hommes-chênes, je ne suis peut-être qu'un arbuste élégant, et j'ai la prétention d'être un cèdre. Voilà mon bilan écrit. Ce désaccord entre mes moyens et mes désirs, ce défaut d'équilibre annulera toujours mes efforts. Il y a beaucoup de ces caractères dans la classe lettrée à cause des disproportions continuelles entre l'intelligence et le caractère, entre le vouloir et le désir. Quel serait mon destin? je puis le voir par avance en me souvenant de quelques vieilles gloires parisiennes que j'ai vues oubliées. Au seuil de la vieillesse, je serai plus vieux que mon âge, sans fortune et sans considération. Tout mon être actuel repousse une pareille vieillesse : je ne veux pas être un haillon social. Chère sœur, adorée autant pour tes dernières rigueurs que pour tes premières tendresses, si nous avons payé cher le plaisir que j'ai eu à te revoir, toi et David, plus tard vous penserez peut-être que nul prix n'était trop élevé pour les dernières félicités d'un pauvre être qui vous aimait!... Ne faites aucune recherche ni de moi ni de ma destinée : au moins mon esprit m'aura-t-il servi dans l'exécution de mes volontés. La résignation, mon ange, est un suicide quotidien, moi je n'ai de résignation que pour un jour, je vais en profiter aujourd'hui... »

« Deux heures.

« Oui je l'ai bien résolu. Adieu donc pour toujours, ma chère Ève. J'éprouve quelque douceur à penser que je ne vivrai plus dans vos cœurs. Là sera ma tombe... je n'en veux pas d'autre. Encore adieu! C'est le dernier de ton frère, Lucien. »

M. et madame du Châtelet

Après avoir écrit cette lettre, Lucien descendit sans faire aucun bruit, il la posa sur le berceau de son neveu, déposa sur le front de sa sœur endormie un dernier baiser trempé de larmes et sortit. Il éteignit son bougeoir au crépuscule, et, après avoir regardé cette vieille maison une dernière fois, il ouvrit tout doucement la porte de l'allée, mais, malgré ses précautions, il éveilla Kolb, qui couchait sur un matelas par terre dans l'atelier.

— Qui là là?... s'écria Kolb. — C'est moi, dit Lucien, je m'en vais, Kolb. — Vous auriez mieux valu ne te chamais tenir, se dit Kolb à lui-même, mais assez haut pour que Lucien l'entendît. — J'aurais bien fait de ne jamais venir au monde, répondit Lucien. Adieu, Kolb, je ne t'en veux pas d'une pensée que j'ai moi-même. Tu diras à David que ma dernière aspiration aura été un regret de n'avoir pu l'embrasser.

Lorsque l'Alsacien fut debout et habillé, Lucien avait fermé la porte de la maison, et descendait vers la Charente par la promenade de Beaulieu, mis comme s'il allait à une fête car il s'était fait un linceul de ses habits parisiens et de son joli harnais de dandy. Frappé de l'accent et des dernières paroles de Lucien, Kolb voulut aller savoir si sa maîtresse était instruite du départ de son frère et si elle en avait reçu les adieux, mais, en trouvant la maison plongée en un profond silence, il pensa que ce départ était sans doute convenu, et il se recoucha.

On a, relativement à la gravité du sujet, écrit très-peu sur le suicide, on ne l'a pas observé. Peut-être cette maladie est-elle inobservable. Le suicide est l'effet d'un sentiment que nous nommerons, si vous voulez, l'estime de soi-même, pour ne pas le confondre avec le mot honneur. Le jour où l'homme se méprise, le jour où il se voit méprisé, le moment où la réalité de la vie est en désaccord avec ses espérances, il se tue, et rend ainsi hommage à la société, devant laquelle il ne veut pas rester déshabillé de ses vertus ou de sa splendeur. Quoi qu'on en dise, parmi les athées (il faut excepter le chrétien du suicide), les lâches seuls acceptent une vie déshonorée. Le suicide est de trois natures : il y a d'abord le suicide qui n'est que le dernier accès d'une longue maladie et qui certes appartient à la pathologie; puis le suicide par désespoir, enfin le suicide par raisonnement. Lucien voulait se tuer par désespoir et par raisonnement, les deux suicides dont on peut revenir, car il n'y a d'irrévocable que le suicide pathologique : mais souvent les trois causes se réunissent, comme chez Jean-Jacques Rousseau.

Lucien, une fois sa résolution prise, tomba dans la délibération des moyens, et le poète voulut finir poétiquement. Il avait d'abord pensé tout bonnement à s'aller jeter dans la Charente. mais, en descendant les rampes de Beaulieu pour la dernière fois, il entendit par avance le tapage que ferait son suicide, il vit l'affreux spectacle de son corps revenu sur l'eau, déformé, l'objet d'une enquête judiciaire : il eut, comme quelques suicides, un amour-propre posthume.

Pendant la journée passée au moulin de Courtois, il s'était promené le long de la rivière et avait remarqué, non loin du moulin, une de ces nappes rondes, comme il s'en trouve dans les petits cours d'eau dont l'excessive profondeur est accusée par la tranquillité de la surface. L'eau n'est plus ni verte, ni bleue, ni claire, ni jaune, elle est comme un miroir d'acier poli. Les bords de cette coupe n'offraient plus ni glaïeuls, ni fleurs bleues, ni les larges feuilles du nénuphar, l'herbe de la berge était courte et pressée, les saules pleuraient autour, assez pittoresquement placés tous. On devinait facilement un précipice plein d'eau. Celui qui pouvait avoir le courage d'emplir ses poches de cailloux devait y trouver une mort inévitable, et ne jamais être retrouvé. — Voilà, s'était dit le poète en admirant ce joli petit paysage, un endroit qui vous met l'eau à la bouche d'une noyade. Ce souvenir lui revint à la mémoire au moment où il atteignit l'Houmeau. Il chemina donc vers Marsac en proie à ses dernières et funèbres pensées, et dans la ferme intention de dérober ainsi le secret de sa mort, de faire l'objet d'une enquête, de ne pas être enterré, de ne pas être vu dans l'horrible état où sont les noyés quand ils reviennent à fleur d'eau. Il parvint bientôt au pied d'une de ces côtes qui se rencontrent si fréquemment sur les routes de France, et surtout entre Angoulême et Poitiers. La diligence de Bordeaux à Paris venait aussi rapidement, les voyageurs allaient sans doute en descendre pour monter cette longue côte à pied. Lucien, qui ne voulait pas se laisser voir, se jeta dans un petit chemin creux et se mit à cueillir des fleurs dans une vigne. Quand il reprit la grande route, il tenait à la main un gros bouquet de sedum, une fleur jaune qui vient dans le caillou des vignobles, et il déboucha précisément derrière un voyageur vêtu tout en noir, les cheveux poudrés, chaussé de souliers en veau d'Orléans à boucles d'argent, brun de visage, et couturé comme si, dans son enfance, il fût tombé dans le feu. Ce voyageur a tournure si patemment ecclésiastique, allait lentement et fumait un cigare En entendant Lucien, qui sauta de la vigne sur la route, l'inconnu se retourna, parut comme saisi de la beauté profondément mélancolique du poète, de son bouquet symbolique et de sa mise élégante. Le voyageur ressemblait à un chasseur qui trouve une proie longtemps et inutilement cherchée. Il laissa, en style de marine, Lucien arriver, et retarda sa marche en ayant l'air de regarder le bas de la côte. Lucien, qui fit le même mouvement, y aperçut une petite calèche attelée de deux chevaux et un postillon à pied.

— Vous avez laissé courir la diligence, monsieur, vous perdrez votre place, à moins que vous ne vouliez monter dans ma calèche pour la rattraper, car la poste va plus vite que la voiture publique, dit le voyageur à Lucien en prononçant ces mots avec un accent très-marqué d'espagnol et en mettant à son offre une exquise politesse.

Sans attendre la réponse de Lucien, l'Espagnol tira de sa poche un étui à cigares, et le présenta tout ouvert à Lucien pour qu'il en prît un.

— Je ne suis pas un voyageur, répondit Lucien, et je suis trop près du terme de ma course pour me donner le plaisir de fumer. — Vous êtes bien sévère envers vous-même, repartit l'Espagnol. Quoique chanoine honoraire de la cathédrale de Tolède, je me passe de temps en temps un petit cigare. Dieu nous a donné le tabac pour endormir nos passions et nos douleurs... Vous me semblez avoir du chagrin, vous en avez du moins l'enseigne à la main, comme le triste dieu de l'hymen. Tenez!... tous vos chagrins s'en iront avec la fumée... Et le prêtre tendit sa boîte en paille avec une sorte de séduction, en jetant à Lucien des regards animés de charité. — Pardon, mon père, répliqua sèchement Lucien, il n'y a pas de cigares qui puissent dissiper mes chagrins.

En disant cela, les yeux de Lucien se mouillèrent de larmes. — Oh! jeune homme, est-ce donc la providence divine qui m'a fait désirer de secouer par un peu d'exercice à pied le sommeil dont sont saisis au matin tous les voyageurs, afin que je puisse, en vous consolant, obéir à ma mission ici-bas?... Et quels grands chagrins pouvez-vous avoir à votre âge? — Vos consolations, mon père, seraient bien inutiles : vous êtes Espagnol, je suis Français, vous croyez aux commandements de l'Église, moi, je suis athée. — Santa Virgen del Pilar!... vous êtes athée! s'écria le prêtre en passant son bras sous celui de Lucien avec un empressement maternel. Eh! voilà l'une des curiosités que je m'étais promis d'observer à Paris. En Espagne, nous ne croyons pas aux athées... Il n'y a qu'en France où, à dix-neuf ans, on puisse avoir de pareilles opinions. — Oh! je suis un athée au complet; je ne crois ni en Dieu, ni à la société, ni au bonheur. Regardez-moi donc bien, mon père, car dans quelques heures je ne serai plus. Voilà mon dernier soleil!... dit Lucien avec une sorte d'emphase en montrant le ciel. — Ah çà! qu'avez-vous fait pour mourir? qui vous a condamné à mort? — Un tribunal souverain : moi-même! — Enfant! s'écria le prêtre Avez-vous tué un homme? l'échafaud vous attend-il? Raisonnons un peu. Si vous voulez rentrer, selon vous, dans le néant, tout vous est indifférent ici-bas. Lucien inclina la tête en signe d'assentiment. — Eh bien! vous pouvez alors me conter vos peines! Il s'agit sans doute de quelques amourettes qui vont mal?... Lucien fit un geste d'épaules très-significatif. — Vous voulez vous tuer pour éviter le déshonneur, ou parce que vous désespérez de la vie? eh bien! vous vous tuerez aussi bien à Poitiers qu'à Angoulême, à Tours aussi bien qu'à Poitiers. Les sables mouvants de la Loire ne rendent pas leur proie... — Non, mon père, répondit Lucien, j'ai mon affaire. Il y a vingt jours, j'ai vu la plus charmante rade où puisse aborder dans l'autre monde un homme dégoûté de celui-ci. — Un autre monde!... vous n'êtes plus athée. — Oh! ce que j'entends par l'autre monde, c'est ma future transformation en animal ou en plante. — Avez-vous une maladie incurable? — Oui, mon père... — Ah! nous y voilà, dit le prêtre, et laquelle? — La pauvreté.

Le prêtre regarda Lucien en souriant et lui dit avec une grâce infinie et un sourire presque ironique : — Le diamant ignore sa valeur. — Il n'y a qu'un prêtre qui puisse flatter un homme pauvre qui s'en va mourir! s'écria Lucien. — Vous ne mourrez pas, dit l'Espagnol avec autorité. — J'ai bien entendu dire, reprit Lucien, qu'on dévalisait les gens sur la route, je ne savais pas qu'on y enrichît. — Vous allez le savoir, dit le prêtre après avoir examiné si la distance à laquelle se trouvait la voiture leur permettait de faire seuls encore quelques pas. Écoutez-moi, dit le prêtre en mâchonnant son cigare, votre pauvreté ne serait pas une raison pour mourir. J'ai besoin d'un secrétaire, le mien vient de mourir à Irun, je me trouve dans la situation où fut le baron de Gœrtz, le fameux ministre de Charles XII, qui arriva sans secrétaire dans une petite ville en allant en Suède, comme moi je vais à Paris. Le baron rencontra le fils d'un orfèvre, remarquable par une beauté qui ne pouvait certes pas valoir la vôtre... Le baron de Gœrtz trouve à ce jeune homme de l'intelligence, comme moi je vous trouve de la poésie au front, il le prend dans sa voiture, comme moi je vous prendrai dans la mienne; et de cet enfant condamné à brunir des couverts et à fabriquer des bijoux dans une petite ville de province comme Angoulême, il fait son favori, comme vous serez le mien. Arrivé à Stockholm, il installe son secrétaire et l'accable de travaux. Le jeune secrétaire passe les nuits à écrire, et, comme tous les grands travailleurs, il contracte une habitude, il se met à mâcher du papier. Feu M. de Malesherbes faisait, lui, des camouflets, et il en donna, par parenthèse, à un je ne sais quel personnage dont le procès dépendait de son rapport. Notre beau jeune homme commence par du papier blanc, mais il s'y accoutume et passe aux papiers écrits qu'il trouve plus savoureux. On ne fumait pas encore comme aujourd'hui. Enfin le petit secrétaire en arrive, de saveur en saveur, à mâchonner des parchemins et à les manger. Ou s'occupait alors, entre la Russie et la Suède, d'un traité de paix que les États imposaient à Charles XII, comme en 1814 on voulait forcer Napoléon à traiter de la paix. La base des négociations était le traité fait entre les deux puissances à propos de la Finlande, Gœrtz en confie l'original à son secrétaire; mais, quand il s'agit de soumettre le projet aux États, il se rencontre cette petite difficulté, que le traité ne se trouvait plus. Les États imaginent que le ministre, pour servir les passions du roi, s'est avisé de faire disparaître cette pièce, le baron de Gœrtz est accusé : son secrétaire avoue alors avoir mangé le traité... On instruit un procès, le fait est prouvé, le secrétaire est condamné à mort. Mais, comme vous n'en êtes pas là, prenez un cigare, et fumez-le en attendant notre calèche.

Lucien prit un cigare et l'alluma, comme cela se fait en Espagne, au cigare du prêtre en se disant. — Il a raison. j'ai toujours le temps de me tuer. — C'est souvent, reprit l'Espagnol, au moment où les jeunes gens désespèrent le plus de leur avenir, que leur fortune commence. Voilà ce que je voulais vous dire, j'ai préféré vous le prouver par un exemple. Ce beau secrétaire, condamné à mort, était dans une position d'autant plus désespérée, que le roi de Suède ne pouvait pas lui faire grâce, sa sentence ayant été rendue par les États de Suède; mais il ferma les yeux sur une évasion. Le joli petit secrétaire se sauve sur une barque avec quelques écus dans sa poche, et arrive à la cour de Courlande, muni d'une lettre de recommandation de Gœrtz pour le duc, à qui le ministre suédois expliquait l'aventure et la manie de son protégé. Le duc place le bel enfant comme secrétaire chez son intendant. Le duc était un dissipateur, il avait une jolie femme et un intendant, trois causes de ruine. Si vous croyiez que ce joli homme, condamné à mort pour avoir mangé le traité relatif à la Finlande, se corrige de son goût dépravé, vous ne connaîtriez pas l'empire du vice sur l'homme; la peine de mort ne l'arrête pas quand il s'agit d'une jouissance qu'il s'est créée ! D'où vient cette puissance du vice? est-ce une force qui lui soit propre, ou vient-elle de la faiblesse humaine? Y a-t-il des goûts qui soient placés sur les limites de la folie? Je ne puis m'empêcher de rire des moralistes qui veulent combattre de pareilles maladies avec de belles phrases!... Il y eut un moment où le duc, effrayé du refus que lui fit son intendant à propos d'une demande d'argent, voulut de compte, la difficulté n'est jamais là. L'intendant confia toutes les pièces à son secrétaire pour établir le bilan de la liste civile de Courlande. Au milieu de son travail et de la nuit où il le finissait, notre petit mangeur de papier s'aperçoit qu'il mâche une quittance du duc pour une somme considérable : la peur le saisit, il s'arrête à moitié de la signature, il court se jeter aux pieds de la duchesse en lui expliquant sa manie, en implorant la protection de sa souveraine, et l'implorant au milieu de la nuit. La beauté du jeune commis fit une telle impression sur cette femme, qu'elle l'épousa lorsqu'elle fut veuve. Ainsi, en plein dix-huitième siècle, dans un pays où régnait le blason, le fils d'un cofferre devient prince souverain... Il est devenu quelque chose de mieux !... Il a été régent à la mort de la première Catherine, il a gouverné l'impératrice Anne et voulut être le Richelieu de la Russie. Eh bien ! jeune homme, sachez une chose : c'est que, si vous êtes plus beau que Bien, moi je suis plus fort. Nous, quoique simple chanoine, le baron de Goërtz. Ainsi montez ! nous vous trouverons un duché de Courlande à Paris, et, à défaut de duché, nous aurons toujours bien la duchesse.

L'Espagnol passa la main sous le bras de Lucien, le força littéralement à monter dans sa voiture, et le postillon referma la portière.— Maintenant parlez, je vous écoute, dit le chanoine de Tolède à Lucien stupéfait. Je suis un vieux prêtre à qui vous pouvez tout dire sans danger. Vous n'avez sans doute encore mangé que votre patrimoine ou l'argent de votre maman. Vous aurez fait votre petit trou à la lune, et nous avons de l'honneur jusqu'au bout de nos jolies petites bottes fines... Allez, confessez-vous hardiment, ce sera absolument comme si vous vous parliez à vous-même.

Lucien se trouvait dans la situation de ce pêcheur de je ne sais quel conte arabe qui, voulant se noyer en plein océan, tombe au milieu de contrées sous-marines et y devient roi. Le prêtre espagnol paraissait si véritablement affectueux, que le poète n'hésita pas à lui ouvrir son cœur; il lui raconta donc, d'Angoulême à Ruffec, toute sa vie, en n'omettant aucune de ses fautes, et finissant par le dernier désastre qu'il venait de causer. Au moment où il terminait ce récit, d'autant plus poétiquement débité qu'il le répétait pour la troisième fois depuis quinze jours, il arrivait au point où, sur la route, près de Ruffec, se trouvait le domaine de la famille de Rastignac, dont le nom la première fois qu'il le prononça, fit faire un mouvement à l'Espagnol. — Voici, dit-il, d'où est parti le jeune Rastignac qui ne me vaut certes pas, et qui a eu plus de bonheur que moi. — Ah ! — Oui, cette drôle de gentilhommière est la maison de son père. Il est devenu, comme je vous le disais, l'amant de madame de Nucingen, la femme du fameux banquier. Moi, je me suis laissé aller à la poésie, lui, plus habile, a donné dans le solide...

Le prêtre fit arrêter sa calèche; il voulut, par curiosité, parcourir la petite avenue qui de la route conduisait à la maison, et regarda tout avec plus d'intérêt que Lucien n'en attendait d'un prêtre espagnol. — Vous connaissez donc les Rastignac?... lui demanda Lucien. — Je connais tout Paris, dit l'Espagnol en remontant dans sa voiture. Ainsi, faute de dix ou douze mille francs, vous alliez vous tuer. Vous êtes un enfant, vous ne connaissez ni les hommes ni les choses. Une destinée vaut tout ce que l'homme l'estime, et vous n'évaluez votre avenir que douze mille francs, eh bien ! je vous achèterai tout à l'heure davantage. Quant à l'emprisonnement de votre beau-frère, c'est une vétille : si ce cher M. Séchard a fait une découverte, il sera riche. Les riches n'ont jamais été mis en prison pour dettes. Vous ne me paraissez pas fort en histoire. Il y a deux histoires : l'histoire officielle, menteuse, qu'on enseigne, l'histoire *ad usum delphini*; puis l'histoire secrète, où sont les véritables causes des événements, une histoire honteuse. Laissez-moi vous raconter en trois mots une autre historiette que vous ne connaissez pas. Un ambitieux, prêtre et jeune, veut entrer aux affaires publiques, il se fait le chien couchant du favori, le favori d'une reine ; le favori devient son bienfaiteur, et lui donne le rang de ministre en lui donnant place au conseil. Un soir, un de ces hommes qui croient rendre service (ne rendez jamais un service qu'on ne vous demande pas!) écrit au jeune ambitieux que la vie de son bienfaiteur est menacée. Le roi s'est courroucé d'avoir un maître, demain le favori doit être tué s'il se rend au palais. Eh bien ! jeune homme, qu'auriez-vous fait en recevant cette lettre ? — Je serais allé sur-le-champ avertir mon bienfaiteur ! s'écria vivement Lucien. — Vous êtes bien encore l'enfant que révèle le récit de votre existence, dit le prêtre. Notre homme s'est dit : Si le roi va jusqu'au crime, mon bienfaiteur est perdu. Je dois avoir reçu cette lettre trop tard. Et il a dormi jusqu'à l'heure où l'on tuait le favori... — C'est un monstre ! dit Lucien, qui soupçonna chez le prêtre l'intention de l'éprouver. — Il s'appelle le cardinal de Richelieu, répondit le chanoine, et son bienfaiteur a nom le maréchal d'Ancre. Vous voyez bien que vous ne connaissez pas votre histoire de France. N'avais-je pas raison de vous dire que l'Histoire enseignée dans les collèges est une collection de dates et de faits, excessivement douteuse d'abord, mais sans la moindre portée ? A quoi vous sert-il de savoir que Jeanne d'Arc a existé ? En avez-vous jamais tiré cette conclusion, que, si la France avait alors accepté la dynastie angevine des Plantagenets, les deux peuples réunis auraient aujourd'hui l'empire du monde, et que les deux îles où se forgent les troubles politiques du continent seraient deux provinces françaises ?... Mais avez-vous étudié les moyens par lesquels les Médicis, de simples marchands, sont arrivés à être grands-ducs de Toscane ? — Un poète, en France, n'est pas tenu d'être un bénédictin, dit Lucien. — Eh bien ! jeune homme, ils sont devenus grands-ducs comme Richelieu devint ministre. Si vous aviez cherché dans l'histoire les causes humaines des événements, au lieu d'en apprendre par cœur les étiquettes, vous en auriez tiré des préceptes pour votre conduite. De ce que je viens de prendre au hasard dans la collection des faits vrais résulte cette loi : Ne voyez dans les hommes et surtout dans les femmes, que des instruments, mais ne leur laissez pas voir. Adorez comme Dieu même celui qui, placé plus haut que vous, peut vous être utile, et ne le quittez pas qu'il n'ait payé très-cher votre servilité. Dans le commerce du monde, soyez enfin âpre comme le juif et bas comme lui : faites pour la puissance tout ce qu'il fait pour l'argent. Mais aussi n'ayez pas plus de souci de l'homme tombé que s'il n'avait jamais existé. Savez-vous pourquoi vous devez vous conduire ainsi ?... Vous voulez dominer le monde, n'est-ce pas ? il faut commencer par lui obéir et le bien étudier. Les savants étudient les livres, les politiques étudient les hommes, leurs intérêts, les causes génératrices de leurs actions. Or le monde, la société, les hommes pris dans leur ensemble, sont fatalistes, ils adorent l'événement. Savez-vous pourquoi je vous fais ce petit cours d'histoire ? c'est que je vous crois une ambition démesurée. — Oui, mon père ! — Je l'ai bien vu, reprit le chanoine. Mais en ce moment vous vous dites : Ce chanoine espagnol invente des anecdotes et presse l'histoire pour me prouver que j'ai eu trop de vertu !...

Lucien se prit à sourire en voyant ses pensées si bien devinées.

— Eh bien ! jeune homme, prenons des faits passés à l'état de banalités, dit le prêtre. Un jour la France est à peu près conquise par les Anglais, le roi n'a plus qu'une province. Du sein du peuple deux êtres se dressent : une pauvre jeune fille, cette même Jeanne d'Arc dont nous parlions, puis un bourgeois nommé Jacques Cœur. L'une donne son bras et le prestige de sa virginité, l'autre donne son or : le royaume est sauvé. Mais la fille est prise !... Le roi, qui peut racheter la fille, la laisse brûler vive. Quant à l'héroïque bourgeois, le roi le laisse accuser de crimes capitaux par ses courtisans, qui en font curée. Les dépouilles de l'innocent, traqué, cerné, abattu par la justice, enrichissent cinq maisons nobles. Et le père de l'archevêque de Bourges sort du royaume, pour n'y jamais revenir, sans un sou de ses biens en France, n'ayant d'autre argent que celui qu'il avait confié aux Arabes, aux Sarrasins en Égypte. Vous pouvez dire encore : Ces exemples sont bien vieux, toutes ces ingratitudes ont trois cents ans d'instruction publique, et les squelettes de cet âge-là sont fabuleux. Eh bien ! jeune homme, croyez-vous au dernier demi-dieu de la France, à Napoléon ? Il a tenu l'un de ses généraux dans sa disgrâce. Il ne l'a fait maréchal qu'à contre-cœur, jamais il ne s'en est servi volontiers. Ce maréchal se nomme Kellermann. Savez-vous pourquoi ?.. Kellermann a sauvé la France et le premier consul à Marengo par une charge audacieuse qui fut applaudie au milieu du sang et du feu. Il ne fut même pas question de cette charge héroïque dans le bulletin. La cause de la froideur de Napoléon pour Kellermann est aussi la cause de la disgrâce de Fouché, du prince de Talleyrand : c'est l'ingratitude du roi Charles VII, de Richelieu, l'ingratitude... — Mais, mon père, à supposer que vous me sauviez la vie et que vous fassiez ma fortune, dit Lucien, vous me rendez ainsi la reconnaissance assez légère. — Petit drôle, dit l'abbé souriant et prenant l'oreille de Lucien pour la lui tortiller avec une familiarité quasi royale, si vous étiez ingrat avec moi, vous seriez alors un homme fort, et je ne vous en voudrais pas, mais vous n'en êtes pas encore là; car, simple écolier, vous avez voulu passer trop tôt maître. C'est le défaut des Français d'aujourd'hui. Ils ont été gâtés tous par l'exemple de Napoléon. Vous donnez votre démission parce que vous ne pouvez pas obtenir l'épaulette que vous souhaitez... Mais avez-vous rapporté tous vos vouloirs, toutes vos actions à une idée ?... — Hélas ! non, dit Lucien. — Vous avez été ce que les Anglais appellent *inconstant*, reprit le chanoine en souriant. Qu'importe ce que j'ai été, si je ne puis plus rien être ! répondit Lucien. — Qu'il se trouve derrière toutes vos belles qualités une force *semper virens*, dit le prêtre en tenant à montrer qu'il savait un peu de latin, et rien ne vous résistera dans le monde. Je vous aime assez déjà... Lucien sourit d'un air d'incrédulité.

— Oui, reprit l'inconnu en répondant au sourire de Lucien, vous m'intéressez comme si vous étiez mon fils, et je suis assez puissant pour vous parler à cœur ouvert, comme vous venez de me parler Savez-vous ce qui me plaît de vous?... Vous avez fait en vous-même table rase, et vous pouvez alors entendre un cours de morale qui ne se fait nulle part, car les hommes, rassemblés en troupe, sont encore plus hypocrites qu'ils ne le sont quand leur intérêt les oblige à jouer la comédie. Aussi passe-t-on une bonne partie de sa vie à sarcler ce que l'on a laissé pousser dans son cœur pendant son adolescence. Cette opération s'appelle acquérir de l'expérience.

Lucien, en écoutant le prêtre, se disait : — Voilà quelque vieux politique enchanté de s'amuser en chemin. Il se plaît à faire changer d'opinion à un pauvre garçon qu'il rencontre sur le bord d'un suicide ; et il va me lâcher au bout de sa plaisanterie... Mais il entend bien le paradoxe, et il me paraît tout aussi fort que Blondet ou que Lousteau. Malgré cette sage réflexion, la corruption tentée par ce diplomate sur Lucien entrait profondément dans cette âme assez disposée à la recevoir, et y faisait d'autant plus de ravages, qu'elle s'appuyait sur de célèbres exemples. Pris par le charme de cette conversation cynique, Lucien se raccrochait d'autant plus volontiers à la vie, qu'il se sentait ramené du fond de son suicide à la surface par un bras puissant. En ceci, le prêtre triomphait évidemment. Aussi, de temps en temps, avait-il accompagné ses sarcasmes historiques d'un malicieux sourire.

— Si votre façon de traiter la morale ressemble à votre manière d'envisager l'histoire, dit Lucien, je voudrais bien savoir quel est en ce moment le mobile de votre apparente charité ? — Ceci, jeune homme, est le dernier point de mon prône, et vous me permettrez de le réserver, car alors nous ne nous quitterons pas aujourd'hui, répondit-il avec la finesse d'un prêtre qui voit sa malice réussie. — Eh bien ! parlez-moi morale ! dit Lucien, qui se dit en lui-même : Je vais le faire poser. — La morale, jeune homme, commence à la loi, dit le prêtre. S'il ne s'agissait que de religion, les lois seraient inutiles : les peuples religieux ont peu de lois. Au-dessus de la loi civile, est la loi politique. Eh bien ! voulez-vous savoir ce qui, pour un homme politique, est écrit sur le front de votre dix-neuvième siècle ? Les Français ont inventé, en 1793, une souveraineté populaire qui s'est terminée par un empereur absolu. Voilà pour votre histoire nationale. Quant aux mœurs : madame Talien et madame de Beauharnais ont tenu la même conduite. Napoléon épouse l'une, en fait votre impératrice, et n'a jamais voulu recevoir l'autre, quoiqu'elle fût princesse. Sans-culotte en 1793, Napoléon chausse la couronne de fer en 1804. Les féroces amants de l'Égalité ou la Mort de 1792, deviennent, dès 1806, complices d'une aristocratie légitimée par Louis XVIII. À l'étranger, l'aristocratie, qui trône aujourd'hui dans son faubourg Saint-Germain, a fait pis : elle a été usurière, elle a été marchande, elle a fait des petits pâtés, elle a été cuisinière, fermière, gardeuse de moutons. En France donc, la loi politique aussi bien que la loi morale, tous et chacun ont démenti le début au point d'arrivée, leurs opinions par la conduite, ou la conduite par les opinions. Il n'y a pas eu de logique, ni dans le gouvernement ni chez les particuliers. Aussi, n'avez-vous plus de morale. Aujourd'hui, chez vous, le succès est la raison suprême de toutes les actions, quelles qu'elles soient. Le fait n'est donc plus rien en lui-même, il est entier dans l'idée que les autres s'en forment. De là, jeune homme, un second précepte ayez de beaux dehors ! cachez l'envers de votre vie, et présentez un endroit très-brillant. La discrétion, cette devise des ambitieux, est celle de notre ordre : faites-en la vôtre. Les grands commettent presque autant de lâchetés que les misérables ; mais ils les commettent dans l'ombre et font parade de leurs vertus : ils restent grands. Les petits déploient leurs vertus dans l'ombre, ils exposent leurs misères au grand jour : ils sont méprisés. Vous avez caché vos grandeurs et vous avez laissé voir vos plaies. Vous avez eu publiquement pour maîtresse une actrice, vous avez vécu chez elle, avec elle : vous n'étiez nullement répréhensible, chacun vous trouvait l'un et l'autre parfaitement libres : mais vous rompiez en visière aux idées du monde et vous n'avez pas eu la considération que le monde accorde à ceux qui lui obéissent. Si vous aviez laissé Coralie à ce M. Camusot, si vous aviez caché vos relations avec elle, vous auriez épousé madame de Bargeton, vous seriez préfet d'Angoulême et marquis de Rubempré. Changez de conduite : mettez en dehors votre beauté, vos grâces, votre esprit, votre poésie. Si vous vous permettez de petites infamies, que ce soit entre quatre murs : dès lors vous ne serez plus coupable de faire tache sur les décorations de ce grand théâtre appelé le monde. Napoléon appelle cela : laver son linge sale en famille. Du second précepte découle ce corollaire : tout est dans la forme. Saisissez bien ce que j'appelle la forme. Il y a des gens sans instruction qui, pressés par le besoin, prennent une somme quelconque, par violence, à autrui : on les nomme criminels et ils sont forcés de compter avec la justice. Un pauvre homme de génie trouve un secret dont l'exploitation équivaut à un trésor, vous lui prêtez trois mille francs (à l'instar de ces Cointet qui se sont trouvé vos trois mille francs entre les mains, et qui vont dépouiller votre beau-frère), vous le tourmentez de manière à vous faire céder tout ou partie du secret, vous ne comptez qu'avec votre conscience, et votre conscience ne vous mène pas en cour d'assises. Les ennemis de l'ordre social profitent de ce contraste pour japper après la justice et se courroucer au nom du peuple de ce qu'on envoie aux galères un voleur de nuit et de poules dans une enceinte habitée, tandis qu'on met en prison, à peine pour quelques mois, un homme qui ruine des familles, mais ces hypocrites savent bien qu'en condamnant le voleur les juges maintiennent la barrière entre les pauvres et les riches, qui, renversée, amènerait la fin de l'ordre social ; tandis que le banqueroutier, l'adroit capteur de successions, le banquier qui tue une affaire à son profit, ne produisent que des déplacements de fortune. Ainsi, la société, mon fils, est forcée de distinguer, pour son compte, ce que je vous fais distinguer pour le vôtre. Le grand point est de s'égaler à toute la société. Napoléon, Richelieu, les Médicis, s'égalèrent à leur siècle. Vous, vous vous estimez douze mille francs !... Votre société n'adore plus le vrai Dieu, mais le veau d'or ! Telle est la religion de votre charte, qui ne tient plus compte, en politique, que de la propriété. N'est-ce pas dire à tous les sujets : Tâchez d'être riches !... Quand, après avoir su vous trouver légalement une fortune, vous serez riche et marquis de Rubempré, vous vous permettrez le luxe de l'honneur. Vous ferez alors profession de tant de délicatesse, que personne n'osera vous accuser d'en avoir jamais manqué, si vous en manquiez toutefois en faisant fortune, ce que je ne vous conseillerais jamais, dit le prêtre en prenant la main de Lucien et la lui tapotant. Que devez-vous donc mettre dans cette belle tête ?... Uniquement le thème que voici : Se donner un but éclatant et cacher ses moyens d'arriver, tout en cachant sa marche. Vous avez agi en enfant, soyez homme, soyez chasseur, mettez-vous à l'affût, embusquez-vous dans le monde parisien, attendez une proie et un hasard ne ménagez ni votre personne ni ce qu'on appelle la dignité ; car nous obéissons tous à quelque chose, à un vice, à une nécessité, mais observez la loi suprême · le secret ! — Vous m'effrayez, mon père ! s'écria Lucien, ceci me semble une théorie de grande route.

— Vous avez raison, dit le chanoine, mais elle ne vient pas de moi. Voilà comment ont raisonné les parvenus, la maison d'Autriche, comme la maison de France. Vous n'avez rien, vous êtes dans la situation des Médicis, de Richelieu, de Napoléon au début de leur ambition ; ces gens-là, mon petit, ont estimé leur avenir au prix de l'ingratitude, de la trahison et des contradictions les plus violentes. Il faut tout oser pour tout avoir. Raisonnons. Quand vous asseyez à une table de bouillotte, en discutez-vous les conditions ? Les règles sont là, vous les acceptez. — Allons, pensa Lucien, il connaît la bouillotte. — Comment vous conduisez-vous à la bouillotte ?... dit le prêtre, y pratiquez-vous la plus belle des vertus, la franchise ? Non-seulement vous cachez votre jeu, mais encore vous tâchez de faire croire, quand vous êtes sûr de triompher, que vous allez tout perdre. Enfin, vous dissimulez, n'est-ce pas ?... Vous mentez pour gagner cinq louis !... Que diriez-vous d'un joueur assez généreux pour prévenir les autres qu'il a brelan carré ? Eh bien ! l'ambitieux qui veut lutter avec les préceptes de la vertu, dans une carrière où ses antagonistes s'en privent, est un enfant à qui les vieux politiques diraient ce que les joueurs disent à celui qui ne profite pas de ses brelans : — Monsieur, ne jouez jamais à la bouillotte... Est-ce vous qui faites les règles dans le jeu de l'ambition ? Pourquoi vous ai-je dit de vous égaler à la société ?... C'est qu'aujourd'hui, jeune homme, la société s'est insensiblement arrogé tant de droits sur les individus, que l'individu se trouve obligé de combattre la société. Il n'y a plus de lois, il n'y a que des mœurs, c'est-à-dire des simagrées, toujours la forme.

Lucien fit un geste d'étonnement.

— Ah ! mon enfant, dit le prêtre en craignant d'avoir révolté le candeur de Lucien, vous attendiez-vous à trouver l'ange Gabriel dans un abbé chargé de toutes les iniquités de la contre-diplomatie de deux rois (je suis l'intermédiaire entre Ferdinand VII et Louis XVIII, deux grands... rois qui doivent tous deux à la couronne de profondes... combinaisons)?... Je crois en Dieu, mais je crois bien plus en notre ordre, et notre ordre ne croit qu'au pouvoir temporel. Pour rendre le pouvoir temporel très-fort, notre ordre maintient l'Église apostolique, catholique et romaine, c'est-à-dire l'ensemble des sentiments qui tiennent le peuple dans l'obéissance. Nous sommes les templiers modernes, nous avons une doctrine. Comme le temple, notre ordre fut brisé par les mêmes raisons : il s'était égalé au monde. Voulez-vous être soldat, je serai votre capitaine. Obéissez-moi comme une femme obéit à son mari, comme un enfant obéit à sa mère, je vous garantis qu'en moins de trois ans vous serez marquis de Rubempré, vous épouserez une des plus nobles filles du faubourg Saint-Germain, et vous vous assiérez un jour sur les bancs de la pairie. En ce moment, que seriez-vous ? un cadavre introuvable dans un profond lit de vase ! eh bien ! faites un effort de poésie... (Ici Lucien regarda son protecteur avec curiosité.) — Le jeune homme qui se trouve assis là, dans cette calèche, à côté de l'abbé Carlos Herrera, chanoine honoraire du chapitre de Tolède, envoyé secret de Sa Majesté Ferdinand VII à Sa Majesté le roi de France, pour lui apporter une dépêche où il lui dit peut-être : « Quand vous m'aurez délivré, faites pendre tous ceux que je caresse en ce moment! » ce jeune homme, dit l'inconnu, n'a plus rien de commun avec le poëte qui vient de mourir. Je vous ai pêché, je vous ai rendu la vie, et vous m'appartenez comme la créature est au créateur, comme, dans les contes de fées, l'Afrite est au génie, comme l'icoglan est au sultan, comme le corps est à l'âme! Je vous maintiendrai, moi, d'une main puissante dans la voie du pouvoir, et je vous promets néanmoins une vie de plaisirs, d'honneurs, de fêtes continuelles... Jamais l'argent ne vous manquera... Vous brillerez, vous paraderez, pendant que, courbé dans la boue des fondations, j'assurerai le brillant édifice de votre fortune. J'aime le pouvoir pour le pouvoir, moi! Je serai toujours heureux de vos jouissances, qui me sont interdites. Enfin, je me ferai vous!... Eh bien! le jour où ce pacte d'homme à démon, d'enfant à diplomate, ne vous conviendra plus, vous pourrez toujours aller chercher un petit endroit, comme celui dont vous parlez, pour vous noyer; vous serez un peu plus ou un peu moins ce que vous êtes aujourd'hui, malheureux ou déshonoré. — Ceci n'est pas une homélie de l'archevêque de Grenade! s'écria Lucien en voyant la calèche arrêtée à une poste. — Je ne sais pas quel nom vous donnez à cette instruction sommaire, mon fils, car je vous adopte et ferai de vous mon héritier; mais c'est le code de l'ambition. Les élus de Dieu sont en petit nombre. Il n'y a pas de choix : ou il faut aller au fond du cloître (et vous y retrouvez souvent le monde en petit!), ou il faut accepter ce code. — Peut-être vaut-il mieux n'être pas si savant, dit Lucien en essayant de sonder l'âme de ce terrible prêtre. — Comment! reprit le chanoine, après avoir joué sans connaître les règles du jeu vous abandonnez la partie au moment où vous y devenez fort, où vous vous y présentez avec une carte d'un parrain solide... et sans même avoir le désir de prendre une revanche! Comment, vous n'éprouvez pas l'envie de monter sur le dos de ceux qui vous ont chassé de Paris?

Lucien frissonna comme si quelque instrument de bronze, un gong chinois, eût fait entendre ces terribles sons qui frappent sur les nerfs.

— Je ne suis qu'un humble prêtre, reprit cet homme en laissant paraître une horrible expression sur son visage cuivré par le soleil de l'Espagne; mais, si des hommes m'ont humilié, vexé, foulé, trahi, vendu, comme vous l'avez été par les drôles dont vous m'avez parlé, je serais comme l'Arabe du désert!... Oui, je dévouerais mon corps et mon âme à la vengeance. Je me moquerais de finir ma vie accroché à un gibet, assis à la garrot, empalé, guillotiné, comme chez vous; mais je ne me laisserais prendre ma tête qu'après avoir avoir écrasé mes ennemis sous mes talons.

Lucien gardait le silence, il ne se sentait plus l'envie de faire poser ce prêtre. — Les uns descendent d'Abel, les autres de Caïn, dit le chanoine en terminant, moi je suis un sang mêlé : Caïn pour mes ennemis, Abel pour mes amis, et malheur à qui réveille Caïn!... Après tout, vous êtes Français, je suis Espagnol, et, de plus, chanoine!... — Quelle nature d'Arabe! se dit Lucien en examinant le protecteur que le ciel venait de lui envoyer.

L'abbé Carlos Herrera n'offrait rien en lui-même qui révélât le jésuite. Gros et court, de larges mains, un large buste, une force herculéenne, un regard terrible, mais adouci par une mansuétude de commande; un teint de bronze qui ne laissait rien passer du dedans au dehors, inspiraient beaucoup plus la répulsion que l'attachement. De longs et beaux cheveux poudrés à la façon de ceux du prince de Talleyrand donnaient à ce singulier diplomate l'air d'un évêque, et le ruban bleu liséré de blanc auquel pendait une croix d'or indiquait d'ailleurs un dignitaire ecclésiastique. Ses bas de soie noire moulaient des jambes d'athlète. Son vêtement, d'une exquise propreté, révélait ce soin minutieux de la personne que les simples prêtres ne prennent pas toujours d'eux, surtout en Espagne. Un tricorne était posé sur le devant de la voiture armoriée aux armes d'Espagne. Malgré tant de causes de répulsion, des manières à la fois violentes et patelines atténuaient l'effet de la physionomie; et, pour Lucien, le prêtre s'était évidemment fait coquet, caressant, presque chat. Lucien examina les moindres choses d'un air soucieux. Il sentit qu'il s'agissait en ce moment de vivre ou de mourir, car il se trouvait au second relais après Ruffec. Les dernières phrases du prêtre espagnol avaient remué beaucoup de cordes dans son cœur, et, disons-le à la honte de Lucien et du prêtre, qui, d'un œil perspicace, étudiait la belle figure du poëte, ces cordes étaient les plus mauvaises, celles qui vibrent sous l'attaque des sentiments dépravés. Lucien revoyait Paris, il ressaisissait les rênes de la domination, que ses mains inhabiles avaient lâchées, il se vengeait! La comparaison de la vie de province et de la vie de Paris, qu'il venait de faire, la plus agissante des causes de son suicide, disparaissait : il allait se retrouver dans son milieu, mais protégé par un politique profond jusqu'à la scélératesse de Cromwell. — J'étais seul, nous serons deux, se disait-il.

Plus il avait découvert de fautes dans sa conduite antérieure, plus l'ecclésiastique avait montré d'intérêt. La charité de cet homme s'était accrue en raison du malheur, et il ne s'étonnait de rien. Néanmoins, Lucien se demanda quel était le mobile de ce meneur d'intrigues royales. Il se paya d'abord d'une raison vulgaire : les Espagnols sont généreux. L'Espagnol est généreux, comme l'Italien est empoisonneur et jaloux, comme le Français est léger, comme l'Allemand est franc, comme le Juif est ignoble, comme l'Anglais est noble. Renversez ces propositions, vous arriverez au vrai. Les juifs ont accaparé l'or, ils écrivent *Robert le Diable*, ils jouent *Phèdre*, ils chantent *Guillaume Tell*, ils commandent des tableaux, ils élèvent des palais, ils écrivent *Reisebilder* et d'admirables poésies, ils sont plus puissants que jamais, leur religion est acceptée, enfin ils font crédit au pape! En Allemagne, pour les moindres choses, on demande à un étranger : — Avez-vous un contrat? tant on y fait de chicanes. En France, on applaudit depuis cinquante ans à des scènes, des stupidités nationales, on continue à porter d'inexplicables chapeaux, et le gouvernement ne change qu'à la condition d'être toujours le même!... L'Angleterre déploie à la face du monde des perfidies dont l'horreur ne peut se comparer qu'à son avidité. L'Espagnol, après avoir eu l'or des deux Indes, n'a plus rien. Il n'y a pas de pays au monde où il y ait moins d'empoisonnements qu'en Italie, et où les mœurs soient plus faciles et plus courtoises. Les Espagnols ont beaucoup vécu sur la réputation des Maures. Lorsque l'Espagnol remonta dans la calèche, il dit au postillon ces paroles à l'oreille : — Le train de la malle, il y a trois francs de guides.

Lucien hésitait à monter, le prêtre lui dit : — Allons donc! et Lucien monta, sous prétexte de lui décocher un argument *ad hominem*.

— Mon père, lui dit-il, un homme qui vient de dérouler du plus beau sang-froid le monde les maximes que beaucoup de bourgeois taxeront de profondément immorales... — Et qui le sont, dit le prêtre, voilà pourquoi Jésus-Christ voulait que le scandale eût lieu, mon fils. Et voilà pourquoi le monde manifeste si grande horreur du scandale. — Un homme de votre trempe ne s'étonnera pas de la question que je vais lui faire! — Allez, mon fils!... dit Carlos Herrera, vous ne me connaissez pas. Croyez-vous que je prendrais un secrétaire avant de savoir s'il a des principes assez sûrs pour ne me rien prendre? Je suis content de vous. Vous avez encore toutes les innocences de l'homme qui se tue à vingt ans. Votre question!... — Pourquoi vous intéressez-vous à moi? quel prix voulez-vous de mon obéissance?... Pourquoi me donnez-vous tout? quelle est votre part?

L'Espagnol regarda Lucien et se mit à sourire. — Attendons une côte, nous la monterons à pied, et nous parlerons en plein vent. Le vent est discret. Le silence régna pendant quelque temps entre les deux compagnons, et la rapidité de la course aida, pour ainsi dire, à la griserie morale de Lucien. — Mon père, voici la côte, dit Lucien en se réveillant comme d'un rêve. — Eh bien! marchons, dit le prêtre en criant d'une voix forte au postillon d'arrêter. Et tous deux ils s'élancèrent sur la route.

— Enfant, dit l'Espagnol en prenant Lucien par le bras, as-tu médité la *Venise sauvée* d'Otway? As-tu compris cette amitié profonde, d'homme à homme, qui lie Pierre à Jaffier, qui fait pour eux d'une femme une bagatelle; et qui change entre eux tous les termes sociaux?... Eh bien! voilà pour le poëte. — Le chanoine connaît aussi le théâtre, se dit Lucien en lui-même. Avez-vous lu Voltaire?... lui demanda-t-il. — J'ai fait mieux, répondit le chanoine je le mets en pratique. — Vous ne croyez pas en Dieu!... — Allons, c'est moi qui suis l'athée, dit le prêtre en souriant. Venons au positif, mon petit!... J'ai quarante-six ans, je suis l'enfant naturel d'un grand seigneur, par ainsi sans famille, et j'ai un cœur... Mais, apprends ceci, grave-le dans ta cervelle, encore si molle : l'homme a horreur de la solitude. Et, de toutes les solitudes, la solitude morale est celle qui l'épouvante le plus. Les premiers anachorètes vivaient avec Dieu, ils habitaient le monde le plus peuplé, le monde spirituel. Les avares habitent le monde de la fantaisie et des jouissances. L'avare a tout, jusqu'à son sexe, dans le cerveau. La première pensée de l'homme, qu'il soit lépreux ou forçat, infâme ou malade, est d'avoir un complice de sa destinée. A satisfaire ce sentiment, qui est la vie même, il emploie toutes ses forces, toute sa puissance, la verve de sa vie. Sans ce désir souverain, Satan aurait-il pu trouver des compagnons?... Il y a là tout un poëme à faire, qui serait l'avant-scène du *Paradis perdu* qui n'est que l'apologie de la révolte. — Celui-là serait l'*Iliade* de la corruption, dit Lucien. — Eh bien! je suis seul, je vis seul. Si j'ai l'habit, je n'ai pas le cœur du prêtre. J'aime à me dévouer, j'ai ce vice-là. Je vis par le dévouement, voilà pourquoi je suis prêtre. Je ne crains pas l'ingratitude, et je suis reconnaissant. L'Église n'est rien pour moi; mais c'est une idée. Je me suis dévoué au roi d'Espagne; mais on ne peut pas aimer le roi d'Espagne, il me protège, il plane au-dessus de moi. Je veux aimer ma créature, la façonner, la pétrir à mon usage, afin de l'aimer comme un père aime son enfant. Je roulerai dans ton tilbury, mon garçon, je me réjouirai de tes succès auprès des femmes, je dirai : — Ce beau jeune homme, c'est moi! ce marquis de Rubempré, je l'ai créé et mis au monde aristocratique; sa grandeur est mon œuvre, il se tait ou parle à ma voix, il me consulte en tout. L'abbé de Vermont était cela pour Marie-Antoinette. — Il l'a menée à l'échafaud ! — Il n'aimait pas la reine !... répondit le prêtre. — Dois-je laisser derrière moi la désolation ? dit Lucien. — J'ai des trésors, tu y puiseras. — En ce moment, je ferais bien des choses pour délivrer Séchard, répliqua Lucien d'une voix qui ne voulait plus du suicide. — Dis un mot, mon fils, et il recevra demain matin la somme nécessaire à sa libération. — Comment ! vous me donneriez douze mille francs !... — Eh ! enfant, ne vois-tu pas que nous faisons quatre lieues à l'heure ? Nous allons dîner à Poitiers. Là, si tu veux signer le pacte, me donner une seule preuve d'obéissance, la diligence de Bordeaux portera quinze mille francs à ta sœur... — Où sont-ils ?

Le prêtre espagnol ne répondit rien, et Lucien se dit : — Le voilà pris, il se moquait de moi. Un instant après, l'Espagnol et le poëte étaient remontés en voiture silencieusement, et, silencieusement, le prêtre mit la main à la poche de sa voiture, il en tira ce sac de peau fait en gibecière, divisé en trois compartiments, si connu des voyageurs ; il ramena cent portugaises, en y plongeant trois fois de sa large main, qu'il ramena chaque fois pleine d'or. — Mon père, je suis à vous, dit Lucien, ébloui de ce flot d'or. — Voici le tiers de l'or qui se trouve dans ce sac, trente mille francs, sans compter l'argent du voyage. — Et vous voyagez seul ?... s'écria Lucien. — Qu'est-ce que cela ! lui l'Espagnol. J'ai pour plus de cent mille écus de traites sur Paris. Un diplomate sans argent, c'est ce que tu étais tout à l'heure, un poëte sans volonté.

Au moment où Lucien montait en voiture avec le prétendu diplomate espagnol, Eve se levait pour donner à boire à son fils, elle trouva la fatale lettre, et la lut. Une sueur froide glaça la moiteur que cause le sommeil du matin, elle eut un éblouissement, elle appela Marion et Kolb. A ce mot : — Mon frère est-il sorti ? Kolb répondit : Oui, montame, afant le chour ! — Gardez-moi le plus profond secret sur ce que je vous confie, dit Eve aux deux domestiques, mon frère est sans doute sorti pour mettre fin à ses jours. Courez tous les deux, prenez des informations avec prudence, et surveillez le cours de la rivière.

Eve resta seule, dans un état de stupeur horrible à voir. Ce fut au milieu du trouble où elle se trouvait que, sur les sept heures du matin, Petit-Claud se présenta pour lui parler d'affaires. Dans ces moments-là, l'on écoute tout le monde. — Madame, dit l'avoué, notre pauvre cher David est en prison, et il arrive à la situation que j'ai prévue au début de cette affaire. Je lui conseillais alors de s'associer pour l'exploitation de sa découverte avec ses concurrents, les Cointet, qui tiennent entre leurs mains les moyens d'exécuter ce qui, chez votre mari, n'est qu'à l'état de conception. Aussi, dans la soirée d'hier, aussitôt que la nouvelle de son arrestation m'est parvenue, qu'ai-je fait ? je suis allé trouver MM. Cointet avec l'intention de tirer d'eux des concessions qui puissent vous satisfaire. En voulant défendre cette découverte, votre vie va continuer d'être ce qu'elle est : une vie de chicanes où vous succomberez, où vous fuirez, épuisés et mourants, par faire, à votre détriment peut-être, avec un homme d'argent, ce que je veux vous voir faire, à votre avantage, dès aujourd'hui, avec MM. Cointet frères. Vous économiserez ainsi les privations, les angoisses du combat de l'inventeur contre l'avidité du capitaliste et l'indifférence de la société. Voyons ! si MM. Cointet payent vos dettes... si vos dettes payées, ils vous donnent encore une somme qui vous soit acquise, quel que soit le mérite, l'avenir de votre possibilité de la découverte, en vous accordant, bien entendu toujours, une certaine part dans les bénéfices de l'exploitation, ne seriez-vous pas heureux ? ... Vous devenez, vous, madame, propriétaire du matériel de l'imprimerie, et vous le vendrez sans doute, cela vaudra bien vingt mille francs, je vous garantis d'en acquérir à ce prix. Si vous réalisez quinze mille francs, par un acte de société avec MM. Cointet, vous auriez une fortune de trente mille francs, et, au taux actuel des rentes, vous vous feriez deux mille francs de rente... On vit avec deux mille francs en toute en province. Et, remarquez bien que, madame, vous auriez encore les éventualités de votre association avec MM. Cointet. Je dis éventualités, car il faut supposer l'insuccès. Eh bien ! voici ce que je suis en mesure de pouvoir obtenir : d'abord, libération complète de David, puis quinze mille francs remis à titre d'indemnité de vos recherches, acquis sans que MM. Cointet puissent en faire l'objet d'une revendication à quelque titre que ce soit, quand même la découverte serait improductive, enfin une société formée entre David et MM. Cointet pour l'exploitation d'un brevet d'invention à prendre, après une expérience faite en commun et secrètement sur le procédé de fabrication sur les bases suivantes : MM. Cointet feront tous les frais. La mise de fonds de David sera l'apport du brevet, et il aura le quart des bénéfices. Vous êtes une femme pleine de jugement et très-raisonnable, ce qui n'arrive pas souvent à de très-belles femmes, réfléchissez à ces propositions, et vous les trouverez très-acceptables. — Ah ! monsieur, s'écria la pauvre Eve au désespoir et en fondant en larmes, pourquoi n'êtes-vous pas venu hier au soir me proposer cette transaction ? Nous eussions évité le déshonneur, et... bien pis. — Ma discussion

avec les Cointet, qui, vous avez dû vous en douter, se cachent derrière Métivier, n'a fini qu'à minuit. Mais qu'est-il donc arrivé depuis hier soir qui soit pire que l'arrestation de notre pauvre David ? demanda Petit-Claud. — Voici l'affreuse nouvelle que j'ai trouvée à mon réveil, répondit-elle en tendant à Petit-Claud la lettre de Lucien. Vous me prouvez en ce moment que vous vous intéressez à nous, vous êtes l'ami de David et de Lucien, je n'ai pas besoin de vous demander le secret... — Soyez sans aucune inquiétude, dit Petit-Claud en rendant la lettre après l'avoir lue. Lucien ne se tuera pas. Après avoir été la cause de l'arrestation de son beau-frère, il lui fallait une raison pour vous quitter, et je vois là comme une tirade de sortie, en style de coulisses.

Les Cointet étaient arrivés à leurs fins. Après avoir torturé l'inventeur et sa famille, ils saisissaient le moment de cette torture où la lassitude fait désirer quelque repos. Tous les chercheurs de secrets ne tiennent pas du boule-dogue, qui meurt sa proie entre les dents, et les Cointet avaient savamment étudié le caractère de leurs victimes. Pour le grand Cointet, l'arrestation de David était la dernière scène du premier acte de ce drame. Le second acte commençait par la proposition que Petit-Claud venait faire. En grand maître, l'avoué regarda le coup de tête de Lucien comme une de ces chances inespérées qui, dans une partie, achèvent de la décider. Il vit Eve si complètement matée par cet événement, qu'il résolut d'en profiter pour gagner sa confiance, car il savait fort bien par quelle influence de la femme sur le mari. Donc, au lieu de plonger madame Séchard plus avant dans le désespoir, il essaya de la rassurer, et il la dirigea très-habilement vers la prison dans la situation d'esprit où elle se trouvait, en pensant qu'elle déterminerait alors David à s'associer aux Cointet. — David, madame, m'a dit qu'il ne souhaitait de fortune que pour vous et pour votre frère, mais il doit vous être prouvé que ce serait une folie que de vouloir enrichir Lucien. Ce garçon-là mangerait trois fortunes.

L'attitude d'Eve disait assez que la dernière de ses illusions sur son frère s'était envolée, aussi l'avoué fit-il une pause pour convertir le silence de sa cliente en une sorte d'assentiment. — Ainsi, dans cette question, reprit-il, il ne s'agit plus que de vous et de votre enfant. C'est à vous de savoir si deux mille francs de rente suffisent à votre bonheur, sans compter la succession du vieux Séchard. Votre beau-père se fait, depuis longtemps, un revenu de sept à huit mille francs, sans compter les intérêts de ses capitaux ; ainsi vous avez, après tout, un bel avenir. Pourquoi vous tourmenter ?

L'avoué quitta madame Séchard en la laissant réfléchir sur cette perspective, assez habilement préparée la veille par le grand Cointet. — Allez leur faire entrevoir la possibilité de toucher une somme quelconque, avait dit le loup-cervier d'Angoulême à l'avoué quand il vint lui annoncer l'arrestation, et, lorsqu'ils se seront accoutumés à l'idée de palper une somme, ils seront à nous : nous marchanderons, et, petit à petit, nous les ferons arriver au prix que nous voulons donner de secret.

Cette phrase contenait en quelque sorte l'argument du second acte de ce drame financier. Quand madame Séchard, le cœur brisé par ses appréhensions sur le sort de son frère se fut habillée, et descendit pour aller à la prison, elle éprouva l'angoisse qui lui donna l'idée de traverser seule les rues d'Angoulême. Sans s'occuper de l'anxiété de sa cliente, Petit-Claud revint lui offrir le bras, ramené par une pensée assez machiavélique, et il eut le mérite d'une délicatesse à laquelle Eve fut extrêmement sensible, car il s'en laissa remercier, sans la tirer de son erreur. Cette petite attention, chez un homme si dur, si cassant, dans un pareil moment, modifia les jugements que madame Séchard avait jusqu'à présent portés sur Petit-Claud. — Je vous mène, lui dit-il, par le chemin le plus long, mais nous n'y rencontrerons personne.

— Voici la première fois, monsieur, que je n'ai pas le droit d'aller la tête haute ! on me l'a bien durement appris hier !... — Ce sera la première et la dernière. — Oh ! je ne resterai certes pas dans cette ville.—Si votre mari consentait aux propositions qui sont à peu près posées entre les Cointet et moi, dit Petit-Claud à Eve en arrivant au seuil de la prison, faites-moi savoir que je viendrais aussitôt avec une autorisation de Cachan, qui permettrait à David de sortir, et, vraisemblablement, il ne renterait pas en prison.

Ceci, dit en face de la geôle, était ce que les Italiens appellent une *combinazione*. Chez eux, ce mot exprime l'acte indéfinissable où se rencontre un peu de perfidie mêlée au droit, l'à-propos d'une fraude permise, une tromperie quasi légitime et bien dressée ; selon eux, la Saint-Barthélemy est une combinaison politique.

Par les causes exposées ci-dessus, la détention pour dettes est un fait judiciaire si rare en province, que, dans la plupart des villes de France, il n'existe pas de maison d'arrêt. Dans ce cas, le débiteur est écroué à la prison où l'on incarcère les inculpés, les prévenus, les accusés et les condamnés. Tels sont les noms divers que prennent légalement et successivement ceux que le peuple appelle génériquemment des *criminels*. Ainsi David fut mis provisoirement dans une des chambres basses de la prison d'Angoulême, d'où, peut-être, quelque condamné venait de sortir, après avoir fait son temps. Une fois écroué avec la somme décrétée par la loi pour les aliments du prisonnier pendant un mois, David se trouva devant un gros homme qui, pour les captifs, devient un pouvoir plus grand que celui du roi : le geôlier! En province, on ne connaît pas de geôlier maigre. D'abord, cette place est presque une sinécure, puis, un geôlier est comme un aubergiste qui n'aurait pas de maison à payer, il se nourrit très-bien en nourrissant très-mal ses prisonniers, qu'il loge, d'ailleurs, comme fait l'aubergiste, selon leurs moyens. Il connaissait David de nom, à cause de son père surtout, et il eut confiance de le bien coucher pour une nuit, quoique David fût sans un sou. La prison d'Angoulême date du moyen âge, et n'a pas subi plus de changements que la cathédrale. Encore appelée maison de justice, elle est adossée à l'ancien présidial. Le guichet est classique, c'est la porte cloutée, solide en apparence, usée, basse, de construction d'autant plus cyclopéenne, qu'elle a comme un œil unique au front dans le judas par où le geôlier vient reconnaître les gens avant d'ouvrir. Un corridor règne le long de la façade au rez-de-chaussée, et sur ce corridor ouvrent plusieurs chambres, dont les fenêtres, hautes et garnies de hottes, tirent leur jour du préau. Le geôlier occupe un logement séparé de ces chambres par une voûte qui sépare le rez-de-chaussée en deux parties, et au bout de laquelle on voit des guichets une grille fermant le préau. David fut conduit par le geôlier dans celle des chambres qui se trouvait auprès de la voûte, et dont la porte donnait en face de son logement. Le geôlier voulait voisiner avec un homme qui, vu sa position particulière, pouvait lui tenir compagnie. — C'est la meilleure chambre, dit-il en voyant David stupéfait à l'aspect du local.

Les murs de cette chambre étaient en pierre et assez humides. Les fenêtres, très-élevées, avaient des barreaux de fer. Les dalles de pierre jetaient une froid glacial. On entendait le pas régulier de la sentinelle en faction, qui se promenait dans le corridor. Ce bruit monotone, comme celui de la marée vous jette à tout instant cette pensée. — « On te garde! tu n'es plus libre! » Tous ces détails, cet ensemble de choses agit prodigieusement sur le moral des honnêtes gens. David aperçut un lit exécrable, mais les gens incarcérés sont si violemment agités pendant la première nuit qu'ils ne s'aperçoivent de la dureté de leur couche qu'à la seconde nuit. Le geôlier fut gracieux, il proposa naturellement à son détenu de se promener dans le préau jusqu'à la nuit. Le supplice de David ne commença qu'au moment de son coucher. Il était interdit de donner de la lumière aux prisonniers, il fallait donc un permis du procureur du roi pour exempter le détenu pour dettes du règlement qui ne concernait évidemment que les gens soumis à la main de la justice. Le geôlier admit bien David à son foyer, mais il fallut enfin le renfermer à l'heure du coucher. Le pauvre mari d'Ève connut alors les horreurs de la prison et la grossièreté de ses usages, qui le révolta. Mais, par une de ces réactions assez familières aux penseurs, il s'isola dans cette solitude, il s'en sauva par un de ces rêves qu'ont les poètes, en pouvoir de faire tout éveillés. Le malheureux finit par porter sa réflexion sur ses affaires. La prison pousse énormément à l'examen de conscience. David se demanda s'il avait rempli ses devoirs de chef de famille? quelle devait être la désolation de sa femme? pourquoi, comme le lui disait Marion, ne pas gagner assez d'argent pour pouvoir faire plus tard sa découverte à loisir?

— Comment, se dit-il, rester à Angoulême après un pareil éclat! Si je sors de prison, qu'allons-nous devenir? où irons-nous? Quelques doutes lui vinrent sur ses procédés. Ce fut une de ces angoisses qui ne peut être comprise que par les inventeurs eux-mêmes. De doute en doute, David en vint à voir clair à sa situation, et il se dit à lui-même, ce que les Cointet avaient dit au père Séchard, ce que Petit-Claud venait de dire à Ève : En supposant que tout aille bien, que sera-ce de l'application? Il me faut un brevet d'invention, c'est de l'argent!... Il me faut une fabrique ou faire mes essais en grand, ce sera livrer ma découverte! Oh! comme Petit-Claud avait raison!

Les prisons les plus obscures dégagent de très-vives lueurs.

— Bah! dit David en s'endormant sur l'espèce de lit de camp où se trouvait un horrible matelas un drap brun très-grossier, je verrai sans doute Petit-Claud demain matin.

David s'était donc bien préparé lui-même à écouter les propositions que sa femme lui apportait de la part de ses ennemis. Après qu'elle eut embrassé son mari et se fut assise sur le pied du lit, car il n'y avait qu'une chaise en bois de la plus vile espèce, le regard de la femme tomba sur l'affreux baquet mis dans un coin et sur les murailles parsemées de noms et d'apophthegmes écrits par les prédécesseurs de David. Alors, de ses yeux rougis, les pleurs recommencèrent à couler. Elle eut encore des larmes après toutes celles qu'elle avait versées, en voyant son mari dans la situation d'un criminel.

— Voilà donc où peut mener le désir de la gloire!... s'écria-t-elle.

Oh! mon ange, abandonne cette carrière... Allons ensemble le long de la route battue, et ne cherchons pas une fortune rapide.. Il me faut peu de chose pour être heureuse, surtout après avoir tant souffert!... Et si tu savais! cette déshonorante arrestation n'est pas notre grand malheur!... tiens!

Elle tendit la lettre de Lucien, que David eut bientôt lue, et, pour la consoler, elle lui dit l'affreux mot de Petit-Claud sur Lucien.

— Si Lucien s'est tué, c'est fait en ce moment, dit David, et si ce n'est pas fait en ce moment, il ne se tuera pas : il ne peut pas, comme il le dit, avoir du courage plus d'une matinée...

— Mais rester dans cette anxiété!... s'écria la sœur, qui pardonnait presque tout à l'idée de la mort.

Elle redit à son mari les propositions que Petit-Claud avait soi-disant obtenues des Cointet, et qui furent aussitôt acceptées par David avec un visible plaisir.

— Nous aurons de quoi vivre dans un village auprès de l'Houmeau où la fabrique des Cointet est située, et je ne veux plus que la tranquillité! s'écria l'inventeur. Si Lucien s'est puni par la mort, nous aurons assez de fortune pour attendre celle de mon père; et, s'il existe, le pauvre garçon saura se conformer à notre médiocrité... Les Cointet profiteront certainement de ma découverte; mais, après tout, que suis-je relativement à mon pays?... Un homme. Si mon secret profite à tous, eh bien! je suis content! Tiens, ma chère Ève, nous ne sommes faits ni l'un ni l'autre pour être des commerçants. Nous n'avons ni l'amour du gain ni cette difficulté de lâcher toute espèce d'argent, même le plus légitimement dû, qui sont peut-être les vertus du négociant, car on nomme ces deux avarices : prudence et génie commercial!

Enchantée de cette conformité de vues, l'une des plus douces fleurs de l'amour, car les intérêts et l'esprit peuvent ne pas s'accorder chez deux êtres qui s'aiment, Ève pria le geôlier d'envoyer chez Petit-Claud un mot par lequel elle lui disait de délivrer David, en lui annonçant leur mutuel consentement aux bases de l'arrangement projeté. Dix minutes après, Petit-Claud entrait dans l'horrible chambre de David, et disant à Ève : — Retournez chez vous, madame, nous vous y suivrons...

— Eh bien! mon cher ami, dit Petit-Claud, tu t'es donc laissé prendre! Et comment as-tu pu commettre la faute de sortir?

— Et comment ne serais-je pas sorti? voici ce que Lucien m'écrivait.

David remit à Petit-Claud la lettre de Cérizet; Petit-Claud la prit, la lut, la regarda, tâta le papier, et causa d'affaires en pliant la lettre comme par distraction, et il la mit dans sa poche. Puis l'avoué prit David par le bras, et sortit avec lui, car la décharge de l'huissier avait été apportée au geôlier pendant cette conversation. En rentrant chez lui, David se crut dans le ciel, il pleura comme un enfant en embrassant son petit Lucien et en se retrouvant dans sa chambre à coucher après vingt jours de détention, dont les dernières heures étaient, selon les mœurs de la province, déshonorantes. Kolb et Marion étaient revenus. Marion apprit à l'Houmeau que Lucien avait été vu marchant sur la route de Paris, au-delà de Marsac. La mise du dandy fut remarquée par les gens de la campagne qui apportaient des denrées à la ville. Après s'être lancé à cheval sur le grand chemin, Kolb avait fini par savoir à Mansle que Lucien, reconnu par M. Marron, voyageait dans une calèche en poste.

— Que vous disais-je? s'écria Petit-Claud. Ce n'est pas un poète, ce garçon-là, c'est un roman continuel.

— En poste? disait Ève, et où va-t-il encore, cette fois?

— Maintenant, dit Petit-Claud à David, venez chez MM. Cointet, ils vous attendent.

— Ah! monsieur, s'écria la belle madame Séchard, je vous en prie, défendez bien nos intérêts, vous avez tout notre avenir entre les mains.

— Voulez-vous, madame, dit Petit-Claud, que la conférence ait lieu chez vous? je vous laisse David. Ces messieurs viendront ici ce soir, et vous verrez si je sais défendre vos intérêts.

— Ah! monsieur, vous me feriez bien plaisir, dit Ève.

— Eh bien! dit Petit-Claud, à ce soir, ici, sur les sept heures.

— Je vous remercie, répondit Ève avec un regard et un accent qui prouvèrent à Petit-Claud combien de progrès il avait fait dans la confiance de sa cliente.

— Ne craignez rien, vous le voyez; j'avais raison, ajouta-t-il. Votre frère est à trente lieues de son suicide. Enfin, peut-être ce soir aurez-vous une petite fortune. Il se présente un acquéreur sérieux pour votre imprimerie.

— Si cela était, dit Ève, pourquoi ne pas attendre avant de nous lier avec les Cointet?

— Vous oubliez, madame, répondit Petit-Claud, qui vit le danger de sa confidence, que vous ne serez libre de vendre votre imprimerie qu'après avoir payé M. Métivier, car tous vos ustensiles sont toujours saisis.

Rentré chez lui, Petit-Claud fit venir Cérizet. Quand le prote fut dans son cabinet, il l'emmena dans une embrasure de la croisée.

— Tu seras demain soir propriétaire de l'imprimerie Séchard, et assez puissamment protégé pour obtenir la transmission du brevet, lui dit-il dans l'oreille ; mais tu ne veux pas finir aux galères ?

— De quoi !... de quoi, les galères ! fit Cérizet.

— Ta lettre à David est un faux, et je la tiens... Si l'on interrogeait Henriette, que dirait-elle ?... Je ne veux pas te perdre, dit aussitôt Petit-Claud en voyant pâlir Cérizet.

— Vous voulez encore quelque chose de moi ! s'écria le Parisien.

— Eh bien ! voici ce que j'attends de toi, reprit Petit-Claud. Écoute bien : tu seras imprimeur à Angoulême dans deux mois..., mais tu devras ton imprimerie, et tu ne l'auras pas payée en dix ans !... Tu travailleras longtemps pour tes capitalistes ! et de plus tu seras obligé d'être le prête-nom du parti libéral... C'est moi qui rédigerai ton acte de commandite avec Gannerac, je le ferai de manière que tu puisses un jour avoir l'imprimerie à toi. Mais, s'ils créent un journal, si tu en es le gérant, si je suis ici premier substitut, tu t'entendras avec le grand Cointet pour mettre dans ton journal des articles de nature à le faire saisir et supprimer..... Les Cointet te payeront largement pour leur rendre ce service-là.... Je sais bien que tu seras condamné, que tu mangeras de la prison, mais tu passeras pour un homme important et persécuté. Tu deviendras un personnage du parti libéral, un sergent Mercier, un Paul-Louis Courier, un Manuel au petit pied. Je ne te laisserai jamais retirer ton brevet. Enfin, le jour où le journal sera supprimé, je brûlerai cette lettre devant toi..... Ta fortune ne te coûtera pas cher.

Les gens du peuple ont des idées très-erronées sur les distinctions légales du faux, et Cérizet, qui se voyait déjà sur les bancs de la cour d'assises, respira.

— Je serai, dans trois ans d'ici, procureur du roi à Angoulême, reprit Petit-Claud, tu pourras avoir besoin de moi, songes-y !

— C'est entendu, dit Cérizet. Mais vous ne me connaissez pas : brûlez cette lettre devant moi, reprit-il, fiez-vous à ma reconnaissance.

Petit-Claud regarda Cérizet. Ce fut un de ces duels d'œil à œil où le regard de celui qui observe est comme un scalpel avec lequel il essaye de fouiller l'âme, et où les yeux de l'homme qui met alors ses vertus en étalage sont comme un spectacle.

Petit-Claud ne répondit rien ; il alluma une bougie et brûla la lettre en se disant : — Il a sa fortune à faire !

— Vous avez à vous une âme damnée, dit le prote.

David attendait avec une vague inquiétude la conférence avec les Cointet : ce n'était ni la discussion de ses intérêts ni celle de l'acte à faire qui l'occupait, mais l'opinion que les fabricants allaient avoir de ses travaux. Il se trouvait dans la situation de l'auteur dramatique devant ses juges. L'amour-propre de l'inventeur et ses anxiétés au moment d'atteindre au but faisaient pâlir tout autre sentiment. Enfin, sur les sept heures du soir, à l'instant où madame la comtesse Châtelet se mettait au lit, sous prétexte de migraine, et laissait faire à son mari les honneurs du dîner, tant elle était affligée des nouvelles contradictoires qui couraient sur Lucien ! les Cointet, le gros et le grand, entrèrent avec Petit-Claud chez leur concurrent, qui se livrait à eux, pieds et poings liés. On se trouva d'abord arrêté par une difficulté préliminaire : comment faire un acte de société sans connaître les procédés de David ? Et les procédés de David divulgués, David se trouvait à la merci des Cointet. Petit-Claud obtint que l'acte serait fait auparavant. Le grand Cointet dit alors à David de lui montrer quelques-uns de ses produits, et l'inventeur lui présenta les dernières feuilles fabriquées, en en garantissant le prix de revient.

— Eh bien ! voilà, dit Petit-Claud, la base de l'acte toute trouvée, vous pouvez vous associer sur ces données-là, en introduisant une clause de dissolution dans le cas où les conditions du brevet ne seraient pas remplies à l'exécution en fabrique.

— Autre chose, monsieur, dit le grand Cointet à David, autre chose est de fabriquer, en petit, dans sa chambre, avec une petite forme, des échantillons de papier, ou de se livrer à des fabrications sur une grande échelle. Jugez-en par un seul fait : nous faisons des papiers de couleur, nous achetons, pour les colorer, des parties de couleur bien identiques. Ainsi, l'indigo pour *bleuter* nos coquilles est pris dans une caisse dont tous les pains proviennent d'une même fabrication. Eh bien ! nous n'avons jamais pu obtenir deux cuvées de teintes pareilles... Il s'opère dans la préparation de nos matières des phénomènes qui nous échappent. La quantité, la qualité de pâte changent sur-le-champ toute espèce de question. Quand vous teniez dans une bassine une portion d'ingrédients que je ne demande pas à connaître, vous en étiez le maître,

Lucien

vous pouviez agir sur toutes les parties uniformément, les lier, les malaxer, les pétrir, à votre gré, leur donner une façon homogène... Mais qui vous a garanti que sur une cuvée de cinq cents rames il en sera de même, et que vos procédés réussiront ?...

David, Ève et Petit-Claud se regardèrent en se disant bien des choses par les yeux.

— Prenez un exemple qui vous offre une analogie quelconque, dit le grand Cointet après une pause. Vous coupez environ deux bottes de foin dans une prairie, et vous les mettez bien serrées dans votre chambre sans en avoir laissé les herbes jeter leur feu, comme disent les paysans, la fermentation a lieu, mais elle ne cause pas d'accident. Vous appuyeriez-vous de cette expérience pour entasser deux mille bottes dans une grange bâtie en bois ?... vous savez bien que le feu prendrait dans ce foin et que votre grange brûlerait comme une allumette. Vous êtes un homme instruit, dit Cointet à David, concluez!... Vous avez, eu ce moment, coupé deux bottes de foin, et nous craignons de mettre le feu à notre papeterie en en serrant deux mille. Nous pouvons, en d'autres termes, perdre plus d'une cuvée, faire des pertes, et nous trouver avec rien dans les mains, après avoir dépensé beaucoup d'argent.

David était atterré. La pratique parlait son langage positif à la théorie, dont la parole est toujours au futur.

— Du diable si je signe un pareil acte de société! s'écria brutalement le gros Cointet. Tu perdras ton argent si tu veux, Boniface, moi je garde le mien... J'offre de payer les dettes de M. Séchard, et six mille francs... Encore trois mille francs en billets, dit-il en se reprenant, et à douze et quinze mois... Ce sera bien assez des risques à courir... Nous avons douze mille francs à prendre sur notre compte avec Métivier. Cela fera quinze mille francs!... Mais c'est tout ce que je payerais le secret pour l'exploiter à moi tout seul. Ah! voilà cette trouvaille dont tu me parlais, Boniface... Eh bien! merci, je te croyais plus d'esprit. Non, ce n'est pas là ce qu'on appelle une affaire.

— La question, pour vous, dit alors Petit-Claud sans s'effrayer de cette sortie, se réduit à ceci: Voulez-vous risquer vingt mille francs pour acheter un secret qui peut vous enrichir? Mais, messieurs, les risques sont toujours en raison des bénéfices, c'est un enjeu de vingt mille francs contre la fortune. Le joueur met un louis pour en avoir trente-six à la roulette, mais il sait que son louis est perdu. Faites de même.

— Je demande à réfléchir, dit le gros Cointet; moi, je ne suis pas aussi fort que mon frère. Je suis un pauvre garçon tout rond qui ne connais qu'une seule chose: fabriquer à vingt sous le Paroissien que je vends quarante sous. J'aperçois dans une invention qui n'en est qu'à sa première expérience une cause de ruine. On réussira une première cuvée, ou manquera la seconde, on continuera, on se laisse alors entraîner, et quand on a passé le bras dans ces engrenages-là, le corps suit... Il raconta l'histoire d'un négociant de Bordeaux ruiné pour avoir voulu cultiver les Landes sur la foi d'un savant: il trouva six exemples pareils autour de lui dans le département de la Charente et de la Dordogne, en industrie et en agriculture. Il s'emporta, ne voulut plus rien écouter; les objections de Petit-Claud accroissaient son irritation au lieu de le calmer. — J'aime mieux acheter plus cher une chose plus certaine que cette découverte, et n'avoir qu'un petit bénéfice, dit-il en regardant son frère. Selon moi, rien ne paraît assez avancé pour établir une affaire, s'écria-t-il en terminant.

— Enfin, vous êtes venus ici pour quelque chose? dit Petit-Claud. Qu'offrez-vous?

— De libérer M. Séchard, et de lui assurer, en cas de succès, trente pour cent de bénéfices, répondit vivement le gros Cointet.

— Eh! monsieur, dit Eve, avec quoi vivrons-nous pendant tout le temps des expériences? mon mari a eu la honte de l'arrestation, il peut retourner en prison, il n'en sera ni plus ni moins, et nous payerons nos dettes...

Petit-Claud mit un doigt sur ses lèvres en regardant Eve.

— Vous n'êtes pas raisonnables, dit-il aux deux frères. Vous avez vu le papier, le père Séchard vous a dit que son fils, enfermé par lui, avait, dans une seule nuit, avec des ingrédients qui devaient coûter peu de chose, fabriqué d'excellent papier. . Vous êtes ici pour aboutir à l'acquisition. Voulez-vous acquérir, oui ou non?

— Tenez, dit le grand Cointet, que mon frère veuille ou ne veuille pas, je risque, moi, le payement des dettes de M. Séchard; je donne six mille francs, argent comptant, et M. Séchard aura trente pour cent dans les bénéfices; mais écoutez bien ceci: si dans l'espace d'un an il n'a pas réalisé les conditions qu'il posera lui-même dans l'acte, il nous rendra les six mille francs, le brevet nous restera, nous nous en tirerons comme nous pourrons.

— Es-tu sûr de toi? dit Petit-Claud en prenant David à part.

— Oui, dit David, qui fut pris à cette tactique des deux frères, et qui tremblait de voir rompre au gros Cointet cette conférence d'où son avenir dépendait.

— Eh bien! je vais aller rédiger l'acte, dit Petit-Claud aux Cointet et à Eve; vous en aurez chacun un double pour ce soir, vous le méditerez pendant toute la matinée, puis, demain soir, à quatre heures, au sortir de l'audience, vous le signerez. Vous, messieurs, retirez les pièces de Métivier. Moi, j'écrirai d'arrêter le procès en cour royale, et nous nous signifierons les désistements réciproques.

Voici quel fut l'énoncé des obligations de Séchard.

« ENTRE LES SOUSSIGNÉS, etc.
« M. David Séchard
« fils, imprimeur à Angoulême, affirmant
« avoir trouvé le moyen
« de coller également le
« papier en cuve, et le
« moyen de réduire le
« prix de fabrication de
« toute espèce de pa-
« pier de plus de cin-
« quante pour cent par
« l'introduction de ma-
« tières végétales dans
« la pâte, soit en les
« mêlant aux chiffons
« employés jusqu'à pré-
« sent, soit en les em-
« ployant sans adjonc-
« tion de chiffon, une
« Société pour l'exploi-
« tation du brevet d'in-
« vention à prendre en
« raison de cette décou-

Enfant, dit l'Espagnol en prenant Lucien par le bras... — PAGE 37.

« verte, est formée entre M. David Séchard fils et MM. Cointet frères
« aux clauses et conditions suivantes... »

Un des articles de l'acte dépouillait complètement David Séchard de ses droits dans le cas où il n'accomplirait pas les promesses énoncées dans ce libellé soigneusement fait par le grand Cointet et consenti par David.

En apportant cet acte le lendemain matin à sept heures et demie, Petit-Claud apprit à David et à sa femme que Cérizet offrait vingt-deux mille francs comptant de l'imprimerie. — Mais, dit-il, si les Cointet apprenaient cette acquisition, ils seraient capables de ne pas signer votre acte, de vous tourmenter, de faire vendre ici. — Vous êtes sûr du payement? dit Eve étonnée de voir se terminer une affaire de laquelle elle désespérait, et qui trois mois plus tôt eût tout sauvé. — J'ai les fonds chez moi, répondit-il nettement. — Mais c'est de la magie! dit David en demandant à Petit-Claud l'explication de ce bonheur. — Non, c'est bien simple, les négociants de l'Houmeau veulent fonder un journal, dit Petit-Claud. — Mais je me le sens interdit! s'écria David. — Vous! mais votre successeur... D'ailleurs, reprit-il, ce sont vos imprimeries de rien, vendez, empochez le prix, et laissez Cérizet se dépêtrer des clauses de la vente, il saura se tirer d'affaire. — Oh! oui, dit Ève. — Si vous vous êtes interdit de faire un journal à Angoulême, reprit Petit-Claud, les bailleurs de fonds de Cérizet le feront à l'Houmeau.

Ève, éblouie par la perspective de posséder trente mille francs, d'être au-dessus du besoin, ne regarda plus l'acte d'association que comme une espérance secondaire. Aussi M. et madame Séchard cédèrent-ils sur un point de l'acte social qui donna matière à une dernière discussion. Le grand Cointet exigea la faculté de mettre en son nom le brevet d'invention. Il réussit à établir que, du moment où les droits utiles de David étaient parfaitement définis dans l'acte, le brevet pouvait être indifféremment au nom d'un des associés. Son frère finit par dire: — C'est lui qui donne l'argent du brevet, qui fait les frais du voyage, c'est encore deux mille francs! qu'il le prenne en son nom où il n'y a rien de fait.

Le loup-cervier triompha donc sur tous les points. L'acte de société fut signé vers quatre heures et demie. Le grand Cointet offrit galamment à madame Séchard six douzaines de couverts à filets et un beau châle Ternaux, en manière d'épingles, pour lui faire oublier les éclats de la discussion, dit-il. A peine les doubles étaient-ils échangés, à peine Cachan avait-il fini de remettre à Petit-Claud les décharges et les pièces ainsi que les trois terribles effets fabriqués par Lucien, que la voix de Kolb retentit dans l'escalier, après le bruit assourdissant d'un camion du bureau des Messageries qui s'arrêta devant la porte.

— Montame! montame! quinze mile vrancs!... cria-t-il, envoyés te Boidiers (Poitiers) en fraischant, bar mennesieur Lucien. — Quinze mille francs! s'écria Ève en levant les bras. — Oui, madame, dit le facteur qui se présentait, quinze mille francs apportés par la diligence de Bordeaux, qui en avait sa charge, allez! J'ai là deux hommes en bas qui montent les sacs. Ça vous est expédié par M. Lucien Chardon de Rubempré... Je vous monte un petit sac de peau dans lequel il y a pour vous cinq cents francs en or, et vraisemblablement une lettre.

Ève crut rêver en lisant la lettre suivante:

« Ma chère sœur, voici quinze mille francs. Au lieu de me tuer, j'ai vendu ma vie. Je ne m'appartiens plus: je suis le secrétaire d'un diplomate espagnol.

« Je recommence une existence affreuse. Peut-être aurait-il mieux valu me noyer.

« Adieu, David sera libre, et avec quatre mille francs il pourra sans doute acheter une petite papeterie et faire fortune. Ne pensez plus, je le veux, à votre pauvre frère,

« LUCIEN. »

— Il est dit, s'écria madame Chardon, qui vint voir entasser les sacs, que mon pauvre fils sera toujours fatal, comme il l'écrivait, même en faisant le bien. — Nous l'avons échappé belle! s'écria le grand Cointet quand il fut sur la place du Mûrier. Une heure plus tard, les reflets de cet argent auraient éclairé l'acte, et notre homme se serait effrayé. Dans trois mois, comme il nous l'a promis, nous saurons à quoi nous en tenir.

Le soir, à sept heures, Cérizet acheta l'imprimerie et la paya, en gardant à sa charge le loyer du dernier trimestre. Le lendemain Ève avait remis quarante mille francs au receveur général pour acheter au nom de son mari, deux mille cinq cents francs de rente. Puis elle écrivit à son beau-père de lui trouver à Marsac une petite propriété de dix mille francs pour y asseoir sa fortune personnelle.

Le plan du grand Cointet était d'une simplicité formidable. Du premier abord, il jugea le collage en cuve impossible. L'adjonction de matières végétales peu coûteuses à la pâte de chiffon lui parut le vrai, le seul moyen de fortune. Il se proposa donc de regarder comme rien le bon marché de la pâte, et de tenir énormément au collage en cuve. Voici pourquoi. La fabrication d'Angoulême s'occupait alors presque uniquement des papiers à écrire dits écu, poulet, écolier, coquille, qui naturellement sont tous collés. Ce fut longtemps la gloire de la papeterie d'Angoulême. Ainsi, la spécialité monopolisée par les fabricants d'Angoulême depuis longues années donnait gain de cause à l'exigence des Cointet, et le papier collé, comme on va le voir, n'entrait pour rien dans sa spéculation. La fourniture des papiers à écrire est excessivement bornée, tandis que celle des papiers d'impression non collés est presque sans limites. Dans le voyage qu'il fit à Paris pour y prendre le brevet à son nom, le grand Cointet pensait à conclure des affaires qui détermineraient de grands changements dans son mode de fabrication. Logé chez Métivier, Cointet lui donna des instructions pour enlever, dans l'espace d'un an, la fourniture des journaux aux papetiers qui l'exploitaient, en baissant le prix de la rame à un taux auquel nulle fabrique ne pouvait arriver, et promettant à chaque journal un blanc et des qualités supérieurs aux plus belles sortes employées jusqu'alors. Comme les marchés des journaux sont à terme, il fallait une certaine période de travaux souterrains avec les administrations pour arriver à réaliser ce monopole; mais Cointet calcula qu'il aurait le temps de se défaire de Séchard pendant que Métivier obtiendrait des traités avec les principaux journaux de Paris. Cointet intéressa naturellement Métivier, dans une proportion déterminée, à ces fournitures, afin d'avoir un représentant habile sur la place de Paris, et ne pas y perdre du temps en voyages. La fortune de Métivier, l'une des plus considérables du commerce de la papeterie, a eu cette affaire pour origine. Pendant dix ans, il eut, sans concurrence possible, la fourniture des journaux de Paris. Tranquille sur ses débouchés futurs, le grand Cointet revint à Angoulême assez à temps pour assister au mariage de Petit-Claud, dont l'étude était vendue, et qui attendait la nomination de son successeur pour prendre la place de M. Milaud, promise au protégé de la comtesse Châtelet. Le second substitut du procureur du roi d'Angoulême fut nommé premier substitut à Limoges, et le garde des sceaux envoya un de ses protégés au parquet d'Angoulême, où le poste de premier substitut vaqua pendant deux mois. Cet intervalle fut la lune de miel de Petit-Claud.

En l'absence du grand Cointet, David fit d'abord une première cuvée sans colle qui donna du papier à journal bien supérieur à celui que les journaux employaient, puis une seconde cuvée de papier vélin magnifique, destiné aux belles impressions, et qui servit à l'imprimerie Cointet pour une édition du Paroissien du diocèse. Les matières avaient été préparées par David lui-même, en secret, car il ne voulut pas d'autres ouvriers avec lui que Kolb et Marion.

Au retour du grand Cointet, tout changea de face. Il regarda les échantillons des papiers fabriqués, il en fut modérément satisfait.

— Mon cher ami, dit-il à David, le commerce d'Angoulême, c'est le papier coquille. Il s'agit donc de faire de la plus belle coquille possible à cinquante pour cent au-dessous du prix de revient actuel.

David essaya de fabriquer une cuvée de pâte collée pour coquille, et il obtint un papier rêche comme une brosse, et où la colle se mit en grumeleux. Le jour où l'expérience fut terminée et où David eut une des feuilles, il alla dans un coin, il voulut être seul à dévorer son chagrin, mais le grand Cointet vint le relancer, et fut avec lui d'une amabilité charmante, il consola son associé.

— Ne vous découragez pas, dit Cointet, allez toujours! je suis bon enfant et je vous comprends, j'irai jusqu'au bout!

— Vraiment, dit David à sa femme en revenant dîner avec elle, nous sommes avec de braves gens, et je n'aurais jamais cru le grand Cointet si généreux!

Et il raconta sa conversation avec son perfide associé.

Trois mois se passèrent en expériences. David couchait à la papeterie, il observait les effets des diverses compositions de sa pâte. Tantôt il attribuait ses insuccès au mélange du chiffon et de ses matières, et il faisait une cuvée entièrement composée de ses ingrédients. Tantôt il essayait de coller une cuvée entièrement composée de chiffons. Et, poursuivant son œuvre avec une persévérance admirable, et sous les yeux du grand Cointet, de qui le pauvre homme ne se défiait plus, il alla, de matière homogène en matière homogène, jusqu'à ce qu'il eût épuisé la série de ses ingrédients combinés avec toutes les différentes colles. Pendant les six premiers mois de l'année 1823, David Séchard vécut dans la papeterie avec Kolb, si ce fut vivre que de négliger sa nourriture, son vêtement et sa personne. Il se battit si désespérément avec les difficultés, que c'eût été pour d'autres hommes que les Cointet un spectacle sublime, car aucune pensée d'intérêt ne préoccupait ce hardi lutteur. Il y eut un moment où il ne désira rien que la victoire. Il épiait avec sa sagacité merveilleuse les effets si bizarres des substances transformées pour l'homme en produits à sa convenance, où la nature est en quelque sorte domptée dans ses résistances secrètes, et il en déduisit de belles lois d'industrie, en observant qu'on ne pouvait obtenir ces sortes de créations qu'en obéissant aux rapports ultérieurs des choses, à ce qu'il appela la seconde nature des substances. Enfin il arriva, vers le mois d'août, à obtenir un papier collé en cuve absolument semblable à celui que l'industrie fabrique en ce moment, et qui s'emploie comme papier d'épreuve dans les imprimeries, mais dont les sortes n'ont aucune uniformité, dont le collage n'est pas même toujours certain. Ce résultat, si beau en 1823, eu égard à l'état de la papeterie, avait coûté dix mille francs, et David espérait résoudre les dernières difficultés du problème. Mais il se répandit alors dans Angoulême et dans l'Houmeau de singuliers bruits: David Séchard ruinaît les frères Cointet. Après avoir dévoré trente mille francs en expériences, il obtenait enfin, disait-on, de très-mauvais papier. Les autres fabricants effrayés s'en tenaient à leurs anciens procédés; et, jaloux des Cointet, ils répandaient le bruit de la ruine prochaine de cette ambitieuse maison. Le grand Cointet, lui, faisait venir les machines à fabriquer le papier continu, tout en laissant croire que ces machines étaient nécessaires aux expériences de David Séchard. Mais le jésuite mêlait à sa pâte les ingrédients indiqués par Séchard, en le poussant toujours à ne s'occuper que du collage en cuve, et il expédiait à Métivier des milliers de rames de papier à journal.

Au mois de septembre, le grand Cointet prit David Séchard à part, et, en apprenant de lui qu'il méditait une triomphante expérience, il le dissuada de continuer cette lutte.

— Mon cher David, allez à Marsac voir votre femme et vous reposer de vos fatigues, nous ne voulons pas nous ruiner, dit-il amicalement. Ce que vous regardez comme un grand triomphe n'est encore qu'un point de départ. Nous attendrons maintenant avant de nous livrer à de nouvelles expériences. Soyez juste! voyez les résultats. Nous ne sommes pas seulement papetiers, nous sommes imprimeurs, banquiers, et l'on dit que vous nous ruinez...

David Séchard fit un geste d'une naïveté sublime pour protester de sa bonne foi.

— Ce n'est pas cinquante mille francs de jetés dans la Charente qui nous ruineront, dit le grand Cointet en répondant au geste de David, mais nous ne voulons pas être obligés, à cause de calomnies qui courent sur notre compte, de payer tout comptant, nous serions forcés d'arrêter nos opérations. Nous voilà dans les termes de notre acte, il faut y réfléchir de part et d'autre.

— Il a raison! se dit David, qui, plongé dans ses expériences en grand, n'avait pas pris garde au mouvement de la fabrique. Et il revint à Marsac, où depuis six mois il allait voir Ève tous les samedis soir et la quittait le mardi matin. Bien conseillée par le vieux Séchard, Ève avait acheté, précisément en avant des vignes de son beau-père, une maison appelée la Verberie, accompagnée de trois arpents de jardin et d'un clos de vignes enclavé dans le vignoble du vieillard. Elle vivait avec sa mère et Marion très-économiquement, car elle devait cinq mille francs restant à payer sur le prix de cette charmante propriété, la plus jolie de Marsac. La maison, entre cour et jardin, était bâtie en tuffeau blanc, couverte en ardoise et ornée de sculptures que la facilité de tailler le tuffeau permet de prodiguer sans trop de frais. Le joli mobilier venu d'Angoulême paraissait encore plus joli à la campagne, où personne ne déployait alors dans ces pays le moindre luxe. Devant la façade du côté du jardin il y avait une rangée de grenadiers, d'orangers et de plantes rares que le précédent propriétaire, vieux général mort de la main de M. Marron, cultivait lui-même. Ce fut sous un oranger, au moment où David jouait avec sa femme et son père, devant leur fils Lucien, que l'huissier de Mansle apporta lui-même une assignation des frères Cointet à leur associé pour constituer le tribunal arbitral devant lequel, aux termes de leur acte de société, devaient se porter leurs contestations. Les frères Cointet demandaient la restitution des six mille francs et la propriété du brevet, ainsi que les frais contingents de son exploitation comme indemnité des exorbitantes dépenses faites par eux sans aucun résultat.

— On dit que tu les ruines! dit le vigneron à son fils. Eh bien! voilà la seule chose que tu aies faite qui me soit agréable.

Le lendemain Ève et David étaient à neuf heures dans l'antichambre de M. Petit-Claud, devenu le défenseur de la veuve, le tuteur de l'orphelin, et dont les conseils leur parurent les seuls à suivre.

Le magistrat reçut à merveille ses anciens clients, et voulut absolument que M. et madame Séchard lui fissent le plaisir de déjeuner avec lui.

— Les Cointet vous réclament six mille francs? dit-il en souriant. Que devez-vous encore sur le prix de la Verberie?

— Cinq mille francs, monsieur, mais j'en ai deux mille, répondit Ève.

— Gardez vos deux mille francs, répondit Petit-Claud. Voyons, cinq mille!... il vous faut encore dix mille francs pour vous bien installer là-bas. Eh bien! dans deux heures les Cointet vous apporteront quinze mille francs.

Ève fit un geste de surprise.

— ...Contre votre renonciation à tous les bénéfices de l'acte de société que vous dissoudrez à l'amiable, dit le magistrat. Cela vous va-t-il?

— Et ce sera bien légalement à nous? dit Ève.

— Bien légalement, dit le magistrat en souriant. Les Cointet vous ont fait assez de chagrins, je veux mettre un terme à leurs prétentions. Écoutez, aujourd'hui je suis magistrat, je vous dois la vérité.

Eh bien! les Cointet vous jouent en ce moment, mais vous êtes entre leurs mains. Vous pourriez gagner le procès qu'ils vous intentent, en acceptant la guerre. Voulez-vous être encore au bout de dix ans à plaider? On multipliera les expertises et les arbitrages, et vous serez soumis aux chances des avis les plus contradictoires... Et, dit-il en souriant, je ne vois vous point d'avoué pour vous défendre ici... Tenez, un mauvais arrangement vaut mieux qu'un bon procès.

— Tout arrangement qui nous donnera la tranquillité me sera bon, dit David.

— Paul! cria Petit-Claud à son domestique, allez chercher M. Ségaud, mon successeur... Pendant que nous déjeunerons, il ira voir les Cointet, dit-il à ses anciens clients, et dans quelques heures vous partirez pour Marsac, ruinés, mais tranquilles. Avec dix mille francs, vous vous ferez cinq cents actes en bonne forme signés des Cointet, et avec quinze billets de mille francs.

Au bout de deux heures, comme Petit-Claud l'avait dit, maître Ségaud revint avec des actes en bonne forme signés des Cointet, et avec quinze billets de mille francs.

— Nous te devons beaucoup, dit Séchard à Petit-Claud.

— Mais je viens de vous ruiner, répondit Petit-Claud à ses anciens clients étonnés. Je vous ai ruinés, je vous le répète, vous le verrez avec le temps, mais je vous connais, vous préférez votre ruine à une fortune que vous auriez peut-être trop tard.

— Nous ne sommes pas intéressés, monsieur, nous vous remercions de nous avoir donné les moyens de bonheur, dit madame Ève, et vous nous en trouverez toujours reconnaissants.

— Mon Dieu, ne me bénissez pas, dit Petit-Claud, vous me donnez des remords, mais je crois avoir aujourd'hui tout réparé. Si je suis devenu magistrat, c'est grâce à vous, et si quelqu'un doit être reconnaissant, c'est moi... Adieu.

En 1829, au mois de mars, le vieux Séchard mourut, laissant environ deux cent mille francs de biens au soleil, qui, réunis à la Verberie, en firent une magnifique propriété très-bien régie par Kolb depuis deux ans.

Avec le temps, l'Alsacien changea d'opinion sur le compte du père Séchard, qui, de son côté, prit l'Alsacien en affection en le trouvant comme lui sans aucune notion des lettres ni de l'écriture, et facile à griser. L'ancien ours apprit à gérer le vignoble et à en vendre les produits, il se forma dans la pensée de laisser un homme de tête à ses enfants, car, dans ses derniers jours, ses craintes furent grandes et puériles sur le sort de ses biens. Il avait pris Courtois le meunier pour son confident.

— Vous verrez, lui disait-il, comme tout ira chez mes enfants quand je serai dans le trou. Ah! mon Dieu, leur avenir me fait trembler.

David et sa femme trouvèrent près de cent mille écus en or chez leur père. La voix publique, comme toujours, grossit tellement le trésor du vieux Séchard, qu'on l'évaluait à un million dans tout le département de la Charente. Ève et David eurent à peu près trente mille francs de rente, en joignant à cette succession leur petite fortune, car ils attendirent quelque temps pour faire l'emploi de leurs fonds, et purent les placer sur l'État à la Révolution de juillet.

Après 1830 seulement le département de la Charente et David Séchard surent à quoi s'en tenir sur la fortune du grand Cointet. Riche de plusieurs millions, nommé député, le grand Cointet est pair de France, et sera, dit-on, ministre du commerce dans la prochaine combinaison. En 1837, il a épousé la fille d'un des hommes d'État les plus influents de la dynastie, mademoiselle Popinot, fille de M. Anselme Popinot, député de Paris, maire d'un arrondissement.

La découverte de David Séchard a passé dans la fabrication française comme la nourriture dans un grand corps. Grâce à l'introduction de matières autres que le chiffon, la France peut fabriquer le papier à meilleur marché qu'en aucun pays de l'Europe. Mais le papier de Hollande, selon la prévision de David Séchard, n'existe plus. Tôt ou tard il faudra sans doute ériger une manufacture royale de papier, comme on a créé les Gobelins, Sèvres, la Savonnerie et l'imprimerie royale, qui jusqu'à présent ont surmonté les coups que leur ont portés de vandales bourgeois.

David Séchard, aimé par sa femme, est père de deux enfants, il a eu le bon goût de ne jamais parler de ses tentatives, et eu l'esprit de lui faire renoncer à l'état d'inventeur. Il cultive les lettres par délassement, mais il mène la vie heureuse et paresseuse du propriétaire faisant valoir. Après avoir dit adieu sans retour à la gloire, il ne saurait avoir d'ambition, il s'est rangé dans la classe des rêveurs et des collectionneurs: il s'adonne à l'entomologie, et recherche les transformations jusqu'à présent si secrètes des insectes que la science ne connaît que dans leur dernier état.

Tout le monde a entendu parler des succès de Petit-Claud comme procureur général, il est le rival du fameux Vinet de Provins, et son ambition est de devenir premier président de la cour royale de Poitiers.

Cérizet, condamné à trois ans de prison pour délits politiques en 1827, fut obligé par le successeur de Petit-Claud de vendre son imprimerie d'Angoulême. Il a fait beaucoup parler de lui, car il fut un des enfants perdus du parti libéral. A la Révolution de juillet, il fut nommé sous-préfet, et ne put rester plus de deux mois dans sa sous-préfecture. Après avoir été gérant d'un journal dynastique, il contracta dans la presse des habitudes de luxe. Ses besoins renaissants l'ont conduit à devenir prête-nom dans une affaire de mines en commandite, dont les faits et gestes, le prospectus et les dividendes anticipés lui ont mérité une condamnation à deux ans de prison en police correctionnelle. Il a fait paraître une justification dans laquelle il attribue ce résultat à des animosités politiques. Il se dit persécuté par les républicains.

1835-1843.

FIN D'ÈVE ET DAVID.

FACINO CANE

A LOUISE,

Comme un témoignage d'affectueuse reconnaissance.

Je demeurais alors dans une petite rue que vous ne connaissez sans doute pas, la rue de Lesdiguières : elle commence à la rue Saint-Antoine, en face d'une fontaine près de la place de la Bastille, et débouche dans la rue de la Cerisaie.

L'amour de la science m'avait jeté dans une mansarde où je travaillais pendant la nuit, et je passais le jour dans une bibliothèque voisine, celle de Monsieur.

Je vivais frugalement, j'avais accepté toutes les conditions de la vie monastique, si nécessaire aux travailleurs. Quand il faisait beau, à peine me promenais-je sur le boulevard Bourdon.

Une seule passion m'entraînait en dehors de mes habitudes studieuses, mais n'était-ce pas encore de l'étude? j'allais observer les mœurs du faubourg, ses habitants et leurs caractères.

Aussi mal vêtu que les ouvriers, indifférent au décorum, je ne les mettais point en garde contre moi ; je pouvais me mêler à leurs groupes, les voir concluant leurs marchés, et se disputant à l'heure où ils quittent le travail.

Chez moi l'observation était déjà devenue intuitive, elle pénétrait l'âme sans négliger le corps ; ou plutôt elle saisissait si bien les détails extérieurs, qu'elle allait sur-le-champ au-delà; elle me donnait la faculté de vivre de la vie de l'individu sur laquelle elle s'exerçait, en me permettant de me substituer à lui comme le derviche des Mille et une Nuits prenait le corps et l'âme des personnes sur lesquelles il prononçait certaines paroles.

Lorsque, entre onze heures et minuit, je rencontrais un ouvrier et sa femme revenant ensemble de l'Ambigu-Comique, je m'amusais à les suivre depuis le boulevard du Pont-aux-Choux jusqu'au boulevard Beaumarchais.

Ces braves gens parlaient d'abord de la pièce qu'ils avaient vue ; de fil en aiguille ils arrivaient à leurs affaires, la mère tirant son enfant par la main sans écouter ni ses plaintes ni ses demandes ; les deux époux comptaient l'argent qui leur serait payé le lendemain, ils le dépensaient de vingt manières différentes.

C'était alors des détails de ménage, des doléances sur le prix excessif des pommes de terre, ou sur la longueur de l'hiver et le renchérissement des mottes, des représentations énergiques sur ce qui était dû au boulanger, enfin des discussions qui s'envenimaient, et où chacun d'eux déployait son caractère en mots pittoresques.

En entendant ces gens je pouvais épouser leur vie, je me sentais leurs guenilles sur le dos, je marchais les pieds dans leurs souliers percés ; leurs désirs, leurs besoins, tout passait dans mon âme, ou mon âme passait dans la leur.

C'était le rêve d'un homme éveillé.

Je m'échauffais avec eux contre les chefs d'atelier qui les tyrannisaient, ou contre les mauvaises pratiques qui les faisaient revenir plusieurs fois sans les payer.

Quitter ses habitudes, devenir un autre que soi par l'ivresse des facultés morales, et jouer ce jeu à volonté, telle était ma distraction.

A quoi dois-je ce don ? Est-ce une seconde vue ? est-ce une de ces qualités dont l'abus mènerait à la folie ?

Je n'ai jamais recherché les causes de cette puissance, je la possède et m'en sers, voilà tout.

Sachez seulement que, dès ce temps, j'avais décomposé les éléments de cette masse hétérogène nommée le peuple, que je l'avais analysée de manière à pouvoir évaluer ses qualités bonnes ou mauvaises.

Je savais déjà de quelle utilité pourrait être ce faubourg, ce séminaire de révolutions qui renferme des héros, des inventeurs, des savants pratiques, des coquins, des scélérats, des vertus et des vices, tous comprimés par la misère, étouffés par la nécessité, noyés dans le vin, usés par les liqueurs fortes. Vous ne sauriez imaginer combien d'aventures perdues, combien de drames oubliés dans cette ville de douleur! Combien d'horribles et belles choses!

L'imagination n'atteindra jamais au vrai qui s'y cache et que personne ne peut aller découvrir, il faut descendre trop bas pour trouver ces admirables scènes ou tragiques ou comiques, chefs-d'œuvre enfantés par le hasard.

Je ne sais comment j'ai si longtemps gardé sans la dire l'histoire que je vais vous raconter, elle fait partie de ces récits curieux restés dans le sac d'où la mémoire les tire capricieusement comme des numéros de loterie : j'en ai bien d'autres, aussi singuliers que celui-ci, également enfouis ; mais ils auront leur tour, croyez-le.

Un jour ma femme de ménage, la femme d'un ouvrier, vint me prier d'honorer de ma présence la noce d'une de ses sœurs.

Pour vous faire comprendre ce que pouvait être cette noce, il faut vous dire que je donnais quarante sous par mois à cette pauvre créature qui venait tous les matins faire mon lit, nettoyer mes souliers, brosser mes habits, balayer la chambre et préparer mon déjeuner ; elle allait pendant le reste du temps tourner la manivelle d'une mécanique, et gagnait à ce dur métier dix sous par jour. Son mari, un ébéniste, gagnait quatre francs. Mais, comme ce ménage avait trois enfants, il pouvait à peine honnêtement manger du pain.

Je n'ai jamais rencontré de probité plus solide que celle de cet homme et de cette femme.

Quand j'eus quitté le quartier, pendant cinq ans la mère Vaillant est venue me souhaiter ma fête en m'apportant un bouquet et des oranges, elle qui n'avait jamais dix sous d'économie.

La misère nous avait rapprochés. Je n'ai jamais pu lui donner autre chose que dix francs, souvent empruntés pour cette circonstance.

Ceci peut expliquer ma promesse d'aller à la noce, je comptais me blottir dans la joie de ces pauvres gens.

Le festin, le bal, tout eut lieu chez un marchand de vin de la rue de Charenton, au premier étage, dans une grande chambre éclairée par des lampes à réflecteurs en fer-blanc, tendue d'un papier crasseux à hauteur des tables, et le long des murs de laquelle il y avait des bancs de bois.

Dans cette chambre, quatre-vingts personnes endimanchées, flanquées de bouquets et de rubans, toutes animées par l'esprit de la Courtille, le visage enflammé, dansaient comme si le monde allait finir. Les mariés s'embrassaient à la satisfaction générale, et c'étaient des eh! eh! des ah! ah! facétieux mais réellement moins indécents que ne le sont les timides œillades des jeunes filles bien élevées.

Tout ce monde exprimait un contentement brutal qui avait je ne sais quoi de communicatif.

Mais ni les physionomies de cette assemblée, ni la noce, ni rien de ce monde n'a trait à mon histoire. Retenez seulement la bizarrerie du cadre.

Figurez-vous bien la boutique ignoble et peinte en rouge, sentez l'odeur du vin, écoutez les hurlements de cette joie, restez bien dans ce faubourg, au milieu de ces ouvriers, de ces vieillards, de ces pauvres femmes livrées au plaisir d'une nuit!

L'orchestre se composait de trois aveugles des Quinze-Vingts, le premier était violon, le second clarinette, et le troisième flageolet.

Tous trois étaient payés en bloc sept francs pour la nuit.

Sur ce prix-là, certes, ils ne donnaient ni du Rossini, ni du Beethoven, ils jouaient ce qu'ils voulaient et ce qu'ils pouvaient, personne ne leur faisait de reproches, charmante délicatesse!

Leur musique attaquait si brutalement le tympan, qu'après avoir jeté les yeux sur l'assemblée, je regardai ce trio d'aveugles, et fus tout d'abord disposé à l'indulgence en reconnaissant leur uniforme.

Les artistes étaient dans l'embrasure d'une croisée ; pour distinguer leurs physionomies, il fallait donc être près d'eux ; je n'y vins pas sur-le-champ, mais quand je m'en rapprochai, je ne sais pourquoi, tout fut dit, la noce et sa musique disparut, ma curiosité fut excitée au plus haut degré, car mon âme passa dans le corps du joueur de clarinette.

Le violon et le flageolet avaient tous deux des figures vulgaires, la figure si commune de l'aveugle, pleine de contention, attentive et grave ; mais celle de la clarinette était un de ces phénomènes qui arrêtent tout court l'artiste et le philosophe.

Figurez-vous le masque en plâtre de Dante, éclairé par la lueur rouge du quinquet, et surmonté d'une forêt de cheveux d'un blanc argenté.

L'expression amère et douloureuse de cette magnifique tête était agrandie par la cécité, car les yeux morts revivaient par la pensée ; il s'en échappait comme une lueur brûlante produite par un désir unique, incessant, énergiquement inscrit sur un front bombé que traversaient des rides pareilles aux assises d'un vieux mur.

Ce vieillard soufflait au hasard, sans faire la moindre attention à la mesure ni à l'air, ses doigts se baissaient ou se levaient, agitaient les vieilles clefs par une habitude machinale ; il ne se gênait pas pour faire ce que l'on nomme des *canards* en termes d'orchestre, les danseurs ne s'en apercevaient pas plus que les deux acolytes de mon Italien ; car je voulais que ce fût un Italien, et c'était un Italien.

Quelque chose de grand et de despotique se rencontrait dans ce vieil Homère qui gardait en lui-même une odyssée condamnée à l'oubli. C'était une grandeur si réelle, qu'elle triomphait de son abjection, c'était un despotisme si vivace, qu'il dominait la pauvreté.

Aucune des violentes passions qui conduisent l'homme au bien comme au mal, n'en forçait ou ne brisait, ne manquait à ce visage noblement coupé, lividement italien, ombragé par des sourcils grisonnants qui projetaient leur ombre sur des cavités profondes où l'on tremblait de voir reparaître la lumière de la pensée, comme on craint de voir venir à la bouche d'une caverne quelques brigands armés de torches et de poignards. Il existait un lion dans cette cage de chair, un lion dont la rage s'était inutilement épuisée contre le fer de ses barreaux.

L'incendie du désespoir s'était éteint dans ses cendres, la lave s'était refroidie, mais les sillons, les bouleversements, un peu de fumée, attestaient la violence de l'éruption, les ravages du feu.

Ces idées, réveillées, par l'aspect de cet homme, étaient aussi chaudes dans mon âme qu'elles étaient froides sur sa figure.

Entre chaque contredanse, le violon et le flageolet, sérieusement occupés de leur verre et de leur bouteille, suspendaient leur instrument au bouton de leur redingote rougeâtre, avançaient la main sur une petite table placée dans l'embrasure de la croisée où était leur cantine, et offraient toujours à l'Italien un verre plein qu'il ne pouvait prendre lui-même, car la table se trouvait derrière sa chaise ; chaque fois la clarinette les remerciait par un signe de tête amical.

Leurs mouvements s'accomplissaient avec cette précision qui étonne toujours chez les aveugles des Quinze-Vingts, et qui semble faire croire qu'ils voient.

Je m'approchai des trois aveugles pour les écouter ; mais quand je fus près d'eux ils m'étudièrent, ne reconnurent sans doute pas la nature ouvrière, et se tinrent coi.

— De quel pays êtes-vous, vous qui jouez de la clarinette ?

— De Venise, répondit l'aveugle avec un léger accent italien.

— Êtes-vous né aveugle, ou êtes-vous aveugle par...

— Par accident, répondit-il vivement, une maudite goutte sereine.

— Venise est une belle ville, j'ai toujours eu la fantaisie d'y aller.

La physionomie du vieillard s'anima, ses rides s'agitèrent, il fut violemment ému.

— Si j'y allais avec vous, vous ne perdriez pas votre temps, me dit-il.

— Ne lui parlez pas de Venise, me dit le violon, ou notre doge va commencer son train ; avec ça qu'il a déjà deux bouteilles dans le bocal, le prince !

— Allons, en avant, père Canard! dit le flageolet.

Tous trois se mirent à jouer ; mais, pendant le temps qu'ils mirent à exécuter les quatre contredanses, le Vénitien me flairait, il devinait l'excessif intérêt que je lui portais. Sa physionomie quitta sa froide expression de tristesse ; je ne sais quelle espérance égaya tous ses traits, se coula comme une flamme bleue dans ses rides ; il sourit, et s'essuya le front, ce front audacieux et terrible, enfin il devint gai comme un homme qui monte sur son dada.

— Quel âge avez-vous ? lui demandai-je.

— Quatre-vingt-deux ans !

— Depuis quand êtes-vous aveugle ?

— Voici bientôt cinquante ans, répondit-il avec un accent qui annonçait que ses regrets ne portaient pas seulement sur la perte de sa vue, mais sur quelque grand pouvoir dont il aurait été dépouillé.

— Pourquoi vous appellent-ils donc le doge? lui demandai-je.

— Ah! une farce, me dit-il, je suis patricien de Venise, et j'aurais été doge tout comme un autre.

— Comment vous nommez-vous donc?

— Ici, me dit-il, le père Canet. Mon nom n'a jamais pu s'écrire autrement sur les registres; mais en italien c'est *Marco Facino Cane, principe de Varese*.

— Comment! vous descendez du fameux condottiere Facino Cane, dont les conquêtes ont passé aux ducs de Milan?

— *E vero*, me dit-il. Dans ce temps-là, pour n'être pas tué par les Visconti le fils de Cane s'est réfugié à Venise et s'est fait inscrire sur le livre d'or. Mais il n'y a pas plus de Cane maintenant que de livre. Et il fit un geste effrayant de patriotisme éteint et de dégoût pour les choses humaines.

— Mais, si vous étiez sénateur de Venise, vous deviez être riche; comment avez-vous pu perdre votre fortune?

A cette question, il leva la tête vers moi, comme pour me contempler par un mouvement vraiment tragique, et me répondit :

— Dans les malheurs!

Il ne songeait plus à boire, il refusa par un geste le verre de vin que lui tendit en ce moment le vieux flageolet, puis il baissa la tête.

Ces détails n'étaient pas de nature à éteindre ma curiosité. Pendant la contredanse que jouèrent ces trois machines, je contemplai le vieux noble vénitien avec les sentiments qui dévorent un homme de vingt ans.

Je voyais Venise et l'Adriatique, je la voyais en ruine sur cette figure ruinée.

Je me promenais dans cette ville si chère à ses habitants, j'allais du Rialto au grand canal, du quai des Esclavons au Lido, je revenais à sa cathédrale, si originalement sublime; je regardais les fenêtres de la *casa doro*, dont chacune a des ornements différents; je contemplais ces vieux palais si riches de marbre, enfin toutes ces merveilles avec lesquelles le savant sympathise d'autant plus qu'il les colore à son gré et ne dépoétise pas ses rêves par le spectacle de la réalité.

Je remontais le cours de la vie de ce rejeton du plus grand des condottieri, en y cherchant les traces de ses malheurs et les causes de cette profonde dégradation physique et morale qui rendait plus belles encore les étincelles de grandeur et de noblesse ranimées en ce moment.

Nos pensées étaient sans doute communes, car je crois que la cécité rend les communications intellectuelles beaucoup plus rapides en défendant à l'attention de s'éparpiller sur les objets extérieurs.

La preuve de notre sympathie ne se fit pas attendre. Facino Cane cessa de jouer, se leva, vint à moi et me dit un : Sortons! qui produisit sur moi l'effet d'une douche électrique.

Je lui donnai le bras, et nous nous en allâmes.

Quand nous fûmes dans la rue, il me dit :

— Voulez-vous me mener à Venise, m'y conduire; voulez-vous avoir foi en moi? vous serez plus riche que ne le sont les dix maisons les plus riches d'Amsterdam ou de Londres, plus riche que les Rothschild, enfin riche comme les Mille et une Nuits.

Je pensai que cet homme était fou; mais il y avait dans sa voix une puissance à laquelle j'obéis.

Je me laissai conduire, et il me mena vers les fossés de la Bastille comme s'il avait eu des yeux.

Il s'assit sur une pierre dans un endroit fort solitaire où depuis fut bâti le pont par lequel le canal Saint-Martin communique avec la Seine.

Je me mis sur une autre pierre devant ce vieillard dont les cheveux blancs brillèrent comme des fils d'argent à la clarté de la lune.

Le silence que troublait à peine le bruit orageux des boulevards qui arrivait jusqu'à nous, la pureté de la nuit, tout contribuait à rendre cette scène vraiment fantastique.

— Vous parlez de millions à un jeune homme, et vous croyez qu'il hésiterait à endurer mille maux pour les recueillir! Ne vous moquez-vous pas de moi.

— Que je meure sans confession, me dit-il avec violence, si ce que je vais vous dire n'est pas vrai. J'ai eu vingt ans comme vous les avez eu ce moment, j'étais riche, j'étais noble, j'étais beau, j'ai commencé par la première des folies, par l'amour. J'ai aimé comme l'on n'aime plus, jusqu'à me mettre dans un coffre et risquer d'y être poignardé sans avoir reçu autre chose que la promesse d'un baiser. Mourir pour *elle* me semblait toute une vie. En 1760 je devins amoureux d'une Vendramini, une femme de dix-huit ans, mariée à un Sagredo, l'un des plus riches sénateurs, un homme de trente ans, fou de sa femme. Ma maîtresse et moi nous étions innocents comme deux chérubins, quand le *sposo* nous surprit causant d'amour : j'étais sans armes, il me manqua, je sautai sur lui, je l'étranglai de mes deux mains en lui tordant le cou comme à un poulet. Je voulus partir avec Bianca, elle ne voulut pas me suivre. Voilà les femmes! Je m'en allai seul, je fus condamné, mes biens furent séquestrés au profit de mes héritiers; mais j'avais emporté mes diamants, cinq tableaux de Titien roulés, et tout mon or. J'allai à Milan, où je ne fus pas inquiété : mon affaire n'intéressait point l'État.

— Une petite observation avant de continuer, dit-il après une pause. Que les fantaisies d'une femme influent ou non sur son enfant pendant qu'elle le porte ou quand elle le conçoit, il est certain que ma mère eut une passion pour l'or pendant sa grossesse. J'ai pour l'or une monomanie dont la satisfaction est si nécessaire à ma vie, que dans toutes les situations où je me suis trouvé je n'ai jamais été sans or sur moi, je manie constamment de l'or. Jeune, je portais toujours des bijoux et j'avais toujours sur moi deux ou trois cents ducats.

En disant ces mots, il tira deux ducats de sa poche et me les montra.

— Je sens l'or. Quoique aveugle, je m'arrête devant les boutiques de joailliers. Cette passion m'a perdu : je suis devenu joueur pour jouer de l'or. Je n'étais pas fripon, je fus friponné, je me ruinai.

Quand je n'eus plus de fortune, je fus pris par la rage de voir Bianca : je revins secrètement à Venise, je la retrouvai, je fus heureux pendant six mois, caché chez elle, nourri par elle. Je pensais délicieusement à finir ainsi ma vie.

Elle était recherchée par le provéditeur celui-ci devina un rival, en Italie on les sent : il nous espionna, nous surprit au lit, le lâche! Jugez combien vive fut notre lutte : je ne le tuai pas, je le blessai grièvement.

Cette aventure brisa mon bonheur. Depuis ce jour je n'ai jamais retrouvé de Bianca.

J'ai eu de grands plaisirs, j'ai vécu à la cour de Louis XV parmi les femmes les plus célèbres, nulle part je n'ai trouvé les qualités, les grâces, l'amour de ma chère Vénitienne. Le provéditeur avait ses gens, il les appela, le palais fut cerné, envahi, je me défendis pour pouvoir mourir sous les yeux de Bianca, qui m'aidait à tuer le provéditeur.

Jadis cette femme n'avait pas voulu s'enfuir avec moi, mais après six mois de bonheur elle voulait mourir de ma mort, et reçut plusieurs coups. Pris dans un grand manteau que l'on jeta sur moi, je fus roulé, porté dans une gondole et transporté dans un cachot des puits.

J'avais vingt-deux ans, je tenais si bien le tronçon de mon épée, que pour l'avoir il aurait fallu me couper le poing. Par un singulier hasard, ou plutôt inspiré par une pensée de précaution, je cachai ce morceau de fer dans un coin, comme s'il pouvait me servir.

Je fus soigné. Aucune de mes blessures n'était mortelle. A vingt-deux ans on revient de tout.

Je devais mourir décapité, je fis le malade afin de gagner du temps. Je croyais être dans un cachot voisin du canal, mon projet était de m'évader en creusant le mur et traversant le canal à la nage au risque de me noyer.

Voici sur quels raisonnements s'appuyait mon espérance. Toutes les fois que le geôlier m'apportait à manger, je lisais des indications écrites sur les murs, comme : *côté du palais, côté du canal, côté du souterrain*, et je finis par apercevoir un plan dont le sens m'inquiétait peu, mais explicable par l'état actuel du palais ducal, qui n'est pas terminé.

Avec le génie que donne le désir de recouvrer la liberté, je parvins à déchiffrer, en tâtant du bout des doigts la superficie d'une pierre, une inscription arabe par laquelle l'auteur de ce travail avertissait ses successeurs qu'il avait détaché deux pierres de la dernière assise, et creusé onze pieds de souterrain.

Pour continuer son œuvre, il fallait répandre sur le sol même du cachot les parcelles de pierre et de mortier produites par le travail de l'excavation.

Quand même les gardiens ou les inquisiteurs n'eussent pas été rassurés par la construction de l'édifice, qui n'exigeait qu'une surveillance extérieure, la disposition des puits, où l'on descend par quelques marches, permettait d'exhausser graduellement le sol sans que les gardiens s'en aperçussent.

Cet immense travail avait été superflu, du moins pour celui qui l'avait entrepris, car son inachèvement annonçait la mort de l'inconnu.

Pour que son dévouement ne fût pas à jamais perdu, il fallait qu'un prisonnier sût l'arabe, mais j'avais étudié les langues orientales au convent des Arméniens.

Une phrase écrite derrière la pierre disait le destin de ce malheureux, mort victime de ses immenses richesses, que Venise avait convoitées, et dont elle s'était emparée. Il me fallut un mois pour arriver à un résultat.

Pendant que je travaillais, et dans les moments où la fatigue m'anéantissait, j'entendais le son de l'or, je voyais de l'or devant moi, j'étais ébloui par des diamants !

Oh ! attendez. Pendant une nuit mon acier émoussé trouva du bois. J'aiguisai mon bout d'épée, et fis un trou dans ce bois. Pour pouvoir travailler, je me roulais comme un serpent sur le ventre, je me mettais nu pour travailler à la manière des taupes, en portant mes mains en avant et me faisant de la pierre même un point d'appui.

La surveille du jour où je devais comparaître devant mes juges, pendant la nuit, je voulus tenter un dernier effort, je perçai le bois, et mon fer ne rencontra rien au delà.

Jugez de ma surprise quand j'appliquai les yeux sur le trou ! J'étais dans le lambris d'une cave où une faible lumière me permettait d'apercevoir un monceau d'or.

Le doge et l'un des dix étaient dans ce caveau, j'entendais leurs voix, leurs discours m'apprirent que là était le trésor secret de la République, les dons des doges, et les réserves du butin appelé le denier de Venise, et pris sur le produit des expéditions.

J'étais sauvé !

Quand le geôlier vint, je lui proposai de favoriser ma fuite et de partir avec moi en emportant tout ce que nous pourrions prendre.

Il n'y avait pas à hésiter, il accepta.

Un navire faisait voile pour le Levant, toutes les précautions furent prises. Bianca favorisa les mesures que je dictais à mon complice.

Pour ne pas donner l'éveil, Bianca devait nous rejoindre à Smyrne.

En une nuit le trou fut agrandi, et nous descendîmes dans le trésor secret de Venise.

Quelle nuit !

J'ai vu quatre tonnes pleines d'or.

Dans la pièce précédente, l'argent était également amassé en deux tas qui laissaient un chemin au milieu pour traverser la chambre où les pièces relevées en talus garnissaient les murs à cinq pieds de hauteur.

Je crus que le geôlier deviendrait fou ; il chantait, il riait, il gambadait dans l'or, je le menaçai de l'étrangler s'il perdait le temps ou s'il faisait du bruit.

Dans sa joie, il ne vit pas d'abord une table où étaient les diamants. Je me jetai dessus assez habilement pour emplir ma veste de matelot et les poches de mon pantalon.

Mon Dieu ! je n'en pris pas le tiers.

Sous cette table étaient des lingots d'or. Je persuadai à mon compagnon de remplir d'or autant de sacs que nous pourrions en porter, en lui faisant observer que c'était la seule manière de n'être pas découverts à l'étranger.

— Les perles, les bijoux, les diamants, nous feraient reconnaître, lui dis-je.

Quelle que fût notre avidité, nous ne pûmes prendre que deux mille livres d'or, qui nécessitèrent six voyages à travers la prison jusqu'à la gondole.

La sentinelle à la porte d'eau avait été gagnée moyennant un sac de dix livres d'or.

Quant aux deux gondoliers, ils croyaient servir la République.

Au jour, nous partîmes. Quand nous fûmes en pleine mer, et que je me souvins de cette nuit, quand je me rappelai les sensations que j'avais éprouvées, que je revis cet immense trésor où, suivant mes évaluations, je laissais trente millions en argent et vingt millions en or, plusieurs millions en diamants, perles et rubis, il se fit en moi comme un mouvement de folie.

J'eus la fièvre de l'or.

Nous nous fîmes débarquer à Smyrne, et nous nous embarquâmes aussitôt pour la France.

Comme nous montions sur le bâtiment français, Dieu me fit la grâce de me débarrasser de mon complice.

En ce moment, je ne pensais pas à toute la portée de ce méfait du hasard, dont je me réjouis beaucoup.

Nous étions si complétement énervés que nous demeurions hébétés, sans nous rien dire, attendant que nous fussions en sûreté pour jouir à notre aise.

Il n'est pas étonnant que la tête ait tourné à ce drôle.

Vous verrez combien Dieu m'a puni.

Je ne me crus tranquille qu'après avoir vendu les deux tiers de mes diamants à Londres et à Amsterdam, et réalisé ma poudre d'or en valeurs commerciales.

Pendant cinq ans, je me cachai dans Madrid, puis, en 1770, je vins à Paris sous un nom espagnol, et menai le train le plus brillant.

Bianca était morte.

Au milieu de mes voluptés quand je jouissais d'une fortune de six millions, je fus frappé de cécité. Je ne doute pas que cette infirmité ne soit le résultat de mon séjour dans le cachot, de mes travaux dans la pierre, si toutefois ma faculté de voir l'or n'emportait pas un abus de la puissance visuelle qui me prédestinait à perdre les yeux.

En ce moment, j'aimais une femme à laquelle je comptais lier mon sort, je lui avais dit le secret de mon nom, elle appartenait à une famille puissante, j'espérais tout de la faveur que m'accordait Louis XV, j'avais mis ma confiance en cette femme, qui était l'amie de madame du Barry ; elle me conseilla de consulter un fameux oculiste de Londres ; mais, après quelques mois de séjour dans cette ville, j'y fus abandonné par cette femme dans Hyde-Park, elle m'avait dépouillé de toute ma fortune sans me laisser aucune ressource ; car, obligé de cacher mon nom, qui me livrait à la vengeance de Venise, je ne pouvais invoquer l'assistance de personne, je craignais Venise.

Mon infirmité fut exploitée par les espions que cette femme avait attachés à ma personne.

Je vous fais grâce d'aventures dignes de Gil Blas.

Votre révolution vint.

Je fus forcé d'entrer aux Quinze-Vingts, où cette créature me fit admettre après m'avoir tenu pendant deux ans à Bicêtre, comme fou ; je n'ai jamais pu la tuer, je n'y voyais point, et j'étais trop pauvre pour acheter un bras.

Si avant de perdre Benedetto Carpi, mon geôlier, je l'avais consulté sur la situation de mon cachot, j'aurais pu reconnaître le trésor et retourner à Venise quand la République fut anéantie par Napoléon.

Cependant, malgré ma cécité, allons à Venise ! Je retrouverai la porte de la prison, je verrai l'or à travers les murailles, je le sentirai sous les eaux où il est enfoui, car les événements qui ont renversé la puissance de Venise sont tels, que le secret de ce trésor a dû mourir avec Vendramino, le frère de Bianca, un doge, qui, je l'espérais, aurait fait ma paix avec les Dix.

J'ai adressé des notes au premier consul, j'ai proposé un traité à l'empereur d'Autriche, tous m'ont éconduit comme un fou !

Venez, partons pour Venise, partons mendiants, nous reviendrons millionnaires ; nous rachèterons mes biens, et vous serez mon héritier, vous serez prince de Varese.

Étourdi de cette confidence, qui dans mon imagination prenait les proportions d'un poème, à l'aspect de cette tête blanche, et devant l'eau noire des fossés de la Bastille, eau dormante comme celle des canaux de Venise, je ne répondis pas.

Facino Cane crut sans doute que je le jugeais comme tous les autres ; avec une pitié dédaigneuse il fit un geste qui exprima toute la philosophie du désespoir.

Ce récit l'avait reporté peut-être à ses heureux jours, à Venise : il saisit sa clarinette et joua mélancoliquement une chanson vénitienne, barcarolle pour laquelle il retrouva son premier talent, son talent de patricien amoureux.

Ce fut quelque chose comme le *Super flumina Babylonis*.

Mes yeux s'emplirent de larmes.

Si quelques promeneurs attardés vinrent à passer le long du boulevard Bourdon, sans doute ils s'arrêtèrent pour écouter cette dernière prière du banni, le dernier regret d'un nom perdu, auquel se mêlait le souvenir de Bianca.

Mais l'or reprit bientôt le dessus, et la fatale passion éteignit cette lueur de jeunesse.

— Ce trésor, me dit-il, je le vois toujours, éveillé comme en rêve ; je m'y promène, les diamants étincellent, je ne suis pas aussi aveugle que vous le croyez ; l'or et les diamants éclairent ma nuit, la nuit du dernier Facino Cane, car mon titre passe aux Memmi.

Mon Dieu ! la punition du meurtrier a commencé de bien bonne heure ! *Ave Maria...*

Il récita quelques prières que je n'entendis pas.

— Nous irons à Venise! m'écriai-je quand il se leva.

— J'ai donc trouvé un homme! s'écria-t-il le vis ge en feu.

Je le reconduisis en lui donnant le bras; il me serra la main à la porte des Quinze-Vingts, au moment où quelques personnes de la noce revenaient en criant à tue-tête.

— Partirons-nous demain? dit le vieillard.

— Aussitôt que nous aurons quelque argent.

— Mais nous pouvons aller à pied, je demanderai l'aumône... Je suis robuste, et l'on est jeune quand on voit de l'or devant soi.

Facino Cane mourut pendant l'hiver après avoir langui deux mois. Le pauvre homme avait un catarrhe.

Paris, mars 1836.

FIN DE FACINO CANE.

Facino Cane. — PAGE 45.

ŒUVRES ILLUSTRÉES DE BALZAC

ALBERT SAVARUS

LE RÉQUISITIONNAIRE. — LE MESSAGE.

Dess. Tony Johannot, Staal, Bertall, Daumier, E. Lampsonius, etc.

Gravures par les meilleurs Artistes.

DÉDIÉ
A
MADAME ÉMILE DE GIRARDIN,

Comme un témoignage d'affectueuse admiration,

DE BALZAC.

Amédée de Soulas.

Un des quelques salons où se produisait l'archevêque de Besançon sous la Restauration, et celui qu'il affectionnait, était celui de madame la baronne de Watteville. Un mot sur cette dame, le personnage féminin le plus considérable peut-être de Besançon. M. de Watteville, petit-neveu du fameux Watteville, le plus heureux et le plus illustre des meurtriers et des renégats dont les aventures extraordinaires sont beaucoup trop historiques pour être racontées, était aussi tranquille que son grand-oncle fut turbulent. Après avoir vécu dans la Comté comme un cloporte dans la fente d'une boiserie, il avait épousé l'héritière de la célèbre famille de Rupt. Mademoiselle de Rupt réunit vingt mille francs de rentes en terre aux dix mille francs de rentes en biens-fonds du baron de Watteville.

L'écusson du gentilhomme suisse, les Watteville sont de Suisse, fut mis en abîme sur le vieil écusson des de Rupt. Ce mariage, décidé depuis 1802, se fit en 1815, après la seconde Restauration. Trois ans après la naissance d'une fille qui fut nommée Philomène, tous les grands parents de madame de Watteville étaient morts et leurs successions liquidées. On vendit alors la maison de M. de Watteville pour s'établir rue de la Préfecture, dans le bel hôtel de Rupt, dont le vaste jardin s'étend vers la rue du Perron. Madame Watteville, jeune fille dévote, fut encore plus dévote après son mariage. Elle est une des reines de la sainte confrérie qui donne à la haute société de Besançon un air sombre et des façons prudes en harmonie avec le caractère de cette ville. De là le nom de Philomène imposé à sa fille, née en 1817, au moment où le culte de cette sainte ou de ce saint, car dans les commencements on ne savait à quel sexe appartenait ce squelette, devenait une sorte de folie religieuse en Italie, et un étendard pour l'ordre des jésuites. M. le baron de Watteville, homme sec, maigre et sans esprit, paraissait usé, sans qu'on pût savoir à quoi, car il jouissait d'une ignorance crasse; mais, comme sa femme était d'un blond ardent et d'une nature sèche devenue proverbiale (on dit encore pointue comme madame de Watteville), quelques plaisants de la magistrature prétendaient que le baron s'était usé contre cette roche. Rupt vient évidemment de *rupes*. Les savants observateurs de la nature sociale ne manqueront pas de remarquer que Philomène fut l'unique fruit du mariage des Watteville et des de Rupt.

M. de Watteville passait sa vie dans un riche atelier de tourneur, il tournait! Comme complément à cette existence, il s'était donné la fantaisie des collections. Pour les médecins philosophes adonnés à l'étude de la folie, cette tendance à collectionner est un premier degré d'aliénation mentale, quand elle se porte sur les petites choses. Le baron de Watteville amassait les coquillages, les insectes et les fragments géologiques du territoire de Besançon. Quelques contradicteurs, des femmes surtout, disaient de M. de Watteville: — Il a une belle âme! il a vu, dès le début de son mariage, qu'il ne l'emporterait pas sur sa femme il s'est alors jeté dans une occupation mécanique et dans la bonne chère.

L'hôtel de Rupt ne manquait pas d'une certaine splendeur digne de celle de Louis XIV, et se ressentait de la noblesse des deux familles, confondues en 1815. Il y brillait du vieux luxe qui ne se sait pas de mode. Les lustres de vieux cristaux taillés en forme de feuilles, les lampasses, les damas, les tapis, les meubles dorés, tout était en harmonie avec les vieilles livrées et les vieux domestiques. Quoique servie dans une noire argenterie de famille, autour d'un surtout en glace ornée de porcelaines de Saxe, la chère y était exquise. Les vins, choisis par M. de Watteville, qui, pour occuper sa vie et y mettre de la diversité, s'était fait son propre sommelier, jouissaient d'une sorte de célébrité départementale. La fortune de madame de Watteville était considérable, car celle de son mari qui consistait dans la terre des Rouxey, valant environ dix mille livres de rente, ne s'augmentait d'aucun héritage. Il est inutile de faire observer que la liaison très-intime de madame de Watteville avec l'archevêché avait impatienté chez elle les trois ou quatre abbés remarquables et spirituels de l'archevêché, qui ne haïssaient point la table.

Dans un dîner d'apparat, rendu pour je ne sais quelle noce au commencement du mois de septembre 1834, au moment où les femmes étaient rangées en cercle devant la cheminée du salon et les hommes en groupes aux croisées, il se fit une acclamation à la vue de M. l'abbé de Grancey, qu'on annonça. — Eh bien? le procès? lui cria-t-on. — Gagné! répondit le vicaire général. L'arrêt de la Cour, de laquelle nous désespérions, vous savez pourquoi.

Ceci était une allusion à la composition de la Cour royale depuis 1830. Les légitimistes avaient presque tous donné leur démission.

— ...... L'arrêt vient de nous donner gain de cause sur tous les points, et réforme le jugement de première instance. — Tout le monde vous croyait perdus. Et nous l'étions sans lui. J'ai dit à notre avocat de s'en aller à Paris, et j'ai pu prendre, au moment de la bataille, un nouvel avocat à qui nous devons le gain du procès, un homme extraordinaire... — A Besançon! dit naïvement M. de Watteville. — A Besançon, répondit l'abbé de Grancey. — Ah! oui, Savaron, dit un beau jeune homme assis près de la baronne, et nommé de Soulas. — Il a passé cinq à six nuits et à dévoré les liasses, les dossiers; j'ai eu sept à huit conférences de plusieurs heures avec moi, reprit M. de Grancey, qui reparaissait à l'hôtel de Rupt pour la première fois depuis vingt jours. Enfin, M. Savaron vient de battre complètement le célèbre avocat que nos adversaires étaient allés chercher à Paris. Ce jeune homme a été merveilleux, au dire des conseillers. Ainsi, le chapitre est deux fois vainqueur: il a vaincu en droit, puis, en politique il a vaincu le libéralisme dans la personne du défenseur de notre hôtel de ville. « Nos adversaires, a dit notre avocat, ne doivent pas s'attendre à trouver partout de la complaisance pour ruiner les archevêchés... » Le président a été forcé de faire faire silence. Tous les Bisontins ont applaudi. Ainsi la propriété des bâtiments de l'ancien couvent reste au chapitre de la cathédrale de Besançon. M. Savaron a d'ailleurs invité son confrère de Paris à dîner au sortir du Palais. En acceptant, celui-ci lui a dit : — A tout vainqueur tout honneur! et l'a félicité sans rancune sur son triomphe. — Où donc avez-vous déniché cet avocat? dit madame de Watteville. Je n'ai jamais entendu prononcer son nom. — Mais vous pouvez voir ses fenêtres d'ici, répondit le vicaire général. M. Savaron demeure rue du Perron, le jardin de sa maison est mur mitoyen avec le vôtre. — Il n'est pas de la Comté, dit M. de Watteville. — Il est si peu de quelque part, qu'on ne sait pas d'où il est, dit madame de Chavoncourt. — Mais qu'est-il? demanda madame de Watteville en prenant le bras de M. de Soulas pour se rendre à la salle à manger. S'il est étranger, par quel hasard est-il venu s'établir à Besançon? C'est une idée bien singulière pour un avocat. — Bien singulière! répéta le jeune Amédée de Soulas, dont la biographie devient nécessaire à l'intelligence de cette histoire.

De tout temps, la France et l'Angleterre ont fait un échange de futilités d'autant plus suivi, qu'il échappe à la tyrannie des douanes. La mode, que nous appelons anglaise à Paris, se nomme française à Londres, et réciproquement. L'inimitié des deux peuples cesse en deux points, sur la question des mots et sur celle du vêtement. *God save the King*, l'air national de l'Angleterre, est une musique faite par Lulli pour les chœurs d'Esther ou d'Athalie. Les paniers, apportés par une Anglaise à Paris, furent inventés à Londres, on sait pourquoi, par une Française, la fameuse duchesse de Portsmouth; on commença par s'en moquer par la première Anglaise qui parut aux Tuileries faillit être écrasée par la foule, mais ils furent adoptés. Cette mode a tyrannisé les femmes de l'Europe pendant un demi-siècle. A la paix de 1815, on plaisanta durant une année les tailles longues des Anglaises, tout Paris alla voir Potier et Brunet dans les *Anglaises pour rire*; mais, en 1816 et 17, les ceintures des Françaises, qui leur coupaient le sein en 1814, descendirent par degrés jusqu'à leur dessiner les hanches. Depuis dix ans, l'Angleterre nous a fait deux petits cadeaux linguistiques. A l'*incroyable*, au *merveilleux*, à l'*élégant*, ces trois héritiers des *petits-maîtres*, dont l'étymologie ne est assez indécente, ont succédé le *dandy* puis le *lion*. Le *lion* n'a pas engendré la *lionne*. La *lionne* est due à la fameuse chanson d'Alfred de Musset : *Avez-vous vu dans Barcelone... C'est ma maîtresse et ma lionne*; il y a eu fusion, ou, si vous voulez, confusion entre les deux termes et les deux idées dominantes. Quand une bêtise amuse Paris, qui dévore autant de chefs-d'œuvre que de bêtises, il est difficile que la province s'en prive. Aussi, dès que le *lion* promena dans Paris sa crinière, sa barbe et ses moustaches, ses gilets et son lorgnon, tenu sans le secours des mains par la contraction de la joue et de l'arcade sourcilière, les capitales de quelques départements ont-elles vu des lions qui protestèrent, par l'élégance de leurs sous-pieds, contre l'incurie de leurs compatriotes. Donc, Besançon jouissait, en 1834, d'un lion dans la personne de ce M. Amédée-Sylvain-Jacques de Soulas, écrit Souleyas au temps de l'occupation espagnole. Amédée de Soulas est peut-être le seul qui, dans Besançon, descende d'une famille espagnole. L'Espagne envoyait des gens faire ses affaires dans la Comté, mais il s'y établissait fort peu d'Espagnols. Les Soulas y restèrent à cause de leur alliance avec le cardinal Granvelle. Le jeune M. de Soulas parlait toujours de quitter Besançon, ville triste, dévote, peu littéraire, ville de guerre et de garnison, dont les mœurs et l'allure, dont la physionomie, valent la peine d'être dépeintes. Cette opinion lui permettait de se loger, en homme incertain de son avenir, dans trois chambres très-peu meublées, au bout de la rue Neuve, à l'endroit où elle se rencontre avec la rue de la Préfecture.

Le jeune M. de Soulas ne pouvait pas se dispenser d'avoir un tigre. Ce tigre était le fils d'un de ses fermiers, un petit domestique âgé de quatorze ans, trapu, nommé Babylas. Le lion avait très-bien habillé son tigre : redingote courte en drap gris de fer, serrée par un ceinture de cuir verni, culotte de panne gros bleu, gilet rouge, bottes vernies et à revers, chapeau rond à bourdaloue noir, des boutons jaunes aux armes des Soulas. Amédée donnait ce garçon de gants de coton blanc, le blanchissage et trente-six francs par mois, à la charge de se nourrir, ce qui paraissait monstrueux aux grisettes de Besançon : quatre cent vingt francs à un enfant de quinze ans, sans compter les cadeaux! Les cadeaux consistaient dans la vente des habits réformés, dans un pourboire quand Soulas troquait l'un de ses deux chevaux, et la vente des fumiers. Les deux chevaux, administrés avec une sordide économie, coûtaient, l'un dans l'autre, huit cents francs par an. Le compte des fournitures à Paris en parfumerie, cravates, bijouterie, pots de vernis, habits, allait à douze cents francs. Si vous additionnez groom ou tigre, chevaux, tenue superlative, et loyer de six cent francs, vous trouverez un total de trois mille francs. Or, le père du jeune M. de Soulas ne lui avait pas laissé plus de quatre mille francs de rentes, produits par quelques métairies assez chétives qui exigeaient de l'entretien, et dont l'entretien imprimait une certaine incertitude aux revenus. A peine restait-il trois francs par jour au lion pour sa vie, sa poche et son jeu. Aussi dînait-il souvent en ville, et déjeunait-il avec une frugalité remarquable. Quand il fallait absolument dîner à ses frais, il allait à la pension des officiers. Le jeune M. de Soulas passait pour un dissipateur, pour un homme de folies tandis que le malheureux nouait les deux bouts de l'année avec une astuce avec un talent qui eussent fait la gloire d'une bonne ménagère. On ignorait encore, à Besançon surtout, combien six francs de vernis étalé sur des bottes ou sur des souliers, des gants jaunes de cinquante sous nettoyés dans le plus profond secret qui doivent servir trois fois, des cravates de dix francs qui durent trois mois, quatre gilets de vingt-cinq francs et des pantalons qui emboîtent la botte imposent à une capitale! Comment en serait-il autrement, puisque nous voyons à Paris des femmes accordant une attention particulière à des sots qui viennent chez elle et l'emportent sur les hommes les plus remarquables, à cause de ces frivoles avantages qu'on peut se procurer pour quinze louis, y compris la frisure et la chemise de toile de Hollande?

Si cet infortuné jeune homme vous paraît être devenu lion à bien bon marché, apprenez qu'Amédée de Soulas était allé trois fois en Suisse, en char et à petites journées, deux fois à Paris, et une fois de Paris en Angleterre. Il passait pour un voyageur instruit, et pouvait dire : *En Angleterre, où je suis allé*, etc. Les douanières lui disaient :

vous qui êtes allé en Angleterre, etc. Il avait poussé jusqu'en Lombardie, il avait côtoyé les lacs d'Italie. Il lisait les ouvrages nouveaux. Enfin, pendant qu'il nettoyait ses gants, le tigre Babylas répondait aux visiteurs : — Monsieur travaille. Aussi avait-on essayé de démonétiser le jeune M. Amédée de Soulas à l'aide de ce mot : — C'est un homme très-savant. Amédée possédait le talent de débiter, avec la gravité bisontine, les lieux communs à la mode, ce qui lui donnait le mérite d'être un des hommes les plus éclairés de la noblesse. Il portait sur lui la bijouterie à la mode, et dans sa tête les pensées contrôlées par la presse.

En 1834, Amédée était un jeune homme de vingt-cinq ans, de taille moyenne, brun, le thorax violemment prononcé, les épaules à l'avenant, les cuisses un peu rondes, le pied déjà gras, la main blanche et potelée, un collier de barbe, des moustaches qui rivalisaient celles de la garnison, une bouche grosse figure rougeaude, le nez écrasé, les yeux bruns et sans expression d'ailleurs rien d'espagnol. Il marchait à grands pas vers une obésité fatale à ses prétentions. Ses ongles étaient soignés, sa barbe était faite, les moindres détails de son vêtement étaient tenus avec une exactitude anglaise. Aussi regardait-on Amédée de Soulas comme le plus bel homme de Besançon. Un coiffeur, qui venait le coiffer à heure fixe (autre luxe de soixante francs par an!), le préconisait comme l'arbitre souverain en fait de modes et d'élégance. Amédée dormait tard, faisait sa toilette, et sortait à cheval vers midi pour aller dans une de ses métairies tirer le pistolet. Il mettait à cette occupation la même importance qu'y mit lord Byron dans ses derniers jours. Puis, il revenait à trois heures, admirait son cheval et les grisettes et par les personnes qui se trouvaient à leurs croisées. Après de prétendus travaux qui paraissaient l'occuper jusqu'à quatre heures, il s'habillait pour aller dîner en ville et passait la soirée dans les salons de l'aristocratie bisontine à jouer au whist, et revenait se coucher à onze heures. Aucune existence ne pouvant être plus à jour, plus sage, ni plus irréprochable, car il allait exactement aux offices le dimanche et les fêtes.

Pour vous faire comprendre combien cette vie est exorbitante, il est nécessaire d'expliquer Besançon en quelques mots. Nulle ville n'offre une résistance plus sourde et muette au progrès. A Besançon, les administrateurs, les employés, les militaires, enfin tous ceux que le gouvernement, que Paris y envoie occuper un poste quelconque, sont désignés en bloc sous le nom expressif de *la colonie*. La colonie est le terrain neutre, le seul où, comme à l'église, peuvent se rencontrer la société noble et la société bourgeoise de la ville. Sur ce terrain commencent, à propos d'un mot, d'un regard ou d'un geste, des haines de maison à maison, entre femmes bourgeoises et nobles, qui durent jusqu'à la mort, et agrandissent encore les fossés infranchissables par lesquels les deux sociétés sont séparées. A l'exception des Clermont-Mont-Saint-Jean, des Beauffremont, des Scey, des Gramont et de quelques autres qui n'habitent la Comté que dans leurs terres, la noblesse bisontine ne remonte pas à plus de deux siècles, à l'époque de la conquête par Louis XIV. Ce monde est essentiellement parlementaire et d'un rogne, d'un roide, d'un grave, d'un positif, d'une hauteur qui ne peut pas se comparer à la cour de Vienne, car les Bisontins feraient des cours très savoureux quinauds. De Victor Hugo, de Nodier, de Fourier, les gloires de la ville, il n'en est pas question, on ne s'en occupe pas. Les mariages entre nobles s'arrangent dès les berceaux des enfants, tant les moindres choses comme les plus graves y sont définies. Jamais un étranger, un intrus, ne s'est glissé dans ces maisons, et il a fallu, pour y faire recevoir des colonels ou des officiers titrés appartenant aux meilleures familles de France, quand il s'en trouve au dans la garnison, des efforts de diplomatie que le prince de Talleyrand eût été fort heureux de connaître pour s'en servir dans ses congrès. En 1834, Amédée était le seul qui portât des sous-pieds à Besançon. Ceci vous explique déjà la *bonnerie* du jeune M. de Soulas. Enfin, une petite anecdote vous fera bien comprendre Besançon.

Quelque temps avant le jour où cette histoire commence, la préfecture exposa le besoin de faire venir de Paris un rédacteur pour son journal, afin de se défendre contre la petite *Gazette*, que la grande *Gazette* avait pondue à Besançon, et contre le *Patriote*, que la républicaine y faisait frétiller. Paris envoya un jeune homme ignorant sa Comté, qui débuta par un *premier-Besançon* de l'école du *Charivari*. Le chef du parti juste-milieu, un homme de l'hôtel de ville, fit venir le journaliste, et lui dit : — Apprenez, monsieur, que nous sommes graves, plus que graves, ennuyés, nous ne voulons point qu'on nous amuse, et nous sommes furieux d'avoir ri. Soyez aussi dur à digérer que les plus épaisses amplifications de la *Revue des Deux-Mondes*, et vous serez à peine au ton des Bisontins. Le rédacteur se le tint pour dit, et parla le patois philosophique le plus difficile à comprendre. Il eut un succès complet.

Si le jeune M. de Soulas ne perdit pas dans l'estime des salons de Besançon, ce fut pure vanité de leur part : l'aristocratie était bien aise d'avoir l'air de se moderniser, de pouvoir offrir aux nobles Parisiens, en voyage dans la Comté, un jeune homme qui leur ressemblât à peu près. Tout ce travail caché, toute cette poudre jetée aux yeux, cette folie apparente, cette sagesse latente, avaient un but,

sans quoi le lion bisontin n'eût pas été du pays. Amédée voulait arriver à un mariage avantageux en prouvant un jour que ses fermes n'étaient pas hypothéquées, et qu'il avait fait des économies. Il voulait occuper la ville, il voulait en être le plus bel homme, le plus élégant, pour obtenir d'abord l'attention, puis la main de mademoiselle Philomène de Watteville. ah !

En 1830, au moment où le jeune M. de Soulas commença son métier de dandy, Philomène avait treize ans. En 1834, mademoiselle de Watteville atteignait donc à cet âge où les jeunes personnes sont facilement frappées par toutes les singularités qui recommandaient Amédée à l'attention de la ville. Il y a beaucoup de lions qui se font lions par calcul et par spéculation. Les Watteville, riches depuis douze ans de cinquante mille francs de rentes, ne dépensaient pas plus de vingt-quatre mille francs par an, tout en recevant la haute société de Besançon, les lundis et les vendredis. On y dînait le lundi, l'on y passait la soirée le vendredi. Ainsi, depuis douze ans, quelle somme ne faisaient pas vingt-six mille francs annuellement économisés et placés avec la discrétion qui distingue ces vieilles familles ? On croyait assez généralement que, se trouvant assez riche en terres, madame de Watteville avait mis dans les trois pour cent ses économies en 1830. La dot de Philomène devait alors se composer d'environ cent quarante mille francs de rentes. Depuis cinq ans, le lion avait donc travaillé comme une taupe pour se loger dans le haut bout de l'estime de la sévère baronne, tout en se posant de manière à flatter l'amour-propre de mademoiselle de Watteville. La baronne était dans le secret des inventions par lesquelles Amédée parvenait à soutenir son rang dans Besançon, et l'en estimait fort. Soulas s'était mis sous l'aile de la baronne quand elle avait trente ans, il eut alors l'audace de l'admirer et de lui faire une idole. Il en était arrivé à pouvoir lui raconter, lui seul au monde, les gaudrioles que presque toutes les dévotes aiment à entendre dire, autorisées qu'elles sont par leurs grandes vertus à contempler des abîmes sans y choir, et les embûches du démon dans s'y prendre. Comprenez-vous pourquoi le lion ne se permettait pas la plus légère mafigue ? il chantait sa vie, il vivait en quelque sorte dans la vie, afin de pouvoir jouer le rôle d'amant sacrifié près de la baronne, et lui regarder l'esprit des péchés qu'elle mériait à sa chair. Un homme qui possède le privilège de couler de ces textes plus à l'oreille d'une dévote, est à ses yeux un homme charmant. Si ce lion exemplaire eût mieux connu le cœur humain, il aurait pu sans danger se permettre quelques amourettes parmi les grisettes de Besançon, qui le regardaient comme un roi : ses affaires se seraient avancées auprès de la sévère et prude baronne. Avec Philomène, ce Caton paraissait dépensier : il professait la vie élégante, il lui montrait en perspective le rôle brillant d'une femme à la mode à Paris où il irait comme député. Ces savantes manœuvres furent couronnées par un plein succès. En 1834, les mères des quarante familles nobles qui composent la haute société bisontine citaient le jeune M. Amédée de Soulas comme le plus charmant jeune homme de Besançon, personne n'osait disputer sa place au coq de l'hôtel de Rupt, et tout Besançon le regardait comme le futur époux de Philomène de Watteville. Il y avait eu déjà même à ce sujet quelques paroles échangées entre la baronne et Amédée, auxquelles la prétendue nullité du baron donnait une certitude.

Mademoiselle Philomène de Watteville, à qui sa fortune, énorme un jour, prêtait alors des proportions considérables, élevée dans l'enceinte de l'hôtel de Rupt, que sa mère quittait rarement, tant elle aimait le cher archevêque, avait été fortement comprimée par une éducation exclusivement religieuse, par le despotisme d'une mère qui la tenait sévèrement par principes. Philomène ne savait absolument rien. Est-ce savoir quelque chose que d'avoir étudié la géographie dans Guthrie, l'histoire sainte, l'histoire ancienne, l'histoire de France, et les quatre règles, le tout passé au tamis d'un vieux jésuite ? Dessin, musique et danse, furent interdits, comme plus propres à corrompre qu'à embellir la vie. La baronne apprit à sa fille tous les points possibles de la tapisserie et les petits ouvrages de femme : la couture, la broderie, le filet. A dix-sept ans, Philomène n'avait lu que les *Lettres Édifiantes*, et les ouvrages sur la science héraldique. Jamais un journal n'avait souillé ses regards. Elle entendait tous les matins la messe à la cathédrale, où la menait sa mère, revenait déjeuner, travaillait après une petite promenade dans le jardin, puis recevait les visites, assise près de la baronne jusqu'à l'heure du dîner, puis, après, accompagnait madame de Watteville dans les soirées du lundi et du vendredi, elle n'y pouvait pas parler plus que ne le voulait l'ordonnance maternelle.

A dix-sept ans, mademoiselle de Watteville était une jeune fille frêle, mince, plate, blonde, blanche, et de la dernière insignifiance. Ses yeux, d'un bleu pâle, s'embellissaient par le jeu des paupières, qui, baissées, produisaient une ombre sur ses joues. Quelques taches de rousseur troublaient l'éclat de son front. Sa figure ressemblait parfaitement à celles des saintes d'Albert Durer et des peintres antérieurs au Pérugin : même forme grasse, quoique mince, même délicatesse attristée par l'extase, même naïveté sévère. Tout en elle, jusqu'à sa pose, rappelait ces vierges dont la beauté ne reparaît dans son lustre mystique qu'aux yeux d'un connaisseur attentif. Elle avait de belles mains, mais rouges, et le plus joli pied, un pied de châtelaine. Habituellement, elle portait des robes de simple cotonnade; mais, le dimanche et les jours de fête, sa mère lui permettait la soie. Ses modes, faites à Besançon, la rendaient presque laide; tandis que sa mère essayait d'emprunter de la grâce, de la beauté, de l'élégance, aux modes de Paris, d'où elle tirait les plus petites choses de sa toilette, par les soins du jeune M. de Soulas. Philomène n'avait jamais porté de bas de soie, ni de brodequins, mais des bas de coton et des souliers de peau. Les jours de gala, elle était vêtue d'une robe de mousseline, coiffée en cheveux, et avait des souliers en peau bronzée.

Cette éducation et l'attitude modeste de Philomène cachaient un caractère de fer. Les physiologistes et les profonds observateurs de la nature humaine vous diront, à votre grand étonnement peut-être, que, dans les familles, les humeurs, les caractères, l'esprit, le génie, reparaissent à de grands intervalles absolument comme ce qu'on appelle les maladies héréditaires. Ainsi le talent, de même que la goutte, saute quelquefois de deux générations. Nous avons, de ce phénomène, un illustre exemple dans George Sand, en qui revivent la force, la puissance et le concept du maréchal de Saxe, de qui elle est petite-fille naturelle. Le caractère décisif, la romanesque audace du fameux Watteville, étaient revenus dans l'âme de sa petite-nièce, encore aggravés par la ténacité, par la fierté du sang des de Rupt. Mais ces qualités ou ces défauts, si vous voulez, étaient aussi profondément cachés dans cette âme de jeune fille, en apparence molle et débile, que les laves bouillantes le sont sous une colline avant qu'elle ne devienne un volcan. Madame de Watteville seule soupçonnait peut-être ce legs des deux sangs. Elle se faisait si sévère pour sa Philomène, qu'elle répondit un jour à l'archevêque, qui lui reprochait de la traiter trop durement : — Laissez-moi la conduire, monseigneur, je la connais! elle a plus d'un Belzébuth dans sa peau!

La baronne observait d'autant mieux sa fille qu'elle y croyait son honneur de mère engagé. Enfin elle n'avait pas autre chose à faire. Clotilde de Rupt, alors âgée de trente-cinq ans et presque veuve d'un époux qui tournait des coquetiers en toute espèce de bois, qui s'acharnait à faire des cercles à six raies en bois de fer, qui fabriquait des tabatières pour sa société, coquetait en tout bien tout honneur avec Amédée de Soulas. Quand ce jeune homme était au logis, elle renvoyait et rappelait tour à tour sa fille, et tâchait de surprendre dans cette jeune âme des mouvements de jalousie, afin d'avoir l'occasion de la dompter. Elle imitait la police dans ses rapports avec les républicains; mais elle avait beau faire, Philomène ne se livrait à aucune espèce d'émeute. La sèche dévote reprochait alors à sa fille sa parfaite insensibilité. Philomène connaissait assez sa mère pour savoir que si elle eût trouvé bien le jeune M. de Soulas elle se serait attiré quelque verte remontrance. Aussi à toutes les agaceries de sa mère répondait-elle par ces phrases si improprement appelées jésuitiques, car les jésuites étaient forts, et ces réticences sont les chevaux de frise derrière lesquels s'abrite la faiblesse. La mère traitait alors sa fille de dissimulée. Si, par malheur, un éclat du vrai caractère des Watteville et des de Rupt se faisait jour, la mère rabattait Philomène avec le fer du respect sur l'enclume de l'obéissance passive. Ce combat secret avait lieu dans l'enceinte la plus secrète de la vie domestique, à huis clos. Le vicaire général, ce cher abbé de Grancey, l'ami du défunt archevêque, quelque fort qu'il fût en sa qualité de grand pénitencier du diocèse, ne pouvait pas deviner si cette lutte avait ému quelque main de la mère et de la fille, si la mère était par avance jalouse, ou si la cour que faisait Amédée à la fille dans la personne de la mère n'avait pas outrepassé les bornes. En sa qualité d'ami de la maison, il ne confessait ni la mère ni la fille. Philomène, un peu trop battue, moralement parlant, à propos du jeune M. de Soulas, ne pouvait pas le souffrir, pour employer un terme du langage familier. Aussi, quand il lui adressait la parole en tâchant de surprendre son cœur, le recevait-elle assez froidement. Cette répugnance, visible seulement aux yeux de sa mère, était un continuel sujet d'admonestation.

— Philomène, je ne vois pas pourquoi vous affectez tant de froideur pour Amédée, est-ce parce qu'il est l'ami de la maison, et qu'il nous plaît, à votre père et à moi... — Eh! maman, répondit un jour la pauvre enfant, si je l'accueillais bien, n'aurais-je pas plus de torts?
— Qu'est-ce que cela signifie? s'écria madame de Watteville. Qu'entendez-vous par ces paroles? votre mère est injuste, peut-être, et, selon vous, elle le serait dans tous les cas? Que jamais il ne sorte plus de pareille réponse de votre bouche, à votre mère!... etc.

Cette querelle dura trois heures trois quarts, et Philomène en fit l'observation. Philomène devint pâle de colère, et renvoya sa fille dans sa chambre, où Philomène étudia le sens de cette scène, sans y rien trouver, tandis qu'en ville. Ainsi, le jeune M. de Soulas, que toute la ville de Besançon croyait bien près du but vers lequel il tendait, cravates déployées, à coups de pots de vernis, et qui lui faisait user tant de noir à cirer ses moustaches, tant de jolis gilets, de fers de chevaux et corsets, car il portait un gilet de peau, le corset des lions; Amédée en était plus loin que le premier venu, quoiqu'il eût pour lui le digne et noble abbé de Grancey. Philomène ne savait pas d'ailleurs encore, au moment où cette histoire commence, que le jeune comte Amédée de Soulevay lui fût destiné.

— Madame, dit M. de Soulas en s'adressant à la baronne en attendant que le potage un peu trop chaud se fût refroidi, en et affectant de rendre son récit quasi romanesque, un beau matin la malle-poste a jeté dans l'hôtel National un Parisien qui, après avoir cherché des appartements, s'est décidé pour le premier étage de la maison de mademoiselle Galard, rue du Perron. Puis, l'étranger est allé droit à la mairie y déposer une déclaration de domicile réel et politique. Enfin, il s'est fait inscrire au tableau des avocats près la Cour en présentant des titres en règle, et il a mis des cartes chez tous ses nouveaux confrères, chez les officiers ministériels, chez les conseillers de la Cour et chez tous les membres du tribunal, une carte où se lisait : ALBERT SAVARON. Le nom de Savaron est célèbre, dit mademoiselle Philomène, qui était très-forte en science héraldique. Les Savaron de Savarus sont une des plus vieilles, des plus nobles et des plus riches familles de Belgique. — Il est Français et troubadour, reprit Amédée de Soulas. S'il veut prendre les armes des Savaron de Savarus, il y mettra une barre. Il n'y a plus en Brabant qu'une demoiselle Savarus, une riche héritière à marier. — La barre est signe de bâtardise, mais le bâtard d'un comte de Savarus est noble, repart Philomène. — Assez, Philomène, dit la baronne. — Vous avez voulu qu'elle sût le blason, fit M. de Watteville, elle le sait bien! — Continuez, Amédée. — Vous comprenez que dans une ville où tout est classé, défini, connu, casé, chiffré, numéroté comme à Besançon, Albert Savaron a été reçu par les avocats sans aucune difficulté. Chacun s'est contenté de dire : Voilà un pauvre diable qui ne sait pas son Besançon. Qui diable a pu lui conseiller de venir ici? qu'y prétend-il faire? Envoyer sa carte chez les magistrats, au lieu d'y aller en personne!... quelle faute! Aussi, trois jours après, plus de Savaron. Il a pris pour domestique l'ancien valet de chambre de feu M. Galard, Jérôme, qui sait faire un peu de cuisine. On a d'autant mieux oublié Albert Savaron, que personne ne l'a ni vu ni connu. — Il ne va donc pas à la messe? dit madame de Chavoncourt. — Il y va le dimanche à Saint-Jean, à la première messe, à huit heures. Il se lève toutes les nuits entre une heure et deux du matin, il travaille jusqu'à huit heures, il déjeune, et après il travaille encore. Il se promène dans le jardin, il en fait cinquante fois, soixante fois le tour. Il rentre, dîne, et se couche entre six et sept heures. — Comment savez-vous tout cela? dit madame de Chavoncourt à M. de Soulas. — D'abord, madame, je demeure rue Neuve, au coin de la rue du Perron, j'ai vue sur la maison où loge ce mystérieux personnage, puis il y a naturellement des protocoles entre mon tigre et Jérôme. — Vous causez donc avec Babylas! — Que voulez-vous que je fasse dans mes promenades? — Eh bien! comment avez-vous pris un inconnu pour un avocat? dit la baronne en reprenant ainsi la parole au vicaire général. — Le premier président a joué le tour à cet avocat de le nommer d'office pour défendre aux assises un paysan à peu près imbécile, accusé de faux. M. Savaron a fait acquitter ce pauvre homme en prouvant son innocence et démontrant qu'il avait été l'instrument des vrais coupables. Non-seulement son système a triomphé, mais il a nécessité l'arrestation de deux des témoins, qui, reconnus coupables, ont été condamnés. Ses plaidoiries ont frappé la Cour et les jurés. L'un d'eux, un négociant, a confié le lendemain à M. Savaron un procès délicat, qu'il a gagné. Dans la situation où nous étions par l'impossibilité où se trouvait M. Berryer de venir à Besançon, M. de Garceneault nous a donné le conseil de prendre ce M. Albert Savaron, en nous prédisant le succès. Dès que je l'ai vu, que je l'ai entendu, j'ai eu foi en lui, et je n'ai pas eu tort. — A-t-il donc quelque chose d'extraordinaire? demanda madame de Chavoncourt. — Oui, répondit le vicaire général. — Eh bien! expliquez-nous cela, dit madame de Watteville. — La première fois que je le vis, dit l'abbé de Grancey, il me reçut dans la première pièce après l'antichambre (l'ancien salon du bonhomme Galard), qu'il a fait peindre tout en vieux chêne, et que j'ai trouvée entièrement tapissée de livres de droit contenus dans des bibliothèques également peintes en vieux bois. Cette peinture et les livres sont tout le luxe, car le mobilier consiste en un bureau de vieux bois sculpté, six vieux fauteuils en tapisserie, aux fenêtres des rideaux couleur carmélite bordés de vert, et un tapis vert sur le plancher. Le poêle de l'antichambre chauffe aussi cette bibliothèque. En l'attendant là, je ne me figurais point mon avocat sous les traits jeunes. Ce singulier cadre est vraiment en harmonie avec la figure, car M. Savaron est venu en robe de chambre de mérinos noir, serrée par une ceinture en corde rouge, des pantoufles rouges, un gilet de flanelle rouge, une calotte rouge. — La livrée du diable! s'écria madame de Watteville.
— Oui, dit l'abbé; mais une tête superbe : cheveux noirs, mélangés déjà de quelques cheveux blancs, des cheveux comme en ont les saint Pierre et les saint Paul de nos tableaux, à boucles touffues et luisantes, des cheveux durs comme des crins, un cou blanc et rond comme celui d'une femme, un front magnifique séparé par ce sillon puissant que les grands projets, les grandes pensées, les fortes méditations inscrivent au front des grands hommes; un teint olivâtre marbré de taches rouges, un nez carré, des yeux de feu, puis les

joues creusées, marquées de deux rides longues, pleines de souffrances; une bouche à sourire sardonique et un petit menton mince et trop court; la patte d'oie aux tempes, les yeux caves, roulant sous les arcades sourcilières comme deux globes ardents; mais, malgré tous ces indices de passions violentes, un air calme, profondément résigné, la voix d'une douceur pénétrante, et qui m'a surpris au Palais par sa facilité, la vraie voix de l'orateur, tantôt pure et rusée, tantôt insinuante, et tonnant quand il le faut, puis se pliant au sarcasme, et devenant alors incisive. M. Albert Savaron est de moyenne taille, ni gras ni maigre. Enfin, il a des mains de prélat. La seconde fois que je suis allé chez lui, il m'a reçu dans sa chambre, qui est contiguë à cette bibliothèque, et m'a souri de mon étonnement quand j'y ai vu une méchante commode, un mauvais tapis, un lit de collégien et aux fenêtres des rideaux de calicot. Il sortait de son cabinet, où personne ne pénètre, m'a dit Jérôme, qui y entre pas, et qui s'est contenté de frapper à la porte. M. Savaron a fermé lui-même cette porte à clef devant moi. La troisième fois, il déjeunait dans sa bibliothèque de la manière la plus frugale, mais cette fois, comme il avait passé la nuit à examiner nos pièces, que j'étais avec notre avoué, que nous devions rester longtemps ensemble, et que le cher M. Girardet est verbeux, j'ai pu me permettre d'étudier cet étranger. Certes, ce n'est pas un homme ordinaire. Il y a plus d'un secret derrière ce masque à la fois terrible et doux, patient et impatient, plein et creusé. Je l'ai trouvé voûté légèrement, comme tous les hommes qui ont quelque chose de lourd à porter. — Pourquoi cet homme si éloquent a-t-il quitté Paris? Dans quel dessein est-il venu à Besançon? On ne lui a donc pas dit combien les étrangers y avaient peu de chances de réussite? On s'y servira de lui, mais les Bisontins ne l'y laisseront pas se servir d'eux. Pourquoi, s'il est venu, a-t-il fait si peu de frais qu'il a fallu la fantaisie du premier président pour le mettre en évidence? dit la bonne madame de Chavoncourt. — Après avoir bien étudié cette belle tête, reprit l'abbé de Grancey, qui regarda finement son interlocutrice en donnant à penser qu'il faisait quelque chose, et surtout après l'avoir entendu répliquant ce matin à l'un des aigles du barreau de Paris, je pense que cet homme, qui doit avoir trente-cinq ans, produira plus tard une grande sensation. — Pourquoi nous en occuper? Votre procès est gagné, vous l'avez payé, dit madame de Watteville en observant sa fille qui, depuis que le vicaire général parlait, était comme suspendue à ses lèvres.

La conversation prit un autre cours, et il ne fut plus question d'Albert Savaron. Le portrait esquissé par le plus capable des vicaires généraux du diocèse eut d'autant plus d'attrait d'un roman pour Philomène, qu'il s'y trouvait un roman. Pour la première fois de sa vie, elle rencontrait cet extraordinaire, ce merveilleux que caressent toutes les jeunes imaginations, et au-devant duquel se jette la curiosité, si vive à l'âge de Philomène. Quel être idéal que cet Albert, sombre, souffrant, éloquent, travailleur, comparé par mademoiselle de Watteville à ce gros comte joufflu, crevant de santé, diseur de fleurettes, parlant d'élégance en face de la splendeur des anciens comtes de Rupt! Amédée ne lui valait que des querelles et des remontrances, elle ne le connaissait d'ailleurs que trop, et cet Albert Savaron offrait bien des énigmes à déchiffrer. — Albert Savaron de Savarus! répétait-elle en elle-même.

Puis le voir, l'aperçevoir!... Ce fut le désir d'une fille jusque-là sans désir. Elle repassait dans son cœur, dans son imagination, dans sa tête, les moindres phrases dites par l'abbé de Grancey, car tous les mots avaient porté coup.

— Un beau front, se disait-elle en regardant le front de chaque homme assis à la table, je n'en vois pas un seul de beau... Celui de M. de Soulas est trop bombé, celui de M. de Grancey est beau, mais il a soixante-dix ans, et n'a plus de cheveux, on ne sait plus où finit le front. — Qu'avez-vous, Philomène? vous ne mangez pas. — Je n'ai pas faim, maman, dit-elle. Des mains de prélat, reprit-elle en elle-même, je ne me souviens plus de celles de notre bel archevêque, qui m'a cependant confirmée.

Enfin, au milieu des allées et venues qu'elle faisait dans le labyrinthe de sa rêverie, elle se rappela, brillant à travers les arbres de deux jardins contigus, une fenêtre illuminée, qu'elle avait aperçue de son lit, quand par hasard elle s'était éveillée pendant la nuit: C'était donc sa lumière, disait-elle, je le pourrai voir! je le verrai!

— Monsieur de Grancey, tout est-il fini pour le procès du chapitre? dit à brûle-pourpoint Philomène au vicaire général pendant un moment de silence.

Madame de Watteville échangea rapidement un regard avec le vicaire général.

— Et qu'est-ce que cela vous fait, ma chère enfant? dit-elle à Philomène en y mettant une teinte douceur qui rendit sa fille circonspecte pour le reste de ses jours.

— On peut mener en cassation, mais nos adversaires y regarderont à deux fois, répondit l'abbé. — Je n'aurais jamais cru que Philomène pût penser pendant un dîner à un procès, reprit madame de Watteville. — Ni moi non plus, dit Philomène avec un petit air revêche qui fit rire. Mais M. de Grancey s'en occupait tant que je m'y suis intéressée. C'est bien innocent!

On se leva de table, et la compagnie revint au salon. Pendant toute la soirée, Philomène écouta pour savoir si l'on parlerait encore d'Albert Savaron; mais, hormis les félicitations que chaque arrivant adressait à l'abbé sur le gain du procès, et où personne ne mêla l'éloge de l'avocat, il n'en fut plus question. Mademoiselle de Watteville attendit la nuit avec impatience. Elle s'était promis de se lever entre deux et trois heures du matin pour voir les fenêtres du cabinet d'Albert. Quand cette heure fut venue, elle éprouva presque du plaisir à contempler la lueur que projetaient à travers les arbres, presque dépouillés de feuilles, les bougies de l'avocat. A l'aide de cette excellente vue que possède une jeune fille et que la curiosité semble étendre, elle vit Albert écrivant, et elle crut distinguer la couleur de l'ameublement, qui lui parut être rouge. La cheminée élevait au-dessus du toit une épaisse colonne de fumée.

— Quand tout le monde dort, il veille... comme Dieu! se dit-elle.

L'éducation des filles comporte des problèmes si graves, car l'avenir d'une nation est dans la mère, que depuis longtemps l'Université de France s'est donné la tâche de n'y point songer. Voici l'un de ces problèmes : Doit-on éclairer les jeunes filles, doit-on comprimer leur esprit? Il va sans dire que le système religieux est compresseur, si vous les éclairez, vous en faites des démons avant l'âge; si vous les empêchez de penser, vous arrivez à la subite explosion si bien peinte dans le personnage d'Agnès par Molière, et vous mettez cet esprit comprimé, si neuf, si perspicace, rapide et conséquent comme le sauvage, à la merci d'un événement, crise fatale amenée chez mademoiselle de Watteville par l'imprudente esquisse que se permit à table l'un des plus prudents abbés du prudent chapitre de Besançon.

Le lendemain matin, Philomène de Watteville, en s'habillant, regarda nécessairement Albert Savaron se promenant dans le jardin contigu à celui de l'hôtel de Rupt.

— Que serais-je devenue, pensa-t-elle, s'il avait demeuré ailleurs? Je puis le voir. A quoi pense-t-il?

Après avoir vu, mais à distance, cet homme extraordinaire, le seul dont la physionomie tranchait vigoureusement sur la masse des figures bisontines aperçues jusqu'alors, Philomène sentit rapidement à l'idée de pénétrer dans son intérieur, de savoir les raisons de tant de mystères, d'entendre cette voix si éloquente, de recevoir un regard de ces beaux yeux. Elle voulut tout cela, mais comment l'obtenir?

Pendant toute la journée, elle tira l'aiguille sur sa broderie avec cette attention obtuse de la jeune fille qui paraît, comme Agnès, ne penser à rien, et qui réfléchit si bien sur toutes choses que ses ruses sont infaillibles. De cette profonde méditation, il résulta chez Philomène une envie de se confesser. Le lendemain matin, après la messe, elle eut une petite conférence, à Saint-Jean, avec l'abbé Giroud, et l'entortilla si bien que la confession fut indiquée pour le dimanche matin, à sept heures et demie, avant la messe de huit heures. Elle commit une douzaine de mensonges pour pouvoir se trouver dans l'église, une seule fois, à l'heure où l'avocat venait entendre la messe. Enfin il lui prit un mouvement de tendresse excessif pour son père, elle l'alla voir dans son atelier, et lui demanda mille renseignements sur l'art du tourneur, pour arriver à conseiller à son père de tourner de grandes pièces, des colonnes. Après avoir lancé son père dans les colonnes torses, une des difficultés de l'art du tourneur, elle lui conseilla de profiter d'un gros tas de pierres qui se trouvait au milieu du jardin pour en faire une grotte, sur laquelle il mettrait un petit temple de forme de belvédère, où ces colonnes torses seraient employées et brilleraient aux yeux de toute la société.

Au milieu de la joie que cette entreprise causait à ce pauvre homme inoccupé, Philomène lui dit en l'embrassant : — Surtout ne dis pas à ma mère de qui te vient cette idée, elle me gronderait. — Sois tranquille, répondit M. de Watteville qui gémissait tout autant que sa fille sous l'oppression de la terrible fille des Rupt.

Ainsi Philomène avait la certitude de voir promptement bâtir un charmant observatoire d'où la vue plongerait sur le cabinet de l'avocat. Et il y a des hommes pour lesquels les jeunes filles font de pareils chefs-d'œuvre de diplomatie, qui, la plupart du temps, comme Albert Savaron, n'en savent rien. Ce dimanche si peu patiemment attendu vint, et la toilette de Philomène fut faite avec un soin qui fit sourire Mariette, la femme de chambre de madame et de mademoiselle de Watteville. — Voici la première fois que je vois mademoiselle si éveillée, dit Mariette. — Vous me faites penser, dit Philomène en lançant à Mariette un regard qui mit des coquelicots sur les joues de la femme de chambre, qu'il y a des jours où vous m'êtes aussi plus particulièrement qu'à d'autres.

En quittant le perron, en traversant la cour, en franchissant la porte, en allant dans la rue, le cœur de Philomène battait comme lorsque nous pressentons un grand événement. Elle ne savait pas jusqu'alors ce que c'était que de filer par les rues; il lui semblait que sa mère lirait ses projets sur son front et qu'elle lui défendrait d'aller à confesse, elle se sentit un sang nouveau dans les pieds, et elle se leva comme si elle marchait sur du feu. Naturellement elle avait pris rendez-vous avec son confesseur à huit heures un quart, en disant huit heures à sa mère, afin d'attendre un quart d'heure environ auprès d'Albert. Elle arriva dans l'église avant la messe, et, après avoir fait une courte prière, elle alla voir si l'abbé Giroud était à son confessionnal, uniquement pour pouvoir flâner dans l'église. Aussi se trouva-t-elle placée de manière à regarder Albert au moment où il entra dans la cathédrale. Il faudrait qu'un homme fût atrocement laid pour n'être pas trouvé beau dans les dispositions où la curiosité mettait mademoiselle de Watteville. Or Albert Savaron, déjà très-remarquable, fit d'autant plus d'impression sur Philomène, que sa manière d'être, sa démarche, son attitude, tout, jusqu'à son vêtement, avait ce je ne sais quoi qui ne s'explique que par le mot *mystère!* Il entra. L'église jusque-là sombre, parut à Philomène comme éclairée. La jeune fille fut charmée par cette démarche lente et presque solennelle des gens qui portent un monde sur leurs épaules et dont le regard profond, dont le geste, s'accordent à exprimer une pensée ou dévastatrice ou dominatrice. Philomène comprit alors les paroles du vicaire général dans toute leur étendue. Oui, ces yeux d'un jaune brun diaprés de filets d'or voulaient une ardeur qui se trahissait par des jets soudains. Philomène, avec une impudence que remarqua Mariette, se mit sur le passage de l'avocat de manière à échanger un regard avec lui, et ce regard chercha lui changea le sang, car son sang frémit et bouillonna comme si sa chaleur eût doublé. Dès qu'Albert se fut assis, mademoiselle de Watteville eut bientôt choisi sa place de manière à le parfaitement voir pendant tout le temps que lui laisserait l'abbé Giroud. Quand Mariette dit : — Voilà M. Giroud, il parut à Philomène que ce temps n'avait pas duré plus de quelques minutes. Lorsqu'elle sortit du confessionnal, la messe était dite, Albert avait quitté la cathédrale.

— Le vicaire général a raison, pensait-elle, *il souffre!* Pourquoi cet aigle, car il a des yeux d'aigle, est-il venu s'abattre sur Besançon? Oh! je veux tout savoir et comment!

Sous le feu de ce nouveau désir, Philomène tira les points de sa tapisserie avec une admirable exactitude, et voilà ses méditations sous un petit air candide qui jouait la naïveté à tromper madame de Watteville. Depuis le dimanche où mademoiselle de Watteville avait reçu ce regard, ou, si vous voulez, ce baptême de feu, magnifique expression de Napoléon qui peut servir à l'amour, elle menait chaudement l'affaire du belvédère. — Maman, dit-elle une fois qu'il y eut deux colonnes de tournées, mon père s'est mis en tête une singulière idée, il tourne des colonnes pour un belvédère qu'il a le projet de faire élever en se servant de ce tas de pierres qui se trouve au milieu du jardin, approuvez-vous cela? Moi, il me semble que... — J'approuve tout ce que fait votre père, répliqua sèchement madame de Watteville, et c'est le devoir des femmes de se soumettre à leurs maris, quand même elles n'en approuveraient point les idées... — Pourquoi m'opposerais-je à ce chose indifférente en elle-même du moment où elle amuse M. de Watteville? — Mais c'est que de la nous verrons chez M. de Soulas, et les Watteville nous y verra quand nous y serons. Peut-être parlera-t-on. — Avez-vous, Philomène, la prétention de conduire vos parents, et d'en savoir plus qu'eux sur la vie et sur les convenances? — Je n'ajoute rien, maman. Vous avez du reste dit que la grotte ferait une salle où l'on aura frais et où l'on ira prendre le café. — Votre père a eu là d'excellentes idées, répondit madame de Watteville qui voulut aller voir les colonnes.

Elle donna son approbation au projet du baron de Watteville en indiquant pour l'érection du monument une place au fond du jardin d'où l'on n'était pas vu de chez M. de Soulas, mais d'où l'on voyait admirablement chez M. Albert Savaron. Un entrepreneur fut mandé qui se chargea de faire une grotte au sommet de laquelle on parviendrait par un petit chemin de trois pieds de large, d'un les rocailles duquel viendraient des pervenches, des iris, des vignes, des lierres, des chèvrefeuilles, de la vigne vierge. La baronne inventa de faire tapisser l'intérieur de la grotte en bois rustique alors à la mode pour les jardinières, de mettre au fond une glace, un divan à couvercle, et une table en marqueterie de bois grumé. M. de Soulas proposa de faire le sol en asphalte. Philomène imagina de suspendre à la voûte un lustre en bois rustique. — Les Watteville font faire quelque chose de charmant dans leur jardin, disait-on dans Besançon. — Ils sont riches, ils peuvent bien mettre mille écus pour une fantaisie. — Mille écus!... dit madame de Chavoncourt. — Oui, mille écus, s'écriait le jeune M. de Soulas. — On fait venir un homme de Paris pour rustiquer l'intérieur, mais ce sera bien joli. M. de Watteville fait lui-même le lustre, il se met à sculpter le bois. — On dit que Berquet va creuser une cave, dit un abbé. — Non, reprit le jeune M. de Soulas, il fonde le kiosque sur un massif en béton pour qu'il n'y ait pas d'humidité. — Vous savez les moindres choses qui se font dans la maison, dit aigrement madame de Chavoncourt en regardant une de ses grandes filles bonne à marier depuis un an.

Mademoiselle de Watteville, qui éprouvait un petit mouvement d'orgueil en pensant au succès de son belvédère, se reconnut une éminente supériorité sur l'entourage. Personne ne devinait qu'une petite fille jugée sans esprit, ma se, avait tout bonnement voulu voir de plus près le cabinet de l'avocat Savaron.

L'éclatante plaidoirie d'Albert Savaron pour le chapitre de la ca-

thédrale fut d'autant plus promptement oubliée, que l'envie des avocats se réveilla. D'ailleurs, fidèle à sa retraite, Savaron ne se montra nulle part. Sans prôneurs et ne voyant personne, il augmenta les chances d'oubli qui, dans une ville comme Besançon, abondent pour un étranger. Néanmoins il plaida trois fois au tribunal de commerce dans trois affaires épineuses qui durent aller à la cour. Il eut alors pour clients quatre des plus gros négociants de la ville, qui reconnurent en lui tant de sens et de tact que la province appelle *une bonne judiciaire*, qu'ils lui confièrent leur contentieux. Le jour où la maison Watteville inaugura son belvédère, Savaron élevait aussi son monument. Grâces aux relations sourdes qu'il s'était acquises dans le haut commerce de Besançon, il y fondait une revue de quinzaine appelée la Revue de l'Est, au moyen de quarante actions de chacune cinq cents francs placées entre les mains de ses dix premiers clients, auxquels il fit sentir la nécessité d'aider comme Besançon aux efforts de la ville ou devait se fixer le transit entre Mulhouse et Lyon, le point capital entre le Rhin et le Rhône. Pour rivaliser avec Strasbourg, Besançon ne devait-il pas être aussi bien un centre de lumières qu'un point commercial ? On ne pouvait traiter que dans une revue les hautes questions relatives aux intérêts de l'Est. Quelle gloire de ravir à Strasbourg et à Dijon leur influence littéraire, d'éclairer l'Est de la France, et de lutter avec la centralisation parisienne! Ces considérations trouvées par Albert furent redites par les dix négociants, qui se les attribuèrent.

L'avocat Savaron ne commit pas la faute de se mettre en nom. Il laissa la direction financière à son premier client, M. Boucher, allié par sa femme à l'un des plus forts éditeurs des grands ouvrages ecclésiastiques, mais il se réserva la rédaction avec une part comme fondateur dans les bénéfices. Le commerce fit un appel à Dôle, à Dijon, à Salins, à Neufchâtel, dans le Jura, Bourg, Nantua, Lons-le-Saunier. On y réclama le concours des lumières et des efforts de tous les hommes studieux des trois provinces du Bugey, de la Bresse et de la Comté. Grâces aux relations de commerce et de confraternité, cent cinquante abonnements furent pris, en égard au bon marché. La Revue coûtait huit francs par trimestre. Pour éviter de froisser les amours-propres de province par des refus d'articles, l'avocat eut le bon esprit de faire désirer la direction littéraire de cette Revue au fils aîné de M. Boucher, jeune homme de vingt-deux ans, très-avide de gloire, à qui les pièges et les chagrins de la manutention littéraire étaient entièrement inconnus. Albert conserva secrètement la haute main, et se fit d'Alfred Boucher un séide. Alfred fut la seule personne de Besançon avec laquelle se familiarisa le roi du barreau. Alfred venait conférer le matin dans le jardin avec Albert sur les matières de la livraison. Il est inutile de dire que le numéro d'essai contint une *Méditation* d'Alfred qui eut l'approbation de Savaron. Dans sa conversation avec Alfred, Albert laissait échapper de grandes idées, des sujets d'articles dont profitait le jeune Boucher. Aussi le fils du négociant croyait-il exploiter ce grand homme. Albert était un homme de génie, un profond politique, disait Alfred. Les négociants, enchantés du succès de la Revue, n'eurent à verser que trois dixièmes de leurs actions. Encore deux cents abonnements, la Revue allait donner cent pour cent de dividende à ses actionnaires. La rédaction n'était pas payée. Cette rédaction était impayable. Au troisième numéro, la Revue avait obtenu l'échange avec tous les journaux de France, qu'Albert lut alors chez lui. Ce troisième numéro contenait une nouvelle signée A. S., et attribuée au fameux avocat. Malgré le peu d'attention que la haute société de Besançon accordait à cette Revue accusée de libéralisme, il fut question chez madame de Chavoncourt, au milieu de l'hiver, de cette première nouvelle éclose dans la Comté. — Mon père, dit Philomène, il se fait une Revue à Besançon, tu devrais bien la garder chez toi, car maman ne me la laisserait pas lire, mais tu me la prêteras.

Empressé d'obéir à sa chère Philomène, qui depuis cinq mois lui donnait des preuves de tendresse, M. de Watteville alla prendre lui-même un abonnement d'un an à la Revue de l'Est, et prêta les numéros parus à sa fille. Pendant la nuit Philomène put dévorer cette nouvelle, la première qu'elle put de sa vie, mais elle ne sentait vivre que depuis deux mois! Aussi ne faut-il pas juger de l'effet que cette œuvre dut produire sur elle d'après les données ordinaires. Sans rien préjuger de plus ou du moins de mérite de cette composition due à un Parisien qui apportait en province la manière, l'éclat, si vous voulez, de la nouvelle école littéraire, elle ne pouvait point ne pas être un chef-d'œuvre pour une jeune personne livrant sa vierge intelligente, son cœur pur à un premier ouvrage de ce genre. D'ailleurs, par ce qu'elle en avait entendu dire, Philomène s'était fait, par intuition, une idée qui rehaussait singulièrement la valeur de cette nouvelle. Elle espérait y trouver des sentiments, et peut-être quelque chose de la vie d'Albert. Dès les premières pages, cette opinion prit chez elle une si grande consistance, qu'après avoir achevé ce fragment elle eut la certitude de ne pas se tromper. Voici donc cette confidence où, selon les critiques du salon Chavoncourt, Albert avait imité quelques-uns des écrivains modernes qui, faute d'invention, racontent leurs propres joies, leurs propres douleurs ou les événements mystérieux de leur existence.

L'AMBITIEUX PAR AMOUR.

En 1825, deux jeunes gens qui s'étaient donné pour thème de voyage de parcourir la Suisse partirent de Lucerne par une belle matinée du mois de juillet sur un bateau que conduisaient trois bateliers, et allaient à Fluelen en se promettant de s'arrêter sur le lac des Quatre-Cantons à tous les lieux célèbres. Les paysages qui de Lucerne à Fluelen environnent les eaux présentent toutes les combinaisons que l'imagination la plus exigeante peut demander aux montagnes et aux rivières, aux lacs et aux rochers, aux ruisseaux et à la verdure, aux arbres et aux torrents. C'est tantôt d'austères solitudes et de gracieux promontoires, des vallées coquettes et fraîches, des forêts placées comme un panache sur le granit taillé droit, des baies solitaires et fraîches qui s'ouvrent, des vallées dont les trésors apparaissent embellis par le lointain des rêves. En passant devant le charmant bourg de Gersau, l'un des deux amis regarda longtemps une maison en bois qui paraissait construite depuis peu de temps, entourée d'un palis, assise sur un promontoire et presque baignée par les eaux. Quand le bateau passa devant, une tête de femme s'éleva du haut de la chambre qui se trouvait au dernier étage de cette maison pour jouir de l'effet du bateau sur le lac. L'un des jeunes gens reçut le coup d'œil jeté très-indifféremment par l'inconnue. — Arrêtons-nous ici, dit-il à son ami, nous voulions faire de Lucerne notre quartier général pour visiter la Suisse, tu ne trouveras pas mauvais, Léopold, que je change d'avis, et que je reste ici à garder les manteaux. Tu feras tout ce que tu voudras moi-même pour te les rapporter. Mariniers, virez de bord et descendez-nous à ce village, nous allons y déjeuner. J'irai chercher à Lucerne tous nos bagages, et tu sauras, avant de partir d'ici, dans quelle maison je me logerai pour m'y retrouver à ton retour. — Ici ou à Lucerne, dit Léopold, il n'y a pas assez de différence pour que je t'empêche d'obéir à un caprice.

Ces deux jeunes gens étaient deux amis dans la véritable acception du mot : ils avaient le même âge, faisaient leurs études ensemble dans le même collège, et, après avoir fini leur droit, s'employaient les vacances au classique voyage de la Suisse. Par un effet de la volonté paternelle, Léopold était déjà promis à l'étude d'un notaire à Paris, son esprit de rectitude, sa douceur, le calme de ses sens et de son intelligence, garantissaient sa docilité. Léopold se voyait notaire à Paris : sa vie était devant lui comme un de ces grands chemins qui traversent une plaine de France, il l'embrassait dans toute son étendue avec une résignation pleine de philosophie.

Le caractère de son compagnon, que nous appellerons Rodolphe, offrait avec le sien un contraste dont l'antagonisme avait sans doute eu pour résultat de resserrer les liens qui les unissaient. Rodolphe était le fils naturel d'un grand seigneur qui fut surpris par une mort prématurée sans avoir pu faire des dispositions pour assurer des moyens d'existence à une femme tendrement aimée et à Rodolphe. Ainsi trompée par un coup du sort, la mère de Rodolphe avait eu recours à un moyen héroïque : elle vendit tout ce qu'elle tenait de la munificence du père de son enfant, et une somme de cent et quelques mille francs, la plaça sur sa propre tête en viager, elle eut ainsi considérable, et se composa de cette manière un revenu d'environ quinze mille francs, en prenant la résolution de tout consacrer à l'éducation de son fils, afin de le rendre apte aux avantages personnels les plus propres à lui faciliter et de lui réserver, à force d'économies, un capital à l'époque de sa majorité. C'était hardi, c'était compter sur sa propre vie, mais sans cette hardiesse il eût été sans doute impossible à cette bonne mère de vivre, d'élever convenablement cet enfant, son seul espoir, son aveuir, et l'unique source de ses jouissances. Née d'une des plus charmantes Parisiennes et d'un homme remarquable de l'aristocratie hollandaise, tout d'une passion égale et partagée, Rodolphe fut affligé d'une excessive sensibilité. Dès son enfance, il avait manifesté la plus grande ardeur en toute chose, chez lui le désir devint une force supérieure et le mobile de tout l'être, le stimulant de l'imagination, la raison de ses actions. Malgré les efforts d'une mère spirituelle, qui s'effraya de ce qu'il y avait d'une pareille prédisposition, Rodolphe désirait comme un poète imagine, comme un savant calcule, comme un peintre crayonne, comme un musicien fait naître des mélodies. Tendre comme sa mère, il s'élançait avec une violence inouïe vers l'objet de sa pensée. Il voyait la chose souhaitée, il devorait le temps. En rêvant l'accomplissement de ses projets, il supprimait toujours les moyens d'exécution. — Quand mon fils aura des enfants, disait la mère, il les vendra à grands coups de souhaits.

Cette belle ardeur, convenablement dirigée, servit à Rodolphe à faire de brillantes études, à devenir ce que les Anglais appellent un parfait gentilhomme. Sa mère était alors fière de lui, tout en craignant toujours quelque catastrophe si jamais une passion s'emparait de ce cœur à la fois si tendre et si sensible, si violent et si bon. Aussi cette prudente femme avait-elle encouragé l'amitié qui liait Léopold à Rodolphe et Rodolphe à Léopold, en voyant dans le froid et dévoué notaire un tuteur, un confident qui pourrait jusqu'à un certain point la remplacer auprès de Rodolphe, si par malheur elle ve-

nait à lui manquer. Encore belle à quarante-trois ans, la mère de Rodolphe avait inspiré la plus vive passion où à Léopold. Cette circonstance rendait les deux jeunes gens encore plus intimes. Léopold, qui connaissait bien Rodolphe, ne fut donc pas surpris de le voir à propos d'un regard jeté sur le haut d'une maison dans un village et renonçant à l'excursion projetée au Saint-Gothard. Pendant qu'on leur préparait à déjeuner à l'auberge du Cygne, les deux amis firent le tour du village et arrivèrent dans la partie qui avoisinait la charmante maison neuve où, tout en flânant et causant avec les habitants, Rodolphe découvrit une maison de petits bourgeois disposés à le prendre en pension, selon l'usage assez général de la Suisse. On lui offrit une chambre ayant vue sur le lac, sur les montagnes, et d'où se découvrait la magnifique vue d'un de ces prodigieux détours qui recommandent le lac des Quatre-Cantons à l'admiration des touristes. Cette maison se trouvait séparée par un carrefour et par un petit pont de la maison neuve où Rodolphe avait entrevu le visage de sa belle inconnue. Pour cent francs par mois, Rodolphe n'eut à penser à aucune des choses nécessaires à la vie. Mais, en considération des frais que les époux Stopfer se proposaient de faire, ils demandèrent le paiement du troisième mois d'avance. Pour peu que vous frottiez un Suisse, il reparaît un usurier. Après le déjeuner, Rodolphe s'installa sur-le-champ en déposant dans sa chambre ce qu'il avait emporté d'effets pour son excursion au Saint-Gothard, et il regarda passer Léopold, qui, pur esprit d'ordre, allait s'acquitter de l'excursion pour le compte de Rodolphe et pour le sien. Quand Rodolphe, assis sur une roche tombée en avant du bord, ne vit plus le bateau de Léopold, il examina, mais en dessous, la maison neuve en espérant apercevoir l'inconnue. Hélas ! il rentra sans que la maison eût donné signe de vie. Au dîner que lui offrirent M. et madame Stopfer, anciens tonneliers à Neuchâtel, il les questionna sur les environs, et finit par apprendre tout ce qu'il voulait savoir sur l'inconnue, grâce au bavardage de ses hôtes qui virèrent sans se faire prier le sac aux nouvelles.

L'inconnue s'appelait Fanny Lovelace. Ce nom, qui se prononce Lovlas, appartient à de vieilles familles anglaises, mais Richardson en a fait une création dont la célébrité nuit à toute autre. Miss Lovelace était venue s'établir sur le lac pour la santé de son père, à qui les médecins avaient ordonné l'air du canton de Lucerne. Ces deux Anglais arrivés sans autre domestique qu'une petite fille de quatorze ans, très-attachée à miss Fanny, une petite muette qui la servait avec intelligence, s'étaient arrangés, avant l'hiver dernier, avec M. et madame Bergmann, anciens jardiniers en chef de Son Excellence le comte Borromeo à l'Isola Bella et à l'Isola Madre, sur le lac Majeur. Ces Suisses, riches d'environ mille écus de rentes, louaient le petit supérieur de leur maison aux Lovelace à raison de deux cents francs par an pour trois ans. Le vieux Lovelace, vieillard sexagénaire très-cassé, trop pauvre pour se permettre certaines dépenses, sortait rarement, sa fille travaillait pour le faire vivre en traduisant dans l'anglais des livres anglais, et faisant elle-même des livres. Aussi les Lovelace n'osaient-ils louer de bateaux pour se promener sur le lac ni chevaux, ni guides pour visiter les environs. Un dénûment qui exige de pareilles privations excite d'autant plus la compassion des Suisses, qu'ils y perdent une occasion de gain. La cuisinière de la maison nourrissait ces deux Anglais à raison de cent francs par mois tout compris. Mais on n'y avait d'abord tout Gersau que les anciens jardiniers, malgré leurs richesses à la bourgeoise, se cachaient sous le nom de leur cuisinière pour réaliser les bénéfices de ce marché. Les Bergmann s'étaient donné d'admirables jardins, ils avaient mis une magnifique autour de leur habitation. Les fleurs, les fruits, les raretés botaniques de cette habitation avaient déterminé la jeune miss à la choisir à son passage à Gersau. On donnait dix-neuf ans à miss Fanny, qui, la dernière enfant de ce vieillard devait lui être adjugée par lui. Il n'y avait pas plus de deux mois, elle s'était procuré un piano à loyer, venu de Lucerne, car elle paraissait folle de musique.

— Elle aime le jardin, aime la musique, peut-à Rodolphe, et elle est à marier ! quel bonheur !

Le lendemain, Rodolphe fit demander la permission de visiter les serres et les jardins, qui commençaient à jouir d'une certaine célébrité. Cette permission lui fut immédiatement accordée. Les anciens jardiniers demandèrent, chose étrange ! à voir le passe-port de Rodolphe, qui l'envoya sur-le-champ. Le passe-port ne lui fut renvoyé que le lendemain par le concierge, qui lui fit part du plaisir que ses maîtres auraient à lui montrer leur établissement. Rodolphe n'alla pas chez les Bergmann sans un certain tressaillement que connaissent seuls les gens à émotions vives, et qui déploient dans un moment autant de passions que certains hommes en dépensent pendant toute leur vie. Mis avec recherche pour plaire aux anciens jardiniers des Borromée, car il avait en eux le gardien de son trésor, il parcourut les jardins en regardant de temps en temps la maison, mais avec prudence : les deux vieux propriétaires lui témoignaient une assez visible défiance. Mais son attention fut bientôt excitée par la petite Anglaise muette, en qui sa sagacité, quoique jeune encore, lui fit reconnaître une fille de l'évêque, ou tout au moins une Sicilienne. Cette petite fille avait le ton doré d'un cigare de la Havane,

des yeux de feu, des paupières arméniennes à cils d'une longueur antibritannique, des cheveux plus que noirs, et sous cette peau presque olivâtre des nerfs d'une force singulière, d'une vivacité fébrile. Elle jetait sur Rodolphe des regards inquisiteurs d'une effronterie incroyable, et suivait ses moindres mouvements.
— A qui cette petite Moresque appartient-elle? dit-il à la respectable madame Bergmann. — Aux Anglais, répondit M. Bergmann. — Elle n'est toujours pas née en Angleterre! — Ils l'auront peut-être amenée des Indes, répondit madame Bergmann. — On m'a dit que la jeune miss Lovelace aimait la musique, je serais enchanté si, pendant mon séjour sur ce lac auquel me condamne une ordonnance de médecin, elle voulait me permettre de faire de la musique avec elle. — Ils ne reçoivent et ne veulent voir personne, dit le vieux jardinier.
Rodolphe se mordit les lèvres, et sortit sans avoir été invité à entrer dans la maison, ni avoir été conduit dans la partie du jardin qui se trouvait entre la façade et le bord du promontoire. De ce côté, la maison avait au-dessus du premier étage une galerie en bois couverte par le toit, dont la saillie était excessive, comme celle des couvertures de chalet, et qui tournait sur les quatre côtés du bâtiment, à la mode suisse. Rodolphe avait beaucoup loué cette élégante disposition et vanté la vue de cette galerie, mais ce fut en vain. Quand il eut salué les Bergmann, il se trouva sot vis-à-vis de lui-même, comme tout homme d'esprit et d'imagination trompé par l'insuccès d'un plan à la réussite duquel il a cru.

Le soir, il se promena naturellement en bateau sur le lac, autour de ce promontoire, il alla jusqu'à Brunnen, à Schwitz, et revint à la nuit tombante. De loin il aperçut la fenêtre ouverte et fortement éclairée, il put entendre les sons du piano et les accents d'une voix délicieuse. Aussi fit-il arrêter afin de s'abandonner au charme d'écouter un air italien divinement chanté. Quand le chant eut cessé, Rodolphe aborda, renvoya la barque et les deux bateliers. Au risque de se mouiller les pieds, il vint s'asseoir sous le banc de granit rongé par les eaux, que couronnait une forte haie d'acacias épineux, et le long de laquelle s'étendait, dans le jardin Bergmann, une allée de jeunes tilleuls. Au bout d'une heure il entendit parler et marcher au-dessus de sa tête, mais les mots qui parvinrent à son oreille étaient tous italiens et prononcés par deux voix de femmes, deux jeunes femmes. Il profita du moment où les deux interlocutrices se trouvaient à une extrémité pour se glisser à l'autre sans bruit. Après une demi-heure d'efforts, il atteignit au bout de l'allée et put, sans être aperçu ni entendu, prendre une position d'où il verrait les deux femmes sans être vu par elles quand elles viendraient se croire en sûreté; dans son Gersau il n'y avait que leurs yeux qui pussent être ouverts. Rodolphe pensa que le mutisme de la petite était une ruse nécessaire. A la manière

La petite muette — PAGE 7.

dont se parlait l'italien, Rodolphe devina que c'était la langue maternelle de ces deux femmes, il en conclut que la qualité d'Anglais cachait une ruse.
— C'est des Italiens réfugiés, se dit-il, des proscrits qui sans doute ont à craindre la police de l'Autriche ou de la Sardaigne. La jeune fille attend la nuit pour pouvoir se promener et causer en toute sûreté.
Aussitôt il se coucha le long de la haie et rampa comme un serpent pour trouver un passage entre deux racines d'acacia. Au risque d'y laisser son habit ou de se faire de profondes blessures au dos, il traversa la haie quand la prétendue miss Fanny et sa prétendue muette furent à l'autre extrémité de l'allée, puis quand elles arrivèrent à vingt pas de lui sans le voir, car il se trouvait dans l'ombre de la haie alors fortement éclairée par la lueur de la lune, il se leva brusquement. — Ne craignez rien, dit-il en français à l'Italienne, je ne suis pas un espion. Vous êtes des réfugiés, je l'ai deviné. Moi, je suis un Français qu'un seul de vos regards a cloué à Gersau.
Rodolphe, atteint par la douleur que lui causa un instrument d'acier en lui déchirant le flanc, tomba terrassé.
— Nel fuego con pietra, dit la terrible muette. — Ah! Gina! s'écria l'Italienne. — Elle m'a manqué, dit Rodolphe en retirant de la plaie un stylet qui s'était heurté contre une fausse côte, mais, un peu plus haut, il allait au fond de mon cœur. J'ai eu tort, Francesca, dit-il en se souvenant du nom que la petite Gina avait plusieurs fois prononcé, je ne vous en veux pas, ne la grondez point : le bonheur de vous parler vaut bien un coup de stylet! Seulement, montrez-moi le chemin, il faut que je regagne la maison Stopfer. Soyez tranquilles, je ne dirai rien.
Francesca, revenue de son étonnement, aida Rodolphe à se relever, et dit quelques mots à Gina dont les yeux s'emplirent de larmes. Les deux femmes forcèrent Rodolphe à s'asseoir sur un banc, à quitter son habit, son gilet, sa cravate. Gina ouvrit la chemise et suça fortement la plaie. Francesca, qui les avait quittés, revint avec un large morceau de taffetas d'Angleterre, et l'appliqua sur la blessure.
— Vous pourrez aller ainsi jusqu'à votre maison, reprit-elle. Chacune d'elles s'empara d'un bras, et Rodolphe fut conduit à une petite porte dont la clef se trouvait dans la poche du tablier de Francesca. — Gina parle-t-elle français! dit Rodolphe à Francesca. — Non. Mais ne vous agitez pas, dit Francesca d'un petit ton d'impatience. — Laissez-moi vous voir, répondit Rodolphe avec attendrissement, car peut-être serai-je longtemps sans pouvoir venir.
Il s'appuya sur un des poteaux de la petite porte et contempla la belle Italienne, qui se laissa regarder pendant un instant par le plus beau silence et par la plus belle nuit qui jamais ait éclairé ce lac, le roi des lacs suisses. Francesca était bien l'Italienne classique, et telle que l'imagination veut, fait ou rêve, si vous voulez, les Italiennes. Ce qui saisit tout d'abord Rodolphe, fut l'élégance et la grâce de la taille dont la vigueur se trahissait malgré son apparence frêle, tant elle était souple. Une pâleur d'ambre répandue sur la figure accusait

un intérêt subit, mais qui n'effaçait pas la volupté de deux yeux humides et d'un noir velouté. Deux mains, les plus belles que jamais sculpteur grec ait attachées au bras poli d'une statue, tenaient le bras de Rodolphe, et leur blancheur tranchait sur le noir de l'habit. L'imprudent français ne put qu'entrevoir la forme ovale un peu longue du visage, dont la bouche attristée, entr'ouverte, laissait voir des dents éclatantes entre deux larges lèvres fraîches et colorées. La beauté des lignes de ce visage garantissait à Francesca la durée de cette splendeur, mais ce qui frappa le plus Rodolphe fut l'adorable laissez-aller, la franchise italienne de cette femme, qui s'abandonnait entièrement à sa compassion. Francesca dit un mot à Gina, qui donna son bras à Rodolphe jusqu'à la maison Stopfer, et se sauva comme une hirondelle quand elle eut sonné.

— Ces patriotes n'y vont pas de main morte! se disait Rodolphe en sentant ses souffrances quand il se trouva seul dans son lit. Nel lago! Gina m'aurait jeté dans le lac avec une pierre au cou!

Au jour, il envoya chercher à Lucerne le meilleur chirurgien, et, quand il fut venu, il lui recommanda le plus profond secret en lui faisant entendre que l'honneur l'exigeait. Léopold revint de son excursion le jour où son ami quittait le lit. Rodolphe lui fit un conte et le chargea d'aller à Lucerne chercher les bagages et leurs lettres. Léopold apporta la plus funeste, la plus horrible nouvelle : la mère de Rodolphe était morte. Pendant que les deux amis allaient de Bâle à Lucerne, la fatale lettre, écrite par le père de Léopold, y était arrivée le jour de leur départ pour Fluelen. Malgré les précautions que prit Léopold, Rodolphe fut saisi par une fièvre nerveuse. Dès que le futur notaire vit son ami hors de danger, il partit pour la France muni d'une procuration. Rodolphe put alors rester à Gersau, le seul lieu du monde où sa douleur pouvait se calmer. La situation du jeune Français, son désespoir, et les circonstances qui rendaient cette perte plus affreuse pour lui que pour tout autre, furent connues et attirèrent sur lui la compassion et l'intérêt de tout Gersau. Chaque matin la fausse muette vint voir le Français, afin de donner des nouvelles à sa maîtresse.

Quand Rodolphe put sortir, il alla chez les Bergmann remercier miss Fanny Lovelace et son père de l'intérêt qu'ils lui avaient témoigné. Pour la première fois depuis son établissement chez les Bergmann, le vieil Italien laissa pénétrer un étranger dans son appartement, où Rodolphe fut reçu avec une cordialité due et à ses malheurs et à sa qualité de Français, qui excluait toute défiance. Francesca se montra si belle aux lumières pendant la première soirée, qu'elle fit entrer un rayon dans ce cœur abattu. Ses sourires jetèrent les roses de l'espérance sur ce deuil. Elle chanta, non point des airs gais, mais de graves et sublimes mélodies appropriées à l'état du cœur de Rodolphe, qui remarqua ce soin touchant. Vers huit heures, le vieillard laissa ces deux jeunes gens seuls sans aucune apparence de crainte, et se retira chez lui. Quand Francesca fut fatiguée de chanter, elle amena Rodolphe sous la galerie extérieure, d'où se découvrait le sublime spectacle du lac, et lui fit signe de s'asseoir près d'elle sur un banc de bois rustique. — Y a-t-il de l'indiscrétion à vous demander votre âge, cara Francesca? fit Rodolphe. — Dix-neuf ans, répondit-elle, mais passés. — Si quelque chose au monde pouvait atténuer ma douleur, ce serait, reprit-il, l'espoir de vous obtenir de votre père. En quelque situation de fortune que vous soyez, belle comme vous êtes, vous me paraissez plus riche que ne le serait la fille d'un prince. Aussi tremblé-je en vous faisant l'aveu des sentiments que vous m'avez inspirés; mais ils sont profonds, ils sont éternels. — Zitto! fit Francesca en mettant un des doigts de sa main droite sur ses lèvres. N'allez pas plus loin : je ne suis pas libre, je suis mariée, depuis trois ans...

Un profond silence régna pendant quelques instants entre eux.

Quand l'Italienne, effrayée de la pose de Rodolphe, s'approcha de lui, elle le trouva tout à fait évanoui.

— Povero! se dit-elle, moi qui le trouvais froid.

Elle alla chercher des sels et ranima Rodolphe en les lui faisant respirer.

— Mariée! dit Rodolphe en regardant Francesca. Ses larmes coulèrent alors en abondance.

— Enfant, dit-elle, il y a de l'espoir. Mon mari a... . — Quatre-vingts ans?... dit Rodolphe. — Non, répondit-elle en souriant, soixante-cinq. Il s'est fait un masque de vieillard pour déjouer la police. — Chère, dit Rodolphe, encore quelques émotions de ce genre et je mourrai. Après vingt années de connaissance seulement vous saurez quelle est la force et la puissance de mon cœur, de quelle nature sont ses aspirations vers le bonheur. Cette plante ne monte pas avec une vivacité pour s'épanouir aux rayons du soleil, dit-il en montrant un jasmin de Virginie qui enveloppait la balustrade, que je ne me suis attaché depuis un mois à vous. Je vous aime d'un amour unique. Cet amour sera le principe secret de ma vie, et j'en mourrai peut-être! — Oh! Français! Français! fit-elle en commentant son exclamation par une petite moue d'incrédulité. — Ne faudra-t-il pas vous attendre, vous recevoir des mains du Temps? reprit-il avec gravité. Mais, sachez-le : si vous êtes sincère dans la parole qui vient de vous échapper, je vous attendrai fidèlement sans

Partez ce soir, dit-elle. PAGE 13.

laisser aucun sentiment croître dans mon cœur. Elle le regarda sournoisement. — Rien, dit-il, pas même une fantaisie. J'ai ma fortune à faire, il vous en faut une splendide, la nature vous a créée princesse...

A ce mot, Francesca ne put retenir un faible sourire qui donna l'expression la plus ravissante à son visage, quelque chose de fin comme ce que le grand Léonard a si bien peint dans la Joconde. Ce sourire fit faire une pause à Rodolphe.

— ... Oui, reprit-il, vous devez souffrir du dénûment auquel vous a réduit l'exil. Ah! si vous voulez me rendre heureux entre tous les hommes, et sanctifier mon amour, vous me traiterez en ami. Ne dois-je pas être votre ami aussi? Ma pauvre mère m'a laissé soixante mille francs d'économies, prenez-en la moitié.

Francesca le regarda fixement. Ce regard perçant alla jusqu'au fond de l'âme de Rodolphe.

— Nous n'avons besoin de rien, mes travaux suffisent à notre luxe, répondit-elle d'une voix grave. — Puis-je souffrir qu'une Francesca travaille? s'écria-t-il. Un jour vous reviendrez dans votre pays, et vous y retrouverez ce que vous y avez laissé... De nouveau la jeune Italienne regarda Rodolphe. — Et vous me rendrez ce que vous aurez daigné m'emprunter, ajouta-t-il avec un regard plein de délicatesse. — Laissons ce sujet de conversation, dit-elle avec une incomparable noblesse de geste, de regard et d'attitude. Faites une brillante fortune, soyez un des hommes remarquables de votre pays, je le veux. L'illustration est un pont volant que peut servir à franchir un abîme. Soyez ambitieux, il le faut. Je vous crois de hautes et de puissantes facultés, mais servez-vous-en plus pour le bonheur de l'humanité que pour me mériter : vous en serez plus grand à mes yeux.

Dans cette conversation, qui dura deux heures, Rodolphe découvrit en Francesca l'enthousiasme des idées libérales et ce culte de la liberté qui avait fait la triple révolution de Naples, du Piémont et d'Espagne. En sortant, il fut conduit jusqu'à la porte par Gina, la fausse muette. A onze heures, personne ne rôdait dans ce village, aucune indiscrétion n'était à craindre. Rodolphe attira Gina dans un coin, et lui demanda tout bas en mauvais italien : — Qui sont les maîtres, mon enfant? dis-le-moi, je te donnerai cette pièce d'or toute neuve. — Monsieur, répondit l'enfant en prenant la pièce, monsieur est le fameux libraire Lamporani de Milan, l'un des chefs de la révolution, et le conspirateur que l'Autriche désire le plus faire tenir au Spielberg. — La femme d'un libraire!... Eh! tant mieux, pensa-t-il, nous sommes de plain-pied. — De quelle famille est-elle? reprit-il, car elle a l'air d'une reine. — Toutes les Italiennes sont ainsi, répondit fièrement Gina. Le nom de son père est Colonna.

Enhardi par l'humble condition de Francesca, Rodolphe fit mettre un tendelet à sa barque et des coussins à l'arrière. Quand ce changement fut opéré le lendemain, vint en proposer à Francesca de se promener sur le lac. L'Italienne accepta, sans doute pour jouer son rôle de jeune miss aux yeux du village; elle emmena Gina. Les mondalités actuelles de Francesca Colonna trahissaient une éducation supérieure et le plus haut rang social. A la manière dont s'assit l'Italienne au bout de la barque, Rodolphe se sentit en quelque sorte séparé d'elle, et, devant l'expression d'une vraie fierté de noble, sa familiarité préméditée tomba. Par un regard, Francesca se fit princesse avec tous les privilèges dont elle eût joui au moyen âge. Elle semblait avoir deviné les secrètes pensées de son vassal, qui avait l'audace de se constituer son protecteur. Déjà, dans l'ameublement du salon où Francesca l'avait reçu, dans sa toilette et dans les petites choses qui lui servaient, Rodolphe avait reconnu les indices d'une nature élevée et d'une haute fortune. Toutes ces observations revinrent à la fois dans la mémoire, et il devint rêveur après avoir été pour ainsi dire refoulé par la dignité de Francesca. Gina, cette confidente à peine adolescente, semblait elle-même avoir un masque railleur en regardant Rodolphe en dessous ou de côté. Ce visible désaccord entre la condition de Francesca et ses manières fut une nouvelle énigme pour Rodolphe, qui soupçonna quelque autre ruse semblable au faux mutisme de Gina.

— Où voulez-vous aller? signora Lamporani, dit-il. — Vers Lucerne, répondit en français Francesca. — Bon! pensa Rodolphe, elle n'est pas étonnée de m'entendre lui dire son nom, elle avait sans doute prévu ma demande à Gina, la rusée! — Qu'avez-vous contre moi? dit-il en venant enfin s'asseoir près d'elle et lui demandant par un geste sa main Francesca retira. Vous êtes froide et cérémonieuse, en style de conversation, nous dirions cassante. C'est vrai, répliqua-t-elle en souriant. J'ai tort. Ce n'est pas bien. Ce n'est pas artiste. Vous diriez en français ce n'est pas aimable. Il vaut mieux s'expliquer que de garder contre un ami des pensées hostiles ou froides, et vous m'avez prouvé déjà votre amitié. Peut-être suis-je allée trop loin avec vous. Vous avez dû me prendre pour une femme très-ordinaire... Rodolphe multiplia des signes de dénégation. — ... Oui, dit cette femme de libraire en continuant sans tenir compte de la pantomime qu'elle voyait bien d'ailleurs. Je m'en suis aperçue, et matériellement je reviens sur moi-même. Eh bien! je terminerai tout par quelques paroles d'une profonde vérité. Sachez-le bien, Rodolphe; je sens en moi la force d'étouffer un sentiment qui ne serait pas en harmonie avec les idées ou la prescience que j'ai du véritable amour. Je puis aimer comme nous savons aimer en Italie, mais je connais mes devoirs; aucune ivresse de peut me les faire oublier. Mariée sans mon consentement à ce pauvre vieillard, je pourrais user de la liberté qu'il me laisse avec tant de générosité; mais trois ans de mariage équivalent à une acceptation de la loi conjugale. Aussi, la plus violente passion ne me ferait-elle pas émettre, même involontairement, le désir de me trouver libre. Emilio connaît mon caractère. Il sait que, hors mon cœur, qui m'appartient et que je puis livrer, je ne me permettrais pas de laisser prendre ma main. Voilà pourquoi je viens de vous le refuser. Je veux être aimée, attendue avec fidélité, noblesse, ardeur, et ne pouvant accorder qu'une tendresse infinie dont l'expression ne dépassera point l'enceinte du cœur, le terrain permis. Toutes ces choses bien comprises... oh! reprit-elle avec un geste de jeune fille, je vais redevenir coquette, rieuse, folle comme un enfant qui ne connaît pas le danger de la familiarité.

Cette déclaration si nette, si franche fut faite d'un ton, d'un accent et accompagnée de regards qui lui donnèrent la plus grande profondeur de vérité.

— Une princesse Colonna n'aurait pas mieux parlé, dit Rodolphe en souriant. — Est-ce, répliqua-t-elle avec un air de hauteur, un reproche sur l'humilité de ma naissance? Faut-il un blason à votre amour? A Milan, les plus beaux noms : Sforza, Canova, Visconti, Trivulzio, Ursini, sont écrits au-dessus des boutiques, il y a des Archinto apothicaires; mais croyez que, malgré ma condition de boutiquière, j'ai les sentiments d'une duchesse. — Un reproche! non, madame, j'ai voulu louer vos façons... — Par une comparaison?... dit-elle avec finesse. — Ah! sachez-le, reprit-il, afin de ne plus me tourmenter si mes paroles peignaient mal mes sentiments, mon amour est absolu, il comporte une aveugle obéissance...

Elle inclina la tête en femme satisfaite, et dit : — Monsieur accepte alors le traité? — Oui, dit-il. Je comprends que, dans une puissante et riche organisation de femme la faculté d'aimer ne saurait se perdre, et que, par délicatesse, vous vouliez la restreindre. Ah! Francesca, à mon âge et avec une femme aussi sublime, aussi royalement belle que vous l'êtes, mais c'est tous mes désirs comblés. Vous aimer comme vous voulez être aimée n'est-ce pas pour un jeune homme se préserver de toutes les folies mauvaises? n'est-ce pas employer ses forces dans une noble passion, de laquelle on peut être fier plus tard, et qui ne donne que de beaux souvenirs?... Si vous saviez de quelles couleurs, de quelle poésie vous venez de revêtir la chaîne du Pilate, le Righi, et ce magnifique bassin... — Je veux le savoir, dit-elle. — Eh bien! cette heure rayonnera sur toute ma vie comme un diamant au front d'une reine.

Pour toute réponse, Francesca posa sa main sur celle de Rodolphe. — Oh! chère, à jamais chère, dites, vous n'avez jamais aimé? — Jamais! — Et vous me permettrez de vous aimer noblement, en attendant tout du ciel?

Elle inclina doucement la tête. Deux grosses larmes roulèrent sur les joues de Rodolphe.

— Eh bien! qu'avez-vous? dit-elle en quittant son rôle d'impératrice. — Je n'ai plus ma mère pour lui dire combien je suis heureux, elle a quitté cette terre sans avoir vu ce qui peut adoucir son agonie... — Quoi? fit-elle. — Sa tendresse remplacée par une tendresse égale. — Povero mio! s'écria l'Italienne attendrie. C'est, croyez-moi, reprit-elle après une pause une bien douce chose et un bien grand élément de fidélité pour une femme que de se savoir tout sur la terre pour celui qu'elle aime, de le voir seul, sans famille, sans rien dans le cœur que son amour, afin de l'avoir bien tout entier.

Quand deux amants se sont entendus ainsi, le cœur éprouve une délicieuse quiétude, une sublime tranquillité. La certitude est la base que veulent les sentiments humains, car il ne manque jamais au sentiment par Dieu. L'homme est toujours certain d'être payé de retour par Dieu. L'amour ne se croit en sûreté que par ces similitudes avec l'amour divin. Aussi faut-il les avoir pleinement éprouvées pour comprendre les voluptés de ce moment, toujours unique dans la vie il ne revient pas plus que ne reviennent les émotions de la jeunesse. Croire à une femme faire d'elle sa religion humaine, le principe de sa vie, la lumière secrète de ses mondes les plus intimes!... n'est-ce pas une seconde naissance? Un jeune homme mêle alors à son amour un peu de cet un qu'il a pour sa mère. Rodolphe et Francesca gardèrent pendant quelque temps le plus profond silence, se répondant par des regards pleins et pleins de pensées. Ils se comprenaient au milieu d'un des plus beaux spectacles de la nature, dont les magnificences expliquées par celles de leurs cœurs, les aidaient à se graver dans leurs mémoires les plus fugitives impressions de cette heure unique. Il n'y avait pas eu l'ombre de coquetterie dans la conduite de Francesca. Tout en elle était large plein, sans arrière-pensée. Cette grandeur frappa vivement Rodolphe, qui reconnaissait en ceci la différence qui distingue l'Italienne de la Française. Les eaux, la terre, le ciel, la femme, tout fut donc grandiose et suave, même leur amour, au milieu de ce tableau vaste dans son ensemble, riche dans ses détails, et que l'apreté des cimes neigeuses, leurs pics ronds nettement détachés sur l'azur rappelaient à Rodolphe les conditions dans lesquelles devait se renfermer son bonheur, une écorce de neige.

Cette douce ivresse de l'âme devait être troublée. Une barque venait de Lucerne. Gina, qui depuis quelque temps la regardait avec attention, fit un geste de joie en restant fidèle à son rôle de muette. La barque approchant, et, quand enfin Francesca put y distinguer les figures : — Tito! s'écria-t-elle en apercevant un jeune homme. Elle leva debout au risque de se noyer, et cria : — Tito! Tito! en agitant son mouchoir. Tito donna l'ordre à ses bateliers de nager, et les deux barques se mirent sur la même ligne. L'Italienne et l'Italien parlèrent avec une si grande vivacité, dans un dialecte si peu connu d'un homme qui savait à peine l'italien des livres, et c'était pas en Italie, que Rodolphe n'y put rien entendre ni deviner de cette conversation. La beauté de Tito, la familiarité de Francesca, l'air de Gina, tout le chagrinait. D'ailleurs il n'est pas d'amoureux qui soit mécontent de se voir quitter pour quoi que ce soit. Tito jeta vivement un petit sac de peau, sans doute plein d'or, a Gina, puis un paquet de lettres à Francesca, qui se mit à les lire en faisant un geste d'adieu à Tito. — Retournez promptement à Gersau, dit-elle aux bateliers. Je ne veux pas laisser languir mon pauvre Emilio dix minutes de trop. — Que vous arrive-t-il ? demanda Rodolphe quand il vit l'Italienne achevant sa dernière lettre. — *La libertà !* fit-elle avec un enthousiasme d'artiste. — *E denaro !* répondit comme un écho Gina, qui pouvait enfin parler. — Oui, reprit Francesca, plus de misère ! voici plus de onze mois que je travaille, et je commençais à m'ennuyer. Je ne suis décidément pas une femme littéraire. — Quel est ce Tito ? fit Rodolphe. — Le secrétaire d'État au département des finances de la pauvre boutique de Colonna, autrement dit le fils de notre *ragionato*. Pauvre garçon ! il n'a pu venir par le Saint-Gothard, ni par le Mont-Cenis, ni par le Simplon, il est venu par mer, par Marseille, il a dû traverser la France. Enfin, dans trois semaines, nous serons à Genève, et nous y vivrons à l'aise. Allons, Rodolphe, dit-elle en voyant la tristesse se peindre sur le visage du Parisien, le lac de Genève ne vaudra-t-il pas bien le lac des Quatre-Cantons ! — Permettez-moi d'accorder un regret à cette délicieuse maison Bergmann, dit Rodolphe en montrant le promontoire. — Vous viendrez dîner avec nous, pour y multiplier les souvenirs, *porco mio !* dit-elle. C'est toute aujourd'hui, nous ne sommes plus en danger. Ma mère me dit que dans un an, peut-être, nous serons amnistiés. Oh ! *la cara patria !*...

Ces trois mots firent pleurer Gina, qui dit : — Encore un hiver, je serais morte ici ! — Pauvre petite chèvre de Sicile ! fit Francesca en passant sa main sur la tête de Gina par un geste et avec une affection qui firent désirer à Rodolphe d'être ainsi caressé, quoique ce fût aus amour.

La barque abordait, Rodolphe sauta sur le sable, tendit la main à l'Italienne, la reconduisit jusqu'à la porte de la maison Bergmann, et alla s'habiller pour revenir au plus tôt. En trouvant le libraire assis sur la galerie extérieure, Rodolphe réprima difficilement un geste de surprise à l'aspect du prodigieux changement que la bonne nouvelle avait apporté chez le nonagénaire. Il apercevait un homme d'environ soixante ans parfaitement conservé, un Italien sec, droit comme un I, les cheveux encore noirs, quoique rares, et laissant voir au crâne blanc, des yeux vifs, des dents au complet et blanches, un visage de César, et sur une bouche diplomatique un sourire quasi sardonique, le sourire presque faux sous lequel l'homme de bonne compagnie cache ses vrais sentiments. — Voici mon mari sous sa forme naturelle, dit gravement Francesca. — C'est tout à fait une nouvelle connaissance, répondit Rodolphe interloqué. — Tout à fait, dit le libraire. J'ai joué la comédie, et sans parfaitement me grimer. Ah ! je jouais à Paris du temps de l'Empire, avec Bourrienne, madame Murat, madame d'Abrantès, è *tutti quanti...* Tout ce qu'on s'est donné la peine d'apprendre dans sa jeunesse, même les choses futiles, nous servent. Si ma femme n'avait pas reçu cette éducation virile, au contre-sens en Italie, il eût fallu, pour vivre ici, devenir bûcheron. *Povera* Francesca ! qui m'eût dit qu'elle me nourrirait un jour ?

En écoutant ce digne libraire, si aisé, si affable et si vert, Rodolphe eut à quelque mystification, et resta dans le silence observateur de l'homme dupé. — *Che aete, signor ?* lui demanda naïvement Francesca. Notre bonheur vous attristerait-il ? — Votre mari est un jeune homme, lui dit-il à l'oreille.

Elle partit d'un éclat de rire si franc, si communicatif, que Rodolphe en fut encore plus interdit. — Il n'a que soixante-cinq ans à vous offrir, dit-elle, mais je vous assure que c'est encore quelque chose... de rassurant. — Je n'aime pas à vous voir plaisanter avec un amour aussi saint que celui dont les conditions sont ainsi posées par vous. — *Zitto !* fit-elle en frappant du pied et en regardant si son mari l'écoutait. Ne troublez jamais la tranquillité de cet homme, candide comme un enfant, et de qui je fais ce que je veux. Il est, ajouta-t-elle, sous ma protection. Si vous saviez avec quelle noblesse il a risqué sa vie et sa fortune parce que j'étais libérale ! car il ne partage pas mes opinions politiques. Est-ce aimer cela, monsieur le Français ? Mais ils sont ainsi dans leur famille. Le frère cadet d'Emilio fut trahi par celle qu'il aimait pour un charmant jeune homme. Il s'est passé son épée au travers du corps, et dix minutes auparavant il avait son valet de chambre. — Je tuerais mon rival, mais cela ferait trop de chagrin *a la diva.* Ce mélange de noblesse et de raillerie, de grandeur et d'enfantillage, faisait de ce moment à Francesca la créature la plus attrayante du monde. Le dîner fut, ainsi que la soirée, empreint d'une gaieté que la délivrance des deux réfugiés justifiait, mais qui contrista Rodolphe. — Serait-elle légère ? se disait-il en regagnant la maison Stopfer. Elle a pris part à mon deuil, elle l'a épousé, pas sa joie ! Il se gronda, justifia cette femme-jeune-fille. — Elle est sans aucune hypocrisie, et s'abandonne à ses impressions..., se dit-il. Et je la voudrais comme une Parisienne !

Le lendemain et les jours suivants, pendant vingt jours enfin, Rodolphe passa tout son temps à la maison Bergmann, observant Francesca sans s'être promis de l'observer. L'admiration chez certaines âmes ne va pas sans une sorte de pénétration. Le jeune Français reconnut en Francesca la jeune fille imprudente, la nature vraie de la

femme encore insoumise, se débattant par instants avec son amour, et s'y laissant aller complaisamment en d'autres moments. Le vieillard se comportait bien avec elle comme un père avec sa fille, et Francesca lui témoignait une reconnaissance profondément sentie qui réveillait en elle d'instinctives noblesses. Cette situation et cette femme présentaient à Rodolphe une énigme impénétrable, mais dont la recherche l'attachait de plus en plus. Ces derniers jours furent remplis de fêtes secrètes, entremêlées de mélancolie, de révoltes, de querelles plus charmantes que les heures où Rodolphe et Francesca s'entendaient. Enfin, il était de plus en plus séduit par la naïveté de cette tendresse sans esprit semblable à elle-même en toute chose, de cette tendresse jalouse d'un rien... déjà ! — Vous aimez bien le luxe ! dit-il un soir à Francesca, qui manifestait le désir de quitter Gersau, ou beaucoup de choses lui manquaient. — Moi ! dit-elle, j'aime le luxe comme j'aime les arts, comme j'aime un tableau de Raphaël, un beau cheval, une belle journée, ou le lac de Naples. Emilio, dit-elle, me suis-je plainte ici pendant nos jours de misère ? — Vous n'eussiez pas été vous-même, dit gravement le vieux libraire. — Après tout, n'est-il pas naturel à des bourgeois d'ambitionner la grandeur ? reprit-elle en lançant un malicieux coup d'œil à Rodolphe et à son mari. Mes pieds, dit-elle en avançant deux petits pieds charmants, sont-ils faits pour la fatigue. Mes mains... — Elle tendit une main à Rodolphe. Ces mains sont-elles faites pour travailler ? Laissez-nous, dit-elle à son mari : je veux lui parler.

Le vieillard rentra dans le salon avec une sublime bonhomie : il était sûr de sa femme. — Je ne veux pas, dit-elle à Rodolphe, que vous nous accompagniez à Genève. Genève est une ville à caquetages. Quoique je sois bien au-dessus des niaiseries du monde, je ne veux pas être calomniée, non pour moi, mais pour *lui.* Je mets mon orgueil à être la gloire de ce vieillard, mon seul protecteur après tout. Nous partons, restez ici pendant quelques jours. Quand vous viendrez à Genève, voyez d'abord mon mari, laissez-vous présenter à moi par lui. Cachons notre inaltérable et profonde affection aux regards du monde. Je vous aime, vous le savez, mais voici de quelle manière je vous le prouverai : vous ne surprendrez pas dans ma conduite quoi que ce soit qui puisse réveiller votre jalousie.

Elle l'attira dans le coin de la galerie, le prit par la tête, le baisa sur le front et se sauva, le laissant stupéfait. Le lendemain, Rodolphe apprit qu'au petit jour les hôtes de la maison Bergmann étaient partis. L'habitation de Gersau lui parut dès lors insupportable, et il alla chercher Vevay par le chemin le plus long, en voyageant plus promptement qu'il ne le devait, mais, attiré par les eaux du lac et n'y attendait pas la belle Italienne, il arriva vers la fin du mois d'octobre à Genève. Pour éviter les inconvénients de la ville, il se logea dans une maison située aux Eaux-Vives, en dehors des remparts. Une fois installé, son premier soin fut de demander à son hôte, un ancien bijoutier, s'il n'était pas venu depuis peu s'y établir des réfugiés italiens, des Milanais, à Genève. — Non, que je sache, lui répondit son hôte. Le prince de la princesse Colonna, de Rome, ont loué pour trois ans la campagne de M. Jeanrenaud, une des plus belles du lac. Elle est située entre la villa Diodati et la campagne de M. Lafin de Genève, louée la vicomtesse de Beauséant. Le prince Colonna est venu là pour sa fille et pour son gendre, le prince Gandolphini, un Napolitain, ou, si vous voulez, Sicilien, ancien partisan du roi Murat, et victime de la dernière révolution. Voilà les derniers venus à Genève, et ils ne sont point Milanais. Il a fallu la demande et la protection que la pape accorde à la famille Colonna pour qu'on ait obtenu, des puissances étrangères et du roi de Naples, la permission pour le prince et la princesse Gandolphini de résider à Genève. Genève ne veut rien faire qui déplaise à la sainte-alliance, à qui elle doit son indépendance. Notre rôle n'est pas de fronder les cours étrangères. Il y a beaucoup d'étrangers ici : des Russes, des Anglais. — Il y a même des Genevois. — Oui, monsieur. Notre lac est si beau ! Lord Byron a demeuré il y a sept ans environ, à la villa Diodati, que maintenant tout le monde va voir comme Coppet, comme Ferney. — Vous ne pourriez pas savoir s'il est venu, depuis une semaine, un libraire de Milan et sa femme, nommés Lamporani, l'un des chefs de la dernière révolution ? — Je puis le savoir en allant au cercle des Étrangers, l'ancien bijoutier.

La première promenade de Rodolphe eut naturellement pour objet la villa Diodati, cette résidence de lord Byron, à laquelle la mort récente de ce grand poète donnait encore plus d'attrait : la mort est le sacre du génie. Le chemin qui, des Eaux-Vives, côtoie le lac de Genève, est, comme toutes les routes de Suisse, assez étroit ; mais en certains endroits, par la disposition du terrain montagneux, à peine reste-t-il assez d'espace pour que deux voitures s'y croisent. À quelques pas de la maison Jeanrenaud, près de laquelle il arrivait sans le savoir, Rodolphe entendit derrière lui le bruit d'une voiture, et, se trouvant dans une espèce de gorge, il grimpa sur la pointe d'une roche pour laisser le passage libre. Naturellement il regarda venir la voiture, une élégante calèche attelée de magnifiques chevaux anglais. Il lui prit un éblouissement en voyant au fond de cette calèche Francesca divinement mise, à côté d'une vieille dame, roide comme un camée. Un chasseur étincelant de dorures se tenait debout derrière. Francesca reconnut Rodolphe, et sourit de le retrouver comme une statue sur un piédestal. La voiture, que l'amoureux suivit de ses regards en gravissant la hauteur, tourna pour entrer par la porte d'une maison de campagne, vers laquelle il courut. — Qui demeure ici? demanda-t-il au jardinier. — Le prince et la princesse Colonne, ainsi que le prince et la princesse Gandolphini — N'est-ce pas elles qui rentrent? — Oui, monsieur. En un moment, un voile tomba des yeux de Rodolphe : il vit clair dans le passé. — Pourvu, se dit enfin l'amoureux foudroyé, que ce soit sa dernière mystification!

Il tremblait d'avoir été le jouet d'un caprice, car il avait entendu parler de ce qu'est un *capriccio* pour une Italienne. Mais quel crime aux yeux d'une femme, d'avoir accepté pour une bourgeoise une princesse née princesse? d'avoir pris la fille d'une des plus illustres familles du moyen âge pour la femme d'un libraire! Le sentiment de ses fautes redoubla chez Rodolphe son désir de savoir s'il serait méconnu, repoussé. Il demanda le prince Gandolphini en lui faisant porter une carte, et fut aussitôt reçu par le faux Lamporani, qui vint au-devant de lui, l'accueillit avec une grâce parfaite, avec une affabilité napolitaine, et le promena le long d'une terrasse, d'où l'on découvrait Genève, le Jura et ses collines chargées de villas, puis les rives du lac sur une grande étendue. — Ma femme, vous le voyez, est fidèle aux lacs, dit-il après avoir détaillé le paysage à son hôte. Nous avons une espèce de concert ce soir, ajouta-t-il en revenant vers la magnifique maison Jeanrenaud, j'espère que vous nous ferez le plaisir, à la princesse et à moi, d'y venir. Deux mois de misères supportés de compagnie équivalent à des années d'amitié.

Quoique dévoré de curiosité, Rodolphe n'osa demander à voir la princesse, il retourna lentement aux Eaux-Vives, préoccupé de la soirée. En quelques heures, son amour, quelque immense qu'il fût déjà, se trouvait agrandi par les anxiétés et par l'attente des événements. Il comprenait maintenant la nécessité de se taire illustre pour se trouver, socialement parlant, à la hauteur de son idole. Francesca devenait bien grande à ses yeux, par le laissez-aller et la simplicité de sa conduite à Gersau. L'air naturellement altier de la princesse Colonna faisait trembler Rodolphe, qui allait avoir pour ennemis le père et la mère de Francesca, du moins il pouvait croire; et le mystère de la princesse Gandolphini lui avait tant recommandé lui parut alors une admirable preuve de tendresse. En ne voulant pas compromettre l'avenir, Francesca ne disait-elle pas bien qu'elle aimait Rodolphe? Enfin, neuf heures sonnèrent, Rodolphe put monter en voiture et dire avec une émotion facile à comprendre : — A la maison Jeanrenaud, chez le prince Gandolphini! Enfin, il entra dans le salon plein d'étrangers de la plus haute distinction, et où il resta forcément dans un groupe près de la porte, car en ce moment on chantait un duo de Rossini. Enfin, il put voir Francesca, mais sans être vu par elle. La princesse était debout à deux pas du piano. Ses admirables cheveux, si abondants et si longs, étaient retenus par un cercle d'or. Sa figure, illuminée par les bougies, éclatait de la blancheur particulière aux Italiennes, et qui n'a tout son effet qu'aux lumières. Elle était en costume de bal, laissant admirer des épaules magnifiques et fascinantes, sa taille de jeune fille, et des bras de statue antique. Sa beauté sublime était là, sans rivalité possible, quoiqu'il y eût des Anglaises et des Russes charmantes, les plus jolies femmes de Genève et d'autres Italiennes, parmi lesquelles brillaient l'illustre princesse de Varese et la fameuse cantatrice Tinti, qui chantait en ce moment. Rodolphe, appuyé contre le chambranle de la porte, regarda la princesse en dardant sur elle ce regard fixe, persistant, attractif et chargé de toute la volonté humaine concentrée d'un sentiment appelé *désir*, mais qui prend alors le caractère d'un violent commandement. La flamme de ce regard atteignit-elle Francesca? Francesca s'attendait-elle de moment en moment à voir Rodolphe? Au bout de quelques minutes, elle coula un regard vers la porte comme attirée par un courant d'amour, et ses yeux, sans hésiter, se plongèrent dans les yeux de Rodolphe. Un léger frémissement agita ce magnifique visage et ce beau corps : la secousse de l'âme réagissait! Francesca rougit. Rodolphe eut comme toute une vie dans cet échange, si rapide qu'il n'est comparable qu'à un éclair. Mais à quoi comparer son bonheur : il était aimé! La sublime princesse tenait, au milieu du monde, dans la belle maison Jeanrenaud, la parole donnée par la pauvre exilée, par la capricieuse de la maison Bergmann. L'ivresse d'un pareil moment rend esclave pour toute une vie! Un fin sourire, élégant et rusé, candide et triomphateur, agita les lèvres de la princesse Gandolphini, qui, dans un moment où elle ne se crut pas observée, regarda Rodolphe en ayant l'air de lui demander pardon de l'avoir trompé sur sa condition. Le morceau terminé, Rodolphe put arriver jusqu'au prince, qui l'amena gracieusement à sa femme. Rodolphe échangea les cérémonies d'une présentation officielle avec la princesse, le prince Colonne et Francesca. Quand ce fut fini, la princesse dut faire sa partie dans le fameux quatuor de *Mi manca la voce*, qui fut exécuté par elle, par la Tinti, par Génovese, le fameux ténor, et par un célèbre prince italien, alors en exil, et dont la voix, s'il n'eût pas été prince, l'aurait fait un des princes de l'art. — Asseyez-vous là, dit à Rodolphe Francesca, qui lui montra sa propre chaise à elle. *Oimè!* je crois qu'il y a erreur de nom : je suis, depuis un moment, princesse Rodolphini.

Ce fut dit avec une grâce, un charme, une naïveté, qui rappelèrent, dans cet aveu caché sous une plaisanterie, les jours heureux de Gersau. Rodolphe éprouva la délicieuse sensation d'écouter la voix d'une femme adorée en se trouvant si près d'elle, qu'il avait une de ses joues presque effleurée par l'étoffe de la robe et par la gaze de l'écharpe. Mais quand, en un pareil moment, c'est *Mi manca la voce* qui se chante, et que ce quatuor est exécuté par les plus belles voix de l'Italie, il est facile de comprendre comment des larmes vinrent mouiller les yeux de Rodolphe.

En amour, encore en toute chose peut-être, il est certains faits, minimes en eux-mêmes, mais le résultat de mille petites circonstances antérieures, et dont la portée devient immense en résumant le passé, en se rattachant à l'avenir. On a senti mille fois la valeur de la personne aimée, mais un rien, le contact parfait des âmes unies dans une promenade par une parole, par une *preuve* d'amour inattendue, porte le sentiment à son plus haut degré. Enfin, pour rendre ce fait moral par une image qui, depuis le premier âge du monde, a eu le plus incontestable succès : il y a, dans une longue chaîne, des points d'attache nécessaires, où la cohésion est plus profonde que dans ses guirlandes d'anneaux. Cette reconnaissance entre Rodolphe et Francesca, pendant cette soirée, à la face du monde, fut un de ces points suprêmes qui relient l'avenir au passé, qui clouent plus avant au cœur les attachements réels. Peut-être est-ce de ces clous épars dont Bossuet a parlé en leur comparant la rareté des moments heureux de notre existence, lui qui ressentit si vivement et si secrètement l'amour!

Après le plaisir d'admirer soi-même une femme aimée, vient celui de la voir admirée par tous : Rodolphe eut alors les deux à la fois. L'amour est un trésor de souvenirs, et, quoique celui de Rodolphe fût déjà plein, il y ajouta les perles les plus précieuses : des sourires jetés en côté pour lui seul, des regards furtifs, des inflexions de chant que Francesca trouva pour lui, mais qui firent pâlir de jalousie la Tinti, tant elles firent applaudies. Aussi, toute sa puissance de désir, cette forme spéciale de son âme, se jeta-t-elle sur la belle Romaine, qui devint inaltérablement le principe et la fin de toutes ses pensées et de ses actions. Rodolphe aima comme toutes les femmes peuvent rêver d'être aimées, avec une force, une constance, une cohésion, qui faisait de Francesca la substance même de son cœur, il la sentit mêlée à son sang comme un sang plus pur, à son âme comme une âme plus parfaite; elle allait être sous les moindres efforts de sa vie comme le sable doré de la Méditerranée sous l'onde. Enfin, la moindre aspiration de Rodolphe fut une active espérance.

Au bout de quelques jours, Francesca reconnut cet immense amour, mais il était si naturel, si bien partagé, qu'elle n'en fut pas étonnée : elle en était digne. — Qu'y a-t-il de surprenant, disait-elle à Rodolphe en se promenant avec lui sur la terrasse de son jardin, après avoir surpris un de ces mouvements de fatuité si naturels aux Français dans l'expression de leurs sentiments, quoi de merveilleux à ce que vous aimiez une femme jeune et belle, assez artiste pour pouvoir gagner sa vie comme la Tinti, et qui peut donner quelques jouissances de vanité? Quel est le butor qui ne deviendrait alors un Amadis? Ceci n'est pas la question entre nous : il faut aimer avec constance, avec persistance et à distance pendant les années, sans autre objet de celui de se savoir aimé. — Hélas! lui dit Rodolphe, ne trouverez-vous pas ma fidélité dénuée de tout mérite en me voyant occupé par les travaux d'une ambition dévorante? Croyez-vous que je veuille vous voir échanger un jour le beau nom de princesse Gandolphini pour celui d'un homme qui ne serait rien? Je veux devenir des hommes les plus remarquables de mon pays, être riche, être grand, et que vous puissiez être aussi fière de mon nom que de votre nom de Colonna. — Je serais bien fâchée de ne pas vous voir de tels sentiments au cœur, répondit-elle avec un charmant sourire. Mais ne vous consumez pas trop dans les travaux de l'ambition, restez jeune... On dit que la politique rend un homme promptement vieux.

Ce qu'il y a de plus rare chez les femmes est une certaine gaieté qui n'altère point la tendresse. Ce mélange d'un sentiment profond et de la folie du jeune âge ajouta dans ce moment d'adorables attraits à ceux de Francesca. Là est la clef de son caractère : elle rit et s'attendrit, elle s'exalte et revient à la fine raillerie avec un laissez-aller, une aisance, qui font d'elle la charmante et délicieuse personne dont la réputation s'est d'ailleurs étendue au delà de l'Italie. Elle cache sous les grâces de la femme une instruction profonde, à la vie excessivement monotone et quasi monacale qu'elle a menée dans le vieux château des Colonna. Cette riche héritière fut d'abord destinée au cloître, étant la quatrième enfant du prince et de la princesse Colonna; mais la mort de ses deux frères et de sa sœur aînée la tira subitement de sa retraite pour lui faire l'un des plus beaux partis des États romains. Sa sœur aînée ayant été promise au prince Gandolphini, l'un des plus riches propriétaires de la Sicile, Francesca lui fut donnée, afin de ne rien changer aux affaires de famille. Les Colonna et les Gandolphini s'étaient toujours alliés entre eux. De neuf ans à seize ans, Francesca, dirigée par un monsignore de la famille, avait lu toute la bibliothèque des Colonna pour donner le change à son ardente imagination en étudiant les sciences, les arts et les lettres. Mais elle prit dans l'étude ce goût d'indépendance et d'idées libérales qui la fit se jeter, ainsi que son mari, dans la révolution. Rodolphe ignorait encore que, sans compter cinq langues vivantes, Francesca sût le grec, le latin et l'hébreu. Cette charmante créature avait admirablement compris qu'une des premières conditions de l'instruction chez une femme, est d'être profondément cachée.

Rodolphe resta tout l'hiver à Genève. Cet hiver passa comme un jour. Quand vint le printemps, malgré les exquises jouissances que donne la société d'une femme d'esprit, prodigieusement instruite, jeune et folle, cet amoureux éprouva de cruelles souffrances, supportées d'ailleurs avec courage : mais qui parfois se firent jour sur sa physionomie, qui percèrent bien des discours, dans le discours, peut-être parce qu'il ne les crut pas partagées. Parfois il s'irritait en admirant le calme de Francesca, qui, semblable aux Anglaises, paraissait mettre son amour-propre à ne rien exprimer sur son visage, dont la sérénité défiait l'amour ; il eût voulue agitée, il l'accusait de ne rien sentir en croyant un préjugé qui veut, chez les femmes italiennes, une mobilité fébrile. — Je suis Romaine ! lui répondit gravement un jour Francesca, qui prit au sérieux quelques plaisanteries faites à ce sujet par Rodolphe.

Il y eut dans l'accent de cette réponse une profondeur qui lui donna l'apparence d'une sauvage ironie, et qui fit palpiter Rodolphe. Le mois de mai déployait les trésors de sa jeune verdure, le soleil avait des moments de force comme au milieu de l'été. Les deux amants se trouvaient alors appuyés sur la balustrade en pierre, qui, dans une partie de la terrasse où le terrain se trouve à pic sur le lac, surmonte la muraille d'un escalier par lequel on descend pour monter en bateau. De la villa voisine, où se voit un embarcadère à peu près pareil, s'élança comme un cygne une yole où se voyait son pavillon à flammes, sa tente à baldaquin cramoisi, sous lequel une charmante femme était mollement assise sur des coussins rouges, coiffée de fleurs naturelles, conduite par un jeune homme vêtu comme un matelot, et ramant avec d'autant plus de grâce qu'il était sous les regards de cette femme. — Ils sont heureux ! dit Rodolphe avec un âpre accent. Claire de Bourgogne, la dernière de la seule maison qui ait pu rivaliser à la maison de France... — Oh !... elle vient d'une branche bâtarde, et encore par les femmes... Elle est la vicomtesse de Beauséant, et n'a pas... hésité !... n'est-ce pas ? à s'enterrer avec M. Gaston de Nueil, dit la fille des Colonna. Elle n'est que Française, et je suis Italienne...

Francesca quitta la balustrade, y laissa Rodolphe, et alla jusqu'au bout de la terrasse, d'où l'on embrasse une immense étendue du lac. En la voyant marcher lentement, Rodolphe eut un soupçon d'avoir blessé cette âme à la fois si candide et si savante, si fière et si humble : il eut froid, il suivit Francesca, qui lui fit signe de la laisser seule ; mais il ne tint pas compte de l'avis, et la surprit essuyant des larmes. Des pleurs chez une nature si forte ! — Francesca, dit-il en lui prenant la main, y a-t-il un seul regret dans ton cœur ?... Elle garda le silence, dégagea sa main qui tenait le mouchoir brodé, pour s'essuyer de nouveau les yeux. — Pardon, reprit-il. Et, par un élan, il atteignit aux yeux pour y boire les larmes par des baisers.

Francesca ne s'aperçut pas de ce mouvement passionné, tant elle était violemment émue. Rodolphe, croyant à un consentement, s'enhardit, il saisit Francesca par la taille, la serra sur son cœur, et prit un baiser ; mais elle se dégagea par un magnifique mouvement de pudeur offensée et à deux pas, en le regardant sans colère, mais avec résolution : — Partez ce soir, dit-elle, nous ne nous reverrons plus qu'à Naples.

Malgré la sévérité de cet ordre, il fut exécuté religieusement, car Francesca le voulut. De retour à Paris, Rodolphe trouva chez lui le portrait de la princesse Gaudolphini, fait par Schinner, comme Schinner sait faire les portraits. Ce peintre avait passé par Genève en allant en Italie. Schinner s'était refusé positivement à faire les portraits de plusieurs femmes, Rodolphe ne croyait pas que le prince, excessivement désireux du portrait de sa femme, eût pu vaincre la répugnance du peintre célèbre ; mais Francesca l'avait séduit sans doute, et obtenu de lui ce qui tenait du prodige, un portrait original pour Rodolphe, une copie pour Emilio. C'est ce que lui disait une charmante et délicieuse lettre, où la pensée se dédommageait de la retenue imposée par la religion des convenances. L'amour eux répondit. Ainsi commença, pour ne plus finir, une correspondance entre Rodolphe et Francesca, seul plaisir qu'ils se permirent. Rodolphe, en proie à une ambition que légitimait son amour, se mit aussitôt à l'œuvre. Il voulut d'abord la fortune, et se risqua dans une entreprise où il jeta toutes ses forces aussi bien que tous ses capitaux ; mais il eut à lutter, avec l'inexpérience de la jeunesse, contre une duplicité qui triompha de lui. Trois ans se perdirent dans une vaste entreprise, trois ans d'efforts et de courage. Le ministère Villèle succombait aussi quand succombait Rodolphe. Aussitôt l'intrépide amoureux voulut demander à la politique ce que l'industrie lui avait refusé ; mais, avant de se lancer dans les orages de cette carrière, il alla tout blessé, tout souffrant, faire panser ses plaies et puiser du courage à Naples, où le prince et la princesse Gaudolphini furent rappelés et réintégrés dans leurs biens à l'avènement du roi. Au milieu de sa lutte, ce fut un repos plein de douceur, il passa trois mois à la villa Gandolphini, bercé d'espérances. Rodolphe recommença l'édifice de sa fortune. Déjà ses talents avaient été distingués, il allait enfin réaliser les vœux de son ambition, une place éminente était promise à son zèle, en récompense de son dévouement et de services rendus, quand éclata l'orage de juillet 1830, et sa barque sombra de nouveau. Elle et Dieu ! tels sont les deux témoins des efforts les plus courageux, des plus audacieuses tentatives d'un jeune homme doué de qualités, mais à qui jusqu'alors a manqué le secours du dieu des sots, le bonheur ! Et cet infatigable athlète, soutenu par l'amour, recommence de nouveaux combats, éclairé par un regard toujours ami par un cœur fidèle ! Amoureux ! priez pour lui !

En achevant ce récit, qu'elle dévora, mademoiselle de Watteville avait les joues en feu, la fièvre était dans ses veines ; elle pleurait, mais de rage. Cette nouvelle, inspirée par la littérature alors à la mode, était la première lecture de ce genre qu'il fût permis à Philomène de faire. L'amour y était peint, sinon par une main de maître, du moins par un homme qui semblait raconter ses propres impressions ; or, la vérité, fût-elle inhabile, devait toucher une âme encore vierge. Là se trouvait le secret des agitations terribles, de la fièvre et des larmes de Philomène : elle était jalouse de Francesca Colonna. Elle ne doutait pas de la sincérité de cette poésie ; Albert avait pris plaisir à raconter le début de sa passion en cachant sans doute les noms, peut-être aussi les lieux. Philomène était saisie d'une infernale curiosité. Quelle femme n'eût pas, comme elle, voulu savoir le vrai nom de sa rivale, car elle aimait ! En lisant ces pages contagieuses pour elle, elle s'était dit ce mot solennel : J'aime ! Albert aimait Albert, et se sentait au cœur une mordante envie de le disputer, de l'arracher à cette rivale inconnue. Elle pensa qu'elle ne savait pas la musique et qu'elle n'était pas belle. — Il ne m'aimera jamais se dit-elle. Cette parole redoubla son désir de savoir si elle ne se trompait pas, si réellement Albert aimait une princesse italienne, et s'il était aimé d'elle. Durant cette fatale nuit, l'esprit de décision rapide qui distinguait le fameux Watteville se déploya tout entier chez son héritière. Elle enfanta de ces plans bizarres autour desquels flottent d'ailleurs presque toutes les imaginations des jeunes filles, quand, au milieu de la solitude où quelques mœurs imprudentes les retiennent, elles sont excitées par un événement capital, que le système de compression auquel elles sont soumises n'a pu ni prévoir ni empêcher. Elle pensait à descendre avec une échelle par le kiosque dans le jardin de la maison où demeurait Albert, à profiter du sommeil de l'avocat pour voir par sa fenêtre l'intérieur de son cabinet. Elle pensait à lui écrire, elle pensait à briser les nœuds de la société bisontine en introduisant Albert dans le salon de l'hôtel de Rupt. Cette entreprise, qui eût paru le chef-d'œuvre de l'impossible à l'abbé de Grancey lui-même, fut l'affaire d'une pensée. — Ah ! se dit-elle, mon père a des contestations à sa terre du Rouxey, j'irai ! S'il n'y a pas de procès, j'en ferai naître, et il viendra dans notre salon ! s'écria-t-elle en s'élançant de son lit à sa fenêtre pour aller voir la lumière prestigieuse qui éclairait les nuits d'Albert. Une heure du matin sonnait, il dormait encore. — Je vais le voir à son lever, il viendra peut-être à sa fenêtre !

En ce moment, mademoiselle de Watteville fut témoin d'un événement qui devait remettre entre ses mains le moyen d'arriver à connaître les secrets d'Albert. A la lueur de la lune, elle aperçut deux bras tendus hors du kiosque, et qui aidèrent Jérôme, le domestique d'Albert, à franchir la crête du mur, et à entrer sous le kiosque. Dans la complice de Jérôme, Philomène reconnut Mariette, la femme de chambre. — Mariette et Jérôme ! se dit-elle. Mariette, une fille si laide ! Ces deux, ils doivent avoir honte l'un et l'autre.

Si Mariette était horriblement laide et âgée de trente-six ans, elle avait eu par héritage plusieurs quartiers de terre. Depuis dix-sept ans au service de madame de Watteville, qui l'estimait fort à cause de sa dévotion, de sa probité, de son ancienneté dans la maison, elle avait sans doute économisé, placé ses gages, et ses profits. Or, à raison d'environ dix louis par année, elle devait posséder, en comptant les intérêts et ses héritages, environ quinze mille francs. Aux yeux de Jérôme, quinze mille francs changeaient les lois de l'optique : il trouvait à Mariette une jolie taille, il ne voyait plus les trous et les coutures qu'une affreuse petite vérole avait laissés sur ce visage plat et sec ; pour lui, la bouche contournée était droite, et, depuis qu'en le prenant sur sa scène l'avocat Savaron l'avait rapproché de l'hôtel de Rupt, il fit le siège en règle de la dévote femme de chambre, aussi roide, aussi prude que sa maîtresse, et qui, semblable à toutes les vieilles filles laides, se montrait plus exigeante que les plus belles personnes. Si maintenant la scène nocturne du kiosque est expliquée pour les personnes clairvoyantes, elle l'était très-peu pour Philomène, qui, néanmoins, y gagna la plus dangereuse de toutes les instructions, celle que donne le mauvais exemple. Une mère élève sévèrement sa fille, la couve de ses ailes pendant dix-sept ans, et, dans une heure, une servante détruit ce long et pénible ouvrage, quelquefois par un mot, souvent par un seul geste ! Philomène se recoucha, non sans penser à tout le parti qu'elle pouvait tirer de cette découverte. Le lendemain matin en allant à la messe en compagnie de Mariette (la baronne était indisposée), Philomène prit le bras de sa femme de chambre, ce qui surprit étrangement la Comtoise. — Mariette, lui dit-elle, Jérôme a-t-il la confiance de son maître ? — Je ne sais pas, mademoiselle. — Ne faites pas l'innocente avec moi, répondit sèchement Philomène. Vous vous êtes laissée embrasser par lui cette nuit, sous le kiosque. Je ne m'étonne plus si vous approuviez tant ma mère à propos des embellissements qu'elle y projetait. Philomène sentit le tremblement qui saisit Mariette par celui de son bras. — Je ne vous veux pas de mal, dit Philomène en continuant, rassurez-vous, je ne dirai pas un mot à ma mère, et vous pourrez voir Jérôme tant que vous voudrez. — Mais, mademoiselle, répondit Mariette, c'est en tout bien tout honneur Jérôme n'a pas d'autre intention que celle de m'épouser. — Mais alors pourquoi vous donner des rendez-vous la nuit ? Mariette atterrée ne sut rien répondre. — Ecoute ? Mariette, j'aime aussi, moi ! J'aime en secret et toute seule. Je suis, après tout, unique enfant de mon père et de ma mère, ainsi vous avez plus à espérer de moi que de qui que ce soit au monde. — Certainement, mademoiselle, vous pouvez compter sur nous à la vie et à la mort ! s'écria Mariette heureuse de ce dénouement imprévu. — D'abord, silence pour silence, dit Philomène. Je ne veux pas épouser M. de Soulas, mais je vous, et absolument, une certaine chose : ma protection ne vous appartient qu'à ce prix. — Quoi ? demanda Mariette. — Je veux voir les lettres que M. Savaron fera mettre à la poste par Jérôme. — Mais pourquoi faire ? dit Mariette effrayée. — Oh ! rien que pour les lire, et vous les jetterez vous-même à la poste après. Cela ne fera qu'un peu de retard, voilà tout. En ce moment Philomène et Mariette entrèrent à l'église, et chacune d'elle fit ses réflexions, au lieu de lire l'ordinaire de la messe. — Mon Dieu ! combien y a-t-il donc de péchés dans tout ceci ? se dit Mariette. Philomène, dont l'âme, la tête et le cœur étaient bouleversés par la lecture de la nouvelle, y vit enfin une sorte d'histoire écrite pour sa rivale. A force de réfléchir comme les enfants à la même chose, elle finit par penser que la Revue de l'Est devait être envoyée à la bien-aimée d'Albert. — Oh ! se disant-elle à genoux, la tête plongée dans ses mains et dans l'attitude d'une personne abîmée dans la prière, oh ! comment amener mon père à consulter la liste des gens à qui l'on envoie cette Revue ?

Après le déjeuner, elle fit un tour de jardin avec son père en le cajolant, et l'amena sous le kiosque. — Crois-tu, mon cher petit père, que notre Revue aille à l'étranger ? — Elle ne fait que commencer... — Eh bien ! je parie qu'elle y va. — Ce n'est guère possible. — Va le savoir, et prends les noms des abonnés à l'étranger.

Deux heures après, M. de Watteville dit à sa fille : — J'ai raison, il n'y a pas encore un abonné dans les pays étrangers. L'on espère en avoir à Neufchâtel, à Berne, à Genève. On en envoie bien un exemplaire en Italie, mais gratuitement, à une dame milanaise, à sa campagne sur le lac Majeur, à Belgirate. — Son nom ? dit vivement Philomène. — La duchesse d'Argaiolo. — La connaissez-vous, mon père ? — par un naturellement entendu parler. Elle est née princesse Soderini, c'est une Florentine, une très-grande dame, et tout aussi riche que son mari, qui possède une des plus belles fortunes de la Lombardie. Leur villa sur le lac Majeur est une des curiosités de l'Italie.

Deux jours après, Mariette remit la lettre suivante à Philomène.

ALBERT SAVARON A LÉOPOLD HANNEQUIN.

« Eh bien ! oui, mon cher ami, je suis à Besançon pendant que tu me croyais en voyage. Je n'ai rien voulu te dire qu'au moment où le succès commencerait, et voici mon aurore. Oui, cher Léopold, après tant d'entreprises avortées où j'ai dépensé le plus pur de mon sang, où j'ai jeté tant d'efforts, usé tant de courage, j'ai voulu faire comme toi : prendre une voie battue, le grand chemin, le plus long, le plus sûr. Quel bond je te vois faire sur ton fauteuil de notaire ! Mais ne crois pas qu'il y ait quoi que ce soit de changé à ma vie intérieure, dans le secret de laquelle il n'y a que toi au monde, et encore sous les réserves qu'a exigées. Je ne te le disais pas, mon ami, mais je me laissais horriblement à Paris. Le dénouement de la première entreprise où j'ai mis toutes mes espérances, et qui s'est trouvée sans résultats par la profonde scélératesse de mes deux associés, d'accord pour me tromper, pour me dépouiller, moi à l'activité de qui tout était dû, m'a fait renoncer à chercher la fortune pécuniaire après avoir ainsi perdu trois ans de ma vie, dont une année à plaider. Peut-être m'en serais-je pris mal tiré si je n'avais pas été contraint, à vingt ans, d'étudier le droit. J'ai voulu devenir un homme politique, uniquement pour être un jour compris dans une ordonnance sur la pairie sous le titre de comte Albert Savaron de Savarus, et faire revivre en France un beau nom qui s'éteint en Belgique, encore que je ne sois ni légitime ni légitimé »

— Ah ! j'en étais sûre il est noble ! s'écria Philomène en laissant tomber la lettre.

« Tu sais quelles études consciencieuses j'ai faites, quel journaliste obscur, mais dévoué, mais utile, et quel admirable secrétaire je fus pour l'homme d'Etat qui, d'ailleurs, me fut fidèle en 1829. Replongé dans le néant par la révolution de juillet, alors que mon nom commençait à briller, au moment où maître des requêtes j'allais enfin entrer, comme un rouage nécessaire, dans la machine politique, j'ai commis la faute de rester fidèle aux vaincus, de lutter pour eux, sans eux. Ah ! pourquoi n'avais-je que trente trois ans, et comment ne l'ai-je pas prié de me rendre éligible ? Je t'ai caché tous mes dévouements et mes périls. Que veux-tu ! j'avais la foi ! nous n'eussions pas été d'accord. Il y a dix mois, pendant que tu me voyais si gai, si content, écrivant mes articles politiques, j'étais au désespoir : je me voyais à trente-sept ans avec deux mille francs pour toute fortune, sans la moindre célébrité, venant d'échouer dans une noble entreprise, celle d'un journal quotidien qui ne répondait qu'à un besoin de l'avenir, au lieu de s'adresser aux passions du moment. Je ne savais plus quel parti prendre. Et je me sentais ! j'allais, sombre et blessé, dans les endroits solitaires de ce Paris qui m'avait échappé, pensant à mes ambitions trompées, mais sans les abandonner. Oh ! quelles lettres empreintes de rage ne lui ai-je pas écrites alors, à elle, cette seconde conscience, cet autre moi ! Par moments, je me disais : « Pourquoi m'être tracé un si vaste programme pour mon existence ? pourquoi tout vouloir ? pourquoi ne pas attendre le bonheur en me vouant à quelque occupation quasi mécanique ?

« J'ai jeté les yeux alors sur une modeste place où je pusse vivre. J'allais avoir la direction d'un journal sous un gérant qui ne savait pas grand'chose, un homme d'argent ambitieux, quand la terreur m'a pris. — Voudrait-elle pour mari d'un amant qui sera descendu si bas ? me suis-je dit. Cette réflexion m'a rendu mes vingt-deux ans. Oh ! mon cher Léopold, combien l'âme s'use dans ces perplexités ! Que doivent donc souffrir les aigles en cage, les lions emprisonnés ! Ils souffrent tout ce que souffrait Napoléon, non pas à Sainte-Hélène, mais sur le quai des Tuileries, au 10 août, quand il voyait Louis XVI se défendant si mal, lui qui pouvait dompter la sédition comme il le fit plus tard sur les mêmes lieux, en vendémiaire. Eh bien ! ma vie a été cette souffrance d'un jour, étendue sur quatre ans. Combien de discours à la Chambre n'ai-je pas prononcés dans les allées désertes du bois de Boulogne ? Ces improvisations inutiles ont du moins aiguisé ma langue et accoutumé mon esprit à formuler ses pensées en paroles. Durant ces tourments secrets, toi, tu te mariais, tu achevais de payer ta charge, et tu devenais adjoint au maire de ton arrondissement, après avoir gagné la croix en te faisant blesser à Saint-Merry.

« Ecoute : quand j'étais tout petit et que je tourmentais des hannetons, il y avait chez ces pauvres insectes un mouvement qui me donnait presque la fièvre. C'est quand je les voyais faisant ces efforts réitérés pour prendre leur vol, sans néanmoins s'envoler, quoiqu'ils eussent réussi à soulever leurs ailes. Nous disions d'eux : Ils comptent. Etait-ce de la sympathie ? était-ce une vision de mon avenir ? oh ! déployer ses ailes et ne pouvoir voler ! Voilà ce qui m'est arrivé depuis cette belle entreprise de laquelle on m'a dégoûté, mais qui maintenant a enrichi quatre familles.

« Enfin, il y a sept mois, je résolus de me faire un nom au barreau de Paris, en voyant quels vides y laissaient les promotions de tant d'avocats à des places éminentes. Mais en me rappelant les rivalités que j'avais observées au sein de la presse, et combien il est difficile de parvenir à quoi que ce soit à Paris, cette arène où tant de champions se donnent rendez-vous, je pris une résolution cruelle pour moi, qui m'en effet certain et peut-être plus rapide que toute autre. Tu m'avais bien expliqué dans nos causeries la constitution sociale de Besançon, l'impossibilité pour un étranger d'y parvenir, d'y faire la moindre sensation, de s'y marier, de pénétrer dans la société, d'y réussir en quoi que ce soit. Ce fut là que je voulus aller planter mon drapeau, pensant avec raison à éviter la concurrence, et m'y trouver seul à briguer la députation. Les Comtois ne veulent pas voir l'étranger, l'étranger ne les verra pas : ils se refusent à l'admettre dans leurs salons, il n'ira jamais ! il ne se montrera nulle part, pas même dans les rues ! Mais il sert une classe qui fait les députés, la classe commerçante. Je vais spécialement étudier les questions commerciales, que je connais déjà je gagnerai des procès, j'accorderai les différends, je deviendrai le plus fort avocat de Besançon. Plus tard, j'y fonderai une revue où je défendrai les intérêts du pays, où je les ferai naître, vivre ou renaître. Quand j'aurai conquis assez de suffrages, mon nom sortira de l'urne. On dédaignera pendant longtemps l'avocat inconnu, mais il y aura une circonstance qui le mettra en lumière, une plaidoirie gratuite, une affaire de laquelle les autres avocats ne voudront pas se charger. Si je perdis une fois, je suis sûr du succès. Eh bien ! mon cher Léopold, j'ai fait emballer ma bibliothèque en onze caisses, j'ai acheté les livres de droit qui pouvaient m'être utiles, et j'ai mis tout, ainsi que mon mobilier, au rou-

» pour Besançon. J'ai pris mes diplômes, j'ai réuni mille écus, je suis venu te dire adieu. La malle-poste m'a jeté dans Besançon, où en dans trois jours de temps, choisi un petit appartement qui a vue sur des jardins, j'ai somptueusement arrangé le cabinet mystérieux où je passe mes nuits et mes jours, et où brille le portrait de mon idole, de celle à laquelle ma vie est vouée, qui la remplit, qui est le principe de mes efforts, le secret de mon courage, la cause de mon talent. Puis, quand les meubles et les livres furent arrivés, j'ai pris un domestique intelligent, et suis resté pendant cinq mois comme une marmotte en hiver. On m'avait d'ailleurs inscrit au tableau des avocats. Enfin on m'a nommé d'office pour défendre un malheureux aux assises, sans doute pour m'entendre parler au moins une fois. Un des plus influents négociants de Besançon était du jury, il avait une affaire épineuse ; j'ai tout fait dans cette cause pour cet homme, et j'ai eu le succès le plus complet du monde. Mon client était innocent, j'ai fait dramatiquement arrêter les vrais coupables, qui ont été témoins. Enfin la cour a partagé l'admiration de son jury. J'ai su sauver l'amour-propre du juge d'instruction en montrant la presque impossibilité de découvrir une trame si bien ourdie. J'ai mis à la chevelure de mon gros négociant, et je lui ai gagné son procès. Le chapitre de la cathédrale m'a choisi pour avocat dans une immense procès de la ville, qui dure depuis quatre ans : j'ai gagné. En trois affaires, je suis devenu le plus grand avocat de la Franche-Comté. Mais j'enseveli ma vie dans le plus profond mystère, et cache ainsi mes prétentions. J'ai contracté des habitudes qui me dispensent d'accepter toute invitation. On ne peut me consulter que de six heures à huit heures du matin, je me couche à neuf heures du soir, et je travaille pendant la nuit. Le vicaire général, homme d'esprit et très-influent, m'a chargé de l'affaire du chapitre, dont je dois en première instance, m'a naturellement porté de reconnaissance. — Monsieur, lui ai-je dit, je gagnerai votre affaire, mais je ne veux pas d'honoraires, j'en veux plus... (haut le corps de l'abbé). Sachez que je perds énormément à me poser comme l'adversaire de la ville, je suis venu ici pour en sortir député, je ne veux m'occuper que d'affaires commerciales, parce que les commerçants font les députés, et ils se défieront de moi si je plaide pour les prêtres, car vous êtes les prêtres pour eux. Si je me charge de votre affaire, c'est que j'étais, en 1828, secrétaire particulier à tel ministère (nouveau mouvement d'étonnement chez mon abbé), maître des requêtes sous le nom d'Albert de Savarus (autre mouvement). Je suis reste fidèle aux principes monarchiques, mais, comme vous ne m'avez pas la majorité dans Besançon, il faut que j'acquière des voix dans la bourgeoisie. Donc, les honoraires que je vous demande, c'est ces voix que vous pourrez faire porter sur moi, dans un moment opportun, secrètement. Gardons-nous secret l'un à l'autre, je plaiderai gratis toutes les affaires de tous les prêtres du diocèse. Pas un mot de mes antécédents, et soyons nous fidèles. » Quand il est venu me remercier, il m'a remis un billet de cinq cents francs, et m'a dit à l'oreille : — Les voix tiennent toujours. En cinq conférences que nous avons eues, je me suis fait, je crois, un ami du ci-devant vicaire général. Maintenant accablé d'affaires, je ne me charge que de celles qui regardent les négociants, en disant que les questions de commerce sont ma spécialité. Cette tactique m'attache le sens de commerce et me permet de rechercher les personnes influentes. Ainsi tout va bien. J'ai dû à quelques mois, j'aurai trouvé dans Besançon une maison à acheter qui puisse me donner le cens. Je compte sur toi pour me prêter les capitaux nécessaires à cette acquisition. Si je mourais, si j'échouais, il n'y aurait pas assez de perte pour que ce soit une considération entre nous. Les intérêts te seront servis par les loyers, et j'aurai d'ailleurs soin d'attacher une bonne occasion afin que tu ne perdes rien à cette hypothèque nécessaire.

« Ah ! mon cher Léopold, jamais joueur, ayant dans sa poche les restes de sa fortune et la jouant au cercle des Étrangers, dans une dernière main d'or il doit sortir riche ou ruiné, n'a eu dans les oreilles les tintements perpétuels, dans les mains la petite sueur nerveuse, dans la tête l'agitation fébrile, dans le corps les tremblements intérieurs que j'éprouve tous les jours en jouant ma fortune et ma partie en jeu de l'ambition. Hélas ! cher et seul ami, voici bientôt dix ans que je lutte. Le combat avec les hommes et les choses, où j'ai sans cesse versé ma force et mon énergie, où j'ai tant usé les ressorts du désir, m'a miné, pour ainsi dire, intérieurement. Avec les apparences de la force, de la santé, je me sens ruiné. Chaque jour emporte un lambeau de la vie intime. À chaque nouvel effort je sens que je ne pourrai plus le recommencer. Je n'ai plus de force et de puissance que pour le bonheur, et, s'il n'arrivait pas poser sa couronne de roses sur ma tête, le moi que je suis n'existerait plus, je deviendrais une chose détruite, je ne désirerais plus rien dans le monde, je ne voudrais plus rien être. Tu le sais, le pouvoir et la gloire, cette immense fortune morale que je cherche, n'est que secondaire : c'est pour moi le moyen de la félicité, le piédestal de mon idole.

« Attendre au but en expirant comme le coureur antique ! voir la fortune et la mort arrivant ensemble sur le seuil de sa porte ! obtenir celle qu'on aime au moment où l'amour s'éteint ! n'avoir plus la faculté de jouir quand on a gagné le droit de vivre heureux !... oh ! de combien d'hommes ceci fut la destinée !

« Il y a certes un moment où Tantale s'arrête, se croise les bras et défie l'enfer en renonçant à son métier d'éternel attrapé. J'en serais là si quelque chose faisait manquer mon plan ; si, après m'être couché dans la poussière de la province, avoir rampé comme un ligne affamé autour de ces négociants, de ces électeurs, pour avoir leurs votes ; si, après avoir plaidoyé d'arides affaires, avoir donné mon temps, un temps que je pourrais passer sur le lac Majeur à voir les eaux qu'elle voit, à me coucher sous ses regards, à l'entendre je ne m'élançais pas à la tribune pour y conquérir l'auréole que doit avoir un nom pour succéder à celui d'Argaiolo. Bien plus, Léopold, je sens par certains jours des langueurs vaporeuses : il s'élève du fond de mon âme des dégoûts mortels, surtout quand, en de longues rêveries, je me plonge par avance au milieu des joies de l'amour heureux ! Le désir n'aurait-il en nous qu'une certaine dose de force, et peut-il périr sous une trop grande effusion de sa substance ? Après tout, en ce moment ma vie est belle, éclairée par la foi, par le travail et par l'amour. Adieu, mon ami. J'embrasse tes enfants, et tu rappelleras au souvenir de ton excellente femme

« Votre ALBERT. »

Philomène lut deux fois cette lettre, dont le sens général se grava dans son cœur. Elle pénétra soudain dans la vie antérieure d'Albert, car sa vive intelligence lui en expliqua les détails et lui en fit parcourir l'étendue. En rapprochant cette confidence de la nouvelle publiée dans la revue, elle comprit alors Albert tout entier. Naturellement elle s'exagéra les proportions déjà fortes de cette belle âme, de cette volonté puissante, et son amour pour Albert devint alors une passion dont la violence s'accrut de toute la force de sa jeunesse, des ennuis de sa solitude et de l'énergie secrète de son caractère. L'amour est déjà chez une personne un effet de la loi naturelle, mais, quand son besoin d'affection se porte sur un homme extraordinaire, il s'y mêle l'enthousiasme qui déborde dans les jeunes cœurs. Aussi mademoiselle de Watteville arriva-t-elle en quelques jours à une phase quasi morbide et très-dangereuse de l'exaltation amoureuse. La baronne était très-contente de sa fille, qui, sous l'empire de ses profondes préoccupations, et sans lui résister plus, paraissait appliquée à ses divers ouvrages de femme, et réalisait son bel idéal de la fille soumise.

L'avocat plaidait alors deux ou trois fois par semaine. Quoique accablé d'affaires, il suffisait au palais, au contentieux du commerce, à la revue, et restait dans un profond mystère, en comprenant que, plus son influence serait sourde et cachée, plus réelle elle serait. Mais il ne négligeait aucun moyen de succès, en étudiant la liste des électeurs bisontins et recherchant leurs intérêts, leurs caractères, leurs diverses amitiés, leurs antipathies. Un cardinal voulant un pape s'est-il jamais donné tant de soin ?

Un soir Mariette, en venant habiller Philomène pour une soirée, lui apporta, non sans gémir sur cet abus de confiance, une lettre dont la suscription fit frémir et pâlir et rougir mademoiselle de Watteville.

A MADAME LA DUCHESSE D'ARGAIOLO
(née princesse Soderini)
A BELGIRATE,
Lac Majeur.   ITALIE.

À ses yeux, cette adresse brilla comme dut briller Mané, Thecel, Pharès aux yeux de Balthasar. Après avoir caché la lettre, elle descendit pour aller avec sa mère chez madame de Chavoncourt. Pendant cette soirée, Philomène fut assaillie de remords et de scrupules. Elle avait éprouvé déjà de la honte d'avoir violé le secret de la lettre d'Albert à Léopold. Elle s'était demandé plusieurs fois si, sachant ce crime, infâme en ce qu'il est nécessairement impuni, le noble Albert l'estimerait. Sa conscience lui répondait : Non avec énergie. Elle avait expié sa faute en s'imposant des pénitences : elle jeûnait, elle se mortifiait en restant à genoux les bras en croix et en disant des prières pendant quelques heures. Elle avait obligé Mariette à ces actes de repentir. L'ascétisme le plus vrai se mêlait à sa passion, et la rendait d'autant plus dangereuse.

— Lirai-je, ne lirai-je pas cette lettre ? se disait-elle en écoutant les petites de Chavoncourt. L'une avait seize et l'autre dix-sept ans et demi. Philomène regardait ses deux amies comme des petites filles parce qu'elles n'amusaient pas son secret.

— Si je la lis, se disait-elle après avoir flotté pendant une heure entre non et oui, ce sera bien certainement la dernière. Puisque j'ai tant fait que de savoir ce qu'il écrivait à son ami, pourquoi ne saurais-je pas ce qu'on lui dit « a elle ? » Si c'est un horrible crime, n'est-ce pas une preuve d'amour ! O Albert ! ne suis-je pas ta femme ?

Quand Philomène fut au lit, elle ouvrit cette lettre datée de jour en jour, de manière à offrir à la duchesse une fidèle image de la vie et des sentiments d'Albert.

« Ma chère âme, tout va bien. Aux conquêtes que j'ai faites je viens d'en ajouter une précieuse : j'ai rendu service à l'un des personnages les plus influents aux élections. Comme les critiques, qui font les réputations sans jamais pouvoir s'en faire une, il fait les députés sans pouvoir jamais le devenir. La brave homme a voulu me témoigner sa reconnaissance à bon marché, presque sans bourse délier, en me disant : — Voulez-vous aller à la Chambre ? Je puis vous faire nommer député. — Si je me résolvais à entrer dans la carrière politique, lui ai-je répondu très-hypocritement, ce serait pour me vouer à la Comté que j'aime et où je suis apprécié. — Eh bien ! nous vous déciderons, et nous aurons par vous une influence à la Chambre, car vous y brillerez.

« Ainsi, mon ange aimé, quoi que tu dises, ma persistance aura sa couronne. Dans peu je parlerai du haut de la tribune française à mon pays, à l'Europe. Mon nom te sera jeté par les cent voix de la presse française. Oui, comme tu me le dis, je suis venu vieux à Besançon, et Besançon m'a vieilli encore ; mais, comme Sixte-Quint, je serai jeune le lendemain de mon élection. J'entrerai dans ma vraie vie, dans ma sphère. Ne serons-nous pas alors sur la même ligne ? Le comte Savaron de Savarus, ambassadeur je ne sais où, pourra certes épouser une princesse Soderini, la veuve du duc d'Argaiolo ! Le triomphe rajeunit les hommes conservés par d'incessantes luttes. O ma vie ! avec quelle joie ai-je sauté de ma bibliothèque à mon cabinet devant ton cher portrait, à qui j'ai dit ces progrès avant de t'écrire ! Oui, mes voix à moi, celles du vicaire général, celles des gens que j'obligerai, et celles de ce client assurent déjà mon élection.

26

« Nous sommes entrés dans la douzième année depuis l'heureuse soirée où par un regard la belle duchesse a ratifié les promesses de la proscrite Francesca. Ah ! chère, tu as trente-deux ans, et moi j'en ai trente-cinq, le cher duc en a soixante-dix-sept, c'est-à-dire à lui seul dix ans plus que nous deux, et il continue à se bien porter ! Fais-lui mes compliments et dis-lui que je lui donne encore trois ans. J'ai besoin de ce temps pour élever ma fortune à la hauteur de ton nom. Tu le vois, je suis gai, je ris aujourd'hui : voilà l'effet d'une espérance. Tristesse ou gaieté, tout me vient de toi. L'espoir de parvenir me remet toujours au lendemain du jour où je t'ai vue pour la première fois, où ma vie s'est unie avec la tienne comme la terre à la lumière ! Quel pianto que ces onze années, car nous voici au vingt-six décembre, anniversaire de mon arrivée dans la villa du lac de Constance. Voici onze ans que je crie et que tu rayonnes !

27

« Non, chère, ne va pas à Milan, reste à Belgirate. Milan m'épouvante. Je n'aime ni ces affreuses habitudes milanaises de causer tous les soirs à la Scala avec une douzaine de personnes parmi lesquelles il est difficile qu'on ne te dise pas quelque douceur. Pour moi la solitude est comme ce morceau d'ambre au sein duquel un insecte vit éternellement dans son immuable beauté. L'âme et le corps d'une femme restent ainsi purs et dans la forme de leur jeunesse. Est-ce ces tedeschi que tu regrettes ?

28

« Ta statue ne se finira donc point ! Je voudrais l'avoir en marbre, en peinture, en miniature, de toutes les façons, pour tromper mon impatience. J'attends toujours la Vue de Belgirate au midi et celle de la galerie, voilà les seules qui me manquent. Je suis tellement occupé, que je ne puis aujourd'hui te rien dire qu'un rien, mais ce rien est tout. N'est-ce pas d'un rien que Dieu a fait le monde ? Ce rien, c'est un mot, le mot de Dieu : Je t'aime !

30

« Ah ! je reçois ton journal ! Merci de ton exactitude ! tu as donc éprouvé bien du plaisir à voir les détails de notre première connaissance ainsi traduits ?.. Hélas ! tout en les voulant, j'avais grand'peur de t'offenser. Nous n'avions point de nouvelles, et une revue sans nouvelles, c'est une belle sans cheveux. Peu trouveur de ma nature et au désespoir, j'ai pris la seule poésie qui fût dans mon âme, la seule aventure qui fût dans mes souvenirs, je l'ai mise au ton où elle pouvait être dite, et je n'ai pas cessé de penser à toi tout en écrivant le seul morceau littéraire qui sortira de mon cœur, je ne puis pas dire de ma plume. La transformation du farouche Sormano en Gina ne t'a-t-elle pas fait rire ?

La connaissez-vous mon père ? — PAGE 14

« Tu me demandes comme va ma santé : mais bien mieux qu'à Paris. Quoique je travaille énormément, la tranquillité des milieux a de l'influence sur l'âme. Ce qui fatigue, chère ange, c'est ces angoisses de vanité trompée, ces irritations perpétuelles de la vie parisienne, ces luttes d'ambitions rivales. Le calme est balsamique. Si tu savais quel plaisir me fait ta lettre, cette bonne longue lettre où tu me dis si bien les moindres accidents de ta vie ! Non ! vous ne saurez jamais, vous autres femmes, à quel point un véritable amant est intéressé par ces riens. L'échantillon de ta nouvelle robe m'a fait un énorme plaisir à voir. Est-ce donc une chose indifférente que de savoir ta mise ? Si ton front sublime se raye ? Si nos auteurs te distraient ? Si les chants de Victor Hugo t'exaltent ? Je lis les livres que tu lis. Il n'y a pas jusqu'à la promenade sur le lac qui ne m'ait attendri. Ta lettre est belle, suave comme ton âme ! O fleur céleste et constamment adorée ! aurais-je pu vivre sans ces chères lettres qui depuis onze ans m'ont soutenu dans ma voie difficile comme une clarté, comme un parfum, comme un chant régulier, comme une nourriture divine, comme tout ce qui console et charme la vie ! Ne manque pas ! Si tu savais quelle est mon angoisse la veille du jour où je les reçois, et ce grand retard d'un jour me cause de douleur ! Est-elle malade ? est-ce lui ? Je suis entre l'enfer et le paradis, je deviens fou ! Cara diva, cultive toujours la musique, exerce ta voix, étudie. Je suis ravi de cette conformité de travaux et d'heures qui fait que, séparés par les Alpes, nous vivons exactement de la même manière. Cette pensée me charme et me donne bien du courage. Quand j'ai plaidé pour la première fois, je ne t'ai pas encore dit cela, je me suis figuré que tu m'écoutais, et j'ai senti tout à coup en moi ce mouvement d'inspiration qui met le poëte au-dessus de l'humanité. Si je vais à la Chambre, oh ! tu viendras à Paris pour assister à mon début. »

« 10 au soir.

« Mon Dieu ! combien je l'aime ! Hélas ! j'ai mis trop de choses dans mon amour et dans mes espérances. Un hasard qui ferait chavirer cette barque trop chargée emporterait ma vie ! Voici trois ans que je ne t'ai vue, et à l'idée d'aller à Belgirate, mon cœur bat si fort que je suis obligé de m'arrêter... Te voir, entendre cette voix enfantine et caressante ! embrasser par les yeux ce teint d'ivoire si éclatant aux lumières, et sous lequel on devine ta noble pensée ! admirer tes doigts jouant avec les touches, recevoir toute ton âme dans un regard et ton cœur dans l'accent d'un : *Oimè!* ou d'un *Alberto!* nous promener devant tes orangers en fleur, vivre quelques mois au sein de ce sublime paysage... Voilà la vie. Oh ! quelle niaiserie que de courir après le pouvoir, un nom, la fortune ! Mais tout est à Belgirate : là est la poésie, là est la gloire ! j'aurais dû me faire ton intendant, ou, comme ce cher tyran que nous ne pouvons haïr me le proposait, y vivre en cavalier servant, ce que notre ardente passion ne nous a pas permis d'accepter. Est-ce un Italien que le duc ? m'est avis que c'est le Père éternel ! Adieu, mon ange, tu me pardonneras mes prochaines tristesses en faveur de cette gaieté tombée comme un rayon du flambeau de l'Espérance, qui jusqu'alors me paraissait un feu follet. »

—Comme il aime ! s'écria Philomène en laissant tomber cette lettre, qui lui sembla lourde à tenir. Après onze ans écrire ainsi ? — Mariette, dit Philomène à la femme de chambre le lendemain matin, allez jeter cette lettre à la poste, dites à Jérôme que je sais tout ce que je voulais savoir, et qu'il serve fidèlement M. Albert. Nous nous confesserons de ces péchés sans dire à qui les lettres appartenaient, ni où elles allaient. J'ai eu tort, c'est moi qui suis la seule coupable. — Mademoiselle a pleuré, dit Mariette. — Oui, je ne voudrais pas que ma mère s'en aperçût, donnez-moi de l'eau bien froide.

Philomène, au milieu des orages de sa passion, écoutait souvent la voix de sa conscience. Touchée par cette admirable fidélité de deux cœurs, elle venait de faire ses prières, et s'était dit qu'elle n'avait plus qu'à se résigner, à respecter le bonheur de deux êtres dignes l'un de l'autre, soumis à leur sort, attendant tout de Dieu, sans se permettre d'actions ni de souhaits criminels. Elle se sentit meilleure, elle éprouva quelque satisfaction intérieure après avoir pris cette résolution, inspirée par la droiture naturelle au jeune âge. Elle y fut encouragée par une réflexion de jeune fille : elle s'immolait pour *lui* !

— Elle ne sait pas aimer, pensait-elle. Ah ! si c'était moi, je sacrifierais tout à un homme qui m'aimerait ainsi. Être aimée !... Quand et par qui le serai-je, moi ? Ce petit M. de Soulas n'aime pas ma fortune ; si j'étais pauvre, il ne ferait seulement pas attention à moi. — Philomène, ma petite, à quoi penses-tu donc, tu vas au delà de la

raie, dit la baronne à sa fille, qui faisait des pantoufles en tapisserie pour le baron.

Philomène passa tout l'hiver de 1834 à 1835 en mouvements secrets, tumultueux ; mais au printemps, au mois d'avril, époque à laquelle elle atteignit à ses dix-huit ans, elle se disait parfois qu'il serait beau de l'emporter sur une duchesse d'Argaiolo. Dans le silence et la solitude, la perspective de cette lutte avait rallumé sa passion et ses mauvaises pensées. Elle développait par avance sa témérité romanesque en faisant plans sur plans. Quoique de tels caractères soient exceptionnels, il existe malheureusement beaucoup trop de Philomènes, et cette histoire contient une leçon qui doit leur servir d'exemple. Pendant cet hiver, Albert de Savarus fit sourdement un progrès immense dans Besançon. Sûr de son succès, il attendait avec impatience la dissolution de la Chambre. Il avait conquis parmi les hommes du juste-milieu, l'un des faiseurs de Besançon, un riche entrepreneur qui disposait d'une grande influence.

Albert Savarus.

Les Romains se sont partout donné des peines énormes, ils ont dépensé des sommes immenses pour avoir d'excellentes eaux à discrétion dans toutes les villes de leur empire. A Besançon, ils buvaient les eaux d'Arcier, montagne située à une assez grande distance de Besançon. Besançon est une ville assise dans l'intérieur d'un fer à cheval décrit par le Doubs. Ainsi, rétablir l'aqueduc des Romains pour boire l'eau que buvaient les Romains dans une ville arrosée par le Doubs, est une de ces niaiseries qui ne prennent que dans une province où règne la gravité la plus exemplaire. Si cette fantaisie se logeait au cœur des Bisontins, elle devait obliger à faire de grandes dépenses, et ces dépenses allaient profiter à l'homme influent. Albert Savaron de Savarus décida que le Doubs n'était bon qu'à couler sous des ponts suspendus, et qu'il n'y avait de potable que l'eau d'Arcier. Des articles parurent dans la Revue de l'Est, qui ne furent que l'expression des idées du commerce bisontin. Les nobles comme les bourgeois, le juste-milieu comme les légitimistes, le gouvernement comme l'opposition, enfin tout le monde se trouva d'accord pour vouloir boire l'eau des Romains et jouir d'un pont suspendu. La question des eaux d'Arcier fut à l'ordre du jour dans Besançon. A Besançon, comme pour les deux chemins de fer de Versailles, comme pour des abus subsistants, il y eut des intérêts cachés qui donnèrent une vitalité puissante à cette idée. Les gens raisonnables, en petit nombre d'ailleurs, qui s'opposaient à ce projet, furent traités de *ganaches*. On ne s'occupait que des deux plans de l'avocat Savaron. Après dix-huit mois de travaux souterrains, cet ambitieux était donc arrivé, dans la ville la plus immobile de France et la plus réfractaire à l'étranger, à remuer profondément, à y faire, selon une expression vulgaire, la pluie et le beau temps, à y exercer une influence positive sans être sorti de chez lui. Il avait résolu le singulier problème d'être puissant quelque part sans popularité. Pendant cet hiver, il gagna sept procès pour des ecclésiastiques de Besançon. Aussi, par moments, respirait-il par avance l'air de la Chambre. Son cœur se gonflait à la pensée de son futur triomphe. Cet immense désir, qui lui faisait mettre en scène tant d'intérêts, inventer tant de ressorts, absorbait les dernières forces de son âme, démesurément tendue. On vantait son désintéressement, il acceptait sans observations les honoraires de ses clients. Mais ce désintéressement était de l'usure morale, il attendait un prix pour lui plus considérable que tout l'or du monde. Il avait acheté, soi-disant pour rendre service à un négociant embarrassé dans ses affaires, au mois d'octobre 1834, et avec les fonds de Léopold Hannequin, une maison qui lui donnait le cens d'éligibilité. Ce placement avantageux n'eut pas l'air d'avoir été cherché ni désiré.

— Vous êtes un homme bien réellement remarquable, dit à Savarus l'abbé de Grancey, qui naturellement observait et devinait l'avocat. Le vicaire général était venu lui présenter un chanoine qui réclamait les conseils de maître Jacques. — Vous êtes, lui dit-il, un prêtre qui n'est pas dans son chemin. Un mot qui frappa Savarus.

De son côté, Philomène avait décidé dans sa forte tête de frêle jeune fille d'amener M. de Savarus dans le salon et de l'introduire dans la société de l'hôtel de Rupt. Elle bornait encore ses désirs à voir Albert et à l'entendre. Elle avait transigé pour ainsi dire, et les transactions se sont souvent que des trèves.

Les Rouxey, terre patrimoniale des Watteville, valait dix mille francs de rentes, net ; mais, en d'autres mains, elle eût rapporté bien davantage. L'insouciance du baron, dont la femme devait avoir et eut quarante mille francs de revenu, laissait les Rouxey sous le gouvernement d'une espèce de maître Jacques, un vieux domestique de la maison Watteville, appelé Modinier. Néanmoins, quand le baron et la baronne éprouvaient le désir d'aller à la campagne, ils allaient aux Rouxey, dont la situation est très-pittoresque. Le château, le parc, tout a d'ailleurs été créé par le fameux Watteville, dont la vieillesse active se passionna pour ce lieu magnifique. Entre deux petites Alpes, deux pitons dont le sommet est nu, et qui s'appellent le grand et le petit Rouxey, au milieu d'une gorge où les eaux de ces montagnes, terminées par la Dent de Vilard, tombent et vont se joindre aux délicieuses sources du Doubs, Watteville imagina de construire un barrage énorme, en y laissant deux déversoirs pour le trop plein des eaux. En amont de son barrage, il obtint un charmant lac, et en aval, deux cascades, deux ravissantes rivières avec lesquelles il arrosa la verte et inculte vallée que dévastait jadis le torrent des Rouxey. Ce lac, cette vallée, ses deux montagnes, il les enferma par une enceinte, et bâtit une chartreuse sur le barrage, auquel il donna trois arpents de largeur, en y faisant apporter toutes les terres qu'il fallut enlever pour creuser le double lit de ses rivières factices et les canaux d'irrigation. Quand le baron de Watteville se procura le lac au-dessus de son barrage, il était propriétaire des deux Rouxey, mais non de la vallée supérieure qu'il inondait ainsi, par laquelle on passait en tout temps, et qui se termine en fer à cheval au pied de la Dent de Vilard. Mais ce sauvage vieillard imprimait une si grande terreur, que, pendant toute sa vie, il n'y eut aucune réclamation de la part des habitants des Riceys, petit village situé sur le revers de la Dent de Vilard. Quand le baron mourut, il avait réuni les pentes des deux Rouxey au pied de la Dent de Vilard par une forte muraille, afin de ne pas inonder les deux vallées qui débouchaient dans la gorge des Rouxey, à droite et à gauche du pic de Vilard. Il mourut ayant conquis ainsi la Dent de Vilard. Ses héritiers se firent les protecteurs du village des Riceys, et maintenant ainsi l'usurpation. Le vieux meurtrier, le vieux renégat, le vieil abbé Watteville avait fini sa carrière en plantant des arbres, en construisant une superbe route, prise sur le flanc d'un des Rouxey, et qui rejoignait le grand chemin. Le faîte, de cette habitation dépendaient des domaines fort mal cultivés, des chalets dans les deux montagnes et des bois inexploités. C'était sauvage et solitaire, sous la garde de la nature, abandonné au hasard de la végétation, mais plein d'accidents sublimes. Vous pouvez vous figurer maintenant les Rouxey.

Il est fort inutile d'embarrasser cette histoire en racontant les prodigieux efforts, les ruses empreintes de génie par lesquels Philomène arriva, sans se laisser soupçonner, à son début. Qu'il suffise de dire qu'elle obéissait à sa mère en quittant Besançon au mois de mai 1835, dans une vieille berline attelée de deux bons gros chevaux loués, et allant avec son père aux Rouxey.

L'amour explique tout aux jeunes filles. Quand en se levant le lendemain de son arrivée aux Rouxey, Philomène aperçut de la fenêtre de sa chambre le belle nappe d'eau sur laquelle s'élevaient de ces vapeurs exhalées comme des fumées et qui s'engageaient dans les sapins et les mélèzes, en rampant le long des deux pics pour en gagner les sommets, elle laissa échapper un cri d'admiration.

— Ils se sont amusés des lacs ! Elle est sur un lac ! Décidément un lac est plein d'amour.

Un lac alimenté par des neiges a des couleurs d'opale et une transparence qui en fait un vaste diamant, mais, quand il est serré comme celui des Rouxey entre deux blocs de granit vêtus de sapins, qu'il y règne un silence de savane ou de steppe, il arrache à tout le monde le cri que venait de jeter Philomène.

— On doit cela, lui dit son père, au fameux Watteville. — Ma foi,

dit la jeune fille, il a voulu se faire pardonner ses fautes. Montons dans la barque et allons jusqu'au bout, dit-elle, nous gagnerons de l'appétit pour le déjeuner.

Le baron manda deux jeunes jardiniers qui savaient ramer, et prit avec lui son premier ministre Modinier. Le lac avait six arpents de largeur, quelquefois dix ou douze, et quatre cents arpents de long. Philomène eut bientôt reconnu le fond qui se termine par la Dent de Vilard, la Jung-Frau de cette petite Suisse.

— Nous y voilà, monsieur le baron, dit Modinier en faisant signe aux deux jardiniers d'attacher la barque, voulez-vous venir voir...

— Voir quoi ? demanda Philomène. — Oh ! rien, dit le baron. Mais tu es une fille discrète, nous avons des secrets ensemble, je puis te dire ce qui chiffonne l'esprit : il s'est ému depuis 1830 des difficultés entre la commune des Riceys, précisément à cause de la Dent de Vilard, et je voudrais les accommoder sans que la mère le sache, car elle est entière, elle est capable de jeter feu et flammes, surtout en apprenant que le maire des Riceys, un républicain, a inventé cette contestation pour courtiser son peuple.

Philomène eut le courage de déguiser sa joie, afin de mieux agir sur son père. — Quelle contestation ? fit-elle. — Mademoiselle, les gens des Riceys, dit Modinier, ont depuis longtemps droit de pâture et d'affouage dans leur côté de la Dent de Vilard. Or, M. Chantonnit, leur maire depuis 1830, prétend que la Dent tout entière appartient à sa commune, et soutient qu'il y a cent et quelques années ou passait sur nos terres .. Vous comprenez qu'alors nous ne serions plus chez nous. Puis ce sauvage en viendrait à dire, ce que disent les anciens des Riceys, que le terrain n'a été pris par l'abbé de Watteville. C'est la mort des Rouxey, quoi ! — Helas ! mon enfant, entre nous c'est vrai, dit vivement M. de Watteville. Cette terre est une usurpation consacrée par le temps. Aussi, pour n'être jamais tourmenté, je voudrais proposer de défier à l'amiable mes limites de ce côté de la Dent de Vilard, et j'y bâtirais un mur. — Si vous cédez devant la république, elle vous dévorera. C'était à vous de menacer les Riceys. — C'est ce que je disais hier au soir à monsieur, répondit Modinier. Mais pour abonder dans ce sens, je lui proposais de venir voir s'il n'y avait pas, de ce côté de la Dent ou de l'autre, à une hauteur quelconque, des traces de clôture.

Depuis cent ans, de part et d'autre on exploitait la Dent de Vilard, cette espèce de mur mitoyen entre la commune des Riceys et les Rouxey, qui ne rapportait pas grand'chose, sans en venir à des moyens extrêmes. L'objet en litige étant couvert de neige six mois de l'année était de nature à refroidir la question. Aussi fallut-il l'ardeur soufflée par la révolution de 1830 aux défenseurs du peuple pour réveiller cette affaire par laquelle M. Chantonnit, maire des Riceys, voulait dramatiser son existence sur la tranquille frontière de Suisse et immortaliser son administration. Chantonnit, comme son nom l'indique, était originaire de Neufchâtel. — Mon cher père, dit Philomène en rentrant dans la barque, j'approuve Modinier. Si vous voulez obtenir la mitoyenneté de la Dent de Vilard, il est nécessaire d'agir avec vigueur et d'attirer un jugement qui mette à l'écart des entreprises de ce Chantonnit. Pourquoi donc auriez-vous peur ? Prenez pour avocat le fameux Savaron, prenez-le promptement, pour que Chantonnit ne le charge pas des intérêts de sa commune. Celui qui a gagné la cause du chapitre contre la ville gagnera bien celle des Watteville contre les Riceys ! D'ailleurs, les Rouxey seront un jour à moi (le plus tard possible, je l'espère), eh bien ! ne me laissez pas de procès. J'aime cette terre, et je l'habiterai souvent, je l'augmenterai tant que je pourrai. Sur ces rives, dit-elle en montrant les bases des deux Rouxey, je découperai des corbeilles, j'en ferai des jardins anglais ravissants. Allons à Besançon et revenons ici qu'avec l'abbé de Grancey. M. Savaron et ma mère si elle le veut. C'est alors que vous pourrez prendre un parti ; mais à votre place je l'aurais déjà pris. Vous vous nommez Watteville, et vous avez peur d'une lutte ! Si vous reprenez le procès... tenez, je ne vous dirai pas un mot de reproche. — Oh ! si tu le prends aussi, dit le baron, je le veux bien, je verrai l'avocat. — D'ailleurs, un procès, mais c'est très-amusant. Il jette un intérêt dans la vie, l'on va, l'on vient, l'on se démène. N'aurez-vous pas mille démarches à faire pour arriver aux juges ? Nous n'avons pas vu l'abbé de Grancey pendant plus de vingt jours, tant il était occupé ! — Mais il s'agissait de toute l'existence du chapitre, dit M. de Watteville. Puis l'amour-propre, la conscience de l'archevêque, tout ce qui fait vivre les prêtres y était engagé. Ce Savaron ne sait pas ce qu'il a fait pour le chapitre, il l'a sauvé ! — Écoutez-moi, lui dit-elle à l'oreille, si vous avez M. Savaron pour vous, vous aurez gagné, n'est-ce pas ? Eh bien ! laissez-moi vous donner un conseil : vous ne pouvez avoir M. Savaron pour vous que M. de Grancey. Si vous m'en croyez, parlons ensemble à ce cher abbé, sans que ma mère soit de la conférence, car je sais un moyen de le décider à nous amener l'avocat Savaron. — Il sera bien difficile d'en pas parler à ta mère. — L'abbé de Grancey s'en chargera plus tard, mais décidez-vous à promettre votre voix à l'avocat Savaron aux prochaines élections, et vous verrez ! — Aller aux élections ! prêter serment ! s'écria le baron de Watteville. — Bah ! dit-elle. — Et que dira ta mère ? — Elle vous ordonnera peut-être d'y aller, répondit Philomène, qui savait par la lettre d'Albert à Léopold les engagements du vicaire général.

Quatre jours après, l'abbé de Grancey se glissait un matin de très-bonne heure chez Albert de Savarus, après l'avoir prévenu la veille de sa visite. Le vieux prêtre venait conquérir le grand avocat à la maison Watteville, démarche qui révèle le tact et la finesse que Philomène avait souterrainement déployés. — Que puis-je pour vous, monsieur le vicaire général ? dit Savarus.

L'abbé, qui dégoisa l'affaire avec une admirable bonhomie, fut écouté froidement par Albert. — Monsieur l'abbé, répondit-il, il m'est impossible de me charger des intérêts de la maison Watteville, et vous allez comprendre pourquoi. Mon rôle ici consiste à garder la plus exacte neutralité. Je ne veux pas prendre couleur et dois rester une énigme jusqu'à la veille de mon élection. Or, plaider pour les Watteville, ce ne serait rien à Paris; mais ici... je ou tout se commente, je serais pour tout le monde l'homme de votre faubourg Saint-Germain. — Et croyez-vous, dit l'abbé, que vous pourrez être inconnu, quand, au jour des élections, les candidats s'attaqueront ? Mais alors on saura que vous vous nommez Savaron de Savarus, que vous avez été maître des requêtes, que vous êtes un homme de la Restauration ! — Au jour des élections, dit Savarus, je serai tout ce qu'il faudra que je sois. Je compte parler dans les réunions préparatoires. On peut toujours semer la division entre les intérêts, on ne sépare point les convictions. — Eh ! diable, reprit Savarus, je vous aime et puis faire beaucoup pour vous, mon père ! Peut-être y a-t-il des accommodements avec le diable. Quel que soit le procès de M. de Watteville, on peut, en prenant Girardet et le guidant, traîner la procédure jusqu'après les élections. Alors je me chargerai de plaider que le lendemain de mon élection. — Faites une chose, dit l'abbé, venez à l'hôtel de Rupt, il s'y trouve une petite personne de dix-huit ans qui doit avoir un jour cent mille livres de rente, et vous paraîtrez lui faire la cour. — Oui, mademoiselle Philomène, reprit l'abbé de Grancey. Vous êtes ambitieux. Si vous lui plaisez, vous seriez tout ce qu'un ambitieux veut être, ministre. On est toujours ministre quand à une fortune de cent mille livres de rente on joint vos étonnantes capacités. — Monsieur l'abbé, dit vivement Albert, mademoiselle de Watteville aurait encore trois fois plus de fortune et m'adorerait, qu'il me serait impossible de l'épouser. — Vous seriez marié ! dit l'abbé de Grancey. — Non pas à l'église, non pas à la mairie, dit Savarus, mais moralement. — C'est pire quand on y tient autant que vous paraissez y tenir, répondit l'abbé. Tout ce qui n'est pas fait peut se défaire. N'assoyez pas plus votre fortune et vos plans sur un vouloir de femme qu'un homme sage ne compte sur les souliers d'un homme pour se mettre en route. — Laissons mademoiselle de Watteville, dit gravement Albert, et convenons de nos faits. A cause de vous, que j'aime et respecte, je plaiderai, mais après les élections, pour M. de Watteville. Jusque-là son affaire sera conduite par Girardet d'après mes avis, voilà tout ce que je puis faire. — Mais il y a des questions qui ne peuvent se décider que d'après une inspection des localités, dit le vicaire général. — Girardet ira, répondit Savarus. Je ne veux me permettre, au milieu d'une ville que je connais très-bien, une démarche de nature à compromettre les immenses intérêts qui cache mon élection.

L'abbé de Grancey quitta Savarus en lui lançant un regard fin par lequel il semblait se rire de la politique compacte du jeune athlète, tout en admirant sa résolution. — Ah ! j'aurai jeté mon père dans un tel procès ! ah ! j'aurai voulu l'introduire ici ! se disait Philomène du haut du kiosque en regardant l'avocat dans son cabinet le lendemain de la conférence de l'abbé de Grancey, dont le résultat lui fut dit par son père. J'aurai commis les péchés mortels, et tu ne recueillerais pas dans le salon de l'hôtel de Rupt, je n'entendrais pas ta voix si riche ! Tu mets des conditions à ton concours quand les Watteville et les Rupt le demandent !... Eh bien ! Dieu le sait, je me contentais de ces petits bonheurs : de voir, de t'entendre, aller aux Rouxey avec toi pour me les faire consacrer par ta présence. Je ne voulais pas davantage... Mais maintenant je serai ta femme !... Oui, oui, regarde ses portraits, examine ses salons, sa chambre, les quatre faces de sa villa, les points de vue de ses jardins. Tu attends sa statue ! je la rendrai de marbre elle-même pour toi ! Cette femme n'aime pas d'ailleurs. Les arts, les sciences, les lettres, le chant, la musique, lui ont pris la moitié de ses sens et de son intelligence. Elle est vieille d'ailleurs, elle a plus de trente ans, et mon Albert serait malheureux ! — Qu'avez-vous donc a rester là, Philomène ? lui dit sa mère en venant troubler les réflexions de sa fille. M. de Soulas est au salon, et il remarquait votre attitude, qui certes annoncerait plus de pensées qu'on ne doit en avoir à votre âge. — M. de Soulas est ennemi de la pensée ? demanda-t-elle. — Vous pensez donc ? dit madame de Watteville. — Mais, oui, maman. — Eh bien ! non, vous ne pensiez pas. Vous regardiez les fenêtres de cet avocat, occupation qui n'est ni convenable ni décente, et que M. de Soulas moins qu'un autre devait remarquer. — Eh ! pourquoi ? dit Philomène. — Mais, dit

la baronne, il est temps que vous sachiez nos intentions. Amédée vous trouve bien, et vous ne serez pas malheureuse d'être comtesse de Soulas.

Pâle comme un lis, Philomène ne répondit rien à sa mère, tant la violence de ses sentiments contrariés la rendit stupide. Mais en présence de cet homme qu'elle haïssait profondément depuis un instant, elle trouva ce ne sais quel sourire que trouvent les danseuses pour le public. Enfin elle put rire, elle eut la force de cacher sa fureur qui se calma, car elle résolut d'employer à ses desseins ce gros et niais jeune homme. — Monsieur Amédée, lui dit-elle pendant un moment où la baronne était en avant d'eux dans le jardin en affectant de laisser les jeunes gens seuls, vous ignorez donc que M. Albert Savarus de Savarus est légitimiste? — Légitimiste ! — Avant 1830, il était maître des requêtes au conseil d'État, attaché à la présidence du conseil des ministres, bien vu du Dauphin et de la Dauphine. Il eût été bien à vous de ne pas dire du mal de lui; mais il serait encore mieux d'aller aux élections cette année, de le porter, et d'empêcher ce pauvre M. de Chavoncourt de représenter la ville de Besançon. — Quel intérêt subit prenez-vous donc à ce Savaron? — M. Albert de Savarus, fils naturel du comte de Savarus (oh! gardez-moi bien le secret sur cette indiscrétion), s'il est nommé député, sera notre avocat dans l'affaire des Rouxey. Les Rouxey, m'a dit mon père, seront ma propriété, j'y veux demeurer, c'est ravissant ! Je serais au désespoir de voir cette magnifique création du grand Watteville détruite... — Diantre ! se dit Amédée en sortant de l'hôtel de Rupt, cette fille n'est pas sotte.

M. de Chavoncourt est un royaliste qui appartient aux fameux deux cent vingt et un. Aussi, dès le lendemain de la Révolution de juillet, prêcha-t-il la salutaire doctrine de la prestation du serment et de la lutte sous l'ordre de choses à l'instar des torys contre les whigs en Angleterre. Cette doctrine ne fut pas accueillie par les légitimistes, qui, dans la défaite, eurent l'esprit de ne se diviser d'opinions et de s'en tenir à la force d'inertie et à la Providence. En butte à la défiance de son parti, M. de Chavoncourt aurait pu aux gens du juste-milieu le plus excellent choix à faire, ils préférèrent le triomphe de ses opinions modérées à l'ovation d'un républicain qui réunissait les voix des exaltés et des patriotes. M. de Chavoncourt, homme très estimé dans Besançon, représentait une vieille famille parlementaire, sa fortune, d'environ quinze mille francs de rente, se trouvait peu personnelle, d'autant plus qu'il avait un fils et trois filles. Quinze mille francs de rente ne sont rien avec de pareilles charges. Or, lorsque de semblables circonstances un père de famille reste incorruptible, il est difficile que des électeurs ne l'estiment pas. Les électeurs se passionnent pour le beau idéal de la vertu parlementaire, tout autant qu'un parterre pour la peinture de sentiments généreux qu'il pratique très-peu. Madame de Chavoncourt, alors âgée de quarante ans, était une des belles femmes de Besançon. Pendant les sessions, elle vivait petitement de l'un de ses domaines, afin de retrouver par bois les énormes dépenses que faisait à Paris M. de Chavoncourt. En hiver, elle recevait honorablement un jour par semaine, le mardi, et entendait très-bien son métier de maîtresse de maison. Le jeune Chavoncourt, âgé de vingt-deux ans, et un autre jeune gentilhomme, nommé de M. de Vauchelles, pas plus riche qu'Amédée, et de plus son camarade de collège, étaient excessivement liés. Ils se promenaient ensemble à Granvelle, ils faisaient quelques parties de chasse ensemble, ils étaient si connus pour être inséparables qu'on les invitait à la campagne ensemble. Philomène, également liée avec les petites Chavoncourt, savait que ces trois jeunes gens n'avaient point de secrets les uns pour les autres. Elle se dit que, si M. de Soulas commettait une indiscrétion, ce serait avec ses deux amis intimes. Or, M. de Vauchelles avait son plan fait pour son mariage comme Amédée pour le sien : il voulait épouser Victoire, l'ainée des petites Chavoncourt, à laquelle une vieille tante devait assurer un domaine de sept mille francs de rente et cent mille francs d'argent au contrat. Victoire était la fillette et la prédilection de cette tante. Évidemment alors le jeune Chavoncourt et Vauchelles averti par M. de Chavoncourt du péril que les prétentions d'Albert allaient lui faire courir. Mais ce ne fut pas assez pour Philomène : elle écrivit de la main gauche au préfet du département une lettre anonyme signée un ami de Louis-Philippe, où elle le prévenait de la candidature tenue secrète de M. Albert Savarus, en lui faisant apercevoir le dangereux concours qu'un orateur royaliste préférerait à Berryer, et lui dévoilant la profondeur de la conduite tenue par l'avocat depuis deux ans à Besançon. Le préfet était un homme habile, ennemi personnel du parti royaliste, et dévoué par conviction au gouvernement de Juillet, enfin un de ces hommes qui font dire, rue de Grenelle, au ministre de l'intérieur : — Nous avons un bon préfet à Besançon. Le préfet lut la lettre, et, selon la recommandation, il la brûla.

Philomène voulait faire manquer l'élection d'Albert pour le conserver pendant cinq autres années à Besançon. Les élections furent alors une lutte entre les partis, et pour en triompher le ministère choisit son terrain en choisissant le moment de la lutte. Ainsi les élections ne devaient avoir lieu qu'à trois mois de là. Quand un homme attend toute sa vie d'une élection, le temps qui s'écoule entre l'ordonnance de convocation des colléges électoraux et le jour fixé pour leurs opérations est un temps pendant lequel la vie ordinaire est suspendue. Aussi Philomène comprit-elle combien de latitude lui laissaient pendant ces trois mois les préoccupations d'Albert. Elle obtint de Mariette, à qui, comme elle l'avoua plus tard, elle promit de la prendre ainsi que Jérôme à son service, de lui remettre les lettres qu'Albert enverrait en Italie et les lettres qui viendraient pour lui de ce pays. Et, tout en machinant ses plans, cette étonnante fille faisait des pantoufles à son père de l'air le plus naïf du monde. Elle redoubla même de candeur et d'innocence en comprenant à quoi pouvait servir son air d'innocence et de candeur. — Philomène devient charmante, disait la baronne de Watteville.

Deux mois avant les élections, une réunion eut lieu chez M. Boucher, le père, composée de l'entrepreneur qui comptait sur les travaux du pont et des eaux d'Arcier, du beau-père de M. Boucher, de M. Granet, cet homme influent à qui Savarus avait rendu service et qui devait le proposer comme candidat, de l'avoué Girardet, de l'imprimeur de la Revue de l'Est et du président du tribunal de commerce. Enfin cette réunion compta vingt-sept de ces personnes appelées dans les provinces les *gros bonnets*. Chacune d'elles représentait en moyenne six voix ; mais, en les recensant, elles furent portées à dix, car on commence toujours par s'exagérer à soi-même son influence. Parmi ces vingt-sept personnes, le préfet en avait une à lui, quelque faux frère qui secrètement attendait une faveur du ministère pour les siens ou pour lui-même. Dans cette première réunion, on convint de choisir l'avocat Savaron pour candidat, avec un enthousiasme que personne n'aurait pu espérer à Besançon. En attendant chez lui qu'Alfred Boucher vînt le chercher, Albert causait avec l'abbé de Grancey qui s'intéressait à cette immense ambition. Albert avait reconnu l'énorme capacité politique du prêtre, et le prêtre, ému par les prières de ce jeune homme, avait bien voulu lui servir de guide et de conseil dans cette lutte suprême. Le chapitre n'aimait pas M. de Chavonvourt, car le beau-frère de sa femme, président du tribunal, avait fait perdre le fameux procès en première instance. — Vous êtes trahi, mon cher enfant, lui disait le fin et respectable abbé de cette voix douce et calme que se font les vieux prêtres. — Trahi !... s'écria l'amoureux atteint au cœur. — Et par qui, je n'en sais rien, répliqua le prêtre. La préfecture est au fait de vos plans et lit dans votre jeu. Je ne puis vous donner en ce moment aucun conseil. De semblables affaires veulent être étudiées. Quant à ce soir, dans cette réunion, allez au-devant des coups qu'on va vous porter. Dites toute votre vie antérieure, vous atténuerez ainsi l'effet que cette déclaration produirait sur les Bisontins. — Oh ! je m'y suis attendu, dit Savarus d'une voix altérée. — Vous n'avez pas voulu profiter de mon conseil, vous avez eu l'occasion de vous produire à l'hôtel de Rupt, vous ne savez pas que vous y auriez gagné. — Quoi ? — L'unanimité des royalistes, un accord momentané pour aller aux élections... enfin plus de cent voix ! En y joignant ce que nous appelons entre nous les *voix ecclésiastiques*, vous n'étiez pas encore nommé, mais vous étiez maître de l'élection par le ballottage. Dans ce cas, on parlemente, on arrive.

En entrant, Alfred Boucher, qui plein d'enthousiasme annonça le vœu de la réunion préparatoire, trouva le vicaire général et l'avocat froids, calmes et graves. — Adieu, monsieur l'abbé, dit Albert, nous causerons plus à fond de votre affaire après les élections. Et l'avocat prit le bras d'Alfred après avoir serré significativement la main de M. de Grancey. Le prêtre regarda cet ambitieux, dont alors le visage eut cet air sublime que doivent avoir les généraux en entendant le premier coup de canon de la bataille. Il leva les yeux au ciel et sortit en se disant : — Quel beau prêtre il ferait !

L'éloquence n'est pas au barreau. Rarement l'avocat y déploie les forces réelles de l'âme, autrement il y prendrait en quelques années. L'éloquence est rarement dans la chaire aujourd'hui, mais elle est dans certaines séances de la Chambre des députés où l'ambitieux joue le tout pour le tout, où piqué de mille flèches il éclate à un moment donné. Mais elle est encore bien certainement chez certains êtres privilégiés dans le quart d'heure fatal où leurs prétentions vont échouer ou réussir, et où ils sont forcés de parler. Aussi dans cette réunion, Albert Savarus, en sentant la nécessité de ces sort décisifs, développa-t-il toutes les facultés de son âme et les ressources de son esprit. Il entra dans le salon, sans gaucherie ni arrogance, sans faiblesse, sans lâcheté, gravement, et se vit sans surprise au milieu de trente et quelques personnes. Déjà le bruit de la réunion et sa décision avaient amené quelques moutons dociles à la clochette. Avant d'écouter M. Boucher, qui voulait lui lâcher un *speech* à propos de la résolution du comité Boucher, Albert réclama le silence en faisant un signe et serrant la main à M. Boucher, comme pour le prévenir d'un danger subitement advenu. — Mon jeune ami Alfred Boucher vient de m'annoncer l'honneur qu'il m'est fait. Mais, avant que cette décision devienne définitive, dit l'avocat, je crois devoir vous expliquer quel est votre candidat, afin de vous laisser libres encore de reprendre vos paroles si mes déclarations troublaient vos consciences.

Cet exorde eut pour effet de faire régner un profond silence. Quelques hommes trouvèrent ce mouvement fort noble. Albert expliqua sa vie antérieure en disant son vrai nom, ses œuvres sous la Restauration, en se faisant un homme nouveau depuis son arrivée à Besançon, en prenant des engagements pour l'avenir. Cette improvisation tint, dit-on, tous les auditeurs haletants. Ces hommes à intérêts si divers furent subjugués par l'admirable éloquence sortie bouillante du cœur et de l'âme de cet ambitieux. L'admiration empêcha toute réflexion. On ne comprit qu'une seule chose, la chose qu'Albert voulait jeter dans ces têtes. Ne valait-il pas mieux pour une ville avoir un de ces hommes destinés à gouverner la société tout entière, qu'une machine à voter ? Un homme d'État apporte tout un pouvoir, le député médiocre mais incorruptible n'est qu'une conscience. Quelle gloire pour la Provence d'avoir deviné Mirabeau, d'avoir envoyé depuis 1830 le seul homme d'État qu'ait produit la Révolution de juillet ! Soumis à la pression de cette éloquence, tous les auditeurs la crurent de force à devenir un magnifique instrument politique dans leur représentant. Ils virent tous Savarus le ministre dans Albert Savaron. En devinant les secrets calculs de ses auditeurs, l'habile candidat leur fit entendre qu'ils acquerraient, eux les premiers, le droit de se servir de son influence. Cette profession de foi, cette déclaration d'ambitieux, ce récit de sa vie et de son caractère fut, au dire du seul homme capable de juger Savarus, et qui depuis est devenu l'une des capacités de Besançon, l'admirable d'œuvre d'adresse, de sentiment, de chaleur, d'intérêt et de séduction. Ce tourbillon enveloppa les électeurs. Jamais homme n'eut un pareil triomphe. Mais malheureusement la parole, espèce d'arme à bout portant, n'a qu'un effet immédiat. La réflexion tue la parole quand la parole n'a pas triomphé de la réflexion. Si l'on eût voté, certes le nom d'Albert sortait de l'urne. A l'instant même il était vainqueur. Mais il lui fallait vaincre ainsi tous les jours pendant deux mois. Albert sortit palpitant. Applaudi par des Bisontins, il avait obtenu le grand résultat de tuer par avance les méchants propos auxquels donneraient lieu ses antécédents. Le commerce de Besançon fit de l'avocat Savaron de Savarus son candidat. L'enthousiasme d'Alfred Boucher, contagieux d'abord, devait à la longue devenir maladroit.

Le préfet, épouvanté de ce succès, se mit à compter le nombre des voix ministérielles, et sut se ménager une entrevue secrète avec M. de Chavonvourt, afin de se coaliser dans l'intérêt commun. Chaque jour, et sans qu'Albert pût savoir comment, les voix du comité Boucher diminuèrent. Un mois avant les élections, Albert se voyait à peine soixante voix. Rien ne résistait au lent travail de la préfecture. Trois ou quatre hommes habiles disaient aux clients de Savarus : — Le député plaidera-t-il et gagnera-t-il vos affaires ? vous donnera-t-il ses conseils, fera-t-il vos traités, vos transactions ? Vous l'aurez pour esclave encore pour cinq ans, si au lieu de l'envoyer à la Chambre, vous lui donnez l'espérance d'y aller d'ins cinq ans. » Ce calcul fut d'autant plus nuisible à Savarus, que déjà quelques femmes de négociants l'avaient fait. Les intéressés à l'affaire du pont et ceux des eaux d'Arcier ne résistèrent pas à une conférence avec un adroit ministériel, qui leur prouva que la protection pour eux était à la préfecture et non pas chez un ambitieux. Chaque jour fut une défaite pour Albert, quoique chaque jour fût une bataille dirigée par lui, mais jouée par ses lieutenants, une bataille de mots, de discours, de démarches. Il n'osait aller chez le vicaire général, et le vicaire général ne se montrait pas. Albert se levait et se couchait avec la fièvre et le cerveau tout en feu. Enfin arriva le jour de la première lutte, ce qu'on appelle une réunion préparatoire, où les voix se comptent, où les candidats jugent leurs chances, et où les gens habiles peuvent prévoir la chute ou le succès. C'est une scène de *hustings* honnête, sans populace, mais terrible : les émotions, pour ne pas avoir d'expression physique comme en Angleterre, n'en sont pas moins profondes. Les Anglais font les choses à coups de poings, en France elles se font à coups de phrases. Nos voisins ont une bataille, les Français jouent leur sort par de froides insinuations élaborées avec calme. Cet acte politique se passe à l'inverse du caractère des deux nations. Le parti radical eut son candidat. M. de Chavonvourt se présenta, puis vint Albert, plus ou moins accusé par les radicaux et par le comité Chavonvourt d'être un homme de la droite sans transaction, un double de Berryer. Le ministère eut son candidat, un homme sacrifié pour à masser les votes ministériels purs. Les voix ainsi divisées n'arrivèrent à aucun résultat. Le candidat républicain eut vingt voix, le ministère en réunit cinquante, Albert en compta soixante-dix-sept, M. de Chavonvourt en obtint soixante-sept. Mais la perfide préfecture avait fait voter pour Albert trente de ses voix les plus dévouées, afin d'abuser son antagoniste. Les voix de M. Chavonvourt réunies aux quatre-vingts voix réelles de la préfecture devenaient maîtresses de l'élection pour peu que le préfet sût détacher quelques voix du parti radical. Cent soixante voix manquaient, les voix de M. de Grancey et les voix légitimistes. Une réunion préparatoire est aux élections ce qu'est au théâtre une répétition générale, ce qu'il y a de plus trompeur au monde. Albert Savarus revint chez lui, faisant bonne contenance, mais mourant. Il avait eu l'esprit, le génie, ou le bonheur de conquérir dans ces quinze derniers jours deux hommes dévoués, le beau-père de Girardet et vieux négociant très-fin chez qui l'envoya M. de Grancey Ces deux braves gens, devenus ses espions, semblaient être les plus ardents ennemis de Savarus dans les camps opposés Sur la fin de la séance préparatoire, ils apprirent à Savarus, par l'intermédiaire de M. Boucher, que trente voix inconnues faisaient contre lui, dans son parti, le métier qu'ils faisaient pour son compte chez les autres. Un criminel qui marche au supplice ne souffre pas ce qu'Albert souffrit en revenant chez lui de la salle où son sort s'était joué. L'amoureux au désespoir ne voulut être accompagné de personne. Il marcha seul par les rues, entre onze heures et minuit.

A une heure du matin, Albert, que depuis trois jours le sommeil ne visitait plus, était assis dans sa bibliothèque, sur un fauteuil à la Voltaire, la tête pâle comme s'il allait expirer, les mains pendantes, dans une pose d'abandon digne de la Magdeleine. Des larmes roulaient entre ses longs cils, de ces larmes qui mouillent les yeux et qui ne roulent pas sur les joues : la pensée les boit, le feu de l'âme les dévore! Seul, il pouvait pleurer. Il aperçut alors sous le kiosque une forme blanche qui lui rappela Francesca. — Et voici trois mois que je n'ai reçu de lettre d'elle! Que devient-elle ? je suis reste deux mois sans lui rien écrire, mais je l'ai prévenue. Est-elle malade ? O mon amour! ô ma vie ! sauras-tu jamais ce que j'ai souffert? Quelle fatale organisation est la mienne ! Ai-je un anévrisme ? se demanda-t-il en sentant son cœur qui battait si violemment, que les pulsations retentissaient dans le silence comme si de légers grains de sable eussent frappé sur une grosse caisse. En ce moment trois coups discrets retentirent à la porte d'Albert. Il alla promptement ouvrir, et faillit se trouver mal de joie en voyant au vicaire général un air gai, l'air du triomphe. Il saisit l'abbé de Grancey sans lui dire un mot, le tint dans ses bras, le serra, laissant aller sa tête sur l'épaule de ce vieillard. Et il redevint enfant, il pleura comme il avait pleuré quand il sut Francesca Soderini était mariée. Il ne laissa voir sa faiblesse qu'à ce prêtre sur le visage de qui brillaient les lueurs d'une espérance. Le prêtre avait été sublime, et aussi fin que sublime.

— Pardon, cher abbé, mais vous êtes venu dans un de ces moments suprêmes où l'homme disparaît, car ne me croyez pas un ambitieux vulgaire.—Oui, je le sais, reprit l'abbé, vous avez écrit l'Ambitieux par amour! Eh ! mon enfant, c'est un désespoir d'amour qui m'a fait prêtre en 1786, à vingt-deux ans. En 1788, j'étais curé. Je sais la vie. J'ai déjà refusé trois évêchés, je veux mourir à Besançon.

— Venez la voir! s'écria Savarus en prenant la bougie et menant l'abbé dans le cabinet magnifique où se trouvait le portrait de la duchesse d'Argaiolo, qu'il éclaira. — C'est une de ces femmes qui sont faites pour régner ! dit le vicaire en comprenant ce qu'Albert lui témoignait d'affection par cette muette confidence. Mais il y a bien de la fierté sur ce front, elle est implacable, elle ne pardonnerait pas une injure ! C'est un archange Michel, l'ange des exécutions, l'ange inflexible ! Tout ou rien ! est la devise de ces caractères angéliques. Il y a je ne sais quoi de divinement sauvage dans cette tête! — Vous l'avez bien devinée ! s'écria Savarus. Mais, mon cher abbé, voilà plus de douze ans qu'elle règne sur ma vie, et je n'ai pas une pensée à me reprocher. — Ah ! si vous en aviez autant pour Dieu! dit naïvement l'abbé. Parlons de vos affaires. Voici dix jours que je travaille pour vous. Si vous êtes un vrai politique, vous suivrez mes conseils cette fois-ci. Vous n'en seriez pas où vous en êtes si vous étiez allé quand je vous le disais à l'hôtel de Rupt ; mais vous irez demain, je vous y présente le soir même. La terre des Rouxey est nommée, il faut plaider dans deux jours. L'élection ne se fera pas avant trois jours. On aura soin de ne pas avoir fini de constituer le bureau le premier jour, nous aurons plusieurs scrutins, et vous arriverez par un ballottage...Et comment ? dit Albert. — En gagnant le procès des Rouxey, vous aurez quatre-vingts voix légitimistes, ajoutez-les aux trente voix dont je dispose, nous arrivons à cent dix. Or, comme il vous en restera vingt du comité Boucher, vous en posséderez en tout trente. — Eh bien ! dit Albert, il en faut soixante-quinze de plus... — Oui, dit le prêtre, car tout le reste est du ministère. Mais, mon enfant, vous avez deux cents voix, et la préfecture n'en a que cent quatre-vingts. — J'ai deux cents voix ! s'écria l'abbé, qui demeura stupide d'étonnement après s'être dressé sur ses pieds comme poussé par un ressort. — Vous avez les voix de M. de Chavoncourt, reprit l'abbé. — Et comment ? dit Albert. — Vous épousez ma demoiselle Sidonie de Chavoncourt. — Jamais ! — Vous épousez mademoiselle Sidonie de Chavoncourt, répéta froidement le prêtre. — Mais voyez, elle est implacable ! dit Albert en montrant Francesca. — Vous épousez mademoiselle Chavoncourt, répéta froidement le prêtre pour la troisième fois.

Cette fois Albert comprit. Le vicaire général ne voulait pas tremper dans le plan qui souriait enfin à cet amant au désespoir. Une parole de plus eût compromis la dignité, l'honnêteté du prêtre.—Vous trouverez demain à l'hôtel de Rupt madame de Chavoncourt et sa seconde fille, vous les remercierez de ce qu'elle doit faire pour vous, vous lui direz que votre reconnaissance est sans bornes ; enfin vous lui appartenez corps et âme, votre avenir est désormais celui de sa famille, vous êtes désintéressé, vous avez si grande confiance en vous, que vous regardez une nomination de député comme une dot suffisante. Vous aurez un combat avec madame de Chavoncourt, elle voudra votre parole. Cette soirée, mon fils, est tout votre avenir. Mais, sachez-le, je ne suis pour rien là-dedans. Moi, je ne suis coupable que des voix légitimistes, je vous ai conquis madame de Watteville, et c'est toute l'aristocratie de Besançon. Amédée de Soulas et Vauchelles, qui voteront pour vous, ont entraîné la jeunesse, madame de Watteville vous aura les vieillards. Quant à mes voix, elles sont infaillibles. — Qui donc a tourné madame de Chavoncourt ? demanda Savarus. — Ne me questionnez pas, répondit l'abbé. M. de Chavoncourt, qui a trois filles à marier, est incapable d'augmenter sa fortune. Si Vauchelles épouse la première sans dot, à cause de la vieille tante qui financera au contrat, que faire des deux autres? Sidonie a seize ans, et vous avez des trésors dans votre ambition. Quelqu'un a dit à madame de Chavoncourt qu'il valait mieux marier sa fille que d'envoyer son mari manger de l'argent à Paris. Ce quelqu'un mène madame de Chavoncourt, et madame de Chavoncourt mène son mari. — Assez, cher abbé ! Je comprends. Une fois nommé député, j'ai la fortune de quelqu'un à faire, et en la faisant splendide je serai dégagé de ma parole. Vous avez en moi un fils, un homme qui vous devra son bonheur. Mon Dieu ! qu'ai-je fait pour mériter une si véritable amitié ? — Vous avez fait triompher le chapitre, dit en souriant le vicaire général. Maintenant gardez le secret du tombeau sur tout ceci ! Nous ne sommes rien, nous ne faisons rien. Si l'on nous savait nous mêlant d'élections, nous serions mangés tout crus par les puritains de la gauche qui font pis, et blâmés par quelques-uns des nôtres. Madame de Chavoncourt ne se doute pas de ma participation dans tout ceci. Je ne me suis fié qu'à madame de Watteville, sur qui nous pouvons compter comme sur nous-mêmes. — Je vous amènerai la duchesse pour que vous nous bénissiez ! s'écria l'ambitieux.

Après avoir reconduit le vieux prêtre, Albert se coucha dans les langes du pouvoir. — A neuf heures du soir, le lendemain, comme chacun peut se l'imaginer, les salons de madame la baronne de Watteville étaient remplis par l'aristocratie bisontine convoquée extraordinairement. On y discutait l'exception d'aller aux élections pour faire plaisir à la fille de Rupt. On savait que l'ancien maître des requêtes, le secrétaire d'un des plus fidèles ministres de la branche aînée, allait être introduit. Madame de Chavoncourt était venue avec sa seconde fille Sidonie, mise divinement bien, tandis que l'aînée, sûre de son prétendu, n'avait recours à aucun artifice de toilette. Ces petites choses s'observent en province. L'abbé de Grancey montrait sa belle tête fine, de groupe en groupe, écoutant, n'ayant l'air de se mêler de rien, mais disant de ces mots incisifs qui résument les questions et les commandent. — Si la branche aînée revenait, disait-il à un ancien homme d'État septuagénaire, quels politiques trouverait-elle ? — Seul sur son banc, Berryer ne sait que devenir ; s'il avait soixante voix, il entraverait le gouvernement dans bien des occasions, et renverserait des ministères ! — On va nommer le duc de Fitz-James à Toulouse. — Vous ferez gagner à M. de Watteville son procès ! — Si vous votez pour M. de Savarus, les républicains voteront avec vous plutôt que de voter avec les juste-milieu ! Etc., etc.

A neuf heures, Albert n'était pas encore venu. Madame de Watteville voulut voir une impertinence dans un pareil retard. — Chère baronne, dit madame de Chavoncourt, ne faisons pas dépendre d'une vétille de si sérieuses affaires. Quelque botte vernie qui tarde à sécher... une consultation, retiennent peut-être M. de Savarus. Philomène regarda madame de Chavoncourt de travers. — Elle est bien bonne pour M. de Savarus, dit Philomène tout bas à sa mère. — Mais, reprit la baronne en souriant, il s'agit d'un mariage entre Sidonie et M. de Savarus.

Philomène alla brusquement vers une croisée qui donnait sur le jardin. A dix heures, M. de Savarus n'avait pas encore paru. L'orage qui grondait éclata. Quelques nobles se mirent à jouer, trouvant la chose intolérable. L'abbé de Grancey, qui ne savait que penser, alla vers la fenêtre où Philomène s'était cachée, et dit tout haut, tant il était stupéfait : — Il doit être mort ! Le vicaire général sortit dans le jardin suivi de M. de Watteville, de Philomène, et tous trois ils montèrent sur le kiosque. Tout était fermé chez Albert, aucune lumière ne s'apercevait. — Jérôme ! cria Philomène en voyant le domestique dans la cour. L'abbé de Grancey regarda Philomène. — Où donc est votre maître ? dit Philomène au domestique venu au pied du mur. — Parti, on poste ! mademoiselle.—Il est perdu, s'écria l'abbé de Grancey, ou heureux !

La joie du triomphe ne fut pas si bien étouffée sur la figure de Philomène qu'elle ne fût devinée par le vicaire général, qui feignit de ne s'apercevoir de rien. — Qu'est-ce que Philomène a pu faire en ceci? se demandait le prêtre.

Tous trois, ils rentrèrent dans les salons, où M. de Watteville annonça l'étrange, la singulière, l'ébouriffante nouvelle du départ de l'avocat Albert Savaron de Savarus en poste, sans qu'on sût les motifs de cette disparition. A onze heures et demie, il ne restait plus que quinze personnes, parmi lesquelles se trouvaient madame de Chavoncourt et l'abbé de Godenars, autre vicaire général, homme d'environ quarante ans qui voulait être évêque, les deux demoiselles de Chavoncourt et M. de Vauchelles, l'abbé de Grancey, Philomène, Amédée de Soulas et un ancien magistrat démissionnaire, l'un des plus influents personnages de la haute société de Besançon, qui tenait beaucoup à l'élection d'Albert Savarus. L'abbé de Grancey se mit à côté de la baronne de manière à regarder Philomène, dont la figure, ordinairement pâle, offrait alors une coloration fiévreuse. — Que peut-il être arrivé à M. de Savarus? dit madame de Chavoncourt. En ce moment, un domestique en livrée apporta sur un plat d'argent une lettre à l'abbé de Grancey. — Lisez, dit la baronne.

Le vicaire général lut la lettre, et vit Philomène devenir soudain blanche comme son fichu. — Elle reconnaît l'écriture, se dit-il après avoir jeté sur la jeune fille un regard par-dessus ses lunettes. Il plia la lettre et la mit froidement dans sa poche sans dire un mot. En trois minutes, il reçut de Philomène trois regards qui lui suffirent à tout deviner. — Elle aime Albert Savarus ! pensa le vicaire général. Il se leva, Philomène reçut une commotion ; il salua, fit quelques pas vers la porte, et, dans le second salon, il fut rejoint par Philomène, qui lui dit : — Monsieur de Grancey, c'est de *lui* d'*Albert* ! — Comment pouvez-vous assez connaître son écriture pour la distinguer de si loin ? Cette fille, prise dans les lacs de son impatience et de sa colère, dit un mot que l'abbé trouva sublime. — Parce que je l'aime ! Qu'y a-t-il ? dit-elle après une pause. — Il renonce à son élection, répondit l'abbé Philomène se mit un doigt sur les lèvres. — Je demande le secret comme pour une confession, dit-elle avant de rentrer au salon. S'il n'y a plus d'élection, il n'y aura plus de mariage avec Sidonie !

Le lendemain matin, Philomène, en allant à la messe, apprit par Mariette une partie des circonstances qui motivaient la disparition d'Albert le plus critique de sa vie. — Mademoiselle, il est arrivé de Paris, dans la matinée, à l'hôtel National, un vieux monsieur qui avait sa voiture, une belle voiture à quatre chevaux, un courrier en avant et un domestique. Enfin, Jérôme, qui a vu la voiture au départ, prétend que ce ne peut être qu'un prince ou qu'un milord. — Y avait-il sur la voiture une couronne fermée ? dit Philomène. — Je ne sais pas, dit Mariette. Sur le coup de deux heures, il est venu chez M. Savarus en lui faisant remettre sa carte. En la voyant, monsieur, dit Jérôme, est devenu blanc comme un linge, et il a dit de faire entrer. Comme il a fermé lui-même la porte à clef, il est impossible de savoir ce que ce vieux monsieur et l'avocat se sont dit, mais ils sont restés environ une heure ensemble, après quoi le vieux monsieur, accompagné de l'avocat, a fait monter son domestique. Jérôme a vu sortir ce domestique avec un immense paquet long de quatre pieds, qui avait l'air d'une grosse toile ou canevas. Le vieux monsieur tenait à la main un gros paquet de papiers. L'avocat, plus pâle que son linge encore mouillé, lui qui est si digne, était dans un état à faire pitié... Mais il agissait si respectueusement avec le vieux monsieur, qu'il n'aurait pas eu plus d'égards pour le roi. Jérôme et M. Albert Savarus ont accompagné ce vieillard jusqu'à sa voiture, qui se trouvait tout attelée de quatre chevaux. Le courrier est parti sur le coup de trois heures. Monsieur est allé droit à la Préfecture, et de là chez M. Gentillet, qui lui a vendu la vieille calèche de voyage de feu madame Saint-Vier, puis il a commandé des chevaux à la poste pour six heures. Il est rentré chez lui pour faire ses paquets, sans doute il a écrit plusieurs billets ; enfin il a mis ordre à ses affaires avec M. Girardet, qui est venu et qui est resté jusqu'à sept heures. Jérôme a porté un mot chez M. Boucher, où monsieur était attendu à dîner. Pour lors, à sept heures et demie, l'avocat est parti, laissant trois mois de gages à Jérôme et lui disant de chercher une autre place. Il a laissé ses clefs à M. Girardet, qu'il a reconduit chez lui, et chez qui, dit Jérôme, il a pris une soupe ; car M. Girardet n'avait pas encore dîné à sept heures et demie. Quand M. Savarus est remonté dans sa voiture, il était comme un mort. Jérôme, qui naturellement a salué son maître, l'a entendu disant au postillon : — Route de Genève ! — Jérôme a-t-il demandé le nom de l'étranger à l'hôtel National ? — Comme le vieux monsieur ne faisait que passer, on ne le lui a pas demandé. Le domestique, par ordre sans doute, avait l'air de ne pas parler français. — Et la lettre qu'a reçue si tard l'abbé de Grancey ? dit Philomène. — Je ferai sans doute M. Girardet qui devait la lui remettre : mais Jérôme dit que le pauvre M. Girardet, qui aimait l'avocat Savarus, moi tout aussi que l'avocat. Celui qui est venu avec mystère s'en va, dit mademoiselle Galard, avec mystère.

Philomène eut, à partir de ce récit, un air pensif et absorbé qui fut visible pour tout le monde. Il est inutile de parler du bruit que fit dans Besançon la disparition de l'avocat Savaron. On sut que le préfet s'était prêté de la meilleure grâce du monde à lui expédier à l'instant un passe-port pour l'étranger, car il se trouvait ainsi débarrassé de son seul adversaire. Le lendemain, M. de Chavoncourt fut nommé d'emblée à une majorité de cent quarante voix. — Jean s'en alla comme il était venu, dit un électeur en apprenant la fuite d'Albert Savarus. Cet événement vint à l'appui des préjugés qui existent à Besançon contre les étrangers, et qui, deux ans auparavant, s'étaient corroborés à propos de l'affaire du journal républicain. Puis, dix jours après, il n'était plus question d'Albert de Savarus. Trois personnes seulement, l'avoué Girardet, le vicaire général et Philomène, étaient gravement affectées par cette disparition. Girardet savait que l'étranger aux cheveux blancs était le prince Soderini, car il avait vu sa carte, il le dit au vicaire général : mais Philomène, beaucoup plus instruite qu'eux, connaissait depuis environ trois mois la nouvelle de la mort du duc d'Argaiolo.

Au mois d'avril 1836, personne n'avait eu de nouvelles ni entendu parler de M. Albert de Savarus. Jérôme et Mariette allaient se marier, mais la baronne avait dit confidentiellement à sa femme de chambre d'attendre le mariage de Philomène, et les deux noces se feraient ensemble. — Il est temps de marier Philomène, dit un jour la baronne à M. de Watteville, elle a dix-neuf ans, et depuis quelques mois elle change à faire peur... — Je ne sais pas ce qu'elle a, dit le baron. — Quand les pères ne savent pas ce qu'ont leurs filles, les mères le devinent, dit la baronne, il faut la marier. — Je le veux bien, dit le baron, et, pour mon compte, je lui donne les Rouxey, maintenant que le tribunal nous a mis d'accord avec la commune des Riceys en fixant mes limites à trois cents mètres à partir de la base de la Dent de Vilard. On y creuse un fossé pour recevoir toutes les eaux et les diriger dans le lac. La commune n'a pas appelé, le jugement est définitif. — Vous n'avez pas encore deviné, dit la baronne, que ce jugement me coûte trente mille francs donnés à Chantonnit. Ce paysan ne voulait pas autre chose : il a l'air d'avoir gain de cause pour sa commune, et il nous a vendu la paix. Si vous donnez les Rouxey, vous n'aurez plus rien, dit la baronne. — Je n'ai pas besoin de grand chose, dit le baron, je ne vis plus. — Vous mangez comme un ogre. — Précisément : j'ai beau manger, je me sens les jambes de plus en plus faibles... — C'est de tourner, dit le baron. — Je ne sais pas, dit le baron. — Nous marierons Philomène à M. de Soulas ; si vous lui donnez les Rouxey, réservez-vous-en la jouissance, et lui donnerai vingt-quatre mille francs de rente sur le grand-livre. Nos enfants demeureront ici, et je ne les vois pas bien malheureux... — Non, je leur donne les Rouxey tout à fait. Philomène aime les Rouxey. — Vous êtes singulier avec votre fille ! vous ne me demandez pas à moi si j'aime les Rouxey.

Philomène, appelée incontinent, apprit qu'elle épouserait M. Amédée de Soulas dans les premiers jours du mois de mai. — Vous vous remerciez, ma mère, et vous, mon père, d'avoir pensé à mon établissement mais je ne veux pas me marier, je suis très-heureuse d'être avec vous... — Des phrases ! dit la baronne. Vous n'aimez pas M. le comte de Soulas, voilà tout. — Si vous voulez savoir la vérité, je n'épouserai jamais M. de Soulas... — Oh ! le jamais d'une fille de dix-neuf ans !... reprit la baronne en souriant avec amertume. — Le jamais de mademoiselle de Watteville, reprit Philomène avec un accent prononcé. Mon père n'a pas, je pense, l'intention de me marier sans mon consentement ? — Oh ! moi non, dit le pauvre baron en regardant sa fille avec tendresse. — Eh bien ! répliqua sèchement la baronne en contenant une fureur de dévote surprise de se voir bravée à l'improviste, chargez-vous, monsieur de Watteville, d'établir vous-même votre fille ! Songez-y bien, Philomène : si vous ne vous mariez pas à mon gré, vous n'aurez rien de moi pour votre établissement.

La querelle ainsi commencée entre madame de Watteville et le baron, qui appuyait sa fille, alla si loin, que Philomène et son père furent obligés de quitter la belle saison aux Rouxey, l'habitation de l'hôtel de Rupt leur était devenue insupportable. On apprit alors dans Besançon que mademoiselle de Watteville avait positivement refusé M. le comte de Soulas. Après leur mariage, Jérôme et Mariette étaient venus aux Rouxey pour succéder un jour à Modinier. Le baron répara, restaura la chartreuse au goût de sa fille. En apprenant que cette réparation coûtait environ soixante mille francs, que Philomène et son père faisaient construire une serre, la baronne reconnut quelque levain de malice dans sa fille. Le baron acheta plusieurs enclaves et un petit domaine d'une valeur de trente mille francs. On dit à madame de Watteville que loin d'elle Philomène se montrait une maîtresse fille, elle étudiait les moyens de faire valoir les Rouxey, s'était donné une amazone et montait à cheval, elle se portait bien, qu'elle rendait heureux, qui ne se plaignait plus de sa santé, qui devenait gras, l'accompagnait dans ses excursions. Aux approches de la fête de la baronne, qui se nommait Louise, le vicaire général vint alors aux Rouxey, sans doute envoyé par madame de Watteville et par M. de Soulas pour négocier la paix entre la mère et la fille. — Cette petite Philomène de la tête, disait-on dans Besançon.

Après avoir noblement payé les quatre-vingt-dix mille francs dépensés aux Rouxey, la baronne faisait passer à son mari mille francs par mois environ pour y vivre : elle ne voulait pas se donner des torts. Le père et la fille ne demandaient pas mieux que de retourner, le quinze août, à Besançon, pour y rester jusqu'à la fin du mois. Quand le vicaire général, après le dîner, prit Philomène à part pour entamer la question du mariage en lui faisant comprendre qu'il ne fallait plus compter sur Albert, de qui, depuis un an, on n'avait aucune nouvelle, il fut arrêté net par un geste de Philomène. Cette bizarre fille saisit M. de Grancey par le bras et l'amena sur un banc, sous un massif de rhododendron, d'où se découvrait le lac. — Écoutez, cher abbé, vous que j'aime autant que mon père, car vous avez de l'affection pour mon Albert, il faut enfin vous l'avouer, j'ai commis des crimes pour être sa femme, et il doit être mon mari... Tenez, lisez! Elle lui tendit un numéro de gazette qu'elle avait dans la poche de son tablier, en lui indiquant l'article suivant sous la rubrique de Florence, au 25 mai.

« Le mariage de M. le duc de Rhétoré, fils aîné de M. le duc de
« Chaulieu, ancien ambassadeur, avec madame la duchesse d'Ar-
« gaiolo, née princesse Soderini, s'est célébré avec beaucoup d'éclat.
« Des fêtes nombreuses, données à l'occasion de ce mariage, animent
« en ce moment la ville de Florence. La fortune de madame la du-
« chesse d'Argaiolo est une des plus considérables de l'Italie, car le
« feu duc l'avait instituée sa légataire universelle. »

— Celle qu'il aimait est mariée, dit-elle, je les ai séparés! — Vous, et comment? dit l'abbé. Philomène allait répondre, lorsqu'un grand cri, jeté par deux jardiniers, et précédé du bruit d'un corps tombant à l'eau, l'interrompit, elle se leva, courut en criant: — Oh! mon père... Elle ne voyait plus le baron. En voulant prendre un fragment de granit, où il crut apercevoir l'empreinte d'un coquillage, fait qui eût soufflété quelque système de géologie, M. de Watteville s'était avancé sur le talus, avait perdu l'équilibre et roulé dans le lac, dont la plus grande profondeur se trouve malheureusement au pied de la chaussée. Les jardiniers eurent toute peine infinie à faire prendre au baron une perche en fouillant à l'endroit où bouillonnait l'eau, mais enfin ils le ramenèrent couvert de vase, car il était entré très-avant et où il s'enfonçait davantage en se débattant. M. de Watteville avait beaucoup dîné, sa digestion était commencée, elle fut interrompue. Quand il eut été déshabillé, nettoyé, mis au lit, il fut dans un état si visiblement dangereux, que deux domestiques montèrent à cheval, l'un pour Besançon, l'autre pour aller chercher au plus près un médecin et un chirurgien. Quand madame de Watteville arriva, huit heures après l'événement, avec les premiers chirurgien et médecin de Besançon, ils trouvèrent M. de Watteville dans un état désespéré, malgré les soins intelligents du médecin des Rouxey. La peur déterminait une infiltration séreuse au cerveau, la digestion arrêtée achevait de tuer le pauvre baron. Cette mort, qui n'aurait pas eu lieu si, madame de Watteville, son mari était resté à Besançon, fut attribuée par elle à la résistance de sa fille, qu'elle prit en aversion en se livrant à une douleur et à des regrets évidemment exagérés. Elle appela le baron *son cher agneau*! Le dernier Watteville fut enterré dans un îlot du lac des Rouxey, où la baronne fit élever un petit monument gothique en marbre blanc, pareil à celui dit d'Héloïse au Père-Lachaise.

Un mois après cet événement, la baronne et sa fille vivaient à l'hôtel de Rupt dans un sauvage silence. Philomène était en proie à une douleur sérieuse, qui ne s'épanchait point au dehors: elle s'accusait de la mort de son père et soupçonnait un autre malheur, encore plus grand à ses yeux, et bien certainement son ouvrage; car, ni l'avoué Girardet ni l'abbé de Grancey n'obtenaient de lumières sur le sort d'Albert. Ce silence était effrayant. Dans un paroxysme de repentir, elle éprouva le besoin de révéler au vicaire général les affreuses combinaisons par lesquelles elle avait séparé Francesca d'Albert. Ce fut quelque chose de simple et de formidable. Mademoiselle de Watteville avait supprimé les lettres d'Albert à la duchesse, et celle par laquelle Francesca annonçait à son amant la maladie de son mari en le prévenant qu'elle ne pourrait plus lui répondre pendant le temps qu'elle se consacrerait, comme elle le devait, au moribond. Ainsi, pendant les préoccupations d'Albert relativement aux élections, la duchesse ne lui avait écrit que deux lettres, celle où elle lui apprenait le danger du duc d'Argaiolo, celle où elle lui disait qu'elle était veuve, deux nobles et sublimes lettres, que Philomène garda. Après avoir travaillé pendant plusieurs nuits, Philomène était parvenue à imiter parfaitement l'écriture d'Albert. Aux véritables lettres de cet amant fidèle, elle avait substitué trois lettres dont les brouillons, communiqués au vieux prêtre, le firent frémir, tant le génie du mal y apparaissait dans toute sa perfection. Philomène, tenant la plume pour Albert, y préparait la duchesse au changement du Français faussement infidèle. Philomène avait répondu à la nouvelle de la mort du duc d'Argaiolo par la nouvelle du prochain mariage d'Albert avec elle-même, Philomène. Les deux lettres avaient dû se croiser, s'étaient croisées. L'esprit infernal avec lequel les lettres furent écrites surprit tellement le vicaire général, qu'il les relut. A la dernière, Francesca, blessée au cœur par une fille qui voulait tuer l'amour chez sa rivale, avait répondu par ces simples mots: *Vous êtes libre, adieu!*

— Les crimes purement moraux et qui ne laissent aucune prise à la justice humaine, sont les plus infâmes, les plus odieux, dit sévèrement l'abbé de Grancey. Dieu les punit souvent ici-bas: là gît la raison des épouvantables malheurs qui nous paraissent inexplicables. De tous les crimes secrets ensevelis dans les mystères de la vie privée, un des plus déshonorants est celui de briser le cachet d'une lettre ou de la lire subrepticement. Toute personne, quelle qu'elle soit, poussée par quelque raison que ce soit, qui se permet cet acte, a fait une tache ineffaçable à sa probité. Sentez-vous tout ce qu'il y a de touchant, de divin, dans l'histoire du jeune page, faussement accusé, qui porte une lettre où se trouve l'ordre de le tuer, qui se

met en route sans une mauvaise pensée, que la Providence prend à cœur sous sa protection et qu'elle sauve, miraculeusement, disons-nous?... Savez-vous en quoi consiste le miracle? les vertus ont une auréole aussi puissante que celle de l'enfance innocente. Je vous dis ces choses sans vouloir vous admonester, dit le vieux prêtre à Philomène avec une profonde tristesse. Hélas! je ne suis pas ici le grand pénitencier, vous n'êtes pas agenouillée aux pieds de Dieu, je suis un ami terrifié par l'appréhension de vos châtiments. Qu'est-il devenu, ce pauvre Albert? ne s'est-il pas donné la mort? Il cachait une violence inouïe sous son calme affecté. Je comprends que le vieux prince Soderini, père de madame la duchesse d'Argaiolo, est venu redemander les lettres et les portraits de sa fille. Voilà le coup de foudre tombé sur la tête d'Albert, qui aura sans doute essayé d'aller se justifier... Mais comment, en quatorze mois, n'a-t-il pas donné de ses nouvelles? — Oh! si je l'épouse, il sera si heureux!... — Heureux?... il ne vous aime pas. Vous n'aurez d'ailleurs pas une si grande fortune à lui apporter. Votre mère a la plus profonde aversion pour vous, vous lui avez fait une sauvage réponse qui l'a blessée, et qui vous ruinera. — Quoi? dit Philomène. — Quand elle vous a dit hier que l'obéissance était le seul moyen de réparer vos fautes, et qu'elle vous a rappelé la nécessité de vous marier en vous parlant d'Amédée. — Si vous l'aimez tant, épousez-le, ma mère! Lui avez-vous, oui ou non, jeté cette phrase à la tête. — Oui, dit Philomène. — Eh bien! je la connais, reprit M. de Grancey, dans quelques mois elle sera comtesse de Soulas! Elle aura, certes, des enfants, elle donnera quarante mille francs de rentes à M. de Soulas; en outre, elle lui fera des avantages, et réduira votre part dans ses biens-fonds autant qu'elle pourra. Vous serez pauvre pendant toute sa vie, et elle n'a que trente-huit ans! Vous aurez pour tout bien la terre des Rouxey et le peu de droits que vous laissera la liquidation de la succession de votre père, si toutefois votre mère consent à se départir de ses droits sur les Rouxey! Sous le rapport des intérêts matériels, vous avez déjà bien mal arrangé votre vie; sous le rapport des sentiments, je la crois bouleversée. Au lieu d'être revenue à votre mère...

Philomène fit un sauvage mouvement de tête.

— A votre mère, reprit le vicaire général, et à la religion, qui vous auraient, au premier mouvement de votre cœur, éclairée, conseillée, guidée; vous avez voulu vous conduire seule, ignorant la vie et n'écoutant que la passion!

Ces paroles si sages épouvantèrent Philomène.

— Et que dois-je faire? dit-elle après une pause. — Pour réparer vos fautes, il faudrait en connaître l'étendue, demanda l'abbé. — Eh bien! je vais écrire au seul homme qui puisse avoir des renseignements sur le sort d'Albert, à M. Léopold Hannequin, notaire à Paris, son ami d'enfance. — N'écrivez plus que pour rendre hommage à la vérité, répondit le vicaire général. Confiez-moi les véritables lettres et les fausses, faites-moi vos aveux bien en détail, comme au directeur de votre conscience, en me demandant les moyens d'expier vos fautes et vous en rapportant à moi. Je verrai... Car, avant tout, rendez à ce malheureux son innocence devant l'être dont il a fait son dieu sur cette terre. Même après avoir perdu le bonheur, Albert doit tenir à sa justification.

Philomène promit à l'abbé de Grancey de lui obéir, en espérant que ses démarches auraient peut-être pour résultat de lui ramener Albert. Peu de temps après la confidence de Philomène, un clerc de M. Léopold Hannequin vint à Besançon muni d'une procuration générale d'Albert, et se présenta tout d'abord chez M. Girardet. L'avoué se chargea de cette affaire par amitié pour l'avocat, ainsi que du soin de vendre la maison appartenant à M. Savaron. Le clerc emporta le mobilier, et avec le produit put payer ce que devait Albert à Girardet, qui lors de l'inexplicable départ lui avait remis cinq mille francs, en se chargeant d'ailleurs de ses recouvrements. Quand Girardet demanda ce qu'était devenu ce noble et beau lutteur auquel il s'était intéressé, le clerc répondit que son patron seul le savait, et que le notaire avait paru très-affligé des choses contenues dans la dernière lettre écrite par M. Albert de Savarus. En apprenant cette nouvelle, le vicaire général écrivit à Léopold. Voici la réponse du digne notaire.

A MONSIEUR L'ABBÉ DE GRANCEY,
vicaire général du diocèse de Besançon.

« Paris.

« Hélas! monsieur, il n'est au pouvoir de personne de rendre Albert à la vie du monde: il y a renoncé. Il est novice à la Grande-Chartreuse, près Grenoble. Vous savez encore mieux que moi, qui viens de l'apprendre, que tout meurt sur le seuil de ce cloître. En prévoyant ma visite, Albert a mis le général des Chartreux entre tous nos efforts et lui. Je connais assez ce noble cœur pour savoir qu'il est victime d'une trame quelconque; mais tout est consommé. Madame la duchesse d'Argaiolo, maintenant duchesse de Rhétoré, me semble avoir poussé la cruauté bien loin. A Belgirate, où elle n'était plus quand Albert y courut, elle avait laissé des ordres pour lui faire croire qu'elle habitait Londres. De Londres, Albert alla chercher sa maîtresse à Naples et de Naples à Rome, où elle s'engageait avec le duc de Rhétoré. Quand Albert put rencontrer madame d'Argaiolo, ce fut à Florence, au moment où elle célébrait son mariage. Notre pauvre ami s'est évanoui dans l'église, et n'a jamais pu, même en se trouvant en danger de mort, obtenir une explication de cette femme, qui devait avoir je ne sais quoi dans le cœur. Albert a voyagé pendant sept mois à la recherche d'une sauvage créature qui se faisait un jeu de lui échapper : il ne savait où ni comment la saisir. J'ai vu notre pauvre ami à son passage à Paris ; et si vous l'aviez vu comme moi, vous vous seriez aperçu qu'il ne fallait pas lui dire un mot au sujet de la duchesse, à moins de vouloir provoquer une crise où sa raison eût couru des risques. S'il avait connu son crime, il aurait pu trouver des moyens de justification ; mais, faussement accusé de s'être marié ! que faire ? Albert est mort, et bien mort pour le monde. Il a voulu le repos, espérons que le profond silence et la prière, dans lesquels il s'est jeté, feront son bonheur sous une autre forme. Si vous l'avez connu, monsieur, vous devez bien le plaindre et plaindre aussi ses amis ! Agréez, etc. »

Aussitôt cette lettre reçue, le bon vicaire général écrivit au général des Chartreux, et voici quelle fut la réponse d'Albert Savarus :

LE FRÈRE ALBERT
A M. L'ABBÉ DE GRANCEY.
vicaire général
du diocèse de Besançon.

« De la Grande-Chartreuse.

» J'ai reconnu, cher et bien-aimé vicaire général, votre âme tendre et votre cœur encore jeune dans tout ce que vient de me communiquer le révérend père général de notre ordre. Vous avez deviné le seul vœu qui restât dans le dernier repli de mon cœur relativement aux choses du monde : faire rendre justice à mes sentiments par celle qui m'a si maltraité ! Mais, en me laissant la liberté d'user de votre offre, le général a voulu savoir si ma vocation était sûre ; il a eu l'insigne bonté de me dire sa pensée en me voyant décidé à demeurer dans un absolu silence à cet égard. Si j'avais cédé à la tentation de réhabiliter l'homme du monde, le religieux était rejeté de ce monastère. La grâce a certainement agi ; car, pour avoir été court, le combat n'en a pas été moins vif ni moins cruel. N'est-ce pas vous dire assez que je ne saurais rentrer dans le monde ? Aussi le pardon que vous me demandez pour l'auteur de tant de maux est-il bien entier et sans une pensée de dépit : je prierai Dieu qu'il veuille lui pardonner comme je lui pardonne, de même que je le prierai d'accorder une vie heureuse à madame de Rhétoré. Eh ! que ce soit la mort ou la main opiniâtre d'une jeune fille acharnée à se faire aimer, que ce soit un de ces coups attribués au hasard, ne faut-il pas toujours obéir à Dieu ? Le malheur fait dans certaines âmes un vaste désert où retentit la voix de Dieu. J'ai trop tard compris les rapports entre cette vie et celle qui nous attend, car tout est usé chez moi. Je n'aurais pu servir dans les rangs de l'Église militante, je me jette pour le reste de ma vie presque éteinte en vaste pied du sanctuaire. Voici la dernière fois que j'écris. Il a fallu que ce fût vous, qui m'aimiez et que j'aimais tant, pour me faire rompre la loi d'oubli que je me suis imposée en entrant dans la métropole de saint Bruno. Vous serez aussi, vous, particulièrement dans les prières de

« Frère ALBERT. »

Novembre 1836.

— Peut-être tout est-il pour le mieux, se dit l'abbé de Grancey.

Quand il eut communiqué cette lettre à Philomène, qui baisa par un mouvement pieux le passage qui contenait sa grâce, il lui dit : — Eh bien ! maintenant qu'il est perdu pour vous, ne voulez-vous pas vous réconcilier avec votre mère en épousant le comte de Soulas ? — Il faudrait qu'Albert me l'ordonnât, dit-elle. — Vous voyez qu'il est impossible de le consulter. Le général ne le permettrait pas. — Si j'allais le voir ? — On ne voit point les chartreux. Et d'ailleurs, aucune femme, excepté la reine de France, ne peut entrer à la Chartreuse, dit l'abbé. Aussi, rien ne vous dispense plus d'épouser le jeune, M. de Soulas.

Les deux jardiniers. — PAGE 18.

— Je ne veux pas faire le malheur de ma mère, répondit Philomène. — Satan ! s'écria le vicaire général.

Vers la fin de cet hiver, l'excellent abbé de Grancey mourut. Il n'y eut plus entre madame de Watteville et sa fille cet ami, qui s'interposait entre ces deux caractères de fer. L'événement prévu par le vicaire général eut lieu. Au mois d'août 1837, madame de Watteville épousa M. de Soulas à Paris, où elle alla par le conseil de Philomène, qui se montra charmante et bonne pour sa mère. Du moins, madame de Watteville crut à l'amitié de sa fille ; mais Philomène voulait tout bonnement voir Paris pour se donner le plaisir d'une atroce vengeance : elle ne pensait qu'à venger Savarus en martyrisant sa rivale.

On avait émancipé mademoiselle de Watteville, qui d'ailleurs atteignait bientôt à l'âge de vingt et un ans. Sa mère, pour terminer ses comptes avec elle, lui avait abandonné ses droits sur les Rouxey, et la fille avait donné décharge à sa mère à raison de la succession du baron de Watteville. Philomène avait encouragé sa mère à épouser le comte de Soulas et à l'avantager.

— Ayons chacune notre liberté, lui dit-elle.

Madame de Soulas, inquiète des intentions de sa fille, fut surprise de cette noblesse de procédés, elle fit présent à Philomène de six mille francs de rente sur le grand-livre par acquit de conscience. Comme madame la comtesse de Soulas avait quarante-huit mille francs de revenus en terres, et qu'elle était incapable de les aliéner dans le but de diminuer la part de Philomène, mademoiselle de Watteville était encore un parti de dix-huit cent mille francs ; les Rouxey pouvaient produire, avec quelques améliorations, vingt mille francs de rente, outre les avantages de l'habitation, ses redevances et ses réserves. Aussi Philomène et sa mère prirent-elles bientôt le ton et les modes de Paris, furent-elles facilement introduites dans le grand monde. La clef d'or, ces mots : dix-huit cent mille francs !... brodés sur le corsage de Philomène, servirent beaucoup plus la comtesse de Soulas que ses prétentions à la de Rupt, ces fiertés mal placées, et même que ses parentés tirées d'un peu loin.

Vers le mois de février 1838, Philomène, à qui bien des jeunes gens faisaient une cour assidue, réalisa le projet qui l'amenait à Paris. Elle voulait rencontrer la duchesse de Rhétoré, voir cette merveilleuse femme et la plonger dans d'éternels remords. Aussi, Philomène était-elle d'une recherche et d'une coquetterie étourdissantes, afin de se trouver avec la duchesse sur un pied d'égalité. La première rencontre eut lieu dans le bal annuellement donné pour les pensionnaires de l'ancienne liste civile, depuis 1830.

Un jeune homme, poussé par Philomène, dit à la duchesse en la lui montrant : — Voilà l'une des jeunes personnes les plus remarquables, une forte tête! Elle a fait jeter dans un cloître, à la Grande Chartreuse, un homme d'une grande portée, Albert de Savarus, dont l'existence a été brisée par elle. C'est mademoiselle de Watteville, la fameuse héritière de Besançon..... La duchesse pâlit. Philomène échangea vivement avec elle un de ces regards qui, de femme à femme, sont plus mortels que les coups de pistolet d'un duel. Francesca Soderini, qui soupçonna l'innocence d'Albert, sortit aussitôt du bal, en quittant brusquement son interlocuteur incapable de deviner la terrible blessure qu'il venait de faire à la belle duchesse de Rhétoré. « Si vous voulez en savoir davantage sur Albert, venez au « de l'Opéra mardi prochain, en tenant à la main un souci. » Ce billet anonyme, envoyé par Philomène à la duchesse, amena la malheureuse Italienne au bal, où Philomène lui remit en main toutes les lettres d'Albert, celle écrite par le vicaire général à Léopold Hannequin, ainsi que la réponse du notaire, et même celle où elle avait fait ses aveux à M. de Grancey. — Je ne veux pas être seule à souffrir, car nous avons été tout aussi cruelles l'une que l'autre! dit-elle à sa rivale. Après avoir savouré la stupéfaction qui se peignit sur le beau visage de la duchesse, Philomène se sauva, ne reparut plus dans le monde, et revint avec sa mère à Besançon. Mademoiselle de Watteville, qui vécut seule dans sa terre des Rouxey, montant à cheval, chassant, refusant ses deux ou trois partis par an, venant quatre ou cinq fois par hiver à Besançon, occupée à faire valoir sa terre, passa pour une personne extrêmement originale. Elle est une des célébrités de l'Est. Madame de Soulas a deux enfants, un garçon et une fille. — Ma fortune me coûte cher, disait-il au jeune Chavoncourt. Pour bien connaître une dévote, il faut malheureusement l'épouser!

Mademoiselle de Watteville se conduit en fille vraiment extraordinaire. On disait d'elle : — *Elle a des lubies!* — Elle va tous les ans voir les murailles de la Grande-Chartreuse. Peut-être voulait-elle imiter son grand-oncle en franchissant l'enceinte de ce couvent pour y chercher son mari, comme Watteville franchit les murs de son monastère pour recouvrer la liberté. En 1841, elle quitta Besançon dans l'intention, disait-on, de se marier : mais on ne sait pas encore la véritable cause de ce voyage, d'où elle est revenue dans un état qui lui interdit de jamais reparaître dans le monde. Par un de ces hasards auxquels le vieil abbé de Grancey avait fait allusion, elle se trouva sur la Loire dans le bateau à vapeur dont la chaudière fit explosion. Mademoiselle de Watteville fut si cruellement maltraitée, qu'elle a perdu le bras et la jambe gauche ; son visage porte d'affreuses cicatrices qui la privent de sa beauté ; sa santé, soumise à des troubles horribles, lui laisse peu de jours sans souffrance. Enfin, elle ne sort plus aujourd'hui de la Chartreuse des Rouxey, où elle mène une vie entièrement vouée à des pratiques religieuses.

Paris, mai 1842.

FIN D'ALBERT SAVARUS.

Il n'est au pouvoir de personne de rendre Albert à la vie du monde. — PAGE 25.

LE RÉQUISITIONNAIRE

> Tantôt ils lui voyaient, par un phénomène de vision ou de locomotion, abolir l'espace dans ses deux modes de temps et de distance, dont l'un est intellectuel et l'autre physique. *Hist. intell.* de Louis Lambert.

A MON CHER ALBERT MARCHAND DE LA RIBELLERIE.

Tours, 1836.

Par un soir du mois de novembre 1793, les principaux personnages de Carentan se trouvaient dans le salon de madame de Dey, chez laquelle l'*assemblée* se tenait tous les jours. Quelques circonstances, qui n'eussent point attiré l'attention d'une grande ville, mais qui devaient fortement en préoccuper une petite, prêtaient à ce rendez-vous habituel un intérêt inaccoutumé. La surveille, madame de Dey avait fermé sa porte à sa société, qu'elle s'était encore dispensée de recevoir la veille en prétextant d'une indisposition. En temps ordinaire, ces deux événements eussent fait à Carentan le même effet que produit à Paris un *relâche* à tous les théâtres. Ces jours-là, l'existence est en quelque sorte incomplète. Mais, en 1793, la conduite de madame de Dey pouvait avoir les plus funestes résultats. La moindre démarche hasardée devenait alors presque toujours pour les nobles une question de vie ou de mort. Pour bien comprendre la curiosité vive et les étroites finesses qui animèrent, pendant cette soirée, les physionomies normandes de tous ces personnages, mais surtout pour partager les perplexités secrètes de madame de Dey, il est nécessaire d'expliquer le rôle qu'elle jouait à Carentan. La position critique dans laquelle elle se trouvait en ce moment ayant été sans doute celle de bien des gens pendant la Révolution, les sympathies de plus d'un lecteur achèveront de colorer ce récit.

Madame de Dey, veuve d'un lieutenant général, chevalier des ordres, avait quitté la cour au commencement de l'émigration. Possédant des biens considérables aux environs de Carentan, elle s'y était réfugiée, en espérant que l'influence de la terreur s'y ferait peu sentir. Ce calcul, fondé sur une connaissance exacte du pays, était juste. La Révolution exerça peu de ravages en basse Normandie. Quoique madame de Dey ne vît jadis que les familles nobles du pays quand elle venait visiter ses propriétés, elle avait, par politique, ouvert sa maison aux principaux bourgeois de la ville et aux nouvelles autorités, en s'efforçant de les rendre fiers de sa conquête, sans réveiller chez eux ni haine ni jalousie. Gracieuse et bonne, douée de cette inexprimable douceur qui sait plaire sans recourir à l'abaissement ou à la prière, elle avait réussi à se concilier l'estime générale par un tact exquis dont les sages avertissements lui permettaient de se tenir sur la ligne délicate où elle pouvait satisfaire aux exigences de cette société mêlée, sans humilier le rétif amour-propre des parvenus, ni choquer celui de ses anciens amis.

Âgée d'environ trente-huit ans, elle conservait encore, non cette beauté fraîche et nourrie qui distingue les filles de la basse Normandie, mais une beauté grêle et pour ainsi dire aristocratique. Ses traits étaient fins et délicats ; sa taille était souple et déliée. Quand elle parlait, son pâle visage paraissait s'éclairer et prendre de la vie. Ses grands yeux noirs étaient pleins d'affabilité, mais leur expression calme et religieuse semblait annoncer que le principe de son existence n'était plus en elle. Mariée à la fleur de l'âge avec un militaire vieux et jaloux, la fausseté de sa position au milieu d'une cour galante contribua beaucoup sans doute à répandre un voile de grave mélancolie sur une figure où les charmes et la vivacité de l'amour avaient dû briller autrefois. Obligée de réprimer sans cesse les mouvements naïfs, les émotions de la femme alors qu'elle sent encore au lieu de réfléchir, la passion était restée vierge au fond de son cœur. Aussi, son principal attrait venait-il de cette intime jeunesse, que, par moments, trahissait sa physionomie, et qui donnait à ses idées une innocente expression de désir. Son aspect commandait la retenue, mais il y avait toujours dans son maintien, dans sa voix, des élans vers un avenir inconnu, comme chez une jeune fille, bientôt l'homme le plus insensible se trouvait amoureux d'elle, et conservait néanmoins une sorte de crainte respectueuse, inspirée par ses manières polies, qui imposaient. Son âme, nativement grande, mais fortifiée par des luttes cruelles, semblait placée trop loin du vulgaire, et les hommes se faisaient justice. A cette âme, il fallait nécessairement une haute passion. Aussi les affections de madame de Dey s'étaient-elles concentrées dans un seul sentiment, celui de la maternité. Le bonheur et les plaisirs dont avait été privée sa vie de femme, elle les retrouvait dans l'amour extrême qu'elle portait à son fils. Elle ne l'aimait pas seulement avec le pur et profond dévouement d'une mère, mais avec la coquetterie d'une maîtresse, avec la jalousie d'une épouse. Elle était malheureuse loin de lui, inquiète pendant ses absences, ne le voyait jamais assez, ne vivait que par lui et pour lui. Afin de faire comprendre aux hommes la force de ce sentiment, il suffira d'ajouter que ce fils était non-seulement l'unique enfant de madame de Dey, mais son dernier parent, le seul être auquel elle pût rattacher les craintes, les espérances et les joies de sa vie. Le feu comte de Dey fut le dernier rejeton de sa famille, comme elle se trouva seule héritière de la sienne. Les calculs et les intérêts humains s'étaient donc accordés avec les plus nobles besoins de l'âme pour exalter dans le cœur de la comtesse un sentiment déjà si fort chez les femmes. Elle n'avait élevé son fils qu'avec des peines infinies, qui le lui avaient rendu plus cher encore ; vingt fois les médecins lui en présagèrent la perte ; mais, confiante en ses pressentiments, en ses espérances, elle eut la joie inexprimable de lui voir heureusement traverser les périls de l'enfance, d'admirer les progrès de sa constitution, en dépit des arrêts de la Faculté.

Grâce à des soins constants, ce fils avait grandi, et s'était si gracieusement développé, qu'à vingt ans il passait pour un des cavaliers les plus accomplis de Versailles. Enfin, par un bonheur qui ne couronne pas les efforts de toutes les mères, elle était adorée de son fils ; leurs âmes s'entendaient par de fraternelles sympathies. S'ils n'eussent pas été liés déjà par le vœu de la nature, ils auraient instinctivement éprouvé l'un pour l'autre cette amitié d'homme à homme, si rare à rencontrer dans la vie. Nommé sous-lieutenant de dragons à dix-huit ans, le jeune comte avait obéi au point d'honneur de l'époque en suivant les princes dans leur émigration.

Ainsi, madame de Dey, noble, riche, et mère d'un émigré, ne se dissimulait point les dangers de sa cruelle situation. Ne formant d'autre vœu que celui de conserver à son fils une grande fortune, elle avait renoncé au bonheur de l'accompagner, mais en lisant les lois rigoureuses en vertu desquelles la république confisquait chaque jour les biens des émigrés à Carentan, elle s'applaudissait de cet acte de courage. Ne gardait-elle pas les trésors de son fils au péril de ses jours ? Puis, en apprenant les terribles exécutions ordonnées par la Convention, elle s'endormait heureuse de savoir sa seule richesse en sûreté, loin des dangers, loin des échafauds. Elle se complaisait à croire qu'elle avait pris le meilleur parti pour sauver à la fois toutes ses fortunes. Faisant à cette secrète pensée les concessions voulues par le malheur des temps, sans compromettre ni sa dignité de femme ni ses croyances aristocratiques, elle enveloppait ses douleurs dans un froid mystère. Elle avait compris les difficultés qui l'attendaient à Carentan. Venir y occuper la première place, n'était ce pas y défier l'échafaud tous les jours? mais, soutenue par un courage de mère, elle sut conquérir l'affection des pauvres en soulageant indifféremment toutes les misères, et se rendit nécessaire aux riches en veillant à leurs plaisirs. Elle recevait le procureur de la commune, le maire, le président du district, l'accusateur public, et même les juges du tribunal révolutionnaire. Les quatre premiers de ces personnages, n'étant pas mariés, la courtisaient dans l'espoir de l'épouser, soit en l'effrayant par le mal qu'ils pouvaient lui faire, soit en lui offrant leur protection. L'accusateur public, ancien procureur à Caen, jadis chargé des intérêts de la comtesse, tentait de lui inspirer de l'amour par une conduite pleine de dévouement et de générosité; finesse dangereuse! Il était le plus redoutable de tous les prétendants. Lui seul connaissait à fond l'état de la fortune considérable de son ancienne cliente. Sa passion devait s'accroître de tous les désirs d'une avarice qui s'appuyait sur un pouvoir immense, sur le droit de vie et de mort dans le district. Cet homme, encore jeune, mettait tant de noblesse dans ses procédés, que madame de Dey n'avait pas encore pu le juger. Mais, méprisant le danger qu'il y avait à lutter d'adresse avec des Normands, elle employait l'esprit inventif et la ruse que la nature a départis aux femmes pour opposer ces rivalités les unes aux autres. En gagnant du temps, elle espérait arriver saine et sauve à la fin des troubles. A cette époque, les royalistes de l'intérieur se flattaient tous les jours de voir la révolution terminée le lendemain; et cette conviction a été la perte de beaucoup d'entre eux.

Malgré ces obstacles, la comtesse avait assez habilement maintenu son indépendance jusqu'au jour où, par une inexplicable imprudence, elle s'était avisée de fermer sa porte. Elle inspirait un intérêt si profond et si véritable, que les personnes venues ce soir-là chez elle concurent de vives inquiétudes en apprenant qu'il lui devenait impossible de les recevoir; puis, avec cette franchise de curiosité empreinte dans les mœurs provinciales, elles s'enquirent du malheur, du chagrin, de la maladie, qui devait affliger madame de Dey. A ces questions, une vieille femme de charge, nommée Brigitte, répondait que sa maîtresse était enfermée et ne voulait voir personne, pas même les gens de sa maison. L'existence, en quelque sorte claustrale, que mènent les habitants d'une petite ville, crée en eux une habitude d'analyser et d'expliquer les actions d'autrui si naturellement invincible, qu'après avoir plaint madame de Dey, sans savoir si elle était réellement souffrante ou chagrine, chacun se mit à rechercher les causes de sa soudaine retraite. — Si elle était malade, dit le premier curieux, elle aurait envoyé chez le médecin; mais le docteur est resté pendant toute la journée chez moi à jouer aux échecs. Il me disait en riant que, par le temps qui court, il n'y a qu'une maladie... et qu'elle est malheureusement incurable.

Cette plaisanterie fut prudemment hasardée. Femmes, hommes, vieillards et jeunes filles se mirent alors à parcourir le vaste champ des conjectures. Chacun crut entrevoir un secret, et ce secret occupa toutes les imaginations. Le lendemain, les soupçons s'envenimèrent. Comme la vie est à jour dans une petite ville, les femmes apprirent les premières que Brigitte avait fait au marché des provisions plus considérables qu'à l'ordinaire. Ce fait ne pouvait être contesté. L'on avait vu Brigitte de grand matin sur la place, et, chose extraordinaire, elle y avait acheté le seul lièvre qui s'y trouvât. Toute la ville savait que madame de Dey n'aimait pas le gibier. Le lièvre devint un point de départ pour des suppositions infinies. En faisant leur promenade périodique, les vieillards remarquèrent dans la maison de la comtesse une sorte d'activité concentrée qui se révélait par les précautions mêmes dont se servaient les gens pour se cacher. Le valet de chambre battait un tapis dans le jardin; la veille, personne n'y aurait pris garde, mais ce tapis devint une pièce à l'appui des romans que tout le monde bâtissait. Chacun avait le sien. Le second jour, en apprenant que madame de Dey se disait indisposée, les principaux personnages de Carentan se réunirent le soir chez le frère du maire, vieux négociant marié, homme probe, généralement estimé, et pour lequel la comtesse avait beaucoup d'égards. Là, tous les aspirants à la main de la riche veuve eurent à raconter une fable plus ou moins probable, et chacun d'eux pensait à faire tourner à son profit la circonstance secrète qui la forçait de se compromettre ainsi. L'accusateur public imaginait tout un drame pour amener nuitamment le fils de madame de Dey chez elle. Le maire croyait à un prêtre insermenté, venu de la Vendée, et qui lui aurait demandé un asile; mais l'achat du lièvre, un vendredi, l'embarrassait beaucoup. Le président du district tenait fortement pour un chef de chouans ou de vendéens vivement poursuivi. D'autres voulaient un noble échappé des prisons de Paris. Enfin tous soupçonnaient la comtesse d'être coupable d'une de ces générosités que les lois d'alors nommaient un crime, et qui pouvaient conduire à l'échafaud. L'accusateur public disait d'ailleurs à voix basse qu'il fallait se taire, et tâcher de sauver l'infortunée de l'abîme vers lequel elle marchait à grands pas. — Si vous ébruitez cette affaire, ajouta-t-il, je serai obligé d'intervenir, de faire des perquisitions chez elle, et alors!... Il n'acheva pas, mais chacun comprit cette réticence.

Les amis sincères de la comtesse s'alarmèrent tellement pour elle, que, dans la matinée du troisième jour, le procureur-syndic de la commune lui fit écrire par sa femme un mot pour l'engager à recevoir pendant la soirée, comme à l'ordinaire. Plus hardi, le vieux négociant se présenta dans la matinée chez madame de Dey. Fort du service qu'il voulait lui rendre, il exigea d'être introduit auprès d'elle, et resta stupéfait en l'apercevant dans le jardin, occupée à couper les dernières fleurs de ses plates-bandes pour en garnir des vases. — Elle a sans doute donné asile à son amant, se dit le vieillard, pris de pitié pour cette charmante femme. La singulière expression du visage de la comtesse le confirma dans ses soupçons. Vivement ému de ce dévouement si naturel aux femmes, mais qui nous touche toujours, parce que tous les hommes sont flattés par les sacrifices qu'une d'elles fait à un homme, le négociant instruisit la comtesse des bruits qui couraient dans la ville, et du danger où elle se trouvait. Car, lui dit-il en terminant, si, parmi nos fonctionnaires, il en est quelques-uns assez disposés à vous pardonner un héroïsme qui aurait un prêtre pour objet, personne ne vous plaindra si l'on vient à découvrir que vous vous immolez à des intérêts de cœur. A ces mots, madame de Dey regarda le vieillard avec un air d'égarement et de folie qui le fit frissonner, lui, vieillard. — Venez, lui dit-elle en le prenant par la main pour le conduire dans sa chambre, où, après s'être assurée qu'ils étaient seuls, elle tira de son sein une lettre sale et chiffonnée; — Lisez, s'écria-t-elle en faisant un violent effort pour prononcer ce mot.

Elle tomba dans son fauteuil, comme anéantie. Pendant que le vieux négociant cherchait ses lunettes et les nettoyait, elle leva les yeux sur lui, le contempla pour la première fois avec curiosité, puis, d'une voix altérée: — Je me fie à vous, lui dit-elle doucement. — Est-ce que je ne viens pas partager votre crime? répondit le bonhomme avec simplicité. Elle tressaillit. Pour la première fois, dans cette petite ville, son âme sympathisait avec celle d'un autre. Le vieux négociant comprit tout à coup et l'abattement et la joie de la comtesse. Son fils avait fait partie de l'expédition de Granville, il écrivait à sa mère du fond de sa prison, en lui donnant un triste et doux espoir. Ne doutant pas de ses moyens d'évasion, il lui indiquait trois jours pendant lesquels il devait se présenter chez elle, déguisé. La fatale lettre contenait de déchirants adieux, et où s'il ne serait pas à Carentan dans la soirée du troisième jour, il priait sa mère de remettre une assez forte somme à l'émissaire qui s'était chargé de lui apporter cette dépêche, à travers mille dangers. Le papier tremblait dans les mains du vieillard. — Et voici le troisième jour, s'écria madame de Dey, qui se leva rapidement, reprit la lettre, et marcha. — Vous avez commis des imprudences, lui dit le négociant. Pourquoi faire prendre des provisions? Mais il peut arriver, mourant de faim, exténué de fatigue, et... Elle n'acheva pas. — Je suis sûr de mon frère, reprit le vieillard, je vais aller le mettre dans vos intérêts.

Le négociant retrouva dans cette circonstance la finesse qu'il avait mise jadis dans les affaires, et lui dicta des conseils empreints de prudence et de sagacité. Après être convenus de tout ce qu'ils devaient dire et faire l'un ou l'autre, le vieillard alla, sous de prétextes habilement trouvés, dans les principales maisons de Carentan, où il annonça que madame de Dey venait de le voir recevrait dans la soirée, malgré son indisposition. Luttant de finesse avec les intelligences normandes dans l'interrogatoire que chaque famille lui imposa sur la nature de la maladie de la comtesse, il réussit à donner le change à presque toutes les personnes qui s'occupaient de cette mystérieuse affaire. Sa première visite fit merveille. Il raconta devant une vieille dame goutteuse que madame de Dey avait manqué périr d'une attaque de goutte à l'estomac; le fameux Tronchin lui ayant recommandé jadis, en pareille occurrence, de se mettre sur la poitrine la peau d'un lièvre écorché vif, et de rester ici sans se permettre le moindre mouvement, la comtesse, en danger de mort il y a deux jours, se trouvait, après avoir suivi ponctuellement la bizarre ordonnance de Tronchin, assez bien rétablie pour recevoir ceux qui viendraient la voir pendant la soirée. Ce conte eut un succès prodigieux, et le médecin de Carentan, royaliste *in petto*, en augmenta l'effet par l'importance avec laquelle il discuta du spécifique. Néanmoins les soupçons avaient trop fortement pris racine dans l'esprit de quelques entêtés ou de quelques philosophes pour être entièrement dissipés; en sorte que, le soir, ceux qui étaient admis chez elle, les uns par curiosité, les autres par amitié, la plupart saisis par le merveilleux de sa guérison. Ils trouvèrent la comtesse assise au coin de la grande cheminée de son salon, à peu près aussi modeste que l'étaient ceux de Carentan: car, pour ne pas blesser les étroites pensées de ses hôtes, elle s'était refusée aux jouissances de luxe auxquelles elle était jadis habituée, elle n'avait donc rien changé chez elle. Le carreau de la salle de réception n'était même pas frotté. Elle laissait sur les murs de vieilles tapisseries sombres, conservait les meubles du pays, brûlait de la chandelle, et suivait les modes de la ville, en épousant la vie provinciale sans reculer ni devant les petitesses les plus dures, ni devant les privations les plus désagréables. Mais, sachant que ses hôtes lui pardonneraient les magnilicences qui auraient leur bien-être pour but, elle ne négligeait rien quand il s'agissait de leur procurer des jouissances personnelles. Aussi leur donnait-elle d'excellents dîners. Elle allait jusqu'à feindre de l'avarice pour plaire à ces esprits calculateurs; et, après avoir eu l'art de se faire arracher certaines concessions de luxe, elle savait obéir avec grâce. Donc, vers sept heures du soir, la meilleure mauvaise compagnie de Carentan se trouvait chez elle, et décrivait un grand cercle devant la cheminée. La maîtresse du logis, soutenue dans son malheur par les regards compatissants que lui jetait le vieux négociant, se soumit avec un courage inouï aux questions minutieuses, aux raisonnements frivoles et stupides de ses hôtes. Mais à chaque coup de marteau frappé sur sa porte, ou toutes les fois que des pas retentissaient dans la rue, elle cachait ses émotions en soulevant des questions intéressantes pour la fortune du pays. Elle éleva de bruyantes discussions sur la qualité des cidres, et fut si bien secondée par son confident, que l'assemblée oublia presque de l'espionner en trouvant sa contenance naturelle et son aplomb imperturbable. L'accusateur public et l'un des juges du tribunal révolutionnaire restaient taciturnes, observaient avec attention les moindres mouvements de sa physionomie, écoutaient dans la maison, malgré le tumulte, et à plusieurs reprises ils lui firent des questions embarrassantes auxquelles la comtesse répondit cependant avec une admirable présence d'esprit. Les mères ont tant de courage ! Au moment où madame de Dey eut arrangé les parties, placé tout le monde à des tables de boston, de reversis ou de whist, elle resta encore à causer auprès de quelques jeunes personnes avec un extrême laisser-aller, en jouant son rôle en actrice consommée. Elle se fit demander un loto, prétendit savoir seule où il était, et disparut. — J'étouffe, ma pauvre Brigitte, s'écria-t-elle en essuyant des larmes qui sortirent vivement de ses yeux brillants de fièvre, de douleur et d'impatience. — Il ne vient pas, reprit-elle en regardant la chambre où elle était montée, Ici je respire et je vis. Encore quelques moments, et il sera là, pourtant ! car il vit encore, j'en suis certaine. Mon cœur me le dit. N'entendez-vous rien, Brigitte? Oh ! Je donnerais le reste de ma vie pour savoir s'il est en prison ou s'il marche à travers la campagne ! Je voudrais ne pas penser.

Elle examina de nouveau si tout était en ordre dans l'appartement. Un bon feu brillait dans la cheminée; les volets étaient soigneusement fermés, les meubles reluisaient de propreté, la manière dont avait été fait le lit prouvait que la comtesse s'était occupée avec Brigitte des moindres détails; et ses espérances se trahissaient dans les soins délicats qui paraissaient avoir été pris dans cette chambre où se respiraient et la gracieuse douceur de l'amour et ses plus chastes caresses dans les parfums exhalés par les fleurs. Une mère seule pouvait avoir prévu les désirs d'un soldat et lui préparer de si complètes satisfactions. Un repas exquis, des vins choisis, la chaussure, le linge, enfin tout ce qui devait être nécessaire ou agréable à un voyageur fatigué, se trouvait rassemblé, pour que rien ne lui manquât, pour que les délices du chez-soi lui révélassent l'amour d'une mère. — Brigitte ! dit la comtesse d'un son de voix déchirant en allant placer un siège devant la table, comme pour donner de la réalité à ses vœux, comme pour augmenter la force de ses illusions. — Ah ! madame, il viendra. Il n'est pas loin. Je ne doute pas qu'il ne vive et qu'il ne soit en marche, reprit Brigitte. J'ai mis une clef dans la Bible et je l'ai tenue sur mes doigts pendant que Cottin lisait l'Évangile de saint Jean... et, madame, la clef n'a pas tourné. — Est-ce bien sûr ? demanda la comtesse. — Oh ! madame, c'est connu. Je gagerais mon salut qu'il vit encore. Dieu ne peut pas se tromper. — Malgré le danger qui l'attend ici, je voudrais bien cependant l'y voir.

— Pauvre monsieur Auguste, s'écria Brigitte, il est sans doute à pied par les chemins. — Et voilà huit heures qui sonnent au clocher ! s'écria la comtesse avec terreur.

Elle eut peur d'être restée plus longtemps qu'elle ne le devait dans cette chambre où elle croyait à la vie de son fils, en voyant tout ce qui lui en attestait la vie, elle descendit; mais, avant d'entrer au salon, elle resta pendant un moment sous le péristyle de l'escalier, en écoutant si quelque bruit ne réveillait pas les silencieux échos de la ville. Elle sourit au mari de Brigitte, qui se tenait en sentinelle, et dont les yeux semblaient hébétés à force de prêter attention aux murmures de la place et de la nuit. Elle voyait son fils en tout et partout. Elle rentra bientôt, en affectant un air gai, et se mit à jouer au loto avec les petites filles; mais, de temps en temps, elle se plaignit de souffrir, et revint occuper son fauteuil auprès de la cheminée.

Telle était la situation des choses et des esprits dans la maison de madame de Dey, pendant que sur le chemin de Paris à Cherbourg un jeune homme vêtu d'une carmagnole brune, costume de rigueur à cette époque, se dirigeait vers Carentan. A l'origine des réquisitions, il y avait peu ou point de discipline. Les exigences du moment ne permettaient guère à la République d'équiper sur-le-champ ses soldats, et il n'était pas rare de voir les chemins couverts de réquisitionnaires qui conservaient leurs habits bourgeois. Ces jeunes gens devançaient leurs bataillons aux lieux d'étape, ou restaient en arrière, car leur marche était soumise à leur manière de supporter les fatigues d'une longue route. Le voyageur dont il est ici question se trouvait assez en avant de la colonne de réquisitionnaires qui se rendait à Cherbourg, et que le maire de Carentan attendait d'heure en heure afin de leur distribuer des billets de logement. Ce jeune homme marchait d'un pas alourdi, mais ferme encore, et son allure semblait annoncer qu'il s'était familiarisé depuis longtemps avec les rudesses de la vie militaire. Quoique la lune éclairât les herbages qui avoisinent Carentan, il avait remarqué de gros nuages blancs prêts à jeter de la neige sur la campagne, et la crainte d'être surpris par un ouragan animait sans doute sa démarche, alors plus vive que ne le comportait sa lassitude. Il avait sur le dos un sac presque vide, et tenait à la main une canne de buis, coupée dans les hautes et larges haies que cet arbuste forme autour de la plupart des héritages en basse Normandie. Ce voyageur solitaire entra dans Carentan, dont les tours, bordées de lueurs fantastiques par la lune, lui apparaissaient depuis un moment. Son pas réveilla les échos des rues silencieuses, où il ne rencontra personne, il fut obligé de demander la maison du maire à un tisserand qui travaillait encore. Ce magistrat demeurait à une faible distance, et le réquisitionnaire se vit bientôt à l'abri sous le porche de la maison du maire, et s'y assit sur un banc de pierre, en attendant le billet de logement qu'il avait réclamé. Mais mandé par ce fonctionnaire il comparut devant lui, et devint l'objet d'un scrupuleux examen. Le fantassin était un jeune homme de bonne mine qui paraissait appartenir à une famille distinguée. Son air trahissait la noblesse. L'intelligence due à une bonne éducation respirait sur sa figure. — Comment te nommes-tu ? lui demanda le maire en lui jetant un regard plein de finesse. — Julien Jussieu, répondit le réquisitionnaire. — Et tu viens ?... dit le magistrat en laissant échapper un sourire d'incrédulité. — De Paris. — Tes camarades doivent être loin, reprit le Normand d'un ton railleur. — J'ai trois lieues d'avance sur le bataillon. — Quelque sentiment t'attire sans doute à Carentan, citoyen réquisitionnaire ? dit le maire d'un air fin. C'est bon, ajouta-t-il en imposant silence par un geste de main au jeune homme prêt à parler, nous savons où t'envoyer. Tiens, ajouta-t-il en lui remettant son billet de logement, va, citoyen Jussieu !

Une teinte d'ironie se fit sentir dans l'accent avec lequel le magistrat prononça ces deux derniers mots, en tendant un billet sur lequel la demeure de madame de Dey était indiquée. Le jeune homme lut l'adresse avec un air de curiosité. — Il sait bien qu'il n'a pas loin à aller, et quand il sera dehors il aura bientôt traversé la place ! s'écria le maire en se parlant à lui-même, pendant que le jeune homme sortait. Il est joliment hardi ! Que Dieu le conduise ! Il a réponse à tout. Oui, mais si un autre que moi lui avait demandé à voir ses papiers il était perdu ! En ce moment les horloges de Carentan avaient sonné neuf heures et demie. Les fallots s'allumaient dans l'antichambre de madame de Dey, les domestiques aidaient leurs maîtresses et leurs maîtres à mettre leurs sabots, leurs houppelandes ou leurs mantelets, les joueurs avaient soldé leurs comptes, et allaient se retirer tous ensemble, suivant l'usage établi dans toutes les petites villes. — Il paraît que l'accusateur veut rester, dit une dame en s'apercevant que ce personnage important lui manquait au moment où chacun se sépara sur la place pour regagner son logis, après avoir épuisé toutes les formules d'adieu. Le terrible magistrat était en effet seul avec la comtesse, qui attendait en tremblant qu'il lui plût de sortir. — Citoyenne, dit-il enfin après un long silence qui eut quelque chose d'effrayant, je suis ici pour faire observer les lois de la République. — Madame de Dey frissonna. — N'as-tu donc rien à me révéler ? demanda-t-il. — Rien, répondit-elle étonnée. — Ah ! madame, s'écria l'accusateur en s'asseyant auprès d'elle et changeant de ton, en ce moment, armé d'une dénonciation entre nous, l'un ou l'autre nous pouvons porter notre tête sur l'échafaud. J'ai trop bien observé votre caractère, votre âme, vos manières, pour partager une erreur dans laquelle vous avez su mettre votre société ce soir. Vous attendez votre fils, je n'en saurais douter.

La comtesse laissa échapper un geste de dénégation, mais elle avait pâli, mais les muscles de son visage s'étaient contractés par la nécessité où elle se trouvait d'afficher une fermeté trompeuse, et l'œil implacable de l'accusateur public ne perdit aucun de ses mouvements. — Eh bien ! recevez-le, reprit le magistrat révolutionnaire, mais qu'il ne reste pas plus tard que sept heures du matin sous votre toit. Demain, au jour, armé d'une dénonciation que je me ferai faire, je viendrai chez vous... Elle le regarda d'un air stupide qui aurait fait pitié à un tigre. — Je démontrerai, poursuivit-il d'une voix douce, la fausseté de la dénonciation par d'exactes perquisitions, et vous serez, par la nature de mon rapport, à l'abri de tous soupçons ultérieurs. Je parlerai de vos dons patriotiques, de votre civisme, et nous serons tous sauvés. Madame de Dey craignait un piège, elle restait immobile, mais son visage était en feu et sa langue glacée. Un coup de marteau retentit dans la maison. — Ah ! cria la mère épouvantée en tombant à genoux, le sauver ! le sauver ! — Oui, sauvons-le ! reprit l'accusateur public en lui jetant un regard de passion, dût-il nous en coûter la vie. — Je suis perdue, s'écria-t-elle pendant que l'accusateur la relevait avec politesse. — Eh ! madame, répondit-il par un beau mouvement oratoire, je ne veux vous devoir à rien... qu'à vous-même. — Madame, le voi.., s'écria Brigitte, qui croyait sa maîtresse seule.

A l'aspect de l'accusateur public, la vieille servante, de rouge et joyeuse qu'elle était, devint immobile et blême. — Qui est-ce, Brigitte ? demanda le magistrat d'un air doux et intelligent. — Un réquisitionnaire que le maire nous envoie à loger, répondit la servante en montrant le billet. — C'est vrai, dit l'accusateur après avoir lu le papier. Il nous arrive un bataillon ce soir! Et il sortit. La comtesse avait trop besoin de croire en ce moment à la sincérité de son ancien procureur pour concevoir le moindre doute; elle monta rapidement l'escalier, ayant à peine la force de se soutenir, puis elle ouvrit la porte de sa chambre, vit son fils, se précipita dans ses bras, mourante. — Oh! mon enfant, mon enfant, s'écria-t-elle en sanglotant et le couvrant de baisers empreints d'une sorte de frénésie. — Madame, dit l'inconnu. — Ah! ce n'est pas lui! cria-t-elle en reculant d'épouvante et restant debout devant le réquisitionnaire qu'elle contemplait d'un air hagard. — O saint bon Dieu, quelle ressemblance! dit Brigitte. Il y eut un moment de silence, et l'étranger lui-même tressaillit à l'aspect de madame de Dey. — Ah! monsieur, dit-elle en s'appuyant sur le mari de Brigitte et sentant alors toute son étendue une douleur dont la première atteinte avait failli la tuer; monsieur, je ne saurais vous voir plus longtemps, souffrez que mes gens me remplacent et s'occupent de vous.

Elle descendit chez elle, à demi portée par Brigitte et son vieux serviteur. — Comment, madame, s'écria la femme de charge en asseyant sa maîtresse, cet homme va-t-il coucher dans le lit de M. Auguste, mettre les pantoufles de M. Auguste, manger le pâté que j'ai fait pour M. Auguste! quand on devrait me guillotiner, je... — Brigitte! cria madame de Dey. Brigitte resta muette. — Tais-toi donc bavarde, lui dit son mari à voix basse, veux-tu tuer madame?

En ce moment le réquisitionnaire fit du bruit dans sa chambre en se mettant à table. — Je ne resterai pas ici, s'écria madame de Dey, j'irai dans la serre, d'où j'entendrai mieux ce qui se passera au dehors pendant la nuit.

Elle flottait encore entre la crainte d'avoir perdu son fils et l'espérance de le voir reparaître. La nuit fut horriblement silencieuse. Il y eut pour la comtesse un moment affreux quand le bataillon des réquisitionnaires vint en ville et que chaque homme y chercha son logement. Ce fut des espérances trompées à chaque pas, à chaque bruit; puis bientôt la nature reprit un calme effrayant. Vers le matin, la comtesse fut obligée de rentrer chez elle. Brigitte, qui son marche dans la chambre de M. Auguste en chantant leur damnée *Marseillaise* comme s'il était dans une écurie, s'écria Brigitte. Ca l'aura tuée !

La mort de la comtesse fut causée par un sentiment plus grave, et sans doute par quelque vision terrible. A l'heure précise où madame de Dey mourait à Carentan, son fils était fusillé dans le Morbihan. Nous pouvons joindre ce fait tragique à toutes les observations sur les sympathies qui méconnaissent les lois de l'espace; documents que rassemblent avec une savante curiosité quelques hommes de solitude, et qui serviront un jour à asseoir les bases d'une science nouvelle à laquelle il a manqué jusqu'à ce jour un homme de génie.

Paris, février 1831.

FIN DU RÉQUISITIONNAIRE.

LE MESSAGE

A MONSIEUR LE MARQUIS DAMASO PARETO.

J'ai toujours eu le désir de raconter une histoire simple et vraie, au récit de laquelle un jeune homme et sa maîtresse fussent saisis de frayeur et se réfugiassent au cœur l'un de l'autre, comme deux enfants qui se serrent en rencontrant un serpent sur le bord d'un bois. Au risque de diminuer l'intérêt de ma narration et de passer pour un fat, je commence par vous annoncer le but de mon récit. J'ai joué un rôle dans ce drame presque vulgaire, s'il ne vous intéresse pas, ce sera ma faute autant que celle de la vérité historique. Beaucoup de choses véritables sont souverainement ennuyeuses. Aussi est-ce la moitié du talent que de choisir dans le vrai ce qui peut devenir poétique.

En 1819, j'allais de Paris à Moulins. L'état de ma bourse m'obligeait à voyager sur l'impériale de la diligence. Les Anglais, vous le savez, regardent les places situées dans cette partie aérienne de la voiture comme les meilleures. Durant les premières lieues de la route, j'ai trouvé mille excellentes raisons pour justifier l'opinion de nos voisins. Un jeune homme, qui me parut être un peu plus riche que je ne l'étais, monta, par goût, près de moi, sur la banquette. Il accueillit mes arguments par des sourires inoffensifs. Bientôt une certaine conformité d'âge, de pensée, notre mutuel amour pour le grand air, pour les riches aspects des pays que nous découvrions à mesure que la lourde voiture avançait; puis, je ne sais quelle attraction magnétique, impossible à expliquer, firent naître entre nous cette espèce d'intimité momentanée à laquelle les voyageurs s'abandonnent avec d'autant plus de complaisance, que ce sentiment éphémère paraît devoir cesser promptement et n'engager à rien pour l'avenir. Nous n'avions pas fait trente lieues que nous parlions des femmes et de l'amour. Avec toutes les précautions oratoires voulues en semblable occurrence, il fut naturellement question de nos maîtresses. Jeunes tous deux, nous n'en étions encore, l'un et l'autre, qu'à la *femme d'un certain âge*, c'est-à-dire à la femme qui se trouve entre trente-cinq et quarante ans. Oh! un poète qui nous eût écoutés de Montargis, à je ne sais plus quel relais, aurait recueilli des expressions bien enflammées, des portraits ravissants et de bien douces confidences! Nos craintes pudiques, nos interjections silencieuses et nos regards encore rougissants étaient empreints d'une éloquence dont le charme naïf ne s'est plus retrouvé pour moi. Sans doute il faut rester jeune pour comprendre la jeunesse. Ainsi, nous nous comprîmes à merveille sur tous les points essentiels de la passion. Et d'abord, nous avions commencé à poser en fait et en principe qu'il n'y avait rien de plus sot au monde qu'un acte de naissance, que bien des femmes de quarante ans étaient plus jeunes que certaines femmes de vingt ans, et qu'en définitif les femmes n'avaient réellement que l'âge qu'elles paraissaient avoir. Ce système ne mettait pas de terme à l'amour, et nous nagions, de bonne foi, dans un océan sans bornes. Enfin, après avoir fait nos maîtresses jeunes, charmantes, dévouées, comtesses, pleines de goût, spirituelles, fines; après leur avoir donné de jolis pieds, une peau satinée et même doucement parfumée, nous nous avouâmes, lui, que *madame une telle* avait trente-huit ans, et moi, de mon côté, que j'adorais une quadragénaire. Là-dessus, délivrés l'un et l'autre d'une espèce de crainte vague, nous reprîmes nos confidences de plus belle en nous trouvant confrères en amour.

Puis, ce fut à qui, de nous deux, accuserait le plus de sentiment. L'un avait fait une fois deux cents lieues pour voir sa maîtresse pendant une heure. L'autre avait risqué de passer pour un loup et d'être fusillé dans un parc, afin de se trouver à un rendez-vous nocturne. Enfin, toutes nos folies! S'il y a du plaisir à se rappeler les dangers passés, n'y a-t-il pas aussi bien des délices à se souvenir des plaisirs évanouis : c'est jouir deux fois. Les périls, les grands et petits bonheurs, nous nous disions tout, même les plaisanteries. La comtesse de mon ami avait fumé un cigare pour lui plaire, la mienne me faisait mon chocolat, et ne passait pas un jour sans m'écrire ou me voir ; la sienne était venue demeurer chez lui pendant trois jours, au risque de se perdre; la mienne avait fait encore mieux, ou pis si vous voulez. Nos maris adoraient d'ailleurs nos comtesses; ils vivaient en esclaves sous le charme que possèdent toutes les femmes aimantes ; et, plus niais que l'ordonnance ne le porte, ils ne nous laissaient tout juste de périls que ce qu'il en fallait pour augmenter nos plaisirs. Oh! comme le vent emportait vite nos paroles et nos douces risées.

En arrivant à Pouilly, j'examinai fort attentivement la personne de mon nouvel ami. Certes, je crus facilement qu'il devait être très-sérieusement aimé. Figurez-vous un jeune homme de taille moyenne, mais très-bien proportionnée, ayant une figure heureuse et pleine d'expression. Ses cheveux étaient noirs et ses yeux bleus ; ses lèvres étaient faiblement rosées; ses dents, blanches et bien rangées ; une pâleur gracieuse décorait encore ses traits fins, puis un léger cercle de bistre cernait ses yeux, comme s'il eût été convalescent. Ajoutez à cela qu'il avait des mains blanches, bien modelées, soignées comme doivent l'être celles d'une jolie femme, qu'il paraissait fort instruit, était spirituel, et vous n'aurez pas de peine à m'accorder que mon compagnon pouvait faire honneur à une comtesse. Enfin, plus d'une jeune fille l'eût envié pour mari, car il était vicomte, et possédait environ douze à quinze mille livres de rentes, sans compter les espérances. A une lieue de Pouilly, la diligence versa. Mon malheureux camarade jugea devoir, pour sa sûreté, s'élancer sur les bords d'un champ fraîchement labouré, au lieu de se cramponner à la banquette, comme je le fis, et de suivre le mouvement de la diligence. Il prit mal son élan ou glissa, je ne sais comment l'accident eut lieu, mais il fut écrasé par la voiture qui tomba sur lui. Nous le transportâmes dans une maison de paysan. A travers les gémissements que lui arrachaient d'atroces douleurs, il put me léguer un de ces soins à remplir auxquels les derniers vœux d'un mourant donnent un caractère sacré. Au milieu de son agonie, le pauvre enfant se tourmentait, avec toute la candeur dont on est souvent victime à son âge, de la peine que ressentirait sa maîtresse si elle apprenait brusquement sa mort par un journal. Il me pria d'aller moi-même la lui annoncer. Puis il me fit chercher une clef suspendue à un ruban qu'il portait en sautoir sur la poitrine. Je la trouvai à moitié enfoncée dans les chairs. Le mourant ne proféra pas la moindre plainte lorsque je la retirai, le plus délicatement qu'il me fut possible, de la plaie qu'elle y avait faite. Au moment où il achevait de me donner toutes les instructions nécessaires pour prendre chez lui, à la Charité-sur-Loire, les lettres d'amour que sa maîtresse lui avait écrites, et qu'il me conjura de lui rendre, il perdit la parole au milieu d'une phrase ; mais son dernier geste me fit comprendre que la fatale clef serait un gage de ma mission auprès de sa mère. Affligé de ne pouvait formuler un seul mot de remercîment, car il ne doutait pas de mon zèle, il me regarda d'un œil suppliant pendant un instant, me dit adieu en me saluant par un mouvement de cils, puis il pencha la tête, et mourut. Sa mort fut le seul accident funeste que causa la chute de la voiture. — Encore y eut-il un peu de sa faute, me disait le conducteur.

A la Charité, j'accomplis le testament verbal de ce pauvre voyageur. Sa mère était absente; ce fut une sorte de bonheur pour moi. Néanmoins, j'eus à essuyer la douleur d'une vieille servante, qui chancela lorsque je lui racontai la mort de son jeune maître; elle tomba demi-morte sur une chaise en voyant cette clef encore empreinte de sang ; mais comme j'étais tout préoccupé d'une plus haute souffrance, celle d'une femme à laquelle le sort arrachait son dernier amour, je laissai la vieille femme de charge poursuivant le cours de ses prosopopées, et j'emportai la précieuse correspondance, soigneusement cachetée par mon ami d'un jour.

Le château où demeurait la comtesse se trouvait à huit lieues de Moulins, et encore fallait-il, pour y arriver, faire quelques lieues dans les terres. Il m'était alors assez difficile de m'acquitter de mon message. Par un concours de circonstances inutiles à expliquer, je n'avais que l'argent nécessaire pour atteindre Moulins. Cependant, avec l'enthousiasme de la jeunesse, je résolus de faire la route à pied, et d'aller assez vite pour devancer les mauvaises nouvelles, qui marche si rapidement. Je m'informai du plus court chemin, et j'allai par les sentiers du Bourbonnais, portant, pour ainsi dire, un mort sur mes épaules. A mesure que j'avançais vers le château de Montpersan, j'étais de plus en plus effrayé du singulier pèlerinage que j'avais entrepris. Mon imagination inventait mille fantaisies romanesques. Je me représentais toutes les situations dans lesquelles je pouvais rencontrer madame la comtesse de Montpersan, ou, pour obéir à la poétique des romans, la Juliette tant aimée du jeune voyageur. Je forgeais des réponses spirituelles à des questions que je supposais devoir m'être faites. C'était à chaque détour de bois, dans chaque chemin creux, une répétition de la scène de Sosie et de sa lanterne, à laquelle il rend compte de la bataille. A la honte de mon cœur, je ne pensai d'abord qu'à mon maintien, à mon esprit, à l'habileté que je voulais déployer ; mais lorsque je fus dans le pays, une réflexion sinistre me traversa l'âme comme un coup de foudre qui sillonne et déchire un voile de nuées grises. Quelle terrible nouvelle pour une femme qui, tout occupée en ce moment de son jeune ami, espérait d'heure en heure des joies sans nom, après s'être donné mille peines pour l'amener légalement chez elle ! Enfin, il y avait encore une charité cruelle à être le messager de la mort. Aussi hâtais-je le pas en me crottant et m'embourbant dans les chemins du Bourbonnais. J'atteignis bientôt une grande avenue de châtaigniers, au bout de laquelle les masses du château de Montpersan se dessinèrent dans le ciel comme des nuages bruns à contours clairs et fantastiques. En arrivant à la porte du château je la trouvai tout ouverte. Cette circonstance imprévue détruisait mes plans et mes suppositions. Néanmoins j'entrai hardiment, et j'eus aussitôt à mes côtés deux chiens, qui aboyèrent en vrais chiens de campagne. A ce bruit, une grosse servante accourut, et quand je lui eus dit que je voulais parler à madame la comtesse, elle me montra, par un geste de main, les massifs d'un parc à l'anglaise qui serpentait autour du château, et me répondit : — Madame est par là... — Merci ! dis-je d'un air ironique. Son par là pouvait me faire errer pendant deux heures dans le parc.

Une jolie petite fille à cheveux bouclés, à ceinture rose, à robe blanche, à pèlerine plissée, arriva sur ces entrefaites, entendit ou saisit la demande et la réponse. A mon aspect, elle disparut en criant d'un petit accent fin : — Ma nièce, voilà un monsieur qui veut vous parler. Et moi de suivre, à travers les détours des allées, les sauts et les bonds de la pèlerine blanche, qui, semblable à un feu follet, me montrait le chemin que prenait la petite fille. Il faut tout dire. Au dernier buisson de l'avenue, j'avais rehaussé mon col, brossé mon mauvais chapeau et mon pantalon avec les parements de mon habit, mon habit avec ses manches, et les manches l'une par l'autre, puis je l'avais boutonné soigneusement pour montrer le drap des revers toujours un peu plus neuf que ne l'est le reste, enfin j'avais fait descendre mon pantalon sur mes bottes, artistement bottées dans l'herbe. Grâce à cette toilette de Gascon, j'espérais ne pas être pris pour l'ambulant de la sous-préfecture; mais, quand aujourd'hui je me reporte par la pensée à cette heure de ma jeunesse, je ris parfois de moi-même. Tout à coup, au moment où je composais mon maintien, au détour d'une verte sinuosité, au milieu de mille fleurs éclairées par un chaud rayon de soleil, j'aperçus Juliette et son mari. La jolie petite fille tenait sa mère par la main, et il était facile de s'apercevoir que la comtesse avait hâté le pas en entendant la phrase ambiguë de son enfant. Étonnée à l'aspect d'un inconnu qui la saluait d'un air assez gauche, elle s'arrêta, me fit une mine froidement polie et une adorable moue qui pour moi révélait toutes ses espérances trompées. Je cherchai, mais vainement, quelques-unes de mes belles phrases si laborieusement préparées. Pendant ce moment d'hésitation mutuelle, le mari put alors arriver en scène. Des myriades de pensées passèrent dans ma cervelle. Par contenance, je prononçai quelques mots assez insignifiants, demandant si les personnes présentes étaient bien réellement M. le comte et madame la comtesse de Montpersan. Ces niaiseries me permirent de juger d'un seul coup d'œil, et d'analyser, avec une perspicacité rare à l'âge que j'avais, les deux époux dont la solitude allait être si violemment troublée. Le mari semblait être le type des gentilshommes qui sont actuellement un si bel ornement des provinces. Il portait de grands souliers à grosses semelles, je les place en première ligne, parce qu'ils me frappèrent plus vivement encore que son habit noir fané, son pantalon usé, sa cravate lâche et son col de chemise recroquevillé. Il y avait dans cet homme un peu du magistrat, beaucoup plus du conseiller de préfecture, toute l'importance d'un maire de canton auquel rien ne résiste, et l'aigreur d'un candidat éligible périodiquement refusé depuis 1816, incroyable mélange de bon sens campagnard et de sottises , point de manières, mais la morgue de la richesse, beaucoup de soumission pour sa femme, mais se croyant le maître, et prêt à se regimber dans les petites choses, sans avoir nul souci des affaires importantes. Du reste une figure flétrie, très-ridée, hâlée; quelques cheveux gris, longs et plats, voilà l'homme. Mais la comtesse! ah ! quelle vive et brusque opposition ne faisait-elle pas auprès de son mari! C'était une petite femme à taille plate et gracieuse, ayant une tournure ravissante, mignonne et si délicate, que vous eussiez eu peur de la briser les os eu la touchant. Elle portait une robe de mousseline blanche, avait sur la tête un joli bonnet à rubans roses, une ceinture rose, une guimpe remplie si délicatement par ses épaules et par les plus beaux contours, qu'en la voyant il naissait au fond du cœur une irrésistible envie de la posséder. Ses yeux étaient vifs, noirs, expressifs; ses mouvements doux, son pied charmant.

LE MESSAGE.

vieil homme à bonnes fortunes ne lui eût pas donné plus de trente années, tant il y avait de jeunesse dans son front et dans les détails les plus fragiles de sa tête. Quant au caractère, elle me parut tenir tout à la fois de la comtesse de Liguolles et de la marquise de B..., deux types de femme toujours frais dans la mémoire d'un jeune homme, quand il a lu le roman de Louvet. Je pénétrai soudain dans tous les secrets de ce ménage, et pris une résolution diplomatique digne d'un vieil ambassadeur. Ce fut peut-être la seule fois de ma vie que j'eus du tact et que je compris en quoi consistait l'adresse des courtisans ou des gens du monde. Depuis ces jours d'insouciance, j'ai eu trop de batailles à livrer pour distiller les moindres actes de la vie et ne rien faire qu'en accomplissant les cadences de l'étiquette et du bon ton, qui sèchent les émotions les plus généreuses.
— Monsieur le comte, je voudrais vous parler en particulier, dis-je d'un air mystérieux en faisant quelques pas en arrière.

Il me suit. Juliette nous laissa seuls, et s'éloigna négligemment en femme certaine d'apprendre les secrets de son mari au moment où elle voudra les savoir. Je racontai brièvement au comte la mort de mon compagnon de voyage. L'effet que cette nouvelle produisit sur lui me prouva qu'il portait une affection assez vive à son jeune collaborateur, et cette découverte me donna la hardiesse de répondre ainsi dans le dialogue qui s'ensuivit entre nous deux. — Ma femme va être au désespoir, s'écria-t-il, et je serai obligé de prendre bien des précautions pour l'instruire de ce malheureux événement. — Monsieur, en m'adressant d'abord à vous, lui dis-je, j'ai rempli un devoir. Je ne voulais pas m'acquitter de cette mission donnée par un inconnu près de madame la comtesse sans vous en prévenir ; mais il m'a confié une espèce de fidéicommis honorable, un secret dont je n'ai pas le pouvoir de disposer. D'après la haute idée qu'il m'a donnée de votre caractère, j'ai pensé que vous ne vous opposeriez pas à ce que j'accomplisse ses derniers vœux. Madame la comtesse sera libre de rompre le silence qu m'est imposé.

En entendant son éloge, le gentilhomme balança très-agréablement la tête. Il me répondit par un compliment assez entortillé, et finit en me laissant le champ libre. Nous revînmes sur nos pas. En ce moment la cloche annonça le dîner, je fus invité à le partager. En nous retrouvant graves et silencieux, Juliette nous examina furtivement. Étrangement surprise de voir son mari prenant un prétexte frivole pour nous procurer un tête-à-tête, elle s'arrêta en me lançant de ces coups d'œil qu'il n'est donné qu'aux femmes de jeter. Il y avait dans son regard toute la curiosité permise à une maîtresse de maison qui reçoit un étranger tombé chez elle comme des nues ; il y avait toutes les interrogations que méritaient ma mise, ma jeunesse et ma physionomie, contrastes singuliers ! puis tout le dédain d'une maîtresse idolâtrée aux yeux de qui les hommes ne sont rien, hormis un seul, il y avait des craintes involontaires, de la peur, et l'ennui d'avoir un hôte inattendu, quand elle venait sans doute de ménager à son amour tous les bonheurs de la solitude. Je compris cette éloquence muette, et j'y répondis par un triste sourire plein de pitié, de compassion. Alors je la contemplai pendant un instant dans tout l'éclat de sa beauté, au jour serein, au milieu d'une étroite allée bordée de fleurs. En voyant cet admirable tableau, je ne pus retenir un soupir. — Hélas ! madame, je viens de faire un bien pénible voyage entrepris... pour vous seule. — Monsieur ! me dit-elle. — Oh ! repris-je, je viens au nom de celui qui vous nomme Juliette. Elle pâlit. — Vous ne le verrez pas aujourd'hui. — Il est malade ? dit-elle à voix basse. — Oui, lui répondis-je. Mais, de grâce, modérez-vous. Je suis chargé par lui de vous confier quelques secrets qui vous concernent, et croyez que jamais messager ne sera ni plus discret ni plus dévoué. — Qu'y a-t-il ? — S'il ne vous aimait plus ? — Oh ! cela est impossible, s'écria-t-elle en laissant échapper un léger sourire qui n'était rien moins que franc.

Tout à coup elle eut une sorte de frisson, me jeta un regard fauve et prompt, rougit et dit : — Il est vivant ? Grand Dieu ! quel mot terrible ! J'étais trop jeune pour en soutenir l'accent, je ne répondis pas, et regardai cette malheureuse femme d'un air hébété. — Monsieur, monsieur, une réponse ! s'écria-t-elle. — Oui, madame. — Cela est-il vrai ? oh ! dites-moi la vérité, je puis l'entendre. Dites ! Toute douleur me sera moins poignante que ne l'est mon incertitude. Je répondis par deux larmes que m'arrachèrent les étranges accents desquels ces phrases furent accompagnées. Elle s'appuya sur un arbre en jetant un faible cri. — Madame, lui dis-je, voici votre mari ! — Est-ce que j'ai un mari ? A ce mot elle s'enfuit et disparut. — Eh bien ! le dîner refroidit, s'écria le comte. Venez, monsieur.

Là-dessus, je suivis le maître de la maison, qui me conduisit dans une salle à manger où je vis un repas servi avec tout le luxe auquel les tables parisiennes nous ont accoutumés. Il y avait cinq couverts : ceux des deux époux et celui de la petite fille, le mien, qui devait être le sien, le dernier et ait celui d'un chanoine de Saint-Denis, qui, les grâces dites, demanda : — Où donc est notre chère comtesse ? — Oh ! elle va venir, répondit le comte, qui, après nous avoir servi avec empressement le potage, s'en donna une très-ample assiettée et l'expédia merveilleusement vite. — Oh ! mon neveu, s'écria le chanoine, si votre femme était là, vous seriez plus raisonnable. — Papa se fera

mal, dit la petite fille d'un air malin. Un instant après ce singulier épisode gastronomique, et au moment où le comte découpait avec empressement je ne sais quelle pièce de venaison, une femme de chambre entra et dit : — Monsieur, nous ne trouvons point madame. A ce mot, je me levai par un mouvement brusque, en redoutant quelque malheur, et ma physionomie exprima si vivement mes craintes, que le vieux chanoine me suivit au jardin. Le mari vint par décence jusque sur le seuil de la porte. — Restez, restez ! n'ayez aucune inquiétude, nous cria-t-il. Mais il ne nous accompagna point. Le chanoine, la femme de chambre et moi nous parcourûmes les sentiers et les boulingrins du parc, appelant, écoutant, et d'autant plus inquiets, que j'annonçai la mort du jeune vicomte. En courant, je racontai les circonstances de ce fatal événement, et m'aperçus que la femme de chambre était extrêmement attachée à sa maîtresse ; car elle entra bien mieux que le chanoine dans les secrets de ma terreur. Nous allâmes aux pièces d'eau, nous visitâmes tous sans trouver la comtesse, ni le moindre vestige de son passage. Enfin, en revenant le long d'un mur, j'entendis des gémissements sourds et profondément étouffés qui semblaient sortir d'une espèce de grange. A tout hasard j'y entrai. Nous y découvrîmes Juliette, qui, mue par l'instinct du désespoir, s'y était ensevelie au milieu du foin. Elle avait caché là sa tête afin d'assourdir ses horribles cris, obéissant à une invincible pudeur : c'étaient des sanglots, des pleurs d'enfant, mais plus pénétrants, plus plaintifs. Il n'y avait plus rien dans le monde pour elle. La femme de chambre dégagea sa maîtresse, qui se laissa faire avec la flasque insouciance de l'animal mourant. Cette fille ne savait rien dire autre chose que : — Allons, madame, allons ! Le vieux chanoine demandait : — Mais qu'a-t-elle ? Qu'avez-vous, ma nièce ?

Enfin, aidé par la femme de chambre, je transportai Juliette dans sa chambre ; je recommandai soigneusement de veiller sur elle et de dire à tout le monde que la comtesse avait la migraine. Puis nous redescendîmes, le chanoine et moi, dans la salle à manger. Il y avait déjà quelque temps que nous avions quitté le comte, je pensai alors à lui qu'au moment où je me trouvai sous le péristyle, son indifférence me surprit, mais mon étonnement augmenta quand je le trouvai philosophiquement assis à table : il avait mangé presque tout le dîner, au grand plaisir de sa fille, qui souriait de voir son père en pleine et flagrante désobéissance aux ordres de la comtesse. La singulière insouciance de ce mari me fut expliquée par la légère altercation qui s'éleva soudain entre le chanoine et lui. Le comte était soumis à une diète sévère que les médecins lui avaient imposée pour le guérir d'une maladie grave dont le nom m'échappe ; et, poussé par cette gloutonnerie féroce assez familière aux convalescents, l'appétit de la bête l'avait emporté chez lui sur toutes les sensibilités de l'homme. En un moment j'avais vu la nature dans toute sa vérité, sous deux aspects bien différents qui mettaient le comique au sein même de la plus horrible douleur. La soirée fut triste. J'étais fatigué. Le chanoine employait toute son intelligence à deviner la cause des pleurs de sa nièce. Le mari digérait silencieusement, après s'être contenté d'une assez vague explication de la comtesse lui fit donner de son malaise par sa femme de chambre, et qui fut, je crois, empruntée aux indispositions naturelles à la femme. Nous nous couchâmes tous de bonne heure. En passant devant la chambre de la comtesse pour aller au gîte où me conduisait un valet, je demandai timidement de ses nouvelles. En reconnaissant ma voix, elle me fit entrer, voulut me parler ; mais, ne pouvant rien articuler, elle inclina la tête, et je me retirai. Malgré les émotions cruelles que je venais de partager avec la bonne foi d'un jeune homme, je dormis accablé par la fatigue d'une marche forcée. A une heure avancée de la nuit, je fus réveillé par les aigres bruissements que produisirent les anneaux de mes rideaux violemment tirés sur leurs tringles de fer. Je vis la comtesse assise sur le pied de mon lit. Son visage recevait toute la lumière d'une lampe posée sur ma table. — Est-ce bien vrai, monsieur ? me dit-elle. Je ne sais comment je puis vivre après l'horrible coup qui vient de me frapper ; mais en ce moment j'éprouve du calme. Je veux tout apprendre. — Quel calme ! me dis-je en apercevant l'effrayante pâleur de son teint, qui contrastait avec la couleur brune de sa chevelure, en entendant les sons gutturaux de sa voix, en restant stupéfait des ravages dont témoignaient tous ses traits altérés. Elle était étiolée déjà comme une feuille dépouillée des dernières teintes qu'y imprime l'automne. Ses yeux rouges et gonflés, dénués de toutes leurs beautés, ne réfléchissaient que la plus amère et profonde douleur ; vous eussiez dit d'un nuage gris, là où naguère pétillait le soleil.

Je lui redis simplement, sans trop appuyer sur certaines circonstances trop douloureuses pour elle, l'événement rapide qui l'avait privée de son ami. Je lui racontai la première journée de notre voyage, si remplie par les souvenirs de leur amour. Elle ne pleura point ; elle écoutait avec avidité, la tête penchée vers moi, comme un médecin zélé qui épie son malade. Saisissant un moment où elle me parut avoir entièrement ouvert son cœur aux souffrances et vouloir se plonger dans son malheur avec toute l'ardeur que donne la première fièvre du désespoir, je lui parlai des craintes qui agitèrent le pauvre mourant, et lui dis comment et pourquoi il m'avait chargé de ce fatal message. Ses yeux se séchèrent alors sous le feu sombre qui s'échappa des plus profondes régions de l'âme. Elle put pâlir encore. Lorsque je lui tendis les lettres que je gardais sous mon oreiller, elle les prit machinalement ; puis elle tressaillit violemment, et me dit d'une voix creuse : — Et moi qui brûlais les siennes ! Je n'ai rien de lui ! rien ! rien ! Elle se frappa fortement au front. — Madame, lui dis-je. Elle me regarda par un mouvement convulsif. — J'ai coupé sur sa tête, dis-je en continuant, une mèche de cheveux que voici.

Et je lui présentai ce dernier, cet incorruptible lambeau de celui qu'elle aimait. Ah ! si vous aviez reçu comme moi les larmes brûlantes qui tombèrent alors sur mes mains, vous sauriez ce qu'est la reconnaissance quand elle est si voisine du bienfait ! Elle me serra les mains, et d'une voix étouffée, avec un regard brillant de fièvre, un regard où son frêle bonheur rayonnait à travers d'horribles souffrances : — Ah ! vous aimez ! dit-elle. Soyez toujours heureux ! ne perdez pas celle qui vous est chère ! Elle n'acheva pas, et s'enfuit avec son trésor.

Le lendemain, cette scène nocturne, confondue dans mes rêves, me parut être une fiction. Il fallut, pour me convaincre de la douloureuse vérité, que je cherchasse infructueusement les lettres sous mon chevet. Je restai plusieurs heures encore avec la Juliette que m'avait tant vantée mon pauvre compagnon de voyage. Les moindres paroles, les gestes, les actions de cette femme, me prouvèrent la noblesse d'âme, la délicatesse de dévouement qui faisaient d'elle une de ces chères créatures d'amour et de sentiment si rares semées sur cette terre. Le soir, le comte de Montpersan me conduisit lui-même jusqu'à Moulins. En y arrivant, il me dit avec une sorte d'embarras : — Monsieur, si ce n'est pas abuser de votre complaisance et agir bien indiscrètement avec un inconnu auquel nous avons déjà des obligations, voudriez-vous avoir la bonté de remettre à Paris, puisque vous y allez, chez M. de … (j'ai oublié le nom), rue du Sentier, une somme que je lui dois, et qu'il m'a prié de lui faire promptement passer ? — Volontiers, dis-je. Et dans l'innocence de mon âme je pris un rouleau de vingt-cinq louis qui me servit à revenir à Paris, et que je rendis fidèlement au prétendu correspondant de M. de Montpersan.

A Paris seulement, et en portant cette somme dans la maison indiquée, je compris l'ingénieuse adresse avec laquelle Juliette m'avait obligé. La manière dont me fut prêté cet or, la discrétion gardée sur une pauvreté facile à deviner, ne révèlent-ils pas tout le génie d'une femme aimante !

Quelles délices d'avoir pu raconter cette aventure à une femme qui, peureuse, vous a serré, vous a dit : — Oh ! cher, ne meurs pas, toi !

Paris, janvier 1832.

FIN DU MESSAGE.

Nous y découvrîmes Juliette. — PAGE 31.

ŒUVRES ILLUSTRÉES DE BALZAC

LE MARTYR CALVINISTE

Dess. Tony Johannot, E. Lampsonius, Bertall, H. Monnier, etc.

Gravures par les meilleurs Artistes.

A MONSIEUR
LE MARQUIS DE PASTORET,
Membre de l'Académie
des Beaux-Arts

Quand on songe au nombre étonnant de volumes publiés pour rechercher le point des Alpes par lequel Annibal opéra son passage, sans qu'on puisse aujourd'hui savoir si ce fut, selon Witaker et Rivaz, par Lyon, Genève, le Saint-Bernard et le val d'Aoste ; ou, selon Letronne, Follard, Saint-Simon et Fortia d'Urban, par l'Isère, Grenoble, Saint-Bonnet, le mont Genèvre, Fenestrelle et le pas de Suze ; ou, selon Larauza, par le mont Cenis et Suze ; ou, selon Strabon, Polybe et de Luc, par le Rhône, Vienne, Yenne et le mont du Chat ; ou, selon l'opinion de quelques gens d'esprit, par Gênes, la Bochetta et la Scrivia, opinion que je partage, et que Napoléon avait adoptée, sans compter le vinaigre avec lequel les roches alpestres ont été accommodées par quelques savants ; doit-on s'étonner, monsieur le marquis, de voir l'histoire moderne si négligée, que les points les plus importants en

Elle s'attacha très-étroitement au roi son beau-père. — PAGE 6.

soient obscurs, et que les calomnies les plus odieuses pèsent encore sur des noms qui devraient être révérés ? Remarquons, en passant, que le passage d'Annibal est devenu presque problématique à force d'éclaircissements. Ainsi, le père Ménestrier croit que le Scoras, désigné par Polybe, est la Saône ; Letronne, Larauza et Schweighauser y voient l'Isère ; Cochard, un savant lyonnais, y voit la Drôme ; pour quiconque a des yeux, il se trouve entre Scoras et Scrivia de grandes ressemblances géographiques et linguistiques, sans compter la presque certitude du mouillage de la flotte carthaginoise à la Spezzia ou dans la rade de Gênes. Je concevrais ces patientes recherches, si la bataille de Cannes était mise en doute ; mais puisque ses résultats sont connus, à quoi bon noircir tant de papier par tant de suppositions qui sont en quelque sorte les arabesques de l'hypothèse ; tandis que l'histoire la plus importante au temps actuel, celle de la Réformation, est pleine d'obscurités si fortes, qu'on ignore le nom de l'homme qui faisait naviguer un bateau par la vapeur à Barcelone dans le temps que Luther et Calvin inventaient l'insurrection de la pensée (1). Nous avons, je crois, la même opinion, après avoir fait, chacun de notre côté, les mêmes recherches sur la grande et belle figure de Catherine de Médicis. Aussi ai-je pensé que mes études historiques sur cette reine seraient convenablement adressées à un écrivain qui depuis si longtemps travaille à l'histoire de la Réformation, et que je rendrais aussi au caractère et à la fidélité de l'homme monarchique un public hommage, peut-être précieux par sa rareté.

Paris, janvier 1842.

On cède assez généralement au paradoxe, lorsque des savants, frappés d'une erreur historique, essayent de la redresser, mais, pour quiconque étudie à fond l'histoire moderne, il est certain que les historiens sont des menteurs privilégiés qui prêtent leurs plumes aux croyances populaires, absolument comme la plupart des journaux d'aujourd'hui n'expriment que les opinions de leurs lecteurs.

L'indépendance historique a beaucoup moins brillé chez les laïques que chez les religieux. C'est des bénédictins, une des gloires de la France, que nous viennent les plus pures lumières en fait d'histoire, pour autant toutefois que l'intérêt des religieux ne fût pas en jeu. Aussi, dès le milieu du dix-huitième siècle, s'est-il élevé de grands et de savants controversistes qui, frappés de la nécessité de redresser les erreurs populaires accréditées par les historiens, ont publié de remarquables travaux. Ainsi, M. de Lamoy, surnommé le *Denicheur de saints* fit une guerre cruelle aux saints entés par contrebande dans l'Église. Aussi, des émules des bénédictins, les membres trop peu connus de l'Académie des inscriptions et belles-lettres, commencèrent, sur des points historiques obscurs, leurs *Mémoires* si admirables de patience, d'érudition et de logique. Ainsi Voltaire, dans un intérêt malheureux, avec une passion triste, porta souvent la lumière de son esprit sur des préjugés historiques. Diderot entreprit, dans cette visée, un livre trop long sur une époque de l'histoire impériale de Rome. Sans la Révolution française, la *critique* appliquée à l'histoire, allait peut-être préparer les éléments d'une bonne et vraie histoire de France dont les preuves étaient depuis si longtemps amassées par nos grands bénédictins. Louis XVI, esprit juste, a traduit lui-même l'ouvrage anglais par lequel Walpole a essayé d'expliquer Richard III, et dont s'occupa tant le siècle dernier.

Comment des personnages aussi célèbres que des rois ou des reines, comment des personnages aussi importants que des généraux d'armée deviennent-ils un objet d'horreur ou de dérision ? Entre la chanson de Marlborough et l'histoire d'Angleterre, la moitié du monde hésite, comme on hésite entre l'histoire et la croyance populaire à propos de Charles IX. À toutes les époques où de grandes batailles ont lieu entre les masses et le pouvoir, le peuple se crée un personnage agressif, s'il est permis de risquer un mot pour rendre une idée juste. Ainsi, de notre temps, sans le *Mémorial de Sainte-Hélène*, sans les controverses entre les royalistes et les bonapartistes, n'a-t-on pas failli ne rien voir du caractère de Napoléon tant il fût méconnu ? Quelques abbés de Pradt de plus encore quelques articles de journaux, et d'empereur, Napoléon passait ogre. Comment l'erreur se propage-t-elle et s'accrédite-t-elle ? Ce mystère s'accomplit sous nos yeux sans que nous nous en apercevions. Personne ne se doute combien l'imprimerie a donné de consistance et à l'envie qui s'attache aux gens élevés et aux plaisanteries populaires qui résument en sous-entendus un grand fait historique. Ainsi, le nom du prince de Polignac est donné dans toute la France aux mauvais chevaux auxquels on frappe. Et que sait-on de l'avenir pensera du coup d'État du prince de Polignac ? Par suite d'un caprice de Shakspeare, et peut-être fut-ce une vengeance comme celle de Beaumarchais contre Bergasse (Bergeass), l'alstaff est, en Angleterre, le type du ridicule, un nom qui provoque le rire ; il est le roi des clowns. Au lieu d'être énormément replet, sottement amoureux, vain, ivrogne, vieux, corrupteur, Falstaff était un des personnages les plus importants de son siècle, chevalier de l'ordre de la Jarretière, et revêtu d'un commandement supérieur. À l'avènement de Henri V au trône, sir Falstaff avait au plus trente-quatre ans. Ce général, qui se signala pendant la bataille d'Azincourt, et qui fut prisonnier le duc d'Alençon, prit, en 1420 Montereau, qui fut vigoureusement défendu. Enfin, sous Henri VI il battit dix mille français avec quinze cents soldats fatigués et mourants de faim. Voilà pour la guerre. Si de là nous passons à la littérature, chez nous Rabelais, homme sobre, qui ne buvait que de l'eau, passe pour un amateur de bonne chère, pour un buveur déterminé. Mille contes ridicules ont été faits sur l'auteur d'un des plus beaux livres de la littérature française, le Pantagruel.

(1) L'auteur de l'expérience de Barcelone doit être Sirouan de Croix nommé de Cros. Ce grand homme a toujours du malheur, même après sa mort, son tombeau, triomphe quand Salomon, dont le portrait est au palais royal de quatre-vingt-six ans, a été retrouvé par l'auteur de la *Comédie Humaine*, à Heidelberg, est né à Caux en Normandie.

L'Arétin, l'ami de Titien, et le Voltaire de son siècle a, de nos jours, un renom en complète opposition avec ses œuvres, avec son caractère, et que lui vaut une débauche d'esprit en harmonie avec les écrits de ce siècle, où le droit public était à l'honneur, où les reines et les cardinaux écrivaient des contes, dits aujourd'hui licencieux. On pourrait multiplier à l'infini les exemples de ce genre. En France, et dans la partie la plus grave de l'histoire moderne, une femme, si ce n'est Brunehault ou Frédégonde, n'a plus souffert des erreurs populaires que Catherine de Médicis, tandis que Marie de Médicis, dont toutes les actions ont été préjudiciables à la France, échappe à toute honte qui devrait couvrir de son nom. Marie a dissipé les trésors amassés par Henri IV, elle ne s'est jamais lavée du reproche d'avoir connu l'assassinat du roi, elle a forcé son fils de la bannir de France, où elle encouragea les révoltes de son autre fils Gaston ; enfin la victoire de Richelieu sur elle à la journée des Dupes, ne fut due qu'à la découverte que le cardinal fit à Louis XIII des documents tenus secrets sur la mort de Henri IV. Catherine de Médicis, au contraire, a sauvé la couronne de France, elle a maintenu l'autorité royale dans des circonstances au milieu desquelles plus d'un grand prince aurait succombé. Ayant en tête les ambitions comme celles des Guise et de la maison de Bourbon, des hommes comme les deux cardinaux de Lorraine, les deux princes de Condé, la reine Jeanne d'Albret, Henri IV, le connétable de Montmorency, Calvin, les Coligny, Théodore de Bèze, il lui a fallu déployer les plus hautes qualités, les plus précieux dons de l'homme d'État, sous le feu des railleries de la presse calviniste. Voilà des faits qui, certes, sont incontestables. Aussi, pour qui creuse l'histoire du seizième siècle en France, la figure de Catherine de Médicis apparaît-elle comme celle d'un grand roi. Les calomnies une fois dissipées par les faits péniblement retrouvés à travers les contradictions des pamphlets et les fausses anecdotes, tout s'explique à la gloire de cette femme extraordinaire qui n'eut aucune des faiblesses de son sexe qui vécut chaste au milieu des amours de la cour la plus galante de l'Europe, et qui sut, malgré sa pénurie d'argent, bâtir d'admirables monuments, comme pour réparer les pertes que causaient les démolitions des calvinistes, qui firent la part autant de belles mesures qu'au corps politique. Serrée entre des princes qui se disaient les héritiers de Charlemagne, et une lâcheuse branche cadette qui voulait emporter la trahison du connétable de Bourbon sous le trône, Catherine obligée de combattre une hérésie prête à dévorer la monarchie, sans amis, apercevant la trahison dans les chefs du parti catholique et la république dans le parti calviniste, a employé l'arme la plus dangereuse, mais la plus certaine de la politique. L'adresse ! Elle résolut de jouer successivement le parti qui voulait la ruine de la maison de Valois, les Bourbons, qui voulaient la couronne, et les réformés, les radicaux de ce temps-là qui voulaient une république impossible, comme ceux de ce temps-ci qui cependant n'ont rien à réformer. Aussi, tant qu'elle a vécu, les Valois ont-ils gardé le trône. Il comprenait bien la valeur de cette femme, le grand de Thou, quand, en apprenant sa mort il s'écria : — Ce n'est pas une femme, c'est la royauté qui vient de mourir. Catherine avait en effet au plus haut degré le sentiment de la royauté, elle l'a défendu avec un courage et une persistance admirables. Les reproches que les écrivains calvinistes lui ont fait, sont évidemment sa gloire, elle ne les a encourus qu'à cause de ses triomphes. Pouvait-on triompher autrement que par la ruse ? Toute la question est là. Quant à la violence, ce moyen touche à l'un des points les plus controversés de la politique, et qui, de notre temps, a été résolu sur la place où l'on a mis un gros caillou d'Égypte pour faire oublier le régicide et l'emblème du système actuel de la politique matérialiste qui nous gouverne ; il a été résolu aux Carmes et à l'Abbaye ; il a été résolu sur les marches de Saint-Roch, il a été résolu devant le Louvre en 1830, encore une fois par le peuple contre le roi, comme depuis il a été résolu par la meilleure des républiques par Lafayette contre l'insurrection républicaine à Saint-Merri et rue Transnonain. Tout pouvoir, légitime ou illégitime, doit se défendre quand il est attaqué, mais, chose étrange, là où le peuple est héroïque dans sa victoire sur la noblesse, le pouvoir passe pour assassin dans un duel avec le peuple. Enfin, s'il succombe, après son appel à la force, le pouvoir passe encore pour imbécile. Le gouvernement actuel tentera de se sauver avec deux lois du même mal qui attaquait Charles X et duquel ce prince voulait se débarrasser par deux ordonnances. Ne sera-ce pas une amère dérision ! La ruse est-elle permise au pouvoir contre la ruse ? doit-il tuer ceux qui le veulent tuer ? Les massacres de la Révolution répondent aux massacres de la Saint-Barthélemi. Le peuple devenu roi a fait contre la noblesse et la roture ce que le roi et la noblesse ont fait contre les misères du seizième siècle. Ainsi, les écrivains populaires, qui savent très-bien qu'en semblable occurrence le peuple agirait encore de même, sont sans excuse quand ils blâment Catherine de Médicis et Charles IX. Tout pouvoir, comme le disait Casimir Perier en apprenant ce que devait être le pouvoir, est une conspiration permanente. On admire les maximes antisociales que publient d'audacieux écrivains, pourquoi donc la défaveur qui s'attache en France aux vérités sociales quand elles se produisent hardiment? Cette question explique-t-elle seule toutes les erreurs historiques. Appliquez la solution de cette demande aux doctrines dévastatrices qui flattent les passions populaires et aux doctrines conservatrices qui répriment les sauvages ou folles entreprises du peuple, et vous trouverez la raison de l'impopularité comme de la popularité de certains personnages. Laubardemont et Laffemas étaient, comme certaines gens d'aujourd'hui, dévoués à la défense du pouvoir auquel ils croyaient. Soldats ou juges, ils obéissaient les uns et les autres à une royauté. D'Orthès aujourd'hui serait destitué pour avoir méconnu les ordres du ministre, et Charles IX lui laissa le gouvernement de sa province. Le pouvoir de tous ne compte sur personne, le pouvoir d'un seul est obligé de compter avec les sujets, avec les grands comme avec les petits.

Catherine, comme Philippe II et le duc d'Albe, comme les Guise et le cardinal Granvelle, ont aperçu l'avenir que la Réformation réservait à l'Europe; ils ont vu les monarchies, la religion, le pouvoir ébranlés! Catherine écrivit aussitôt, au fond du cabinet des rois de France, un arrêt de mort contre cet esprit d'examen qui menaçait les sociétés modernes, arrêt que Louis XIV a fini par exécuter. La révocation de l'édit de Nantes ne fut une mesure malheureuse qu'à cause de l'irritation de l'Europe contre Louis XIV. Dans un autre temps, l'Angleterre, la Hollande et l'Empire n'eussent pas encouragé chez eux les bannis français et la révolte en France.

Pourquoi refuser de nos jours à la majestueuse adversaire de la plus inféconde des hérésies la grandeur qu'elle a tirée de la lutte même! Les calvinistes ont beaucoup parlé contre le stratagème de Charles IX; mais parcourez la France, en reconnaissez les ruines de tant de belles églises abattues, en mesurant les énormes blessures faites par les religionnaires au corps social, en apprenant combien de revanches elles ont prises, en déplorant les malheurs de l'individualisme la plaie de la France actuelle, et dont le germe était dans les questions de liberté de conscience agitées par elles, vous vous demanderez de quel côté sont les bourreaux. Il y a, comme dit Catherine dans la troisième partie de cette Étude, « malheureusement « à toutes les époques des écrivains hypocrites prêts à pleurer sur « cents coquins tués à propos. » César, qui tâchait d'apitoyer le sénat sur le parti de Catilina, eût peut-être vaincu Cicéron s'il avait eu des journaux et une opposition à ses ordres.

Une autre considération explique la défaveur historique et populaire de Catherine. L'opposition en France a toujours été protestante, parce qu'elle n'a jamais eu que la *négation* pour politique; elle a hérité des théories des luthériens, des calvinistes et des protestants sur les mots terribles de liberté, de tolérance, de progrès et de philosophie. Deux siècles ont été employés par les opposants du pouvoir à établir la douteuse doctrine du *libre arbitre*. Deux autres siècles ont été employés à développer le premier corollaire du libre arbitre, la liberté de conscience. Notre siècle essaye d'établir le second, la liberté politique.

Assise entre les champs déjà parcourus et les champs à parcourir, Catherine et l'Église ont proclamé le principe statuaire des sociétés modernes, *una fides, unus dominus*, en usant de leur droit de vie et de mort sur les novateurs. Encore qu'elle ait été vaincue, les siècles suivants ont donné raison à Catherine. Le produit du libre arbitre, de la liberté religieuse et de la liberté politique (ne confondons pas avec la liberté civile), la France d'aujourd'hui. Qu'est-ce que la France de 1840? un pays exclusivement occupé d'intérêts matériels, sans patriotisme, sans conscience, où le pouvoir est sans force, où l'élection, fruit du libre arbitre et de la liberté politique, n'élève que les médiocrités, où la force brutale est devenue nécessaire contre les violences populaires, et où la discussion, étendue aux moindres choses, étouffe toute action du corps politique; où l'argent domine toutes les questions, et où l'individualisme produit horrible de la division à l'infini des héritages, qui supprime la famille, dévorera tout, même la nation, que l'égoïsme livrera quelque jour à l'invasion. On se dira : Pourquoi pas le Czar, comme on se dit : Pourquoi pas le duc d'Orléans? On ne tient pas à grand'chose; mais dans cinquante ans ou ne tiendra à rien.

Ainsi, selon Catherine et selon tous ceux qui tiennent pour une société bien ordonnée, *l'homme social*, le sujet, n'a pas de libre arbitre, ne doit point *professer* le dogme de la liberté de conscience, ni avoir de liberté politique. Mais comme aucune société ne peut exister sans les garanties données au sujet contre le souverain, il en résulte pour le sujet des *libertés* soumises à des restrictions. La liberté, non; mais des libertés, oui; des libertés définies et caractérisées. Voici qui est conforme à la nature des choses. Aussi, certes, il est hors du pouvoir humain d'empêcher la liberté de la pensée, et nul souverain ne peut atteindre l'argent. Les grands politiques, qui furent vaincus dans cette longue lutte (elle a duré cinq siècles), reconnaissaient à leurs sujets de grandes libertés mais n'admettaient ni la liberté de publier des pensées antisociales ni la liberté indéfinie du sujet. Pour eux, *sujet* et *libre* sont en politique deux termes qui se contredisent, de même que des citoyens *tous égaux*

constituent un non-sens que la nature dément à toute heure. Reconnaître la nécessité d'une religion, la nécessité du pouvoir, et laisser aux sujets le droit de nier la religion, d'en attaquer le culte, de s'opposer à l'exercice du pouvoir par l'expression publique, communicable et communiquée de la pensée, est une impossibilité que ne voulaient point les catholiques du seizième siècle. Hélas! la victoire du calvinisme coûtera bien plus cher encore à la France qu'elle n'a coûté jusqu'aujourd'hui, car les sectes religieuses et politiques, humanitaires, égalitaires, etc., d'aujourd'hui, sont la queue du calvinisme; et à voir les fautes du pouvoir, son mépris pour l'intelligence, son amour pour les intérêts matériels, où il veut prendre ses points d'appui, et qui sont les plus trompeurs de tous les ressorts, à moins d'un secours providentiel, le génie de la destruction l'emportera de nouveau sur le génie de la conservation. Les assaillants, qui n'ont rien à perdre et tout à gagner, s'entendent admirablement, tandis que leurs riches adversaires ne veulent pas faire de sacrifice en argent ou en amour-propre pour s'attacher leurs défenseurs.

L'imprimerie vint en aide à l'opposition commencée par les Vaudois et les Albigeois. Une fois que la pensée humaine, au lieu de se condenser comme elle était obligée de le faire pour rester sous la forme la plus communicable, revêtit une multitude d'habillements et devint le peuple lui-même au lieu de rester en quelque sorte divinement *aromatique*, il y eut deux multitudes à combattre, la multitude des idées et la multitude des hommes. Le pouvoir royal a succombé dans cette lutte, et nous assistons de nos jours, en France, à sa dernière combinaison avec les éléments qui le rendent difficile, pour ne pas dire impossible. Le pouvoir est une *action*, et le principe électif est la *discussion*. Il n'y a pas de politique possible avec la discussion en permanence. Aussi, devons-nous trouver bien grande la femme qui a su deviner cet avenir et la combattit si courageusement. Si la maison de Bourbon a pu succéder à la maison de Valois, si elle a trouvé la couronne à prendre, elle la doit à Catherine de Médicis. Supposez le second Balafré debout, quelque fort qu'ait été le Béarnais, il est douteux qu'il eût saisi la couronne, à voir combien chèrement le duc de Mayenne et les restes du parti des Guise la lui ont vendue. Les moyens nécessaires dont s'est servie Catherine, qui a dû se reprocher la mort de François II et celle de Charles IX, morts tous deux bien à temps pour la sauver, ne sont pas. Remarquez-le, l'objet des accusations des écrivains calvinistes et modernes. Il n'y eut point d'empoisonnement, comme de graves auteurs l'ont dit, il est hors de doute qu'elle empêcha Paré de sauver l'un, et qu'elle accomplit sur l'autre un long assassinat moral. La rapide mort de François II, celle de Charles IX, si naturellement amenée, ne nuisaient point aux calvinistes, les causes de ces deux événements gisaient dans la sphère supérieure, ils ne furent soupçonnés ni par les écrivains ni par le peuple de ce temps, ils n'étaient devinées que par les de Thou, les l'Hospital, par les esprits les plus élevés, ou par les chefs des deux partis, qui convoitaient la couronne ou qui défendaient la couronne, et qui trouvaient de tels moyens nécessaires. Les chansons populaires s'attaquaient, chose étrange, aux mœurs de Catherine. On connaît l'anecdote de ce soldat qui faisant rôtir une oie dans le corps de garde du château de Tours pendant la conférence de Catherine et de Henri IV, en chantant une chanson où la reine était outragée par une comparaison avec la bouche à feu des plus fort calibre que possédaient les calvinistes. Henri IV tira son épée pour aller tuer le soldat. Catherine l'arrêta, et se contenta de crier à l'insulteur : — Eh ! c'est Catherine qui te donne l'oie ! Si les exécutions d'Amboise furent attribuées à Catherine, si les calvinistes firent de cette femme supérieure l'odieux responsable de tous les malheurs inévitables de cette lutte, il en est d'elle comme plus tard de Robespierre, qui reste à juger. Catherine fut d'ailleurs cruellement punie de sa préférence pour le duc d'Anjou, qui lui fit faire bon marché des deux aînés. Henri III, arrivé, comme tous les enfants gâtés, à la plus profonde indifférence envers sa mère, se plongea volontairement dans les débauches qui firent de lui ce que sa mère avait fait de Charles IX, un mari sans fils, un roi sans héritiers. Par malheur, le duc d'Alençon, le dernier enfant mâle de Catherine, mourut, et naturellement Catherine fit des efforts inouïs pour combattre les passions de son fils. L'histoire a conservé le souvenir du souper de femmes nues donné dans la galerie de Fontainebleau, et qui ne put point ramener Henri III de ses mauvaises habitudes. La dernière parole de cette grande reine a résumé sa politique, car d'ailleurs elle était conforme au bon sens, que nous verrons tous le Théâtre les mettant en pratique en semblables circonstances. — *Bien coupé, mon fils !* dit-elle quand Henri III vint à son lit de mort lui annoncer l'ennemi de la couronne avait été mis à mort, *maintenant il faut recoudre*. Elle indiquait ainsi que le trône devait se raccommoder aussitôt avec la maison de Lorraine, et s'en servir, seul moyen d'empêcher les effets de la haine des Guise, en leur rendant l'espoir d'envelopper sa race; mais cette persistante ruse de femme et d'Italienne qu'elle avait toujours employée était incompatible avec la vie voluptueuse de Henri III. Une fois la grande mère morte (*mater castrorum*), la politique des Valois mourut.

Avant d'entreprendre d'écrire l'histoire des mœurs en action, l'auteur de cette Étude avait patiemment et minutieusement étudié les principaux règnes de l'histoire de France, la querelle des Bourguignons et des Armagnacs, celle des Guise et des Valois, qui, chacune, tiennent un siècle. Son intention fut d'écrire une histoire de France pittoresque. Isabelle de Bavière, Catherine et Marie de Médicis, ces trois femmes y tiennent une place énorme, dominent du quatorzième au dix-septième siècle, et aboutissent à Louis XIV. De ces trois reines, Catherine est la plus intéressante et la plus belle. Ce fut une domination virile, que ne déshonorèrent ni les amours terribles d'Isabelle, ni les plus terribles encore, quoique moins connues, de Marie de Médicis. Isabelle appela les Anglais en France contre son fils, aima le duc d'Orléans, son beau-frère, et Boisbourdon. Le compte de Marie de Médicis est encore plus lourd. Ni l'une ni l'autre, elles n'eurent de génie politique. Dans ces études et dans ces parallèles, l'auteur acquit la conviction de la grandeur de Catherine : en s'initiant aux difficultés renaissantes de sa position, il reconnut combien les historiens, influencés tous par les protestants, avaient été injustes pour cette reine; il lui en est resté les trois esquisses que voici, où sont combattues quelques opinions erronées sur elle, sur les personnages qui l'entouraient et sur les choses de son temps. Si ce travail se trouve parmi les Études philosophiques, c'est qu'il montre l'esprit d'un temps, et qu'on y voit clairement l'influence de la pensée. Mais, avant d'entrer dans l'arène politique où Catherine se voit aux prises avec les deux grandes difficultés de sa carrière, il est nécessaire de présenter un précis de sa vie antérieure, fait au point de vue d'une critique impartiale, afin qu'on embrasse le cours presque entier de cette vaste et royale existence, jusqu'au moment où commence la première partie de l'Étude.

Jamais il n'y eut, dans aucun temps, dans aucun pays, et dans aucune famille souveraine, plus de mépris pour la *légitimité* que dans la fameuse maison des *Médici* (Meditchi), dont, en France, le nom se prononce Médicis. On y avait sur le pouvoir la même doctrine qu'aujourd'hui professe la Russie : tout chef à qui le trône va devient le vrai, le légitime. Mirabeau avait raison de dire : — « Il n'y a eu qu'une mésalliance dans ma famille, c'est celle des Médicis. » car, malgré les efforts des généalogistes à gages, il est certain que les Médicis, avant Avérard de Médicis, gonfalonier de Florence en 1314, étaient de simples commerçants de Florence qui devinrent très-riches. Le premier personnage de cette famille, qui commence à occuper une place importante dans l'histoire de la fameuse République toscane, fut Salvestro de Médicis, devenu gonfalonier en 1378. De ce Salvestro naquirent deux fils, Cosme et Laurent de Médicis.

De Cosme sont descendus Laurent le Magnifique, le duc de Nemours, le duc d'Urbin, père de Catherine, le pape Léon X, le pape Clément VII, et Alexandre, premier duc de Florence, comme on le dit, mais duc *della città di Penna*, titre donné par le pape Clément VII, comme un dédommagement au titre de grand-duc de Toscane.

De Laurent sont descendus le Brutus florentin, Lorenzino, qui tua le duc Alexandre; Cosme, le premier grand-duc, et les souverains de la Toscane jusqu'en 1737, époque à laquelle s'éteignit la maison.

Mais aucune de ces deux branches, la branche Cosme et la branche Laurent, ne régnent en ligne droite. Jusqu'au moment où la Toscane, asservie par le père de Marie de Médicis, a vu ses grands-ducs se succéder naturellement. Ainsi, Alexandre de Médicis, celui qui eut le titre de duc *della città di Penna*, et qui fut assassiné par Lorenzino, était fils du duc d'Urbin, père de Catherine, et d'une esclave mauresque. Aussi Lorenzino, fils légitime de Laurent, avait-il doublement le droit de tuer Alexandre, et comme usurpateur dans sa maison, et comme oppresseur de la ville. Quelques historiens croient même qu'Alexandre était fils de Clément VII. Ce qui fit reconnaître ce bâtard pour chef de la République et de la famille Médicis, fut son mariage avec Marguerite d'Autriche, fille naturelle de Charles-Quint. François Médicis, l'époux de Bianca Capello, accepta pour son fils un enfant du peuple, acheté par cette célèbre Vénitienne, et, chose étrange, Ferdinand, en succédant à François, maintint cet enfant supposé dans ses droits. Cet enfant, nommé don Antoine de Médicis, fut considéré pendant quatre règnes comme étant de la famille, il se concilia l'affection de chacun, rendit d'importants services à la famille, et fut universellement regretté. Presque tous les premiers Médicis eurent des enfants naturels, dont le sort a toujours été brillant. Ainsi, le cardinal Jules de Médicis, qui fut pape sous le nom de Clément VII, était fils illégitime de Julien I. Le cardinal Hippolyte de Médicis était également un bâtard, dont il ne fallut qu'il devînt pape, et chef de la famille.

Quelques faiseurs d'anecdotes veulent que le duc d'Urbin, père de Catherine, lui ait dit : *A figlia d'ingamno non manca mai figliuolanza* (une fille d'esprit sait toujours avoir des enfants), à propos d'un certain défaut de conformation dont était atteint Henri, second fils de François I, son prétendu. Or, Laurent II de Médicis, père de Catherine, qui avait épousé, en 1518, en secondes noces, Madeleine de la Tour-d'Auvergne, mourut le 28 avril 1519, quelques jours après sa femme, dont la mort fut causée par l'accouchement de sa fille Catherine. Catherine fut donc orpheline de père et de mère aussitôt qu'elle vit le jour. De là, les étranges aventures de son enfance mêlée aux débats sanglants des Florentins, qui voulaient reconquérir leur liberté, contre les Médicis, qui voulaient régner sur Florence, et se conduisaient avec tant de circonspection, que le père de Catherine portait le titre de duc d'Urbin. A la mort de Laurent, père de Catherine, le chef légitime de la maison de Médicis était le pape Léon X, qui fit gouverner Florence par ce fils illégitime de Julien, Jules de Médicis, alors cardinal. Léon X était le grand-oncle de Catherine, et ce cardinal Jules, qui fut Clément VII, n'était son oncle que de la *main gauche*. C'est ce qui fit si plaisamment nommer le pape, par Brantôme, *un oncle en Notre-Dame*. Ce fut pendant le siège de Florence, entrepris par les Médicis pour y rentrer, que le parti républicain, non content d'avoir enfermé Catherine, âgée de neuf ans, dans un couvent après l'avoir dépouillée de tous ses biens, voulut l'exposer entre deux créneaux au feu de l'artillerie, sur la proposition d'un nommé Baptiste Cei. Bernard Castiglione alla plus loin dans un conseil tenu pour aviser à terminer les affaires : il fut d'avis que, loin de remettre Catherine au pape, qui la redemandait, il fallait la livrer aux soldats pour la déshonorer. On voit que toutes les révolutions populaires se ressemblent. La politique de Catherine, qui favorisait tant le pouvoir royal, pouvait avoir été conseillée par de telles scènes, qu'une Italienne de neuf ans ne pouvait pas ignorer.

L'élévation d'Alexandre de Médicis, à laquelle le bâtard Clément VII contribua tant, eut sans doute pour principe son illégitimité même, et l'amour de Charles-Quint pour sa fameuse bâtarde Marguerite. Ainsi le pape et l'empereur furent inspirés par le même sentiment. A cette époque, Venise avait le commerce du monde, Rome en avait le gouvernement moral; l'Italie régnait encore par les poètes, par les généraux, par les hommes d'État nés chez elle. Dans aucun temps on ne vit dans un pays une si curieuse, une si abondante réunion d'hommes de génie. Il y en eut tant alors, que les moindres princes étaient des hommes supérieurs. L'Italie crevait de talent, d'audace, de science, de poésie, de richesse, de galanterie, quoique déchirée par de continuelles guerres intestines, et quoiqu'elle fût le rendez-vous de tous les conquérants qui se disputaient ses plus belles contrées. Quand les hommes sont si forts, ils ne craignent pas d'avouer leur faiblesse. De là, sans doute, cet âge d'or des bâtards. Il faut d'ailleurs rendre cette justice aux enfants illégitimes de la maison de Médicis, qu'ils étaient ardents pour la gloire et l'augmentation de biens et de pouvoir de cette famille. Aussi, dès que le duc *della citta di Penna*, le fils de la Mauresque, fut installé comme tyran de Florence, épousa-t-il l'intérêt du pape Clément VII pour la fille de Laurent II, alors âgée de onze ans.

Quand on étudie la marche des affaires et celle des hommes dans ce curieux seizième siècle, on ne doit jamais oublier que la politique eut alors pour élément une perpétuelle finesse qui détruisait, chez tous les caractères, cette allure droite, cette carrure de l'imagination exige des personnages éminents. Là, surtout, est l'absolution de Catherine. Cette observation fait justice de toutes les accusations banales et folles des écrivains de la Réformation. Ce fut le plus bel âge de cette politique dont le code a été écrit par Machiavel comme par Spinosa, par Hobbes comme par Montesquieu, car le dialogue de Sylla et d'Eucrate contient la vraie pensée de Montesquieu, que ses liaisons avec le parti encyclopédique ne lui permettaient pas de développer autrement. Ces principes sont aujourd'hui la morale secrète de tous les cabinets où se traitent les plans de quelque vaste domination. En France, nous avons blâmé Napoléon quand il le faisait usage de ce génie italien qui lui avait été *en outre*, et dont les combinaisons n'ont pas toujours réussi; mais Charles-Quint, Catherine, Philippe II, Jules II, ne se seraient pas conduits autrement que lui dans l'affaire d'Espagne. Dans les temps où naquit Catherine, l'histoire, si elle était rapportée au point de vue de la probité, serait un roman impossible. Charles-Quint, obligé de soutenir le catholicisme en présence des attaques de Luther, qui menaçait le trône en menaçant la tiare, laisse faire le siège de Rome, et tient le pape Clément VII en prison. Le même Clément VII, qui n'a pas d'ennemi plus cruel que Charles-Quint, lui fait la cour pour pouvoir placer Alexandre de Médicis à Florence, et Charles-Quint donne sa fille à ce bâtard. Aussitôt établi, Alexandre, de concert avec Clément, essaye de nuire à Charles-Quint en s'alliant à François I, au moyen de Catherine de Médicis, et tous deux lui promettent de l'aider à reconquérir l'Italie. Lorenzino de Médicis se fait le compagnon de débauche et le complaisant du duc Alexandre, pour pouvoir le tuer. Philippe Strozzi, l'une des plus grandes âmes de ce temps, se fit meurtrir dans une telle estime, qu'il jura que chacun de ses fils épouserait une des filles du meurtrier, et chaque fils accomplit religieusement la promesse du père, quand chacun d'eux, protégé par Catherine, pouvait faire de brillantes alliances, car ils fut l'émule de Doria, comme maréchal de France. Cosme de Médicis, le successeur d'Alexandre, avec lequel il n'avait aucune parenté, vengea la mort de ce tyran de la façon la plus cruelle, et avec une persistance de douze années, pendant lesquelles sa haine fut toujours aussi vivace contre des gens qui lui avaient, en définitif, donné le pouvoir. Il avait *dix-huit ans* au moment où il fut appelé à la souveraineté; son premier acte fut de faire déclarer nuls les droits des fils légitimes d'Alexandre, tout en vengeant Alexandre!... Charles-Quint confirma l'exhérédation de son petit-fils, et reconnut Cosme à la place du fils d'Alexandre. Placé sur le trône par le cardinal Cibo, Cosme l'exila sur-le-champ. Aussi le cardinal Cibo accusa-t-il aussitôt sa créature, ce Cosme, qui fut le premier grand-duc, d'avoir voulu faire empoisonner le fils d'Alexandre. Ce grand-duc, jaloux de sa puissance autant que Charles-Quint l'était de la sienne, de même que l'empereur, abdiqua en faveur de son fils François, après avoir fait tuer son autre fils, don Garcias, pour venger la mort du cardinal Jean de Médicis, que Garcias avait assassiné. Cosme Iᵉʳ et son fils François, qui auraient dû être dévoués corps et âme à la maison de France, la seule puissance qui pût les appuyer, furent les valets de Charles-Quint et de Philippe II, et par conséquent les ennemis secrets, lâches et perfides, de Catherine de Médicis, l'une des gloires de leur maison. Tels sont les principaux traits contradictoires et illogiques, les fourberies, les noires intrigues de la seule maison de Médicis. Par cette esquisse, on peut juger des autres princes de l'Italie et de l'Europe. Tous les envoyés de Cosme Iᵉʳ à la cour de France eurent dans leurs instructions secrètes l'ordre d'empoisonner Strozzi, le parent de la reine Catherine, quand il s'y trouvait. Charles-Quint fit assassiner trois ambassadeurs de François Iᵉʳ.

Ce fut au commencement du mois d'octobre 1533 que le duc *della città di Penna* partit de Florence pour Livourne, accompagné de l'unique héritière de Laurent II, Catherine de Médicis. Le duc et la princesse de Florence, car tel était le titre sous lequel cette jeune fille, alors âgée de quatorze ans, était désignée, quittèrent la ville, entourés par une troupe considérable de serviteurs, d'officiers, de secrétaires, précédés de gens d'armes, et suivis d'une escorte de cavaliers. La jeune princesse ne savait encore rien de sa destinée, il n'est que le pape allait avoir à Livourne une entrevue avec le duc Alexandre ; mais son oncle, Philippe Strozzi, lui révéla bientôt l'avenir auquel elle était promise.

Philippe Strozzi avait épousé Clarisse de Médicis, sœur consanguine de Laurent de Médicis, duc d'Urbin, père de Catherine : mais ce mariage, fait autant pour convertir à la cause des Médicis un des plus fermes appuis du parti populaire que pour ménager le rappel des Médicis, alors bannis, ne fit jamais varier ce vaillant champion, qui fut persécuté par son parti pour l'avoir conclu. Malgré les apparents changements de sa conduite, il peu dominée par cette alliance, il resta fidèle au parti populaire, et se déclara contre les Médicis dès qu'il eut pressenti leur dessein d'asservir Florence. Ce grand homme résista même à l'offre d'une principauté que lui fit Léon X. Philippe Strozzi se trouvait en ce moment victime de la politique des Médicis, si vacillante dans les moyens, si fixe dans son but. Après avoir partagé les malheurs de la captivité de Clément VII, quand, surpris par les Colonne, il s'était réfugié dans le château Saint-Ange, il fut livré à Clément comme otage et emmené à Naples. Comme le pape, une fois libre, tomba rudement sur ses ennemis, Strozzi faillit perdre la vie, et il fallut donner une somme énorme pour sortir de la prison où il était étroitement gardé. Quand il se vit libre, il eut, par une inspiration de la bonhomie naturelle à l'honnête homme, la simplicité de se présenter à Clément VII, qui s'était peut-être flatté de s'en être débarrassé. Le pape devait tellement rougir de sa conduite, qu'il fit à Strozzi le plus mauvais accueil. Strozzi avait ainsi commencé très-jeune l'apprentissage de la vie malheureuse de l'homme probe en politique, dont la conscience ne se prête point aux caprices des événements, dont les actions ne plaisent qu'à la vertu, qui se trouve alors persécuté par tous : par le peuple, en s'opposant à ses passions aveugles, par le pouvoir, en s'opposant à ses usurpations. La vie de ces grands citoyens est un martyre dans lequel ils ne sont soutenus que par la forte voix de leur conscience et par un héroïque sentiment du devoir social, qui leur dicte en toutes choses leur conduite. Il y eut beaucoup de ces hommes dans la République de Florence, tous aussi grands que Strozzi, et aussi complets que leurs adversaires du parti Médicis, presque vaincus par leur ruse florentine. Qu'y a-t-il de plus digne d'admiration dans la conjuration des Pazzi, que la conduite du chef de cette maison, dont le commerce était immense, qui a réglé tous ses comptes avec l'Asie, le Levant et l'Europe, avant d'exécuter ce vaste dessein, afin que, s'il succombait, ses correspondants n'eussent rien à perdre. Aussi l'histoire de l'établissement de la maison de Médicis du quatorzième au quinzième siècle est-elle une des plus belles qui restent à écrire, dont de grands génies y aient mis les mains. Ce n'est pas l'histoire d'une république, ni d'une société, ni d'une civilisation particulière, c'est l'histoire de l'*homme politique*, et l'histoire éternelle de la politique, celle des usurpateurs et des conquérants. Revenu à Florence, Philippe Strozzi y rétablit l'ancienne forme de gouvernement, et en fit sortir Hippolyte de Médicis, autre bâtard, et cet Alexandre, avec lequel il marchait en ce moment. Il fut alors effrayé de l'inconstance du peuple ; et, comme il redoutait la vengeance de Clément VII, il alla surveiller une immense maison de commerce qu'il avait à Lyon, et correspondait avec les banquiers à lui à Venise, à Rome, en France et en Espagne. Chose étrange ! ces hommes qui supportaient le poids des affaires publiques et celui d'une lutte constante avec les Médicis,

sans compter leurs débats avec leur propre parti, soutenaient aussi le fardeau du commerce et de ses spéculations, celui de la banque et de ses complications, que l'excessive multiplicité des monnaies et leurs falsifications rendaient bien plus difficile alors qu'aujourd'hui. (Le nom de banquier vient du banc sur lequel ils siégeaient, et qui leur servait à faire sonner les pièces d'or et d'argent.) Philippe trouva dans la mort de sa femme, qu'il adorait, le prétexte à donner aux exigences du parti républicain, dont la police devenait, dans toutes les républiques, d'autant plus terrible, que tout le monde se fait espion au nom de la liberté, qui justifiait tout. Philippe n'était revenu dans Florence qu'au moment où Florence fut obligée d'accepter le joug d'Alexandre, mais il était allé voir auparavant le pape Clément VII, dont les affaires étaient en assez bon état pour que ses dispositions à son égard fussent changées. Au moment de triompher, les Médicis avaient tant besoin d'un homme tel que Strozzi, ne fût-ce que pour ménager l'avènement d'Alexandre, que Clément sut le décider à siéger dans les conseils du bâtard, qui allait commencer l'oppression de la ville, et Philippe avait accepté le diplôme de sénateur. Mais, depuis deux ans et demi, de même que Sénèque et Burrhus auprès de Néron, il avait observé les commencements de la tyrannie. Il se voyait en ce moment en butte à tant de méfiance de la part du peuple, et si suspect aux Médicis, auxquels il résistait, qu'il prévoyait en ce moment une catastrophe. Aussi, dès qu'il apprit du duc Alexandre la négociation du mariage de Catherine avec un fils de France, dont la conclusion allait peut-être avoir lieu à Livourne, où les négociateurs s'étaient donné rendez-vous, forma-t-il le projet de passer en France et de s'attacher à la fortune de sa nièce, à laquelle il fallait un tuteur. Alexandre, enchanté de se débarrasser d'un homme si peu conciliant dans les affaires de Florence, appuya cette résolution, qui lui épargnait un meurtre, et donna le conseil à Strozzi de se mettre à la tête de la maison de Catherine. En effet, pour éblouir la cour de France, les Médicis avaient composé brillamment la suite de celle qu'ils nommaient fort indûment *la princesse de Florence*, et qui s'appelait aussi la petite duchesse d'Urbin. Le cortège, à la tête duquel marchaient le duc Alexandre, Catherine et Strozzi, se composait de plus de mille personnes, sans compter l'escorte et les serviteurs ; et quand la queue était à la porte de Florence, la tête dépassait déjà le premier village, hors la ville, où se tresse aujourd'hui la paille des chapeaux. On commençait à savoir dans le peuple que Catherine allait épouser un fils de François Iᵉʳ, mais ce n'était encore qu'une rumeur, qui prit de la consistance aux yeux de la Toscane par cette marche triomphale de Florence à Livourne. D'après les préparatifs qu'elle nécessitait, Catherine se doutait qu'il était question de son mariage, et son oncle lui révéla les projets avortés de son ambitieuse maison, qui avait voulu pour elle la main du dauphin. Le duc Alexandre espérait encore que le duc d'Albany réussirait à faire changer la résolution du roi de France, qui, tout en voulant acheter l'appui des Médicis en Italie, ne voulait leur abandonner que le duc d'Orléans. Cette petitesse lui perdre l'Italie et la France, et n'empêcha point que Catherine fût reine.

Ce duc d'Albany, fils d'Alexandre Stuart, frère de Jacques III, d'Écosse, avait épousé Anne de la Tour-de-Boulogne, sœur de Madeleine de la Tour-de-Boulogne, mère de Catherine ; il se trouvait ainsi son oncle maternel. C'est par sa mère que Catherine était si riche et alliée à tant de familles, car, chose étrange ! Diane de Poitiers, sa rivale, était aussi sa cousine. Jean de Poitiers, père de Diane, avait pour mère Jeanne de la Tour-de-Boulogne, tante de la duchesse d'Urbin. Catherine était également parente de Marie-Stuart, sa belle-fille. Catherine sut alors que sa dot en argent serait de cent mille ducats. Le ducat était une pièce d'or de la dimension d'un de nos anciens louis, mais moitié moins épaisse. Ainsi, cent mille ducats de ce temps représentent environ, en tenant compte de la haute valeur de l'or, six millions d'aujourd'hui, le ducat actuel valant presque douze francs. On peut juger de l'importance de la maison de banque que Philippe Strozzi avait à Lyon, puisque ce fut son facteur en cette ville qui délivra les douze cent mille livres en or. Les comtes d'Auvergne et de Lauraguais devaient, en outre, être apportés en dot par Catherine, à qui le pape Clément faisait cadeau de cent mille autres ducats en bijoux, pierres précieuses et autres cadeaux de noces, auxquels le duc Alexandre contribuait.

En arrivant à Livourne, Catherine, encore si jeune, dut être flattée de la magnificence excessive que le pape Clément, son oncle en Notre-Dame, alors chef de la maison de Médicis, déploya pour écraser la cour de France. Il était arrivé déjà dans une de ses galères, entièrement tapissée de satin cramoisi, garnie de crépines d'or, et couverte d'une tente de drap d'or. Cette galère, dont la décoration coûta près de vingt mille ducats, contenait plusieurs chambres destinées à la future de Henri de France, toutes meublées des plus riches curiosités que les Médicis avaient pu rassembler. Les rameurs, vêtus magnifiquement, et l'équipage avaient pour capitaine un prieur de l'ordre des chevaliers de Rhodes. La maison du pape était dans trois autres galères. Les galères du duc d'Albany, à l'ancre auprès de celles de Clément VII, formaient avec elles une flottille assez respectable. Le duc Alexandre présenta les officiers de la maison de

Catherine au pape, avec lequel il eut une conférence secrète, dans laquelle il lui présenta vraisemblablement le comte Sebastiano Montecuculli, qui venait de quitter, un peu brusquement dit-on, le service de l'empereur, et ses deux généraux, Antoine de Leves et Ferdinand de Gonzague. Y eut-il entre les deux bâtards, Jules et Alexandre, une préméditation de rendre le duc d'Orléans dauphin? Quelle fut la récompense promise au comte Sebastien Montécuculli, qui, avant de se mettre au service de Charles-Quint, avait étudié la médecine? L'histoire est muette à ce sujet. Nous allons voir d'ailleurs de quels nuages ce fait est enveloppé. Cette obscurité est telle, que récemment de graves et consciencieux historiens ont admis l'innocence de Montecuculli.

Catherine apprit alors officiellement de la bouche du pape l'alliance à laquelle elle était réservée. Le duc d'Albany n'avait pu que maintenir, et à grand peine, le roi de France dans sa promesse de donner à Catherine la main de son second fils. Aussi l'impatience de Clément fut-elle si grande il eut hâte peur de trouver ses projets renversés soit par quelque intrigue de l'empereur, soit par le détour de la France, ou les grands du royaume voyaient ce mariage de mauvais œil, qu'il s'embarqua sur-le-champ, et se dirigea vers Marseille. Il y arriva vers la fin de ce mois d'octobre 1533. Malgré ses richesses, la maison de Médicis fut éclipsée par la maison de France. Pour montrer jusqu'où ces banquiers poussèrent la magnificence, le douzain mis dans la bourse de mariage par le pape fut composé de médailles d'or d'une importance historique incalculable, car elles étaient alors uniques. Mais François 1er, qui aimait l'éclat des fêtes, se distingua dans cette circonstance. Les noces de Henri de Valois et de Catherine durèrent trente-quatre jours. Il est entièrement inutile de répéter les détails connus dans toutes les histoires de Provence et de Marseille, à propos de cette illustre entrevue du pape et du roi de France, qui a signalé par la plaisanterie du duc d'Albany sur l'obligation de faire maigre, quiproquo comique dont a parlé Brantôme, dont se régala beaucoup la cour, et qui montre le ton des mœurs à cette époque. Quoique Henri de Valois n'eût que vingt jours de plus que Catherine de Médicis, le pape exigea que ces deux enfants consommassent le mariage le jour même de sa célébration, tant il craignait les subterfuges de la politique et des ruses en usage à cette époque. Clément, qui, dit l'histoire, voulut avoir des preuves de la consommation, resta trente-quatre jours exprès à Marseille, en espérant que sa jeune parente en offrirait des preuves visibles, car, à quatorze ans, Catherine était nubile. Ce fut, sans doute, en interrogeant la nouvelle mariée avant son départ qu'il lui dit, pour la consoler, ces fameuses paroles, attribuées au père de Catherine : *A figlia d'inganno non manca mai la figliuolanza*. A fille d'esprit jamais la postérité ne manque.

Les plus étranges conjectures ont été faites sur la stérilité de Catherine, qui dura dix ans. Peu de personnes savent aujourd'hui, que plusieurs traités de médecine contiennent relativement à cette particularité, des suppositions tellement indécentes, qu'elles ne peuvent plus être racontées. On peut d'ailleurs lire Bayle, à l'article *Fernel*. Ceci donne la mesure des étranges calomnies qui pèsent encore sur cette reine, dont toutes les actions ont été travesties. La faute de sa stérilité venait uniquement de Henri II. Il suffit de remarquer que, par un temps où nul prince ne se gênait pour avoir des bâtards, Diane de Poitiers, beaucoup plus favorisée que la femme légitime, n'eut pas d'enfants. Il n'y a rien de plus connu, en médecine chirurgicale, que le défaut de conformation de Henri II expliqué d'ailleurs par la plaisanterie des dames de la cour, qui pouvaient le faire abbé de Saint-Victor, dans un temps où la langue française avait les mêmes privilèges de la langue latine. Dès que le prince se fut soumis à l'opération, Catherine eut onze grossesses et dix enfants. Il est heureux pour la France que Henri II ait tardé. S'il avait eu des enfants de Diane, la politique se serait étrangement compliquée. Quand cette opération se fit, la duchesse de Valentinois était arrivée à la seconde jeunesse des femmes. Cette seule remarque prouve que l'histoire de Catherine de Médicis est à faire en entier et que, selon un mot très-profond de Napoléon, l'histoire de France doit n'avoir qu'un volume ou en avoir mille.

Le séjour à Marseille du pape Clément VII, quand on compare la conduite de Charles-Quint à celle du roi de France, donne une immense supériorité au roi sur l'empereur comme en toute chose d'ailleurs. Voici le résumé succinct de cette entrevue dû à un contemporain.

« Sa Sainteté le pape après avoir esté conduite jusques au palaiz que l'on dit luy avoir esté préparé par delà le pont, chacun se retira en son quartier, jusques au lendemain que sa dicte Sainteté se prépara pour faire son entrée. Laquelle fut faicte en fort grande somptuosité et magnificence, luy estant assis sur une chaire portée sur les épaules de deux hommes, et en ses habits pontificaux, hormis la tyare, marchant devant luy une haquenée blanche, sur laquelle reposoit le sacrement de l'autel, et estant ladite haquenée conduite par deux hommes à pied en fort bon équipage avecque des resnes de soye blanche. Puis après, marchoient tous les cardinaux en leurs habits montez sur leurs mulles pontificales, et madame la duchesse

d'Urbin en grande magnificence, accompagnée d'un grand nombre de dames et de gentilshommes, tant de France que d'Italie. En ceste compagnie estant le Père Saint au lieu préparé pour son logis, chacun se retira; et tout ce fut ordonné, et conduit sans nul désordre ny tumulte. Or ce pendant que le pape faisoit son entrée, le Roy passa l'eau dans une fregate, et alla loger au lieu dont le Roy estoit logy, pour de ce lieu le lendemain venir faire l'obédience au Pere Saint, comme Roy très-chrestien.

« Estant le Roy préparé partit pour venir au palaiz où estoit le pape, accompagné des princes de son sang, comme monseigneur le duc de Vendosmois (père du vidame de Chartres), le comte de Sainct-Pol, MM. de Montpensier et de la Roche-sur-Yon, le duc de Nemours, frère du duc de Savoye, lequel mourut audit lieu, le duc d'Albany et plusieurs autres, tant comtes, barons que seigneurs, estant toujours près du Roy le seigneur de Montmorency, son grand maistre. Estant le Roy arrivé au palaiz, fut receu par le pape et tout le collège des cardinaux, *assemblés en consistoire*, fort humainement. Ce faict, chacun se retira au lieu à luy ordonné, et le Roy mena avec luy plusieurs cardinaux pour les festoyer et entre autres le cardinal de Médicis, neveu du pape, homme fort magnifique et bien accompagné. Au lendemain, ceux ordonnés par Sa Sainteté et par le Roy commencèrent à s'assembler pour traicter des choses pour lesquelles l'entrevue se faisoit. Premièrement fut traicté du faict de la foy, et fut préchée une bulle pour réprimer les Hérésies et empescher que les choses ne vinssent en plus grande combustion qu'elles n'estoient. Puis fut conclud le mariage du duc d'Orléans, second fils du Roy, avec Catherine de Médicis, duchesse d'Urbin, niece de Sa Saincteté, avec les conditions telles ou quelques-unes telles que celles qui avoient esté proposées autrefois au duc d'Albany. Le dict mariage fut consommé en grande magnificence, et les espousa notre Saint-Père (italianisme qui ne s'est pas établi dans la langue), on disant alors en France comme en Italie : Un tel a marié la une telle, pour dire l'a épousée). Ce mariage ainsi consommé, le Saint-Père unit un consistoire auquel il créa quatre cardinaux à la devotion du Roy, sçavoir : le cardinal le Veneur, devant évesque de Lisieux et grand aumosnier, le cardinal de Boulogne de la maison de la Chambre, frère maternel du duc d'Albany, le cardinal de Chatillon de la maison de Coligny, nepveu du sire de Montmorency, le cardinal de Givry. »

Quand Strozzi délivra la dot en présence de la cour, il aperçut un peu d'étonnement chez les seigneurs français, ils diront assez haut que c'était peu de chose pour une mésalliance (qu'auraient-ils dit aujourd'hui ?) Le cardinal Hippolyte répondit alors : « Vous êtes donc mal instruits des secrets de votre Roy. Sa Sainteté s'oblige à donner à la France trois perles d'une valeur inestimable, Gênes, Milan et Naples. » Le pape laissa le comte Sebastien Montécuculli se présenter lui-même à la cour de France, où il offrit ses services en se plaignant d'Antoine de Leves et de Ferdinand de Gonzague, ce qui fut cause qu'on l'accepta. Montécuculli ne fit point partie de la maison de Catherine, qui fut entièrement composée de Français et de Françaises; car, par une loi de la monarchie dont l'exécution fut vue par le pape avec le plus grand plaisir, Catherine fut naturalisée Française avant le mariage, par lettres-patentes. Montecuculli, comme Espagnol, fut attaché d'abord à la maison de la reine, sœur de Charles-Quint. Puis il passa quelque temps après au service du Dauphin en qualité d'échanson. La duchesse d'Orléans se vit entièrement perdue à la cour de François 1er. Son jeune mari s'était épris de Diane de Poitiers, qui certes, comme naissance, pouvait rivaliser Catherine, et se trouvant plus grande dame qu'elle ; la fille des Médicis était primée par la reine Éléonor, sœur de Charles-Quint, et la duchesse d'Étampes, que son mariage avec le chef de la maison de Brosse rendait une des femmes les plus puissantes, les mieux titrées de la France. Sa tante la duchesse d'Albany, la reine de Navarre, la duchesse de Guise, la duchesse de Vendôme, la Connétable, toutes femmes dont les titres aussi considérables, éclipsaient par leur naissance et par leurs droits autant que par leur pouvoir à la cour la plus somptueuse qu'ait eu un roi de France sans excepter Louis XIV, la fille des épiciers de Florence, plus illustre, plus riche par la maison de la Tour-de-Boulogne que par sa propre maison de Médicis.

La position de sa nièce fut si mauvaise et si difficile, que le républicain Philippe Strozzi, très-incapable de la diriger au milieu d'intérêts si contraires, la quitta dès les premières années, rappelé d'ailleurs en Italie par la mort de Clément VII. La conduite de Catherine, si l'on vient à songer qu'elle avait à peine quinze ans, fut un modèle de prudence et elle s'attacha très-étroitement au roi son beau-père, qu'elle quitta le moins qu'elle pût, elle le suivait à cheval, à la chasse et à la guerre. Son idolâtrie pour François 1er sauva la maison de Médicis de tout soupçon lors de l'empoisonnement du dauphin. Catherine se trouvait alors, ainsi que le duc d'Orléans, au quartier du roi en Provence, car la France lut bientôt envahie par Charles-Quint, beau-frère du roi. Toute la cour resta sur le théâtre des plaisirs du mariage, comme celui d'une des guerres les plus cruelles. Au moment où Charles-Quint mis en fuite laissa les uns de son armée en Provence, le dauphin revenait vers Lyon par le Rhône, il s'arrêta pour coucher à Tournon, et par passe-temps il fit quelques exercices viotous qui furent presque toute l'éducation de son frère et de lui, par suite de leur captivité comme otages. Ce prince eut l'imprudence, ayant très-chaud au mois d'août, de demander un verre d'eau que Montecuculli lui servit à la glace. Le dauphin mourut presque subitement. François Ier adorait son fils. Le dauphin était, selon tous les historiens, un prince accompli. Le père au désespoir donna les plus grand éclat à la procédure suivie contre Montecuculli, il en chargea les plus savants magistrats du temps. Après avoir subi héroïquement les premières tortures sans rien avouer, le comte fit des aveux par lesquels il impliquait constamment l'empereur et ses deux généraux Antoine de Leyve et Ferdinand de Gonzague. Cette procédure se faisait pour François Ier. Aucune affaire ne fut plus solennellement débattue que celle-ci. Voici ce que fit le roi, d'après le récit d'un témoin oculaire.

« Le Roy fit assembler à Lion tous les princes de son sang et tous les chevaliers de son ordre et austres gros personnages de son royaume : les légat et nonce du pape, les cardinaux qui se trouvèrent en sa cour, aussi les ambassadeurs d'Angleterre, Écosse, Portugal, Venise, Ferrare et austres ensemble tous les princes et gros seigneurs étrangers tant d'Italie que d'Allemagne, qui pour ce temps-là résidoient en sa cour, comme le duc de Wittemberg, Alleman, le duc de Somme, d'Arianne, d'Atrie, prince de Melphe (il avoit voulu espouser Catherine), le sieur de Napoli un[?], le seigneur dom Hippolyte d'Est, le marquis de Vigeve de la maison Trivulce, Milanois, le seigneur Jean Paul de Cere, Roman, le seigneur César Fregose, Génevois (Genois, de Genova), le seigneur Annibal de Gonzague, Montouan, et autres en très-grand nombre. Lesquels assemblés il fit lire en la présence de eux, depuis un bout jusqu'à l'autre, le procès du malheureux homme qui avoit empoisonné feu M. le dauphin, avec les interrogatoires, confessions, confrontations et austres solennités accoustumées en procès criminel ne voulant pas que l'arrêt fût exécuté, sans que tous les assistants eussent donné leur advis sur cest énorme et misérable cas. »

La fidélité, le dévouement et l'habileté du comte Montecuculli peuvent paraître extraordinaires par un temps d'indiscrétion générale où tout le monde, même les ministres, parlent du plus petit événement où l'on a mis le doigt, mais alors les princes trouvaient des serviteurs dévoués, ou savaient les choisir. Il se rencontrait alors des Morey monarchiques parce qu'il y avoit de la foi. Ne demandez jamais rien de grand aux mœurs, parce que les intérêts peuvent changer, mais attendez tout des sentiments, de la foi religieuse, de la foi monarchique de la loi patriotique. Ces trois croyances produisent seules les Berthereau de Genève, les Sydney, les Strafford d'Angleterre, les assassins de Thomas Becket comme les Monte neuilli, les Jacques Cœur et les Jeanne d'Arc, comme les Richelieu et les Danton, les Bonchamps les Talmont et aussi les Clément, les Chabot, etc. Charles-Quint se servit des plus hauts personnages pour exécuter les assassinats de trois ambassadeurs de François Ier. Un des siens, Lorenzano, cousin germain de Catherine, assassina le duc Alexandre après une dissimulation de trois années, et dans des circonstances qui l'ont fait surnommer le Brutus florentin. La qualité des personnages n'étant en peu que des entreprises, que si la mort de Charles X ou celle de Clément VII n'ont paru naturelles, Mariana, l'historien de Philippe Ier, plaisante presque en racontant l'empoisonnement de la fille de France, qui disant que, pour le gloire du trône d'Espagne, Dieu permit l'arrangement des médecins qui traitèrent la reine pour une hydropisie (elle était grosse). Quand le roi Henri II se permit une médisance qui méritait un coup d'épée, il trouva à Chateigneraie pour le recevoir. À cette époque on servait aux princes et princesses leur manger enfermé dans des boîtes à cadenas, dont ils avaient la clef. De la le droit de cadenas, honneur qui cessa sous Louis XIV. Le dauphin mourut empoisonné de la même manière et du même poison peut-être qui servit à Madame sous Louis XIV. Le pape Clément VII était mort depuis deux ans, le duc Alexandre, plongé dans ses débauches, ne paraissait avoir aucun intérêt à l'élévation du duc d'Orléans. Catherine, qui ne cessait pas d'être pleine d'admiration pour son beau-père, était auprès de lui lors de l'événement. Charles-Quint seul paraissait avoir un intérêt à cette mort, car François Ier avait uni son fils à une alliance qui devait attacher à la France. Les aveux du comte furent donc bien habilement basés sur les passions et la politique du moment. Charles-Quint fuyant après avoir vu ses armées ensevelies en Provence avec son bonheur, sa réputation et ses espérances de domination. Remarquez que la torture avait arraché des aveux à un innocent François Ier lui rendait la liberté de parler au milieu d'une assemblée imposante, et à la présence de gens devant lesquels l'innocence avait quelques chances de triomphe. Le roi, qui cherchait la vérité, la cherchait de bonne foi.

Malgré son brillant avenir, la situation de Catherine à la cour ne changea point à la mort du dauphin. Sa stérilité laissait prévoir un divorce en cas où son mari monterait sur le trône. Le dauphin était sous le charme de Diane de Poitiers. Diane osait rivaliser madame d'Étampes. Aussi Catherine redoubla-t-elle de soins et de cajoleries envers son beau-père, en comprenant que son appui était là. Les dix premières années de Catherine furent alors prises par les nais

sants chagrins que lui donnaient ses espérances de grossesse nécessairement détruites, et les ennuis de sa rivalité avec Diane. Jugez de ce que devait être la vie d'une princesse surveillée par une maîtresse jalouse, appuyée par un énorme parti, le parti catholique, et par les deux alliances énormes que la sénéchale fit en mariant ses deux filles, l'une à Robert de la Mark, duc de Bouillon, prince de Sedan, l'autre à Claude de Lorraine, duc d'Aumale.

Catherine, perdue au milieu du parti de madame d'Étampes et du parti de Diane qui divisaient la cour et la politique entre ces deux ennemies mortelles, essaya d'être à la fois l'amie de la duchesse d'Étampes et l'amie de Diane de Poitiers. Celle qui devait être une si grande reine joua le rôle de servante. Elle fit aussi l'apprentissage de cette politique à deux visages qui fut le secret de sa vie. La reine se trouva plus tard entre les catholiques et les calvinistes comme la femme avait été pendant dix ans entre madame d'Étampes et madame de Poitiers. Elle étudia les contradictions de la politique française. François Ier soutenait Calvin et ne pouvait s'empêcher d'embarrasser Charles-Quint. Puis, après avoir sourdement et patiemment protégé la Reformation en Allemagne, après avoir toléré le séjour de Calvin à la cour de Navarre, il sévit contre elle avec une rigueur détachée. Catherine vit donc cette cour et les femmes de cette cour jouant avec le feu de l'hérésie, Diane à la tête du parti catholique avec les Guise, uniquement parce que la duchesse d'Étampes soutenait Calvin et les protestants. Telle fut l'éducation politique de cette reine, qui remarqua dans le cabinet du roi de France les errements de la maison de Médicis. Le dauphin contrecarrait son père en toutes choses, tant mauvais fils. Il oublia la plus cruelle, mais la plus vraie maxime de la royauté, à savoir que les trônes sont solidaires, que celui de ces fils qui peut faire de l'opposition pendant la vie de son père doit en suivre la politique en montant sur le trône. Spinosa, qui ne fut pas moins profond politique que grand philosophe, a dit pour le cas où un roi succède à un autre par une insurrection ou par un attentat : « si le nouveau roi veut assurer son trône et garantir sa vie, il faut qu'il montre tant d'ardeur pour venger la mort de son prédécesseur, qu'il ne prenne les traces à personne de commettre un pareil forfait. Mais, pour se venger dignement, il ne lui suffit pas de répandre le sang de ses sujets, il doit approuver les maximes de celui qu'il a remplacé, tenir la même route dans le gouvernement. » Ce fut l'application de cette maxime qui donna Florence aux Médicis. Cosme Ier, le successeur du duc Alexandre, fit assassiner, après onze ans le Brutus florentin à Venise, et, comme nous l'avons dit déjà, persécuta sans cesse les Strozzi. Ce fut l'oubli de cette maxime qui perdit Louis XVI. Le roi manquait à tous les principes du gouvernement en rétablissant les parlements supprimés par son grand-père. Louis XV avait vu bien juste. Les parlements, notamment celui de Paris, furent pour la moitié dans les troubles qui nécessitèrent la convocation des états généraux. La faute de Louis XV fut, en abattant cette barrière qui séparait le trône du peuple, de ne pas lui en avoir substitué une plus forte, enfin de ne pas avoir remplacé les parlements par une force constitutionnelle des provinces. Là se trouvait le remède aux maux de la monarchie, là se trouvait le vote des impôts leur régularisation, et une lente approbation des réformes nécessaires au régime de la monarchie.

Le premier acte de Henri II fut de donner sa confiance au connétable de Montmorency, que son père lui avait enjoint de laisser dans la disgrâce. Le connétable de Montmorency fut, avec Diane de Poitiers, à qui il s'était étroitement lié, le maître de l'état. Catherine fut donc encore moins heureuse et moins puissante que quand elle était dauphine de France que quand elle était dauphine. D'abord, à partir de 1543, elle eut tous les ans un enfant pendant dix ans et ne s'occupa de ses devoirs de maternité durant toute cette période qui embrasse les dernières années du règne de François Ier et presque tout le règne de Henri II. Il est vrai que ses yeux dans cette vie féconde continuelle l'influence d'une rivale qui voulait ainsi se débarrasser de la femme légitime. Cette barbarie d'une politique femelle doit être un des griefs de Catherine contre Diane. Mise ainsi en dehors des affaires, cette femme supérieure passa le temps à observer les intérêts de tous les gens de la cour et de tous les partis qui s'y formaient. Tous les Italiens qui l'avaient suivie excitaient de violentes suspicions. Après l'exécution de Montecuculli, le connétable de Montmorency, Diane et la plupart des forts politiques de la cour furent travaillés de soupçons contre les Médicis mais François Ier les renonça toujours. Aussi les Gondi, les Biragues, les Strozzi, les Ruggieri, les Sardini, enfin ceux qu'on appelait les Italiens venus à la suite de Catherine, furent-ils dans la nécessité de déployer d'immenses ressources d'esprit, de fine politique et de courage, pour demeurer à la cour sous le poids du défaveur qui pesait sur eux. Pendant le règne de Diane de Poitiers, la complaisance de Catherine pour Diane alla si loin, que des gens habiles y auraient vu la preuve de la profonde politique non que les hommes, les événements et la conduite de Henri II ont donnant à Catherine de déployer. Elle alla trop loin en placidité qu'elle ne réclama jamais ses droits ni comme épouse ni comme reine. D'abord le sentiment de sa dignité, que Catherine eut au plus haut degré, lui interdisait de réclamer ce que les historiens appellent les droits d'épouse. Les onze grossesses et les dix enfants de Catherine expliquent assez la conduite de Henri II, que les grossesses de sa femme laissaient libre de passer son temps avec Diane de Poitiers. Mais le roi ne manqua certes à rien de ce qu'il se devait à lui-même, il fit à la reine une *entrée* digne de toutes celles qui avaient eu lieu jusqu'alors pour son couronnement comme reine. Les registres du parlement et ceux de la cour des comptes indiquent que ces deux grands corps allèrent au-devant de Catherine hors Paris, jusqu'à Saint-Lazare. Voici d'ailleurs l'extrait du récit de du Tillet :

Christophe était bien le peuple qui se dévoue, qui se bat, et qui se laisse tromper — PAGE 12.

« On avait dressé à Saint-Lazare un échafaud sur lequel était un trône que du Tillet appelle *une chaire de parement*. Catherine y prit séance, vêtue d'un surcot, ou espèce de mantelet d'hermine, couvert de pierreries, d'un corset de dessous avec le manteau royal et ayant sur la tête une couronne enrichie de perles et de diamants, et soutenue par la maréchale de la Mark, sa dame d'honneur. Autour d'elle étaient *debout* les princes du sang, et autres princes et seigneurs richement habillés avec le chancelier de France *vêtu d'une robe de toile d'or*, figurée sur un fond cramoisi rouge (1). Devant la reine et sur le même échafaud étaient assises sur deux rangs douze duchesses ou comtesses, vêtues de surcots d'hermine, corsets, manteaux et cercles, c'est-à-dire couronnes de duchesse ou comtesse. C'étaient les duchesses d'Estouteville, Montpensier, l'aînée et la jeune, la princesse de la Roche-sur-Yon ; les duchesses de Guise, de Nivernois, d'Aumale, de Valentinois (Diane de Poitiers), Mademoiselle la bâtarde légitimée de France (titre de la fille du roi, Diane, qui fut duchesse de Castro-Farnèse, puis duchesse de Montmorency-Damville), madame la connétable et mademoiselle de Nemours, sans les autres demoiselles qui ne trouvèrent rang. Les quatre présidents à mortier, quelquesautres membres de la cour, le greffier du Tillet, montèrent sur l'échafaud,

(1) Le mot cramoisi ne signifiait pas exclusivement la couleur rouge, il voulait dire aussi la perfection de la teinture. (Voy. Rabelais.)

firent leurs révérences, et, ayant mis un genou en terre, le premier président Lizet harangua la reine. Le chancelier mit un genou en terre et répondit. Elle fit son entrée sur les trois heures après midi, en litière découverte, ayant madame Marguerite de France vis-à-vis d'elle, et aux côtés de sa litière les cardinaux d'Amboise, de Châtillon, de Boulogne et de Lenoncourt en rochet. Elle alla descendre à l'église Notre-Dame, et y fut reçue par le clergé. Après son oraison, on la conduisit par la rue de la Calandre au Palais, où le souper royal était préparé dans la grand'salle. Elle y parut assise au milieu de la table de marbre, et sous un dais de velours parsemé de fleurs de lis d'or. »

C'est ici le lieu de détruire une de ces opinions populaires erronées que répètent quelques personnes, d'après Sauval d'ailleurs. On a prétendu que Henri II poussa l'oubli des convenances jusqu'à mettre le chiffre de sa maîtresse sur les monuments que Catherine lui conseilla de continuer ou de commencer avec tant de magnificence. Mais le double chiffre qui se voit au Louvre dément tous les jours ceux qui sont assez peu clairvoyants pour donner de la consistance à ces niaiseries qui déshonorent gratuitement nos rois et nos reines. L'H de Henri II et les deux C adossés de Catherine paraissent aussi former deux D pour Diane. Cette coïncidence a dû plaire à Henri II, mais il n'en est pas moins vrai que le chiffre royal contenait officiellement la lettre du roi et celle de la reine. Et cela est si vrai, que ce chiffre existe encore sur la colonne de la halle au blé, bâtie par Catherine seule. On peut d'ailleurs voir ce même chiffre dans les caveaux de Saint-Denis sur le tombeau que Catherine se fit élever à elle-même de son vivant à côté de celui de Henri II, et où elle est représentée d'après nature par le sculpteur pour qui elle a posé. »

Dans une occasion solennelle, au moment où il partit pour son expédition d'Allemagne, Henri II déclara Catherine régente pendant son absence, aussi bien qu'en cas de mort, le 25 mars 1552. Le plus cruel ennemi de Catherine, l'auteur du *Discours merveilleux sur les déportements de Catherine II*, convient qu'elle s'acquitta de ce gouvernement à la louange générale, et que le roi fut satisfait de son administration. Henri II eut à propos des hommes et de l'argent. Enfin, après la fatale journée de Saint-Quentin, Catherine demanda aux Parisiens des sommes considérables, qu'elle envoya à Compiègne, où se trouvait le roi. En politique, Catherine fit des efforts inouis pour obtenir un peu d'influence. Elle eut assez d'habileté pour mettre le connétable, tout-puissant sous Henri II, dans ses intérêts. On sait la terrible réponse que fit le roi, tourmenté par Montmorency. Cette réponse était le résultat des bons conseils que Catherine donna, dans le peu de moments où elle se trouva seule avec le roi, et où elle lui exposa la politique florentine, qui était d'opposer les grands du royaume les uns aux autres, et d'établir l'autorité royale sur leurs ruines, le système de Louis XI, continué plus tard par elle et par Richelieu. Henri II, qui ne voyait que par les yeux de Diane et du connétable, fut un roi tout féodal et ami des grandes maisons de son royaume. Après la tentative inutilement faite par le connétable en sa faveur, et qu'il faut reporter à l'année 1556, Catherine caressa beaucoup les Guise, et forma le projet de les détacher du parti de Diane afin de les opposer au connétable. Mais, malheureusement, Diane et le connétable étaient tout aussi animés que les Guise contre les protestants. Il n'y eut donc pas dans leur lutte cette animosité qu'y aurait mise la question religieuse. D'ailleurs, Diane rompit en visière aux projets de la reine en coquetant avec les Guise et donnant sa fille au duc d'Aumale. Elle alla si loin, que certains auteurs prétendent qu'elle accorda plus que ses bonnes grâces au galant cardinal de Lorraine. Les satiriques du temps ont fait à ce sujet le quatrain suivant sur Henri II :

Sire, si vous laissez, comme Charles (1) désire,
Comme Diane veut, par trop vous gouverner,
Fondre, pétrir, mollir, refondre, retourner,
Sire, vous n'êtes plus, vous n'êtes plus que cire.

Il est impossible de regarder comme sincères les marques de douleur et l'ostentation des regrets de Catherine à la mort de Henri II. Par cela même que le roi était attaché par une inaltérable passion à Diane de Poitiers, Catherine devait jouer le rôle d'une femme délaissée qui adore son mari : mais comme toutes les femmes de cour, elle persista dans sa dissimulation, et ne cessa de parler avec tendresse de Henri II. Diane, comme on sait, porta toute sa vie le deuil de M. de Brézé, son mari. Ses couleurs étaient blanc et noir, le roi les avait au tournoi où il mourut. Catherine, sans doute en imitation de sa rivale, garda le deuil de Henri II pendant toute sa vie. Elle eut envers Diane de Poitiers une perfection de perfidie à laquelle les historiens n'ont pas fait attention. A la mort du roi, la duchesse de Valentinois fut complètement disgraciée et malhonnêtement abandonnée par le connétable, homme tout à fait au-dessous de sa réputation. Diane fit offrir à la reine Catherine sa terre et son château de Chenonceaux. Catherine dit alors en présence de témoins : — Je ne puis oublier qu'elle faisait les délices de mon cher Henri ; j'ai honte d'ac-

(1) Le cardinal de Lorraine.

cepter; je veux lui donner en échange un domaine, et lui propose celui de Chaumont-sur-Loire. En effet, l'acte d'échange fut passé à Blois en 1559. Diane, qui avait pour gendres les ducs d'Aumale et de Bouillon, alors prince souverain, conserva toute sa fortune, et mourut en paix en 1566, âgée de soixante-six ans. Elle avait donc dix-neuf ans de plus que Henri II. Ces dates, tirées de son épitaphe, copiée sur son tombeau par l'historien qui s'est occupé d'elle vers la fin du dernier siècle, éclaircissent bien des difficultés historiques; car beaucoup d'historiens lui donnaient, les uns quarante ans, les autres seize ans, lors de la condamnation de son père en 1523. Elle avait alors vingt-quatre ans. Après avoir lu tout, pour et contre sa conduite avec François Ier, au moment où la maison de Poitiers courut un si grand danger, nous ne voudrions rien affirmer, ni rien contredire. Ceci est un de ces passages qui restent obscurs dans l'histoire. Nous pouvons voir, par ce qui se passe de nos jours, que l'histoire se fausse au moment même où elle se fait. Catherine, qui fonda de grandes espérances sur l'âge de sa rivale, avait essayé plusieurs fois de la renverser. Ce fut une lutte sourde et horrible. Un jour Catherine fut sur le point de faire réussir ses espérances. En 1554, madame Diane, étant malade, pria le roi d'aller à Saint-Germain pendant qu'elle se remettrait. Cette haute coquette ne voulait pas être vue au milieu de l'appareil nécessaire à la faculté, ni sans l'éclat de la toilette. Catherine fit composer, pour recevoir le roi à son retour, un magnifique ballet où six jeunes filles devaient lui réciter une pièce de vers. Parmi ces six filles, il avait choisi miss Fleming, parente de son oncle le duc d'Albany, la plus belle personne qu'il fût possible de voir, blonde et blanche; puis une de ses parentes, Clarisse Strozzi, magnifique Italienne dont la chevelure noire était superbe et les mains d'une beauté rare; mademoiselle Lewiston, demoiselle d'honneur de Marie Stuart, Marie Stuart elle-même, madame Élisabeth de France, qui fut cette si malheureuse reine d'Espagne, et madame Claude. Élisabeth avait neuf ans, Claude huit ans, Marie Stuart douze. Évidemment, la reine avait voulu faire ressortir Clarisse Strozzi, miss Fleming, et les présenter sans rivales au choix du roi. Le roi ne résista point; il aima miss Fleming, il eut d'elle un enfant naturel, Henri de Valois, comte d'Angoulême, grand prieur de France; mais le crédit et l'influence de Diane n'en furent point ébranlés. Comme plus tard, madame de Pompadour avec Louis XV, la duchesse de Valentinois pardonna. Mais, quel amour cette tentative annonce-t-elle chez Catherine? est-ce l'amour du pouvoir ou l'amour du mari? Les femmes décideront.

On parle beaucoup aujourd'hui de la licence de la presse: mais il est difficile d'imaginer à quel point elle fut portée à l'origine de l'imprimerie. D'abord on sait que l'Arétin, le Voltaire de son temps, faisait trembler les rois, et Charles-Quint surtout. Mais on ne sait peut-être pas jusqu'où allait l'audace des pamphlets. Ce château de Chenonceaux fut *donné* à Diane, non pas donné, elle fut suppliée de l'accepter, pour oublier une des plus horribles publications qui aient été faites contre une femme, et qui montre quelle fut la violence de la guerre entre elle et madame d'Étampes. En 1537, quand elle avait trente-huit ans, un poète champenois, nommé Jean Voûté, publia un recueil de poésies latines où se trouvent trois épigrammes contre elle. Il faut croire que le poète était assuré de quelque haute protection, car son recueil est précédé de son éloge fait par Salmon Macrin, premier valet de chambre du roi. Voici le seul passage, citable aujourd'hui, de ces épigrammes intitulées : In Pictaviam, anum aulicam. (Contre la Poitiers, vieille femme de cour).

... *Non trahit sua ficta praedam.*

« Un appât peint n'attrape point de gibier, » dit le poète, après lui avoir dit qu'elle se peignait le visage, qu'elle achetait ses dents et ses cheveux. « Et tu achèterais, dit-il, le superflu de la vie, ce que tu voudrais de ton
« amant, ce qu'il faudrait
« être en vie, et tu es
« morte. »

Ce recueil, imprimé chez Simon de Colines, était dédié — A UN ÉVÊQUE!... — à François Bohier, le frère de celui qui, pour sauver son crédit à la cour et racheter son crime, offrit à l'avènement de Henri II le château de Chenonceaux, bâti par son père Thomas Bohier, conseiller d'État sous quatre rois : Louis XI, Charles VIII, Louis XII et François Ier. Qu'étaient les pamphlets publiés contre madame de Pompadour et contre Marie-Antoinette, comparés à des vers qu'on dirait écrits par Martial? Ce Voûté dut mal finir.

Ainsi la terre et le château de Chenonceaux ne coûtaient à Diane que le pardon d'une injure ordonné par l'Évangile!

Pour ne pas être décrétées par un jury, les amendes infligées à la presse étaient un peu plus dures que celles d'aujourd'hui.

Les reines de France, devenues veuves, devaient rester dans la chambre du roi pendant quarante jours, sans avoir d'autre clarté que celle des cierges; elles n'en sortaient qu'après l'enterrement du roi. Cette coutume inviolable contrariait fort Catherine, qui craignit les brigues, elle trouva moyen de s'en dispenser. Voici comment. Le

Henri II.

cardinal de Lorraine sortant un jour (dans ce temps-là! dans ce moment!) de grand matin de chez la Belle Romaine, une célèbre courtisane du temps de Henri II, qui demeurait rue Culture-Sainte-Catherine, fut maltraité par une troupe de libertins. « De quoi Sa Sainteté très-étonnée, » dit Henri Estienne, fit entendre que les hérétiques lui dressaient des embûches; et pour ce fait la cour alla de Paris à Saint-Germain. La reine ne voulut pas abandonner le roi son fils, et s'y transporta.

L'avènement de François II, époque à laquelle Catherine crut saisir le pouvoir, fut un moment de déception qui couronna cruellement les vingt-six ans de douleurs qu'elle avait déjà passés à la cour de France. Les Guise s'emparèrent alors du pouvoir avec une audace incroyable: le duc de Guise fut mis à la tête de l'armée, et le connétable fut disgracié, le cardinal eut les finances et le clergé. Catherine commença sa carrière politique par un de ces drames qui, pour haut degré, lui interdisait de réclamer ce que les historiens appellent les droits d'épouse. Les onze grossesses et les dix enfants de Catherine expliquent assez la conduite de Henri II, que les grossesses de sa femme laissaient libre de passer son temps avec Diane de Poitiers. Mais le roi ne manqua certes à rien de ce qu'il se devait à lui-même, il fit à la reine une *entrée* digne de toutes celles qui avaient eu lieu jusqu'alors pour son couronnement comme reine. Les registres du parlement et ceux de la cour des comptes indiquent que ces deux grands corps allèrent au-devant de Catherine hors Paris, jusqu'à Saint-Lazare. Voici d'ailleurs l'extrait du récit de du Tillet :

Christophe était bien le peuple qui se dévoue, qui se bat, et qui se laisse tromper — PAGE 12.

« On avait dressé à Saint-Lazare un échafaud sur lequel était un trône que du Tillet appelle *une chaire de parement*. Catherine y prit séance, vêtue d'un surcot, ou espèce de mantelet d'hermine, couvert de pierreries, d'un corset de dessous avec le manteau royal et ayant sur la tête une couronne enrichie de perles et de diamants, et soutenue par la maréchale de la Mark, sa dame d'honneur. Autour d'elle étaient debout les princes du sang, et autres princes et seigneurs richement habillés et le chancelier de France vêtu d'*une robe de toile d'or*, figurée sur un fond cramoisi rouge (1). Devant la reine et sur le même échafaud étaient assises sur deux rangs douze duchesses ou comtesses, vêtues de surcots d'hermine, corsets, manteaux et cercles, c'est-à-dire couronnes de duchesse ou comtesse. C'étaient les duchesses d'Estouteville, Montpensier, l'aînée et la jeune, la princesse de la Roche-sur-Yon; les duchesses de Guise, de Nivernois, d'Aumale, de Valentinois (Diane de Poitiers), Mademoiselle la bâtarde légitimée de France (titre de la fille du roi, Diane, qui fut duchesse de Castro-Farnèse, puis duchesse de Montmorency-Damville), madame la connétable et mademoiselle de Nemours, et les autres demoiselles qui ne trouvèrent rang. Les quatre présidents à mortier, quelques autres membres de la cour, le greffier du Tillet, montèrent sur l'échafaud,

(1) Le mot cramoisi ne signifiait pas exclusivement la couleur rouge, il voulait dire aussi la perfection de la teinture. (*Voy.* Rabelais.)

firent leurs révérences, et, ayant mis un genou en terre, le premier président Lizet harangua la reine. Le chancelier mit un genou en terre et répondit. Elle fit son entrée sur les trois heures après midi, en litière découverte, ayant madame Marguerite de France vis-à-vis d'elle, et aux côtés de sa litière les cardinaux d'Amboise, de Châtillon, de Boulogne et de Lenoncourt en rochet. Elle alla descendre à l'église Notre-Dame, et y fut reçue par le clergé. Après son oraison, on la conduisit par la rue de la Calandre au Palais, où le souper royal était préparé dans la grand'salle. Elle y parut assise au milieu de la table de marbre, et sous un dais de velours parsemé de fleurs de lis d'or. »

C'est ici le lieu de détruire une de ces opinions populaires erronées que répètent quelques personnes, d'après Sauval d'ailleurs. On a prétendu que Henri II poussa l'oubli des convenances jusqu'à mettre le chiffre de sa maîtresse sur les monuments que Catherine lui conseilla de continuer ou de commencer avec tant de magnificence. Mais le double chiffre qui se voit au Louvre dément tous les jours ceux qui sont assez peu clairvoyants pour donner de la consistance à ces niaiseries qui déshonorent gratuitement nos rois et nos reines. L'H de Henri II et les deux C adossés de Catherine paraissent aussi former deux D pour Diane. Cette coïncidence a dû plaire à Henri II, mais il n'en est pas moins vrai que le chiffre royal contenait officiellement la lettre du roi et celle de la reine. Et cela est si vrai, que le chiffre existe encore sur la colonne de la halle au blé, bâtie par Catherine seule. On peut d'ailleurs voir ce même chiffre dans les caveaux de Saint-Denis sur le tombeau que Catherine se fit élever à elle-même de son vivant à côté de celui de Henri II, et où elle est représentée d'après nature par le sculpteur pour qui elle a posé. »

Dans une occasion solennelle, au moment où il partit pour son expédition d'Allemagne, Henri II déclara Catherine régente pendant son absence, aussi bien qu'en cas de mort, le 25 mars 1552. Le plus cruel ennemi de Catherine, l'auteur du *Discours merveilleux sur les déportements de Catherine II*, convient qu'elle s'acquitta de ce gouvernement à la louange générale, et que le roi fut satisfait de son administration. Henri II eut à propos des hommes et de l'argent. Enfin, après la fatale journée de Saint-Quentin, Catherine obtint des Parisiens des sommes considérables, qu'elle envoya à Compiègne, où se trouvait le roi. En politique, Catherine fit des efforts inouïs pour obtenir un peu d'influence. Elle eut assez d'habileté pour mettre le connétable, tout-puissant sous Henri II, dans ses intérêts. On sait la terrible réponse que lui fit le roi, tourmenté par Montmorency. Cette réponse était le résultat des bons conseils que Catherine donna, dans le peu de moments où elle se trouva seule avec le roi, et où elle lui exposa la politique florentine, qui était d'opposer les grands du royaume les uns aux autres, et d'établir l'autorité royale sur leurs ruines, le système de Louis XI, compris plus tard par elle et par Richelieu. Henri II, qui ne voyait que par les yeux de Diane et du connétable, fut un roi tout féodal et ami des grandes maisons de son royaume. Après la tentative inutilement faite par le connétable en sa faveur, et qu'il faut reporter à l'année 1556, Catherine caressa beaucoup les Guise, et forma le projet de les détacher du parti de Diane afin de les opposer au connétable. Mais, malheureusement, Diane et le connétable étaient tous deux aussi animés que les Guise contre les protestants. Il n'y eut donc pas dans leur lutte cette animosité qu'y aurait mise la question religieuse. D'ailleurs, Diane rompit sa visière aux projets de la reine en coquetant avec les Guise et donnant sa fille au duc d'Aumale. Elle alla si loin, que certains auteurs prétendent qu'elle accorda plus que ses bonnes grâces au galant cardinal de Lorraine. Les satiriques du temps ont fait à ce sujet le quatrain suivant sur Henri II :

Sire, si vous laissez, comme Charles (1) désire,
Comme Diane veut, par trop vous gouverner,
Fondre, pétrir, mollir, refondre, retourner,
Sire, vous n'êtes plus, vous n'êtes plus que cire.

Il est impossible de regarder comme sincères les marques de douleur et l'ostentation des regrets de Catherine à la mort de Henri II. Par cela même que le roi était attaché par une inaltérable passion à Diane de Poitiers, Catherine devait jouer le rôle d'une femme délaissée qui adore son mari; mais comme toutes les femmes de tête, elle persista dans sa dissimulation, et ne cessa de parler avec tendresse de Henri II. Diane, comme on sait, porta toute sa vie le deuil de M. de Brézé, son mari. Ses couleurs étaient blanc et noir, le roi les avait au tournoi où il mourut. Catherine, sans doute en imitation de sa rivale, garda le deuil de Henri II pendant toute sa vie. Elle eut envers Diane de Poitiers une perfection de perfidie à laquelle les historiens n'ont pas fait attention. A la mort du roi, la duchesse de Valentinois fut complètement disgraciée et malhonnêtement abandonnée par le connétable, homme tout à fait au-dessous de sa réputation. Diane fit offrir à la reine Catherine sa terre et son château de Chenonceaux. Catherine dit alors en présence de témoins : — Je ne puis oublier qu'elle faisait les délices de mon cher Henri; j'ai honte d'a-

(1) Le cardinal de Lorraine.

cepter ; je veux lui donner en échange un domaine, et lui propose celui de Chaumont-sur-Loire. En effet, l'acte d'échange fut passé à Blois en 1559. Diane, qui avait pour gendres les ducs d'Aumale et de Bouillon, alors prince souverain, conserva toute sa fortune, et mourut en paix en 1566, âgée de soixante-six ans. Elle avait donc dix-neuf ans de plus que Henri II. Ces dates, tirées de son épitaphe, copiée sur son tombeau par l'historien qui s'est occupé d'elle vers la fin du dernier siècle, éclaircissent bien des difficultés historiques ; car beaucoup d'historiens lui donnaient, les uns quarante ans, les autres seize ans, lors de la condamnation de son père en 1523. Elle avait alors vingt-quatre ans. Après avoir lu tout, pour et contre sa conduite avec François Ier, au moment où la maison de Poitiers courut un si grand danger, nous ne voudrions rien affirmer, ni rien contredire. Ceci est un de ces passages qui restent obscurs dans l'histoire. Nous pouvons voir, par ce qui se passe de nos jours, que l'histoire se fausse au moment même où elle se fait. Catherine, qui fonda de grandes espérances sur l'âge de sa rivale, avait essayé plusieurs fois de la renverser. Ce fut une lutte sourde et horrible. Un jour Catherine fut sur le point de faire réussir ses espérances. En 1554, madame Diane, étant malade, pria le roi d'aller à Saint-Germain pendant qu'elle se remettrait. Cette hante coquette ne voulait pas être vue au milieu de l'appareil nécessaire à la faculté, ni sans l'éclat de la toilette. Catherine fit composer, pour recevoir le roi à son retour, un magnifique ballet où six jeunes filles devaient lui réciter une pièce de vers. Parmi ces six filles, elle avait choisi miss Fleming, parente de son oncle le duc d'Albany, la plus belle personne qu'il fût possible de voir, blonde et blanche ; puis une de ses parentes, Clarisse Strozzi, magnifique Italienne dont la chevelure noire était superbe et les mains d'une beauté rare ; mademoiselle Lewiston, demoiselle d'honneur de Marie Stuart, Marie Stuart elle-même, madame Elisabeth de France, qui fut cette si malheureuse reine d'Espagne, et madame Claude. Elisabeth avait neuf ans, Claude huit ans, Marie Stuart douze. Evidemment, la reine avait voulu faire ressortir Clarisse Strozzi, miss Fleming, et les présenter sans rivales au choix du roi. Le roi ne résista point ; il aima miss Fleming, il eut d'elle un enfant naturel, Henri de Valois, comte d'Angoulême, grand prieur de France ; mais le crédit et l'influence de Diane n'en furent point ébranlés. Comme tard, madame de Pompadour avec Louis XV, la duchesse de Valentinois pardonna. Mais, quel amour cette tentative annonce-t-elle chez Catherine ? est-ce l'amour du pouvoir ou l'amour du mari ? Les femmes décideront.

On parle beaucoup aujourd'hui de la licence de la presse ; mais il est difficile d'imaginer à quel point elle fut portée à l'origine de l'imprimerie. D'abord on sait que l'Arétin, le Voltaire de son temps, faisait trembler les rois, et Charles-Quint tout le premier. Mais on ne sait peut-être pas jusqu'où allait l'audace des pamphlets. Ce château de Chenonceaux fut donné à Diane, non pas donné, elle fut suppliée de l'accepter, pour oublier une des plus horribles publications qui aient été faites contre une femme, et qui montre quelle fut la violence de la guerre entre elle et madame d'Etampes. En 1557, quand elle avait trente-huit ans, un poëte champenois, nommé Jean Voûté, publia un recueil de poésies latines où se trouvent trois épigrammes contre elle. Il faut croire que le poëte était assuré de quelque haute protection, car son recueil est précédé de son éloge fait par Salmon Macrin, premier valet de chambre du roi. Voici le seul passage, citable aujourd'hui, de ces épigrammes intitulées : IN PICTAVIAM, ANUM AULICAM. (CONTRE LA POITIERS, VIEILLE FEMME DE COUR).

... Non trahit esca ficta prædam.

« Un appât point n'attrape point de gibier, » dit le poëte, après lui avoir dit qu'elle se peignait le visage, qu'elle achetait ses dents et ses cheveux. « Et tu achèterais, dit-il, le superflu de ce qui constitue la
« femme, que tu n'obtiendrais pas encore ce que tu veux de ton
« amant, car il faudrait
« être en vie, et tu es
« morte. »

Ce recueil, imprimé chez Simon de Colines, était dédié — A UN EVEQUE !... — à François Bohier, le frère de celui qui, pour sauver son crédit à la cour et racheter son crime, offrit à l'avènement de Henri II le château de Chenonceaux, bâti par son père Thomas Bohier, conseiller d'Etat sous quatre rois : — Louis XI, Charles VIII, Louis XII et François Ier. Qu'étaient les pamphlets publiés contre madame de Pompadour et contre Marie-Antoinette, comparés à des vers qu'on dirait écrits par Martial ? Ce Voûté dut mal finir.

Ainsi la terre et le château de Chenonceaux ne coûtaient à Diane que le pardon d'une injure ordonné par l'Evangile !

Pour ne pas être décrétées par un jury, les amendes infligées à la presse étaient un peu plus dures que celles d'aujourd'hui.

Les reines de France, devenues veuves, devaient rester dans la chambre du roi pendant quarante jours, sans avoir d'autre clarté que celle des cierges ; elles n'en sortaient qu'après l'enterrement du roi. Cette coutume inviolable contrariait fort Catherine, qui craignit les brigues, elle trouva moyen de s'en dispenser. Voici comment. Le

Henri II.

cardinal de Lorraine sortant un jour (dans ce temps-là ! dans ce moment !) de grand matin de chez la Belle Romaine, une célèbre courtisane du temps de Henri II, qui demeurait rue Culture-Sainte-Catherine, fut maltraité par une troupe de libertins. « De quoi Sa Sainteté très-étonnée, » dit Henri Estienne, fit entendre que les hérétiques lui dressaient des embûches ; et pour ce fait la cour alla de Paris à Saint-Germain. La reine ne voulut pas abandonner le roi son fils, et s'y transporta.

L'avènement de François II, époque à laquelle Catherine crut saisir le pouvoir, fut un moment de déception qui couronna cruellement les vingt-six ans de douleurs qu'elle avait déjà passés à la cour de France. Les Guise s'emparèrent alors du pouvoir incroyable : le duc de Guise fut mis à la tête de l'armée, et le connétable fut disgracié, le cardinal eut les finances et le clergé. Catherine commença sa carrière politique par un de ces drames qui, pour ne pas avoir eu l'éclat des autres, n'en fut pas moins le plus atroce, et qui l'accoutuma sans doute aux terribles émotions de sa vie. Tout en paraissant d'accord avec les Guise, elle essaya d'assurer son triomphe en s'appuyant sur la maison de Bourbon. Soit que Catherine, après avoir inutilement tenté les moyens les plus violents, eût voulu employer la jalousie pour ramener le roi, soit qu'en arrivant à sa seconde jeunesse il lui parût cruel de ne pas connaître l'amour, elle avait témoigné le plus vif intérêt à un seigneur du sang royal, François de Vendôme, fils de Louis de Vendôme (maison d'où est issue la maison de Bourbon), et vidame de Chartres, nom sous lequel il est connu dans l'histoire. La haine secrète que Catherine portait à Diane se révélait en beaucoup de circonstances auxquelles les historiens préoccupés des intérêts politiques, n'ont fait aucune attention. L'attachement de Catherine pour le vidame vint d'une insulte que ce jeune homme fit à la favorite. Diane voulait les plus belles alliances pour ses filles, qui, d'ailleurs, tenaient à la plus haute noblesse du royaume. Elle ambitionnait surtout l'honneur d'un mariage avec la maison de France : on proposa de sa part la main de sa seconde fille, qui fut depuis duchesse d'Aumale, au vidame, que la politique fort sage de François Ier maintenait dans la pauvreté. En effet, quand le vidame de Chartres et le prince de Condé vinrent à la cour, François Ier leur donna, quoi? la charge de chambellans ordinaires avec douze cents écus de pension, ce qu'il baillait à de simples gentilshommes. Quoique Diane de Poitiers offrit d'immenses biens, quelque belle charge de la couronne et la faveur du roi, le vidame refusa. Puis de Bourbon, déjà factieux, épousa Jeanne, fille du baron d'Estissac, de laquelle il n'eut point d'enfants. Ce trait de fierté recommanda naturellement le vidame à Catherine, qui l'accueillit avec une faveur marquée, et s'en fit un ami dévoué. Les historiens ont comparé le dernier duc de Montmorency, décapité à Toulouse, au vidame de Chartres, pour l'art de plaire dont le mérite et le talent. Henri II ne se montra pas jaloux, il ne parut pas supposer qu'une reine de France manquait à ce qu'elle se devait, ni qu'une Médicis oubliât l'honneur qu'un Valois lui avait fait. Au moment où la reine coqueta, dit-on, avec le vidame de Chartres, elle était à peu près abandonnée par le roi depuis la naissance de son dernier enfant. Cette tentative ne servit donc à rien, puisque ce prince mourut portant les couleurs de Diane de Poitiers.

A la mort du roi, la reine Catherine se trouva donc en commerce de galanterie avec le vidame, situation qui n'avait rien que de conforme aux mœurs du temps, où l'amour fut à la fois et chevaleresque et si licencieux, que les plus belles actions y étaient aussi naturelles que les plus blâmables; seulement, comme toujours, les historiens ont commis la faute de prendre l'exception pour la règle. Les quatre fils de Henri II rendaient nulle la position des Bourbons, tous excessivement pauvres, et accablés par le mépris que la trahison du connétable jetait sur eux, malgré les raisons qui contraignirent le connétable à sortir du royaume. Le vidame de Chartres, qui fut au premier prince de Condé ce que Richelieu fut à Mazarin, son père en politique, son modèle, et de plus, son maître en galanterie, cachait l'excessive ambition de sa maison sous les dehors de la légèreté. Hors d'état de lutter avec les Guise, avec les Montmorency, les princes d'Écosse, les cardinaux, les Bouillon, il se fit distinguer par sa bonne grâce, par ses manières, par son esprit, qui lui valurent les faveurs des plus charmantes femmes, et le cœur de celles auxquelles il ne songeait point. Ce fut un de ces hommes privilégiés, dont les séductions irrésistibles, et qui ont à l'amour les moyens de tenir son rang. Les Bourbons ne se seraient pas fâchés comme Jarnac de la médisance de la Châtaigneraie : ils acceptaient très-bien des terres et des châteaux de leurs maîtresses, témoin le prince de Condé qui accepta la terre de Saint-Valery de madame la maréchale de Saint-André.

A la mort de Henri II, pendant les vingt premiers jours de deuil, la situation du vidame changea donc tout à coup. L'objet des attentions de la reine mère, et lui faisant la cour comme on pouvait la faire à la reine très-secrètement et étant destiné à jouer un rôle, et Catherine résolut en effet de se servir de lui. Ce prince reçut des lettres pour le prince de Condé, dans lesquelles elle démontrait la nécessité de s'allier contre les Guise. Instruits de cette intrigue, les Guise entrèrent dans la chambre de la reine pour lui arracher l'ordre de mettre le vidame à la Bastille, et Catherine se trouva dans la dure nécessité d'obéir. Le vidame mourut après quelques mois de captivité, le jour où il sortit de prison, quelque temps avant la conspiration d'Amboise. Tel fut le dénoûment du premier et du seul amour qu'ait eu Catherine de Médicis. Les écrivains protestants ont dit que la reine fit empoisonner le vidame pour confier à la tombe le secret de ses galanteries... Voilà quel fut pour cette femme l'apprentissage du pouvoir royal.

Peu de personnes aujourd'hui savent combien étaient naïves les habitations des bourgeois de Paris au quatorzième siècle, et combien simple était leur vie. Peut-être cette simplicité d'action et de pensée a-t-elle été la cause des grandeurs de cette vieille bourgeoisie, qui fut, certes, grande, libre et noble, plus peut-être que la bourgeoisie d'aujourd'hui, son histoire reste à faire, elle demande et attend un homme de génie. Inspirée par l'incident peu connu qui forme le fond de cette Étude, et qui sera l'un des plus remarquables de l'histoire de la bourgeoisie, cette réflexion arrivera sans doute sur les lèvres de tout le monde après ce récit. Est-ce la première fois qu'on l'historisera la conclusion aura précédé les faits? En 1560, les maisons de la rue de la Vieille-Pelleterie bordaient la rive gauche de la Seine, entre le pont Notre-Dame et le pont au Change. La voie publique et les maisons occupaient l'espace pris par la seule chaussée du quai actuel. Chaque maison, assise sur la Seine même, permettait aux habitants d'y descendre par des escaliers en bois ou en pierre que défendaient de fortes grilles en fer ou des portes en bois clouté. Ces maisons avaient, comme celles de Venise, une porte en terre ferme et une porte d'eau. Au moment où cette esquisse se publie, il n'existe plus qu'une seule maison de ce genre qui puisse s'appeler la vieux Paris, encore disparaîtra-t-elle bientôt; elle est au coin du Petit-Pont, en face du corps de garde de l'Hôtel-Dieu. Autrefois chaque logis présentait du côté de la rivière la physionomie bizarre que lui imprimaient soit le métier du locataire et ses habitudes, soit l'originalité des constructions inventées pour les propriétaires pour tirer ou abuser de la Seine. Les ponts étaient bâtis et presque tous encombrés de plus de moulins pour les besoins de la navigation n'en pouvaient souffrir, la Seine comptait dans Paris autant de bassins clos que de ponts. Certains bassins de ce vieux Paris eussent offert à la peinture des tons précieux. Quelles forêts ne présentaient pas les poutres entre-croisées qui soutenaient les moulins, leurs immenses vannes et leurs roues? Quels effets singuliers que ceux des clairs employés pour faire anticiper les maisons sur le fleuve! Malheureusement la peinture de genre n'existait pas alors, et la gravure était dans l'enfance, nous avons donc perdu ce curieux spectacle, offert encore, mais en petit, par certaines villes de province où les rivières sont crénelées de maisons en bois, et où, comme à Vendôme, les bassins pleins de longues herbes sont divisés par d'immenses grilles pour isoler les propriétés qui s'étendent sur les deux rives. Le nom de cette rue maintenant effacé sur la carte, indique assez le genre de commerce qui s'y faisait. Dans ce temps, les marchands adonnés à une même partie, loin de se disséminer dans la ville, se mettaient ensemble et se protégeaient ainsi mutuellement. Considérés socialement par la corporation qui limitait leur nombre, ils étaient encore réunis en confrérie par l'Église. Ainsi les prix se maintenaient. Puis les maîtres n'étaient pas la proie de leurs ouvriers, et n'obéissaient pas comme aujourd'hui à leurs caprices; au contraire, ils en avaient soin, ils en faisaient leurs enfants, et les initiaient aux finesses du travail. Pour devenir maître, un ouvrier devait alors produire un chef d'œuvre, toujours offert au saint qui protégeait la confrérie. Oserez-vous dire que le défaut de concurrence était le sentiment de la perfection, empêchait la beauté des produits, vous dont l'admiration pour les œuvres des antiques maîtrises a créé la profession nouvelle de marchand de bric-à-brac?

Aux quinzième et seizième siècles, le commerce de la pelleterie formait une des plus florissantes industries. La difficulté de se procurer des fourrures, qui tirées du Nord exigeaient de longs et périlleux voyages, donnait aux fourrures un prix excessif aux produits de la pelleterie. Alors comme à présent le prix excessif provoquait la consommation, que la vanité ne connaît pas d'obstacles. En France, et dans les autres royaumes, non-seulement des ordonnances réservaient le port des fourrures à la noblesse, ce qu'atteste le rôle de l'hermine dans les vieux blasons, mais encore certaines fourrures rares, comme le vair qui sans aucun doute était la zibeline impériale, ne pouvaient être portées que par les rois, par les ducs et par les seigneurs revêtus de certaines charges. On distinguait le grand et le menu vair. Ce mot, depuis cent ans, est si bien tombé en désuétude, que d'un nombre infini d'éditions des contes de Perrault, la célèbre pantoufle de Cendrillon, qui sans doute était de menu vair, est présentée comme étant de verre. Dernièrement, un de nos poètes les plus distingués a été obligé de rétablir la véritable orthographe de ce mot pour l'instruction de ses confrères les feuilletonistes en rendant leur conte de la Cenerentola, où la pantoufle symbolique est remplacée par un anneau qui signifie peu de chose. Naturellement, les ordonnances sur le port de la fourrure étaient perpétuellement enfreintes, au grand plaisir des pelletiers. Le haut prix des étoffes et celui des pelleteries faisaient alors d'un vêtement une de ces choses durables, appropriées aux meubles, aux armures, aux détails de la forte vie du quinzième siècle. Une femme noble, un seigneur, tout homme riche comme tout bourgeois, possédaient au plus deux vêtements par saison, lesquels duraient leur vie et au delà. Ces habits se tégnaient aux enfants. Aussi la clause relative aux armes et aux vêtements dans les contrats de mariage, aujourd'hui presque inutile à cause du peu de valeur des garderobes incessamment renouvelées, était-elle du temps d'un immense intérêt. Le haut prix avait amené la solidité. La toilette d'une femme constituait un capital énorme, compté dans la maison, serré dans ces immenses bahuts qui menaçaient les plafonds, dans appartements modernes. La parure d'une femme de 1840 eût été le déshabillé d'une grande dame de 1540. Aujourd'hui, la découverte de l'Amérique, la facilité des transports, la ruine des distinctions sociales qui a préparé la ruine des distinctions apparentes, tout a réduit la pelleterie où elle en est à presque rien. L'objet qu'un pelletier vend aujourd'hui, comme autrefois, vingt livres, a suivi l'abaissement de l'argent, autrefois la livre valait plus de vingt francs d'aujourd'hui. Aujourd'hui la petite bourgeoise, la courtisane, qui bordent de martre leurs pèlerines, ignorent qu'en 1440 un sergent de ville malveillant les eût incontinent arrêtées et menées par-devant le juge du Châtelet. Les Anglaises, si folles de l'hermine ne savent pas que jadis les reines, les duchesses et les chancelières de France pouvaient seuls porter cette royale fourrure. Il existe aujourd'hui plusieurs maisons anoblies, dont le nom véritable est Pelletier ou Lepelletier, et dont évidemment l'origine est due à quelque riche comptoir de pelleteries, car la plupart des noms bourgeois ont commencé par être des surnoms.

Cette digression explique non-seulement les longues querelles sur la préséance que la confrérie des drapiers eut pendant deux siècles avec la confrérie des pelletiers et des merciers (chacune d'elles voulant marcher la première, la plus considérable de Paris), mais encore l'importance du sieur Lecamus, pelletier honoré de la pratique des deux reines Catherine de Médicis et Marie Stuart, de la pratique du parlement, depuis vingt ans du syndic de sa corporation, et qui demeurait dans cette rue. La maison de Lecamus était une des trois qui formaient les trois encoignures du carrefour sis au bas du pont au Change, et où il ne reste plus aujourd'hui que la tour du Palais de Justice qui faisait la quatrième. À l'angle de cette maison, sise au coin du pont au Change et du quai maintenant appelé le quai aux Fleurs, l'architecte avait ménagé un cul-de-lampe pour une madone, sans cesse éclairée par des cierges, ornée de vrais bouquets de fleurs dans la belle saison, et de fleurs artificielles en hiver. Du côté de la rue du Pont comme du côté de la rue de la Vieille-Pelleterie, la maison était appuyée sur des piliers en bois. Toutes les maisons des quartiers marchands offraient sous ces piliers une galerie où les passants marchaient à couvert sur un terrain durci par la boue qu'ils y apportaient et qui le rendait assez raboteux. Dans toutes les villes, ces galeries ont été nommées en France les piliers, mot générique auquel on ajoutait la qualification du commerce, comme les piliers des Halles, les piliers de la Boucherie. Ces galeries, nécessitées par l'atmosphère parisienne, si changeante, si pluvieuse, et qui donnaient à la ville sa physionomie ont entièrement disparu. De même qu'il n'existe qu'une seule maison assise sur la rivière, il existe à peine une longueur de cent pieds des anciens piliers des Halles, les derniers qui aient résisté au temps, encore dans quelques jours, ce reste du sombre dédale de l'ancien Paris sera-t-il démoli. Certes, l'existence de ces débris du moyen âge est incompatible avec les grandeurs du Paris moderne. Aussi ces observations tendent-elles moins à regretter ces fragments de la vieille cité qu'à consacrer leur peinture et les dernières preuves vivantes près de mourir, et à faire absoudre des descriptions précieuses pour l'avenir qui tatoue le siècle actuel. Les murs de cette maison étaient bâtis en bois couvert d'ardoises. Les intervalles entre chaque pièce de bois avaient été, comme on le voit encore dans quelques vieilles villes de province, remplis par des briques dont les épaisseurs contrariées formaient un dessin appelé point de Hongrie. Les appuis des croisées et leurs linteaux, également en bois, étaient richement sculptés comme le pilier du coin qui s'élevait au-dessus de la madone, comme les piliers de la devanture du magasin. Chaque croisée, chaque maîtresse poutre qui séparait les étages offraient des arabesques de personnages et d'animaux fantastiques couchés dans des feuillages d'invention. Du côté de la rue, comme sur la rivière, la maison avait pour coiffure un fronton semblable à deux cartes mises l'une contre l'autre, et présentant ainsi jusqu'en haut de son pignon sur l'eau. Le toit débordant comme le toit d'un chalet suisse, assez démesurément pour qu'il y eût au second étage une galerie extérieure ornée de balustres, où laquelle la bourgeoise se promenait à couvert en voyant sur toute la rue ou sur le bassin compris entre les deux ponts et les deux rangées de maisons.

Les maisons assises sur la rivière étaient alors d'une grande valeur. À cette époque, le système des égouts et des fontaines était à créer, il n'existait encore que l'égout de ceinture achevé par Aubriot, le premier homme de génie et de puissant vouloir qui pensât sous Charles V à l'assainissement de Paris. Les maisons situées comme celle de Lecamus trouvaient dans la rivière à la fois l'eau nécessaire à la vie et à l'écoulement naturel des eaux pluviales ou ménagères. Les immenses travaux que les prévôts des marchands ont faits en ce genre disparaissent encore. Aujourd'hui les quadragénaires seuls se souviennent d'avoir vu les gouffres où s'engloutissaient les eaux du Montmartre, rue du Temple, etc. Ces terribles gueules béantes furent, en ces vieux temps, d'immenses bienfaits. Leur place sera sans doute éternellement marquée par l'exhaussement subit de la chaussée à l'endroit où elles s'ouvrent : autre détail archéologique inexplicable dans deux siècles pour l'historien. Un jour, vers 1816, une petite fille qui portait à une actrice de l'Ambigu ses diamants pour

un rôle de reine fut surprise par une averse, et fut si fatalement entraînée dans l'égout de la rue du Temple, qu'elle allait y disparaître sans le secours d'un passant ému par ses cris, mais elle avait lâché les diamants, qui furent retrouvés dans un regard. Cet événement fit grand bruit, et donna du poids aux réclamations pour la suppression de ces avaloirs d'eau et de petites filles. Ces constructions curieuses, hautes de cinq pieds, étaient garnies de grilles plus ou moins mobiles en grillagées qui déterminaient l'inondation des caves quand la rivière factice produite par trop forte pluie s'arrêtait à la grille encombrée d'immondices que les riverains oubliaient souvent de lever.

La devanture de la boutique du sieur Lecamus était à jour, mais ornée d'un vitrage en plomb qui rendait le local très obscur. Les fourrures se portaient à domicile chez les gens riches. Quant à ceux qui venaient acheter chez le pelletier, on leur montrait les marchandises au jour, entre les piliers, embarrassés tous, disons-le, pendant la journée, de tables et de commis assis sur leurs tabourets, comme on pouvait encore en voir sous les piliers des Halles il y a quinze ans. De ces postes avancés, les commis, les apprentis et les apprenties parlaient, s'interrogeaient, se répondaient, interpellaient les passants, mœurs dont a tiré parti le grand Walter Scott dans les *Aventures de Nigel*. L'enseigne, qui représentait une hermine, pendait au dehors comme pendent encore celles de quelques hôtelleries de village, et sortait d'une riche potence en fer doré travaillée à jour. Au-dessus de l'hermine était écrit sur une face :

LECAMUS

PELLETIER

DE MADAME LA ROYNE ET DU ROY NOSTRE SIRE ;

sur l'autre :

DE MADAME LA ROYNE MERE

ET DE MESSIEURS DU PARLEMENT

Ces mots de *madame la royne mère* avaient été ajoutés depuis peu. La dorure était neuve. Ce changement indiquait la révolution récente produite par la mort subite et récente de Henri II, qui renversa bien des fortunes à la cour et qui commença celle des Guise. L'arrière-boutique donnait sur la rivière. Dans cette pièce se tenaient le respectable bourgeois et sa femme, mademoiselle Lecamus. Dans ce temps-là, femme d'un homme qui n'était pas noble n'avait point droit au titre de dame ; mais les femmes des bourgeois de Paris avaient droit au titre de demoiselle, en raison des privilèges accordés et confirmés à leurs maris par plusieurs rois auxquels ils avaient rendu d'éminents services. Entre cette arrière-boutique et le magasin tournant une vis en bois, espèce d'escalier en colimaçon par où l'on montait aux étages supérieurs où était le grand magasin et l'habitation du vieux couple, et aux combles éclairés par des lucarnes où demeuraient les enfants, la servante, les apprentis et les commis.

Cet entassement des familles, de serviteurs et des apprentis, le peu d'espace que chacun tenait à l'intérieur, où les apprentis couchaient tous dans une grande chambre sous les toits, explique et l'énorme population de Paris alors agglomérée sur le dixième du terrain de la ville actuelle, et tous les détails bizarres de la vie privée au moyen âge, et les ruses d'amour qui n'en déplaise aux historiens sérieux, ne se retrouvent que dans les contes, et qui sans eux eussent été perdus. À cette époque, un très-grand seigneur, comme l'amiral de Coligny, par exemple, occupait trois chambres dans Paris et sa suite était d'une hôtellerie voisine. Il n'y avait pas alors cinquante hôtels dans Paris, c'est-à-dire cinquante palais appartenant à des princes souverains ou à de grands vassaux dont l'existence était supérieure à celle des grands souverains allemands, comme le duc de Bavière ou l'électeur de Saxe. La cuisine de la maison Lecamus se trouvait au-dessous de l'arrière-boutique sur la rivière. Elle avait une porte vitrée donnant sur une espèce de balcon en fer d'où la cuisinière pouvait tirer de l'eau avec un seau et où se blanchissait le linge de la maison. L'arrière-boutique douce à la fois la salle à manger, le cabinet et le salon du marchand. Dans cette pièce importante toujours garnie de riches boiseries ornée de quelque objet d'art, d'un bahut se passait la vie du marchand : là les joyeux soupers après le travail et les conférences secrètes sur les intérêts politiques de la bourgeoisie et de la royauté. Les redoutables corporations de Paris pouvaient alors armer cent mille hommes. Aussi, dans ce temps-là, les résolutions des marchands étaient-elles appuyées par leurs serviteurs, par leurs commis, par leurs apprentis et par leurs ouvriers. Les bourgeois avaient pour le prévôt des marchands un chef qui les commandait, et à l'hôtel de ville un palais où ils avaient le droit de se réunir. Dans ce fameux parloir aux bourgeois se tenaient des délibérations solennelles. Sans les continuels sacrifices qui avaient rendu la guerre insupportable aux corporations, lassées de leurs portes, et le fameux Henri IV, un homme devenu roi, ne serait peut-être jamais entré dans Paris. Chacun maintenant se peindra facilement la physionomie de ce coin du vieux Paris où tournent maintenant le pont et le quai, où s'élancent les arbres du quai aux Fleurs, et où il ne reste plus de ce temps que la haute et célèbre tour du Palais, qui donna le signal de la Saint-Barthélemi. Chose étrange! une des maisons situées au pied de cette tour alors entourée de boutiques en bois, celle de Lecamus, allait voir naître un des faits qui devaient préparer cette nuit de massacres malheureusement plus favorable que fatale au calvinisme.

Au moment où commence ce récit, l'audace des nouvelles doctrines religieuses mettait Paris en rumeur. Un Ecossais nommé Stuart venait d'assassiner le président Minard, celui des membres du parlement à qui l'opinion publique attribuait la plus grande part dans le supplice du conseiller Anne du Bourg, brûlé en place de Grève après le *couturier* (tailleur) du feu roi, à qui Henri II et Diane de Poitiers avaient fait donner la question en leur présence. Paris était si surveillé, que les archers obligeaient les passants à prier devant la madone afin de découvrir les hérétiques qui s'y prêtaient de mauvaise grâce ou refusaient même un acte contraire à leurs idées. Les deux archers qui avaient occupé le coin de la maison de Lecamus venaient de partir; ainsi Christophe, le fils du pelletier, véhémentement soupçonné de déserter le catholicisme, avait pu sortir sans avoir à craindre qu'ils lui fissent adorer l'image de la Vierge. A sept heures du soir, en avril 1560, la nuit commençait; donc les apprentis, ne voyant plus que quelques personnes passant sous les piliers de droite et de gauche de la rue, rentraient les marchandises exposées comme échantillon, afin de fermer la boutique et la maison. Christophe Lecamus, ardent jeune homme de vingt-deux ans, était debout sur le seuil de la porte, en apparence occupé à regarder les apprentis. — Monsieur, dit l'un d'eux à Christophe en lui montrant un homme qui allait et venait sous la galerie d'un air indécis, voilà peut-être un voleur ou un espion; mais en tout cas ce croquant ne peut être un honnête homme : s'il avait à parler d'affaires avec nous, il nous aborderait franchement au lieu de tourner comme il le fait... Et quelle mine! dit-il en singeant l'inconnu. Comme il a le nez dans son manteau! quel œil jaune! quel teint d'affamé! Quand l'inconnu décrit ainsi par l'apprenti vit Christophe seul sur le pas de sa boutique, il quitta rapidement la galerie opposée où il se promenait, traversa la rue, vint sous les piliers de la maison Lecamus, et quand il passa le long de la boutique, avant que les apprentis ne revinssent pour fermer les volets, il aborda le jeune homme. — Je suis Chaudieu! dit-il à voix basse. En entendant le nom d'un des plus illustres ministres et des plus dévoués acteurs du drame terrible appelé la Réformation, Christophe tressaillit comme aurait tressailli un paysan fidèle en reconnaissant son roi déguisé. — Vous voulez peut-être voir des fourrures? Quoiqu'il fasse presque nuit, je vais vous en montrer moi-même, dit Christophe, qui voulut donner le change aux apprentis en les entendant derrière lui. Il invita par un geste le ministre à entrer; mais celui-ci lui répondit qu'il aimait mieux l'entretenir dehors. Christophe alla prendre son bonnet, et suivit le disciple de Calvin.

Quoique banni par un édit, Chaudieu, plénipotentiaire secret de Théodore de Bèze et de Calvin, qui de Genève dirigeaient la Réformation française, allait en bravant le cruel supplice auquel le Parlement, d'accord avec l'Eglise et la royauté, pour faire un terrible exemple, avait condamné l'un de ses membres, le célèbre Anne du Bourg. Le ministre, qui avait un frère capitaine, un des meilleurs soldats de l'amiral Coligny, fut un des bras avec lesquels Calvin remua la France au commencement des vingt-deux années de guerres religieuses alors près de s'allumer. Le ministre est un de ces rouages secrets qui peuvent le mieux expliquer l'immense action de la réforme. Chaudieu fit descendre Christophe au bord de l'eau par un passage souterrain semblable à celui de l'arche Marion, comblé il y a dix ans. Ce passage, situé entre la maison de Lecamus et la maison voisine, se trouvait sous la rue de la Vieille-Pelleterie, et se nommait le Pont-aux-Fourreurs. Il servait en effet aux teinturiers de la Cité pour aller laver leurs fils, leurs soies et leurs étoffes. Une barquette était là, gardée et menée par un seul marinier. Il s'y trouvait à la proue un inconnu de petite taille, vêtu fort simplement. En un moment la barque fut au milieu de la Seine, le marinier la dirigea sous une des arches en bois du pont au Change, où il l'attacha lestement à un anneau de fer. Personne n'avait encore rien dit. — Nous pouvons parler ici sans crainte, il n'y a ni espions ni traîtres, dit Chaudieu en regardant les deux inconnus. — Etes-vous plein de ce dévouement qui doit animer les martyrs? Etes-vous prêt à tout endurer pour notre sainte cause? Avez-vous peur des supplices qu'ont soufferts le couturier du feu roi, le conseiller du Bourg, et qui attendent la plupart de nous? demanda-t-il à Christophe en lui montrant un visage rayonnant. — Je confesserai l'Evangile, répondit simplement Lecamus en regardant les fenêtres de l'arrière-boutique.

La lampe domestique posée sur la table où sans doute son père compulsait ses livres de commerce lui rappela par sa lueur les joies de la famille et la vie paisible à laquelle il renonçait. Ce fut une vision rapide, mais complète. Le jeune homme embrassa ce quartier plein d'harmonies bourgeoises où son heureuse enfance s'était écoulée, où vivait Babette Lallier sa promise, où tout lui promettait une existence douce et pleine; il vit le passé, il vit son avenir, et sacrifia tout, ou du moins il le joua. Tels étaient les hommes de ce temps. — N'allons pas plus loin, dit l'impétueux marinier, nous le connaissons pour un de nos *saints*! Si l'Ecossais n'avait pas fait le coup, il aurait tué l'infâme président Minard. — Oui, dit Lecamus. Ma vie appartient à l'Eglise, et je la donne avec joie pour le triomphe de la Réformation, à laquelle j'ai sérieusement réfléchi. Je sais ce que nous faisons pour le bonheur des peuples. En deux mots, le papisme pousse au célibat, et la Réformation pousse à la famille. Il est temps d'écheniller la France de ses moines, de rendre leurs biens à la couronne, qui les vendra tôt ou tard à la bourgeoisie. Sachons mourir pour nos enfants et pour faire un jour nos familles libres et heureuses.

La figure du jeune enthousiaste, celle de Chaudieu, celle du marinier, celle de l'inconnu assis sur le banc, éclairées par les dernières lueurs du crépuscule, formaient un tableau qui doit d'autant plus être décrit, que cette description contient toute l'histoire de ce temps, s'il est vrai qu'il soit donné à certains hommes de résumer l'esprit de leur siècle. La réforme religieuse tentée par Luther en Allemagne, par John Knox en Ecosse, par Calvin en France, s'empara plus particulièrement des classes inférieures que la pensée avait pénétrées. Les grands seigneurs n'appuyèrent ce mouvement que pour servir des intérêts étrangers à la cause religieuse. A ces différents partis se joignirent des aventuriers, des seigneurs ruinés, des cadets à qui tous les troubles allaient également bien. Mais chez les artisans et chez les gens de commerce, la foi fut sincère et basée sur le calcul. Les peuples pauvres adhérèrent aussitôt à une religion qui rendait à l'Etat les biens ecclésiastiques, qui supprimait les couvents, qui privait les dignitaires de l'Eglise de leurs immenses revenus. Le commerce entier supputa les bénéfices de cette opération religieuse, et s'y dévoua, corps, âme et bourse. Mais chez les jeunes gens de la bourgeoisie française, le prêche rencontra cette disposition noble vers les sacrifices en tout genre qui anime la jeunesse, à laquelle l'égoïsme est inconnu. Des hommes éminents, des esprits pénétrants, comme il s'en rencontre toujours au sein des masses, devinaient la république dans la Réformation, et voulaient établir dans toute l'Europe le gouvernement des Provinces-Unies, qui finirent par triompher dans leur lutte avec la plus grande puissance de cette époque, l'Espagne gouvernée par Philippe II et représentée dans les Pays-Bas par le duc d'Albe. Jean Hotoman méditait alors son fameux livre où ce projet existe, et qui répandit en France le trésor de ces idées, remuées à nouveau par la Ligue, comprimées par Richelieu, puis par Louis XIV, mais qui reparurent avec les économistes, avec les encyclopédistes sous Louis XV, et qui éclatèrent sous Louis XVI, toujours protégées par les branches cadettes, protégées par la maison d'Orléans en 1790, comme par la maison de Bourbon en 1590. Qui dit examen dit révolte. Toute révolte, ou le manteau sous lequel se cache un prince, ou les langes d'une domination nouvelle. La maison de Bourbon, les cadets des Valois, s'agitaient au fond de la Réformation. La question, dans le moment où la barque flottait sous l'arche du pont au Change, était étrangement compliquée par l'ambition des Guise, qui rivalisaient les Bourbons, aussi la couronne, représentée par Catherine de Médicis, pendant trente ans, put-elle soutenir le combat en les opposant les uns aux autres, tandis que plus tard le combat, au lieu d'être tiraillée par plusieurs mains, se trouvant devant le peuple sans aucune barrière : Richelieu et Louis XIV avaient abattu celle de la noblesse, Louis XV avait abattu celle des parlements. Seul devant un peuple, comme le fut alors Louis XVI, un roi succombera toujours.

Christophe Lecamus représentait bien la portion ardente et dévouée du peuple : sa figure pâle avait ce teint aigre et chaud qui distingue certains blonds, ses cheveux tiraient sur le jaune du cuivre, ses yeux d'un gris bleu scintillaient, sa belle âme se montrait là seulement, car son visage mal dessiné ne couvrait point l'irrégularité de sa forme un peu triangulaire par un air de noblesse que se donnent les gens élevés, et son front bas n'indiquait qu'une grande énergie. La vie semblait ne prendre son principe ni dans sa poitrine un peu rentrée. Plus nerveux que sanguin, Christophe offrait au regard une carnation flandreuse, maigre, mais dure. Son nez pointu trahissait une finesse populaire, comme sa physionomie annonçait une intelligence capable de se bien conduire sur un point de la circonférence, sans avoir la faculté d'en embrasser l'étendue. Ses yeux, dont l'arcade sourcilière à peine garnie d'un duvet blanc saillait comme un auvent, étaient fortement cernés dans une bande d'un bleu pâle, et d'un blanc luisant à la naissance du nez, ce qui dénote presque toujours une excessive exaltation. Christophe était bien le peuple qui se dévoue, qui se bat et qui se laisse tromper; assez spirituel pour comprendre et servir une idée, trop noble pour en tirer parti, trop généreux pour se vendre. A côté du fils unique de Lecamus, Chaudieu, ce ministre ardent, aux cheveux bruns, maigri par les veilles, au teint jaune, au front rétréci, à la bouche éloquente, aux yeux bruns et enflammés, au menton court et relevé, peignait bien cette foi chrétienne qui valut à la Réformation tant de pasteurs fanatiques et sincères dont l'esprit et le courage enflammèrent les populations. L'aide de camp de Calvin et de Théodore de Bèze contrastait admirablement avec le fils du pelletier. Il représentait bien la cause vive dont l'effet se voyait en Christophe. Vous n'auriez pas imaginé autrement le foyer conducteur des machines populaires. Le marinier homme impétueux, bruni par le grand air, fait à la rosée des nuits et aux feux du jour, à la bouche close, au geste prompt, à l'œil orange affamé comme celui d'un vautour, aux cheveux noirs et crépus, peignait bien l'aventurier qui risque tout dans une affaire, comme un joueur hasarde sa fortune sur une carte. Tout en lui révélait des passions terribles, une audace qui ne reculait devant rien. Ses muscles vivaces étaient faits à se taire aussi bien qu'à parler. Il avait l'air plus audacieux que noble. Son nez, relevé quoique mince, aspirait au combat. Il paraissait agile et adroit. Vous l'eussiez pris en tout temps pour un chef de parti. S'il n'y avait pas eu de Réformation, il eût été Pizarre, Fernand Cortez ou Morgan l'Exterminateur, une violente action quelconque.

L'inconnu, assis sur un banc et enveloppé dans sa cape, appartenait évidemment à la classe la plus élevée de la société. La finesse de son linge, la coupe, l'étoffe et l'odeur de ses vêtements, la façon et la peau de ses gants indiquaient un homme de cour, de même que sa pose, sa fierté, son calme et son coup d'œil indiquaient l'homme de guerre. Son aspect inquiétait d'abord et disposait au respect. On respecte un homme qui se respecte lui-même. Petit et bossu, ses manières réparaient en un moment les désavantages de sa taille. Une fois la glace rompue, il avait la gaieté de la décision, et un entrain indéfinissable qui le rendait aimable. Il avait les yeux bleus, le nez courbe de la maison de Navarre, et la coupe espagnole de cette figure si accentuée qui devait être le type des rois Bourbons.

En trois mots, la scène prit un intérêt immense.

— Eh bien ! dit Chaudieu au moment où le jeune Lecamus acheva sa phrase, ce batelier est la Renaudie, et voici monseigneur le prince de Condé, ajouta-t-il en montrant le petit bossu.

Ainsi ces quatre hommes représentaient la foi du peuple, l'intelligence de la parole, la main du soldat et la royauté cachée dans l'ombre. — Vous allez savoir ce que nous attendons de vous, reprit le ministre après une pause laissée à l'étonnement du jeune Lecamus. Afin que vous ne commettiez point d'erreur, nous sommes forcés de vous initier aux plus importants secrets de la Réformation.

Le prince et la Renaudie continuèrent la parole au ministre par un geste, après qu'il se fut tu pour laisser le prince parler lui-même, s'il le voulait. Comme tous les grands engagés en des complots, et qui ont pour système de ne se montrer qu'au moment décisif, le prince garda le silence, non par couardise : dans ces conjonctures, il lui l'âme de la conspiration, ne recula devant aucun danger, et risqua sa tête ; mais, par une sorte de dignité royale, il abandonna l'explication de cette entreprise au ministre, et se contenta d'étudier le nouvel instrument dont il fallait se servir.

— Mon enfant, dit Chaudieu dans le langage des huguenots, nous allons livrer à la prostituée romaine une première bataille. Dans quelques jours nos milices monteront sur des échafauds, ou les Guise seront morts. Bientôt donc le roi et les deux reines seront en notre pouvoir. Voici la première prise d'armes de notre religion en France, et la France ne les déposera qu'après avoir tout conquis ; il s'agit de la nation, voyez-vous, et non du royaume. La plupart des grands du royaume voient où veulent en venir le cardinal de Lorraine et le duc son frère. Sous le prétexte de défendre la religion catholique, la maison de Lorraine veut réclamer la couronne de France comme son patrimoine. Appuyée sur l'Église, elle s'en est fait une alliée formidable, elle a les moines pour soutiens, pour acolytes, pour espions. Elle s'érige en tutrice du trône, qu'elle veut usurper, en protectrice de la maison de Valois, qu'elle veut anéantir. Si nous nous décidons à nous lever en armes, c'est qu'il s'agit à la fois des libertés du peuple et des intérêts de la noblesse également menacés. Étouffons à son début une faction aussi odieuse que celle des Bourguignons, qui jadis mit Paris et la France à feu et à sang. Il a fallu un Louis XI pour finir la querelle des Bourguignons et de la couronne ; mais aujourd'hui un prince de Condé saura empêcher les Lorrains de recommencer. Ce n'est pas une guerre civile, mais un duel entre les Guise et la Réformation, un duel à mort : nous ferons tomber leurs têtes, ou ils feront tomber les nôtres. — Bien dit ! s'écria le prince. — Dans ces conjonctures, Christophe, reprit la Renaudie, nous ne voulons pas négliger pour grossir notre parti, car il y a un parti dans la Réformation, le parti des intérêts froissés, des nobles sacrifiés aux Lorrains, des vieux capitaines indignement joués à Fontainebleau, d'où le cardinal a bannis en faisant planter des potences pour y accrocher ceux qui demandaient au roi l'argent de leurs montres et les payes arriérées. — Voilà, mon enfant, reprit Chaudieu remarquant une sorte d'effroi chez Christophe, voilà ce qui nous oblige à triompher par les armes au lieu de triompher par la conviction et le martyre. La reine mère est sur le point d'entrer dans nos vues, non qu'elle veuille abjurer, elle n'en est pas là, mais elle y sera peut-être forcée par notre triomphe. Quoi qu'il en soit, humiliée et désespérée de voir passer entre les mains des Guise la puissance qu'elle espérait exercer après la mort du roi, effrayée de l'empire que prend la jeune reine Marie, nièce des Lorrains et leur auxiliaire, la reine Catherine nous est assez disposée à prêter son appui aux princes et aux seigneurs qui vont tenter un coup de main pour la délivrer. En ce moment, quoique dévouée aux Guise en apparence, elle les hait, elle souhaite leur perte, et se servira de nous contre eux, mais Monseigneur se servira d'elle contre tous. La reine mère donnera son consentement à nos plans. Nous aurons pour nous le connétable, que Monseigneur vient d'aller voir à Chantilly, mais qui ne veut bouger que sur un ordre de ses maîtres. Oncle de Monseigneur, il ne le laissera jamais dans l'embarras, et ce généreux prince n'hésite pas à se jeter dans le danger pour décider Anne de Montmorency. Tout est prêt, et nous avons jeté les yeux sur vous pour communiquer à la reine Catherine notre traité d'alliance, les projets d'édits et les bases du nouveau gouvernement. La cour est à Blois. Beaucoup des nôtres y sont, mais ceux-là sont les futurs chefs......

Et, comme Monseigneur, dit-il en montrant le prince, ils ne doivent jamais être soupçonnés : nous devons nous sacrifier tous pour eux. La reine mère et nos amis sont l'objet d'une surveillance si minutieuse, qu'il est impossible d'employer pour intermédiaire une personne connue ou de quelque importance, elle serait incontinent soupçonnée et ne pourrait communiquer avec madame Catherine. Dieu nous doit en ce moment le berger David et sa fronde pour attaquer Goliath de Guise. Votre père, malheureusement pour lui bon catholique, est le pelletier des deux reines, il a toujours à leur fournir quelque ajustement, obtenez qu'il vous envoie à la cour. Vous n'éveillerez point les soupçons et ne compromettrez en rien la reine Catherine. Tous nos chefs peuvent payer de leur tête une imprudence qui laisserait croire à la connivence de la reine mère avec eux. Là où les grands, une fois pris, donnent l'éveil, un petit comme vous est sans conséquence. Voyez ! les Guise ont tant d'espions, que nous n'avons eu que la rivière pour pouvoir causer sans crainte. Vous voilà, mon fils, comme la sentinelle obligée de mourir à son poste. Sachez-le ! si vous êtes surpris, nous vous abandonnons tous, nous jetterons sur vous, s'il le faut, l'opprobre et l'infamie. Nous dirons, au besoin, que vous êtes une créature des Guise à laquelle ils font jouer ce rôle pour nous perdre. Ainsi nous vous demandons un sacrifice entier. — Si vous périssez, dit le prince de Condé, je vous engage ma foi de gentilhomme que votre famille sera sacrée pour la maison de Navarro : je la porterai dans mon cœur et la servirai en toute chose. — Cette parole, mon prince, suffit déjà, reprit Christophe que de songer que ce factieux vient d'un Gascon. Nous sommes dans un temps où chacun, prince ou bourgeois, doit faire son devoir. — Voilà un vrai huguenot ! Si tous nos hommes étaient ainsi, dit la Renaudie en posant une main sur l'épaule de Christophe, nous serions demain les maîtres. — Jeune homme, reprit le prince, j'ai voulu vous montrer que si Chaudieu prêche, si le gentilhomme est armé, le prince se bat. Ainsi, dans cette chaude partie, tous les enjeux se valent. — Écoutez, dit la Renaudie, je ne vous remettrai les papiers qu'à Beaugency, car il ne faut pas les compromettre pendant tout le voyage. Vous me trouverez sur le port : ma figure, ma voix, mes vêtements seront si changés, que vous ne pourrez me reconnaître. Mais je vous dirai : — *Vous êtes un guépin ?* et vous me répondrez : — *Prêt à servir.* Quant à l'exécution, voici les moyens. Vous trouverez un cheval à la *Pinte-Fleurie*, proche Saint-Germain-l'Auxerrois. Vous y demanderez Jean le Breton, qui vous mènera à l'écurie, et vous donnera l'un de mes bidets connu pour faire treize lieues en huit heures. Sortez par la porte de Bussy, Breton a une passe pour moi, prenez-la pour vous, et filez en faisant le tour des villes. Vous pourrez ainsi arriver au petit jour à Orléans. — Et le cheval ? dit le jeune Lecamus. — Il ne crèvera pas avant Orléans, reprit la Renaudie. Laissez-le avant l'entrée du faubourg Bannier, car les portes sont bien gardées : il ne faut pas éveiller les soupçons. A vous, l'ami, à vous de jouer votre rôle. Vous inventerez la fable qui vous paraîtra la meilleure pour arriver à la troisième maison à gauche en entrant dans Orléans, elle appartient à un certain Tourillon, gantier. Vous frapperez trois coups à la porte en criant : — *Service de MM. de Guise !* L'homme est en apparence un guisard enragé, mais il n'y a que nous quatre qui le sachions des nôtres ; il vous donnera un batelier dévoué, un autre guisard de sa trempe, bien entendu. Descendez incontinent au port, vous vous y embarquerez sur un bateau peint en vert et bordé de blanc. Vous aborderez sans doute à Beaugency demain à midi. Là, je vous ferai trouver une barque sur laquelle vous descendrez à Blois sans courir de danger. Nos ennemis les Guise ne gardent pas la Loire, mais seulement les ports. Ainsi, vous pourrez voir la reine dans la journée ou le lendemain. — Vos paroles sont gravées là, dit Christophe en montrant son front.

Chaudieu embrassa son enfant avec une singulière effusion religieuse, il en était fier. — Dieu veille sur toi ! dit-il en montrant le couchant, qui rougissait les vieux toits couverts en bardeau et qui glissait ses lueurs à travers la forêt de poutres où bouillonnaient les eaux. — Vous êtes de la race du vieux Jacques Bonhomme ! dit la Renaudie à Christophe en lui serrant la main. — Nous nous reverrons, monsieur, lui dit le prince en faisant un geste d'une grâce infinie, et où il y avait presque de l'amitié.

D'un coup de rame, la Renaudie mit le jeune conspirateur sur une marche de l'escalier qui conduisait dans la maison, et la barque disparut aussitôt sous les arches du pont au Change. Christophe secoua la grille en fer qui fermait l'escalier sur la rivière et cria, mademoiselle Lecamus l'entendit, ouvrit une des croisées de l'arrière-boutique et lui demanda comment il se trouvait là. Christophe répondit qu'il gelait et qu'il fallait d'abord le faire entrer. — Notre maître, dit la bourguignonne, vous êtes sorti par la porte de la rue, et vous revenez par celle de l'eau. Votre père va joliment se fâcher.

Christophe étourdi par une confidence qui venait de le mettre en rapport avec le prince de Condé, la Renaudie, Chaudieu, et encore plus ému du spectacle anticipé d'une guerre civile imminente, ne répondit rien, il monta précipitamment de la cuisine à l'arrière boutique; mais en le voyant, sa mère, vieille catholique enragée, ne put retenir sa colère. — Je gage que les trois hommes avec lesquels tu causais là sont des réf...? demanda-t-elle. — Tais-toi, ma femme, dit aussitôt le prudent vieillard en cheveux blancs, qui feuilletait un gros livre. Grands fainéants, reprit-il en s'adressant à trois jeunes garçons qui depuis longtemps avaient fini leur souper, qu'attendez-vous pour aller dormir? Il est huit heures, il faudra vous lever à cinq heures du matin. Vous avez d'ailleurs à porter chez le président de Thou son mortier et sa robe. Allez-y tous trois en prenant vos bâtons et vos rapières. Si vous rencontrez des vauriens comme vous, au moins serez-vous en force. — Faut-il aussi porter le surcot d'hermine que la jeune reine a demandé, et qui doit être remis à l'hôtel de Soissons, où il y a un exprès pour Blois et pour la reine mère? demanda l'un des commis. — Non, dit le syndic, le compte de la reine Catherine se monte à trois mille écus, il faudrait bien finir par les avoir, je compte aller à Blois. — Mon père, je ne souffrirai pas qu'à votre âge, et par le temps qui court, vous vous exposiez par les chemins. J'ai vingt-deux ans, vous pouvez m'employer à ceci, dit Christophe en lorgnant une boite où devait être le surcot. — Êtes-vous soudés au banc? cria le vieillard aux apprentis, qui soudain prirent leurs rapières, leurs manteaux et la fourrure de M. de Thou.

Le lendemain, le parlement recevait au palais, comme président, cet homme illustre, qui, après avoir signé l'arrêt de mort du conseiller du Bourg, devait, avant la fin de l'année, avoir à juger le prince de Condé. — La Bourguignonne, dit le vieillard, allez demander à mon compère Lallier s'il veut venir souper avec nous en fournissant le vin, nous donnerons la fripe, dites-lui surtout d'amener sa fille.

Le syndic du corps des pelletiers était un beau vieillard de soixante ans, à cheveux blancs, à front large et découvert. Voltour de la cour depuis quarante ans, il avait vu toutes les révolutions du règne de François Ier, et c'était tenu dans sa patente royale malgré les rivalités de femmes. Il avait été témoin de l'arrivée à la cour de la jeune Catherine de Médicis, à peine âgée de quinze ans; il l'avait observée pliant sous la duchesse d'Étampes, la maîtresse de son beau-père, pliant sous la duchesse de Valentinois, maîtresse de son mari, le feu roi. Mais le pelletier s'était bien tiré de ces phases étranges, où les marchands de la cour avait été si souvent enveloppés dans la disgrâce des maîtresses. Sa prudence égalait sa fortune. Il demeurait dans une excessive humilité. Jamais l'orgueil ne l'avait pris en ses pièges. Ce marchand se faisait si petit, si doux, si complaisant, si naïf, à la cour, devant les princesses, les reines et les favorites, que cette modestie et sa bonhomie avaient conservé l'enseigne de sa maison. Une semblable politique annonçait nécessairement un homme fin et perspicace. Autant il paraissait humble au dehors, autant il devenait despote au logis; il était maître chez lui. Très-honoré par ses confrères, il devait à la longue possession de la première place dans son commerce une immense considération. Il rendait d'ailleurs volontiers service, et parmi ceux qu'il avait rendus, un des plus éclatants était certes l'assistance qu'il prêta longtemps au plus fameux chirurgien du seizième siècle, Ambroise Paré, qui lui devait de pouvoir se livrer à ses études. Dans toutes les difficultés qui survenaient entre marchands, Lecamus se montrait conciliant. Aussi l'estime générale consolidait-elle sa position parmi ses égaux, comme son caractère d'emprunt le maintenait en faveur à la cour. Après avoir brigué par politique dans sa paroisse les honneurs de la fabrique, il faisait le nécessaire pour se conserver en bonne odeur de sainteté près du curé de Saint-Pierre-aux-Bœufs, qui le regardait comme un des hommes de Paris les plus dévoués à la religion catholique. Aussi, lors de la convocation des états généraux, fut-il nommé tout d'une voix pour représenter le tiers-état par l'influence des curés de Paris, qui, dans ce temps, était immense. Ce vieillard était de ces sourds et profonds ambitieux qui se courbent pendant cinquante ans devant chacun, en se glissant de poste en poste, d'on ne sache comment ils sont arrivés, mais qui se trouvent assis et au repos là où jamais personne, même parmi les plus audacieux, n'aurait osé s'avouer un pareil but au commencement de la vie; tant était forte la distance, tant d'abîmes étaient à franchir, et où l'on devait rouler! Lecamus, qui avait une immense fortune cachée, ne voulait courir aucun péril et préparait un brillant avenir à son fils. Au lieu d'avoir cette ambition personnelle qui souvent sacrifie l'avenir au présent, il avait l'ambition de famille, sentiment perdu de nos jours, étouffé par la sotte disposition de nos lois sur les successions. Lecamus se voyait premier président au parlement de Paris dans la personne de son petit-fils.

Christophe, filleul du fameux de Thou l'historien, avait reçu la plus solide éducation, mais elle l'avait conduit au doute et à l'examen qui gagnait les étudiants et les facultés de l'Université. Christophe faisait en ce moment ses études pour débuter au barreau, premier degré de la magistrature. Le vieux pelletier jouait l'hésitation à propos de son fils : il paraissait tantôt vouloir faire de Christophe son successeur, tantôt en faire un avocat; mais sérieusement il ambitionnait pour ce fils une place de conseiller au parlement, marchand voulant mettre la famille Lecamus au rang de ces vieilles et célèbres familles de bourgeoisie parisienne d'où sortirent les Pasquier, les Molé, les Miron, les Séguier, Lamoignon du Tillet, Lecoigneux, Lescalopier, les Goix, les Arnauld, les fameux échevins et les grands prévôts des marchands, parmi lesquels le trône trouva tant de défenseurs. Aussi, pour que Christophe pût soutenir un jour son rang, voulait-il le marier à la fille du plus riche orfèvre de la cité, son compère Lallier, dont le neveu devait présenter à Henri IV les clefs de Paris. Le dessein le plus profondément enfoncé dans le cœur du bourgeois était d'employer la moitié de sa fortune et la moitié de celle de l'orfèvre à l'acquisition d'une grande et belle terre seigneuriale, affaire longue et difficile en ce temps. Mais ce profond politique connaissait trop bien son temps pour ignorer les grands mouvements qui se préparaient il voyait tout juste, en prévoyant la division du royaume en deux camps. Les supplices inutiles de la place de l'Estrapade, l'exécution du conseiller de Henri II, celle plus récente du conseiller Anne du Bourg, la connivence actuelle des grands seigneurs, celle d'une favorite, sous le règne de François Ier, avec les réformés, étaient de terribles indices. Le pelletier avait résolu de rester, quoiqu'il arrivât, catholique, royaliste et parlementaire, mais il lui convenait in petto, que son fils appartînt à la Réformation. Il se savait assez riche pour racheter Christophe s'il était trop compromis, puis, si la France devenait calviniste, son fils pouvait sauver sa famille, dans une de ces furieuses émeutes parisiennes dont le souvenir vivait dans la bourgeoisie, et qu'elle devait recommencer pendant quatre règnes. Mais ces pensées, de même que Louis XI, le vieux pelletier ne se les disait pas à lui-même, sa profondeur allait jusqu'à tromper sa femme et son fils. Ce grave personnage était depuis longtemps le chef du plus riche, du plus populaire quartier de Paris, celui du centre sous le titre de quartenier, qui devait devenir si célèbre quinze ans plus tard. Vêtu de drap comme tous les bourgeois prudents qui obéissaient aux ordonnances somptuaires, le sieur Lecamus (il tenait à ce titre, accordé par Charles V aux bourgeois de Paris, et qui leur permettait d'acheter des seigneuries et d'appeler leurs femmes du beau nom de demoiselle) n'avait ni chaîne d'or, ni soie, mais un bon pourpoint à gros boutons d'argent noircis, des chausses drapées montant au-dessus du genou, et des souliers de cuir agrafés. Sa chemise de fine toile sortait en gros bouillons, selon la mode du temps, par sa veste entr'ouverte et son haut-de-chausses. Quoique la belle et large figure de ce vieillard reçût toute la clarté de la lampe, il fut alors impossible à Christophe de deviner les pensées ensevelies sous la riche carnation hollandaise de son vieux père; mais il comprit néanmoins tout le parti que le vieillard voulait tirer de son affection pour la jolie Babette Lallier. Aussi, en homme qui avait pris sa résolution, Christophe sourit-il amèrement en entendant inviter sa future.

Quand la Bourguignonne fut partie avec les apprentis, le vieux Lecamus regarda sa femme en laissant voir alors tout son caractère ferme et absolu. — Tu ne seras pas contente que tu n'aies fait pendre cet enfant, avec ta damnée langue! lui dit-il d'une voix sévère. — Je l'aimerais mieux justice mais sauvé, que vivant et huguenot, dit-elle d'un air sombre. Penser qu'un enfant qui a logé neuf mois dans mes entrailles n'est pas bon catholique et mange de la vache à Colas, qu'il ira en enfer pour l'éternité! Elle se mit à pleurer. — Vieille bête, lui dit le pelletier, laisse-le donc vivre, quand ce ne serait que pour le convertir! Tu as dit, devant nos apprentis, un mot qui peut faire bouter le feu à notre maison et nous faire cuire tous comme des puces dans les paillasses. La mère se signa, s'assit et resta muette. — Or çà, toi, dit le bonhomme en jetant un regard de juge à son fils, explique-moi ce que tu faisais là, sur l'eau avec... Viens ici près de moi, dit-il en empoignant son fils par le bras et l'attirant à lui... avec le prince de Condé, souffla-t-il dans l'oreille de Christophe, qui tressaillit. Crois-tu que le pelletier de la cour n'en connaisse pas toutes les têtes, et que j'ignore ce qui se passe? Monseigneur le grand maître a donné l'ordre d'amener des troupes à Amboise. Retirer des troupes de la Touraine et en envoyer à Amboise, quand la cour est à Blois, les faire aller par Chartres et Vendôme, au lieu de prendre la route d'Orléans, est-ce clair? il y a avoir des troubles. Les reines veulent leurs surcots, les miens viendront chercher. Le prince de Condé a peut-être résolu de tuer MM. de Guise, qui, de leur côté, peut-être peut-être a-t-il résolu de lui. Le prince se servira des huguenots pour se défendre. A quoi serviront-ils donc dans cette bagarre? Quand tu seras marié, quand tu seras avocat au parlement, tu seras tout aussi prudent que ton père. Pour être de la nouvelle religion, le fils d'un pelletier doit attendre que tout le monde en soit. Je ne condamne pas les réfor-

matelots, ce n'est pas mon métier ; mais la cour est catholique, les deux reines sont catholiques, le parlement est catholique ; nous les boutiquiers, nous devons être catholiques. Tu ne sortiras pas d'ici, Christophe, ou je te mets chez le président de Thou, ton parrain, qui te gardera près de lui nuit et jour, et te fera noircir du papier au lieu de te laisser noircir l'âme en la cuisine de ces damnés Genevois.
— Mon père, dit Christophe en s'appuyant sur le dos de la chaise où était le vieillard, envoyez-moi donc à Blois porter le surcot à la reine Marie, et réclamer notre argent de la reine mère, sans cela, je suis perdu ! et vous tenez à moi. — Perdu ! reprit le vieillard sans manifester le moindre étonnement. Si tu restes ici, tu ne seras point perdu, je te retrouverai toujours. — On m'y tuera. — Comment ? — Les plus ardents des huguenots ont jeté les yeux sur moi pour les servir en quelque chose, et, si je manque à faire ce que je viens de promettre, ils me tueront en plein jour, dans la rue. Ici, comme on a tué Minard. Mais, si vous m'envoyez à la cour pour vos affaires, peut-être pourrai-je me justifier également bien des deux côtés. Ou je réussirai sans avoir couru aucun danger, et saurai conquérir ainsi une belle place dans le parti, ou, si le danger est trop grand, je me ferai que vos affaires. Le père se leva comme si son fauteuil eût été de feu rouge. — Ma femme, dit-il, laisse-nous, et veille à ce que nous soyons bien seuls Christophe et moi.

Quand mademoiselle Lecamus fut sortie le pelletier prit son fils par un bouton, et l'emmena dans le coin de la salle qui faisait l'encoignure du pont. — Christophe, lui dit-il dans le tuyau de l'oreille comme quand il venait de lui parler du prince de Condé, sois huguenot, si tu as ce vice-là, mais sois-le avec prudence, au fond du cœur, et non de manière à te faire montrer au doigt dans le quartier. Ce que je viens de m'avouer me prouve combien les chefs ont confiance en toi. Que vas-tu donc faire à la cour ? — Je ne saurais vous le dire, répondit Christophe, je ne le sais pas encore bien moi-même — Hum ! hum ! fit le vieillard en regardant son fils, le drôle veut tromper son père, il est fort. Or çà, reprit-il à voix basse, tu ne vas pas à la cour pour porter des avances à MM. de Guise ni au petit roi notre maître, ni à la petite reine Marie. Tous ces cœurs-là sont catholiques ; mais je jurerais bien que l'Italienne a quelque chose contre l'Écossaise et contre les Lorrains : je la connais : elle avait une furieuse envie de mettre la main à la pâte ! le feu roi la craignait si bien, qu'il a fait comme les orfèvres, il a usé du diamant par le diamant, une femme par une autre. De là, cette haine de la reine Catherine contre la pauvre duchesse de Valentinois, qui a pris le beau château de Chenonceaux. Sans M. le connétable, la duchesse était pour le moins étranglée... Arrière, mon fils, ne te mets pas entre les mains de cette Italienne, qui n'a de passion que dans la cervelle : mauvaise espèce de femme ! Oui, ce qu'on t'envoie faire à la cour te causera peut-être un grand mal de tête, s'écria le père en voyant Christophe prêt à répondre. Mon enfant j'ai des projets pour ton avenir, tu ne les déranges pas en te rendant utile à la reine Catherine, mais, Jésus ! ne risque point ta tête ! et ces MM. de Guise la couperaient comme la Bourguignonne coupe un navet, car les gens qui t'emploient te désavoueront entièrement. — Oui, mon père, dit Christophe. — Es-tu donc aussi fort que cela ? Tu le sais ce tu te risques ! — Oui, mon père. Ventre de loup-cervier ! s'écria le père, qui serra son fils dans ses bras, nous pourrions nous entendre : tu es digne de ton père. Ecoute, sois l'honneur de la famille, et je vois que ton cœur père peut s'expliquer avec toi. Mais ne sois pas plus huguenot que MM. de Coligny. Ne tire pas l'épée, tu seras homme de plume, reste dans ton futur rôle de robin. Allons, ne me dis rien qu'après la réussite. Si tu ne m'as rien fait savoir quatre jours après ton arrivée à Blois, ce silence me dira que tu es en danger. Le vieillard ira sauver le jeune homme. Je n'ai pas vendu pendant trente ans aux fourrures sans connaître l'envers des robes de cour. J'aurai de quoi me faire ouvrir les portes.

Christophe ouvrait de grands yeux en entendant son père parler ainsi, mais il craignait quelque piège paternel et garda le silence. — Eh bien faites le compte, écrivez une lettre à la reine, je veux partir à l'instant, sans quoi de bien grands malheurs arriveraient. — Partir ! mais comment ? — J'acheterai un cheval. Ecrivez, au nom de Dieu ! — Eh ! la mère ? de l'argent à ton fils, cria le pelletier à sa femme. La mère rentra, courut à son bahut, et donna une bourse à Christophe, qui, tout ému, l'embrassa. — Le compte était tout prêt, dit son père, le voici. Je vais écrire la lettre. Christophe prit le compte et le mit dans sa poche. — Mais tu souperas au moins avec nous dit le bonhomme. Dans ces extrêmes, il faut échanger vos anneaux, la fille à Lallier et toi. — Eh bien ! je vais l'aller quérir, s'écria Christophe.

Le jeune homme se débat des incertitudes de son père, dont le caractère ne lui était pas encore assez connu ; il monta dans sa chambre, s'habilla, prit une valise, descendit à pas de loup, la posa sur un comptoir de la boutique ainsi que sa rapière et son manteau. — Que diable fais-tu ? lui dit son père en l'entendant. Christophe vint baiser le vieillard sur les deux joues. — Je ne veux pas qu'on voie mes apprêts de départ, j'ai tout mis sous un comptoir, lui répondit-il à l'oreille. — Voici la lettre, dit le père.

Christophe prit le papier, et sortit comme pour aller chercher la jeune voisine. Quelques instants après le départ de Christophe, le compère Lallier et sa fille arrivèrent, précédés d'une servante qui apportait trois bouteilles de vin vieux. — Eh bien où est Christophe ? dirent les deux vieilles gens. — Christophe ! s'écria Babette, nous ne l'avons pas vu. — Mon fils est un fier drôle ! il me trompe comme si je n'avais pas de barbe. Mon compère, que va-t-il arriver ! Nous vivons dans un temps où les enfants ont plus d'esprit que les pères.
— Mais il y a longtemps que tout le quartier en fait un mangeur de vache à Colas, dit Lallier. — Défendez-le sur ce point, compère, dit le pelletier à l'orfèvre, la jeunesse est folle, elle court après les choses neuves ; mais Babette le fera tenir tranquille, elle est encore plus neuve que Calvin.

Babette sourit : elle aimait Christophe et s'offensait de tout ce que l'on disait contre lui. C'était une des filles de la vieille bourgeoisie, élevée sous les yeux de sa mère, qui ne l'avait pas quittée : son maintien était doux, correct comme son visage ; elle était vêtue en étoffes de laine de couleurs grises et harmonieuses sa gorgerette, simplement plissée, tranchait par sa blancheur sur ses vêtements ; elle avait un bonnet de velours brun qui ressemblait beaucoup à un béguin d'enfant, mais il était orné de ruches et de barbes en gaze tannée, ou autrement couleur de tan, qui descendaient de chaque côté de sa figure. Quoique blonde et blanche comme une blonde, elle paraissait rusée, fine, tout en essayant de cacher sa malice sous l'air d'une fille honnêtement éduquée. Tant que les deux servantes allèrent et vinrent en mettant la nappe, les brocs les grands plats d'étain et les couverts, l'orfèvre et sa fille, le pelletier et sa femme, restèrent devant la haute cheminée à lambrequins de serge rouge bordée de franges noires, disant des riens. Babette avait demandé où pouvait être Christophe la mère et le père du jeune huguenot donnaient des réponses évasives ; mais, quand les familles furent attablées, et que les deux servantes furent à la cuisine, Lecamus dit à sa future belle-fille : — Christophe est parti pour la cour.
— A Blois ! faire un pareil voyage sans m'avoir dit adieu ! dit-elle. — L'affaire était pressée, dit la vieille mère. — Mon compère, dit le pelletier en reprenant la conversation abandonnée, nous allons avoir du grabuge en France : les réformés se remuent. — S'ils triomphent, ce ne sera qu'après de grosses guerres pendant lesquelles le commerce ira mal, dit Lallier, incapable de s'élever plus haut que la sphère commerciale. — Mon père, qui a vu la fin des guerres entre les Bourguignons et les Armagnacs, m'a dit que notre famille ne s'en serait pas sauvée si l'un de ses grands-pères, le père de sa mère, n'avait pas été un Goix, l'un de ces fameux bouchers de la halle qui tenaient pour les Bourguignons, tandis que l'autre, un Lecamus, était du parti des Armagnacs ; ils paraissaient vouloir s'arracher la peau devant le monde, mais ils s'entendaient en famille. Ainsi, tachons de sauver Christophe, peut-être dans l'occasion nous sauvera-t-il. — Vous êtes un fin matois, compère, dit l'orfèvre. — Non ! répondit Lecamus. La bourgeoisie doit penser à elle, le peuple et la noblesse lui en veulent également. La bourgeoisie parisienne donne des craintes à tout le monde, excepté au roi, qui la sait son amie. — Vous qui êtes si savant et qui avez tant vu de choses, demanda timidement Babette, expliquez-nous donc les réformes. — Dites-nous ça, compère, s'écria l'orfèvre. Je connaissais le couturier du feu roi et le tenais pour un homme de mœurs simples, sans grand génie, il était quasi comme vous, on lui eût baillé Dieu sans confession, et cependant il trempait au fond de cette religion nouvelle, lui ! qui nous donne des secrets à révéler pour que le roi et la duchesse de Valentinois aient assisté à sa torture — Et de terribles ! dit le pelletier. La Réformation, mes amis, reprit-il à voix basse, ferait rentrer dans les biens de l'Église. Après les privilèges ecclésiastiques supprimés, les réformés comptent demander que les nobles et bourgeois soient égaux pour les tailles, qu'il n'y ait que le roi au-dessus de tout le monde, si toutefois on laisse un roi dans l'Etat. — Supprimer le trône ! s'écria Lallier. — Eh compère, dit Lecamus, dans les Pays-Bas, les bourgeois se gouvernent eux-mêmes par des échevins à eux, lesquels élisent eux-mêmes un chef temporaire. — Vive Dieu ! compère, on devrait faire de belles choses et rester catholiques, s'écria l'orfèvre. — Nous sommes trop vieux pour voir le triomphe de la bourgeoisie de Paris, mais elle triomphera, compère ! dans le temps, compère, dans le temps ! Il faudra bien que le roi s'appuie sur elle pour résister, et nous avons toujours bien vendu notre appui. Enfin, la dernière fois, tous les bourgeois ont été anoblis, il leur a été permis d'acheter des terres seigneuriales et d'en porter les noms sans qu'il soit besoin de lettres expresses du roi. Vous comme moi le petit-fils des Goix par les femmes, ne valons-nous pas bien des seigneurs !

Cette parole effraya tant l'orfèvre et les deux femmes, qu'elle fut suivie d'un profond silence. Les ferments de 1789 piquaient déjà le sang du Lecamus, qui n'était pas encore si vieux qu'il ne pût voir les audaces bourgeoises de la Ligue.

— Vendez-vous bien, malgré ce remue-ménage ? demanda Lallier à la Lecamus. — Cela fait toujours du tort, répondit-elle. — Aussi, ai-je bien fort l'envie de faire un avocat de mon fils, dit Lecamus, car la chicane va toujours.

La conversation resta dès lors sur un terrain de lieux communs, au grand contentement de l'orfèvre, qui n'aimait ni les troubles politiques ni les hardiesses de pensées. Maintenant, suivons Christophe. Les rives de la Loire, depuis Blois jusqu'à Angers, ont été l'objet de la prédilection des deux dernières branches de la race royale qui occupèrent le trône avant la maison de Bourbon. Ce beau bassin mérite si bien les honneurs que lui ont faits les rois, que voici ce qu'en disait naguère l'un de nos plus élégants écrivains :

« Il existe en France une province qu'on n'admire jamais assez. Parfumée comme l'Italie, fleurie comme les rives du Guadalquivir, et belle, en outre, de sa physionomie particulière, toute française, ayant toujours été française, contrairement à nos provinces du nord, abâtardies par le contact allemand, et à nos provinces du midi, qui ont vécu en concubinage avec les Maures, les Espagnols, et tous les peuples qui en ont voulu ; cette province pure, chaste, brave et loyale, c'est la Touraine! La France historique est là! L'Auvergne, le Languedoc n'est que le Languedoc ; mais la Touraine est la France, et le fleuve le plus national pour nous est la Loire, qui arrose la Touraine. On doit dès lors moins s'étonner de la quantité de monuments enfermés dans les départements qui ont pris le nom et les dérivations du nom de la Loire. A chaque pas qu'on fait dans ce pays d'enchantements, on découvre un tableau dont la bordure est une rivière ou un ovale tranquille qui réfléchit dans ses profondeurs liquides un château, ses tourelles, ses bois, ses eaux jaillissantes. Il était naturel que là où vivait de préférence de la royauté, où elle établit si longtemps sa cour, vinssent se grouper les hautes fortunes, les distinctions de race et de mérite, et qu'elles s'y élevassent des palais grands comme elles. »

N'est-il pas incompréhensible que la royauté n'ait point suivi l'avis indirectement donné par Louis XI de placer à Tours la capitale du royaume. Là, sans de grandes dépenses, la Loire pouvait être rendue accessible aux vaisseaux de commerce et aux bâtiments de guerre légers. Là, le siège du gouvernement eût été à l'abri des coups de main d'une invasion. Les places du nord n'eussent pas alors demandé tant d'argent pour leurs fortifications aussi coûteuses à elles seules que l'ont été les somptuosités de Versailles. Si Louis XIV avait écouté le conseil de Vauban, qui voulait lui bâtir sa résidence à Mont-Louis, entre la Loire et le Cher, peut-être la révolution de 1789 n'aurait-elle pas eu lieu. Ces belles rives portent donc, de place en place, les marques de la tendresse royale. Les châteaux de Chambord, de Blois, d'Amboise, de Chenonceaux, de Chaumont, du Plessis-lez-Tours, tous ceux que les maîtresses de nos rois, que les financiers et les seigneurs se bâtirent à Véretz, Azay-le-Rideau, Ussé, Villandry, Valençay, Chanteloup, Duretal, dont quelques-uns ont disparu, mais dont la plupart vivent encore, sont d'admirables monuments où respirent les merveilles de cette époque si mal comprise par la secte littéraire des moyen-âgistes. Entre tous ces châteaux, celui de Blois, où se trouvait alors la cour, est un de ceux où la magnificence des d'Orléans et des Valois a mis son plus brillant cachet, et le plus curieux pour les historiens, pour les archéologues, pour les catholiques. Il était alors complètement isolé. La ville, enceinte de fortes murailles garnies de tours, s'étalait au bas de la forteresse, car ce château servait en effet tout à la fois de fort et de maison de plaisance. Au-dessus de la ville, dont les maisons pressées et les toits bleus s'étendaient, alors comme aujourd'hui, de la Loire jusqu'à la crête de la colline qui règne sur la rive droite du fleuve, se trouve un plateau triangulaire, coupé de l'ouest par un ruisseau sans importance aujourd'hui, car il coule sous la ville, mais qui, au quinzième siècle, disent les historiens, formait un ravin assez considérable, et duquel il reste un profond chemin creux, presque un abîme entre le faubourg et le château.

Ce fut sur ce plateau, à la double exposition du nord et du midi, que les comtes de Blois se bâtirent, dans le goût de l'architecture du douzième siècle, un castel où les fameux Thibault le Tricheur, Thibault le Vieux et autres, tinrent une cour célèbre. Dans ces temps de féodalité pure où le roi n'était que *primus inter pares*, selon la belle expression d'un roi de Pologne, les comtes de Champagne, les comtes de Blois, ceux d'Anjou, les simples barons de Normandie, les ducs de Bretagne, menaçaient un train de souverains et donnaient des rois aux plus fiers royaumes. Les Plantagenet d'Anjou, les Lusignan de Poitou, les Robert de Normandie, alimentaient par leur audace les races royales, et quelquefois, comme du Glaicquin, de simples chevaliers refusaient la pourpre, en préférant l'épée de connétable. Quand la couronne eut réuni le comté de Blois à son domaine, Louis XII, qui affectionna ce site, peut-être pour s'éloigner du Plessis, de sinistre mémoire, construisit en retour, à la double exposition du levant et du couchant, un corps de logis qui joignit le château des comtes de Blois aux restes des vieilles constructions desquelles il ne subsiste aujourd'hui que l'immense salle où se tinrent les états généraux sous Henri III. Avant de s'amouracher de Chambord, François Ier voulut achever le château en y ajoutant deux autres ailes : ainsi le carré eût été parfait ; mais Chambord le détourna de Blois, où il ne fit qu'un corps de logis, qui, de son temps et pour ses petits-enfants, devint tout le château. Ce troisième château, bâti par François Ier, est beaucoup plus vaste et plus orné que le Louvre, appelé de Henri II. Ce que l'architecture dite de la Renaissance a élevé de plus fantastique. Aussi, dans un temps où régnait une architecture jalouse, et où de moyen âge on ne se souciait guère, dans une époque où la littérature ne se mariait pas aussi étroitement que de nos jours avec l'art, la Fontaine a-t-il dit du château de Blois, dans sa langue pleine de bonhomie : « Ce qu'a fait faire François Ier, à le regarder du dehors, me contenta plus que tout le reste : il y a force petites galeries, petites fenêtres, petits balcons, petits ornements sans régularité et sans ordre : cela fait quelque chose de grand qui me plaît assez. »

Le château de Blois avait donc alors le mérite de représenter trois

Le prince et la Renaudie. — PAGE 13.

LE MARTYR CALVINISTE.

genres d'architecture différents, trois époques, trois systèmes, trois dominations. Aussi, peut-être n'existe-t-il aucune demeure royale qui soit sous ce rapport comparable au château de Blois. Cette immense construction offre dans la même enceinte, dans la même cour, un tableau complet, exact, de cette grande représentation des mœurs et de la vie des nations qui s'appelle l'Architecture. Au moment où Christophe allait voir la cour, la partie du château qui, de nos jours, est occupée par le quatrième palais que s'y bâtit, soixante-dix ans plus tard, pendant son exil, Gaston, le factieux frère de Louis XIII, offrait un ensemble de parterres et de jardins aériens pittoresquement mêlés aux pierres d'attente et aux tours inachevées du château de François Ier. Ces jardins communiquaient par un pont d'une belle hardiesse, et que les vieillards du Blésois peuvent encore se souvenir d'avoir vu démolir, à un parterre qui s'élevait de l'autre côté du château, et qui, par la disposition du sol, se trouvait au même niveau. Les gentilshommes attachés à la reine Anne de Bretagne, ou ceux qui de cette province venaient la solliciter, conférer avec elle ou l'éclairer sur le sort de la Bretagne, attendaient là l'heure de ses audiences, son lever ou sa promenade. Aussi l'histoire a-t-elle donné le nom de *Perchoir aux Bretons* à ce parterre, qui, de nos jours, est le jardin fruitier de quelque bourgeois et forme un promontoire sur la place des Jésuites. Cette place était alors comprise dans les jardins de cette belle résidence, qui avait ses jardins du haut et ses jardins du bas. On voit encore aujourd'hui, à une assez grande distance de la place des Jésuites, un pavillon construit par Catherine de Médicis et où, selon les historiens du Blésois, elle avait mis ses thermes. Ce détail permet de retrouver la disposition très-irrégulière des jardins qui montaient et descendaient en suivant les ondulations du sol, excessivement tourmenté tout autour du château, ce qui en faisait la force et causait, comme on va le voir, l'embarras du duc de Guise. On allait aux jardins par des galeries extérieures et intérieures, dont la principale se nommait la galerie des Cerfs, à cause de ses ornements. Cette galerie aboutissait au magnifique escalier qui sans doute a inspiré le fameux escalier double de Chambord, et qui, d'étage en étage, menait aux appartements. Quoique la Fontaine ait préféré le château de François Ier à celui de Louis XII, peut-être la naïveté de celui du bon roi plaira-t-elle aux vrais artistes autant qu'ils admireront la magnificence du roi chevalier. L'élégance des deux escaliers qui se trouvent à chaque extrémité du château de Louis XII, les sculptures fines, originales, qui y abondaient, et que le temps a dévorées, mais dont les restes charment encore les antiquaires, tout, jusqu'à la distribution quasi claustrale des appartements, révèle une grande simplicité de mœurs. Évidemment la cour n'existait pas encore et n'avait pas pris les développements que François Ier et Catherine de Médicis devaient y donner, au grand détriment des mœurs féodales. En admirant la plupart des tribunes, les chapiteaux de quelques colonnes, certaines figures d'une délicatesse exquise, il est impossible de ne pas imaginer que Michel Columb, ce grand sculpteur, le Michel-Ange de la Bretagne, n'ait pas passé par là pour plaire à sa reine Anne, qu'il a immortalisée dans le tombeau de son père, le dernier duc de Bretagne.

Quoi qu'en dise la Fontaine, rien n'est plus grandiose que la demeure du fastueux François Ier. Grâce à je ne sais quelle brutale indifférence, à l'oubli peut-être, les appartements qu'y occupaient alors Catherine de Médicis et son fils François II nous offrent encore aujourd'hui leurs principales dispositions. Aussi l'historien peut-il y revoir les tragiques scènes du drame de la Réformation, dans lequel la double lutte des Guise et des Bourbons contre les Valois forme un des actes les plus compliqués et s'y dénoua.

Le château de François Ier écrase entièrement la naïve habitation de Louis XII par sa masse imposante. Du côté des jardins d'en bas, c'est-à-dire de la place moderne dite des Jésuites, le château présente une élévation presque double de celle qu'il a du côté de la cour. Le rez-de-chaussée, où se trouvaient les célèbres galeries, forme du côté des jardins le second étage. Ainsi, le premier où logeait alors la reine Catherine est le troisième, et les appartements royaux sont au quatrième au-dessus des jardins du bas, qui, dans ce temps, étaient séparés des fondations par de profondes douves. Le château, déjà colossal dans la cour, paraît donc gigantesque, vu du bas de la place comme le vit la Fontaine, qui avoue n'être entré ni dans la cour ni dans les appartements. De la place des Jésuites, tout semble petit. Les balcons sur lesquels on se promène, les galeries d'une exécution merveilleuse, les fenêtres sculptées, dont les embrasures sont aussi vastes que des boudoirs, et qui servaient alors de boudoirs, ressemblent aux fantaisies peintes des décorations de nos opéras modernes quand les peintres y font des palais de fées. Mais, dans la cour, quoique les trois étages au-dessus du rez-de-chaussée soient encore aussi élevés que le pavillon de l'horloge aux Tuileries, les délicatesses infinies de cette architecture se laissent voir complaisamment et ravissent les regards étonnés. Ce corps de logis, où tenaient la cour fastueuse de Catherine et celle de Marie Stuart, est partagé par une cour hexagone

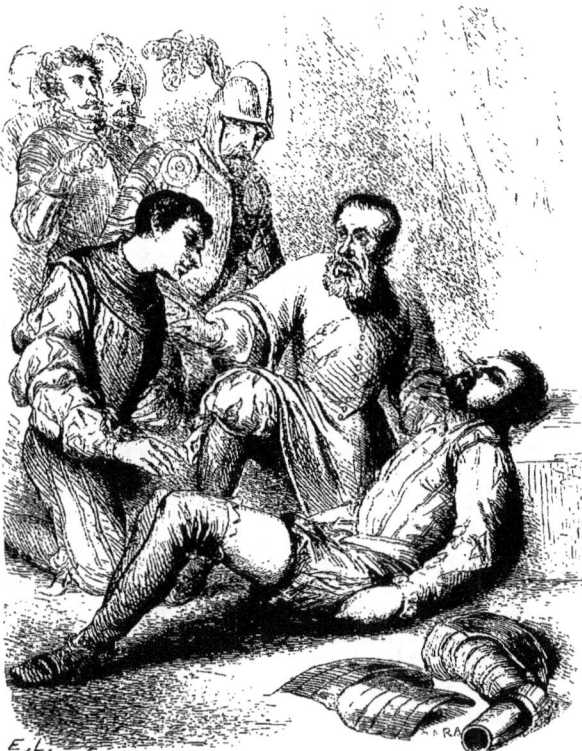

Le duc n'est pas mort, messieurs, dit Ambroise Paré. — PAGE 19.

où tourne dans sa cage évidée un escalier en pierre, caprice moresque exécuté par des géants, travaillé par des nains, et qui donne à cette façade l'air d'un rêve. Les tribunes de l'escalier forment une spirale à compartiments carrés qui s'attache aux cinq pans de cette tour, et dessine, de distance en distance, des encorbellements transversaux bordés de sculptures arabesques au dehors et au dedans. On ne peut comparer cette création étourdissante de détails ingénieux et fins, pleine de merveilles qui donnent la parole à ces pierres, qu'aux sculptures abondantes et profondément fouillées des ivoires de Chine ou de Dieppe. Enfin la pierre y ressemble à une guipure. Les fleurs, les figures d'hommes ou d'animaux descendent le long des nervures, se multiplient de marche en marche et couronnent cette tour par une clef de voûte où les ciseaux de l'art du seizième siècle ont lutté avec les naïfs tailleurs d'images qui, cinquante ans auparavant, avaient sculpté les clefs de voûte des deux escaliers du château de Louis XII. Quelque ébloui que l'on soit en voyant ces formes renaissant avec une infatigable prolixité, l'on s'aperçoit que l'argent a manqué tout aussi bien à François Ier pour Blois, qu'à Louis XIV pour Versailles. Plus d'une figurine montre sa jolie tête fine qui sort d'un bloc à peine dégrossi. Plus d'une rosace fantasque est seulement indiquée par quelques coups de ciseau dans la pierre abandonnée, et où l'humidité fait fleurir ses moisissures verdâtres. Sur la façade, à côté des dentelles d'une fenêtre, la fenêtre voisine offre ses masses de pierre déchiquetées par le temps, qui l'a sculptée à sa manière. Il existe là pour les yeux les moins artistes et les moins exercés un ravissant contraste entre cette façade où les merveilles ruissellent et la façade intérieure du château de Louis XII, composée au rez-de-chaussée de quelques arcades d'une légereté vaporeuse soutenue par des colonnettes qui reposent en bas sur des tribunes élégantes, et de deux étages où les croisées sont sculptées avec une charmante sobriété. Sous les arcades s'étend une galerie dont les murailles offraient des peintures à fresque et dont le plafond était également peint, où on retrouve encore aujourd'hui quelques traces de cette magnificence imitée de l'Italie et qui annonce les expéditions de nos rois, à qui le Milanais appartenait. En face du château de François Ier se trouvait alors la chapelle des comtes de Blois, dont la façade était presque en harmonie avec l'architecture de l'habitation de Louis XII. Aucune image ne saurait peindre la solidité majestueuse de ces trois corps de bâtiments, et, malgré le désaccord de l'ornementation, la royauté puissante et forte, qui démontrait la grandeur de ses craintes par la grandeur des précautions, servait de lien à ces trois édifices de natures différentes, dont deux s'adossent à l'immense salle des états généraux, vaste et haute comme une église. Certes, ni la naïveté ni la force des existences bourgeoises qui sont dépeintes au commencement de cette histoire, et chez lesquelles l'art était toujours représenté, ne manquaient à cette habitation royale. L'art, à côté, on retrouve ici le thème fécond et brillant auquel la bourgeoisie et la féodalité l'argent et le noble, donnaient tant de vivantes répliques dans les villes et dans les campagnes. Vous n'eussiez pas autrement voulu la demeure du prince qui régnait sur le Paris du seizième siècle. La richesse des vêtements seigneuriaux, le luxe des toilettes de femmes, devaient admirablement s'harmonier à la toilette de ces pierres si curieusement travaillées. D'étage en étage, en montant les merveilles de son château de Blois, le roi de France découvrait une plus grande étendue de cette belle Loire qui lui apporte des nouvelles de tout le royaume qu'elle partage en deux moitiés affrontées et quasi rivales. Si, au lieu d'aller l'asseoir dans une plaine morte et sombre et à deux lieues de là, François Ier eût assis Chambord sur le coteau de ce château et à la place où s'étendaient alors les parterres où Gaston mit son palais, jamais Versailles n'eût existé, Blois aurait été nécessairement la capitale de la France. Quatre Valois et Catherine de Médicis prodiguèrent leurs richesses dans le château de François Ier à Blois, mais qui ne devinerait combien la couronne y fut prodigue, en admirant les puissantes murailles de refend, épine dorsale de ce château, où sont ménagés et de profondes alcôves, et des escaliers secrets, et des cabinets, qui enferment des salles aussi vastes que la salle du conseil, celle des gardes et des chambres royales où, de nos jours, se loge à l'aise une compagnie d'infanterie. Quand même le visiteur ne comprendrait pas tout d'abord que les merveilles du dedans correspondaient à celles du dehors, les vestiges du cabinet de Catherine de Médicis où Christophe allait être introduit, attesteraient suffisamment les élégances de l'art qui a peuplé ces appartements de figurations animées, où les salamandres étincelaient dans les fleurs, où la palette du seizième siècle décorait de ses plus brillantes peintures les plus sombres dégagements. Dans ce cabinet, l'observateur peut encore retrouver de nos jours les traces de ce goût de dorure que Catherine apporta d'Italie, car les princesses de la maison aimaient, selon la charmante expression de l'auteur déjà cité, à plaquer dans les châteaux de la France l'or gagné dans le commerce par leurs aïeules, et signaient leurs richesses sur les murs des salles royales.

La reine mère occupait au premier étage les appartements de la reine Claude de France, femme de François Ier, où se voient encore les délicates sculptures des doubles C accompagnés des images de blancheur parfaite, de cygnes et de lis, ce qui signifiait : *candidior candidis*, plus blanche que les plus blanches choses, la devise de cette reine dont le nom commençait comme celui de Catherine par un C, et qui convenait aussi bien à la fille de Louis XII qu'à la mère des derniers Valois, dont aucun soupçon, malgré la violence des calomnies calvinistes, n'a terni la fidélité que Catherine de Médicis gardait à Henri II. Évidemment la reine mère, chargée encore de deux enfants en bas âge (celui qui fut depuis le duc d'Alençon, et Marguerite, qui fut la femme de Henri IV et que Charles IX appelait Margot), avait le besoin de tout ce premier étage. Le roi François II et la reine Marie Stuart occupaient au second étage les appartements royaux, qui avaient été ceux de François Ier, et qui furent ceux de Henri III. L'appartement royal, de même que celui pris par la reine mère, est divisé dans toute la longueur du château, et à chaque étage, en deux parties, par le fameux mur de refend d'environ quatre pieds

d'épaisseur, et sur lequel s'appuient les murs énormes qui séparent les salles entre elles. Ainsi, au premier comme au second étage les appartements offrent deux parties distinctes. La partie éclairée au midi sur la cour servait à la réception et aux affaires publiques, tandis que, pour combattre la chaleur, les appartements avaient été distribués dans la partie exposée au nord, et qui forme la superbe façade à balcons, à galeries, ayant vue sur la campagne du Vendômois sur le perchoir des Bretons et sur les fossés de la ville, la seule dont a parlé notre grand fabuliste La Fontaine.

Le château de François Ier se trouvait alors terminé par une énorme tour commencée et qui devait servir à marquer l'angle colossal qu'aurait décrit le palais en tournant sur lui-même et à laquelle Gaston plus tard ouvrit les flancs pour pousser y construire son palais ; mais il n'acheva pas son œuvre, et la tour est restée en ruines. Ce donjon royal servait alors de prison ou d'oubliettes selon les traditions populaires. En parcourant aujourd'hui les salles de ce magnifique château, si précieuses et à l'art et à l'histoire, quel poète ne sera pris de mille regrets ou affligé pour la France, en voyant les délicieuses arabesques du cabinet de Catherine *blanchies à la chaux* et presque perdues par le ordre du commandant de la caserne (cette royale demeure est une caserne), lors du choléra. La boiserie du cabinet de Catherine de Médicis dont il sera question bientôt, est la dernière relique du riche mobilier accumulé par cinq rois artistes. En parcourant ce dédale de chambres, de salles, d'escaliers, de tours, on peut se dire avec une affreuse certitude : Ici Marie Stuart ça été son mari pour le compte des Guise. Là les Guise insultèrent Catherine. Plus tard à cette place, le second Balafré tomba sous les coups des vengeurs de la couronne. Un siècle auparavant, de cette fenêtre Louis XII faisait signe de venir au cardinal d'Amboise, son ministre. De ce balcon d'Épernon, le complice de Ravaillac, reçut la reine Marie de Médicis, qui savait, dit-on, le régicide projeté, et le laissa consommer. Dans la chapelle ou on voit encore les funérailles de Henri IV et de Marguerite de Valois, le seul reste du château des comtes de Blois le régiment fabrique ses souliers. Ce merveilleux monument où vivent tant de styles, où se sont accomplies de si grandes choses, est dans un état de dégradation qui fait honte à la France. Quelle douleur pour ceux qui aiment les monuments de la vieille France de savoir que bientôt il n'en sera plus de ces pierres éloquentes comme le coin de la rue de la Vieille-Pelleterie, où elles n'ont été peint-être que plus dans ces pages ! Il est nécessaire de faire observer que, pour mieux surveiller la cour, quoique les Guise eussent en ville un hôtel à eux et qui existe encore, ils avaient obtenu de demeurer au-dessus de ces appartements du roi Louis XII, dans le logement que devait y avoir plus tard la duchesse de Nemours, dans les combles au second étage.

Le jeune François II et la jeune reine Marie Stuart amoureux l'un de l'autre comme des enfants de seize ans qu'ils étaient, avaient été brusquement transportés par un rude hiver du château de Saint-Germain que le duc de Guise trouva trop faible à surprendre dans l'espèce de place forte que formait alors le château de Blois, isolé de trois côtés par des précipices, et dont l'entrée était admirablement bien défendue. Les Guise, maîtres de la cour, avaient des raisons majeures pour ne pas habiter Paris et pour retenir la cour dans un château dont l'enceinte pouvait être facilement surveillée et clôturée. Il se passait autour du trône un combat entre la maison de Lorraine et la maison de Valois, qui ne fut terminé dans ce même château, que vingt-huit ans plus tard, en 1588, quand Henri III, sous les yeux mêmes de sa mère en ce moment profondément humilié par les Lorrains, entendit tomber les pas hardis de tous les Guise, le second Balafré, fils de ce premier Balafré, par lequel Catherine de Médicis était alors jouée, emprisonnée, espionnée et menacée.

Ce beau château de Blois était pour Catherine la prison la plus étroite. À la mort de son mari, par lequel elle avait toujours été tenue en lisière, elle avait espéré régner ; elle se voyait au contraire mise en esclavage par des étrangers dont les manières polies avaient mille fois plus de brutalité que celles des geôliers. Aucune de ses démarches ne pouvait être secrète. Celles de ses femmes qui lui étaient dévouées avaient ou des amants dévoués aux Guise ou des Argus autour d'elles. En effet, dans ce temps où les passions offraient la bizarrerie que leur communiquaient toujours l'antagonisme puissant de deux intérêts contraires à l'État. La galanterie, qui servait tant à Catherine, était aussi l'un des moyens des Guise. Ainsi le prince de Condé, premier chef de la Réformation, avait pour amie la maréchale de Saint-André dont le mari était l'âme damnée du grand maître. Le cardinal à qui l'affaire du vidame de Chartres avait prouvé que Catherine était plus invaincue qu'invincible, lui faisait la cour. Le jeu de toutes les passions compliquait donc étrangement celui de la politique, en en faisant une partie d'échecs double, où l'habile observer de la cour et à la tête d'un homme pour savoir si, à l'occasion, lui ne démentit ni l'une ni l'autre. Quoique sans cesse en présence du cardinal de Lorraine et du duc François de Guise, qui se défiaient d'elle, l'ennemie la plus intime et la plus habile de Catherine de Médicis était sa belle-fille, la jeune Marie p'tite blonde malicieuse comme une soubrette, fière comme une Stuart, qui portait trois couronnes, instruite comme un vieux savant, espiègle comme une pensionnaire de couvent, amoureuse de son mari comme une courtisane l'est de son amant, dévouée à ses oncles qu'elle admirait et heureuse de voir le roi François partager, elle y aidait, la bonne opinion qu'elle avait d'eux. Une belle mère est toujours un personnage qu'une belle-fille n'aime point, surtout alors qu'elle a porté la couronne et qu'elle veut la conserver, ce que l'imprudente Catherine avait trop laissé voir. Sa situation précédente, quand Diane de Poitiers régnait sur le roi Henri II, était plus supportable : elle obtenait au moins les honneurs dus à une reine et les respects de la cour; tandis qu'en ce moment le duc et le cardinal, qui n'avaient autour d'eux que leurs créatures, semblaient prendre plaisir à son abaissement. Catherine, embastillée par des courtisans, recevait, non pas de jour en jour, mais d'heure en heure, des coups qui blessaient son amour-propre; car les Guise tenaient à continuer avec elle le système qu'avait adopté contre elle le feu roi.

Les trente-six ans de malheurs qui désolèrent la France ont peut-être commencé par la scène dans laquelle le fils du pelletier des deux reines avait obtenu le plus périlleux des rôles, et qui en fait la principale figure de cette Étude. Le danger dans lequel allait tomber ce zélé réformé devint flagrant durant la matinée même où il quittait le port de Beaugency, muni de documents précieux qui compromettaient les plus hautes têtes de la noblesse, et embarqué pour alors en compagnie d'un rusé partisan, par l'infatigable la Renaudie venu sur le port avant lui. Pendant que la tour où se trouvait Christophe, poussée par un petit vent d'est, descendait la Loire, le fameux cardinal Charles de Lorraine et le deuxième duc de Guise, un des plus grands hommes de guerre de ce temps, comme deux aigles du haut d'un rocher, contemplaient leur situation et regardaient prudemment autour d'eux avant de frapper le grand coup par lequel ils s'essayèrent une première fois de tuer en France la réforme, à Amboise, et qui fut recommencée à Paris douze années après le 24 août 1572. Dans la nuit, trois seigneurs, qui jouèrent un grand rôle dans le drame des douze années qui suivirent ce double complot également tramé par les Guise et les réformés, étaient arrivés chacun à bride abattue, laissant leurs chevaux quasi morts à la poterne du château, que gardaient des chefs et des soldats également dévoués au duc de Guise, l'idole des gens de guerre. Un mot sur ce grand homme, mais un mot qui dise d'abord sur le rôle de sa fortune. Sa mère était Antoinette de Bourbon, grand'tante de Henri IV. À quoi servent les alliances? il visait en ce moment son cousin le prince de Condé à la tête. Sa nièce était Marie Stuart. Sa femme était Anne, fille du duc de Ferrare. Le grand connétable Anne de Montmorency écrivait au duc de Guise : Monseigneur, comme à un roi, et finissait par : Votre très-humble serviteur. Guise, grand maître de la maison du roi, lui répondait : Monsieur le connétable, il signait comme il signait pour le parlement : Votre bien bon ami. Quant au cardinal, appelé le pape transalpin, et nommé Sa Sainteté par Estienne, il avait toute l'Église monastique de France à lui, et traitait d'égal à égal avec le Saint-père. Vain de son éloquence, il était un des plus forts théologiens du temps, et surveillait à la fois la France et l'Italie par trois ordres religieux qui lui étaient absolument dévoués, qui marchaient pour lui jour et nuit, lui servant d'espions et de conseillers.

Ce peu de mots expliquent à quelle hauteur de pouvoir le cardinal et le duc étaient arrivés. Malgré leurs richesses et les revenus de leurs charges, ils furent si profondément désintéressés ou si vivement emportés par le courant de leur politique, si généreux aussi, que tous deux s'endettèrent; mais sans doute à la façon de César. Aussi, lorsque Henri III eut fait abattre le second Balafré qui le menaçait tant, la maison de Guise fut-elle nécessairement ruinée. Les dépenses faites pendant un siècle pour s'emparer de la couronne expliquent l'abaissement où cette maison se trouva sous Louis XIII et sous Louis XIV, alors que la mort subite de Madame a dit à l'Europe entière le rôle infâme auquel un chevalier de Lorraine était descendu. Se disant héritiers des carlovingiens dépossédés, le cardinal et le duc agissaient donc très-insolemment à l'égard de Catherine de Médicis, belle-mère de leur nièce. La duchesse de Guise était une d'Est, et Catherine était une Médicis, la fille de marchands florentins parvenus que les souverains de l'Europe n'avaient pas encore admis dans leur royale fraternité. Aussi François Ier avait-il considéré le mariage de son fils avec une Médicis comme une mésalliance, et ne l'avait-il permis qu'en croyant que ce fils ne viendrait jamais dauphin. De là sa fureur quand le dauphin mourut empoisonné par le Florentin Montecuculli. Les d'Est refusaient de reconnaître les Medicis pour des princes italiens. Ces anciens négociants voulaient en effet de ce temps résoudre le problème impossible d'un trône environné d'institutions républicaines. Le titre de grand-duc ne fut accordé que très-tard par Philippe II, roi d'Espagne, aux Médicis, qui l'achetèrent en trahissant la France, leur bienfaitrice, et par un servile attachement à la cour d'Espagne, qui les contrecarrait sourdement en Italie.

« Ne caressez-vous vos ennemis? » ce grand mot de Catherine semble avoir la loi politique de cette famille de marchands à laquelle il ne manqua de grands hommes qu'au moment où ses destinées devinrent grandes, et qui fut soumise un peu trop tôt à cette dégéné-

rescence par laquelle finissent et les races royales et les grandes familles. Pendant trois générations, il y eut un Lorrain homme de guerre, un Lorrain homme d'Église; mais, ce qui peut-être n'est pas moins extraordinaire, l'homme d'Église offrit toujours, comme l'offrait alors le cardinal dans son visage, une ressemblance avec la figure de Ximénès, à qui a ressemblé aussi le cardinal de Richelieu. Ces cinq cardinaux ont eu tous une figure à la fois chafouine et terrible; tandis que la figure de l'homme de guerre a présenté le type basque et montagnard qui s'est également trouvé dans celle de Henri IV, mais qu'une même blessure coutura chez le père et chez le fils sans leur ôter la grâce et l'affabilité par lesquelles ils séduisaient les soldats autant que par leur bravoure. Il n'est pas inutile de dire où et comment le grand maître reçut cette blessure, car elle fut guérie par l'audace d'un des personnages de ce drame, par Ambroise Paré, l'obligé du syndic des pelletiers. Au siège de Calais le duc eut le visage traversé de part en part d'un coup de lance dont le tronçon, après avoir percé la joue au-dessous de l'œil droit, pénétra jusqu'à la nuque au-dessous de l'oreille gauche et resta dans le visage. Le duc gisait dans sa tente au milieu d'une désolation générale, et serait mort sans l'action hardie et le dévouement d'Ambroise Paré. — Le duc n'est pas mort, messieurs, dit Ambroise en regardant les assistants qui fondaient en larmes; mais il va bientôt mourir, dit-il en se reprenant, si je n'osais le traiter comme tel et je vais m'y hasarder au risque de tout ce qui peut m'arriver. Voyez! Il mit le pied gauche sur la poitrine du duc, prit le bois de la lance avec ses ongles, l'ébranla par degrés, et pour retirer le fer de la tête comme s'il s'agissait d'une chose et non d'un homme. S'il guérit le prince si audacieusement traité, il ne put empêcher qu'il ne lui restât dans le visage l'horrible blessure d'où lui vint son surnom. Par une cause semblable, ce surnom fut aussi celui de son fils.

Entièrement maîtres du roi François II, dont sa femme dominait par un amour mutuel excessif duquel ils savaient tirer parti, ces deux grands princes lorrains régnaient alors en France et n'avaient d'autre ennemi à la cour que Catherine de Médicis. Aussi jamais plus grands politiques ne jouèrent-ils un jeu plus serré. La position mutuelle de l'ambitieuse veuve de Henri II et de l'ambitieuse maison de Lorraine était, pour ainsi dire, expliquée par la place qu'ils occupaient sur la terrasse du château durant la matinée où Christophe devait arriver. La reine mère, qui, feignant un excessif attachement pour les Guise, leur avait demandé communication des nouvelles apportées par les trois seigneurs venus de différents endroits du royaume, mais elle avait eu la mortification d'être poliment congédiée par le cardinal. Elle se promenait à l'extrémité des parterres, du côté de la Loire où elle faisait élever, pour son astrologue Ruggieri, un observatoire qui s'y voit encore et d'où l'on pouvait sur le passage de cette admirable vallée. Les deux princes lorrains étaient du côté opposé qui regarde le Vendômois et d'où l'on découvre la partie haute de la ville, le perchoir des Bretons et la poterne du château. Catherine avait trompé les deux frères et les avait joués par un feint mécontentement, car elle était très-heureuse de pouvoir parler à l'un des seigneurs arrivés en toute hâte, son confident secret qui jouait hardiment un double jeu, et qui certes en fut bien récompensé. Ce gentilhomme était Chiverni en apparence l'âme damnée du cardinal de Lorraine, en réalité le serviteur de Catherine. Elle comptait encore deux seigneurs dévoués dans les deux Gondi, ses créatures; mais ces deux Florentins étaient trop suspects aux Guise pour qu'elle pût les envoyer au dehors, elle les gardait à la cour, où chacune de leurs paroles et de leurs démarches était étudiée, mais où ils étudiaient également les Guise et conseillaient Catherine. Ces deux Florentins maintenaient dans le parti de la reine mère un autre Italien, Birague, adroit Piémontais qui paraissait, comme Chiverni, avoir abandonné la reine mère pour s'attacher aux Guise, et qui les encourageait dans leurs entreprises en les espionnant pour le compte de Catherine. Chiverni venait d'Écouen et s'entendait avec les Guise, dont il était la créature, ne firent la troisième personne du triumvirat qu'ils formèrent l'année suivante contre Catherine. Avant eux, celui qui bâtit le château de Durétal, Vieilleville, qui, pour son dévouement aux Guise, fut aussi nommé maréchal, était secrètement débarqué, plus secrètement reparti sans que personne eût pénétré le secret de la mission que le grand maître lui avait donnée. Quant à Saint-André, il venait d'être chargé des mesures militaires à appliquer pour attirer tous les réformés en armes à Amboise, après un conseil tenu entre le cardinal de Lorraine, le duc de Guise, Birague, Chiverni, Vieilleville et Saint-André. Si les deux chefs de la maison de Lorraine comptaient beaucoup sur leurs forces, et qu'ils comptaient beaucoup sur leurs forces, ils savaient attaché à la reine mère, mais peut-être ne la gardaient ils auprès d'eux pour pénétrer les secrets desseins de leur rivale, comme elle les laissait près d'eux. Dans cette époque curieuse, le double rôle de quelques hommes politiques était connu des deux partis qui les employaient, ils étaient comme des cartes dans les mains des joueurs : la partie se gagnant par le plus fin. Les deux frères avaient été pendant ce conseil d'une impénétrable discrétion. La conversation de Catherine avec ses amis expliquera parfaitement l'objet du conseil tenu par les Guise en plein air, au point du jour, dans ces jardins suspendus, comme si tous avaient craint de parler entre les murailles du château de Blois.

La reine mère, qui, sous le prétexte d'examiner l'observatoire qui se construisait pour ses astrologues, se promenait dès le matin avec les deux Gondi, en regardant d'un œil inquiet et curieux le groupe ennemi, fut rejointe par Chiverni. Elle était à l'angle de la terrasse qui regarde l'église de Saint Nicolas, et là ne craignait aucune indiscrétion. Le mur était à la hauteur des tours de l'église, et les Guise tenaient toujours conseil à l'autre angle de cette terrasse, au bas du donjon commencé, en allant au perchoir aux Bretons à la galerie par le pont qui réunissait le parterre, la galerie et le perchoir. Personne n'était au bas de cet abîme. Chiverni prit la main de la reine mère pour la lui baiser, et lui glissa de main à main une petite lettre sans que les deux Italiens l'eussent vue. Catherine se retourna vivement, alla dans le coin du parapet et lut ce qui suit :

« Vous estes puissante assez pour garder la balance entre les grands et les faire débattre à qui mieux mieux vous servira, vous avez votre maison pleine de vos, et vous n'avez à craindre ni les Lorrains ni les Bourbons, si vous les opposez les uns aux autres : car les uns et les autres veulent embler la couronne de vos enfants. Soyez maîtresse et non serve de vos conseillers, maintenez donc les uns par les autres, sans quoi le royaume ira de mal en pis, et de grosses guerres pourront s'en esmouvoir. LHOSPITAL. »

La reine mit ce papier dans le creux de son corset et se promit de le brûler dès qu'elle serait seule. — Quand l'avez-vous vu ? demanda-t-elle à Chiverni. — En revenant de chez le connétable, à Melun, où il passait avec madame la duchesse de Berri, qu'il était très-impatient de remettre en Savoie afin de revenir ici pour éclairer le chancelier Olivier, qui du reste est la dupe des Lorrains. M. de Lhospital se décide à épouser vos intérêts en apercevant le but où tendent MM. de Guise. Aussi va-t-il se hâter très-fort de revenir pour vous donner sa voix au conseil. — Est-il sincère ? dit Catherine. Vous savez que si les Lorrains l'ont fait entrer au conseil, c'est pour y régner. — Lhospital est un Français de trop bonne roche pour ne pas être franc, dit Chiverni ; d'ailleurs son billet est un très grand engagement. — Quelle est la réponse du connétable à ces Lorrains. — Il s'est dit le serviteur du roi et attendra ses ordres. Sur cette réponse, le cardinal, pour éviter toute résistance, va proposer de nommer son frère lieutenant général du royaume. — Déjà ! dit Catherine épouvantée. Eh bien ! M. de Lhospital a-t-il donné pour moi quelque autre avis ? — Il m'a dit que vous seule, madame, pouviez vous mettre entre la couronne et MM. de Guise. — Mais pensait-il que je pouvais me servir des huguenots comme de chevaux de frise ? — Ah ! madame, s'écria Chiverni surpris de tant de profondeur, nous n'avons pas songé à vous jeter dans de pareilles difficultés. — Savait-il en quelle situation je suis ? demanda la reine d'un air calme. — A peu près. Il trouve que vous avez fait un marché de dupe en acceptant, à la mort du feu roi, pour votre part, les bribes de la lune de madame Diane. MM. de Guise se sont crus quittes envers la reine en satisfaisant la femme. — Oui, dit la reine en regardant les deux Gondi, j'ai fait alors une grande faute. — Une faute que font les dieux, répliqua Charles de Gondi. — Messieurs, dit la reine, si vous me servez ouvertement aux réformés, je deviendrai l'esclave d'un parti. — Madame, dit vivement Chiverni, je vous approuve fort, il faut se servir d'eux, mais non les servir. — Quoique pour le moment votre appui soit là, dit Charles de Gondi, ne nous dissimulons pas que le succès et la défaite sont également périlleux. — Je le sais ! dit la reine. Une fausse démarche sera un prétexte promptement saisi par les Guise pour se défaire de moi. — La reine mère, la nièce de quatre Valois, une reine de France, la veuve du plus ardent persécuteur des huguenots, une catholique italienne, la tante de Léon X, peut-elle s'allier à la Réformation ? demanda Charles de Gondi. — Mais, lui répondit Albert, seconder les Guise, n'est-ce pas donner les mains à une usurpation ? Vous avez affaire à une maison qui entrevoit dans la lutte entre le catholicisme et la réforme une couronne à prendre. On peut s'appuyer sur les réformés sans abjurer. — Pensez, madame, que votre maison, qui devrait être toute dévouée au roi de France, est en ce moment la servante du roi d'Espagne, dit Chiverni. Elle serait demain pour la Réformation si la Réformation pouvait faire un roi du duc de Florence. — Je suis assez disposée à prêter la main un moment aux huguenots, dit Catherine, quand ce ne serait que pour me venger de ce soldat, de ce prêtre et de cette femme ! Elle montra tour à tour, par un regard d'Italienne, le duc, le cardinal et l'étage du château où se trouvaient les appartements de son fils et de Marie Stuart. — Ce trio m'a pris entre les mains les rênes de l'État que j'ai attendues bien longtemps, et cette vieille a tenues à ma place, reprit-elle. Elle secoua la tête vers la Loire en indiquant Chenonceaux, le château qu'elle venait d'échanger contre celui de Chaumont avec Diane de Poitiers. *Ma*, dit-elle en italien, il paraît que ces messieurs des rabats de Genève n'ont pas l'esprit de s'adresser à moi ! Par ma conscience, je ne puis aller à eux ! Pas un de vous ne pourrait se hasarder à leur porter des paroles ! Elle frappa du pied.

J'espérais que vous auriez pu rencontrer le Ecouen le bossu, il a de l'esprit, dit-elle à Chiverni. — Il y était, madame, dit Chiverni ; mais il n'a pu déterminer le connétable à se joindre à lui. M. de Montmorency veut bien renverser les Guise, qui l'ont fait disgracier ; mais il ne veut pas aider l'hérésie. — Qui brisera, messieurs, ces volontés particulières qui gênent la royauté ? Vrai Dieu ! il faut détruire ces grands les uns par les autres, comme a fait Louis XI, le plus grand de nos rois. Il y a dans ce royaume quatre ou cinq partis, le plus faible est celui de mes enfants. — La Réformation est une idée, dit Charles de Gondi, et les partis qu'a brisés Louis le onzième n'étaient que des intérêts. — Il y a toujours des idées derrière les intérêts, répliqua Chiverni, sous Louis XI l'idée s'appelait les grands fiefs. — Faites de l'hérésie une hache ! dit Albert de Gondi, vous n'aurez pas l'odieux des supplices. — Eh ! s'écria la reine, j'ignore les forces et les plans de ces gens, je ne puis communiquer avec eux par aucun intermédiaire sûr. Si j'étais surprise à quelque machination de ce genre, soit par la reine qui me couve des yeux comme un enfant au berceau, soit par ces deux geôliers qui ne laissent entrer personne au château, je serais bannie du royaume et reconduite à Florence avec une terrible escorte, commandée par quelque guisard forcené. Merci, mes amis ! Oh ! ma bru, je vous souhaite d'être quelque jour prisonnière chez vous, vous saurez alors ce que vous me faites souffrir. — Leurs plans ! s'écria Chiverni, le grand maître et le cardinal les connaissent ; mais ces deux renards ne les disent pas : sachez, madame, leur faire dire, et je me dévouerai pour vous en m'entendant avec le prince de Condé. — Quelles sont celles de leurs décisions qu'ils n'ont pas pu vous cacher ? demanda la reine en montrant les deux frères. — M. de Vieilleville et M. de Saint-André viennent de recevoir des ordres qui nous sont inconnus ; mais il paraît que le grand maître concentre ses meilleures troupes sur la rive gauche. Sous peu de jours vous serez à Amboise. Le grand maître est venu sur cette terrasse examiner le position et ne trouve pas que Blois soit propice à ses desseins secrets. Or, que veut-il donc ? dit Chiverni en montrant les précipices qui entourent le château. En aucune place la cour ne saurait être plus à l'abri d'un coup de main qu'elle ne l'est ici. — Abdiquez ou régnez, dit Albert à l'oreille de la reine, qui restait pensive.

Une terrible expression de rage intérieure passa sur le beau visage d'ivoire de la reine, qui n'avait pas encore quarante ans, et qui vivait depuis vingt-six ans sans aucun pouvoir en France, elle qui, depuis son arrivée, eut voulut jouer le premier rôle. Cette épouvantable phrase sortit de ses lèvres dans la langue de Dante : — Rien tant que le fils vivra ! sa petite femme l'ensorcelle ! — ajouta-t-elle après une pause. L'exclamation de Catherine était inspirée par l'étrange prédiction qui lui fut faite peu de jours auparavant au château de Chaumont, sur la rive opposée de la Loire, où elle fut conduite par Ruggieri, son astrologue, pour y consulter sur la vie de ses quatre enfants une célèbre devineresse secrètement amenée par Nostradamus, le chef des médecins qui, dans ce grand seizième siècle, tenaient, comme les Ruggieri, comme le Cardan, les Paracelse, et tant d'autres, pour les sciences occultes. Cette femme, dont la vie a échappé à l'histoire, avait fixé à la reine la mort de François II.

— Votre avis sur tout ceci ? dit Catherine à Chiverni. — Nous aurons une bataille, répondit le prudent gentilhomme. Le roi de Navarre... — Oh ! dites la reine ! reprit Catherine. — C'est vrai, la reine, dit Chiverni en souriant, a donné par chef aux réformés le prince de Condé, qui, dans sa position de cadet, peut tout hasarder ; aussi, M. le cardinal parle-t-il de le mander ici. — Qu'il vienne, s'écria la reine, et je suis sauvée !

Ainsi les chefs du grand mouvement de la Réformation en France avaient bien deviné que Catherine une alliée.

— Il y a ceci de plaisant, s'écria la reine, que les Bourbons jouent les huguenots, et que les sieurs Calvin, de Bèze et autres, jouent les Bourbons ; mais serons-nous assez forts pour jouer huguenots, Bourbons et Guise ? En face de ces trois ennemis, il est permis de se tâter le pouls ! dit-elle. — Ils n'ont pas le roi, lui répondit Albert, vous triompherez toujours en ayant le roi pour vous. — *Maladetta Maria !* dit Catherine entre ses dents. — Les Lorrains pensent déjà bien à vous ôter l'affection de la bourgeoisie, dit Birague.

L'espérance d'avoir la couronne ne fut pas chez les deux chefs de la remuante famille des Guise le résultat d'un plan prémédité, rien n'autorisa ni le plan ni l'espérance, les circonstances firent leur audace. Les deux cardinaux et les deux Balafrés se trouvèrent être quatre ambitieux supérieurs en talents à tous les politiques qui les environnaient. Aussi cette famille ne fut-elle abattue que par Henri IV, factieux nourri à cette grande école dont les maîtres furent Catherine et les Guise, et qui profita de toutes leurs leçons. En ce moment ces deux hommes se trouvaient être les arbitres de la plus grande révolution essayée en Europe depuis celle de Henri VIII en Angleterre, et qui fut la conséquence de la découverte de l'imprimerie. Adversaires de la Réformation, ils tenaient le pouvoir entre leurs mains et voulaient étouffer l'hérésie ; mais, s'il fut moins fameux que Luther, Calvin, leur adversaire, était plus fort que Luther. Calvin voyait alors le gouvernement là où Luther n'avait vu que le dogme.

Là où le gras buveur de bière, l'amoureux Allemand se battait avec le diable et lui jetait son encrier à la figure, le Picard, souffreteux célibataire, faisait des plans de campagne, dirigeait des combats, armait des princes, et soulevait des peuples entiers en semant les doctrines républicaines au cœur des bourgeoisies, afin de compenser ses continuelles défaites sur les champs de bataille par des progrès nouveaux dans l'esprit des nations. Le cardinal de Lorraine et le duc de Guise, aussi bien que Philippe II et le duc d'Albe, savaient où la monarchie était visée et quelle étroite alliance existait entre le catholicisme et la royauté. Charles-Quint, ivre pour avoir trop bu à la coupe de Charlemagne, et croyant trop à la force de sa monarchie en croyant partager le monde avec Soliman, n'avait pas senti d'abord sa tête attaquée, et quand le cardinal Granvelle lui fit apercevoir l'étendue de la plaie, il abdiqua. Les Guise eurent une pensée unique, celle d'abattre l'hérésie d'un seul coup. Ce coup, ils le tentaient alors pour la première fois à Amboise, et ils le firent tenter une seconde fois à la Saint-Barthélemi, alors d'accord avec Catherine de Médicis, éclairée par les flammes de douze années de guerres, éclairée surtout par le mot significatif de république prononcé plus tard et imprimé par les écrivains de la réforme, déjà devinés en ceci par Lecamus, ce type de la bourgeoisie parisienne. Les deux princes, au moment de frapper un coup meurtrier au cœur de la noblesse, afin de la séparer dès l'abord d'un parti religieux au triomphe duquel elle perdait tout, achevaient de se concerter sur la façon de découvrir leur coup d'État au roi, pendant que Catherine causait avec ses quatre conseillers.

— Jeanne d'Albret a bien su ce qu'elle faisait en se déclarant la protectrice des huguenots ! Elle a dans la Réformation un bélier duquel elle joue très-bien ! dit le grand maître, qui comprenait la profondeur des desseins de la reine de Navarre.

— Jeanne d'Albret fut en effet une des plus fortes têtes de ces temps.

— Théodore de Bèze est à Nérac, après être allé prendre les ordres de Calvin. — Quels hommes ces bourgeois savent trouver ! s'écria le grand maître. — Ah ! nous n'avons pas à nous un homme de la trempe de la Renaudie ! s'écria le cardinal, c'est un vrai Catilina. — De tels hommes agissent toujours pour leur propre compte, répondit le duc. N'avais-je pas deviné la Renaudie ? je l'ai comblé de faveurs, je l'ai fait évader lors de sa condamnation par le parlement de Bourgogne, je l'ai fait rentrer dans le royaume en obtenant la révision de son procès, et je comptais tout faire pour lui pendant qu'il ourdissait contre nous une conspiration diabolique. Le drôle a rallié les protestants d'Allemagne aux hérétiques de France en conciliant les difficultés survenues à propos de cène entre Luther et Calvin. Il a rallié les grands seigneurs mécontents au parti de la réforme, sans leur faire ostensiblement abjurer le catholicisme. Il avait, dès l'an dernier, trente capitaines à lui ! Il était partout à la fois, à Lyon, en Languedoc, à Nantes ! Enfin il a fait rédiger cette consultation colportée dans toute l'Allemagne, où les théologiens déclarent que l'on peut recourir à la force pour soustraire le roi à notre domination, et qui se colporte de ville en ville. En le cherchant partout, on ne le rencontre nulle part ! Cependant je ne lui ai fait que du bien ! Il va falloir l'assommer comme un chien, ou essayer de lui faire un pont d'or qu'il aille rentrer dans notre maison. — La Bretagne, le Languedoc, tout le royaume est travaillé pour nous donner un assaut mortel, dit le cardinal. Après la fête d'hier, j'ai passé le reste de la nuit à lire tous les renseignements que m'ont envoyés mes religieux ; mais il n'y a de compromis que des gentilshommes pauvres, des artisans, des gens qu'il est indifférent de pendre ou de laisser en vie. Les Coligny, Condé, ne paraissent pas encore, quoiqu'ils tiennent les fils de cette conspiration. — Aussi, dit le duc, dès que cet avocat, cet Avenelles a vendu la mèche, ai-je dit à Braguelonne de laisser aller les conspirateurs jusqu'au bout, ils sont sans défiance, ils croient nous surprendre, peut-être alors les chefs se montreront-ils. Mon avis serait de les faire vaincre pendant quarante-huit heures... — Ce serait trop d'une demi-heure, dit le cardinal effrayé. — Voilà comment tu es brave, répondit le Balafré.

Le cardinal répliqua sans s'émouvoir : — Que le prince de Condé soit ou non compromis, si nous sommes sûrs qu'il soit le chef, abattons cette tête, et nous serons tranquilles. Nous n'avons pas tant besoin de soldats que de juges pour cette besogne, et jamais on ne manquera de juges. La victoire est toujours plus sûre au parlement sur un champ de bataille et coûte moins cher. — J'y consens volontiers, répondit le duc ; mais crois-tu que le prince de Condé soit assez puissant pour donner tant d'audace à ceux qui vont venir nous livrer ce premier assaut ? n'y a-t-il pas... — Le roi de Navarre, dit le cardinal. — Un niais qui me parle chapeau bas ! répondit le duc. Les coquetteries de la Florentine l'obscurcissent donc la vue... — Oh ! j'y ai déjà songé, fit le prêtre. Si je désire me trouver en commerce galant avec elle, n'est-ce pas pour rire au fond de son cœur ? — Elle n'a pas de cœur, dit vivement le duc, elle est encore plus ambitieuse que nous ne le croyons. — Tu es un brave cardinal, répondit la reine à son frère ; mais, crois-moi, nos deux robes sont bien près l'une de l'autre, et je la faisais surveiller par Marie avant que tu ne songeasses à la soupçonner. Catherine a moins de religion que n'en a mon soulier. Si elle n'est pas l'âme du complot, ce n'est pas faute de désir ; mais nous allons la juger sur le terrain et voir comment elle nous appuiera. Jusqu'aujourd'hui j'ai la certitude qu'elle n'a eu la moindre communication avec les hérétiques. — Il est temps de tout découvrir au roi et à la reine mère, qui ne sait rien, dit le duc, et voilà la seule preuve de son innocence : peut-être attend-on le dernier moment pour l'éblouir par les probabilités d'un succès. La Renaudie va savoir par mes dispositions que nous sommes avertis. Cette nuit, Nemours a dû suivre les détachements de réformés qui arrivaient par les chemins de traverse, et les conjurés seront forcés de venir nous attaquer à Amboise, où je les laisserai tous entrer. Ici, dit-il en montrant les trois côtés du rocher sur lequel le château de Blois est assis, comme venait de le faire Chiverni, nous aurions un assaut sans aucun résultat, les huguenots viendraient ici et s'en iraient à volonté. Blois est une salle à quatre entrées, tandis qu'Amboise est un sac. — Je ne quitterai pas la Florentine, dit le cardinal. — Nous avons fait une faute, reprit le duc en s'amusant à lancer en l'air son poignard et à le rattraper par la coquille, il fallait se conduire avec elle comme avec les réformés, lui donner la liberté de ses mouvements pour la prendre sur le fait.

Le cardinal regarda pendant un moment son frère en hochant la tête. — Que nous veut Pardaillan ? dit le grand maître en voyant venir sur la terrasse ce jeune gentilhomme devenu célèbre par sa rencontre avec la Renaudie et par leur mort mutuelle. — Monseigneur, un homme envoyé par le pelletier de la reine est à la porte, et dit avoir à lui remettre une parure d'hermine, faut-il le laisser entrer ? — Eh ! oui, un surcot dont elle parlait hier, reprit le cardinal ; laissez passer ce courtaud de boutique, elle aura besoin de cela pour voyager le long de la Loire. — Par où donc est-il venu, pour n'être arrêté qu'à la porte du château ? demanda le grand maître. — Je l'ignore, répondit Pardaillan. — Je le lui demanderai chez la reine, dit le Balafré ; qu'il attende le lever dans la salle des gardes ; mais, Pardaillan, est-il jeune ? — Oui, monseigneur ; il se donne pour le fils de Lecamus. — Lecamus est un bon catholique, fit le cardinal, qui, de même que le grand maître, était doué de la mémoire de César. Le curé de Saint-Pierre-aux-Bœufs compte sur lui, car il est quartenier du Palais. — Néanmoins fais causer le fils avec le capitaine de la garde écossaise, dit le grand maître, qui appuya sur le verbe en y donnant un sens facile à comprendre. Mais Ambroise est au château, par lui nous saurons si c'est bien le fils de Lecamus, qui l'a fort obligé jadis. Demande Ambroise Paré.

Ce fut en ce moment que la reine Catherine alla seule au-devant des deux frères, qui s'empressèrent de venir à elle en lui témoignant un respect dans lequel l'Italienne voyait de constantes ironies. — Messieurs ! dit-elle, daigneriez-vous me confier ce qui se prépare ? La veuve de votre ancien maître serait-elle dans votre estime au-dessous des sieurs de Vieilleville, Birague et Chiverni ? — Madame, répondit le cardinal sur un ton galant, notre devoir d'hommes, avant celui de politiques, est de ne pas effrayer les dames par de faux bruits. Mais ce matin, il y a lieu de conférer sur les affaires de l'État. Vous excuserez mon frère d'avoir commencé par donner des ordres purement militaires et auxquels vous deviez être étrangère : les choses importantes sont à décider. Si vous le trouvez bien, nous irons au lever du roi et de la reine, l'heure approche. — Qu'y a-t-il, monsieur le grand maître ? dit Catherine en jouant l'effroi. — La Réformation, madame, n'est plus une hérésie, c'est un parti qui va venir en armes vous arracher le roi.

Catherine, le cardinal, le duc et les seigneurs, se dirigèrent alors vers l'escalier par la galerie où se pressaient les courtisans qui n'avaient pas le droit d'entrée dans les appartements et qui se rangèrent en haie. Gondi, qui, pendant que Catherine causait avec les deux princes lorrains, les avait examinés, dit en bon toscan, à l'oreille de la reine mère, ces deux mots, qui devinrent proverbes, et qui expliquent une des faces de ce grand caractère royal : *Odiate e aspettate !* (Haïssez et attendez.) Pardaillan, qui vint donner l'ordre à l'officier de garde à la conciergerie du château de laisser passer le commis du pelletier de la reine, trouva Christophe béant devant le porche et occupé à regarder la façade due au bon roi Louis XII, où se trouvaient alors un bon nombre d'aujourd'hui des sculptures drôlatiques, s'il faut en juger par ce qui nous en reste. Ainsi les curieux remarquaient une figurine de femme taillée dans le chapiteau d'une des colonnes de la porte, la robe retroussée, et faisant railleusement voir

Ce que Brunel à Marphise montra

à un gros moine accroupi dans le chapiteau de la colonne correspondante à l'autre jambage du chambranle de cette porte, au-dessus de laquelle était aussi la statue de Louis XII. Plusieurs des *croisées* de cette façade, travaillées dans ce goût, et qui malheureusement ont été détruites, amusaient ou paraissaient amuser Christophe, sur qui les arquebusiers de garde faisaient déjà pleuvoir des plaisanteries.

— Il se logerait bien là, celui-ci, disait l'anspessade en caressant les charges d'arquebuse toutes préparées en forme de pain de sucre et accrochées sur son baudrier. — Eh ! Parisien, dit un soldat, tu n'en as jamais tant vu! — Il reconnut le bon roi Louis XII, dit un autre. Christophe feignait de ne pas entendre, et cherchait encore à outrer son ébahissement, en sorte que son attitude niaise devant le corps de garde lui fut un excellent passe-port aux yeux de Pardaillan. — La reine n'est pas levée, dit le jeune capitaine, viens l'attendre dans la salle des gardes.

Christophe suivit Pardaillan assez lentement. Il fit exprès d'admirer la jolie galerie découpée en arcade où, sous le règne de Louis XII, les courtisans attendaient l'heure des réceptions à couvert, quand il faisait mauvais temps, et où se trouvaient alors quelques seigneurs attachés aux Guise, car l'escalier, si bien conservé de nos jours, qui menait à leurs appartements, est au bout de cette galerie, dans une tour que son architecture recommande à l'admiration des curieux. — Eh bien! es-tu venu pour faire des études de tailleur d'images? cria Pardaillan en voyant Lecamus arrêté devant les jolies sculptures des tribunes extérieures, qui réunissent ou, si vous voulez, qui séparent les colonnes de chaque arcade. Christophe suivit le jeune capitaine vers l'escalier d'honneur, non sans avoir mesuré cette tour quasi moresque par un regard d'extase. Par cette belle matinée, la cour était pleine de capitaines d'ordonnance, de seigneurs qui causaient par groupes, et dont les brillants costumes animaient ce lieu, que les merveilles de l'architecture, répandues sur sa façade, encore neuve, rendaient déjà si brillant. — Entre là, dit Pardaillan a Lecamus en lui faisant signe de le suivre par la porte en bois sculpté du deuxième étage, et qu'un garde de la porte ouvrit en reconnaissant Pardaillan. Chacun peut se figurer l'étonnement de Christophe en entrant dans cette salle des gardes, alors si vaste, qu'aujourd'hui le génie militaire l'a divisée en deux par une cloison pour en faire deux chambrées; elle occupe en effet, au second étage chez le roi, comme au premier chez la reine mère, le tiers de la façade sur la cour, car elle est éclairée par deux croisées à gauche et deux croisées à droite de la tour où se développe le fameux escalier. Le jeune capitaine alla vers la porte de la chambre de la reine et du roi, qui donnait dans cette vaste salle et dit à l'un des deux pages de service d'avertir madame Dayelle, une des femmes de chambre de la reine, que le pelletier était dans la salle avec ses surcots.

Sur un geste de Pardaillan, Christophe alla se mettre près d'un officier assis sur une escabelle, au coin d'une cheminée grande comme la boutique de son père, et qui se trouvait à l'un des bouts de cette immense salle, en face d'une cheminée absolument pareille à l'autre bout. Tout en causant avec le lieutenant, il finit par l'intéresser en lui contant les pénuries du commerce. Christophe parut si véritablement marchand, que l'officier fit partager cette opinion au capitaine de la garde écossaise, qui vint à la cour questionner Christophe en l'examinant à la dérobée et avec soin. Quelque prévenu que fût Christophe Lecamus, il pouvait comprendre la férocité froide des intérêts entre lesquels Chaudieu l'avait glissé. Pour un observateur qui eût connu le secret de cette scène, comme l'histoire la connaît aujourd'hui, il y aurait eu de quoi trembler à voir ce jeune homme, l'espoir de familles, hasardé entre ces puissantes et impitoyables machines, Catherine et les Guise. Mais y a-t-il beaucoup de courage qui mesure l'étendue de leurs dangers? Par la manière dont étaient gardés le port de Blois, la ville et le château, Christophe s'attendait à trouver des piéges et des espions partout, il avait donc résolu de cacher la gravité de sa mission et la tension de son esprit sous l'apparence niaise et commerciale avec laquelle il venait de se montrer aux yeux du jeune Pardaillan, de l'officier de garde et du capitaine. L'agitation qui, dans un château royal, accompagne l'heure du lever commençait à se manifester. Les seigneurs, les chevaux et les pages ou les écuyers restaient dans la cour extérieure du château, car personne, excepté le roi et la reine, n'avait le droit d'entrer à cheval dans la cour intérieure, montaient par groupes le magnifique escalier, et envahissaient cette grande salle des gardes à deux cheminées, dont les fortes poutres sont aujourd'hui sans leurs ornements, où de méchants petits carreaux rouges remplacent les ingénieuses mosaïques des planchers, mais où les tapisseries de la couronne cachaient alors les gros murs blanchis à la chaux aujourd'hui, et où brillaient à l'envi les arts de cette époque unique dans les fastes de l'humanité. Réformés et catholiques venaient savoir les nouvelles, examiner les visages, autant que faire leur cour au roi. L'amour excessif de François II pour Marie Stuart, auquel ni les Guise ni la reine mère ne s'opposaient, et la complaisance politique avec laquelle s'y prêtait Marie Stuart, ôtaient au roi tout pouvoir; aussi, quoiqu'il eût dix-sept ans, ne connaissait-il de la royauté que les plaisirs, et du mariage que les voluptés d'une première passion. Chacun faisait en réalité sa cour à la reine Marie, à son oncle le cardinal de Lorraine et au grand maître.

Ce mouvement eut lieu devant Christophe, qui étudiait l'arrivée de chaque personnage avec une avidité bien naturelle. Une magnifique portière de chaque côté de laquelle se tenaient deux pages et deux gardes de la compagnie écossaise, alors de service, lui indiquait l'entrée de cette chambre royale, alors si fatale au fils du grand maître actuel, le second Balafré, qui vint expirer au pied du lit alors occupé par Marie Stuart et par François II. Les filles d'honneur de la reine occupaient la cheminée opposée à celle où Christophe causait toujours avec le capitaine des gardes. Par sa situation, cette seconde cheminée était la cheminée d'honneur, car elle est pratiquée dans le gros mur de la salle du conseil, entre la porte de la chambre royale et celle du conseil, en sorte que les filles et les seigneurs, qui avaient le droit d'être là, se trouvaient sur le passage du roi et des reines. Les courtisans étaient certains de voir Catherine, et ses filles d'honneur, en deuil comme toute la cour monteraient de chez elle, conduites par la comtesse de Fiesque, et prirent leur place du côté de la salle du conseil, en face des filles de la reine, amenées par la duchesse de Guise, et qui occupaient le coin opposé, du côté de la chambre royale. Les courtisans laissaient entre ces demoiselles, qui appartenaient aux premières familles du royaume, un espace de quelques pas, que les plus grands seigneurs avaient seuls la permission de franchir. La comtesse de Fiesque et la duchesse de Guise étaient, selon le droit de leurs charges, assises au milieu de ces nobles filles, qui toutes restaient debout. L'un des premiers qui vint se mêler à ces deux escadrons si dangereux fut le duc d'Orléans, frère du roi, qui descendait de son appartement, situé au-dessus, et qu'accompagnait M. de Cypierre, son gouverneur. Ce jeune prince, qui, avant la fin de cette année, devait régner sous le nom de Charles IX, alors âgé de dix ans, était d'une excessive timidité. Le duc d'Anjou et le duc d'Alençon, ses deux frères, ainsi que la princesse Marguerite, qui fut la femme de Henri IV, encore trop jeunes pour venir à la cour, restaient sous la conduite de leur mère dans ses appartements. Le duc d'Orléans, richement vêtu, selon la mode du temps, d'un haut-de-chausses en soie, d'un justaucorps de drap d'or orné de fleurs noires, et d'un petit manteau de velours brodé, le tout noir (il portait encore le deuil du roi son père), salua les deux dames d'honneur et resta près des filles de sa mère. Déjà plein d'antipathie pour les adhérents de la maison de Guise, il répondit froidement aux paroles de la duchesse, et appuya son bras sur le dossier de la haute chaise de la comtesse de Fiesque. Son gouverneur, un des plus beaux caractères de ce temps, M. de Cypierre, resta derrière lui comme une panoplie. Amyot, en simple soutane d'abbé, accompagnait aussi le prince, il était déjà son précepteur comme il fut aussi celui des trois autres princes, dont l'affection lui devint si profitable. Entre la cheminée d'honneur et celle où se groupaient, à l'autre extrémité de cette salle, les gardes, leur capitaine, quelques courtisans, et Christophe muni de son carton, le chancelier Olivier, protecteur et prédécesseur de Lhospital, costumé comme l'ont toujours été depuis les chanceliers de France, se promenait avec le cardinal de Tournon, récemment arrivé de Rome, en échangeant quelques phrases d'oreille en oreille au milieu de l'attention générale que leur prêtaient les seigneurs massés le long du mur qui sépare cette salle de la chambre du roi comme une tapisserie vivante, devant la riche tapisserie aux mille personnages. Malgré la gravité des circonstances, la cour offrait l'aspect que toutes les cours offriront dans tous les pays, à toutes les époques, et dans les plus grands dangers : des courtisans parlant toujours de choses indifférentes en face de choses graves, plaisantant en étudiant les visages, et s'occupant d'amours et de mariages avec des héritières au milieu des catastrophes les plus sanglantes.

— Que dites-vous de la fête d'hier? demanda Bourdeilles, seigneur de Brantôme, en s'approchant de mademoiselle de Piennes, une des filles de la reine mère. — MM. du Baillif et du Bellay n'ont eu que de belles idées, dit-elle en montrant les deux poëtes de la fête, qui se trouvaient à quelques pas... J'ai trouvé cela d'un goût exécrable, ajouta-t-elle à voix basse. — Vous n'y aviez pas de rôle? dit mademoiselle de Lewiston de l'autre bord. — Que lisez-vous là, madame? dit Amyot à madame de Fiesque. *L'Amadis de Gaule*, par *le seigneur des Essarts, commissaire ordinaire de l'artillerie du Roi*. — Un ouvrage charmant, dit la belle fille qui fut depuis si célèbre sous le nom de Fosseuse, quand elle devint dame d'honneur de la reine Marguerite de Navarre. — Le style est de forme nouvelle, dit Amyot. Adoptez-vous ces barbaries? ajouta-t-il en regardant Brantôme. — Il plaît aux dames, que voulez-vous? s'écria Brantôme en allant saluer madame de Guise, qui tenait les *Célèbres Dames* de Boccace. Il doit s'y trouver des femmes de votre maison, madame, dit-il, mais le sieur Boccace a eu tort de ne pas être de notre temps, il aurait trouvé d'amples matières pour augmenter ses volumes... — Comme de M. de Brantôme est adroit, dit la belle mademoiselle de Lineuil à la comtesse de Fiesque, il est venu d'abord à nous, mais il restera dans le quartier des Guise. — Chut, dit madame de Fiesque en regardant la belle Lineuil. Mêlez-vous de ce qui vous intéresse...

La jeune fille tourna les yeux vers la porte. Elle attendait Sardini, un noble Italien avec lequel la reine mère, sa parente, la maria plus tard après l'accident qui lui arriva dans le cordon de toilette même de Catherine, et qui lui valut l'honneur d'avoir une reine pour sage-femme. — Par saint Alipantin, mademoiselle Davila me semble plus jolie chaque matin, dit M. de Robertet, secrétaire d'État, en saluant le groupe de la reine mère. L'arrivée du secrétaire d'État, qui cependant était exactement ce qu'est un ministre aujourd'hui, ne fit aucune sensation. — Si cela est, monsieur, prêtez-moi donc le libelle la t contre MM. de Guise, je sais qu'on vous l'a prêté, dit à Robertet mademoiselle Davila. — Je ne l'ai plus, répondit le secrétaire en allant saluer madame de Guise. — Je l'ai, dit le comte de Grammont à mademoiselle Davila, mais je ne vous le donne qu'à une condition. — Vous condition !... fi ! dit madame de l'Iesque. — Vous ne savez pas ce que je veux, répondit Grammont. — Oh ! cela se devine, dit-il froidement. La coutume italienne de nommer les dames, comme font les pays où les femmes font loi, était alors de mode à la cour de France. — Vous vous trompez, reprit vivement le comte, il s'agit de remettre à mademoiselle de Matha, l'une des filles de l'autre bout, une lettre de mon cousin de Jarnac. — Ne compromettez pas mes filles, dit la comtesse de l'Iesque, je la donnerai moi-même ! — Savez-vous des nouvelles de ce qui se passe en Flandres ? demanda madame de l'Iesque au cardinal de Tournon. Il paraît que M. d'Egmont a donné d'assez bonnes idées... Lui et le prince d'Orange reprit à terre en faisant un geste d'épaules assez significatif... le duc d'Albe et le cardinal Granvelle y sont, n'est-ce pas, monsieur ? dit l'avocat du cardinal de Tournon, en jetant un coup d'œil sombre et inquiet entre les deux groupes, après sa conversation avec le chancelier. — Heureusement nous sommes tranquilles, et nous n'avons à craindre l'heresie que sur le théâtre, dit le beau duc d'Orléans, ea faisant allusion au thème, qui avait sur le front le mot Réformation.

Catherine de Médicis, d'accord en ceci avec sa belle-fille, avait fait faire une salle de spectacle de l'immense salle qui, plus tard, fut disposée pour les états de Blois et où, comme il a été déjà dit, aboutissaient le château de François Ier et celui de Louis XII. Le cardinal se promenait lentement et reprit sa marche au milieu de la salle en causant à voix basse entre et de Robertet et le chancelier. Beaucoup de personnes ignorent de l'étendue que les secrétaireries d'État, devenues depuis les ministères, ont rencontrées dans leur établissement, et combien de peines ont eues les rois de France à les créer. À cette époque, un secrétaire d'État comme Robertet était purement et simplement un écrivain il comptait à peine au milieu des princes et des grands, qui décidaient des affaires de l'État. Il n'y avait pas alors d'autres fonctions ministérielles que celles de surintendant des finances, de chancelier et de garde des sceaux. Les rois accordaient une place dans leur conseil par des lettres patentes, à ceux de leurs sujets dont les avis leur paraissaient utiles à la conduite des affaires publiques. On donnait l'entrée au conseil à un président de chambre du parlement, à un évêque, à un favori sans titre. Une fois admis au conseil, le sujet y fortifiait sa position en se faisant revêtir des charges de la couronne auxquelles étaient dévolues des attributions, telles que les gouvernements, l'épée de connétable, la grande maîtrise de l'artillerie, le bâton de maréchal, la colonelle générale de quelque corps de bière, la grande amirauté, la capitainerie des galères, ou souvent une charge de cour comme celle de grand maître de la maison, qu'avait alors le duc de Guise. — Croyez-vous que le duc de Nemours épouse Françoise ? demanda madame de Guise au précepteur du duc d'Orléans. — Ah ! madame, répondit-il, je ne sais que le latin.

Cette réponse fit sourire ceux qui furent à portée de l'entendre. En ce moment la séduction de Françoise de Rohan par le duc de Nemours était le sujet de toutes les conversations, mais, comme le duc de Nemours était descendu de François II, et doublement allié de la maison de Valois par sa mère, les uns le regardaient plutôt comme séduit que comme séducteur. Néanmoins, le crédit de la maison de Rohan fut tel, qu'au règne de François II le duc de Nemours fut obligé de quitter la France, à cause du procès que lui firent les Rohan et que le crédit des Guise arrangea. Son mariage avec la duchesse de Guise après l'assassinat de Poltrot, peut expliquer la question qu'il devait exister entre mademoiselle de Rohan et la duchesse. — Mais voyez-vous ce groupe là-bas, dit le comte de Grammont en montrant MM. de Coligny, le cardinal de Châtillon, d'Andelot, Thoré Moret et plusieurs seigneurs soupçonnés de tremper dans la Réformation, qui se tenaient sous les deux croisées, du côté de l'autre cheminée. — Les huguenots se remuent, dit Cypierre. Nous savons que Théodore de Bèze est à Nérac pour obtenir de la reine de Navarre qu'elle se déclare pour les réformés en abjurant publiquement, ajouta-t-il en regardant le bailli d'Orléans, qui était aussi chancelier de la reine de Navarre, et qui observait la cour. — Elle le fera ! répondit sèchement le bailli d'Orléans.

Ce personnage, un Jacques Cœur orléanais, un des riches bourgeois de ce temps, se nommait Groslot, et faisait les affaires de Jeanne d'Albret à la cour de France. — Vous le croyez ? dit le chancelier de France au chancelier de Navarre, en apprêtant toute la police de l'attention de Groslot. — Ne savez-vous pas, dit le riche Orléanais, que cette reine n'a dans le sexe ? Elle est entrée aux choses viriles, elle a l'esprit puissant aux grandes affaires, et le cœur invincible aux grandes adversités. Monsieur le cardinal, dit-il, en cher Olivier à M. de Tournon, qui avait écouté Groslot, que pensez-vous de cette audace ? — La reine de Navarre a bien fait de choisir pour son chancelier un homme à qui la maison de Lorraine

a des emprunts à faire, et qui offre son logis au roi quand on parle d'aller à Orléans, répondit le cardinal.

Le chancelier et le cardinal se regardèrent alors sans oser se communiquer leurs pensées, mais Robertet les leur exprima, car il croyait nécessaire de montrer plus de dévouement aux Guise que ces grands personnages en se trouvant plus petit qu'eux. — C'est un grand malheur que la maison de Navarre, au lieu d'abjurer la religion de ses pères, n'abjure pas l'esprit de vengeance et de révolte que lui a soufflé le connétable de Bourbon. Nous allons revoir les querelles des Armagnacs et des Bourguignons. — Non, dit Groslot, car il y a du Louis XI dans le cardinal de Lorraine. — Et aussi chez la reine Catherine, répondit Robertet. En ce moment, madame Dayelle, la femme de chambre favorite de la reine Marie Stuart, traversa la salle et alla vers la chambre de la reine. Le passage de la femme de chambre causa du mouvement. — La reine bientôt entrer, dit madame de l'Iesque. — Je ne le crois pas, répondit madame de Guise ; Leurs Majestés sortiront, car on va tenir un grand conseil. La Dayelle se glissa dans la chambre royale après avoir gratté à la porte, façon respectueuse inventée par Catherine de Médicis, et qui fut adoptée à la cour de France. — Quel temps fait-il, ma chère Dayelle ? dit la reine Marie en montrant son blanc et frais visage hors du lit, et en secouant les rideaux. — Ah ! madame... — Qu'as-tu, ma Dayelle ? on dirait que les archers sont à tes trousses. — Oh ! madame, le roi dort-il encore ? — Oui. — Nous allons quitter le château, et M. le cardinal m'a priée de vous le dire, afin que vous y disposiez le roi. — Sais-tu pourquoi, ma bonne Dayelle ? — Les réformés veulent vous enlever... — Ah ! cette nouvelle religion ne me laissera pas de repos ! J'ai rêvé cette nuit que j'étais en prison, moi qui réunirai les couronnes des trois plus beaux royaumes du monde. — Aussi, madame, est-ce un rêve ? — Enlevée !... ce serait assez gentil ; mais, pour fait de religion et pour des hérétiques, c'est une horreur.

La reine sauta hors du lit et vint s'asseoir dans une grande chaise couverte de velours rouge, devant la cheminée, après que Dayelle lui eut donné une robe de chambre en velours noir, qu'elle serra légèrement à la taille par une corde en soie. Dayelle alluma le feu, car les matinées du mois de mai sont assez fraîches aux bords de la Loire.

— Mes oncles ont donc appris ces nouvelles pendant la nuit ? demanda la reine Marie, à laquelle elle agissait familièrement. — Depuis ce matin, MM. de Guise se promènent sur la terrasse pour n'être entendus de personne, et y ont reçu des envoyés venus en toute hâte de différents points du royaume, où les réformés s'agitent. Madame la reine mère y était avec ses Italiens, en espérant qu'elle serait consultée, mais elle n'a pas été de ce petit conseil. Elle doit être furieuse. — D'autant plus qu'il y avait un restant de colère d'hier, répondit Dayelle. On dit qu'en voyant paraître Votre Majesté dans sa robe d'or retors et avec son joli voile de crêpe blanc, n'a pas été gaie. — Laisse-nous, ma bonne Dayelle, le roi s'éveille. Que personne, pas même les petites entrées, ne nous dérange, il s'agit d'affaires d'État, et mes oncles ne nous troubleront pas. — Eh bien ! ma chère Marie, as-tu donc déjà quitté le lit ! Est-il grand jour ? dit le jeune roi s'éveillant. — Mon cher mignon, pendant que nous dormons, les méchants veillent et vont nous forcer de quitter cette belle demeure. — Que parles-tu nouvelles, ma mie ! N'avons-nous pas eu la plus jolie fête du monde hier au soir ? n'étaient les mots latins que ces messieurs ont jetés aux pieds du français ? dit Marie, ce langage est de fort bon goût, et Rabelais l'a déjà mis en lumière. — Tu es une savante, dit le roi, et si je n'étais pas roi, je reprendrais à mon frère maître Amyot, qui le rend si savant... — N'enviez rien à votre frère, qui fait des poésies, vous parle, il me les a montrées en me demandant de ne pas montrer les miennes. Allez, vous êtes le meilleur des quatre, et serez aussi bon roi que vous êtes amant gentil. Aussi, peut-être est-ce pour cela que votre mère vous aime si peu ! Mais, sois tranquille. Moi, mon cher cœur, je t'aimerai pour tout le monde. — Je n'ai pas grand mérite à aimer une si parfaite reine, dit le petit roi. Je ne sais qui m'a retenu hier de t'embrasser devant toute la cour quand tu as dansé le branle au flambeau ! J'ai clairement vu que toutes les femmes ont l'air d'être des servantes auprès de toi, ma belle Marie. — Pour ne parler qu'en prose, vous parlez à ravir, mon mignon, mais aussi est-ce l'amour qui parle. Et vous vous savez bien, mon aimé, que vous ne seriez qu'un pauvre petit page, encore vous aimerais-je autant que je vous aime. Aussi n'y a-t-il rien cependant de plus doux que de pouvoir se dire : Mon amant est roi. — Oh ! le joli bras ! Pourquoi faut-il nous habiller ? J'aime tant à passer mes doigts dans tes cheveux si doux, à mêler leurs anneaux blonds. Ah çà ! ma mie, ne donne plus à baiser à tes femmes ce cou si blanc et si joli dos, ne le vouvoie plus ! C'est déjà trop que les brouillards de l'Ecosse y aient passé. — Ne viendrez-vous pas voir mon cher pays ? Les Écossais vous aimeront, et il n'y aura pas de révolte comme ici. — Qui se révolte dans notre royaume ? dit François de Valois en croisant sa robe et prenant Marie Stuart sur ses genoux, en dérobant sa joue au roi, mais vous avez à régner, s'il vous plaît, mon doux sire. — Que parles-tu de régner ? je veux ce matin... — À-t-on besoin de dire je veux quand on peut tout ? Ceci n'est pas ler ni en roi ni en amant. Mais il ne s'agit point de cela, laisse! Nous avons une affaire importante. — Oh! dit le roi, il y a longtemps que nous n'avons eu d'affaire. Est-elle amusante? — Non, dit Marie, il s'agit de déménager. — Je gage, ma mie, que vous avez vu l'un de vos oncles, qui s'arrangent si bien, qu'à dix-sept ans je me comporte en roi fainéant. Je ne sais pas, en vérité, pourquoi depuis le premier conseil j'ai continué d'assister aux autres! Ils y pourraient faire tout aussi bien les choses en mettant une couronne sur mon fauteuil, je ne vois rien que par leurs yeux et décide à l'aveugle. — Oh! monsieur, s'écria la reine en se levant de dessus le roi, et prenant un petit air de fâcherie, il était dit que vous ne me feriez plus la moindre peine à ce sujet, et que mes oncles useraient du pouvoir royal pour le bonheur de votre peuple. Il est gentil, ton peuple. Si tu voulais le régenter toi seul, il te goberait comme une fraise. Il lui faut des gens de guerre, un maître rude et à mains gantées de fer; tandis que toi tu es un mignon que j'aime aussi, que je n'aimerais pas autrement, entendez - vous, monsieur? dit-elle en baisant au front cet enfant, qui paraissait vouloir se révolter contre ce discours, et que cette caresse adoucit. — Oh! s'ils n'étaient pas vos oncles! s'écria François II. Ce cardinal me déplaît énormément, et, quand il prend son air patelin et ses façons soumises pour me dire en s'inclinant : « Sire, il s'agit ici de l'honneur de la couronne et de la foi de vos pères, Votre Majesté ne saurait souffrir... » et ceci et cela, je suis sûr qu'il ne travaille que pour sa maudite maison de Lorraine. — Comme tu l'as bien imité! dit la reine. Mais pourquoi n'employez-vous pas ces Lorrains à vous instruire de ce qui se passe, afin de régner par vous-même dans quelque temps, à votre grande majorité? Je suis votre femme, et votre honneur est le mien. Nous régnerons, va, mon mignon! Mais tout ne sera pas roses pour nous jusqu'au moment où nous ferons nos volontés! il n'y a rien de si difficile pour un roi que de régner! Suis-je reine, moi, par exemple? Croyez-vous que votre mère ne me rende pas en mal ce que mes oncles font de bien pour la splendeur de votre trône? Eh! quelle différence! Mes oncles sont de grands princes, neveux de Charlemagne, pleins d'égards, et qui sauraient mourir pour vous; tandis que cette fille de médecin ou de marchand, reine de France par hasard, est grièche comme une bourgeoise qui ne règne pas dans son ménage. En femme mécontente de ne pas tout brouiller ici, cette Italienne me montre à tout propos sa figure pâle et sérieuse; puis, de sa bouche pincée : « Ma fille, vous êtes la reine, et je ne suis plus que la seconde femme du royaume, me dit-elle. (Elle enrage, entends-tu, mon mignon?) Mais, si j'étais en votre place, je ne porterais pas de velours incarnat pendant que la cour est en deuil, et je ne paraîtrais pas en public avec mes cheveux unis et sans pierreries, parce que ce qui n'est point séant à une simple dame l'est encore moins chez une reine. Aussi ne danserais-je point de ma personne, je me contenterais de voir danser! » Voilà ce qu'elle me dit. — Oh! mon Dieu! répondit le roi, je crois l'entendre. Dieu! si elle savait... — Oh! vous tremblez encore devant elle. Elle t'ennuie,

dis-le! nous la renverrons. Par ma foi! te tromper, passe encore, la bonne femme est de Florence; mais l'ennuyer... — Au nom du ciel, Marie, tais-toi, dit François inquiet et content tout à la fois, je ne voudrais pas que tu perdisses son amitié. — N'ayez pas peur qu'elle se brouille jamais avec moi, qui porterai les trois plus belles couronnes du monde, mon cher petit roi, dit Marie Stuart. Encore qu'elle me laisse pour mille raisons, elle me caresse afin de me détacher de mes oncles. — Te haïr!... — Oui, mon ange, et si je n'en avais mille de ces preuves que les femmes se donnent entre elles de ce sentiment, et dont la malice n'est comprise que par elles, je me contenterais de sa constante opposition à nos chères amours. Est-ce ma faute à moi, si ton père n'a jamais pu souffrir mademoiselle Médicis? Enfin elle m'aime si peu, qu'il a fallu que vous vous missiez en colère pour que nous n'eussions pas chacun notre appartement, ici et à Saint-Germain. Elle prétendait que c'était l'usage des rois et reines de France. L'usage! c'était celui de votre père, et cela s'explique. Quant à votre aïeul François, le compère avait établi cet usage pour la commodité de ses amours. Aussi, veillez-y bien! Si nous nous en allons d'ici, que le grand maître ne nous sépare point. — Si nous nous en allons d'ici, Marie? Mais, moi, je ne veux point quitter ce joli château, d'où nous voyons la Loire et le Blésois, une ville à nos pieds et le plus joli ciel du monde au-dessus de nos têtes et ces délicieux jardins. Si je m'en vais, ce sera pour aller en Italie avec toi, voir les peintures de Raphaël et Saint-Pierre. — Et les orangers! Oh! mon mignon roi, si tu savais quelle envie a Marie nourrit de se promener sous des orangers en fleur et en fruit! Hélas! peut-être n'en verrai-je jamais. Oh! entendre un chant italien sous ces arbres parfumés, au bord d'une mer bleue, sous un ciel bleu, et nous tenir ainsi! — Partons, dit le roi. — Partir! s'écria le grand maître en entrant. Oui, sire, il s'agit de quitter Blois. Pardonnez-moi ma hardiesse; mais les circonstances sont plus fortes que l'étiquette, et je viens vous supplier de tenir conseil.

Marie et François s'étaient vivement séparés en se voyant surpris, et leurs visages offraient une même expression de majesté royale offensée.—Vous êtes un trop grand maître, monsieur de Guise, dit le jeune roi tout en contenant sa colère. — Au diable les amoureux! dit le cardinal en murmurant à l'oreille de Catherine. — Mon fils, répondit la reine mère, il se montra derrière le cardinal, il s'agit de la sûreté de votre personne et de votre royaume. — L'hérésie veillait pendant que vous dormiez, sire, dit le cardinal. — Retirez-vous dans la salle, fit le petit roi, nous tiendrons alors conseil. — Madame, dit le grand maître à la reine, le fils de votre pelletier vous apporte vos fourrures, qui sont de saison pour le voyage, car il est probable que nous côtoierons la Loire. Mais, dit-il en se tournant vers la reine mère, il veut aussi vous parler, madame. Pendant que le roi s'habillera, vous et madame la reine expédiez-le sur-le-champ, afin que nous n'ayons point la tête rompue de cette bagatelle.

— Volontiers, dit Catherine, en se disant à elle-même : S'il compte

Catherine et Chiverni.

se défaire de moi par de semblables ruses, il ne me connaît point. Le cardinal et le duc se retirèrent en laissant les deux reines et le roi. En passant dans la salle des gardes, qu'il traversa de nouveau pour aller dans la salle du conseil, le grand maître dit à l'huissier de lui amener le pelletier de la reine. Quand Christophe vit venir à lui, d'un bout de la salle des gardes à l'autre, cet huissier, qu'il prit à son costume pour un personnage, le cœur lui faillit ; mais cette sensation, si naturelle à l'approche du moment critique, devint terrible lorsque l'huissier, dont le mouvement eut pour résultat d'attirer les yeux de toute cette brillante assemblée sur Christophe, sur sa piètre mine et ses paquets, lui dit : — Messeigneurs le cardinal de Lorraine et le grand maître vous mandent pour parler à vous dans la salle du conseil. — Aurais-je été trahi? se demanda le frêle ambassadeur des réformés.

Christophe suivit l'huissier en baissant les yeux, et ne les leva qu'en se trouvant dans l'immense salle du conseil, dont l'étendue est presque égale à celle de la salle des gardes. Les deux princes lorrains y étaient seuls debout devant la magnifique cheminée adossée à celle où, dans la salle des gardes, se tenaient les filles des deux reines.

— Tu viens de Paris, quelle route as-tu donc prise? dit le cardinal à Christophe. — Je suis venu par eau, monseigneur, répondit le réformé. — Comment es-tu donc entré dans Blois? dit le grand maître. — Par le port, monseigneur. — Personne ne t'a inquiété? fit le duc, qui ne cessait d'examiner le jeune homme. — Non, monseigneur. Au premier soldat qui a fait mine de m'arrêter, j'ai dit que je venais pour le service des deux reines, de qui mon père est le pelletier. — Que faisait-on à Paris? demanda le cardinal. — On recherchait toujours l'auteur du meurtre commis sur le président Minard. — N'es-tu pas le fils du plus grand ami de mon chirurgien? dit le duc de Guise, trompé par la candeur que Christophe exprimait, une fois son trouble apaisé.
— Oui, monseigneur.

Le grand maître sortit, souleva brusquement la portière qui cachait la double porte de la salle du conseil, et montra sa figure à toute cette audience, au milieu de laquelle il chercha le premier chirurgien du roi. Ambroise, debout dans un coin, fut frappé par une œillade que le duc lui lança, et vint à lui. Ambroise, qui inclinait déjà vers la religion réformée, finit par l'adopter; mais l'amitié des Guise et celle des rois de France le garantirent de tous les malheurs qui atteignirent les réformés. Le duc, qui se regardait comme obligé de la vie envers Ambroise Paré, l'avait fait nommer premier chirurgien du roi depuis quelques jours.

— Que voulez-vous, monseigneur? dit Ambroise. Le roi serait-il malade? Je le croirais assez. — Comment? — La reine est trop jolie, répliqua le chirurgien. — Ah! fit le duc étonné. Néanmoins il ne s'agit pas de ceci, reprit-il après une pause. Ambroise, je veux te faire voir un de mes amis, dit-il en l'emmenant sur le pas de la porte de la chambre du conseil et lui montrant Christophe. — Eh! c'est vrai, monseigneur, s'écria le chirurgien en tendant la main à Christophe. Comment va ton père, mon gars? — Mais bien, maître Ambroise, ré-

Oh! mon Dieu! répondit le roi, je crois l'entendre... — PAGE 24.

pondit Christophe. — Et que viens-tu faire à la cour,? dit le chirurgien, ce n'est pas ton métier de porter les paquets, ton père te destine à la chicane. Veux-tu la protection de ces deux grands princes pour être avocat? — Oh! mon Dieu! oui, dit Christophe, mais pour les intérêts de mon père; et si vous pouvez intercéder pour nous, joignez-vous à moi, fit-il en prenant un air piteux, pour obtenir de monseigneur le grand maître une ordonnance de payement des sommes qui sont dues à mon père, car il ne sait de quel bois faire flèche.

Le cardinal et le grand maître se regardèrent et parurent satisfaits.

— Maintenant laissez-nous, dit le grand maître à Ambroise en lui faisant un signe. Et vous, mon ami, dit-il à Christophe, faites promptement vos affaires et retournez à Paris. Mon secrétaire vous donnera une passe, car, mordien, il ne fera pas bon sur les chemins.

Aucun des deux frères n'eut le moindre soupçon des graves intérêts qui reposaient sur Christophe, une fois assurés qu'il était bien le fils du bon catholique Lecamus, fournisseur de la cour, et qu'il ne venait que pour se faire payer. — Mène-le auprès de la chambre de la reine, qui sans doute va le demander, dit le cardinal au chirurgien en lui montrant Christophe.

Pendant que le fils du pelletier subissait son interrogatoire dans la salle du conseil, le roi avait laissé la reine en compagnie de sa belle-mère, après avoir passé dans son cabinet de toilette, où l'on allait par le cabinet contigu à la chambre. Debout dans la vaste embrasure de l'immense croisée, la reine Catherine regardait les jardins, en proie aux plus tristes pensées. Elle voyait l'un des grands capitaines de ce siècle substitué dans la matinée, à l'instant, à son fils, au roi de France, sous le terrible titre de lieutenant général du royaume. Devant ce péril, elle était seule, sans action, sans défense. Aussi pouvait-on la comparer, dans son vêtement de deuil, qu'elle ne quitta jamais depuis la mort de Henri II, à un fantôme, tant sa figure pâle était immobile à force de réflexion. Son œil noir nageait dans cette indécision tant reprochée aux grands politiques, et qui chez eux vient de l'étendue même du coup d'œil par lequel ils embrassent toutes les difficultés, les compensant l'une par l'autre, et additionnant, pour ainsi dire, toutes les chances avant de prendre un parti. Ses oreilles tintaient, son sang s'agitait, et néanmoins elle demeurait calme, digne, tout en mesurant la profondeur de l'abîme politique au-dessus de l'abîme réel qui s'étendait sous ses pieds. Après celle de l'arrestation du vidame de Chartres, cette journée était la seconde de ces terribles journées qui se trouvèrent en si grand nombre dans le reste de sa vie royale ; mais ce fut aussi sa dernière faute à l'école du pouvoir. Quoique le sceptre parût fuir ses mains, elle voulait le saisir, et le saisit par un effet de cette puissance de volonté qui ne s'était lassée ni des dédains de son beau-père François Ier et de sa cour, où elle avait été peu de chose, quoique dauphine, ni des constants refus de Henri II, ni de la terrible opposition de Diane de Poitiers, sa rivale. Un homme n'eût rien compris à cette reine en échec ; mais la blonde Marie, si fine, si spirituelle, si jeune fille et déjà si instruite, l'examinait du coin de l'œil en affectant de fredonner un air italien et prenant une contenance insouciante. Sans deviner les orages d'ambition contenue qui causaient une légère sueur froide à la Florentine, la jolie Écossaise au visage mutin savait que l'élévation de son oncle, le duc de Guise, causait une rage impériale à Catherine. Or, rien ne l'amusait tant que d'espionner sa belle-mère, en qui elle voyait une intrigante, une parvenue abaissée toujours prête à se venger. Le visage de l'une était grave et sombre, un peu terrible, à cause de cette lividité des Italiennes qui, durant le jour, fait ressembler leur teint à de l'ivoire jauni, quoiqu'il redevienne éclatant aux bougies, tandis que le visage de l'autre était frais et gai. A seize ans, la tête de Marie Stuart avait cette blancheur de blonde qui la rendit si célèbre. Son frais, son piquant visage si purement coupé, brillait de cette malice d'enfant exprimée franchement par la régularité de ses sourcils, par la vivacité de ses yeux, par la mutinerie de sa jolie bouche. Elle déployait alors ces grâces de jeune chatte que rien, ni la captivité ni la vue de son effroyable échafaud, ne purent altérer. Ces deux reines, l'une à l'aurore, l'autre à l'été de sa vie, formaient donc alors le contraste le plus complet. Catherine était une reine imposante, une veuve impénétrable, sans autre passion que celle du pouvoir. Marie était une folâtre, une insoucieuse épousée, qui de ses couronnes faisait des joujoux. L'une prévoyait d'immenses malheurs, elle entrevoyait l'assassinat des Guise, en devinant que ce serait le seul moyen d'abattre les gens capables de s'élever au-dessus du trône et du Parlement, enfin, elle apercevait les flots de sang d'une longue lutte; l'autre ne se doutait pas qu'elle serait juridiquement assassinée. Une singulière réflexion rendit un peu de calme à l'Italienne.

— Selon la sorcière et au dire de Ruggieri, ce règne va finir, mon embarras ne durera point, pensa-t-elle.

Ainsi, chose étrange, une science occulte, oubliée aujourd'hui, l'astrologie judiciaire, servit alors à Catherine de point d'appui, comme dans toute sa vie, car sa croyance alla croissant, en voyant les prédictions de ceux qui pratiquaient cette science réalisées avec une minutieuse exactitude.

— Vous êtes bien sombre, madame? dit Marie Stuart en prenant des mains de Dayelle ce petit bonnet pincé sur la raie de ses cheveux et dont les deux ailes de riche dentelle tournaient autour des touffes blondes qui lui accompagnaient les tempes.

Le pinceau des peintres a si bien illustré cette coiffure, qu'elle appartient exclusivement à la reine d'Écosse, quoique Catherine l'ait inventée pour elle quand elle eut à prendre le deuil de Henri II, mais elle ne sut pas la porter aussi bien que sa belle-fille, à qui elle seyait beaucoup mieux. Le grief n'était pas le moindre parmi ceux de la reine mère contre la jeune reine.

— Est-ce un reproche que me fait la reine? dit Catherine en se tournant vers sa belle-fille. — Je vous dois le respect et n'oserais, répliqua malicieusement l'Écossaise, qui regarda Dayelle.

Entre les deux reines, la femme de chambre favorite resta comme la figure d'un chenet, un sourire d'approbation pouvait lui coûter la vie. — Comment puis-je être gaie comme vous, après avoir perdu le feu roi et en voyant le royaume de mon fils sur le point de s'embraser!

— La politique regarde peu les femmes, répliqua Marie Stuart. D'ailleurs vos oncles sont là.

Ces deux mots étaient, dans les circonstances actuelles, deux flèches empoisonnées. — Voyons donc nos fourrures, madame, répondit ironiquement l'Italienne, et nous pourrons nous occuper alors de nos véritables affaires pendant que vos oncles décideront de celles du royaume. — Oh! mais nous serons du conseil, madame, nous y sommes plus utiles que vous ne croyez. — Nous! dit Catherine avec un air d'étonnement. Mais moi, je ne sais pas le latin. — Vous me croyez savante! dit en riant Marie Stuart. Eh bien! je vous jure, madame, qu'en ce moment j'étudie pour être à la hauteur des Médicis, afin de savoir un jour guérir les plaies du royaume.

Catherine fut atteinte au cœur par ce trait piquant, qui rappelait l'origine des Médicis, venus, disaient les uns, d'un médecin, et selon les autres, d'un riche droguiste. Elle resta sans réponse. Dayelle rougit lorsque sa maîtresse lâcha en cherchant ces applaudissements que tout le monde, et même les reines, demandent à des inférieurs quand il n'y a pas de spectateurs. — Vos mots charmants, madame, ne peuvent malheureusement guérir ni les plaies de l'État ni celles de l'Église, répondit Catherine avec une dignité calme et froide. La science de mes pères, en ce genre, leur a donné des trônes, tandis que si dans le danger vous continuez à plaisanter, vous pourriez perdre les vôtres.

En ce moment, Dayelle ouvrit la porte à Christophe, que le premier chirurgien annonça lui-même en grattant. Le réformé voulut étudier le visage de Catherine, il affecta un embarras assez naturel dans un pareil lieu, mais il fut surpris par la vivacité de la reine Marie, qui sauta sur les cartons pour voir son surcot.

— Madame, dit Christophe en s'adressant à la Florentine.

Il tourna le dos à l'autre reine et à Dayelle, en profitant soudain de l'attention que ces deux femmes allaient donner à ces fourrures pour frapper un coup hardi. — Que voulez-vous de moi? dit Catherine en lui jetant un regard perçant.

Christophe avait mis le traité proposé par le prince de Condé, le plans des réformés et le détail de leurs forces sur son cœur, entre sa chemise et son justaucorps de drap, mais en les enveloppant du mémoire dû par Catherine au pelletier.

— Madame, dit-il, mon père est dans un horrible besoin d'argent, et si vous daignez jeter les yeux sur mes mémoires, ajouta-t-il en pliant le papier et mettant le traité en dessus, vous verrez que Votre Majesté lui doit six mille écus. Ayez la bonté de nous prendre en pitié. Voyez, madame! Et il lui tendit le traité. — Lisez. Ceci date de l'avènement au trône du feu roi.

Catherine fut éblouie par le préambule du traité, mais elle ne perdit pas la tête, elle roula vivement le papier en admirant l'audace et la présence d'esprit de ce jeune homme, elle sentit d'après ce coup de maître qu'elle serait comprise, et lui frappa la tête avec le rouleau de papier. — Vous êtes bien maladroit, mon petit ami, de présenter le compte avant les fourrures. Apprenez à connaître les femmes! Il ne faut jamais nous présenter nos mémoires qu'au moment où nous sommes satisfaites. — Est-ce une tradition? dit la jeune reine à sa belle-mère, qui ne répondit rien. — Ah! mesdames, excusez mon père, dit Christophe. S'il n'avait pas besoin d'argent, vous n'auriez pas eu vos pelleteries. Les pays sont en armes, et il y a tant de danger à courir sur les routes, qu'il a fallu notre haute détresse pour que je vinsse ici. Personne que moi n'a voulu se risquer. — Ce garçon est neuf! dit Marie Stuart en souriant.

Il n'est pas inutile, pour l'intelligence de cette petite scène si importante, de faire observer qu'un surcot était, ainsi que le mot l'indique (sur cotte), une espèce de spencer collant que les femmes mettaient sur leur corsage, et qui les enveloppait jusqu'aux hanches en les dessinant. Ce vêtement garantissait le dos, la poitrine et le cou contre le froid. Les surcots étaient intérieurement doublés en fourrure qui bordait l'étoffe par une lisière plus ou moins large. Marie Stuart en essayant son surcot, se regardait dans une grande glace de Venise pour en voir l'effet par derrière, elle avait aussi laissé à sa belle-mère la facilité d'examiner les papiers dont le volume eût excité sa défiance sans cette circonstance.

— Parle-t-on jamais aux femmes d'argent quand on a couru, quand on est sain et sauf et qu'on les voit? dit-elle en se montrant à Christophe. — Ah! madame, j'ai votre mémoire aussi, dit-il en la regardant avec une niaiserie bien jouée.

La jeune reine le loua sans prendre le papier, et remarqua, mais sans en tirer alors la moindre conséquence, qu'il avait pris dans son sein le mémoire de la reine Catherine, tandis qu'il sortit le sien, à elle, de sa poche. Elle ne vit pas non plus dans les yeux de ce garçon l'admiration que son aspect excitait chez tout le monde, elle était si occupée de son surcot, qu'elle ne se demanda pas d'abord d'où pouvait venir cette indifférence. — Prends, Dayelle, dit elle à sa femme de chambre, tu donneras le mémoire à M. de Versailles (Loménie), en lui disant de ma part de payer. — Oh! madame, si vous ne me faites signer une ordonnance par le roi ou monseigneur le grand maître, qui est là, votre gracieuse parole restera sans effet. — Vous êtes plus vif qu'il ne sied à un sujet, mon petit ami, dit Marie Stuart. Vous ne croyez donc pas aux paroles royales?

Le roi se montra vêtu de ses chausses dites de haut-de-chausses, la culotte de ce temps, mais sans pourpoint ni manteau; il avait une riche redingote de velours, bordée de menu vair. Ce mot de la langue moderne peut seul donner l'idée du négligé du roi. — Quel est le maraud qui doute de votre parole? dit le jeune François II, qui malgré la distance entendit le dernier mot de sa femme.

La porte du cabinet se trouvait masquée par le lit royal. Ce cabinet fut appelé plus tard cabinet vieux, pour le distinguer du cabinet des peintures que fit arranger Henri III à l'autre extrémité de cet appartement, du côté de la salle des états généraux. Henri le fit cacher les meurtriers dans le cabinet neuf pendant le meurtre, et il n'en sortit que pour voir expirer cet audacieux sujet pour lequel il n'y avait ni prison ni tribunal, ni lois dans le royaume. Sans ces terribles circonstances, l'historien reconnaîtrait aujourd'hui difficilement la destination de ces salles et de ces cabinets pleins de soldats. Un fournier écrit à sa maîtresse à la même place où jadis Catherine pensive méditait de sa lutte avec les partis. — Voyez, mon ami, dit la reine mère, je vais vous faire payer, moi. Il faut nous le commerce vive, et l'argent est son principal nerf. — Allez, mon cher, dit en riant la jeune reine, mon auguste mère entend mieux que moi les affaires de commerce.

Catherine allait sortir sans répondre à cette nouvelle épigramme, mais elle pensa que son indifférence pourrait éveiller un soupçon; elle répondit vivement à sa belle-fille: — Et vous, ma chère, le commerce de l'amour? Puis elle descendit. — Serrez tout ceci, Dayelle, et venons au conseil, monsieur, dit au roi la jeune reine, ravie de faire décider en l'absence de la reine mère la question si grave de la lieutenance du royaume.

Marie Stuart prit le bras du roi. Dayelle sortit la première en disant un mot aux pages, et l'un d'eux, jeune Teligny, qui devait périr si misérablement à la Saint-Barthélemy, cria: — Le roi! En tendant ce mot, les deux arquebusiers se mirent au port d'arme, et les deux pages allèrent en avant vers la chambre du conseil, au milieu de la haie de courtisans et de la haie formée par les filles des deux reines. Tous les membres du conseil se groupèrent alors à la porte de cette salle, qui se trouve à une faible distance de la porte de l'escalier. Le grand maître, le cardinal et le chancelier allèrent à la rencontre des deux jeunes souverains, qui souriaient à quelques-unes des filles, ou répondaient à des demandes de quelques courtisans plus familiers que les autres. Mais la jeune reine, évidemment impatiente, entraînait François II vers l'immense salle du conseil. Quand le son lourd des arquebuses, en retentissant sur le plancher, annonça que le couple était entré, les pages remirent leurs bonnets sur leurs têtes, et les conversations particulières entre les seigneurs reprirent leur cours sur la gravité des affaires qui allaient se débattre. — On a envoyé chercher le connétable par Chiverni, et il n'est pas venu, disait l'un. — Il n'y a aucun prince du sang, faisait observer l'autre. — Le chancelier et M. de Tournon étaient soucieux ! — Le grand maître a fait dire au garde des sceaux de ne pas manquer d'être à ce conseil, il en sortira sans doute quelques lettres patentes — Comment la reine mère reste-t-elle en bas, chez elle, en un pareil moment ? — On va nous tailler des croupières, disait Groslot au cardinal de Châtillon.

Enfin chacun disait son mot. Les uns allaient et venaient dans cette immense salle, d'autres papillonnaient autour des filles des deux reines, comme s'il eût été donné de saisir quelques paroles à travers ni mur de trois pieds d'épaisseur, à travers deux portes et les riches portières qui les enveloppaient. Assis en haut de la longue table couverte de velours bleu qui se trouvait au milieu de cette salle, le roi, auprès de qui la jeune reine avait pris place sur un fauteuil, attendait sa mère. Robertet taillait ses plumes. Les deux cardinaux, le grand maître, le chancelier, le garde des sceaux, tout le conseil enfin regardait le petit roi en se demandant pourquoi il ne donnait pas l'ordre pour s'asseoir.

— Délibèra-t-on en l'absence de madame la reine mère ? dit alors le chancelier en s'adressant au jeune roi.

Les deux princes lorrains attribuèrent l'absence de Catherine à quelque ruse de leur mère. Excité d'ailleurs par un regard significatif l'audacieux cardinal dit au roi : — Quel plaisir du roi est-il que l'on commence sans madame sa mère ? François II, sans oser se prononcer, répondit : — Messieurs, asseyez-vous.

Le cardinal expliqua succinctement les dangers de la situation. Ce grand politique, qui fut dans cette circonstance d'une habileté merveilleuse, amena la question de la lieutenance au milieu du profond silence des assistants. Le jeune roi sentit sans doute une oppression, et devina que la reine sa mère avait le sentiment des droits de la couronne et la connaissance du danger où était son pouvoir, il répond alors à une demande positive du cardinal : — Attendons la reine ma mère.

Ici vice par le retard inconcevable de la reine Catherine, tout à coup Marie Stuart réunit en une seule pensée trois circonstances qu'elle se rappela vivement. D'abord la grosseur des mémoires présentés à sa belle-mère, et qui l'avait frappée, quelque distraite qu'elle fût, car une lueur de raison ne parait-elle rien vers un lynx, puis l'endroit où Christophe les avait mis pour les séparer des siens ? — Et pourquoi ? se demanda-t-elle. Enfin elle se souvint du regard froid de ce garçon, qu'elle attribua soudain à la haine des réformés contre la race de Guise. Une voix lui cria : — Ne serait-ce pas un envoyé des huguenots ? Obéissant comme les natures vives à son premier mouvement, elle dit : — Je vais moi-même chercher ma mère ! Puis elle sortit brusquement, se précipita dans l'escalier au grand étonnement des courtisans et des dames, elle descendit chez sa belle-mère y traversa la salle des gardes, ouvrit la porte de la chambre avec des précautions de voleur, glissa comme une ombre sur les tapis, et ne l'aperçut nulle part. Elle pensa devoir la surprendre dans le magnifique cabinet qui se trouve entre cette chambre et l'oratoire. On reconnaît encore aujourd'hui parfaitement bien les dispositions de cet oratoire, auquel les mœurs de cette époque avaient donné dans la vie privée le rôle que joue maintenant un boudoir.

Par un hasard inexplicable, quand on songe à l'état de dégradation dans lequel la couronne laisse ce château, les admirables boiseries du cabinet de Catherine existent encore, et, dans ces boiseries finement sculptées, les curieux peuvent encore de nos jours voir les traces de la splendeur italienne et reconnaître les cachettes que la reine mère y avaient établies. Une description exacte de ces curiosités est même nécessaire à l'intelligence de ce qui allait s'y passer. Cette boiserie était alors composée d'environ cent quatre-vingts petits panneaux oblongs, dont une centaine subsistent encore, et qui tous offrent aux regards des arabesques de dessins différents, évidemment suggérées par les plus charmantes arabesques de l'Italie. Le bois est du chêne vert. Le rouge qu'on retrouve sous la couche de chaux mise à propos du choléra, précaution inutile, indique assez que le tout des panneaux a été doré. Les endroits où le caustique manque tout supposer que certaines portions du dessin se détachaient de la dorure en couleur ou bleue, ou rouge, ou verte. La multitude de ces panneaux révèle bien l'intention de tromper les recherches ; mais,

si l'on en pouvait douter, le concierge du château, tout en vouant à l'exécration des races actuelles la mémoire de Catherine, montre aux visiteurs, au bas de cette boiserie et au ras du plancher, une plinthe assez grossière qui se lève et sous laquelle existent encore des ressorts ingénieux. En pressant une détente ainsi déguisée, la reine pouvait ouvrir ceux de ces panneaux connus d'elle seule, et derrière lesquels il existe dans la muraille une cachette oblongue comme le panneau, mais plus ou moins profonde. Encore aujourd'hui, l'œil le plus exercé reconnaîtrait difficilement, entre tous ces panneaux, celui qui doit tomber sur ces charnières invisibles, mais quand les yeux étaient amusés par les couleurs et par les dorures habilement combinées pour cacher les fentes, il est facile de croire que vouloir découvrir un ou deux panneaux entre deux cents était une chose impossible. Au moment où Marie Stuart mit la main sur le loquet de la serrure assez compliquée de ce cabinet, l'Italienne, qui venait de se convaincre de la grandeur des plans du prince de Condé, venait de faire jouer le ressort caché dans la plinthe, un des panneaux s'était brusquement abaissé sur sa charnière, et Catherine se retournait pour prendre sur sa table les papiers afin de les cacher et veiller à la sûreté de l'émissaire dévoué qui les lui apportait. En entendant ouvrir la porte, elle devina que la reine Marie pouvait seule venir sans se faire annoncer. — Vous êtes perdu ! dit-elle à Christophe en s'apercevant qu'elle ne pouvait plus serrer les papiers ni fermer assez promptement le panneau pour que le secret de sa cachette ne fût pas éventé.

Christophe répondit par un regard sublime.

— Povero mio ! dit Catherine avant de regarder sa belle-fille. Ti bison, madame ! je te tiens, tiens, crie-t-elle. Faites venir le cardinal et le duc. Que celui-ci, dit-elle en montrant Christophe, ne sorte pas.

En un moment, cette habile femme avait jugé nécessaire de livrer ce pauvre jeune homme ; elle ne pouvait le cacher, il était impossible de le faire sauver, et d'ailleurs, huit jours plus tôt il eût été temps, mais depuis la matinée les Guise connaissaient le complot, ils devaient avoir les listes qu'elle tenait à la main et attendaient évidemment les retards et un piège. Marie Stuart lui ayant heureusement d'avoir reconnu chez ses diversaires l'esprit qu'elle leur avait souhaité, la politique voulait que, la mèche éventée, elle s'en fit un mérite. Ces effroyables calculs furent établis dans la rapide pensée pendant lequel la jeune reine ouvrit la porte. Marie Stuart resta muette pendant un instant. Son regard perdit sa gaieté, son acuité que si le soupçon donne aux yeux de tout le monde, et qui chez elle devint terrible par la rapidité du contraste. Ses yeux allèrent de Christophe à la reine mère et de la reine mère à Christophe en exprimant des doutes malicieux. Puis elle saisit une sonnette au bruit de laquelle arriva une des filles de la reine mère.

— Mademoiselle du Ronet, faites venir le capitaine de service, dit Marie Stuart à la demoiselle d'honneur, contrairement à l'étiquette, nécessairement violée en de semblables circonstances.

Pendant que la jeune reine donnait cet ordre, Catherine avait toisé Christophe en lui disant par un regard : — Du courage ! Le réformé comprit tout et répondit par son regard qui voulait dire : — Sacrifiez-moi comme ils me sacrifieront ! — Comptez sur moi dit Catherine par un geste. Puis elle se plongea dans les papiers quand sa belle-fille se retourna. — Vous êtes de la religion réformée ? dit M me Stuart à Christophe. — Oui, madame, répondit-il. — Je ne m'étais pas trompée, ajouta-t-elle en murmurant quand elle retrouva dans les yeux du réformé ce même regard où la froideur et la haine se cachaient sous une expression d'humilité.

Pardaillan se montra soudain envoyé par les deux princes lorrains et par le roi. Le capitaine demandé par Marie Stuart suivait ce jeune gentilhomme, un des plus dévoués guisards. — Allez dire de ma part au roi, au grand maître et au cardinal de venir, en leur faisant observer que je ne prendrais point cette liberté s'il n'était survenu quelque chose de grave. Allez, Pardaillan. — Quant à toi, Lewiston, veille sur ce traître de réformé, dit-elle à l'Écossais dans la langue maternelle en lui désignant Christophe.

La jeune reine et la reine mère gardèrent le silence jusqu'à l'arrivée des princes et du roi. Ce moment fut terrible. Marie Stuart avait découvert à sa belle-mère d'un, dans toute son étendue, le rôle que lui faisaient jouer ses rides ; sa défiance habituelle et constante s'était trahie, et cette inné conscience sentait tout ce qu'il y avait de déshonorant dans ce métier pour une grande reine. De son côté, Catherine venait de se livrer par peur et craignait d'être comprise, elle tremblait pour son avenir. Chacune de ces deux femmes, l'une honteuse et colère, l'autre honorée et tranquille, alla dans l'embrasure de la croisée, et s'appuya l'une à droite, l'autre à gauche, mais elles exprimèrent leurs sentiments dans des regards si parlants, qu'elles baissèrent leurs yeux, et, par un mutuel artifice, regardèrent le ciel par la fenêtre. Ces deux femmes si supérieures n'entrèrent alors pas plus d'esprit que les plus vulgaires. Peut-être en est-il ainsi toutes les fois que les circonstances écrasent les hommes. Il y a toujours un moment où le génie lui-même sent sa petitesse en présence des grandes catastrophes. Quant à Christophe, il était comme un homme qui roule dans un abîme. Lewiston, le capitaine écossais, écoutait ce silence, il regardait le fils du pelletier et les deux reines avec une curiosité soldatesque. L'entrée du jeune roi et de ses deux oncles mit fin à cette situation pénible. Le cardinal alla droit à la reine. — Je tiens tous les fils de la conspiration des hérétiques, ils m'envoyaient cet enfant chargé de ce traité et de ces documents, lui dit Catherine à voix basse.

Pendant le temps que Catherine s'expliquait avec le cardinal, la reine Marie disait quelques mots à l'oreille du grand maître. — De quoi s'agit-il? fit le jeune roi, qui restait seul au milieu de ces violents intérêts entre-choqués. — Les preuves de ce que je disais à Votre Majesté ne se sont pas fait attendre, dit le cardinal, qui saisit les papiers.

Le duc de Guise prit son frère à part, sans se soucier d'interrompre, et lui dit à l'oreille : — De ce coup, me voici lieutenant général sans opposition. Un fin regard fut toute la réponse du cardinal, il fit ainsi comprendre à son frère qu'il avait déjà saisi tous les avantages à recueillir de la fausse position de Catherine. — Qui vous a envoyé? dit le duc à Christophe. — Chaudieu le ministre, répondit-il. — Jeune homme, tu mens! dit vivement l'homme de guerre, c'est le prince de Condé! — Le prince de Condé, monseigneur! reprit Christophe d'un air étonné, je ne l'ai jamais rencontré. Je suis du Palais, j'étudie chez M. de Thou, je suis son secrétaire, et il ignore que je suis de la religion. Je n'ai cédé qu'aux prières du ministre. — Assez, fit le cardinal. Appelez M. de Robertet, dit-il à Lewiston, car ce jeune drôle est plus rusé que de vieux politiques, il nous a trompés, mon frère et moi, qui lui aurais donné le bon Dieu sans confession. — Tu n'es pas un enfant, morbleu! s'écria le duc, et nous le traiterons en homme. — On voulait séduire votre auguste mère, dit le cardinal en s'adressant au roi, et voulant le prendre à part pour l'amener à ses fins. — Hélas! répondit la reine à son fils en prenant un air de reproche et l'arrêtant au moment où le cardinal l'emmenait dans l'oratoire pour le soumettre à sa dangereuse éloquence, vous voyez l'effet de la situation dans laquelle je suis : on me croit irritée du peu d'influence que j'ai dans les affaires publiques, moi la mère de quatre princes de la maison de Valois.

Le jeune roi devint attentif. Marie Stuart, en voyant le front du roi se plisser, le prit et l'emmena dans l'embrasure de la fenêtre, où elle le cajola par de douces paroles dites à voix basse, et sans doute semblables à celles qu'elle lui adressait naguère à son lever. Les deux frères lurent alors les papiers livrés par la reine Catherine. En y trouvant des renseignements que leurs espions, M. de Braguelonne, le lieutenant criminel du Châtelet, ignoraient, ils furent tentés de croire à la bonne foi de Catherine de Médicis. Robertet vint et reçut quelques ordres secrets relatifs à Christophe. Le jeune instrument des chefs de la Réformation fut alors emmené par quatre gardes de la compagnie écossaise qui lui firent descendre l'escalier et le livrèrent à M. de Montrésor, le prévôt de l'hôtel. Ce terrible personnage conduisit lui-même Christophe, accompagné de cinq de ses sergents, dans la prison du château, située dans les caves voûtées de la tour aujourd'hui en ruine, que le concierge du château de Blois vous montre en disant que là se trouvaient les oubliettes. Après un pareil événement, le conseil ne passa plus rien qu'un simulacre : le roi, la jeune reine, le grand maître, le cardinal de Lorraine y revinrent, emmenant Catherine vaincue, et qui n'y parla que pour approuver les mesures demandées par les Lorrains. Malgré la légère opposition du chancelier Olivier, le seul personnage qui lui entendre des paroles où poindait l'indépendance nécessaire à l'exercice de sa charge, le duc de Guise fut nommé lieutenant général du royaume. Robertet apporta les provisions avec une célérité qui prouvait un dévouement qu'on pourrait appeler de la complicité. Le roi, donnant le bras à sa mère, traversa de nouveau la ligne des gardes en annonçant à la cour qu'il allait le lendemain même au château d'Amboise. Cette résidence avait été abandonnée depuis que Charles VIII s'y était donné très-involontairement la mort en heurtant la chambranle d'une porte qu'il faisait sculpter, en croyant pouvoir entrer sans se baisser sous l'échafaudage. Catherine, pour masquer les projets des Guise, dit avoir l'intention de finir le château d'Amboise pour le compte de la couronne, en même temps qu'on achèverait son château de Chenonceaux. Mais personne ne fut la dupe de ce prétexte, et la cour s'attendit à de grands événements.

Après avoir passé deux heures environ à se reconnaître dans l'obscurité de son cachot, Christophe finit par le trouver garni d'une boiserie grossière, mais assez épaisse pour rendre ce trou carré salubre et habitable. La porte, semblable à celle d'un toit à porc, l'avait contraint à se plier en deux pour entrer. A côté de cette porte, une grosse grille en fer ouverte sur une espèce de corridor donnait un peu d'air et de lumière. Cette disposition du cachot, en tout point semblable à celle des puits de Venise, prouvait que l'architecte du château de Blois appartenait à cette école vénitienne qui, au moyen âge, donna tant de constructeurs à l'Europe. En sondant les murs au-dessus de la boiserie, Christophe remarqua que les deux murs qui le séparaient, à droite et à gauche, de deux puits semblables étaient en briques. En frappant pour reconnaître l'épaisseur, il fut assez surpris d'entendre frapper de l'autre côté. — Qui êtes-vous? lui demanda son voisin, qui lui parla par le corridor. — Je suis Christophe Lecamus, — Moi, répondit la voix, je suis le capitaine Chaudieu, frère du ministre. On m'a pris cette nuit à Beaugency; mais heureusement il n'y a rien contre moi. — Tout est découvert, dit Christophe. Ainsi vous êtes sauvé de la bagarre. — Nous avons trois mille hommes en ce moment dans les forêts du Vendômois, et tous gens assez déterminés pour enlever la reine mère et le roi pendant leur voyage. Heureusement la Renaudie a été plus fin que moi, il s'est sauvé. Vous veniez de nous quitter quand les guisards nous ont pris. — Mais je ne connais point la Renaudie. — Bah! mon frère m'a tout dit, répondit le capitaine. Sur ce mot, Christophe s'assit sur son banc et ne répondit plus rien à tout ce que put lui demander le prétendu capitaine, car il avait assez pratiqué déjà les gens de justice pour savoir combien il fallait de prudence dans les prisons. Au milieu de la nuit, il vit reluire la pâle lumière d'une lanterne dans le corridor, après avoir entendu manœuvrer les grosses serrures de la porte en fer qui fermait la cave. Le grand prévôt venait lui-même chercher Christophe. Cette sollicitude pour un homme qu'on avait laissé dans son cachot sans nourriture parut singulière à Christophe ; mais le grand déménagement de la cour avait sans doute empêché de songer à lui. L'un des sergents du prévôt lui lia les mains avec une corde, et le tint par cette corde jusqu'à ce qu'il fût arrivé dans une des salles basses du château de Louis XII, qui servait évidemment d'antichambre au logement de quelque personnage. Le sergent et le grand prévôt le firent asseoir sur un banc, où le sergent lui lia les pieds comme il lui avait lié les mains. Sur un signe de M. de Montrésor, le sergent sortit. — Ecoute-moi bien, mon ami, dit à Christophe le grand prévôt qui jouait avec le collier de l'ordre, car ce personnage était en costume à cette heure avancée de la nuit. Cette petite circonstance donna beaucoup à penser au fils du pelletier. Christophe vit bien que tout n'était pas fini. Certes, en ce moment il ne s'agissait ni de le pendre ni de le juger. — Mon ami, tu peux t'épargner de cruels tourments en me disant ici tout ce que tu sais des intelligences de M. le prince de Condé avec la reine Catherine. Non-seulement il ne te sera point fait de mal, mais encore tu entreras au service de monseigneur le lieutenant général du royaume, qui aime les gens intelligents, et sur qui ta bonne mine a produit une vive impression. La reine mère va être renvoyée à Florence, et M. de Condé sera sans doute mis en jugement. Ainsi, crois-moi, les petits doivent s'attacher aux grands qui regnent. Dis-moi le tout, tu t'en trouveras bien. — Hélas! monsieur, répondit Christophe, je n'ai rien à dire, j'ai avoué tout ce que je sais à MM. de Guise dans la chambre de la reine. Chaudieu m'a entraîné à mettre les papiers sous les yeux de la reine mère, en me faisant croire qu'il s'agissait de la paix du royaume. — Vous n'avez jamais vu le prince de Condé? — Jamais, dit Christophe.

Là-dessus M. de Montrésor laissa Christophe et alla dans une chambre voisine. Christophe ne resta pas longtemps seul. La porte par laquelle il était sorti s'ouvrit bientôt, donna passage à plusieurs hommes qui ne la fermèrent pas, et qui firent entendre dans la cour des bruits peu récréatifs. On apportant des bois et des machines évidemment destinées au supplice de l'envoyé des réformés. La curiosité de Christophe trouva bientôt matière à réflexion dans les préparatifs que les nouveaux venus firent dans la salle et sous ses yeux. Deux valets mal vêtus et grossiers obéissaient à un gros homme vigoureux et trapu qui, en arrivant, avait jeté sur Christophe le regard de l'anthropophage sur sa victime; il l'avait toisé, évalué, estimant en connaisseur les nerfs, leur force et leur résistance. Cet homme était le bourreau de Blois. En plusieurs voyages, les gens apportèrent un matelas, des maillets, des coins de bois, des planches et des objets dont l'usage ne parut ni clair ni saisir encore enfant que son cœur préparatifs concernaient, et dont le sang se glaça dans ses veines, par suite d'une appréhension terrible, mais indéterminée. Deux personnages entrèrent au moment où M. de Montrésor reparut. — Eh bien! rien n'est prêt? dit le grand prévôt que les deux nouveaux venus saluèrent avec respect. Savez-vous, ajouta-t-il en s'adressant au gros homme et à ses deux valets, que monseigneur le cardinal vous croit à la besogne? Docteur, reprit-il en s'adressant à l'un des deux nouveaux personnages, voilà votre homme. Et il désigna Christophe.

Le médecin alla droit au prisonnier, lui délia les mains, lui frappa sur la poitrine et dans le dos. La science recommençait sérieusement l'examen sournois du bourreau. Pendant ce temps, un serviteur à la livrée de la maison de Guise apporta plusieurs fauteuils, une table et tout ce qui était nécessaire pour écrire. — Commencez le procès-verbal, dit M. de Montrésor en désignant la table au second personnage vêtu de noir, qui était un greffier. Puis il revint se placer auprès de Christophe, auquel il dit fort doucement : — Mon ami, le chancelier, ayant appris que vous refusiez de répondre d'une manière satisfaisante à mes demandes, a résolu que vous seriez appliqué à la question ordinaire et extraordinaire. — Est-il en bonne santé, et peut-il la supporter? dit le greffier au médecin. — Oui, répondit le savant, qui était un des médecins de la maison de Lorraine. — Eh bien! retirez-vous dans la salle ici près, nous vous ferons appeler toutes les fois qu'il sera nécessaire de vous consulter. Le médecin sortit.

LE MARTYR CALVINISTE.

Sa première terreur passée, Christophe rappela son courage : l'heure de son martyre était venue. Il regarda dès lors avec une froide curiosité les dispositions que faisaient le bourreau et ses valets. Après avoir dressé un lit à la hâte, ces deux hommes préparèrent des machines appelées brodequins, consistant en plusieurs planches entre lesquelles on plaçait chacune des jambes du patient, qui s'y trouvait prise dans de petits matelas. Chaque jambe ainsi arrangée était rapprochée l'une de l'autre. L'appareil employé par les relieurs pour serrer leurs volumes entre deux planches qu'ils maintiennent avec des cordes peut donner une idée très-exacte de la manière dont chaque jambe du patient était disposée. Chacun imaginera dès lors l'effet que produisait un coin chassé à coups de maillet entre les deux appareils où la jambe était comprimée, et qui, serrés eux-mêmes par des câbles, ne cédaient point. On enfonçait les coins à la hauteur des genoux et aux chevilles, comme s'il s'agissait de fendre un morceau de bois. Le choix de ces deux endroits dénués de chair, et où par conséquent le coin se faisait place aux dépens des os, rendait cette question horriblement douloureuse. Dans la question ordinaire, on chassait quatre coins, deux aux chevilles et deux aux genoux; mais dans la question extraordinaire on allait jusqu'à huit, pourvu que les médecins jugeassent que la sensibilité du prévenu n'était pas épuisée. A cette époque, les brodequins s'appliquaient également aux mains; mais, pressés par le temps, le cardinal, le lieutenant général du royaume et le chancelier en dispensèrent Christophe. Le procès-verbal était ouvert, le grand prévôt en avait dicté quelques phrases en se promenant d'un air méditatif, et en faisant dire à Christophe ses noms, ses prénoms, son âge, sa profession; puis il lui demanda de quelle personne il tenait les papiers qu'il avait remis à la reine. — Du ministre Chaudieu, répondit-il. — Où vous les a-t-il remis? — Chez moi, à Paris. — Ferait-on pas remettant, il a dû vous dire si la reine mère vous accueillerait avec plaisir. — Il ne m'a rien dit de semblable, répondit Christophe. Il m'a seulement prié de les remettre à la reine Catherine en secret. — Vous avez donc vu souvent Chaudieu, pour qu'il fût instruit de votre voyage? — Le ministre n'a pas su par moi qu'en apportant les fourrures aux deux reines je venais réclamer de la part de mon père la somme que lui doit la reine mère, je n'ai pas eu le temps de lui demander par qui. — Mais les papiers qui vous ont été donnés sans être enveloppés ni cachetés contenaient un traité entre des rebelles et la reine Catherine; vous avez dû voir qu'ils vous exposaient à subir le supplice destiné aux gens qui trempent dans une rébellion. — Oui. — Les personnes qui vous ont doté à cet acte de haute trahison ont-dû vous promettre des récompenses et la protection de la reine mère. — Je l'ai fait par attachement pour Chaudieu, la seule personne que j'aie vue. — Persistez-vous donc à dire que vous n'avez pas vu le prince de Condé? — Oui. — Le prince de Condé ne vous a-t-il pas dit que la reine mère vous avait des vues contre MM. de Guise? — Je ne l'ai pas vu. — Prenez garde! Un de vos complices, la Renaudie, est arrêté. Quelque fort qu'il soit, il n'a pas résisté à la question qui vous attend, et il a fini par avouer avoir eu, de même que le prince, une entrevue avec vous. Si vous voulez éviter les tourments de la question, je vous engage à dire simplement la vérité. Peut-être obtiendrez-vous ainsi votre grâce.

Christophe répondit qu'il ne pouvait affirmer ce dont il n'avait jamais eu connaissance, ni se donner des complices quand il n'en avait point. En entendant ces paroles, le grand prévôt fit un signe au bourreau et rentra dans la salle voisine. A ce signe, le front de Christophe se rida, il fronça les sourcils par une contraction nerveuse en se préparant à souffrir. Ses poignets se fermèrent que ses ongles pénétrèrent dans sa chair sans qu'il le sentît. Les trois hommes s'emparèrent de lui, le placèrent sur le lit de camp, et l'y couchèrent en laissant pendre ses jambes. Pendant que le bourreau attachait son corps sur cette table par de grosses cordes, chacun de ses aides lui mettait une jambe dans les brodequins. Bientôt les cordes furent serrées au moyen d'une manivelle, sans que cette pression fit grand mal au réformé. Quand chaque jambe fut ainsi prise comme dans un étau, le bourreau saisit son maillet, ses coins, et regarda tour à tour le patient et le greffier. — Persistez-vous à nier? dit le greffier. — J'ai dit la vérité, répondit Christophe. — Eh bien! allez, dit le greffier en fermant les yeux.

Les cordes furent serrées avec une vigueur extrême. Ce moment était peut-être le plus douloureux de la torture : les chairs étaient alors brusquement comprimées, le sang refluait violemment vers le buste. Aussi le pauvre enfant ne put-il retenir des cris effroyables, il parut près de s'évanouir. On appela le médecin. Ce personnage tâta le pouls de Christophe et dit au bourreau d'attendre un quart d'heure avant d'enfoncer les coins, pour laisser le temps au sang de se calmer, et à la sensibilité celui de revenir entièrement. Le greffier représenta charitablement à Christophe que s'il ne supportait pas mieux le commencement des douleurs auxquelles il ne pourrait se soustraire il valait mieux révéler. mais Christophe ne répondit que par ces mots : *Le couturier du roi! le couturier du roi!* — Qu'entendez-vous par ces paroles? lui demanda le greffier. — En voyant à quel supplice je dois résister, dit lentement Christophe pour gagner du temps et se

reposer, j'appelle toute ma force et cherche à l'augmenter en songeant au martyre qu'a enduré pour la sainte cause de la Réformation le couturier du feu roi, à qui la question a été donnée en présence de madame la duchesse de Valentinois et du roi; je tâcherai d'être digne de lui!

Pendant que le médecin exhortait le malheureux à ne pas laisser recourir aux moyens extraordinaires, le cardinal et le duc, impatients de connaître le résultat de cet interrogatoire, se montrèrent, et demandèrent à Christophe de dire incontinent la vérité. Le fils du pelletier répéta les seuls aveux qu'il se permettrait de faire, et qui ne chargeaient que Chaudieu. Les deux princes firent un signe. A ce signe, le bourreau et son premier aide saisirent leurs maillets, prirent chacun un coin et l'enfoncèrent, l'un se tenant à droite, l'autre à gauche, entre les deux appareils. Le bourreau était à la hauteur des genoux, l'aide vis-à-vis des pieds, aux chevilles. Les yeux des témoins de cette scène horrible s'attachèrent à ceux de Christophe, qui, sans doute excité par la présence de ces grands personnages, leur lança des regards si animés, qu'ils prirent l'éclat d'une flamme. Aux deux autres coins, il laissa échapper un gémissement horrible. Quand il vit prendre les coins de la question extraordinaire, il se tut; mais son regard acquit une fixité si violente, et jetait aux deux seigneurs qui le contemplaient un fluide si pénétrant, que le duc et le cardinal furent obligés de baisser les yeux. La même défaite fut essuyée par Philippe le Bel quand il fit donner la question du balancier en sa présence aux templiers. Ce supplice consistait à soumettre la poitrine du patient au coup d'une des branches du balancier avec lequel on frappait la monnaie, et que l'on garnissait d'un tampon de cuir. Le duc un chevalier de qui le regard s'attacha si violemment au roi, que le roi, fasciné, ne put détacher sa vue de celle du patient. Au troisième coup de barre, le roi sortit, après avoir entendu sa citation dans l'année au tribunal de Dieu, devant lequel il comparut. Au cinquième coin, le premier de la *question extraordinaire*, Christophe dit au cardinal : — Monseigneur, abrégez mon supplice, il est inutile. Le cardinal et le duc rentrèrent dans la salle, et Christophe entendit alors ces paroles prononcées par la reine Catherine : — Allez toujours, car après tout ce n'est qu'un hérétique ! Elle jugea prudent de paraître plus sévère que les bourreaux envers son complice.

On enfonça le sixième et le septième coin sans que Christophe se plaignît : son visage brillait d'une splendeur extraordinaire, due sans doute à l'excès de force que lui prêtait le fanatisme excité. Où chercher ailleurs que dans le sentiment le point d'appui nécessaire pour résister à de pareilles souffrances? Enfin Christophe se mit à sourire au moment où le bourreau prit le huitième coin. Cette horrible torture durait depuis une heure. Le greffier alla chercher le médecin, afin de savoir si l'on pouvait enfoncer le huitième coin sans mettre la vie du patient en danger. Pendant ce temps, le duc revint voir Christophe.

— Ventre de biche! tu es un fier compagnon, lui dit-il en se penchant à son oreille. J'aime les gens courageux. Entre à mon service, tu seras heureux et riche, mes faveurs panseront les membres meurtris; je ne te proposerai pas de lâcheté, comme de rentrer dans ton parti pour nous en dire les projets; il y a toujours des traîtres, et la preuve en est dans les prisons de Blois; mais dis-moi seulement en quels termes en sont la reine mère et le prince de Condé. — Je n'en sais rien, monseigneur, cria Lecamus.

Le médecin entra, examina la victime, et dit qu'il pouvait encore supporter le huitième coin. — Enfoncez-le! dit le cardinal. Après tout, comme l'a dit la reine, ce n'est qu'un hérétique, ajouta-t-il en regardant Christophe et lui jetant un affreux sourire.

Catherine sortit à pas lents de la salle voisine, se plaça devant Christophe, et le contempla froidement. Elle fut alors l'objet de l'attention des deux frères, qui examinèrent alternativement Catherine et son complice. De cette épreuve solennelle dépendait pour cette femme ambitieuse tout son avenir : elle éprouvait une vive admiration pour le courage de Christophe, elle le regardait sévèrement; elle haïssait les Guise, elle leur souriait. — Eh bien! dit-elle, jeune homme, avouez que vous avez vu le prince de Condé, vous serez richement récompensé. — Ah! quel métier faites-vous, madame! s'écria Christophe en la plaignant. La reine tressaillit. — Il m'insulte! ne le pendrez-vous pas? dit-elle aux deux frères, qui demeurèrent pensifs. — Quelle femme! s'écria le grand maître dans l'embrasure de la croisée en consultant son frère par un regard. — Je reste en France, et je me vengerai d'eux, pensa la reine. — Allez, j'avoue ou qu'il meure! s'écria-t-elle en s'adressant à M. de Montrésor.

Le grand prévôt détourna les yeux, les bourreaux étaient occupés, Catherine put alors lancer au martyr un regard qui ne fut vu de personne et qui tomba sur Christophe comme une rosée. Les yeux de cette grande reine lui parurent humides, y roulait en effet deux larmes contenues et séchées aussitôt. Le coin fut enfoncé, l'une des planches entre lesquelles on le chassait éclata. Christophe laissa partir de sa poitrine un cri horrible, après lequel il se tut et montra un visage extatique : il croyait mourir. — Qu'il meure! s'écria le cardinal en répétant le dernier mot de la reine avec une sorte d'ironie, non, non! Ne rompons point ce fil, dit-il au grand prévôt. Le duc et le cardinal se consultèrent alors à voix basse. — Qu'en fera-t-on? demanda le bourreau. — Envoyez-le dans les prisons d'Orléans, dit le duc, et surtout, reprit-il en s'adressant à M. de Montrésor, ne le pendez point sans mon ordre.

La délicatesse excessive à laquelle était arrivée la sensibilité des organes intérieurs, montée par la résistance qui nécessitait l'emploi de toutes les forces humaines, existait au même degré dans tous les sens de Christophe. Lui seul entendit les paroles suivantes, que le duc de Guise dit à l'oreille du cardinal : — Je ne renonce point à savoir la vérité par ce petit bonhomme.

Quand les deux princes eurent quitté la salle, les bourreaux débarrassèrent les jambes de leur patient sans aucune précaution.

— A-t-on jamais vu criminel de cette force? dit le bourreau à ses aides. Le drôle a supporté le huitième coin, il devait mourir, je perds la valeur de son corps... — Déliez-moi sans me faire souffrir, mes amis, — Je vous estime et je vous le recommandé. — Je vais à Amboise avec mes aides, dit brutalement le bourreau, soignez-vous même. D'ailleurs, voilà le geôlier.

Le bourreau partit en laissant Christophe entre les mains du doucereux médecin, qui, aidé par le futur gardien de Christophe, le porta sur un lit. Ils apportèrent du bouillon, le lui firent prendre, s'assit à côté de lui, lui tâta le pouls et lui donna des consolations. — Vous n'en mourrez pas, lui dit-il. Vous devez éprouver une douceur intérieure, en sachant que vous avez fait votre devoir. La reine m'a chargé de veiller sur vous, ajouta-t-il à voix basse. — La reine est bien bonne, dit Christophe, en qui les souffrances extrêmes avaient aussi développé une admirable lucidité d'esprit et qui, après avoir supporté de si grandes souffrances, ne voulut pas compromettre les résultats de son dévouement. Mais elle aurait bien pu m'épargner de si grandes douleurs en ne me livrant pas à mes persécuteurs, et leur disant elle-même des secrets que j'ignore.

En entendant cette réponse, le médecin prit son bonnet, son manteau, et laissa là Christophe, en jugeant qu'il ne pourrait rien obtenir d'un homme de cette trempe. Le geôlier de Blois fit emporter le pauvre enfant par quatre hommes sur une civière, et l'emmena dans la prison de la ville, où Christophe s'endormit de ce profond sommeil qui, dit-on, saisit presque toutes les mères après les horribles douleurs de l'accouchement.

En transportant la cour au château d'Amboise, les princes lorrains n'espéraient pas y voir le chef du parti de la Réformation, le prince de Condé, qu'ils y avaient fait mander par le roi, pour lui tendre un piège. Comme vassal de la couronne et comme prince du sang, Condé devait obéir aux mandements du roi. Ne pas venir à Amboise constituait un crime de félonie, mais, en y venant, il se mettait à la disposition de la couronne. Or, en ce moment, la couronne, le conseil, la cour, tous les pouvoirs étaient remis entre les mains du duc de Guise et du cardinal de Lorraine. Le prince de Condé montra, dans cette conjoncture si délicate, l'esprit de décision et la ruse qui firent de lui la digne interprète de Jeanne d'Albret, le valeureux général des réformés. Il voyagea sur les derrières des conjurés à Vendôme, afin de les appuyer en cas de succès. Quand cette première prise d'armes fut terminée par la courte échauffourée où périt la fleur de la noblesse égarée par Calvin, le prince arriva, suivi de cinquante gentilshommes, au château d'Amboise, le lendemain même de cette affaire, que la fine politique des Lorrains appela le tumulte d'Amboise. En apprenant l'arrivée du prince, les Lorrains envoyèrent au-devant de lui le maréchal de Saint-André suivi de cent hommes d'ordonnance. Quand le Béarnais en refusa l'entrée aux gentilshommes du prince.

— Vous devez y entrer seul, monseigneur, dirent au prince le chancelier Olivier, le cardinal de Tournou et Birague, qui se trouvèrent en dehors de la herse. — Et pourquoi? — Vous êtes soupçonné de félonie, lui répliqua le chancelier.

Le prince, qui vit en ce moment sa suite cernée par le duc de Nemours, répondit tranquillement : — S'il en est ainsi, j'entrerai seul chez mon cousin, je le trouverai moi-même innocent. Il mit pied à terre, causa dans une parfaite liberté d'esprit avec Birague, le cardinal de Tournon, le chancelier Olivier et le duc de Nemours, auxquels il demanda les détails du tumulte. — Monseigneur, dit le duc de Nemours, les rebelles avaient des intelligences dans Amboise, un capitaine Lanoue y avait introduit des hommes d'armes qui leur ont ouvert cette porte, par où ils sont entrés dans la ville, et de laquelle ils ont été les maîtres. — C'est-à-dire que vous leur avez ouvert un sac, répondit le prince en regardant Birague. — S'ils eussent été secondés par l'attaque que le capitaine Chaudieu, le frère du prédicant de Paris, devait faire sur la porte des Bons-Hommes, ils eussent réussi, répondit le duc de Nemours, mais, d'après la réponse du duc de Guise m'avait fait prendre, le capitaine Chaudieu a dû me tourner pour éviter un combat. Au lieu d'arriver la nuit, comme les autres, le rebelle n'est venu que du jour, au moment où les troupes du roi écrasaient les rebelles entre sa ville. — Et vous avez un corps de réserve pour garder la porte qui leur avait été livrée? — M. le maré-

chal de Saint-André s'y trouvait avec cinq cents hommes d'armes. — Le prince donna les plus grands éloges sur ces dispositions militaires. — Pour s'être conduit ainsi, fit-il en terminant, le lieutenant général devait avoir tous les secrets des réformés. Ces gens ont sans doute été trahis.

Le prince fut conduit de rigueur en rigueur; car, après l'avoir séparé des siens quand il voulut entrer au château, le cardinal et le chancelier lui barrèrent le passage quand il se dirigea vers l'escalier qui menait aux appartements du roi. — Nous sommes chargés par le roi, monseigneur, de vous conduire à votre appartement. — Suis-je donc prisonnier? — Si telle était l'intention du roi, vous ne seriez pas accompagné par un prince de l'Église et par moi, dit le chancelier.

Ces deux personnages conduisirent le prince à un appartement où des gardes lui furent donnés, soi-disant par honneur, et il resta sans voir personne pendant quelques heures. De sa fenêtre, il regarda la Loire et les campagnes qui, d'Amboise à Tours, forment un si beau bassin; et il réfléchissait à sa situation, en se demandant ce que les Lorrains oseraient entreprendre sur sa personne, quand il entendit la porte de sa chambre s'ouvrir, et vit entrer Chicot, le fou du roi, qui lui avait appartenu. — On le disait en disgrâce, lui dit le prince. — Vous ne sauriez croire combien, depuis la mort du roi Henri II, la cour est devenu sage. — Le roi, cependant, doit aimer à rire. — Lequel? François II ou François de Lorraine? — Tu ne crains donc pas le duc, pour parler ainsi? — Il ne me châtiera point pour cela, monseigneur, répondit Chicot en souriant. — Et à quoi dois-je l'honneur de ta visite? — Eh! ne vous revenant-elle pas de droit après votre arrivée? Je vous apporte ma marotte et mon bonnet. — Je ne puis donc pas sortir? — Essayez! — Et si je sors? — Je dirai que vous avez gagné au jeu en jouant contre les règles. — Tu me fais peur... Es-tu donc envoyé par quelqu'un qui s'intéresse à moi? — Oui! dit Chicot par un signe de tête. Il s'approcha du prince et lui fit comprendre qu'ils étaient observés et écoutés. — Qu'as-tu donc à me dire? demanda le prince de Condé. — Que l'audace seule peut vous tirer d'affaire, et ceci vient de la reine mère, fit le fou, qui glissa ses paroles dans l'oreille du prince. — Dis à ceux qui t'envoient, répondit le prince, que je ne serais pas venu dans ce château, si j'avais quelque chose à me reprocher ou à craindre. — Je cours répéter cette brave réponse! s'écria le fou.

Deux heures après, à une heure après-midi, avant le dîner du roi, le chancelier et le cardinal de Tournon vinrent chercher le prince pour le présenter à François II, dans la grande galerie où l'on avait tenu conseil. Là, devant toute la cour, le prince de Condé fut surpris de la froideur que lui marqua le petit roi dans son accueil, et il en demanda la cause. — On vous accuse, mon cousin, dit sévèrement la reine mère, d'avoir trempé dans le complot des réformés, et vous devez vous montrer sujet fidèle et bon catholique, si vous ne voulez attirer la colère du roi sur votre maison. En entendant ces paroles, dites au milieu d'un profond silence par Catherine, qui donnait le bras au roi son fils, et qui avait à sa gauche le duc d'Orléans, le prince se recula de trois pas, par un mouvement plein de fierté mit la main sur son épée, et regarda tous les personnages de l'environnement. — Ceux qui ont dit cela, madame, comme ceux qui vous l'ont répété, en ont menti par leur gorge. Il jeta son gant aux pieds du roi, en disant : — Que celui qui veut soutenir cette calomnie s'avance. La cour entière frissonna, quand on vit le duc de Guise quitter sa place et, au lieu de ramasser le gant comme on le croyait, il alla vers l'intrépide bossu. — S'il vous faut un second, mon prince, faites-moi l'honneur de m'accepter, dit-il. Je réponds de vous, et vous montrerez vos réformés combien ils s'abusent s'ils veulent vous prendre pour chef. Le prince fut forcé de tendre la main au lieutenant général du royaume. Chicot ramassa le gant et le remit à M. de Condé. — Mon cousin, lui dit le petit roi, vous ne devez tirer l'épée que pour la défense de la couronne, venez dîner.

Le cardinal de Lorraine, surpris du mouvement de son frère, l'emmena dans ses appartements. Le prince de Condé, sorti du plus grave de ses dangers, comme il l'avait dit à la reine Marie Stuart pour se rendre dans la salle à manger, mais, tout en disant des flatteries à la jeune reine, il cherchait quel piège lui tendait en ce moment la politique du Balafré. Le prince eut beau se creuser la tête, il ne devina le projet du Lorrain que quand la reine Marie le lui découvrit. — C'est été dommage, lui dit-elle en riant, de voir tomber une tête si spirituelle, et avouez que mon oncle est généreux. — Oui, madame, car ma tête ne va bien que sur mes épaules encore que l'une soit sensiblement plus grosse que l'autre. Mais est-ce possible que votre oncle? Ne s'est-il pas fait un mérite à bon marché? Croyez-vous qu'il soit si facile de procéder contre un prince du sang? — Tout n'est pas fini, reprit-elle. Nous verrons quelle sera votre conduite à l'exécution des gentilshommes de vos amis, pour laquelle le conseil a résolu de déployer le plus grand appareil. — Je ferai, dit le prince, ce que fera le roi. — Le roi, la reine mère et moi-même, nous y assisterons avec toute la cour et les ambassadeurs. — Une fête?... dit ironiquement le prince. — Mieux que cela, dit la jeune reine, un *acte de foi*, un acte de haute politique. Il s'agit de soumettre les gentilshommes de France à la couronne, de leur faire passer leur goût pour les factions et pour les brigues... — Vous ne leur ôterez point leur humeur belliqueuse en leur montrant de tels périls, madame, et vous risquez à ce jeu la couronne elle-même, répondit le prince.

À la fin de ce dîner, qui fut assez solennel, la reine Marie eut alors la triste hardiesse de mettre publiquement la conversation sur le procès qui se faisait en ce moment aux seigneurs pris les armes à la main, et de parler de la nécessité de donner le plus grand appareil à leur exécution. — Madame, dit François II, n'est-ce pas assez pour le roi de France de savoir que le sang de tant de braves gentilshommes coulera? faut-il en faire un triomphe? — Non, sire, mais un exemple, répondit Catherine. Votre grand-père et votre père avaient coutume d'assister au brûlement des hérétiques, dit Marie Stuart. — Les rois qui ont régné avant moi faisaient à leur guise, et je veux faire à la mienne, répondit le roi. — Philippe II reprit Catherine, qui certainement est un grand monarque, a fait dernièrement, étant dans les Pays-Bas, reculer un acte de foi jusqu'à ce qu'il fût de retour à Valladolid. — Qu'en pensez-vous, mon cousin? dit le roi au prince de Condé. — Sire, vous ne pouvez vous en dispenser, il y faut la noblesse et les ambassadeurs. J'irai volontiers, moi, du moment où les dames sont de la fête. Le prince de Condé sur un regard de Catherine de Médicis, avait pris bravement son parti.

Pendant que le prince de Condé entrait au château d'Amboise, le pelletier des deux reines y arrivait aussi de Paris, amené par l'inquiétude dans laquelle les événements du tumulte avaient plongé sa famille et celle de Lallier. À la porte du château, quand le vieillard se présenta, le capitaine, au mot de pelletier de la reine, lui répondit : — Brave homme, si tu veux être pendu, tu n'as qu'à mettre le pied à la cour. Lui entendit ces paroles, le père au désespoir s'assit sur une barrière à quelques pas et attendit qu'un serviteur d'une des deux reines ou quelque femme vînt à passer, afin d'avoir des nouvelles de son fils, mais il resta pendant toute la journée sans voir personne de connaissance, et fut forcé de descendre en ville, où il se logea, non sans peine, dans une hôtellerie sur la place où se faisaient les exécutions. Il fut obligé de payer une livre par jour pour avoir une chambre dont la fenêtre donnait sur la place. Le lendemain, il eut le courage d'assister, de sa fenêtre à l'exécution des auteurs de la rébellion, qu'on avait condamnés à être roués ou pendus, gens de peu d'importance. Le syndic de la confrérie des pelletiers fut bien heureux de ne pas apercevoir son fils parmi les patients. Quand l'exécution fut terminée, il alla se mettre sur le passage du greffier. Après s'être nommé, et lui avoir mis une bourse pleine d'écus dans la main, il le pria de rechercher si, dans les trois exécutions précédentes il avait eu le nommé Christophe Lecamus. Le greffier, touché par les manières et par l'accent de ce père au désespoir, l'emmena jusque chez lui. Après une soigneuse vérification, il donna au vieillard l'assurance que ledit Christophe ne se trouvait ni parmi les gens exécutés jusqu'alors ni parmi ceux qui devaient être mis à mort les jours suivants. — Mon cher maître, dit le greffier au syndic, le Parlement s'est chargé du procès des seigneurs impliqués dans l'affaire et des principaux chefs. Ainsi, peut-être votre fils est-il détenu dans les prisons du château et fera-t-il partie de la magnifique exécution que préparent nosseigneurs le duc de Guise et le cardinal de Lorraine. On doit trancher la tête à vingt-sept barons, onze comtes et sept marquis, en tout cinquante gentilshommes ou chefs de réformés. Comme la justice du comté de Touraine n'a rien de commun avec le Parlement de Paris, si vous voulez absolument avoir des nouvelles de votre fils, allez voir monseigneur le chancelier Olivier, qui, par l'ordre du lieutenant général du royaume, a la grande main sur le procès.

Le pauvre vieillard alla trois fois chez le chancelier, et y fit queue dans la cour en compagnie d'un grand nombre de personnes qui sollicitaient pour leurs parents; mais, comme les gens titrés passaient avant les bourgeois, il fut obligé de renoncer à vouloir parler au chancelier, qu'il vit plusieurs fois, sortant de sa maison pour se rendre soit au château, soit à la commission nommée par le Parlement, au milieu d'une haie de solliciteurs, que des gardes faisaient ranger pour lui laisser le passage libre. C'était une horrible scène de désolation car il se trouvait parmi les solliciteurs des femmes, des filles ou des mères, des familles entières éplorées. Le vieux Lecamus donna beaucoup d'or à des valets du château en leur priant de remettre des lettres qu'il écrivit soit à Dayelle, la femme de chambre de la reine Marie, soit à celle de la reine mère, mais les valets prenaient les écus du bonhomme et remettaient, selon l'ordre du cardinal, les lettres au grand prévôt de la cour. En déployant une cruauté inouïe, les princes lorrains pouvaient craindre les vengeances, et jamais ils ne prirent plus de précautions que pendant le séjour de la cour à Amboise, en sorte que ni la corruption la plus puissante, celle de l'or, ni les démarches les plus actives ne donnèrent au syndic des pelletiers des lumières sur le sort de son fils. Il allait par cette petite ville d'un air morne, examinant les immenses préparatifs que faisait faire le cardinal pour le terrible spectacle auquel devait assister le prince de Condé. On stimulait alors la curiosité publique, de Paris à Nantes,

par les moyens en usage à cette époque. L'exécution avait été annoncée en chaire par tous les prédicateurs et par les curés, en même temps que la victoire du roi sur les hérétiques. Trois tribunes élégantes, parmi lesquelles celle du milieu paraissait devoir être plus somptueuse que les autres, furent adossées à la plate-forme du château d'Amboise, au pied de laquelle devait avoir lieu l'exécution. Autour de cette place, où bâtissait des gradins en planches qui furent garnis d'une foule immense attirée par la célèbre donnée à cet acte de foi. Dix mille personnes environ campèrent dans les champs, la veille du jour où cet horrible spectacle devait avoir lieu. Les toits furent chargés de monde, et les croisées se louèrent jusqu'à dix livres, somme énorme pour le temps. Le pauvre père avait, comme bien on pense, une des meilleures places pour embrasser le théâtre où devaient périr tant de gentilshommes, et au milieu duquel il vit dresser un vaste échafaud couvert en drap noir. On y apporta, le matin du jour fatal, le chouquet, nom du billot où le condamné devait poser sa tête en se mettant à genoux, puis un fauteuil drapé de noir pour le greffier du parlement chargé d'appeler les gentilshommes en énonçant leur sentence. L'enceinte fut gardée dès le matin par la compagnie écossaise et par les gendarmes de la maison du roi, pour empêcher que la foule ne l'envahît avant l'exécution.

Après une messe solennelle dite au château et dans les églises de la ville, on amena les seigneurs, les derniers devant embrasser de tous les conjurés. Ces gentilshommes, dont quelques-uns avaient subi la torture, furent réunis au pied de l'échafaud et assistés par des moines, qui essayèrent de leur faire renoncer aux doctrines de Calvin, mais aucun d'eux n'écouta la voix de ces gens que leur avait détachés le cardinal de Lorraine, et parmi lesquels ces gentilshommes craignirent sans doute de trouver des espions du Lorrain. Afin de se délivrer des persécutions de leurs antagonistes, ils entonnèrent un psaume mis en vers français par Clément Marot. Calvin, comme on sait, avait décrété de prier Dieu dans la langue de chaque pays, autant par raison que pour attaquer le culte romain. Ce fut une coïncidence touchante pour ceux qui, dans la foule, plaignaient ces gentilshommes, que de leur entendre dire et verser, au moment où la cour arriva :

Dieu nous soit doux et favorable,
Nous bénissant par sa bonté,
Et de son visage adorable
Nous lasse luire la clarté.

Tous les regards des réformés se portèrent sur leur chef, le prince de Condé, qui fut, à dessein, placé entre la reine Marie et le duc d'Orléans. La reine Catherine de Médicis se trouvait après son fils, et avait le cardinal à sa gauche. Le nonce du pape était debout derrière les reines. Le lieutenant général du royaume était à cheval au bas de l'estrade avec deux maréchaux de France et ses capitaines. Quand le prince de Condé parut, tous les gentilshommes qui devaient être décapités, et qui le connaissaient, le saluèrent, et l'intrépide bossu leur rendit ce salut. — Il est difficile, dit-il au duc d'Orléans, de ne pas être poli avec des gens qui vont mourir.

Les deux autres tribunes furent remplies par les invités, par les courtisans et par les personnes de service à la cour Ce fut enfin le monde du château de Blois, qui passait ainsi d'une fête aux supplices, comme plus tard il passa des plaisirs de la cour aux périls de la guerre avec une facilité qui sera toujours pour les étrangers, un des ressorts de leur politique en France. Le pauvre syndic des pelletiers de Paris éprouva la joie la plus vive en ne voyant pas son fils parmi les cinquante-sept gentilshommes qui devaient mourir. A un signe du duc de Guise, le greffier, placé sur l'échafaud, cria sur-le-champ à haute voix : — « Jean-Louis-Albéric, baron de Raunay, coupable d'hérésie, de crime de lèze-majesté et d'attaque à main armée contre la personne du roi. »

Un grand bel homme monta d'un pied sûr à l'échafaud, salua le peuple et la cour, et dit : — L'arrêt en a menti, je me suis armé pour délivrer le roi de ses ennemis, les Lorrains! Il plaça sa tête sur le billot, et elle tomba. Les réformés chantèrent :

Dieu tu nous a mis à l'épreuve
Et tu nous as examinés,
Comme l'argent que l'on éprouve,
Par feu tu nous as affinés.

— « Robert-Jean-René Briquemaut, comte de Villemongis, coupable du crime de lèze-majesté et d'attentat contre la personne du roi, » cria le greffier. Le comte trempa ses mains dans le sang du baron de Raunay, et dit : — Que ce sang retombe sur les vrais coupables. Les réformés chantèrent :

Tu nous as fait entrer et joindre
Aux pièges de nos ennemis,
Tu nous as fait les reins astreindre
Des filets où tu nous as mis.

— Avouez, monsieur le nonce, dit le prince de Condé, que si les gentilshommes français pouvaient conspirer, ils savaient mourir. — Quelles haines, mon frère, dit la duchesse de Guise au cardinal de Lorraine, vous attirez sur la tête de nos enfants! — Ce spectacle me fait mal, dit le jeune roi, qui pâlissait à la vue du sang répandu. — Bah! des rebelles!... dit Catherine de Médicis.

On entendait toujours les chants, et la hache allait toujours. Enfin, ce spectacle sublime de gens qui mouraient en chantant, et surtout l'impression que produisit sur la foule la diminution progressive des chants, fit passer par-dessus la crainte que les Lorrains inspiraient.

— Grâce! cria le peuple tout d'une voix quand il n'entendit plus que les faibles accents d'un seigneur, le plus considérable de tous, réservé pour le dernier coup. Il était seul au pied de l'escabelle par laquelle on montait à l'échafaud, et chantait :

Dieu nous soit doux et favorable
Nous bénissant par sa bonté,
Et de son visage adorable
Nous fasse luire la clarté.

— Allons, duc de Nemours, dit le prince de Condé, qui se fatigua de son rôle, vous à qui l'on doit le gain de l'échauffourée et qui avez aidé à prendre ces gens-là, ne vous croyez-vous pas obligé de demander grâce pour celui-ci ? C'est Castelnau, qui, m'a-t-on dit, a reçu votre parole d'être traité courtoisement en se rendant... — Ai-je donc attendu qu'il fût là pour le sauver? dit le duc de Nemours atteint par ce dur reproche.

Le greffier appela lentement, et à dessein sans doute : — « Michel-Jean-Louis, baron de Castelnau-Chalosse, atteint et convaincu du crime de lèze-majesté et d'attentat à la personne du roi. » — Non, dit fièrement Castelnau, ce ne saurait être un crime que de s'être opposé à la tyrannie et à l'usurpation projetée des Guise!

L'exécuteur lassé, qui vit du mouvement dans la tribune, arrangea sa hache. — Monsieur le baron, dit-il, je ne voudrais pas vous faire souffrir, et un moment de plus peut vous sauver.

Tout le peuple cria de nouveau : — Grâce!
— Allons, dit le roi, grâce à ce pauvre Castelnau, qui a sauvé le duc d'Orléans.

Le cardinal se méprit avec intention sur le mot : allons, il fit un signe à l'exécuteur, en sorte que la tête de Castelnau tomba quand le roi lui faisait grâce. — Celui-là, cardinal, est sur votre compte, dit Catherine. Le lendemain de cette affreuse exécution, le prince de Condé partit pour la Navarre.

Cette affaire produisit une grande sensation en France et dans toutes les cours étrangères ; mais les torrents de sang noble qui furent alors versés causèrent une si grande douleur au chancelier Olivier, qui ce digne magistrat, en aperçevait enfin le but où tendaient les Guise, sous prétexte de défendre le trône et la religion, ne se sentit pas assez fort pour leur tenir tête. Quoiqu'il fût leur créature, il ne voulut pas leur sacrifier et son devoir et la monarchie, il se retira des affaires publiques, en leur désignant l'Hospital pour son successeur. Catherine, en apprenant le choix d'Olivier, proposa Birague pour chancelier, et mit une excessive ardeur à sa sollicitation. Le cardinal, à qui la circonstance du billet écrit par l'Hospital à Catherine était inconnue, et qui le croyait toujours fidèle à la maison de Lorraine, en fit le concurrent de Birague, et la reine mère eut l'air

de se laisser imposer. Dès son entrée en charge, l'Hospital prit des mesures contre l'inquisition, que le cardinal de Lorraine voulait importer en France, et contrecarra si bien toutes les mesures antigallicanes et politiques des Guise, il se montra si bon Français, que, pour le réduire, il fut, trois mois après sa nomination, exilé à sa terre du Viguay, près d'Étampes.

Le bonhomme Lecamus attendait avec impatience que la cour quittât Amboise, car il n'avait pu trouver l'occasion de parler ni à la reine Marie ni à la reine Catherine, et il espérait se placer sur le passage de la cour au moment où elle voyagerait le long de la levée pour retourner à Blois. Le syndic se déguisa en pauvre, au risque de se faire prendre pour un espion, et à la faveur de ce déguisement il put se mêler aux malheureux qui bordaient la route. Après le départ du prince de Condé, le duc et le cardinal crurent avoir imposé silence aux réformés, et laissèrent la reine mère un peu plus libre. Le-

Le père au désespoir s'assit sur une barrière... et attendit... — PAGE 51.

camus savait qu'au lieu d'aller en litière, Catherine aimait à monter à cheval à la planchette, tel était le nom que l'on donnait alors à l'étrier inventé pour Catherine ou par Catherine, qui s'était blessée à la jambe, et qui appuyait ses deux pieds sur une espèce de bat de velours, en s'asseyant de côté sur le dos du cheval et passant une jambe dans une échancrure de la selle. Comme la reine avait de très-belles jambes, elle fut accusée d'avoir trouvé cette mode pour les montrer. Le vieillard put ainsi se présenter aux yeux de Catherine de Médicis ; mais dès qu'elle le reconnut elle eut l'air de se courroucer.

— Éloignez-vous d'ici, bonhomme, et qu'on ne vous voie point me parler, lui dit-elle avec une sorte d'anxiété. Faites-vous nommer député par le corps des métiers de Paris aux états généraux, et soyez pour moi dans l'assemblée à Orléans, vous saurez à quoi vous en tenir sur votre fils... — Existe-t-il? demanda le vieillard.
— Hélas! fit la reine, je l'espère.

Lecamus fut obligé de retourner à Paris avec cette triste parole et le secret de la convocation des états généraux, que la reine venait de lui confier.

Depuis quelques jours le cardinal de Lorraine avait obtenu des révélations sur la culpabilité de la cour de Navarre. A Lyon, à Mouvans en Dauphiné, à Bordes, commandés par le prince le plus entreprenant de la maison de Bourbon, avaient essayé de soulever les populations. Cette audace, après les sanglantes exécutions d'Amboise, étonna le cardinal de Lorraine qui, pour en finir sans doute avec l'hérésie par des moyens dont le secret fut gardé par eux, proposèrent de convoquer les états généraux à Orléans. Catherine de Médicis, qui avait aperçu un point d'appui pour sa politique dans la représentation nationale, avait consenti avec joie. Le cardinal, qui voulait ressaisir sa proie et abattre la maison de Bourbon, ne convoquait les états que pour y faire venir le prince de Condé et le roi de Navarre, Antoine de Bourbon, père de Henri IV, et il voulut alors se servir de Christophe pour convaincre le prince de haute trahison, s'il réussissait encore à le faire monter au pouvoir du roi. Après deux mois passés dans la prison de Blois, un matin Christophe fut apporté sur une civière, couché sur un lit, dans une toue, et remonta vers Orléans, où le poussait un vent d'ouest. Il y arriva le soir, et fut conduit dans la célèbre tour Saint-Aignan. Christophe, qui ne savait que penser de sa translation, eut tout le temps de réfléchir à sa conduite et à son avenir. Il resta là deux mois sur son grabat sans pouvoir remuer les jambes. Ses os étaient brisés. Quand il réclama l'assistance d'un chirurgien de la ville, le geôlier lui répondit que sa consigne était si rigoureuse envers lui, qu'il ne devait s'en remettre à personne du soin de lui apporter des aliments. Cette sévérité, dont l'effet était de le tenir au secret, étonna Christophe : dans ses idées, il devait être ou pendu ou relâché; il ignorait entièrement les événements d'Amboise.

Malgré les avis secrets de rester chez eux, que leur fit donner Catherine de Médicis, les deux chefs de la maison de Bourbon s'étaient déterminés à se rendre aux états, tant les lettres autographes du roi les avaient rassurés; et quand la cour s'établissait à Orléans, on apprit, non sans étonnement, par Groslot, chancelier de Navarre, l'arrivée des princes. François II s'établit dans l'hôtel du chancelier de Navarre, qui était aussi bailli d'Orléans. Ce Groslot, dont la double position est une des bizarreries de ce temps où les réformés possédèrent des abbayes, Groslot, le Jacques Cœur orléanais, l'un des plus riches bourgeois de cette époque, ne laissa pas son nom à sa maison; elle fut plus tard appelée le Bailliage, car elle fut sans doute acquise des héritiers par la couronne ou par la province pour y placer ce tribunal. Cette charmante construction, due à la bourgeoisie du seizième siècle, et qui complète si bien l'histoire de ce temps où le roi, la noblesse et la bourgeoisie luttaient de grâce, d'élégance et de richesse dans la construction de leurs demeures, témoin Varangeville, le splendide manoir d'Ango, et l'hôtel, dit d'Hercules, à Paris, existe encore de nos jours, mais dans un état qui doit faire le désespoir des archéologues et des amis du moyen âge. Il est difficile d'être allé à Orléans sans y avoir remarqué, sur la place de l'Estape, l'hôtel de ville. Cet hôtel de ville est l'ancien bailliage, l'hôtel de Groslot, l'illustre maison d'Orléans et la plus négligée. Les restes de cet hôtel annoncent, aux yeux de l'archéologue, combien il fut magnifique, à une époque où les maisons bourgeoises se bâtissaient beaucoup plus en bois qu'en pierre, et où les seigneurs seuls avaient le droit de se faire des *manoirs*, mot significatif. Pour avoir servi de demeure au roi à une époque où la cour déployait tant de luxe et de pompe, l'hôtel Groslot devait être alors la plus grande et la plus splendide maison d'Orléans. Ce fut sur cette place de l'Estape que le Guise et le roi passèrent en revue la garde bourgeoise, à laquelle on donna pour chef, durant le séjour du roi, M. de Cypierre. A cette époque, la cathédrale de Sainte-Croix, plus tard achevée par Henri IV, qui voulut donner ce gage de la sincérité de sa conversion, était en construction, et ses alentours, jonchés de pierres, embarrassés de chantiers, furent occupés par les Guise, qui se logèrent dans l'hôtel de l'évêque, aujourd'hui détruit.

La ville fut occupée militairement, et les mesures que prirent les Lorrains indiquèrent combien ils voulaient laisser peu de liberté aux états généraux, dont les membres affluaient dans la ville et faisaient surenchérir les loyers des plus petits bouges. Aussi, la cour, la milice bourgeoise, la noblesse et la bourgeoisie, s'attendaient-elles à quelque coup d'État, et leur attente ne fut pas trompée à l'arrivée des princes du sang. Quand les deux princes entrèrent dans la chambre du roi, la cour vit avec effroi l'insolence du cardinal de Lorraine, qui, pour afficher hautement ses prétentions, resta couvert, tandis que le roi de Navarre était devant lui, tête nue. En ce moment, Catherine de Médicis baissa les yeux pour ne pas laisser voir son indignation. Il y eut alors une explication solennelle entre le jeune roi et les deux chefs de la branche cadette, elle fut courte, car, aux premiers mots que dit le prince de Condé, François II la termina par ces terribles paroles : — Messieurs mes cousins, j'avais cru l'affaire d'Amboise terminée, il n'en est rien, et l'on veut nous faire regretter l'indulgence dont nous avons usé ! — Ce n'est pas tant le roi que messieurs de Guise qui nous parlent, répliqua le prince de Condé. — Adieu, monsieur, fit le petit roi, que la colère rendait pourpre.

Dans la grande salle, le prince eut le passage barré par les deux capitaines des gardes.

Quand celui de la compagnie française s'avança, le prince tira une lettre de son pourpoint, et dit en face de toute la cour : — Pouvez-vous me lire ceci, monsieur de Maillé-Brézé ? — Volontiers, dit le capitaine de la compagnie française.

« Mon cousin, venez
« en toute sûreté, je
« je vous donne ma pa
« role royale que vous
« le pouvez. Si vous
« avez besoin d'un sauf-
« conduit, ces présentes
« vous en serviront. »

— Signé ?..... fit le malicieux et courageux bossu. — Signé François, dit Maillé. — Non, non, reprit le prince, il y a : « Votre bon cousin et ami, François ! »
— Messieurs ! cria-t-il aux Écossais, je vous suis dans la prison où vous avez charge de me conduire de la part du roi. Il y a assez de noblesse en cette salle pour comprendre ceci !

Le profond silence qui régna dans la salle aurait dû éclairer les Guise; mais le silence est ce que les princes écoutent le moins. — Monseigneur, dit le cardinal

Guise envoya l'un des arquebusiers dire de laisser entrer le survenant. — PAGE 56

de Tournon, qui suivit le prince, depuis l'affaire d'Amboise, vous avez entrepris sur Lyon et à Mouvans en Dauphiné des choses contre l'autorité royale, desquelles le roi n'avait pas connaissance quand il vous octroyait ainsi. — Fouhe ! s'écria le prince en riant. — Vous avez fait une déclaration publique contre la messe et pour l'hérésie.
— Nous sommes maîtres en Navarre, dit le prince. — Vous voulez dire le Béarn ? Mais vous devez hommage à la couronne, répondit le président de Thou. — Ah ! vous êtes ici, président ? s'écria le prince avec ironie. Y êtes-vous avec tout le Parlement ?

Sur ce mot, le prince jeta sur le cardinal un regard de mépris, et quitta la salle : il comprit qu'on en voulait à sa tête. Lorsque le lendemain, MM. de Thou, de Viole, d'Espesse, le procureur général Bourdin et le greffier du Tillet entrèrent dans la prison, il les tint debout et leur exprima ses regrets de les voir chargés d'une affaire qui ne les regardait pas; puis il dit au greffier :

— Écrivez! et il dicta ceci :

« Moi, Louis de Bourbon, prince de Condé, pair du royaume, marquis de Conti, comte de Soissons, prince du sang de France, déclare refuser formellement de reconnaître aucune commission nommée pour me juger, attendu qu'en ma qualité et en vertu du privilège attaché à tout membre de la maison royale, je ne puis être accusé, entendu, jugé, que par le Parlement garni de tous les pairs, toutes les chambres assemblées, et le roi séant en son lit de justice. »

— Vous deviez savoir cela mieux que d'autres, messieurs, c'est tout ce que vous aurez de moi. Pour le surplus, je me confie à mon droit et à Dieu !

Les magistrats procédèrent nonobstant le silence obstiné du prince. Le roi de Navarre était en liberté, mais observé, sa prison était plus grande que celle du prince, mais ce fut toute la différence de sa position et de celle de son frère ; car la tête du prince de Condé et la sienne devaient tomber du même coup. Christophe ne fut donc gardé si sévèrement au secret que par les ordres du cardinal et du lieutenant général du royaume, que pour donner aux magistrats une preuve de la culpabilité du prince. Les lettres saisies sur Lasagne, le secrétaire du prince, intelligibles pour des hommes d'État, n'étaient pas assez claires pour des juges. Le cardinal avait médité de confronter par hasard le prince et Christophe, qui n'avait pas été placé sans intention dans une salle basse de la tour de Saint-Agnan, dont la fenêtre donnait sur le préau. À chaque interrogatoire que les magistrats lui firent subir, Christophe se renferma dans un système de dénégation absolue, qui prolongea naturellement le procès jusqu'à l'ouverture des états. Lecamus, qui n'avait pas manqué de se faire nommer député du tiers état par la bourgeoisie de Paris, arriva quelques jours après l'arrestation du prince à Orléans. Cette nouvelle, qui lui fut apprise à Étampes, redoubla ses inquiétudes, car il comprit, lui qui savait seul l'entrevue du prince et de son fils sous le pont au Change, que le sort de Christophe était lié à celui de l'audacieux chef du parti de la Réformation. Aussi résolut-il d'étudier les ténébreux intérêts qui se croisaient à la cour depuis l'ouverture des états, afin de trouver un moyen de sauver son fils. Il ne devait pas songer à la reine Catherine, qui refusa de voir son pelletier. Aucune des personnes de la cour qu'il put voir ne lui donna de nouvelles satisfaisantes sur son fils, et il en était arrivé à un tel degré de désespoir, qu'il allait s'adresser au cardinal lui-même, quand il sut que M. de Thou avait accepté, ce qui fait une tache à sa vie, d'être un des juges du prince de Condé. Le syndic alla voir le protecteur de son fils, et apprit que Christophe était encore vivant, mais prisonnier.

Le gantier Tourillon, chez qui la Renaudie avait envoyé Christophe, avait offert dans sa maison une chambre au sieur Lecamus pour tout le temps de la durée des états. Le gantier croyait le pelletier secrètement attaché, comme lui, à la religion réformée, mais il vit bientôt qu'un père qui craint pour les jours de son fils ne comprend plus les nuances religieuses, et se jette à corps perdu dans le sein de Dieu, sans se soucier de l'écharpe que lui mettent les hommes. Le vieillard, repoussé dans toutes les tentatives, allait comme un hébété par les rues, toutes ses prévisions, son or ne lui servait à rien ; M. de Thou l'avait prévenu que, s'il corrompait quelque serviteur de la maison de Guise, il en serait pour son argent, car le duc et le cardinal ne laissaient rien transpirer de ce qui regardait Christophe. Ce magistrat, dont la gloire est un peu ternie par le rôle qu'il jouait alors, avait essayé de donner quelque espérance au père désolé, mais il tremblait tellement lui-même pour les jours de son filleul, que ses consolations alarmèrent davantage le pelletier. Le vieillard rôdait autour de la maison. En trois mois, il avait maigri. Son seul espoir, il le plaçait dans la vive amitié qui depuis longtemps l'unissait à l'Hippocrate du seizième siècle. Ambroise essaya de dire un mot à la reine Marie en sortant de la chambre du roi, mais, dès qu'il eut nommé Christophe, la fille des Stuarts, irritée à la perspective de voir ce commencement de malheur au roi, et qui le crut empoisonné par les réformés, à cause de l'opportune soudaineté de sa maladie, répondit : — Si mes oncles m'écoutaient, un pareil fanatique serait déjà pendu ! Le soir où cette funeste réponse fut donnée à Lecamus par son ami Paré, sur la place de l'Estape, il revint à demi mort et rentra dans sa chambre en refusant de souper. Tourillon, inquiet, monta, trouva le vieillard en pleurs, et, comme les yeux vieillis du pauvre pelletier laissaient voir la chair intérieure des paupières ridées et rougies, le gantier crut qu'il pleurait du sang. — Consolez-vous, mon père, dit le réformé, les bourgeois d'Orléans sont furieux de voir leur ville traitée comme si elle eût été prise d'assaut, gardée par les soldats de M. de Cypierre, et, si la vie du prince de Condé se trouvait en péril, nous aurions bientôt démoli la tour de Saint-Agnan, car toute notre ville est pour la réforme et se révoltera, soyez-en sûr ! — Quand on pendrait les Lorrains, leur mort me rendrait-elle mon fils ? répondit le père désolé.

En ce moment on frappa discrètement à la porte de Tourillon, qui descendit pour ouvrir lui-même. Il était nuit close. Dans ces temps de troubles, chaque maître de maison prenait des précautions minutieuses. Tourillon regarda par la grille du judas pratiqué dans sa porte, et vit un étranger dont l'accent trahissait un Italien. Cet homme, vêtu de noir, demandait à parler à Lecamus pour affaires de commerce, et Tourillon l'introduisit. À la vue de l'étranger, le pelletier tressaillit horriblement, mais l'étranger trouva le temps de se mettre un doigt sur les lèvres. Lecamus lui dit alors en comprenant ce geste : — Vous venez sans doute pour m'offrir des fourrures ? Si, répondit en italien l'étranger d'une façon discrète. Ce personnage était en effet le fameux Ruggieri, l'astrologue de la reine mère. Tourillon descendit chez lui, en comprenant qu'il était de trop chez son hôte. — Où pouvons-nous causer sans avoir à craindre qu'on ne nous entende ? dit le prudent Florentin. — Il nous faudrait être en plein champ, répondit Lecamus, mais on ne nous laissera pas sortir, vous connaissez la sévérité avec laquelle les portes sont gardées. Nul ne quitte la ville sans une passe de M. de Cypierre, fût-il, comme moi, membre des états. Aussi devons-nous demain, à votre séance, nous plaindre tous de ce défaut de liberté. — Travaillez comme une taupe, mais ne laissez jamais voir vos pattes dans quoi que ce soit, lui dit le rusé Florentin. La journée de demain sera sans doute décisive. D'après mes observations, demain ou après vous aurez peut-être votre fils. — Que Dieu vous entende, lui dis-je, vous qui passez pour ne consulter que le diable ! — Venez donc chez moi, dit l'astrologue en souriant. J'ai pour observer les astres la tour du sieur Touchet de Beauvais, le lieutenant du bailliage, dont la fille habite fort peu chez lui, à Orléans. J'ai fait le thème de cette petite, il indique en effet qu'elle sera une grande dame et aimée fort, or, le lieutenant est un homme d'esprit, il aime les sciences, et la reine m'a fait loger chez ce bonhomme, qui a l'esprit d'être un forcené égoïste en attendant le règne de Charles IX.

Le pelletier et l'astrologue se rendirent à l'hôtel du sieur de Beauvais sans être vus ni rencontrés, mais, dans le cas où la visite de Lecamus serait découverte, le Florentin comptait lui donner le prétexte d'une consultation astrologique sur le sort de Christophe. Quand ils furent arrivés en haut de la tourelle ou l'astrologue avait mis son cabinet, Lecamus lui dit : — Mon fils est-il donc bien certainement sauvant ? — Encore, répondit Ruggieri, mais il s'agit de le sauver. Songez, marchand de peaux, que je vous donnerais pas deux liards de la vôtre, s'il vous échappait, dans toute votre vie, une seule syllabe de ce que je vais vous dire. — Recommandation inutile mon maître, je suis fournisseur de la cour depuis le défunt roi Louis XII, et voici le quatrième règne que je vois. — Vous direz bientôt le cinquième, repartit Ruggieri. — Que savez-vous de mon fils ? — Eh bien ! il a été mis à la question. — Pauvre enfant ! dit le bonhomme en levant les yeux au ciel. — Il a les genoux et les chevilles un tantinet brisés, mais il a conquis une royale protection qui s'étendra sur toute sa vie, dit vivement le Florentin à l'oreille du père. Votre fils a rendu service à notre grande reine Catherine. Si nous tirons votre fils des griffes des Lorrains, vous le verrez quelque jour conseiller au Parlement. On se ferait casser trois fois les os pour être dans les bonnes grâces de cette chère souveraine, un bien beau génie, qui triomphera de tous les obstacles. J'ai fait le thème du duc de Guise : il sera tué dans un an d'ici ! Voyons, Christophe a vu le prince de Condé. — Je ne vous interroge pas, bonhomme, je vous instruis. Or, si votre fils, sans m'en demander sa permission de passage du prince, le reconnaît, ou si le prince reconnaît votre fils, la tête de M. de Condé sautera. Dieu sait qui adviendra de son complice ! Rassurez-vous, ni votre fils ni le prince ne seront mis à mort, j'ai fait leur thèmes, ils doivent vivre, mais j'ignore par quels moyens ils tireront d'affaire. Sans compter la certitude de mes calculs, nous allons y mettre ordre. Demain le prince recevra par des mains sûres un livre de prières où nous lui ferons passer un avis. Bien veillez que votre fils soit discret, car il ne sera pas prévenu, lui ! Un seul regard de connaissance coûtera la vie au prince. Aussi, quoique la reine mère ait tout lieu de compter sur la fidélité de Christophe, doit-il en subir de rudes épreuves ! s'écria le pelletier. — Ne parlez pas ainsi ! Croyez-vous que la reine soit à la noce ? Aussi va-t-elle prendre des mesures comme si les Guise avaient résolu la mort du prince, et bien fait-elle, la sage et prudente reine ! Or, elle compte sur vous pour être aidée en toute chose. Vous avez quelque influence sur cet état, vous y représentez les corps de métiers de Paris, et, quoique les guisards vous promettent de rendre votre fils en liberté, tâchez de les vaincre et soulevez votre ordre contre les Lorrains. Demandez la reine mère pour régente, et consentez à demain publiquement à la séance des états. — Mais le roi ? — Le roi mourra, répondit Ruggieri, j'ai dressé son thème. Ce que la reine vous demande de faire pour elle aux états est tout simple, mais elle attend de vous un très grand service. Vous avez soutenu dans ces études le grand Ambroise Paré, vous êtes son ami ? — Ambroise aime aujourd'hui le duc de Guise plus qu'il ne m'aime, et il a raison, il lui doit sa charge, mais il est fidèle au roi. Aussi, quoiqu'il incline à la reforme de Calvin, ne fera-t-il rien contre son devoir. — Peste soit de ces honnêtes gens ! s'écria le Florentin. Ambroise s'est vanté ce soir de tirer le petit roi d'affaire. Si le roi ne recourt à Calvin, les Guise triompheront, les princes mourront, la maison de Bourbon sera finie, nous retournerons à Florence, votre fils est perdu, et les Lorrains auront bon marché des enfants de France.. — Grand Dieu ! s'écria Lecamus. — Ne vous exclamez pas ainsi, c'est d'un bourgeois qui ne sait rien de la cour.

mais allez aussitôt chez Ambroise, et sachez de lui ce qu'il compte faire pour sauver le roi. S'il y a quelque certitude, vous viendrez me confier l'opération en laquelle il a tant de foi. — Mais... dit Lecamus. — Obéissez aveuglément, mon cher, autrement vous seriez ébloui — Il a raison, pensa le pelletier. Et il alla chez le premier chirurgien du roi, qui logeait dans une hôtellerie sur la place du Martroi.

En ce moment, Catherine de Médicis se trouvait dans une extrémité politique semblable à celle où Christophe l'avait vue à Blois. Si elle s'était formée à la lutte, si elle avait exercé sa haute intelligence dans cette première défaite, sa situation, quoique exactement la même, était aussi devenue plus critique et plus périlleuse que lors du tumulte d'Amboise. Les événements avaient grandi autant que la femme. Quoiqu'elle parût marcher d'accord avec les deux princes lorrains, Catherine tenait les fils d'une conspiration savamment ourdie contre ses terribles associés, et attendait un moment propice pour lever le masque. Le cardinal venait d'avoir la certitude d'être trompé par Catherine. Cette habile Italienne avait vu dans la maison cadette un obstacle à opposer aux prétentions des Guise, et, malgré l'avis des deux Gondi, qui lui conseillaient de laisser les Guise se porter à des violences contre les Bourbons, elle avait fait manquer, en avertissant la reine de Navarre, le projet concerté par les Guise avec l'Espagne, de s'emparer du Béarn. Comme ce secret d'État n'était connu que d'eux et de la reine mère, les deux princes lorrains, certains de la duplicité de leur alliée, voulurent la renvoyer à Florence, et, pour s'assurer de la trahison de Catherine envers l'État (la maison de Lorraine était l'État), le duc et le cardinal venaient de lui confier leur dessein de se défaire du roi de Navarre. Les précautions que prit à l'instant Antoine de Bourbon prouvèrent aux deux frères que ce secret, connu d'eux trois seulement, avait été divulgué par la reine mère. Le cardinal de Lorraine reprocha sur-le-champ à la reine mère son manque de foi devant François II, puis la menaçant d'un édit de bannissement, au cas ou de nouvelles indiscrétions mettraient l'État en péril. Catherine, qui se vit alors dans un extrême danger, déploya un grand roi. Aussi donna-t-elle alors la preuve de sa haute capacité, mais il faut avouer qu'elle fut aussi très-bien servie par Lhospital, qui se déclarait ainsi pour la reine mère. Lhospital fit parvenir à la reine un billet ainsi conçu : « Ne laissez pas mettre à mort un prince du sang par une commission, vous seriez bientôt enlevée aussi ! » Catherine envoya Birague au Vignay, pour faire dire au chancelier de venir aux états, malgré sa disgrâce. Birague arriva, cette nuit même, à trois lieues d'Orléans, chez Lhospital, qui se déclarait ainsi pour la reine mère. Chiverny, dont la fidélité fut alors à bon droit soupçonnée par MM. de Guise, s'était sauvé d'Orléans, et, par une hache du roi qui faillit lui coûter la vie, il avait atteint Écouen en dix heures. Il apprit au connétable de Montmorency le péril de son neveu, le prince de Condé, et l'audace des Lorrains. Anne de Montmorency, furieux de savoir que le prince n'avait dû la vie qu'à la subite invasion du mal dont mourut François II, arrivait avec quinze cents chevaux et cent gentilshommes. Afin de mieux surprendre MM. de Guise, il avait évité Paris en venant d'Écouen à Corbeil, et de Corbeil à Pithiviers par la vallée de l'Essonne. — Capitaine contre capitaine, il y aura peu de laine, dit-il à l'occasion de cette marche hardie.

Anne de Montmorency, qui avait sauvé la France lors de l'invasion de Charles-Quint en Provence, et le duc de Guise, qui avait arrêté la seconde invasion de l'empereur à Metz, étaient, en effet, les deux plus grands hommes de guerre de la France à cette époque. Catherine avait attendu le moment précis de réveiller la haine du connétable disgracié par les Lorrains. Néanmoins, le marquis de Simeuse, commandant de Gien, en apprenant l'arrivée d'un corps aussi considérable que celui mené par le connétable, sauta sur son cheval, espérant pouvoir prévenir à temps le duc de Guise. Sûre que le connétable viendrait au secours de son neveu, et pleine de confiance dans le dévouement du chancelier à la cause royale, la reine mère avait ranimé les espérances et l'audace du parti de la réforme. Les Coligny et les amis de la maison de Bourbon menacée avaient fait cause commune avec les partisans de la reine mère. Une coalition entre des intérêts contraires attaquée par un ennemi commun se forma sourdement au sein des états, où il fut hautement question de nommer Catherine régente du royaume, dans le cas où François II mourrait. Catherine, dont la foi dans l'astrologie judiciaire surpassait sa foi en l'Église, avait tout osé contre ses oppresseurs en voyant son fils mourant à l'expiration du terme assigné à sa vie par la fameuse sorcière que Nostradamus lui avait amenée au château de Chaumont.

Quelques jours avant le terrible dénoûment de ce règne, François II avait voulu se promener sur la Loire, afin de ne pas se trouver dans la ville au moment où le prince de Condé serait exécuté. Après avoir abandonné la tête du prince au cardinal de Lorraine, il craignit une sédition tout autant que les supplications de la princesse de Condé. Au moment de s'embarquer, un de ces vents frais qui s'élèvent sur la Loire aux approches de l'hiver lui donna un si cruel mal d'oreille, qu'il fut obligé de rentrer, il se mit au lit pour n'en sortir que mort. En dépit de la controverse des médecins, qui, hormis Chapelain, étaient ses ennemis et ses antagonistes, Paré soutint qu'un dépôt s'était formé à la tête du roi, et que, si l'on ne donnait pas d'issue aux humeurs, de jour en jour les chances de mort augmenteraient. Malgré l'heure avancée et la loi du couvre-feu, sévèrement appliquée dans Orléans, alors exactement en état de siège, la lampe de Paré brillait à sa croisée, et il étudiait ; Lecamus l'appela d'en bas, et, quand il eut crié son nom, le chirurgien ordonna qu'on ouvrît à son vieil ami. — Tu ne prends pas de repos, Ambroise, et, tout en rendant la vie aux autres, tu dissiperas la tienne, dit le pelletier en entrant.

Il voyait en effet le chirurgien, ses livres ouverts, ses instruments épars, devant une tête de mort fraîchement enterrée, prise au cimetière, et trouée... — Il s'agit de sauver le roi... — En es-tu donc bien certain, Ambroise ? s'écria le vieillard en frémissant. — Comme de mon existence. Le roi, mon vieux protecteur, a des humeurs peccantes qui lui pèsent sur le cerveau, qui vont le lui remplir, et la crise est imminente, mais, en lui perçant le crâne, je compte faire sortir ces humeurs et lui dégager la tête. J'ai déjà pratiqué trois fois cette opération, inventée par un Piémontais, et que j'ai eu l'heur de perfectionner. La première s'est faite au siège de Metz, sur M. de Pienne, que je tirai d'affaire, et qui depuis n'en a été que plus sage : il avait un dépôt d'humeurs produit par une arquebusade au chef. La seconde a sauvé la vie d'un pauvre, sur qui j'eus le désir d'éprouver la bonté de cette audacieuse opération à laquelle s'était prêté M. de Pienne. Enfin, la troisième a eu lieu, à Paris, sur un gentilhomme qui se porte à merveille. Le trépan, car le nom donné à cette invention, est encore peu connu. Les malades y répugnent, à cause de l'imperfection de l'instrument, que j'ai bien fait améliorer. Je m'essaye donc sur cette tête, afin de ne pas faillir devant celle du roi. — Tu dois être bien sûr de ton fait, car la tête serait en danger au cas où... — Je gagerais ma vie qu'il sera guéri, répondit Ambroise avec la sécurité de l'homme de génie. Ah ! mon vieil ami, qu'est-ce que trouer la tête avec précaution ? n'est-ce pas faire ce que les soldats font tous les jours à la guerre sans en prendre aucune ? — Mon enfant, dit l'audacieux bourgeois, sais-tu que sauver le roi, c'est perdre la France ? Sais-tu que cet instrument aura placé la couronne des Valois sur la tête du Lorrain, qui se dit héritier de Charlemagne ? Sais-tu que la chirurgie et la politique sont brouillées en ce moment ? Oui, le triomphe de ton génie sera la perte de la religion. Si les Guise gardent la régence, le sang des réformés va couler à flots ! Sois plus grand citoyen que grand chirurgien, et dors demain la grasse matinée en laissant la chambre libre aux médecins, qui, s'ils ne guérissent pas le roi, guériront la France ! — Moi ! s'écria Paré, je laisse périr un homme quand je puis le sauver ! Non ! non, dussé-je être pendu comme fauteur de Calvin, j'irai de bonne heure à la cour. Ne sais-tu pas que la seule grâce que je veux demander, après avoir sauvé le roi, est la vie de ton Christophe. Il y aura certes un moment où la reine Marie ne me refusera rien. — Hélas ! mon ami, reprit Lecamus, le petit roi n'a-t-il pas refusé la grâce du prince de Condé à la princesse ? Ne vas-tu pas te mêler de chercher comment Dieu compte ordonner l'avenir ? s'écria Paré. Les honnêtes gens n'ont qu'une devise : Fais ce que dois, advienne que pourra ! Ainsi ai-je fait au siège de Calais en mettant le pied sur la face du grand maître : je courais la chance d'être écharpé par ses amis, par ses serviteurs, et je suis aujourd'hui chirurgien du roi, enfin, je suis de la réforme, et j'ai M. de Guise pour ami. Je sauverai le roi ! s'écria le chirurgien avec le saint enthousiasme de la conviction que donne le génie, et Dieu sauvera la France.

Un coup fut frappé à la porte, et quelques instants après un serviteur d'Ambroise remit un papier à Lecamus, qui lut à haute voix ces sinistres paroles : « On dresse un échafaud au couvent des Récollets, pour décapiter demain le prince de Condé. » Ambroise et Lecamus se regardèrent en proie, l'un et l'autre, à la plus profonde horreur. — Je vais m'en assurer, dit le pelletier.

Sur la place, Ruggieri prit le bras de Lecamus en lui demandant le secret d'Ambroise pour sauver le roi, mais le vieillard craignit quelque ruse et voulut aller voir l'échafaud. L'astrologue et le pelletier allèrent donc de compagnie jusqu'aux Récollets, et trouvèrent en effet des charpentiers travaillant aux flambeaux. — Eh ! mon ami, dit Lecamus à un charpentier, quelle besogne faites-vous ? — Nous appêtons la pendaison des hérétiques, puisque la saignée d'Amboise ne les a pas guéris, dit un jeune récollet qui surveillait les ouvriers. — Monseigneur le cardinal a bien raison, dit le prudent Ruggieri, mais dans notre pays, nous faisons mieux. — Et que faites-vous ? dit le récollet. — Mon frère, on le brûle.

Lecamus fut obligé de s'appuyer sur l'astrologue, ses jambes refusaient de le porter, car il pensait que son fils pouvait d'un instant être accroché à l'une de ces potences. Le pauvre vieillard était entre deux sciences, entre l'astrologie judiciaire et la chirurgie, qui, toutes deux, lui promettaient le salut de son fils, pour qui l'échafaud se dressait évidemment. Dans le trouble de ses idées, il se laissa manier comme une pâte par le Florentin. — Eh bien ! mon respectable ami de mon vair, que dites-vous de ces plaisanteries lorraines ? dit Ruggieri. — Hélas ! vous savez que je donnerais ma peau pour voir sain et sauf celle de mon fils ! — Voilà qui est parler en marchand d'hermine, reprit l'Italien ; mais expliquez-moi bien l'opération que compte faire Ambroise sur le roi, je vous garantis la vie de votre fils... — Vrai! s'écria le vieux pelletier. — Que voulez-vous que je vous jure?... fit Ruggieri.

Sur ce mouvement, le pauvre vieillard répéta son entretien avec Ambroise au Florentin, qui laissa dans la rue le père au désespoir, dès que le secret du grand chirurgien lui fut divulgué. — A qui diable en veut-il, ce mécréant ! s'écria le vieillard en voyant Ruggieri se dirigeant au pas de course vers la place de l'Estape.

Lecamus ignorait la scène terrible qui se passait autour du lit royal et qui avait motivé l'ordre d'élever l'échafaud du prince dont la condamnation avait été prononcée par défaut, pour ainsi dire, et dont l'exécution avait été remise à cause de la maladie du roi. Il ne se trouvait dans la salle, dans les escaliers et dans la cour du bailliage que les gens absolument de service. La foule des courtisans encombrait l'hôtel du roi de Navarre, à qui la régence appartenait d'après les lois du royaume. La noblesse française, effrayée d'ailleurs par l'audace des Guise, éprouvait le besoin de se serrer autour du chef de la maison cadette, en voyant la reine mère esclave des Guise et ne comprenant pas sa politique d'Italienne. Antoine de Bourbon, fidèle à son accord secret avec Catherine, ne devait renoncer en sa faveur à la régence qu'au moment où les états prononceraient sur cette question. Cette solitude profonde agit sur le grand maître, quand, au retour d'une ronde faite par prudence dans la ville, il ne trouva chez le roi que les gens attachés à sa fortune. La chambre où l'on avait dressé le lit de François II est contiguë à la grande salle du bailliage. Elle était alors revêtue de boiseries en chêne. Le plafond, composé de petites planches longues savamment ajustées et peintes, offrait des arabesques bleues sur un fond d'or, dont une partie arrachée il y a cinquante ans bientôt a été recueillie par un amateur d'antiquités. Cette chambre tendue de tapisseries, et sur le plancher de laquelle s'étendait un tapis, était si sombre, que les torchères allumées n'y jetaient peu de lumière. Le vaste lit, à quatre colonnes et à rideaux de soie, ressemblait à un tombeau. D'un côté de ce lit, au chevet, se tenaient la reine Marie et le cardinal de Lorraine. Catherine était assise dans un fauteuil. Le fameux Jean Chapelain, médecin de service, et qui fut depuis le premier médecin de Charles IX, se trouvait debout à la cheminée. Le plus grand silence régnait. Le jeune roi, maigre, pâle, comme perdu dans ses draps, laissait à peine voir sur l'oreiller sa petite figure grimée. La duchesse de Guise, assise sur une escabelle, assistait la jeune reine Marie, et du côté de Catherine, dans l'embrasure de la croisée, madame de Fiesque épiait les gestes et les regards de la reine mère, car elle connaissait les dangers de sa position.

Dans la salle, malgré l'heure avancée de la soirée, M. de Cypierre, gouverneur du duc d'Orléans, et nommé gouverneur de la ville, occupait un coin de la cheminée avec les deux Gondi. Le cardinal de Tournon, qui dans cette crise épousa les intérêts de la reine mère en se voyant traité inférieurement par le cardinal de Lorraine, de qui certes il était ecclésiastiquement l'égal, causait à voix basse avec les Gondi. Les maréchaux de Vieilleville et de Saint-André, le garde des sceaux, qui présidaient les états, s'entretenaient à voix basse des dangers auxquels les Guise étaient exposés. Le lieutenant général du royaume traversa la salle, en y jetant un rapide coup d'œil, et y salua le duc d'Orléans qu'il y aperçut. — Monseigneur, dit-il, voici qui peut vous apprendre à connaître les hommes. La noblesse catholique du royaume est chez un prince hérétique, en croyant que les états donneront aux héritiers du traître qui fit retenir si longtemps en prison votre illustre grand-père...

Puis, après ces paroles destinées à faire un profond sillon au cœur d'un prince, il passa dans la chambre, où le jeune roi était alors moins endormi que plongé dans une lourde somnolence. Ordinairement, le duc de Guise savait vaincre par un air très-affable l'aspect sinistre de sa figure cicatrisée ; mais en ce moment il n'eut pas la force de sourire en voyant se briser l'instrument de son pouvoir. Le cardinal, qui avait autant de courage civil que son frère avait de courage militaire, fit deux pas et vint à la rencontre du lieutenant général. — Robertet croit que le petit Pinard est vendu a la reine mère, lui dit-il à l'oreille en l'emmenant dans la salle, où on s'est servi de lui pour travailler les membres des états. — Eh ! qu'importe que nous soyons trahis par un secrétaire, quand tout nous trahit ! s'écria le lieutenant général. La ville est pour la Réformation, et nous sommes à la veille d'une révolte. Oui ! les *Guépins* sont mécontents, reprit-il en donnant aux Orléanais leur surnom, et Paré ne sauve pas le roi, nous aurons une terrible levée de boucliers. Avant peu de temps nous aurons à faire le siège d'Orléans, qui est une crapaudière de huguenots. — Depuis un moment, reprit le cardinal, je regarde cette Italienne qui reste là dans une insensibilité profonde, elle guette la mort de son fils, Dieu lui pardonne ! je ne demande si nous ne ferions pas bien de l'arrêter, ainsi que le roi de Navarre. — C'est déjà trop d'avoir eu prison le prince de Condé ! répondit le duc.

Le bruit d'un cavalier arrivant à bride abattue retentit sous la porte du bailliage. Les deux princes lorrains allèrent à la fenêtre, et, à la lueur des torches du concierge et de la sentinelle qui brûlaient toujours sous le porche, le duc reconnut au chapeau cette fameuse croix de Lorraine que le cardinal venait de faire prendre à ses partisans. Il envoya l'un des arquebusiers qui étaient dans l'antichambre dire de laisser entrer le survenant, à la rencontre duquel il alla sur le palier, suivi de son frère. — Qu'y a-t-il, mon cher Simeuse ? demanda le duc avec le charme de manières qu'il déployait pour les gens de guerre, en voyant le gouverneur de Gien. — Le connétable entre à Ithiviers, il a quitté Écouen avec quinze cents chevaux d'ordonnance et cent gentilshommes... — Sont-ils accompagnés ? dit le duc. — Oui, monseigneur, répondit Simeuse, ils sont en tout deux mille six cents. Thoré, selon quelques-uns, est en arrière avec un parti d'infanterie. Si le connétable s'amuse à attendre son fils, vous avez le temps de le défaire... — Vous ne savez rien de plus ? Les motifs de cette prise d'armes sont-ils répandus ? — Anne parle aussi peu qu'il écrit, allez à sa rencontre, mon frère, pendant que je vais le saluer à la tête de son monde. Il ne reste qu'à donner l'ordre d'aller chercher Robertet. — Vieilleville ! cria le duc au maréchal qui vint, le connétable a l'audace de se présenter en armes, à sa rencontre, répondez-vous de maintenir la ville ? — Dès que vous sortirez, les bourgeois prendront les armes. Et qui peut savoir le résultat d'une affaire entre les cavaliers et les bourgeois au milieu de ces rues étroites ? répondit le maréchal. — Monseigneur, dit Robertet en montant précipitamment l'escalier, le chancelier est aux portes et veut entrer, doit-on lui ouvrir ? — Ouvrez, répondit le cardinal de Lorraine. Connétable et chancelier ensemble, ils seraient trop dangereux, il faut les séparer. Nous avons été rudement joués par la reine mère dans le choix de l'Hospital pour cette charge.

Robertet fit un signe de tête à un capitaine qui attendait en une réponse au bas de l'escalier, et se retourna vivement pour écouter les ordres du cardinal. — Monseigneur, je prends la liberté, dit-il en faisant encore un effort, de représenter que la sentence doit être *approuvée par le roi en son conseil*. Si vous violez la loi pour un prince du sang, on ne la respectera ni pour un cardinal ni pour un duc de Guise. — Pinard t'a dérangé, Robertet, dit sévèrement le cardinal. Ne sais-tu pas que le roi a signé l'arrêt le jour où il est sorti pour nous le laisser exécuter ? — Quoique vous me demandiez à peu près ma tête en me commettant à cet office, qui sera d'ailleurs exécuté par le prévôt de la ville, j'y vais, monseigneur.

Le grand maître entendit ce débat sans sourciller, mais il prit son frère par le bras et l'emmena dans un coin de la salle. — Certes, lui dit-il, les héritiers de Charlemagne ont le droit de reprendre une couronne qui fut usurpée par Hugues Capet sur leur maison, mais le peuvent-ils ? La poire n'est pas mûre. Notre neveu se meurt, et toute la cour est chez le roi de Navarre. — Le cœur a failli au roi. Sans cela le Béarnais eût été dagué, reprit le cardinal, et nous aurions eu bon marché de tous les enfants. — Nous sommes mal placés ici, dit le duc. La sédition de la ville serait appuyée par les états. L'Hospital, que nous avons tant protégé, et à l'élévation duquel a résisté la reine Catherine, est aujourd'hui tout contre nous, et nous avons besoin de la justice. La reine mère est soutenue par trop de monde aujourd'hui pour que nous puissions la renvoyer. D'ailleurs, encore trois princes ! — Elle n'est plus mère, elle est toute reine, dit le cardinal ; aussi, selon moi, serait-ce le moment d'en finir avec elle. De l'énergie et encore de l'énergie ! voilà mon ordonnance.

Après ce mot, le cardinal rentra dans la chambre du roi, suivi du grand maître. Ce prêtre alla droit à Catherine. — Les papiers de la Sagne, secrétaire du prince de Condé, vous ont été communiqués, vous savez que les Bourbons veulent détourner vos enfants ? lui dit-il. — Je sais tout cela, répondit l'Italienne. — Eh bien ! voulez-vous faire arrêter le roi de Navarre ? — Il y a, dit-elle, un lieutenant général du royaume.

En ce moment, François II se plaignit de douleurs violentes à l'oreille et se mit à pleurer d'un ton lamentable. Le médecin quitta la cheminée où il se chauffait et vint examiner l'état de la tête. — Eh bien ? monsieur ! dit le grand maître au premier médecin. — Je n'ose prendre sur moi d'appliquer un cataplasme pour attirer les humeurs. Maître Ambroise a promis de sauver le roi par une opération, je le contrarierais. — Remettons à demain, dit froidement Catherine, et que tous les médecins y soient, car vous savez les calomnies auxquelles donne lieu la mort des princes. Elle alla baiser la main de son fils et se retira. — Avec quelle tranquillité cette audacieuse fille de marchand parle de la mort du dauphin empoisonné par Montecuculli, un Florentin de sa suite ! s'écria la reine Marie Stuart. — Marie ! cria le petit roi, mon grand-père n'a jamais mis son innocence en doute !... — Peut-on empêcher cette femme de venir demain ? dit la reine à ses deux oncles à voix basse. — Que deviendrons-nous si le roi mourait ? répondit le cardinal ; Catherine nous ferait rouler tous dans sa tombe.

Ainsi la question fut nettement posée pendant cette nuit entre Catherine de Médicis et la maison de Lorraine. L'arrivée du chancelier et celle du connétable indiquaient une révolte, la matinée du lendemain allait donc être décisive. Le lendemain, la reine mère arriva la première. Elle ne trouva dans la chambre de son fils que la reine Marie Stuart, pâle et fatiguée, qui avait passé la nuit en prières auprès du lit. La duchesse de Guise avait tenu compagnie à la reine, et les filles d'honneur s'étaient relevées. Le jeune roi dormait. Ni le duc, ni le cardinal, n'avaient encore paru. Le prêtre, plus hardi que le soldat, déploya, dit-on, dans cette dernière nuit, toute son énergie, sans pouvoir décider le duc à se faire roi. En face des états généraux assemblés, et menacé d'une bataille à livrer au connétable de Montmorency, le Balafré ne trouva pas les circonstances favorables; il refusa d'arrêter le roi de Navarre, la reine mère, le chancelier, le cardinal de Tournon, les Gondi, Ruggieri et Birague, en objectant le soulèvement qui suivrait des mesures si violentes. Il subordonna les projets de son frère à la vie de François II. Le plus profond silence régnait dans la chambre du roi. Catherine, accompagnée de madame de Fiesque, vint au bord du lit et contempla son fils d'un air dolent admirablement joué. Elle se mit son mouchoir sur les yeux et alla dans l'embrasure de la croisée, où madame de Fiesque lui apporta un siège. De là ses yeux plongeaient sur la cour.

Il avait été convenu entre Catherine et le cardinal de Tournon que si le connétable entrait heureusement en ville, le chancelier viendrait accompagné des deux Gondi, et qu'en cas de malheur il serait seul. A neuf heures du matin, les deux princes lorrains, suivis de leurs gentilshommes qui restèrent dans le salon, se montrèrent chez le roi; le capitaine de service les avait avertis qu'Ambroise Paré venait d'y arriver avec Chapelain et trois autres médecins suscités par Catherine, qui tous trois haïssaient Ambroise. Dans quelques instants, la grande salle du bailliage offrit absolument le même aspect que la salle des gardes à Blois, le jour où le duc de Guise fut nommé lieutenant général du royaume, et où Christophe fut mis à la torture, à cette différence près qu'alors l'amour et la joie remplissaient la chambre royale, que les Guise triomphaient; tandis que le deuil et la mort y régnaient, et que les Lorrains sentaient le pouvoir leur glisser des mains. Les filles des deux reines étaient en deux camps à chaque coin de la grande cheminée, où brillait un énorme feu. La salle était pleine de courtisans. La nouvelle répandue, on ne sait par qui, d'une audacieuse conception d'Ambroise pour sauver les jours du roi, amenait tous les seigneurs qui avaient droit d'entrer à la cour. L'escalier extérieur du bailliage et la cour étaient pleins de groupes inquiets. L'échafaud dressé pour le prince en face du couvent des Récollets étonnait toute la noblesse. On causait à voix basse, et les discours offraient, comme à Blois, le même mélange de propos sérieux, frivoles, légers et graves. On commençait à prendre l'habitude des troubles, des brusques révolutions, des prises d'armes, des rébellions, des grands événements subits qui marquèrent la longue période pendant laquelle la maison de Valois s'éteignit, malgré les efforts de la reine Catherine. Il régnait un profond silence à certaine distance autour de la porte de la chambre du roi, gardée par deux hallebardiers, par deux pages et par le capitaine de la garde écossaise. Antoine de Bourbon, emprisonné dans son hôtel, y apprit, en s'y voyant seul, les espérances de la cour, et fut accablé par la nouvelle des apprêts faits pendant la nuit pour l'exécution de son frère.

Devant la cheminée du bailliage était l'une des plus belles et plus grandes figures de ce temps, le chancelier de l'Hospital, dans sa simarre rouge à retroussis d'hermine, couvert de son mortier, suivant le privilège de sa charge. Cet homme courageux, en voyant les factieux dans ses bienfaiteurs, avait épousé les intérêts de ses rois, représentés par la reine mère, et, au risque de perdre la tête, il était allé se consulter avec le connétable, à Écouen; personne n'osait le tirer de la méditation où il était plongé. Robertet, le secrétaire d'État, deux maréchaux de France, Vieilleville et Saint-André, le garde des sceaux, formaient un groupe devant le chancelier. Les courtisans ne riaient pas précisément, mais leurs discours étaient malicieux, et surtout chez ceux qui ne tenaient pas pour les Guise.

Le cardinal avait enfin saisi l'Écossais Stuart, l'assassin du président Minard, et faisait commencer son procès à Tours. Il gardait également, dans le château de Blois et dans celui de Tours, un assez bon nombre de gentilshommes compromis, pour inspirer une sorte de terreur à la noblesse, qui ne se terrifiait point, car il retrouvait dans la Réformation un appui pour cet amour de révolte inspiré par le sentiment de son égalité primitive avec le roi. Or, les prisonniers de Blois avaient trouvé moyen de s'évader, et, par une singulière fatalité, les prisonniers de Tours venaient d'imiter ceux de Blois.

— Madame, dit le cardinal de Châtillon à madame de Fiesque, si quelqu'un s'intéresse aux prisonniers de Tours, ils sont en grand danger.

En entendant cette phrase, le chancelier tourna la tête vers le groupe des filles de la reine mère.

— Oui, le jeune Desvaux, l'écuyer du prince de Condé, qu'on retenait à Tours, vient d'ajouter une amère plaisanterie à sa fuite. Il a, dit-on, écrit à MM. de Guise ce petit mot : « Nous avons appris l'é-« vasion de vos prisonniers de Blois; nous en avons été si fâchés, « que nous nous sommes mis à courir après eux, nous vous les ra-« mènerons dès que nous les aurons arrêtés. »

Quoique la plaisanterie lui allât, le chancelier regarda M. de Châtillon d'un air sévère. On entendit en ce moment des voix s'élevant dans la chambre du roi. Les deux maréchaux, Robertet et le chancelier s'approchèrent, car il ne s'agissait pas seulement pour le roi de vie et de mort; toute la cour était dans le secret du danger que couraient le chancelier, Catherine et ses adhérents. Aussi le silence qui se fit alors fut-il profond. Ambroise avait examiné le roi, le moment lui semblait propice pour son opération; si elle n'était pratiquée, François II pouvait mourir de moment en moment. Aussitôt que MM. de Guise furent entrés, il avait expliqué les causes de la maladie du roi; il avait démontré que, dans ce cas extrême, il fallait le trépaner, et il attendait l'ordre des médecins.

— Percer la tête de mon fils comme une planche, et avec cet horrible instrument! s'écria Catherine de Médicis, maître Ambroise, je ne le souffrirai pas.

Les médecins se consultaient; mais les paroles de Catherine furent prononcées si haut, que, selon son intention, elles allèrent au delà de la porte.

— Mais, madame, s'il n'y a plus que ce moyen de salut? dit Marie Stuart en pleurant.

— Ambroise, s'écria Catherine, songez que votre tête répond de celle du roi.

— Nous nous opposons au moyen que propose maître Ambroise, dirent les trois médecins. On peut sauver le roi en injectant l'oreille d'un remède que les humeurs font passer par le canal.

Le grand maître, qui étudiait le visage de Catherine, alla soudain à elle, et l'emmena dans l'embrasure de la croisée.

— Madame, lui dit-il, vous voulez la mort de votre enfant, vous êtes d'accord avec nos ennemis, et cela depuis Blois. Ce matin, le conseiller Viole a dit au fils de votre pelletier que le prince de Condé allait avoir la tête tranchée. Ce jeune homme, qui durant sa question avait eu toute relation avec le prince de Condé, lui a fait un signe d'adieu quand il a passé devant la croisée de son cachot. Vous avez vu votre malheureux complice à la question avec une royale insensibilité. Vous voulez aujourd'hui vous opposer au salut de votre fils aîné. Vous nous feriez croire que la mort du dauphin, qui a mis la couronne sur la tête de feu votre roi, n'a pas été naturelle, et que Montecuculli était votre...

— Monsieur le chancelier! cria Catherine, sur un signe de laquelle madame de Fiesque ouvrit la porte à deux battants.

L'audience aperçut alors le spectacle de la chambre royale : le petit roi livide, la figure éteinte, les yeux sans lumière, mais bégayant le mot Marie, et tenant la main de la jeune reine, qui pleurait; la duchesse de Guise debout, effrayée de l'audace de Catherine, les deux princes lorrains, inquiets également, mais aux côtés de la reine mère, et décidés à la faire arrêter par Maillé-Brezé; enfin le grand Ambroise Paré, assisté du médecin du roi, et qui tenait ses instruments sans oser pratiquer son opération, pour laquelle un grand calme était aussi nécessaire que l'approbation des médecins.

— Monsieur le chancelier, dit Catherine, MM. de Guise veulent autoriser sur la personne du roi une opération étrange, Ambroise offre de lui percer la tête. Moi, comme la mère, comme faisant partie du conseil de régence, je proteste contre ce qui me semble un crime de lèse-majesté. Les trois médecins sont pour une injection qui me semble tout aussi efficace et moins dangereuse que le sauvage procédé d'Ambroise.

En entendant ces paroles, il y eut une rumeur lugubre. Le cardinal laissa pénétrer le chancelier et ferma la porte.

— Mais je suis lieutenant général du royaume, dit le duc de Guise, et vous saurez, monsieur le chancelier, qu'Ambroise, chirurgien du roi, répond de sa vie.

— Ah! les choses vont ainsi! s'écria le grand Ambroise Paré, eh bien! voici ce que j'ai à dire. — Cette couche et le roi sont à moi, reprit-il. Je me fais seul maître et seul responsable, je connais les devoirs de ma charge, j'opérerai le roi sans l'ordre des médecins.

— Sauvez-le, dit le cardinal, et vous serez le plus riche homme de France.

— Allez donc, dit Marie Stuart en pressant la main d'Ambroise.

— Je ne puis rien empêcher, dit le chancelier, mais je vais constater la protestation de madame la reine mère.

— Robertet! s'écria le duc de Guise.

Quand Robertet fut entré, le lieutenant général du royaume lui montra le chancelier.

— Vous êtes chancelier de France à la place de ce félon, lui dit-il. Monsieur de Maillé, emmenez M. de l'Hospital dans la prison du prince de Condé. Quant à vous, madame, dit-il à Catherine, votre protestation ne sera pas reçue, et vous devriez songer que de semblables actes ont besoin d'être appuyés par des forces suffisantes. J'agis en sujet fidèle et loyal serviteur du roi François II, mon maître. Allez, Ambroise, ajouta-t-il en regardant le chirurgien.

— Monsieur de Guise, dit l'Hospital, si vous usez de violence soit sur le roi soit sur le chancelier de France, songez qu'il y a dans cette salle assez de noblesse française pour arrêter des traîtres.

— Oh! messeigneurs, s'écria le grand chirurgien, si vous continuez ces débats, vous pouvez bien crier : Vive le roi Charles IX !... car le roi François va mourir.

Catherine impassible regardait par la croisée.

— Eh bien ! nous emploierons la force pour être les maîtres dans la chambre du roi, dit le cardinal, qui voulut fermer la porte.

Le cardinal fut alors épouvanté, car il vit l'hôtel du bailliage entièrement désert. La cour, sûre de la mort du roi, avait couru chez Antoine de Navarre.

— Eh bien ! faites donc, s'écria Marie Stuart à Ambroise. Moi, et vous, duchesse, dit elle à madame de Guise, nous vous protégerons.

— Madame, dit Ambroise, mon zèle m'emporte, les médecins, moins mon ami Chapelain, sont pour une injection, je leur dois obéissance. Il serait sauvé si j'eusse été premier médecin et premier chirurgien ! Donnez, messieurs, dit-il en prenant une petite seringue des mains du premier médecin et la remplissant.

— Mon Dieu ! dit Marie Stuart, je vous ordonne...

— Hélas ! madame, fit Ambroise, je suis sous la dépendance de ces messieurs.

La jeune reine se mit avec la grande maîtresse entre le chirurgien, les médecins et les autres personnages. Le premier médecin prit la tête du roi, et Ambroise fit l'injection dans l'oreille. Les deux lorrains étaient attentifs. Robertet et M. de Maillé restaient immobiles. Madame de Fiesque sortit sans être vue, à un signe de Catherine. En ce moment l'Hospital ouvrit audacieusement la porte de la chambre du roi.

— J'arrive à propos, dit un homme dont les pas précipités retentirent dans la salle et qui fut en un moment sur le seuil de la chambre royale. Ah ! messieurs, vous vouliez jeter à bas la tête de mon beau neveu le prince de Condé !... mais vous avez fait sortir le lion de son antre, et le voici ! ajouta le connétable de Montmorency. Ambroise, vous ne farfouillerez pas avec vos instruments la tête de mon roi ! Les rois de France ne se laissent frapper ainsi que par le fer de leurs ennemis, à la bataille ! Le premier prince du sang, Antoine de Bourbon, le prince de Condé, la reine mère, le connétable et le chancelier s'opposent à cette opération.

A la grande satisfaction de Catherine, le roi de Navarre et le prince de Condé se montrèrent aussitôt.

— Qu'est-ce que cela signifie ? dit le duc de Guise en mettant la main sur sa dague.

— En qualité de connétable, j'ai congédié les sentinelles à tous les postes. Tête-Dieu ! vous n'êtes pas ici en pays ennemi, je pense. Le roi notre maître est au milieu de ses sujets, et les états du royaume doivent délibérer en toute liberté. J'en viens, messieurs, des états ! j'y ai lu la protestation de mon neveu de Condé que trois cents gentilshommes ont délivré. Vous vouliez faire couler le sang royal et décimer la noblesse du royaume. Ah ! désormais je me défie de tout ce que vous voudrez, messieurs de Lorraine. Si vous ordonnez d'ouvrir la tête du roi, par cette épée qui a sauvé la France de Charles-Quint sous mon grand-père, cela ne se fera pas.

— D'autant plus, dit Ambroise Paré, que maintenant tout est inutile, l'épanchement commence.

— Votre règne est fini, messieurs, dit Catherine aux Lorrains, en voyant à l'air d'Ambroise qu'il n'y avait plus aucun espoir.

— Ah ! madame, vous avez tué votre fils, lui dit Marie Stuart qui bondit comme une lionne du lit à la croisée et vint prendre la Florentine par le bras et lui serrant avec violence.

— Ma nièce, répondit Catherine à Marie en lui lançant un regard fin et froid où elle laissa déborder sa haine contenue depuis six mois, vous à la violente amour de qui nous devons cette mort, vous irez maintenant régner dans votre Ecosse, et vous partirez demain. Je suis régente de fait. Les trois médecins avaient fait un signe à la reine mère. — Messieurs, dit-elle en regardant les Guise, il est entendu que M. de Bourbon, nommé lieutenant général du royaume par les états, et moi, que la conduite des affaires nous regarde. Venez, monsieur le chancelier.

— Le roi est mort ! dit le grand maître obligé d'accomplir les devoirs de sa charge.

— Vive le roi Charles IX ! crièrent les gentilshommes venus avec le roi de Navarre, le prince de Condé et le connétable.

Les cérémonies qui ont lieu lors de la mort d'un roi de France se firent dans la solitude. Quand le roi d'armes cria dans la salle trois fois : Le roi est mort ! après l'annonce officielle du duc de Guise, il n'y eut que quelques personnes pour répéter : Vive le roi !

La reine mère, à qui la comtesse de Fiesque amena le duc d'Orléans, devenu depuis quelques instants Charles IX, sortit en tenant son fils par la main, et fut suivie de toute la cour. Il ne resta que les deux Lorrains, le duchesse de Guise, Marie Stuart et Dayelle dans la chambre où François II rendit le dernier soupir, avec deux gardes à la porte, les pages du grand maître, ceux du cardinal et leurs secrétaires particuliers.

— Vive la France ! crièrent plusieurs réformés en faisant entendre un profond cri d'opposition.

Robertet, qui devait tout au duc et au cardinal, effrayé de leurs projets et de leurs entreprises manquées, se rallia secrètement à la reine mère, à la rencontre de laquelle les ambassadeurs d'Espagne, d'Angleterre, de l'Empire et de Pologne vinrent dans l'escalier, amenés par le cardinal de Tournon, qui les alla prévenir, après s'être montré dans la cour à Catherine de Médicis, au moment où elle avait protesté contre l'opération d'Ambroise Paré.

— Eh bien ! les fils de Louis d'Outre-mer, les héritiers de Charles de Lorraine, ont manqué de courage, dit le cardinal au duc.

— On les aurait renvoyés en Lorraine, répondit le grand maître. Je vous le déclare, Charles, si la couronne était là, je n'étendrais pas la main pour la prendre. Ce sera l'ouvrage de mon fils.

— Aura-t-il jamais comme vous l'armée et l'Eglise ?

— Il aura mieux.

— Quoi ?

— Le peuple !

— Il n'y a que moi qui le pleure, ce pauvre enfant qui m'aimait tant ! dit Marie Stuart en tenant la main froide de son premier mari expiré.

— Par qui tenir avec la reine ? dit le cardinal.

— Attendez qu'elle se brouille avec les huguenots, répondit la duchesse.

Les intérêts de la maison de Bourbon, ceux de Catherine, ceux des Guise, ceux du parti des réformés, produisirent une telle confusion dans Orléans, que, trois jours après, le corps du roi, complétement oublié dans le bailliage et mis dans une bière par d'obscurs serviteurs, partit pour Saint Denis dans un chariot couvert, accompagné seulement de l'évêque de Senlis et de deux gentilshommes. Quand ce triste convoi arriva dans la petite ville d'Étampes, un serviteur du chancelier de l'Hospital attacha sur le chariot cette terrible inscription que l'histoire a recueillie : Tanneguy du Chastel, où es-tu ? Mais tu étais Français ! Sanglant reproche qui tombait sur Catherine, sur Marie Stuart et sur les Lorrains. Quel est le Français qui puisse ignorer que Tanneguy du Chastel dépensa trente mille écus du temps (un million d'aujourd'hui) aux funérailles de Charles VII, le tentateur de sa maison ?

Aussitôt que le bruit des cloches annonça dans Orléans que François II était mort, et dès que le connétable de Montmorency eut fait ouvrir les portes de la ville, Tourillon monta dans son grenier et se dirigea vers une cachette.

— Eh bien ! serait-il mort ? s'écria le gantier.

En entendant ce mot, un homme se leva qui répondit : — Prêt à servir ! le mot d'ordre des réformés attachés à Calvin.

Cet homme était Chaudieu, à qui Tourillon raconta les événements des huit derniers jours, pendant lesquels il avait laissé le ministre seul dans sa cachette avec un pain de douze livres pour unique nourriture. — Cours chez le prince de Condé, frère, demande un sauf-conduit pour moi, et trouve un cheval, s'écria le ministre, il faut que je parte à l'instant. — Ecrivez, car je ne puisse être reçu. — Tiens, dit Chaudieu après avoir écrit quelques lignes, demande une passe au roi de Navarre, car, dans les circonstances actuelles, je dois courir à Genève.

En peu d'heures, tout fut prêt, et l'ardent ministre était en route pour la Suisse, accompagné d'un gentilhomme du roi de Navarre, de qui Chaudieu paraissait être le secrétaire et qui portait des instructions aux réformés du Dauphiné. Ce départ subit de Chaudieu fut aussitôt autorisé dans l'intérêt de Catherine, qui fit, pour gagner du temps, la hardie proposition sur laquelle se tint ce profond secret. Cette singulière conception explique l'accord si soudainement fait entre elle et les chefs du parti de la réforme. La rusée commère avait donné pour gage de sa bonne foi un certain désir d'accommoder les différends des deux Églises dans une assemblée qui ne pouvait être ni un synode, ni un concile, ni un conseil, mais pour laquelle il fallait un nom nouveau, mais surtout l'assentiment de Calvin. Quand ce mystère éclata, disons-le en passant, l'alliance des Guise et du connétable de Montmorency contre Catherine et le roi de Navarre, alliance bizarre, connue dans l'histoire sous le nom de triumvirat, parce que le maréchal de Saint-André fut le troisième personnage de cette coalition purement catholique, à laquelle donna lieu cette étrange proposition du colloque. La profonde politique de Catherine fut alors bien jugée par les Guise : ils comprirent que la reine se souciait fort peu de cette assemblée, et voulait temporiser avec ses alliés pour arriver à l'époque de la majorité de Charles IX, aussi trompèrent-ils le connétable en lui faisant croire à une collusion d'intérêts entre les Bourbons et Catherine, tandis que Catherine les jouait tous. Cette reine était, comme on le voit, devenue excessivement forte en peu de temps. L'esprit de discussion et de dispute qui régnait alors favorisait singulièrement cette proposition. Les catholiques et les réformés devaient briller tous les uns après les autres dans ce tournoi de paroles. Aussi est-ce précisément ce qui arriva. N'est-il pas extraordinaire que les historiens aient pris les ruses les plus habiles de la reine pour des incertitudes ! Jamais Catherine n'alla plus directement à son but que dans ces inventions par lesquelles elle paraissait s'en éloigner. Le roi de Navarre, incapable de comprendre les raisons de Catherine, dépêcha donc vers Calvin Chaudieu, qui s'était dévoué secrètement à observer les événements d'Orléans, où, d'heure en heure, il pouvait être découvert et pendu sans procès, comme tout homme qui se trouvait sous le coup d'un arrêt de bannissement. A la façon dont se taisaient alors les voyages, Chauden ne devait pas arriver à Genève avant le mois de février, et les négociations ne devaient être terminées que pour le mois de mars, et l'Assemblée ne put en effet avoir lieu que vers le commencement de mai 1561. Catherine avait médité d'amuser la cour et les partis par le sacre du roi, par son premier lit de justice au P. Clement, où l'Hospital et de Thou firent enregistrer la lettre par laquelle Charles IX confia l'administration du royaume à sa mère, de concert avec le lieutenant général du royaume, Antoine de Navarre, le prince le plus faible de ce temps!

N'est-ce pas un des spectacles les plus étranges que celui de tout un roi vieux en suspens pour le *oui* ou le *non* d'un bourgeois français longtemps obscur et alors établi à Genève? Le pape transalpin tenu en échec par le pape de Genève! Ces deux princes tout naguère si puissants, paralysés par cet accord momentané du premier prince du sang, de la reine mère et de Calvin! N'est-ce pas une des plus fécondes leçons données aux rois par l'histoire, une leçon qui leur apprend à juger les hommes, à faire promptement la part au génie, et à le chercher, comme fit Louis XIV, partout où Dieu le met.

Calvin, qui ne se nommait pas Calvin, mais Cauvin était le fils d'un tonnelier de Noyon en Picardie. Le pays de C lvin explique qu'il a un certain point l'entêtement mêlé de vivacité bizarre qui distingua cet arbitre des destinées de la France au seizième siècle. Il n'y a rien de moins connu que cet homme qui a engendré Genève et l'esprit de cette cité. Jean-Jacques Rousseau, qui possédait peu de connaissances historiques, a complètement ignoré l'influence de cet homme sur sa république. Et d'abord, Calvin, qui demeurait dans une des plus humbles maisons du haut Genève, près du temple Saint-Pierre, au-dessus d'un menuisier, première ressemblance entre lui et Robespierre, n'avait pas à Genève d'autorité bien connue. Pendant longtemps sa puissance fut heureusement limitée par les Genevois. Au seizième siècle, Genève eut dans Farel un de ces fameux citoyens qui restent inconnus au monde entier, et souvent à Genève elle-même. Ce Farel attira, vers 1537, Calvin dans cette ville, en la lui montrant comme la plus forte place d'une réformation plus active que celle de Luther. Farel et Calvin jugeaient le luthéranisme comme une œuvre incomplète, insuffisante et sans prise sur la France. Genève, assise entre l'Italie et la France, ayant la langue française, était admirablement située pour correspondre avec l'Allemagne, avec l'Italie et avec la France. Calvin adopta Genève pour le siège de sa fortune morale, et en fit la citadelle de ses idées.

Le conseil de Genève, sollicité par Farel, autorisa Calvin à donner des leçons de théologie au mois de septembre 1538. Calvin laissa la prédication à Farel, son ancien disciple, et se livra paternellement à l'enseignement de sa doctrine. Cette autorité qui devint souveraine dans les dernières années de sa vie, devait s'établir difficilement. Ce grand agitateur rencontra de sérieux obstacles, qu'il en fut pendant un certain temps banni de Genève à cause de la sévérité de sa réforme. Il y eut un parti d'honnêtes gens qui tenaient pour le vieux luxe et pour les anciennes mœurs. Mais, comme toujours, ces honnêtes gens exagèrent le ridicule, au lieu de vouloir la mesure de leurs efforts, et l'on se battit sur des points étrangers à la vraie question. Calvin voulait qu'on se servît de *pain levé* pour la communion et qu'il n'y eût plus de fêtes, hormis le dimanche. Ces innovations furent désapprouvées à Berne et à Lausanne. On signifia donc aux Genevois de se conformer aux us de la Suisse. Calvin et Farel résistèrent, leurs ennemis politiques s'appuyèrent sur ce désaccord pour les chasser de Genève, d'où ils furent en effet bannis pour quelques années. Plus tard, Calvin rentra triomphalement, redemandé par son troupeau. Ces persécutions deviennent toujours la consécration du pouvoir moral, quand l'écrivain s'est attendu à un retour fatal comme l'ère du prophète. Les exécutions commencèrent et Calvin organisa sa terreur religieuse. Au moment où se dominateur inapti il fut admis dans la bourgeoisie genevoise, mais à ces quatorze ans de séjour, il n'était pas encore du conseil Au moment où Catherine députait un ministre vers lui, ce roi des idées n'avait pas d'autre titre que celui de pasteur de l'Église de Genève. Calvin n'ayant jamais plus de cent quarante francs en argent par année, quinze quintaux de blé, deux tonneaux de vin, pour tout payement. Son frère, simple tailleur, avait sa boutique à quelques pas de la place Saint-Pierre, dans la rue où se trouve aujourd'hui une des imprimeries de Genève. Ce désintéressement, qui manqua à Voltaire, à Newton, à Bacon, mais qui brille dans la vie de Rabelais, de Campanella, de Luther, de Vico, de Descartes, de Malebranche, de Spinosa, de Loyola, de Kant, de Jean-Jacques Rousseau, ne forme-t-il pas un magnifique cadre à ces ardentes et sublimes figures?

L'existence si semblable de Robespierre peut faire comprendre aux contemporains celle de Calvin, fondant son pouvoir sur les mêmes bases, fut aussi cruel, aussi absolu, que l'avocat d'Arras. Chose étrange! La Picardie, Arras et Noyon, à trois cents ans de distance, sont les instruments de Réformation! Tous ceux qui voudront étudier les raisons des supplices ordonnés par Calvin trouveront, proportion gardée,

tout 1793, à Genève. Calvin fit trancher la tête à Jacques Gruet « pour « avoir écrit des lettres impies, des vers libertins, et avoir *travaillé* « à renverser les ordonnances ecclésiastiques. » Réfléchissez à cette sentence et demandez-vous si les plus horribles tyrannies offrent dans leurs saturnales des considérants plus cruellement bouffons. Valentin Gentilis, condamné à mort « pour hérésie involontaire, » n'échappa au supplice que par une amende honorable plus ignominieuse que celles infligées par l'Église catholique. Sept ans avant la conférence qui allait avoir lieu chez Calvin sur les propositions de la reine mère, Michel Servet, *Français*, passant par Genève, y avait été arrêté, jugé, condamné, sur l'accusation de Calvin, et brûlé vif « pour avoir atta- « qué le mystère de la Trinité » dans un livre qui n'avait été ni composé ni publié à Genève. Rappelez-vous les éloquentes défenses de Jean-Jacques Rousseau, dont le livre qui renversait la religion catholique, écrit en France et publié en Hollande, mais débité dans Paris, fut seulement brûlé par Genève, Calvin lui fit couler plus de sang qu'en fit couler le terrible apôtre de l'égalité politique assimilée à l'égalité catholique. Trois siècles auparavant, un moine, un Picard, avait entraîné l'Occident tout entier sur l'Orient, Pierre l'Ermite, Calvin et Robespierre, chacun à trois cents ans de distance, ces trois Picards ont été, politiquement parlant, des leviers d'Archimède. C'était à chaque époque une pensée qui rencontrait un point d'appui dans les intérêts et chez les hommes.

Calvin est donc bien certainement l'éditeur presque inconnu de cette triste ville, appelée Genève, où, il y a dix ans, un homme disait, en montrant une porte cochère de la haute ville, la première qui ait été faite à Genève (il n'y avait que des portes bâtardes auparavant) : « C'est par cette porte que le luxe est entré dans Genève! » Calvin y introduisit, par la rigueur de ses exécutions et par celle de sa doctrine, ce sentiment hypocrite si bien nommé la *môme-rie*. Avoir des mœurs, selon les *mômiers*, c'est renoncer aux arts, aux agréments de la vie, manger délicieusement, mais sans luxe, et amasser silencieusement de l'argent, sans en jouir autrement que comme Calvin jouissait de son pouvoir, par la pensée. Calvin donna à tous les citoyens l'ombre livrée sombre qu'il étendit sur sa vie. Il avait créé dans le consistoire un vrai tribunal d'inquisition calviniste, absolument semblable au tribunal révolutionnaire de Robespierre. Le consistoire déférait au conseil les gens à condamner, et Calvin y régnait par le consistoire comme Robespierre régnait sur la Convention par le club des Jacobins. Ainsi, un magistrat nommé à Genève fut condamné à deux mois de prison, à perdre ses emplois et la capacité d'en jamais exercer d'autres, « parce qu'il menait une « vie déréglée et qu'il était lié avec les ennemis de Calvin. » Sous ce rapport, Calvin fut un législateur : il a créé les mœurs austères, sobres, bourgeoises, effroyablement tristes, mais irréprochables, qui se sont conservées jusqu'aujourd'hui dans Genève, qui ont précédé les mœurs anglaises, universellement désignées sous le mot de puritanisme, dues à ces caméroniens, disciples de Caméron, un des docteurs français issus de Calvin, et que Walter Scott a si bien peints! La pauvreté d'un homme, exactement souverain, qui traitait de puissance à puissance avec les rois qui leur demandaient des trésors, des armées, et qui puisait à pleines mains dans leurs épargnes pour les malheureux, prouve que la pensée, prise comme moyen unique de domination, engendre des œuvres politiques des hommes qui jouissent par le cerveau, qui, semblables aux jésuites, veulent le pouvoir pour le pouvoir. Pitt, Luther, Calvin, Robespierre, tous ces Harpagons de domination meurent sans un sou. L'inventaire fait au logis de Calvin, après sa mort, et qui, *compris ses livres*, s'élève à cinquante écus, a été conservé par l'histoire. Celui de Luther a offert la même somme; enfin sa veuve, la fameuse Catherine de Bora, fut obligée de solliciter une pension de cent écus, qui lui fut accordée par un électeur d'Allemagne. Potemkin, Mazarin, Richelieu, ces hommes de pensée et d'action, qui tous trois ont fait ou préparé des empires, ont laissé chacun trois cents millions. Ceux-là avaient un cœur, ils aimaient les femmes et les arts, ils bâtissaient, ils conquéraient; tandis qu'en excepte la femme de Luther, Hélène de cette Iliade, tous les autres n'ont pas un battement de cœur donné à une femme à se reprocher. Cette explication très succincte était nécessaire pour expliquer la position de Calvin à Genève.

Dans les premiers jours du mois de février de l'année 1561, par une de ces douces soirées qui se rencontrent dans cette saison sur le lac Léman, deux cavaliers arrivèrent au Pré-l'Évêque, ainsi nommé à cause de l'ancienne maison de campagne de l'évêque de Genève, chassé depuis trente ans. Ces deux hommes, qui sans doute connaissaient les lois de Genève sur la fermeture des portes, alors nécessaires et assez ridicules aujourd'hui, se dirigèrent sur la porte de Rives ; mais ils arrêtèrent brusquement leurs chevaux à l'aspect d'un homme d'une cinquantaine d'années qui se promenait appuyé sur le bras d'une servante, et qui rentrait évidemment en ville ; cet homme, assez gras, marchait avec lenteur et difficulté, ne posant un pied qu'après l'autre et non sans douleur, car il portait des souliers ronds en velours noir et lacés. — C'est lui, dit à Chaudieu l'autre cavalier, qui descendit de cheval, tendit ses rênes à son compagnon, et s'avança en ouvrant ses bras au promeneur.

Ce promeneur, qui était en effet Jean Calvin, se recula pour éviter l'embrassade, et jeta le coup d'œil le plus sévère à son disciple. A cinquante ans, Calvin paraissait en avoir soixante-dix. Gros et gras, il semblait d'autant plus petit, que d'horribles douleurs de gravelle l'obligeaient à marcher courbé. Ces douleurs se compliquaient avec les atteintes d'une goutte du plus mauvais caractère. Tout le monde eût tremblé devant cette figure presque aussi large que longue, et sur laquelle, malgré sa rondeur, il n'y avait pas plus de bonhomie que dans celle du terrible Henri VIII, à qui Calvin ressemblait beaucoup ; les souffrances, qui ne lui donnèrent jamais de relâche, se trahissaient dans deux rides profondes qui partaient de chaque côté du nez en suivant le mouvement des moustaches et se confondant comme elles avec une ample barbe grise. Cette figure, quoique rouge et enflammée comme celle d'un buveur, offrait par places des marques où le teint était jaune ; mais, malgré le bonnet de velours noir qui couvrait cette énorme tête carrée, on pouvait admirer un front vaste et de la plus belle forme, sous lequel brillaient deux yeux bruns, qui, dans les accès de colère, devaient lancer des flammes. Soit par l'effet de son obésité, soit à cause de son gros cou court, soit à cause de ses veilles et de ses travaux continuels, la tête de Calvin rentrait dans ses larges épaules, ce qui l'obligeait à ne porter qu'une petite fraise courte à tuyaux, sur laquelle sa figure semblait être comme celle de saint Jean-Baptiste dans un plat. Entre ses moustaches et sa barbe, on voyait, comme une rose, sa jolie bouche éloquente, petite et fraîche, dessinée

Les rois de France ne se laissent frapper ainsi que par le fer de leurs ennemis,... — PAGE 38.

avec une admirable perfection. Ce visage était partagé par un nez carré, remarquable par une flexuosité qui régnait dans toute la longueur, et qui produisait sur le bout des méplats significatifs, en harmonie avec la force prodigieuse exprimée dans cette tête impériale. Quoiqu'il fût difficile de reconnaître dans ces traits les traces des migraines hebdomadaires qui saisissaient Calvin pendant les intervalles d'une fièvre lente par laquelle il fut dévoré, la souffrance, incessamment combattue par l'étude et par le vouloir, donnait à ce masque en apparence fleuri quelque chose de terrible, assez explicable par la couleur de la couche de graisse due aux habitudes sédentaires du travailleur, et qui portait les traces du combat perpétuel de ce tempérament valétudinaire avec l'une des plus fortes volontés connues dans l'histoire de l'esprit humain. Quoique charmante, la bouche avait une expression de cruauté. La chasteté, commandée par de vastes desseins, exigée par tant de maladives dispositions, était écrite sur ce visage. Il y avait des regrets dans la sérénité de ce front puissant, et de la douleur dans le regard de ces yeux, dont le calme effrayait. Le costume de Calvin faisait bien ressortir sa tête, car il portait la fameuse soutane en drap noir, serrée par une ceinture de drap noir à boucle en cuivre, qui devint le costume des ministres calvinistes, et qui, désintéressant le regard, obligeait l'attention à ne s'occuper que du visage. — Je souffre trop, Théodore, pour vous embrasser, dit alors Calvin à l'élégant cavalier.

Théodore de Bèze, alors âgé de quarante-deux ans et reçu bourgeois de Genève depuis deux ans, à la demande de Calvin, formait le contraste le plus violent avec le terrible pasteur dont il avait fait son souverain. Calvin, comme tous les bourgeois qui s'élèvent à une souveraineté morale, ou comme tous les inventeurs de systèmes sociaux, était dévoré de jalousie. Il abhorrait ses disciples, il ne voulait pas d'égaux, et ne souffrait pas la moindre contradiction. Cependant, il y avait entre Théodore de Bèze et lui tant de différence : cet élégant cavalier, doué d'une figure agréable, plein de politesse, habitué à fréquenter les cours, il le trouvait si dissemblable de tous ses farouches janissaires, qu'il se départait avec lui de ses sentiments habituels ; il ne l'aima jamais, car cet âpre législateur ignora totalement l'amitié ; mais ne craignant pas de trouver en lui son successeur, il aimait à jouer avec Théodore comme Richelieu joua plus tard avec son chat ; il le trouvait souple et léger. En voyant Théodore de Bèze réussir admirablement dans toutes ses missions, il aimait cet instrument poli dont il se croyait l'âme et le conducteur ; tant il est vrai que les hommes les plus farouches ne peuvent se dispenser d'un semblant d'affection. Théodore fut l'enfant gâté de Calvin, le sévère réformateur ne le grondait pas, il lui passait ses déréglements, ses amours, ses beaux costumes et son élégance de langage. Peut-être Calvin était-il content de montrer que la réforme pouvait lutter de grâce avec les gens de cour. Théodore de Bèze voulait introduire dans Genève le goût des arts, de la littérature, de la poésie, et Calvin écoutait ses plans sans froncer ses gros sourcils gris. Ainsi le contraste du caractère entre ces deux hommes célèbres.

Calvin reçut le salut très-humble de Chaudieu, en répondant par une légère inclination de tête. Chaudieu passa dans son bras droit les brides des deux chevaux et suivit ces deux grands hommes de la Réformation, en se tenant à gauche de Théodore de Bèze, qui marchait à droite de Calvin. La bonne de Calvin courut pour empêcher qu'on ne fermât la porte de Rives, en faisant observer au capitaine de garde que le pasteur venait d'être pris de douleurs cuisantes.

Théodore de Bèze était un fils de Calvin auprès du Vézelay, la première qui se confédéra, et dont la curieuse histoire a été faite par l'un des Thierry. Ainsi, l'esprit de bourgeoisie et de résistance, endémique à Vézelay, a sans doute fourni sa part dans la grande révolte des réformés en la personne de cet homme, qui, certes, est une des plus curieuses figures de l'hérésie.

— Vous souffrez donc toujours? dit Théodore à Calvin. — Un catholique dirait comme un damné, répondit le réformateur avec cette amertume qu'il mettait dans ses moindres paroles. Ah! je m'en vais, mon enfant! Et que deviendrez-vous sans moi? — Nous combattrons à la clarté de vos livres! dit Chaudieu.

Calvin rougit, son visage empourpré prit une expression gracieuse, et il regarda favorablement Chaudieu.

— Eh bien! vous m'apportez des nouvelles? reprit-il. Nous a-t-on beaucoup massacré des nôtres! dit-il en souriant et montrant une railleuse joie qui brilla dans ses yeux bruns. — Non, dit Chaudieu, tout est à la paix. — Tant pis, tant pis! s'écria Calvin. Toute pacification serait un mal, si chaque fois ce ne devait pas être un piège. La persécution est notre force. Où en serions-nous, si l'Église s'emparait de la réforme. — Mais, dit Théodore, c'est ce que semble vouloir faire la reine mère. — Elle en est bien capable, dit Calvin. J'étudie cette femme... — D'ici? s'écria Chaudieu. — Y a-t-il des distances pour l'esprit, répliqua sévèrement Calvin, qui trouva de l'irrévérence dans l'interruption. Catherine souhaite le pouvoir, et les femmes dans cette visée n'ont plus ni honneur ni foi. De quoi s'agit-il? — Eh bien! elle nous propose une espèce de concile, dit Théodore de Bèze. — Auprès de Paris? demanda Calvin brusquement. — Oui! — Ah! tant mieux! fit Calvin. — Et nous y essayerons de nous entendre et de dresser un acte public pour fondre les deux Églises. — Ah! si elle avait le courage de séparer l'Église française de la cour de Rome et de créer en France un patriarche comme dans l'Église grecque! s'écria le réformateur, dont les yeux brillèrent à cette idée, qui lui permettait de monter sur un trône. Mais, mon fils, la nièce d'un pape peut-elle être franche? elle veut gagner du temps. — Ne nous en faut-il pas pour réparer notre échec d'Amboise, et organiser une résistance formidable sur tous les points du royaume? — Elle a renvoyé la reine d'Écosse, dit Chaudieu. — Une de moins! dit Calvin en passant sous la porte de Rives, Élisabeth d'Angleterre nous la contiendra. Deux reines voisines seront bientôt en guerre: l'une est belle et l'autre est assez laide, première cause d'irritation; puis il y a de plus la question d'illégitimité...

Il se frotta les mains, et sa joie eut un caractère si féroce, que de Bèze frissonna; car il aperçut alors la mare de sang que contemplait son maître depuis un moment.

— Les Guise ont irrité la maison de Bourbon, dit de Bèze après une pause, ils ont à Orléans brisé la paille entre eux. — Eh bien! reprit Calvin, tu ne me croyais pas, mon fils, quand, à ton dernier départ pour Nérac, je te disais que nous finirions par susciter entre les deux branches de la maison de France une guerre à mort! Enfin, j'ai une cour, un roi, une famille dans mon parti. Ma doctrine a fait maintenant son effet sur les masses. Les bourgeois m'ont compris, ils appelleront désormais idolâtres ceux qui vont à la messe, qui peignent les murailles de leurs temples, qui y mettent des tableaux et des statues. Ah! il est bien plus facile au peuple de démolir des cathédrales et des palais, que de disputer sur la *foi justifiante* ou sur la *présence réelle*! Luther était un disputeur, moi je suis une armée! il était un raisonneur, moi je suis un système! Enfin, mes enfants, ce n'était qu'un taquin, moi je suis un Tarquin! Oui, mes fidèles briseront les églises, ils briseront les tableaux, ils feront des meules avec des statues pour broyer le blé des peuples. Il y a des corps dans les États, je n'y veux que des individus! Les corps résistent trop, et voient clair là où les multitudes sont aveugles! Maintenant il faut mêler à cette doctrine agissante des intérêts politiques qui la consolident et qui entretiennent le matériel de mes armées. J'ai satisfait la logique des esprits économes et la tête des penseurs par ce culte nu, dépouillé, qui transporte la religion dans le monde des idées. J'ai fait comprendre au peuple les avantages de la suppression des cérémonies. A toi, Théodore, à embaucher des intérêts. Ne sortez pas de là. Tout est fait, tout est dit maintenant comme doctrine, qu'on n'y ajoute pas un iota!

Pourquoi Caméron, ce petit pasteur de Gascogne, se mêle-t-il d'écrire?...

Braves gens, dit la reine en entrant, nous venons, le roi mon fils et moi... — PAGE 46.

Calvin, Théodore de Bèze et Chaudieu gravissaient les rues de la ville haute au milieu de la foule, sans que la foule fît la moindre attention à eux, qui déchaînaient les foules dans les cités, qui ravageaient la France! Après cette affreuse tirade, ils marchèrent en silence, arrivèrent sur la petite place Saint-Pierre, et se dirigèrent vers la maison du pasteur. Au second étage de cette maison à peine célèbre, et de laquelle personne aujourd'hui ne vous parle à Genève, où d'ailleurs Calvin n'a pas de statue, son logement consistait en trois chambres parquetées en sapin, boisées en sapin, et à côté desquelles se trouvaient la cuisine et la chambre de la servante. On entrait, comme dans la plupart des maisons bourgeoises de Genève, par la cuisine, qui menait à une petite salle à deux croisées, servant de parloir, de salon et de salle à manger. Le cabinet de travail, où la pensée de Calvin se débattait avec les douleurs depuis quatorze ans, venait ensuite, la chambre à coucher y était contiguë. Quatre chaises en bois de chêne, couvertes en tapisserie et placées autour d'une longue table carrée, composaient l'ameublement du parloir. Un poêle en faïence blanche, placé dans un des angles de cette pièce, y jetait une douce chaleur. Une boiserie de sapin naturel revêtait les murs, sans aucun décor. Ainsi, la nudité des lieux était en harmonie avec la vie sobre et simple de ce réformateur.

— Eh bien! dit de Bèze en entrant et profitant du moment où Chaudieu les avait laissés seuls pour aller mettre les deux chevaux dans une auberge voisine, que dois-je faire? Acceptez-vous le colloque? — Certes, dit Calvin. C'est vous, mon enfant, qui y combattrez. Soyez-y tranchant, absolu. Personne, ni la reine, ni les Guise, ni moi, nous ne voulons en faire sortir une pacification, qui ne nous convient point. J'ai confiance en Duplessis-Mornay, il faudra lui donner le premier rôle. Nous sommes seuls, dit-il en jetant un regard de défiance dans sa cuisine, dont la porte était entr'ouverte et où séchaient, étendues sur une corde, deux chemises et quelques collerettes. Va fermer tout. Eh bien ! reprit-il quand Théodore eut fermé les portes, il faut pousser le roi de Navarre à se joindre aux Guise et au connétable en lui conseillant d'abandonner la reine Catherine de Médicis. Ayons tous les bénéfices de la faiblesse de ce triste sire. S'il tourne casaque à l'Italienne, en se voyant dénuée de cet appui, elle se joindra nécessairement au prince de Condé, à Coligny. Peut-être cette manœuvre la compromettra-t-elle si bien, qu'elle nous restera...

Théodore de Bèze prit le pan de la robe de Calvin, et le baisa :
— O mon maître, dit-il, vous êtes grand ! — Je me meurs, malheureusement, cher Théodore. Si je mourais sans le revoir, dit-il à voix basse et dans l'oreille de son ministre des affaires étrangères, songe à faire frapper un grand coup par un de nos martyrs !... — Encore un Minard à tuer ? — Mieux qu'un robin. — Un roi ? — Encore plus ! un homme qui veut l'être. — Le duc de Guise ! s'écria Théodore en laissant échapper un geste. — Eh bien ! s'écria Calvin, qui crut apercevoir une dénégation ou un mouvement de résistance, et qui ne vit pas entrer le ministre Chaudieu, n'avons-nous pas le droit de frapper comme on nous frappe ? ou, dans l'ombre et le silence ? Ne pouvons-nous pas frapper pour blessure, mort pour mort ? Les catholiques se feront-ils faute de nous tendre des pièges et de nous massacrer ? J'y compte bien ! Brûlez leurs églises ! allez, mes enfants. Si vous avez des jeunes gens dévoués... — J'en ai, dit Chaudieu. — Servez-vous-en comme de machines de guerre ! notre triomphe admet tous les moyens. Le Balafré, ce terrible soldat, est comme moi, plus qu'un homme c'est une dynastie comme je suis un système, il est capable de nous anéantir ! A mort donc le Lorrain !
— J'aimerais mieux une victoire paisible amenée par le temps et par la raison, dit de Bèze. — Par le temps ? s'écria Calvin en jetant sa chaise par terre, par la raison ? Mais êtes-vous fou ! La raison ! faire une conquête ? vous ne savez donc rien des hommes, vous qui les pratiquez ? imbécile ! Ce qui nuit à ma doctrine, triple miais, c'est qu'elle est raisonnable ! Par la foudre de saint Paul, par l'épée du fort, citrouille que vous êtes, Théodore, ne voyez-vous pas la vigueur communiquée à ma réforme par la catastrophe d'Amboise ? Les idées ne poussent qu'arrosées avec du sang ! L'assassinat du duc de Guise serait le motif d'une horrible persécution, et je l'appelle de tous mes vœux ! Nos revers sont préférables à des succès ! La réforme a les moyens de se faire battre, entendez-vous, battre ! tandis que le catholicisme est perdu, si nous gagnons une seule bataille. Mais quels sont donc mes lieutenants ?... des chiffons mouillés au lieu d'hommes ! des tripes à deux pattes ! des babouins baptisés. O mon Dieu ! me donneras-tu dix ans de vie encore ! Si je meurs trop tôt, la cause de la vraie religion est perdue avec de pareils maroufles ! Tu es aussi bête qu'Antoine de Navarre ! Sors, laisse-moi, je veux un meilleur négociateur ! Tu n'es qu'un âne, un goujat d'eau, un poète, va faire des cafouilleries, des tubulades, des acrostiches ! Hue !

Les douleurs de la gravelle avaient entièrement été domptées par le feu de cette colère. La goutte se taisait devant cette horrible excitation. Le visage de Calvin était nuancé de pourpre comme un ciel à l'orage. Son vaste front brillait. Ses yeux flamboyaient. Il ne se ressemblait plus. Il s'abandonna à cette espèce de mouvement épileptique, plein de rage, qui lui était familier, mais saisi par le silence de ses deux auditeurs, et remarquant Chaudieu qui dit à de Bèze : « Le buisson d'Oreb ! » le pasteur s'assit, se tut, et se voila le visage de ses deux mains aux articulations nouées et qui palpitaient malgré leur épaisseur.

Quelques instants après, encore en proie aux dernières secousses de ce grain engendré par la chasteté de sa vie, il leur dit d'une voix émue : — Mes vices, qui sont nombreux, me coûtent moins à dompter que mon impatience ! Oh ! bête féroce ! ne te vaincrai-je jamais ? ajouta-t-il en se frappant la poitrine. — Mon cher maître, dit de Bèze d'une voix caressante et en prenant les mains de Calvin, qu'il baisa, Jupiter tonne, mais il sait sourire.

Calvin regarda son disciple d'un œil adouci en lui disant : — Comprenez-moi, mes amis. — Je comprends que les pasteurs de peuples ont de terribles fardeaux, répondit Théodore. Vous avez un monde sur vos épaules. — J'ai, dit Chaudieu, trois martyrs sur lesquels nous pouvons compter. Stuart, qui a tué le président, est en liberté... — Erreur ! dit Calvin doucement et en souriant comme tous les grands hommes qui font succéder le beau temps sur leur figure, comme s'ils étaient honteux d'y avoir laissé régner l'orage. Je connais les hommes. On tue un président, on en tue deux. — Est-ce absolument nécessaire ? dit de Bèze. — Encore ! Si Calvin en enflant ses narines. Tenez, laissez-moi, vous me remettriez en fureur. Allez avec ma décision. Toi, Chaudieu, marche dans la voie et maintiens ton troupeau de Paris. Que Dieu vous conduise ! Dinah... éclairez-nous. — Ne me permettrez-vous pas de vous embrasser ? dit Théodore avec attendrissement. Qui de nous peut savoir ce qui lui adviendra demain ! Nous pouvons être saisis malgré les sauf-conduits... — Et je veux les ménager ? dit Calvin en embrassant de Bèze. Il prit la main de Chaudieu en lui disant : — Surtout pas de huguenots, pas de réformés, devenez calvinistes ! Ne parlez que du calvinisme... Hélas ! ce n'est pas ambition, car je me meurs... mais il faut détruire tout de Luther, jusqu'au nom de luthérien et de luthéranisme ! Maintenez, homme divin, s'écria Chaudieu, vous méritez bien de tels honneurs !
— Maintenez l'uniformité de la doctrine, ne laissez plus rien examiner ni refaire. Nous sommes perdus si de notre sein sortaient des sectes nouvelles.

En anticipant sur les événements de cette étude et pour en finir avec Théodore de Bèze, qui alla jusqu'à Paris avec Chaudieu, il faut faire observer que Poltrot, qui, dix-huit mois après, tira un coup de pistolet au duc de Guise, avoua dans la question avoir été poussé à ce crime par Théodore de Bèze ; néanmoins, il rétracta cet aveu dans les tortures postérieures. Aussi Bossuet, en pesant toutes les considérations historiques, n'a-t-il pas cru devoir attribuer la pensée de ce crime à Théodore de Bèze. Mais, depuis Bossuet, une dissertation en apparence futile, faite à propos d'une célèbre chanson, a conduit un compilateur du dix-huitième siècle à prouver que la chanson sur la mort du duc de Guise, chantée dans toute la France par les huguenots, était l'ouvrage de Théodore de Bèze, et il fut alors prouvé que la fameuse complainte sur Marlborough est un plagiat de celle de Théodore de Bèze. (*Voir la note à la fin.*)

Le jour où Théodore de Bèze et Chaudieu arrivèrent à Paris, la cour y était revenue de Reims, où Charles IX avait été sacré. Cette cérémonie, que Catherine rendit très éclatante et qui fut l'occasion de fêtes splendides, lui avait permis de réunir autour d'elle les chefs de tous les partis. Après avoir étudié tous les intérêts et les partis, elle en était à choisir entre cette alternative : ou les rallier au trône, ou les opposer les uns aux autres. Catholique par excellence, le connétable de Montmorency, dont le neveu, le prince de Condé, était le chef de la Réformation et dont les fils inclinaient à cette religion, blâmait l'alliance de la reine mère avec les réformés. De leur côté, les Guise travaillaient à gagner Antoine de Bourbon, prince sans caractère, et à le mettre dans leur parti, ce que sa femme, la reine de Navarre, avertie par de Bèze, laissa faire. Ces difficultés frappaient Catherine, dont l'autorité naissante avait besoin de quelque temps de tranquillité, aussi attendait-elle impatiemment la réponse de Calvin. À qui le prince de Condé, le roi de Navarre, Coligny, d'Andelot, le cardinal de Châtillon, avaient envoyé de Bèze et Chaudieu. Mais, en attendant, la reine mère fut fidèle à ses promesses envers le prince de Condé. Le chancelier mit fin à la procédure qui regardait Christophe en évoquant l'affaire au parlement de Paris, qui cassa l'arrêt de la commission et la déclarant sans pouvoir pour juger un prince du sang. Le parlement recommença le procès à la sollicitation des Guise et de la reine mère. Les papiers de la Sagne avaient été remis à Catherine, qui les brûla. Cette remise fut un premier gage inutilement donné par les Guise à la reine mère. Le parlement, ne trouvant plus ces preuves décisives, rétablit le prince dans tous ses droits, biens et honneurs. Christophe, délivré lors du tumulte d'Orléans à l'avènement du roi, fut mis hors de cause des l'abord, et fut reçu, en dédommagement de ses souffrances, avocat au Parlement, par les soins de M. de Thou.

Le triumvirat, cette coalition future d'intérêts menacés par les premiers actes de Catherine, se préparait donc sous ses yeux. De même qu'en chimie les substances ennemies finissent par se séparer au premier choc qui trouble leur union forcée, de même en politique les alliances d'intérêts contraires ont peu de durée. Catherine comprenait bien que tôt ou tard elle reviendrait aux Guise et au connétable pour livrer bataille aux huguenots. Le colloque qui flattait les amours-propres des orateurs de chaque parti, qui devait faire succéder une imposante cérémonie à celle du sacre et amuser le tapis sanglant de cette guerre religieuse commencée, était inutile aux Guise tout aussi bien qu'aux yeux de Catherine. Les catholiques y perdaient, car les huguenots allaient, sous prétexte de conférer, proclamer leur doctrine à la face de la France, sous la protection du roi et de sa mère. Le cardinal de Lorraine, flatté par Théodore de Bèze à battre les hérétiques par l'éloquence des princes de l'Église, y fit consentir son frère. C'était beaucoup pour la reine mère que six mois de paix.

Un petit événement faillit compromettre ce pouvoir que Catherine élevait si péniblement. Voici la scène, conservée par l'histoire et qui éclata le jour même où les envoyés de Genève arrivèrent rue de Bussy, à l'hôtel de Coligny, près du Louvre. Au sacre, Charles IX, qui aimait beaucoup son précepteur Amyot, le nomma grand aumônier de France. Cette amitié fut également partagée par le duc d'Anjou, Henri III, autre élève d'Amyot. Pendant le voyage de Reims à Paris, Catherine apprit cette nouvelle par les deux Gondi. Elle comptait sur cette charge de la couronne pour se faire dans l'Église un appui, pour y avoir un personnage à opposer au cardinal de Lorraine, elle voulait en revêtir le cardinal de Tournon, afin de trouver en lui, comme en l'Hospital, *une seconde béquille* ; tel fut le mot dont elle se servit. En arrivant au Louvre, elle manda le précepteur. Sa colère fut telle, en voyant le désastre causé dans sa politique par l'ambition de ce fils de cordonnier parvenu, qu'elle lui dit ces étranges paroles, répétées par quelques mémorialistes : — « Quoi ! je fais bouquer les Guise, les Coligny, les connétables, la maison de Navarre, le prince de Condé, et j'aurai en tête un précotolet tel que toi qui n'es pas satisfait par l'évêché d'Auxerre ! » Amyot s'excusa. En effet, il n'avait rien demandé, le roi l'avait revêtu, de son plein gré, de cette charge dont lui, pauvre précepteur, se regardait indigne. — Sois assuré, maître, lui répondit Catherine (tel était le nom que les rois Charles IX et Henri III donnaient à ce grand écrivain), de ne pas rester en pied vingt-quatre heures si tu ne fais changer d'avis à ton élève. Entre la mort annoncée sans plus de finesse, et la résignation de la plus grande charge ecclésiastique de la couronne, le fils du cordonnier, devenu très-avide et qui peut-être ambitionnait le chapeau de cardinal, prit le parti de temporiser, il se cacha dans l'abbaye Saint-Germain. A son premier dîner Charles IX, ne voyant point Amyot, le demanda. Quelque guisard instruisit sans doute le roi de ce qui s'était passé entre Amyot et la reine mère. — Quoi ! est-ce parce que je l'ai fait grand aumônier qu'on l'a fait disparaître? dit-il. Il alla chez sa mère dans le violent état où sont les enfants quand un de leurs caprices est contrarié. — Madame, dit-il en entrant, n'ai-je pas complaisamment signé la lettre que vous m'avez demandée pour le Parlement, et au moyen de laquelle vous gouvernerez mon royaume ? Ne m'avez-vous pas promis en me la présentant que ma volonté serait la vôtre, et voici que la seule faveur que je tenais à donner excite votre jalousie. Le chancelier parle de me faire déclarer majeur à quatorze ans, dans trois ans d'ici, et vous voulez me traiter en enfant. Je serai, par Dieu ! roi, et roi comme mon père et mon grand-père étaient rois !

A l'accent et à la manière dont ces paroles furent dites, Catherine eut une révélation du vrai caractère de son fils, et reçut un coup de boutoir dans le sein. Il me parle ainsi, à moi qui l'ai fait roi, pensa-t-elle. — Monsieur, lui répondit-elle, le métier de roi, par le temps qui court, est bien difficile, et vous ne connaissez pas encore les maîtres à qui vous avez affaire. Vous n'aurez jamais d'autre ami sincère et sûr que votre mère, d'autres serviteurs que ceux qu'elle s'est attachés depuis longtemps, et sans les services desquels vous n'existeriez peut-être pas aujourd'hui. Les Guise en veulent et à votre trône et à votre personne, sachez-le. S'ils pouvaient me coudre dans un sac et me jeter dans la rivière, dit-elle en montrant la Seine, ce serait fait ce soir. Ces Lorrains sentent que je suis la lionne qui défend ses petits, qui arrête leurs mains hardies étendues sur la couronne. A qui, à quoi tient votre précepteur ? où sont ses alliances ? quelle est son autorité? quels services vous rendra-t-il? De quel poids sera sa parole ? Au lieu d'un état pour soutenir votre pouvoir, vous l'avez démuni. Le cardinal de Lorraine vous menace, il fait le roi, il garde son chapeau sur la tête devant le premier prince du sang, n'était-il donc pas urgent de lui opposer un autre cardinal, revêtu d'une autorité supérieure à la sienne ? Est-ce Amyot, ce cordonnier capable de lui nouer les rubans de ses souliers, qui lui rompra en visière ? Enfin, vous aimez Amyot, vous l'avez nommé ! que votre première volonté soit faite, monsieur ! Mais, avant de vouloir, consultez-moi de bonne amitié, prêtez-vous aux raisons d'État, et votre bon sens d'enfant s'accordera peut-être avec ma vieille expérience pour décider, quand vous connaîtrez les difficultés. — Vous me rendrez mon maître ! dit le roi sans trop écouter sa mère en ne voyant que des reproches dans sa réponse. — Oui, vous l'aurez, répondit-elle. Mais ce n'est pas lui, ni même ce brutal de Cypierre, qui vous apprendront à régner. — Ce sera vous, ma chère mère, dit-il adouci par son triomphe et en quittant cet air menaçant et sournois naturellement emprunté sur sa physionomie.

Catherine envoya chercher le nouveau grand aumônier par Gondi. Quand le Florentin eut découvert la retraite d'Amyot, et qu'on eut dit à l'évêque que le courtisan était envoyé par la reine, il fut pris de terreur et ne voulut pas sortir de l'abbaye. Dans cette extrémité, Catherine fut obligée d'écrire elle-même au précepteur dans de tels termes, qu'il revint et reçut l'assurance de sa protection, mais à la condition de la servir aveuglément auprès de Charles IX.

Cette petite tempête domestique apaisée, Catherine, revenue au Louvre après une absence de plus d'une année, y tint conseil avec ses intimes sur la conduite à tenir avec le jeune roi, que Cypierre avait complimenté sur sa fermeté.

— Que faire? dit-elle aux deux Gondi, à Ruggieri, à Birague et à Chiverny, devenu gouverneur et chancelier du duc d'Anjou.

— Avant tout, dit Birague, changez Cypierre. Ce n'est pas un homme de cour, il ne s'accommoderait jamais à vos vues et croirait faire sa charge en vous contrecarrant.

— A qui me fier? s'écria la reine.

— A l'un de nous, dit Birague.

— Par ma foi, reprit Gondi, je vous promets de vous rendre le roi souple comme le roi de Navarre.

— Vous avez laissé périr le feu pour sauver vos autres enfants, eh bien ! faites comme chez les grands seigneurs de Constantinople,

annulez les colères et les fantaisies de celui-ci, dit Albert de Gondi. Il aime les arts, les poésies, la chasse, et une petite fille qu'il a vue à Orléans, en voilà bien assez pour l'occuper.

— Vous seriez donc le gouverneur du roi? dit Catherine au plus capable des deux Gondi.

— Si vous voulez me donner l'autorité nécessaire à un gouverneur, peut-être faudrait-il me nommer maréchal de France et duc. Cypierre est de trop petite taille pour continuer d'avoir cette charge. A l'avenir, le gouverneur d'un roi de France doit être quelque chose comme maréchal et duc...

— Il a raison, dit Birague.

— Poète et chasseur, dit Catherine du ton de la rêverie.

— Nous chasserons et nous aimerons, s'écria Gondi.

— D'ailleurs, dit Chiverny, vous êtes sûre d'Amyot, qui aura toujours peur du bouçon en cas de désobéissance, et avec Gondi vous tiendrez le roi à votre discrétion.

— Vous vous êtes résignée à perdre un enfant pour sauver vos trois fils et la couronne, il faut avoir le courage d'occuper celui-ci pour sauver le royaume, peut-être pour vous sauver vous-même, dit Ruggieri.

— Il vient de m'offenser gravement, dit Catherine de Médicis.

— Il ne sait pas tout ce qu'il vous doit, et, s'il le savait, vous seriez en danger, répondit gravement Birague en appuyant sur ses paroles.

— C'est entendu, reprit Catherine, sur qui cette réponse produisit un effet violent, vous serez gouverneur du roi, Gondi. Le roi doit me rendre pour un des miens la faveur à laquelle je viens de souscrire pour ce pied plat d'évêque. Le drôle vient de perdre le chapeau, oui, tant que je le vivrai, je m'opposerai à ce que le pape l'en coiffe ! Nous eussions été bien forts avec le cardinal de Tournon pour nous. Quel trio que le grand aumônier, l'Hospital et de Thou ! Quant à la bourgeoisie de Paris, je songe à la faire cajoler par mon fils, et nous allons nous appuyer sur elle... Et Gondi devint en effet maréchal, fut créé duc de Retz et gouverneur du roi quelques jours après.

Au moment où ce petit conseil finissait, le cardinal de Tournon vint annoncer à la reine les envoyés de Calvin ; l'amiral Coligny les accompagnait pour les faire respecter au Louvre. Aussitôt la reine prit ses redoutables filles d'honneur et passa dans cette salle de réception bâtie par son mari, et qui n'existe plus dans le Louvre d'aujourd'hui. Dans ce temps, l'escalier du Louvre était dans la tour de l'Horloge. Les appartements de Catherine se trouvaient dans les vieux bâtiments qui subsistent en partie dans la cour du Musée. L'escalier actuel du Louvre a été bâti sur l'emplacement de la salle des ballets. Un ballet était alors une espèce de divertissement dramatique joué par toute la cour. Les passions révolutionnaires ont accrédité la plus risible erreur sur Charles IX, à propos du Louvre. Pendant la Révolution, une croyance hostile à ce roi, dont le caractère a été travesti, en a fait un monstre. La tragédie de Chénier a été composée sous le coup d'un écriteau placé à la fenêtre du corps avancé qui donne sur le quai. On y lisait cette inscription : *C'est de cette fenêtre que Charles IX, d'exécrable mémoire, a tiré sur des citoyens français.* Il convient de faire observer aux historiens futurs et aux gens graves que toute cette partie du Louvre appelée aujourd'hui le vieux Louvre en hache sur le quai, et qui relie le salon au Louvre par la galerie dite d'Apollon et le Louvre aux Tuileries par les salles du Musée, n'a jamais existé sous Charles IX. La plus grande partie de l'emplacement où s'élève la façade du quai, où s'étend le jardin dit de l'Infante, était employée par l'hôtel de Bourbon, qui appartenait précisément à la maison de Navarre. Il eût été matériellement impossible à Charles IX de tirer du Louvre de Henri II une barque chargée de huguenots traversant la rivière, encore bien qu'il pût voir la Seine des fenêtres aujourd'hui condamnées de ce Louvre. Quand même les savants et les bibliothécaires ne posséderaient pas de cartes où le Louvre sous Charles IX est parfaitement indiqué, le monument porte la réfutation de cette erreur. Tous les rois qui ont coopéré à cette œuvre immense n'ont jamais manqué d'y graver leur chiffre ou une anagramme quelconque. Or, cette partie vénérable et aujourd'hui toute noire du Louvre qui a vue sur le jardin dit de l'Infante, et qui s'avance sur le quai, porte les chiffres de Henri II et de Henri IV, bien différents de celui de Henri II, qui mariait son H aux deux C de Catherine en en faisant un D qui trompe les gens superficiels. Henri IV put réunir au domaine du Louvre son hôtel de Bourbon avec ses jardins et dépendances. Lui, le premier, eut l'idée de réunir le palais de Catherine de Médicis au Louvre par ses galeries inachevées, et dont les précieuses sculptures sont très-négligées. Ni le plan de Paris sous Charles IX, ni les chiffres de Henri III et de Henri IV n'existeraient, que la différence d'architecture donnerait encore un démenti cruel à cette calomnie. Les bossages vermiculés de l'hôtel de la Force et de cette partie du Louvre marquent précisément la transition de l'architecture dite de la renaissance à l'architecture sous Henri III, Henri IV et Louis XIII. Cette digression archéologique, en harmonie d'ailleurs avec les peintures par lesquelles cette histoire commence, permet d'apercevoir la vraie physionomie de cet autre coin de Paris duquel il n'existe plus que cette portion du Louvre dont les admirables bas-reliefs se détruisent tous les jours.

Quand la cour apprit que la reine allait donner audience à Théodore de Bèze et à Chaudieu, présentés par l'amiral Coligny, tous les courtisans qui avaient le droit d'entrer dans la salle d'audience y accoururent pour être témoins de cette entrevue. Il était environ six heures, l'amiral venait de souper, et se récurait les dents en montant les escaliers du Louvre entre les deux réformés. Le maniement du cure-dents était devenu chez l'amiral une habitude involontaire, il récurait son râtelier au milieu d'une bataille en pensant à faire retraite. *Défiez-vous du cure-dents de l'amiral, du non du connétable et du oui de Catherine* était un proverbe du temps à la cour. Lors de la Saint-Barthélemi, la populace fit au cadavre de Coligny, qui resta pendu pendant trois jours à Montfaucon, une horrible épigramme en lui mettant un cure-dents grotesque à la bouche. Les chroniqueurs ont enregistré cette atroce plaisanterie. Ce petit fait au milieu d'une grande catastrophe peint d'ailleurs le peuple parisien qui mérite parfaitement ce travestissement plaisant du vers de Boileau :

Le Français né malin créa la guillotine

Le Parisien, de tout temps, a fait des lazzi avant, pendant et après les plus horribles révolutions.

Théodore de Bèze était vêtu comme un courtisan, en chausses de soie noire, en souliers fenestrés, en haut-de-chausse côtelé, en pourpoint de soie noire à crevés, avec le petit manteau de velours noir sur lequel se rabattait une belle fraise blanche à tuyaux. Il portait la virgule et la moustache, gardait une épée au côté et tenait une canne. Quiconque parcourt les galeries de Versailles ou les recueils d'Odieuvre connaît sa figure ronde, presque joviale, aux yeux vifs, surmontée de ce front remarquable par son ampleur qui caractérise les écrivains et les poètes du temps. De Bèze avait, ce qui le servit beaucoup, un air agréable. Il contrastait avec Coligny, dont l'austère figure est populaire, et avec l'âpre, avec le bilieux Chaudieu qui conservait le costume des ministres et le rabat calviniste. Ce qui se passe de nos jours à la Chambre des députés, et ce qui se passait sans doute à la Convention, peut servir à faire comprendre comment, dans cette cour, dans cette époque, les gens qui devaient, six mois après, se battre à outrance et se faire une guerre acharnée, pouvaient se rencontrer, se parler avec courtoisie et plaisanter. A son arrivée dans la salle, Birague, qui devait froidement conseiller la Saint-Barthélemi, le cardinal de Lorraine, qui devait recommander à Besme, son domestique, de ne pas manquer l'amiral, vinrent au-devant de Coligny, et le Piémontais lui dit en souriant : — Eh bien ! mon cher amiral, vous vous chargez donc de présenter ces messieurs de Genève ? — Vous m'en ferez peut-être un crime, répondit l'amiral en raillant, tandis que, si vous vous en étiez chargé, vous vous en feriez un mérite. — On dit le sieur Calvin fort malade, demanda le cardinal de Lorraine à Théodore de Bèze. J'espère qu'on ne nous soupçonnera pas de lui avoir donné des bouillons. — Eh ! monseigneur, vous y perdriez trop, répondit finement de Bèze.

Le duc de Guise, qui toisait Chaudieu, regarda fixement son frère et Birague, surpris tous deux de ce mot. — Vrai Dieu ! s'écria le cardinal, les hérétiques ne le sont pas en fine politique.

Pour éviter toute difficulté, la reine, qui fut annoncée en ce moment, prit le parti de rester debout. Elle commença par causer avec le connétable, qui lui parlait vivement du scandale de recevoir les envoyés de Calvin. — Vous voyez, mon cher connétable, que vous les recevons sans cérémonie. — Madame, dit l'amiral allant à la reine, voici les deux docteurs de la nouvelle religion qui se sont entendus avec Calvin, et qui ont les instructions relativement à une conférence où les Églises de France pourraient accommoder leurs différends. — Voici M. Théodore de Bèze que ma femme aime très-fort, dit le roi de Navarre en survenant et prenant Théodore de Bèze par la main. — Et voici Chaudieu, s'écria le prince de Condé. *Mon ami* le duc de Guise connaît le capitaine, dit-il en regardant le Balafré, peut-être sera-t-il content de connaître le ministre.

Cette gasconnade fit rire toute la cour, et même Catherine.

— Par ma foi, répondit le duc de Guise, je suis enchanté de voir un gars qui sait si bien choisir les hommes et les employer dans leur sphère. L'un des vôtres, dit-il au ministre, a soutenu, sans mourir et sans rien avouer, la question extraordinaire ; je me crois brave, et ne suis pas sûr de la supporterais ainsi. — Hum ! fit Ambroise Paré, vous n'avez rien dit quand je vous ai tiré le javelot du visage, à Calais.

Catherine, au centre du demi-cercle décrit à droite et à gauche par ses filles d'honneur et par ses courtisans, gardait un profond silence. En examinant les deux célèbres réformés, elle cherchait à les pénétrer par son beau regard noir et intelligent, elle les étudiait.

— L'un semble être le fourreau et l'autre la lame, lui dit à l'oreille Albert de Gondi. — Eh bien ! messieurs, dit Catherine, ne put retenir un sourire, votre maître vous a-t-il donné licence de faire une conférence publique où vous puissiez vous convertir à la parole des nouveaux pères de l'Église qui sont la gloire de notre État ? — Nous n'avons pas d'autre maître que le Seigneur, dit Chaudieu. — Ah ! vous reconnaissez bien un peu d'autorité au roi de France ? reprit Catherine en souriant et interrompant le ministre. — Et même beaucoup à la reine, fit de Bèze en s'inclinant. — Vous verrez, répliqua-t-elle, que mes sujets les plus soumis seront les hérétiques. — Ah ! madame, s'écria Coligny, quel beau royaume nous vous ferions ! L'Europe profite étrangement de nos divisions. Elle a toujours eu la moitié des Français contre l'autre, depuis cinquante ans. — Mais sommes-nous là pour entendre chanter des antiennes à la gloire des hérétiques ? dit brutalement le connétable. — Non, mais pour les amener à résipiscence, lui dit à l'oreille le cardinal de Lorraine, et nous voudrions essayer de les attirer par un peu de douceur. — Savez-vous ce que j'aurais fait sous le père du roi ? dit Anne de Montmorency. J'aurais appelé le prévôt pour pendre ces deux pieds plats haut et court au gibet du Louvre. — Eh bien ! messieurs, quels sont les docteurs que vous nous opposerez ? dit la reine en imposant silence au connétable par un regard. — Duplessis-Mornay et Théodore de Bèze seront nos chefs, dit Chaudieu. — La cour ira sans doute au château de Saint-Germain, et, comme il serait malséant que ce colloque eût lieu dans la résidence royale, nous le ferons en la petite ville de Poissy, répondit Catherine. — Nous y serons en sûreté, madame ! dit Chaudieu. — Ah ! répondit la reine avec une sorte de naïveté, vous saurez bien prendre vos précautions. M. l'amiral s'entendra sur ce sujet avec mes cousins de Guise et de Montmorency. — Foin de ceci ! fit le connétable, je n'y veux point tremper. — Que faites-vous à vos sectaires pour leur donner tant de caractère ! dit la reine en emmenant Chaudieu quelques pas à l'écart. Le fils de mon pelletier a été sublime... — Nous avons la foi, dit Chaudieu.

En ce moment la salle offrait l'aspect de groupes animés où s'agitait la question de cette assemblée qui, du mot de la reine, avait déjà pris le nom de colloque de Poissy. Catherine regarda Chaudieu, et put lui dire : — Oui, une foi nouvelle ! — Ah ! madame, si vous n'étiez pas aveuglée par vos alliances avec la cour de Rome, vous verriez que nous revenons à la vraie doctrine de Jésus-Christ, qui, en consacrant l'égalité des âmes, nous a donné à tous des droits égaux sur la terre. — Vous croyez-vous l'égal de Calvin ? demanda finement la reine. Allez, nous ne sommes égaux qu'à l'église. Mais, vraiment, délier les liens entre le peuple et les trônes ! s'écria Catherine, vous n'êtes que des hérétiques, vous vous révoltez contre l'obéissance au roi en vous soustrayant à celle du pape. Elle le quitta brusquement et revint à Théodore de Bèze. — Je compte sur vous, monsieur, lui dit-elle, pour faire un colloque en conscience. Prenez tout votre temps. — Je croyais, dit Chaudieu au prince de Condé, au roi de Navarre et à l'amiral de Coligny, que les affaires de l'État se traitaient plus sérieusement. — Oh ! nous savons bien tous ce que nous voulons, fit le prince de Condé qui échangea un fin regard avec Théodore de Bèze.

Le bossu quitta ses adhérents pour aller à un rendez-vous. Ce grand prince de Condé, chef de parti, était un des plus heureux galants de la cour, les deux plus belles femmes de ce temps se le disputaient avec un tel acharnement, que la maréchale de Saint-André, femme d'un triumvir futur, lui donna sa belle terre de Saint-Valery pour l'emporter sur la duchesse de Guise, la femme de celui qui naguère voulait faire tomber sa tête sur un échafaud, et qui, ne pouvant pas détacher le duc de Nemours de son amourette avec mademoiselle de Rohan, aimait, en attendant, le chef des réformés.

— Quelle différence avec Genève ! dit Chaudieu sur le petit pont du Louvre à Théodore de Bèze. — Ceux-ci sont plus gais. Aussi ne m'expliqué-je point pourquoi ils sont si traîtres ! lui répondit de Bèze. — A traître, traître et demi, répliqua Chaudieu dans l'oreille de Théodore. J'ai dans Paris des *saints* sur lesquels je puis compter, et je vais faire de Calvin un prophète. Christophe nous débarrassera du plus dangereux de nos ennemis. — La reine mère, pour qui le pauvre diable a souffert la question, a déjà fait déclarer sans effet à la main, avocat au Parlement, et les avocats sont plus délateurs qu'assassins. Souvenez-vous d'Avenelles, qui a vendu les secrets de notre première prise d'armes. — Je connais Christophe, dit Chaudieu d'un air convaincu, en quittant l'ambassadeur de Genève.

Quelques jours après la réception des ambassadeurs secrets de Calvin par Catherine, vers la fin de la même année, car alors l'année commençait à Pâques, et le calendrier actuel ne fut adopté que sous ce nouveau règne, Christophe gisait encore sur un fauteuil, au coin du feu, du côté qui lui permettait de voir la rivière, dans cette grande salle brune destinée à la vie de famille et où son histoire a commencé. Il avait les pieds appuyés sur un tabouret. Mademoiselle Lecamus et Babette Lallier venaient de renouveler les compresses imbibées d'une préparation apportée par Ambroise, à qui Catherine avait recommandé de soigner Christophe. Une fois reconquis par sa famille, cet enfant y fut l'objet des soins les plus dévoués. Babette, autorisée par son père, vint tous les matins et ne quittait la maison Lecamus que le soir. Christophe, objet de l'admiration des apprentis, donnait lieu dans tout le quartier à des contes qui l'entouraient d'une poésie mystérieuse. Il avait subi la torture, et le célèbre Ambroise Paré mettait tout son art à le sauver. Qu'avait-il fait pour être ainsi traité? Ni Christophe ni son père ne disaient un mot à ce sujet. Catherine, alors toute-puissante, était intéressée à se taire, ainsi que le prince de Condé. Les visites d'Ambroise, chirurgien du roi et de la maison de Guise, à qui la reine mère et les Lorrains permettaient de soigner un garçon taxé d'hérésie, embrouillaient singulièrement cette aventure, où personne ne voyait clair. Enfin le curé de Saint-Pierre-aux-Bœufs vint à plusieurs reprises voir le fils de son marguillier, et de telles visites rendirent encore plus inexplicables les causes de l'état où se trouvait Christophe.

Le vieux syndic, qui avait son plan, répondait évasivement à ses confrères, aux marchands, aux amis qui lui parlaient de son fils : — Je suis bien heureux, mon compère, de l'avoir sauvé. Que voulez-vous? entre l'arbre et l'écorce il ne faut jamais mettre le doigt. — Mon fils a mis la main au bûcher, il y a pris de quoi brûler ma maison! — On a abusé de sa jeunesse, et nous autres bourgeois nous ne retirons que honte et mal à hanter les grands. — Ceci me décide à faire de mon gars un homme de justice, le Palais lui apprendra à peser ses actions et ses paroles. — La jeune reine, qui maintenant est en Écosse, y a été pour beaucoup, mais peut-être aussi mon fils a-t-il été bien imprudent! — J'ai eu de cruels chagrins. — Ceci me décidera peut-être à quitter les affaires, je ne veux plus jamais aller à la cour. — Mon fils en a maintenant assez de la Réformation, elle lui a cassé bras et jambes. Sans Ambroise, où en serais-je?

Grâce à ces discours et à cette sage conduite, il fut avéré dans le quartier que Christophe ne mangeait plus de la vache à Colas. Chacun trouva naturel que le vieux syndic essayât de faire entrer son fils au Parlement, et les visites du curé parurent naturelles. En pensant aux malheurs du syndic, on ne pensait pas à son ambition, qui eût semblé monstrueuse. Le jeune avocat, resté nonante jours, pour employer un mot de ce temps, sur le lit qu'on lui avait dressé dans la vieille salle, ne se levait que depuis une semaine et avait encore besoin de deux béquilles pour marcher. L'amour de Babette et la tendresse de sa mère avaient profondément touché Christophe; or, en le tenant au lit, ces deux femmes le chapitraient rudement sur l'article religion. Le président de Thou fit à son filleul une visite pendant laquelle il fut très-paternel. Christophe, avocat au Parlement, devait être catholique, et il allait être engagé par son serment; mais le président, qui ne mit pas en doute l'orthodoxie de son filleul, ajouta gravement ces paroles : — Mon enfant, tu as été rudement éprouvé. J'ignore moi-même la raison qu'avaient MM. de Guise pour te traiter ainsi, je t'engage à vivre désormais tranquillement, sans te mêler des troubles; car la faveur de la reine et du roi ne se portera pas sur des artisans de tempêtes. Tu n'es pas assez grand pour mettre à ton roi le marché à la main, comme font MM. de Guise. Si tu veux être un jour conseiller au Parlement, tu n'obtiendras cette noble charge que par un attachement sérieux à la cause royale.

Néanmoins, ni la visite du président de Thou, ni les séductions de Babette, ni les instances de mademoiselle Lecamus, sa mère, n'avaient ébranlé la foi du martyr de la réforme. Christophe tenait d'autant plus à sa religion qu'il avait plus souffert pour elle.

— Mon père ne souffrira jamais que j'épouse un hérétique, lui disait Babette à l'oreille.

Christophe ne répondait que par des larmes qui rendaient la jolie fille muette et rêveuse. Le vieux Lecamus gardait sa gravité paternelle et syndicale, il observait son fils et parlait peu. Ce vieillard, après avoir reconquis son cher Christophe, était presque mécontent de lui-même, et il se repentait d'avoir montré toute sa tendresse pour ce fils unique; mais il l'admirait en secret. A aucune époque de sa vie le syndic ne fit jouer plus de machines pour sortir ses fins, car il apercevait le grain mûr de la moisson si péniblement semée, et voulait en tout recueillir. Quelques jours avant cette matinée, il avait eu, seul avec Christophe, une longue conversation pour surprendre le secret de la résistance de son fils. Christophe, qui ne manquait pas d'ambition, avait foi dans le prince de Condé. La parole généreuse du prince, qui avait fait tout bonnement son métier de prince, était gravée dans son cœur ; mais il ne savait pas que Condé l'avait envoyé à tous les diables au moment où il lui criait son touchant adieu à travers les barreaux de sa prison, à Orléans, en se disant : — Un Gascon m'aurait compris!

Malgré ce sentiment d'admiration pour le prince, Christophe nourrissait aussi le plus profond respect pour cette grande reine Catherine, qui lui avait, par un regard, expliqué la nécessité où elle était de le sacrifier, et qui, pendant son supplice, lui avait jeté, par un autre regard, une promesse illimitée dans une faible larme. Par le profond silence des nonante jours et nuits qu'il employait à se guérir,

le nouvel avocat repassait les événements de Blois et ceux d'Orléans. Il pesait, pour ainsi dire malgré lui, ces deux protections : il flottait entre la reine et le prince. Il avait certes plus servi Catherine que la réforme, et chez un jeune homme, le cœur et l'esprit devaient incliner vers cette reine, moins à cause de cette différence qu'à cause de sa qualité de femme. En semblable occurrence, un homme espérera toujours plus d'une femme que d'un homme.

— Je me suis immolé pour elle, que fera-t-elle pour moi?

Cette question, il se la faisait presque involontairement, en se souvenant de l'accent qu'elle avait eu en disant : Povero mio! On ne saurait croire à quel point un homme, seul dans son lit et malade, devient personnel. Tout, jusqu'aux soins exclusifs dont il est l'objet, le pousse à ne penser qu'à lui. En s'exagérant les obligations du prince de Condé envers lui, Christophe s'attendait à être revêtu de quelque charge à la cour de Navarre. Cet enfant, encore neuf en politique, oubliait d'autant mieux les soucis et la rapide marche à travers les hommes et les événements qui dominent les chefs de parti, qu'il était comme au secret dans cette vieille salle brune. Tout parti est nécessairement ingrat quand il milite; et, quand il triomphe, il a trop de monde à récompenser pour ne pas l'être encore. Les soldats se soumettent à cette ingratitude; mais les chefs se retournent contre le nouveau maître auquel ils ont marché à l'égal. Christophe, le seul qui se souvînt de ses souffrances, se mettait déjà parmi les chefs de la Réformation et s'en proclamant l'un des martyrs. Lecamus, ce vieux loup du commerce, si fin et si perspicace, avait fini par deviner les secrètes pensées de son fils; aussi toutes ses manœuvres étaient-elles basées sur l'hésitation naturelle à laquelle Christophe était livré.

— Ne serait-ce pas beau, disait-il la veille à Babette en famille, d'être la femme d'un conseiller au Parlement. On vous appellerait madame! — Vous êtes fou, mon compère! dit Lallier. Où prendriez-vous d'abord dix mille écus de rentes en fonds de terre, que doit avoir un conseiller, et de qui achèteriez-vous une charge? Il faudrait que la reine mère et régente n'eût que cela en tête pour que votre fils entrât au Parlement, et il sent un peu trop le fagot pour qu'on l'y mette. — Que donneriez-vous pour voir votre fille la femme d'un conseiller? — Vous voulez voir le fond de ma bourse, vieux finaud! dit Lallier.

Conseiller au parlement! Ce mot avait ravagé la cervelle de Christophe.

Longtemps après le colloque, un matin que Christophe contemplait la rivière, qui lui rappelait et la scène par laquelle commence cette histoire, et le prince de Condé, la Renaudie, et Chaudieu, le voyage à Blois, enfin toutes ses espérances, le syndic vint s'asseoir à côté de son fils en cachant mal un air joyeux sous cette gravité affectée.

— Mon fils, dit-il, après ce qui s'est passé entre toi et les chefs du tumulte d'Amboise, tu te devaient assez pour que ton avenir regardât la maison de Navarre. — Oui, dit Christophe. — Eh bien! reprit le père, j'ai fait positivement demander pour toi la permission d'acheter une charge de justice dans le Bearn. Notre bon ami Paré s'est chargé de remettre les lettres que j'ai écrites en ton nom au prince de Condé et à la reine Jeanne. Tiens, lis la réponse de M. de Pibrac, vice-chancelier de Navarre.

« Au sieur Lecamus, syndic du corps des pelletiers.

« Monseigneur le prince de Condé me charge de vous dire le regret qu'il a de ne pouvoir rien faire pour son compagnon de la tour Saint-Aignan, duquel il se souvient, et à qui, pour le moment, il offre une place de gendarme dans sa compagnie, dans laquelle il sera bien à même de faire son chemin en homme de cœur, comme il est.

« La reine de Navarre attend l'occasion de récompenser le sieur Christophe, et n'y faudra point.

« Sur ce, monsieur le syndic, nous prions Dieu de vous avoir en sa garde.

« Pibrac, chancelier de Navarre. »

« Nérac »

— Nérac, Pibrac, crac! dit Babette. Il n'y a rien à attendre des Gascons, ils ne songent qu'à eux.

Le vieux Lecamus regardait son fils d'un air railleur.

— Il propose de monter à cheval à un pauvre enfant qui a eu les genoux et les chevilles broyés pour lui! s'écria mademoiselle Lecamus, quelle affreuse plaisanterie! — Je ne le vois guère conseiller en Navarre, dit le syndic des pelletiers. — Je voudrais bien savoir ce que ferait Catherine pour lui, si je la requérais, dit Christophe atterré. — Elle ne t'a rien promis, dit le vieux marchand, mais je suis certain qu'elle ne se moquera pas de toi et se souviendra de tes souffrances. Cependant, pourrait-elle faire un conseiller au Parlement d'un bourgeois protestant?.. —Mais Christophe n'a pas abjuré! s'écria Babette. Il peut bien se garder le secret à lui-même sur ses opinions religieuses. — Le prince de Condé serait moins dédaigneux avec un conseiller au Parlement de Paris, dit Lecamus. — Conseiller, mon père! est-ce possible? — Oui, si vous ne dérangez pas ce que je veux faire pour vous. Voici mon compère Lallier qui donnerait bien deux cent mille livres si j'en mettais autant pour l'acquisition d'une belle terre seigneuriale avec condition de substitution de mâle en mâle, et de laquelle nous vous doterions. — Et j'ajouterais quelque chose de plus pour une maison à Paris, dit Lallier. - Eh bien! Christophe! fit Babette. — Vous parlez sans la reine, répondit le jeune avocat.

Quelques jours après cette déception assez amère, un apprenti remit à Christophe ce petit billet laconique.

« Chaudieu veut voir son enfant! »

— Qu'il entre! s'écria Christophe. — O mon saint martyr! dit le ministre en venant embrasser l'avocat, es-tu remis de tes douleurs? — Oui, grâce à Paré! — Grâce à Dieu, qui t'a donné la force de supporter la torture. Mais qu'ai-je appris? tu t'es fait recevoir avocat, tu as prêté le serment de fidélité, tu as reconnu la prostituée, l'Eglise catholique, apostolique et romaine!... — Mon père l'a voulu. — Mais ne devons-nous pas quitter nos pères, nos enfants, nos femmes, tout, pour la sainte cause du calvinisme, tout souffrir!... Ah! Christophe, Calvin, le grand Calvin, tout le parti, le monde, l'avenir comptent sur ton courage et sur la grandeur d'âme! Il nous faut la vie.

Il y a ceci de remarquable dans l'esprit de l'homme, que le plus dévoué, tout en se dévouant, se bâtit toujours un roman d'espérances dans les crises les plus dangereuses. Ainsi, quand, sur l'eau, sous le pont au Change, le prince, le soldat et le ministre avaient demandé à Christophe d'aller porter à Catherine le traité, qui, surpris, devait lui coûter la vie, l'enfant comptait sur son esprit sur le hasard, sur son intelligence, et il s'était audacieusement avancé entre ces deux terribles partis, les Guise et Catherine, où il avait failli être broyé. Pendant la question, il se disait encore : — Je m'en tirerai! ce n'est que de la douleur! Mais à cette demande brutale : Meurs! faite à un garçon qui se trouvait encore impotent, à peine remis de la torture, et qui tenait d'autant plus à la vie qu'il avait vu la mort de plus près, il était impossible de s'abandonner à des illusions.

Christophe répondit tranquillement : — De quoi s'agit-il? — De tirer bravement un coup de pistolet comme Stuart sur Minard. — Sur qui? — Sur le duc de Guise. — Un assassinat? — Une vengeance! Oublies-tu les cent gentilshommes massacrés sur le même échafaud, à Amboise? Un enfant, le petit d'Aubigné, a dit en voyant cette boucherie : Ils ont haché la France! — Vous devez recevoir tous les coups et n'en pas porter telle est la religion de l'Evangile répondit Christophe. Mais pour imiter les catholiques à quoi bon réformer l'Eglise? — Oh! Christophe ils ont fait avocat et tu raisonnes! dit Chaudieu. — Non mon ami, répondit l'avocat Mais les princes sont trop ingrats et vous serez, vous et les vôtres les jouets de la maison de Bourbon... — Oh! Christophe, si tu avais entendu Calvin tu saurais que nous les maniions comme des gants !... Les Bourbons sont les gants nous sommes la main. — Lisez! dit Christophe en présentant au ministre la réponse de Pibrac. — Oh! mon enfant, tu es ambitieux, tu ne peux plus te dévouer!... je te plains!

Chaudieu sortit sur cette belle parole.

Quelques jours après cette scène Christophe. la famille Lallier et la famille Lecamus étaient réunis en l'honneur des accordailles de Babette et de Christophe dans la vieille salle brune où Christophe ne couchait plus; car il pouvait alors monter les escaliers et commençait à se traîner sans béquilles. Il était neuf heures du soir on attendait Ambroise Paré. Le notaire de la famille se trouvait devant une table chargée de contrats. Le pelletier vendait sa maison et son fonds de commerce à son premier commis qui payait immédiatement la maison quarante mille livres, et qui engageait la maison pour répondre du payement des marchandises sur lesquelles il donnait déjà vingt mille livres en a-compte.

Lecamus acquérait pour son fils une magnifique maison en pierre bâtie par Philibert de l'Orme rue Saint-Pierre-aux-Bœufs et la lui donnait en dot. Le syndic prenait en outre deux cent cinquante mille livres sur sa fortune et Lallier en donnant autant pour l'acquisition d'une belle terre seigneuriale sise en Picardie, de laquelle on avait demandé cinq cent mille livres. Cette terre étant dans la mouvance de la couronne, il fallait des lettres patentes, dites de rescription accordées par le roi outre le payement de lods et ventes considérables Aussi la conclusion du mariage était-elle ajournée jusqu'à l'obtention de cette faveur royale. Les seigneurs s'étaient fait octroyer le droit d'acheter des seigneuries, la sagesse du conseil privé y avait mis certaines restrictions relativement aux terres qui relevaient de la couronne, et la terre que Lecamus guignait depuis une dizaine d'années se trouvait dans l'exception Ambroise s'était fait

fort d'apporter l'ordonnance le soir même. Le vieux Lecamus allait de sa salle à sa porte dans une impatience qui montrait combien grande avait été son ambition. Enfin, Ambroise arriva.

— Mon vieil ami, dit le chirurgien assez effaré et regardant le souper, voyons tes nappes! Bien. Oh! mettez des chandelles de cire. Dépêchez, dépêchez! cherchez tout ce que vous avez de plus beau. — Qu'y a-t-il donc? demanda le curé de Saint-Pierre-aux-Bœufs. — La reine mère et le jeune roi viennent souper avec vous, répliqua le premier chirurgien. La reine et le roi attendent un vieux conseiller dont la charge sera vendue à Christophe, m. de Thou, qui a conclu le marché. N'ayez pas l'air d'avoir été prévenus, je me suis échappé du Louvre.

En un moment, les deux familles furent sur pied. La mère de Christophe et la tante de Babette allèrent et vinrent avec une célérité de ménagères surprises. Malgré la confusion que cet avis jeta dans l'assemblée de famille, les préparatifs se firent avec une activité qui tint du prodige. Christophe, ébahi, surpris, confondu d'une pareille faveur, était sans parole, et regardait tout cela machinalement.

— La reine et le roi chez nous! disait la vieille mère. — La reine! répétait Babette, que dire et que faire?

Au bout d'une heure, tout fut changé : la vieille salle était parée, et la table étincelait. On entendit alors un bruit de chevaux dans la rue. La lueur des torches portées par les cavaliers de l'escorte fit mettre le nez à la fenêtre aux bourgeois du quartier. Ce tumulte fut rapide. Il ne resta sous les piliers de la reine mère et son fils, le roi Charles IX, Charles de Gondi, nommé grand maître de la garde robe, et gouverneur du roi, M. de Thou, les vieux conseiller, le secrétaire d'État Pinard et deux pages.

— Braves gens, dit la reine en entrant, nous venons, le roi mon fils et moi, signer le contrat de mariage du fils à notre pelletier, mais c'est à la condition qu'il restera catholique. Il faut être catholique pour entrer au Parlement, il faut être catholique pour posséder une terre qui relève de la couronne, il faut être catholique pour s'asseoir à la table du roi. N'est-ce pas, Pinard?

Le secrétaire d'État parut en montrant des lettres patentes.

— Si nous ne sommes pas ici tous catholiques, dit le petit roi, Pinard jettera tout au feu mais nous sommes tous catholiques ici, reprit-il en jetant des yeux assez fiers sur toute l'assemblée. Oui, sire, dit Christophe Lecamus. en fléchissant, quoique avec peine, le genou, et baisant la main que lui tendit.

La reine Catherine, qui tendit aussi sa main à Christophe, le releva brusquement, et, l'emmenant à quelques pas dans un coin, lui dit. — Ah çà! mon garçon, pas de finauderies! Nous jouons franc jeu! —Oui, madame, reprit-il saisi par l'éclatante récompense et par l'honneur que lui faisait cette reine reconnaissante. —Eh bien! mons Lecamus, le roi mon fils et moi nous vous permettons de traiter de la charge du bonhomme Groslay, conseiller au Parlement, que voici, dit la reine. Vous y suivrez, j'espère, jeune homme les errements de M. le Premier.

De Thou s'avança et dit — Je réponds de lui, madame. — Eh bien! instrumentez, garde-notes, dit Pinard. — Puisque le roi notre maître nous fait la faveur de signer le contrat de ma fille, s'écria Lallier, je paye tout le prix de la seigneurie! — Les dames peuvent s'asseoir, dit le jeune roi d'une façon gracieuse. Pour présent de noces à l'accordée, je lais, avec l'agrément de ma mère, remise de mes droits

Le vieux Lecamus et Lallier tombèrent à genoux et baisèrent la main du jeune roi. — Mordieu! sire, combien ces bourgeois ont d'argent! lui dit Gondi à l'oreille.

Le jeune roi se prit à rire.

Leurs Seigneuries étant dans leurs bonnes, dit le vieux Lecamus, veulent-elles me permettre de leur présenter mon successeur, et lui continuer la patente royale de la tourniture de leurs maisons? — Voyons, dit le roi.

Lecamus fit avancer son successeur, qui devint blême.

— Si ma chère mère le permet, nous nous mettrons tous à table, dit le jeune roi.

Le vieux Lecamus eut l'attention de donner au roi un gobelet d'argent qu'il avait obtenu de Benvenuto Cellini, lors de son séjour en France à l'hôtel de Nesle, et qui n'avait pas coûté moins de deux mille écus.

—Oh! ma mère, le beau travail! s'écria le jeune roi en levant le gobelet par le pied.—C'est de Florence, répondit Catherine.—Pardonnez-moi, madame, et Lecamus, c'est fait en France par un Florentin. Ce qui est de Florence serait à la reine, mais ce qui est fait en France est au roi. — J'accepte bonhomme, s'écria Charles IX, et désormais ce sera mon gobelet. — Il est assez bien, dit la reine en examinant ce chef-d'œuvre pour le comprendre dans les joyaux de la couronne. Eh bien ! maître Ambroise, dit la reine à l'oreille de son chirurgien en désignant Christophe l'avez-vous bien soigné ? marchera-t-il ? — Il volera, dit en souriant le chirurgien. Ah ! vous nous l'avez bien fûment débauché. — Faute d'un moine, l'abbaye ne chôme pas, répondit la reine avec cette légèreté qu'on lui a reprochée, et qui n'était qu'à la surface.

Le souper fut gai, la reine trouva Babette jolie, et, en grande reine qu'elle fut toujours, elle lui passa au doigt un de ses diamants afin de compenser la perte que le gobelet faisait chez les Lecamus. Le roi Charles IX, qui depuis prit peut-être trop de goût à ces sortes d'invasions chez ses bourgeois soupa de bon appétit; puis sur un mot de son nouveau gouverneur, qui, dit-on, avait charge de lui faire oublier les vertueuses instructions de Cypierre, il entraîna le premier président, le vieux conseiller démissionnaire, le secrétaire d'État, le curé le notaire et les bourgeois à boire si drument que la reine Catherine sortit au moment où elle vit la gaieté sur le point de devenir bruyante. Au moment où la reine se leva, Christophe, son père et les deux femmes prirent des flambeaux et l'accompagnèrent jusque sur le seuil de la boutique. Là, Christophe osa tirer la reine par sa grande manche et lui fit un signe d'intelligence. Catherine s'arrêta renvoya le vieux Lecamus et les deux femmes par un geste, et dit à Christophe : — Quoi ! — Si vous pouvez, madame, tirer parti de ceci, dit-il en parlant à l'oreille de la reine sachez que le duc de Guise est visé par des assassins — Tu es un loyal sujet, dit Catherine en souriant et je ne t'oublierai jamais.

Elle lui tendit sa main si célèbre par sa beauté, mais en la dégantant ce qui pouvait passer pour une marque de faveur ; aussi Christophe devint-il tout à fait royaliste en baisant cette adorable main.

— Ils m'en débarrasseront donc, de ce soudard sans que j'y sois pour quelque chose ! pensa-t-elle en mettant son gant.

Elle monta sur sa mule et regagna le Louvre avec ses deux pages.

Christophe resta sombre tout en buvant, la figure austère d'Ambroise lui reprochait son apostasie mais les événements postérieurs donnèrent gain de cause au vieux syndic. Christophe n'aurait certes pas échappé aux massacres de la Saint-Barthélemi ses richesses et sa terre l'eussent désigné aux meurtriers. L'histoire a enregistré le sort cruel de la femme du successeur de Lallier, belle créature, dont le corps resta nu, accroché par les cheveux à l'un des étais du pont au Change pendant trois jours. Babette frémit alors, en pensant qu'elle aurait pu subir un pareil traitement, si Christophe fût demeuré calviniste car tel fut bientôt le nom des réformés. L'ambition de Calvin fut satisfaite, mais après sa mort.

Telle fut l'origine de la célèbre maison parlementaire des Lecamus. Tallemant des Réaux a commis une erreur en les faisant venir de Picardie Les Lecamus eurent intérêt plus tard à dater de l'acquisition de leur principale terre, située en ce pays Le fils de Christophe qui lui succéda sous Louis XIII fut le père de ce riche président Lecamus, qui, sous Louis XIV édifia le magnifique hôtel qui disputait à l'hôtel Lambert l'admiration des Parisiens et des étrangers mais qui certes, est l'un des plus beaux monuments de Paris. L'hôtel Lecamus existe encore rue de Thorigny, quoiqu'au commencement de la Révolution il ait été pillé comme appartenant à M. de Juigné l'archevêque de Paris. Toutes les peintures y ont alors été effacées et, depuis, les pensionnats qui s'y sont logés l'ont fortement endommagé. Ce palais, gagné dans le vieux logis de la rue de la Pelleterie, montre encore les beaux résultats qu'obtenait jadis l'esprit de la famille. Il est permis de douter que l'individualisme moderne, engendré par le partage égal des successions, élève de pareils monuments

FIN DU MARTYR CALVINISTE

NOTE.

Voici cette chanson, publiée par l'abbé de la Place dans son Recueil de Pièces intéressantes, où se trouve la dissertation dont nous avons parlé.

LE CONVOI DU DUC DE GUISE

Qui veut ouïr chanson ? (bis)
C'est du grand duc de Guise,
Et bon, bon, bon, bon,
Di, dan, di, dan, bon,
C'est du grand duc de Guise !

(Ce dernier vers se parlait et se disait sans doute comiquement.)

Qui est mort et enterré,

Qui est mort et enterré (bis)
Aux quatre coins du poêle,
Et bon, etc.,
Quatre gentilshomm's y avoit.

Quatre gentilshomm's y avoit, (bis)
L'un portoit son grand casque,
Et bon, etc.,
Et l'autre ses pistolets

Et l'autre ses pistolets, (bis)
Et l'autre son épée.
Et bon, etc.,
Qui tant d'hugu'nots a tués

Qui tant d'hugu'nots a tués (bis)
Venoit le quatrième,
Et bon, etc.,
Qui étoit le plus dolent

Qui étoit le plus dolent
Après venoient les p...
Et bon, etc.,
Et les valets de pied.

Et les valets de pied (bis)
Avecque de grands crêpes
Et bon, etc.,
Et des souliers cirés.

Et des souliers cirés, (bis)
Et des beaux bas d'estame.
Et bon, etc.,
Et des culottes de piau

Et des culottes de piau, (bis)
La cérémonie faite,
Et bon, etc.
Chacun s'alla coucher.

Chacun s'alla coucher, (bis.)
Les uns avec leurs femmes,
 Et bon, etc.,
Et les autres tout seul.

Cette découverte curieuse prouverait jusqu'à un certain point la culpabilité de Théodore de Bèze, qui voulut alors diminuer par le ridicule l'horreur que causait cet assassinat. Il paraît que l'air faisait le principal mérite de cette ronde.

FIN.

Les archers obligeaient les passants à prier...... —PAGE 12.

ŒUVRES ILLUSTRÉES DE BALZAC

LA CONFIDENCE DES RUGGIERI

MELMOTH RÉCONCILIÉ

Dess. Tony Johannot, E. Lampsonius, Bertall, H. Monnier, etc.

Gravures par les meilleurs Artistes.

De temps en temps le roi relevait ses paupières alourdies. — PAGE 5.

Entre onze heures et minuit, vers la fin du mois d'octobre 1573, deux Italiens de Florence, deux frères, Albert de Gondi le maréchal de France, et Charles de Gondi la Tour, grand maître de la garde-robe du roi Charles IX, étaient assis, en haut d'une maison située rue Saint-Honoré, sur le bord d'un chéneau. Le chéneau est ce canal en pierre qui, dans ce temps, se trouvait au bas des toits pour recevoir les eaux, et percé de distance en distance par ces longues gouttières taillées en forme d'animaux fantastiques à gueules béantes. Malgré le zèle avec lequel la génération actuelle abat les anciennes maisons, il existait à Paris beaucoup de gouttières en saillie, lorsque, dernièrement, l'ordonnance de police sur les tuyaux de descente les fit disparaître. Néanmoins, il reste encore quelques chéneaux sculptés qui se voient principalement au cœur du quartier Saint-Antoine, où la modicité des loyers n'a pas permis de construire des étages dans les combles. Il doit paraître étrange que deux personnages revêtus de charges si éminentes fissent ainsi le métier des chats. Mais pour qui fouille les trésors historiques de ce temps, où les intérêts se croisaient si diversement autour du trône, que l'on peut comparer la politique intérieure de la France à un écheveau de fil brouillé, ces deux Florentins sont de véritables chats très à leur place dans un chéneau. Leur dévouement à la personne de la reine mère Catherine de Médicis, qui les avait plantés à la cour de France, les obligeait à ne reculer devant aucune des conséquences de leur intrusion. Mais, pour expliquer comment et pourquoi les deux courtisans étaient ainsi perchés, il faut se reporter à une scène qui venait de se passer à deux pas de cette gouttière, au Louvre, dans cette belle salle brune, la seule peut-être qui nous reste des appartements de Henri II, et où les courtisans faisaient après souper leur cour aux deux reines et au roi. A cette époque, bourgeois et grands seigneurs soupaient les uns à six heures, les autres à sept heures; mais les raffinés soupaient entre huit et neuf heures. Ce repas était le dîner d'aujourd'hui. Quelques personnes croient à tort que l'étiquette a été inventée par Louis XIV, elle procède en France de Catherine de Médicis, qui la créa si sévère, que le connétable Anne de Montmorency eut plus de peine à obtenir d'entrer à cheval dans la cour du Louvre qu'à obtenir son épée, et encore! cette distinction inouïe ne fut-elle accordée qu'à son grand âge. Un peu relâchée sous les deux premiers rois de la maison de Bourbon, l'étiquette prit une forme orientale sous le grand roi, car elle est venue du Bas-Empire, qui la tenait de la Perse. En 1573, non-seulement peu de personnes avaient le droit d'arriver avec leurs gens et leurs flambeaux dans la cour du Louvre, comme sous Louis XIV les seuls ducs et pairs entraient en carrosse sous le péristyle, mais encore les charges qui donnaient entrée après le souper dans les appartements se comptaient. Le maréchal de Retz, alors en faction dans sa gouttière, offrit un jour mille écus de ce temps à l'huissier du cabinet pour pouvoir parler à Henri III, en un moment où il n'en avait pas le droit. Quel rire excite chez un véritable historien la vue de la cour du château de Blois, par exemple, où les dessinateurs mettent un gentilhomme à cheval. Ainsi donc, à cette heure, il ne se trouvait au Louvre que les personnages les plus éminents du royaume. La reine Élisabeth d'Autriche et sa belle-mère Catherine de Médicis étaient assises au coin gauche de la cheminée. A l'autre coin, le roi, plongé dans son fauteuil, affectait une apathie autorisée par la digestion, il avait mangé en prince qui revenait de la chasse. Peut-être aussi voulait-il se dispenser de parler en présence de tant de gens qui espionnaient sa pensée. Les courtisans restaient debout et découverts au fond de la salle. Les uns causaient à voix basse; les autres observaient le roi en attendant de lui un regard ou une parole. Appelé par la reine mère, celui-ci s'entretenait pendant quelques instants avec elle, celui-là se hasardait à dire une parole à Charles IX, qui répondait par un signe de tête ou par un mot bref. Un seigneur allemand, le comte de Solern, demeurait debout dans le coin de la cheminée auprès de la petite-fille de Charles-Quint, qu'il avait accompagnée en France. Près de cette jeune reine, se tenait sur un tabouret sa dame d'honneur, la comtesse Fiesque, une Strozzi parente de Catherine. La belle madame de Sauves, une descendante de Jacques Cœur, tour à tour maîtresse du roi de Navarre, du roi de Pologne et du duc d'Alençon, avait été invitée à souper; mais elle était debout, son mari n'était que secrétaire d'État. Derrière ces deux dames, les deux Gondi causaient avec elles. Eux seuls riaient dans cette morne assemblée. Gondi, devenu duc de Retz et gentilhomme de la chambre, depuis qu'il avait obtenu le bâton de maréchal sans avoir jamais commandé d'armée, avait été chargé d'épouser la reine à Spire. Cette faveur annonce assez qu'il appartenait ainsi que son frère au petit nombre de ceux à qui les deux reines et le roi permettaient certaines familiarités. Du côté du roi, se remarquaient en première ligne le maréchal de Tavannes, venu pour affaire à la cour, Neufville de Villeroy, l'un des plus habiles négociateurs du temps, et qui commençait la fortune de cette maison, MM. de Birague et de Chiverni, l'un l'homme de la reine mère, l'autre chancelier d'Anjou et de Pologne, qui, sachant la prédilection de Catherine, s'était attaché à Henri III, ce frère que Charles IX regardait comme un ennemi ; puis Strozzi, le cousin de la reine mère; enfin quelques seigneurs, parmi lesquels tranchaient le jeune cardinal de Lorraine, son neveu le jeune duc de Guise, tous deux également maintenus à distance par Catherine et par le roi. Ces chefs de la Sainte-Union, plus tard la Ligue, fondée depuis quelques années d'accord avec l'Espagne, affichaient la soumission de ces serviteurs qui attendent l'occasion de devenir maîtres : Catherine et Charles IX observaient leur contenance avec une égale attention.

Dans cette cour aussi sombre que la salle où elle se tenait, chacun avait ses raisons pour être triste ou songeur. La jeune reine était en proie aux tourments de la jalousie, et les déguisait en feignant de sourire à son mari, qu'en femme pieuse et adorablement bonne elle aimait passionnément. Marie Touchet, la seule maîtresse de Charles IX, et à laquelle il fut chevaleresquement fidèle, était revenue depuis plus d'un mois du château de Fayet, en Dauphiné, où elle était allée faire ses couches. Elle amenait à Charles IX ce seul fils qu'il ait eu, Charles de Valois, d'abord comte d'Auvergne, puis duc d'Angoulême. Outre le chagrin de voir donner un fils au roi, tandis qu'il n'avait eu qu'une fille, la pauvre reine éprouvait les humiliations d'un subit abandon. Pendant l'absence de sa maîtresse, le roi s'était rapproché de sa femme avec un emportement que l'histoire a mentionné comme une des causes de sa mort. Le retour de Marie Touchet apprenait donc à la dévote Autrichienne combien le cœur avait eu peu de part dans l'amour de son mari. Ce n'était pas la seule déception que la jeune reine éprouvait en cette affaire ; jusqu'alors Catherine de Médicis lui avait paru son amie ; or, sa belle-mère, par politique, avait favorisé cette trahison, en aimant mieux servir la maîtresse que la femme du roi. Voici pourquoi.

Quand Charles IX avoua sa passion pour Marie Touchet, Catherine se montra favorable à cette jeune fille, par des raisons puisées dans l'intérêt de sa domination. Marie Touchet, jetée très-jeune à la cour, y arriva dans cette période de la vie où les vrais sentiments sont en fleur : elle adorait le roi pour lui-même. Effrayée de l'abîme où l'ambition avait précipité la duchesse de Valentinois, plus connue sous le nom de Diane de Poitiers, elle eut sans doute peur de la reine Ca-

therine, et préféra le bonheur à l'éclat. Peut-être jugea-t-elle que deux amants aussi jeunes qu'elle et le roi ne pourraient lutter contre la reine mère. D'ailleurs, Marie, fille unique de Jean Touchet, sieur de Beauvais et du Quillard, conseiller du roi et lieutenant au bailliage d'Orléans, placé entre la bourgeoisie et l'infime noblesse, n'était ni tout à fait noble ni tout à fait bourgeoise, et devait ignorer les fins de l'ambition innée des Pisseleu, des Saint-Vallier, illustres filles qui combattaient pour leurs maisons avec les armes secrètes de l'amour. Marie Touchet, seule avec sa famille, évitait à Catherine de Médicis de rencontrer dans la maîtresse de son fils une fille de grande maison qui se serait posée comme sa rivale. Jean Touchet, un des beaux esprits du temps et à qui quelques poètes firent des dédicaces, ne voulut rien être à la cour. Marie, jeune fille sans entourage, aussi spirituelle et instruite qu'elle était simple et naïve, et qui les désirs devaient être inoffensifs au pouvoir royal, convint beaucoup à la reine mère, qui lui prouva la plus grande affection. En effet, Catherine fit reconnaître au Parlement le fils que Marie Touchet venait de donner au mois d'avril, et permit qu'il prît le nom de comte d'Auvergne, en annonçant à Charles IX qu'elle lui laisserait par testament ses propres, les comtés d'Auvergne et de Lauraguais. Plus tard, Marguerite, d'abord reine de Navarre, contesta la donation quand elle fut reine de France, et le Parlement l'annula ; mais plus tard encore, Louis XIII, pris de respect pour le sang des Valois, indemnisa le comte d'Auvergne par le duché d'Angoulême. Catherine avait déjà fait présent à Marie Touchet, qui lui demandait vien, de la seigneurie de Belleville, terre sans titre, voisine de Vincennes, et d'où la maîtresse se rendait quand, après la chasse, le roi couchait au château. Charles IX passa dans cette sombre forteresse la plus grande partie de ses derniers jours, et, selon quelques auteurs, y acheva sa vie comme Louis XII avait achevé la sienne. Quoiqu'il fût très-naturel à un amant si sérieusement épris de prodiguer à une femme idolâtrée de nouvelles preuves d'amour, alors qu'il fallait expier de légitimes infidélités, Catherine, après avoir poussé son fils dans le lit de la reine, plaida la cause de Marie Touchet comme savent plaider les femmes, et venait de rejeter le roi dans les bras de sa maîtresse. Tout ce qui occupait Charles IX, en dehors de la politique, allait à Catherine ; d'ailleurs, les bonnes intentions qu'elle manifestait pour cet enfant trompèrent encore un moment Charles IX, qui commençait à voir en elle une ennemie. Les ruses que faisaient agir en cette affaire Catherine de Médicis échappaient donc aux yeux de dona Isabel, qui, selon Brantôme, était une des plus douces reines qui aient jamais régné et qui ne fit mal ni déplaisir à personne, lisant même ses Heures en secret. Mais cette candide princesse commençait à entrevoir les précipices ouverts autour du trône, horrible découverte qui pouvait bien lui causer quelques vertiges, elle qui en éprouvait en plus grand pour avoir pu répondre à une de ses dames, qui lui disait à la mort du roi, que celui-ci avait eu un fils elle serait reine mère et régente : « — Ah ! louons Dieu de ne m'avoir pas donné de fils. Que fût-il arrivé ? le pauvre enfant eût été dépouillé comme on a voulu faire au roi mon mari, et j'en aurais été la cause. Dieu a eu pitié de l'État, il a tout fait pour le mieux. » La pieuse Élisabeth prouvait en ce moment que les qualités qui sont le lustre des femmes d'une condition ordinaire deviennent être fatales à une souveraine. Une princesse occupée à tout autre chose qu'à ses Heures pendant la nuit aurait eu d'un utile secours à Charles IX, qui ne trouva d'appui ni chez sa femme ni chez sa maîtresse.

Quant à la reine mère, elle se préoccupait du roi, qui, pendant le souper, avait fait éclater une folle humeur, qu'elle comprit être de commande et masquer un parti pris contre elle. Cette subite gaieté contrastait trop vivement avec la contention d'esprit qu'il avait difficilement cachée par son assiduité à la chasse, et par un travail manuaque à la forge, où il aimait à ciseler le fer, pour que Catherine en fût la dupe. Sans pouvoir deviner quel homme d'État se prêtait à ces négociations et à ces préparatifs, car Charles IX dépistait les espions de sa mère, Catherine ne doutait pas qu'il ne se préparât quelque dessein contre elle. La présence inopinée de Tavannes, arrivé en même temps que Strozzi, qu'elle avait mandé, lui donnait beaucoup à penser. Par la force de ses combinaisons, Catherine était au-dessus de toutes les circonstances ; mais elles ne pouvaient rien contre une violence subite. Comme beaucoup de personnes ignorent l'état où se trouvaient alors les affaires si compliquées par les différents partis qui agitaient la France, et dont les chefs avaient des intérêts particuliers, il est nécessaire de peindre en peu de mots la crise intime où la reine mère était engagée. Montrer ici Catherine de Médicis sous un nouveau jour, ce sera d'ailleurs entrer jusqu'au vif de cette histoire. Deux mots expliquent cette femme si curieuse à étudier, et dont l'influence laissa de si fortes impressions en France.

Ces deux mots sont *domination* et *astrologie*. Exclusivement ambitieuse, Catherine de Médicis n'eut d'autre passion que celle du pouvoir. Superstitieuse et fataliste comme le furent tant d'hommes supérieurs, elle n'eut de croyances sincères que dans les sciences occultes. Sans ce double thème, elle restera toujours incomprise. En donnant le pas à sa foi dans l'astrologie judiciaire, la lueur va tomber sur les deux personnages philosophiques de cette Étude.

Il existait un homme à qui Catherine tenait plus qu'à ses enfants, cet homme était Cosme Ruggieri : elle le logeait à son hôtel de Soissons, elle avait fait de lui son conseiller suprême, chargé de lui dire si les astres ratifiaient les avis et le bon sens de ses conseillers ordinaires. De curieux antécédents justifiaient l'empire que Ruggieri conserva sur sa maîtresse jusqu'au dernier moment. Un des plus savants hommes du seizième siècle fut certes le médecin de Laurent de Médicis, duc d'Urbin, père de Catherine. Ce médecin fut appelé Ruggiero le Vieux (vecchio Ruggier, et Roger l'Ancien chez les auteurs français qui se sont occupés d'alchimie), pour le distinguer de ses deux fils, de Laurent Ruggiero, nommé le Grand par les auteurs cabalistiques, et de Cosme Ruggiero, l'astrologue de Catherine, également nommé Roger par plusieurs historiens français. L'usage a prévalu de les nommer Ruggieri, comme d'appeler Catherine Médicis au lieu de Médici. Ruggieri le Vieux donc était si considéré dans la maison de Médicis, que les deux fils Cosme et Laurent furent les parrains de ses deux enfants. Il dressa, de concert avec le fameux mathématicien Bazile, le thème de nativité de Catherine, en sa qualité de mathématicien, d'astrologue et de médecin de la maison de Médicis, trois qualités qui se confondaient souvent. A cette époque, les sciences occultes se cultivaient avec une ardeur qui peut surprendre les esprits incrédules de notre siècle si souverainement analyste; peut-être verront-ils poindre dans ce croquis historique le germe des sciences positives, épanouies au dix-neuvième siècle, mais sans la poétique grandeur qu'y portaient les audacieux chercheurs du seizième siècle, lesquels, au lieu de faire de l'industrie, agrandissaient l'art et fertilisaient la pensée. L'universelle protection accordée à ces sciences par les souverains de ce temps était d'ailleurs justifiée par les admirables créations des inventeurs qui partaient de la recherche du grand œuvre pour arriver à des résultats étonnants. Aussi jamais les souverains ne furent-ils plus avides de ces mystères. Les Fugger, en qui les Lucullus modernes reconnaîtront leurs princes, en qui les banquiers reconnaîtront leurs maîtres, étaient certes des calculateurs difficiles à surprendre; eh bien ! ces hommes si positifs qui prêtaient le capitaux de l'Europe aux souverains du seizième siècle endettés aussi bien que ceux d'aujourd'hui, ces illustres hôtes de Charles-Quint, commanditèrent les fourneaux de Paracelse. Au commencement du seizième siècle, Ruggieri le Vieux fut le chef de cette université secrète d'où sortirent les Cardan, les Nostradamus et les Agrippa, qui tour à tour furent médecins des Valois, enfin tous les astronomes, les astrologues, les alchimistes qui entourèrent à cette époque les princes de la chrétienté, et qui furent plus particulièrement entretenus et protégés en France par Catherine de Médicis. Dans le thème de nativité que dressèrent Bazile et Ruggieri le Vieux, les principaux événements de la vie de Catherine furent prédits avec une exactitude désespérante pour ceux qui nient les sciences occultes. Cet horoscope annonçait les malheurs qui pendant le siège de Florence signalèrent le commencement de sa vie, son mariage avec un fils de France, l'avénement inespéré de ce fils au trône, la naissance de ses enfants, et leur nombre. Trois de ses fils devaient être rois chacun à leur tour, deux filles devaient être reines, et tous devaient mourir sans postérité. Ce thème se réalisa si bien, que beaucoup d'historiens l'ont cru fait après coup.

Chacun sait que Nostradamus produisit au château de Chaumont, où Catherine alla lors de la conspiration de la Renaudie, une femme qui possédait le don de lire dans l'avenir. Or, sous le règne de François II, quand la reine voyait ses quatre fils en bas âge et bien portants, le mariage d'Élisabeth de Valois avec Philippe II, roi d'Espagne, avant celui de Marguerite de Valois avec Henri de Bourbon, roi de Navarre, Nostradamus et son amie confirmèrent les circonstances du fameux thème. Cette personne, douée sans doute de seconde vue, et qui appartenait à la grande école des infatigables chercheurs du grand œuvre, mais dont la vie secrète a échappé à l'histoire, affirma que le dernier enfant couronné mourrait assassiné. Après avoir placé la reine devant un miroir magique où se réfléchissait un rouet, sur une des pointes duquel se dessina la figure de chaque enfant, la sorcière imprimait un mouvement au rouet, et la reine comptait le nombre de tours qu'il faisait. Chaque tour était pour chaque enfant une année de règne. Henri IV, mis sur le rouet, fit vingt-deux tours. Cette femme (quelques auteurs en font un homme) dit à la reine effrayée que Henri de Bourbon serait en effet roi de France et régnerait tout ce temps. La reine Catherine voua dès lors au Béarnais une haine mortelle en apprenant qu'il succéderait au dernier des Valois assassiné. Curieuse de connaître quel serait le genre de sa mort à elle, il lui fut dit de se défier de Saint-Germain. Dès ce jour, pensant qu'elle serait renfermée ou violentée au château de Saint-Germain, elle n'y mit jamais le pied, quoique ce château fût in-

finiment plus convenable à ses desseins, par sa proximité de Paris, que tous ceux où elle alla se réfugier avec le roi durant les troubles. Quand elle tomba malade quelques jours après l'assassinat du duc de Guise aux états de Blois, elle demanda le nom du prélat qui vint l'assister, on lui dit qu'il se nommait Saint-Germain. — *Je suis morte!* s'écria-t-elle. Elle mourut le lendemain, ayant d'ailleurs accompli le nombre d'années que lui accordaient tous ses horoscopes.

Cette scène, connue du cardinal de Lorraine, qui la traita de sorcellerie, se réalisait aujourd'hui. François II n'avait plus que deux tours de rouet, et Charles IX accomplissait en ce moment son dernier tour. Si Catherine a dit ces singulières paroles à son fils Henri partant pour la Pologne : — *Vous reviendrez bientôt!* il faut les attribuer à sa foi dans les sciences occultes, et non au dessein d'empoisonner Charles IX. Marguerite de France était reine de Navarre, l'Isabeth était reine d'Espagne, le duc d'Anjou était roi de Pologne.

Beaucoup d'autres circonstances corroborèrent la foi de Catherine dans les sciences occultes. La veille du tournoi où Henri II fut blessé à mort, Catherine vit le coup fatal en songe. Son conseil d'astrologie judiciaire, composé de Nostradamus et des deux Ruggieri, lui avait prédit la mort du roi. L'histoire a enregistré les instances que fit Catherine pour engager Henri II à ne pas descendre en lice. Le pronostic et le songe engendré par le pronostic se réalisèrent. Les mémoires du temps rapportent un autre fait non moins étrange. Le courrier qui annonçait la victoire de Moncontour arriva la nuit après être venu si rapidement qu'il avait crevé trois chevaux. On éveilla la reine mère, qui dit : *Je le savais*, dit-elle. En effet, la veille, dit Brantôme, elle avait raconté le triomphe de son fils et quelques circonstances de la bataille. L'astrologue de la maison de Bourbon déclara que le cadet de tant de princes issus de saint Louis, que le fils d'Antoine de Bourbon serait roi de France. Cette prédiction, rapportée par Sully, fut accomplie dans les termes mêmes de l'horoscope, ce qui fit dire à Henri IV qu'à force de mensonges ces gens rencontraient le vrai. Quoi qu'il en soit, si la plupart des têtes fortes de ce temps croyaient à la vaste science appelée le *magisme* par les maîtres de l'astrologie judiciaire, et *sorcellerie* par le public, ils y étaient autorisés par les succès des horoscopes.

Ce fut pour Cosme Ruggieri, son mathématicien, son astronome, son astrologue, son sorcier si l'on veut, que Catherine fit élever la colonne adossée à la halle au blé, seul débris qui reste de l'hôtel de Soissons. Cosme Ruggieri possédait, comme les confesseurs, une mystérieuse influence, de laquelle il se contentait comme eux. Il nourrissait d'ailleurs une ambitieuse pensée supérieure à l'ambition vulgaire. Cet homme, que les romanciers ou les dramatiques dépeignent comme un batteleur, possédait la riche abbaye de Saint-Mahé, en Basse-Bretagne, et avait refusé de hautes dignités ecclésiastiques, l'or que les passions superstitieuses de cette époque lui apportaient abondamment suffisant à cette secrète entreprise, la main de la reine, étendue sur sa tête, en préservait le moindre cheveu de tout mal.

Quant à la soif de pouvoir que dévorait Catherine, et qui fut engendrée par un désir inné d'étendre la gloire et la puissance de la maison de Médicis, cette instinctive disposition était si bien connue, ce génie politique s'était depuis longtemps trahi par de telles démangeaisons, que Henri II d'un connétable de Montmorency, qu'elle avait mis en avant pour sonder son mari : — *Mon compère, vous ne connaissez pas ma femme; c'est la plus grande brouillonne de la terre, elle ferait battre les saints dans le paradis, tout serait perdu le jour où on la laisserait toucher aux affaires.* Fidèle à sa défiance, ce prince occupa jusqu'à sa mort dans soins maternels Catherine qui, menacée de stérilité, donna dix enfants à la race des Valois et devait en voir l'extinction. Aussi l'envie de conquérir le pouvoir fut-elle si grande, que Catherine s'allia, pour le saisir, avec les Guise, les ennemis du trône, enfin, pour garder les rênes de l'État entre ses mains, elle usa de tous les moyens, en sacrifiant ses amis et jusqu'à ses enfants. Cette femme, de qui l'un de ses ennemis a dit à sa mort : *Ce n'est pas une vie, c'est la royauté qui vient de mourir*, ne pouvait vivre que par les intrigues du gouvernement, comme un joueur ne vit que par les émotions du jeu. Quoique Italienne et de la voluptueuse race des Médicis, les calvinistes, qui l'ont tant calomniée, ne lui découvrirent pas un seul amant. Admiratrice de la maxime : *Diviser pour régner*, elle venait de l'apprendre, depuis douze ans, à opposer constamment une force à une autre. Aussitôt qu'elle prit en main la bride des affaires, elle fut obligée d'y entretenir la discorde pour neutraliser les forces de deux maisons rivales et sauver la couronne. Ce système nécessaire a justifié la prédiction de Henri II. Catherine inventa ce jeu de bascule politique, imité depuis par tous les princes qui se trouvèrent dans une situation analogue, en opposant tour à tour les calvinistes aux Guise, et les Guise aux calvinistes. Après avoir opposé ces deux religions l'une à l'autre, au cœur de la nation, Catherine opposa le duc d'Anjou à Charles IX. Après avoir opposé les choses, elle opposa les hommes en conservant les nœuds de tous leurs intérêts entre ses mains. Mais à ce jeu terrible, qui veut la tête d'un Louis XI ou d'un Louis XVIII, on recueille inévitablement la haine de tous les partis, et l'on se condamne à toujours vaincre, car une seule bataille perdue vous donne tous les intérêts pour ennemis, si toutefois, à force de triompher, vous ne finissez pas par ne plus trouver de joueurs.

La majeure partie du règne de Charles IX fut le triomphe de la politique domestique de cette femme étonnante. Combien d'adresse Catherine ne dut-elle pas employer pour faire donner le commandement des armées au duc d'Anjou sous un roi jeune, brave, avide de gloire, capable, généreux, et en présence du connétable Anne de Montmorency! Le duc d'Anjou eut, aux yeux des politiques de l'Europe, l'honneur de la Saint-Barthélemi, tandis que Charles IX en eut tout l'odieux. Après avoir inspiré au roi une feinte et secrète jalousie contre son frère, elle se servit de cette passion pour user dans les intrigues d'une rivalité fraternelle les grandes qualités de Charles IX. Cypierre, le premier gouverneur, et Amyot, le précepteur de Charles IX, avaient fait de leur élève un si grand homme, ils avaient préparé un si beau règne, que la mère prit son fils en haine le premier jour où elle craignit de perdre le pouvoir après l'avoir si péniblement conquis.

Sur ces données, la plupart des historiens ont cru à quelque prédilection de la reine-mère pour Henri III ; mais la conduite qu'elle tenait en ce moment prouve la parfaite insensibilité de son cœur envers ses enfants. En allant régner en Pologne, le duc d'Anjou la privait de l'instrument dont elle avait besoin pour tenir Charles IX en haleine, par ces intrigues domestiques qui jusqu'alors en avaient neutralisé l'énergie en offrant une pâture à ses sentiments extrêmes. Catherine fit alors forger la conspiration de la Mole et de Cocconas, où trempait le duc d'Alençon, qui, devenu duc d'Anjou par l'avénement de son frère, se prêta très-complaisamment aux vues de sa mère en déployant une ambition qu'encourageait sa sœur Marguerite, reine de Navarre. Cette conspiration, alors arrivée au point où la voulait Catherine, avait pour but de mettre le jeune duc et son beau-frère, le roi de Navarre, à la tête des calvinistes, de s'emparer de Charles IX et de retenir prisonnier ce roi sans héritier, qui laisserait ainsi la couronne au duc, dont l'intention était d'établir le calvinisme en France. Calvin avait obtenu, quelques jours avant sa mort, la récompense qu'il ambitionnait tant, en voyant la Réformation se nommer le calvinisme en son honneur. Si le Laboureur et les plus judicieux auteurs n'avaient déjà prouvé que la Mole et Cocconas, arrêtés cinquante jours après la nuit où commence ce récit et décapités au mois d'avril suivant, furent les victimes de la politique de la reine-mère, il suffirait, pour faire penser qu'elle dirigea secrètement leur entreprise, de la participation de Cosme Ruggieri dans cette affaire. Cet homme, contre lequel il ne nourrissait des soupçons et une haine dont les motifs vont se trouver suffisamment expliqués ici, fut impliqué dans la procédure. Il convint d'avoir fourni à la Mole une figure représentant le roi, piquée au cœur par deux aiguilles. Cette façon d'envoûter constituait, à cette époque, un crime puni de mort. Ce verbe comporte une des plus belles images infernales qui puissent peindre la haine, il explique d'ailleurs admirablement l'opération magnétique et terrible qu'il décrit, dans le monde occulte, un désir constant en entourant le personnage ainsi voué à la mort, et dont la figure de cire rappellait sans cesse les effets. La justice d'alors pensait avec raison à une pensée à laquelle on donnait corps était un crime de lèse-majesté. Charles IX demanda la mort du Florentin, Catherine, plus puissante, obtint du Parlement, par le conseiller de Camus, que son astrologue serait condamné seulement aux galères. Le roi mort, Cosme Ruggieri fut gracié par une ordonnance de Henri III, qui lui rendit ses pensions et le reçut à la cour.

Catherine avait alors frappé tant de coups sur le cœur de son fils, qu'il était en ce moment impatient de secouer le joug de sa mère. Depuis l'absence de Marie Touchet, Charles IX, inoccupé, s'était pris à tout observer autour de lui. Il avait tendu très-habilement des pièges aux gens desquels il se croyait sûr, pour éprouver leur fidélité. Il avait surveillé les démarches de sa mère, et lui avait dérobé la connaissance des siennes propres, en se servant pour le tromper de tous les effets qu'il en avait donnés. Dévoré du désir d'effacer l'horreur causée en France par la Saint-Barthélemi, il s'occupait avec activité des affaires, présidait le conseil et tentait de saisir les rênes du gouvernement par des actes habilement mesurés. Quoique la reine eût essayé de combattre les dispositions de son fils en employant tous les moyens d'influence que lui donnaient sur son esprit son autorité maternelle et l'habitude de le dominer, la pente de la défiance est si rapide, que le fils alla du premier bond trop loin pour revenir. Le jour où les paroles dites par sa mère au roi de Pologne lui furent rapportées, Charles IX se sentit dans un si mauvais état de santé, qu'il conçut d'horribles pensées, et, quand de tels soupçons envahissent le cœur d'un fils et d'un roi, rien ne peut les dissiper. En effet, à son lit de mort, sa mère fut obligée de l'interrompre en s'écriant : Ne dites pas cela, monsieur ! au moment où, en confiant à Henri IV sa femme et sa fille, il voulait le mettre en garde contre Catherine. Quoique Charles IX ne manquât pas de ce respect extérieur dont elle fut toujours si jalouse qu'elle n'appela les rois ses enfants que monsieur, depuis quelques mois, la reine-mère devinait dans les manières de son fils l'ironie mal déguisée d'une vengeance arrêtée. Mais qui pouvait surprendre Catherine devait être habile.

Elle tenait prête cette conspiration du duc d'Alençon et de la Mole, afin de détourner, par une nouvelle rivalité fraternelle, les efforts que faisait Charles IX pour arriver à son émancipation ; seulement, avant d'en user, elle voulait dissiper des méfiances qui pouvaient rendre impossible toute réconciliation entre elle et son fils ; car laisserait-il le pouvoir à une mère capable de l'empoisonner ? Aussi se croyait-elle en ce moment si sérieusement menacée, qu'elle avait mandé Strozzi, son parent, soldat remarquable par son exécution. Elle tenait avec Birague et les Gondi des conciliabules secrets, et jamais elle n'avait si souvent consulté ses oracles à l'hôtel de Soissons.

Quoique l'habitude de la dissimulation, autant que l'âge, eussent fait à Catherine ce masque d'abbesse, hautain et macéré, blafard, et néanmoins plein de profondeur, discret et inquisiteur, si remarquable aux yeux de ceux qui ont étudié son portrait, les courtisans apercevaient quelques nuages sur cette glace florentine. Aucune souveraine ne se montra plus imposante que le fut cette femme, depuis le jour où elle était parvenue à contenir les Guise après la mort de François II. Son bonnet de velours noir, façonné en pointe sur le front, car elle ne quitta jamais le deuil de Henri II, faisait comme un froc féminin à son impérieux et froid visage, auquel, d'ailleurs, elle savait communiquer à propos les séductions italiennes. Elle était si bien faite, qu'elle fit venir pour les femmes la mode d'aller à cheval de manière à montrer ses jambes ; c'est assez dire que les siennes étaient les plus parfaites de l'Europe. Toutes les femmes montèrent à cheval à la planchette en Europe, à laquelle la France imposait depuis longtemps les modes. Pour qui voudra se figurer cette grande figure, le tableau qu'offrait la salle prendra tout à coup un aspect grandiose. Ces deux reines, si différentes de génie, de beauté, de costume, et presque brouillées, l'une naïve et pensive, l'autre pensive et grave comme une abstraction, étaient beaucoup trop préoccupées toutes deux pour donner pendant cette soirée le mot d'ordre qu'attendent les courtisans pour s'animer.

Le drame profondément caché que, depuis six mois, jouaient le fils et la mère, avait été deviné par quelques courtisans ; mais les Italiens l'avaient surtout suivi d'un œil attentif, car tous allaient être sacrifiés si Catherine perdait la partie. De pareilles circonstances, et dans un moment où le fils et la mère tenaient assant de fourberies, le roi surtout devait occuper les regards. Pendant cette soirée, Charles IX, fatigué par une longue chasse et par les occupations sérieuses qu'il avait dissimulées, paraissait avoir quarante ans. Il était arrivé au dernier degré de la maladie dont il mourut, et qui autorisa quelques personnes graves à penser qu'il fut empoisonné. Selon de Thou, ce Tacite des Valois, les chirurgiens trouvèrent dans le corps de Charles IX des taches suspectes (ex causâ incognitâ reperti livores). Les funérailles de ce prince furent encore plus négligées que celles de François II. De Saint-Lazare à Saint-Denis, Charles IX fut conduit par Brantôme et par quelques archers de la garde que commandait le comte de Solern. Cette circonstance, jointe à la haine supposée de la mère contre son fils, put confirmer l'accusation portée par de Thou, mais elle sanctionne l'opinion émise sur le peu d'affection que Catherine avait pour ses enfants ; insensibilité qui se trouve expliquée par sa foi dans les arrêts de l'astrologie judiciaire. Cette femme ne pouvait guère s'intéresser à des instruments qui devaient lui manquer. Henri III était le dernier roi sous lequel elle devait régner, voilà tout. Il peut être permis aujourd'hui de croire que Charles IX mourut de mort naturelle. Ses excès, son genre de vie, le développement subit de ses facultés, ses derniers efforts pour ressaisir les rênes du pouvoir, son désir de vivre, l'abus de ses forces, ses dernières souffrances et ses derniers plaisirs, tout démontre à des esprits impartiaux qu'il mourut d'une maladie de poitrine, affection alors peu connue, mal observée, et dont les symptômes purent porter Charles IX lui-même à se croire empoisonné. Mais le véritable poison que sa mère se trouvait dans les funestes conseils des courtisans placés autour de lui pour lui faire gaspiller ses forces intellectuelles aussi bien que ses forces physiques, et qui causèrent ainsi sa maladie, purement occasionnelle et non constitutive. Charles IX se distinguait alors, plus qu'en aucune époque de sa vie, par une majesté sombre qui ne messied pas aux rois. La grandeur de ses pensées secrètes se reflétait sur son visage, remarquable par le teint italien qu'il tenait de sa mère. Cette pâleur d'ivoire, si belle aux lumières, si favorable aux expressions de la mélancolie, faisait vigoureusement ressortir le feu de ses yeux d'un bleu noir, qui, pressés entre ses paupières grasses, acquéraient ainsi la finesse acérée que l'imagination exige du regard des rois, et dont la couleur favorisait la dissimulation. Les yeux de Charles IX étaient surtout terribles par la disposition de ses sourcils élevés, en harmonie avec un front découvert, et qui pouvait hausser et baisser à son gré. Il avait un nez large et long, gros du bout, un véritable nez de lion, de grandes oreilles, des cheveux d'un blond ardent, une bouche quasi saignante comme celle des poitrinaires, dont la lèvre supérieure était mince, ironique, et l'inférieure assez forte pour faire supposer les plus belles qualités du cœur. Les rides imprimées sur ce front, dont la jeunesse avait été détruite par d'effroyables soucis, inspiraient un violent intérêt ; les remords causés par l'inutilité de la Saint-Barthélemi, mesure qui lui fut astucieusement arrachée, en avaient causé plus d'une, mais il y en avait deux autres dans son visage qui eussent été bien éloquentes pour un savant, à qui un génie spécial aurait permis de deviner les éléments de la physiologie moderne. Ces deux rides produisaient un vigoureux sillon allant de chaque pommette à chaque coin de la bouche, et accusaient les efforts intérieurs d'une organisation fatiguée de fournir aux travaux de la pensée et aux violents plaisirs du corps. Charles IX était épuisé. La reine mère, en voyant son ouvrage, devait avoir des remords, si toutefois la politique ne les étouffe pas tous chez les gens assis sous la pourpre. Si Catherine avait su l'effet de ses intrigues sur son fils, peut-être aurait-elle reculé. Quel affreux spectacle! Ce roi, né si vigoureux, était devenu débile, cet esprit, si fortement trempé, se trouvait plein de doutes, cet homme, en qui résidait l'autorité, se sentait sans appui, ce caractère ferme avait peu de confiance en lui-même. La valeur guerrière s'était changée par degrés en férocité, la discrétion en dissimulation ; l'amour fin et délicat des Valois se changeait en une inextinguible rage de plaisir. Ce jeune homme méconnu, perverti, usé sur les mille faces de sa belle âme, roi sans pouvoir, avait un noble cœur et n'ayant pas un ami, tiraillé par mille desseins contraires, offrait la triste image d'un homme de vingt-quatre ans, désabusé de tout, se défiant de tout, décidé à tout jouer, même sa vie. Depuis peu de temps, il avait compris sa mission, ses ressources, et les obstacles que sa mère apportait à la pacification du royaume, mais cette lumière brillait dans une lanterne brisée.

Deux hommes, que ce prince aimait au point d'avoir excepté l'un du massacre de la Saint-Barthélemi, et d'être allé dîner chez l'autre au moment où deux de ses ennemis l'accusaient de l'avoir empoisonné le roi, son premier médecin Jean Chapelain, et son premier chirurgien Ambroise Paré, mandés par Catherine et venus de province en toute hâte, se trouvaient là pour l'heure du coucher. Tous deux contemplaient leur maître avec sollicitude, quelques courtisans les questionnaient à voix basse, mais les deux savants mesuraient leurs réponses en cachant la condamnation qu'ils avaient portée. De temps en temps, le roi relevait ses paupières alourdies, et tâchait de dérober à ses courtisans le regard qu'il jetait sur sa mère. Tout à coup, il se leva brusquement et se mit devant la cheminée.

— Monsieur de Chiverny, dit-il, pourquoi gardez-vous le titre de chancelier d'Anjou et de Pologne? Etes-vous à notre service ou à celui de notre frère?

— Je suis tout à vous, sire, dit-il en s'inclinant.

— Venez donc demain, j'ai dessein de vous envoyer en Espagne, car il se passe d'étranges choses à la cour de Madrid, messieurs.

Le roi regarda sa mère et se rejeta dans son fauteuil.

— Il se passe d'étranges choses partout, dit-il à voix basse au maréchal de Tavannes, l'un des favoris de sa jeunesse.

Il se leva pour emmener le camarade de ses amusements de jeunesse dans l'embrasure de la croisée située à l'angle de ce salon, et lui dit : — J'ai besoin de toi, je vous savons si tu seras pour ou contre moi. Ne fais pas l'étonné. Je romps les lisières. Ma mère est cause de tout le mal ici. Dans trois mois je serai ou mort, ou roi de fait. Sur la vie, silence! Tu as mon secret, toi, Solern et Villeroy. Si tu commets une indiscrétion, elle viendra de l'un de vous. Ne me serre pas de si près, va faire la cour à ma mère, dis-lui que je meurs, et que tu me regrettes pas, parce que je suis un pauvre sire.

Charles IX se promena le bras appuyé sur l'épaule de son ancien favori, sur lequel il parut s'entretenir de ses souffrances pour tromper les curieux ; puis, craignant de rendre sa froideur trop visible, il vint causer avec les deux reines en appelant Birague auprès d'elles. En ce moment, Pinard, un des secrétaires d'État, se coula de la porte auprès de Catherine en filant comme une anguille le long des murs. Il vint dire deux mots à l'oreille de la reine mère, qui lui répondit par un signe affirmatif. Le roi ne demanda point à sa mère ce dont il s'agissait. — J'ai besoin de moi, dit-il, et garda le silence, après avoir jeté sur la cour un regard d'horrible colère et de jalousie. Ce petit événement eut aux yeux de tous les courtisans une énorme gravité. Ce fut comme la goutte d'eau qui fait déborder le verre, que cet exercice du pouvoir sans la participation du roi. La reine Élisabeth et la comtesse de Fiesque se retirèrent, sans que le roi y fit attention, mais la reine mère reconduisit sa belle-fille jusqu'à la porte. Quoique la mésintelligence de la mère et du fils donnât à leurs regards, aux gestes, aux regards, à l'attitude de Catherine et de Charles IX, leur froide contenance fit comprendre aux courtisans qu'ils étaient de trop, ils quittèrent le salon, quand la jeune reine fut sortie. A dix heures, il ne resta plus que quelques intimes, les deux Gondi, Tavannes, le comte de Solern, Birague et la reine mère.

Le roi demeurait plongé dans une noire mélancolie. Ce silence était fatigant. Catherine paraissait embarrassée, elle voulait partir, elle désirait que le roi la reconduisît, mais le roi demeurait obstinément dans sa rêverie, elle se leva pour partir, alors Charles IX se contraint de l'imiter, elle lui prit le bras, fit quelques pas avec lui pour pouvoir se pencher à son oreille et y glisser ces mots : — Monsieur, j'ai des choses importantes à vous confier.

Avant de partir, la reine mère fit dans une glace, à MM. de Gondi, un changement d'yeux, qui put d'autant mieux échapper aux regards de son fils, qu'il jetait lui-même un coup d'œil d'intelligence au comte de Solern et à Villeroy. Tavannes était pensif.

— Sire, dit le maréchal de Retz en sortant de sa méditation, je vous trouve royalement ennuyé, ne vous divertissez-vous donc plus? Vive Dieu! où est le temps où nous nous amusions à vauriener par les rues le soir?

— Ah! c'était le bon temps, répondit le roi, non sans soupirer.

— Que n'y allez-vous? dit M. de Birague en se retirant et jetant une œillade aux Gondi.

— Je me souviens toujours avec plaisir de ce temps-là! s'écria le maréchal de Retz.

— Je voudrais bien vous voir sur les toits, monsieur le maréchal, dit Tavannes. Sacré chat d'Italie, puisses-tu se rompre le cou! ajouta-t-il à l'oreille du roi.

— J'ignore qui de vous ou de moi franchirait le plus lestement une cour ou une rue, mais ce que je sais, c'est que nous ne craignons pas plus l'un que l'autre de mourir, répondit le duc de Retz.

— Eh bien! sire, voulez-vous vaurienner comme dans votre jeunesse? dit le grand maître de la garde-robe.

Ainsi, à vingt-quatre ans, ce malheureux roi ne paraissait plus jeune à personne, pas même à ses flatteurs. Tavannes et le roi remémorèrent, comme de véritables écoliers, quelques-uns des bons tours qu'ils avaient faits dans Paris, et la partie fut bientôt liée. Les deux Italiens, mis au défi de sauter de toit en toit, et d'un côté de rue à l'autre, parièrent de suivre le roi. Chacun alla prendre un costume de vaurien. Le comte de Solern, resté seul avec le roi, le regarda d'un air étonné. Si le bon Allemand, pris de compassion en devinant la situation du roi de France, était la fidélité, l'honneur même, il n'avait pas la conception prompte. Entouré de gens hostiles, ne pouvant se fier à personne, pas même à sa femme, qui s'était rendue capable de quelques indiscrétions en ignorant qu'il eût sa mère et ses serviteurs pour ennemis, Charles IX avait été heureux de rencontrer en M. de Solern un dévouement qui lui permettait une entière confiance. Tavannes et Villeroy n'avaient qu'une partie des secrets du roi. Le comte de Solern connaissait le plan dans son entier, il était, d'ailleurs, très-utile à son maître, en ce qu'il disposait de quelques serviteurs discrets et affectionnés, qui obéissaient aveuglément à ses ordres. M. de Solern, qui avait le commandement dans les archers de la garde, y triait, depuis quelques jours, les hommes exclusivement attachés au roi, pour en composer une compagnie d'élite. Le roi pensait à tout.

— Eh bien! Solern, dit Charles IX, ne nous faut-il pas un prétexte pour passer la nuit dehors? J'avais bien madame de Belleville, mais ceci vaut mieux, car ma mère peut savoir ce qui se passe chez Marie.

M. de Solern, qui devait suivre le roi, demanda la permission de battre les rues avec quelques-uns de ses Allemands, et Charles IX y consentit. Vers onze heures du soir, le roi, devenu gai, se mit en route avec ses trois courtisans pour explorer le quartier Saint-Honoré.

— J'irai surprendre ma mie, dit Charles IX à Tavannes, en passant par la rue de l'Autruche.

Pour rendre cette scène de nuit plus intelligible à ceux qui n'auraient pas présente à l'esprit la topographie du vieux Paris, il est nécessaire d'expliquer où se trouvait la rue de l'Autruche. Le Louvre de Henri II se continuait au milieu des décombres et des maisons. A la place de l'aile qui fait aujourd'hui face au pont des Arts, il existait un jardin. Au lieu de la colonnade, se trouvaient des fossés et un pont-levis sur lequel devait être tué plus tard un Florentin. Le maréchal d'Ancre. Au bout de ce jardin, s'élevaient les tours de l'hôtel de Bourbon, demeure des princes de cette maison jusqu'au jour où la trahison du grand connétable, ruiné par le séquestre de ses biens qu'ordonna François Ier pour se pouvoir prononcer entre sa mère et lui, termina ce procès, si fatal à la France, par la confiscation des biens du connétable. Ce château, qui fit un bel effet sur la rivière, ne fut démoli que sous Louis XIV. La rue de l'Autruche commençait rue Saint-Honoré et finissait à l'hôtel de Bourbon sur le quai. Cette rue, nommée d'Autriche sur quelques vieux plans et aussi de l'Ustruce, a disparu de la carte comme tant d'autres. La rue des Poulies dut être pratiquée sur l'emplacement des hôtels qui s'y trouvaient du côté de la rue Saint-Honoré. Les auteurs ne sont pas d'accord sur l'étymologie de ce nom. Les uns supposent qu'il vient d'un hôtel d'Osteriche (Osterrichen) habité par une fille de cette maison qui épousa un seigneur français au quatorzième siècle. Les autres prétendent que les rois avaient jadis les volières royales, où tout Paris accourut un jour voir une autruche vivante. Quoi qu'il en soit, cette rue tortueuse était remarquable par des hôtels de quelques princes du sang qui se logeaient autour du Louvre. Depuis que la royauté avait déserté le faubourg Saint-Antoine, où elle s'abrita sous la Bastille pendant deux siècles, pour venir se fixer au Louvre, beaucoup de grands seigneurs démeuraient aux environs. Or, l'hôtel de Bourbon avait pour pendant, du côté de la rue Saint-Honoré, le vieil hôtel d'Alençon. Cette demeure des comtes de ce nom, toujours comprise dans l'apanage, appartenait alors au quatrième fils de Henri II, qui prit plus tard le titre de duc d'Anjou et qui mourut sous Henri III, auquel il donna beaucoup de tablature. L'apanage revint alors à la couronne, ainsi que ce vieil hôtel qui fut démoli. Du temps, l'hôtel d'un prince offrait un vaste ensemble de constructions; et, pour s'en faire une idée, il faut aller mesurer l'espace que tient encore, dans le Paris moderne, l'hôtel Soubise au Marais. Un hôtel comprenait les établissements exigés par ces grandes existences, qui peuvent paraître presque problématiques à beaucoup de personnes qui voient aujourd'hui le piètre état d'un prince. C'étaient d'immenses écuries, le logement des médecins, des bibliothécaires, des chanceliers, du clergé, des trésoriers, officiers, pages, serviteurs gagés et valets attachés à la maison du prince. Vers la rue Saint-Honoré, se trouvait, dans un jardin de l'hôtel, une jolie petite maison que la célèbre duchesse d'Alençon avait fait construire en 1520, et qui depuis avait été entourée de maisons particulières bâties par des marchands. Le roi y avait logé Marie Touchet. Quoique le duc d'Alençon conspirât alors contre son frère, il était incapable de le contrarier en ce point.

Comme pour descendre la rue Saint-Honoré, qui, dans ce temps, n'offrait de chances aux voleurs qu'à partir de la barrière des Sergents, il fallait passer devant l'hôtel de sa mie, il était difficile que le roi ne s'y arrêtât pas. En cherchant quelque bonne fortune, un bourgeois attardé à débaucher ou le guet à battre, le roi levait le nez à tous les étages, et regardait aux endroits éclairés afin de voir ce qui s'y passait ou d'écouter les conversations. Mais il trouva ce bonne ville dans un état de tranquillité déplorable. Tout à coup, en arrivant à la maison d'un fameux parfumeur nommé René qui fournissait la cour, le roi parut concevoir une de ces inspirations soudaines que suggèrent des observations antérieures, en voyant une forte lumière projetée par la fenêtre croisée du comble.

Ce parfumeur était véhémentement soupçonné de guérir les oncles riches quand ils se disaient malades; la cour lui attribuait l'invention du fameux *elixir à successions*, et il fut accusé d'avoir empoisonné Jeanne d'Albret, mère de Henri IV, laquelle fut ensevelie sans que sa tête eût été ouverte, *malgré l'ordre formel de Charles IX*, dit un contemporain. Depuis deux mois, le roi cherchait un stratagème pour épier les secrets du laboratoire de René, chez qui Cosme Ruggieri allait souvent. Le roi voulait, s'il y trouvait quelque chose de suspect, procéder par lui-même, sans aucun intermédiaire de la police ou de la justice, sur lesquelles sa mère ferait agir la crainte ou la corruption.

Il est certain que pendant le seizième siècle, dans les années qui le précédèrent et le suivirent, l'empoisonnement était arrivé à une perfection inconnue à la chimie moderne et que l'histoire a constatée. L'Italie, berceau des sciences modernes, fut, à cette époque, inventrice et maîtresse de ces secrets dont plusieurs se perdirent. De là vint cette réputation qui pesa durant les deux siècles suivants sur les Italiens. Les romanciers en ont si fort abusé, que, partout où ils introduisent des Italiens, ils leur font jouer des rôles d'assassins et d'empoisonneurs. Si l'Italie avait l'entreprise des poisons subtils dont parlent quelques historiens, il faudrait seulement reconnaître sa suprématie en toxicologie comme dans toutes les connaissances humaines et des arts, où elle précédait l'Europe. Les crimes du temps n'étaient pas les siens, ils servaient les passions du siècle comme elle bâtissait d'admirables édifices, commandait les armées, peignait de belles fresques, chantait des romances, aimait les reines, plaisait aux rois, dessinait des fêtes ou des ballets, et dirigeait la politique. A Florence, on avait horrible fait point, qu'une femme partageait une pêche avec un duc, en se servant d'une lame d'or dont un côté seulement était empoisonné, mangeait la moitié saine et donnait la mort avec l'autre. Une paire de gants parfumés infiltrait par les pores une maladie mortelle. On mettait le poison dans un bouquet de roses naturelles dont la seule senteur, une fois respirée, donnait la mort. Don Juan d'Autriche fut, dit-on, empoisonné par une paire de bottes.

Le roi Charles IX était donc à bon droit curieux, et chacun concevra combien les sombres croyances qui l'agitaient devaient le rendre impatient de surprendre René à l'œuvre.

La vieille fontaine située au coin de la rue de l'Arbre-Sec, et depuis rebâtie, offrit à la noble bande les facilités nécessaires pour atteindre au faîte d'une maison voisine de celle de René, que le roi feignit de vouloir visiter. Le roi, suivi de ses compagnons, se mit à voyager sur les toits, au grand effroi de quelques bourgeois, réveillés par les faux voleurs, qui les appelaient de quelque nom drôlatique, écoutaient les querelles et les plaisirs de chaque ménage, ou commençaient quelques effractions. Quand les Italiens virent Tavannes et le roi s'engageant sur les toits de la maison voisine de celle de René, le maréchal de Retz s'assit en se disant fatigué, et son frère demeura près de lui. — Tant mieux, pensa le roi, qui laissa volontiers ses espions. Tavannes se moqua des deux Florentins, qui restèrent seuls au milieu d'un profond silence en un endroit où ils n'avaient que le ciel au-dessus d'eux et des chats pour auditeurs. Aussi les deux Italiens profitèrent-ils de la circonstance pour se communiquer des

pensées qu'ils n'auraient exprimées en aucun autre lieu du monde et que les événements de la soirée leur avaient inspirées.

— Albert, dit le grand maître au maréchal, le roi l'emportera sur la reine. nous faisons de mauvaise besogne pour notre fortune en restant attachés à celle de Catherine. Si nous passions au roi dans le moment où il cherche des appuis contre sa mère et des hommes habiles pour le servir, nous ne serions pas chassés comme des bêtes fauves quand la reine mère sera bannie, enfermée ou tuée.

— Avec des idées pareilles, tu n'iras pas loin, Charles, répondit gravement le maréchal au grand maître. Tu suivras le roi dans la tombe, et il n'a pas longtemps à vivre, il est ruiné d'excès, Cosme Ruggieri a pronostiqué sa mort pour l'an prochain.

— Le sanglier mourant a souvent tué le chasseur, dit Charles de Gondi. Cette conspiration du duc d'Alençon, du roi de Navarre et du prince de Condé, pour laquelle s'entremettent la Mole et Coconnas, est plus dangereuse qu'utile. D'abord, le roi de Navarre, que la reine mère espérait prendre en flagrant délit, s'est défié d'elle et ne s'y fourre point. Il veut profiter de la conspiration sans en courir les chances. Puis voilà qu'aujourd'hui tous ont la pensée de mettre la couronne sur la tête du duc d'Alençon, qui se fait calviniste.

— *Badelone!* ne vois-tu pas que cette conspiration permet à notre reine de savoir ce que les huguenots peuvent faire avec le duc d'Alençon, et ce que le roi veut faire avec les huguenots; car le roi négocie avec eux, mais, pour faire chevaucher le roi sur un cheval de bois, Catherine lui déclarera demain cette conspiration, qui neutralisera ses projets.

— Ah! fit Charles de Gondi, à profiter de nos conseils, elle est devenue plus forte que nous. Voilà qui est bien.

— Bien pour le duc d'Anjou, qui aime mieux être roi de France que roi de Pologne, et à qui j'irai tout expliquer.

— Tu pars, Albert?

— Demain. N'ai-je pas la charge d'accompagner le roi de Pologne? J'irai le rejoindre à Venise, où Louis Seigneuries se sont chargés de l'amuser.

— Tu es la prudence même.

— *Che bestia!* te je juge qu'il n'y a pas le moindre danger pour nous à rester à la cour. S'il y en avait, m'en irais-je? Je demeure aussi auprès de notre bonne maîtresse.

— Bonne! fit le grand maître, elle est femme à laisser là ses instruments quand elle les trouve lourds...

— O *coglione!* tu veux être un soldat, et tu crains la mort! Chaque métier à ses devoirs, et nous avons les nôtres envers les rois. En s'attachant aux rois, source de toute puissance temporelle, et qui protègent, élèvent, enrichissent nos maisons, il faut leur vouer l'amour qui enflamme pour le ciel le cœur du martyr; il faut savoir souffrir pour leur cause, quand ils nous sacrifient à leur trône, nous pouvons périr, car nous mourons autant pour nous-mêmes que pour eux, nos maisons ne périssent pas. *Ecco.*

— Tu as raison, Albert, on t'a donné l'ancien duché de Retz.

— Écoute, reprit le duc de Retz. La reine espère beaucoup de l'habileté des Ruggieri pour se raccommoder avec son fils. Quand notre drôle n'a plus voulu se servir de René, la rusée a bien deviné sur quoi portaient les soupçons de son fils. Mais qu sait ce que le roi porte dans son sac? Peut-être hésite-t-il seulement sur le traitement qu'il destine à sa mère, il hait, entends-tu? il a dit quelque chose de ses desseins à la reine, la reine en a causé avec madame de Fiesque, madame de Fiesque a tout rapporté à la reine mère, et, depuis, le roi se cache de sa femme.

— Il était temps, dit Charles de Gondi.

— De quoi faire? demanda le maréchal.

— D'occuper le roi, répondit le grand maître, qui, pour être moins avant que son frère dans l'intimité de Catherine, n'en était pas moins clairvoyant.

— Charles, je t'ai fait faire un beau chemin, lui dit gravement son frère, mais, si tu veux être duc aussi, sois comme moi l'âme damnée de notre maîtresse: elle restera reine, elle est ici la plus forte. Madame de Sauves est toujours à toi, et le roi de Navarre, le duc d'Alençon, sont toujours à madame de Sauves; Catherine les tiendra toujours en laisse, toujours, sous celui-ci, comme sous le règne du roi Henri III. Dieu veuille que celui-là ne soit pas ingrat!

— Pourquoi?

— Sa mère fait trop pour lui.

— Eh! mais j'entends du bruit dans la rue Saint-Honoré, s'écria le grand maître, on ferme la porte de René! Ne distingues-tu pas le pas de plusieurs hommes? Les Ruggieri sont arrêtés.

— Ah! *diavolo!* voici de la prudence. Le roi n'a pas suivi son impétuosité accoutumée. Mais où les mettra-t-il en prison? Allons voir ce qui se passe.

Les deux frères arrivèrent au coin de la rue de l'Autruche au moment où le roi entrait chez sa maîtresse. A la lueur des flambeaux que tenait le concierge, ils purent apercevoir Tavannes et les Ruggieri.

— Eh bien! Tavannes, s'écria le grand maître en courant après le compagnon du roi, qui retournait vers le Louvre, que vous est-il arrivé?

— Nous sommes tombés en plein consistoire de sorciers, nous en avons arrêté deux qui sont de vos amis, et qui pourront expliquer, à l'usage des seigneurs français, par quels moyens vous avez mis la main sur deux charges de la couronne, vous qui n'êtes pas du pays, dit Tavannes, moitié riant, moitié sérieux.

— Et le roi? fit le grand maître, en homme que l'inimitié de Tavannes inquiétait peu.

— Il reste chez sa maîtresse.

— Nous sommes arrivés par le dévouement le plus absolu pour nos maîtres, une belle et noble voie que vous avez prise aussi, mon cher duc, répondit le maréchal de Retz.

Les trois courtisans cheminèrent en silence. Au moment où ils se quittèrent en retrouvant chacun leurs gens pour se faire accompagner chez eux, deux hommes se glissèrent lestement le long des murailles de la rue de l'Autruche. Ces deux hommes étaient le roi et le comte de Solern, qui arrivèrent promptement au bord de la Seine, à un endroit où une barque et des rameurs, choisis par le seigneur allemand, les attendaient. En peu d'instants, tous deux atteignirent le bord opposé.

— Ma mère n'est pas couchée, s'écria le roi, elle nous verra, nous avons mal choisi le lieu du rendez-vous.

— Elle pourra croire à quelque duel, répondit Solern, et comment distinguerait-elle où nous sommes, à cette distance?

— Eh! qu'elle me voie, s'écria Charles IX, je suis décidé maintenant!

Le roi et son confident sautèrent sur la berge et marchèrent vivement dans la direction du Pré aux Clercs. En y arrivant, le comte de Solern, qui précédait le roi, fit la rencontre d'un homme en sentinelle, avec lequel il échangea quelques paroles, et qui se retira vers les siens. Bientôt deux hommes, qui paraissaient être des princes aux marques de respect que leur donnait leur vedette, quittèrent la place où ils s'étaient cachés derrière une mauvaise clôture de champ, et s'approchèrent du roi, devant lequel ils fléchirent le genou, mais Charles IX les releva avant qu'ils n'eussent touché la terre, et leur dit : — Point de façons, nous sommes tous, ici, gentilshommes.

A ces trois gentilshommes vint se joindre un vieillard vénérable, que l'on aurait pris pour le chancelier de Lhospital s'il n'était mort l'année précédente. Ces quatre marchèrent avec vitesse afin de se mettre en un lieu où leur conférence ne pût être entendue par les gens de leur suite, et Solern les suivit à une faible distance pour veiller sur le roi. Ce fidèle serviteur se livrait à une défiance que Charles IX ne partageait point, en homme à qui la vie était devenue trop pesante. Ce seigneur fut, du côté du roi, le seul témoin de la conférence, qui s'anima bientôt.

— Sire, dit l'un des interlocuteurs, le connétable de Montmorency, le meilleur ami du roi votre père, et qui a eu les secrets, a opiné avec le maréchal de Saint-André qu'il fallait coudre madame Catherine dans un sac et la jeter à la rivière. Si cela eût été fait, beaucoup de braves gens seraient sur pied.

— J'ai assez d'exécutions sur la conscience, monsieur, répondit le roi.

— Eh bien! dit le plus jeune des quatre personnages, du fond de l'exil la reine Catherine saura brouiller les affaires et trouver des auxiliaires. N'avons-nous pas tout à craindre des Guise, qui, depuis neuf ans, ont formé pour Rome une monstrueuse alliance catholique, dans le secret de laquelle Votre Majesté n'est pas, et qui menace son trône? Cette alliance est une invention de l'Espagne, qui ne renonce pas à son projet d'abattre les Pyrénées. Sire, le calvinisme sauverait la France en mettant une barrière morale entre elle et une nation qui rêve l'empire du monde. Si elle se voit proscrite, la reine mère s'appuiera donc sur l'Espagne et sur les Guise.

— Messieurs, dit le roi, sachez que, vous m'aidant et la paix établie sans défiance, je me charge de faire trembler un chacun dans le royaume. Tête-Dieu pleine de reliques! il est temps que la royauté se relève. Sachez-le bien, en ceci ma mère a raison, il s'en va de vous comme de moi. Vos biens, vos avantages, tout est sur le trône, et, quand vous aurez laissé abattre la religion, ce sera sur le trône et sur vous que se porteront les mains dont vous vous servez. Je ne me soucie plus de me battre contre des idées, avec des armes qui les atteignent point. Voyons si le protestantisme fera des progrès en l'abandonnant à lui-même, mais surtout, voyons à quoi s'attaquera l'esprit de cette faction. L'amiral, que Dieu veuille le recevoir à merci, n'était pas mon ennemi, il me jurait de contenir la révolte dans les bornes du monde spirituel, et de laisser dans le royaume temporel un roi maître et des sujets soumis. Messieurs, si la chose est encore en votre pouvoir, donnez l'exemple, aidez votre souverain à réduire des mutins qui nous ôtent aux uns et aux autres la tranquillité. La guerre nous prive tous de nos revenus, et ruine le royaume. Je sors de cet état de troubles, et tant que, s'il le faut absolument, je sacrifierai ma mère. J'irai plus loin, je saurai prendre des mois des protestants et des catholiques en nombre égal, et je mettrai au-dessus d'eux la hache de Louis XI pour les rendre égaux. Si MM. de Guise complotent

une sainte-union qui s'attaque à notre couronne, le bourreau commencera sa besogne par eux. J'ai compris les misères de mon peuple, et suis disposé à tailler en plein drap dans les grands, qui mettent à mal notre royaume. Je m'inquiète peu des consciences, je veux désormais des sujets soumis qui travaillent, sous mon vouloir, à la prospérité de l'État. Messieurs, je vous donne dix jours pour négocier avec les vôtres, rompre vos trames, et revenir à moi, qui deviendrai votre père. Si vous refusez, vous verrez de grands changements, j'agirai avec de petites gens, qui se rueront à ma voix sur les seigneurs. Je me modèlerai sur un roi qui a su pacifier son royaume en abattant des gens plus considérables que vous ne l'êtes, qui lui rompaient en visière. Si les troupes catholiques font défaut, j'ai mon frère d'Espagne que j'appellerai au secours des trônes menacés; enfin, si je manque de ministre pour exécuter mes volontés, il me prêtera le duc d'Albe.

— En ce cas, sire, nous aurions les Allemands à opposer à vos Espagnols, répondit un des interlocuteurs.

— Mon cousin, dit froidement Charles IX, ma femme s'appelle Elisabeth d'Autriche, vos secours pourraient faillir de ce côté, mais, croyez-moi, battons-nous seuls, et n'appelons point l'étranger. Vous êtes en butte à la haine de ma mère, et vous me tenez d'assez près pour me servir de second dans le duel que je vais avoir avec elle, mais écoutez ceci. Vous me paraissez si digne d'estime, que je vous offre la charge de connétable, vous ne nous trahirez pas comme l'autre.

Le prince auquel parlait Charles IX lui prit la main, frappa dedans avec la sienne en disant : — Ventre-saint-gris! voici, mon frère, pour oublier bien des torts. Mais, sire, la tête ne marche pas sans la queue, et notre queue est difficile à entraîner. Donnez-nous plus de dix jours, il nous faut au moins un mois pour faire entendre raison aux nôtres. Ce délai passé, nous serons les maîtres.

— Un mois, soit. Mon seul négociateur sera Villeroy, vous n'aurez foi qu'en lui, quoi qu'on vous dise, d'ailleurs.

— Un mois, dirent à la fois les trois seigneurs, ce délai suffit.

— Messieurs, nous sommes cinq, dit le roi, cinq gens de cœur. S'il y a trahison, nous saurons à qui nous en prendre.

Les trois assistants quittèrent Charles IX avec les marques du plus grand respect, et lui baisèrent la main. Quand le roi repassa la Seine, quatre heures sonnaient au Louvre. La reine Catherine n'était pas encore couchée.

— Ma mère veille toujours, dit Charles au comte de Solern.

— Elle a sa forge aussi, dit l'Allemand.

— Cher comte, que vous semble d'un roi réduit à conspirer? dit avec amertume Charles IX, après une pause.

— Je pense, sire, que, si vous me permettiez de jeter cette femme à l'eau, comme disait ce jeune cadet, la France serait bientôt tranquille.

— Un parricide, après la Saint-Barthélemy, comte? dit le roi. Non, non! l'exil. Une fois tombée, ma mère n'aura ni un serviteur, ni un partisan.

— Eh bien! sire, reprit le comte de Solern, ordonnez-moi de l'aller arrêter à l'instant et de la conduire hors du royaume, car demain elle vous aura tourné l'esprit.

— Eh bien! dit le roi, venez à ma forge, là personne ne nous entendra; d'ailleurs, je ne veux pas que ma mère soupçonne la capture des Ruggieri. En me sachant ici, la bonne femme ne se doutera de rien, et nous concerterons les mesures nécessaires à son arrestation.

Quand le roi, suivi du comte de Solern, entra dans la pièce basse où était son atelier, il lui montra cette forge et tous ses instruments en souriant.

— Je ne crois pas, dit-il, que, parmi tous les rois qu'aura la France, il s'en rencontre un second auquel plaise un pareil métier. Mais, quand je serai vraiment le roi, je ne forgerai pas des épées, je les ferai toutes rentrer dans le fourreau.

— Sire, dit le comte de Solern, les fatigues du jeu de paume, votre travail à cette forge, la chasse, et, dois-je le dire, l'amour, sont des cabriolets que le diable vous donne pour aller plus vite à Saint-Denis.

— Solern! dit lamentablement le roi, si tu savais le feu qu'on m'a mis au cœur et dans le corps! rien ne peut l'éteindre. Es-tu sûr des hommes qui gardent les Ruggieri?

— Comme de moi-même.

— Eh bien! pendant cette journée, j'aurai pris mon parti. Pensez aux moyens d'exécution, je vous donnerai mes derniers ordres à cinq heures chez madame de Belleville.

Quand les premières lueurs de l'aube luttèrent avec la lumière de l'atelier, le roi, que le comte de Solern avait laissé seul, entendit tourner la porte, et vit sa mère qui se dessina dans le crépuscule comme un fantôme. Quoique très-nerveux et impressible, Charles IX ne tressaillit point, bien que, dans les circonstances où il se trouvait, cette apparition eût une couleur sombre et fantastique.

— Monsieur, lui dit-elle, vous vous tuez...

— J'accomplis les horoscopes, répondit-il avec un sourire amer. Mais vous, madame, n'êtes-vous pas aussi matinale que je le suis?

— Nous avons veillé tous deux, monsieur, mais dans des inten-

tions bien différentes. Quand vous allez conférer avec vos plus cruels ennemis en plein champ, en vous cachant de votre mère, aidé par les Tavannes et par les Gondi, avec lesquels vous avez feint d'aller courir la ville, je lisais des dépêches qui contenaient les preuves d'une terrible conspiration où trempent votre frère le duc d'Alençon, votre beau-frère le roi de Navarre, le prince de Condé, la moitié des grands du royaume. Il ne s'agit de rien moins que de vous ôter la couronne en s'emparant de votre personne. Ces messieurs disposent déjà de cinquante mille hommes de bonnes troupes.
— Ah! fit le roi d'un air incrédule.
— Votre frère se fait huguenot, reprit la reine.
— Mon frère passe aux huguenots? s'écria Charles en brandissant le fer qu'il tenait à la main.
— Oui, le duc d'Alençon, huguenot de cœur, le sera bientôt d'effet. Votre sœur, la reine de Navarre, n'a plus pour vous qu'un reste d'affection, elle aime M. le duc d'Alençon, elle aime Bussy, elle aime aussi le petit la Mole.
— Quel cœur! fit le roi.
— Pour devenir grand, le petit la Mole, dit la reine en continuant, ne trouve rien de mieux que de donner à la France un roi de sa façon. Il sera, dit-on, connétable.

Sa figure sévère, où deux yeux n'ôtrs jetaient une flamme aiguë, communiquait le frémissement d'un génie sorti de sa profonde solitude. — PAGE 15.

— Damnée Margot! s'écria le roi, voilà ce que nous rapporte son mariage avec un hérétique...
— Ce ne serait rien ; mais avec le chef de votre branche cadette, que vous avez rapproché du trône malgré mon avis, et qui voudrait vous faire entretuer tous. La maison de Bourbon est l'ennemie de la maison de Valois, sachez bien ceci, monsieur. Toute branche cadette doit être maintenue dans la plus grande pauvreté, car elle est née conspiratrice, et c'est sottise que de lui donner des armes quand elle n'en a pas, et de les lui laisser quand elle en prend. Que tout cadet soit incapable de nuire, voilà la loi des couronnes. Ainsi font les sultans d'Asie. Les preuves sont là-haut, dans mon cabinet, où je vous ai prié de me suivre en vous quittant hier au soir, mais vous aviez d'autres visées. Dans un mois, si nous n'y mettions bon ordre, vous auriez le sort de Charles le Simple.
— Dans un mois, s'écria Charles IX atterré par la coïncidence de cette date avec le délai demandé par les princes la nuit même. Dans un mois nous serons les maîtres! se dit-il en répétant leurs paroles.
— Madame, vous avez des preuves? demanda-t-il à haute voix.
— Elles sont sans réplique, monsieur, elles viennent de ma fille Marguerite. Effrayée elle-même des probabilités d'une semblable combinaison, et malgré sa tendresse pour votre frère d'Alençon, le trône des Valois lui a tenu plus au cœur cette fois-ci que tous ses amours. Elle demande pour prix de ses révélations qu'il ne soit rien fait à la Mole; mais ce croquant me semble un dangereux coquin de qui nous devons nous débarrasser, ainsi que du comte de Coconnas, l'homme de votre frère d'Alençon. Quant au présent de Condé, cet enfant consent à tout, pourvu que l'on me jette à l'eau; je ne sais si c'est le présent de noces qu'il me fait pour lui avoir donné sa jolie femme. Ceci est grave, monsieur. Vous parlez de prédictions!... j'en connais une qui donne le trône de Valois à la maison de Bourbon. Si nous n'y prenons garde, elle se réalisera. N'en voulez pas à votre sœur, elle s'est bien conduite en ceci. — Mon fils, dit-elle après une pause et en donnant à sa voix l'accent de la tendresse, beaucoup de méchantes gens à MM. de Guise veulent semer la division entre vous et moi, quoique nous soyons les seuls dans ce royaume de qui les intérêts soient exactement les mêmes; pensez-y. Vous vous reprochez maintenant la Saint-Barthélemy, je le sais; vous m'accusez de vous y avoir décidé. Le catholicisme, monsieur, doit être le lien de l'Espagne, de la France et de l'Italie, trois pays qui peuvent, par un plan secrètement et habilement suivi, se réunir sous la maison de Valois à l'aide du temps. Ne vous ôtez pas des chances en lâchant la corde qui réunit ces trois royaumes dans le cercle d'une même foi. Pourquoi les Valois et les Médicis n'exécuteraient-ils pas pour leur gloire le plan de Charles-Quint, à qui la tête a manqué? Rejetons dans le nouveau monde, où elle s'engage, cette race de Jeanne la Folle. Maîtres à Florence et à Rome, les Médicis subjugueront l'Italie pour vous; ils vous en assureront tous les avantages par un traité de commerce et d'alliance en se reconnaissant vos feudataires pour le Piémont, le Milanais et Naples, où vous avez des droits. Voilà, monsieur, les raisons de la guerre à mort que nous faisons aux huguenots. Pourquoi vous forcez-vous à vous répéter ces choses? Charlemagne se trompait en s'avançant vers le nord. Oui, la France est un corps dont le cœur se trouve au golfe de Lyon, et dont les deux bras sont l'Espagne et l'Italie. On domine ainsi la Méditerranée, qui est comme une corbeille où tombent les richesses de l'Orient, et desquelles ces messieurs de Venise profitent aujourd'hui, à la barbe de Philippe II. Si l'amitié des Médicis et vos droits peuvent vous faire espérer l'Italie, la force ou des alliances, une succession peut-être, vous donneront l'Espagne. Prévenez sur ce point l'ambitieuse maison d'Autriche, à laquelle les guelfes vendaient l'Italie, et qui rêve encore d'avoir l'Espagne. Quoique votre femme vienne de cette maison, abaissez l'Autriche, embrassez-la bien fort pour l'étouffer; là sont les ennemis de votre royaume, car de là viennent les secours aux réformés. N'écoutez pas les gens qui trouvent un bénéfice à notre désaccord, et qui vous mettent martel en tête, en me présentant comme votre ennemie domestique. Vous ai-je empêché d'avoir des héritiers? Pourquoi votre maîtresse vous donne-t-elle un fils et la reine une fille? Pourquoi n'avez-vous pas aujourd'hui trois héritiers, qui couperaient par le pied les espérances de tant de séditions? Est-ce à moi, monsieur, de répondre à ces questions? Si vous aviez un fils, M. d'Alençon conspirerait-il?
En achevant ces paroles, Catherine arrêta sur Charles IX le coup d'œil fascinateur de l'oiseau de proie sur sa victime. La fille des Médicis était alors belle de sa beauté; ses vrais sentiments éclataient sur son visage, qui, semblable à celui du joueur à son tapis vert, étincelait de mille grandes cupidités. Charles IX ne vit plus en elle d'un seul homme, mais bien, comme on le disait d'elle, la mère des armées et des empires (mater castrorum). Catherine avait déployé les ailes de son génie et volait audacieusement dans la haute politique des Médicis et des Valois, en traçant les plans gigantesques dont s'effraya jadis Henri II, et qui, transmis par le génie des Médicis à Richelieu, restèrent écrits dans le cabinet de la maison de Bourbon. Mais Charles IX, en voyant sa mère user de tant de précautions, pensait en lui-même qu'elles devaient être nécessaires, et il se demandait dans quel but elle les prenait. Il baissait les yeux, il hésitait : sa défiance ne pouvait tomber devant des phrases. Catherine fut étonnée de la profondeur à laquelle gisaient les soupçons dans le cœur de son fils.
— Eh bien! monsieur, dit-elle, ne me comprendrez-vous donc point? Que sommes-nous, vous et moi, devant l'éternité des couronnes royales? Me supposez-vous d'autres desseins que ceux qui doivent nous agiter en habitant la sphère où l'on domine les empires?
— Madame, je vous suis dans votre cabinet, il faut agir...

— Agir! s'écria Catherine, laissons-les aller, et prenons-les sur le fait, la justice vous en délivrera. Pour Dieu! monsieur, faisons-leur bonne mine.

La reine se retira. Le roi resta seul un moment, car il était tombé dans un profond accablement.

— De quel côté sont les embûches? s'écria-t-il. Qui d'elle ou d'eux me trompe? Quelle politique est la meilleure? *Deus! discerne causam meam*, dit-il les larmes aux yeux. La vie me pèse. Naturelle ou forcée, je préfère la mort à ces tiraillements contradictoires, ajouta-t-il en déchargeant un coup de marteau sur son casque avec tant de force que les voûtes du Louvre en tremblèrent. — Mon Dieu! reprit-il en sortant et regardant le ciel, vous, pour la sainte religion de qui je combats, donnez-moi la clarté de votre regard pour pénétrer le cœur de ma mère en interrogeant les Ruggieri.

La petite maison où demeurait la dame de Belleville et où Charles IX avait déposé ses prisonniers était l'avant-dernière dans la rue de l'Autruche, du côté de la rue Saint-Honoré. La porte de la rue, que flanquaient deux petits pavillons en briques, semblait fort simple dans un temps où les portes et leurs accessoires étaient si curieusement traités. Elle se composait de deux pilastres en pierre taillée en pointe de diamant. Le cintre représentait une femme couchée qui tenait une corne d'abondance. La porte, garnie de ferrures énormes, avait, à hauteur d'œil, un guichet pour examiner les gens qui demandaient à entrer. Chacun des pavillons logeait un concierge. Le plaisir extrêmement capricieux du roi Charles exigeait un concierge jour et nuit. La maison avait une petite cour pavée à la vénitienne. A cette époque où les voitures n'étaient pas inventées, les dames allaient à cheval ou en litière, et les cours pouvaient être magnifiques, sans que les chevaux ou les voitures les gâtassent. Il faut sans cesse penser à cette circonstance pour s'expliquer l'étroitesse des rues, le peu de largeur des cours, et certains détails des habitations du quinzième siècle. La maison, élevée d'un étage au-dessus du rez-de-chaussée, était couronnée par une frise sculptée, sur laquelle s'appuyait un toit à quatre pans, dont le sommet formait une plate-forme. Ce toit était percé de lucarnes ornées de tympans et de chambranles que le ciseau de quelque grand artiste avait dentelés et couverts d'arabesques. Chacune des trois croisées du premier étage se recommandait également par ses broderies de pierre, que la brique des murs faisait ressortir. Au rez-de-chaussée, un double perron, décoré fort délicatement, et dont la tribune était distinguée par un lacs d'amour, menait à une porte d'entrée en bossages taillés à la vénitienne en pointe de diamant, système de décors qui se trouvait dans la croisée droite et dans celle de gauche.

Un jardin, distribué, planté, à la mode de ce temps, et où abondaient les fleurs rares, occupait derrière la maison un espace égal en étendue à celui de la cour. Une vigne tapissait les murailles. Au milieu d'un gazon s'élevait un pin argenté. Les plates-bandes étaient séparées de ce gazon par des allées sinueuses menant à un petit bosquet d'ifs taillés qui se trouvait au fond. Les murs, revêtus de mosaïques composées de différents cailloux assortis, offraient à l'œil des dessins grossiers, il est vrai, mais qui plaisaient par la richesse des couleurs en harmonie avec celles des fleurs. La façade du jardin, semblable à celle de la cour, offrait comme elle un joli balcon travaillé qui surmontait la porte et embellissait la croisée du milieu. Sur le jardin comme sur la cour, les ornements de cette maîtresse croisée, avancée de quelques pieds, montaient jusqu'à la frise, en sorte qu'elle simulait un petit pavillon semblable à une lanterne. Les appuis des autres croisées étaient incrustés de marbres précieux encadrés dans la pierre.

Malgré le goût exquis qui respirait dans cette maison, elle avait une physionomie triste. Le jour y était obscurci par les maisons voisines et par les toits de l'hôtel d'Alençon, qui projetaient une ombre sur la cour et sur le jardin; puis, il y régnait un profond silence. Mais ce silence, ce clair-obscur, cette solitude faisaient du bien à l'âme, qui pouvait s'y livrer à une seule pensée, comme dans un cloître, où l'on se recueille, ou comme dans la coite maison que l'on aime.

Qui ne devinerait maintenant les recherches intérieures de cette retraite, seul lieu de son royaume où l'avant-dernier Valois pouvait épancher son âme, dire ses douleurs, déployer son goût pour les arts, et se livrer à la poésie, qu'il aimait, toutes affections contrariées par les soucis de la plus pesante des royautés. Là seulement sa grande âme et sa haute valeur étaient appréciées; là seulement il se livra, durant quelque mois fugitifs, les derniers de sa vie, aux jouissances de la paternité, plaisirs dans lesquels il se jetait avec la frénésie que le pressentiment d'une horrible et prochaine mort imprimait à toutes ses actions.

Ces deux hommes étaient le roi et le comte de Solern. — PAGE 7.

Dans l'après-midi, le lendemain, Marie achevait sa toilette dans son oratoire, qui était le boudoir de ce temps-là. Elle arrangeait quelques boucles de sa belle chevelure noire, afin d'en marier les touffes avec un nouvel escoffion de velours, et se regardait attentivement dans un miroir.

— Il est bientôt quatre heures, cet interminable conseil est fini, se disait-elle. Jacob est revenu du Louvre, où l'on est en émoi à cause du nombre des conseillers convoqués et de la durée de cette séance. Qu'est-il donc arrivé? quelque malheur. Mon Dieu! sait-*il* combien l'âme s'use à l'attendre en vain! Il est peut-être allé à la chasse. S'il s'est amusé, tout ira pour le mieux. Si je le vois gai, j'oublierai que j'ai souffert.

Elle appuya ses mains le long de sa robe afin d'effacer quelque léger pli, et se tourna de côté pour voir en profil comment allait sa robe; mais elle vit alors le roi sur le lit de repos. Les tapis assourdissaient si bien le bruit des pas, qu'il avait pu se glisser là sans être entendu.

— Vous m'avez fait peur, dit-elle en laissant échapper un cri de surprise promptement réprimé.

— Tu pensais à moi? dit le roi.

— Quand n'y pensé-je pas à vous? demanda-t-elle en s'asseyant près de lui.

Elle lui ôta son bonnet et son manteau, lui passa les mains dans les cheveux, comme si elle eût voulu les lui peigner avec les doigts. Charles se laissa faire sans rien répondre. Étonnée, Marie se mit à genoux pour bien étudier le pâle visage de son royal maître, et reconnut alors les traces d'une fatigue horrible et d'une mélancolie plus dévorante que toutes les mélancolies qu'elle avait déjà dissipées. Elle retint une larme, et garda le silence pour ne pas irriter par d'imprudentes paroles des douleurs qu'elle ne connaissait pas encore. Elle fit ce que font, en semblable occurrence, les femmes tendres : elle baisa ce front sillonné de rides précoces, ces joues décomposées, en essayant d'imprimer la fraîcheur de son âme à cette âme soucieuse, en faisant passer son esprit dans de suaves caresses, qui n'eurent aucun succès. Elle leva la tête à la hauteur de celle du roi, qu'elle étreignit doucement de ses bras mignons, et se tint coi, le visage appuyé sur ce sein douloureux, en épiant le moment opportun pour questionner ce malade abattu.

— Mon Charlot, ne direz-vous pas à votre pauvre amie inquiète les pensées qui embrunent votre front chéri, qui font pâlir vos belles lèvres rouges ?

— A l'exception de Charlemagne, dit-il d'une voix sourde et creuse, tous les rois de France du nom de Charles ont fini misérablement.

— Bah ! dit-elle, et Charles VIII ?

— A la fleur de son âge, reprit le roi, ce pauvre prince s'est cogné la tête à une porte basse au château d'Amboise, qu'il embellissait, et il mourut dans d'horribles souffrances. Sa mort a donné la couronne à notre maison.

— Charles VII a reconquis son royaume.

— Petite, il y est mort (le roi baissa la voix) de faim, redoutant d'être empoisonné par le dauphin, qui avait déjà fait mourir sa belle Agnès. Le père craignait son fils : aujourd'hui, le fils craint sa mère !

— Pourquoi fouillez-vous ainsi dans le passé ? dit-elle en pensant à l'épouvantable vie de Charles VI.

— Que veux-tu, mon minon ? les rois peuvent trouver, sans recourir aux devins, le sort qui les attend, ils n'ont qu'à consulter l'histoire. Je suis en ce moment occupé d'éviter le sort de Charles le Simple, qui fut dépouillé de sa couronne, et mourut en prison, après sept ans de captivité.

— Charles V a chassé les Anglais ! dit-elle victorieusement.

— Non lui, mais du Guesclin ; car, empoisonné par Charles de Navarre, il a traîné des jours languissants.

— Mais Charles IV ? dit-elle.

— Il s'est marié trois fois sans pouvoir obtenir d'héritiers, malgré la beauté masculine qui distinguait les enfants de Philippe le Bel. A lui finirent les premiers Valois, les nouveaux finiront de même ; la reine ne m'a donné qu'une fille, et je mourrai sans la laisser grosse, car une minorité serait le plus grand malheur dont puisse être affligé le royaume. D'ailleurs, vivrait-il, mon fils ? Ce nom de Charles est de funeste augure, Charlemagne en a épuisé le bonheur. Si je redevenais roi de France, je tremblerais de me nommer Charles X.

— Qui donc en veut à ta couronne ?

— Mon frère d'Alençon conspire contre moi. Je vois partout des ennemis...

— Monsieur, dit Marie en faisant une adorable petite moue, contez-moi des histoires plus gaies.

— Mon joyau chéri, répliqua vivement le roi, ne me dis jamais monsieur, même ici, riant ; tu me rappelles ma mère, qui me blesse sans cesse avec ce mot, par lequel elle semble m'ôter ma couronne. Elle dit mon fils à mon frère d'Anjou, c'est-à-dire au roi de Pologne.

— SIRE, fit Marie en joignant les mains comme si elle eût prié Dieu, il est un royaume où vous êtes adoré. VOTRE MAJESTÉ l'emplit de sa gloire, de sa force ; et là, le mot monsieur veut dire mon bien-aimé seigneur.

Elle déjoignit les mains, et, par un geste mignon, désigna du doigt son cœur au roi. Ces paroles furent si bien musquées, pour employer un mot du temps qui peint les mélodies de l'amour, que Charles IX prit Marie par la taille, l'enleva avec cette force nerveuse qui le distinguait, l'assit sur ses genoux, et se frotta doucement le front aux boucles de cheveux que sa maîtresse avait si coquettement arrangées. Marie jugea le moment favorable, elle hasarda quelques baisers que Charles souffrit plutôt qu'il ne les accepta, puis, entre deux baisers, elle lui dit : — Si mes gens n'ont pas menti, tu aurais couru Paris pendant toute cette nuit, comme dans le temps où tu faisais des folies en vrai cadet de famille.

— Oui, dit le roi, qui resta perdu dans ses pensées.

— N'as-tu pas battu le guet et dévalisé quelques bons bourgeois ? Quels sont donc les gens que l'on m'a donnés à garder, et qui sont si criminels que vous avez défendu d'avoir avec eux la moindre communication ? Jamais fille n'a été verrouillée avec plus de rigueur que ces gens, qui n'ont ni bu ni mangé, les Allemands de Solern n'ont laissé approcher personne de la chambre où vous les avez mis. Est-ce une plaisanterie, est-ce une affaire sérieuse ?

— Oui, hier au soir, dit le roi en sortant de sa rêverie, je me suis mis à courir sur les toits avec Tavannes et les Gondi, j'ai voulu avoir les compagnons de mes anciennes folies, mais les jambes ne sont plus les mêmes : nous n'avons osé sauter les rues. Cependant nous avons franchi deux cours en nous élançant d'un toit sur l'autre. La dernière, arrivés sur un pignon, à deux pas d'ici, serrés à la barre d'une cheminée, nous nous sommes dit, Tavannes et moi, qu'il ne fallait pas recommencer. Si chacun de nous avait été seul, aucun n'aurait fait le coup.

— Tu as sauté le premier, je gage ? (Le roi sourit.) Je sais pourquoi tu risques ainsi ta vie.

— Oh ! la belle devineresse !

— Tu es las de vivre.

— Foin des sorciers ! je suis poursuivi par eux, dit le roi reprenant un air grave.

— Ma sorcellerie est l'amour, reprit-elle en souriant. Depuis le jour heureux où vous m'avez aimée, n'ai-je pas toujours deviné vos pensées ? Et, si vous voulez me permettre de vous dire la vérité, les pensées qui vous tourmentent aujourd'hui ne sont pas dignes d'un roi.

— Suis-je roi ? dit-il avec amertume.

— Ne pouvez-vous l'être ? Comment fit Charles VII, de qui vous portez le nom ? il écouta sa maîtresse, monseigneur, et il reconquit son royaume, envahi par les Anglais comme le vôtre l'est par ceux de la religion. Votre dernier coup d'État vous a tracé une route qu'il faut suivre. Exterminez l'hérésie.

— Tu blâmais le stratagème, dit Charles, et aujourd'hui...

— Il est accompli, répondit-elle d'ailleurs, je suis de l'avis de madame Catherine, il valait mieux le faire soi-même que de le laisser faire aux Guise.

— Charles VII n'avait que des hommes à combattre, et je trouve en face de moi des idées, reprit le roi. On tue les hommes, on ne tue pas des mots ! L'empereur Charles-Quint y a renoncé, son fils don Philippe y épuise ses forces, nous y périrons tous, nous autres rois. Sur qui puis-je m'appuyer ? A droite, chez les catholiques, je trouve les Guise qui me menacent ; à gauche, les calvinistes ne me pardonneront jamais la mort de mon pauvre père Coligny, ni la saignée d'août ; et d'ailleurs ils veulent supprimer les trônes ; enfin devant moi j'ai ma mère...

— Arrêtez-la, régnez seul, dit Marie à voix basse et dans l'oreille du roi.

— Je le voulais hier et ne le veux plus aujourd'hui. Tu en parles bien à ton aise.

— Entre la fille d'un apothicaire et celle d'un médecin la distance n'est pas si grande, reprit Marie Touchet, qui plaisantait volontiers sur la fausse origine qu'on lui prêtait.

Le roi fronça le sourcil.

— Marie, point de ces libertés ! Catherine de Médicis est ma mère, et tu devrais trembler de...

— Et que craignez-vous ?

— Le poison ! dit enfin le roi hors de lui-même.

— Pauvre enfant ! s'écria Marie en retenant ses larmes, car tant de force unie à tant de faiblesse l'émut profondément. — Ah ! reprit-elle, vous me faites bien haïr madame Catherine, moi qui la trouvais bonne, et de qui les bontés me paraissent être des perfidies. Pourquoi me fait-elle tant de bien, et à vous tant de mal ? Pendant mon séjour en Dauphiné, j'ai appris à voir le commencement de votre règne bien des choses que vous m'aviez cachées, et la reine votre mère me semble avoir causé vos vrais malheurs.

— Comment ? dit le roi vivement préoccupé.

— Les femmes dont l'âme et dont les intentions sont pures se servent des vertus pour dominer les hommes qu'elles aiment, mais les femmes qui ne leur veulent que du bien les gouvernent en prennent des points d'appui dans leurs mauvais penchants ; or, la reine a fait des vices de plusieurs belles qualités à vous, et vous a fait croire que vos mauvais côtés étaient des vertus. Est-ce là le rôle d'une mère ? Soyez un tyran à la façon de Louis XI, inspirez une profonde terreur ; imitez Philippe, bannissez les Italiens, donnez la chasse aux Guise et confisquez les terres des calvinistes, vous vous élèverez dans cette solitude, et vous sauverez le trône. Le moment est propice, votre frère est en Pologne.

— Nous sommes deux enfants en politique, dit Charles avec amertume, nous ne savons que faire l'amour. Hélas ! mon minon, hier je songeais à tout ceci, je voulais accomplir de grandes choses, bah ! ma mère a soufflé sur mes châteaux de cartes. De loin, les questions se dessinent nettement comme des cimes de montagnes, et chacun y sourit ; de près, j'en finirais avec le calvinisme, je mettrais MM. de Guise à la raison, je me séparerais de la cour de Rome, je m'appuierais sur le peuple, sur la bourgeoisie ; enfin, de loin tout paraît simple, mais, en voulant gravir les montagnes, à mesure qu'on s'en approche, les difficultés se révèlent. Le calvinisme est en lui-même de rien devant les chefs du parti, et MM. de Guise, les emportés catholiques, seraient au désespoir de voir les calvinistes réduits. Chacun obéit à ses intérêts avant tout, et les opinions politiques servent de voile à des ambitions insatiables. Le parti de Charles IX est le plus faible de tous ; celui du roi de Navarre, celui du roi de Pologne, celui du duc d'Alençon, celui des Condé, celui des Guise, celui de ma mère, se coalisent les uns contre les autres et me laissent seul jusque dans mon conseil. Ma mère est au milieu de tant d'éléments de troubles la plus forte, elle vient de me démontrer l'inanité de mes plans. Nous sommes environnés de sujets qui narguent la justice. La hache de Louis XI, de qui tu parles, nous manque. Le parlement ne condamnerait ni les Guise, ni le roi de Navarre, ni les Condé, ni mes frères ; il croirait mettre le royaume en feu. Il faudrait avoir le courage que veut l'assassinat ; le trône en viendra là avec ces insolents qui ont supprimé la justice ; mais où trouver des bras fidèles ? Le conseil tenu ce matin m'a dégoûté de tout : partout des trahisons, partout des intérêts contraires. Je suis las de porter ma couronne, je ne veux plus que mourir en paix.

Et il retomba dans une morne somnolence.

— Dégoûté de tout ! répéta douloureusement Marie Touchet en respectant la profonde torpeur de son amant.

Charles était, en effet, en proie à l'une de ces prostrations complètes de l'esprit et du corps, produites par la fatigue de toutes les facultés, et augmentées par le découragement que causent l'étendue du malheur, l'impossibilité reconnue du triomphe, ou l'aspect de difficultés si multipliées, que le génie lui-même s'en effraye. L'abattement du roi était en raison de la hauteur à laquelle avaient monté son courage et ses idées depuis quelques mois ; puis un accès de mélancolie nerveuse, engendrée par la maladie elle-même, l'avait saisi au sortir du long conseil qui s'était tenu dans son cabinet. Marie vit bien qu'il se trouvait en proie à l'une de ces crises où tout est douloureux et importun, même l'amour, elle demeura donc agenouillée, la tête sur les genoux du roi, qui laissa sa main plongée dans les cheveux de sa maîtresse, sans mouvement, sans lui dire un mot, sans soupirer, ni elle non plus. Charles IX était plongé dans la léthargie de l'impuissance, et Marie dans la stupeur du désespoir de la femme aimante qui aperçoit les frontières où finit l'amour.

Les deux amants restèrent ainsi dans le plus profond silence pendant un long moment, pendant une de ces heures où toute réflexion fait place, où les nuages d'une tempête intérieure voilent jusqu'aux souvenirs du bonheur. Marie se crut pour quelque chose dans cet effrayant accablement. Elle se demanda, non sans terreur, si les joies excessives par lesquelles le roi l'avait accueillie, si le violent amour qu'elle se sentait pas la force de combattre, n'affaiblissaient point l'esprit et le corps de Charles IX. Au moment où elle leva ses yeux, baignés de larmes comme son visage, vers son amant, elle vit des larmes dans les yeux et sur les joues décolorées du roi. Cette entente qui les unissait jusque dans la douleur émut si fort Charles IX, qu'il sortit de sa torpeur comme un cheval éperonné ; il prit Marie par la taille, et, avant qu'elle pût deviner sa pensée, il l'avait posée sur le lit de repos.

— Je ne veux plus être roi, dit-il, je ne veux plus être que ton amant, tout oublier pour le plaisir ! Je veux mourir heureux, et non dévoré par les soucis du trône.

L'accent de ces paroles, et le feu qui brilla dans les yeux naguère éteints de Charles IX, au lieu de plaire à Marie, lui firent une peine horrible : en ce moment elle accusait son amour de complicité avec les causes de la maladie dont mourrait le roi.

— Vous oubliez vos prisonniers, lui dit-elle en se levant avec brusquerie.

— Et que m'importent ces hommes ? je leur permets de m'assassiner.

— Eh quoi ! des assassins ? dit-elle.

— Ne t'en inquiète pas, nous les tenons, chère enfant ! ne t'occupe pas d'eux, mais de moi ; ne m'aimes-tu donc pas ?

— Sire ! s'écria-t-elle.

— Sire, répéta-t-il en faisant jaillir des étincelles de ses yeux, tant fut violent le premier essor de la colère excitée par le respect intempestif de sa maîtresse. Tu t'entends avec ma mère !

— Mon Dieu ! s'écria Marie en regardant le tableau de son prie-Dieu et s'efforçant d'y atteindre pour lui dire quelque oraison, faites qu'il me comprenne !

— Ah ! reprit le roi d'un air sombre, aurais-tu donc quelque chose à te reprocher ? Puis, la regardant entre ses bras, il plongea ses yeux dans les yeux de sa maîtresse. J'ai entendu parler de son prie-Dieu. Pour toi, dit-il d'un air égaré, et, depuis que le capitaine Balzac d'Entragues, leur grand père, a épousé une Visconti à Milan, les drôles ne doutent de rien.

Marie regarda le roi d'un air si fier, qu'il devint honteux. En ce moment, les cris du petit Charles de Valois, qui venait de s'éveiller et que sa nourrice apportait sans doute, se firent entendre dans le salon voisin.

— Entrez, la Bourguignonne, dit Marie en allant prendre son enfant à la nourrice et l'apportant au roi. — Vous êtes plus enfant que lui, dit-elle à demi courroucée, à demi calmée.

— Il est bien beau, dit Charles IX en prenant son fils.

— Moi seule sais combien il te ressemble, dit Marie, il a déjà tes gestes et ton sourire !...

— Si petit ? demanda le roi en souriant.

— Les hommes ne veulent pas croire ces choses-là, dit-elle ; mais, mon Charlot, prends-le, joue avec lui, regarde-le ! tiens, n'ai-je pas raison ?

— C'est vrai ! s'écria le roi, surpris par un mouvement de l'enfant qui lui parut la miniature d'un de ses gestes.

— La jolie fleur ! fit la mère. Il ne me quittera jamais, lui ! il ne me causera point de chagrins.

Le roi jouait avec son fils, il le faisait sauter, il le baisait avec un entier emportement, il lui disait de ces folles et vagues paroles, jolies onomatopées que savent créer les mères et les nourrices ; sa voix se faisait enfantine ; enfin son front s'éclaircit, la joie revint sur sa figure attristée, et, quand Marie vit que son amant oubliait tout, elle posa la tête sur son épaule et lui souffla ces mots à l'oreille : — Ne me direz-vous pas, mon Charlot, pourquoi vous me donnez des assassins à garder, et quels sont ces hommes, et ce que vous en comptez faire ? Enfin, où alliez-vous sur les toits ? J'espère qu'il ne s'agit pas d'une femme ?

— Tu m'aimes toujours autant ! dit le roi en reprenant par le rayon clair d'un de ces regards interrogateurs que les femmes savent jeter à propos.

— Vous avez pu douter de moi ! reprit-elle en roulant des larmes entre ses belles paupières fraîches.

— Il y a des femmes dans mon aventure ; mais c'est des sorcières. Où en étais-je ?

— Nous étions à deux pas d'ici, sur le pignon d'une maison, dit Marie ; dans quelle rue ?

— Rue Saint-Honoré, mon minon, dit le roi, qui parut s'être remis, et qui, en reprenant ses idées, voulut mettre sa maîtresse au fait de la scène qui allait se passer chez elle. En y passant hier pour aller vauriennier, mes yeux furent attirés par une vive clarté qui partait des combles de la maison où demeure René, le parfumeur et le gantier de ma mère, le tien, celui de la cour. J'ai des doutes violents sur ce qui se fait chez cet homme, et, si je suis empoisonné, là s'est préparé le poison.

— Dès demain je le quitte, dit Marie.

— Ah ! tu l'avais conservé quand je t'avais quitté, s'écria le roi. Ici était ma vie, reprit-il d'un air sombre, on y a sans doute mis la mort.

— Mais, cher enfant, je reviens de Dauphiné, avec notre dauphin, dit-elle en souriant, et René ne m'a rien fourni depuis la mort de la reine de Navarre... Continue, tu as grimpé sur la maison de René ?

— Oui, reprit le roi. En y étant arrivé, suivi de Tavannes, dans un endroit d'où j'ai pu voir, sans être vu, l'intérieur de la cuisine du diable et y remarquer des choses qui m'ont inspiré les mesures que j'ai prises. N'as-tu jamais examiné les combles qui terminent la maison de ce damné Florentin ? Les croisées de la rue sont toujours fermées, excepté la dernière, d'où l'on voit l'hôtel de Soissons et la colonne qu'a fait bâtir ma mère pour son astrologue Cosme Ruggieri. Dans ces combles, il se trouve un logement et une galerie qui ne sont éclairés que du côté de la cour, en sorte que, pour voir ce qui s'y fait, il faut aller là où nul homme ne peut avoir la pensée de grimper, sur le chaperon d'une haute muraille qui aboutit aux toits de la maison de René. Les gens qui ont à leurs fourneaux où ils distillent la mort comptaient sur la couardise des Parisiens pour n'être jamais vus, mais ils ont compté sans leur Charles de Valois. Moi, je me suis avancé dans le chêneau jusqu'à une croisée, contre le jambage de laquelle je me suis tenu droit, en passant mon bras autour du singe qui est fait l'ornement.

— Et qu'avez-vous vu, mon cœur ? dit Marie effrayée.

— Un réduit où se fabriquent des œuvres de ténèbres, répondit le roi. Le premier objet sur lequel était tombé mon regard était un grand vieillard assis dans une chaise, et doué d'une magnifique barbe blanche comme était celle du vieux l'Hospital, vêtu comme lui d'une robe de velours noir. Sur son large front, profondément sillonné par des rides creuses, sur sa couronne de cheveux blanchis, sur sa face calme et attentive, pâle de veilles et de travaux, tombaient les rayons concentrés d'une lampe qui éblouissait une vive lumière. Il partageait son attention entre un vieux manuscrit dont le parchemin doit avoir plusieurs siècles, et deux fourneaux allumés où cuisaient des substances hérétiques. Le plancher du laboratoire ne se voyait en rien en haut ni en bas, tant il s'y trouvait d'animaux suspendus, de squelettes, de plantes desséchées, de minéraux, d'ingrédients, qui tapissaient les murs : ici des livres, des instruments de distillation, des bahuts remplis d'ustensiles de magie, d'astrologie ; là, des thèmes de nativité, des fioles, des figures envoûtées, et peut-être des poisons qu'il fournit à René pour payer l'hospitalité et la protection que le gantier de ma mère lui donne. J'ai noté tout, mon ami ne vais et été saisi, je t'assure, par l'aspect de cet arsenal du diable ; car, rien qu'à le voir, on est sur une chimère, et, n'était-ce mon métier de roi de France, j'aurais eu peur. — « Tremble pour nous deux ! » ai-je dit à Tavannes. Mais Tavannes avait été séduit par le plus mystérieux des spectacles. Sur un lit de repos, à côté du vieillard, était étendue une fille de la plus étrange beauté, fine et longue comme une couleuvre, blanche comme une hermine, livide comme une morte, immobile comme une statue. Peut-être est-ce une femme fraîchement tirée d'un tombeau qui servait à quelque expérience car elle nous a semblé avoir encore son linceul, ses yeux étaient fixes, et je ne la voyais pas respirer. Le vieux drôle n'y faisait pas la moindre attention; je le regardais si curieusement, que son esprit a, je crois, passé en moi; à force de l'étudier, j'ai fini par admirer ce regard si vif, si profond, si hardi, malgré les glaces de l'âge; cette bouche recousue par des pensées émanées d'un désir qui paraissait unique, et qui restait gravé dans mille plis. Tout en cet homme accusait une espérance que rien ne décourage et que rien n'arrête. Son attitude pleine de frémissements dans son immobilité, ces contours si déliés, si bien fouillés par une passion qui fait l'office d'un ciseau de sculpteur, cette idée accolée sur une tentative criminelle ou scientifique, cette intelligence chercheuse, à la piste de la nature, vaincue par elle et courbée sans avoir rompu sous le faix de son audace, à laquelle elle ne renonce point, menaçant la création avec le feu qu'elle tient d'elle... tout m'a fasciné pendant un moment. J'ai trouvé ce vieillard plus roi que je ne le suis, car son regard embrassait le monde et le dominait. J'ai résolu de ne plus forger des épées, je veux planer sur les abîmes ainsi que lui le faisait, sa science m'a semblé comme une royauté sûre. Enfin je crois aux sciences occultes.

— Vous le fils aîné, le vengeur de la sainte Église catholique, apostolique et romaine? dit Marie.

— Moi!

— Que vous est il donc arrivé? Continuez, je veux avoir peur pour vous, et vous aurez du courage pour moi.

— En regardant son horloge, se leva, reprit le roi, il est sorti, je ne sais par où, mais j'ai entendu ouvrir la croisée du côté de la rue Saint-Honoré. Bientôt une lumière a brillé, puis j'ai vu, sur la colonne de l'hôtel de Soissons, une autre lumière qui répondait à celle du vieillard, et qui nous a permis de voir Cosme Ruggieri sur le haut de la colonne. — « Ah! ils s'entendent! » ai-je dit à Tavannes, qui trouva dès lors tout effroyablement suspect, et qui partagea mon avis de nous emparer de ces deux hommes et de faire examiner incontinent leur atelier monstrueux. Mais, avant de procéder à une saisie générale, nous avons voulu voir ce qui allait advenir. Au bout d'un quart d'heure, la porte du laboratoire s'est ouverte, et Cosme Ruggieri, le conseiller de ma mère, le puits sans fond où s'engloutissent tous les secrets de la cour, les femmes demandent du secours contre leurs maris et contre leurs amants, à qui les amants et les maris demandent secours contre leurs infidèles, qui trafique de l'avenir et aussi du passé, en recevant de toutes mains, qui vend des horoscopes et qui passe pour savoir tout, cette moitié de démon est entré en disant au vieillard : « Bonjour, mon frère! » Il amenait une effroyable petite vieille édentée, bossue, tordue, crochue comme un marmouset de fantaisie, mais plus horrible, elle était ridée comme une vieille pomme, sa peau avait une teinte de safran, son menton mordait son nez, sa bouche était une ligne à peine indiquée, ses yeux ressemblaient aux points noirs d'un dé, son front exprimait l'amertume, ses cheveux s'échappaient en mèches grises de dessous un sale escoffion; elle marchait appuyée sur une béquille; elle sentait le fagot et la sorcellerie; elle nous fit peur, car ni Tavannes ni moi nous ne l'prîmes pour une femme naturelle, Dieu ne les a pas faites aussi épouvantables que cela. Elle s'assit sur un escabeau près de la jolie couleuvre blanche dont s'amourachait Tavannes. Les deux frères ne firent aucune attention ni à la vieille ni à la jeune qui, l'une près de l'autre, formaient un couple horrible. D'un côté la vie dans la mort, de l'autre la mort dans la vie.

— Mon gentil poète! s'écria Marie en baisant le roi.

— « Bonjour, Cosme, a répondu le vieil alchimiste à son frère. Et tous ont regardé le fourneau. — Quelle force a la lune aujourd'hui? demanda le vieillard à Cosme. — Mais, caro Lorenzo, a répondu l'astrologue de ma mère, la marée de septembre n'est pas encore finie, on ne peut rien savoir par un soudaine désordre. — Que nous dit l'orient, ce soir? — Il vient de découvrir, a répondu Cosme, une force créatrice dans l'air qui rend à la terre tout ce qu'elle y prend, j'en conclus, comme nous, que tout ici-bas est le produit d'une lente transformation, mais que toutes les diversités sont les formes d'une même substance. — C'est ce que pensait mon professeur, a répondu Laurent. Ce matin, Bernard de Palissy me disait que les métaux étaient le résultat d'une compression, et que le feu, qui divise tout, réunit tout aussi; que le feu a la puissance de comprimer aussi bien que celle de séparer. Il y a du génie chez ce bonhomme. » Quoique il fusse place de manière à ne pas les voir, Cosme dit en prenant la main de la jeune morte : « Il y a quelqu'un près de nous! Qui est-ce? demanda-t-il. — Le roi! dit-elle. — Je me suis montré en frappant le vitrail, Ruggieri m'a ouvert la croisée, et j'ai sauté dans cette cuisine de l'enfer, suivi de Tavannes. — « Oui, le roi, dis-je aux deux Florentins, qui nous parurent saisis de terreur. Malgré vos fourneaux et vos livres, vos sorcières et votre science, vous n'avez pu deviner ma visite. Je ne suis pas bien aise de voir ce fameux Laurent Ruggieri, de qui parle si mystérieusement la reine ma mère, dis-je au vieillard, qui se leva et s'inclina. Vous êtes dans le royaume sans mon agrément, bonhomme. Pour qui travaillez-vous ici, vous, qui, de père en fils, êtes au cœur de la maison de Médicis? Écoutez-moi! Vous puisez dans tant de bourses, que depuis longtemps des gens cupides eussent été rassasiés d'or; vous êtes des gens trop rusés pour vous jeter imprudemment dans des voies criminelles, mais vous ne devez pas non plus vous jeter en étourneaux dans cette cuisine; vous avez donc de secrets desseins, vous qui n'êtes satisfaits ni par l'or ni par le pouvoir? Qui servez-vous? Dieu ou le diable? Que fabriquez-vous ici? Je veux la vérité tout entière, je suis homme à l'entendre et à vous garder le secret sur vos entreprises, quelque blâmables qu'elles puissent être. Ainsi vous me direz tout, sans feintise. Si vous me trompez, vous serez traités sévèrement. Païens ou chrétiens, calvinistes ou mahométans, vous avez ma parole royale de pouvoir sortir impunément du royaume au cas où vous auriez quelques peccadilles à vous reprocher. Enfin, je vous laisse le demeurant de cette nuit et la matinée de demain pour faire votre examen de conscience, car vous êtes mes prisonniers, et vous allez me suivre en un lieu où vous serez gardés comme des trésors. » Avant de me rendre à mon ordre, les Florentins se sont consultés l'un l'autre par un regard fin, et Laurent Ruggieri m'a dit que je devais être certain qu'aucun supplice ne pourrait leur arracher leurs secrets; malgré leur faiblesse apparente, ni la douleur ni les sentiments humains n'avaient prise sur eux, la confiance pouvait seule faire dire à leur bouche ce que gardait leur pensée. Je ne devrais pas m'étonner qu'en ce moment ils traitassent d'égal à égal avec un roi qui ne connaissait que Dieu au-dessus de lui, car leur pensée ne relevait aussi que de Dieu. Ils réclamaient donc de moi autant de confiance qu'ils en accorderaient. Or, avant de s'engager à me répondre sans arrière-pensée, ils me demandaient de mettre ma main gauche dans la main de la jeune fille qui était là, et la droite dans la main de la vieille. Ne voulant pas leur donner lieu de penser que je craignais quelque sortilège, je tendis mes mains. Laurent prit la droite, Cosme prit la gauche, et chacun d'eux me la plaça dans la main de chaque femme, en sorte que je fus comme Jésus-Christ entre ses deux larrons. Pendant tout le temps que les deux sorcières m'examinèrent les mains, Cosme me présenta un miroir en me priant de m'y regarder, et son frère parlait avec les deux femmes dans une langue inconnue. Ni Tavannes ni moi, nous ne pûmes saisir le sens d'aucune phrase. Avant d'amener ces gens ici, nous avons mis les scellés sur les issues de cette officine, que Tavannes s'est chargé de garder jusqu'au moment où, par mon exprès commandement, Bernard de Palissy et Chapelain, mon médecin, s'y seront transportés pour faire une exacte perquisition de toutes les drogues qui s'y trouvent et s'y fabriquent. Afin de leur laisser ignorer les recherches qui se font dans leur cuisine, et de leur empêcher de communiquer avec qui que ce soit du dehors, car ils auraient pu s'entendre avec eux, ces deux diables sont tous au secret entre des Allemands de Solern qui valent les meilleures murailles de geôle. René lui-même a été gardé à vue dans sa chambre par l'écuyer de Solern, ainsi que les deux sorcières. Or, mon minon aimé, puisque je tiens les clefs de la cabale, les rois de l'hune, les chefs de la sorcellerie, les princes de la Bohême, les maîtres de l'avenir, les héritiers de tous les fameux pronostiqueurs, je veux lire en toi, connaître ton cœur, enfin nous allons savoir ce qui adviendra de nous!

— Je serai bien heureuse s'ils peuvent mettre mon cœur à nu, dit Marie sans témoigner aucune appréhension.

— Je sais pourquoi les sorciers ne t'effrayent pas : toi aussi, tu jettes des sorts.

— Ne voulez-vous pas de ces pêches? répondit-elle en lui présentant de beaux fruits sur une assiette de vermeil. Voyez ces raisins, ces poires, je suis allée tout cueillir moi-même à Vincennes!

— J'en mangerai bien, car il ne s'y trouve d'autre poison que les philtres issus de tes mains.

— Tu devrais manger beaucoup de fruits, Charles, tu te rafraîchirais le sang, que tu brûles par tant de violences.

— Ne faudrait-il pas aussi le moins t'aimer!

— Peut-être, dit-elle. Si les choses que tu aimes te nuisaient, et... je l'ai cru! tu puiseras dans mon amour la force de te les refuser. J'adore encore plus Charles que je t'aime le roi, et je veux que l'homme vive sans ces tourments qui le rendent triste et songeur.

— La royauté aussi.

— Mais, oui, dit-elle. Si tu n'étais qu'un pauvre prince comme ton beau-frère, le roi de Navarre, ce petit coureur de filles, qui n'a ni sou ni maille, qui ne possède que un méchant royaume en Espagne, où il ne mettra jamais les pieds, et le Béarn en France, qui lui donne à peine de quoi vivre, je serais heureuse, bien plus heureuse que si j'étais vraiment la reine de France.

— Mais n'es-tu pas plus que la reine? Elle n'a de roi Charles que pour le bien du royaume, car la reine, n'est-ce pas encore de la politique?

Marie sourit et fit une jolie petite moue en disant : — On le sait, sire. Et mon sonnet, est-il fait?

— Chère petite, dit-elle. Si les sonnets se font aussi difficilement que les édits de pacification, j'achèverai tantôt les tiens. Mon Dieu! la vie m'est légère, ici, je n'en voudrais point sortir. Et cependant il nous faut terroger les deux Florentins. Tête-Dieu pleine de reliques! je trouvais qu'il y avait bien assez d'un Ruggieri dans le royaume, et voilà qu'il s'en trouve deux. Écoute, mon minon chéri, tu ne manques pas d'esprit, tu ferais un excellent lieutenant de police, car tu devines tout...

— Mais, sire, nous supposons tout ce que nous craignons, et pour nous le probable est le vrai : voilà toute notre finesse en deux mots.

— Eh bien! aide-moi donc à sonder ces deux hommes. En ce moment, toutes mes déterminations dépendent de cet interrogatoire. Sont-ils innocents, sont-ils coupables? Ma mère est derrière eux.

— J'entends la voix de Jacob dans la vis, dit Marie.

Jacob était le valet favori du roi, celui qui l'accompagnait dans toutes ses parties de plaisir; il vint demander si le bon plaisir de son maître était de parler aux deux prisonniers.

Sur un signe affirmatif, la dame du logis donna quelques ordres.

— Jacob, dit-elle, faites vider la place à tout le monde au logis, excepté la nourrice et M. le dauphin d'Auvergne, qui peuvent y rester. Quant à vous, demeurez dans la salle basse; mais avant tout fermez les croisées, tirez les rideaux dans le salon et allumez les chandelles.

L'impatience du roi était si grande, que pendant ces apprêts il vint s'asseoir sur une chaire auprès de laquelle se mit sa jolie maîtresse, au coin d'une haute cheminée de marbre blanc où brillait un feu clair. Le portrait du roi était encadré dans un cadre de velours rouge, en place de miroir. Charles IX s'appuya le coude sur le bras de la chaire, pour mieux contempler les deux Florentins.

Les volets clos, les rideaux tirés, Jacob alluma les bougies d'une torchère, espèce de candélabre en argent sculpté, et le plaça sur une table où devaient se mettre les deux Florentins, qui purent reconnaître l'ouvrage de Benvenuto Cellini, leur compatriote. Les richesses de cette salle, décorée au goût de Charles IX, étincelèrent alors. Ce mieux qu'en plein jour le brun-rouge des tapisseries. Les meubles, délicatement ouvragés, réfléchirent dans les tailles de leur ébène la lueur des bougies et celle du foyer. Les dorures, sobrement distribuées, éclatèrent çà et là comme des yeux, et animèrent la couleur brune qui régnait dans cet amoureux pourpris.

Jacob frappa deux coups, et, sur un mot, il fit entrer les deux Florentins. Marie Touchet fut soudain saisie de la grandeur qui recommandait Laurent à l'attention des grands comme des petits. Cet austère vieillard, dont la barbe d'argent était rehaussée par une pelisse en velours noir, avait un front semblable à un dôme de marbre. Sa figure sévère, où deux yeux noirs jetaient une flamme aiguë, communiquait le frémissement d'un génie sorti d'une profonde solitude, et d'autant plus agissant que sa puissance ne s'émoussait pas au contact des hommes. Vous eussiez dit de l'or de la lame qui n'a pas encore servi. Quant à Cosme Ruggieri, il portait le costume des courtisans de l'époque. Marie fit un signe au roi pour lui dire qu'il n'avait rien exagéré dans son récit, et pour le remercier de lui avoir montré cet homme extraordinaire.

— J'aurais voulu voir aussi les sorcières, dit-elle à l'oreille du roi.

Redevenu pensif, Charles IX ne répondit pas, il chassait soucieusement quelques miettes de pain qui se trouvaient sur son pourpoint et sur ses chausses.

— Vos sciences ne peuvent entreprendre sur le ciel, ni contraindre le soleil à paraître, messieurs de Florence, dit le roi en montrant les rideaux que la grise atmosphère de Paris avait fait baisser. Le jour manque.

— Nos sciences peuvent, sire, nous faire un ciel à notre fantaisie, dit Laurent Ruggieri. Le temps est toujours beau pour qui travaille en un laboratoire, au feu des fourneaux.

— Cela est vrai, dit le roi. — Eh bien! mon père, dit-il en employant une expression qui lui était familière avec les vieillards, expliquez-nous bien clairement l'objet de vos études.

— Qui nous garantira l'impunité?

— La parole du roi, répondit Charles IX, dont la curiosité fut vivement excitée par cette demande.

Laurent Ruggieri parut hésiter, et Charles IX s'écria : — Qui vous arrête? nous sommes seuls.

— Le roi de France est-il? demanda Laurent. Charles IX réfléchit pendant un instant, et répondit : — Non.

— Mais ne viendra-t-il point? dit encore le grand vieillard.

— Non, répondit Charles IX en réprimant un mouvement de colère.

L'imposant vieillard prit une chaise et s'assit, Cosme, étonné de cette hardiesse, n'osa l'imiter.

Charles IX dit avec une profonde ironie : — Le roi n'y est pas, monsieur; mais vous êtes chez une dame de qui vous deviez attendre le congé.

— Celui que vous voyez devant vous, madame, dit alors le grand vieillard, est autant au-dessus des rois que les rois sont au-dessus de leurs sujets, et vous me trouverez courtois, alors que vous connaîtrez ma puissance.

En entendant ces audacieuses paroles, dites avec l'emphase italienne, Charles et Marie se regardèrent, et regardèrent Cosme, qui,

les yeux attachés sur son frère, semblait se dire : — Comment va-t-il se tirer du mauvais pas où nous sommes?

En effet, une seule personne pouvait comprendre la grandeur et la finesse du début de Laurent Ruggieri; ce n'était ni le roi ni sa jeune maîtresse sur qui le vieillard jetait le charme de son audace, mais bien le rusé Cosme Ruggieri. Quoique supérieur aux plus habiles de la cour, et peut-être à Catherine de Médicis, sa protectrice, l'astrologue reconnaissait son frère Laurent pour son maître.

Ce vieux savant, enseveli dans la solitude, avait jugé les souverains, presque tous blasés par le perpétuel mouvement de la politique, dont les crises étaient à cette époque si soudaines, si vives, si ardentes, si imprévues: il connaissait leur ennui, leur lassitude des choses; il savait avec quelle chaleur ils poursuivaient l'étrange, le nouveau, le bizarre, et surtout combien ils aimaient à se trouver dans la région intellectuelle, pour éviter d'être toujours aux prises avec les hommes et les événements. A ceux qui ont épuisé la politique, il ne reste plus que la pensée pure : Charles-Quint l'avait prouvé par son abdication. Charles IX, qui forgeait des sonnets et des épées pour se soustraire aux dévorantes affaires d'un siècle où le trône n'était pas moins mis en question que le roi, et qui de la royauté n'avait que les soucis sans en avoir les plaisirs, devait être fortement réveillé par l'audacieuse négation de son pouvoir que venait de se permettre Laurent. Les impiétés religieuses n'avaient rien de surprenant dans un temps où le catholicisme était si violemment examiné; mais le renversement de toute religion donné pour base aux folles tentatives d'un art mystérieux devait frapper fortement le roi, et le tirer de ses sombres préoccupations. Puis une conquête où il s'agissait de tout l'homme était une entreprise qui devait rendre tout autre intérêt petit aux yeux des Ruggieri. De cette idée à donner au roi, dépendait un important acquittement que les deux frères ne pouvaient demander et qu'il fallait obtenir! L'essentiel était de faire oublier à Charles IX ses soupçons en le faisant courir sus à quelque idée.

Les deux Italiens n'ignoraient pas que l'enjeu de cette singulière partie était leur propre vie, aussi les regards, à la fois humbles et fiers, qu'ils échangeaient avec les regards perspicaces et soupçonneux de Marie et du roi, étaient-ils déjà toute une scène.

— Sire, dit Laurent Ruggieri, vous m'avez demandé la vérité; mais, pour vous la montrer toute nue, il faut vous faire sonder le prétendu puits, l'abîme d'où elle va sortir. Que le gentilhomme, que le poète, nous pardonne les paroles qu'elle dira que l'Église pourrait prendre pour des blasphèmes. Je ne crois pas que Dieu s'occupe des choses humaines.

Quoique bien résolu à garder une immobilité royale, Charles IX ne put réprimer un mouvement de surprise.

— Sans cette conviction, je n'aurais aucune foi dans l'œuvre miraculeuse à laquelle je me suis voué, mais, pour la poursuivre, il faut y croire, et, si le doigt de Dieu même toute chose, je suis un fou. Que le roi le sache donc! il s'agit d'une victoire à remporter sur la marche actuelle de la nature humaine. Je suis alchimiste, sire. Mais ne pensez pas, comme le vulgaire, que je cherche à faire de l'or! La composition de l'or n'est pas le but, mais un accident de nos recherches; autrement, notre tentative ne s'appellerait pas le GRAND ŒUVRE! Le grand œuvre est quelque chose de plus hardi que cela. Si donc j'admettais aujourd'hui la présence de Dieu dans la matière, ma voix, la flamme des fourneaux allumés depuis des siècles s'éteindrait demain. Mais nier l'action directe de Dieu, n'est pas nier Dieu, ne vous y trompez pas. Nous plaçons l'auteur de toute chose encore plus haut que ne le rabaissent les religions. N'accusez pas d'athéisme ceux qui veulent l'immortalité. A l'exemple de Lucifer, nous jalousons Dieu, et la jalousie atteste un violent amour! Quoique cette doctrine soit la base de nos travaux, tous les adeptes n'en sont pas imbus Cosme, dit le vieillard en montrant son frère, Cosme est dévot, il paye des messes pour le repos de l'âme de notre père, et il les fait entendre. L'astrologue de votre mère croit à la divinité du Christ, à l'immaculée conception, à la transsubstantiation; il croit aux indulgences du pape, à l'enfer et à une infinité de choses... Son heure n'est pas encore venue! car j'ai tiré son horoscope, il mourra presque centenaire; il doit vivre encore deux règnes, et voir deux rois de France assassinés...

— Qui seront? dit le roi.

— Le dernier des Valois et le premier des Bourbons, répondit Laurent. Mais Cosme partagera mes opinions. En effet, il est impossible d'être alchimiste et catholique, d'avoir cru au despotisme de l'homme sur la matière et à la souveraineté de l'esprit.

— Cosme mourra centenaire? dit le roi, qui se laissa aller à son terrible froncement de sourcils.

— Oui, sire, répondit avec autorité Laurent, il mourra paisiblement, et dans son lit.

— Si vous avez la puissance de prévoir l'instant de votre mort, comment ignorez-vous le résultat qu'auront vos recherches? dit le roi.

Charles IX se prit à sourire d'un air de triomphe, en regardant Marie Touchet.

Les deux frères échangèrent un rapide coup d'œil de joie.

— Il s'intéresse à l'alchimie, pensèrent-ils alors, nous sommes sauvés !

— Nos pronostics s'appuient sur l'état actuel des rapports qui existent entre l'homme et la nature ; mais il s'agit précisément de changer entièrement ces rapports, répondit Laurent.

Le roi resta pensif.

— Mais si vous êtes certains de mourir, vous êtes certains de votre défaite, reprit Charles IX.

— Comme l'étaient nos prédécesseurs ! répondit Laurent en levant la main et la laissant retomber par un geste emphatique et solennel qui fût à la hauteur de sa pensée. Mais votre esprit a bondi jusqu'au bout de la carrière, il faut revenir sur nos pas, sire ! Vous ne connaissez pas le terrain sur lequel est bâti notre édifice, vous pourriez nous dire qu'il va crouler, et juger la science cultivée de siècle en siècle par les plus grands d'entre les hommes comme la juge le vulgaire.

Le roi fit un signe d'assentiment.

— Je pense donc que cette terre appartient à l'homme, qu'il en est le maître, et peut s'en approprier toutes les forces, toutes les substances. L'homme n'est pas une création immédiatement sortie des mains de Dieu, mais une conséquence du principe semé dans l'infini de l'éther, où se produisent des milliers de créatures dont aucune ne se ressemble d'astre à astre, parce que les conditions de la vie y sont différentes. Oui, sire, le mouvement subtil que nous nommons la vie prend sa source au delà des mondes visibles ; les créations se le partagent au gré des milieux dans lesquels elles se trouvent, et les moindres êtres y participent en en prenant tant qu'ils en peuvent prendre, à leurs risques et périls : à eux à se défendre contre la mort. L'alchimie est là tout entière. Si l'homme, l'animal le plus parfait de ce globe, portait en lui-même une portion de Dieu, il ne périrait pas, et il périt Pour sortir de cette difficulté, Socrate et son école ont inventé l'âme. Moi, le successeur de tant de grands rois inconnus qui ont gouverné cette science, je suis pour les anciennes théories contre les nouvelles ; je suis pour les transformations de la matière que je vois, contre l'impossible éternité d'une âme que je ne vois pas. Je ne reconnais pas le monde de l'âme. Si ce monde existait, les substances dont la magnifique réunion produit votre corps, et qui sont si éclatantes dans madame, ne se sublimiseraient pas après votre mort pour retourner séparément chacune en sa case, l'eau à l'eau, le feu au feu, le métal au métal, comme quand mon charbon est brûlé, ses éléments sont revenus à leurs primitives molécules. Si vous prétendez que quelque chose nous survit, ce n'est pas nous, car tout ce qui est le moi actuel périt ! Or, c'est moi actuel que je veux continuer au delà du terme assigné à sa vie, c'est la transformation présente à laquelle je veux procurer une plus longue durée. Quoi ! les arbres vivent des siècles, et les hommes ne vivraient que des années, tandis que les uns sont passifs et que les autres sont actifs, quand les uns sont immobiles et sans paroles, et que les autres parlent et marchent ! Nulle création ne doit être ici-bas supérieure à la nôtre, en pouvoir ni en durée. Déjà nous avons étendu nos sens, nous voyons dans les astres ! Nous devons pouvoir étendre notre vie ! Avant la puissance, je mets la vie. A quoi sert le pouvoir, si la vie nous échappe ! Un homme raisonnable ne doit pas avoir d'autre occupation que de chercher, non pas s'il est une autre vie, mais le secret sur lequel repose sa forme actuelle pour la continuer à son gré ! Voilà le désir qui blanchit mes cheveux ; mais je marche intrépidement dans les ténèbres, en conduisant au combat les intelligences qui partagent ma foi. La vie sera quelque jour à nous !

— Mais comment ? s'écria le roi se levant avec brusquerie.

— La première condition de notre foi étant de croire que le monde est à l'homme, il faut m'octroyer ce point, dit Laurent.

— Eh bien ! soit, répondit l'impatient Charles de Valois, déjà fasciné.

— Eh bien ! sire, en ôtant Dieu de ce monde, que reste-t-il ? l'homme ! Examinons alors notre domaine. Le monde matériel est composé d'éléments, ces éléments ont eux-mêmes des principes. Ces principes se résolvent en un seul, qui est doué de mouvement. Le nombre trois est la formule de la création : la matière, le mouvement, le produit !

— La preuve ! Halte-là ! s'écria le roi.

— Ne voyez-vous pas les effets ? répondit Laurent. Nous avons soumis à nos creusets le gland d'où doit sortir un chêne, aussi bien que l'embryon d'où doit sortir un homme, il est résulté de peu de substance un principe pur auquel devait se joindre une force, un mouvement quelconque. A défaut d'un créateur, ce principe ne doit-il pas s'imprimer à lui-même les formes superposées qui constituent notre monde ? car partout ce phénomène de vie est semblable. Oui, pour les métaux, comme pour les êtres, pour les plantes comme pour les hommes, la vie commence par un imperceptible embryon qui se développe lui-même. Il existe un principe primitif ! saisissons-le au point où il agit sur lui-même, où il est un, où il est principe avant d'être créature, cause avant d'être effet, nous le verrons absolu, sans figure, susceptible de revêtir toutes les formes que nous lui voyons

prendre. Quand nous serons face à face avec cette particule atomistique, et que nous en aurons saisi le mouvement à son point de départ, nous en connaîtrons la loi ; dès lors, maîtres de lui imposer la forme qu'il nous plaira, parmi toutes celles que nous lui voyons, nous posséderons l'or pour avoir le monde, et nous nous ferons des siècles de vie pour en jouir. Voilà ce que mon peuple et moi nous cherchons. Toutes nos forces, toutes nos pensées, sont employées à cette recherche, rien ne nous en distrait. Une heure dissipée à quelque autre passion serait un vol fait à notre grandeur ! Si jamais vous n'avez surpris un de vos chiens oubliant la bête et la curée, je n'ai jamais trouvé l'un de mes patients sujets diverti ni par une femme, ni par un intérêt cupide. Si l'adepte veut l'or et la puissance, cette faim procède de nos besoins : notre fortune, comme le chien altéré lape en courant un peu d'eau ; parce que ses fourneaux veulent un diamant à foudre ou des lingots à mettre en poudre. A chacun son travail ! Celui-ci cherche le secret de la nature végétale, il épie la lente vie des plantes, il note la parité du mouvement dans toutes les espèces, et la parité de la nutrition ; il trouve que partout il faut le soleil, l'air et l'eau pour féconder et pour nourrir. Celui-là scrute le sang des animaux. Un autre étudie les lois du mouvement général et ses liaisons avec les révolutions célestes. Presque tous s'acharnent à combattre la nature intraitable du métal, car, si nous trouvons plusieurs principes en toutes choses, nous trouvons tous les métaux semblables à eux-mêmes dans leurs moindres parties. De là l'erreur commune sur nos travaux. Voyez-vous tous ces patients, ces infatigables athlètes, toujours vaincus, et revenant toujours au combat ! L'humanité, sire, est derrière nous, sacrifiez tous les derrière votre meute. Elle nous crie : Hâtez-vous ! Ne négligez rien ! Sacrifiez tout, même un homme, vous qui vous sacrifiez vous-mêmes ! Hâtez-vous ! Abattez la tête et le bras à la Mort, mon ennemie ! Oui, sire ! nous sommes animés d'un sentiment qui embrasse le bonheur des générations à venir. Nous avons enseveli un grand nombre d'hommes, et quels hommes ! morts à cette poursuite. En mettant le pied dans cette carrière, nous pouvons ne pas travailler pour nous-mêmes, nous pouvons périr sans avoir trouvé le secret ! et quelle mort que celle de celui qui ne croit pas à une autre vie ! Nous sommes de glorieux martyrs, nous avons l'égoïsme de toute la vie en nos cœurs, nous vivons dans nos successeurs. Chemin faisant, nous découvrons des secrets dont nous dotons les arts mécaniques et libéraux. De nos fourneaux s'échappent des lueurs qui arment les sociétés d'industries plus parfaites. La poudre est issue de nos alambics, nous conquerrons la foudre. Il y a des renversements de politique dans nos veilles assidues.

— Serait-ce donc possible ? s'écria le roi, qui se dressa de nouveau dans sa chaire.

— Pourquoi non ? dit le grand maître des nouveaux templiers. *Tradidit mundum disputationibus !* Dieu nous a livré le monde. Encore une fois, entendez-le : l'homme est le maître ici-bas, et la matière est à lui. Toutes les forces, tous les moyens, sont à sa disposition. Qui nous a créés ? un mouvement. Quelle puissance entretient la vie en nous ? un mouvement. Le mouvement, pourquoi la science ne le saisirait-elle pas ? Rien ici-bas ne se perd, rien ne s'échappe de notre planète pour aller ailleurs ; autrement, les astres tomberaient les uns sur les autres, aussi les eaux du déluge s'y trouvent-elles, dans leurs principes, sans qu'il s'en soit égaré une seule goutte. Autour de nous, au-dessous, au-dessus, se trouvent donc les éléments d'où sont sortis les innombrables millions d'hommes qui ont foulé la terre avant et après le déluge. De quoi s'agit il ? de surprendre la force qui désunit ; par contre, nous surprendrons celle qui rassemble. Nous sommes le produit d'une industrie divine. Quand les eaux ont couvert notre globe, il en est sorti des hommes qui ont trouvé les éléments de leur vie dans l'enveloppe de la terre, dans l'air et dans leur nourriture. La terre et l'air possèdent donc le principe des transformations humaines, elles se font sous nos yeux, avec ce qui est sous nos yeux ; nous pouvons donc surprendre le secret, en ne bornant pas les efforts de cette recherche à un homme, mais en lui donnant pour durée l'humanité même. Nous nous sommes donc pris corps à corps avec la matière, à laquelle je crois, et que moi, le grand maître de l'ordre, je veux pénétrer. Christophe Colomb a donné un monde au roi d'Espagne ; moi, je cherche un peuple éternel pour le roi de France ! Placé en avant de la frontière la plus reculée qui nous sépare de la connaissance des choses, en patient observateur des atomes, je détruis les formes, je désunis les liens de toute combinaison, j'imite la mort pour pouvoir imiter la vie ! Enfin, je frappe incessamment à la porte de la création, et je frapperai jusqu'à mon dernier jour. Quand je serai mort, mon marteau passera en d'autres mains également infatigables, de même que les géants inconnus me le transmirent. De fabuleuses images incomprises, semblables à celles de Prométhée, d'Ixion, d'Adonis, de Pan, etc., qui font partie des croyances religieuses en tout pays, en tout temps, nous annoncent que cet espoir naquit avec les races humaines. La Chaldée, l'Inde, la Perse, l'Égypte, la Grèce, les Maures, se sont transmis le magisme, la science la plus haute parmi les sciences occultes, et qui tient en dépôt le fruit des veilles de chaque génération. Là était le lien de la grande et majestueuse institution de l'ordre du Temple. En brûlant les templiers, sire, un de vos prédécesseurs n'a brûlé que des hommes, les secrets nous sont restés. La reconstruction du Temple est le mot d'ordre d'une nation ignorée, races d'intrépides chercheurs, tous tournés vers l'orient de la vie, tous frères, tous inséparables, unis par une idée, marqués au sceau du travail. Je suis souverain de ce peuple, le premier par élection et non par naissance. Je les dirige tous vers l'essence de la vie ! Grand maître, rose-croix, compagnons, adeptes, nous suivons tous la molécule imperceptible qui fuit nos fourneaux, qui échappe encore à nos yeux, mais nous nous ferons des yeux encore plus puissants que ceux que nous a donnés la nature, nous atteindrons l'atome primitif, l'élément corpusculaire intrépidement cherché par tous les sages qui nous ont précédés dans cette chasse sublime. Sire, quand un homme est à cheval sur cet abîme, et qu'il commande à des plongeurs aussi hardis que le sont mes frères, les autres intérêts humains sont bien petits, aussi ne sommes-nous pas dangereux. Les disputes religieuses et les débats politiques sont loin de nous, nous sommes bien au delà. Quand on lutte avec la nature, on ne descend pas à colleter quelques hommes. D'ailleurs, tout résultat est appréciable dans notre science, nous pouvons mesurer tous les effets, les prédire, tandis que tout est oscillatoire dans les combinaisons où entrent les hommes et leurs intérêts. Nous soumettrons le diamant à notre creuset, nous ferons le diamant, nous ferons l'or ! Nous ferons marcher, on l'a fait l'un des nôtres à Barcelone, des vaisseaux avec un peu d'eau et de feu ! Nous nous passerons du vent, nous ferons le vent, nous ferons la lumière, nous renouvellerons la face des empires par de nouvelles industries ! Mais nous ne nous abaisserons jamais à monter sur un trône pour y être géhennés par les peuples !

Malgré son désir de ne pas se laisser surprendre par les ruses florentines, le roi, de même que sa naïve maîtresse, était déjà saisi, enveloppé dans les ambages et les replis de cette pompeuse loquacité de charlatan. Les yeux des deux amants attestaient l'éblouissement que leur causait là vue de ces richesses mystérieuses étalées ; ils apercevaient comme une enfilade de souterrains pleins de gnomes en travail. Les impatiences de la curiosité dissipaient les défiances du soupçon.

— Mais alors, s'écria le roi, vous êtes de grands politiques qui pouvez nous éclairer.

— Non, sire, dit naïvement Laurent.

— Pourquoi ? demanda le roi.

— Sire, il n'est donné à personne de prévoir ce qui arrivera d'un rassemblement de quelques milliers d'hommes : nous pouvons dire ce qu'un homme fera, combien de temps il vivra, s'il sera heureux ou malheureux ; mais nous ne pouvons pas dire ce que plusieurs volontés réunies opéreront, et le calcul des mouvements oscillatoires de leurs intérêts est plus difficile encore, car les intérêts sont les hommes, plus les choses ; seulement nous pouvons, dans la solitude, apercevoir le gros de l'avenir. Le protestantisme, qui vous dévore, sera dévoré à son tour par ses conséquences matérielles, qui deviendront théories à leur jour. L'Europe en est aujourd'hui à la religion, demain elle attaquera la royauté.

— Ainsi, la Saint-Barthélemy était une grande conception !...

— Oui, sire, car si le peuple triomphe, il fera sa Saint-Barthélemi ! Quand la religion et la royauté seront abattues, le peuple en viendra aux grands, après les grands, il s'en prendra aux riches. Enfin, quand l'Europe ne sera plus qu'un troupeau d'hommes sans consistance, parce qu'elle sera sans chefs, elle sera dévorée par de grossiers conquérants. Vingt fois déjà le monde a présenté ce spectacle, et l'Europe le recommence. Les idées dévorent les siècles comme les hommes sont dévorés par leurs passions. Quand l'homme sera guéri, l'humanité se guérira peut-être. La science est l'âme de l'humanité, nous en sommes les pontifes ; et qui s'occupe de l'âme s'inquiète du corps.

— Où en êtes-vous ? demanda le roi.

— Nous marchons lentement, mais nous ne perdons aucune de nos conquêtes.

— Ainsi, vous êtes le roi des sorciers, dit le roi piqué d'être si peu de chose en présence de ce savant.

L'imposant grand maître jeta sur Charles IX un regard qui le foudroya.

— Vous êtes le roi des hommes, et je suis le roi des idées, répondit le grand maître. D'ailleurs, s'il y avait de véritables sorciers, vous ne les auriez pas brûlés, répondit-il avec une teinte d'ironie. Nous avons nos martyrs aussi.

— Mais par quels moyens pouvez-vous, reprit le roi, dresser des thèmes de nativité ? comment avez-vous su l'homme venu près de votre croisée hier était le roi de France ? Quel pouvoir a permis à l'un de vôtres de dire à ma mère le destin de ses trois fils ? Pouvez-vous, grand maître de cet ordre qui veut pétrir le monde, pouvez-vous me dire ce que pense en ce moment la reine ma mère ?

— Oui, sire.

Cette réponse partit avant que Cosme n'eût tiré la pelisse de son frère pour lui imposer silence.

— Vous savez pourquoi revient mon frère le roi de Pologne ?

— Oui, sire.

— Pourquoi ?

— Pour prendre votre place.

— Nos plus cruels ennemis sont nos proches ! s'écria le roi, qui se leva furieux et parcourut la salle à grands pas. Les rois n'ont ni frères, ni fils ni mère. Coligny avait raison : mes bourreaux ne sont pas dans les prêches, ils sont au Louvre. Vous êtes des imposteurs ou des régicides ! Jacob, appelez Solern.

— Sire, dit Marie Touchet, les Ruggieri ont votre parole de gentilhomme. Vous avez voulu goûter à l'arbre de la science, ne vous plaignez pas de son amertume.

Le roi sourit en exprimant un amer dédain ; il trouvait sa royauté matérielle petite devant l'immense royauté intellectuelle du vieux Laurent Ruggieri. Charles IX pouvait à peine gouverner la France ; le grand maître des rose-croix commandait à un monde intelligent et soumis.

— Soyez franc, je vous engage ma parole de gentilhomme que votre réponse, dans le cas où elle serait l'aveu d'effroyables crimes, sera comme si elle n'eût jamais été dite, reprit le roi. Vous occupez-vous des poisons ?

— Pour connaître ce qui fait vivre, il faut bien savoir ce qui fait mourir.

— Vous possédez le secret de plusieurs poisons ?

— Oui, sire, mais par la théorie et non par la pratique, nous les connaissons sans en user.

— Ma mère en a-t-elle demandé ? dit le roi, qui haletait.

— Sire, répondit Laurent, la reine Catherine est trop habile pour employer de semblables moyens. Elle sait que le souverain qui se sert de poison périt par le poison : les Borgia, de même que Bianca, la grande-duchesse de Toscane, offrent un célèbre exemple des dangers que présentent ces misérables ressources. Tout se sait à la cour. Vous pouvez tuer un pauvre diable, et alors à quoi bon l'empoisonner ? jamais femme n'a été plus sans son droit, ni plus sûre de l'impunité. Madame de Valentinois vit encore.

— Et les envoûtements, reprit le roi.

— Sire, dit Cosme, ces choses sont si véritablement innocentes, que, pour satisfaire d'aveugles passions, nous nous y prêtons, comme les médecins qui donnent des pilules de mie de pain aux malades imaginaires. Une femme au désespoir croit qu'en perçant le cœur d'un portrait elle atteint à la tête de l'infidèle qu'il représente. Que voulez-vous ? c'est nos impôts.

— Le pape vend des indulgences, dit Laurent Ruggieri en souriant.

— Ma mère a-t-elle pratiqué des envoûtements ?

— A quoi bon des moyens sans vertu à qui peut tout ?

— La reine Catherine pourrait-elle vous sauver en ce moment ? dit le roi d'un air sombre.

— Mais nous ne sommes pas en danger, sire, répondit tranquillement Laurent Ruggieri. Je savais, avant d'entrer dans cette maison, que j'en sortirais sain et sauf, aussi bien que je sais les mauvaises dispositions dans lesquelles sera le roi envers mon frère, d'ici à peu de jours, mais, s'il court quelque péril, il en triomphera. Le roi regne par l'épée, il règne aussi par la justice ! ajouta-t-il en faisant allusion à la célèbre devise d'une médaille frappée pour Charles IX.

— Vous savez tout, je mourrai bientôt, voilà qui est bien, reprit le roi, qui cachait sa colère sous une impatience fébrile, mais comment mourra mon frère, qui, selon vous, doit être le roi Henri III ?

— De mort violente.

— Et M. d'Alençon ?

— Il ne régnera pas.

— Henri de Bourbon régnera donc ?

— Oui, sire.

— Et comment mourra-t-il ?

— De mort violente.

— Et, moi mort, que deviendra madame ? demanda le roi en montrant Marie Touchet.

— Madame de Belleville se mariera, sire.

— Vous êtes des imposteurs, renvoyez-les, sire ! dit Marie Touchet.

— Ma mie, les Ruggieri ont ma parole de gentilhomme, reprit le roi en souriant. Marie aura-t-elle des enfants ?

— Oui, sire, madame vivra plus de quatre-vingts ans.

— Faut-il les faire pendre? dit le roi à sa maîtresse. Et mon fils le comte d'Auvergne? dit Charles IX en allant le chercher.

— Pourquoi lui avez-vous dit que je me marierais? dit Marie Touchet aux deux frères pendant le moment où ils furent seuls.

— Madame, répondit Laurent avec dignité, le roi nous a sommés de dire la vérité, nous la disons.

— Est-ce donc vrai? fit-elle.

— Aussi vrai qu'il est vrai que le gouverneur d'Orléans vous aime *à en perdre la tête.*

— Mais je ne l'aime point! s'écri..t-elle.

— Cela est vrai, madame, dit Laurent; mais votre thème affirme que vous épouserez l'homme qui vous aime en ce moment.

— Ne pouviez-vous mentir un peu pour moi, dit-elle en souriant, car si le roi croyait à vos prédictions!

— N'est-il pas nécessaire aussi qu'il croie à notre innocence? dit Cosme en jetant à la favorite un regard plein de finesse. Les précautions prises envers nous par le roi nous ont donné lieu de penser, pendant le temps que nous avons passé dans votre jolie geôle, que les sciences occultes ont été calomniées auprès de lui.

— Soyez tranquilles, répondit Marie, je le connais, et ses défiances sont dissipées.

— Nous sommes innocents, reprit fièrement le grand vieillard.

— Tant mieux, dit Marie, car le roi fait visiter en ce moment votre laboratoire, vos fourneaux et vos fioles par des gens experts.

Les deux frères se regardèrent en souriant. Marie Touchet prit pour une raillerie de l'innocence ce sourire, qui signifiait : — Pauvres sots, croyez-vous que si nous savons fabriquer des poisons, nous ne savons pas où les cacher?

— Où sont les gens du roi? demanda Cosme.

— Chez René, répondit Marie.

Cosme et Laurent jetèrent un regard par lequel ils échangèrent une même pensée : — L'hôtel de Soissons est inviolable !

Le roi avait si bien oublié ses soupçons, que quand il alla prendre son fils, et que Jacob l'arrêta pour lui remettre un billet envoyé par Chapelain, il l'ouvrit avec la certitude d'y trouver ce que lui mandait son médecin touchant la visite de l'officine, où tout ce qu'on avait trouvé concernait uniquement l'alchimie.

— Vivra-t-il heureux? demanda le roi en présentant son fils aux deux alchimistes.

— Ceci regarde Cosme, fit Laurent en désignant son frère.

Cosme prit la petite main de l'enfant, et la regarda très-attentivement.

— Monsieur, dit Charles IX au vieillard, si vous avez besoin de nier l'esprit pour croire à la possibilité de votre entreprise, expliquez-moi comment vous pouvez douter de ce qui fait votre puissance. La pensée, que vous voulez annuler, est le flambeau qui éclaire vos recherches. Ah! ah! n'est-ce pas se mouvoir et nier le mouvement? s'écria le roi, qui, satisfait d'avoir trouvé cet argument, regarda triomphalement sa maîtresse.

— La pensée, répondit Laurent Ruggieri, est l'exercice d'un sens intérieur, comme la faculté de voir plusieurs objets et de percevoir leurs dimensions entre elles et leur couleur est un effet de notre vue. Ceci n'a rien à faire avec ce qu'on prétend d'une autre vie. La pensée est une faculté qui cesse même de notre vivant avec les forces qui la produisent.

— Vous êtes conséquents, dit le roi surpris. Mais l'alchimie est une science athée.

— Matérialiste, sire, ce qui est bien différent. Le matérialisme est la conséquence des doctrines indiennes, transmises par les mystères d'Isis à la Chaldée et à l'Égypte, et reportées en Grèce par Pythagore, l'un des demi-dieux de l'humanité : sa doctrine des transformations est la mathématique du matérialisme, la loi vivante de ses phases. À chacune des différentes créations qui composent la création terrestre appartient le pouvoir de retarder le mouvement qui l'entraîne dans une autre.

— L'alchimie est donc la science des sciences! s'écria Charles IX enthousiasmé. Je veux vous voir à l'œuvre...

— Toutes les fois que vous le voudrez, sire; vous ne serez pas plus impatient que la reine votre mère...

— Ah! voilà donc pourquoi elle vous aime tant! s'écria le roi.

— La maison de Médicis protège secrètement nos recherches depuis près d'un siècle.

— Sire, dit Cosme, cet enfant vivra près de cent ans; il aura des traverses, mais il sera heureux et honoré, comme ayant dans ses veines le sang des Valois.

— J'irai vous voir, messieurs, dit le roi redevenu de bonne humeur. Vous pouvez sortir.

Les deux frères saluèrent Marie et Charles IX, et se retirèrent. Ils descendirent gravement les degrés, sans se regarder ni se parler, ils ne se retournèrent même point vers les croisées quand ils furent dans la cour, certains que l'œil du roi les épiait, ils aperçurent en effet Charles IX à la fenêtre quand ils se mirent de côté pour passer la porte de la rue. Lorsque l'alchimiste et l'astrologue furent dans la rue de l'Autruche, ils jetèrent les yeux en avant et en arrière d'eux pour voir s'ils n'étaient pas suivis ou attendus, ils allèrent jusqu'aux fossés du Louvre sans se dire une parole; mais là, se trouvant seuls, Laurent dit à Cosme, dans le florentin de ce temps : — *Affè d'iddio! como le abbiamo infnocchiato!* (Pardieu! nous l'avons joliment entortillé!)

— *Gran mercè! a lui sta di spartejarsi!* (Grand bien lui fasse! c'est à lui de s'en dépêtrer), dit Cosme. Que la reine me rende la pareille, nous venons de lui donner un bon coup de main.

Marie Touchet.

Quelques jours après cette scène, qui frappa Marie Touchet autant que le roi, pendant un de ces moments où l'esprit est en quelque sorte dégagé du corps par la plénitude du plaisir, Marie s'écria : — Charles, je m'explique bien Laurent Ruggieri; mais Cosme n'a rien dit!

— C'est vrai, dit le roi surpris de cette lueur subite, il y avait autant de vrai que de faux dans leurs discours. Ces Italiens sont déliés comme la soie qu'ils font.

Ce soupçon explique la haine que manifesta le roi contre Cosme lors du jugement de la conspiration de la Mole et Coconnas : en

LA CONFIDENCE DES RUGGIERI.

trouvant un des artisans de cette entreprise, il crut avoir été joué par les deux Italiens, car il lui fut prouvé que l'astrologue de sa mère ne s'occupait pas exclusivement des astres, de la poudre de projection et de l'atome pur. Laurent avait quitté le royaume.

Malgré l'incrédulité que beaucoup de gens ont en ces matières, les événements qui suivirent cette scène confirmèrent les oracles portés par les Ruggieri. Le roi mourut trois mois après.

Le comte de Gondi suivit Charles IX au tombeau, comme le lui avait dit son frère le maréchal de Retz, l'ami des Ruggieri, et qui croyait à leurs pronostics.

Marie Touchet épousa Charles de Balzac, marquis d'Entragues, gouverneur d'Orléans, de qui elle eut deux filles. La plus célèbre de ces filles, sœur utérine du comte d'Auvergne, fut maîtresse de Henri IV, et voulut, lors de la conspiration de Biron, mettre son frère sur le trône de France, en en chassant la maison de Bourbon.

Le comte d'Auvergne, devenu duc d'Angoulême, vit le règne de Louis XIV. Il battait monnaie dans ses terres, en altérant les titres; mais Louis XIV le laissait faire, tant il avait de respect pour le sang des Valois.

Cosme Ruggieri vécut jusque sous Louis XIII, il vit la chute de la maison de Médicis en France, et la chute des Concini. L'histoire a pris soin de constater qu'il mourut athée, c'est-à-dire matérialiste.

La marquise d'Entragues dépassa l'âge de quatre-vingts ans.

Laurent et Cosme ont eu pour élève le fameux comte de Saint-Germain, qui fit tant de bruit sous Louis XV. Ce célèbre alchimiste n'avait pas moins de cent trente ans, l'âge que certains biographes donnent à Marion de Lorme. Le comte pouvait savoir par les Ruggieri les anecdotes sur la Saint-Barthélemi et sur le règne des Valois, dans lesquelles il se plaisait à jouer un rôle en les racontant à la première personne du verbe. Le comte de Saint-Germain est le dernier des alchimistes qui ont le mieux expliqué cette science; mais il n'a rien écrit. La doctrine cabalistique exposée dans cette Étude procède de ce mystérieux personnage.

Chose étrange! trois existences d'hommes, celle du vieillard de qui viennent ces renseignements, celle du comte de Saint-Germain et celle de Cosme Ruggieri, suffisent pour embrasser l'histoire européenne depuis François Ier jusqu'à Napoléon! Il n'en faut que cinquante semblables pour remonter à la première période connue du monde. — Que sont cinquante générations pour étudier les mystères de la vie? disait le comte de Saint-Germain.

Paris, novembre-décembre 1836.

FIN DE LA CONFIDENCE DES RUGGIERI.

Monsieur de Robespierre, voulez-vous me faire le plaisir de mettre M. Marat chez lui — PAGE 21

LES DEUX RÊVES

Bodard de Saint-James, trésorier de la marine, était en 1786 celui des financiers de Paris dont le luxe excitait l'attention et les caquets de la ville. A cette époque, il faisait construire à Neuilly sa célèbre *Folie*, et sa femme achetait, pour couronner le dais de son lit, une garniture de plumes dont le prix avait effrayé la reine. Il était alors bien plus facile qu'aujourd'hui de se mettre à la mode et d'occuper de soi tout Paris, il suffisait souvent d'un bon mot ou de la fantaisie d'une femme.

Bodard possédait le magnifique hôtel de la place Vendôme que le fermier général Dangé avait, depuis peu, quitté par force. Ce célèbre épicurien venait de mourir, et, le jour de son enterrement, M. de Bièvre, son intime ami, avait trouvé matière à rire en disant *qu'on pouvait maintenant passer par la place Vendôme sans danger.* Cette allusion au jeu d'enfer qu'on jouait chez le défunt en fut toute l'oraison funèbre. L'hôtel est celui qui fait face à la chancellerie.

Pour achever en deux mots l'histoire de Bodard, c'était un pauvre homme, il fit une faillite de quatorze millions, après celle du prince de Guéménée. La maladresse qu'il mit à ne pas précéder la sérénissime banqueroute, pour me servir de l'expression de Lebrun-Pindare, fut cause qu'on ne parla même pas de lui. Il mourut, comme Bourvalais, Bouret et tant d'autres, dans un grenier.

Madame de Saint-James avait pour ambition de ne recevoir chez elle que des gens de qualité, vieux ridicule toujours nouveau. Pour elle, les mortiers du parlement étaient déjà fort peu de chose ; elle voulait voir dans ses salons des personnes titrées qui eussent au moins les grandes entrées à Versailles. Dire qu'il vint beaucoup de cordons bleus chez la financière, ce serait mentir ; mais il est très-certain qu'elle avait réussi à obtenir les bontés et l'attention de quelques membres de la famille de Rohan, comme le prouva par la suite le trop fameux procès du collier.

Un soir, c'était, je crois, en août 1786, je fus très-surpris de rencontrer dans le salon de cette trésorière, si prude à l'endroit des preuves, deux nouveaux visages qui me parurent assez mauvaise compagnie. Elle vint à moi dans l'embrasure d'une croisée où j'étais allé me nicher sans intention.

— Dites-moi donc, lui demandai-je en lui désignant par un coup d'œil interrogatif l'un des inconnus, quelle est cette *espèce*-là ? Comment avez-vous cela chez vous ?

— Cet homme est charmant.

— Le voyez-vous à travers le prisme de l'amour, ou me trompé-je ?

— Vous ne vous trompez pas, reprit-elle en riant, il est laid comme une chenille, mais il m'a rendu le plus immense service qu'une femme puisse recevoir d'un homme.

Comme je la regardais malicieusement, elle se hâta d'ajouter :

— Il m'a radicalement guérie de ces odieuses rougeurs qui me couperosaient le teint et me faisaient ressembler à une paysanne.

Je haussai les épaules avec humeur.

— C'est un charlatan, m'écriai-je.

— Non, répondit-elle, c'est le chirurgien des pages ; il a beaucoup d'esprit, je vous jure, et d'ailleurs il écrit. C'est un savant physicien.

— Si son style ressemble à sa figure ! repris-je en souriant. Mais l'autre ?

— Qui, l'autre ?

— Ce petit monsieur pincé, propret, poupin, et qui a l'air d'avoir bu du verjus !

— Mais c'est un homme assez bien né, me dit-elle. Il arrive de je ne sais quelle province... ah ! de l'Artois, il est chargé de terminer une affaire qui concerne le cardinal, et Son Éminence elle-même vient de le présenter à M. de Saint-James. Ils ont choisi tous deux Saint-James pour arbitre. En cela le provincial n'a pas fait preuve d'esprit ; mais aussi quels sont les gens assez niais pour confier un procès à cet homme-là ? Il est doux comme un mouton, et timide comme une fille, Son Éminence est pleine de bonté pour lui.

— De quoi s'agit-il donc ?

— De trois cent mille livres, dit-elle.

— Mais c'est donc un avocat ? repris-je en faisant un léger haut-le-corps.

— Oui, dit-elle.

Assez confuse de cet humiliant aveu, madame Bodard alla reprendre sa place au pharaon.

Toutes les parties étaient complètes, je n'avais rien à faire ni à dire, je venais de perdre deux mille écus contre M. de Laval, avec lequel je m'étais rencontré chez une *impure*. J'allai me jeter dans une duchesse placée près de la cheminée. S'il y eut jamais sur cette terre un homme bien étonné, ce fut certes moi en apercevant que, de l'autre côté du chambranle, j'avais pour vis-à-vis le contrôleur général. M. de Calonne paraissait assoupi, ou il se livrait à l'une de ces méditations qui tyrannisent les hommes d'État. Quand je montrai le ministre par un geste à Beaumarchais qui venait à moi, le père de *Figaro* m'expliqua ce mystère sans mot dire. Il m'indiqua tout à tour ma propre tête et celle de Bodard par un geste assez malicieux qui consistait à écarter vers nous deux de ses doigts de la main en tenant les autres fermés. Mon premier mouvement fut de me lever pour aller dire quelque chose de piquant à Calonne ; je restai : d'abord parce que je songeais à jouer un tour à ce favori ; puis, Beaumarchais m'avait familièrement arrêté de la main.

— Que voulez-vous, monsieur ? lui dis-je.

Il cligna pour m'indiquer le contrôleur.

— Ne le réveillez pas, me dit-il à voix basse, l'on est trop heureux quand il dort.

— Mais c'est aussi un plan de finances que le sommeil, repris-je.

— Certainement, nous répondit l'homme d'État qui avait deviné nos paroles au seul mouvement des lèvres, et plût à Dieu que nous pussions dormir longtemps, il n'y aurait pas le réveil que vous verrez !

— Monseigneur, dit le dramaturge, j'ai un remercîment à vous faire.

— Et pour quoi ?

— M. de Mirabeau est parti pour Berlin. Je ne sais pas si, dans cette affaire des eaux, nous ne serions pas noyés tous deux.

— Vous avez trop de *mémoire* et pas assez de reconnaissance, répliqua sèchement le ministre, fâché de voir divulguer un de ses secrets devant moi.

— Cela est possible, dit Beaumarchais piqué au vif, mais j'ai des millions qui peuvent aligner bien des comptes.

Calonne feignit de ne pas entendre.

Il était minuit et demi quand les parties cessèrent. L'on se mit à table. Nous étions dix personnes, Bodard et sa femme, le contrôleur général, Beaumarchais, les deux inconnus, deux jolies dames dont les noms doivent se taire, et un fermier général appelé, je crois, Lavoisier. De trente personnes que je trouvai dans le salon en y entrant, il n'était resté que ces dix convives. Encore les deux espèces ne soupèrent-elles que d'après les instances de madame de Saint-James, qui crut s'acquitter avec l'un en lui donnant à manger, et qui peut-être invita l'autre pour plaire à son mari, auquel elle faisait des coquetteries, je ne sais trop pourquoi. Après tout, M. de Calonne était une puissance, et, si quelqu'un avait eu à se fâcher, c'eût été moi.

Le souper commença par être ennuyeux à mourir. Ces deux gens et le fermier général nous gênaient. Je fis un signe à Beaumarchais pour lui dire de griser le fils d'Esculape qu'il avait à sa droite, en lui donnant à entendre que je me chargeais de l'avocat. Comme il ne nous restait plus que ce moyen-là de nous amuser, et qu'il nous promettait de la part de ces deux hommes des impertinences dont nous nous amusions déjà, M. de Calonne sourit à mon projet. En deux secondes, les trois dames trempèrent dans notre conspiration bachique. Elles s'engagèrent par des œillades très-significatives à y jouer leur rôle, et le vin de Sillery couronna plus d'une fois les verres de sa mousse argentée. Le chirurgien fut assez facile : mon voisin me dit avec la froide politesse d'un usurier qu'il ne boirait pas davantage.

En ce moment, madame de Saint-James nous avait mis, je ne sais par quel hasard de conversation, sur le chapitre des merveilleux soupers du comte de Cagliostro, que donnait le cardinal de Rohan. Je n'avais pas l'esprit trop présent à ce que disait la maîtresse du logis, car, depuis la réponse qu'il m'avait faite, j'observais avec une invincible curiosité la figure mignarde et blême de mon voisin, dont le principal trait était un nez à la fois camard et pointu qui le faisait ressembler par moments à une fouine. Tout à coup ses joues se colorèrent en entendant madame de Saint-James qui se querellait avec M. de Calonne.

— Mais je vous assure, monsieur, que j'ai vu la reine Cléopâtre, disait-elle d'un air impérieux.

— Je le crois, madame, répondit mon voisin. Moi, j'ai parlé à Catherine de Médicis.

— Oh ! oh ! dit M. de Calonne.

Les paroles prononcées par le petit provincial le furent d'une voix qui avait une indéfinissable sonorité, s'il est permis d'emprunter ce terme à la physique. Cette soudaine clarté d'intonation chez un homme qui avait jusque-là très-peu parlé, toujours très-bas et avec le meilleur ton possible, nous surprit au dernier point.

— Mais il parle ! s'écria le chirurgien, que Beaumarchais avait mis dans un état satisfaisant.

— Son voisin aura poussé quelque ressort, répondit le satirique.

Mon homme rougit légèrement en entendant ces paroles, quoiqu'elles eussent été dites en murmurant.

— Et comment était la feue reine ? demanda Calonne.

— Je n'affirmerais pas que la personne avec laquelle j'ai soupé hier fût Catherine de Médicis elle-même. Ce prodige doit paraître justement impossible à un chrétien aussi bien qu'à un académicien, répliqua l'avocat en appuyant légèrement l'extrémité de ses doigts sur la table et en se renversant sur sa chaise comme s'il devait parler longtemps. Néanmoins je puis jurer que cette femme ressemblait autant à Catherine de Médicis que si toutes deux elles eussent été sœurs. Celle que je vis portait une robe de velours noir absolument pareille à celle dont était vêtue cette reine dans le portrait qu'en possède le roi, sa tête était couverte d'un bonnet de velours noir caractéristique ; enfin elle avait le teint blafard et la figure que vous lui connaissez. Je n'ai pu m'empêcher de témoigner ma surprise à Son Éminence. La rapidité de l'évocation m'a semblé d'autant plus merveilleuse, que M. le comte de Cagliostro n'avait pu deviner le nom du personnage avec lequel j'allais désirer de me trouver. J'ai été confondu. La magie du spectacle que présentait un souper où apparaissaient d'illustres femmes des temps passés m'ôta toute présence d'esprit. J'écoutai sans oser questionner. En échappant vers minuit aux pièges de cette sorcellerie, je doutais presque de moi-même. Mais tout ce merveilleux me sembla naturel en comparaison de la singulière hallucination que je devais subir encore. Je ne sais par quelles paroles je pourrais vous peindre l'état de mes sens. Seulement je déclare, dans la sincérité de mon cœur, que je ne m'étonne plus qu'il se soit rencontré dans les âges assez faibles ou assez fortes pour croire aux mystères de la magie et au pouvoir du démon. Pour moi, jusqu'à plus ample informé, je regarde comme possibles les apparitions dont ont parlé Cardan et quelques thaumaturges.

Ces paroles, prononcées avec une incroyable éloquence de ton, étaient de nature à éveiller une excessive curiosité chez tous les convives. Aussi nos regards se tournèrent-ils sur l'orateur, et restèrent nous immobiles. Nos yeux seuls trahissaient la vie en réfléchissant les bougies scintillantes des flambeaux. A force de contempler l'inconnu, il nous sembla voir les pores de son visage, et surtout ceux de son front, livrer passage au sentiment intérieur dont il était pénétré. Cet homme, en apparence froid et compassé, semblait contenir en lui-même un foyer secret dont la flamme agissait sur nous.

— Je ne sais, reprit-il, si la figure évoquée me suivit ou se rendant invisible, mais, aussitôt que ma tête reposa sur mon lit, je vis la grande ombre de Catherine se lever devant moi. Je me sentis instinctivement dans une sphère lumineuse, car mes yeux attachés sur la reine par une insupportable fixité ne virent qu'elle. Tout à coup elle se pencha vers moi...

A ces mots, les dames laissèrent échapper un mouvement unanime de curiosité.

— Mais, reprit l'avocat, j'ignore si je dois continuer ; bien que je sois porté à croire que ce ne soit qu'un rêve, ce qui me reste à dire est grave.

— S'agit-il de religion ? dit Beaumarchais.

— Ou y aurait-il quelque indécence ? demanda Calonne, ces dames vous la pardonneraient.

— Il s'agit de gouvernement, répondit l'avocat.

— Allez, reprit le ministre. Voltaire, Diderot et consorts ont assez bien commencé l'éducation de nos oreilles.

Le contrôleur devint fort attentif, et sa voisine, madame de Genlis, fort occupée. Le provincial hésitait encore. Beaumarchais lui dit alors avec vivacité : — Mais allez donc, maître ! Ne savez-vous pas que quand les lois laissent si peu de liberté, les peuples prennent leur revanche dans les mœurs ?...

Alors le convive commença.

— Soit que certaines idées fermentassent à mon insu dans mon âme, soit que je fusse poussé par une puissance étrangère, je lui dis : — Ah ! madame, vous avez commis un bien grand crime. — Lequel ? demanda-t-elle d'une voix grave. — Celui dont le signal fut donné par la cloche du palais, le 24 août. Elle sourit dédaigneusement, et quelques rides profondes se dessinèrent sur ses joues blafardes. — Vous nommez cela un crime ? répondit-elle, ce ne fut qu'un malheur. L'entreprise, mal conduite, ayant échoué, il n'en est pas résulté pour la France, pour l'Europe, pour l'Église catholique, le bien que nous en attendions. Que voulez-vous ? les ordres ont été mal exécutés. Nous n'avons pas rencontré autant de Montlucs qu'il en fallait. La postérité ne nous tiendra pas compte du défaut de communications qui nous empêcha d'imprimer à notre œuvre cette unité de mouvement nécessaire aux grands coups d'État : voilà le malheur ! Si le 25 août il n'était pas resté l'ombre d'un huguenot en France, je serais demeurée jusque dans la postérité la plus reculée comme une belle image de la Providence. Combien de fois les âmes clairvoyantes de Sixte-Quint, de Richelieu, de Bossuet, ne m'ont-elles pas secrètement accusée d'avoir échoué dans mon entreprise après avoir osé la concevoir. Aussi, de combien de regrets ma mort ne fut-elle pas accompagnée ! Trente ans après la Saint-Barthélemi la maladie durait encore ; elle avait fait couler déjà dix fois plus de sang noble à la France qu'il n'en restait à verser le 26 août 1572. La révocation de l'édit de Nantes, en l'honneur de laquelle vous avez frappé des médailles, a coûté plus de larmes, plus de sang et d'argent, a tué plus de prospérité en France que trois Saint-Barthélemi. Letellier a su accomplir avec une plumée d'encre le décret que le trône avait secrètement promulgué depuis moi, mais si, le 25 août 1572, cette immense exécution était nécessaire, le 25 août 1685 elle était inutile. Sous le second fils de Henri de Valois, l'hérésie était à peine enceinte, sous le second fils de Henri de Bourbon, cette mère féconde avait jeté son frai sur l'univers entier. Vous m'accusez d'un crime, et vous dressez des statues au fils d'Anne d'Autriche ! Lui et moi, nous avons cependant tenté la même chose : il a réussi, j'ai échoué ; mais Louis XIV a trouvé sans armes les protestants, qui, sous mon règne, avaient de puissantes armées, des hommes d'État, des capitaines, et l'Allemagne pour eux.

A ces paroles lentement prononcées, je sentis en moi comme un tressaillement intérieur. Je croyais respirer la fumée du sang de je ne sais quelles victimes. Catherine avait grandi. Elle était là comme un mauvais génie, et il me sembla qu'elle voulait pénétrer dans ma conscience pour s'y reposer.

— Il a rêvé cela, dit Beaumarchais à voix basse, il ne l'a certes pas inventé.

— Ma raison est confondue, dis-je à la reine. Vous vous applaudissez d'un acte que trois générations condamnent, flétrissent et... — Ajoutez, reprit-elle, que toutes les plumes ont été plus injustes envers moi que ne l'ont été mes contemporains. Nul n'a pris ma défense. Je suis accusée d'ambition, moi riche et souveraine. Je suis taxée de cruauté, moi qui n'ai sur la conscience que deux têtes tranchées. Et, pour les esprits les plus impartiaux, je suis peut-être encore un grand problème. Croyez-vous donc que j'aie été dominée par des sentiments de haine, que je n'aie respiré que vengeance et fureur? Elle sourit de pitié. — J'étais calme et froide comme la raison même. J'ai condamné les huguenots sans pitié, mais sans emportement, ils étaient l'orange pourrie de ma corbeille. Reine d'Angleterre, j'eusse jugé de même les catholiques, s'ils y eussent été séditieux. Pour que notre pouvoir eût quelque vie à cette époque, il fallait dans l'État un seul Dieu, une seule foi, un seul maître. Heureusement pour moi, j'ai gravé ma justification dans un mot. Quand Birague m'annonça faussement la perte de la bataille de Dreux : — Eh bien! nous irons au prêche! m'écriai-je. De la haine contre ceux de la religion? Je les estimais beaucoup et je ne les connaissais point. Si je me suis senti de l'aversion envers quelques hommes politiques, ce fut pour le lâche cardinal de Lorraine, pour son frère, soldat fin et brutal, qui tous deux me faisaient espionner. Voilà quels étaient les ennemis de mes enfants, ils voulaient leur arracher la couronne, je les voyais tous les jours, ils m'excédaient. Si nous n'avions fait la Saint-Barthélemi, les Guise l'eussent accomplie à l'aide de Rome et de ses moines. La Ligue, qui n'a été forte que de ma vieillesse, eût commencé en 1573. — Mais, madame, au lieu d'ordonner cet horrible assassinat (excusez ma franchise), pourquoi n'avoir pas employé les vastes ressources de votre politique à donner aux réformés les sages institutions qui rendirent le règne de Henri IV si glorieux et si paisible? Elle sourit encore, haussa les épaules, et ses rides creuses donnèrent à son pâle visage une expression d'ironie pleine d'amertume. — Les peuples, dit-elle, ont besoin de repos après les luttes les plus acharnées : voilà le secret de ce règne. Mais Henri IV a commis deux fautes irréparables : il ne devait ni abjurer le protestantisme, ni laisser la France catholique après l'être devenu lui-même. Lui seul s'est trouvé en position de changer sans secousse la face de la France. Ou bien une étole, ou pas un prêche! telle aurait dû être sa pensée. Laisser dans un gouvernement deux principes ennemis sans que rien les balance, voilà un crime de roi, il sème ainsi des révolutions. A Dieu seul il appartient de mettre dans son œuvre le bien et le mal sans cesse en présence. Mais peut-être cette sentence était-elle inscrite au fond de la politique de Henri IV, et peut-être causa-t-elle sa mort. Il est impossible que Sully n'ait pas jeté un regard de convoitise sur les immenses biens du clergé, que le clergé ne possédât pas entièrement, car la noblesse gaspillait au moins les deux tiers de leurs revenus. Sully le réformé n'en avait pas moins des abbayes. Elle s'arrêta et parut réfléchir. — Mais, reprit-elle, songez-vous que c'est à la mitre d'un pape que vous demandez raison de son catholicisme? Elle s'arrêta encore. — Après tout, j'eusse été calviniste de bon cœur, ajouta-t-elle en laissant échapper un geste d'insouciance. Les hommes supérieurs de votre siècle penseront-ils encore que la religion était pour quelque chose dans ce procès, le plus immense de ceux que l'Europe ait jugés, vaste révolution retardée par de petites causes qui ne l'empêcheront pas de rouler sur le monde, puisque je ne l'ai pas étouffée. Révolution, dit-elle, en me jetant un regard profond, qui marche toujours et que tu pourras achever. Oui, toi qui m'écoutes! Je frissonnai. — Quoi! personne encore n'a compris que les intérêts anciens et les intérêts nouveaux avaient saisi Rome et Luther comme deux drapeaux! Quoi! pour éviter une lutte à peu près semblable, Louis IX, en entraînant une population centuple de celle que j'ai condamnée, aux sables de l'Égypte, a mérité le nom de saint, et moi!... Mais moi, dit-elle, j'ai échoué. Elle pencha la tête et resta silencieuse un moment. Ce n'était plus une reine que je voyais, mais bien plutôt une de ces antiques druidesses qui sacrifiaient des hommes, et savaient dérouler les pages de l'avenir en exhumant les enseignements du passé. Mais bientôt elle releva sa royale et majestueuse figure. — En appelant l'attention de tous les bourgeois sur les abus de l'Église romane, dit-elle, Luther et Calvin faisaient naître en Europe un esprit d'investigation qui devait amener les peuples à vouloir examiner. L'examen conduit au doute. Au lieu d'une foi nécessaire aux sociétés, ils traînaient après eux et dans le lointain une philosophie curieuse, armée de marteaux, avide de ruines. La science s'élançait brillante de ses fausses clartés du sein de l'hérésie. Il s'agissait bien moins d'une réforme dans l'Église que de la liberté indéfinie de l'homme, qui est la mort de tout pouvoir. J'ai vu cela. La conséquence des succès obtenus par les religionnaires dans leur lutte contre le sacerdoce, déjà plus armé et plus redoutable par la couronne, était la ruine du pouvoir monarchique élevé par Louis XI à si grands frais sur les débris de la féodalité. Il ne s'agissait de rien moins que de l'anéantissement de la religion et de la royauté, sur les débris desquelles toutes les bourgeoisies du monde voulaient pactiser. Cette lutte était donc une guerre à mort entre les nouvelles combinaisons et les lois, les croyances anciennes. Les catholiques étaient l'expression des intérêts matériels de la royauté, des seigneurs et du clergé. Ce fut un duel à outrance entre deux géants, la Saint-Barthélemi n'y fut malheureusement qu'une blessure. Souvenez-vous que, pour épargner quelques gouttes de sang dans un moment opportun, on en laisse verser plus tard par torrents. L'intelligence qui plane sur une nation ne peut éviter un malheur : celui de ne plus trouver de pairs pour être bien jugée quand elle a succombé sous le poids d'un événement. Mes pairs sont rares, les sots sont en majorité : tout est expliqué par ces deux propositions. Si mon nom est en exécration à la France, il faut s'en prendre aux esprits médiocres qui y forment la masse de toutes les générations. Dans les grandes crises que j'ai subies, régner ce n'était pas donner des audiences, passer des revues et signer des ordonnances. J'ai pu commettre des fautes, je n'étais qu'une femme. Mais pourquoi ne s'est-il pas alors rencontré un homme qui fût au-dessus de son siècle? Le duc d'Albe était une âme de bronze, Philippe II était hébété de croyance catholique, Henri IV était un soldat joueur et libertin, l'amiral un entêté systématique. Louis XI vint trop tôt, Richelieu vint trop tard. Vertueuse ou criminelle, que l'on m'attribue ou non la Saint-Barthélemi, j'en accepte le fardeau : je resterai entre ces deux grands hommes comme l'anneau visible d'une chaîne inconnue. Quelque jour des écrivains à paradoxes se demanderont si les peuples n'ont pas quelquefois prodigué le nom de bourreaux à leurs victimes. Ce ne sera pas une fois seulement que l'humanité préférera d'immoler un dieu plutôt que de s'accuser elle-même. Vous êtes tous portés à verser sur deux cents manants sacrifiés à propos les larmes que vous refusez aux malheurs d'une génération, d'un siècle ou d'un monde. Enfin vous oubliez que la liberté politique, la tranquillité d'une nation, la science même, sont des présents pour lesquels le destin prélève des impôts de sang! — Les nations ne pourraient-elles pas être un jour heureuses à meilleur marché? m'écriai-je les larmes aux yeux. — Les vérités ne sortent de leur puits que pour prendre des bains de sang où elles se rafraîchissent. Le christianisme lui-même, essence de toute vérité, puisqu'il vient de Dieu, s'est-il établi sans martyrs? Le sang n'a-t-il pas coulé à flots? ne coulera-t-il pas toujours? Tu le sauras, toi qui dois être un des maçons de l'édifice social commencé par les apôtres. Tant que tu prôneras un niveau sur les têtes, tu seras applaudi; puis, quand tu voudras prendre la truelle, on te tuera. Sang! sang! ne mot retentissait à mes oreilles comme un tintement. — Selon vous, dis-je, le protestantisme aurait donc eu le droit de raisonner comme vous? Catherine avait disparu, comme si quelque souffle eût éteint la lumière surnaturelle qui permettait à mon esprit de voir cette figure dont les proportions étaient devenues gigantesques. Je me trouvai tout à coup en moi-même une partie de moi qui adoptait les doctrines atroces déduites par cette italienne. Je me réveillai en sueur, pleurant, et au moment où ma raison victorieuse me disait, d'une voix douce, qu'il n'appartenait ni à un roi, ni même à une nation, d'appliquer ces principes dignes d'un peuple d'athées.

— Et comment sauvera-t-on les monarchies qui croulent? demanda Beaumarchais.

— Dieu est là, monsieur, répliqua mon voisin.

— Donc, reprit M. de Calonne avec cette incroyable légèreté qui le caractérisait, nous avons la ressource de nous croire, selon l'Évangile de Bossuet, les instruments de Dieu.

Aussitôt que les dames s'étaient aperçues que l'affaire se passait en conversation entre la reine et l'avocat, elles avaient chuchoté. J'ai même failli perdre grâce aux phrases à points d'interjection qu'elles lancèrent à travers le discours de l'avocat. Cependant ces mots : — Il est en noyeux à la mort! — Mais, ma chère, quand finira-t-il? parvinrent à mon oreille.

Lorsque l'inconnu cessa de parler, les dames se turent. M. Bodard dormait. Le chirurgien à moitié gris, Lavoisier, Beaumarchais et moi, nous avions été seuls attentifs, M. de Calonne jouait avec sa voisine. En ce moment le silence eut quelque chose de solennel. La lueur des bougies me paraissait avoir une couleur magique. Un même sentiment nous avait attachés par les liens mystérieux à cet homme, qui, pour ma part, me fit concevoir les inexplicables effets du fanatisme. Il ne fallut rien moins que la voix sourde et caverneuse du compagnon de Beaumarchais pour nous réveiller.

— Et moi aussi, j'ai rêvé! s'écria-t-il.

Je regardai plus particulièrement alors le chirurgien, et j'éprouvai je ne sais quel sentiment d'horreur. Ses traits terreux, ses traits à la fois ignobles et grands, offraient une expression exacte de ce que vous me permettrez de nommer *la canaille*. Quelques grains bleuâtres et noirs étaient semés sur son visage comme des traces de boue, et ses yeux lançaient une flamme sinistre. Cette figure paraissait plus sombre qu'elle ne l'était peut-être, à cause de la neige amassée sur sa tête par une coiffure de frimas.

— Cet homme-là doit enterrer plus d'un malade, dis-je à mon voisin.

— Je ne lui confierais pas mon chien, me répondit-il.

— Je le hais involontairement.

— Et moi je le méprise.

— Quelle injustice, cependant! repris-je.

— Oh! mon Dieu! après demain il peut devenir aussi célèbre que l'acteur Volange, répliqua l'inconnu.

M. de Calonne montra le chirurgien par un geste qui semblait nous dire : — Cela me paraît devoir être amusant.

— Et auriez-vous rêvé d'une reine ? lui demanda Beaumarchais.

— Non, j'ai rêvé d'un peuple ! répondit-il avec une emphase qui nous fit rire. Je soignais alors un malade à qui je devais couper la cuisse le lendemain de mon rêve...

— Et vous avez trouvé le peuple dans la cuisse de votre malade ? demanda M. de Calonne.

— Précisément, répondit le chirurgien.

— Est-il amusant ! s'écria la comtesse de Genlis.

— Je fus assez surpris, dit l'orateur sans s'embarrasser des interruptions et en mettant chacune de ses mains dans les goussets de sa culotte, de trouver à qui parler dans cette cuisse. J'avais la singulière faculté d'entrer chez mon malade. Quand, pour la première fois, je me trouvai sous sa peau, je contemplai une merveilleuse quantité de petits êtres qui s'agitaient, pensaient et raisonnaient. Les uns vivaient dans le corps de cet homme, les autres dans sa pensée. Ses idées étaient des êtres qui naissaient, grandissaient, mouraient ; ils étaient malades, gais, bien portants, tristes, et avaient tous enfin des physionomies particulières ; ils se combattaient ou se caressaient. Quelques idées s'élançaient au dehors et allaient vivre dans le monde intellectuel. Je compris tout à coup qu'il y avait deux univers, l'univers visible et l'univers invisible : que la terre avait, comme l'homme, un corps et une âme. La nature s'illumina pour moi, et j'en appréciai l'immensité en apercevant l'océan des êtres qui, par masses et par espèces, étaient répandus partout, faisant une seule et même nature animée, depuis les marbres jusqu'à Dieu. Magnifique spectacle ! Bref, il y avait un univers dans mon malade. Quand je plantai mon bistouri dans sa cuisse gangrenée, j'abattis un millier de ces bêtes-là. — Vous riez, mesdames, d'apprendre que vous êtes livrées aux bêtes...

— Pas de personnalités, dit M. de Calonne. Parlez pour vous et pour votre malade.

— Mon homme, épouvanté des cris de ces animalcules, voulait interrompre mon opération ; mais j'allais toujours, et je lui disais que des animaux malfaisants lui rongeaient déjà les os. Il fit un mouvement de résistance en ne comprenant pas ce que j'allais faire pour son bien, et mon bistouri m'entra dans le côté...

— Il est stupide ! dit Lavoisier.

— Non, il est gris, répondit Beaumarchais.

— Mais, messieurs, mon rêve a un sens ! s'écria le chirurgien.

— Oh ! oh ! cria Bodard, qui se réveillait, j'ai une jambe engourdie.

— Monsieur, lui dit sa femme, vos animaux sont morts.

— Cet homme a une vocation ! s'écria mon voisin, qui avait imperturbablement fixé le chirurgien pendant qu'il parlait.

— Il est à celui de monsieur, disait toujours le laid convive en continuant, ce qu'est l'action à la parole, le corps à l'âme.

Mais sa langue, épaissie, s'embrouilla, et il ne prononça plus que d'indistinctes paroles. Heureusement pour nous la conversation reprit un autre cours. Au bout d'une demi-heure nous avions oublié le chirurgien de pages, qui dormait. La pluie se déchaînait par torrents quand nous nous levâmes de table.

— L'avocat n'est pas si bête, dis-je à Beaumarchais.

— Oh ! il est lourd et froid. Mais vous voyez que la province recèle encore de bonnes gens qui prennent au sérieux les théories politiques et notre histoire de France. C'est un levain qui fermentera.

— Avez-vous votre voiture ? me demanda madame de Saint-James.

— Non, lui répondis-je sèchement. Je ne savais pas que je dusse la demander ce soir. Vous voulez peut-être que je reconduise le contrôleur ? Serait-il donc venu chez vous *en polisson !*

Cette expression du moment servait à désigner une personne qui, vêtue en cocher, conduisait sa propre voiture à Marly. Madame de Saint-James s'éloigna vivement, sonna, demanda la voiture Saint-James et prit à part l'avocat.

— Monsieur de Robespierre, voulez-vous me faire le plaisir de mettre M. Marat chez lui, car il est hors d'état de se soutenir, lui dit-elle.

— Volontiers, madame, répondit M. de Robespierre avec une manière galante, je voudrais que vous m'ordonnassiez quelque chose de plus difficile à faire.

Paris, janvier 1828.

FIN DES DEUX RÊVES.

MELMOTH RÉCONCILIÉ

A MONSIEUR LE GÉNÉRAL BARON DE POMMEREUL,

En souvenir de la constante amitié qui a lié nos pères et qui subsiste entre les fils.

De Balzac.

Il est une nature d'hommes que la civilisation obtient dans le règne social, comme les fleuristes créent dans le règne végétal, par l'éducation de la serre, une espèce hybride qu'ils ne peuvent reproduire ni par semis ni par bouture. Cet homme est un caissier, véritable produit anthropomorphe, arrosé par les idées religieuses, maintenu par la guillotine, ébranché par le vice, et qui pousse à un troisième étage entre une femme estimable et des enfants ennuyeux. Le nombre des caissiers à Paris sera toujours un problème pour le physiologiste. A-t-on jamais compris les termes de la proposition dont un caissier est l'X connu ? Trouver un homme qui soit sans cesse en présence de la fortune comme un chat devant une souris en cage ? Trouver un homme qui ait la propriété de rester assis sur un fauteuil de canne, dans une loge grillagée, sans avoir plus de pas à y faire que n'en a dans sa cabine un lieutenant de vaisseau, pendant les sept huitièmes de l'année et durant sept à huit heures par jour? Trouver un homme qui ne s'ankylose à ce métier ni les genoux ni les apophyses du bassin? Un homme qui ait assez de grandeur pour être petit? Un homme qui puisse se dégoûter de l'argent à force d'en manier? Demandez ce produit à quelque religion, à quelque morale, à quelque collége, à quelque institution que ce soit, et donnez-leur Paris, cette ville aux tentations, cette succursale de l'enfer, comme le milieu dans lequel sera planté le caissier? Eh bien! les religions défileront l'une après l'autre, les colléges, les institutions, les morales, toutes les grandes et les petites lois humaines viendront à vous comme vient un ami intime auquel vous demandez un billet de mille francs. Elles auront un air de deuil, elles se grimeront, elles vous montreront la guillotine comme votre ami vous indiquera la demeure de l'usurier, l'une des cent portes de l'hôpital. Néanmoins, la nature morale a ses caprices, elle se permet de faire çà et là d'honnêtes gens et des caissiers. Aussi, les corsaires que nous décorons du nom de banquiers, et qui prennent une licence de mille écus comme un forban prend des lettres de marque, ont-ils une telle vénération pour ces rares produits des incubations de la vertu, qu'ils les encagent dans des loges afin de les garder comme les gouvernements gardent les animaux curieux. Si le caissier a de l'imagination, si le caissier a des passions, ou si le caissier le plus parfait aime sa femme, et que cette femme s'ennuie, ait de l'ambition ou simplement de la vanité, le caissier se dissout. Fouillez l'histoire de la caisse, vous ne citerez pas un seul exemple du caissier parvenant à ce qu'on nomme *une position*. Ils vont au bagne, ils vont à l'étranger ou végètent à quelque second étage, rue Saint-Louis au Marais. Quand les caissiers parisiens auront réfléchi à leur valeur intrinsèque, un caissier sera hors de prix. Il est vrai que certaines gens ne peuvent être que caissiers, comme d'autres sont invinciblement fripons. Étrange civilisation! la société décerne à la vertu cent louis de rente pour sa vieillesse, un second étage, du pain à discrétion, quelques foulards neufs, et une vieille femme accompagnée de ses enfants. Quant au vice, s'il a quelque hardiesse, s'il peut tourner habilement un article du code comme Turenne tournait Montecuculli, la société légitime ses millions volés, lui jette des rubans, le farcit d'honneurs, et l'accable de considération. Le gouvernement est d'ailleurs en harmonie avec cette société profondément illogique. Le gouvernement, lui, lève sur les jeunes intelligences, entre dix-huit et vingt ans, une conscription de talents précoces ; il use par un travail prématuré de grands cerveaux, qu'il convoque afin de les trier sur le volet comme les jardiniers font de leurs graines. Il dresse à ce métier des jurés peseurs de talents qui essayent les cervelles comme on essaye l'or à la Monnaie. Puis, sur les cinq cents têtes chauffées à l'espérance que la population la plus avancée lui donne annuellement, il en accepte le tiers, le met dans de grands sacs appelés *ses Écoles*, et l'y remue pendant trois ans. Quoique chacune de ces greffes représente d'énormes capitaux, il en fait pour ainsi dire des caissiers ; il les nomme ingénieurs ordinaires, il les emploie comme capitaines d'artillerie ; enfin, il leur assure tout ce qu'il y a de plus élevé dans les grades subalternes. Puis, quand ces hommes d'élite, engraissés de mathématiques et bourrés de science, ont atteint l'âge de cinquante ans, il leur procure en récompense de leurs services le troisième étage, la femme accompagnée d'enfants, et toutes les douceurs de la médiocrité. Que de ce peuple-dupe il s'en échappe cinq à six hommes de génie qui gravissent les sommités sociales, n'est-ce pas un miracle?

Ceci est le bilan exact du talent et de la vertu, dans leurs rapports avec le gouvernement et la société à une époque qui se croit progressive. Sans cette observation préparatoire, une aventure arrivée récemment à Paris paraîtrait invraisemblable, tandis que, dominée par ce sommaire, elle pourra peut-être occuper les esprits assez supérieurs pour avoir deviné les véritables plaies de notre civilisation, qui, depuis 1815, a remplacé le principe honneur par le principe argent.

Par une sombre journée d'automne, vers cinq heures du soir, le caissier d'une des plus fortes maisons de banque de Paris travaillait encore à la lueur d'une lampe allumée déjà depuis quelque temps. Suivant les us et coutumes du commerce, la caisse était située dans la partie la plus sombre d'un entresol étroit et bas d'étage. Pour y arriver, il fallait traverser un couloir éclairé par des jours de souffrance, et qui longeait les bureaux, dont les portes étiquetées ressemblaient à celles d'un établissement de bains. Le concierge avait dit flegmatiquement dès quatre heures, suivant sa consigne : — *La caisse est fermée.* À ce moment, les bureaux étaient déserts, les courriers expédiés, les employés partis, les femmes des chefs de la maison attendaient leurs amants, les deux banquiers dînaient chez leurs maîtresses. Tout était en ordre. L'endroit où les coffres-forts avaient été scellés dans le fer se trouvait derrière la loge grillée du caissier, sans doute occupé à faire sa caisse. La devanture ouverte permettait de voir une armoire en fer mouchetée par le marteau, qui, grâce aux découvertes de la serrurerie moderne, était d'un si grand poids, que les voleurs n'auraient pu l'emporter. Cette porte ne s'ouvrait qu'à la volonté de celui qui savait écrire le mot d'ordre dont les lettres de la serrure gardent le secret sans se laisser corrompre, belle réalisation du *Sésame, ouvre-toi!* des Mille et une Nuits. Ce n'était rien encore. Cette serrure lâchait un coup de tromblon à la figure de celui qui, ayant surpris le mot d'ordre, ignorait un dernier secret, l'*ultima ratio* du dragon de la mécanique. La porte de la chambre, les murs de la chambre, les volets des fenêtres de la chambre, toute la chambre était garnie de feuilles en tôle de quatre lignes d'épaisseur, déguisées par une boiserie légère. Ces volets avaient été poussés, cette porte avait été fermée. Si jamais un homme put se croire dans une solitude profonde et loin de tous les regards, cet homme était le caissier de la maison Nucingen et compagnie, rue Saint-Lazare. Aussi le plus grand silence régnait-il dans cette cave de fer. Le poêle éteint jetait cette chaleur tiède qui produit sur le cerveau les effets pâteux et l'inquiétude nauséabonde que cause une orgie à son lendemain. Le poêle endort, il hébète et contribue singulièrement à crétiniser les portiers et les employés. Une chambre à poêle est un matras où se dissolvent les hommes d'énergie, où s'amincissent leurs ressorts, où s'use leur volonté. Les bureaux sont la grande fabrique des médiocrités nécessaires aux gouvernements pour maintenir la féodalité de l'argent sur laquelle s'appuie le contrat social actuel. (Voyez *les Employés.*) La chaleur méphitique qu'y produit une réunion d'hommes n'est pas une des moindres raisons de l'abâtardissement progressif des intelligences, le cerveau d'où se dégage le plus d'azote asphyxie les autres à la longue.

Le caissier était un homme âgé d'environ quarante ans, dont le crâne chauve reluisait sous la lueur d'une lampe Carcel qui se trouvait sur sa table. Cette lumière faisait briller les cheveux blancs mélangés de cheveux noirs qui accompagnaient les deux côtés de sa tête, à laquelle les formes rondes de sa figure prêtaient l'apparence d'une boule. Son teint était d'un rouge de brique. Quelques rides enchâssaient ses yeux bleus. Il avait la main potelée de l'homme gras. Son habit de drap bleu, légèrement usé par les endroits habituels, et les plis de son pantalon miroité, présentaient à l'œil cette espèce de flétrissure qu'y imprime l'usage, que comat vainement la brosse, et qui donne aux gens superficiels une haute idée de l'économie, de la probité de l'homme assez philosophe ou assez aristocrate pour porter de vieux habits. Mais il n'est pas rare de voir les gens qui liardent sur des riens se montrer faciles, prodigues ou incapables dans les choses capitales de la vie. La boutonnière du caissier était ornée du ruban de la Légion d'honneur, car il avait été chef d'escadron dans les dragons sous l'Empereur. M. de Nucingen, fournisseur avant d'être banquier, ayant été jadis à même de connaître les sentiments de délicatesse de son caissier, en le rencontrant dans une position élevée d'où le malheur l'avait fait descendre, lui eut égard, en lui donnant cinq cents francs d'appointements par mois. Ce militaire était caissier depuis 1813, époque à laquelle il fut guéri d'une blessure reçue au combat de Studzianka, pendant la déroute de Moscou, mais après avoir langui six mois à Strasbourg, où quelques officiers supérieurs avaient été transportés par les ordres de l'Empereur pour y être particulièrement soignés. Cet ancien officier, nommé Castanier, avait le grade honoraire de colonel et deux mille quatre cents francs de retraite.

Castanier, en qui depuis dix ans le caissier avait tué le militaire, inspirait au banquier une si grande confiance, qu'il dirigeait également les écritures du cabinet particulier situé derrière la caisse, et où descendait le baron par un escalier dérobé. Là se décidaient les affaires. Là était le blutoir où l'on tamisait les propositions, le parloir où s'examinait la place. De là partaient les lettres de crédit ; enfin là se trouvaient le grand-livre et le journal où se résumait le travail des autres bureaux. Après être allé fermer la porte de communication à laquelle aboutissait l'escalier qui menait au bureau d'apparat où se tenaient les deux banquiers au premier étage de leur hôtel, Castanier était revenu s'asseoir et contemplait depuis un instant plusieurs lettres de crédit tirées sur la maison Watschildine à Londres. Puis il avait pris la plume et venait de contrefaire, au bas de toutes, la signature *Nucingen*. Au moment où il cherchait laquelle de toutes ces fausses signatures était la plus parfaitement imitée, il leva la tête comme s'il eût été piqué par une mouche en obéissant à un pressentiment qui lui avait crié dans le cœur : — *Tu n'es pas seul!* Et le faussaire vit derrière le grillage, à la chatière de sa caisse, un homme dont la respiration ne s'était pas fait entendre, qui lui parut ne pas respirer, et qui sans doute était entré par la porte du couloir, que Castanier aperçut toute grande ouverte. Le militaire éprouva, pour la première fois de sa vie, une peur qui le fit rester bouche béante et les yeux hébétés devant cet homme, dont l'aspect était d'ailleurs assez effrayant pour ne pas avoir besoin des circonstances mystérieuses d'une semblable apparition. La coupe oblongue de la figure de l'étranger, les contours bombés du son front, la couleur aigre de sa chair, annonçaient, aussi bien que la forme de ses vêtements, un Anglais. Cet homme puait l'Anglais. À voir sa redingote à collet, sa cravate bouffante dans laquelle se heurtait un jabot à tuyaux écrasés, et dont la blancheur faisait ressortir la lividité permanente d'une figure impossible dont les lèvres rouges et froides semblaient destinées à sucer le sang des cadavres, on devinait ses guêtres noires boutonnées jusqu'au-dessus du genou, et cet appareil à demi puritain d'un riche Anglais sorti pour se promener à pied. L'éclat que jetaient les yeux de l'étranger était insupportable et causait à l'âme une impression poignante qu'augmentait encore la rigidité de ses traits. Cet homme sec et décharné semblait avoir en lui comme un principe dévorant qu'il lui était impossible d'assouvir. Il devait si promptement digérer sa nourriture, qu'il pouvait sans doute manger incessamment, sans jamais faire rougir le moindre linéament de ses joues. Une tonne de vin de Tokay nommé *vin de succession*, il pouvait l'avaler sans faire chavirer ni son regard poignardant qui lisait dans les âmes, ni sa cruelle raison, qui semblait toujours aller au fond des choses. Il avait un peu de la majesté fauve et tranquille des tigres.

— Monsieur, je viens toucher cette lettre de change, dit-il à Castanier d'une voix qui se mit en communication avec les fibres du caissier, et les atteignit toutes avec une violence comparable à celle d'une décharge électrique.

— La caisse est fermée, répondit Castanier.

— Elle est ouverte, dit l'Anglais en montrant la caisse. Demain est dimanche, et je ne saurais attendre. La somme est de cinq cent mille francs, vous l'avez en caisse, et moi, je la dois.

— Mais, monsieur, comment êtes-vous entré?

L'Anglais sourit, et son sourire terrifia Castanier. Jamais réponse ne fut ni plus ample ni plus péremptoire que ne le fut le pli dédaigneux et impérial formé par les lèvres de l'étranger. Castanier se retourna, prit cinquante paquets de dix mille francs en billets de banque, et quand il les offrit à l'étranger, qui lui avait jeté une lettre de change acceptée par le baron de Nucingen, il fut pris d'une sorte de tremblement convulsif en voyant les rayons rouges qui sortaient des yeux de cet homme, et qui venaient reluire sur la fausse signature de la lettre de crédit.

— Votre... acquit... n'y... est pas, dit Castanier en retournant la lettre de change.

— Passez-moi votre plume, dit l'Anglais.

Castanier présenta la plume dont il venait de se servir pour son faux. L'étranger signa JOHN MELMOTH, puis il remit le papier et la plume au caissier. Pendant que Castanier regardait l'écriture de l'inconnu, laquelle allait de droite à gauche à la manière orientale, Melmoth disparut, et fit si peu de bruit, que quand le caissier leva la tête il laissa échapper un cri en ne voyant plus cet homme, et en ressentant les douleurs que notre imagination suppose devoir être produites par l'empoisonnement. La plume dont Melmoth s'était servi lui causait dans les entrailles une sensation chaude et remuante assez semblable à celle que donne l'émétique. Comme il semblait impossible à Castanier que cet Anglais eût deviné son crime, il attribua cette souffrance intérieure à la palpitation que, suivant les idées reçues, doit procurer un *mauvais coup* au moment où il se fait.

— Au diable! je suis bien bête. Dieu me protége, et cet animal s'était adressé demain à ces messieurs, j'étais *cuit*! se dit Castanier en jetant dans le poêle les fausses lettres inutiles qui s'y consumèrent.

Il cacheta celle dont il voulait se servir, prit dans la caisse cinq cent mille francs en billets et en *bank-notes*, la ferma, mit tout en ordre, prit son chapeau, son parapluie, éteignit la lampe après avoir allumé son bougeoir, et sortit tranquillement pour aller, suivant son habitude, remettre une des deux clefs de la caisse à madame de Nucingen quand le baron était absent.

— Vous êtes bien heureux, monsieur Castanier, lui dit la femme du banquier en le voyant entrer chez elle, nous avons une fête lundi, vous pourrez aller à la campagne, à Soisy.

— Voudriez-vous avoir la bonté, madame, de dire à Nucingen que la lettre de change de Watschildine, qui était en retard, vient de se présenter! Les cinq cent mille francs sont payés. Ainsi je ne reviendrai pas avant mardi, vers midi.

— Adieu, monsieur, bien du plaisir.

— Et vous *idem*, madame, répondit le vieux dragon en regardant un jeune homme alors à la mode nommé Rastignac, qui passait pour être l'amant de madame de Nucingen.

— Madame, dit le jeune homme, ce gros père-là m'a l'air de vouloir vous jouer quelque mauvais tour.

— Ah! bah! c'est impossible, il est trop bête.

— Piquoizeau, dit le caissier en entrant dans la loge, pourquoi donc laisses-tu monter à la caisse passé quatre heures?

— Depuis quatre heures, dit le concierge, j'ai fumé ma pipe sur le pas de la porte, et personne n'est entré dans les bureaux. Il n'en est même sorti que ces messieurs...

— Es-tu sûr de ce que tu dis?

— Sûr comme de *ma* propre honneur. Il est venu seulement à quatre heures l'ami de M. Werbrust, un jeune homme de chez MM. du Tillet et compagnie, rue Joubert.

— Bon! dit Castanier, qui sortit vivement. La chaleur émétisante que lui avait communiquée sa plume prenait de l'intensité. — Mille diables! pensait-il en enfilant le boulevard de Gand, ai-je bien pris mes mesures? Voyons! deux jours francs, dimanche et lundi; puis un jour d'incertitude avant qu'on ne me cherche, ces délais me donnent trois jours et quatre nuits. J'ai deux passe-ports et deux déguisements différents, n'est-ce pas à dérouter la police la plus habile? Je toucherai donc mardi matin un million à Londres, au moment où l'on n'aura pas encore ici le moindre soupçon. Je laisse ici mes dettes pour le compte de mes créanciers, qui mettront un P dessus, et je me trouverai, pour le reste des jours, heureux en Italie, sous le nom du comte Ferraro, ce pauvre colonel que moi seul ai vu mourir dans les marais de Zembin, et de qui je chausserai la pelure. Mille diables! cette femme que je vais traîner après moi pourrait me faire reconnaître. Une vieille moustache comme moi s'enjuponner, à une femme!... Pourquoi l'emmener? il faut la quitter. Oui, j'en aurai le courage. Mais je me connais, je suis assez bête pour revenir à elle. Cependant personne ne connaît Aquilina. L'emmènerai-je? ne l'emmènerai-je pas?

— Tu ne l'emmèneras pas! lui dit une voix qui lui troubla les entrailles.

Castanier se retourna brusquement et vit l'Anglais.

— Le diable s'en mêle donc? s'écria le caissier à haute voix.

Melmoth avait déjà dépassé sa victime. Si le premier mouvement de Castanier fut de chercher querelle à un homme qui lisait ainsi dans son âme, il était en proie à tant de sentiments contraires, qu'il en résultait une sorte d'inertie momentanée. Il reprit donc son allure, et retomba dans cette fièvre de pensée naturelle à un homme assez vivement emporté par la passion pour commettre un crime, mais qui n'avait pas la force de le porter en lui-même sans de cruelles agitations. Aussi, quoique décidé à recueillir le fruit d'un crime à moitié consommé, Castanier hésitait-il encore à poursuivre son entreprise, comme tous la plupart des hommes à caractère mixte, chez lesquels il se rencontre autant de force que de faiblesse, et qui peuvent être déterminés aussi bien à rester purs qu'à devenir criminels, suivant la pression des plus légères circonstances. Il s'est trouvé dans le ramas d'hommes enrégimentés par Napoléon beaucoup de gens qui, semblables à Castanier, avaient le courage tout physique du champ de bataille, sans avoir le courage moral qui rend un homme aussi grand dans le crime qu'il pourrait l'être dans la vertu. La lettre de crédit était conçue en de tels termes, qu'à son arrivée à Londres il devait toucher vingt-cinq mille livres sterling chez Watschildine, le correspondant de la maison de Nucingen, avisé déjà du payement par lui-même; son passage était retenu par un agent pris à Londres au hasard, sous le nom du comte Ferraro, à bord d'un vaisseau qui menait de Portsmouth en Italie une riche famille anglaise. Les plus petites circonstances avaient été prévues. Il s'était arrangé pour se faire chercher à la fois en Belgique et en Suisse pendant qu'il serait en mer; puis, quand Nucingen pourrait croire être sur ses traces, il espérait avoir gagné Naples, où il comptait vivre sous un faux nom, à la faveur d'un déguisement si complet, qu'il s'était déterminé à changer son visage en y simulant à l'aide d'un acide les ravages de la petite vérole. Malgré toutes ces précautions qui semblaient devoir lui assurer l'impunité, sa conscience le tourmentait. Il avait peur. La vie douce et paisible qu'il avait longtemps menée avait purifié ses mœurs soldatesques. Il était probe encore, il ne se souillait pas sans regret. Il se laissait donc aller pour une dernière fois à toutes les impressions de la bonne nature qui survivait en lui.

— Bah! se dit-il au coin du boulevard et de la rue Montmartre, un fiacre me mènera ce soir à Versailles au sortir du spectacle. Une chaise de poste m'attend chez mon vieux maréchal des logis, qui me garderait le secret sur mon départ en présence de douze soldats prêts à le fusiller s'il refusait de répondre. Ainsi, je ne vois aucune chance contre moi. J'emmènerai donc ma petite Naqui, je pars.

— Tu ne partiras pas! lui dit l'Anglais, dont la voix étrange fit affluer au cœur du caissier tout son sang.

Melmoth monta dans un tilbury qui l'attendait, et fut emporté si rapidement, que Castanier vit son ennemi secret à cent pas de lui sur la chaussée du boulevard Montmartre, et le montant au grand trot, avant d'avoir eu la pensée de l'arrêter.

— Mais, ma parole d'honneur, ce qui m'arrive est surnaturel, se dit-il. Si j'étais assez bête pour croire en Dieu, je me dirais qu'il a mis saint Michel à mes trousses. Le diable et la police me laisseraient-ils faire pour m'empoigner à temps? A-t-on jamais vu! Allons donc! c'est des niaiseries.

Castanier prit la rue du Faubourg-Montmartre, et ralentit sa marche à mesure qu'il avançait vers la rue Richer. Là, dans une maison nouvellement bâtie, au second étage d'un corps de logis donnant sur des jardins, vivait une jeune fille connue dans le quartier sous le nom de madame de la Garde, et qui se trouvait innocemment la cause du crime commis par Castanier. Pour expliquer ce fait et achever de peindre la crise sous laquelle succombait le caissier, il est nécessaire de rapporter succinctement quelques circonstances de sa vie antérieure.

Il prit dans la caisse cinq cent mille francs en billets et bank-notes.
— PAGE 23.

Madame de la Garde, qui cachait son véritable nom à tout le monde, même à Castanier, prétendait être Piémontaise. C'était une de ces jeunes filles qui, soit par la misère la plus profonde, soit par défaut de travail ou par l'effroi de la mort, souvent aussi par la trahison d'un premier amant, sont poussées à prendre un métier que la plupart d'entre elles font avec dégoût, beaucoup avec insouciance, quelques-unes pour obéir aux lois de leur constitution. Au moment de se jeter dans le gouffre de la prostitution parisienne, à l'âge de seize ans, belle et pure comme une madone, celle-ci rencontra Castanier. Trop mal léché pour avoir des succès dans le monde, fatigué d'aller tous les soirs le long des boulevards à la chasse d'une bonne fortune payée, le vieux dragon désirait depuis longtemps mettre un certain ordre dans l'irrégularité de ses mœurs. Saisi par la beauté de cette pauvre enfant, que le hasard lui mettait entre les bras, il résolut de la sauver du vice à son profit, par une pensée autant égoïste que bienfaisante, comme le sont quelques pensées des hommes les meilleurs. Le naturel est souvent bon, l'état social y mêle son mauvais, de là proviennent certaines intentions mixtes pour lesquelles le juge doit se montrer indulgent. Castanier avait précisément assez d'esprit pour être rusé quand ses intérêts étaient en jeu. Donc il voulut être philanthrope à coup sûr, et fit d'abord de cette fille sa maîtresse. — « Eh ! eh ! se dit-il dans son langage soldatesque, un vieux loup comme moi ne doit pas se laisser cuire par une brebis. Papa Castanier, avant de te mettre en ménage, pousse une reconnaissance dans le moral de la fille, afin de savoir si elle est susceptible d'attache ! » Pendant la première année de cette union illégale, mais qui la plaçait dans la situation la moins répréhensible de toutes celles que réprouve le monde, la Piémontaise prit pour nom de guerre celui d'Aquilina, l'un des personnages de VENISE SAUVÉE, tragédie du théâtre anglais qu'elle avait lue par hasard. Elle croyait ressembler à cette courtisane, soit par les sentiments précoces qu'elle se sentait dans le cœur, soit par sa figure, ou par la physionomie générale de sa personne. Quand Castanier lui vit mener la conduite la plus régulière et la plus vertueuse que pût avoir une femme jetée en dehors des lois et des convenances sociales, il lui manifesta le désir de vivre avec elle maritalement. Elle devint alors madame de la Garde, afin de rentrer, autant que le permettaient les usages parisiens, dans les conditions d'un mariage réel. En effet, l'idée fixe de beaucoup de ces pauvres filles consiste à vouloir se faire accepter comme de bonnes bourgeoises, tout bêtement fidèles à leurs maris ; capables d'être d'excellentes mères de famille, d'écrire leurs dépenses et de raccommoder le linge de la maison. Ce désir procède d'un sentiment si louable, que la société devrait le prendre en considération. Mais la société sera certainement incorrigible, et continuera de considérer la femme mariée comme une corvette à laquelle son pavillon et ses papiers permettent de faire la course, tandis que la femme entretenue est le pirate que l'on pend faute de lettres. Le jour où madame de la Garde voulut signer madame Castanier, le caissier se fâcha. — « Tu ne m'aimes donc pas assez pour m'épouser ? » dit-elle. Castanier ne répondit pas, et resta songeur. La pauvre fille se résigna. L'ex-dragon fut touché de ce désespoir. Naqui fut touchée de ce désespoir, elle aurait voulu le calmer ; mais, pour le calmer, ne fallait-il pas en connaître la cause ? Le jour où Naqui voulut apprendre le secret, sans toutefois le demander, le caissier révéla piteusement l'existence d'une certaine madame Castanier, une épouse légitime, mille fois maudite, qui vivait obscurément à Strasbourg sur un petit bien, et à laquelle il écrivait deux fois chaque année, en gardant sur elle un si profond silence, que personne ne le savait marié. Pourquoi cette discrétion ? Si la raison en est connue à beaucoup de militaires qui peuvent se trouver dans le même cas, il est peut-être utile de la dire. Le vrai troupier, s'il est permis d'employer ici le mot dont on se sert à l'armée pour désigner les gens destinés à mourir capitaines, ce serf attaché à la glèbe d'un régiment, est une créature essentiellement naïve, un Castanier voué par avance aux rouéries des mères de famille qui dans les garnisons se trouvent empêchées de filles difficiles à marier. Donc, à Nancy, pendant un de ces instants si courts où les armées impériales se reposaient en France, Castanier eut le malheur de faire attention à une demoiselle avec laquelle il avait dansé dans une de ces fêtes nommées des redoutes, qui souvent étaient offertes à la ville par les officiers de la garnison, et vice versâ. Aussitôt l'aimable capitaine fut l'objet d'une de ces séductions pour lesquelles les mères trouvent des complices dans le cœur humain en en faisant jouer tous les ressorts, et chez leurs amis qui conspirent avec elles. Semblables aux personnes qui n'ont qu'une idée, ces mères rapportent tout à leur grand projet, dont elles font une œuvre longtemps élaborée, pareille au cornet de sable au fond duquel se tient le formica-leo. Peut-être personne n'entrera-t-il jamais dans ce dédale si bien bâti, peut-être le formica-leo mourra-t-il de faim ou de soif. Mais, s'il y entre quelque bête étourdie, elle y restera. Les secrets calculs d'avarice que chaque homme fait en se mariant, les espérances, les vanités humaines, tous les fils par lesquels marche un capitaine, furent attaqués chez Castanier. Pour son malheur, il avait vanté la fille à la mère en la lui ramenant après une valse, il s'ensuivit une causerie au bout de laquelle arriva la plus naturelle des invitations. Une fois amené au logis, le dragon y fut ébloui par la bonhomie d'une maison où la richesse semblait se cacher sous une avarice affectée. Il y devint l'objet d'adroites flatteries, et chacun lui vanta les différents trésors qui s'y trouvaient. Au dîner, à propos servi en vaisselle plate prêtée par un oncle, les attentions d'une fille unique, les cancans de la ville, un sous-lieutenant riche qui faisait mine de vouloir lui couper l'herbe sous le pied ; enfin, les mille pièges des formica-leo de province furent si bien tendus, que Castanier disait, cinq ans après : «Je ne sais pas encore comment cela s'est fait ! » Le dragon reçut quinze mille francs de dot et une demoiselle heureusement brehaigne que deux ans de mariage rendirent la plus laide et conséquemment la plus hargneuse femme de la terre. Le teint de cette fille, maintenu blanc par un régime sévère, se couperosa ; la figure, dont les vives couleurs annonçaient une séduisante sagesse, se bourgeonna ; la taille, qui paraissait droite, tourna ; l'ange fut une créature grognarde et soupçonneuse qui fit enrager Castanier ; puis la fortune s'envola. Le dragon, ne reconnaissant plus la femme qu'il avait épousée, consigna celle-là dans un petit bien à Strasbourg, en attendant qu'il plût à Dieu d'en orner le paradis. Ce fut une de ces femmes vertueuses qui, faute d'occasions pour faire autrement, assassinent les anges de leurs plaintes, prient Dieu de manière à l'ennuyer s'il les écoute, et qui disent tout doucement

ment pis que pendre de leurs maris, quand le soir elles achèvent leur boston avec les voisines. Quand Aquilina connut ces malheurs, elle s'attacha sincèrement à Castanier, et le rendit si heureux par les renaissants plaisirs que son génie de femme lui faisait varier tout en les prodiguant, que, sans le savoir, elle causa la perte du caissier. Comme beaucoup de femmes auxquelles la nature semble avoir donné pour destinée de creuser l'amour jusque dans ses dernières profondeurs, madame de la Garde était désintéressée. Elle ne demandait ni or ni bijoux, ne pensait jamais à l'avenir, vivait dans le présent, et surtout dans le plaisir. Les riches parures, la toilette, l'équipage, si ardemment souhaités par les femmes de sa sorte, elle ne les acceptait que comme une harmonie de plus dans le tableau de la vie. Elle ne les voulait point par vanité, par désir de paraître, mais pour être mieux. D'ailleurs, aucune personne ne se passait plus facilement qu'elle de ces sortes de choses. Quand un homme généreux, comme le sont presque tous les militaires, rencontre une femme de cette trempe, il éprouve au cœur une sorte de rage de se trouver inférieur à elle dans l'échange de la vie. Il se sent capable d'arrêter alors une diligence afin de se procurer de l'argent, s'il n'en a pas assez pour ses prodigalités. C'est ainsi fait. Il se rend quelquefois coupable d'un crime pour rester grand et noble devant une femme ou devant un public spécial. Un amoureux ressemble au joueur qui se croirait déshonoré s'il ne rendait pas ce qu'il emprunte au garçon de salle, et qui commet des monstruosités, dépouille sa femme et ses enfants, vole et tue pour arriver les poches pleines, l'honneur sauf aux yeux du monde qui fréquente la fatale maison. Il en fut ainsi de Castanier. D'abord il avait mis Aquilina dans un modeste appartement à un quatrième étage, et ne lui avait donné que des meubles extrêmement simples. Mais, en découvrant les beautés et les grandes qualités de cette jeune fille, en recevant de ces plaisirs inouïs qu'aucune expression ne peut rendre, il s'en affola et voulut parer son idole. La mise d'Aquilina contrasta si comiquement avec la misère de son logis, que pour tous deux il fallut en changer. Ce changement emporta presque toutes les économies de Castanier, qui meubla semi-conjugal avec le luxe spécial de la fille entretenue. Une jolie femme ne veut rien de laid autour d'elle. Ce qui la distingue entre toutes les femmes est le sentiment de l'homogénéité, l'un des besoins les moins observés de notre nature, et qui conduit les vieilles filles à ne s'entourer que de vieilles choses. Ainsi donc il fallut à cette délicieuse Piémontaise les objets les plus nouveaux, les plus à la mode, tout ce que les marchands avaient de plus coquet, des étoffes tendues, de la soie, des bijoux, des meubles légers et fragiles, de belles porcelaines. Elle ne demanda rien. Seulement, quand il fallut choisir, quand Castanier lui disait : — « Que veux-tu ? » elle répondait : — « Mais ceci est mieux ! » L'amour qui économise n'est jamais le véritable amour, Castanier prenait donc tout ce qu'il y avait de mieux. Une fois l'échelle de proportion admise, il fallut que tout, dans ce ménage, se trouvât en harmonie. Ce fut le linge, l'argenterie et les mille accessoires d'une maison montée, la batterie de cuisine, les cristaux, le diable ! Quoique Castanier voulût, suivant une expression connue, faire les choses simplement, il s'endetta progressivement. Une chose en nécessitait une autre. Une pendule voulut deux candélabres. La cheminée ornée demanda son foyer. Les draperies, les tentures furent trop fraîches pour qu'on les laissât noircir par la fumée, il fallut faire poser des cheminées élégantes, nouvellement inventées par des gens habiles en prospectus, et qui promettaient un appareil invincible contre la fumée. Puis Aquilina trouva si joli de courir pieds nus sur le tapis de sa chambre, que Castanier mit partout des tapis pour folâtrer avec Naqui, enfin il lui fit bâtir une salle de bain, toujours pour qu'elle fût mieux. Les marchands, les ouvriers, les fabricants de Paris, ont un art inouï pour agrandir le trou qu'un homme fait à sa bourse ; quand on les consulte, ils ne savent le prix de rien, et le paroxysme du désir ne s'accommode jamais d'un retard, ils se font ainsi faire les commandes dans les ténèbres d'un devis approximatif, puis ils ne donnent jamais leurs mémoires, et entraînent le consommateur dans le tourbillon de la fourniture. Tout est délicieux, ravissant, chacun est satisfait. Quelques mois après, ces complaisants fournisseurs reviennent métamorphosés en totaux d'une horrible exigence ; ils ont des besoins, ils ont des payements urgents, ils font même soi-disant faillite, ils pleurent et ils touchent ! L'abîme s'entr'ouvre alors en vomissant une colonne de chiffres qui marchent quatre par quatre, quand ils devaient aller innocemment trois par trois. Avant que Castanier connût la somme de ses dépenses, il en était venu à donner à sa maîtresse une remise chaque fois qu'elle sortait, au lieu de la laisser monter en fiacre Castanier était gourmand, il eut une excellente cuisinière, et, pour lui plaire, Aquilina le régalait de primeurs, de raretés gastronomiques, de vins choisis qu'elle allait acheter elle-même. Mais, n'ayant rien à elle, ses cadeaux, si précieux par l'attention, par la délicatesse et la grâce qui les dictaient, réduisaient périodiquement la bourse de Castanier, qui ne voulait pas que sa Naqui restât sans argent, et elle était toujours sans argent ! La table fut donc une source de dépenses considérables, relativement à la fortune du caissier. L'ex-dragon dut recourir à des artifices commerciaux pour se procurer de l'argent, car il lui fut impossible de renoncer à ses jouissances. Son amour pour la femme ne lui avait pas permis de résister aux fantaisies de la maîtresse. Il était de ces hommes qui, soit amour-propre, soit faiblesse, ne savent rien refuser à une femme, et qui éprouvent une fausse honte si violente pour dire : — *Je ne puis... Mes moyens ne me permettent pas .. Je n'ai pas d'argent,* qu'ils se ruinent. Donc, le jour où Castanier se vit au fond d'un précipice et que pour s'en retirer il dut quitter cette femme et se mettre au pain et à l'eau, afin d'acquitter ses dettes, il s'était si bien accoutumé à cette femme, à cette vie, qu'il ajourna tous les matins ses projets de réforme. Poussé par les circonstances, il emprunta d'abord. Sa position, ses antécédents, lui méritaient une confiance dont il profita pour combiner un système d'emprunt en rapport avec ses besoins. Puis, pour déguiser

Cette bonne et belle fille était l'objet de l'ambition d'un clerc de notaire.
— PAGE 31.

les sommes auxquelles monta rapidement sa dette, il eut recours à ce que le commerce nomme des *circulations*. C'est des billets qui ne représentent ni marchandises ni valeurs pécuniaires fournies, et que le premier endosseur paye pour le complaisant souscripteur, espèce de faux toléré parce qu'il est impossible à constater, et que d'ailleurs ce dol fantastique ne devient réel que par un non-payement. Enfin, quand Castanier se vit dans l'impossibilité de continuer ses manœuvres financières, soit par l'accroissement du capital, soit par l'énormité des intérêts, il fallut faire faillite à ses créanciers. Le jour où le déshonneur fut échu, Castanier préféra la faillite frauduleuse à la faillite simple, le crime au délit. Il résolut d'escompter la confiance que lui méritait sa probité réelle, et d'augmenter le nombre de ses créanciers en empruntant, à la façon de Matheo, le caissier du trésor royal, la somme nécessaire pour vivre heureux le reste de ses jours en pays étranger. Et il s'y était pris comme on vient de le voir. Aquilina ne connaissait pas l'ennui de cette vie, elle en jouissait, comme font beaucoup de femmes, sans plus se demander comment venait l'argent, que certaines gens ne se demandent comment poussent les blés, en mangeant leur petit pain doré : tandis que les mécomptes et les soins de l'agriculture sont derrière le four des boulangers, comme sous le luxe inaperçu de la plupart des ménages parisiens reposent d'écrasants soucis et le plus exorbitant travail.

Au moment où Castanier subissait les tortures de l'incertitude, en pensant à une action qui changeait toute sa vie, Aquilina, tranquillement assise au coin de son feu, plongée indolemment dans un grand fauteuil, l'attendait en compagnie de sa femme de chambre. Semblable à toutes les femmes de chambre qui servent ces dames, Jenny était devenue sa confidente, après avoir reconnu combien était inattaquable l'empire que sa maîtresse avait sur Castanier.

— Comment ferons-nous ce soir? Léon veut absolument venir, disait madame de la Garde en lisant une lettre passionnée écrite sur un papier grisâtre.

— Voilà monsieur, dit Jenny.

Castanier entra. Sans se déconcerter, Aquilina roula le billet, le prit dans ses pincettes et le brûla.

— Voilà ce que tu fais de tes billets doux? dit Castanier.

— Oh! mon Dieu, oui, lui répondit Aquilina, n'est-ce pas le meilleur moyen de ne pas les laisser surprendre? D'ailleurs, le feu ne doit-il pas aller au feu, comme l'eau va à la rivière?

— Tu dis cela, Naqui, comme si c'était un vrai billet doux.

— Eh bien! est-ce que je ne suis pas assez belle pour en recevoir? dit-elle en tendant son front à Castanier avec une sorte de négligence qui eût appris à un homme moins aveuglé qu'elle accomplissait une espèce de devoir conjugal en faisant de la joie au caissier. Mais Castanier en était arrivé à ce degré de passion inspirée par l'habitude qui ne permet plus de rien voir.

— J'ai ce soir une loge pour le Gymnase, reprit-il, dînons de bonne heure pour ne pas dîner en poste.

— Allez-y avec Jenny. Je suis ennuyée de spectacle. Je ne sais pas ce que j'ai ce soir, je préfère rester au coin de mon feu.

— Viens tout de même, Naqui, je n'ai plus à t'ennuyer longtemps de ma personne. Oui, Quiqui, je partirai ce soir, et serai quelque temps sans revenir. Je te laisse ici maîtresse de tout. Me garderas-tu ton cœur?

— Ni le cœur ni autre chose, dit-elle. Mais au retour Naqui sera toujours Naqui pour toi.

— Eh bien! voilà de la franchise. Ainsi tu ne me suivrais point?

— Non.

— Pourquoi?

— Eh! mais, dit-elle en souriant, puis-je abandonner l'amant qui m'écrit de si doux billets?

Et elle montra par un geste à demi moqueur le papier brûlé.

— Serait-ce vrai? dit Castanier. Aurais-tu donc un amant?

— Comment! reprit Aquilina, vous ne vous êtes donc jamais sérieusement regardé, mon cher? Vous avez cinquante ans, d'abord! Puis vous avez une figure à mettre sur les planches d'une fruitière, personne ne la démentira quand elle voudra te vendre comme un potiron. En montant les escaliers, vous soufflez comme un phoque. Votre ventre se trémousse sur lui-même comme un brillant sur la tête d'une femme. Tu as beau avoir servi dans les dragons, tu es un vieux très-laid. Par ma fique, je ne te conseille pas, si tu veux conserver mon estime, d'ajouter à tes qualités celle de la niaiserie, en croyant qu'une fille comme moi se passera de tempérer ton amour asthmatique par les fleurs de quelque jolie jeunesse.

— Tu veux sans doute rire, Aquilina?

— Eh bien! ne ris-tu pas, toi? Me prends-tu pour une sotte en m'annonçant ton départ? *Je partirai ce soir*, dit-elle en l'imitant. Grand *Lendore*, parlerais-tu comme cela si tu quittais ta Naqui! tu pleurerais comme un veau que tu es.

— Enfin, si je pars, me suis-tu? demanda-t-il.

— Dis-moi d'abord si ton voyage n'est pas une mauvaise plaisanterie?

— Oui, sérieusement, je pars.

— Eh bien! sérieusement, je reste. Bon voyage, mon enfant! je t'attendrai. Je quitterais plutôt la vie de laisser mon bon petit Paris.

— Tu ne viendrais pas en Italie, à Naples, y mener une bonne vie, bien douce, luxueuse, avec ton gros bonhomme qui souffle comme un phoque?

— Non.

— Ingrate!

— Ingrate? dit-elle en se levant. Je puis sortir à l'instant en n'emportant d'ici que ma personne. Je t'aurai donné tous les trésors que possède une jeune fille, et une chose que tout ton sang ni le mien ne sauraient me rendre. Si je pouvais, par un moyen quelconque, en vendant mon éternité par exemple, recouvrer la fleur de mon corps comme je l'ai peut-être reconquis celle de mon âme, et me livrer pure comme un lis à mon amant, je n'hésiterais pas un instant! Par quel dévouement as-tu récompensé le mien? Tu m'as nourrie et logée par le même sentiment qui porte à nourrir un chien et à le mettre dans une niche, parce qu'il nous garde bien, qu'il reçoit nos coups de pied quand nous sommes de mauvaise humeur, et qu'il nous lèche la main aussitôt que nous le rappelons. Qui de nous deux aura été le plus généreux?

— Oh! ma chère enfant, ne vois-tu pas que je plaisante? dit Castanier. Je fais un petit voyage qui ne durera pas longtemps. Mais tu viendras avec moi au Gymnase, je partirai vers minuit, après t'avoir dit un bon adieu.

— Pauvre chat, tu pars donc? lui dit-elle en le prenant par le cou pour lui mettre la tête dans son corsage.

— Tu m'étouffes! cria Castanier le nez dans le sein d'Aquilina.

La bonne fille se pencha vers l'oreille de Jenny : — Va dire à Léon de ne venir qu'à une heure; si tu ne le trouves pas et qu'il arrive pendant les adieux, tu le garderas chez toi. — Eh bien! reprit-elle en ramenant la tête de Castanier devant la sienne et lui tortillant le bout du nez, allons, toi le plus beau des phoques, j'irai donc avec toi ce soir au théâtre. Mais alors dînons; tu as un bon petit dîner, tous plats de ton goût.

— Il est bien difficile, dit Castanier, de quitter une femme comme toi!

— Eh bien donc! pourquoi t'en vas-tu? lui demanda-t-elle.

— Ah! pourquoi? il faudrait pour te l'expliquer te dire des choses qui te prouveraient que mon amour pour toi va jusqu'à la folie. Si tu m'as donné ton honneur, j'ai vendu le mien; nous sommes quittes. Est-ce aimer?

— Qu'est-ce que c'est que ça? dit-elle. Allons, dis-moi que, si j'avais un amant, tu m'aimerais toujours comme un père, ce sera de l'amour! Allons, dites-le tout de suite, et donnez la patte.

— Je te tuerais, dit Castanier en souriant.

Ils allèrent se mettre à table, et partirent pour le Gymnase après avoir dîné. Quand la première pièce fut jouée, Castanier voulut aller se montrer à quelques personnes de sa connaissance qu'il avait vues dans la salle, afin de détourner de lui le plus longtemps possible tout soupçon sur sa fuite. Il laissa madame de la Garde dans sa loge, qui, suivant ses habitudes modestes, était sans baignoire, et il vint se promener dans le foyer. À peine y eut-il fait quelques pas, qu'il rencontra la figure de Melmoth, dont le regard lui causa la fade chaleur d'entrailles, la terreur qu'il avait déjà ressenties, et ils arrivèrent en face l'un de l'autre.

— Faussaire! cria l'Anglais.

En entendant ce mot, Castanier regarda les gens qui se promenaient. Il crut apercevoir un étonnement mêlé de curiosité sur leurs figures ; il voulut se défaire de cet Anglais à l'instant même, et leva la main pour lui donner un soufflet ; mais il se sentit le bras paralysé par une puissance invincible qui s'empara de sa force, et le cloua sur la place, il laissa l'étranger lui prendre le bras, et tous deux ils marchèrent ensemble hors du foyer, comme deux amis.

— Qui donc est assez fort pour me résister? lui dit l'Anglais. Ne sais-tu pas que tout ici-bas doit m'obéir, que je puis tout? Je lis dans les cœurs, je vois l'avenir, je sais le passé. Je suis ici, et je puis être ailleurs ! Je ne dépends ni du temps, ni de l'espace, ni de la distance. Le monde est mon serviteur. J'ai la faculté de toujours jouir, et de donner toujours le bonheur. Mon œil perce les murailles, voit les trésors, et j'y puise à pleines mains. À un signe de ma tête, des palais se bâtissent, et mon architecte ne se trompe jamais. Je puis faire éclore des fleurs sur tous les terrains, entasser des pierreries, amonceler de l'or, me procurer des femmes toujours nouvelles; enfin, tout me cède. Je pourrais jouer à la Bourse à coup sûr, si l'homme qui sait trouver l'or là où les avares l'enterrent avait besoin de gagner dans la bourse des autres. Sens donc, pauvre misérable voué à la honte, sens donc la puissance de la serre qui te tient! Essaye de faire plier ce bras de fer! amollis ce cœur de diamant! ose t'éloigner de moi! Quand tu serais au fond des caves qui sont sous la Seine, n'entendrais-tu pas ma voix? Quand tu irais dans les catacombes, ne me verrais-tu pas? Ma voix domine le bruit de la foudre, mes yeux luttent de clarté avec le soleil car je suis l'égal de celui qui porte la lumière. Castanier entendait ces terribles paroles, rien en lui ne les contredisant, et il marchait à côté de l'Anglais sans qu'il pût s'en éloigner. — Tu m'appartiens, tu viens de commettre un crime. J'ai donc enfin trouvé le compagnon que je cherchais! Veux-tu savoir ta destinée? Ah! ah! tu comptais voir un spectacle, il ne te manquera pas, tu en auras deux. Allons, présente-moi à madame de la Garde comme un de tes meilleurs amis. Ne suis-je pas ta dernière espérance?

Castanier revint à sa loge suivi de l'étranger, qu'il s'empressa de présenter à madame de la Garde, suivant l'ordre qu'il venait de recevoir. Aquilina ne parut point surprise de voir Melmoth. L'Anglais refusa de se mettre sur le devant de la loge, et voulut que Castanier y restât avec sa maîtresse. Le plus simple désir de l'Anglais était un ordre auquel il fallait obéir. La pièce qu'on allait jouer était la dernière. Alors les petits théâtres ne donnaient que trois pièces. Le Gymnase avait à cette époque un acteur qui lui assurait la vogue. Perlet allait jouer *le Comédien d'Étampes*, vaudeville où il remplissait quatre rôles différents. Quand la toile se leva, l'étranger étendit la main sur la salle. Castanier poussa un cri de terreur qui s'arrêta dans son gosier, dont les parois se collèrent, car Melmoth lui montra du doigt la scène, en lui faisant comprendre ainsi qu'il avait ordonné de changer le spectacle. Le caissier vit le cabinet de Nucingen, son patron y était en conférence avec un employé supérieur de la préfecture de police, qui lui expliquait la conduite de Castanier, en le prévenant de la soustraction faite à sa caisse, du faux commis à son préjudice et de la fuite de son caissier. Une plainte était aussitôt dressée, signée, et transmise au procureur du roi. — « Croyez-vous qu'il sera temps encore? disait Nucingen. — Oui, répondit l'agent, il est au Gymnase, et ne se doute de rien. »

Castanier s'agita sur sa chaise, et voulut s'en aller; mais la main que Melmoth lui appuyait sur l'épaule le forçait à rester, par un effet de l'horrible puissance dont nous sentons les effets dans le cauchemar. Cet homme était le cauchemar même, et pesait sur Castanier comme une atmosphère empoisonnée. Quand le pauvre caissier se retournait pour implorer cet Anglais, il rencontrait un regard de feu qui vomissait des courants électriques, espèces de pointes métalliques par lesquelles Castanier se sentait pénétré, traversé de part en part, et cloué.

— Que t'ai-je fait? disait-il dans son abattement, et en haletant comme un cerf au bord d'une fontaine, que veux-tu de moi?

— Regarde! lui cria Melmoth.

Castanier regarda ce qui se passait sur la scène. La décoration avait été changée, le spectacle était fini, Castanier se vit lui-même sur la scène descendant de voiture avec Aquilina; mais, au moment où il entrait dans la cour de sa maison, rue Richer, la décoration changea subitement encore, et représenta l'intérieur de son appartement. Jenny causait au coin du feu, dans la chambre de sa maîtresse, avec un sous-officier d'un régiment de ligne, en garnison à Paris. « — Il paraît, disait le sergent, qui paraissait appartenir à une famille de gens aisés. Je veux donc être heureux à mon aise. J'aime trop Aquilina pour souffrir qu'elle appartienne à ce vieux crapaud! Moi j'épouserai madame de la Garde! » s'écriait le sergent.

— Vieux crapaud! se dit douloureusement Castanier.

« Voilà madame et monsieur, cachez-vous! Tenez, mettez-vous là, monsieur Léon, lui disait Jenny. Monsieur ne doit pas rester longtemps. » Castanier voyait le sous-officier se mettant derrière les robes d'Aquilina dans le cabinet de toilette. Castanier rentra bientôt lui-même en scène, et fit ses adieux à sa maîtresse, qui se moquait de lui dans ses *à parte* avec Jenny, tout en lui disant des paroles les plus douces et les plus caressantes. Elle pleurait d'un côté, riait de l'autre. Les spectateurs faisaient répéter les couplets.

— Maudite femme! criait Castanier dans sa loge.

Aquilina riait aux larmes en s'écriant : — Mon Dieu! Perlet est-il drôle en Anglais! Quoi! vous seuls dans la salle ne riez pas? Ris donc, mon chat! dit-elle au caissier.

Melmoth se mit à rire d'une façon qui fit frissonner le caissier. Ce rire anglais lui tordait les entrailles et lui travaillait la cervelle, comme si quelque chirurgien le trépanait avec un fer brûlant.

— Ils rient, ils rient, disait convulsivement Castanier.

En ce moment, au lieu de voir la pudibonde *lady* que représentait si comiquement Perlet et dont le parler anglo-français faisait pouffer de rire toute la salle, le caissier se voyait fuyant la rue Richer, montant dans un fiacre sur le boulevard, faisant son marché pour aller à Versailles. La scène changeait encore. Il reconnut, au coin de la rue de l'Orangerie et de la rue des Récollets, la vieille auberge borgne que tenait son ancien maréchal des logis. Il était deux heures du matin, le plus grand silence régnait, personne ne l'épiait, sa voiture était attelée de chevaux de poste, et venait d'une maison de l'avenue de Paris où demeurait un Anglais, pour qui elle avait été demandée, afin de détourner les soupçons. Castanier avait ses valeurs et ses passe-ports, il montait en voiture, il partait. Mais, à la barrière, Castanier aperçut des gendarmes à pied qui attendaient la voiture. Il jeta un cri affreux, que comprima le regard de Melmoth.

— Regarde toujours, et tais-toi! lui dit l'Anglais.

Castanier se vit en un moment jeté en prison à la Conciergerie. Puis, au cinquième acte de ce drame, intitulé *le Caissier*, il s'aperçut, à trois mois de là, sortant de la cour d'assises, condamné à vingt ans de travaux forcés. Il jeta un nouveau cri et se vit exposé sur la place du Palais-de-Justice, et que le fer rouge du bourreau le marqua. Enfin, à la dernière scène, il était dans la cour de Bicêtre, parmi soixante forçats, en attendant son tour pour aller faire river ses fers.

— Mon Dieu! je n'en puis plus de rire, disait Aquilina. Vous êtes bien sombre, mon chat, qu'avez-vous donc? ce monsieur n'est plus là.

— Deux mots, Castanier, lui dit Melmoth au moment où, la pièce finie, madame de la Garde se faisait mettre son manteau par l'ouvreuse.

Le corridor était encombré, toute fuite était impossible.

— Eh bien! quoi?

— Aucune puissance humaine ne peut l'empêcher d'aller reconduire Aquilina, d'aller à Versailles, et d'y être arrêté.

— Pourquoi?

— Parce que le bras qui te tient, dit l'Anglais, ne te lâchera point. Castanier aurait voulu pouvoir prononcer quelques paroles pour s'anéantir lui-même et disparaître au fond des enfers.

— Si le démon te demandait ton âme, ne te la donnerais-tu pas en échange d'une puissance égale à celle de Dieu? D'un seul mot, tu restituerais dans la caisse du baron de Nucingen les cinq cent mille francs que tu y as pris. Puis, en déchirant ta lettre de crédit, toute trace de crime serait anéantie. Enfin, tu aurais de l'or à flots. Tu ne crois guère à rien, n'est-ce pas? Eh bien! si tout cela arrive, tu croiras au moins au diable.

— Si c'était possible! dit Castanier avec joie.

— Celui qui peut faire ceci, répondit l'Anglais, te l'affirme.

Melmoth étendit le bras au moment où Castanier, madame de la Garde et lui se trouvaient sur le boulevard. Il tombait alors une pluie fine, le sol était boueux, l'atmosphère était épaisse, et le ciel était noir. Aussitôt que le bras de cet homme fut étendu, le soleil illumina Paris. Castanier se vit en plein midi, comme par un beau jour de juillet. Les arbres étaient couverts de feuilles, et les Parisiens endimanchés circulaient en deux files joyeuses. Les marchands de coco criaient : — A boire, à la fraîche! Des équipages brillaient en roulant sur la chaussée. Le caissier jeta un cri de terreur. A ce cri, le boulevard redevint humide et sombre. Madame de la Garde était montée en voiture.

— Mais dépêche-toi donc, mon ami! lui dit-elle, viens ou reste. Vraiment, ce soir, tu n'es pas aimable avec la pluie qui tombe!

— Que faut-il faire? dit Castanier à Melmoth.

— Veux-tu prendre ma place? lui demanda l'Anglais.

— Oui.

— Eh bien! je serai chez toi dans quelques instants.

— Ah çà! Castanier, tu n'es pas dans ton assiette ordinaire, lui disait Aquilina. Tu médites quelque mauvais coup, tu étais trop sombre et trop pensif pendant le spectacle. Mon cher ami, te faut-il quelque chose que je puisse te donner? Parle.

— J'attends, pour savoir si tu m'aimes, que nous soyons arrivés à la maison.

— Ce n'est pas la peine d'attendre, dit-elle en se jetant à son cou, tiens!

Elle l'embrassa fort passionnément en apparence, en lui faisant de ces cajoleries qui, chez ces sortes de créatures, deviennent des choses de métier, comme le sont les jeux de scène pour les actrices.

— D'où vient cette musique? dit Castanier.

— Allons, voilà que tu entends de la musique, maintenant!

— De la musique céleste! reprit-il. On dirait que les sons viennent d'en haut.

— Comment, toi qui m'as toujours refusé une baignoire aux Italiens, sous prétexte que tu ne pouvais pas souffrir la musique, te voilà mélomane, à cette heure! Mais tu es fou! ta musique est dans ta caboche, vieille boule détraquée! dit-elle en lui prenant la tête et la faisant rouler sur son épaule. Dis donc, papa, sont-ce les roues de la voiture qui chantent?

— Écoute donc, Naqui? si les anges font de la musique au bon Dieu, ce ne peut être que celle dont les accords m'entrent par tous les pores autant que par les oreilles, et je ne sais comment t'en parler : c'est suave comme de l'eau de miel!

— Mais certainement on lui fait de la musique au bon Dieu, car on représente toujours les anges avec des harpes. Ma parole d'honneur, il est fou, se dit-elle en voyant Castanier dans l'attitude d'un mangeur d'opium en extase.

Ils étaient arrivés. Castanier, absorbé par tout ce qu'il venait de voir et d'entendre, ne sachant s'il devait croire ou douter, allait comme un homme ivre, privé de raison. Il se réveilla dans la chambre d'Aquilina, où il avait été porté, soutenu par sa maîtresse, par le portier et par Jenny, car il s'était évanoui en sortant de sa voiture.

— Mes amis, mes amis, il va venir, dit-il en se plongeant par un mouvement désespéré dans sa bergère au coin du feu.

En ce moment Jenny entendit la sonnette, alla ouvrir, et annonça l'Anglais en disant que c'était un monsieur qui avait rendez-vous avec Castanier. Melmoth se montra soudain. il se fit un grand silence. Il regarda le portier, le portier s'en alla. Il regarda Jenny, Jenny s'en alla.

— Madame, dit Melmoth à la courtisane, permettez-nous de terminer une affaire qui ne souffre aucun retard.

Il prit Castanier par la main, et Castanier se leva. Tous deux allèrent dans le salon sans lumière, car l'œil de Melmoth éclairait les ténèbres les plus épaisses. Fascinée par le regard étrange de l'inconnu, Aquilina demeura sans force, et incapable de songer à son amant, qu'elle croyait d'ailleurs enfermé chez sa femme de chambre. tandis que, surprise par le prompt retour de Castanier, Jenny l'avait caché dans le cabinet de toilette, comme dans la scene du drame joué pour Melmoth et pour sa victime. La porte de l'appartement se ferma violemment, et bientôt Castanier reparut.

— Qu'as-tu ? lui cria sa maîtresse, frappée d'horreur.

La physionomie du caissier était changée. Son teint rouge avait fait place à la pâleur étrange qui rendait l'étranger sinistre et froid. Ses yeux jetaient un feu sombre qui blessait par un éclat insupportable. Son attitude de bonhomie était devenue despotique et fière. La courtisane trouva Castanier maigri, le front lui sembla majestueusement horrible, et le dragon exhalait une influence épouvantable qui pesait sur les autres comme une lourde atmosphère. Aquilina se sentit pendant un moment gênée.

— Que s'est-il passé en si peu de temps entre cet homme diabolique et toi ? demanda-t-elle.

— Je lui ai vendu mon âme. Je le sens, je ne suis plus le même. Il m'a pris mon être, et m'a donné le sien.

— Comment ?

— Tu n'y comprendrais rien. Ah ! dit Castanier froidement, il avait raison, ce démon ! Je vois tout et sais tout. Tu me trompais.

Ces mots glacèrent Aquilina. Castanier alla dans le cabinet de toilette après avoir allumé un bougeoir ; la pauvre fille stupéfaite l'y suivit, et son étonnement fut grand lorsque Castanier, ayant écarté les robes accrochées au portemanteau, découvrit le sous-officier.

— Venez. mon cher, lui dit-il en prenant Léon par le bouton de la redingote et l'amenant dans la chambre.

La Piémontaise, pâle, éperdue, était allée se jeter dans son fauteuil. Castanier s'assit sur la causeuse au coin du feu, et laissa l'amant d'Aquilina debout.

— Vous êtes ancien militaire, lui dit Léon ; je suis prêt à vous rendre raison.

— Vous êtes un niais, répondit sèchement Castanier. Je n'ai plus besoin de me battre, je puis tuer qui je veux d'un regard. Je vais vous dire votre fait, mon bon. Pourquoi vous tuerais-je ? Vous avez sur le cou une ligne rouge que je vois. La guillotine vous attend. Oui, vous mourrez en place de Grève. Vous appartenez au bourreau, rien ne peut vous sauver. Vous faites partie d'une vente de charbonniers. Vous conspirez contre le gouvernement.

— Tu ne me l'avais pas dit ! cria la Piémontaise à Léon.

— Vous ne savez donc pas, dit le caissier en continuant toujours, que le ministère a décidé ce matin de poursuivre votre association ! Le procureur général a pris vos noms. Vous êtes dénoncés par des traîtres. On travaille en ce moment à préparer les éléments de votre acte d'accusation.

— C'est donc toi qui l'as trahi?... dit Aquilina, qui poussa un rugissement de lionne, et se leva pour venir déchirer Castanier.

— Tu me connais trop pour le croire, répondit Castanier avec un sang-froid qui pétrifia sa maîtresse.

— Comment le sais-tu donc ?

— Je l'ignorais avant d'aller dans le salon, mais, maintenant, je vois tout je sais tout, comprends tout.

Le sous-officier était stupéfait.

— Eh bien ! sauve-le, mon ami, s'écria la fille en se jetant aux genoux de Castanier. Sauvez-le. puisque vous pouvez tout ! Je vous aimerai, je vous adorerai, je serai votre esclave au lieu d'être votre maîtresse. Je me vouerai à vos caprices les plus désordonnés, tu feras de moi tout ce que tu voudras. Oui, je trouverai plus que de l'amour pour vous ; j'aurai le dévouement d'une fille pour son père. joint à celui d'une... Mais... comprends donc, Rodolphe ! Enfin, quelque violentes que soient mes passions, je serai toujours à toi ! Qu'est-ce que je pourrais dire pour te toucher? J'inventerai des plaisirs... je... Mon Dieu ! tiens, quand tu voudras quelque chose de moi, comme de me faire jeter par la fenêtre, tu n'auras qu'à me dire : Léon ! Je me précipiterais alors dans l'enfer, j'accepterais tous les tourments, toutes les maladies, tous les chagrins, tout ce que tu m'imposerais !

Castanier resta froid Pour toute réponse, il montra Léon en disant avec un rire de démon :

— La guillotine l'attend.

— Non, il ne sortira pas d'ici, je le sauverai ! s'écria-t-elle Oui, je tuerai qui le touchera ! Pourquoi ne veux-tu pas le sauver ? cria-t-elle d'une voix étincelante, l'œil en feu, les cheveux épars. Le peux-tu?

— Je puis tout.

— Pourquoi ne le sauves-tu pas?

— Pourquoi ? reprit Castanier, dont la voix vibra jusque dans les planchers. Eh ! je me venge ! C'est mon métier de mal faire.

— Mourir, reprit Aquilina, lui, mon amant, est-ce possible ?

Elle bondit jusqu'à sa commode, y saisit un stylet qui était dans une corbeille, et vint à Castanier, qui se mit à rire.

— Tu sais bien que le fer ne peut plus m'atteindre.

Le bras d'Aquilina se détendit comme une corde de harpe subitement coupée.

— Sortez, mon cher ami, dit le caissier en se retournant vers le sous-officier ; allez à vos affaires.

Il étendit la main, et le militaire fut obligé d'obéir à la force supérieure que déployait Castanier.

— Je suis ici chez moi, je pourrais envoyer chercher le commissaire de police, et lui livrer un homme qui s'introduit dans mon domicile ; je préfère vous rendre la liberté : je suis un homme, je ne suis pas un espion.

— Je le suivrai, dit Aquilina.

— Suis-le, dit Castanier. Jenny !...

Jenny parut.

— Envoyez le portier leur chercher un fiacre.

— Tiens, Naqui, dit Castanier en tirant de sa poche un paquet de billets de banque, tu ne me quitteras pas, comme une misérable, un homme qui t'aime encore.

Il lui tendit trois cent mille francs. Aquilina les prit, les jeta par terre, cracha dessus et les piétinant avec la rage du désespoir, en lui disant : — Nous sortirons tous deux à pied, sans un sou de toi. Reste, Jenny.

— Bonsoir ! reprit le caissier en ramassant son argent. Moi, je suis revenu de voyage. Jenny, dit-il en regardant la femme de chambre ébahie, tu me parais bonne fille. Te voilà sans maîtresse, viens ici.... pour ce soir, tu auras un maître.

Aquilina, se défiant de tout, s'en alla promptement avec le sous-officier chez une de ses amies. Mais Léon était l'objet de la police, qui le faisait suivre partout où il allait. Aussi fut-il arrêté quelque temps après, avec ses trois amis, comme le dirent les journaux du temps.

Le caissier se sentit changé complétement au moral comme au physique. Le Castanier, tour à tour enfant, jeune, amoureux, militaire, courageux, trompé, marié, désillusionné, caissier, passionné, criminel par amour. n'existait plus. Sa forme intérieure avait éclaté. En un moment, son crâne s'était élargi, ses sens avaient grandi. Sa pensée embrassa le monde , il en vit les choses comme s'il eût été placé à une hauteur prodigieuse. Avant d'aller au spectacle, il éprouvait pour Aquilina la passion la plus insensée ; plutôt que de renoncer à elle, il aurait fermé les yeux sur ses infidélités. Ce sentiment aveugle s'était dissipé comme une nuée se fond sous les rayons du soleil. Heureuse de succéder à sa maîtresse, de posséder la fortune, Jenny fit tout ce que voulait le caissier. Mais Castanier, qui avait le pouvoir de lire dans les âmes, découvrit le motif véritable de ce dévouement purement physique. Aussi s'amusa-t-il de cette fille avec la malicieuse avidité d'un enfant qui, après avoir exprimé le jus d'une cerise, en jette le noyau. Le lendemain, au moment où, pendant le déjeuner, elle se croyait dame et maîtresse au logis, Castanier lui répéta mot à mot, pensée à pensée, ce qu'elle se disait à elle-même en buvant son café.

— Sais-tu ce que tu penses, ma petite? lui dit-il en souriant, le voici : « Ces beaux meubles en bois de palissandre que je désirais tant, et ces belles robes que j'essayais, sont donc à moi ! Il ne m'en a coûté que des bêtises que madame lui refusait, je ne sais pas pourquoi. Ma foi, pour aller en carrosse, avoir des parures, être au spectacle dans une loge, et me faire des rentes, je lui donnerais bien des plaisirs à l'en faire crever, s'il n'était pas fort comme un Turc. Je n'ai jamais vu d'homme pareil ! » Est-ce bien cela? reprit-il d'une voix qui fit pâlir Jenny. Eh bien ! oui, ma fille, tu n'y tiendrais pas, et c'est pour ton bien que je te renvoie, tu périrais à la peine Allons, quittons-nous bons amis.

Et il la congédia froidement en lui donnant une fort légère somme.

Le premier usage que Castanier s'était promis de faire du terrible pouvoir qu'il venait d'acheter, au prix de son éternité bienheureuse, était la satisfaction pleine et entière de ses goûts. Après avoir mis ordre à ses affaires, et rendu facilement ses comptes à M. de Nucingen, qui lui donna pour successeur un bon Allemand, il voulut une bacchanale digne des beaux jours de l'empire romain, et s'y plongea désespérément, comme Balthazar à son dernier festin. Mais, comme Balthazar, il vit distinctement une main pleine de lumière qui lui traça son arrêt au milieu de ses joies, non pas sur les murs étroits d'une salle, mais sur les parois immenses où se dessine l'arc-en-ciel. Son festin ne fut pas en effet une orgie circonscrite aux bornes d'un banquet, ce fut une dissipation de toutes les forces et de toutes les jouissances. La table était en quelque sorte la terre même qu'il sentait trembler sous ses pieds. Ce fut la dernière fête d'un dissipateur qui ne ménage plus rien. En puisant à pleines mains dans le trésor des voluptés humaines, dont la clef lui avait été remise par le démon, il en atteignit promptement le fond. Cette énorme puissance, en un instant appréhendée, fut en un instant exercée, jugée, usée. Ce qui était tout ne fut rien. Il arrive souvent que la possession tue les plus immenses poëmes du désir, aux rêves duquel l'objet possédé répond rarement. Ce triste dénoûment de quelques passions était celui que cachait l'omnipotence de Melmoth. L'inanité de la nature humaine fut soudain révélée à son successeur, auquel la suprême puissance apporta le néant pour dot. Afin de bien comprendre la situation bizarre dans laquelle se trouva Castanier, il faudrait pouvoir en apprécier par la pensée les rapides révolutions, et concevoir combien elles eurent peu de durée, ce dont il est difficile de donner une idée à ceux qui restent enveloppés par les lois du temps, de l'espace et des distances. Ses facultés agrandies avaient changé les rapports qui existaient auparavant entre le monde et lui. Comme Melmoth, Castanier pouvait en quelques instants être dans les riantes vallées de l'Hindoustan, passer sur les ailes des démons à travers les déserts de l'Afrique, et glisser sur les mers. De même que la lucidité lui faisait tout pénétrer à l'instant où sa vue se portait sur un objet matériel ou sur la pensée d'autrui, de même sa langue happait pour ainsi dire toutes les saveurs d'un coup. Son plaisir ressemblait au coup de hache du despotisme, qui abat l'arbre pour en avoir les fruits. Les transitions, les alternatives qui mesurent la joie, la souffrance, et varient toutes les jouissances humaines, n'existaient plus pour lui. Son palais, devenu sensitif outre mesure, s'était blasé tout à coup en se rassasiant de tout. Les femmes et la bonne chère furent deux plaisirs si complètement assouvis, au moment où il n'eut qu'à goûter de manière à se trouver au delà du plaisir, qu'il n'eut plus envie ni de manger, ni d'aimer. Se sachant maître de toutes les femmes qu'il souhaiterait, et sachant armé d'une force qui ne devait jamais faillir, il n'en voulait plus de femmes; en les trouvant par avance soumises à ses caprices les plus désordonnés, il se sentait une horrible soif d'amour, et les désirait plus aimantes qu'elles ne pouvaient l'être. Mais la seule chose que lui refusait le monde, c'était la foi, la prière, ces deux onctueuses et consolantes amours. On lui obéissait. Ce fut un horrible état. Les torrents de douleurs, de plaisirs et de pensées qui secouaient son corps et son âme eussent emporté la créature humaine la plus forte; mais il y avait en lui une puissance de vie proportionnée à la vigueur des sensations qui l'assaillaient. Il sentit en dedans de lui quelque chose d'immense que la terre ne satisfaisait plus. Il passait la journée à étendre ses ailes, à vouloir traverser les sphères lumineuses, dont il avait une intuition nette et désespérante. Il se dessécha intérieurement, car il eut soif et faim de choses qui ne se buvaient ni ne se mangeaient, mais qui l'attiraient irrésistiblement. Ses lèvres devinrent ardentes de désir, comme l'étaient celles de Melmoth, et il haletait après l'INCONNU, car il connaissait tout. En voyant le principe et le mécanisme du monde, il n'en admirait plus les résultats, et manifesta bientôt ce dédain profond qui rend l'homme supérieur semblable à un sphinx qui sait tout, voit tout, et garde une silencieuse immobilité. Il ne se sentait pas la moindre velléité de communiquer sa science aux autres hommes. Riche de toute la terre, et pouvant la franchir d'un bond, la richesse et le pouvoir ne signifièrent plus rien pour lui. Il éprouvait cette horrible mélancolie de la suprême puissance à laquelle Satan et Dieu ne remédient que par une activité dont le secret n'appartient qu'à eux. Castanier n'avait pas, comme son maître, l'inextinguible puissance de haïr et de mal faire, il se sentait démon, mais démon à venir, tandis que Satan est démon pour l'éternité. Rien ne le peut racheter, il le sait, et alors il se plaît à remuer avec sa triple fourche les mondes comme un fumier, en y tracassant les desseins de Dieu. Pour son malheur, Castanier conservait une espérance. Ainsi, tout à coup, en un moment, il put aller d'un pôle à l'autre, comme un oiseau vole désespérément entre les deux côtés de sa cage ; mais, après avoir fait ce bond, comme l'oiseau, il vit des espaces immenses. Il eut de l'infini une vision qui ne lui permit plus de considérer les choses humaines comme les autres hommes les considèrent. Les insensés qui souhaitent la puissance des démons la jugent avec leurs idées d'hommes, sans prévoir qu'ils endosseront les idées du démon en prenant son pouvoir, qu'ils resteront hommes, et au milieu d'êtres qui ne peuvent plus les comprendre. Le Néron inédit qui rêve de faire brûler Paris pour sa distraction, comme on donne au théâtre le spectacle fictif d'un incendie, ne se doute pas que Paris deviendra pour lui ce qu'est pour un voyageur pressé la fourmilière qui borde un chemin. Les sciences furent pour Castanier ce qu'est un logogriphe pour celui qui en sait le mot. Les rois, les gouvernements lui faisaient pitié. Sa grande débauche fut donc, en quelque sorte, un déplorable adieu à sa condition d'homme. Il se sentit à l'étroit sur la terre, car son infernale puissance le faisait assister au spectacle de la création dont il entrevoyait les causes et la fin. En se voyant exclu de ce que les hommes ont nommé le ciel dans tous leurs langages, il ne pouvait plus penser qu'au ciel. Il comprit alors le desséchement intérieur exprimé sur la face de son prédécesseur, il mesura l'étendue de ce regard allumé par un espoir toujours trahi, il éprouva la soif qui brûlait cette lèvre rouge, et les angoisses d'un combat perpétuel entre deux natures agrandies. Il pouvait être encore un ange, il se trouvait un démon. Il ressemblait à la suave créature emprisonnée par le mauvais vouloir d'un enchanteur dans un corps difforme, et qui, prise sous la cloche d'un pacte, avait besoin de la volonté d'autrui pour briser une détestable enveloppe détestée. De même que l'homme vraiment grand n'en a que plus d'ardeur à chercher l'infini du sentiment dans un cœur de femme, après une déception ; de même Castanier se trouva tout à coup sous le poids d'une seule idée, idée qui peut-être était la clef des mondes supérieurs. Par cela seul qu'il avait renoncé à son éternité bienheureuse, il ne pensait plus qu'à l'avenir de ceux qui prient et qui croient. Quand, au sortir de la débauche où il prit possession de son pouvoir, il sentit l'étreinte de ce sentiment, il connut les douleurs que les poëtes sacrés, les apôtres et les grands oracles de la foi nous ont dépeintes en des termes si gigantesques. Harponné par l'épée flamboyante de laquelle il se sentait la pointe dans ses reins, il courut chez Melmoth, afin de voir ce qu'il advenait de son prédécesseur. L'Anglais demeurait rue Férou, près Saint-Sulpice, dans un hôtel sombre, noir, humide et froid. Cette rue, ouverte au nord, comme toutes celles qui tombent perpendiculairement sur la rive gauche de la Seine, est une des rues les plus tristes de Paris, et son caractère réagit sur les maisons qui la bordent. Quand Castanier fut sur le seuil de la porte, il la vit tendue de noir ; la voûte était également drapée. Sous cette voûte éclataient les lumières d'une chapelle ardente. On y avait élevé un cénotaphe temporaire, de chaque côté duquel se tenait un prêtre.

— Il ne faut pas demander à monsieur pourquoi il vient, dit à Castanier une vieille portière, vous ressemblez trop à ce pauvre cher défunt. Si donc vous êtes son frère, vous arrivez trop tard pour lui dire adieu. Ce brave gentilhomme est mort avant-hier dans la nuit.

— Comment est-il mort? demanda Castanier à l'un des prêtres.

— Soyez heureux, lui répondit un vieux prêtre en soulevant un côté des draps noirs qui formaient la chapelle.

Castanier vit une de ces figures que la foi rend sublimes et par les pores de laquelle l'âme semble sortir pour rayonner sur les autres hommes et les échauffer des sentiments d'une charité persistante. Cet homme était le confesseur de sir John Melmoth.

— M. votre frère, reprit le prêtre en continuant, a fait une fin digne d'envie et qui a dû réjouir les anges. Vous savez quelle joie répand dans les cieux la conversion d'une âme pécheresse. Les pleurs de son repentir excités par la grâce ont coulé sans tarir, la mort seule a pu les arrêter. L'Esprit saint était en lui. Ses paroles, ardentes et vives, ont été dignes du roi prophète. Si jamais, dans le cours de ma vie, je n'ai entendu de confession plus horrible que celle de ce gentilhomme irlandais, jamais aussi n'ai-je entendu de prières plus enflammées. Quelque grandes qu'aient été ses fautes, son repentir en a comblé l'abîme en un moment. La main de Dieu s'est visiblement étendue sur lui, car il ne ressemblait plus à lui-même, tant il est devenu saintement beau. Ses yeux si rigides se sont adoucis dans les pleurs. Sa voix si vibrante, et qui effrayait, a pris la grâce et la mollesse qui distinguent les paroles des gens humiliés. Il édifiait tellement les auditeurs par ses discours, que les personnes attirées par le spectacle de cette mort chrétienne se mettaient à genoux en écoutant glorifier Dieu, parler des grandeurs infinies, et raconter les choses du ciel. S'il ne laisse rien à sa famille, il lui a certes acquis le plus grand bien que les familles puissent posséder, une âme sainte qui veillera sur vous tous, et vous conduira dans la bonne voie.

Ces paroles produisirent un effet si violent sur Castanier, qu'il sortit brusquement et marcha vers l'église de Saint-Sulpice en obéissant à une sorte de fatalité, le repentir de Melmoth l'avait abasourdi. Vers cette époque, un homme célèbre par son éloquence faisait, le matin, à certains jours, des conférences qui avaient pour but de démontrer les vérités de la religion catholique à la jeunesse de ce siecle proclamée, par une autre voix non moins éloquente, indifférente en matiere de foi. La conférence devait faire place à l'enterrement de l'Irlandais. Castanier arriva précisément au moment où le prédicateur allait résumer avec cette onction gracieuse, avec cette pénétrante parole qui l'ont illustré, les preuves de notre heureux avenir. L'ancien dragon, sous la peau duquel s'était glissé le démon, se trouvait dans les conditions voulues pour recevoir fructueusement la semence des paroles divines commentées par le prêtre. En effet, s'il est un phénomène constaté, n'est-ce pas le phénomène moral que le peuple a nommé *la foi du charbonnier?* La force de la croyance se trouve en raison directe du plus ou moins d'usage que l'homme a fait de sa raison. Les gens simples et les stupides sont de ce nombre. Les gens qui ont marché dans la vie sous la bannière de l'instinct sont beaucoup plus propres à recevoir la lumière que ceux dont l'esprit et le cœur se sont lassés dans les subtilités du monde. Depuis l'âge de seize ans jusqu'à près de quarante, Castanier, homme du Midi, avait suivi le drapeau français. Simple cavalier, obligé de se battre le jour, la veille et le lendemain, il devait penser à son cheval avant de songer à lui-même. Pendant son apprentissage militaire, il avait donc eu peu d'heures pour réfléchir à l'avenir de l'homme. Officier, il s'était occupé de ses soldats, et il avait été entraîné de champ de bataille en champ de bataille sans avoir jamais songé au lendemain de la mort. La vie militaire exige peu d'idées. Les gens incapables de s'élever à ces hautes combinaisons qui embrassent les intérêts de nation à nation, les plans de la politique aussi bien que les plans de campagne, la science du tacticien et celle de l'administrateur, ceux-là vivent dans un état d'ignorance comparable à celle du paysan le plus grossier de la province la moins avancée de France. Ils vont en avant, obéissent passivement à l'âme qui les commande, et tuent les hommes devant eux, comme le bûcheron abat des arbres dans une forêt. Ils passent continuellement d'un état violent qui exige le déploiement des forces physiques à un état de repos pendant lequel ils réparent leurs pertes. Ils frappent et boivent, ils frappent et mangent, ils frappent et dorment, pour mieux frapper encore. A ce train de tourbillon, les qualités de l'esprit s'exercent peu. Le moral demeure dans sa simplicité naturelle. Quand ces hommes, si énergiques sur le champ de bataille, reviennent au milieu de la civilisation, la plupart de ceux qui sont demeurés dans les grades inférieurs se montrent sans idées acquises, sans facultés, sans portée. Aussi la jeune génération s'est-elle étonnée de voir ces membres de nos glorieuses et terribles armées aussi nuls d'intelligence que peut l'être un commis, et simples comme des enfants. A peine un capitaine de la foudroyante garde impériale est-il propre à faire les quittances d'un journal. Quand les vieux soldats sont ainsi, leur âme vierge de raisonnement obéit aux grandes impulsions. Le crime commis par Castanier était un de ces faits qui soulèvent tant de questions, que, pour le discuter, le moraliste aurait demandé *la division*, pour employer une expression du langage parlementaire. Ce crime avait été conseillé par la passion, par de ces sorcelleries féminines si cruellement irrésistibles, que nul homme ne peut dire : « — Je ne ferai jamais cela, » dès qu'une sirène est admise dans la nuit, et déploiera ses hallucinations. La parole de vie tomba donc sur une conscience neuve aux vérités religieuses que la Révolution française et la vie militaire avaient fait négliger à Castanier. Ce mot terrible : *Vous serez heureux ou malheureux pendant l'éternité!* le frappa d'autant plus violemment, qu'il avait fatigué la terre, qu'il l'avait secouée comme un arbre sans fruit, et que, dans l'omnipotence de ses désirs, il suffisait qu'un bien de la terre ou du ciel lui fût interdit, pour qu'il s'en occupât. S'il était permis de comparer de si grandes choses aux niaiseries sociales, il ressemblait à ces banquiers victimes de plusieurs millions qui à rien ne résiste dans la société, mais qui, n'étant pas admis aux cercles de la noblesse, ne pour idée fixe de s'y agréger, et ne comptent pour rien toutes les priviléges sociaux acquis par eux, du moment où il leur en manque un. Cet homme, plus puissant que ne l'étaient les rois de la terre réunis, cet homme qui pouvait, comme Satan, lutter avec Dieu lui-même, apparut appuyé contre un des piliers de l'église Saint-Sulpice, courbé sous le poids d'un sentiment, et s'absorba dans une idée d'avenir, comme Melmoth s'y était abîmé lui-même.

— Il est bien heureux, lui ! s'écria Castanier, il est mort avec la certitude d'aller au ciel.

En un moment, il s'était opéré le plus grand changement dans les idées du caissier. Après avoir été le démon pendant quelques jours, il n'était plus qu'un homme, image de la chute primitive consacrée dans toutes les cosmogonies. Mais, en redevenant petit par la forme, il avait acquis une cause de grandeur, il s'était trempé dans l'infini. La puissance infernale lui avait révélé la puissance divine. Il avait plus soif du ciel qu'il n'avait eu faim des voluptés terrestres si promptement épuisées. Les jouissances que promet le démon ne sont que celles de la terre agrandies, tandis que les voluptés célestes sont sans bornes. Cet homme crut en Dieu. La parole qui lui livrait les trésors du monde ne fut plus rien pour lui, et ces trésors lui semblèrent aussi méprisables que le sont les cailloux aux yeux de ceux qui aiment les diamants; car il les voyait comme de la verroterie, en comparaison des beautés éternelles de l'autre vie. Pour lui, le bien provenant de cette source était maudit. Il resta plongé dans un abîme de ténèbres et de pensées lugubres en écoutant le service fait pour Melmoth. Le *Dies iræ* l'épouvanta. Il comprit dans toute sa grandeur ce cri de l'âme repentante qui tressaillit devant la majesté divine. Il fut tout à coup dévoré par l'Esprit saint, comme le feu dévore la paille. Des larmes coulèrent de ses yeux.

— Vous êtes un parent du mort? lui dit le bedeau.

— Son héritier, répondit Castanier.

— Pour les frais du culte, lui cria le suisse.

— Non, dit le caissier, qui ne voulut pas donner à l'église l'argent du démon.

— Pour les pauvres.

— Non.

— Pour les réparations de l'église.

— Non.

— Pour la chapelle de la Vierge.

— Non.

— Pour le séminaire.

— Non.

Castanier se retira, pour ne pas être en butte aux regards irrités de plusieurs gens de l'église. — Pourquoi, se dit-il en contemplant Saint-Sulpice, pourquoi les hommes auraient-ils bâti ces cathédrales gigantesques que j'ai vues en tout pays? Ce sentiment partagé par les masses, dans tous les temps, s'appuie nécessairement sur quelque chose.

— Tu appelles Dieu quelque chose? lui disait sa conscience. Dieu! Dieu! Dieu !

Ce mot répété par une voix intérieure l'écrasait, mais ses sensations de terreur furent adoucies par les lointains accords de la musique délicieuse qu'il avait entendue déjà vaguement. Il attribua cette harmonie aux chants de l'église, il en mesurait le portail. Mais il s'aperçut, en prêtant attentivement l'oreille, que les sons arrivaient à lui de tous côtés, il regarda dans la place, et n'y vit point de musiciens. Si cette mélodie apportait dans l'âme les poésies bleues et les lointaines lumières de l'espérance, elle donnait aussi plus d'activité aux remords dont était travaillé le damné qui s'en alla dans Paris, comme vont les gens accablés de douleur. Il regardait sans rien voir, il marchait au hasard à la manière des flâneurs, il s'arrêtait sans motif, se parlait à lui-même, et ne se fût pas dérangé pour éviter le coup d'une planche ou la roue d'une voiture. Le repentir le livrait insensiblement à cette grâce qui broie tout à la fois doucement et terriblement le cœur. Il eut bientôt dans la physionomie, comme Melmoth, quelque chose de grand, mais de distrait ; une froide expression de tristesse, semblable à celle de l'homme au désespoir, et l'avidité haletante que donne l'espérance ; puis, par-dessus tout, il fut en proie au dégoût de tous les biens de ce bas monde. Son regard effrayant de clarté cachait les plus humbles prières. Il souffrait en raison de sa puissance. Son âme violemment agitée faisait plier son corps, comme un vent impétueux ploie de hauts sapins. Comme son prédécesseur, il ne pouvait pas se refuser à vivre, car il ne voulait pas mourir sous le joug de l'enfer. Son supplice lui devint insupportable. Enfin, un matin, il songea que Melmoth le bienheureux lui avait proposé de prendre sa place et de recommencer ; que, sans doute, d'autres hommes pourraient l'imiter ; et que, dans une époque dont la fatale indifférence en matière de religion était proclamée par les héritiers de l'éloquence des Pères de l'Église, il devait rencontrer facilement un homme qui se soumît aux clauses de ce contrat pour en exercer les avantages.

— Il est un endroit où l'on cote ce que valent les rois, où l'on soupèse les peuples, où l'on juge les systèmes, où les gouvernements sont rapportés à la mesure de l'écu de cent sous, où les idées, les croyances sont chiffrées, où tout s'escompte, où Dieu même emprunte et donne en garantie ses revenus d'âmes, car le pape y a un compte courant. Si je puis trouver une âme à négocier, n'est-ce pas là !

Castanier alla joyeux à la Bourse, en pensant qu'il pourrait trafiquer d'une âme comme on y commerce des fonds publics. Un homme ordinaire aurait eu peur qu'on ne s'y moquât de lui ; mais Castanier savait par expérience que tout est sérieux pour l'homme au désespoir. Semblable au condamné à mort qui écouterait un fou s'il venait lui dire qu'en prononçant d'absurdes paroles il pourrait s'envoler à travers la serrure de sa porte, celui qui souffre est crédule et n'abandonne une idée que quand elle a failli, comme la branche qui a cassé sous la main du nageur entraîné. Vers quatre heures, Castanier parut dans les groupes qui se formaient après la fermeture du cours des effets publics, et où se faisaient alors les négociations des effets particuliers et les affaires purement commerciales. Il était connu de quelques négociants, et pouvait, en feignant de chercher quelqu'un, écouter les bruits qui couraient sur les gens embarrassés.

— Plus souvent, mon petit, que je te négocierai du Claparon et compagnie ! Ils ont laissé remporter par le garçon de la Banque les effets de leur payement ce matin, dit un gros banquier dans son langage sans façon. Si tu en as, garde-le.

Ce Claparon était dans la cour, en grande conférence avec un homme connu pour faire des escomptes usuraires. Aussitôt Castanier se dirigea vers l'endroit où se trouvait Claparon, négociant connu pour hasarder de grands coups qui pouvaient aussi bien le ruiner que l'enrichir.

Quand Claparon fut abordé par Castanier, le marchand d'argent venait de le quitter, et le spéculateur avait laissé échapper un geste de désespoir.

— Eh bien! Claparon, nous avons cent mille francs à payer à la Banque, et voilà quatre heures; cela se sait, et nous n'avons plus le temps d'arranger notre petite faillite, lui dit Castanier.

— Monsieur!

— Parlez plus bas, répondit le caissier, si je vous proposais une affaire où vous pourriez ramasser autant d'or que vous en voudriez...

— Elle ne payerait pas mes dettes, car je ne connais pas d'affaire qui ne veuille en temps de cuisson.

— Je connais une affaire qui vous les ferait payer en un moment, reprit Castanier, mais qui vous obligerait à...

— A quoi?

— A vendre votre part du paradis. N'est-ce pas une affaire comme une autre? Nous sommes tous actionnaires dans la grande entreprise de l'éternité.

— Savez-vous que je suis homme à vous souffleter? dit Claparon irrité. Il n'est pas permis de faire de sottes plaisanteries à un homme dans le malheur.

— Je parle sérieusement, répondit Castanier en prenant dans sa poche un paquet de billets de banque.

— D'abord, dit Claparon, je ne vendrais pas mon âme au diable pour une misère. J'ai besoin de cinq cent mille francs pour aller...

— Qui vous parle de lésiner? reprit brusquement Castanier. Vous auriez plus d'or que vous n'en pouvez contenir les caves de la Banque.

Il tendit une masse de billets qui décida le spéculateur.

— Fait! dit Claparon. Mais comment s'y prendre?

— Venez là-bas, à l'endroit où il n'y a personne, répondit Castanier en montrant un coin de la cour.

Claparon et son tentateur échangèrent quelques paroles, chacun le visage tourné contre le mur. Aucune des personnes qui les avaient remarqués ne devina l'objet de cet à parte, quoiqu'elles fussent assez vivement intriguées par la bizarrerie des gestes que firent les deux parties contractantes. Quand Castanier revint, une clameur d'étonnement échappa aux boursiers. Comme dans les assemblées françaises où le moindre événement distrait aussitôt, tous les visages se tournèrent vers les deux hommes qui excitaient cette rumeur, et l'on ne vit pas sans une sorte d'effroi le changement opéré chez eux. A la Bourse, chacun se promène en causant, et tous ceux qui composent la foule se sont bientôt reconnus et observés, car la Bourse est comme une grande table de bouillotte où les habiles savent deviner le jeu d'un homme et l'état de sa caisse d'après sa physionomie. Chacun avait donc remarqué la figure de Claparon et celle de Castanier. Celui-ci, comme l'Irlandais, était nerveux et puissant, ses yeux brillaient, sa carnation avait de la vigueur. Chacun s'était émerveillé de cette figure majestueusement terrible en se demandant où le bon Castanier l'avait prise, mais Castanier, dépouillé de son pouvoir, apparaissait fané, ridé, vieilli, débile. Il était, en entraînant Claparon, comme un malade en proie à un accès de fièvre, ou comme un thériaki dans le moment d'exaltation que lui donne l'opium; mais en revenant il était dans l'état d'abattement qui suit la fièvre, et pendant lequel les malades expirent, ou il était dans l'affreuse prostration que causent les jouissances excessives du narcotisme. L'esprit infernal qui lui avait fait supporter ses grandes débauches était disparu, le corps se trouvait seul, épuisé, sans secours, sans appui contre les assauts des remords et le poids d'un vrai repentir. Claparon, de qui chacun avait deviné les angoisses, reparaissait au contraire avec des yeux éclatants, et portait sur son visage la fierté de Lucifer. La faillite avait passé d'un visage sur l'autre.

— Allez crever en paix, mon vieux, dit Claparon à Castanier.

— Par grâce, envoyez-moi chercher une voiture et un prêtre, le vicaire de Saint-Sulpice, lui répondit l'ancien dragon en s'asseyant sur une borne.

Ce mot : « Un prêtre! » fut entendu par plusieurs personnes, et fit naître un brouhaha goguenard que poussèrent les boursiers, tous

gens qui réservent leur foi pour croire qu'un chiffon de papier nommé une inscription vaut un domaine. Le grand-livre est leur bible.

— Aurai-je le temps de me repentir? se dit Castanier d'une voix lamentable qui frappa Claparon.

Un fiacre emporta le moribond. Le spéculateur alla promptement payer ses effets à la Banque. L'impression produite par le soudain changement de physionomie de ces deux hommes fut effacée dans la foule, comme un sillon de vaisseau s'efface sur la mer. Une nouvelle de la plus haute importance excita l'attention du monde négociant. A cette heure où tous les intérêts sont en jeu, Moïse, en paraissant avec ses deux cordes lumineuses, obtiendrait à peine les honneurs d'un calembour, et serait nié par les gens en train de faire des reports. Lorsque Claparon eut payé ses effets, la peur le prit. Il fut convaincu de son pouvoir, revint à la Bourse et offrit son marché aux gens embarrassés. L'inscription sur le grand-livre de l'enfer, et les droits attachés à la jouissance d'icelle, mot d'un notaire que se substitua Claparon, fut achetée cinq cent mille francs. Le notaire revendit le traité du diable cinq cent mille francs à un entrepreneur en bâtiment, qui s'en débarrassa pour cent mille écus en le cédant à un marchand de fer; et celui-ci le rétrocéda pour cent mille francs à un charpentier. Enfin, à cinq heures, personne ne croyait à ce singulier contrat, et les acquéreurs manquaient faute de foi.

A cinq heures et demie, le détenteur était un peintre en bâtiment qui restait devant la porte de la Bourse provisoire, bâtie à cette époque rue Feydeau. Ce peintre en bâtiment, homme simple, ne savait pas ce qu'il avait eu lui-même. — Il était tout chose, dit-il à sa femme quand il fut de retour au logis.

La rue Feydeau est, comme le savent les flâneurs, une de ces rues adorées des jeunes gens qui, faute d'une maîtresse, épousent tout le sexe. Au premier étage de la maison la plus bourgeoisement décente demeurait une de ces délicieuses créatures que le ciel se plaît à combler des beautés les plus rares, qui, ne pouvant être ni duchesses ni reines, parce qu'il y a beaucoup plus de jolies femmes que de titres et de trônes, se contentent d'un agent de change ou d'un banquier de qui elles font le bonheur à prix fixe. Cette bonne et belle fille, appelée Euphrasie, était l'objet de l'ambition d'un clerc de notaire démesurément ambitieux. En effet, le second clerc de maître Crottat, notaire, était amoureux de cette femme comme un jeune homme est amoureux à vingt-deux ans. Ce clerc aurait assassiné le pape et le sacré collège des cardinaux, afin de se procurer une misérable somme de sept louis, réclamée par Euphrasie pour un châle qui lui tournait la tête, et en échange duquel sa femme de chambre l'avait promise au clerc. L'amoureux allait et venait devant les fenêtres de madame Euphrasie, comme vont et viennent les ours blancs dans leur cage, au jardin des Plantes. Il avait sa main droite passée sous son gilet, sur le sein gauche, et voulait se déchirer le cœur, mais il n'en était encore qu'aux élastiques de ses bretelles.

— Que faire pour avoir dix mille francs? se disait-il, prendre la somme que je dois porter à l'enregistrement pour cet acte de vente. Mon Dieu ! mon emprunt ruinera-t-il l'acquéreur, un homme sept fois millionnaire? Eh bien! demain j'irai me jeter à ses pieds, je lui dirai : « Monsieur, je vous ai pris dix mille francs, j'ai vingt-deux ans et j'aime Euphrasie, voilà mon histoire. Mon père est riche, il vous remboursera, ne me perdez pas! N'avez-vous pas été vingt-deux ans et une rage d'amour? » Mais ces fichus propriétaires, ça n'a pas d'âme! Il est capable de me dénoncer au procureur du roi, au lieu de s'attendrir. Sacredieu! si l'on pouvait vendre son âme au diable! Mais il n'y a ni Dieu ni diable, c'est des bêtises, ça ne se voit que dans les livres bleus ou chez les vieilles femmes. Que faire?

— Si vous voulez vendre votre âme au diable, lui dit le peintre en bâtiment, devant qui le clerc avait laissé échapper quelques paroles, vous aurez dix mille francs.

— J'aurai donc Euphrasie! dit le clerc en topant au marché que lui proposa le diable sous la forme d'un peintre en bâtiment.

Le pacte consommé, l'enragé clerc alla chercher le châle, monta chez madame Euphrasie; et, comme il avait le diable au corps, il y resta douze jours sans en sortir, en dissipant tout son paradis, en ne songeant qu'à l'amour et à ses orgies au milieu desquelles se noyait le souvenir de l'enfer et de sa condition privilégiée.

L'énorme puissance conquise par la découverte de l'Irlandais, fils du révérend Maturin, se perdit ainsi.

Il fut impossible à quelques orientalistes, à des mystiques, à des archéologues occupés de ces choses, de constater historiquement la manière d'évoquer le démon. Voici pourquoi.

Le treizième jour de ses noces enragées, le pauvre clerc gisait sur son grabat, chez son patron, dans un grenier de la rue Saint-Honoré. La honte, cette stupide déesse qui n'ose se regarder, s'empara du jeune homme qui devint malade; il voulut se soigner lui-même, et se trompa de dose en prenant une drogue curative due au génie d'un homme bien connu sur les murs de Paris. Le clerc creva donc sous le poids du vif-argent, et son cadavre devint noir comme le dos d'une taupe. Un diable avait certainement passé par là, mais lequel? Etait-ce Astaroth?

— Cet estimable jeune homme a été emporté dans la planète de Mercure, dit le premier clerc à un démonologue allemand qui vint prendre des renseignements sur cette affaire.

— Je le croirais volontiers, répondit l'Allemand.

— Ah!

— Oui, monsieur, reprit l'Allemand, cette opinion s'accorde avec les propres paroles de Jacob Bœhm, en sa quarante-huitième proposition sur la TRIPLE VIE DE L'HOMME, où il est dit que, *si Dieu a opéré toutes choses par le FIAT, le FIAT est la secrète matrice qui comprend et saisit la nature que forme l'esprit né de Mercure et de Dieu.*

— Vous dites, monsieur?

L'Allemand répéta sa phrase.

— Nous ne connaissons pas, dirent les clercs.

— *Fiat?*... dit un clerc, *fiat lux!*

— Vous pouvez vous convaincre de la vérité de cette citation, reprit l'Allemand en lisant la phrase dans la page 75 du Traité de la TRIPLE VIE DE L'HOMME, imprimé en 1809 chez M. Migneret, et traduit par un philosophe, grand admirateur de l'illustre cordonnier.

— Ah! il était cordonnier, dit le premier clerc. Voyez-vous ça!

— En Prusse, reprit l'Allemand.

— Travaillait-il pour le roi? dit un béotien de second clerc.

— Il aurait dû mettre des béquets à ses phrases, dit le troisième clerc.

— Cet homme est pyramidal, s'écria le quatrième clerc en montrant l'Allemand.

Quoiqu'il fût un démonologue de première force, l'étranger ne savait pas quels mauvais diables sont les clercs; il s'en alla, ne comprenant rien à leurs plaisanteries, et convaincu que ces jeunes gens trouvaient Bœhm un génie pyramidal.

— Il y a de l'instruction en France, se dit-il.

Paris, 6 mai 1835.

FIN DE MELMOTH RÉCONCILIÉ.

Mais la main que Melmoth lui appuyait sur l'épaule... — PAGE 27.

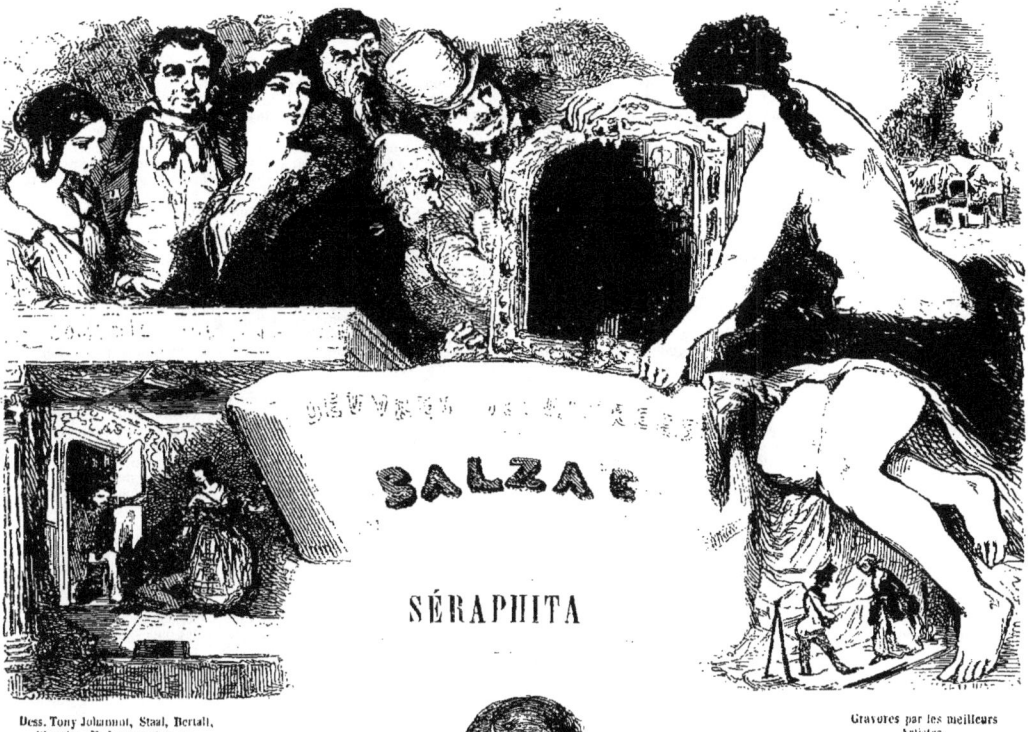

Dess. Tony Johannot, Staal, Bertall, Daumier, E. Lampsonius, etc.

Gravures par les meilleurs Artistes.

Séraphîta.

A
MADAME ÉVELINE DE HANSKA,
NÉE COMTESSE RZEWUSKA.

Madame, voici l'œuvre que vous m'avez demandée : je suis heureux, en vous la dédiant, de pouvoir vous donner un témoignage de la respectueuse affection que vous m'avez permis de vous porter. Si je suis accusé d'impuissance après avoir tenté d'arracher aux profondeurs de la mysticité ce livre qui, sous la transparence de notre belle langue, voulait les lumineuses poésies de l'Orient, à vous la faute ! Ne m'avez-vous pas ordonné cette lutte, semblable à celle de Jacob, en me disant que le plus imparfait dessin de cette figure par vous rêvée, comme elle le fut par moi dès l'enfance, serait encore pour vous quelque chose ? Le voici donc, ce quelque chose. Pourquoi cette œuvre ne peut-elle appartenir exclusivement à ces nobles esprits préservés, comme vous l'êtes, des petitesses mondaines par la solitude ? ceux-là sauraient y imprimer la mélodieuse mesure qui manque, et qui en aurait fait entre les mains d'un de nos poëtes la glorieuse épopée que la France attend encore. Ceux-là accepteront de moi comme une de ces balustrades sculptées par quelque artiste plein de foi, et sur lesquelles les pèlerins s'appuient pour méditer la fin de l'homme en contemplant le chœur d'une belle église.

Je suis avec respect, madame, votre dévoué serviteur,

De Balzac.

Paris, 23 août 1835.

I. — Séraphîtüs.

A voir sur une carte les côtes de la Norwége, quelle imagination ne serait émerveillée de leurs fantasques découpures, longue dentelle de granit où mugissent incessamment les flots de la mer du Nord ? Qui n'a rêvé les majestueux spectacles offerts par ces rivages sans grèves, par cette multitude de criques, d'anses, de petites baies dont aucune ne se ressemble, et qui toutes sont des abîmes sans chemins ? Ne dirait-on pas que la nature s'est plu à dessiner par d'ineffaçables hiéroglyphes le symbole de la vie norwégienne, en donnant à ces côtes la configuration des arêtes d'un immense poisson? car la pêche forme le principal commerce et fournit presque toute la nourriture de quelques hommes attachés comme une touffe de lichen à ces arides rochers. Là, sur quatorze degrés de longueur, à peine existe-t-il sept cent mille âmes. Grâce aux périls dénués de gloire, aux neiges constantes que respectent aux voyageurs ces pics de la Norwége, dont le nom donne froid déjà, leurs sublimes beautés sont restées vierges et s'harmonieront aux phénomènes humains, vierges encore pour la poésie du moins, qui s'y sont accomplis, et dont voici l'histoire.

Lorsqu'une de ces baies, simple fissure aux yeux des eiders, est assez ouverte pour que la mer ne gèle pas entièrement dans cette prison de pierre où elle se débat, les gens du pays nomment ce petit golfe un fiord, mot que presque tous les géographes ont essayé de naturaliser dans leurs langues respectives. Malgré la ressemblance qu'ont entre eux ces espèces de canaux, chacun a sa physionomie particulière : partout la mer est entrée dans leurs cassures, mais partout les rochers s'y sont diversement tendus, et leurs tumultueux précipices défient les termes bizarres de la géométrie : ici le roc s'est dentelé comme une scie, là ses tables trop droites ne souffrent ni le séjour de la neige ni les sublimes aigrettes des sapins du nord, plus loin, les commotions du globe ont arrondi quelque sinueuse coquette, belle vallée que meublent par étages des arbres au noir plumage. Vous seriez tenté de nommer ce pays la Suisse des mers. Entre Drontheim et Christiania, se trouve une de ces baies nommée le Stromfiord. Si le Stromfiord n'est pas le plus beau de ces paysages, il a du moins le mérite de résumer les grandeurs terrestres de la Norwége, et d'avoir servi de théâtre aux scènes d'une histoire vraiment céleste.

La forme générale du Stromfiord est, au premier aspect, celle d'un entonnoir ébréché par la mer. Le passage que les flots s'y ont ouvert présente à l'œil l'image d'une lutte entre l'Océan et le granit, deux créations également puissantes : l'une par son inertie, l'autre par sa mobilité. Pour preuves, quelques écueils de formes fantastiques en défendent l'entrée aux vaisseaux. Les intrépides enfants de la Norwége peuvent en, en quelques endroits, sauter d'un roc à un autre sans s'étonner d'un abîme profond de cent toises, large de six pieds. Tantôt un frêle et chancelant morceau de gneiss, jeté en travers, unit deux rochers. Tantôt les chasseurs ou les pêcheurs ont lancé des sapins, en guise de pont, pour joindre les deux quais taillés à pic au fond desquels gronde incessamment la mer. Ce dangereux goulet se dirige vers la droite par un mouvement de serpent, y rencontre une montagne élevée de trois cents toises, au-dessus du niveau de la mer, et dont les pieds forment un banc vertical d'une demi-lieue de longueur, où l'inflexible granit ne commence à se briser, à se crevasser, à s'onduler, qu'à deux cents pieds environ au-dessus des eaux. Entrant avec violence, la mer est donc repoussée avec une violence égale par la force d'inertie de la montagne vers les bords opposés auxquels les réactions du flot ont imprimé de douces courbures. Le fiord est fermé du fond par un bloc de gneiss couronné de forêts, d'où tombe en cascades une rivière qui, à la fonte des neiges, devient un fleuve, forme une nappe d'une immense étendue, s'échappe avec fracas en vomissant des vieux sapins et d'antiques mélèzes, aperçus à peine dans la chute des eaux. Vigoureusement plongés au fond du golfe, ces arbres reparaissent bientôt à la surface, s'y marient, et construisent des îlots qui vont échouer sur la rive gauche, où les habitants du petit village assis au bord du Stromfiord les retrouvent brisés, fracassés, quelquefois entiers, mais toujours nus, et sans branches. La montagne qui baigne le Stromfiord reçoit à ses pieds les assauts de la mer et à sa cime ceux des vents du nord, se nomme le Falberg. Elle, toujours enveloppée d'un manteau de neige et de glace, est la plus aigue de la Norwége, où le voisinage du pôle produit, à une hauteur de dix-huit cents pieds, un froid égal à celui qui règne sur les montagnes les plus élevées du globe. La cime de ce rocher, droite vers la mer, s'abaisse graduellement vers l'est, et se joint aux chutes de la Sieg par des vallées disposées en gradins sur lesquels le froid ne laisse venir que des bruyères et des arbres souffrants. La partie du fiord d'où s'échappent les eaux, sous les pieds de la forêt, s'appelle le Siegdalhen, mot qui pourrait être exprimé par le versant de la Sieg, nom de la rivière. La courbure qui fait face aux tables du Falberg a la vallée de Jarvis, joli paysage dominé par des collines chargées de sapins, de mélèzes, de bouleaux, de quelques chênes et de hêtres, la plus riche, la mieux colorée de toutes les tapisseries que la nature du nord a tendues sur ces âpres rochers. L'œil pouvait facilement y saisir la ligne où les terrains réchauffés par les rayons solaires commencent à souffrir la culture et laissent apparaître les végétations de la flore norwégienne. En cet endroit, le golfe est assez large pour que la mer, refoulée par le Falberg, vienne expirer en murmurant sur la dernière frange de ces collines, rive doucement bordée d'un sable fin, parsemée de mica, de paillettes, de jolis cailloux, de porphyres, de marbres aux mille nuances amenés de la Suède par les eaux de la rivière, et de débris marins, de coquillages fleuris de la mer que poussent les tempêtes, soit du pôle, soit du midi.

Au bas des montagnes de Jarvis se trouve le village composé de deux cents maisons de bois, où vit une population perdue là comme dans une forêt ces ruches d'abeilles qui, sans augmenter ni diminuer, végètent heureuses, en butinant leur vie au sein d'une sauvage nature. L'existence anonyme de ce village s'explique facilement. Peu d'hommes avaient la hardiesse de s'aventurer dans les récifs pour gagner les bords de la mer et s'y livrer à la pêche que font en grand les Norwégiens sur des côtes moins dangereuses. Les nombreux poissons du fiord suffisent en partie à la nourriture de ses habitants; les pâturages des vallées leur donnent du lait et du beurre, puis quelques terrains excellents leur permettent de récolter du seigle, du chanvre, des légumes, qu'ils savent défendre contre les rigueurs du froid et contre l'ardeur passagère, mais terrible, de leur soleil, avec l'habileté que déploie le Norwégien dans cette double lutte. Le défaut de communications, soit par terre, où les chemins sont impraticables, soit par mer, où de faibles barques peuvent seulement parvenir à travers les défilés maritimes du fiord, les empêche de s'enrichir en tirant parti de leurs bois. Il faudrait des sommes aussi énormes pour déblayer le chenal du golfe que pour s'ouvrir une voie dans l'intérieur des terres. Les routes de Christiania à Drontheim tournent toutes le Stromfiord, et passent la Sieg sur un pont situé à plusieurs lieues de sa chute ; la côte, entre la vallée de Jarvis et Drontheim, est garnie d'immenses forêts inabordables; enfin le Falberg se trouve également séparé de Christiania par d'inaccessibles précipices. Le village de Jarvis aurait peut-être pu communiquer avec la Norwége intérieure et la Suède par la Sieg, mais, pour être mis en rapport avec la civilisation, le Stromfiord voulait un homme de génie. Ce génie parut en effet : ce fut un poète, un Suédois religieux, qui mourut en admirant et respectant les beautés de ce pays, comme un des plus magnifiques ouvrages du Créateur.

Maintenant, les hommes que l'étude a doués de cette vue intérieure dont les véloces perceptions amènent tour à tour dans leur âme, comme sur une toile, les paysages les plus contrastants du globe, peuvent facilement embrasser l'ensemble du Stromfiord. Eux seuls, peut-être, sauront s'engager dans les tortueux récifs du goulet ou se débat la mer, fuir avec ses flots le long des tables éternelles du Falberg, dont les pyramides blanches se confondent avec les nuées brumeuses d'un ciel presque toujours gris de perle, admirer la jolie nappe échancrée du golfe, y entendre les chutes de la Sieg, qui pend en longs filets et tombe sur un abatis pittoresque de beaux arbres confusément épars, debout ou cachés parmi des fragments de gneiss ; puis, se reposer sur les riants tableaux que présentent les collines abaissées de Jarvis, d'où s'élancent les plus beaux végétaux du nord, par familles, par myriades : ici des bouleaux gracieux comme des jeunes filles, inclinés comme elles, là des colonnades de hêtres aux fûts centenaires et moussus, tous les contrastes des différents verts, de blanches nuées parmi les sapins noirs, des landes de bruyères pourprées et nuancées à l'infini, enfin toutes les couleurs, tous les parfums de cette flore aux merveilles ignorées. Étendez les proportions de ces amphithéâtres, élancez-vous dans les nuages, perdez-vous dans le creux des roches où reposent les chiens de mer, votre pensée n'atteindra ni à la richesse ni aux poésies de ce site norwégien? Votre pensée pourrait-elle être aussi grande que l'Océan, qui la borne, aussi capricieuse que les fantastiques figures des nuées par se forêts, ses nuages, ses ombres, et par les changements de sa lumière? Voyez-vous, au-dessus des prairies de la plage, sur le dernier pli de terrain qui s'ondule au bas des hautes collines de Jarvis, deux ou trois cents maisons couvertes en naever, espèce de couvertures faites avec l'écorce du bouleau, maisons toutes frêles, plates, et qui ressemblent à des vers à soie sur une feuille de mûrier jetée là par les vents? Au-dessus de ces humbles, de ces paisibles demeures, est une église construite avec une simplicité qui s'harmonie à la misère du village. Un cimetière entoure le chevet de cette église, et plus loin se trouve le presbytère. Encore plus haut sur la montagne est située une habitation, la seule qui soit en pierre, et que pour cette raison les habitants avaient nommée le château suédois. En effet, un homme riche vint de Suède, trente ans avant le jour où cette histoire commence, et s'établit à Jarvis, en s'efforçant d'en améliorer la fortune. Cette petite maison, construite dans le but d'engager les habitants à s'en bâtir de semblables, était remarquable par sa solidité, par un mur d'enceinte, chose rare en Norwége où, malgré l'abondance des pierres, l'on se sert de bois pour toutes les clôtures, même pour celles des champs. La maison, ainsi garantie contre les neiges, s'élevait sur un tertre, au milieu d'une cour immense. Les fenêtres en étaient abritées par ces auvents d'une saillie prodigieuse appuyés sur de grands sapins équarris qui donnent aux constructions du nord une espèce de physionomie patriarcale. De dessous, il était facile d'apercevoir les sauvages nudités du Falberg, de comparer l'infini de la pleine mer à la goutte d'eau du golfe écumeux, d'écouter les vastes épanchements de la Sieg, dont la nappe semblait de loin immobile en tombant dans sa coupe de granit bordée sur trois lieues de tour par les glaciers du nord, enfin tout le paysage où vont se passer les surnaturels et simples événements de cette histoire.

L'hiver de 1799 à 1800 fut un des plus rudes dont le souvenir ait été gardé par les Européens; la mer de Norwége se prit entièrement dans les bords, où la violence du ressac l'empêche ordinairement de geler. Un vent dont les effets ressemblaient à ceux du levantis espagnol avait balayé la glace du Stromfiord en repoussant les neiges vers le fond du golfe. Depuis longtemps il n'avait pas été permis aux gens de Jarvis de voir en hiver le vaste miroir des eaux réfléchissant les couleurs du ciel, spectacle curieux au sein de ces montagnes dont tous les accidents étaient nivelés sous les couches successives de la neige, et où les plus vives arêtes comme les plus creux ne formaient que de faibles plis dans l'immense tunique jetée par la nature sur ce paysage, alors tristement éclatant et monotone. Les longues nappes de la Sieg, subitement glacées, décrivaient une énorme avenue le long de laquelle les habitants auraient pu passer à l'abri des tourbillons, si quelques-uns d'entre eux eussent été assez hardis pour s'aventurer dans le pays. Mais les dangers de la moindre course retenaient au logis les plus intrépides chasseurs, qui craignaient de ne plus reconnaître sous la neige les étroits passages pratiqués au bord des précipices, des crevasses ou des versants. Aussi nulle créature n'animait-elle ce désert blanc où régnait la bise du pôle, seule voix qui résonnait en de rares moments. Le ciel, presque toujours gris-ac, donnait au fiord les teintes de l'acier bruni. Peut-être un vieil eider traversait-il parfois impunément l'espace à l'aide du chaud duvet sous lequel glissent les songes des riches. Qui, par moments, apparaissait comme un moribond jaloux d'attester sa vie? Souvent, lorsque de sombres nuées grises, chassées par escadrons à travers les montagnes et les sapins, cachaient le ciel sous de triples voiles, la terre, privée de lueurs célestes, s'éclairait par elle-même. Là donc se rencontraient toutes les majestés du froid éternellement assis sur le pôle, et dont le principal caractère est le royal silence au sein duquel vivent les monarchies absolues. Tout principe extrême porte en soi l'apparence d'une négation et les symptômes de la mort. La vie n'est-elle pas le combat de deux forces? Là, rien ne trahissait la vie. Une seule puissance, la force improductive de la glace, régnait sans contradiction. Le mugissement de la pleine mer agitée n'arrivait même pas dans le muet bassin, si bruyant durant les trois courtes saisons où la nature se hâte de produire les chétives récoltes nécessaires à la vie du peuple patient. Quelques hauts sapins élevaient leurs noires pyramides chargées de festons neigeux, et la forme de leurs rameaux à barbes inclinées complétait le deuil de ces cimes, où, d'ailleurs, ils se montraient comme des points bruns. Chaque famille restait au coin du feu, dans une maison soigneusement close, fournie de biscuit, de beurre fondu, de poisson sec, de provisions faites à l'avance pour les sept mois d'hiver. À peine voyait-on la fumée de ces habitations. Presque toutes sont ensevelies sous les neiges, contre le poids desquelles elles sont néanmoins préservées par de longues planches qui portent du toit et vont s'attacher à une grande distance sur de solides poteaux en formant un chemin couvert autour de la maison. Pendant ces terribles hivers, les femmes tissent et teignent les étoffes de laine ou de toile dont se font les vêtements, tandis que la plupart des hommes lisent ou se livrent à ces prodigieuses méditations, à ces extases profondes théories, les rêves mystiques du Nord, à ces croyances, à ces études si complètes sur un point de la science fouillé comme avec une sonde, mœurs à demi monastiques qui forcent l'âme à réagir sur elle-même, à y trouver sa nourriture et qui font du paysan norwégien un être à part dans la population européenne. Dans la première année du dix-neuvième siècle, et vers le milieu du mois de mai, tel était donc l'état du Stromfiord.

Par une matinée où le soleil éclatant au sein de ce paysage en y allumant les feux de tous les diamants éphémères produits par les cristallisations de la neige et des glaces, deux personnes passèrent sur le golfe, le traversèrent, et volèrent le long des bases du Falberg, vers le sommet duquel elles s'élevèrent de brise en brise. Était-ce deux créatures, était-ce deux flèches? Qui les eût vues à cette hauteur les aurait prises pour deux eiders cinglant de conserve à travers les nuées. Ni le pêcheur le plus superstitieux, ni le chasseur le plus intrépide n'eût attribué à des créatures humaines le pouvoir de se tenir le long des faibles lignes tracées sur les flancs du granit, où ce couple glissait néanmoins avec l'effrayante dextérité que possèdent les somnambules quand, ayant oublié toutes les conditions de leur pesanteur et les dangers de la moindre déviation, ils courent à part dans la population européenne. Dans la première année du touchée des toits en gardant leur équilibre sous l'empire d'une force inconnue.

— Arrête-moi, Séraphîtus, dit une pâle jeune fille, et laisse-moi respirer. Je n'ai voulu regarder que toi en côtoyant les murailles de ce gouffre; autrement, que serais-je devenue? Mais aussi ne suis-je qu'une bien faible créature. Te fatigué-je? — Non, dit l'être sur le bras de qui elle s'appuyait. Allons toujours, Minna! la place où nous sommes n'est pas assez solide pour nous y arrêter.

De nouveau, tous deux ils firent siffler sur la neige de longues planches attachées à leurs pieds, et parvinrent sur la première planchithe que le hasard offrit à la main posée sur le flanc de cet abîme. La personne que Minna nommait Séraphîtus s'appuya sur son talon droit pour relever la planche longue d'environ une toise, étroite comme un pied d'enfant, et qui était attachée à son brodequin par deux courroies en cuir de chien marin. Cette planche, épaisse de deux doigts, était doublée en peau de renne dont le poil, en se hérissant sur la neige, arrêta soudain Séraphîtus, il ramena son pied gauche dont le patin n'avait pas moins de deux toises de longueur, tourna lestement sur lui-même, vint saisir sa peureuse compagne, l'enleva malgré les longs patins qui armaient ses pieds, et l'assit sur un quartier de roche après en avoir chassé la neige avec sa pelisse.

— Ici, Minna, tu es en sûreté, tu pourras y trembler à ton aise. — Nous sommes déjà montés au tiers du *Bonnet de glace*, dit-elle en regardant le pic auquel elle donna le nom populaire sous lequel on le connaît en Norwége. Je ne le crois pas encore.

Mais, trop essoufflée pour parler davantage, elle sourit à Séraphîtus, qui, sans lui répondre, lui tenait la main sur le cœur, la tenait en écoutant de sonores palpitations aussi précipitées que celles d'un jeune oiseau surpris.

— Il bat souvent aussi vite sans que j'aie couru, dit-elle.

Séraphîtus inclina la tête sans dédain ni froideur. Malgré la grâce qui rendait ce mouvement presque suave, il n'en trahissait pas moins une négation qui, chez une femme, eût été d'une enivrante coquetterie. Séraphîtus pressa vivement la jeune fille. Minna prit cette caresse pour une réponse, et continua de le contempler. Au moment où Séraphîtus releva la tête en rejetant en arrière, par un geste presque impatient, les rouleaux dorés de sa chevelure, afin de se découvrir le front, il vit alors du bonheur dans les yeux de sa compagne.

— Oui, Minna, dit-il d'une voix dont l'accent tenait avait quelque chose de charmant chez un être encore adolescent, regarde-moi, n'abaisse pas la vue. — Pourquoi? — Tu veux le savoir, essaye.

Minna jeta vivement un regard à ses pieds, et cria soudain comme un enfant qui aurait rencontré un tigre. L'horrible sentiment des abîmes l'avait envahie, et ce seul coup d'œil avait suffi pour lui en communiquer la contagion. Le fiord, jaloux de sa pâture, avait une grande voix par laquelle il grondait en murmurant à ses oreilles, comme pour la dévorer plus sûrement en s'interposant entre elle et la vie. Puis, de ses cheveux à ses pieds, le long du dos, lui tomba un frisson glacial d'abord, mais qui bientôt lui versa dans les nerfs une insupportable chaleur, lui battit dans les veines, et brisa toutes ses extrémités par des atteintes électriques semblables à celles que cause le contact de la torpille. Trop faible pour résister, elle se sentait attirée par une force inconnue en bas de cette table, où elle croyait voir quelque monstre qui lui lançait son venin, un monstre dont les yeux la charmaient, dont la gueule ouverte semblait broyer sa proie par avance.

— Je meurs, mon Séraphîtus, aimé que toi, dit-elle en faisant un mouvement machinal pour se précipiter.

Séraphîtus lui souffla doucement sur le front et sur les yeux. Tout à coup, semblable au voyageur détendu après un bain, Minna n'eut plus que la mémoire de ces vives douleurs, déjà dissipées par cette haleine caressante qui pénétra son corps et l'inonda de balsamiques effluves, aussi rapidement que le souffle avait traversé l'air.

— Qui donc es-tu? reprit-elle avec un sentiment de douce terreur. Mais je le sais, tu es ma vie. — Comment peux-tu regarder ce gouffre sans mourir? reprit-elle après une pause.

Séraphîtus laissa Minna cramponnée au granit, et, comme eût fait une ombre, il alla se poser sur le bord de la table, d'où ses yeux plongèrent au fond du fiord en défiant l'éblouissante profondeur, son corps ne vacilla point, son front resta blanc et impassible comme celui d'une statue de marbre : abîme contre abîme.

— Séraphîtus, si tu m'aimes, reviens! cria la jeune fille. Ton danger me rend folle. Qui donc es-tu pour avoir cette force surhumaine à ton âge? lui demanda-t-elle en se sentant de nouveau dans ses bras. — Mais, répondit Séraphîtus, tu regardes sans peur des espaces encore plus immenses.

Et, de son doigt levé, cet être singulier lui montra l'auréole bleue que les nuages dessinaient en laissant un espace clair au-dessus de leurs têtes, et dans lequel les étoiles se voyaient pendant le jour en vertu de lois atmosphériques encore plus inexpliquées.

— Quelle différence! dit-elle en souriant. — Tu as raison, répondit-il, nous sommes nés pour tendre au ciel. La patrie, comme le visage d'une mère, n'effraye jamais un enfant.

Sa voix vibra dans les entrailles de sa compagne devenue muette.

— Allons, viens, reprit-il.

Tous deux ils s'élancèrent sur les faibles sentiers tracés le long de la montagne, et y dévorèrent les distances, et volant d'étage en étage, de ligne en ligne, avec la rapidité dont est doué le cheval arabe, cet oiseau du désert. En quelques moments, ils atteignirent un tapis d'herbes, de mousses et de fleurs, sur lequel personne ne s'était encore assis.

— Le joli *sœler!* dit Minna en donnant à cette prairie son véritable nom; mais comment se trouve-t-il à cette hauteur? — Là cessent, il est vrai, les végétations de la flore norwégienne, dit Séraphîtus; mais, s'il se rencontre ici quelques herbes et des fleurs, elles sont dues à ce rocher qui les garantit contre le froid du pôle. Mets cette touffe dans ton sein, Minna, dit-il en arrachant une fleur, prends cette suave création qu'aucun œil humain n'a vue encore, et garde cette fleur unique comme un souvenir de cette matinée unique dans ta vie! Tu ne trouveras plus de guide pour te mener à ce sœler.

Il lui donna soudain une plante hybride que ses yeux d'aigle lui avaient fait apercevoir parmi des silex acaulis et des saxifrages, véritable merveille éclose sous le souffle des anges. Minna saisit avec un empressement enfantin la touffe d'un vert transparent et brillant comme celui de l'émeraude, formée par de petites feuilles roulées en cornet, d'un brun clair au fond, mais qui, de teinte en teinte, devenaient vertes à leurs pointes partagées en découpures d'une délicatesse infinie. Ces feuilles étaient si pressées, qu'elles semblaient se confondre, et produisaient une foule de jolies rosaces. Çà et là, sur ce tapis, s'élevaient des étoiles blanches, bordées d'un filet d'or, du sein desquelles sortaient des anthères pourprées, sans pistil. Une odeur qui tenait à la fois de celle des roses et des calices de l'oranger, mais fugitive et sauvage, achevait de donner je ne sais quoi de céleste à cette fleur mystérieuse que Séraphîtus contemplait avec mélancolie, comme si la senteur lui en eût exprimé de plaintives idées que, lui seul! il comprenait. Mais à Minna, ce phénomène mou parut être un caprice par lequel la nature s'était plu à douer quelques pierreries de la fraîcheur, de la mollesse et du parfum des plantes.

— Pourquoi serait-elle unique? Elle ne se reproduira donc plus? dit la jeune fille à Séraphîtus, qui rougit et changea brusquement de conversation. — Asseyons-nous, retourne-toi, vois! A cette hauteur, peut-être ne trembleras-tu point? Les abîmes sont assez profonds pour que tu n'en distingues plus la profondeur, ils ont acquis la perspective unie de la mer, la vague des nuages, la couleur du ciel, la glace du fiord est une assez jolie turquoise; tu n'aperçois les forêts de sapins que comme de légères lignes de bistre; pour vous, les abîmes doivent être parés ainsi.

Séraphîtus jeta ces paroles avec cette onction dans l'accent et le geste connue seulement de ceux qui sont parvenus au sommet des hautes montagnes du globe, et contractée si involontairement, que le maître le plus orgueilleux se trouve obligé de traiter son guide en frère, on ne s'en croit le supérieur qu'en s'abaissant vers les vallées où demeurent les hommes. Il défaisait les patins de Minna, aux pieds de laquelle il s'était agenouillé. L'enfant ne s'en apercevait pas, tant elle s'émerveillait du spectacle imposant que présente la vue de la Norwége, dont les longs rochers pouvaient être embrassés d'un seul coup d'œil, tant elle était émue par la solennelle permanence de ces cimes froides, et que les paroles ne sauraient exprimer.

— Nous ne sommes pas venus ici par la seule force humaine, dit-elle en joignant les mains; je rêve sans doute. Vous appelez surnaturels les faits dont les causes vous échappent, répondit-il. Tes réponses, dit-elle, sont toujours empreintes de je ne sais quelle profondeur. Près de toi, je comprends tout sans effort. Ah! je suis libre.

— Tu n'as plus les patins, voilà tout. — Oh! dit-elle, moi qui aurais voulu délier les liens en te baisant les pieds. — Garde ces paroles pour Wilfrid, répondit doucement Séraphîtus. — Wilfrid! répéta Minna d'un ton de colère qui s'apaisa dès qu'elle eut regardé son compagnon. Tu m'emportes jamais, toi, dit-elle en essayant, mais en vain, de lui prendre la main, tu es en toute chose d'une perfection désespérante. J'en conclus alors que je suis insensible.

Minna fut effrayée d'un regard si lucidement jeté dans sa pensée.

— Tu me prouves que nous nous entendons, répondit-elle avec la grâce de la femme qui aime.

Séraphîtus agita mollement la tête en lui lançant un regard à la fois triste et doux.

— Toi qui sais tout, reprit Minna, dis-moi pourquoi la timidité que je ressentais là-bas, près de toi, s'est dissipée en montant ici! Pourquoi j'ose te regarder pour la première fois en face, tandis que là-bas à peine osé-je te voir à la dérobée. — Ici peut-être avons-nous dépouillé les petitesses de la terre, répondit-il en défaisant sa pelisse.

— Jamais tu n'as été si beau, dit Minna en s'asseyant sur une roche mousseuse et s'abîmant dans la contemplation de l'être qui l'avait conduite sur une partie du pic qui de loin semblait inaccessible.

Jamais, à la vérité, Séraphîtus n'avait brillé d'un si vif éclat, seule expression qui rende l'animation de son visage et l'aspect de sa personne. Cette splendeur était-elle due à la nitescence que donnent au teint l'air pur des montagnes et le reflet des neiges? était-elle produite par le mouvement intérieur qui surexcite le corps à l'instant où il se repose d'une longue agitation? provenait-elle du contraste subit entre la clarté d'or projetée par le soleil et l'obscurité des nuées à travers lesquelles ce joli couple avait passé? peut-être à ces causes faudrait-il encore ajouter les effets d'un des plus beaux phénomènes que puisse offrir la nature humaine. Si quelque habile physiologiste eût examiné cette creature, qui dans ce moment, à voir la fierté de son front et l'éclat de ses yeux, paraissait être un jeune homme de dix-sept ans; s'il eût cherché les ressorts de cette florissante vie sous le tissu le plus blanc que jamais le Nord ait fait à l'un de ses enfants. il aurait cru sans doute à l'existence d'un fluide phosphorique en des nerfs qui semblaient reluire sous l'épiderme, ou à la constante présence d'une lumière intérieure qui colorait Séraphîtus à la manière de ces lueurs contenues dans une coupe d'albâtre. Quelque mollement effilées que fussent ses mains, qu'il avait dégantées pour délier les patins de Minna, elles paraissaient avoir une force égale à celle que le Créateur a mise dans les diaphanes attaches du crabe. Les feux jaillissants de son regard d'or luttaient évidemment avec les rayons du soleil, et il semblait ne pas en recevoir, mais lui donner de la lumière. Son corps, mince et grêle comme celui d'une femme, attestait une de ces natures faibles en apparence, mais dont la puissance égale toujours le désir, et qui sont fortes à temps. De taille ordinaire, Séraphîtus se grandissait en présentant son front, comme s'il eût voulu s'élancer. Ses cheveux, bouclés par la main d'une fée, et comme soulevés par un souffle, ajoutaient à l'illusion que produisait son attitude aérienne; mais ce maintien dénué d'efforts résultait plus d'un phénomène moral que d'une habitude corporelle. L'imagination de Minna était complice de cette constante hallucination sous l'empire de laquelle chacun serait tombé, et qui prêtait à Séraphîtus l'apparence des figures rêvées dans un heureux sommeil. Nul type connu ne pourrait donner une image de cette figure majestueusement mâle pour Minna, mais qui, aux yeux d'un homme, eût éclipsé les plus gracieuses des plus belles têtes dues à Raphaël. Ce peintre des cieux a constamment mis une sorte de joie tranquille, une amoureuse suavité dans les lignes de ses beautés angéliques; mais, à moins de contempler Séraphîtus lui-même, quelle âme inventerait la tristesse mêlée d'espérance qui voilait à demi les sentiments ineffables empreints dans ses traits? Qui saurait, même dans les fantaisies d'artiste où tout devient possible, voir les ombres que jetait une mystérieuse terreur sur ce front trop intelligent et qui semblait interroger les cieux et toujours plaindre la terre? Cette tête planait avec dédain comme un sublime oiseau de proie dont les cris troublent l'air, et se résignait comme la tourterelle dont la voix verse la tendresse au fond des bois silencieux. Le teint de Séraphîtus était d'une blancheur surprenante que faisaient encore ressortir les lèvres rouges, les sourcils bruns et les cils soyeux, seuls traits qui tranchassent sur la pâleur d'un visage dont la parfaite régularité ne nuisait en rien à l'éclat des sentiments: ils s'y reflétaient sans secousse ni violence, mais avec cette majestueuse et naturelle gravité que nous aimons à prêter aux êtres supérieurs. Tout, dans cette figure marmoréenne, exprimait la force et le repos. Minna se leva pour prendre la main de Séraphîtus, en espérant ainsi qu'elle pourrait l'attirer à elle, et déposer sur ce front séducteur un baiser arraché plus à l'admiration qu'à l'amour; mais un regard du jeune homme, regard qui la pénétra comme un rayon de soleil traverse le prisme, glaça la pauvre fille. Elle sentit, sans le comprendre, un abîme entre eux, détourna la tête et pleura. Tout à coup une main puissante la saisit par la taille, une voix pleine de suavité lui dit: — Viens. Elle obéit, posa sa tête soudain rafraîchie sur le cœur du jeune homme, qui, réglant son pas sur le sien, douce et attentive conformité, la mena vers une place d'où ils purent voir les radieuses décorations de la nature polaire.

— Avant de regarder et de l'écouter, dis-moi, Séraphîtus, pourquoi tu me repousses? T'ai-je déplu? comment? dis. Je voudrais ne rien avoir à moi, je voudrais que mes richesses terrestres fussent à toi, comme à toi sont déjà les richesses de mon cœur; que la lumière ne me vînt que par les yeux, comme ma pensée dérive de ta pensée, je ne craindrais plus de t'offenser en te renvoyant ainsi les reflets de ton âme, les mots de ton cœur, le jour de ton jour, comme nous renvoyons à Dieu les contemplations dont il nourrit nos esprits. Je voudrais être tout à toi. — Eh bien! Minna, un désir constant est une promesse que nous fait l'avenir. Espère! Mais, si tu veux être pure, mêle toujours l'idée du Tout-Puissant aux affections d'ici-bas, tu aimeras alors toutes les créatures, et ton cœur ira bien haut. — Je ferai tout ce que tu voudras, répondit-elle en levant les yeux sur lui par un mouvement timide. — Je ne saurais être ton compagnon, dit Séraphîtus avec tristesse.

Il réprima quelques pensées, étendit les bras vers Christiania, qui se voyait comme un point à l'horizon, et dit: — Vois! — Nous sommes bien petits, répondit-elle. — Oui, mais nous devenons grands par le sentiment et par l'intelligence, reprit Séraphîtus. A nous seuls, Minna, commence la connaissance des choses; le peu que nous apprenons des lois du monde visible nous fait découvrir l'immensité des mondes supérieurs. Je ne sais s'il est temps de te parler ainsi, mais je voudrais tant te communiquer la flamme de mes espérances! Peut-être serions-nous un jour ensemble, dans le monde où l'amour ne périt pas. — Pourquoi pas maintenant et toujours? dit-elle en murmurant. — Rien n'est stable ici, reprit-il dédaigneusement. Ces passagères félicités des amours terrestres sont des lueurs qui trahissent à certaines âmes l'aurore de félicités plus durables, de même que la découverte d'une loi de la nature en fait supposer, à quelques êtres privilégiés, le système entier. Notre fragile bonheur d'ici-bas n'est-il donc point l'attestation d'un autre bonheur complet, comme la terre, fragment du monde, atteste le monde? Nous ne pouvons mesurer l'orbite immense de la pensée divine, de laquelle nous ne sommes qu'une parcelle aussi petite que Dieu est grand, mais nous pouvons en pressentir l'étendue, nous agenouiller, adorer, attendre. Les hommes se trompent toujours dans leurs sciences, en ne voyant pas que tout sur leur globe, est relatif et s'y coordonne à une révolution générale à une production constante qui nécessairement entraîne un progrès et une fin. L'homme lui-même n'est pas une création finie, sans quoi Dieu ne serait pas ! — Comment as-tu trouvé le temps d'apprendre tant de choses, dit la jeune fille. — Je me souviens, répondit-il. — Tu me sembles plus beau que tout ce que je vois. — Nous sommes un des plus grands ouvrages de Dieu. Ne nous a-t-il pas donné la faculté de réfléchir la nature, de la concentrer en nous par la pensée, et de nous en faire un marchepied pour nous élancer vers lui? Nous nous aimons en raison du plus ou du moins de ciel que contiennent nos âmes. Mais ne sois pas injuste, Minna, vois le spectacle qui s'étale à tes pieds, n'est-il pas grand? A tes pieds, l'Océan se déroule comme un tapis, les montagnes sont comme les murs d'un cirque, l'éther est au-dessus, comme le voile arrondi de ce théâtre, et d'ici l'on respire les pensées de Dieu comme un parfum. Vois ! les tempêtes qui brisent des vaisseaux chargés d'hommes ne nous semblent ici que de faibles bouillonnements, et, si tu lèves la tête au-dessus de nous, tout est bleu. Voici comme un diadème d'étoiles. Ici disparaissent les nuances des expressions terrestres. Appuyée sur cette nature subtilisée par l'espace, ne sens-tu point en toi plus de profondeur que d'esprit? n'as-tu pas plus de grandeur que d'enthousiasme, plus d'énergie que de volonté? n'éprouves-tu pas des sensations dont l'interprète n'est plus en nous? Ne te sens-tu pas les ailes? Prions.

Séraphîtüs plia le genou, se posa les mains en croix sur le sein, et Minna tomba sur ses genoux en pleurant. Ils restèrent ainsi pendant quelques instants, pendant quelques instants l'auréole bleue qui s'agitait dans les cieux au-dessus de leurs têtes s'agrandit, et de lumineux rayons les enveloppèrent à leur insu.

— Pourquoi ne pleures-tu pas quand je pleure? lui dit Minna d'une voix entrecoupée. — Ceux qui sont tout esprit ne pleurent pas, répondit Séraphîtüs en se levant. Comment pleurerais-je? Je ne vois plus les misères humaines. Ici, le bien éclate dans toute sa majesté ; en bas, j'entends les supplications et les angoisses de la harpe des douleurs qui vibre sous les mains de l'esprit captif. D'ici, j'écoute le concert des harpes harmonieuses. En bas, vous avez l'espérance, ce beau commencement de la foi ; mais ici règne la foi, qui est l'espérance réalisée ! — Tu ne m'aimeras jamais, je suis trop imparfaite, tu me dédaignes, ô jeune fille. — Minna, la violette cachée au pied du chêne se dit : « Le soleil ne m'aime pas, il ne vient pas. » Le soleil se dit : « Si je l'éclairais, elle périrait, cette pauvre fleur ! » Ami de la fleur, il glisse ses rayons à travers les feuilles de chêne, et les affaiblit pour colorer le calice de sa bien-aimée. Je ne me trouve pas assez de voiles, et crains que tu ne me voies encore trop ; tu frémirais si tu me connaissais mieux. Écoute, je suis sans goût pour les fruits de la terre, vos joies, je les sais trop vives, et quand ces empereurs débauchés de la Rome profane, je suis arrivé au dégoût de toutes choses, car j'ai reçu le don de vision. Abandonne-moi, dit douloureusement Séraphîtüs.

Puis il alla se poser sur un quartier de roche, en laissant tomber sa tête sur son sein.

— Pourquoi me désespères-tu donc ainsi? lui dit Minna. — Va-t'en ! s'écria Séraphîtüs, je n'ai rien de ce que tu veux de moi. Ton amour est trop grossier pour moi. Pourquoi n'aimes-tu pas Wilfrid? Wilfrid est un homme, un homme éprouvé par les passions, qui saura te serrer dans ses bras nerveux, qui te fera sentir une main large et forte. Il a de beaux cheveux noirs, des yeux pleins de pensées humaines, un cœur qui verse des torrents de lave dans les mots que sa bouche prononce. Il te brisera de caresses. Ce sera ton bien-aimé, ton époux. A toi Wilfrid.

Minna pleurait à chaudes larmes.

— Oses-tu dire que tu ne m'aimes pas ! dit-il d'une voix qui entrait dans le cœur comme un poignard. — Grâce, grâce, mon Séraphîtüs ! — Aime-le, pauvre enfant de la terre à qui ta destinée te cloue invinciblement, dit le terrible Séraphîtüs en s'emparant de Minna par un geste qui la força de venir au bord du rocher d'où la scène était si étendue, qu'une jeune fille pleine d'enthousiasme pouvait facilement se croire au-dessus du monde. Je souhaitais un compagnon pour aller dans le royaume de lumière, j'ai voulu te montrer ce morceau de boue, et t'y vois encore attachée. Adieu. Reste-y, jouis par les sens, obéis à la nature, pâlis avec les hommes pâles, rougis avec les femmes, joue avec les enfants, prie avec les coupables, lève les yeux vers le ciel dans tes douleurs, tremble, espère, palpite ; tu auras un compagnon, tu pourras encore rire et pleurer, donner et recevoir. Moi, je suis comme un proscrit, loin du ciel ; et comme un monstre

loin de la terre. Mon cœur ne palpite plus, je ne vis que par moi et pour moi. Je sens par l'esprit, je respire par le front, je bois par la pensée, je meurs d'impatience et de désirs. Personne ici bas n'a le pouvoir d'exaucer mes souhaits, de calmer mon impatience, et j'ai désappris à pleurer. Je suis seul. Je me résigne et j'attends.

Séraphîtüs regarda le tertre plein de fleurs sur lequel il avait placé Minna, puis il se tourna du côté des monts sourcilleux dont les pitons étaient couverts de nuées épaisses dans lesquelles il jeta le reste de ses pensées.

— N'entendez-vous pas un délicieux concert, Minna ? reprit-il de sa voix de tourterelle, car l'aigle avait assez crié. Ne dirait-on pas la musique des harpes éoliennes que vos poètes mettent au sein des forêts et des montagnes ? Voyez-vous les indistinctes figures qui passent dans ces nuages ? apercevez-vous les pieds ailés de ceux qui préparent les décorations du ciel ? Ces accents rafraîchissent l'âme ; le ciel va bientôt laisser tomber les fleurs du printemps, une lueur s'est élancée du pôle. Fuyons, il est temps.

En un moment, les patins furent rattachés, et tous deux descendirent le Falberg par les pentes rapides qui l'unissaient aux vallées de la Sieg. Une intelligence miraculeuse présidait à leur course, ou pour mieux dire, à leur vol. Quand une crevasse couverte de neige se rencontrait, Séraphîtüs saisissait Minna et s'élançait, par un mouvement rapide, sans peser sur le fiord, abandonnant la fragile couche qui couvrait un abîme. Souvent, en poussant sa compagne, il faisait une légère déviation pour éviter un précipice, un arbre, un quartier de roche qu'il semblait voir sous la neige, comme certains marins habitués à l'Océan en devinent les écueils à la couleur, au remous, au gisement des eaux. Quand ils atteignirent les chemins du Siegdalhen et qu'il leur fut permis de voyager presque sans crainte en ligne droite pour regagner la glace du Stromfiord, Séraphîtüs arrêta Minna. — Tu ne me dis plus rien, demanda-t-il. — Je croyais, répondit respectueusement la jeune fille, que vous vouliez penser tout seul. — Hâtons-nous, ma Minette, la nuit va venir, reprit-il.

Minna tressaillit en entendant la voix, pour ainsi dire nouvelle, de son guide ; voix pure comme celle d'une jeune fille et qui dissipa les lueurs fantastiques du songe à travers lequel jusqu'alors elle avait marché. Séraphîtüs commençait à laisser sa force mâle et à dépouiller ses regards de leur trop vive intelligence. Bientôt ces deux jolies créatures cinglèrent sur le fiord, atteignirent la prairie de neige qui se trouvait entre la rive du golfe et la première rangée des maisons de Jarvis, puis, pressées par la chute du jour, elles s'élancèrent en montant vers le presbytère, comme si elles eussent gravi les rampes d'un immense escalier.

— Mon père doit être inquiet, dit Minna. — Non, répondit Séraphîtüs.

En ce moment, le couple était devant le porche de l'humble demeure où M. Becker, le pasteur de Jarvis, lisait en attendant sa fille pour le repas du soir.

— Cher monsieur Becker, dit Séraphîtüs, je vous ramène Minna saine et sauve. — Merci, mademoiselle, répondit le vieillard en posant ses lunettes sur le livre. Vous devez être fatiguée. — Nullement, dit Minna, qui reçut en ce moment sur le front le souffle de sa compagne. — Ma petite, voulez-vous après-demain soir venir chez moi prendre du thé ? — Volontiers, chère. — Monsieur Becker, vous me l'amènerez. — Oui, mademoiselle.

Séraphîtüs inclina la tête par un geste coquet, salua le vieillard, partit, et en quelques instants arriva dans la cour du château suédois. Un serviteur octogénaire apparut sous l'immense auvent en tenant une lanterne. Séraphîtüs quitta ses patins avec la dextérité gracieuse d'une femme, s'élança dans le salon du château, tomba sur un grand divan couvert de pelleteries, et s'y coucha.

— Qu'allez-vous prendre ? lui dit le vieillard en allumant les bougies démesurément longues dont on se sert en Norwége. — Rien, David, je suis trop lasse.

Séraphîtüs défit sa pelisse fourrée de martre, s'y roula et dormit. Le vieux serviteur resta pendant quelques moments debout à contempler avec amour l'être singulier qui reposait sous ses yeux, et dont le genre eût été difficilement défini par qui que soit, même par les savants. A le voir ainsi posé, enveloppé de son vêtement habituel, qui ressemblait autant au peignoir de femme qu'à un manteau d'homme, il était impossible de ne pas attribuer à une jeune fille les pieds nus qu'il laissait pendre, comme pour montrer la délicatesse avec laquelle la nature les avait attachés ; mais son front, mais le profil de sa tête, eussent semblé l'expression de la force humaine arrivée à son plus haut degré.

— Elle souffre et ne veut pas me le dire, pensa le vieillard, elle se meurt comme une fleur frappée par un rayon de soleil trop vif.

Et il pleura, le vieil homme.

II — Séraphita

Pendant la soirée, David rentra dans le salon.
— Je sais que vous m'annoncez, lui dit Séraphita d'une voix endormie. Wilfrid peut entrer.

En entendant ces mots, un homme se présenta soudain, et vint s'asseoir auprès d'elle.
— Ma chère Séraphîta, souffrez-vous? Je vous trouve plus pâle que de coutume.

Elle se tourna lentement vers lui, après avoir chassé ses cheveux en arrière comme une jolie femme qui, accablée par la migraine, n'a plus la force de se plaindre.

— J'ai fait, dit-elle, la folie de traverser le fiord avec Minna ; nous avons monté sur le Falberg. — Vous vouliez donc vous tuer? dit-il avec l'effroi d'un amant. — N'ayez pas peur, bon Wilfrid, j'ai eu bien soin de votre Minna.

Wilfrid frappa violemment de sa main la table, se leva, fit quelques pas vers la porte en laissant échapper une exclamation pleine de douleur, puis il revint et voulut exprimer une plainte. — Pourquoi ce tapage, si vous croyez que je souffre? dit Séraphîta. — Pardon, grâce! répondit-il en s'agenouillant. Parlez-moi durement, exigez de moi tout ce que vos cruelles fantaisies de femme vous feront imaginer de plus cruel à supporter, mais, ma bien-aimée, ne mettez pas en doute mon amour. Vous prenez Minna comme une hache, et m'en frappez à coups redoublés. Grâce! — Pourquoi me dire de telles paroles, mon ami, quand vous le savez inutiles? répondit-elle en lui jetant des regards qui finissaient par devenir si doux, que Wilfrid ne voyait plus les yeux de Séraphîta, mais une fluide lumière dont les tremblements ressemblaient aux dernières vibrations d'un chant plein de mollesse italienne. — Ah ! l'on ne meurt pas d'angoisse, dit-il. — Vous souffrez! reprit-elle d'une voix dont les émanations produisaient au cœur de cet homme un effet semblable à celui des regards. Que puis-je pour vous? — Aimez-moi comme je vous aime. — Pauvre Minna! répond-t-elle. — Je n'apporte jamais d'armes! cria Wilfrid. — Vous êtes d'une humeur massacrante, lui dit en souriant Séraphîta. N'ai-je pas bien dit ces mots comme ces Parisiennes de qui vous me racontez les amours?

Wilfrid s'assit, se croisa les bras, et contempla Séraphîta d'un air sombre.

— Je vous pardonne, dit-il, car vous ne savez ce que vous faites. — Oh ! reprit-elle, une femme, depuis Ève, a toujours fait sciemment le bien et le mal. — Je le crois, dit-il. — J'en suis sûre, Wilfrid. Notre instinct est précisément ce qui nous rend si parfaites. Ce que vous apprenez, vous autres, nous le sentons, nous. — Pourquoi ne sentez-vous pas alors combien je vous aime? — Parce que vous ne m'aimez pas. — Grand Dieu ! — Pourquoi donc vous plaignez-vous de vos angoisses? demanda-t-elle. — Vous êtes terrible ce soir, Séraphîta. Vous êtes un vrai démon. — Non, je suis douée de la faculté de comprendre, et la douleur, Wilfrid, est une lumière qui nous éclaire la vie. — Pourquoi donc allez-vous sur le Falberg? — Minna vous le dira, je ne suis trop lasse pour parler. À vous la parole, à vous qui savez tout, qui avez tout appris et n'avez rien oublié, vous qui avez passé par tant d'épreuves sociales. Amusez-moi, j'écoute. — Que vous dirai-je que vous ne sachiez? D'ailleurs votre demande est une raillerie. Vous n'admettez rien du monde, vous en brisez les nomenclatures, vous en foudroyez les lois, les mœurs les sentiments, les sciences, en les réduisant aux proportions que ces choses contractent quand on se pose en dehors du globe. — Vous voyez bien, mon ami, que je ne suis pas une femme. Vous avez tort de m'aimer. Quoi ! je quitte les régions éthérées de ma prétendue force, je me fais humblement petite, je me courbe à la manière des pauvres femelles de toutes les espèces, et vous me rehaussez aussitôt ! Enfin je suis en pièces, brisée, je vous demande du secours, j'ai besoin de votre bras, et vous me repoussez. Nous ne nous entendons pas. — Vous êtes ce soir plus méchante que je ne vous ai jamais vue. — Méchante? dit-elle en lui lançant un regard qui toudait tous les sentiments en une sensation céleste. Non, je suis souffrante, voilà tout. Alors quittez-moi, mon ami. N'est-ce pas user de vos droits d'homme? Nous devons toujours vous plaire, vous délasser, être toujours gaies, et n'avoir que les caprices qui vous amusent. Que dois-je faire, mon ami ? Voulez-vous que je chante, que je danse, quand la fatigue m'ôte l'usage de la voix et des jambes? Messieurs, fussions-nous à l'agonie, nous devons encore vous sourire ! Vous appelez cela, je crois, régner. Les pauvres femmes ! je les plains. Dites-moi, vous les abandonnez quand elles vieillissent, elles n'ont donc ni cœur ni âme? Eh bien ! j'ai plus de cent ans, Wilfrid, allez-vous-en, allez aux pieds de Minna. — Oh ! mon éternel amour ! — Savez-vous ce que c'est que l'éternité? Taisez-vous, Wilfrid. Vous me désirez et vous ne m'aimez pas. Dites-moi, ne vous rappelé-je pas bien quelque femme coquette? — Oh ! certes, je ne reconnais plus en vous la pure et céleste jeune fille que j'ai vue pour la première fois dans l'église de Jarvis.

À ces mots, Séraphîta se passa les mains sur le front, et quand elle se dégagea la figure, Wilfrid fut étonné de la religieuse et sainte expression qui s'y était répandue.

— Vous avez raison, mon ami. J'ai toujours tort de mettre les pieds sur votre terre. — Oui, chère Séraphîta, soyez mon étoile, et ne quittez pas la place d'où vous répandez sur moi de si vives lumières.

En achevant ces mots, il avança la main pour prendre celle de la jeune fille, qui la lui retira sans dédain ni colère. Wilfrid se leva brusquement, et s'alla placer près de la fenêtre, vers laquelle il se tourna pour ne pas laisser voir à Séraphîta quelques larmes qui lui roulèrent dans les yeux.

— Pourquoi pleurez-vous? lui dit-elle. Vous n'êtes plus un enfant, Wilfrid. Allons, revenez près de moi, je le veux. Vous me boudez quand je devrais me fâcher. Vous voyez que je suis souffrante, et vous me forcez, je ne sais par quels doutes, de penser, de parler, ou de partager des caprices et des idées qui me lassent. Si vous aviez l'intelligence de ma nature, vous m'auriez fait de la musique, vous auriez endormi mes ennuis; mais vous m'aimez pour vous et non pour moi.

L'orage qui bouleversait le cœur de Wilfrid fut soudain calmé par ces paroles, il se rapprocha lentement pour mieux contempler la séduisante créature qui gisait étendue à ses yeux, mollement couchée, la tête appuyée sur sa main et accoudée dans une pose décevante.

— Vous croyez que je ne vous aime point, reprit-elle, vous vous trompez. Écoutez-moi, Wilfrid. Vous commencez à savoir beaucoup, vous avez beaucoup souffert. Laissez-moi vous expliquer votre pensée. Vous vouliez ma main. Elle se leva sur son sein, et ses jolis mouvements semblaient jeter des lueurs. Une jeune fille qui se laisse prendre la main ne fait-elle pas une promesse, et ne doit-elle pas l'accomplir? Vous savez que je ne puis être à vous. Deux sentiments dominent les amours qui séduisent les femmes de la terre. Ou elles se dévouent à des êtres souffrants, dégradés, criminels, qu'elles veulent consoler, relever, racheter; ou elles se donnent à des êtres supérieurs, sublimes, forts, qu'elles veulent adorer, comprendre, et par lesquels souvent elles sont écrasées. Vous avez été dégradé, mais vous vous êtes épuré dans les feux du repentir, et vous êtes grand aujourd'hui; moi, je me sens trop faible pour être votre égale, et suis trop religieuse pour m'humilier sous une puissance autre que celle d'en haut. Votre vie, mon ami, peut se traduire ainsi, nous sommes dans le Nord, parmi les nuées où les abstractions ont cours. — Vous me tuez, Séraphîta, lorsque vous parlez ainsi, répondit-il. Je souffre toujours en vous voyant user de la science monstrueuse avec laquelle vous dépouillez toutes les choses humaines des propriétés que leur donnent le temps, l'espace, la forme, pour les considérer mathématiquement sous le nu, sous quelle expression pure ainsi que le fait la géométrie pour les corps desquels elle abstrait la solidité. — Bien, Wilfrid, je vous obéirai. Laissons cela. Comment trouvez-vous ce tapis de peau d'ours que mon pauvre David a tendu là? — Mais très-bien. — Vous ne me connaissiez pas cette doucha greka?

C'était une espèce de pelisse en cachemire doublée en peau de renard noir, et dont le nom signifie chaude à l'âme.

— Croyez-vous, reprit-elle, que, dans aucune cour, un souverain possède une fourrure semblable? — Elle est digne de celle qui la porte. — Et que vous trouvez bien belle? — Les mots humains ne lui sont pas applicables, il faut lui parler de cœur à cœur. — Wilfrid, vous êtes bon d'endormir mes douleurs par de douces paroles que vous avez dites à d'autres. — Adieu. — Restez. Je vous aime bien, vous et Minna, croyez-le! Mais je vous confonds en un seul être. Réunis ainsi, vous êtes un frère, ou, si vous voulez, une sœur pour moi. N'aimez-vous, que je vous voie heureux avant de quitter pour toujours cette sphère d'épreuves et de douleurs. Mon Dieu, de simples femmes ont tout obtenu de leurs amants ! Elles leur ont dit : — Taisez-vous ! Ils ont été muets. Elles leur ont dit : — Mourez ! Ils sont morts. Elles leur ont dit : — Aimez-moi de loin ! Ils sont restés à l'attache comme les courtisans devant un roi. Elles leur ont dit : — Mariez-vous ! Ils se sont mariés. Moi, je veux que vous soyez heureux, et vous me refusez. Je suis donc sans pouvoir? Eh bien ! Wilfrid, écoutez, venez plus près de moi, oui, je serais fâchée de vous voir épouser Minna ; mais, quand vous ne me verrez plus, alors... promettez-moi de vous unir, le ciel vous a destinés l'un à l'autre. — Je vous ai délicieusement écoutée, Séraphîta. Quelque incompréhensibles que soient vos paroles, elles ont des charmes. Mais que voulez-vous dire ? — Vous avez raison, j'oublie d'être folle, d'être cette pauvre créature dont la faiblesse vous plaît. Je vous tourmente, et vous êtes venu dans cette sauvage contrée y trouver le repos, vous, exténué par les impétueux assauts d'un génie méconnu, vous, exténué par les patients travaux de la science, vous qui avez presque trempé vos mains dans le crime et porté les chaînes de la justice humaine.

Wilfrid était tombé demi-mort sur le tapis; mais Séraphîta souffla sur le front de cet homme, qui s'endormit aussitôt paisiblement à ses pieds.

— Dors, repose-toi, dit-elle en se levant.

Après avoir imposé ses mains au-dessus du front de Wilfrid, les phrases suivantes s'échappèrent une à une de ses lèvres, toutes différentes d'accent, mais toutes mélodieuses et empreintes d'une bonté qui semblait émaner de sa tête par ondes nuageuses, comme les lueurs de la déesse profane versée chastement sur le berger endormi durant son sommeil.

« Je puis me montrer à toi, cher Wilfrid, telle que je suis, à toi qui es fort.

« L'heure est venue, l'heure où les brillantes lumières de l'avenir jettent leurs reflets sur les âmes, l'heure où l'âme s'agite dans sa liberté.

« Maintenant il m'est permis de te dire combien je t'aime. Ne vois-tu pas quel est mon amour, un amour sans aucun propre intérêt, un sentiment plein de toi seul, un amour qui te suit dans l'avenir, pour l'éclairer l'avenir? car cet amour est la vraie lumière. Conçois-tu maintenant avec quelle ardeur je voudrais te savoir quitte de cette vie qui te pèse, et te voir plus près que tu ne l'es encore du monde où l'on s'aime toujours? N'est-ce pas la charitable intention pour une vie seulement? N'as-tu pas senti le goût des éternelles amours? Comprends-tu maintenant à quels ravissements une créature s'élève, alors qu'elle est douée d'aimer celui qui ne trahit jamais l'amour, celui devant lequel on s'agenouille en adorant? »

« Je voudrais avoir des ailes, Wilfrid, pour t'en couvrir, avoir de la force et te donner pour te faire entrer par avance dans le monde où les plus pures joies du plus pur attachement qu'on éprouve sur cette terre forment une ombre dans le jour qui vient en est aimant éclairer et rejouir les cœurs.

« Pardonne à une âme amie de t'avoir présenté en un mot le tableau de tes fautes, dans la charitable intention d'endormir ces douleurs aiguës de tes remords. Entends les concerts du pardon! Rafraîchis ton âme en respirant l'ancore qui se lèvera pour toi par delà les fenêtres de l'au-delà!

« Que mes paroles revêtent les brillants des formes des rêves, qu'elles se portent d'images, il montent et descendent sur toi. Monte, monte au point où tous les hommes se voient distinctement, quoique pressés et petits comme les grains de sable au bord des mers. L'humanité s'est déroulée comme un simple ruban, regarde les diverses nuances de cette fleur des prés des célestes: Vois-tu ceux auxquels manque l'intelligence, ceux qui commencent à s'en colorer, ceux qui sont éprouvés, ceux qui sont dans l'amour, ceux qui sont dans la sagesse et qui aspirent au monde de lumière?

« Comprends-tu par cette pensée visible la destinée de l'humanité? d'où elle vient, où elle va? Persiste en ta voie! En atteignant au but de ton voyage, tu entendras sonner les clairons de la toute-puissance, retentir les cris de la victoire, et des accords dont un seul ferait trembler la terre, mais qui se perdent dans un monde sans orient et sans occident.

« Comprends-tu, pauvre cher éprouvé, que, sans les engourdissements sous les voiles du sommeil, de tels spectacles emporteraient et déchireraient ton intelligence, comme que les tempêtes emportent et déchirent une faible toile, et ravirent pour toujours à un homme sa raison? Comprends-tu que l'âme seule, élevée à sa toute-puissance, résiste à peine, dans le rêve, aux dévorantes communications de l'esprit?

« Vole encore à travers les sphères brillantes et lumineuses, admire, cours. En volant ainsi, tu te reposes, tu marches sans fatigue. Comme tous les hommes, tu voudrais être toujours aussi plongé dans ces sphères de parfums, de lumière où tu vas, léger de tout ton corps évanoui, où tu parles par la pensée! Cours, vole, jouis un moment des ailes que tu conquerras, quand l'amour sera si complet en toi que tu n'auras plus de sens, quand tu seras tout intelligence et tout amour! Plus haut le monde, et moins tu conçois des abîmes! il n'existe point de précipices dans les cieux. Vois celui qui te porte, celui qui te soutient au-dessus de ce monde où tu vas te remettre avec mes ailes. Vois, contemple-moi encore un moment, car tu ne me verras plus qu'imparfaitement, comme tu me vois à la clarté du pâle soleil de la terre. »

Séraphîta se dressa sur ses pieds, resta, la tête mollement inclinée, les cheveux épars, dans la pose aérienne que les sublimes peintres ont tous donnée aux messagers d'en haut : les plis de son vêtement eurent cette grâce indéfinissable qui arrête l'artiste, l'homme qui traduit tout par le sentiment, devant les délicieuses lignes du voile de la Polymnie antique. Puis elle étendit la main, et Wilfrid se leva. Quand il regarda Séraphîta, la jeune fille était couchée sur la peau d'ours, la tête appuyée sur sa main, le visage calme, les yeux brillants. Wilfrid la contempla silencieusement, mais une crainte respectueuse animait sa figure et se trahissait par une contenance timide.

— Oui, chère, dit-il enfin, comme s'il répondait à une question, nous sommes séparés par des mondes entiers. Je me résigne et ne peux que vous adorer. Mais que vais-je devenir, moi pauvre seul?

— Wilfrid, n'avez-vous pas votre Minna?

Il baissa la tête.

— Oh! ne soyez pas si dédaigneux : la femme comprend tout par l'amour; quand elle n'entend pas, elle sent; quand elle ne sent pas, elle voit; quand elle ne voit, ni ne sent, ni n'entend, eh bien, cet ange de la terre vous devine pour vous protéger, et cache ses protections sous la grâce de l'amour. — Séraphîta, serez-vous d'apparence une femme? — Vous êtes devenu soudain bien modeste, ne serait-ce pas un piège? Une femme est toujours si touchée de voir sa faiblesse glorifiée! Eh bien! après-demain, venez prendre le thé chez moi, le bon M. Becker y sera, vous y verrez Minna la plus candide créature que je sache en ce monde. Laissez-moi maintenant, mon ami, j'ai ce soir de longues prières à faire pour espérer mes fau-

tes. — Comment pouvez-vous pécher? — Pauvre cher, abuser de sa puissance, n'est-ce pas de l'orgueil? je crois avoir été trop orgueilleuse aujourd'hui. Allons, partez! A demain. — A demain, dit fiévreusement Wilfrid, en jetant un long regard sur cette créature, de laquelle il voulait emporter une image ineffaçable.

Quoiqu'il voulût s'éloigner, il demeura pendant quelques moments debout, occupé à regarder la lumière qui brillait par les fenêtres du château suédois.

Qu'ai-je donc vu? se demandait-il. Non, ce n'est point une simple créature mais une création. De ce monde, entrevu à travers des voiles et des images, il me reste des retentissements semblables aux souvenirs d'une douleur dissipée, ou pareils aux éblouissements causés par ces rêves dans lesquels nous entendons le gémissement des générations passées qui se mêle aux voix harmonieuses des sphères élevées où tout est lumière et amour. Veillé-je? Suis-je encore endormi? Ai-je gardé mes yeux de sommeil, ces yeux devant lesquels des lumineux espaces se reculent indéfiniment, et qui suivent les espaces? Malgré le froid de la nuit, ma tête est encore en feu. Allons au presbytère! entre le pasteur et sa fille, je pourrai rasseoir mes idées.

Mais il ne quitta pas encore la place d'où il pouvait plonger dans le salon de Séraphîta. Cette mystérieuse créature semblait être le centre rayonnant d'un cercle qui formait autour d'elle une atmosphère plus étendue que ne l'est celle des autres êtres : quiconque y entrait subissait le pouvoir d'un tourbillon de clartés et de pensées dévorantes. Obligé de se débattre contre cette inexplicable force, Wilfrid n'en triompha pas sans de grands efforts; mais, après avoir franchi l'enceinte de cette maison, il recouvra son libre arbitre, marcha précipitamment vers le presbytère, et se trouva bientôt sous la haute voûte en bois qui servait de péristyle à l'habitation de M. Becker. Il ouvrit la première porte garnie de noyer, contre laquelle le vent avait poussé la neige, et frappa vivement à la seconde en disant : — Voulez-vous me permettre de passer la soirée avec vous, monsieur Becker? — Oui, crièrent deux voix qui confondirent leurs intonations.

En entrant chez le pasteur, Wilfrid revint par degrés à la vie réelle. Il salua fort affectueusement Minna, serra la main de M. Becker, promena ses regards sur un tableau dont les images calmèrent les convulsions de sa nature physique, chez laquelle s'opérait un phénomène comparable à celui qui saisit parfois les hommes habitués à de longues contemplations. Si quelque pensée vigoureuse enlève sur ses ailes de chimère un savant ou un poète, et l'isole des circonstances extérieures en l'entraînant ici-bas en traversant les régions sans bornes, où les plus immenses collections de faits deviennent des abstractions; malheur à lui si quelque bruit soudain frappe ses sens et rappelle son âme voyageuse dans sa prison d'os et de chair. Le choc de ces deux puissances, le corps et l'esprit, dont l'une partage de l'invisible action de la foudre, et dont l'autre partage avec la nature sensible cette molle résistance qui défie momentanément la destruction, ce combat, ou mieux cet horrible accouplement engendre des souffrances inouïes. Le corps a redemandé la flamme qui le consume, et la flamme a ressaisi sa proie. Mais cette fusion ne s'opère pas sans les bouillonnements, sans les explosions et les tortures dont les visibles témoignages nous sont offerts par la chimie quand se séparent deux principes ennemis qu'elle s'était plu à réunir. Depuis quelques jours, lorsque Wilfrid entrait chez Séraphîta, son corps y tombait dans un gouffre. Par un seul regard, cette singulière créature l'entraînait dans la sphère où la méditation transporte le savant, où la prière transporte l'âme religieuse, où la vision emmène un artiste, où le sommeil emporte quelques hommes; car à chacun sa voie pour aller aux abîmes supérieurs, à chacun son guide pour s'y diriger, à tous la souffrance au retour. Là seulement se déchiraient les voiles et se montrait à nu la révélation, ardente et terrible confidence d'un monde inconnu, duquel l'esprit ne rapporte ici-bas que des lambeaux. Pour Wilfrid, une heure passée près de Séraphîta ressemblait souvent à ce songe qu'affectionnent les thériakis, et où chaque papille nerveuse devient le centre d'une jouissance rayonnante. Il sortait brisé comme une jeune fille qui s'est épuisée à suivre la course d'un géant. Le froid commençait à calmer par la méditation de ses deux natures violemment accouplées, puis, il revenait toujours au presbytère, attiré près de Minna par le spectacle de la vie vulgaire, duquel il avait soif, autant qu'un aventurier d'Europe a soif de sa patrie, quand la nostalgie le saisit au milieu des féeries où l'avaient séduit un Orient. En ce moment plus fatigué qu'il ne l'avait jamais été, cet étranger tomba dans un fauteuil, et regarda pendant quelque temps autour de lui, comme un homme qui s'éveille. M. Becker, accoutumé sans doute aussi bien que sa fille, à l'apparente bizarrerie de leur hôte, continuèrent tous deux à travailler.

Le parloir avait pour ornement une collection des insectes et des coquillages de la Norwège. Ces curiosités, habilement disposées sur le fond jaune du sapin qui boisait les murs, y formaient une riche tapisserie à laquelle la fumée du tabac avait imprimé ses teintes fuligineuses. Au fond, en face de la porte principale, s'élevait un poêle énorme en fer forgé, qui, soigneusement frotté par la servante, brillait comme s'il eût été d'acier poli. Assis dans un grand fauteuil en tapisserie, près de ce poêle, devant une table, et les pieds dans une espèce de chancelière, M. Becker lisait un in-folio placé sur d'autres livres comme sur un pupitre; à sa gauche étaient un broc de bière et un verre; à sa droite brûlait une lampe fumeuse, entretenue par de l'huile de poisson. Le ministre paraissait âgé d'une soixantaine d'années. Sa figure appartenait à ce type affectionné par les pinceaux de Rembrandt: c'était bien ces petits yeux vifs, enchâssés par des cercles de rides et surmontés d'épais sourcils grisonnants, ces cheveux blancs qui s'échappent en deux lames floconneuses de dessous un bonnet de velours noir, ce front large et chauve, cette coupe de visage, que l'ampleur du menton rend presque carrée; puis ce calme profond qui dénote à l'observateur une puissance quelconque, la royauté que donne l'argent, le pouvoir tribunitien du bourgmestre, la conscience de l'art, ou la force cubique de l'ignorance heureuse. Ce beau vieillard, dont l'embonpoint annonçait une santé robuste, était enveloppé dans sa robe de chambre en drap grossier simplement orné de la lisière. Il tenait gravement à sa bouche une longue pipe en écume de mer, et lâchait par temps égaux la fumée du tabac en en suivant d'un œil distrait les fantasques tourbillons, occupé sans doute à s'assimiler par quelque méditation digestive les pensées de l'auteur dont les œuvres l'occupaient. De l'autre côté du poêle, et près d'une porte qui communiquait à la cuisine, Minna se voyait indistinctement dans le brouillard produit par la fumée, à laquelle elle paraissait habituée. Devant elle, sur une petite table, étaient les ustensiles nécessaires à une ouvrière: une pile de serviettes, des bas à raccommoder, et une lampe semblable à celle qui faisait reluire les pages blanches du livre dans lequel son père semblait absorbé. Sa figure fraîche, à laquelle des contours délicats imprimaient une grande pureté, s'harmoniait avec la candeur exprimée sur son front blanc et dans ses yeux clairs. Elle se tenait droit sur sa chaise en se penchant un peu vers la lumière pour y mieux voir, et montrait à l'insu la beauté de son corsage. Elle était déjà vêtue pour la nuit d'un peignoir en toile de coton blanche. Un simple bonnet de percale, sans autre ornement qu'une ruche de même étoffe, enveloppait sa chevelure. Quoique plongée dans quelque contemplation secrète, elle comptait, sans se tromper, les fils de sa serviette ou les mailles de son bas. Elle offrait ainsi l'image la plus complète, le type le plus vrai de la femme destinée aux œuvres terrestres, dont le regard pourrait percer les nues du sanctuaire, mais qu'une pensée à la fois humble et charitable maintient à hauteur d'homme. Wilfrid s'était jeté sur un fauteuil, entre ces deux tables, et contemplait avec une sorte d'ivresse ce tableau plein d'harmonies, auquel les nuages de fumée ne messeyaient point. La seule fenêtre qui éclairât ce parloir pendant la belle saison était alors soigneusement close. En guise de rideaux, une vieille tapisserie, fixée sur un bâton, pendait en formant de gros plis. Là, rien de pittoresque, rien d'éclatant, mais une sim-

plicité rigoureuse, une bonhomie vraie, le laisser-aller de la nature, et toutes les habitudes d'une vie domestique sans troubles ni soucis. Beaucoup de demeures ont l'apparence d'un rêve, l'éclat du plaisir qui passe semble y cacher des ruines sous le froid sourire du luxe; mais ce parloir était sublime de réalité, harmonieux de couleur, et réveillait les idées patriarcales d'une vie pleine et recueillie. Le silence n'était troublé que par les trépignements de la servante, occupée à préparer le souper, et par les frissonnements du poisson séché qu'elle faisait frire dans le beurre salé, suivant la méthode du pays.

— Voulez-vous fumer une pipe? dit le pasteur en saisissant un moment où il crut que Wilfrid pouvait l'entendre. — Merci, cher monsieur Becker, répondit-il. — Vous semblez aujourd'hui plus souffrant que vous ne l'êtes ordinairement, lui dit Minna, frappée de la faiblesse que trahissait la voix de l'étranger. — Je suis toujours ainsi quand je sors du château.

Minna tressaillit.

— Il est habité par une étrange personne, monsieur le pasteur, reprit-il après une pause. Depuis six mois que je suis dans ce village, je n'ai point osé vous adresser de questions sur elle, et suis obligé de me faire violence aujourd'hui pour vous en parler. J'ai commencé par regretter bien vivement de voir mon voyage interrompu par l'hiver, et d'être forcé de demeurer ici; mais, depuis ces deux derniers mois, chaque jour les chaînes qui m'attachent à Jarvis se sont plus fortement rivées, et j'ai peur d'y finir mes jours. Vous savez comment j'ai rencontré Séraphita, quelle impression me firent son regard et sa voix, enfin, comment je fus admis chez elle, qui ne veut recevoir personne. Dès le premier jour, je revins ici pour vous demander des renseignements sur cette créature mystérieuse. Là commença pour moi cette série d'enchantements.

— D'enchantements! s'écria le pasteur en secouant les cendres de sa pipe dans un plat grossier plein de sable qui lui servait de crachoir. Existe-t-il des enchantements? — Certes, vous qui lisez en ce moment si consciencieusement le livre des Incantations de Jean Wier,

Deux personnes passèrent sur le golfe, le traversèrent et volèrent... — PAGE 5.

vous comprendrez l'explication que je puis vous donner de mes sensations, reprit aussitôt Wilfrid. Si l'on étudie attentivement la nature dans ses grandes révolutions comme dans ses plus petites œuvres, il est impossible de ne pas reconnaître l'impossibilité d'un enchantement, en donnant à ce mot sa véritable signification. L'homme ne crée pas de forces, il emploie la seule qui existe et qui les résume toutes, le mouvement, souffle incompréhensible du souverain fabricateur des mondes. Les espèces sont trop bien séparées pour que la main humaine puisse les confondre; et le seul miracle dont elle était capable s'est accompli dans la combinaison de deux substances ennemies. Encore la poudre est-elle germaine de la foudre! Quant à faire surgir une création, et soudain, toute création exige du temps, et le temps n'avance ni ne recule sous le doigt. Ainsi, en dehors de nous, la nature plastique obéit à des lois dont l'ordre et l'exercice ne seront intervertis par aucune main d'homme. Mais, après avoir ainsi fait la part de la matière, il serait déraisonnable de ne pas reconnaître en nous l'existence d'un monstrueux pouvoir dont les effets sont tellement incommensurables, que les générations connues ne les ont pas encore parfaitement classés. Je ne vous parle pas de la faculté de tout abstraire, de contraindre la nature à se renfermer dans le verbe, acte gigantesque auquel le vulgaire ne réfléchit pas plus qu'il ne songe au mouvement, mais qui a conduit les théosophes indiens à expliquer la création par un verbe, auquel ils ont donné la puissance inverse. La plus petite portion de leur nourriture, un grain de riz d'où sort une création, et dans lequel cette création se résume alternativement, leur offrait une si pure image du verbe créateur et du verbe abstracteur, qu'il était bien simple d'appliquer ce système à la production des mondes. La plupart des hommes devaient se contenter du grain de riz semé dans le premier verset de toutes les Genèses. Saint Jean, disant que le verbe était en Dieu, n'a fait que compliquer la difficulté. Mais la granification, la germination et la floraison de nos idées est peu de chose, si nous comparons cette propriété, partagée entre beaucoup d'hommes, à la faculté tout individuelle de communiquer à cette propriété des forces plus ou moins actives par je ne sais quelle concentration, de la porter à une troisième, à une neuvième, à une vingt-septième puissance, de la faire mordre ainsi sur les masses, et d'obtenir des résultats magiques en condensant les effets de la nature. Or, je nomme enchantements, ces immenses actions jouées entre deux membranes sur la toile de notre cerveau. Il se rencontre dans la nature inexplorée du monde spirituel certains êtres armés de ces facultés inouïes, comparables à la terrible puissance que possèdent les gaz dans le monde physique, et qui se combinent avec d'autres êtres, les pénètrent comme cause active, produisent en eux des sortilèges contre lesquels ces pauvres ilotes sont sans défense : ils les enchantent, les dominent, les réduisent à un horrible vasselage, et font peser sur eux les magnificences et le sceptre d'une nature supérieure en agissant tantôt à la manière de la torpille, qui électrise et engourdit le pêcheur; tantôt comme une dose de phosphore qui exalte la vie ou en accélère la projection; tantôt comme l'opium, qui endort la nature corporelle, dégage l'esprit de ses liens, le laisse voltiger sur le monde, le lui montre à travers un prisme, et lui en extrait la pâture qui lui plaît le plus; tantôt enfin comme la catalepsie, qui annule toutes les facultés au profit d'une seule vision. Les miracles, les enchantements, les incantations, les sortilèges, enfin les actes improprement appelés surnaturels, ne sont possibles et ne peuvent s'expliquer que par le despotisme avec lequel un esprit nous contraint à subir les effets d'une optique mystérieuse qui grandit, rapetisse, exalte la création, la fait mouvoir en nous à son gré, nous la défigure ou nous l'embellit, nous ravit au ciel ou nous plonge en enfer, les deux termes par lesquels s'expriment l'extrême plaisir et l'extrême douleur. Ces phénomènes sont en nous et non au dehors. L'être que nous nommons Séraphîta me semble un de ces rares et terribles démons auxquels il est donné d'étreindre les hommes, de presser la nature et d'entrer en partage avec l'occulte pouvoir de Dieu. Le cours de ses enchantements a commencé chez moi par le silence qui m'était imposé. Chaque fois que j'osais vouloir vous interroger sur elle, il me semblait que j'allais révéler un secret dont je devais être l'incorruptible gardien; chaque fois que je voulais vous questionner, un sceau brûlant s'est posé sur mes lèvres, et j'étais le ministre involontaire de cette mystérieuse défense. Vous me voyez ici pour la centième fois, abattu, brisé, pour avoir été jouer avec le monde hallucinateur que porte en elle cette jeune fille douce et frêle pour vous deux, mais pour moi la magicienne la plus dure. Oui, elle est pour moi une sorcière qui dans sa main droite porte un appareil invisible pour agiter le globe, et dans sa main gauche la foudre pour tout dissoudre à son gré. Enfin, je ne puis plus regarder son front; il est d'une insupportable clarté. Je côtoie trop inhabilement depuis quelques jours les abîmes de la folie pour me taire. Je saisis donc le moment où j'ai le courage de résister à ce monstre qui m'entraîne après lui, sans me demander si je puis suivre son vol. Qui est-elle? L'avez-vous vue jeune? Est-elle née jamais? a-t-elle eu des parents? Est-elle enfantée par la conjonction de la glace et du soleil? elle glace et brûle, elle se montre et se retire comme une vérité jalouse, elle m'attire et me repousse, elle me donne tour à tour la vie et la mort, je l'aime et je la hais. Je ne puis plus vivre ainsi, je veux être tout à fait, ou dans le ciel, ou dans l'enfer.

Séraphîta se dressa sur ses pieds — PAGE 7.

Gardant d'une main sa pipe chargée à nouveau, de l'autre le couvercle sans le remettre, M. Becker écoutait Wilfrid d'un air mystérieux, en regardant par instants sa fille, qui paraissait comprendre ce langage, en harmonie avec l'être qui l'inspirait. Wilfrid était beau comme Hamlet résistant à l'ombre de son père, et avec laquelle il converse en la voyant se dresser pour lui seul au milieu des vivants.

— Ceci ressemble fort au discours d'un homme amoureux, dit naïvement le bon pasteur. — Amoureux! reprit Wilfrid; oui, selon les idées vulgaires. Mais, mon cher monsieur Becker, aucun mot ne peut exprimer la frénésie avec laquelle je me précipite vers cette sauvage créature. — Vous l'aimez donc? dit Minna d'un ton de reproche. — Mademoiselle, j'éprouve des tremblements si singuliers quand je la vois, et de si profondes tristesses quand je ne la vois plus, que, chez tout homme, de telles émotions annonceraient l'amour; mais ce sentiment rapproche ardemment les êtres, tandis que toujours entre elle et moi s'ouvre je ne sais quel abîme dont le froid me pénètre quand je suis en sa présence, et dont la conscience s'évanouit quand je suis loin d'elle. Je la quitte toujours plus désolé, je reviens toujours avec plus d'ardeur, comme les savants qui cherchent un secret et que la nature repousse; comme le peintre qui veut mettre la vie sur une toile et se brise avec toutes les ressources de l'art dans cette vaine tentative. — Monsieur, tout cela me paraît bien juste, répondit naïvement la jeune fille. — Comment pouvez-vous le savoir, Minna? demanda le vieillard. — Ah! mon père, si vous étiez ce matin venu nous sur les sommets du Falberg, et que vous l'eussiez vue priant, vous ne me feriez pas cette question! Vous diriez, comme M. Wiltrad quand il l'aperçut pour la première fois dans notre temple : — C'est le génie de la prière !

Ces derniers mots furent suivis d'un moment de silence.

— Ah ! cette, reprit Wilfrid, elle n'a rien de commun avec les créatures qui s'agitent dans les trous de ce globe. — Sur le Falberg ! s'écria le vieux pasteur. Comment avez-vous fait pour y parvenir ? — Je n'en sais rien, répondit Minna. Ma course est maintenant pour moi comme un rêve dont le souvenir seul me reste ! Je n'y crois peut-être point sans ce témoignage matériel.

Elle tira la fleur de son corsage et la montra. Tous trois restèrent les yeux attachés sur la jolie saxifrage encore fraîche, qui, bien éclairée par les lampes, brilla dans le nuage de fumée comme une autre lumière.

— Voilà qui est surnaturel, dit le vieillard en voyant une fleur éclose en hiver. — Un abîme ! s'écria Wilfrid exalté par le parfum. — Cette fleur me donne le vertige, reprit Minna. Je crois encore entendre sa parole, qui est la musique de la pensée, comme je vois encore la lumière de son regard, qui est l'amour. — De grâce, mon cher monsieur Becker, dites-moi la vie de Séraphîta, énigmatique fleur humaine dont l'image nous est offerte par cette touffe mystérieuse. — Mon cher hôte, répondit le vieillard en tachant une bouffée de tabac, pour vous expliquer la naissance de cette créature, il est nécessaire de vous débrouiller les nuages de la plus obscure de toutes les doctrines chrétiennes ; mais il n'est pas facile d'être clair en parlant de la plus incompréhensible des révélations, dernier éclat de la foi qui ait, dit-on, rayonné sur notre tas de boue. Connaissez-vous Swedenborg ? — De nom seulement, mais de lui, de ses livres, de sa religion, je ne sais rien. — Eh bien ! je vais vous raconter Swedenborg en entier.

III. — Séraphîta-Séraphîtus

Après une pause pendant laquelle le pasteur parut recueillir ses souvenirs, il reprit en ces termes :

Emmanuel de Swedenborg est né à Upsal, en Suède, dans le mois de janvier 1688, suivant quelques auteurs, en 1689, suivant son épitaphe. Son père était évêque de Skara. Swedenborg vécut quatre-vingt-cinq années, sa mort étant arrivée à Londres le 29 mars 1772. Je me sers de cette expression pour exprimer un simple changement d'état. Selon ses disciples, Swedenborg aurait été vu à Jarvis et à Paris postérieurement à cette date. Permettez, mon cher monsieur Wilfrid, dit M. Becker en faisant un geste pour prévenir toute interruption : je raconte des faits sans les affirmer, sans les nier. Écoutez ; et puis vous penserez de tout ceci ce que vous voudrez. Je vous préviendrai lorsque je jugerai, critiquerai, discuterai les doctrines, afin de constater ma neutralité intelligente entre la raison et lui.

La vie d'Emmanuel Swedenborg fut scindée en deux parts, reprit le pasteur. De 1688 à 1745, le baron Emmanuel de Swedenborg apparut dans le monde comme un homme du plus vaste savoir, estimé, chéri pour ses vertus, toujours irréprochable, constamment utile. Tout en remplissant de hautes fonctions en Suède, il a publié, de 1709 à 1740, sur la physique, les mathématiques et l'astronomie, des livres nombreux et solides qui ont éclairé le monde savant. Il a inventé la méthode de bâtir des bassins propres à recevoir les vaisseaux. Il a écrit sur les questions les plus importantes, depuis la hauteur des marées jusqu'à la position de la terre. Il a trouvé tout à la fois les moyens de construire de meilleures écluses pour les canaux, et des procédés plus simples pour l'extraction des métaux. Enfin, il ne s'est pas occupé d'une science sans lui faire faire un progrès. Il étudia pendant sa jeunesse les langues hébraïque, grecque, latine, et les langues orientales, dont la connaissance lui devint si familière, que plusieurs professeurs célèbres l'ont consulté souvent, et qu'il put reconnaître dans la Tartarie les vestiges du plus ancien livre de la Parole nommé les GUERRES DE JÉHOVAH, et les ÉNONCÉS dont il est parlé par Moïse dans les Nombres (XXI, 14-15, 27-30), par Josué, par Jérémie et par Samuel. Les GUERRES DE JÉHOVAH seraient la partie historique, et les ÉNONCÉS la partie prophétique de ce livre antérieur à la Genèse. Swedenborg a même affirmé que le JASCHAR ou le LIVRE DU JUSTE mentionné par Josué, existait dans la Tartarie orientale, avec le culte des Correspondances. Un Français a, dit-on, tout récemment justifié les prévisions de Swedenborg, en annonçant avoir trouvé à Bagdad plusieurs parties de la Bible inconnues en Europe. Lors de la discussion presque européenne qui souleva le magnétisme animal à Paris, et à laquelle presque tous les savants prirent une part active en 1785, M. le marquis de Thomé vengea la mémoire de Swedenborg en relevant des assertions échappées aux commissaires nommés par le roi de France pour examiner le magnétisme. Ces messieurs prétendaient qu'il n'existait aucune théorie de l'aimant, tandis que Swedenborg s'en était occupé dès l'an 1720. M. de Thomé saisit cette occasion pour démontrer les causes de l'oubli dans lequel les hommes les plus célèbres laissaient le savant suédois afin de pouvoir fouiller ses trésors et s'en aider pour leurs travaux.

« Quelques-uns des plus illustres, dit M. de Thomé en faisant allusion

à la TH... DE LA TERRE par Buffon, ont la faiblesse de se parer des plumes du paon sans lui en faire hommage. » Enfin, il prouva par des citations victorieuses tirées des œuvres encyclopédiques de Swedenborg, que ce grand prophète avait devancé de plusieurs siècles la marche lente des sciences humaines. Il suffit en effet de lire ses œuvres philosophiques et minéralogiques pour en être convaincu. Dans tel passage il se fait le précurseur de la chimie actuelle en annonçant que les productions de la nature organisée sont toutes composables et aboutissent à deux principes purs, que l'eau, l'air, le feu, ne sont pas des éléments, dans tel autre, il va par quelques mots au fond des mystères magnétiques, il en ravit ainsi la première connaissance à Mesmer. — Enfin voici de lui, dit M. Becker en montrant une longue planche attachée entre le poêle et la croisée sur laquelle étaient des livres de toutes grandeurs, voici dix-sept ouvrages différents, dont un seul, ses œuvres philosophiques et minéralogiques publiés en 1734, ont trois volumes in-folio. Ces productions, qui attestent les connaissances positives de Swedenborg, m'ont été données par M. Séraphîtus, son cousin, père de Séraphîta. En 1730, Swedenborg tomba dans un silence absolu, d'où il ne sortit que pour quitter ses occupations temporelles et penser exclusivement au monde spirituel. Il reçut les premiers ordres du ciel en 1745. Voici comment il a raconté sa vocation : Un soir, à Londres, après avoir dîné de grand appétit, un brouillard épais se répandit dans sa chambre. Quand les ténèbres se dissipèrent, une créature qui avait pris la forme humaine se leva du coin de sa chambre et lui dit d'une voix terrible : Ne mange pas tant ! Il tint une diète absolue. La nuit suivante, le même homme vint, rayonnant de lumière, et lui dit : Je suis envoyé par Dieu qui t'a choisi pour expliquer aux hommes le sens de sa parole et de ses créations. Je te dicterai ce que tu dois écrire. La vision ne dura que peu de moments. L'ANGE était, disait-il, vêtu de pourpre. Pendant cette nuit, les yeux de son homme intérieur furent ouverts et disposés pour voir dans le ciel, dans le monde des esprits et dans les enfers, trois sphères différentes où il reconnut des personnes de sa connaissance qui avaient péri dans leur forme humaine, les unes depuis longtemps les autres depuis peu. Dès ce moment, Swedenborg a constamment vécu de la vie des esprits et resta dans ce monde comme envoyé de Dieu. Si sa mission lui fut contestée par les incrédules, sa conduite fut évidemment celle d'un être supérieur à l'humanité. D'abord, quoique borné par sa fortune au strict nécessaire, il a donné des sommes immenses, et notamment a relevé, dans plusieurs villes de commerce, de grandes maisons tombées où qui allaient faillir. Aucun de ceux qui firent un appel à sa générosité ne s'en alla sans être aussitôt satisfait. Un Anglais incrédule s'est mis à sa poursuite, l'a rencontré dans Paris et a raconté que chez lui les portes restaient constamment ouvertes. Un jour, son domestique s'étant plaint de cette négligence de l'exposer à être soupçonné des vols qu'atteindraient l'argent de son maître : — Qu'il soit tranquille, dit Swedenborg en souriant, je lui pardonne sa défiance, il ne voit pas le gardien qui veille à ma porte. En effet, en quelque pays qu'il habitât, il ne ferma jamais ses portes, et rien ne fut perdu chez lui. À Gothembourg, ville située à soixante milles de Stockholm, il annonça trois jours avant l'arrivée du courrier l'heure précise de l'incendie qui ravageait Stockholm : ce qui était vrai. La reine de Suède dit à Berlin, au roi son frère, qu'une de ses dames étant assignée pour payer une somme qu'elle savait avoir été rendue par son mari avant qu'il mourût, mais, n'en trouvant pas la quittance, alla chez Swedenborg, et le pria de demander à son mari où l'on pouvait trouver la preuve du payement. Le lendemain, Swedenborg lui indiqua l'endroit où était la quittance ; mais, comme, au vœu de cette dame, il avait prié le défunt d'apparaître à sa femme, celle-ci vit en songe son mari vêtu de la robe de chambre qu'il avait avant de mourir, et lui montra la quittance dans l'endroit désigné par Swedenborg, et où elle était effectivement cachée. Un jour, en s'embarquant à Londres dans le navire du capitaine Dixon, il entendit une dame qui demandait si l'on avait beaucoup de provisions : — Il n'en faut pas tant, répondit-il. Dans huit jours, à deux heures, nous serons dans le port de Stockholm. Ce qui arriva. L'état de vision dans lequel Swedenborg se mettait à son gré, relativement aux choses de la terre, et qui étonna tous ceux qui l'approchèrent par des effets merveilleux, n'était qu'une faible application de sa faculté de voir les cieux. Parmi ces visions, celles où il raconte ses voyages dans les TERRES ASTRALES ne sont pas les moins curieuses, et ses descriptions doivent nécessairement surprendre par la naïveté des détails. Un homme dont l'immense portée scientifique est incontestable, qui réunissait en lui la conception, la volonté, le désir de cette puissance, aurait mieux, s'il eût inventé. La littérature fantastique des Orientaux n'offre d'ailleurs rien qui puisse donner une idée de cette œuvre étourdissante et pleine de poésies en germe, s'il est permis de comparer une œuvre de croyance aux ouvrages de la fantaisie arabe. L'enlèvement de Swedenborg par l'ange qui lui sert de guide dans son premier voyage est d'une sublimité qui dépasse, de toute la distance que Dieu a mise entre la terre et le ciel, celles d'époques de Klopstock, de Milton, du Tasse et du Dante. Cette partie, qui sert de début à son ouvrage sur les Terres astrales, n'a jamais été publiée elle appartient aux traditions orales laissées par Swedenborg aux trois disciples qui étaient au plus près de son cœur. M. Silverichm la possède écrite. M. Séraphitus a voulu m'en parler quelquefois, mais le saveur de la parole de son cousin était si brûlant qu'il s'arrêtait aux premiers mots, et tombait dans une rêverie dont rien ne le pouvant tirer. Le discours par lequel l'ange prouve à Swedenborg que les corps ne sont pas faits pour être créants et déserts écrase, m'a-t-il dit le baron, toutes les sciences humaines sous le grandiose d'une logique divine. Selon le prophète, les habitants de Jupiter ne cultivent point les sciences, qu'ils nomment des ombres; ceux de Mercure détestent l'expression des idées par la parole, qui leur semble trop matérielle, ils ont un langage oculaire; ceux de Saturne sont continuellement tentés par de mauvais esprits; ceux de la Lune sont petits comme des enfants de six ans, leur voix part de l'abdomen, et ils rampent; ceux de Vénus sont d'une taille gigantesque, mais stupides, et vivent de brigandages, néanmoins, une partie de cette planète a des habitants d'une grande douceur, qui vivent dans l'amour du bien. Enfin il décrit les mœurs des peuples attachés à ces globes, et traduit le sens général de leur existence par rapport à l'univers, en des termes si précis, il donne des explications qui concordent si bien aux effets de leurs révolutions apparentes dans le système général du monde que peut-être un jour les savants viendront-ils s'abreuver à ces sources lumineuses. Voici, dit M. Becker, après avoir pris un livre en l'ouvrant à l'endroit marqué par le signet, voici par quelles paroles il a terminé cette œuvre : « Si l'on doute que j'aie « été transporté dans un grand nombre de Terres astrales, je « rappelle mes observations sur les distances dans l'autre vie, elles « n'existent que relativement à l'état externe de l'homme; or, ayant « été disposé intérieurement comme les esprits angéliques de ces « terres, j'ai pu les connaître. » Les circonstances auxquelles nous avons dû de posséder dans le canton du baron Séraphitus, cousin bien-aimé de Swedenborg, ne m'ont laissé étranger à aucun événement de cette vie extraordinaire. Il fut accusé dernièrement d'imposture d'après quelques papiers publics de l'Europe qui rapportèrent le fait suivant, d'après une lettre du chevalier Beylon. Swedenborg, disait-on, instruit par des sénateurs de la correspondance secrète de la jeune reine de Suède avec le prince de Prusse, son frère, en révéla les mystères à cette princesse, et lui laissa croire qu'il en avait été instruit par des moyens surnaturels. Un homme digne de foi, M. Charles-Leonhard de Stahlhammer, capitaine dans la garde royale et chevalier de l'Épée, a répondu par une lettre à cette calomnie.

Le pasteur chercha dans le tiroir de sa table parmi quelques papiers, finit par y trouver une gazette, et la tendit à Wilfrid, qui lut à haute voix la lettre suivante :

« Stockholm, 13 mai 1788.

« J'ai lu avec étonnement la lettre qui rapporte l'entretien qu'a eu le fameux Swedenborg avec la reine Louise Ulrique; les circonstances en sont toutes à fait fausses, et j'espère que l'auteur me pardonnera si, par un récit fidèle qui peut être attesté par plusieurs personnes de distinction qui étaient présentes et qui sont encore en vie, je lui montre combien il s'est trompé. En 1758, peu de temps après la mort du prince de Prusse, Swedenborg vint à la cour et avait coutume de s'y trouver régulièrement. À peine eut-il été aperçu de la reine, qu'elle lui dit : « À propos, monsieur l'assesseur, avez-vous vu mon frère? » Swedenborg répondit que non, et la reine lui repliqua : « Si vous le rencontrez, saluez-le de ma part. » En disant cela elle n'avait point intention de lui parler davantage et ne pensait nullement à lui demander du monde instruction touchant son frère. Huit jours après, et non pas vingt-quatre heures après, comme on l'a dit avec une évidence particulière, Swedenborg vint de nouveau à la cour, mais de si bonne heure, que la reine n'avait pas encore quitté son appartement, appelé la chambre blanche, où elle causait avec ses dames d'honneur et d'autres femmes de la cour. Swedenborg n'attend point que la reine sorte, entre directement dans son appartement et lui parle bas à l'oreille. La reine, frappée d'étonnement, se trouva mal et eut besoin de quelque temps pour se remettre. Revenue à elle-même, elle dit aux personnes qui l'entouraient : « Il n'y a que Dieu et mon frère qui puissent savoir ce qu'il vient de me dire. » Elle avoua qu'il lui avait parlé de sa dernière correspondance avec le prince, dont le sujet n'était connu que d'eux seuls. Elle ne peut expliquer comment Swedenborg eut connaissance de ce secret, mais ce que je puis assurer sur mon honneur, c'est que le comte H.... comme le dit l'auteur de la lettre, n'a jamais intercepté ni lu les lettres de la reine. Le sénat d'alors lui permettait d'écrire à son frère dans la plus grande sécurité et regardait cette correspondance comme très indifférente à l'État. Il est évident que l'auteur de la susdite lettre n'a pas du tout connu le caractère du comte H... Ce seigneur respectable, qui a rendu les services les plus importants à sa patrie, réunit aux talents de l'esprit les qualités du cœur, et son âge avancé n'affaiblit point en lui ces dons précieux. Il gardait toujours, pendant toute sa démonstration, la politique la plus éclairée et la plus scrupuleuse intégrité, et se déclara l'ennemi des intrigues secrètes et des menées sourdes, qu'il regardait comme des moyens indignes pour arriver à son but. L'auteur n'a pas mieux connu l'assesseur Swedenborg. La seule faiblesse de cet homme, vraiment honnête était de croire aux apparitions des esprits, mais je l'ai connu pendant très-longtemps et je puis assurer qu'il était aussi persuadé de parler et de converser avec des esprits, que je le suis, moi, dans ce moment, d'écrire ceci. Comme citoyen et comme ami, c'était l'homme le plus intègre, ayant en horreur l'imposture et menant une vie exemplaire. L'explication qu'a voulu donner de ce fait le chevalier Beylon est, par conséquent, destituée de fondement et la visite faite pendant la nuit à Swedenborg par les comtes H... et T... est entièrement controuvée. Au reste, l'auteur de la lettre peut être assuré que je ne suis rien moins que sectateur de Swedenborg. L'amour seul de la vérité m'a engagé à rendre avec fidélité un fait qu'on a si souvent rapporté avec des détails entièrement faux, et j'affirme ce que je viens d'écrire en apposant la signature de mon nom. »

— Les témoignages que Swedenborg a donnés de sa mission aux familles de Suède et de Prusse ont sans doute fondé la croyance dans laquelle vivent plusieurs personnages de ces deux cours, reprit M. Becker en remettant la gazette dans son tiroir. Néanmoins, a-t-il mené une vie dont il ne vous dirai pas tous les faits de la vie matérielle et visible : ses mœurs s'opposaient à ce qu'ils fussent exactement connus. Il vivait caché, sans vouloir s'enrichir ou parvenir à la célébrité. Il se distinguait même par une sorte de répugnance à faire des prosélytes, s'ouvrait à peu de personnes et ne communiquait ses dons extérieurs qu'à celles en qui éclataient la foi, la sagesse et l'amour. Il savait reconnaître par un seul regard l'état de l'âme de ceux qui l'approchaient et changeait en voyants ceux qu'il voulait toucher de sa parole intérieure. Ses disciples ne lui ont, depuis l'année 1745, jamais rien vu faire pour aucun motif humain. Une seule personne, un prêtre suédois, nommé Mathésius, l'accusa de folie. Par un bizarre extraordinaire et Mathésius ennemi de Swedenborg et de ses écrits devint fou peu de temps après, et avait encore il y a quelques années à Stockholm avec une pension accordée par le roi de Suède. L'éloge de Swedenborg a d'ailleurs été composé avec un soin minutieux quant aux événements de sa vie, et prononcé dans la grande salle de l'Académie royale des sciences à Stockholm par M. de Sandel, conseiller au collège des Mines, en 1786. Enfin une déclaration reçue par le lord maire, à Londres, constate les moindres détails de la dernière maladie et de la mort de Swedenborg, qui fut alors assisté par M. Ferélius, ecclésiastique suédois de la plus haute distinction. Les personnes comparues attestent que, loin d'avoir démenti ses écrits, Swedenborg en a constamment attesté la vérité. — « Dans cent ans, dit-il à M. Ferélius, ma doctrine régira l'ÉGLISE. » Il a prédit fort exactement le jour et l'heure de sa mort. Le jour même, le dimanche 29 mars 1772, il demanda l'heure. — Cinq heures, lui répondit-on. — Voilà qui est bon dit-il, Dieu vous bénisse! Puis dix minutes après, il expira de la manière la plus tranquille, en poussant un léger soupir. La simplicité, la médiocrité, la solitude, furent donc les traits de sa vie. Quand il avait achevé l'un de ses traités, il s'embarquait pour aller l'imprimer à Londres ou en Hollande, et n'en parlait jamais. Il publia successivement ainsi vingt-sept traités différents tous écrits, dit-il, sous la dictée des anges. Que ce soit ou non vrai, peu d'hommes sont assez forts pour en soutenir les flammes vives. Les voici tous, dit M. Becker en montrant une seconde planche sur laquelle étaient une soixantaine de volumes. Les sept traités où l'esprit de Dieu jette ses plus vives lueurs sont : LES DÉLICES DE L'AMOUR CONJUGAL, — LE CIEL ET L'ENFER, — L'APOCALYPSE RÉVÉLÉE, — L'EXPOSITION DU SENS INTERNE, — L'AMOUR DIVIN, — LA VRAIE CHRISTIANISME, — LA SAGESSE ANGÉLIQUE DE L'OMNIPOTENCE, OMNISCIENCE, OMNIPRÉSENCE DE DIEU QUI PARTAGENT L'ÉTERNEL, L'IMMENSITÉ DE DIEU. Son explication de l'Apocalypse commence par ces paroles, dit M. Becker en prenant et ouvrant le premier volume qui se trouvait près de lui : *Ici je n'ai rien mis du mien, j'ai parlé d'après le Seigneur qui avait dit par le même homme à Jean :* TU NE SCELLERAS PAS LES PAROLES DE CETTE PROPHÉTIE (Apocalypse, 22, 10). »

— Mon cher monsieur, dit le docteur en regardant Wilfrid, j'ai souvent tremblé de tous mes membres pendant les nuits d'hiver en lisant les œuvres terribles où cet homme décrit avec une parfaite innocence les plus grandes merveilles. « J'ai vu, dit-il, les cieux et « les anges. L'homme spirituel voit l'homme spirituel beaucoup « mieux que l'homme terrestre ne voit l'homme terrestre. En décri-« vant les merveilles des cieux et au-dessous des cieux, j'obéis à « l'ordre que le Seigneur m'a donné de le faire. On est le maître de « ne pas me croire, je ne puis mettre les autres dans l'état où Dieu « m'a mis, il ne dépend pas de moi de les faire converser avec les « anges, ni d'opérer le miracle de la disposition expresse de leur en-« tendement, ils sont eux-mêmes les seuls instruments de leur exal-« tation angélique. Voici vingt-huit ans que je suis dans le monde « spirituel avec les anges, et sur la terre avec les hommes : car il a « plu au Seigneur de m'ouvrir les yeux de l'esprit comme il les ou-« vrit à Paul, à Daniel et à Élisée. » Néanmoins, certaines personnes ont des visions du monde spirituel par le détachement complet que le somnambulisme opère entre leur forme extérieure et leur homme intérieur. *Dans cet état*, dit Swedenborg en son traité DE LA SAGESSE ANGÉLIQUE (n° 257), *l'homme peut être élevé jusque dans la lumière céleste, parce que, les sens corporels étant abolis, l'influence du ciel agit sans obstacle sur l'homme intérieur.* Beaucoup de gens, qui ne doutent point que Swedenborg n'ait eu des révélations célestes, pensent néanmoins que tous ses écrits ne sont pas également empreints de l'inspiration divine. D'autres exigent une adhésion absolue à Swedenborg, tout en admettant ses obscurités; mais ils croient que l'imperfection du langage terrestre a empêché le prophète d'exprimer ses visions spirituelles, dont les obscurités disparaissent aux yeux de ceux que la foi a régénérés, car, suivant l'admirable expression de son plus grand disciple, *la chair est une génération extérieure*. Pour les poëtes et les écrivains, son merveilleux est immense, pour les voyants, tout est d'une réalité pure. Ses descriptions ont été pour quelques chrétiens des sujets de scandale. Certains critiques ont ridiculisé la substance céleste de ses temples, des palais d'or de ses villas superbes où s'ébattent les anges, d'autres se sont moqués de ses bosquets d'arbres mystérieux, de ses jardins de fleurs parlent, où l'air est blanc, où les pierreries mystiques, la sardoine, l'escarboucle, la chrysolite, la chrysoprase, la cyanée, la chalcédoine, le béryl, l'urim et le thumim sont doués de mouvement, expriment des vérités célestes, et qu'on peut interroger, car elles répondent par des variations de lumière (VRAIE RELIGION, 219); beaucoup de bons esprits n'admettent pas ses mondes, où les couleurs font entendre de délicieux concerts, où les parfums flamboient, où le Verbe s'écrit en corniches (VRAIE RELIGION, 278). Dans le Nord même, quelques écrivains ont ri de ses portes de perles, de diamants qui tapissent et meublent les maisons de sa Jérusalem, où les moindres ustensiles sont faits des substances les plus rares du globe. « Mais, disent ses disciples, parce que tous ces objets sont clairsemés dans ce monde, est-ce une raison pour qu'ils ne soient pas abondants en l'autre? Sur la terre, ils sont d'une substance terrestre, tandis que dans les cieux ils sont sous les apparences célestes et relatives à l'état d'ange. » Swedenborg a d'ailleurs répété, à ce sujet, ces grandes paroles de JÉSUS-CHRIST : *Je vous enseigne en me servant des paroles terrestres, et vous ne m'entendez pas; si je parlais le langage du ciel, comment pourriez-vous me comprendre?* (Jean, 3, 13.) — Monsieur, moi j'ai lu Swedenborg en entier, reprit M. Becker en laissant échapper un geste emphatique. Je dis avec orgueil, puisque j'ai gardé ma raison. En le lisant, il faut ou perdre le sens, ou devenir un voyant. Quoique j'aie résisté à ces deux folies, j'ai souvent éprouvé des ravissements inconnus, des saisissements profonds, des joies intérieures que donnent seules la plénitude de la vérité, l'évidence de la lumière céleste. Tout ici-bas semble petit quand l'âme parcourt les pages dévorantes de ces traités. Il est impossible de ne pas être frappé d'étonnement en songeant que, dans l'espace de trente ans, cet homme a publié, sur les vérités du monde spirituel, vingt-cinq volumes in-quarto, écrits en latin, dont le moindre a cinq cents pages, et qui sont tous imprimés en petits caractères. Il en a laissé, dit-on, vingt autres à Londres, déposés à son neveu, M. Silverhielm, ancien aumônier du roi de Suède. Certes, l'homme qui, de vingt à soixante ans, s'était presque épuisé par la publication d'une sorte d'encyclopédie, a dû recevoir des secours surnaturels pour composer ces prodigieux traités à l'âge où les forces de l'homme commencent à s'éteindre. Dans ces écrits, il se trouve des milliers de propositions numérotées, dont aucune ne se contredit. Partout l'exactitude, la méthode, la présence d'esprit, éclatent et découlent d'un même fait, l'existence des anges. Sa VRAIE RELIGION, où se résume tout son dogme, œuvre vigoureuse de lumière a été conçue, exécutée à quatre-vingt-trois ans. Enfin, son ubiquité, son instruction, n'est démentie par aucun de ses critiques ni par ses ennemis. Néanmoins, quand je me suis abreuvé à ce torrent de lueurs célestes, Dieu ne m'a pas ouvert les yeux intérieurs, et j'ai jugé ses écrits avec la raison d'un homme non régénéré. J'ai donc souvent trouvé que l'*insensé* Swedenborg avait dû parfois mal entendre les anges. J'ai ri de plusieurs visions auxquelles j'aurais dû, suivant les voyants, croire avec admiration. Je n'ai conçu ni l'écriture corniculaire des anges, ni leurs ceintures dont l'or est plus ou moins fiable. Si, par exemple, cette phrase : *Il est des anges solitaires*, m'a singulièrement attendri d'abord, par réflexion, je n'ai pas accordé cette solitude avec leurs mariages. Je n'ai pas compris pourquoi la vierge Marie conserve dans le ciel des habillements de satin blanc. J'ai osé me demander pourquoi les gigantesques démons Enakim et Héphilim viennent toujours combattre les chérubins dans les champs mystiques d'Armageddon. J'ignore comment les satans peuvent encore discuter avec les anges. M. le baron Séraphitus m'objectait que les détails concernant les anges qui demeuraient sur la terre sous forme humaine. Souvent les visions du prophète suédois sont barbouillées de figures grotesques. Un de ses MÉMORABLES, nom qu'il leur a donné, commence par ces paroles : — « Je vis des esprits rassemblés, ils avaient des chapeaux sur leurs têtes. » Dans un autre mémorable, il reçoit du ciel un peu de papier sur lequel il vit, dit-il, les lettres dont se servaient les peuples primitifs, et qui étaient composées de lignes courbes avec de petits anneaux qui se portaient en haut. Pour mieux attester sa communication avec les cieux, j'aurais voulu qu'il déposât ce papier à l'Académie royale des sciences de Suède. Enfin, peut-être ai-je tort, peut-être les absurdités matérielles semées dans ses ouvrages ont-elles des significations spirituelles. Autrement, comment admettre la croissante influence de sa religion? Son Église compte aujourd'hui plus de sept cent mille fidèles, tant aux États-Unis d'Amérique où différentes sectes s'y agrègent en masse, qu'en Angleterre où sept mille swedenborgistes se trouvent dans la seule ville de Manchester. Des hommes aussi distingués par leurs connaissances que par leur rang dans le monde, soit en Allemagne, soit en Russie et dans le Nord, ont publiquement adopté les croyances de Swedenborg, plus consolantes d'ailleurs que ne le sont celles des autres communions chrétiennes. Maintenant, je voudrais bien pouvoir vous expliquer en quelques paroles succinctes les points capitaux de la doctrine que Swedenborg a établie pour son Église, mais ceci abrégé, fait de mémoire, serait nécessairement fautif. Je ne puis donc me permettre de vous parler que des arcanes qui concernent la naissance de Séraphita.

Ici, M. Becker fit une pause pendant laquelle il parut se recueillir pour rassembler ses idées, et reprit ainsi :

— Après avoir mathématiquement établi que l'homme vit éternellement en des sphères, soit inférieures, soit supérieures, Swedenborg appelle esprits angéliques les êtres qui, dans ce monde, sont préparés pour le ciel, où ils deviennent anges. Selon lui, Dieu n'a pas créé d'anges spécialement, il n'en existe point qui ait été homme sur la terre. La terre est ainsi la pépinière du ciel. Les anges ne sont donc pas anges pour eux-mêmes (*Sag. ang.* 57); ils se transforment par une conjonction intime avec Dieu, à laquelle Dieu ne se refuse jamais, l'essence Dieu n'étant jamais négative, mais incessamment active. Les esprits angéliques passent par trois natures d'amour, car l'homme ne peut être régénéré que successivement (*Vraie Religion*). D'abord l'AMOUR DE SOI : la suprême expression de cet amour est le genre humain, dont les œuvres accomplissent un culte. Puis l'AMOUR DU MONDE, qui produit les prophètes, les grands hommes que la terre prend pour guides et salue du nom de divins. Enfin l'AMOUR DU CIEL, qui fait les esprits angéliques. Ces esprits sont, pour ainsi dire, les fleurs de l'humanité, qui s'y résume et travaille à s'y résumer. Ils doivent avoir ou l'amour du ciel ou la sagesse du ciel, mais ils sont toujours dans l'amour avant d'être dans la sagesse. Ainsi la première transformation de l'homme est l'AMOUR. Pour arriver à ce premier degré, ses existers antérieurs ont dû passer par l'espérance et la charité qui l'engendrent pour la foi et la prière. Les idées acquises par l'exercice de ces vertus se transmettent à chaque nouvelle enveloppe humaine, sous laquelle se cachent les métamorphoses de l'ÊTRE INTÉRIEUR, car rien ne se sépare, tout est nécessaire : l'espérance ne va pas sans la charité, la foi ne va pas sans la prière : les quatre faces de ce carré sont solidaires. « Faute d'une vertu, dit-il, l'esprit angélique est comme une perle brisée. » Chacun de ces *existers* est donc un cercle où s'écoulent les richesses célestes de l'état antérieur. La grande perfection des esprits angéliques vient de cette mystérieuse progression par laquelle rien ne se perd des qualités successivement acquises pour arriver à leur glorieuse incarnation, car à chaque transformation ils se dépouillent insensiblement de la chair et de ses erreurs. Quand il vit dans l'amour, l'homme a quitté toutes ses passions mauvaises : l'espérance, la charité, la foi, la prière ont, suivant le mot d'Isaïe, *vanné son intérieur*, qui ne doit plus être pollué par aucune des affections terrestres. De là cette grande parole de saint Luc : *Faites-vous un trésor qui ne périsse pas dans les cieux ;* et celle de Jésus-Christ : *Laissez ce monde aux hommes, il est à eux ; faites-vous purs, et venez chez mon père.* La seconde transformation est la sagesse. La sagesse est la compréhension des choses célestes auxquelles l'esprit arrive par l'amour. L'esprit d'amour a conquis la force, résultat de toutes les passions terrestres vaincues, il aime aveuglément Dieu, mais l'esprit de sagesse a l'intelligence et sait pourquoi il aime. Les ailes de l'un sont déployées et l'emportent vers Dieu, les ailes de l'autre sont repliées par la terreur que lui donne la science : il connaît Dieu. L'un désire incessamment voir Dieu, et s'élance vers lui, l'autre y touche et tremble. L'union qui se fait d'un esprit d'amour et d'un esprit de sagesse met la créature à l'état divin, pendant lequel son âme est FEMME, et son corps est HOMME, dernière expression humaine où l'esprit l'emporte sur la forme où la forme se débat encore contre l'esprit divin, car la forme, la chair, ignore, se révolte et veut rester grossière. Cette épreuve suprême engendre des souffrances inouïes, que les cieux voient seuls, et que le Christ a connues dans le jardin des Oliviers. Après la mort, le premier ciel s'ouvre à cette double nature humaine purifiée. Aussi les hommes meurent-ils dans le désespoir, tandis que l'esprit meurt dans le ravissement. Ainsi le NATUREL, état dans lequel sont les êtres non régénérés, le SPIRITUEL, état dans lequel sont les esprits angéliques, et le DIVIN, état dans lequel demeure l'ange avant de briser son enveloppe, sont les trois degrés de l'*exister* par lesquels l'homme parvient au ciel. Une pensée de Swedenborg vous expliquera merveilleusement la différence qui existe entre le NATUREL et le SPIRITUEL : — *Pour les* hommes, dit-il, le naturel *passe dans* le spirituel, *ils considèrent le monde sous ces formes visibles, et le perçoivent dans une réalité propre à leurs sens. Mais pour l'esprit angélique*, le spirituel *passe dans le naturel, il considère le monde dans son esprit intime, et non dans sa forme.* Ainsi, nos sciences humaines ne sont que l'analyse des formes. Le savant, selon le monde, est purement extérieur comme son savoir, son *intérieur* ne lui sert qu'à conserver son aptitude à l'intelligence de la vérité. L'esprit angélique va bien au delà, son savoir est la pensée dont la science humaine n'est que la parole, il puise la connaissance des choses dans le verbe, en apprenant LES CORRESPONDANCES par lesquelles les mondes concordent avec les cieux. LA PAROLE de Dieu est entièrement écrite par pures correspondances, elle couvre un sens interne ou spirituel qui, dans la science des correspondances, ne peut être compris. Il existe, dit Swedenborg (*Doctrine celeste*, 26), des ARCANES innombrables dans le sens interne des correspondances. Mais les hommes qui se sont emparés des livres où les prophètes ont recueilli la parole étaient-ils dans l'état d'ignorance où sont ici-bas les hommes qui ne savent rien d'une science, et se moquent des vérités de cette science. Savoir les correspondances de la parole avec les cieux, savoir les correspondances qui existent entre les choses visibles et pondérables du monde terrestre, et les choses invisibles et impondérables du monde spirituel, c'est *avoir les cieux dans son entendement*. Tous les objets des diverses créations, étant émanés de Dieu, comportent nécessairement un sens caché, comme le disent ces grandes paroles d'Isaïe : *La terre est un vêtement* (Isaïe, 5, 6). Ce lien mystérieux entre les moindres parcelles de la matière et les cieux constitue ce que Swedenborg appelle un ARCANE CÉLESTE. Aussi son traité des Arcanes Célestes, où sont expliquées les correspondances ou signifiances du naturel au spirituel, devant donner, suivant l'expression de Jacob Boehm, *la signature de toute chose*, n'a-t-il pas moins de seize volumes et de treize mille propositions. « Cette connaissance merveilleuse des correspon« dances, elle la bonté de Dieu permit à Swedenborg d'avoir, dit un « de ses disciples, le secret de l'intérêt qu'inspirent ces ouvrages. « Selon ce commentateur, tout dérive du ciel, tout rappelle au ciel. « Les écrits du prophète sont sublimes et clairs ; il parle dans les « cieux et on peut l'entendre sur la terre: une une de ses phrases, on « ferait un volume. » Et le disciple cite celle-ci entre mille autres : *Le royaume du ciel*, dit Swedenborg (*Arcan. célest.*), *est le royaume des motifs. L'action se produit dans le ciel, de là dans le monde, et, par degrés, dans les infiniment petits de la terre; les effets terrestres, étant liés à leurs causes célestes, font que tout y est* CORRESPONDANT *et* SIGNIFIANT. *L'homme est le moyen d'union entre le naturel et le spirituel.* Les esprits angéliques connaissent donc essentiellement les correspondances qui relient au ciel chaque chose de la terre, et savent le sens intime des paroles prophétiques par qui dénoncent les révolutions. Ainsi, pour ces esprits, tout ici-bas porte sa signifiance. La moindre fleur est une pensée, une vie qui correspond à quelques linéaments du grand tout, duquel ils ont une constante intuition. Pour eux, l'ADULTÈRE et les débauches dont parlent les Écritures et les prophètes, sont-ils stropiées par de soi-disant écrivains, signifient l'état des âmes qui, dans ce monde, persistent à s'infecter d'affections terrestres, et continuent ainsi leur divorce avec le ciel. Les nuées signifient les voiles dont s'enveloppe Dieu. Les flambeaux, les pains de proposition, les chevaux et les cavaliers, les prostituées, les pierreries, tout, dans l'ÉCRITURE, a pour eux un sens exquis, et révèle l'avenir des faits terrestres dans leurs rapports avec le ciel. Tous peuvent pénétrer la vérité des énoncés de saint Jean, que la science humaine démontre et prouve matériellement plus tard, tels que celui-ci : « gros, dit Swedenborg, de plusieurs sciences humaines » *Je vis un nouveau ciel et une nouvelle terre, car le premier ciel et la première terre étaient passés* (*Ap.*, XXI, 1). Ils connaissent les festins où l'on mange la chair des rois, *des hommes libres et des esclaves, et auxquels convie un ange debout dans le soleil* (*Apocal.*, XIX, 11 à 18). Ils voient *la femme ailée, vêtue du soleil, et l'homme toujours armé* (*Apocal.*). Le cheval de l'Apocalypse est, dit Swedenborg, l'image visible de l'intelligence humaine montée par la mort, qui porte en elle son principe de destruction. Enfin, ils reconnaissent les peuples cachés sous des formes qui semblent fantastiques aux ignorants. Quand un homme est disposé à recevoir l'insufflation prophétique des correspondances, elle réveille en lui l'esprit de la parole; il comprend alors que les créations ne sont que des transformations; il vivifie son intelligence, et lui donne pour les vérités une soif ardente qui ne peut s'étancher que dans le ciel. Il conçoit, suivant le plus ou le moins de perfection de son intérieur, la puissance des esprits angéliques; et marche, conduit par le désir, l'état le moins imparfait de l'homme non régénéré, vers l'espérance, qui lui ouvre le monde des esprits ; puis il arrive à la prière, qui lui donne la clef des cieux. Quelle créature ne désirerait se rendre digne d'entrer dans la sphère des intelligences qui vivent secrètement par l'amour ou par la sagesse? Ici-bas, pendant leur vie, ces esprits restent purs; ils ne voient, ne peuvent et ne parlent point comme les autres hommes. Il existe deux perceptions : l'une interne, l'autre externe; l'homme est tout externe, l'esprit angélique est tout interne. L'esprit va au fond des nombres, il en possède la totalité, connait leurs signifiances. Il dispose du mouvement et s'associe à tout par l'ubiquité : *Un ange*, selon le prophète suédois, *est présent à un autre quand il le désire* (*Sap. Ang. De Div. AM.*), car il a le don de se séparer de son corps, et voit les cieux comme les prophètes les ont vus, et comme Swedenborg les voyait lui-même. « Dans cet état, dit-il (*Vraie Religion*, 136), l'esprit de l'homme est transporté d'un lieu à un autre, le corps restant où il est, état dans lequel j'ai demeuré pendant vingt-six années. » Nous devons entendre ainsi toutes les paroles bibliques où il est dit : *L'esprit m'emporta*. La sagesse angélique est à la sagesse humaine ce que les innombrables forces de la nature sont à son action, qui est une. Tout revit, se meut, existe en l'homme, et c'est en Dieu : ce qu'expriment ces paroles de saint Paul : « *In Deo vivimus, movemur et sumus;* nous vivons, nous agissons, nous sommes en Dieu. » La terre ne lui offre aucun obstacle, comme la parole ne lui offre aucune obscurité. Sa divinité prochaine lui permet de voir la pensée de Dieu voilée par le verbe, de même que, vivant par son intérieur, l'esprit communique le sens intime caché sous toutes les choses de ce monde. La science est le langage du monde temporel, l'amour est celui du monde spirituel. Aussi l'homme décrit-il plus qu'il n'explique, tandis que l'esprit angélique voit et comprend. La science attriste l'homme, l'amour exalte l'ange. La science cherche encore, l'amour a trouvé. L'homme juge la nature dans ses rapports avec elle; l'esprit angélique la juge dans ses rapports avec le ciel. Enfin tout parle aux esprits. Les esprits sont dans le secret de l'harmonie de créations entre elles, ils s'entendent avec l'esprit des sons, avec l'esprit des couleurs, avec l'esprit des végétaux; ils peuvent interroger le minéral, et le minéral répond à leurs pensées. Que sont pour eux les sciences et les trésors de la terre, quand ils les étreignent à tout moment par leur vue, et que les mondes, dont s'occupent tant les hommes, ne sont pour les esprits que la dernière marche d'où ils vont s'élancer à Dieu? L'amour du ciel ou la sagesse du ciel s'annoncent en eux par un cercle de lumière qui les entoure, et que voient les élus. Leur innocence, dont celle des enfants est la forme extérieure, a la connaissance des choses que n'ont point les enfants : ils sont innocents et savants. — « Et, dit Swedenborg, l'innocence des cieux « fait une telle impression sur l'âme, que ceux qu'elle affecte en gar« dent un ravissement qui dure toute leur vie, comme je l'ai moi-« même éprouvé. Il suffit peut-être, de l'avoir vue une fois, pour n'ai-« mme perception pour être à jamais changé, pour vouloir aller aux « cieux, et entrer ainsi dans la sphère de l'espérance. » Sa doctrine sur les mariages peut se réduire à ce peu de mots : « Le Seigneur a « pris la beauté, l'élégance de la vie de l'homme, et l'a transportée « dans la femme. Quand l'homme n'est pas réuni à cette beauté, à « cette élégance de sa vie, il est sévère, triste et farouche; quand il « y est réuni, il est joyeux, il est complet. Les anges sont toujours dans le point le plus parfait de la beauté. Leurs mariages sont célébrés par des cérémonies merveilleuses. Dans cette union, qui ne produit pas d'enfants, l'homme a donné l'ENTENDEMENT, la femme a donné la VOLONTÉ : ils deviennent un seul être, UNE SEULE chair ici-bas; puis ils vont aux cieux après avoir revêtu la forme céleste. Ici-bas, dans l'état naturel, le penchant mutuel des deux sexes vers les voluptés est un EFFET qui entraîne peu à peu dégoût et dégoût, mais, sous sa forme céleste, le couple devenu *le même* esprit se trouve en lui-même une cause incessante de voluptés. Swedenborg a vu ce mariage des esprits, qui, selon saint Luc, n'a point de noces (20, 35), et qui n'inspire que des plaisirs spirituels. Un ange s'offrit à le rendre témoin d'un mariage, et l'entraîna sur ses ailes (les ailes sont un symbole et non une réalité terrestre). Il le revêtit de sa robe de fête, et quand Swedenborg se vit habillé de lumière il demanda pourquoi. — Dans cette circonstance, répondit l'ange, nos robes s'allument, brillent et se font nuptiales. (*Deliciæ sap. de am. conj.*, 19, 20, 21.) Il aperçut alors deux anges qui vinrent, l'un du midi, l'autre de l'orient; l'ange du midi était dans un char attelé de deux chevaux blancs, dont les rênes avaient la couleur et l'éclat de l'aurore, mais, quand ils furent près de lui, dans le ciel, il ne vit plus ni les chars ni les chevaux. L'ange de l'orient vêtu de pourpre, et l'ange du midi, vêtu d'hyacinthe, accoururent comme deux souffles et se confondirent : l'un était un ange d'amour, l'autre était un ange de sagesse. Le guide de Swedenborg lui dit que ces deux anges avaient été liés sur la terre d'une amitié intérieure et toujours unis, quoique séparés par les espaces. Le consentement, qui est l'essence des bons mariages sur la terre, est l'état habituel des anges dans le ciel. L'amour est la lumière de leur monde. Le ravissement éternel des anges vient de la faculté que Dieu leur communique de lui rendre à lui-même la joie qu'ils en éprouvent. Cette réciprocité d'infini fait leur vie. Dans le ciel, ils deviennent infinis en participant de l'essence de Dieu, qui s'engendre par lui-même. L'immensité des cieux où vivent les anges est telle, que si l'homme était doué d'une vue aussi continuellement rapide que l'est la lumière en venant du soleil sur la terre, et qu'il regardât durant l'éternité, ses yeux ne trouveraient pas à l'horizon où se reposer. La lumière explique seule les félicités du ciel. C'est, dit-il (*Sap., Ang.*, 7, 25, 26, 27), une vapeur de la vertu de Dieu, une émanation pure de sa clarté, auprès de laquelle notre jour le plus éclatant est l'obscurité. Elle peut tout, renouvelle tout, et ne s'absorbe pas, elle environne l'ange et lui fait toucher Dieu par des jouissances infinies que l'on sent se multiplier infiniment par elles-mêmes. Cette lumière tue tout homme qui n'est pas préparé à la recevoir. Nul ici-bas, ni même dans le ciel, ne peut voir Dieu et vivre. Voilà pourquoi il est dit (*Ex.* xix 12, 13, 21, 22, 23) : *La montagne où Moïse parlait au Seigneur était gardée, de peur que quelqu'un, ne venant à y toucher, ne mourût.* Puis encore (*Ex.* xxxiv, 29-35) : *Quand Moïse apporta les secondes Tables, sa face brillait tellement, qu'il fut obligé de la voiler pour ne faire mourir personne en parlant au peuple.* La transfiguration de Jésus-Christ accuse également la lumière que jette un messager du ciel et les ineffables jouissances que trouvent les anges à en être continuellement imbus. *Sa face dit saint Mathieu* (xvii, 1—3), *resplendit comme le soleil, ses vêtements devinrent comme la lumière, et un nuage couvrit ses disciples.* Enfin, quand un astre n'enferme plus que des êtres qui se refusent au Seigneur, que sa parole est méconnue, que les esprits angéliques ont été assemblés des quatre vents, Dieu envoie un ange exterminateur pour changer la masse du monde réfractaire, qui, dans l'immensité de l'univers, est pour lui ce qu'est dans la nature un germe infécond. En approchant du globe, l'ange exterminateur, porté sur une comète, le fait tourner sur son axe : les continents deviennent alors le fond des mers, les plus hautes montagnes deviennent des îles, et les pays jadis couverts des eaux marines renaissent parés de leur fraîcheur et obéissant aux lois de la Genèse, la parole de Dieu reprend alors sa force sur une nouvelle terre, qui gade en tous lieux les effets de l'eau terrestre et du feu céleste. La lumière que l'ange apporte d'en haut, fait alors pâlir le soleil. *Alors comme dit Isaïe* (19—20) *Les hommes entreront dans des fentes de rochers, se blottiront dans la poussière. Ils crieront* (Apocalypse, vi 15—17) *aux montagnes: Tombez sur nous ! à la mer: Prends-nous ! aux airs : Cachez-nous de la fureur de l'agneau.* L'agneau est la grande image des anges méconnus et persécutés ici-bas. Aussi Christ a-t-il dit : *Heureux ceux qui souffrent ! Heureux les simples ! Heureux ceux qui aiment !* Tout Swedenborg est là, souffrir, croire, aimer. Pour bien aimer, ne faut-il pas avoir souffert, et ne faut-il pas croire? L'amour engendre la force, et la force engendre la sagesse, de là l'intelligence ; car la force et la sagesse comportent la volonté. Être intelligent, n'est-ce pas savoir, vouloir et pouvoir, les trois attributs de l'esprit angélique ! — « *Si l'univers a un sens, voilà le plus digne de Dieu !* » me disait M. Saint-Martin, que j'ai vu pendant le voyage qu'il fit en Suède. — Mais, monsieur, reprit M. Becker après une pause que signifient ces lambeaux pris dans l'étendue d'une œuvre de laquelle on ne peut donner une idée qu'en la comparant à un fleuve de lumière, à des ondes de flammes ? Quand un homme s'y plonge, il est emporté par un courant terrible. Le poème de Dante Alighieri fait à peine l'effet d'un point, à qui veut se plonger dans les innombrables versets à l'aide desquels Swedenborg a rendu palpables les mondes célestes, comme Beethoven a bâti ses palais d'harmonie avec des milliers de notes, comme les architectes ont édifié leurs cathédrales avec des milliers de pierres. Vous y roulerez dans des gouffres sans fin, où votre esprit ne vous soutient pas toujours. Certes ! il est nécessaire d'avoir une puissante intelligence pour en revenir sain et sauf à nos idées sociales.

— Swedenborg, reprit le pasteur, affectionnant particulièrement le baron de Séraphitz, dont le nom, suivant un vieil usage suédois, pris, depuis un temps immémorial, la terminaison latine *us*. Le baron fut le plus ardent disciple du prophète suédois, qui avait ouvert en lui les yeux de l'homme intérieur, et l'avait disposé pour une vie conforme aux ordres d'en haut. Il chercha parmi les femmes un esprit angélique, Swedenborg le lui trouva dans une vision. Sa fiancée fut la fille d'un cordonnier de Londres, en qui, disait Swedenborg, éclatait la vie du ciel, et dont les épreuves antérieures avaient été accomplies. Après la transformation du prophète, le baron vint à Jarvis pour faire ses noces célestes dans les pratiques de la prière. Quant à moi, monsieur, qui ne suis point un voyant, je ne me suis aperçu des œuvres terrestres de ce couple : sa vie a bien été celle des saints et des saintes dont les vertus sont la gloire de l'Église romaine. Tous deux, ils ont adouci la misère des habitants, et leur ont donné à tous une fortune qui ne va point sans un peu de travail, mais qui suffit à leurs besoins ; les gens qui vécurent près d'eux ne les ont jamais surpris dans un mouvement de colère ou d'impatience, ils ont été constamment bienfaisants et doux, pleins d'aménité, de grâce et de vraie bonté, leur mariage a été l'harmonie de deux âmes incessamment unies. Deux eiders volant du même vol, le son dans l'écho, la pensée dans la parole sont peut-être des images imparfaites de cette union. Ici chacun les aimait d'une affection qu'on pourrait exprimer qu'en la comparant à l'amour de la plante pour le soleil. La femme était simple dans ses manières belle de formes, belle de visage, et d'une noblesse semblable à celle des personnes les plus augustes. En 1783, dans la vingt-sixième année de son âge, cette femme conçut un enfant, sa gestation fut une joie grave. Les deux époux faisaient ainsi leurs adieux au monde, car ils me dirent qu'ils seraient sans doute transformés quand leur enfant aurait quitté la robe de chair, qui avait besoin de leurs soins jusqu'au moment où la terre d'être par elle-même lui serait communiquée. L'enfant naquit, et fut cette Séraphita qui nous occupe en ce moment, dès qu'elle fut conçue, son père et sa mère vécurent encore plus solitairement que par le passé, s'exaltant vers le ciel par la prière. Leur espérance était de voir Swedenborg, et la foi réalisa leur espérance. Le jour de la naissance de Séraphita, Swedenborg se manifesta dans Jarvis, et remplit de lumière la chambre où naissait l'enfant. Ses paroles furent, dit-on : *L'œuvre est accomplie, les cieux se réjouissent !* Les gens de la maison entendirent les sons étranges d'une mélodie, qui disaient-ils, semblait être apportée des quatre points cardinaux par le souffle des vents. L'esprit de Swedenborg emmena le père hors de la maison, et le conduisit sur le fiord, où il le quitta. Quelques hommes de Jarvis s'étaient alors approchés de M. Séraphitus, l'entendirent prononçant ces suaves paroles de l'Écriture : — *Combien sont beaux sur les montagnes les pieds de l'ange que nous envoie le Seigneur !* Je sortais du presbytère pour aller au château, y baptiser l'enfant, le nommer et accomplir les devoirs que m'imposent les lois lorsque je rencontrai le baron — « Votre ministère est inutile, me dit-il. Notre enfant doit être sans nom sur cette terre. Vous ne baptiserez pas avec l'eau de l'Église terrestre celui qui vient d'être ondoyé dans le feu du ciel. Cet enfant restera fleur, vous ne le verrez pas vieillir, vous le verrez passer ; vous avez l'*exister*, il a la vie, vous avez des sens extérieurs, il n'en a pas, il est tout intérieur. » Ces paroles furent prononcées d'une voix surnaturelle par laquelle je fus affecté plus vivement encore que par l'éclat emprunté sur son visage au sein de la lumière. Son aspect réalisait les fantastiques images que nous concevons des inspirés en lisant les prophéties de la Bible. Mais de tels effets ne sont pas rares au milieu de nos montagnes où le nitre des neiges subsistantes produit dans notre organisation d'étonnants phénomènes. Je lui demandai la cause de son émotion. — Swedenborg est venu, je quitte, j'ai respiré l'air du ciel, me dit-il. Sous quelle forme vous est-il apparu ? repris-je. — Sous son apparence mortelle, vêtu comme il l'était la dernière fois que je le vis à Londres, chez Richard Shearsmith, dans le quartier de Cold-Bath-Field, en juillet 1771. Il portait son habit de ratine à reflets changeants, à boutons d'acier, son gilet fermé, sa cravate blanche, et la même perruque magistrale, à rouleaux poudrés sur les côtés, et dont les cheveux relevés par devant lui découvraient ce front vaste et lumineux en harmonie avec sa grande figure carrée, où tout est puissance et calme. J'ai reconnu ce nez à larges narines plein s de feu, j'ai revu cette bouche qui a toujours souri, bouche angélique d'où sont sortis ces mots pleins de mon bonheur : — « À bientôt ! » et j'ai senti les resplendissements de l'amour céleste. La conviction qui brillait dans le visage du baron m'interdisait toute discussion, je l'écoutais en silence. Sa voix avait une chaleur contagieuse qui me chauffait les entrailles, son fanatisme agitait mon cœur, comme la colère d'autrui nous fait vibrer les nerfs. Je le suivis en silence et vins dans sa maison où j'aperçus l'enfant sans nom couché sur sa mère qui l'enveloppait mystérieusement. Séraphita m'entendit venir et leva la tête vers moi, ses yeux n'étaient pas ceux d'un enfant ordinaire, pour exprimer l'impression que j'en reçus, il faudrait dire qu'ils voyaient et pensaient déjà. L'enfance de cette créature prédestinée fut accompagnée de circonstances extraordinaires dans notre climat. Pendant neuf années, ses hivers ont été plus doux et nos étés plus longs que de coutume. Ce phénomène causa plusieurs discussions entre les savants, mais si leurs explications parurent suffisantes aux académiciens, elles furent soumises du baron quand je les lui communiquai. Jamais Séraphita n'a été vue dans sa nudité, comme le sont quelquefois les enfants, jamais elle n'a été touchée ni par un homme ni par une femme, elle a vécu vierge sur le sein de sa mère, et n'a jamais crié. Le vieux David vous confirmera ces vérités, si vous le questionnez sur sa maîtresse, pour laquelle il a d'ailleurs une adoration semblable à celle qu'avait pour l'arche sainte le roi dont il porte le nom. Dès l'âge de neuf ans, l'enfant a commencé à se mettre en état de prière : la prière est sa vie, vous l'avez vue dans notre temple à Noël, seul jour où elle y vienne, elle y est séparée des autres chrétiens par un espace considérable, si cet espace n'existe pas entre elle et les hommes, elle souffre. Aussi reste-t-elle la plupart du temps au château. Les événements de sa vie sont d'ailleurs inconnus, elle se montre pas, ses facultés, ses sensations tout est intérieur en elle, elle demeure la plus grande partie du temps dans un état de contemplation mystique habituel disent les écrivains papistes, aux premiers chrétiens solitaires, en qui demeurait la tradition de la parole de Christ. Son entendement, son âme, son corps, tout en elle est vierge comme la neige de nos montagnes. À dix ans, elle était telle que vous la voyez maintenant. Quand elle eut neuf ans, son père et sa mère expirèrent ensemble, sans douleur, sans maladie visible, après avoir dit l'heure à laquelle ils cesseraient d'être. Debout, à leurs pieds, elle les regardait d'un œil calme, sans témoigner ni tristesse, ni douleur, ni joie, ni curiosité ; son père et sa mère lui souriaient. Quand nous vînmes prendre les deux corps, elle dit : — Emportez ! Séraphita, lui dis-je, car nous l'avons appelée ainsi, n'êtes-vous donc pas affectée de la mort de votre père et de votre mère ? ils vous aimaient tant !

— Morts! dit-elle. Non, ils sont en moi pour toujours. Ceci n'est rien, ajouta-t-elle en montrant sans aucune émotion les corps que l'on enlevait. Je la voyais pour la troisième fois depuis sa naissance. Au temple, il est difficile de l'apercevoir, elle est debout près de la colonne à laquelle tient la chaire, dans une obscurité qui ne permet pas de saisir ses traits. Des serviteurs de cette maison, je ne sais, lors de cet événement, que le vieux David qui, malgré ses quatre-vingt-deux ans, suffit à servir sa maîtresse. Quelques gens de Jarvis ont raconté des choses merveilleuses sur cette fille. Leurs contes ayant pris une certaine consistance dans mon esprit, entièrement ami des mystères, je me suis mis à étudier l'œuvre des Incantations de Jean Wier et les ouvrages relatifs à la démonologie, où sont consignés les effets prétendus surnaturels en l'homme, afin d'y chercher des faits analogues à ceux qui lui sont attribués. — Vous ne croyez donc pas en elle? dit Wilfrid. — Si fait, dit avec bonhomie le pasteur, je vois en elle une fille extrêmement capricieuse, gâtée par ses parents, qui lui ont tourné la tête avec les idées religieuses que je viens de vous formuler.

Minna laissa échapper un signe de tête qui exprima doucement une négation.

— Pauvre fille! dit le docteur en continuant, ses parents lui ont légué l'exaltation funeste qui égare les mystiques et les rend plus ou moins fous. Elle se soumet à des diètes qui désolent le pauvre David. Le bon vieillard ressemble à une plante chétive qui s'agite au moindre vent qui s'épanouit au moindre rayon du soleil. Sa maîtresse, dont le langage incompréhensible est devenu le sien, est son vent et son soleil; elle a pour lui des pieds de diamant et le front parsemé d'étoiles; elle marche environnée d'une lumineuse et blanche atmosphère; sa voix est accompagnée de musiques, elle a le don de se rendre invisible. Demandez-lui à la voir, il vous répondra qu'elle voyage dans les terres astrales. Il est difficile de croire à de telles fables. Vous le voyez, tout miracle ressemble plus ou moins à l'histoire de la dent d'or. Nous avons une dent d'or à Jarvis, voilà tout. Aussi Duncker le pêcheur affirme l'avoir vue, tantôt se plongeant dans le fond de ces eaux et ressort sous la forme d'un eider, tantôt marchant sur les flots pendant la tempête. L'oiseau qui mène les troupeaux d'oies les se'er dit-on vu, dans les temps d'hiver, le vieux, le ciel tout couvert au-dessus du château de Suédenbourg, et toujours bleu au-dessus de la tête de Séraphîta quand elle le sort. Plusieurs femmes entendent le son d'un orgue immense quand Séraphîta vient dans le temple, et demandent sérieusement à leurs voisines si elles ne l'entendent pas aussi. Mais ma fille, que, depuis deux ans, Séraphîta prend en affection, n'a point entendu de musique, et n'a point senti les parfums du ciel, qui, dit-on, embaument l'air quand elle se promène. Minna est souvent rentrée en m'exprimant une naïve admiration de jeune fille pour les beautés de votre printemps; elle revenait envivée des odeurs que jettent les premières pousses des mélèzes, des pins ou des fleurs qu'elle cueille dans les bois; mais après un si long hiver, rien n'est plus naturel que cet excessif plaisir. La compagnie de ce démon n'a rien de bien extraordinaire, dis, mon enfant? — Ses secrets ne sont pas les miens, répondit Minna. Près de lui, je sais tout, loin de lui je ne sais plus rien; près de lui, je ne suis plus moi, loin de lui j'ai tout oublié de cette vie délicieuse. Le voir est un rêve dont le souvenir ne me reste que suivant sa volonté. J'ai pu entendre près de lui, sans m'en souvenir loin de lui, des musiques dont l'a jouées la femme de l'ancêtre et celle d'Erikson, j'ai pu, près de lui, sentir des parfums célestes, contempler des merveilles, et ne plus en avoir aucune idée. — Ce qui m'a surpris le plus depuis que je la connais, ce fut de la voir vous souffrir près d'elle, reprit le pasteur en s'adressant à Wilfrid. Pour elle, l'étranger, elle ne m'a jamais vu, ni ne m'a baisé, ni même fait toucher la main. Quand elle me vit pour la première fois, son regard m'intimida, elle me dit : — Soyez le bienvenu ici, car vous deviez venir. Il me sembla qu'elle me connaissait. Par tendre, la terreur me fit rougir. — Ne vous moquez-vous pas de moi? dit M. Becker en riant avec bonhomie, toi, ma fille, en le disant un esprit d'amour et vous monsieur, en vous laissant un esprit de sagesse!

Il but un verre de bière, et ne s'aperçut pas du singulier regard que Wilfrid jeta sur Minna.

— Plaisanterie à part, reprit le ministre, j'ai été fort surpris d'apprendre qu'aujourd'hui, pour la première fois, ces deux folles se sont aillées jusqu'au sommet du Falberg, mais c'est ce pas une exagération de jeunes filles qui seraient montées sur quelque colline? Il est impossible d'attendre à la cime du Falberg. — Mon père dit Minna d'une voix émue, j'ai donc été sous le pouvoir du démon, car j'ai gravi le Falberg avec lui. — Voilà qui devient sérieux, dit M. Becker, Minna n'a jamais menti. — Monsieur Becker, reprit Wilfrid, je vous affirme que Séraphîta exerce en moi des pouvoirs si extraordinaires, que je ne sais comment vous en puisser en avoir une idée. Elle m'a révélé des choses que moi seul je puis connaître. — Somnambulisme d'ailleurs, plusieurs cas de ce genre ont été rapportés par Jean Wier comme prouvés tout expliqués et faits observés en Égypte. — Comme moi les autres livres théoso-

de Swedenborg, dit Wilfrid, je veux me plonger dans ces gouffres de lumière vous m'en avez donné soif.

M. Becker tendit un volume à Wilfrid, qui se mit à lire aussitôt. Il était environ onze heures du soir. La servante vint bientôt du souper. Minna fit le thé. Le repas fini, chacun d'eux resta silencieusement occupé, le pasteur à lire le traité des Incantations de Wier, à saisir l'esprit de Swedenborg; la jeune fille à coudre en s'abandonnant dans ses souvenirs. Ce fut une soirée de Norvège, une soirée paisible, studieuse, pleine de pensées, des fleurs sous de la neige. En dévorant les pages du prophète, Wilfrid n'existait plus que par ses seuls intérieurs. Parfois, le pasteur le montrait d'un air modéré sérieux, montré d'ailleurs à Minna, qui souriait avec une sorte de tristesse. Pour Minna, la tête de Séraphîtus lui souriait planant sur le nuage de fumée qui les enveloppait tous trois. Minuit sonna. La porte extérieure fut violemment ouverte. Des pas pesants et précipités, les pas d'un vieillard effrayé, se firent entendre dans l'espace d'un vestibule étroit qui se trouvait entre les deux portes. Puis tout à coup David se montra dans le parloir.

— Violence! violence! s'écria-t-il. Venez, venez tous! Les satans sont déchaînés! ils ont des mitres de feu. Ce sont des Adonis, des Vertumnes, des sirènes! ils le tentent comme Jésus fut tenté sur la montagne. Venez les chasser. — Reconnaissez-vous le langage de Swedenborg? le voilà pur, dit en riant le pasteur.

Mais Wilfrid et Minna regardaient avec terreur le vieux David qui, ses cheveux blancs épars, les yeux égarés, les jambes tremblantes et couvertes de neige, car il était venu sans patins, restait agité comme si quelque vent tumultueux le tourmentait.

— Qu'est-il arrivé? lui dit Minna. — Eh bien! les Satans espèrent et veulent le reconquérir.

Ces mots firent palpiter Wilfrid.

— Voici près de cinq heures qu'elle est debout, les yeux levés au ciel, les bras étendus, elle souffre, elle crie à Dieu. Je ne puis franchir les limites. L'enfer a posé des Vertumnes en sentinelle. Ils ont élevé des murailles de fer entre elle et son vieux David. Si elle a besoin de moi, comment ferai-je? Secourez-moi! venez prier.

Le désespoir du pauvre vieillard était effrayant à voir.

— La clarté de Dieu la défend; mais si elle allait céder à la violence! reprit-il avec une bonne foi séductrice. — Silence! David, n'extravaguez pas! Ceci est un fait à vérifier. Nous allons vous accompagner, dit le pasteur, et vous verrez qu'il ne se trouve chez vous ni Vertumnes ni Satans, ni sirènes. — Votre père est aveugle, dit tout bas David à Minna.

Wilfrid, sur qui la lecture d'un premier traité de Swedenborg, qu'il avait rapidement parcouru, venait de produire un effet violent, était déjà dans le corridor, occupé à mettre ses patins. Minna prête aussitôt. Tous deux laissèrent en arrière les deux vieillards, et s'élancèrent vers le château suédois.

— Entendez-vous ce craquement? dit Wilfrid. — La glace du fiord rompt, répondit Minna, mais voici bientôt le printemps.

Wilfrid garda le silence. Quand tous deux furent dans la cour, ils ne se sentirent ni la faculté ni la force d'entrer dans la maison.

— Que pensez-vous d'elle? dit Wilfrid. — Quelles clartés! s'écria Minna qui se plaça devant la fenêtre du salon. Le voilà! mon Dieu qu'il est beau! Oh! mon Séraphîtus, prends-moi.

L'exclamation de la jeune fille fut toute intérieure. Elle vit Séraphîtus debout, légèrement enveloppé d'un brouillard couleur d'opale qui s'échappait à une faible distance de son corps presque phosphorique.

— Comme elle est belle! s'écria mentalement aussi Wilfrid.

En ce moment, M. Becker arriva, suivi de David. Il vit sa fille et l'étranger devant la fenêtre, vint près d'eux, regarda dans le salon et dit : — Eh bien! David, elle fait ses prières. — Mais, monsieur, essayez d'entrer. — Pourquoi troubler ceux qui prient? répondit le pasteur.

À ce moment, un rayon de la lune, qui se levait sur l'Alberg, jaillit sur la fenêtre. Tous se retournèrent émus par cet effet naturel qui les fit tressaillir, mais quand ils revinrent pour voir Séraphîta, elle avait disparu.

— Voilà qui est étrange! dit Wilfrid surpris. — Mais j'entends des sons délicieux! dit Minna. — Eh bien! quoi? dit le pasteur, elle va sans doute se coucher.

David était rentré. Ils revinrent en silence, aucun d'eux ne comprenant les effets de cette vision de la même manière : M. Becker doutait, Minna adorait, Wilfrid désirait.

Wilfrid était un homme de trente-six ans. Quoique largement développées, ses proportions ne manquaient pas d'harmonie. Sa taille était médiocre comme celle de presque tous les hommes qui se sont élevés au-dessus des autres, sa poitrine et ses épaules étaient larges, et son col était court comme celui des hommes dont le cœur doit être rapproché de la tête; ses cheveux étaient noirs, épais et fins, d'un ton jaune, possédaient un éclat solaire qui amenait avec qu'il se alla de sa nature, ainsi que l'éclair. Si ses traits mâles et bouleversés étaient par l'absence du calme intérieur que communique à l'être sans orages, ils annonçaient les ressources inépuibles de sens fougueux et les appétits de l'instinct : de même que ses mouvements indiquaient la perfection de l'appareil physique, la flexibilité des sens et la fidélité de leur jeu. Cet homme pouvait lutter avec le sauvage, entendre comme lui les pas des ennemis dans le lointain des forêts, en flairer la senteur dans les airs, et voir à l'horizon le signal d'un ami. Son sommeil était léger comme celui de toutes les créatures qui ne veulent pas se laisser surprendre. Son corps se mettait promptement en harmonie avec le climat des pays où le conduisait sa vie à tempêtes. L'art et la science eussent admiré dans cette organisation une sorte de modèle humain ; en lui tout s'équilibrait : l'action et le cœur, l'intelligence et la volonté. Au premier abord, il semblait devoir être classé parmi les êtres purement instinctifs qui se livrent aveuglément aux besoins matériels ; mais, dès le matin de la vie, il s'était élancé dans le monde social avec lequel ses sentiments l'avaient commis ; l'étude avait grandi son intelligence, la méditation avait aiguisé sa pensée, les sciences avaient élargi son entendement. Il avait étudié les lois humaines, le jeu des intérêts mis en présence par les passions, et paraissait s'être familiarisé de bonne heure avec les abstractions sur lesquelles reposent les sociétés. Il avait pâli sur les livres, qui sont les actions humaines mortes ; puis il avait veillé dans les capitales européennes au milieu des fêtes, il s'était éveillé dans plus d'un lit, il avait dormi peut-être sur le champ de bataille pendant la nuit qui précède le combat et pendant celle qui suit la victoire ; peut-être sa jeunesse orageuse l'avait-elle jeté sur le tillac d'un corsaire à travers les pays les plus contrastants du globe ; il connaissait ainsi les actions humaines vivantes. Il savait donc le présent et le passé ; l'histoire double, celle d'autrefois, celle d'aujourd'hui.

Beaucoup d'hommes ont été, comme Wilfrid, également puissants par la main, par le cœur et par la tête ; comme lui, la plupart ont abusé de leur triple pouvoir. Mais, si cet homme tenait encore par son enveloppe à la partie limoneuse de l'humanité, certes il appartenait également à la sphère où la force est intelligente. Malgré les voiles dans lesquels s'enveloppait son âme, il se rencontrait en lui ces indicibles symptômes visibles à l'œil des êtres purs, à celui des enfants dont l'innocence n'a reçu le souffle d'aucune passion mauvaise, à celui du vieillard qui a reconquis la sienne ; ces marques dénonçaient un Caïn auquel il restait une espérance, et qui semblait chercher quelque absolution au bout de la terre. Minna soupçonnait le forçat de la gloire en cet homme, et Séraphita le connaissait ; toutes deux l'admiraient et le plaignaient. D'où leur venait cette prescience ? Rien à la fois de plus simple et de plus extraordinaire. Dès que l'homme veut pénétrer dans les secrets de la nature, où rien n'est secret, où il s'agit seulement de voir, il s'aperçoit que le simple y produit le merveilleux.

— Séraphîtüs, dit-elle un soir quelques jours après l'arrivée de Wilfrid à Jarvis, vous lisez dans l'âme de cet étranger, tandis que je n'en reçois que de vagues impressions. Il me glace ou m'échauffe, mais vous paraissez savoir la cause de ce froid ou de cette chaleur ; vous pouvez me la dire, car vous savez tout de lui. — Oui, j'ai vu les causes, dit Séraphîtüs en abaissant sur ses yeux ses larges paupières. — Par quel pouvoir ? dit la curieuse Minna. — J'ai le don de spécialité, lui répondit-il. La spécialité constitue une espèce de vue intérieure qui pénètre tout, et tu n'en comprendras la portée que par une comparaison. Dans les grandes villes d'Europe d'où sortent des œuvres où la main humaine cherche à représenter les effets de la nature morale aussi bien que ceux de la nature physique, il est des hommes sublimes qui expriment des idées avec du marbre. Le statuaire agit sur le marbre, il le façonne, il y met un monde de pensées. Il existe des marbres que la main de l'homme a doués de la faculté de représenter tout un côté sublime ou tout un côté mauvais de l'humanité ; la plupart des hommes y voient une figure humaine et rien de plus ; quelques autres, un peu plus haut placés sur l'échelle des êtres, y aperçoivent une partie des pensées traduites par le sculpteur, ils admirent la forme ; mais les initiés aux secrets de l'art sont tous d'intelligence avec le statuaire : en voyant son marbre, ils y reconnaissent le monde entier de ses pensées. Ceux-là sont les princes de l'art, ils portent en eux-mêmes un miroir où vient se réfléchir la nature avec ses plus légers accidents. Eh bien ! il est en moi comme un miroir où vient se réfléchir la nature morale avec ses causes et ses effets. Je devine l'avenir et le passé en pénétrant ainsi la conscience. Comment ? me diras-tu toujours. Fais que le marbre soit le corps d'un homme, fais que le statuaire soit le sentiment, la passion, le vice ou le crime, la vertu, la faute ou le repentir : tu comprendras comment j'ai lu dans l'âme de l'étranger, sans néanmoins l'expliquer la spécialité, car, pour concevoir ce don, il faut le posséder.

Si Wilfrid tenait aux deux premières portions de l'humanité si distinctes, aux hommes de force et aux hommes de pensée ; ses excès, sa vie tourmentée et ses fautes l'avaient souvent conduit vers la foi, car le doute a deux côtés : le côté de la lumière et le côté des ténèbres. Wilfrid avait trop bien pressé le monde dans ses deux formes, la matière et l'esprit, pour ne pas être atteint de la soif de l'inconnu, du désir d'aller au delà, dont sont presque tous saisis les hommes qui savent, peuvent et veulent. Mais ni sa science, ni ses actions, ni son vouloir, n'avaient de direction. Il avait fui la vie sociale par nécessité, comme le grand coupable cherche le cloître. Le remords, cette vertu des faibles, ne l'atteignait pas. Le remords est une impuissance, il recommencera sa faute. Le repentir seul est une force, il termine tout. Mais en parcourant le monde, dont il s'était fait un cloître, Wilfrid n'avait trouvé nulle part de baume pour ses blessures, il n'avait vu nulle part de nature à laquelle il se pût attacher. En lui, le désespoir avait desséché les sources du désir. Il était de ces esprits qui, s'étant pris avec les passions, s'étant trouvés plus forts qu'elles, n'ont plus rien à presser dans leurs serres ; qui, l'occasion leur manquant de se mettre à la tête de quelques-uns de leurs égaux pour fouler sous le sabot de leurs montures des populations entières, achèteraient au prix d'un horrible martyre la

David.

SÉRAPHITA.

faculté de se ruiner dans une croyance : espèce de rochers sublimes qui attendent un coup de baguette qui ne vient pas, et qui pourrait en faire jaillir les sources lointaines. Jeté par un dessein de sa vie inquiète et chercheuse dans les chemins de la Norwége, l'hiver l'y avait surpris à Jarvis. Le jour où, pour la première fois, il vit Séraphita, cette rencontre lui fit oublier le passé de sa vie. La jeune fille lui causa ces sensations extrêmes qu'il ne croyait plus ranimables. Les cendres laissèrent échapper une dernière flamme et se dissipèrent au premier souffle de cette voix. Qui jamais s'est senti redevenir jeune et pur après avoir froidi dans la vieillesse et s'être sali dans l'impureté ? Tout à coup Wilfrid aima comme il n'avait jamais aimé ; il aima secrètement, avec foi, avec terreur, avec d'intimes folies. Sa vie était agitée dans la source même de la vie, à la seule idée de voir Séraphita. En l'entendant, il allait dans des mondes inconnus ; il était muet devant elle, elle le fascinait. Là, sous les neiges, parmi les glaces, avait grandi sur sa tige cette fleur céleste à laquelle aspiraient ses vœux jusque-là trompés, et dont la vue réveillait les idées fraîches, les espérances, les sentiments qui se groupent autour de nous pour nous enlever en des régions supérieures, comme les anges enlèvent aux cieux les élus dans les tableaux symboliques dictés aux peintres par quelque génie familier. Un céleste parfum amollissait la granit de ce rocher, une lumière douée de parole lui versait les divines mélodies qui accompagnent dans sa route le voyageur pour le ciel. Après avoir épuisé la coupe de l'amour terrestre, que ses dents avaient broyée, il apercevait le vase d'élection où brillaient les ondes limpides, et qui donne soif des délices inaccessibles à qui peut y approcher des lèvres assez ardentes de foi pour n'en point faire éclater le cristal. Il avait rencontré ce mur d'airain à franchir qu'il cherchait sur la terre. Il allait impétueusement chez Séraphita dans le dessein de lui exprimer la portée d'une passion sous laquelle il bondissait comme le cheval de la fable sous ce cavalier de bronze que rien n'émeut, qui reste droit, et que les efforts de l'animal fougueux rendent toujours plus pesant et plus pressant. Il arrivait pour dire sa vie, pour peindre la grandeur de son âme par la grandeur de ses fautes, pour montrer les ruines de ses déserts ; mais quand il avait franchi l'enceinte, et qu'il se trouvait dans la zone immense embrassée par ces yeux dont le scintillant azur ne rencontrait point de bornes en avant et n'en offrait aucune en arrière, il devenait calme et soumis comme le lion qui, lancé sur sa proie dans une plaine d'Afrique, reçoit sur l'aile des vents un message d'amour, et s'arrête. Il s'ouvrait un abîme où tombaient les paroles de son délire, et d'où s'élevait une voix qui le changeait : il était enfant, enfant de seize ans, timide et craintif devant la jeune fille au front serein, devant cette blanche forme dont le calme inaltérable ressemblait à la cruelle impassibilité de la justice humaine. Le combat n'avait jamais cessé que pendant cette soirée, où d'un regard elle l'avait enfin abattu, comme un milan qui, après avoir décrit ses étourdissantes spirales autour de sa proie, la fait tomber stupéfiée avant de l'emporter dans son aire. Il est en nous-mêmes de longues luttes dont le terme se trouve être une de nos actions, et qui font comme un envers à l'humanité. Cet envers est à Dieu. L'endroit est aux hommes. Plus d'une fois, Séraphita s'était plue à prouver à Wilfrid qu'elle connaissait cet envers si varié qui compose une seconde vie à la plupart des hommes. Souvent elle lui avait dit de sa voix de tourterelle : — « Pourquoi toute cette colère ? » quand Wilfrid se promettait en chemin de l'enlever afin d'en faire une chose à lui. Wilfrid seul était assez fort pour jeter le cri de révolte qu'il venait de pousser chez M. Becker, et que le récit du vieillard avait calmé. Cet homme si moqueur, si insulteur, voyait enfin poindre la clarté d'une croyance sidérale en sa nuit ; il se demandait si Séraphita n'était pas une exilée des sphères supérieures en route pour la patrie. Les déifications dont abusent les amants en tous pays, il n'en décernait pas les honneurs à ce lis de la Norwége, il y croyait. Pourquoi restait-elle au fond de ce fiord ?

Elle lui montrait Minna, qui accourait. — PAGE 26.

qu'y faisait-elle ? Les interrogations sans réponse abondaient dans son esprit. Qu'arriverait-il entre eux surtout ? Quel sort l'avait amené là ? Pour lui, Séraphita était ce marbre immobile, mais léger comme une ombre, que Minna venait de voir se posant au bord du gouffre : Séraphita demeurait ainsi devant tous les gouffres sans que rien pût l'atteindre, sans que l'arc de ses sourcils fléchit, sans que la lumière de sa prunelle vacillât. C'était donc un amour sans espoir, mais non sans curiosité. Dès le moment où Wilfrid soupçonna la nature éthérée dans la magicienne qui lui avait dit le secret de sa vie en songes harmonieux, il voulut tenter de se la soumettre, de la garder, de la ravir au ciel, où peut-être elle était attendue. L'humanité, la terre ressaisissant leur proie, il les représenterait. Son orgueil, seul sentiment par lequel l'homme puisse être exalté longtemps, le rendrait heureux de ce triomphe pendant le reste de sa vie. A cette idée, son sang bouillonna dans ses veines, son cœur se gonfla. S'il ne réussissait pas, il la briserait. Il est si naturel de détruire ce qu'on ne peut posséder, de nier ce qu'on ne comprend pas, d'insulter à ce qu'on envie !

Le lendemain, Wilfrid, préoccupé par les idées que devait faire naître le spectacle extraordinaire dont il avait été le témoin la veille, voulut interroger David, et vint le voir en prenant le prétexte de demander des nouvelles de Séraphita. Quoique M. Becker crût le pauvre homme tombé en enfance, l'étranger se fia sur sa perspicacité pour découvrir les parcelles de vérité que roulerait le serviteur dans le torrent de ses divagations.

David avait l'immobile et indécise physionomie de l'octogénaire : sous ses cheveux blancs se voyait un front où les rides formaient des assises ruinées ; son visage était creusé comme le lit d'un torrent à sec. Sa vie semblait s'être entièrement réfugiée dans les yeux, où brillait un rayon ; mais cette lueur était comme couverte de nuages, et communiquait l'égarement actif, aussi bien que la stupide fixité de l'ivresse. Ses mouvements lourds et lents annonçaient les glaces de l'âge et les communiquaient à qui s'abandonnait à le regarder longtemps, car il possédait la force de la torpeur. Son intelligence bornée ne se réveillait qu'au son de la voix, à la vue, au souvenir de sa maîtresse. Elle était l'âme de ce fragment tout matériel. En voyant David seul, vous eussiez dit d'un cadavre : Séraphita se montrait-elle, parlait-elle, était-il question d'elle, le mort sortait de sa tombe, il retrouvait le mouvement et la parole. Jamais les os desséchés que le souffle divin doit ranimer dans la vallée de Josaphat, jamais cette image apocalyptique ne fut mieux réalisée que par ce Lazare sans cesse rappelé du sépulcre à la vie par la voix de la jeune fille. Son langage constamment figuré, souvent incompréhensible, empêchait les habitants de lui parler, mais ils respectaient en lui cet esprit profondément dévié de la route vulgaire, que le peuple admire instinctivement. Wilfrid le trouva dans la première salle, en apparence endormi près du poêle. Comme le chien, qui reconnaît les amis de la maison, le vieillard leva les yeux, aperçut l'étranger, et ne bougea pas.

— Eh bien ! où est-elle ? demanda Wilfrid au vieillard en s'asseyant près de lui.

David agita ses doigts en l'air comme pour peindre le vol d'un oiseau.

— Elle ne souffre plus ? demanda Wilfrid.

— Les créatures promises au ciel savent seules souffrir sans que la souffrance diminue leur amour, ceci est la marque de la vraie foi, répondit gravement le vieillard comme un instrument essayé donne une note au hasard.

— Qui vous a dit ces paroles ?

— L'esprit.

— Que lui est-il donc arrivé hier au soir ? Avez-vous enfin forcé les Vertumnes en sentinelle ? vous êtes-vous glissé à travers les Mammons ?

— Oui, répondit David en se réveillant comme d'un songe. La vapeur confuse de son œil se fondit sous une lueur venue de l'âme, et qui le rendit par degrés brillant comme celui d'un aigle, intelligent comme celui d'un poète.

— Qu'avez-vous vu ? lui demanda Wilfrid étonné de ce changement subit.

— J'ai vu les espèces et les formes, j'ai entendu l'esprit des choses, j'ai vu la révolte des mauvais, j'ai écouté la parole des bons. Ils sont venus sept démons, il est descendu sept archanges. Les archanges étaient loin, ils contemplaient voilés. Les démons étaient près, ils brillaient et agissaient. Mammon est venu sur sa conque nacrée, et sous la forme d'une belle femme nue ; la neige de son corps éblouissait, jamais les formes humaines ne seront si parfaites, et il disait : — « Je suis le plaisir et tu me posséderas ! » Lucifer, le prince des serpents, est venu dans son appareil de souverain, l'homme était en lui beau comme un ange, et il a dit : — « L'humanité te servira. » La reine des avares, celle qui ne rend rien de ce qu'elle a reçu, la mer est venue enveloppée de sa mante verte ; elle s'est ouvert le sein, elle a montré son écrin de pierreries, elle a vomi ses trésors et les a offerts ; elle a fait arriver des vagues de saphirs et d'émeraudes ; ses productions se sont émues, elles ont surgi de leurs retraites, elles ont parlé ; la plus belle d'entre les perles a déployé ses ailes de papillon, elle a rayonné, elle a fait entendre ses musiques marines, elle a dit : — « Toutes deux filles de la souffrance, nous sommes sœurs, attends-moi ! » L'oiseau qui a les ailes de l'aigle et les pattes du lion, une tête de femme et la croupe du cheval, l'animal s'est abattu, lui a léché les pieds, promettant sept cents années d'abondance à sa fille bien-aimée. Le plus redoutable, l'enfant, est arrivé sur ses genoux en pleurant et lui disant : « Me quitteras-tu, moi faible et souffrant ? reste, ma mère. » Il jouait avec les autres, il répandait la paresse dans l'air, et le ciel se serait laissé aller à sa plainte. La vierge au chant pur a fait entendre ses concerts qui détendent l'âme. Les rois de l'Orient sont venus avec leurs esclaves, leurs armées et leurs femmes ; les blessés ont demandé son secours, les malheureux ont tendu la main : — « Ne nous quittez pas ! ne nous quittez pas ! » Moi-même j'ai crié : « Ne nous quittez pas ! Nous vous adorerons, restez ! » Il fleurs sont sorties de leurs graines et l'entouraient de leurs parfums qui disaient : — « Restez ! » Le géant Enakim est sorti de Jupiter, amenant l'or et ses amis, amenant les esprits des terres astrales qui s'étaient joints à lui, et ont dit : — « Nous serons à toi pour sept cents années. » Enfin la mort est descendue de son cheval pâle et a dit : — « Je t'obéirai ! » Tous se sont prosternés à ses pieds, et, si vous les aviez vus, ils remplissaient la grande plaine, et tous lui criaient : « Nous t'avons nourri, tu es notre enfant, ne nous abandonne pas ! » La vie est sortie de ses eaux rouges, et a dit : — « Je ne te quitterai pas ! » Puis, trouvant Séraphita silencieuse, elle a relui comme le soleil et s'écriait : « Je suis la lumière ! » — La lumière est là ! s'est écriée Séraphita en montrant les nuages où s'agitaient les archanges. Mais si la vue de ces combats lui avait brisé les nerfs, elle ne pouvait que crier : — « Ô mon Dieu ! » Combien d'esprits angéliques, en gravissant la montagne, et près du tendre au sommet, ont rencontré sous leurs pieds un gravier qui les a fait rouler et les a replongés dans l'abîme ! Tous ces esprits déchus admiraient sa constance, ils étaient la formant un chœur immobile, et tous lui disaient en pleurant : — « Courage ! » Enfin elle a vaincu le désir déchaîné sur elle sous toutes les formes et dans toutes les espèces. Elle est restée en prières, et, quand elle a levé les yeux, elle a vu le pied des anges revolant aux cieux.

— Elle a vu le pied des anges ! répéta Wilfrid.

— Oui, dit le vieillard.

— C'était un rêve qu'elle vous a raconté, demanda Wilfrid.

— Un rêve aussi sérieux que celui de votre vie, répondit David ; j'y étais.

Le calme du vieux serviteur frappa Wilfrid, qui s'en alla se demandant si ces visions étaient moins extraordinaires que celles dont les relations se trouvent chez Swedenborg, et qu'il avait lues la veille.

— Si les esprits existent, ils doivent agir, se disait-il en entrant au presbytère où il trouva M. Becker seul.

— Cher pasteur, dit Wilfrid, Séraphita ne tient à nous que par la forme, et sa forme est impénétrable. Ne me traitez ni de fou ni d'amoureux ; une conviction ne se discute point. Convertissez ma croyance en suppositions scientifiques, et cherchons à nous éclairer. Demain nous irons tous deux chez elle.

— Eh bien ! dit M. Becker.

— Si son œil ignore l'espace, reprit Wilfrid, si sa pensée est une vue intelligente qui lui permet d'embrasser les choses dans leur essence, et de les relier à l'évolution générale des mondes, si, en un mot, elle sait et voit tout, asseyons la pythonisse sur son trépied, forçons cet aigle implacable à déployer ses ailes en le menaçant. Aidez-moi ! je respire un feu qui me dévore, je veux l'éteindre ou me laisser consumer. Enfin j'ai découvert une proie, je la veux.

— Ce serait, dit le ministre, une conquête assez difficile à faire, car cette pauvre fille est...

— Est ?... reprit Wilfrid.

— Folle, dit le ministre.

— Je ne vous conteste pas sa folie, ne me contestez pas sa supériorité. Cher monsieur Becker, elle m'a souvent confondu par son érudition. A-t-elle voyagé ?

— De sa maison au fiord.

— Elle n'est pas sortie d'ici ! s'écria Wilfrid, elle a donc beaucoup lu ?

— Pas un feuillet, pas un iota ! moi seul ai des livres dans Jarvis. Les œuvres de Swedenborg, les seuls ouvrages qui fussent au château, les voici. Jamais elle n'en a pris un seul.

— Avez-vous jamais essayé de causer avec elle ?

— A quoi bon ?

— Personne n'a vécu sous son toit ?

— Elle n'a pas eu d'autres amis que vous et Minna, ni d'autre serviteur que David.

— Elle n'a jamais entendu parler de sciences ni d'arts ?

— Par qui ? dit le pasteur.

— Si elle disserte pertinemment de ces choses, comme elle en a souvent causé avec moi que croirez-vous ?

— Que cette fille a conquis peut-être, pendant quelques années de silence, les facultés dont jouissaient Apollonius de Tyane et beaucoup de prétendus sorciers que l'Inquisition a brûlés, ne voulant pas admettre la seconde vue.

— Si elle parle arabe, que penseriez-vous ?

— L'histoire des sciences médicales contient plusieurs exemples de filles qui ont parlé des langues à elles inconnues.

— Que faire ? dit Wilfrid. Elle connaît dans le passé de ma vie des choses dont le secret n'était qu'à moi.

— Nous verrons si elle me dit les pensées que je n'ai confiées à personne, dit M. Becker.

Minna rentra.

— Eh bien ! ma fille, que devient ton démon ?

— Il souffre, mon père, répondit-elle en saluant Wilfrid. Les passions humaines, revêtues de leurs fausses richesses, l'ont entouré pendant la nuit et lui ont déroulé les pompes immenses. Mais vous traitez ces choses de contes.

— Des contes aussi beaux pour qui les lit dans son cerveau que le sont pour le vulgaire ceux des Mille et une Nuits, dit le pasteur en souriant.

— Satan, reprit-elle, n'a-t-il donc pas transporté le Sauveur sur le haut du temple en lui montrant les nations à ses pieds ?

— Les évangélistes, répondit le pasteur, n'ont pas si bien corrigé les copies qu'il n'en existe plusieurs versions.

— Vous croyez à la réalité de ces visions ? dit Wilfrid à Minna.

— Qui peut en douter quand il la raconte ?

— Il ? demanda Wilfrid, qui ?

— Celui qui est là, répondit Minna en montrant le château.

— Vous parlez de Séraphita ! dit l'étranger surpris.

La jeune fille baissa la tête en lui jetant un regard plein de douce malice.

— Et vous aussi, reprit Wilfrid, vous vous plaisez à confondre mes idées ! Qui est-ce ? que pensez-vous d'elle ?

— Ce que je sens est inexplicable, reprit Minna en rougissant.
— Vous êtes fous! s'écria le pasteur.
— A demain! dit Wilfrid.

IV. — Les nuées du sanctuaire

Il est des spectacles auxquels coopèrent toutes les matérielles magnificences dont dispose l'homme. Des nations d'esclaves et de plongeurs sont allées chercher dans le sable des mers, aux entrailles des rochers, ces perles et ces diamants qui parent les spectateurs. Transmises d'héritage en héritage, ces splendeurs ont brillé sur tous les fronts couronnés, et feraient la plus fidèle des histoires humaines si elles prenaient la parole. Ne connaissent-elles pas les douleurs et les joies des grands comme celles des petits? Elles ont été portées partout : elles ont été portées avec orgueil dans les fêtes, portées avec désespoir chez l'usurier, emportées dans le sang et le pillage, transportées dans les chefs-d'œuvre enfantés par l'art pour les garder. Excepté la perle de Cléopâtre, aucune d'elles ne s'est perdue. Les grands, les heureux, sont là réunis et voient couronner un roi dont la parure est le produit de l'industrie des hommes, mais qui dans sa gloire est vêtu d'une pourpre moins parfaite que ne l'est celle d'une simple fleur des champs. Ces fêtes splendides de lumière, enceintes de musique où la parole de l'homme essaye à tonner, tous ces triomphes de sa main, une pensée, un sentiment les écrase. L'esprit peut rassembler autour de l'homme et dans l'homme de plus vives lumières, lui faire entendre de plus mélodieuses harmonies, asseoir sur les nuées de brillantes constellations qu'il interroge. Le cœur peut plus encore! L'homme peut se trouver face à face avec une seule créature, et trouver dans un seul mot, dans un seul regard, un faix si lourd à porter, d'un éclat si lumineux, d'un son si pénétrant, qu'il succombe et s'agenouille. Les plus réelles magnificences ne sont pas dans les choses, elles sont en nous-mêmes. Pour le savant, un secret de science n'est-il pas un monde entier de merveilles? Les trompettes de la force, les brillants de la richesse, la musique de la joie, un immense concours d'hommes accompagne-t-il sa fête? Non, il va dans quelque réduit obscur où souvent un homme pâle et souffrant lui dit un seul mot à l'oreille. Ce mot, comme une torche jetée dans un souterrain, lui éclaire les sciences. Toutes les idées humaines, habillées des plus attrayantes formes qu'ait inventées le mystère, entouraient un aveugle assis dans la fange au bord d'un chemin. Les trois mondes, le naturel, le spirituel et le divin, avec toutes leurs sphères, se découvraient à un pauvre proscrit florentin : il marchait accompagné des heureux et des souffrants, de ceux qui priaient et de ceux qui criaient, des anges et des damnés. Quand l'envoyé de Dieu, qui savait et pouvait tout, apparut à trois de ses disciples, ce fut un soir, à la table commune de la plus pauvre des auberges, en ce moment, la lumière éclata, brisa les formes matérielles, éclaira les facultés spirituelles, ils le virent dans sa gloire, et la terre ne tenait déjà plus à leurs pieds que comme une sandale qui s'en détachait.

M. Becker, Wilfrid et Minna se sentaient agités de crainte en allant chez l'être extraordinaire qu'ils s'étaient proposé d'interroger. Pour chacun d'eux, le château suédois agrandi comportait un spectacle gigantesque, semblable à ceux dont les masses et les couleurs sont si savamment, si harmonieusement disposées par les poètes, et dont les personnages, acteurs imaginaires pour les hommes, sont réels pour ceux qui commencent à pénétrer dans le monde spirituel. Sur les gradins du doute, M. Becker asseyait les grises légions du doute, ses sombres idées, ses vicieuses formules de dispute; il y convoquait les différents mondes philosophiques et religieux qui se combattent, et qui tous apparaissaient sous la forme d'un système décharné comme le temps configuré par l'homme, vieillard qui d'une main lève la faux, et dans l'autre emporte un grêle univers, l'univers humain. Wilfrid y conviait ses premières illusions et ses dernières espérances, il y faisait siéger la nature humaine et ses combats, la religion et ses dominations victorieuses. Minna y voyait confusément le ciel par une échappée, l'amour lui relevait un rideau brodé d'images mystérieuses, et les sons harmonieux qui arrivaient à ses oreilles redoublaient sa curiosité. Pour eux, cette soirée était donc ce que le souper fut pour les trois pèlerins dans Emmaüs, ce que fut une vision pour Dante, une inspiration pour Homère; pour eux, les trois formes du monde tendaient à être dévoilées, les incertitudes dissipées, des ténèbres éclaircies. L'humanité dans tous ses modes et attendant ne pouvait être mieux représentée que par cette jeune fille, par cet homme et par ces deux vieillards, dont l'un était assez savant pour douter, dont l'autre était assez ignorant pour croire. Jamais aucune scène ne fut ni plus simple en apparence, ni plus vaste en réalité.

Quand ils entrèrent, conduits par le vieux David, ils trouvèrent Séraphîta debout devant la table, sur laquelle étaient servies différentes choses dont se compose un thé, collation qui supplée dans le Nord aux joies du vin, réservées pour les pays méridionaux. Certes, rien n'annonçait en elle ou en lui, cet être avait l'étrange pouvoir d'apparaître sous deux formes distinctes; rien donc ne trahissait les différentes puissances dont elle disposait. Vulgairement occupée du bien-être de ses trois hôtes, Séraphîta recommandait à David de mettre du bois dans le poêle.

— Bonjour, mes voisins, dit-elle. Mon cher monsieur Becker, vous avez bien fait de venir; vous me voyez vivante pour la dernière fois peut-être. Cet hiver m'a tuée. Asseyez-vous donc, monsieur, dit-elle à Wilfrid. Et toi, Minna, mets-toi là, dit-elle en lui montrant un fauteuil près de lui. Tu as apporté ta tapisserie à la main, en as-tu trouvé le point? Le dessin en est fort joli. Pour qui est-ce? pour ton père ou pour monsieur? dit-elle en se tournant vers Wilfrid. Ne lui laisserons-nous point avant son départ un souvenir des filles de la Norwège?

— Vous avez donc souffert encore hier? dit Wilfrid.

— Ce n'est rien, dit-elle. Cette souffrance me plaît : elle est nécessaire pour sortir de la vie.

— La mort ne vous effraye donc point? dit en souriant M. Becker, qui ne la croyait pas malade.

— Non, cher pasteur. Il est deux manières de mourir : aux uns la mort est une victoire, aux autres elle est une défaite.

— Vous croyez avoir vaincu? dit Minna.

— Je ne sais, répondit-elle, peut-être ne sera-ce qu'un pas de plus.

La splendeur lactée de son front s'altéra, ses yeux se voilèrent sous ses paupières lentement déroulées. Le simple mouvement des trois curieux émus et immobiles. M. Becker fut le plus hardi.

— Chère fille, dit-il, vous êtes la candeur même; mais vous êtes aussi d'une bonté divine, je désirerais de vous, ce soir, autre chose que les friandises de votre thé. S'il faut en croire certaines personnes, vous savez des choses extraordinaires; mais, s'il en est ainsi, ne serait-il pas charitable à vous de dissiper quelques-uns de nos doutes?

— Ah! reprit-elle en souriant, je marche sur les nuées, je suis au mieux avec les gouffres du monde, la mer est une monture à laquelle j'ai mis un frein, je sais où croît la fleur qui chante, où rayonne la lumière qui parle, où brillent et vivent les couleurs qui embaument; j'ai l'anneau de Salomon, je suis une fée, je jette mes ordres au vent qui les exécute en esclave soumis, je vois les trésors en terre, je suis la vierge au-devant de laquelle volent les perles, et...

— Et nous allons sans danger sur le Falberg! dit Minna qui l'interrompit.

— Et toi aussi! répondit l'être en lançant à la jeune fille un regard lumineux qui la remplit de trouble. Si je n'avais pas la faculté de lire à travers vos fronts le désir qui vous amène, serais-je ce que vous croyez que je suis? dit-elle en enveloppant tous trois de son regard envahisseur, à la grande satisfaction de David, qui se frotta les mains en s'en allant. Ah! reprit-elle après une pause, vous êtes venus animés tous d'une curiosité d'enfant. Vous vous êtes demandé, mon pauvre monsieur Becker, s'il est possible à une fille de dix-sept ans de savoir un des mille secrets que les savants cherchent en terre, au lieu de lever les yeux vers le ciel. Si je vous disais comment et par où la plante communique du côté matériel, vous commenceriez à douter de vos doutes. Vous avez comploté de m'interroger, avouez-le.

— Oui, chère Séraphîta, répondit Wilfrid; mais ce désir n'est-il pas naturel à des hommes?

— Voulez-vous donc ennuyer cette enfant? dit-elle en posant la main sur les cheveux de Minna par un geste caressant.

La jeune fille leva les yeux, et parut vouloir se fondre en lui.

— La parole est le bien de tous, reprit gravement l'être mystérieux. Malheur à qui garderait le silence au milieu du désert en croyant n'être entendu de personne! tout parle et tout écoute ici-bas. La parole meut les mondes. Je souhaite, monsieur Becker, ne rien dire en vain de ces difficultés que vous éprouvez le plus : ne serait-ce pas un miracle que d'embrasser tout d'abord le passé de votre conscience? Eh bien! le miracle va s'accomplir. Écoutez-moi. Vous ne vous êtes jamais avoué vos doutes dans toute leur étendue; moi seule, inébranlable dans ma foi, je puis vous les dire et vous effrayer de vous-même. Vous êtes du côté le plus obscur du doute, vous ne croyez pas en Dieu, et toute chose ici-bas devient secondaire pour qui s'attaque au principe de ces choses. Abandonnons les discussions creuses sans fruit par de fausses philosophies. Les générations spiritualistes n'ont pas fait moins de vains efforts pour nier la matière que n'en ont tenté les générations matérialistes pour nier l'esprit. Pourquoi ces débats? L'homme n'offrait-il pas à l'un et à l'autre système des preuves irréfragables? ne se rencontre-t-il pas en lui des choses matérielles et des choses spirituelles? Un fou seul peut se refuser à voir un fragment de matière dans le corps humain; en le décomposant, vos sciences naturelles y trouvent peu de différence entre ses principes et ceux des autres animaux. L'idée que produit en l'homme la comparaison de plusieurs objets ne semble non plus à personne être dans le domaine de la matière. Ici, je ne me prononce pas, il s'agit de vos doutes et non de mes certitudes. A vous, comme à la plupart des penseurs, les rapports que vous avez la faculté de découvrir entre les choses dont la réalité vous est attestée par vos sensations ne semblent point devoir être matériels. L'univers naturel des choses et des êtres se termine donc par l'homme par l'univers surnaturel des similitudes ou des différences qu'il aperçoit entre les innombrables formes de la nature, relations si multipliées, qu'elles paraissent infinies; car, si jusqu'à présent nul n'a pu dénombrer les seules créations terrestres, quel homme pourrait en énumérer les rapports? La fraction que vous en connaissez n'est-elle pas à leur somme totale comme un nombre est à l'infini? Ici vous tombez déjà dans la perception de l'infini, qui, certes, vous fait concevoir un monde purement spirituel. Ainsi l'homme présente une preuve suffisante de ces deux modes, la matière et l'esprit. En lui vient aboutir un visible univers fini; en lui commence un univers invisible et infini, deux mondes qui ne se connaissent pas : les cailloux du fiord ont-ils l'intelligence de leurs combinaisons, ont-ils la conscience des couleurs qu'ils présentent aux yeux de l'homme, entendent-ils la musique des flots qui les caressent? Franchissons, sans le sonder, l'abîme que nous offre l'union d'un univers matériel et d'un univers spirituel, une création visible, pondérable, tangible, terminée par une création intangible, invisible, impondérable, toutes deux complètement dissemblables, séparées par le néant, réunies par des accords incontestables, rassemblées dans un être qui tient de l'une et de l'autre? Confondons en un seul monde ces deux mondes inconciliables pour vos philosophies et couciliés par le fait. Quelque abstraite que l'homme la suppose, la relation qui lie deux choses entre elles comporte une empreinte. Où? quoi? Nous n'en sommes pas à rechercher à quel point de subtilisation peut arriver la matière. Si telle était la question, je ne vois pas pourquoi celui qui a cousu par des rapports physiques les astres à d'incommensurables distances pour s'en faire un voile n'aurait pu créer des substances pensantes, ni pourquoi vous lui interdiriez la faculté de donner un corps à la pensée. Donc votre invisible univers moral et votre visible univers physique constituent une seule et même matière. Nous ne séparerons point les propriétés et les corps, ni les objets et les rapports. Tout ce qui existe, ce qui nous presse et nous accable au-dessus, au-dessous de nous, devant nous, en nous; ce que nos yeux et nos esprits aperçoivent, toutes ces choses nommées et innommées composeront, afin d'adapter le problème de la création à votre manière et à votre logique, un bloc de matière fini; s'il était infini, Dieu n'en serait plus le maître. Ici, selon vous, cher pasteur, de quelque façon que l'on veuille mêler un Dieu infini à ce bloc de matière fini, Dieu ne saurait exister avec les attributs dont il est investi par l'homme; en le demandant aux faits, il est nul; en le demandant au raisonnement, il sera nul encore; spirituellement et matériellement, Dieu devient impossible. Ecoutons le verbe de la raison humaine pressée dans ses dernières conséquences.

En mettant Dieu face à face avec ce grand tout, il n'est entre eux que deux états possibles. La matière et Dieu sont contemporains, ou Dieu préexistait seul à la matière. En supposant la raison qui éclaire les races humaines depuis qu'elles vivent amassée dans une seule tête, cette tête gigantesque ne saurait inventer une troisième façon d'être, à moins de supprimer matière et Dieu. Que les philosophes humaines entassent des montagnes de mots et d'idées, que les religions accumulent des images et des croyances, des révélations et des mystères, il faut en venir à ce terrible dilemme, et choisir entre les deux propositions qui le composent; mais vous n'avez pas à opter : l'une et l'autre conduit la raison humaine au doute.

Le problème étant ainsi posé, qu'importent l'esprit et la matière? qu'importe la marche des mondes dans un sens ou dans un autre, du moment où l'être qui les mène est convaincu d'absurdité? À quoi bon chercher si l'homme s'avance vers le ciel ou s'il en revient, si la création s'élève vers l'esprit ou descend vers la matière, des que les mondes interrogés ne donnent aucune réponse? Que signifient les théogonies et leurs armées, que signifient les théologies et leurs dogmes, du moment où, quel que soit le choix de l'homme entre les deux faces du problème, son Dieu n'est plus? Parcourons la première, supposons Dieu contemporain de la matière! Est-ce être Dieu que de subir l'action ou la coexistence d'une substance étrangère à la sienne? Dans ce système, Dieu ne devient-il pas un agent secondaire obligé d'organiser la matière? Qui l'a contraint? Entre sa grossière compagne et lui, qui fut l'arbitre? Qui donc payé le salaire des six journées imputées à ce grand artiste? S'il s'était rencontré quelque force déterminante qui ne fût ni Dieu ni la matière, en voyant Dieu tenu de fabriquer la machine des mondes, il serait aussi ridicule de l'appeler Dieu que de nommer citoyen de Rome l'esclave envoyé pour tourner une meule. D'ailleurs, il se présente une difficulté tout aussi peu soluble pour cette raison suprême qu'elle l'est pour Dieu. Reporter le problème plus haut, n'est-ce pas agir comme les Indiens, qui placent le monde sur une tortue, la tortue sur un éléphant, et qui ne peuvent dire sur quoi reposent les pieds de leur éléphant? Cette volonté suprême, jaillie du combat de la matière et de Dieu, ce Dieu, plus que Dieu, peut-il être demeuré pendant une éternité sans vouloir ce qu'il a voulu, en admettant que l'éternité puisse se scinder en deux temps? N'importe où soit Dieu, s'il

n'a pas connu sa pensée postérieure, son intelligence intuitive ne périt-elle point? Qui donc aurait raison entre ces deux éternités? sera-ce l'éternité incréée ou l'éternité créée? S'il a voulu de tout temps le monde tel qu'il est, cette nouvelle nécessité, d'ailleurs en harmonie avec l'idée d'une souveraine intelligence, implique la coéternité de la matière. Que la matière soit coéternelle par une volonté divine nécessairement semblable à elle-même en tout temps, ou que la matière soit coéternelle par elle-même, la puissance de Dieu devant être absolue périt avec son libre arbitre; il trouverait toujours en lui une raison déterminante qui l'aurait dominé. Est-ce être Dieu que de ne pas plus pouvoir se séparer de sa création dans une postérieure que dans une antérieure éternité? Cette face du problème est donc insoluble dans sa cause! Examinons-la dans ses effets. Si Dieu, forcé d'avoir créé le monde de toute éternité, semble inexplicable, il l'est tout autant dans sa perpétuelle cohésion avec son œuvre. Dieu, contraint de vivre éternellement uni à sa création, est tout aussi ravalé que dans sa première condition d'ouvrier. Concevez-vous un Dieu qui ne peut pas plus être indépendant que dépendant de son œuvre? Peut-il la détruire sans se récuser lui-même? Examinez, choisissez! Qu'il la détruise un jour, qu'il ne la détruise jamais, l'un ou l'autre terme est fatal aux attributs sans lesquels il ne saurait exister. Le monde est-il un essai, une forme périssable dont la destruction aura lieu? Dieu ne serait-il pas inconséquent et impuissant? Inconséquent : ne devait-il pas voir le résultat avant l'expérience, et pourquoi tarde-t-il à briser ce qu'il brisera? Impuissant : devait-il le créer un monde imparfait? Si la création imparfaite dément les facultés que l'homme attribue à Dieu, retournons alors à la question : supposons la création parfaite. L'idée est en harmonie avec celle d'un Dieu souverainement intelligent qui n'a dû se tromper en rien; mais alors pourquoi la dégradation? pourquoi la régénération? Puis le monde parfait est nécessairement indestructible, ses formes ne doivent point périr, le monde n'avance ni ne recule jamais, il roule dans une éternelle circonférence d'où il ne sortira point. Dieu sera donc dépendant de son œuvre, elle lui est donc coéternelle, ce qui fait revenir l'une des propositions qui attaquent le plus Dieu. Imparfait, le monde admet une marche, un progrès; mais parfait, il est stationnaire. S'il est impossible d'admettre un Dieu progressif, ne sachant pas de toute éternité le résultat de sa création, Dieu stationnaire existe-t-il? n'est-ce pas le triomphe de la matière? n'est-ce pas la plus grande de toutes les négations? Dans la première hypothèse, Dieu périt par faiblesse, dans la seconde, il périt par la puissance de son inertie. Ainsi, dans la conception même d'une exécution des mondes, pour tout esprit de bonne foi, supposer la matière contemporaine de Dieu, c'est vouloir nier Dieu. Forcées de choisir pour gouverner les nations entre les deux faces de ce problème, des générations entières de grands penseurs ont opté pour celle-ci. De là le dogme des deux principes du magisme qui de l'Asie a passé en Europe sous la forme de Satan combattant le Père éternel. Mais cette formule religieuse et les innombrables divinisations qui en dérivent ne sont-elles pas des crimes de lèse-majesté divine? De quel autre nom appeler la croyance qui donne à Dieu pour rival une personnification du mal se débattant éternellement sous les efforts de son omnipotente intelligence sans aucun triomphe possible? Votre statique dit que deux forces ainsi placées s'annulent réciproquement.

Vous vous retournez vers la deuxième face du problème. Dieu préexistait seul, unique.

Ne reproduisons pas les argumentations précédentes qui reviennent dans toute leur force relativement à la scission de l'éternité en deux temps, le temps incréé, le temps créé. Laissons également les questions soulevées par la marche ou l'immobilité des mondes, contentons-nous des difficultés inhérentes à ce second thème. Si Dieu préexistait seul, le monde est émané de lui; la matière fut alors tirée de son essence. Donc, plus de matière! toutes les formes sont des voiles sous lesquels se cache l'esprit divin. Mais alors le monde est éternel, mais alors le monde est Dieu. Cette proposition n'est-elle pas encore plus fatale que la précédente aux attributs donnés à Dieu par la raison humaine? Sortie du sein de Dieu, toujours unie à lui, l'état actuel de la matière est-il explicable? Comment croire que le Tout-Puissant, souverainement bon dans son essence et dans ses facultés, ait engendré des choses qui lui sont dissemblables, qu'il ne soit pas en tout et partout semblable à lui-même? Se trouvait-il donc en lui des parties mauvaises desquelles il se serait un jour débarrassé? conjecture moins offensante ou ridicule que terrible, et qu'elle ramène en lui ces deux principes de la thèse précédente prouve être inadmissibles. Dieu doit être UN, il ne peut se scinder sans renoncer à la plus importante de ses conditions. Il est donc impossible d'admettre une fraction de Dieu qui ne soit pas Dieu. Cette hypothèse parut tellement criminelle à l'Eglise romaine, qu'elle a fait un article de foi de l'indivisibilité dans les moindres parcelles de l'eucharistie. Comment alors supposer une intelligence omnipotente qui ne triomphe pas? Comment l'adjoindre, sans un triomphe immédiat, à la nature? Et cette nature cherche, combine, refait, meurt et renaît; elle s'agite encore plus quand elle crée que quand tout est en fusion; elle souffre, gémit, ignore, dégénère, fait le mal, se trompe, s'abolit, disparaît, recommence. Comment justifier la méconnaissance presque générale du principe divin? Pourquoi la mort? pourquoi le génie du mal, ce roi de la terre, a-t-il été enfanté par un Dieu souverainement bon dans son essence et dans ses facultés, qui n'a rien dû produire que de conforme à lui-même? Mais, si, de cette conséquence implacable qui nous conduit tout d'abord à l'absurde, nous passons aux détails, quelle fin pouvons-nous assigner au monde? Si tout est Dieu, tout est réciproquement effet et cause; ou plutôt il n'existe ni cause ni effet : tout est UN comme Dieu, et vous n'apercevez ni point de départ ni point d'arrivée. La fin réelle serait-elle une rotation de la matière qui va se subtilisant? En quelque sens qu'il se fasse, ne serait-ce pas un jeu d'enfant que le mécanisme de cette matière sortie de Dieu, retournant à Dieu? Pourquoi se ferait-il grossier? Sous quelle forme Dieu est-il le plus Dieu? Qui a raison, de la matière ou de l'esprit, quand aucun des deux modes ne saurait avoir tort? Qui peut reconnaître Dieu dans cette éternelle industrie par laquelle il se partagerait lui-même en deux natures, dont l'une ne sait rien, dont l'autre sait tout? Concevez-vous Dieu s'amusant de lui-même sous forme d'homme, riant de ses propres efforts, mourant vendredi pour renaître dimanche, et continuant cette plaisanterie dans les siècles des siècles en en sachant de toute éternité la fin, ne se disant rien à lui créature, de ce qu'il fait, lui Créateur. Le Dieu de la précédente hypothèse, ce Dieu si nul par la puissance de son inertie, semble plus possible, s'il fallait choisir dans l'impossible, que ce Dieu si stupidement rieur qui se fusille lui-même quand deux portions de l'humanité sont en présence, les armes à la main. Quelque comique que soit cette suprême expression de la seconde face du problème, elle fut adoptée par la moitié du genre humain chez les nations qui se sont créé de riantes mythologies. Ces amoureuses nations étaient conséquentes : chez elles, tout était Dieu, même la peur et ses lâchetés, même le crime et ses bacchanales. En acceptant le panthéisme, la religion de quelques grands génies humains, qui sait de quel côté se trouve alors la raison? Est-elle chez le sauvage, libre dans le désert, vêtu dans sa nudité, sublime et toujours juste dans ses actes quels qu'ils soient, écoutant le soleil, causant avec la mer? Est-elle chez l'homme civilisé, qui ne doit ses plus grandes jouissances qu'à des mensonges, qui tord et presse la nature pour se mettre un fusil sur l'épaule, qui a usé son intelligence pour avancer l'heure de sa mort et pour se créer des maladies dans tous ses plaisirs? Quand le râteau de la peste ou le soc de la guerre, quand le génie des déserts a passé sur un coin du globe en y effaçant tout, qui a eu raison du sauvage de Nubie ou du patricien de Thèbes? Vos doutes descendent de haut en bas, ils embrassent tout, la fin comme les moyens. Si le monde physique semble inexplicable, le monde moral prouve donc encore plus contre Dieu. Où est donc le progrès? Si tout va se perfectionnant, pourquoi mourons-nous enfants? pourquoi les nations au moins ne se perpétuent-elles pas? Le monde issu de Dieu, contenu en Dieu, est-il stationnaire? Vivons-nous une fois, vivons-nous toujours? Si nous vivons une fois, pressés par la marche du grand tout dont la connaissance ne nous a pas été donnée, agissons à notre guise! Si nous sommes éternels, laissons faire! La créature peut-elle être coupable d'exister au moment des transitions? Si elle pèche à l'heure d'une grande transformation, en sera-t-elle punie après en avoir été la victime? Que devient la bonté divine en ne nous mettant pas immédiatement dans les régions heureuses, s'il en existe? Que devient la prescience de Dieu, s'il ignore le résultat des épreuves auxquelles il nous soumet? Qu'est cette alternative présentée à l'homme par toutes les religions d'aller bouillir dans une chaudière éternelle, ou de se promener en robe blanche, une palme à la main, la tête ceinte d'une auréole? Se peut-il que cette invention païenne soit le dernier mot d'un Dieu? Quel esprit généreux ne trouve d'ailleurs indigne de l'homme et de Dieu cette espèce de vertu par calcul qui suppose une éternité de plaisirs offerte par toutes les religions à qui remplit, pendant quelques heures d'existence, certaines conditions bizarres et souvent contre nature? N'est-il pas ridicule de donner des sens impétueux à l'homme et de lui en interdire la satisfaction? D'ailleurs, à quoi bon ces maigres objections quand le bien et le mal sont également annulés? Le mal existe-t-il? Si la substance dans toutes ses formes est Dieu, le mal est Dieu. La faculté de raisonner aussi bien que la faculté de sentir étant donnée à l'homme pour se servir, rien n'est plus pardonnable que de chercher un sens aux douleurs humaines, et d'interroger l'avenir; si ces raisonnements droits et rigoureux amènent à conclure ainsi, quelle confusion! Ce monde n'aurait donc nulle fixité : rien n'avance et rien ne s'arrête, tout change et rien ne se détruit, tout revient après s'être réparé, car si votre esprit ne nous démontre pas rigoureusement une fin, il est également impossible de démontrer l'anéantissement de la moindre parcelle de matière : elle peut se transformer, mais non s'anéantir. Si la force aveugle donne gain de cause à l'athée, la force intelligente est inexplicable, car, émanée de Dieu, doit-elle rencontrer des obstacles, son triomphe ne doit-il pas être immédiat? Où est Dieu? Si les vivants ne l'aperçoivent pas, les morts le trouveront-ils? Écroulez-vous, idolâtries et religions! Tombez, trop faibles clefs de toutes les voûtes sociales qui n'avez retardé ni la chute, ni la mort, ni l'oubli de toutes les nations passées, quelque fortement qu'elles se fussent fondées! Tombez, morales et justices! nos crimes sont purement relatifs, c'est des effets divins dont les causes ne nous sont pas connues! Tout est Dieu. Ou nous sommes Dieu, ou Dieu n'est pas! Enfant d'un siècle dont chaque année a mis sur ton front la glace de ses incrédulités, vieillard, voici le résumé de tes sciences et de tes longues réflexions. Cher monsieur Becker, vous avez posé la tête sur l'oreiller du doute en y trouvant la plus commode de toutes les solutions, agissant ainsi comme la majorité du genre humain, qui se dit : — Ne pensons plus à ce problème, du moment où Dieu ne nous a pas fait la grâce de nous octroyer une démonstration algébrique pour le résoudre, tandis qu'il nous en a tant accordé pour aller sûrement de la terre aux astres. Ne sont-ce pas vos pensées intimes? les ai-je éludées? ne les ai-je pas, au contraire, nettement accusées? Soit le dogme des deux principes, antagonisme où Dieu périt par cela même que tout-puissant il s'amuse à combattre; soit l'absurde panthéisme où, tout étant Dieu, Dieu n'est plus; ces deux sources d'où découlent les religions au triomphe desquelles s'est employée la terre sont également pernicieuses. Voici jetée entre nous la hache à double tranchant avec laquelle vous coupez la tête à ce vieillard blanc intronisé par vous sur des nuées peintes. Maintenant à moi la hache!

M. Becker et Wilfrid regardèrent la jeune fille avec une sorte d'effroi.

— Croire, reprit Séraphîta de sa voix de femme, car l'homme venait de parler, croire est un don! Croire, c'est sentir. Pour croire en Dieu, il faut sentir Dieu. Ce sens est une propriété lentement acquise par l'être, comme s'acquièrent les étonnants pouvoirs que vous admirez dans les grands hommes, chez les guerriers, les artistes et les savants, chez ceux qui savent, chez ceux qui produisent, chez ceux qui agissent. La pensée, faisceau des rapports que vous apercevez entre les choses, est une langue intellectuelle qui s'apprend, n'est-ce pas? La croyance, faisceau des vérités célestes, est également une langue, mais aussi supérieure à la pensée que la pensée est supérieure à l'instinct. Cette langue s'apprend. Le croyant répond par un seul cri, par un seul geste; la foi lui met aux mains une épée flamboyante avec laquelle il tranche, il éclaire tout. Le voyant ne redescend pas du ciel : il le contemple et se tait. Il est une créature qui croit et voit, qui sait et peut, qui aime, prie et attend. Résignée, aspirant au royaume de la lumière, il n'a ni le dédain du croyant, ni le silence du voyant : elle écoute et répond. Pour elle, le doute des siècles ténébreux n'est pas une arme meurtrière, mais un fil conducteur; elle accepte le combat sur toutes les formes; elle plie sa langue à tous les langages; elle ne s'emporte pas, elle plaint, elle ne condamne ni ne tue personne, elle sauve et console: elle n'a pas l'acerbité de l'agresseur, mais la douceur et la ténuité de la lumière qui pénètre, échauffe, éclaire tout. A ses yeux, le doute n'est ni une impiété, ni un blasphème, ni un crime, mais une transition d'où l'homme retourne sur ses pas dans les ténèbres ou s'avance vers la lumière. Ainsi donc, cher pasteur, raisonnons. Vous ne croyez pas en Dieu. Pourquoi? Dieu, selon vous, est incompréhensible, inexplicable. D'accord. Je ne vous dirai pas que comprendre Dieu tout entier ce serait être Dieu; je ne vous dirai pas que vous niez ce qui vous semble inexplicable, afin de me donner le droit d'affirmer ce qui me paraît croyable. Il est pour vous un fait évident qui se trouve en vous-même. En vous la matière aboutit à l'intelligence, et vous pensez que l'intelligence humaine aboutirait aux ténèbres, au doute, au néant? Si Dieu vous semble incompréhensible, inexplicable, avouez du moins que vous voyez, en toute chose purement physique, un conséquent et sublime ouvrier. Pourquoi sa logique s'arrêterait-elle à l'homme, sa création la plus achevée? Si cette question n'est pas convaincante, elle exige au moins quelques méditations. Si vous niez Dieu, heureusement, afin d'établir vos doutes, vous reconnaissez des faits à double tranchant qui tuent tout aussi bien vos raisonnements que vos raisonnements tuent Dieu. Nous avons également admis que la matière et l'esprit étaient deux créations qui ne se comprenaient point l'une l'autre, que le monde spirituel se composait de rapports infinis auxquels donnait lieu le monde matériel fini; que si nul sur la terre n'avait pu s'identifier par la puissance de son esprit avec l'ensemble des créations terrestres, à forte raison nul ne pouvait s'élever à la connaissance des rapports que l'esprit aperçoit entre ces créations. Ainsi, déjà nous pourrions en finir d'un seul coup en nous déniant la faculté de comprendre Dieu, comme vous déniez aux cailloux de la faculté de se compter et de se voir. Savez-vous s'ils ne nient pas l'homme, eux, quoique l'homme les prenne pour s'en bâtir sa maison? Il est un fait qui vous écrase, l'infini; si vous le sentez en vous, comment n'en admettez-vous pas les conséquences? Le fini peut-il avoir une entière connaissance de l'infini? Si vous ne pouvez embrasser les rapports qui, de votre aveu, sont infinis, comment embrasseriez-vous la fin éloignée dans laquelle ils se résument? L'ordre dont la révélation est un de vos besoins étant infini, votre raison bornée l'entendra-t-elle? Et ne demandez pas pourquoi l'homme ne comprend point ce qu'il peut percevoir, car il perçoit également ce qu'il ne comprend pas. Si je vous démontre que votre esprit ignore tout ce qui se trouve à sa portée, m'accorderez-vous qu'il lui soit impossible de concevoir ce qui le dépasse? N'aurai je alors pas raison de vous dire : — « L'un des termes sous lesquels Dieu périt au tribunal de votre raison doit être vrai, l'autre est faux ; la création existant, vous sentez la nécessité d'une fin, cette fin ne doit-elle pas être belle? Or, si la matière se termine en l'homme par l'intelligence, pourquoi ne vous contenteriez-vous pas de savoir que la fin de l'intelligence humaine est la lumière des sphères supérieures auxquelles est réservée l'intuition de ce Dieu qui vous semble être un problème insoluble? Les espèces qui sont au-dessous de vous n'ont pas l'intelligence des mondes, et vous l'avez, pourquoi ne se trouverait-il pas au-dessus de vous des espèces plus intelligentes que la vôtre? Avant d'employer sa force à mesurer Dieu, l'homme ne devrait-il pas être plus instruit qu'il ne l'est sur lui-même? Avant de menacer les étoiles qui l'éclairent, avant d'attaquer les certitudes élevées, ne devrait-il pas établir les certitudes qui le touchent? » Mais aux négations du doute, je dois répondre par des négations. Maintenant donc, je vous demande s'il est ici-bas quelque chose d'assez évident par soi-même à quoi je puisse ajouter foi? En un moment, je vais vous prouver que vous croyez fermement à des choses qui agissent et ne sont pas des êtres, qui engendrent la pensée et ne sont pas des esprits, à des abstractions vivantes que l'entendement ne saisit sous aucune forme, qui ne sont nulle part, mais que vous trouvez partout, qui sont sans nom possible, et que vous avez nommées, qui, semblables au Dieu de chair que vous figurez, périssent sous l'inexplicable, l'incompréhensible et l'absurde. Et je vous demanderai comment, adoptant ces choses, vous réservez vos doutes pour Dieu. Vous croyez au nombre, base sur laquelle vous asseyez l'édifice des sciences que vous appelez exactes. Sans le nombre, plus de mathématiques. Eh bien ! quel être mystérieux, à qui serait accordée la faculté de vivre toujours, pourrait achever de prononcer, et dans quel langage assez prompt dirait-l le nombre qui contiendrait les nombres infinis dont l'existence vous est démontrée par votre pensée? Demandez-le au plus beau des génies humains, il serait mille ans assis au bord d'une table, la tête entre ses mains, que vous répondrait-il? Vous ne savez ni où le nombre commence, ni où il s'arrête, ni quand il finira. Ici vous l'appelez le temps, là vous l'appelez l'espace. Rien n'existe que par lui ; sans lui, tout serait une seule et même substance, car lui seul différencie et qualifie. Le nombre est à votre esprit ce qu'il est à la matière, un agent incompréhensible. En ferez-vous un Dieu? est-ce un être, est-ce un souffle émané de Dieu pour organiser l'univers matériel, où rien n'obtient sa forme que par la divisibilité, qui est un effet du nombre ! Les plus petites comme les plus immenses créations ne se distinguent-elles pas entre elles par leurs quantités, par leurs qualités, par leurs dimensions, par leurs forces, tous attributs enfantés par le nombre ? L'infini des nombres est un fait prouvé pour votre esprit, dont aucune preuve ne peut être matériellement. Le mathématicien vous dira que l'infini des nombres existe et ne se démontre pas. Dieu, cher pasteur, est un nombre doué de mouvement qui se sent et ne se démontre pas, vous dira le croyant. Comme l'unité, il commence les nombres avec lesquels il n'a rien de commun. L'existence du nombre dépend de l'unité, qui, sans être un nombre, les engendre tous. Dieu, cher pasteur, est une magnifique unité qui n'a rien de commun avec ses créations, et qui néanmoins les engendre ! Convenez donc avec moi que vous ignorez aussi bien où commence, où finit le nombre, que vous ignorez où commence, où finit l'éternité créée? Pourquoi, si vous croyez au nombre, niez-vous Dieu? La création n'est-elle pas placée entre l'infini des substances inorganisées et l'infini des sphères divines, comme l'unité se trouve entre l'infini des fractions que vous nommez depuis peu des décimales, et l'infini des nombres que vous nommez les entiers ! Vous seul sur la terre comprenez le nombre, cette première marche du péristyle qui mène à Dieu, et déjà votre raison y trébuche. Eh quoi ! vous ne pouvez ni mesurer la première abstraction que Dieu vous a livrée, ni la saisir, et vous voulez soumettre à votre mesure les fins de Dieu ! Que serait-ce donc si je vous plongeais dans les abîmes du mouvement, cette force qui organise le nombre? Ainsi, quand je vous dirais que l'univers n'est que nombre et mouvement, vous voyez que déjà nous parlerions un langage différent. Je comprends l'un et l'autre, et vous ne les comprenez point. Que serait-ce si j'ajoutais que le mouvement et le nombre sont engendrés par la parole? Ce mot, la raison suprême des voyants et des prophètes qui jadis entendirent ce souffle de Dieu sous lequel tomba saint Paul, vous vous en moquez, vous, hommes de qui cependant toutes les œuvres visibles, les sociétés, les monuments, les actes, les passions procèdent de votre faible parole, et qui sans le langage ressembleriez à cette espèce si voisine du nègre, à l'homme des bois. Vous croyez donc fermement au nombre et au mouvement, force et résultat inexplicables, incompréhensibles, à l'existence desquels je puis appliquer le dilemme qui vous dispensait naguère de croire en Dieu. Vous, si puissant raisonneur, ne me disputerez-vous point de vous démontrer que l'infini doit être partout semblable à lui-même, et qu'il est nécessairement un? Dieu seul est infini, car, certes, il ne peut y avoir deux infinis. Si, pour se servir des mots humains, quelque chose qui soit démon-

trée ici-bas vous semble infinie, soyez certain d'y entrevoir une des faces de Dieu. Poursuivons. Vous vous êtes approprié une place dans l'infini du nombre, vous l'avez accommodée à votre taille en créant, si toutefois vous pouvez créer quelque chose, l'arithmétique, base sur laquelle repose tout, même vos sociétés. De même que le nombre, la seule chose à laquelle ont cru vos soi-disant athées, organise les créations physiques ; de même l'arithmétique, emploi du nombre, organise le monde moral. Cette numération devrait être absolue, comme tout ce qui est vrai en soi ; mais elle est purement relative, elle n'existe pas absolument : vous ne pouvez donner aucune preuve de sa réalité. D'abord si cette numération est habile à chiffrer les substances organisées, elle est impuissante relativement aux forces organisantes, les unes étant finies et les autres étant infinies. L'homme qui conçoit l'infini par son intelligence ne saurait le manier dans son entier. sans quoi, il serait Dieu. Votre numération, appliquée aux choses finies et non à l'infini, est donc vraie par rapport aux détails que vous percevez mais fausse par rapport à l'ensemble que vous ne percevez point. Si la nature est semblable à elle-même dans les forces organisantes ou dans ses principes, qui sont infinis, elle ne l'est jamais dans ses effets finis ; ainsi, vous ne rencontrez nulle part dans la nature deux objets identiques : dans l'ordre naturel, deux et deux ne peuvent donc jamais faire quatre, car il faudrait assembler des unités exactement pareilles, et vous savez qu'il est impossible de trouver deux feuilles semblables sur un même arbre, ni deux sujets semblables dans la même espèce d'arbre. Cet axiome de votre numération, faux dans la nature visible, est également faux dans l'univers invisible de vos abstractions, où le même variété a lieu dans vos idées, qui sont les choses du monde visible, mais étendues par leurs rapports. Les différences sont encore plus tranchées là que partout ailleurs. En effet, tout y étant relatif au tempérament, à la force, aux mœurs, aux habitudes des individus, qui ne se ressemblent jamais entre eux, les moindres objets et représentent des sentiments personnels. Assurément, si l'homme a pu créer des unités, n'est-ce pas en donnant un poids et un titre égal à des morceaux d'or? Eh bien ! vous pouvez ajouter le ducat du pauvre au ducat du riche, vous dire au trésor public que ce sont deux quantités égales ; mais aux yeux du penseur, l'un est certes moralement plus considérable que l'autre : l'un représente un mois de bonheur, l'autre représente le plus éphémère caprice. Deux et deux ne font donc quatre que par une abstraction fausse et monstrueuse. La fraction n'existe pas non plus dans la nature, où ce que vous nommez un fragment est une chose finie en soi, mais n'arrive-t-il pas souvent, et vous en avez des preuves, que le centième d'une substance soit plus fort que ce que vous appelleriez l'entier ? Si la fraction n'existe pas dans l'ordre naturel, elle existe encore bien moins dans l'ordre moral, où les idées et les sentiments peuvent être variés comme les espèces de l'ordre végétal, mais sont toujours entiers. La théorie des fractions est donc encore une insigne complaisance de votre esprit. Le nombre, avec ses infiniment petits et ses totalités infinies, est donc une puissance dont une faible partie vous est connue, et dont la portée vous échappe. Vous vous êtes construit une chaumière dans l'infini des nombres, vous l'avez ornée d'hiéroglyphes savamment rangés et peints, et vous avez crié : — Tout est là ! Du nombre pur, passons au nombre corporisé. Votre géométrie établit que la ligne droite est le chemin le plus court d'un point à un autre, mais votre astronomie vous démontre que Dieu n'a procédé que par des courbes. Voici donc dans la même science deux vérités également prouvées : l'une par le témoignage de vos agrandissements du télescope, l'autre par le témoignage de votre esprit mais dont l'une contredit l'autre. L'homme sujet à erreur affirme l'une, et l'ouvrier des mondes, que vous n'avez encore pris en faute, la dément. Qui prononcera donc entre la géométrie rectiligne et la géométrie curviligne? entre la théorie de la droite et la théorie de la courbe ? Si, dans son œuvre, le mystérieux artiste qui sait arriver miraculeusement avec ses fins n'emploie la ligne droite que pour la couper à angle droit afin d'obtenir une courbe, l'homme lui-même ne peut jamais y compter ; le boulet, que l'homme veut diriger en droite ligne, marche par la courbe, et quand vous voulez sûrement atteindre un point dans l'espace, vous ordonnez à la bombe de suivre sa cruelle parabole. Aucun de vos savants n'a vu cette simple induction que la courbe est la loi des mondes matériels, que la droite est celle des mondes spirituels ; l'une est la théorie des créations finies, l'autre est la théorie de l'infini. L'homme, ayant seul ici-bas la connaissance de l'infini, peut seul connaître la ligne droite, lui seul a le sentiment de la verticalité placé dans un organe spécial. L'attachement pour les créations de la courbe ne serait-il pas chez certains hommes l'indice d'une impureté de leur nature, encore mariée aux substances matérielles qui nous engendrent? et l'amour des grands esprits pour la ligne droite n'accuserait-il pas en eux un pressentiment du ciel ? Entre ces deux lignes est un abîme, comme entre le fini et l'infini, comme entre la matière et l'esprit, comme entre l'homme et l'idée, entre le mouvement et l'objet mû, entre la créature et Dieu. Demandez à l'amour divin ses ailes, et vous franchirez cet abîme ! Au delà commence la révélation du verbe. Nulle part les choses que vous nommez matérielles ne sont sans profondeur : les lignes sont les terminaisons de solidité qui comportent une force d'action que vous supprimez dans vos théorèmes, ce qui les rend faux par rapport aux corps pris dans leur entier ; de la cette constante destruction de tous les monuments humains que vous arimez a votre insu, de propriétés agissantes. La nature n'a que des corps, votre science n'en combine que les apparences. Aussi la nature donne-t-elle à chaque pas des démentis à toutes vos lois : trouvez-en une seule qui ne soit désapprouvée par un fait ! Les lois de votre statique sont soufflettées par mille accidents de la physique, car un fluide renverse les plus pesantes montagnes, et vous prouve ainsi que les substances les plus lourdes peuvent être soulevées par des substances impondérables. Vos lois sur l'acoustique et l'optique sont annulées par les sons que vous entendez en vous-mêmes pendant le sommeil, et par la lumière d'un soleil électrique dont les rayons vous accablent souvent. Vous ne savez pas plus comment la lumière se fait intelligence en vous que vous ne connaissez le procédé simple et naturel qui la change en rubis en saphir, en opale, en émeraude, au cou d'un oiseau des Indes, tandis qu'elle reste grise et brune sur celui du même oiseau vivant sous le ciel nuageux de l'Europe, ni comment elle reste blanche ici au sein de la nature polaire. Vous ne pouvez décider si la couleur est une faculté dont sont doués les corps, ou si elle est un effet produit par l'affusion de la lumière. Vous admettez l'amertume de la mer sans avoir vérifié si la mer est salée dans toute sa profondeur. Vous avez reconnu l'existence de plusieurs substances qui traversent ce que vous croyez être le vide, substances qui ne sont saisissables sous aucune des formes affectées par la matière, et qui se mettent en harmonie avec elle malgré tous les obstacles. Cela étant, vous croyez aux résultats obtenus par la chimie quoiqu'elle ne sache encore aucun moyen de reconnaître les changements opérés par le flux ou par le reflux de ces substances qui s'en vont ou viennent à travers vos cristaux et vos machines sur les filous insaisissables de la chaleur ou de la lumière, conduites, exportés par les affinités du métal ou du silex vitrifié. Vous n'obtenez que des substances mortes d'où vous avez chassé la force inconnue qui s'oppose à ce que tout se décompose ici-bas, et dont l'attraction, la vibration, la cohésion et la polarité ne sont que des phénomènes. La vie est la pensée des corps ; ils ne sont, eux, qu'un moyen de la fixer, de la contenir dans sa route. Si les corps étaient des êtres vivants par eux-mêmes, ils seraient cause et ne mourraient pas. Quand un homme constate les résultats du mouvement général que se partagent toutes les créations suivant leur faculté d'absorption, vous le proclamez savant par excellence, comme si le génie consistait à expliquer ce qui est. Le génie doit jeter les yeux au delà des effets ! Tous vos savants riraient si vous leur disiez : « Il est des rapports si certains entre deux êtres dont l'un serait ici, l'autre à Java, qu'ils pourraient au même instant éprouver la même sensation, en avoir la conscience, s'interroger, se répondre sans erreur. » Néanmoins, il est des substances minérales qui témoignent de sympathies aussi lointaines que celles dont je parle. Vous croyez à la puissance de l'électricité fixée par l'aimant, et vous niez le pouvoir de celle que dégage l'âme. Selon vous, la lune, dont l'influence sur les marées vous paraît prouvée, n'a aucune sur les vents, ni sur la végétation, ni sur les hommes ; elle remue la mer et ronge le verre, mais elle doit respecter les malades ; elle a des rapports certains avec une moitié de l'humanité, mais elle ne peut rien sur l'autre. Voilà vos plus riches certitudes ! Allons plus loin : vous croyez à la physique, mais votre physique commence comme la religion catholique, par un acte de foi. Ne reconnaît-elle pas une force externe, distincte des corps, et à laquelle elle communique le mouvement ? Vous en voyez les effets, mais qu'est-ce ? où est-elle ? quelle est son essence, sa vie ? a-t-elle des limites ? Et vous niez Dieu !...

Ainsi, la plupart de vos axiomes scientifiques, vrais par rapport à l'homme, sont faux par rapport à l'ensemble. La science est une, et vous l'avez partagée. Pour savoir les sens vrai des lois phénoménales, ne faudrait-il pas connaître les corrélations qui existent entre les phénomènes et la loi d'ensemble ? En toute chose, il est une apparence qui frappe vos sens ; sous cette apparence, il se meut une âme : il y a le corps et la faculté. Où enseignez-vous l'étude des rapports qui lient les choses entre elles ? Nulle part. Vous n'avez donc rien d'absolu ? Vos thèmes les plus certains reposent sur l'analyse des formes matérielles dont l'esprit est sans cesse négligé par vous. Il est une science élevée que certains hommes entrevoient trop tard, sans oser l'avouer. Ces hommes ont compris la nécessité de considérer les corps non-seulement dans leurs propriétés mathématiques, mais encore dans leur ensemble, dans leurs affinités occultes. Le plus grand d'entre vous a deviné, sur la fin de ses jours, que tout était cause et effet réciproquement ; que les mondes visibles étaient coordonnés entre eux et soumis à des mondes invisibles. Il a gémi d'avoir essayé d'établir des préceptes absolus ! En comptant les mondes comme des grains de raisin semés dans l'éther, il en avait expliqué la cohérence par les lois de l'attraction planétaire et moléculaire ; vous avez salué cet homme ! Eh bien ! je vous le dis, il est mort désespéré. En supposant égales les forces centrifuge et centripète qu'il avait inventées pour se rendre raison de l'univers, l'univers s'arrêtait, et il

admettait le mouvement dans un sens indéterminé ne nous ; mais, en supposant ces forces inégales, la confusion des mondes s'ensuivait aussitôt. Ses lois n'étaient donc point absolues. Il existait un problème encore plus élevé. La liaison des astres entre eux et l'action centripète de leur mouvement interne ne l'a donc pas empêché de chercher le cep d'où pendait sa grappe ? Le malheureux ! plus il agrandissait l'espace, plus lourd devenait son fardeau. Il vous a dit comment il y avait équilibre entre les parties ; mais où allait le tout ? Il contemplait l'étendue, infinie aux yeux de l'homme rempli par ces groupes de mondes dont une portion minime est accusée par notre télescope, mais dont l'immensité se révèle par la rapidité de la lumière. Cette contemplation sublime lui a donné la perception des mondes infinis qui, plantés dans cet espace comme des fleurs dans une prairie, naissent comme des enfants, croissent comme des hommes, meurent comme des vieillards, vivent en s'assimilant dans leur atmosphère les substances propres à les alimenter, qui ont un centre et un principe de vie, qui se garantissent les uns des autres par une aire, qui, semblables aux plantes, absorbent et sont absorbés, qui composent un ensemble doué de vie, ayant sa destinée. À cet aspect, cet homme a tremblé ! Il savait que la vie est produite par l'union de la chose avec son principe, que la mort ou l'inertie, qu'enfin la pesanteur est produite par une rupture entre un objet et le mouvement qui lui est propre, alors qu'à présent le craquement de ces mondes, abîmés si Dieu leur retirait sa parole. Il s'est mis à chercher dans l'Apocalypse les traces de cette parole ! Vous l'avez cru fou. Sachez-le donc, il cherchait à se faire pardonner son génie. Wilfrid, vous êtes venu pour me prier de résoudre des équations, de m'enlever sur un nuage de pluie de me plonger dans le fiord, et de reparaître en cygne. Si la science les miracles étaient la fin de l'humanité, Moïse vous aurait légué le calcul des fluxions ; Jésus Christ aurait éclairé les obscurités de vos sciences, ses apôtres vous auraient dit d'où sortent ces immenses traînées de gaz ou de métaux en fusion attachées à des noyaux qui tournent pour se solidifier en cherchant une place dans l'éther, et qui entrent quelquefois violemment dans un système quand elles se combinent avec un astre, le heurtent et le brisent par leur choc, ou le détruisent par l'infiltration de leurs gaz mortels. Au lieu de vous faire vivre en Dieu, saint Paul vous eût expliqué comment la nourriture est le lien secret de toutes les créations et le lien évident de toutes les espèces animées. Aujourd'hui, le plus grand miracle serait de trouver le carré égal au cercle, problème que vous jugez impossible, et qui sans doute est résolu dans la marche des mondes par l'intersection de quelque ligne mathématique dont les enroulements apparaissent à l'œil des esprits parvenus aux sphères supérieures. Croyez-moi, les miracles sont en nous et non au dehors. Ainsi se sont accomplis les faits naturels que les peuples ont crus surnaturels. Dieu n'aurait-il pas été injuste en témoignant sa puissance à des générations, et refusant ses témoignages à d'autres ? La verge d'airain appartient à tous. Ni Moïse, ni Jacob, ni Zoroastre, ni Paul ni Pythagore, ni Swedenborg, ni les plus obscurs messagers, ni les plus éclatants prophètes de Dieu, n'ont été supérieurs à ce que vous pouvez être. Seulement il est pour les nations des heures où ils ont lui. Si la science universelle devait être le but des efforts humains, avouez-le, les sociétés, ces grands foyers où les hommes se sont rassemblés, seraient-ils toujours providentiellement dispersés ? Si la civilisation était le but de l'espèce, l'intelligence périrait-elle ? resterait-elle purement individuelle ? La grandeur de toutes les nations qui furent grandes était basée sur des exceptions : l'exception cessée, morte fut la puissance. Les voyants, les prophètes, les messagers de Dieu, n'auraient-ils pas, au lieu de l'appuyer sur la croyance, n'auraient-ils pas frappé sur vos cerveaux au lieu de toucher à vos cœurs ? Tous sont venus pour pousser les nations à Dieu, tous ont proclamé la voie sainte en vous disant les simples paroles qui conduisent au royaume des cieux, tous embrasés d'amour et de foi, tous inspirés de cette parole qui plane sur les populations, les enserre, les anime et les fait lever, ne l'employaient à aucun intérêt terrestre. Vos grands génies, des poètes, des rois, des savants, sont engloutis avec leurs villes, et le désert a revêtu de ses manteaux de sable, tandis que le nom de ces bons pasteurs, bénis encore, surnagent aux désastres. Nous ne pouvons nous entendre sur aucun point. Nous sommes séparés par des abîmes : vous êtes du côté des ténèbres, et moi je vis dans la vraie lumière. Est-ce cette parole que vous avez voulue ? je la dis avec joie, elle peut vous changer. Sachez-le donc, il y a des sciences de la matière et des sciences de l'esprit. Là où vous voyez des corps, moi je vois des forces qui tendent les unes vers les autres par un mouvement générateur. Pour moi, le caractère des corps est l'indice de leurs principes et le signe de leurs propriétés. Ces principes engendrent des affinités qui vous échappent et qui sont liées à des centres. Les différentes espèces ou la vie est distribuée sont des sources incessantes qui correspondent entre elles. À chacune sa production spéciale. L'homme est effet et cause ; il est alimenté, mais il alimente à son tour. En nommant Dieu le créateur, vous le rapetissez ; il n'a créé, comme vous le pensez, ni les plantes, ni les animaux, ni les astres. Pouvait-il procéder par plusieurs moyens ? n'a-t-il pas agi par l'unité de composition? Aussi a-t-il donné des principes qui devaient se développer, selon sa loi générale, au gré des milieux où ils se trouveraient. Donc, une seule substance et le mouvement; une seule plante, un seul animal, mais des rapports continus. En effet, toutes les affinités sont liées par des similitudes contiguës, et la vie des mondes est attirée vers des centres par une aspiration affamée, comme vous êtes poussés tous par la faim à vous nourrir. Pour vous donner un exemple des affinités liées à des similitudes, loi secondaire sur laquelle reposent les créations de votre pensée, la musique, art céleste, est la mise en œuvre de ce principe : n'est-elle pas un ensemble de sons harmoniés par le nombre? Le son n'est-il pas une modification de l'air comprimé, dilaté, répercuté? Vous connaissez la composition de l'air : azote, oxygène et carbone. Comme vous n'obtenez pas de son dans le vide, il est clair que la musique et la voix humaine sont le résultat de substances chimiques organisées qui se mettent à l'unisson des mêmes substances préparées en vous par votre pensée, coordonnées au moyen de la lumière, la grande nourrice de votre globe : avez-vous pu contempler les amas de nitre déposés par les neiges? avez-vous pu voir les décharges de la foudre, et les plantes aspirant dans l'air les métaux qu'elles contiennent, sans conclure que le soleil met en fusion et distribue la subtile essence qui nourrit tout ici-bas? Comme l'a dit Swedenborg, *la terre est un homme!* Vos sciences actuelles, ce qui vous fait grands à vos propres yeux, sont des misères auprès des lueurs dont sont inondés les voyants. Cessez, cessez de m'interroger, nos langages sont différents. Je me suis un moment servi du vôtre pour vous jeter un éclair de foi dans l'âme, pour vous donner un pan de mon manteau, et vous entraîner dans les belles régions de la prière. Est-ce à Dieu de s'abaisser à vous? n'est-ce pas vous qui devez vous élever à lui? Si la raison humaine a sitôt épuisé l'échelle de ses forces en y étendant Dieu pour se le démontrer sans y parvenir, n'est-il pas évident qu'il faut chercher une autre voie pour le connaître? Cette voie est en nous-mêmes. Le voyant et le croyant trouvent en eux des yeux plus perçants que ne le sont les yeux appliqués aux choses de la terre, et aperçoivent une aurore. Entendez cette vérité, vos sciences les plus exactes, vos méditations les plus hardies, vos plus belles clartés sont des nuées! Au-dessus est le sanctuaire d'où jaillit la vraie lumière.

Elle s'assit et garda le silence, sans que son calme visage accusât la plus légère de ces trépidations dont sont saisis les orateurs après les improvisations les moins courroucées.

Wilfrid dit à M. Becker en se penchant vers son oreille : — Qui lui a dit cela? — Je ne sais pas, répondit-il. — Il était plus doux sur le Falberg, se disait Minna.

Séraphîta se passa la main sur les yeux et dit en souriant : — Vous êtes bien pensifs, ce soir, messieurs. Vous nous traitez, Minna et moi, comme des hommes à qui l'on parle politique ou commerce, tandis que nous sommes de jeunes filles auxquelles vous devriez faire des contes en prenant le thé, comme cela se pratique dans nos veillées de Norwége. Voyons, monsieur Becker, racontez-moi quelques-unes des *saga* que je ne sais pas : celle de l'rithiof, cette chronique à laquelle vous croyez et que vous m'avez promise. Dites-nous cette histoire où le fils d'un paysan possède un navire qui parle et qui a une âme. Je rêve de la frégate Ellida! N'est-ce pas sur cette fée à voiles que devraient naviguer les jeunes filles? — Puisque nous revenons à Jarvis, dit Wilfrid, dont les yeux s'attachaient à Séraphîta comme ceux d'un voleur caché dans l'ombre s'attachent à l'endroit où gît le trésor, dites-moi pourquoi vous ne vous mariez pas? — Vous naissez tous veufs ou veuves, répondit-elle, mais mon mariage était préparé dès ma naissance, et je suis fiancée... — A qui? dirent-ils tous à la fois. — Laissez-moi mon secret, dit-elle. Je vous promets, si notre père le veut, de vous convier à ces noces mystérieuses. — Sera-ce bientôt? — J'attends.

Un long silence suivit cette parole.

— Le printemps est venu, dit Séraphîta, le fracas des eaux et des glaces rompues commence, ne venez-vous pas saluer le premier printemps d'un nouveau siècle?

Elle se leva suivie de Wilfrid, et ils allèrent ensemble à une fenêtre que David avait ouverte. Après un long silence de l'hiver, les grandes eaux se remuaient sous les glaces et retentissaient dans le fiord comme une musique, car il est des sons que l'espace épure et qui arrivent à l'oreille comme des ondes pleines à la fois de lumière et de fraîcheur.

— Cessez, Wilfrid, cessez d'enfanter de mauvaises pensées dont le triomphe vous serait pénible à porter. Qui ne lirait vos désirs dans les étincelles de vos regards? Soyez bon, faites un pas dans le bien. N'est-ce pas aller au delà de l'aimer des hommes que de se sacrifier complètement au bonheur de celle qu'on aime? Obéissez-moi, je vous mènerai dans une voie où vous obtiendrez toutes les grandeurs que vous rêvez, et où l'amour sera vraiment infini.

Elle laissa Wilfrid pensif.

— Cette douce créature est-elle bien la prophétesse qui vient de jeter des éclairs par les yeux, dont la parole a tonné sur les mondes, dont la main a manié contre nos sciences la hache du doute? Avons-nous veillé pendant quelques moments? se dit-il. — Minna, dit Séraphîtus en revenant auprès de la fille du pasteur, les aigles volent où sont les cadavres, les colombes volent où sont les sources vives, sous les ombrages verts et paisibles. L'aigle monte aux cieux, la colombe en descend. Cesse de t'aventurer dans une région où tu ne trouverais ni sources ni ombrages. Si naguère tu n'as pu contempler l'abîme sans être brisée, garde tes forces pour qui t'aimera. Va, pauvre fille, tu le sais, j'ai ma fiancée.

Minna se leva, et vint avec Séraphîtus à la fenêtre où était Wilfrid. Tous trois entendirent la Sieg bondissant sous l'effort des eaux supérieures, qui détachaient déjà des arbres pris dans les glaces. Le fiord avait retrouvé sa voix. Les illusions étaient dissipées. Tous admirèrent la nature qui se dégageait de ses entraves, et semblait répondre par un sublime accord à l'esprit dont la voix venait de la réveiller.

Lorsque les trois hôtes de cet être mystérieux le quittèrent, ils étaient remplis de ce sentiment vague qui n'est ni le sommeil, ni la torpeur, ni l'étonnement, mais qui tient de tout cela; qui n'est ni le crépuscule, ni l'aurore, mais qui donne soif de la lumière. Tous pensaient.

— Je commence à croire qu'elle est un esprit caché sous une forme humaine, dit M. Becker.

Wilfrid, revenu chez lui, calme et convaincu, ne savait comment lutter avec des forces si divinement majestueuses.

Minna se disait : — Pourquoi ne veut-il pas que je l'aime?

V. — Les adieux.

Il est en l'homme un phénomène désespérant pour les esprits méditatifs qui veulent trouver un sens à la marche des sociétés et donner des lois de progression au mouvement de l'intelligence. Quelque grave que soit un fait, et s'il pouvait exister des faits surnaturels, quelque grandiose que serait un miracle opéré publiquement, l'éclair de ce fait, la foudre de ce miracle s'abîmeraient dans l'océan moral dont la surface à peine troublée par quelque rapide bouillonnement reprendrait aussitôt le niveau de ses fluctuations habituelles.

Pour mieux se faire entendre, la voix passe-t-elle par la gueule de l'animal? la main écrit-elle des caractères aux frises de la salle où se goberge la cour? l'œil éclairé-t-il le sommeil du roi? le prophète vient-il expliquer le songe? le mort évoqué se dresse-t-il dans les régions lumineuses où revivent les facultés? l'esprit écrase-t-il la matière au pied de l'échelle mystique des sept mondes spirituels arrêtés les uns sur les autres dans l'espace et se révélant par des ondes brillantes qui tombent en cascades sur les marches du parvis céleste? Quelque profonde que soit la révélation intérieure, quelque visible que soit la révélation extérieure, le lendemain Balaam doute de son ânesse et de lui, Balthasar et Pharaon font commenter la parole par deux voyants, Moïse et Daniel. L'esprit vient, emporte l'homme au-dessus de la terre, lui soulève les mers, lui en fait voir le fond, lui montre les espèces disparues, lui ranime les os desséchés qui meublent de leur poudre la grande vallée : l'apôtre écrit l'Apocalypse! Vingt siècles après, la science humaine approuve l'apôtre, et traduit ses images en axiomes. Qu'importe! la masse continue à vivre comme elle vivait hier, comme elle vivait à la première olympiade, comme elle vivait le lendemain de la création, ou la veille de la grande catastrophe. Le doute couvre tout de ses vagues. Les mêmes flots battent par le même mouvement le granit humain qui sert de bornes à l'océan de l'intelligence. Après s'être demandé s'il a vu ce qu'il a vu, s'il a bien entendu les paroles dites, si le fait était un fait, si l'idée était une idée, l'homme reprend son allure, il pense à ses affaires, il obéit à je ne sais quel valet qui suit la mort, à l'oubli, qui de son manteau noir couvre une ancienne humanité dont la nouvelle n'a point souvenir. L'homme ne cesse d'aller, de marcher, de pousser végétativement jusqu'au jour où la cognée l'abat. Si cette puissance de flot, si cette haute pression des eaux amères empêche tout progrès, elle prévient sans doute aussi la mort. Les esprits préparés pour la foi parmi les êtres supérieurs aperçoivent seuls l'échelle mystique de Jacob.

Après avoir entendu la réponse où Séraphîta, si sérieusement interrogée, avait déroulé l'étendue divine, comme un orgue touché remplit une église de son mugissement et révèle l'univers musical en baignant de ses sons graves les voûtes les plus inaccessibles, en se jouant, comme la lumière, dans les plus légères fleurs des chapiteaux, Wilfrid rentra chez lui tout épouvanté d'avoir vu le monde en ruines, et sur les ruines des clartés inconnues, épanchées à flots par les mains de cette jeune fille. Le lendemain il pensait encore, mais l'épouvante était calmée; il ne se sentait ni détruit ni changé; ses passions, ses idées, se réveillèrent fraîches et vigoureuses. Il alla déjeuner chez M. Becker, et le trouva sérieusement plongé dans le *Traité des Incantations*, qu'il avait feuilleté depuis le matin pour rassurer son hôte. Avec l'enfantine bonne foi du savant, le pasteur avait fait des plis aux pages où Jean Wier rapportait des preuves authentiques qui prouvaient la possibilité des événements arrivés la veille ; car, pour les docteurs, une idée est un événement, comme les plus grands événements sont à peine une idée pour eux. A la cinquième tasse de thé que prirent ces deux philosophes, la mystérieuse soirée devint naturelle. Les vérités célestes furent des raisonnements plus ou moins forts, et susceptibles d'examen. Séraphîta leur parut être une fille plus ou moins éloquente ; il fallait faire la part à son organe enchanteur, à sa beauté séduisante, à son geste fascinateur, à tous ces moyens oratoires par l'emploi desquels un acteur met dans une phrase un monde de sentiments et de pensées, tandis qu'en réalité souvent la phrase est vulgaire. — Bah ! dit le bon ministre en faisant une petite grimace philosophique pendant qu'il étalait une couche de beurre salé sur sa tartine, le dernier mot de ces belles énigmes est à six pieds sous terre.

— Néanmoins, dit Wilfrid en sucrant son thé, je ne conçois pas comment une jeune fille de seize ans peut savoir tant de choses, car sa parole a tout pressé comme dans un étau.

— Mais, dit le pasteur, lisez donc l'histoire de cette jeune Italienne qui, dès l'âge de douze ans, parlait quarante-deux langues, tant anciennes que modernes ; et l'histoire de ce moine, qui par l'odorat devinait la pensée ! Il existe dans Jean Wier et dans une douzaine de traités que je vous donnerai à lire, mille preuves pour une.

— D'accord, cher pasteur ; mais pour moi Séraphîta doit être une femme divine à posséder.

— Elle est tout intelligence, répondit dubitativement M. Becker.

Quelques jours se passèrent pendant lesquels la neige des vallées fondit insensiblement ; le vert des forêts poindit comme l'herbe nouvelle, la nature norwégienne fit les apprêts de sa parure pour ses noces d'un jour. Pendant ces moments où l'air adouci permettait de sortir, Séraphîta demeura dans la solitude. La passion de Wilfrid s'accrut ainsi par l'irritation que cause le voisinage d'une femme aimée qui ne se montre pas. Quand cet être inexprimable reçut Minna, Minna reconnut en lui les ravages d'un feu intérieur : sa voix était devenue profonde, son teint commençait à blondir ; et, si jusque-là les poètes en eussent comparé la blancheur à celle des diamants, elle avait alors l'éclat des topazes.

— Vous l'avez vue ? dit Wilfrid, qui rôdait autour du château suédois et qui attendait le retour de Minna.

— Nous allons le perdre, répondit la jeune fille, dont les yeux se remplirent de larmes.

— Mademoiselle, s'écria l'étranger en réprimant le volume de voix qu'excite la colère, ne vous jouez pas de moi. Vous ne pouvez aimer Séraphîta que comme une jeune fille en aime une autre, et non de l'amour qu'elle m'inspire. Vous ignorez quel serait votre danger si ma jalousie était justement alarmée. Pourquoi ne puis-je aller près d'elle ? Est-ce vous qui me créez des obstacles ? — J'ignore, répondit Minna calme en apparence, mais en proie à une profonde terreur, de quel droit vous sondez ainsi mon cœur ? Oui, je l'aime, dit-elle en retrouvant la hardiesse des convictions pour confesser la religion de son cœur. Mais ma jalousie, si naturelle à l'amour, ne redoute ici personne. Hélas ! je suis jalouse d'un sentiment caché qui l'absorbe. Il est entre lui et moi des espaces que je ne saurais franchir. Je voudrais savoir qui des étoiles ou de moi l'aime mieux, qui de nous se dévouerait plus promptement à son bonheur ? Pourquoi ne serais-je pas libre de déclarer mon affection ? En présence de la mort, nous pouvons avouer nos préférences, et, monsieur, Séraphîtüs va mourir.

— Minna, vous vous trompez, la sirène que j'ai si souvent baignée de mes désirs, et qui se laissait admirer coquettement étendue sur son divan, gracieuse, faible et dolente, n'est pas un jeune homme.

— Monsieur, répondit Minna troublée, celui dont la main puissante m'a guidée sur le Falberg, à ce sœler abrité par le Bonnet de Glace ; là, dit-elle en me montrant le haut du pic, n'est pas non plus une faible jeune fille. Ah ! si vous l'aviez entendu prophétisant ! Sa poésie était la musique de la pensée. Une jeune fille n'eût pas déployé les sons graves de la voix qui me remuait l'âme.

— Mais quelle certitude avez-vous ? dit Wilfrid.

— Aucune autre que celle du cœur, répondit Minna, confuse, en se hâtant d'interrompre l'étranger.

— Eh bien ! moi, s'écria Wilfrid en jetant sur Minna l'effrayant regard du désir et de la volupté qui tuent, moi qui sais aussi combien est puissant son empire sur moi, je vous prouverai votre erreur.

En ce moment où les mots se pressaient sur la langue de Wilfrid aussi vivement que les idées abondaient dans sa tête, il vit Séraphîta sortant du château suédois, suivie de David. Cette apparition calma son effervescence.

— Voyez, dit-il, une femme peut seule avoir cette grâce et cette mollesse.

— Il souffre et se promène pour la dernière fois, dit Minna.

David s'en alla sur un signe de sa maîtresse, au-devant de laquelle vinrent Wilfrid et Minna.

— Allons jusqu'aux chutes de la Sieg, leur

Il avait une palme et une épée, il toucha l'esprit de sa palme. — PAGE 50.

dit cet être en manifestant un de ces désirs de malade auxquels on s'empresse d'obéir.

Un léger brouillard blanc couvrait alors les vallées et les montagnes du fiord, dont les sommets, étincelants comme des étoiles, le perçaient en lui donnant l'apparence d'une voie lactée sur feu. Le soleil se voyait à travers cette fumée terrestre comme un globe de feu rouge. Malgré ces derniers jeux de l'hiver, quelques bouffées d'air tiède chargées des senteurs du bouleau, déjà paré de ses blondes efflorescences, et pleines des parfums exhalés par les mélèzes, dont les houppes de soie étaient renouvelées, des brises échauffées par l'encens et les soupirs de la terre attestaient le beau printemps du Nord, rapide joie de la plus mélancolique des natures. Le vent commençait à culever ce voile de nuages qui dérobait imparfaitement la vue du golfe. Les oiseaux chantaient. L'écorce des arbres, où le soleil n'avait pas séché la route des frimas qui en était découlés en ruisseaux murmurants, égayait la vue par de fantastiques apparences. Tous trois cheminaient en silence le long de la grève. Wilfrid et Minna contemplaient seuls ce spectacle magique pour eux qui avaient subi le tableau monotone de ce paysage en hiver. Leur compagnon marchait pensif, comme s'il cherchait à distinguer une voix dans ce concert. Ils arrivèrent au bord des rochers entre lesquels s'échappait le Sieg, au bout de la longue avenue bordée de vieux sapins que le cours du torrent avait ondulousement tracée dans la forêt, sentier couvert en arceaux à fortes nervures comme ceux des cathédrales. De là le fiord se découvrait tout entier, et la mer étincelait à l'horizon comme une lame d'acier. En ce moment, le brouillard dissipé laissa voir le ciel bleu. Partout dans les vallées, autour des arbres, voltigeaient encore des parcelles étincelantes, poussière de diamants balayés par une brise fraîche, magnifiques chatons de gouttes suspendues au bout des rameaux en pyramide. Le torrent roulant au-dessus d'eux. De sa nappe s'échappait une vapeur teinte de toutes les nuances de la lumière par le soleil, dont les rayons s'y décomposaient en dessinant des écharpes aux sept couleurs, en faisant jaillir les feux de mille prismes dont les reflets se contrariaient. Ce quai sauvage était tapissé par plusieurs espèces de lichens, belle étoffe moirée par l'humidité, et qui figurait une magnifique teinture de soie. Des bruyères déjà fleuries couronnaient les rochers de leurs guirlandes habilement mélangées. Tous les feuillages mobiles attirés par la fraîcheur des eaux laissaient pendre au dessus leurs chevelures; les mélèzes agitaient leurs dentelles en caressant les pins, immobiles comme des vieillards soucieux. Cette luxuriante parure avait un contraste, et dans la gravité des vieilles colonnades que décrivaient les forêts étagées sur les montagnes, et dans la grande mappe du fiord étalée aux pieds des trois spectateurs, et où le torrent novait sa fureur. Enfin la mer encadrait cette page écrite par le plus grand des poètes, le hasard, auquel est dû le pêle-mêle de la création en apparence abandonnée à elle-même. Jarvis était un point perdu dans ce paysage, dans cette immensité, sublime comme tout ce qui, n'ayant qu'une vie éphémère, offre une rapide image de la perfection, car, par une loi, fatale à nos yeux seulement, les créations en apparence achevées, cet amour de nos cœurs et de nos regards, n'ont qu'un printemps ici. En haut de ce rocher, certes ces trois êtres pouvaient se croire seuls dans le monde.

— Quelle volupté! s'écria Wilfrid.

— La nature a ses hymnes, dit Séraphita. Cette musique n'est-elle pas délicieuse? Avouez-le, Wilfrid, aucune des femmes que vous avez connues n'a pu se créer une si magnifique retraite! Ici j'éprouve un sentiment rarement inspiré par le spectacle des villes, et qui me porterait à demeurer couchée au milieu de ces herbes si rapidement venues. Là, les yeux au ciel, le cœur ouvert, perdue au sein de l'immensité, je me laisserais aller à entendre le soupir de la fleur qui, à peine dégagée de sa primitive nature, voudrait courir, et les cris de l'eider impatient de n'avoir encore que des ailes, en me rappelant les désirs de l'homme qui tient de tous, et qui, lui aussi, désire! Mais ceci, Wilfrid, est la poésie de femme! Vous apercevez une voluptueuse pensée dans cette fameuse étendue liquide, dans ces voiles brodés où la nature se joue comme une femme coquette, dans cette atmosphère où elle parfume pour ses hyménées sa chevelure verdâtre. Vous voudriez voir la forme d'une naïade dans cette gaze de vapeurs! Et, selon vous, je devrais écouter la voix mâle du torrent.

— L'amour n'est-il pas là, comme une abeille dans le calice d'une fleur? répondit Wilfrid, qui, pour la première fois apercevant de lui les traces d'un sentiment terrestre, crut le moment favorable à l'expression de sa bouillante tendresse.

— Toujours donc? répondit en riant Séraphita, que Minna avait laissée seule.

L'enfant gravissait un rocher où avait aperçu des saxifrages bleues.

— Toujours, répéta Wilfrid. Écoutez-moi, dit-il en lui jetant un regard dominateur qui rencontra comme une armure de diamant, vous ignorez ce que je suis, ce que je peux et ce que je veux. Ne rejetez pas ma dernière prière! Soyez le bonheur du monde que vous portez en votre cœur! Soyez à moi pour que j'aie une conscience pure, pour qu'une voix céleste résonne à mon oreille en m'inspirant le bien dans la grande entreprise que j'ai résolue, conseillé par ma haine contre les nations, mais que j'accomplirais alors pour leur bien-être, si vous m'accompagnez! Quelle plus belle mission donneriez-vous à l'amour? quel plus beau rôle une femme peut-elle rêver? Je suis venu dans ces contrées en méditant un grand dessein.

— Et vous en sacrifierez, dit-elle, les grandeurs à une jeune fille bien simple, que vous aimerez, que vous mènera dans une vie tranquille.

— Que m'importe? je ne veux que vous! répondit-il en reprenant son discours. Sachez mon secret. J'ai parcouru tout le Nord, ce grand atelier où se forgent les races nouvelles qui se répandent sur la terre comme des nappes humaines chargées de rafraîchir les civilisations vieillies. Je voulais commencer mon œuvre sur un de ces points, y conquérir l'empire que donnent la force et l'intelligence sur une peuplade, la former aux combats, entamer la guerre, la répandre comme un incendie, dévorer l'Europe en criant liberté à ceux-ci, pillage à ceux-là, gloire à l'un, plaisir à l'autre; mais en demeurant, moi, comme la figure du destin, implacable et cruel, en marchant comme l'orage, qui s'assimile dans l'atmosphère toutes les particules dont se compose la foudre, en me repaissant d'hommes comme un fléau vorace. Ainsi j'aurais conquis l'Europe, elle se trouve à une époque où elle attend le Messie nouveau qui doit ravager les particules, en la foulant pour en refaire les sociétés. L'Europe ne croira plus qu'à celui qui la broiera sous ses pieds. Un jour les poètes, les historiens auraient justifié ma vie, m'auraient grandi, m'auraient prêté des idées, à moi pour qui cette immense plaisanterie, écrite avec du sang, n'est qu'une vengeance. Mais, chère Séraphita, mes observations m'ont dégoûté du Nord, la force y est trop aveugle, et j'ai soif des Indes! Mon duel avec un gouvernement égoïste, lâche et mercantile, me séduit davantage. Puis il est plus facile d'émouvoir l'imagination des peuples assis au pied du Caucase que de convaincre l'esprit des pays glacés où nous sommes. Donc, je suis tenté de traverser les steppes russes, d'arriver au bord de l'Asie, de la couvrir jusqu'au Gange de ma triomphante inondation humaine, et là je renverserai la puissance anglaise. Sept hommes ont déjà réalisé ce plan à diverses époques. Je renouvellerai l'art comme l'ont fait les Sarrasins, lancés par Mahomet sur l'Europe! Je ne serai pas un roi mesquin comme ceux qui gouvernent aujourd'hui les anciennes provinces de l'empire romain, en se disputant avec leurs sujets, à propos d'un droit de douane. Non, rien ne m'arrêtera ni la foudre de mes regards ni la tempête de mes paroles! Mes pieds couvriront un tiers du globe, comme ceux de Gengis-Kan, ma main saisira l'Asie, comme l'a déjà prise celle d'Aureng-Zeb. Soyez ma compagne, asseyez-vous, belle et blanche figure, sur un trône. Je n'ai jamais douté du succès, mais soyez dans mon cœur, j'en serai sûr!

— J'ai déjà régné, dit Séraphita.

Ce mot fut comme un coup de hache donné par un habile bûcheron dans le pied d'un jeune arbre qui tombe aussitôt. Les hommes seuls peuvent savoir ce qu'une femme excite de rage en l'âme d'un homme, quand, voulant démontrer à cette femme aimée sa force ou son pouvoir, son intelligence ou sa supériorité la capricieuse penche la tête, et dit : « Ce n'est rien », quand, blasée, elle sourit et dit : « Je sais cela ! » quand pour elle la force est une petitesse.

— Comment, cria Wilfrid au désespoir, les richesses des arts, les richesses des mondes, les splendeurs d'une cour...

Elle l'arrêta par une seule inflexion de ses lèvres, et dit : — Des êtres plus puissants que vous ne l'êtes m'ont offert davantage.

— Eh bien! tu n'as donc pas d'âme, si tu n'es pas séduite par la perspective de consoler un grand homme qui se sacrifierait tout pour vivre avec toi dans une petite maison au bord d'un lac!

— Mais, dit-elle, je suis aimée d'un amour sans bornes.

— Par qui? s'écria Wilfrid en s'avançant par un mouvement de frénésie vers Séraphita pour la précipiter dans les cascades écumeuses de la Sieg.

Elle le regarda, son bras se détendit, elle lui montrait Minna, qui accourait blanche et rose, jolie comme les fleurs qu'elle tenait à la main.

— Enfant! dit Séraphitüs en allant à sa rencontre.

Wilfrid demeura le haut du rocher, immobile comme une statue, perdu dans ses pensées, voulant se laisser aller au cours de la Sieg avec un des arbres tombés qui passaient sur ses yeux, et disparaissaient au sein du golfe.

— Je les ai cueillies pour vous, dit Minna, qui présenta son bouquet à l'être adoré. L'une d'elles, celle-ci, dit-elle en lui présentant une fleur, est semblable à celle que nous avons trouvée sur le Falberg.

Séraphitüs regarda tour à tour la fleur et Minna.

— Pourquoi me fais-tu cette question? doutes-tu de moi?

— Non, dit la jeune fille, ma confiance en vous est infinie. Si vous êtes mot plus beau que toute la belle nature, vous me paraissez aussi plus intelligent que ne l'est l'humanité tout entière. Quand je vous ai vu, je crois avoir prié Dieu. Je voudrais...

— Quoi? dit Séraphitüs en lui lançant un regard par lequel il révélait à la jeune fille l'immense étendue qui les séparait.

— Je voudrais souffrir en votre place...

— Voici la plus dangereuse des créatures, se dit Séraphitüs. Est-ce donc une pensée criminelle que de vouloir te la présenter, ô mon Dieu? — Ne te souviens-tu plus de ce que je t'ai dit la haut? reprit-il en s'adressant à la jeune fille et lui montrant la cime du Bonnet de Glace.

— Le voilà redevenu terrible, se dit Minna frémissant de crainte.

La voix de la Sieg accompagna les pensées de ces trois êtres, qui demeurèrent pendant quelques moments réunis sur une plate-forme de rochers en saillie, mais séparés par des abîmes dans le monde spirituel.

— Eh bien ! Séraphîtus, enseignez-moi, dit Minna d'une voix argentée comme une perle et douce comme un mouvement de sensitive est doux, apprenez-moi ce que je dois faire pour ne point vous aimer. Qui ne vous admirerait pas ? l'amour est une admiration qui ne se lasse jamais.

— Pauvre enfant ! dit Séraphîtus en pâlissant, on ne peut aimer ainsi qu'un seul être.

— Qui ? demanda Minna.

— Tu le sauras, répondit-il avec la voix faible d'un homme qui se couche pour mourir.

— Au secours ! il se meurt, s'écria Minna.

Wilfrid accourut, et, voyant cet être gracieusement posé dans un fragment de gneiss sur lequel le temps avait jeté son manteau de velours, ses lichens lustrés, ses mousses fauves que le soleil satinait, il dit : — Elle est bien belle !

— Voici le dernier regard que je pourrai jeter sur cette nature en travail, dit-elle en rassemblant ses forces pour se lever.

Elle s'avança sur le bord du rocher, d'où elle pouvait embrasser, fleuris, verdoyants, animés, les spectacles de ce grand et sublime paysage, enseveli naguère sous une tunique de neige.

« Adieu, dit-elle, foyer brûlant d'amour où tout marche avec ardeur du centre aux extrémités, et dont les extrémités se rassemblent comme une chevelure de femme, pour tresser la natte inconnue par laquelle tu te rattaches dans l'éther indiscernable à la pensée divine !

« Voyez-vous celui qui, courbé sur un sillon arrosé de sa sueur, se relève un moment pour interroger le ciel ; celle qui recueille les enfants pour les nourrir de son lait ; celui qui noue les cordages au fort de la tempête ; celle qui reste au creux d'un rocher attendant le père ! voyez-vous tous ceux qui tendent la main après une vie consommée en d'ingrats travaux ? A tous paix et courage, à tous adieu !

« Entendez-vous le cri du soldat mourant inconnu, la clameur de l'homme trompé qui pleure dans le désert ? A tous paix et courage, à tous adieu ! Adieu, vous qui mourez pour les rois de la terre. Mais adieu aussi, peuple sans patrie ; adieu, terres sans peuples, qui vous souhaitez les uns les autres. Adieu surtout à toi qui ne sais où reposer la tête, proscrit sublime. Adieu, chères innocentes traînées par les cheveux pour avoir trop aimé ! Adieu, mères assises auprès de vos fils mourants ! Adieu, saintes femmes blessées ! Adieu, pauvres ! adieu, petits, faibles et souffrants, vous de qui j'ai si souvent épousé les douleurs ! Adieu, vous tous qui gravitez dans la sphère de l'instinct en y souffrant pour autrui !

« Adieu, navigateurs qui cherchez l'Orient à travers les ténèbres épaisses de vos abstractions vastes comme des principes ! Adieu, martyrs de la pensée menés par elle à la vraie lumière ! Adieu, sphères studieuses où j'entends la plainte du génie insulté, le soupir du savant éclairé trop tard !

« Voici le concert angélique, la brise de parfums, l'encens du cœur exhalé par ceux qui priant, consolant, répandant la lumière divine et le baume céleste dans les âmes tristes. Courage, chœur d'amour ! Vous à qui les peuples crient : — « Consolez-nous, « déliez-nous ! » courage et adieu !

« Adieu granit, tu deviendras fleur ; adieu, fleur, tu deviendras colombe ; adieu, colombe, tu seras femme ; adieu, femme, tu seras souffrance ; adieu, homme, tu seras croyance ; adieu, vous qui serez tout amour et tout ! »

Abattu par la fatigue, cet être inexpliqué s'appuya pour la première fois sur Wilfrid et sur Minna pour revenir à son logis. Wilfrid et Minna se sentirent alors atteints par une contagion inconnue. A peine avaient-ils fait quelques pas, David se montra pleurant : — Elle va mourir, pourquoi l'avez-vous emmenée jusqu'ici ? s'écria-t-il de loin. Séraphîta fut emportée par le vieillard, qui retrouva les forces de la jeunesse et vola jusqu'à la porte du château suédois, comme un aigle emportant quelque blanche brebis dans son aire.

VI. — Le chemin pour aller au ciel.

Le lendemain du jour où Séraphîta pressentit sa fin et fit ses adieux à la terre comme un prisonnier regarde son cachot avant de le quitter à jamais, elle ressentit des douleurs qui l'obligèrent à demeurer dans la complète immobilité de ceux qui souffrent des maux extrêmes. Wilfrid et Minna vinrent la voir, et la trouvèrent couchée sur son divan de pelleterie. Encore voilée par la chair, son âme rayonnait à travers son voile en le blanchissant de jour en jour. Les progrès de l'esprit qui minait la dernière barrière par laquelle il était séparé de l'infini s'appelaient une maladie, l'heure de la vie était nommée la mort. David pleurait en voyant souffrir sa maîtresse sans vouloir écouter ses consolations, le vieillard était déraisonnable comme un enfant. M. Becker voulait que Séraphîta se soignât ; mais tout était inutile.

Un jour elle demanda les deux êtres qu'elle avait affectionnés, en leur disant que ce jour était le dernier de ses mauvais jours. Wilfrid et Minna vinrent saisis de terreur, ils savaient qu'ils allaient la perdre. Séraphîta leur sourit à la manière de ceux qui s'en vont dans un monde meilleur, elle inclina la tête comme une fleur trop chargée de rosée qui montre une dernière fois son calice et livre aux airs ses derniers parfums ; elle les regardait avec une mélancolie inspirée par eux, elle ne pensait plus à elle, et ils se sentaient sans pouvoir exprimer leur douleur à laquelle se mêlait la gratitude. Wilfrid resta debout, silencieux, immobile, perdu dans une de ces contemplations excitées par les choses dont l'étendue nous fait comprendre ici-bas une immensité suprême. Enhardie par la faiblesse de cet être si puissant, ou peut-être par la crainte de le perdre à jamais, Minna se pencha sur lui pour lui dire : — Séraphîtus, laisse-moi te suivre.

— Puis-je te le défendre ?

— Mais pourquoi ne m'aimes-tu pas assez pour rester ?

— Je ne saurais rien aimer ici.

— Qu'aimes-tu donc ?

— Le ciel.

— Es-tu digne du ciel en méprisant ainsi les créatures de Dieu ?

— Minna, pouvons-nous aimer deux êtres à la fois ? Un bien-aimé serait-il le bien-aimé s'il ne remplissait pas le cœur ? Ne doit-il pas être le premier, le dernier, le seul ? Celle qui est tout amour ne quitte-t-elle pas le monde pour son bien-aimé ? Sa famille en terre devient un souvenir, elle n'a plus qu'un parent. Son âme n'est plus à elle, mais à lui ! Si elle garde en elle-même quelque chose qui ne soit pas à lui, elle n'aime pas : non, elle n'aime pas. Aimer faiblement, est-ce aimer ? La parole du bien-aimé la fait toute joie et se coule dans ses veines comme une pourpre plus rouge que n'est le sang ; son regard est une lumière qui la pénètre, elle se fond en lui, là où il est, tout est beau. Il est chaud à l'âme, il éclaire tout ; près de lui, fait-il jamais froid ou nuit ? Il n'est jamais absent, il est toujours en nous, nous pensons en lui, à lui, pour lui. Voilà, Minna, comment je l'aime.

— Qui ? dit Minna saisie par une jalousie dévorante.

— Dieu ! répondit Séraphîtus, dont la voix brilla dans les âmes comme un feu de liberté qui s'allume de montagne en montagne, Dieu qui ne nous trahit jamais, Dieu qui ne nous abandonne pas et comble incessamment les désirs, qui seul peut constamment abreuver sa créature d'une joie infinie et sans mélange, Dieu qui ne se lasse jamais et n'a que des sourires. Dieu qui, toujours nouveau, jette dans l'âme ses trésors, qui purifie et n'a rien d'amer, qui est tout harmonie et tout flamme ! Dieu qui se met en nous pour y fleurir, exauce tous nos vœux, ne compte plus avec nous quand nous sommes à lui, mais se donne tout entier ; nous ravit, nous amplifie, nous multiplie en lui ! enfin Dieu, Minna, je t'aime, parce que tu peux être à lui. Je l'aime, parce que, si tu viens à lui, tu seras à moi.

— Eh bien ! conduis-moi donc, dit-elle en s'agenouillant. Prends-moi par la main, je ne veux plus te quitter.

— Conduisez-nous, Séraphîta ! s'écria Wilfrid, qui vint se joindre à Minna par un mouvement impétueux. Oui, tu m'as enfin donné soif de la lumière et soif de la parole, je suis altéré de l'amour que tu m'as mis au cœur, je conserverai ton âme en la mienne ; jettes-y ton vouloir, je ferai ce que tu me diras de faire. Si je ne puis l'obtenir, je veux garder de toi tous les sentiments que tu me communiqueras. Si je ne puis m'unir à toi que par une seule force, je m'y attacherai comme le feu s'attache à ce qu'il dévore. Parle !

— Ange, s'écria cet être incompréhensible en les enveloppant tous deux par un regard qui fut comme un manteau, ange, le ciel sera ton héritage.

Il se fit entre eux un grand silence après cette exclamation, qui détona dans les âmes de Wilfrid et de Minna comme le premier accord de quelque musique céleste.

— Si vous voulez habituer vos pieds à marcher dans le chemin qui mène au ciel, sachez bien que les commencements en sont rudes, dit cette âme endolorie. Dieu veut être cherché pour lui-même. En ce sens, il est jaloux, il vous veut tout entier ; mais, quand vous vous êtes donné à lui, Dieu ne vous abandonne pas. Il vous laisser les clefs du royaume où brille sa lumière, où vous serez partout dans le sein de lui, dans le cœur de l'époux. Aucune sentinelle n'en défend les approches, vous pouvez y entrer de tous côtés, ses palais, ses trésors, son sceptre, rien n'est gardé, il a dit à tous : Prenez-les ! Mais il faut vouloir y aller. Comme pour faire un voyage il est nécessaire de quitter sa demeure, de renoncer à ses projets, de dire adieu à ses amis, à son père, à sa mère, à sa sœur, et même au plus petit des frères qui crie, et leur dire des adieux éternels, car vous ne reviendrez pas plus que les martyrs en marche vers le bûcher ne retournaient au logis ; enfin il faut vous dépouiller des sentiments et des choses auxquels tiennent les hommes, sans quoi vous ne seriez pas tout entiers à votre entreprise. Faites pour Dieu ce que vous faisiez pour vos desseins ambitieux, ce que vous faites en vous vouant à un art, ce que vous avez fait quand vous aimiez une créature plus que lui, ou quand vous poursuiviez un secret de la science humaine. Dieu n'est-il pas la science même, l'amour même, la source de toute poésie ? son trésor ne peut-il exciter la cupidité ? Son trésor est inépuisable, sa poésie est infinie, son amour est immuable, sa science est infaillible et sans mystères ! Ne tenez donc à rien, il vous donnera tout. Oui, vous retrouverez dans son cœur des biens incomparables à ceux que vous aurez perdus sur la terre. Ce que je vous dis est certain : vous aurez sa puissance, vous en userez comme vous usez de ce qui est à votre amant ou à votre maîtresse. Hélas ! la plupart des hommes doutent, manquent de foi, de volonté, de persévérance. Si quelques-uns se mettent en route, ils viennent aussitôt à regarder derrière eux, et reviennent. Peu de créatures savent choisir entre ces deux extrêmes : ou rester ou partir, ou la fange ou le ciel. Chacun hésite. La faiblesse commence l'égarement, la passion entraîne dans la mauvaise voie ; le vice, qui est une habitude, y embourbe ; et l'homme ne fait aucun progrès vers les états meilleurs. Tous les êtres passent une première vie dans la sphère des instincts où ils travaillent à reconnaître l'inutilité des trésors terrestres après s'être donné mille peines pour les amasser. Combien de fois vit-on dans ce premier monde avant d'en sortir préparé pour recommencer d'autres épreuves dans la sphère des abstractions où la pensée s'exerce en de fausses sciences, où l'esprit se lasse enfin de la parole humaine ; car, la matière épuisée, vient l'esprit. Combien de formes l'être promis au ciel a-t-il usées avant d'en venir à comprendre le prix du silence et de la solitude dont les steppes étoilées sont les parvis des mondes spirituels. Après avoir expérimenté le vide et le néant, les yeux se tournent vers le bon chemin. C'est alors d'autres existences à user pour arriver au sentier où brille la lumière. La mort est le relais de ce voyage. Les expériences se font alors en sens inverse : il faut souvent toute une vie pour acquérir les vertus qui sont l'opposé des erreurs dans lesquelles l'homme a précédemment vécu. Ainsi vient d'abord la vie où l'on souffre, et dont les tortures donnent soif de l'amour. Ensuite, la vie où l'on aime et où le dévouement pour la créature apprend le dévouement pour le Créateur, où les vertus de l'amour, ses mille martyres, son angélique espoir, ses joies suivies de douleurs, sa patience, sa résignation, excitent l'appétit des choses divines. Après vient la vie où l'on cherche dans le silence les traces de la parole, où l'on devient humble et charitable. Puis la vie où l'on désire. Enfin la vie où l'on prie. Là est l'éternel midi, là sont les fleurs, là est la moisson ! Les qualités acquises et qui se développent lentement en nous sont des liens invisibles qui rattachent chacune de nos *existers* l'un à l'autre, et que l'âme seule se rappelle, car la matière ne peut se ressouvenir d'aucune des choses spirituelles. La pensée seule a la tradition de l'antérieur. Ce legs perpétuel du passé au présent et du présent à l'avenir est le secret des génies humains : les uns ont le don des formes, les autres ont le don des nombres, ceux-ci le don des harmonies. C'est des progrès dans le chemin de la lumière. Oui, qui possède un de ces dons touche par un point à l'infini. La parole, de laquelle je vous révèle ici quelques mots, la terre s'est partagée, la réduite en poussière et l'a semée dans ses œuvres, dans ses doctrines, dans ses poésies. Si quelque grain impalpable en reluit sur un ouvrage, vous dites : « Ceci est grand, ceci est vrai, ceci est sublime ! » Ce peu de chose vibre en vous et y attaque le pressentiment du ciel. Aux uns la maladie qui nous sépare du monde, aux autres la solitude qui nous rapproche de Dieu, à celui-ci la poésie ; enfin tout ce qui vous replie sur vous-même, vous frappe et vous écrase, vous élève ou vous abaisse, est un retentissement du monde divin. Quand un être a tracé droit son premier sillon, il lui suffit pour assurer les autres : une seule pensée creusée, une voix entendue, une souffrance vive, un seul écho que rencontre en vous la parole, change à jamais votre âme. Tout aboutit à Dieu, il est donc bien des chances pour le trouver en allant droit devant soi. « Quand arrive le jour heureux où vous mettez le pied dans le chemin et que commence votre pèlerinage, la terre n'en sait rien, elle ne vous comprend plus, vous ne vous entendez plus, elle est vous. Les hommes qui arrivent à la connaissance de ces choses et qui disent quelques mots de la parole vraie, ceux-là ne trouvent nulle part à reposer leur tête, ceux-là sont poursuivis comme bêtes fauves, et périssent souvent sur des échafauds, à la grande joie des peuples assemblés, tandis que les anges leur ouvrent les portes du ciel. Votre destination sera donc un secret entre vous et Dieu, comme l'amour est un secret entre deux cœurs. Vous serez le trésor enfoui sur lequel passent les hommes affamés d'or, sans savoir que vous êtes là. Votre existence devient alors incessamment active ; chacun de vos actes a un sens qui se rapporte à Dieu, comme dans l'amour vos actions et vos pensées sont pleines de la créature aimée ; mais l'amour et ses joies, l'amour et ses plaisirs bornés par les sens, est une imparfaite image de l'amour infini qui vous unit au céleste fiancé. Toute joie terrestre est suivie d'angoisses, de mécontentements, pour que l'amour soit sans dégoût, il faut que la mort le termine au plus fort de sa flamme, vous n'en connaissez alors pas les cendres ; mais ici Dieu transforme nos misères en délices, la joie se multiplie alors par elle-même, elle va croissant et n'a pas de limites. Ainsi, dans la vie terrestre, l'amour passager se termine par des tribulations constantes, tandis que, dans la vie spirituelle, les tribulations d'un jour se terminent par des joies infinies. Votre âme est incessamment joyeuse. Vous sentez Dieu près de vous, en vous ; il donne à toutes choses une saveur sainte, il rayonne dans votre âme, il vous empreint de sa douceur, il vous désintéresse de la terre pour vous-même, et vous y intéresse pour lui en vous laissant exercer son pouvoir. Vous faites en son nom les œuvres qu'il inspire : vous séchez les larmes, vous agissez pour lui, vous n'avez plus rien en propre, vous aimez comme lui les créatures d'un inextinguible amour ; vous les voudriez toutes en marche vers lui, comme une véritable amante voudrait voir tous les peuples du monde obéir à son bien-aimé. La dernière vie, celle en qui se résument les autres, où se tendent toutes les forces, et dont les mérites doivent ouvrir la porte sainte à l'être parfait, est la vie de la prière. Qui vous fera comprendre la grandeur, les majestés, les forces de la prière ? Que ma voix tonne dans vos cœurs et qu'elle les change. Soyez tout à coup ce que vous seriez après les épreuves ! Il est des créatures privilégiées, les prophètes, les voyants, les messagers, les martyrs, tous ceux qui souffriront pour la parole ou qui l'ont proclamée ; ces âmes franchissent d'un bond les sphères humaines et s'élèvent tout à coup à la prière. Ainsi de ceux qui sont dévorés par le feu de la foi. Soyez un de ces couples hardis. Dieu souffre la témérité, il aime à être pris avec violence, il ne rejette jamais celui qui peut aller jusqu'à lui. Sachez-le ! le désir, ce torrent de votre volonté, est si puissant chez l'homme, qu'un seul jet émis avec force peut tout faire obtenir, un seul cri suffit souvent sous la pression de la foi. Soyez un de ces êtres pleins de force, de vouloir et d'amour ! Soyez victorieux de la terre ! Que la soif et la faim de Dieu vous saisissent ! Courez à lui comme le cerf altéré court à la fontaine ; le désir vous armera de ses ailes ; les larmes, ces fleurs du repentir, seront comme un baptême céleste d'où sortira votre nature purifiée. Élancez-vous du sein de ces ondes dans la prière. Le silence et la méditation sont les moyens efficaces pour aller dans cette voie. Dieu se révèle toujours à l'homme solitaire et recueilli. Ainsi s'opérera la séparation nécessaire entre la matière qui vous a si longtemps environnée de ses ténèbres, et l'esprit qui naît en vous et vous illumine, car il fera alors clair en votre âme. Votre cœur brisé reçoit alors la lumière, elle l'inonde. Vous ne sentez plus alors de convictions en vous, mais d'éclatantes certitudes. Le poète exprime, le sage médite, le juste agit, mais celui qui se pose au bord des mondes divins prie, et sa prière est à la fois parole, pensée, action ! Oui, sa prière enferme tout, elle contient tout, elle vous achève la nature, en vous en découvrant l'esprit et la marche. Blanche et lumineuse fille de toutes les vertus humaines, arche d'alliance entre la terre et le ciel, douce compagne qui tient du lion et de la colombe, la prière vous donnera la clef des cieux. Hardie et pure comme l'innocence, forte comme tout ce qui est un et simple, cette belle reine invincible s'appuie sur le monde matériel, elle s'en est emparée ; car, semblable au soleil, elle le presse par un cercle de lumière. L'univers appartient à qui veut, à qui sait, à qui peut prier ; mais il faut vouloir, savoir et pouvoir ; en un mot, posséder la force, la sagesse et la foi. Aussi la prière qui résulte de tant d'épreuves est-elle la consommation de toutes les vérités, de toutes les puissances, de tous les sentiments. Fruit du développement laborieux, progressif, continu de toutes les propriétés naturelles, animé par le souffle divin de la parole, elle a des activités enchanteresses, elle est le dernier culte : ce n'est ni le culte matériel qui a des images, ni le culte spirituel qui a des formules ; c'est le culte du monde divin. Nous ne disons plus de prières, la prière s'allume en nous, elle est une faculté qui s'exerce d'elle-même ; elle a conquis ce caractère d'activité qui la porte au-dessus des formes ; elle relie alors l'âme à Dieu, avec qui vous vous unissez comme la racine des arbres s'unit à la terre ; vos veines tiennent au principe des choses, et vous vivez de la vie même des mondes. La prière donne la conviction extérieure en vous faisant pénétrer le monde matériel par la cohésion de toutes vos facultés avec les substances élémentaires ; elle donne la conviction intérieure en développant votre essence et la mêlant à celle des mondes spirituels. Pour parvenir à prier ainsi, obtenez un entier dépouillement de la chair, acquérez au feu des creusets la pureté du diamant, car cette complète communication ne s'obtient que par le repos absolu, par l'apaisement de toutes les tempêtes. Oui, la prière, véritable aspiration de l'âme entièrement séparée du corps, emporte toutes les forces et les applique à la constante et persévérante union du visible et de l'invisible. En possédant la faculté de prier sans lassitude, avec amour, avec force, avec certitude, avec intelligence, votre nature spiritualisée est bientôt investie de la puissance. Comme un vent impétueux ou comme la foudre, elle traverse tout et participe au pouvoir de Dieu. Vous avez l'agilité de l'esprit; en un instant, vous vous rendez présent dans toutes les régions, vous êtes transporté comme la parole même d'un bout du monde à l'autre. Il est une harmonie, et vous y participez; il est une lumière, et vous la voyez! il est une mélodie, et son accord est en vous! En cet état, vous sentirez votre intelligence se développer, grandir, et sa vue atteindre à des distances prodigieuses : il n'est en effet ni temps ni lieu pour l'esprit. L'espace et la durée sont des proportions créées pour la matière, l'esprit et la matière n'ont rien de commun. Quoique ces choses s'opèrent dans le calme et le silence, sans agitation, sans mouvement extérieur, néanmoins tout est action dans la prière, mais action vive, dépouillée de toute substantialité, et réduite à être, comme le mouvement des mondes, une force invisible et pure. Elle descend partout comme la lumière, et donne la vie aux âmes qui se trouvent sous ses rayons, comme la nature est sous le soleil. Elle ressuscite partout la vertu, purifie et sanctifie tous les actes, peuple la solitude, donne un avant-goût des délices éternelles. Une fois que vous avez éprouvé les délices de l'ivresse divine engendrée par vos travaux intérieurs, alors tout est dit! une fois que vous tenez le sistre sur lequel on chante Dieu, vous ne le quittez plus. De là vient la solitude où vivent les esprits angéliques et leur dédain de ce qui fait les joies humaines. Je vous le dis, ils sont retranchés du nombre de ceux qui doivent mourir; s'ils en entendent les langages, ils n'en comprennent plus les idées; ils s'étonnent de leurs mouvements, de ce que l'on nomme politique, lois matérielles et sociétés; pour eux plus de mystère, il n'est plus que des vérités. Ceux qui sont arrivés au point où leurs yeux découvrent la Porte Sainte, et qui, sans jeter un seul regard en arrière, sans exprimer un seul regret, contemplent les mondes en en pénétrant les destinées, ceux-là se taisent, attendent, et souffrent leurs dernières luttes; la plus difficile est la dernière, la vertu suprême est la résignation : être en exil et ne pas se plaindre, n'avoir goût aux choses d'ici-bas et sourire, être à Dieu, rester parmi les hommes! Vous entendez bien la voix qui vous crie : — Marche! marche! Souvent en de célestes visions des anges descendent et vous enveloppent de leurs chants! Il faut sans pleurs ni murmures les voir revolant à la ruche. Se plaindre, ce serait déchoir. La résignation est le fruit qui mûrit à la porte du ciel. Combien est puissant et beau le sourire calme et le front pur de la créature résignée! Radieuse est la lueur qui lui pare le front! Qui vit dans son air devient meilleur. Son regard pénètre, attendrit. Plus éloquente par son silence que le prophète ne l'est par sa parole, elle triomphe par sa seule présence. Elle dresse l'oreille comme le chien fidèle qui attend le maître. Plus forte que l'amour, plus vive que l'espérance, plus grande que la foi, elle est l'adorable fille qui, couchée sur la terre, y garde un moment la palme conquise en laissant une empreinte de ses pieds blancs et purs; et, quand elle n'est plus, les hommes accourent en foule et disent : — Voyez! Dieu l'y maintient comme une figure sous la forme de laquelle rampent les formes et les espèces de l'animalité pour reconnaître leur chemin. Elle secoue par moments la lumière que ses cheveux exhalent, et l'on voit; elle parle, et l'on entend, et tous se disent : — Miracle! Souvent elle triomphe au nom de Dieu; les hommes épouvantés la renient et la mettent à mort; elle dépose son glaive et sourit au bûcher après avoir sauvé les peuples. Combien d'anges pardonnés sont passés du martyre au ciel! Sinaï, Golgotha, ne sont pas ici ou là; l'ange est crucifié dans tous les lieux, dans toutes les sphères. Les soupirs arrivent à Dieu de toutes parts. La terre où nous sommes est un des épis de la moisson, l'humanité est une des espèces dans le champ immense où se cultivent les fleurs du ciel. Enfin, partout Dieu est semblable à lui-même, et partout, en priant, il est facile d'arriver à lui. »

A ces paroles, tombées comme des lèvres d'un autre Agar dans le désert, mais qui, arrivées à l'âme, la remuaient comme des flèches lancées par le verbe enflammé d'Isaïe, cet être se fit soudain pour rassembler ses dernières forces. Ni Wilfrid, ni Minna n'osèrent parler. Tout à coup, il se dressa pour mourir.

— Ame de toutes choses, ô mon Dieu! toi que j'aime pour toi-même! Toi, juge et père, sonde une ardeur qui n'a pour mesure que ton infinie bonté! Donne-moi ton essence et tes facultés pour que je sois mieux à toi! Prends-moi pour que je ne sois plus moi-même. Si je ne suis pas assez pur, replonge-moi dans la fournaise! Si je suis taillé en faux, fais de moi quelque soc nourricier ou l'épée victorieuse! Accorde-moi quelque martyre éclatant où je puisse proclamer ta parole. Rejeté, je bénirai ta justice. Si l'excès d'amour obtient en un moment ce qui se refuse à de durs, à de patients travaux, enlève-moi sur ton char de feu! Que tu m'octroies le triomphe ou de nouvelles douleurs, sois béni! Mais souffrir pour toi, n'est-ce pas un triomphe aussi? Prends, saisis, arrache, emporte-moi! Si tu le veux, rejette-moi! Tu es l'adoré qui ne saurait mal faire. — Ah! cria-t-il, après une pause, les liens se brisent!

« Esprits purs, troupeau sacré, sortez des abîmes, volez sur la surface des ondes lumineuses! L'heure a sonné, venez, rassemblez-vous! Chantons aux portes du sanctuaire, nos chants dissiperont les dernières nuées. Unissons nos voix pour saluer l'aurore du jour éternel. Voici l'aube de la vraie lumière! Pourquoi ne puis-je emmener mes amis? Adieu, pauvre terre! adieu! »

VII. — L'assomption.

Ces derniers chants ne furent exprimés ni par la parole, ni par le regard, ni par le geste, ni par aucun des signes qui servent aux hommes pour se communiquer leurs pensées, mais comme l'âme se parle à elle-même; car à l'instant où Séraphîta se dévoilait dans sa vraie nature, ses idées n'étaient plus esclaves des mots humains. La violence de sa dernière prière avait brisé ses liens. Comme une blanche colombe, son âme demeura pendant un moment posée sur ce corps, dont les substances épuisées allaient s'anéantir.

M. Becker lisait un in-folio placé sur d'autres livres comme sur un pupitre. — PAGE 8.

L'aspiration de l'âme vers le ciel fut si contagieuse, que Wilfrid et Minna ne s'aperçurent pas de la mort en voyant les radieuses étincelles de la vie.

Ils étaient tombés à genoux quand il s'était dressé vers son orient, et partageaient son extase.

La crainte du Seigneur, qui crée l'homme une seconde fois et le lave de son limon, avait dévoré leurs cœurs.

Leurs yeux se voilèrent aux choses de la terre, et s'ouvrirent aux clartés du ciel.

Quoique saisis par le tremblement de Dieu, comme le furent quelques-uns de ces voyants nommés prophètes parmi les hommes, ils y restèrent comme eux en se trouvant dans le rayon où brillait la gloire de l'Esprit.

Le voile de chair qui le leur avait caché jusqu'alors s'évaporait insensiblement, et leur en laissait voir la divine substance.

Ils demeurèrent dans le crépuscule de l'aurore naissante, dont les faibles lueurs les préparaient à voir la vraie lumière, à entendre la parole vive, sans en mourir.

En cet état, tous deux commencèrent à concevoir les différences incommensurables qui séparent les choses de la terre des choses du ciel.

La Vie, sur le bord de laquelle ils se tenaient serrés l'un contre l'autre, tremblants et illuminés, comme deux enfants se tiennent sous un abri devant un incendie, cette vie n'offrait aucune prise aux sens.

Les idées leur servirent à se dire leur vision furent aux choses entrevues ce que les sens apparents de l'homme peuvent être à son âme, la matérielle enveloppe d'une essence divine.

L'Esprit était au-dessus d'eux, il embaumait sans odeur, il était mélodieux sans le secours des sons, là où ils étaient, il ne se rencontrait ni surfaces, ni angles, ni air.

Ils n'osaient plus ni l'interroger ni le contempler, et se trouvaient dans son ombre comme on se trouve sous les ardents rayons du soleil des tropiques, sans qu'on se hasarde à lever les yeux, de peur de perdre la vue.

Ils se savaient près de lui, sans pouvoir s'expliquer par quels moyens ils étaient assis comme en rêve sur la frontière du visible et de l'invisible, ni comment ils ne voyaient plus le visible, et comment ils apercevaient l'invisible.

Ils se disaient : — « S'il nous touche, nous allons mourir ! » Mais l'Esprit était dans l'infini, et ils ignoraient que ni le temps ni l'espace n'existent plus dans l'infini, qu'ils étaient séparés de lui par des abîmes, quoique en apparence près de lui.

Leurs âmes n'étant pas propres à recevoir en son entier la connaissance des facultés de cette vie, ils n'en eurent que des perceptions confuses appropriées à leur faiblesse.

Autrement, quand vient à retentir la PAROLE VIVE dont les sons éloignés parvinrent à leurs oreilles, et dont le sens entra dans leur âme comme la vie s'unit aux corps, un seul accent de cette parole les aurait absorbés comme un tourbillon de feu s'empare d'une légère paille.

Ils ne virent donc que ce que leur nature, soutenue par la force de l'esprit, leur permit de voir ; ils n'entendirent que ce qu'ils pouvaient entendre.

Malgré ces tempéraments, ils frissonnèrent quand éclata la VOIX de l'âme souffrante, le chant de l'Esprit qui attendait la vie et l'implorait par un cri.

Ce cri les glaça jusque dans la moelle de leurs os.

L'Esprit frappait à la PORTE SAINTE. — Que veux-tu? répondit un Chœur, dont l'interrogation retentit dans les mondes. — Aller à Dieu.
— As-tu vaincu? — J'ai vaincu la chair par l'abstinence, j'ai vaincu la fausse parole par le silence, j'ai vaincu la fausse science par l'humilité, j'ai vaincu l'orgueil par la charité, j'ai vaincu la terre par l'amour, j'ai payé mon tribut par la souffrance, je me suis purifié en brûlant dans la foi, j'ai souhaité la vie par la prière : j'attends en adorant, et je suis résigné.

Nulle réponse ne se fit entendre.

— Que Dieu soit béni ! répondit l'Esprit en croyant qu'il allait être rejeté.

Ses pleurs coulèrent et tombèrent en rosée sur les deux témoins agenouillés, qui frémirent devant la justice de Dieu.

Tout à coup sonnèrent les trompettes de la victoire remportée par L'ANGE dans cette dernière épreuve, les retentissements arrivèrent aux espaces comme un son dans l'écho, les remplirent et firent trembler l'univers, que Wilfrid et Minna sentirent être petit sous leurs pieds. Ils tressaillirent, agités d'une angoisse causée par l'appréhension du mystère qui devait s'accomplir.

Il se fit, en effet, un grand mouvement comme si les légions éternelles se mettaient en marche et se disposaient en spirale. Les mondes tourbillonnaient, semblables à des nuages emportés par un vent furieux. Ce fut rapide.

Soudain les voiles se déchirèrent, ils virent dans le haut comme un astre incomparablement plus brillant que ne l'est le plus lumineux des astres matériels, qui se détacha, qui tomba comme la foudre en scintillant toujours comme l'éclair, et dont le passage faisait pâlir ce qu'ils avaient pris jusqu'alors pour la Lumière.

C'était le messager chargé d'annoncer la bonne nouvelle, et dont le casque avait pour panache une flamme de vie.

Il laissait derrière lui des sillons aussitôt comblés par le flot des lueurs particulières qu'il traversa.

Il avait une palme et une épée, il toucha l'Esprit de sa palme. L'Esprit se transfigura, ses ailes blanches se déployèrent sans bruit.

La communication de la Lumière qui changeait l'Esprit en Séra-PHIN, le revêtement de sa forme glorieuse, armure céleste, jetèrent de tels rayonnements, que les deux voyants en furent foudroyés.

Comme les trois apôtres, aux yeux desquels Jésus se montra, Wilfrid et Minna ressentirent le poids de leurs corps qui s'opposait à une intuition complète et sans nuages de la Parole et de la vraie Vie.

Ils comprirent de la nudité de leurs âmes et purent mesurer le peu de clarté par la comparaison qu'ils en firent avec l'auréole du séraphin, dans laquelle ils se trouvaient comme une tache honteuse.

Ils furent saisis d'un ardent désir de se replonger dans la fange de l'univers pour y souffrir les épreuves, afin de pouvoir un jour proférer victorieusement à la Porte Sainte les paroles dites par le radieux séraphin.

Cet ange s'agenouilla devant le SANCTUAIRE, qu'il pouvait enfin contempler face à face, et dit en lui désignant : — Permettez-leur de voir plus avant, ils aimeront le Seigneur et proclameront sa parole.

A cette prière, un voile tomba. Soit que la force inconnue qui pesait sur les deux voyants eût momentanément anéanti leurs formes corporelles, soit qu'elle eût fait surgir leur esprit au dehors, ils sentirent en eux comme un partage du pur et de l'impur.

Les pleurs du séraphin s'élevèrent autour d'eux sous la forme d'une vapeur qui leur cacha les mondes inférieurs, les enveloppa, les porta, leur communiqua l'oubli des significations terrestres, et leur prêta la puissance de comprendre le sens des choses divines.

La vraie lumière parut, elle éclaira les créations qui leur semblèrent arides quand ils virent la source où les mondes terrestres, spirituels et divins puisent le mouvement.

Chaque monde avait un centre où tendaient tous les points de sa sphère. Ces mondes étaient eux-mêmes des points qui tendaient au centre de leur espèce. Chaque espèce avait son centre vers de grandes régions célestes qui communiquaient avec l'intarissable et flamboyant *moteur de tout ce qui est*.

Ainsi, depuis le plus grand jusqu'au plus petit des mondes, et depuis le plus petit des mondes jusqu'à la plus petite portion des êtres qui le composaient, tout était individuel, et néanmoins tout était un.

Quel était le dessein de cet être dans son essence et dans ses facultés, qui les transmettait sans les perdre, qui les manifestait hors de lui sans les séparer de lui, qui rendait hors de lui toutes ses créations fixes dans leur essence, et muables dans leurs formes ? Les deux convives appelés à cette fête ne pouvaient que voir l'ordre et la disposition des êtres, et admirer la fin immédiate. Les anges seuls allaient au delà, connaissaient les moyens et comprenaient la fin.

Mais ce que les deux élus purent contempler, ce dont ils rapportèrent un témoignage qui éclaira leurs âmes pour toujours, fut la preuve de l'action des mondes et des êtres, la conscience de l'effort avec lequel ils tendent au résultat.

Ils entendirent les diverses parties de l'infini formant une mélodie vivante ; et, à chaque temps où l'accord se faisait sentir comme une immense respiration, les mondes entraînés par ce mouvement unanime s'inclinaient vers l'Être immense, qui de son centre impénétrable faisait tout sortir et ramenait tout à lui.

Cette incessante alternative de voix et de silence semblait être la mesure de l'hymne saint qui retentissait et se prolongeait dans les siècles des siècles.

Wilfrid et Minna comprirent alors quelques-unes des mystérieuses paroles de celui qui, sur la terre, leur était apparu à chacun d'eux sous la forme qui le leur rendait compréhensible, à l'un Séraphîtus, à l'autre Séraphîta, quand ils virent que là tout était homogène.

La lumière enfantait la mélodie, la mélodie enfantait la lumière, les couleurs étaient lumière et mélodie, le mouvement était un nombre doué de la parole ; enfin, tout y était à la fois sonore, diaphane, mobile ; en sorte que chaque chose se pénétrant l'une par l'autre, l'étendue était sans obstacle, et pouvait être parcourue par les anges dans la profondeur de l'infini.

Ils reconnurent la puérilité des sciences humaines, desquelles il leur avait été parlé.

Ce fut pour eux une vue sans ligne d'horizon, un abîme dans lequel un dévorant désir les forçait à se plonger ; mais, attachés à leur misérable corps, ils avaient le désir sans avoir la puissance.

Le séraphin replia légèrement ses ailes pour prendre son vol, et ne se tourna plus vers eux : il n'avait plus rien de commun avec la terre.

Il s'élança : l'immense envergure de son scintillant plumage couvrit les deux voyants comme d'une ombre bienfaisante, qui leur permit de lever les yeux et de le voir emporté dans sa gloire, accompagné du joyeux archange.

Il monta comme un soleil radieux qui sort du sein des ondes ; mais, plus majestueux que l'astre et promis à de plus belles destinées, il ne devait pas être enchaîné comme les créations inférieures dans une

SÉRAPHITA.

vie circulaire; il suivit la ligne de l'infini, et tendit sans déviation vers le centre unique pour s'y plonger dans sa vie éternelle, pour y recevoir dans ses facultés et dans son essence le pouvoir de jouir par l'amour, et le don de comprendre par la sagesse.

Le spectacle qui se dévoila soudain aux yeux des deux voyants les écrasa sous son immensité, car ils se sentirent comme des points dont la petitesse ne pouvait se comparer qu'à la moindre fraction que l'infini de la divisibilité permette à l'homme de concevoir, mise en présence de l'infini des nombres que Dieu seul peut envisager comme il s'envisage lui-même.

Quel abaissement et quelle grandeur en ces deux points, la force et l'amour, que le premier désir du séraphin plaçait comme deux anneaux pour unir l'immensité des univers inférieurs à l'immensité des univers supérieurs!

Ils comprirent les invisibles liens par lesquels les mondes matériels se rattachaient aux mondes spirituels. En se rappelant les sublimes efforts des plus beaux génies humains, ils trouvèrent le principe des mélodies en entendant les chants du ciel qui donnaient les sensations des couleurs, des parfums, de la pensée, et qui rappelaient les innombrables détails de toutes les créations, comme un chant de la terre ranime d'infimes souvenirs d'amour.

Arrivés par une exaltation inouïe de leurs facultés à un point sans nom dans le langage, ils purent jeter pendant un moment les yeux sur le monde divin. Là était la fête.

Des myriades d'anges accoururent tous du même vol, sans confusion, tous pareils, tous dissemblables, simples comme la rose des champs, immenses comme les mondes.

Wilfrid et Minna ne les virent ni arriver ni s'enfuir, ils ensemencèrent soudain l'infini de leur présence, comme les étoiles brillent dans l'indiscernable éther.

Le scintillement de leurs diadèmes réunis s'alluma dans les espaces, comme les feux du ciel au moment où le jour paraît dans nos montagnes.

De leurs chevelures sortaient des ondes de lumière, et leurs mouvements excitaient des frémissements onduleux semblables aux flots d'une mer phosphorescente.

Les deux voyants aperçurent le séraphin tout obscur au milieu des légions immortelles dont les ailes étaient comme l'immense panache des forêts agitées par une brise.

Aussitôt, comme si toutes les flèches d'un carquois s'élançaient ensemble, les esprits chassèrent d'un souffle les vestiges de son ancienne forme, à mesure que montait le séraphin. Il devenait plus pur, bientôt, il ne leur sembla qu'un léger dessin de ce qu'ils avaient vu quand il s'était transfiguré : des lignes de feu sans ombre.

Il montait, recevait de cercle en cercle un don nouveau; puis le signe de son élection se transmettait à la sphère supérieure, où il montait toujours purifié.

Aucune des voix ne se taisait, l'hymne se propageait dans tous ses modes.

« Salut à qui monte vivant! Vieux fleur des mondes! diamant sorti « du feu des douleurs! perle sans tache, désir sans chair, lien nou- « veau de la terre et du ciel, sois lumière! Esprit vainqueur, reine « du monde, vole à ta couronne! triomphateur de la terre, prends « ton diadème! Sois à nous! »

Les vertus de l'ange reparaissaient dans leur beauté.

Son premier désir du ciel reparut gracieux comme une verdissante enfance.

Comme autant de constellations, ses actions se décorèrent de leur éclat.

Ses actes de foi brillèrent comme l'hyacinthe du ciel, couleur du feu sidéral.

La charité lui jeta ses perles orientales, belles larmes recueillies!

L'amour divin l'entoura de ses roses, et sa résignation pieuse lui enleva par sa blancheur tout vestige terrestre.

Aux yeux de Wilfrid et de Minna, bientôt il ne fut plus qu'un point de flamme qui s'avivait toujours et dont le mouvement se perdait dans la mélodieuse acclamation qui célébrait sa venue au ciel.

Les célestes accents firent pleurer les deux bannis.

Tout à coup une odeur de mort, qui s'étendit comme un voile sombre de la première à la dernière sphère, plongea Wilfrid et Minna dans une indicible attente.

En ce moment il se perdait au sein du sanctuaire où il reçut le don de vie éternelle.

Il se fit un mouvement d'adoration profonde qui remplit les deux voyants d'une extase mêlée d'effroi.

Ils sentirent que tout se prosternait dans les sphères divines, dans les sphères spirituelles et dans les mondes de ténèbres.

Les anges fléchissaient le genou pour célébrer sa gloire, les esprits fléchissaient le genou pour attester leur impatience; on fléchissait le genou dans les abîmes en frémissant d'épouvante.

Un grand cri de joie jaillit comme jaillirait une source arrêtée qui recommence ses milliers de gerbes florissantes où se joue le soleil en parsemant de diamants et de perles les gouttes lumineuses à l'instant où le séraphin reparut flamboyant et cria : ETERNEL! ETERNEL! ETERNEL!

Les univers l'entendirent et le reconnurent, il les pénétra comme Dieu les pénètre, et prit possession de l'infini.

Les sept mondes divins s'émurent à sa voix et lui répondirent.

En ce moment il se fit un grand mouvement comme si des astres entiers purifiés s'élevaient en d'éblouissantes clartés devenues éternelles.

Peut-être le séraphin avait-il reçu pour première mission d'appeler à Dieu les créations pénétrées par la parole?

Mais déjà l'ALLELUIA sublime retentissait dans l'entendement de Wilfrid et de Minna, comme les dernières ondulations d'une musique finie.

Déjà les lueurs célestes s'abolissaient comme les teintes d'un soleil qui se couche dans ses langes de pourpre et d'or.

L'impur et la mort ressaisissaient leur proie.

En rentrant dans les liens de la chair, dont leur esprit avait momentanément été dégagé par un sublime sommeil, les deux mortels se sentaient comme au matin d'une nuit remplie par de brillants rêves dont le souvenir voltige en l'âme, mais dont la conscience est refusée au corps, et que le langage humain ne saurait exprimer.

La nuit profonde dans les limbes de laquelle ils roulaient était la sphère où se meut le soleil des mondes visibles.

— Descendons là bas, dit Wilfrid à Minna.

— Faisons comme il a dit, répondit-elle. Après avoir vu les mondes en marche vers Dieu, nous connaissons le bon sentier. Nos diadèmes d'étoiles sont là-haut.

Ils roulèrent dans les abîmes, rentrèrent dans la poussière des mondes inférieurs, virent tout à coup la terre comme un lieu souterrain dont le spectacle leur fut éclairé par la lumière qu'ils rapportaient en leur âme et qui les environnait encore d'un nuage où se répétaient vaguement les harmonies du ciel en se dissipant. Ce spectacle était celui qui frappa jadis les yeux intérieurs des prophètes. Ministres des religions diverses, toutes prétendues vraies, rois tous consacrés par la force et par la terreur, guerriers et grands se partageaient mutuellement les peuples, savants et riches au-dessus d'une foule bruyante et souffrante qu'ils broyaient bruyamment sous leurs pieds; tous étaient vêtus de robes d'or, d'argent, d'azur, couvertes de pèlerines, de pierreries arrachées aux entrailles de la terre, dérobées au fond des mers, pour lesquelles l'humanité s'était pendant longtemps employée, en suant et blasphémant. Mais ces richesses et ces splendeurs construites de sang furent comme de vieux haillons aux yeux des deux proscrits.

— Que faites-vous ainsi rangés et immobiles? leur cria Wilfrid. Ils ne répondirent pas. — Que faites-vous ainsi rangés et immobiles? Ils ne répondirent pas. Wilfrid leur imposa les mains en leur criant :
— Que faites-vous ainsi rangés et immobiles? Par un mouvement unanime, tous entr'ouvrirent leurs robes et laissèrent voir des corps desséchés, rongés par des vers, corrompus, pulvérisés, travaillés par d'horribles maladies.

— Vous conduisez les nations à la mort, leur dit Wilfrid. Vous avez adultéré la terre, prostitué la parole, prostitué la justice. Après avoir mangé l'herbe des pâturages, vous tuez maintenant les brebis. Vous croyez-vous justifiés en montrant vos plaies? Je vais avertir ceux de mes frères qui peuvent encore entendre la voix, afin qu'ils puissent aller s'abreuver aux sources que vous avez cachées.

— Réservons nos forces pour prier, lui dit Minna, tu n'as ni la mission des prophètes ni celle du réparateur, ni celle du messager. Nous ne sommes encore que sur les confins de la première sphère, essayons de franchir les espaces sur les ailes de la prière.

— Tu seras tout mon amour!

— Tu seras toute ma force!

— Nous avons entrevu les hauts mystères, nous sommes l'un pour l'autre le seul être ici-bas avec lequel la joie et la tristesse soient compréhensibles; prions donc, nous connaissons le chemin, marchons.

— Donne-moi la main, dit la jeune fille, si nous allons toujours ensemble, la voie me sera moins rude et moins longue.

— Avec toi seulement, répondit l'homme, je pourrai traverser la grande solitude, sans me permettre une plainte.

— Et nous irons ensemble au ciel! dit-elle.

Les nuées vinrent et formèrent un dais sombre. Tout à coup, les deux amants se trouvèrent agenouillés devant un corps que le vieux David défendait contre la curiosité de tous, et qu'il voulut ensevelir lui-même.

Au dehors, éclatait dans sa magnificence le premier été du dix-neuvième siècle. Les deux amants crurent entendre une voix dans les rayons du soleil. Ils respirèrent un esprit céleste dans les fleurs nouvelles, et se dirent en se tenant par la main : — L'immense mer qui reluit là-bas est une image de ce que nous avons vu là-haut.
— Où allez-vous? leur demanda M. Becker.
— Nous voulons aller à Dieu, dirent-ils, venez avec nous, mon père!

Genève et Paris, décembre 1833. Novembre 1835.

FIN DE SÉRAPHITA

Tout à coup, les deux amants se trouvèrent agenouillés devant un corps.

ŒUVRES ILLUSTRÉES DE BALZAC

LE BAL DE SCEAUX

Dess. Tony Johannot, Staal, Bertall, Daumier, E. Lampsonius, etc.

Gravures par les meilleurs Artistes

A HENRI DE BALZAC,

Son frère,

Hommé.

Le comte de Fontaine, chef de l'une des plus anciennes familles du Poitou, avait servi la cause des Bourbons avec intelligence et courage pendant la guerre que les Vendéens firent à la République. Après avoir échappé à tous les dangers qui menacèrent les chefs royalistes durant cette orageuse époque de l'histoire contemporaine, il disait gaiement : — Je suis un de ceux qui se sont fait tuer sur les marches du trône ! Cette plaisanterie n'était pas sans quelque vérité pour un homme laissé parmi les morts à la sanglante journée des Quatre-Chemins. Quoique ruiné par des confiscations, ce fidèle Vendéen refusa constamment les places lucratives que lui fit offrir l'empereur Napoléon. Invariable dans sa religion aristocratique, il en avait aveuglément suivi les maximes quand il jugea convenable de se choisir une compagne. Malgré les séductions d'un riche parvenu révolu-

Émilie de Fontaine.

tionnaire, qui mettait cette alliance à haut prix, il épousa une demoiselle de Kergarouët, sans fortune, mais dont la famille est une des plus vieilles de la Bretagne.

La Restauration surprit M. de Fontaine chargé d'une nombreuse famille. Quoiqu'il n'entrât pas dans les idées du généreux gentilhomme de solliciter des grâces, il céda néanmoins aux désirs de sa femme, quitta son domaine, dont le revenu modique suffisait à peine aux besoins de ses enfants, et vint à Paris. Contristé de l'avidité avec laquelle ses anciens camarades faisaient curée des places et des dignités constitutionnelles, il allait retourner à sa terre, lorsqu'il reçut une lettre ministérielle, par laquelle une Excellence assez connue lui annonçait sa nomination au grade de maréchal de camp, en vertu de l'ordonnance qui permettait aux officiers des armées catholiques de compter les vingt premières années inédites du règne de Louis XVIII comme années de service. Quelques jours après, le Vendéen reçut encore, sans aucune sollicitation, et d'office, la croix de l'ordre de la Légion d'honneur et celle de Saint-Louis. Ébranlé dans sa résolution par ces grâces successives, qu'il crut devoir au souvenir du monarque, il ne se contenta plus de mener sa famille, comme il l'avait pieusement fait chaque dimanche, crier : Vive le roi dans la salle des maréchaux, aux Tuileries quand les princes se rendaient à la chapelle, il sollicita la faveur d'une entrevue particulière. Cette audience, très-promptement accordée, n'eut rien de particulier. Le salon royal était plein de vieux serviteurs dont les têtes poudrées, vues d'une certaine hauteur, ressemblaient à un tapis de neige.

Là, le gentilhomme retrouva d'anciens compagnons qui le reçurent d'un air un peu froid ; mais les princes lui parurent *adorables*, expression d'enthousiasme qui lui échappa quand le plus gracieux de ses maîtres, de qui le comte ne se croyait connu que de nom, vint lui serrer la main et le proclama le plus pur des Vendéens. Malgré cette ovation, aucune de ces augustes personnes n'eut l'idée de lui demander le compte de ses pertes ni celui de l'argent si généreusement versé dans les caisses de l'armée catholique. Il s'aperçut, un peu tard, qu'il avait fait la guerre à ses dépens. Vers la fin de la soirée, il crut pouvoir hasarder une spirituelle allusion à l'état de ses affaires, semblable à celui du bien des gentilshommes. Sa Majesté se prit à rire d'assez bon cœur, toute parole marquée au coin de l'esprit avait le don de lui plaire ; mais elle répliqua néanmoins par une de ces royales plaisanteries dont la douceur est plus à craindre que la colère d'une réprimande.

Un des plus intimes confidents du roi ne tarda pas à s'approcher du Vendéen calculateur, auquel il fit entendre, par une phrase fine et polie, que le moment n'était pas encore venu de compter avec les maîtres : il se trouvait sur le tapis des mémoires beaucoup plus arriérés que le sien, et qui devaient sans doute servir à l'histoire de la Révolution.

Le comte sortit prudemment du groupe vénérable qui décrivait un respectueux demi-cercle devant l'auguste famille. Puis, après avoir, non sans peine, dégagé son épée parmi les jambes grêles où elle s'était engagée, il regagna pédestrement à travers la cour des Tuileries le fiacre qu'il avait laissé sur le quai. Avec cet esprit rétif qui distingue la noblesse de vieille roche chez laquelle le souvenir de la Ligue et des Barricades n'est pas encore éteint, il se plaignit dans son fiacre, à haute voix et de manière à se compromettre, sur le changement survenu à la cour. — Autrefois, se disait-il, chacun parlait librement au roi de ses petites affaires, les seigneurs pouvaient à leur aise lui demander des grâces et de l'argent, et aujourd'hui l'on n'obtiendra pas, sans scandale, le remboursement des sommes avancées pour son service ! Morbleu ! la croix de Saint-Louis et le grade de maréchal de camp ne valent pas trois cent mille livres que j'ai, bel et bien, dépensées pour la cause royale. Je veux reparler au roi, en face, et dans son cabinet.

Cette scène refroidit d'autant plus le zèle de M. de Fontaine, que ses demandes d'audience restèrent constamment sans réponse. Il vit d'ailleurs les intrus de l'Empire arrivant à quelques-unes des charges réservées sous l'ancienne monarchie aux meilleures maisons.

— Tout est perdu, dit-il un matin. Décidément, le roi n'a jamais été qu'un révolutionnaire. Sans Monsieur, qui ne déroge pas et console ses fidèles serviteurs, je ne sais en quelles mains irait un jour la couronne de France, si ce régime continuait. Leur maudit système constitutionnel est le plus mauvais de tous les gouvernements, et ne pourra jamais convenir à la France. Louis XVIII et M. Beugnot nous ont tout gâté à Saint-Ouen.

Le comte, désespéré, se préparait à retourner à sa terre, en abandonnant avec noblesse ses prétentions à toute indemnité. En ce moment, les événements du 20 mars annoncèrent une nouvelle tempête qui menaçait d'engloutir le roi légitime et ses défenseurs.

Semblable à ces gens généreux qui ne renvoient pas un serviteur par un temps de pluie, M. de Fontaine emprunta sur sa terre pour suivre la monarchie en déroute, sans savoir si cette complicité d'émigration lui serait plus propice que ne l'avait été son dévouement passé ; mais, après avoir observé que les compagnons de l'exil étaient plus en faveur que les braves qui, jadis, avaient protesté les armes à la main, contre l'établissement de la République, peut-être espérait-il trouver dans ce voyage à l'étranger plus de profit que dans un service actif et périlleux à l'intérieur. Ses calculs de courtisan ne furent pas une de ces vaines spéculations qui promettent sur le papier des résultats superbes, et ruinent par leur exécution. Il fut donc, selon le mot du plus spirituel et du plus habile de nos diplomates, un des cinq cents fidèles serviteurs qui partagèrent l'exil de la cour à Gand, et l'un des cinquante mille qui en revinrent.

Pendant cette courte absence de la royauté, M. de Fontaine eut le bonheur d'être employé par Louis XVIII, et rencontra plus d'une occasion de donner au roi les preuves d'une grande probité politique et d'un attachement sincère. Un soir où le monarque ne savait plus que faire, il se souvint du bon mot dit par M. de Fontaine aux Tuileries. Le vieux Vendéen ne laissa pas échapper un tel à-propos, et raconta son histoire assez spirituellement pour que ce roi, qui n'oubliait rien, pût se le rappeler en temps utile. L'auguste littérateur remarqua la tournure fine donnée à quelques notes dont la rédaction avait été confiée au discret gentilhomme. Ce petit mérite inscrivit M. de Fontaine, dans la mémoire du roi, parmi les plus loyaux serviteurs de sa couronne.

Au second retour, le comte fut un de ces envoyés extraordinaires qui parcoururent les départements avec la mission de juger souverainement les fauteurs de la rébellion ; mais il usa modérément de son terrible pouvoir. Aussitôt que cette juridiction temporaire eut cessé, le grand prévôt s'assit dans un des fauteuils du conseil d'État, devint député, parla peu, écouta beaucoup, et changea considérablement d'opinion. Quelques circonstances inconnues aux biographes le firent entrer assez avant dans l'intimité du prince pour qu'un jour le malicieux monarque l'interpellât ainsi en le voyant entrer :

— Mon ami Fontaine, je ne m'aviserai pas de vous nommer directeur général ni ministre ! Ni vous ni moi, si nous étions *employés*, ne resterions en place, à cause de nos opinions. Le gouvernement représentatif a cela de bon qu'il nous ôte la peine que nous avions jadis de renvoyer nous-mêmes nos secrétaires d'État. Notre conseil est une véritable hôtellerie où l'opinion publique nous envoie souvent de singuliers voyageurs, mais enfin nous saurons toujours où placer nos fidèles serviteurs.

Cette ouverture moqueuse fut suivie d'une ordonnance qui donnait à M. de Fontaine une administration dans le domaine extraordinaire de la couronne. Par suite de l'intelligente attention avec laquelle il écoutait les sarcasmes de son royal ami, son nom se trouva sur les lèvres de Sa Majesté toutes les fois qu'il fallut créer une commission dont les membres devaient être lucrativement appointés. Il eut le bon esprit de taire la faveur dont l'honorait le monarque, et sut l'entretenir par une manière piquante de narrer, dans une de ces causeries familières auxquelles Louis XVIII se plaisait autant qu'aux billets agréablement écrits, les anecdotes politiques et, s'il est permis de se servir de cette expression, les cancans diplomatiques ou parlementaires qui abondaient alors. On sait que les détails de sa *gouvernementabilité*, mot adopté par l'auguste railleur, l'amusaient infiniment.

Grâce au bon sens, à l'esprit et à l'adresse de M. le comte de Fontaine, chaque membre de sa nombreuse famille, quelque jeune qu'il fût, finit, ainsi qu'il le disait plaisamment à son maître, par se poser comme un ver à soie sur les feuilles du budget. Ainsi, par les bontés du roi, l'aîné de ses fils parvint à une place éminente dans la magistrature inamovible. Le second, simple capitaine avant la Restauration, obtint une légion immédiatement après son retour de Gand, puis, à la faveur des mouvements de 1815 pendant lesquels on méconnut les règlements, il passa dans la garde royale, repassa dans les gardes du corps, revint dans la ligne, et se trouva lieutenant général avec un commandement dans la garde, après l'affaire du Trocadéro. Le dernier, nommé sous-préfet, devint bientôt maître des requêtes et directeur d'une administration municipale de la ville de Paris, où il se trouvait à l'abri des tempêtes législatives. Ces grâces sans éclat, secrètes comme la faveur du comte, pleuvaient inaperçues. Quoique le père et les trois fils eussent chacun assez de sinécures pour jouir d'un revenu budgétaire presque aussi considérable que celui d'un directeur général, leur fortune politique n'éveilla l'envie de personne. Dans ces temps de premier établissement du système constitutionnel, peu de personnes avaient des idées justes sur les régions paisibles du budget, où d'adroits favoris surent trouver l'équivalent des abbayes détruites. M. le comte de Fontaine, qui naguère encore se vantait de n'avoir pas lu la Charte, et se montrait si courroucé contre l'avidité des courtisans n'avait pas à prouver à son auguste maître qu'il comprenait aussi bien que lui l'esprit et les ressources du *représentatif*. Cependant, malgré les avantages pécuniaires qui résultaient pour ses trois fils, les positions politiques qui lui étaient faites, et son titre de pair de quatre places, M. de Fontaine se trouvait à la tête d'une famille trop nombreuse pour pouvoir promptement et facilement rétablir sa fortune. Ses trois fils étaient riches d'avenir, de faveur et de talent ; mais il avait trois filles, et craignait de lasser la bonté du monarque. Il imagina de ne lui parler que de l'une des trois vierges pressées d'allumer leur flambeau. Le roi avait trop bon goût pour laisser son œuvre imparfaite. Le mariage de la première avec un receveur général fut conclu par une de ces phrases royales qui ne coûtent rien et valent des millions.

Un soir où le monarque était maussade, il sourit en apprenant l'existence d'une autre demoiselle de Fontaine, qu'il fit épouser à un jeune magistrat d'extraction bourgeoise, c'est vrai, mais riche, plein de talent, et qu'il créa baron. Lorsque, l'année suivante, le Vendéen parla de mademoiselle Émile de Fontaine, le roi lui répondit de sa petite voix aigrelette : — *Amicus Plato, sed magis amica Natio.* Puis, quelques jours après, il régala son *ami Fontaine* d'un quatrain assez inoffensif, qu'il appelait un épigramme, et dans lequel il le plaisantait sur ses trois filles si savamment produites sous la forme d'une *trinité*. S'il faut en croire la chronique, le monarque avait été chercher son bon mot dans l'unité des trois personnes divines.

— Si le roi daignait changer son épigramme en épithalame, dit le comte en essayant de faire tourner cette boutade à son profit.

— Si j'en vois la rime, je n'en vois pas la raison, répondit durement le roi, qui ne goûta point cette plaisanterie faite sur sa poésie, quelque douce qu'elle fût.

Dès ce jour, son commerce avec M. de Fontaine eut moins d'aménité. Les rois aiment plus qu'on ne le croit la contradiction. Comme presque tous les enfants venus les derniers, Émilie de Fontaine était un Benjamin gâté par tout le monde. Le refroidissement du monarque causa donc d'autant plus de peine au comte, que jamais mariage ne fut plus difficile à conclure que celui de cette fille chérie.

Pour concevoir tous ces obstacles, il faut pénétrer dans l'enceinte du bel hôtel où l'administrateur était logé aux dépens de la chose civile. Émilie avait passé son enfance à la terre de Fontaine en y jouissant de cette abondance qui suffit aux premiers plaisirs de la jeunesse. Ses moindres désirs y étaient des lois pour ses sœurs, pour ses frères, pour sa mère, et même pour son père. Tous ses parents raffolaient d'elle. Arrivée à l'âge de raison, précisément au moment où sa famille fut comblée des faveurs de la fortune, l'enchantement de sa vie continua. Le luxe de Paris lui sembla tout aussi naturel que la richesse en fleurs ou en fruits, que cette opulence champêtre qui firent le bonheur de ses premières années. De même qu'elle n'avait éprouvé aucune contrariété dans son enfance quand elle voulait satisfaire de joyeux désirs, de même elle se vit encore obéie lorsqu'à l'âge de quatorze ans elle se lança dans le tourbillon du monde. Accoutumée ainsi par degrés aux jouissances de la fortune, les recherches de la toilette, l'élégance des salons dorés et des équipages, lui devinrent aussi nécessaires que les compliments vrais ou faux de la flatterie, que les fêtes et les vanités de la cour. Tout lui souriait d'ailleurs : elle aperçut pour elle de la bienveillance dans tous les yeux. Comme la plupart des enfants gâtés, elle tyrannisait ceux qui l'aimaient, et réservait ses coquetteries aux indifférents. Ses défauts ne firent que grandir avec elle, et ses parents allaient bientôt recueillir les fruits amers de cette éducation funeste. Arrivée à l'âge de dix-neuf ans, Émilie de Fontaine n'avait pas encore voulu faire de choix parmi les nombreux jeunes gens que la politique de M. de Fontaine assemblait dans ses fêtes. Quoique jeune encore, elle jouissait dans le monde de toute la liberté d'esprit que peut y avoir une femme. Sa beauté était si remarquable, que, pour elle, paraître dans un salon, c'était y régner. Semblable aux rois, elle n'avait pas d'amis, et se voyait partout l'objet d'une complaisance à laquelle un naturel meilleur que le sien n'eût peut-être pas résisté. Aucun homme, fût-ce même un vieillard, n'avait la force de contredire les opinions d'une jeune fille dont un seul regard ranimait l'amour dans un cœur froid. Élevée avec des soins qui manquèrent à ses sœurs, elle peignait assez bien, parlait l'italien et l'anglais, jouait du piano d'une façon désespérante ; enfin sa voix, perfectionnée par les meilleurs maîtres, avait un timbre qui donnait à son chant d'irrésistibles séductions. Spirituelle et nourrie de toutes les littératures, elle aurait pu faire croire que, comme dit Mascarille, les gens de qualité viennent au monde en sachant tout. Elle raisonnait facilement sur la peinture italienne ou flamande, sur le moyen âge ou la renaissance ; jugeait à tort et à travers les livres anciens ou nouveaux, et faisait ressortir avec une cruelle grâce d'esprit les défauts d'un ouvrage. La plus simple de ses phrases était reçue par la foule idolâtre comme par les Turcs un *fetfa* du sultan. Elle éblouissait ainsi les gens superficiels ; quant aux gens profonds, son tact naturel l'aidait à les reconnaître ; et pour eux, elle déployait tant de coquetterie, qu'à la faveur de ses séductions elle pouvait échapper à leur examen. Ce vernis séduisant couvrait un cœur insouciant, l'opinion commune à beaucoup de jeunes filles que personne n'habitait une sphère assez élevée pour pouvoir comprendre l'excellence de son âme, et un orgueil qui s'appuyait autant sur sa naissance que sur sa beauté. En l'absence du sentiment violent qui ravage tôt ou tard le cœur d'une femme, elle portait sa jeune ardeur dans un amour immodéré des distinctions, et témoignait le plus profond mépris pour les roturiers. Fort impertinente avec la nouvelle noblesse, elle faisait tous les efforts pour que ses parents marchassent de pair au milieu des familles les plus illustres du faubourg Saint-Germain.

Ces sentiments n'avaient pas échappé à l'œil observateur de M. de Fontaine, qui, plus d'une fois, lors du mariage de ses deux premières filles, eut à gémir des sarcasmes et des bons mots d'Émilie.

Les gens logiques s'étonneront d'avoir vu le vieux Vendéen donnant sa première fille à un receveur général qui possédait bien, à la vérité, quelques anciennes terres seigneuriales, mais dont le nom n'était pas précédé de cette particule à laquelle le trône dut tant de défenseurs, et la seconde à un magistrat trop récemment baronifié pour faire oublier que le père avait vendu des fagots.

Ce notable changement dans les idées du noble, au moment où il atteignait sa soixantième année, époque à laquelle les hommes quittent rarement leurs croyances, n'était pas dû seulement à la déplorable habitation de la moderne Babylone, où tous les gens de province finissent par perdre leurs rudesses ; la nouvelle conscience politique du comte de Fontaine était encore le résultat des conseils et de l'amitié du roi. Ce prince philosophe avait pris plaisir à convertir le Vendéen aux idées qu'exigeaient la marche du dix-neuvième siècle et la rénovation de la monarchie. Louis XVIII voulait fondre les partis, comme Napoléon avait fondu les choses et les hommes. Le roi légitime, peut-être aussi spirituel que son rival, agissait en sens contraire. Le dernier chef de la maison de Bourbon était aussi empressé à satisfaire le tiers état et les gens de l'Empire, en contenant le clergé, que le premier des Napoléon fut jaloux d'attirer auprès de lui les grands seigneurs ou de doter l'Église.

Confident des royales pensées, le conseiller d'État était insensiblement devenu l'un des chefs les plus influents et les plus sages de ce parti modéré qui désirait vivement, au nom de l'intérêt national, la fusion des opinions. Il prêchait les coûteux principes du gouvernement constitutionnel, et secondait de toute sa puissance les jeux de la bascule politique qui permettait à son maître de gouverner la France au milieu des agitations. Peut-être M. de Fontaine se flattait-il d'arriver à la pairie par un de ces coups de vent législatifs dont les effets si bizarres surprenaient alors les plus vieux politiques. Selon lui, la nation avait conquis une part assez large dans l'administration par son assemblée élective, par les places de la magistrature et par celles de la finance, qui, disait-il, seraient toujours comme autrefois l'apanage des notabilités du tiers état.

Un de ses principes les plus fixes consistait à ne plus reconnaître en France d'autre noblesse que la pairie, dont les familles étaient les seules qui eussent des privilèges.

— Une noblesse sans privilèges, disait-il, est un manche sans outil.

Aussi éloigné du parti de Lafayette que du parti de la Bourdonnaye, il entreprenait avec ardeur la réconciliation générale d'où devaient sortir une ère nouvelle et de brillantes destinées pour la France. Il cherchait à convaincre les familles chez lesquelles il avait accès du peu de chances favorables qu'offraient désormais la carrière militaire et l'administration. Il engageait les mères à lancer leurs enfants dans les professions indépendantes et industrielles, en leur donnant à entendre que les emplois militaires et les hautes fonctions du gouvernement finiraient par appartenir très-constitutionnellement aux cadets des familles nobles de la pairie. Selon lui, la nation avait conquis une part assez large dans l'administration par son assemblée élective, par les places de la magistrature et par celles de la finance, qui, disait-il, seraient toujours comme autrefois l'apanage des notabilités du tiers état.

Les nouvelles idées du chef de la famille de Fontaine, et les sages alliances qui en résultèrent pour ses deux premières filles, avaient rencontré de fortes résistances au sein de son ménage. La comtesse de Fontaine resta fidèle aux vieilles croyances que ne devait pas renier une femme qui appartenait aux Rohan par sa mère. Quoiqu'elle se fût opposée pendant un moment au bonheur et à la fortune qui attendaient ses deux filles aînées, elle se rendit à ces considérations secrètes que les époux se confient le soir quand leurs têtes reposent sur le même oreiller. M. de Fontaine démontra froidement à sa femme, par d'exacts calculs, que le séjour de Paris, l'obligation de s'y représenter, la splendeur de sa maison, qui les dédommageait des privations si courageusement partagées au fond de la Vendée, les dépenses faites pour leurs fils, absorbaient la plus grande partie de leur revenu budgétaire. Il fallait donc saisir, comme une faveur céleste, l'occasion qui se présentait pour eux d'établir si richement leurs filles. Ne devaient-elles pas jouir un jour de soixante ou quatre-vingt mille livres de rente ? Des mariages si avantageux ne se rencontraient pas tous les jours pour des filles sans dot. Enfin, il était temps de penser à économiser pour augmenter la terre de Fontaine et reconstruire l'antique fortune territoriale de la famille. La comtesse céda, comme toutes les mères l'eussent fait à sa place, quoique de meilleure grâce peut-être, à des arguments si persuasifs. Mais elle déclara qu'au moins sa fille Émilie serait mariée de manière à satisfaire l'orgueil qu'elle avait contribué malheureusement à développer dans cette jeune âme.

Ainsi les événements qui auraient dû répandre la joie dans cette famille y introduisirent un léger levain de discorde. Le receveur général et le jeune magistrat furent en butte aux froideurs d'un cérémonial que surent créer la comtesse et sa fille Émilie. Leur étiquette trouva bien plus amplement lieu d'exercer ses tyrannies domestiques : le lieutenant général épousa la fille unique d'un banquier ; le président se maria sensément avec une demoiselle dont le père, deux ou trois fois millionnaire, avait fait le commerce des toiles peintes : enfin le troisième frère se montra fidèle à ses doctrines roturières en prenant sa femme dans la famille d'un riche notaire de Paris. Les trois belles-sœurs, les deux beaux-frères, trouvaient tant de charmes et d'avantages personnels à rester dans la haute sphère des puissances politiques et à hanter les salons du faubourg Saint-Germain, qu'ils s'accordèrent tous pour former une petite cour à la hautaine Émilie. Ce pacte d'intérêt et d'orgueil ne fut cependant pas tellement bien ourdi, que la jeune souveraine n'excitât souvent des révolutions dans son petit État. Des scènes, que le bon ton n'eût pas désavouées, entretenaient entre tous les membres de cette puissante famille une humeur moqueuse qui, sans altérer sensiblement l'amitié affichée en public, dégénérait quelquefois dans l'intérieur en sentiments peu charitables. Ainsi la femme du lieutenant général, devenue baronne, se croyait tout aussi noble qu'une Kergarouët, et prétendait que cent bonnes mille livres de rente lui donnaient le droit d'être aussi impertinente que sa belle-sœur Emilie, à laquelle elle souhaitait parfois avec ironie un mariage heureux, en annonçant que la fille de tel pair venait d'épouser monsieur un tel, tout court. La femme du vicomte de Fontaine s'amusait à éclipser Emilie par le bon goût et par la richesse qui se faisaient remarquer dans ses toilettes, dans ses ameublements et ses équipages. L'air moqueur avec lequel les belles-sœurs et les deux beaux-frères accueillirent quelquefois les prétentions avouées par mademoiselle de Fontaine excitait chez elle un courroux à peine calmé par une grêle d'épigrammes. Lorsque le chef de la famille éprouva quelque refroidissement dans la tacite et précaire amitié du monarque, il trembla d'autant plus, que, par suite des défis railleurs de ses sœurs, jamais sa fille chérie n'avait jeté ses vues si haut.

Au milieu de ces circonstances et au moment où cette petite lutte domestique était devenue fort grave, le monarque, auprès duquel M. de Fontaine croyait rentrer en grâce, fut attaqué de la maladie dont il devait périr. Le grand politique, qui sut si bien se conduire si sauf au sein des orages, ne tarda pas à succomber. Incertain de la faveur à venir, le comte de Fontaine fit donc les plus grands efforts pour rassembler autour de sa dernière fille l'élite des jeunes gens à marier.

Ceux qui ont tâché de résoudre le problème difficile que présente l'établissement d'une fille orgueilleuse et fantasque comprendront peut-être les peines que se donna le pauvre Vendéen.

Achevée au gré de son enfant chéri, cette dernière entreprise eût couronné dignement la carrière que le comte parcourait depuis dix ans à Paris. Par la manière dont sa famille envahissait les traitements de tous les ministères, elle pouvait se comparer à la maison d'Autriche, qui, par ses alliances, menace d'envahir l'Europe. Aussi le vieux Vendéen ne se rebutait-il pas dans ses présentations de prétendus, tant il avait à cœur le bonheur de sa fille ; mais rien n'était plus plaisant que la façon dont l'impertinente créature prononçait ses arrêts et jugeait le mérite de ses adorateurs. On eût dit que semblable à l'une de ces princesses des *Mille et un Jours*, Emilie fût assez riche, assez belle, pour avoir le droit de choisir parmi tous les princes du monde, les objections étaient plus bouffonnes les unes que les autres : l'un avait les jambes trop grosses ou les genoux cagneux, l'autre était myope ; celui-ci s'appelait Durand, celui-là boitait ; presque tous lui semblaient trop gras.

Plus vive, plus charmante, plus gaie que jamais après avoir rejeté deux ou trois prétendus, elle s'élançait dans les fêtes de l'hiver et courait au bal, où ses yeux perçants examinaient les célébrités du jour ; où souvent, à l'aide de son ravissant babil, elle parvenait à deviner les secrets du cœur le plus mystérieux, où elle se plaisait à tourmenter tous les jeunes gens, à exciter avec une coquetterie instinctive des demandes qu'elle rejetait toujours.

La nature lui avait donné en profusion les avantages nécessaires au rôle qu'elle jouait. Grande et svelte, Emilie de Fontaine possédait une démarche imposante ou folâtre, à son gré. Son cou un peu long lui permettait de prendre de charmantes attitudes de dédain et d'impertinence. Elle s'était fait un fécond répertoire de ces airs de tête et de ces gestes féminins qui expliquent si cruellement ou si heureusement les demi-mots et les sourires. De beaux cheveux noirs, des sourcils très-fournis et fortement arqués prêtaient à sa physionomie une expression de fierté que la coquetterie autant que son miroir lui avaient appris à rendre terrible ou à tempérer par la fixité ou par la douceur de son regard, par l'immobilité ou par les légères inflexions de ses lèvres, par la froideur ou la grâce de son sourire. Quand Emilie voulait s'emparer d'un cœur, sa voix pure ne manquait pas de mélodie ; mais elle pouvait aussi lui imprimer une sorte de clarté brève quand elle entreprenait de paralyser la langue indiscrète d'un cavalier. Sa figure blanche et son front de marbre étaient semblables à la surface limpide d'un lac qui tour à tour se ride sous l'effort d'une brise ou reprend sa sérénité joyeuse quand l'air se calme. Plus d'un jeune homme en proie à ses dédains l'accusait de jouer la comédie ; mais tant de feux éclataient, tant de promesses jaillissantes de ses yeux noirs, qu'elle se justifiait en faisant bondir le cœur de ses élégants danseurs sous leurs fracs noirs.

Parmi les jeunes filles à la mode, nulle mieux qu'elle ne savait prendre un air de hauteur en recevant le salut d'un homme qui n'avait que du talent, ou déployer cette politesse insultante pour les personnes qu'elle regardait comme ses inférieures, et déverser son impertinence sur tous ceux qui essayaient de marcher de pair avec elle. Elle semblait, partout où elle se trouvait, recevoir plutôt des hommages que des compliments ; et, même chez une princesse, sa tournure et ses airs eussent converti le fauteuil sur lequel elle se serait assise en trône impérial.

M. de Fontaine découvrit trop tard combien l'éducation de la fille qu'il aimait le plus avait été faussée par la tendresse de toute la famille. L'admiration que le monde témoigne d'abord à une jeune personne, mais de laquelle il ne tarde pas à se venger, avait encore exalté l'orgueil d'Emilie et accru sa confiance en elle. Une complaisance générale avait développé chez elle l'égoïsme naturel aux enfants gâtés, qui, semblables à des rois, s'amusent de tout ce qui les approche. En ce moment, la grâce de la jeunesse et le charme des talents cachaient à tous les yeux ces défauts, d'autant plus odieux chez une femme qu'elle ne peut plaire que par le dévouement et par l'abnégation ; mais rien n'échappe à l'œil d'un bon père : M. de Fontaine essaya souvent d'expliquer à sa fille les principales pages du livre énigmatique de la vie. Vaine entreprise ! Il eut trop souvent à gémir sur l'indocilité capricieuse et sur la sagesse ironique de sa fille pour persévérer dans une tâche aussi difficile que celle de corriger un si pernicieux naturel. Il se contenta de donner de temps en temps des conseils pleins de douceur et de bonté ; mais il avait la douleur de voir ses plus tendres paroles glissant sur le cœur de sa fille comme s'il eût été de marbre. Les yeux d'un père se dessillent si tard, qu'il fallut au vieux Vendéen plus d'une épreuve pour s'apercevoir de l'air de condescendance avec laquelle sa fille lui accordait de rares caresses. Elle ressemblait à ces jeunes enfants qui paraissent dire à leur mère : — Dépêche-toi de m'embrasser pour que j'aille jouer. Enfin, Emilie daignait avoir de la tendresse pour ses parents. Mais souvent, par des caprices soudains qui semblent inexplicables chez les jeunes filles, elle s'isolait et ne se montrait plus que rarement ; elle se plaignait d'avoir à partager avec trop de monde le cœur de son père et de sa mère, elle devenait jalouse de tout, même de ses frères et de ses sœurs. Puis, après avoir pris bien de la peine à créer un désert autour d'elle, cette fille bizarre accusait la nature entière de sa solitude factice et de ses peines volontaires.

Armée de son expérience de vingt ans, elle condamnait le sort, parce que, ne sachant pas que le premier principe du bonheur est en nous, elle demandait aux choses de la vie de lui donner. Elle aurait fui au bout du globe pour éviter des mariages semblables à ceux de ses deux sœurs, et néanmoins elle avait dans le cœur une affreuse jalousie de les voir mariées, riches et heureuses. Enfin, quelquefois elle paraissait à penser à devenir elle-même victime de ses procédés tout autant que M. de Fontaine, qu'elle avait un grain de folie.

Cette aberration était assez explicable : rien n'est plus commun que cette secrète fierté née au cœur des jeunes personnes qui appartiennent à des familles haut placées sur l'échelle sociale, et que la nature a douées d'une grande beauté. Presque toutes sont persuadées que leurs mères, arrivées à l'âge de quarante ou cinquante ans, ne peuvent plus ni sympathiser avec leurs jeunes âmes, ni en concevoir les fantaisies. Elles s'imaginent que la plupart des mères, jalouses de leurs filles, veulent les habiller à leur mode dans le dessein prémédité de les éclipser ou de leur ravir des hommages. De là, souvent, des larmes secrètes ou de sourdes révoltes contre la prétendue tyrannie maternelle.

Au milieu de ces chagrins, qui deviennent réels, quoique assis sur une base imaginaire, elles ont encore la manie de composer un thème pour leur existence, et se tirent à elles-même un brillant horoscope. Leur magie consiste à prendre leurs rêves pour des réalités. Elles résolvent secrètement, dans leurs longues méditations, de n'accorder leur cœur et leur main qu'à l'homme qui possédera tel ou tel avantage. Elles dessinent dans leur imagination un type auquel il faut, bon gré, mal gré, que leur futur ressemble.

Après avoir expérimenté la vie et fait les réflexions sérieuses qu'amènent les années, à force de voir le monde sur un train prosaïque, à force d'exemples malheureux, les belles couleurs de leur figure idéale s'abolissent ; puis elles se trouvent un beau jour, dans le courant de la vie, tout étonnées d'être heureuses sans la nuptiale poésie de leurs rêves. Suivant cette poétique, mademoiselle Emilie de Fontaine avait arrêté, dans sa fragile sagesse, un programme auquel devait se conformer son prétendu pour être accepté. De là ses dédains et ses sarcasmes.

— Quoique jeune et de noblesse ancienne, s'était-elle dit, il sera pair de France ou fils aîné d'un pair ! Il me serait insupportable de ne pas avoir mes armes peintes sur les panneaux de ma voiture au milieu des plis flottants d'un manteau d'azur, et de ne pas courir comme les princes dans la grande allée des Champs-Élysées, les jours de Longchamp. D'ailleurs, mon père prétend que ce sera un jour la plus belle dignité de France. Je le veux militaire, en me réservant de lui faire donner sa démission, et je le veux décoré pour que l'on nous porte les armes.

Ces rares qualités ne serviraient à rien, si cet être de raison ne possédait pas encore une grande amabilité, une jolie tournure de l'esprit, et s'il n'était pas svelte. La maigreur, cette grâce du corps, quelque fugitive qu'elle pût être, surtout dans un gouvernement représentatif, était une clause de rigueur. Mademoiselle de Fontaine avait une certaine mesure idéale qui lui servait de modèle. Le jeune homme qui, au premier coup d'œil, ne remplissait pas les conditions voulues, n'obtenait même pas un second regard.

— Oh! mon Dieu! voyez combien ce monsieur est gras! était chez elle la plus haute expression de mépris.

A l'entendre, les gens d'une honnête corpulence étaient incapables de sentiments, mauvais maris et indignes d'entrer dans une société civilisée. Quoique ce fût une beauté recherchée en Orient, l'embonpoint lui semblait un malheur chez les femmes; mais chez un homme, c'était un crime.

Ces opinions paradoxales amusaient, grâce à une certaine gaieté d'élocution.

Néanmoins, le comte sentit que plus tard les prétentions de sa fille, dont le ridicule allait être visible pour certaines femmes aussi clairvoyantes que peu charitables, deviendraient un fatal sujet de raillerie. Il craignit les gens d'une idées bizarres de sa fille ne se changeassent en mauvais ton. Il tremblait que le monde impitoyable ne se moquât déjà d'une personne qui restait si longtemps en scène sans donner un dénouement à la comédie qu'elle y jouait.

Plus d'un acteur, mécontent d'un refus, paraissait attendre le moindre incident malheureux pour se venger. Les indifférents, les oisifs, commençaient à se lasser : l'admiration est toujours une fatigue pour l'espèce humaine.

Le vieux Vendéen savait mieux que personne que, s'il faut choisir avec art le moment d'entrer sur les tréteaux du monde, sur ceux de la cour, dans un salon ou sur la scène, il est encore plus difficile d'en sortir à propos. Aussi, pendant le premier hiver qui suivit l'avènement de Charles X au trône, redoubla-t-il d'efforts, conjointement avec ses trois fils et ses gendres, pour réunir dans les salons de son hôtel les meilleurs partis que Paris et les différentes députations des départements pouvaient présenter. L'éclat de ses fêtes, de sa salle à manger et ses dîners parfumés de truffes rivalisaient avec les célèbres repas par lesquels les ministres du temps s'assuraient le vote de leurs soldats parlementaires.

L'honorable Vendéen fut alors signalé comme un des plus puissants corrupteurs de la probité législative de cette illustre Chambre qui sembla mourir d'indigestion. Chose bizarre! ses tentatives pour marier sa fille le maintinrent dans une éclatante faveur. Peut-être trouva-t-il quelque avantage secret à vendre deux fois ses truffes. Cette accusation, due à certains libéraux railleurs qui suppléaient, par l'abondance de leurs paroles, à la rareté de leurs adhérents dans la Chambre, n'eut aucun succès.

La conduite du gentilhomme poitevin était en général si noble et si honorable, qu'il ne reçut pas une seule de ces épigrammes par lesquelles les malins journaux de cette époque assaillirent les trois cents votants du centre, les ministres, les cuisiniers, les directeurs généraux, les princes de la fourchette et les défenseurs d'office qui soutenaient l'administration Villèle.

A la fin de cette campagne, pendant laquelle M. de Fontaine avait, à plusieurs reprises, fait donner toutes ses troupes, il crut que son assemblée de prétendants ne serait pas cette fois, une fantasmagorie pour sa fille, et qu'il était temps de la consulter. Il avait une certaine satisfaction intérieure d'avoir bien rempli son devoir de père. Puis, ayant tout fléché de tout bois, il espérait que, parmi tant de cœurs offerts à la capricieuse Émilie, il pouvait s'en rencontrer au moins un qu'elle eût distingué. Incapable de renouveler cet effort, et d'ailleurs lassé de la conduite de sa fille, vers la fin du carême, un matin que la séance de la Chambre ne réclamait pas trop impérieusement son vote, il résolut de faire un coup d'autorité. Pendant qu'un valet de chambre dessinait artistement sur son crâne jaune le delta de poudre qui complétait, avec des ailes de pigeon pendantes, sa coiffure vénérable, le père d'Émilie ordonna non sans une secrète émotion, à son vieux valet de chambre d'aller avertir l'orgueilleuse demoiselle de comparaître immédiatement devant le chef de la famille.

— Joseph, lui dit-il au moment où il eut achevé sa coiffure, ôtez cette serviette, tirez ces rideaux, mettez ces fauteuils à leur place, secouez le tapis de la cheminée, essuyez partout. Allons! donnez un peu d'air à mon cabinet en ouvrant la fenêtre.

Le comte multipliait ses ordres, essoufflait Joseph, qui, devinant les intentions de son maître, restitua quelque fraîcheur à cette pièce naturellement la plus négligée de toute la maison, et réussit à imprimer une sorte d'harmonie à des monceaux de comptes, aux cartons, aux livres, aux meubles de ce sanctuaire où se débattaient les intérêts du domaine royal.

Quand Joseph eut achevé de mettre un peu d'ordre dans ce chaos et de placer en évidence, comme dans un magasin de nouveauté les choses qui pouvaient être les plus agréables à voir, ou produire par leurs couleurs une sorte de poésie bureaucratique, il s'arrêta au milieu du dédale des paperasses étalées en quelques endroits jusque sur le tapis, il s'admira lui-même un moment, hocha la tête et sortit.

Le pauvre sinécuriste ne partagea pas la bonne opinion de son serviteur. Avant de s'asseoir dans son immense fauteuil à oreilles, il jeta un regard de méfiance autour de lui, examina d'un air hostile sa robe de chambre, en chassa quelques grains de tabac, s'essuya soigneusement le nez, rangea les pelles et les pincettes, attisa le feu, releva les quartiers de ses pantoufles, rejeta en arrière sa petite queue horizontalement logée entre le col de son gilet et celui de sa robe de chambre, et lui fit reprendre sa position perpendiculaire; puis il donna un coup de balai aux cendres d'un foyer qui attestait l'obstination de son catarrhe.

Enfin le vieux Vendéen ne s'assit qu'après avoir repassé une dernière fois en revue son cabinet, en espérant que rien n'y pourrait donner lieu aux remarques aussi plaisantes qu'impertinentes par lesquelles sa fille avait coutume de répondre à ses sages avis. En cette occurrence, il ne voulait pas compromettre sa dignité paternelle. Il prit délicatement une prise de tabac, et toussa deux ou trois fois comme s'il se disposait à demander l'appel nominal : il entendait le pas léger de sa fille, qui entra en fredonnant un air d'Il Barbiere.

— Bonjour, mon père. Que me voulez-vous donc si matin?

Après ces paroles, jetées comme la ritournelle de l'air qu'elle chantait, elle embrassa le comte, non pas avec cette tendresse familière qui rend le sentiment filial chose si douce, mais avec l'insouciante légèreté d'une maîtresse sûre de toujours plaire quoi qu'elle fasse.

— Ma chère enfant, dit gravement M. de Fontaine, je t'ai fait venir pour causer très sérieusement avec toi sur ton avenir. La nécessité où tu es en ce moment de choisir un mari de manière à rendre ton bonheur durable...

— Mon bon père, répondit Émilie en employant les sons les plus caressants de sa voix pour l'interrompre, il me semble que l'armistice que nous avons conclu relativement à mes prétendus n'est pas encore expiré.

— Émilie, cessons aujourd'hui de badiner sur un sujet si important. Depuis quelque temps les efforts de ceux qui t'aiment véritablement, ma chère enfant, se réunissent pour te procurer un établissement convenable et ce serait être coupable d'ingratitude que d'accueillir légèrement les marques d'intérêt que je ne suis pas seul à te prodiguer.

En entendant ces paroles, et après avoir lancé un regard malicieusement investigateur sur les meubles du cabinet paternel, la jeune fille alla prendre celui des fauteuils qui paraissait avoir le moins servi aux solliciteurs, l'apporta elle-même de l'autre côté de la cheminée, de manière à se placer en face de son père, prit une attitude si grave, qu'il était impossible de n'y pas voir les traces d'une moquerie, et se croisa les bras sur la riche garniture d'une pèlerine à la noire dont les nombreuses ruches de tulle furent impitoyablement froissées. Après avoir regardé de côté et en riant, la figure soucieuse de son vieux père, elle rompit le silence.

— Je ne vous ai jamais entendu dire, mon cher père, que le gouvernement fît ses communications en robe de chambre. Mais, ajouta-t-elle en souriant, n'importe, le peuple ne doit pas être difficile. Voyons donc vos projets de loi et vos présentations officielles.

— Je n'aurai pas toujours la facilité de vous en faire, jeune folle! Écoute, Émilie. Mon intention n'est pas de compromettre plus longtemps mon caractère, qui est une partie de la fortune de mes enfants, à recruter ce régiment de danseurs que tu mets en déroute à chaque printemps. Déjà tu as été la cause innocente de bien des brouilleries dangereuses avec certaines familles. J'espère que tu comprendras mieux aujourd'hui les difficultés de ta position et de la nôtre. Tu as vingt ans, ma fille, et voici près de trois ans que tu devrais être mariée. Tes frères, tes deux sœurs, sont tous établis richement et heureusement. Mais, mon enfant, les dépenses que nous ont suscitées ces mariages, et le train de maison que tu fais tenir à ta mère, ont absorbé tellement nos revenus, qu'à peine pourrai-je te donner cent mille francs de dot. Dès aujourd'hui je veux m'occuper du sort à venir de ta mère, qui ne doit pas être sacrifiée à ses enfants. Émilie, si je venais à manquer à ma famille, madame de Fontaine ne saurait être à la merci de personne, et doit continuer à jouir de l'aisance par laquelle j'ai récompensé trop tard son dévouement à mes malheurs. Tu vois, mon enfant, que la faiblesse de ta dot ne saurait être en harmonie avec tes idées de grandeur. Encore sera-ce un sacrifice que je n'ai fait pour aucun autre de mes enfants, mais ils sont généreusement accordés à ne pas se prévaloir un jour de l'avantage que nous ferons à une enfant trop chérie.

— Dans leur position! dit Émilie en agitant la tête avec ironie.

— Ma fille, ne déprécier jamais ainsi ceux qui vous aiment. Sachez qu'il n'y a que les pauvres de généreux! Les riches ont toujours d'excellentes raisons pour ne pas abandonner vingt mille francs à un parent. Eh bien! ne boude pas, mon enfant, et parlons raisonnablement. Parmi les jeunes gens à marier, n'as-tu pas remarqué M. de Manerville?

— Oh! il dit *zeu* au lieu de *jeu*, il regarde toujours son pied parce qu'il le croit petit, et il se mire! D'ailleurs, il est blond, je n'aime pas les blonds.

— Eh bien! M. de Beaudenord.

— Il n'est pas noble. Il est mal fait et gros. A la vérité il est brun. Il faudrait que ces deux messieurs s'entendissent pour réunir leurs fortunes, et que le premier donnât son corps et son nom au second, qui garderait ses cheveux, et alors... peut-être...

— Qu'as-tu à dire contre M. de Rastignac?

— Il est devenu presque banquier, dit-elle malicieusement.

— Et le vicomte de Portenduère, notre parent?

— Un enfant qui danse mal, et d'ailleurs sans fortune. Enfin, mon père, ces gens-là n'ont pas de titre. Je veux être au moins comtesse comme l'est ma mère.

— Tu n'as donc vu personne cet hiver, qui...

— Non, mon père.

— Que veux-tu donc?

— Le fils d'un pair de France.

— Ma fille, vous êtes folle! dit M. de Fontaine en se levant.

Mais tout à coup, il leva les yeux au ciel, sembla puiser une nouvelle dose de résignation dans une pensée religieuse; puis, jetant un regard de pitié paternelle sur son enfant, qui devint émue, il lui prit la main, la serra, et lui dit avec attendrissement:

— Dieu m'en est témoin, pauvre créature égarée! j'ai consciencieusement rempli mes devoirs de père envers toi; que dis-je, consciencieusement? avec amour, mon Emilie. Oui, Dieu le sait, cet hiver j'ai amené près de toi plus d'un honnête homme dont les qualités, les mœurs, le caractère m'étaient connus, et tous ont paru dignes de toi. Mon enfant, ma tache est remplie. D'aujourd'hui je te rends l'arbitre de ton sort, me trouvant heureux et malheureux tout ensemble de me voir déchargé de la plus lourde des obligations paternelles. Je ne sais si longtemps encore tu entendras une voix qui, par malheur, n'a jamais été sévère; mais souviens-toi que le bonheur conjugal ne se fonde pas tant sur des qualités brillantes et sur la fortune que sur une estime réciproque. Cette félicité est, de sa nature, modeste et sans éclat. Va, ma fille, mon aveu est acquis à celui que tu me présenteras pour gendre; mais, si tu devenais malheureuse, songe que tu n'auras pas le droit d'accuser ton père. Je ne me refuserai pas à faire des démarches et à t'aider; seulement, que ton choix soit sérieux, définitif! je ne compromettrai pas deux fois le respect dû à mes cheveux blancs.

L'affection que lui témoignait son père et l'accent solennel qu'il mit à son onctueuse allocution touchèrent vivement mademoiselle de Fontaine; mais elle dissimula son attendrissement, sauta sur les genoux du comte, qui s'était assis tout tremblant encore, lui fit les caresses les plus douces, et le câlina avec tant de grâce, que le front du vieillard se dérida. Quand Emilie jugea que son père était remis de sa pénible émotion, elle lui dit à voix basse:

— Je vous remercie bien de votre gracieuse attention, mon cher père. Vous avez arrangé votre appartement pour recevoir votre fille chérie. Vous ne saviez peut-être pas la trouver si folle et si rebelle. Mais, mon père, est-il donc bien difficile d'épouser un pair de France? vous prétendiez qu'on en faisait par douzaines. Ah! du moins vous ne me refuserez pas de conseils.

— Non, pauvre enfant, non, et je te crierai plus d'une fois : Prends garde! Songe donc que la pairie est un ressort trop nouveau dans notre gouvernementabilité, comme disait le feu roi, pour que les pairs puissent posséder de grandes fortunes. Ceux qui sont riches veulent le devenir encore plus. Le plus opulent de tous les membres de notre pairie n'a pas la moitié du revenu que possède le moins riche lord de la chambre haute en Angleterre. Or, les pairs de France chercheront tous de riches héritières pour leurs fils, n'importe où elles se trouveront. La nécessité où ils sont de faire de ces mariages d'argent durera plus de deux siècles. Il est possible qu'en attendant l'heureux hasard que tu désires, recherche qui peut te coûter tes plus belles années, les charmes (car on s'épouse considérablement par amour dans notre siècle), tes charmes, dis-je, opéreront un prodige. Lorsque l'expérience se cache sous un visage aussi frais que le tien, l'on peut en espérer des merveilles. N'as-tu pas d'abord la faculté de reconnaître les vertus dans le plus ou le moins de volume que prennent les corps? ce n'est pas un petit mérite. Aussi n'ai-je pas besoin de prévenir une personne aussi sage que toi de toutes les difficultés de l'entreprise. Je suis certain que tu ne supposeras jamais à un inconnu du bon sens en lui voyant une figure flatteuse, ou des vertus en lui trouvant une jolie tournure. Enfin je suis parfaitement de ton avis sur l'obligation dans laquelle sont tous les fils de pair d'avoir un air à eux et des manières tout à fait distinctives. Quoique aujourd'hui rien ne marque le haut rang, ces jeunes gens-là auront pour toi, peut-être, un *je ne sais quoi* qui te les révélera. D'ailleurs, tu tiens ton cœur en bride comme un bon cavalier certain de ne pas laisser broncher son coursier. Ma fille, bonne chance.

— Tu te moques de moi, mon père. Eh bien! je te déclare que j'irai plutôt mourir au couvent de mademoiselle de Condé que de ne pas être la femme d'un pair de France.

Elle s'échappa des bras de son père, et, fière d'être sa maîtresse, elle s'en alla en chantant l'air de *Cara non dubitare* du *Matrimonio secreto*.

Par hasard la famille fêtait ce jour-là l'anniversaire d'une fête domestique. Au dessert, madame Planat, la femme du receveur général et l'aînée d'Emilie, parla assez hautement d'un jeune Américain, possesseur d'une immense fortune, qui, devenu passionnément épris de sa sœur, lui avait fait des propositions extrêmement brillantes.

— C'est un banquier, je crois, dit négligemment Emilie. Je n'aime pas les gens de finance.

— Mais, Emilie, répondit le baron de Villaine, le mari de la seconde sœur de mademoiselle de Fontaine, vous n'aimez pas non plus la magistrature, de manière que je ne vois pas trop, si vous repoussez les propriétaires non titrés, dans quelle classe vous choisirez un mari.

— Surtout, Emilie, avec ton système de maigreur, ajouta le lieutenant général.

— Je sais, répondit la jeune fille, ce qu'il me faut.

— Ma sœur veut un grand nom, dit la baronne de Fontaine, et cent mille livres de rente, monsieur de Marsay, par exemple!

— Je sais, ma chère sœur, reprit Emilie, que je ne ferai pas un sot mariage comme j'en ai tant vu faire. D'ailleurs, pour éviter ces discussions nuptiales, je déclare que je regarderai comme les ennemis de mon repos ceux qui me parleront de mariage.

Un oncle d'Emilie, un vice-amiral, dont la fortune venait de s'augmenter d'une vingtaine de mille livres de rente par suite de la loi d'indemnité, vieillard septuagénaire en possession de dire de dures vérités à sa petite-nièce, de laquelle il raffolait, s'écria pour dissiper l'aigreur de cette conversation :

— Ne tourmentez donc pas ma pauvre Emilie! ne voyez-vous pas qu'elle attend la majorité du duc de Bordeaux!

Un rire universel accueillit la plaisanterie du vieillard.

— Prenez garde que je ne vous épouse, vieux fou! repartit la jeune fille, dont les dernières paroles furent heureusement étouffées par le bruit.

— Mes enfants, dit madame de Fontaine pour adoucir cette impertinence. Emilie, de même que vous tous, ne prendra conseil que de sa mère.

— Oh! mon Dieu! je n'écouterai que moi dans une affaire qui ne regarde que moi, dit fort distinctement mademoiselle de Fontaine.

Tous les regards se portèrent alors sur le chef de la famille. Chacun semblait être curieux de voir comment il allait s'y prendre pour maintenir sa dignité. Non-seulement le vénérable Vendéen jouissait d'une grande considération dans le monde, mais encore, plus heureux que bien des pères, il était apprécié par sa famille, dont tous les membres avaient su reconnaître les qualités solides qui lui servaient à faire la fortune des siens. Aussi était-il entouré de ce profond respect que témoignent les familles anglaises et quelques maisons aristocratiques du continent au représentant de l'arbre généalogique. Il s'établit un profond silence, et les yeux des convives se portèrent alternativement sur la figure boudeuse et altière de l'enfant gâté et sur les visages sévères de M. et de madame de Fontaine.

— J'ai laissé ma fille Emilie maîtresse de son sort, fut la réponse que laissa tomber le comte d'un son de voix profond.

Les parents et les convives regardèrent alors mademoiselle de Fontaine avec une curiosité mêlée de pitié. Cette parole semblait annoncer que la bonté paternelle s'était lassée de lutter contre un caractère que la famille savait être incorrigible. Les gendres murmurèrent, et les frères lancèrent à leurs femmes des sourires moqueurs.

Dès ce moment, chacun cessa de s'intéresser au mariage de l'orgueilleuse fille. Son vieil oncle fut le seul qui, en sa qualité d'ancien marin, osât courir des bordées avec elle, et essuyer ses boutades, sans être jamais embarrassé de lui rendre feu pour feu.

Quand la belle saison fut venue, après le vote du budget, cette famille, véritable modèle des familles parlementaires de l'autre bord de la Manche, qui ont un pied dans toutes les administrations et dix voix aux Communes, s'envola, comme une nichée d'oiseaux, vers les beaux sites d'Aulnay, d'Antony et de Châtenay. L'opulent receveur général avait récemment acheté dans ces parages une maison de campagne pour sa femme, qui ne restait à Paris que pendant les sessions.

Quoique la belle Émilie méprisât la roture, ce sentiment n'allait pas jusqu'à dédaigner les avantages de la fortune amassée par les bourgeois. Elle accompagna donc sa sœur à sa *villa* somptueuse, moins par amitié pour les personnes de sa famille, qui s'y réfugièrent, que parce que le bon ton ordonne impérieusement à toute femme qui se respecte d'abandonner Paris pendant l'été.

Les vertes campagnes de Sceaux remplissaient admirablement bien les conditions exigées par le bon ton et le devoir des charges publiques. Comme il est un peu douteux que la réputation du bal champêtre de Sceaux ait jamais dépassé l'enceinte du département de la Seine, il est nécessaire de donner quelques détails sur cette fête hebdomadaire, qui, par son importance, menaçait alors de devenir une institution.

Les environs de la petite ville de Sceaux jouissent d'une renommée due à des sites qui passent pour être ravissants. Peut-être sont-ils fort ordinaires et ne doivent-ils leur célébrité qu'à la stupidité des bourgeois de Paris, qui, au sortir des abîmes de moellon où ils sont ensevelis, seraient disposés à admirer les plaines de la Beauce. Cependant les poétiques ombrages d'Aulnay, les collines d'Antony et la vallée de Bièvre étant habités par quelques artistes qui ont voyagé, par des étrangers, gens fort difficiles, et par nombre de jolies femmes qui ne manquent pas de goût, il est à croire que les Parisiens ont raison.

Mais Sceaux possède un autre attrait non moins puissant sur le Parisien. Au milieu d'un jardin où se découvrent de délicieux aspects, se trouve une immense rotonde ouverte de toutes parts, dont le dôme aussi léger que vaste est soutenu par d'élégants piliers. Ce dais champêtre protège une salle de danse. Il est rare que les propriétaires les plus collets montés du voisinage n'émigrent pas une fois ou deux pendant la saison vers ce palais de la Terpsichore villageoise, soit en cavalcades brillantes, soit dans ces élégants et légers véhicules qui saupoudrent de poussière les piétons philosophes. L'espoir de rencontrer là quelques femmes du beau monde et d'être vus par elles, l'espoir moins souvent trompé d'y voir de jeunes paysannes aussi rusées que des juges, fait accourir le dimanche, au bal de Sceaux, de nombreux essaims de clercs d'avoués, de disciples d'Esculape et de jeunes gens dont le teint blanc et la fraîcheur sont entretenus par l'air humide des arrière-boutiques parisiennes.

Aussi bon nombre de mariages bourgeois se sont-ils ébauchés aux sons de l'orchestre, qui occupe le centre de cette salle circulaire. Si le toit pouvait parler, que d'amours ne raconterait-il pas!

Cette intéressante concurrence rend le bal de Sceaux plus piquant que ne le sont deux ou trois autres bals des environs de Paris sur lesquels sa rotonde, la beauté du site et les agréments de son jardin lui donnent d'incontestables avantages.

Émilie, la première, manifesta le désir d'aller *faire peuple* à ce joyeux bal de l'arrondissement, en se promettant un énorme plaisir à se trouver au milieu de cette assemblée. On s'étonna de son désir d'errer au sein d'une telle cohue, mais l'incognito n'est-il pas pour les grands une très-vive jouissance? Mademoiselle de Fontaine se plaisait à se figurer toutes les tournures citadines, elle se voyait laissant dans plus d'un cœur bourgeois le souvenir d'un regard et d'un sourire enchanteurs, riait déjà des danseuses à prétentions, et taillait ses crayons pour les scènes avec lesquelles elle comptait enrichir les pages de son album satirique. Le dimanche n'arriva jamais assez tôt au gré de son impatience.

La société du pavillon Planat se mit en route à pied, afin de ne pas se commettre à l'indiscrétion sur le rang des personnes qui voulaient honorer le bal de leur présence. On avait dîné de bonne heure. Enfin, le mois de mai favorisa cette escapade aristocratique par la plus belle de ses soirées.

Mademoiselle de Fontaine fut toute surprise de trouver sous la rotonde quelques quadrilles composés de personnes qui paraissaient appartenir à la bonne compagnie. Elle vit bien, çà et là, quelques jeunes gens qui semblaient avoir employé les économies d'un mois pour briller pendant une journée, et reconnut plusieurs couples dont la joie trop franche n'accusait rien de conjugal; mais elle n'eut qu'à glaner au lieu de récolter. Elle s'étonna de voir le plaisir habillé de percale si fort aux plaisirs vêtu de satin, et la bourgeoisie danser avec autant de grâce et quelquefois mieux que la noblesse.

La plupart des toilettes étaient simples et bien portées. Ceux qui, dans cette assemblée, représentaient les suzerains du territoire, c'est-à-dire les paysans, se tenaient dans leur coin avec une incroyable politesse. Il fallut même à mademoiselle Émilie une certaine étude des divers éléments qui composaient cette réunion avant de pouvoir y trouver un sujet de plaisanterie. Mais elle n'eut ni le temps de se livrer à ses malicieuses critiques ni le loisir d'entendre beaucoup de ces propos saillants que les caricaturistes recueillent avec joie. L'orgueilleuse créature rencontra subitement dans ce vaste champ une fleur, la métaphore est de saison, dont l'éclat et les couleurs agirent sur son imagination avec les prestiges d'une nouveauté.

Il nous arrive souvent de regarder une robe, une tenture, un papier blanc avec assez de distraction pour n'y pas apercevoir sur-le-champ une tache ou quelque point brillant qui plus tard frappent tout à coup notre œil comme s'ils y survenaient à l'instant seulement ou nous les voyons. Par une espèce de phénomène moral assez semblable à celui-là, mademoiselle de Fontaine reconnut dans un jeune homme le type des perfections extérieures qu'elle rêvait depuis si longtemps.

Assise sur une de ces chaises grossières qui décrivaient l'enceinte obligée de la salle, elle s'était placée à l'extrémité du groupe formé par sa famille afin de pouvoir se lever ou s'avancer suivant ses fantaisies, en se comportant avec les vivants tableaux et les groupes offerts par cette salle comme à l'exposition du Musée. Elle braquait impertinemment son lorgnon sur une personne qui se trouvait à deux pas d'elle, et faisait ses réflexions comme si elle eût critiqué ou loué une tête d'étude, une scène de genre. Ses regards, après avoir erré sur cette vaste toile animée, furent tout à coup saisis par cette figure, qui semblait avoir été mise exprès dans un coin du tableau, sous le plus beau jour, comme un personnage hors de toute proportion avec le reste.

L'inconnu, rêveur et solitaire, légèrement appuyé sur une des colonnes qui supportaient le toit, avait les bras croisés, et se tenait penché comme s'il se fût placé là pour permettre à un peintre de faire son portrait. Quoique pleine d'élégance et de fierté, cette attitude était exempte d'affectation. Aucun geste ne démontrait qu'il eût mis sa face de trois quarts et faiblement incliné sa tête à droite, comme Alexandre, comme lord Byron, et quelques autres grands hommes, dans le seul but d'attirer sur lui l'attention. Son regard fixe suivait les mouvements d'une danseuse, en trahissant quelque sentiment profond. Sa taille svelte et dégagée rappelait les belles proportions de l'Apollon. De beaux cheveux noirs se bouclaient naturellement sur son front élevé. D'un seul coup d'œil mademoiselle de Fontaine remarqua la finesse de son linge, la fraîcheur de ses gants de chevreau, évidemment pris chez le bon faiseur, et la petitesse d'un pied bien chaussé dans une botte de peau d'Irlande. Il ne portait aucun de ces ignobles brimborions dont se chargent les anciens petits-maîtres de la garde nationale, ou les Adonis de comptoir. Seulement un ruban noir auquel était suspendu son lorgnon flottait sur un gilet d'une coupe distinguée.

Jamais la difficile Émilie n'avait vu les yeux d'un homme ombragés par des cils si longs et si recourbés. La mélancolie et la passion respiraient dans cette figure caractérisée par un teint olivâtre et mâle. Sa bouche semblait toujours prête à sourire et à relever les coins de deux lèvres éloquentes, mais cette disposition ne tenait pas à la gaieté, révélant plutôt une sorte de grâce triste. Il y avait trop d'avenir dans cette tête, trop de distinction dans sa personne, pour qu'on pût dire: — Voilà un bel homme ou un joli homme! on désirait le connaître. En voyant l'inconnu, l'observateur le plus perspicace n'aurait pu s'empêcher de le prendre pour un homme de talent attiré par quelque intérêt puissant à cette fête de village.

Cette masse d'observations ne coûta guère à Émilie qu'un moment d'attention, pendant lequel cet homme privilégié soumis à une analyse sévère, devint l'objet d'une secrète admiration. Elle ne se dit pas: — Il faut qu'il soit pair de France! mais: — Oh! s'il est noble! et il doit l'être... Sans achever sa pensée, elle se leva tout à coup, alla, suivie de son frère le lieutenant général, vers cette colonne en paraissant regarder les joyeux quadrilles; mais, par un artifice d'optique familier aux femmes, elle ne perdait pas un seul des mouvements du jeune homme, de qui elle s'approcha.

L'inconnu s'éloigna poliment pour céder la place aux deux survenants, et s'appuya sur une autre colonne. Émilie, aussi piquée de la politesse de l'étranger qu'elle l'eût été d'une impertinence, se mit à causer avec son frère en élevant la voix beaucoup plus que le bon ton ne le voulait; elle prit des airs de tête, multiplia ses gestes, et rit sans trop en avoir sujet, moins pour amuser son frère que pour attirer l'attention de l'imperturbable inconnu. Aucun de ces petits artifices ne réussit. Mademoiselle de Fontaine suivit alors la direction que prenaient les regards du jeune homme, et aperçut la cause de cette insouciance.

Au milieu du quadrille qui se trouvait devant elle, dansait une jeune personne pâle, et semblable à ces déités écossaises que Girodet a placées dans son immense composition des guerriers français reçus par Ossian. Émilie crut reconnaître en elle une illustre lady qui était venue habiter depuis peu une campagne voisine. Elle avait pour cavalier un jeune homme de quinze ans, aux mains rouges, en pantalon de nankin, en habit bleu, en souliers blancs, qui prouvait que son amour pour la danse ne la rendait pas difficile sur le choix de ses partners. Ses mouvements ne se ressentaient pas de son apparente faiblesse ; mais une rougeur légère colorait déjà ses joues blanches, et son teint commençait à s'animer. Mademoiselle de Fontaine s'approcha du quadrille pour pouvoir examiner l'étrangère au moment où elle reviendrait à sa place, pendant que les vis-à-vis répéteraient la figure qu'elle exécutait. Mais l'inconnu s'avança, se pencha vers la jolie danseuse, et la curieuse Émilie put entendre distinctement ces paroles, quoique prononcées d'une voix à la fois impérieuse et douce : — Clara, mon enfant, ne dansez plus.

Invariable dans sa religion aristocratique, M. de Fontaine en avait aveuglément suivi les maximes. — PAGE 4.

Clara fit une petite moue boudeuse, inclina la tête en signe d'obéissance, et finit par sourire. Après la contredanse, le jeune homme eut les précautions d'un amant en mettant sur les épaules de la jeune fille un châle de cachemire, et la fit asseoir de manière à ce qu'elle fût à l'abri du vent. Puis bientôt mademoiselle de Fontaine, qui les vit se lever et se promener autour de l'enceinte comme des gens disposés à partir, trouva le moyen de les suivre sous prétexte d'admirer les points de vue du jardin. Son frère se prêta avec une malicieuse bonhomie aux caprices de cette marche vagabonde. Émilie aperçut alors ce joli couple montant dans un élégant tilbury que gardait un domestique à cheval et en livrée. Au moment où le jeune homme fut assis et tâcha de rendre les guides égales, elle obtint d'abord de lui un de ces regards que l'on jette sans but sur les grandes foules ; mais elle eut la faible satisfaction de lui voir retourner la tête à deux reprises différentes, et la jeune inconnue l'imita. Était-ce jalousie ?

— Je présume que tu as maintenant assez observé le jardin, lui dit son frère, nous pouvons retourner à la danse.

— Je le veux bien, répondit-elle. Croyez-vous que ce soit lady Dudley ?

— Elle ne sortirait pas sans Félix de Vandenesse, lui dit son frère en souriant.

— Lady Dudley ne peut-elle pas avoir chez elle des parents ?...

— Un jeune homme, oui, reprit le baron de Fontaine ; mais une jeune personne, non !

Le lendemain, mademoiselle de Fontaine manifesta le désir de faire une promenade à cheval. Insensiblement elle accoutuma son vieil oncle et ses frères à l'accompagner dans certaines courses matinales, très-salutaires, disait-elle, pour sa santé. Elle affectionnait singulièrement les alentours du village habité par lady Dudley. Malgré ses manœuvres de cavalerie, elle ne revit pas l'étranger aussi promptement que la joyeuse recherche à laquelle elle se livrait pouvait le lui faire espérer. Elle retourna plusieurs fois au bal de Sceaux, sans pouvoir y retrouver le jeune Anglais tombé du ciel pour dominer ses rêves et les embellir. Quoique rien n'aiguillonne plus le naissant amour d'une jeune fille qu'un obstacle, il y eut cependant un moment où mademoiselle Émilie de Fontaine fut sur le point d'abandonner son étrange et secrète poursuite, en désespérant presque du succès d'une entreprise dont la singularité peut donner une idée de la hardiesse de son caractère. Elle aurait pu en effet tourner longtemps autour du village de Chatenay sans revoir son inconnu. La jeune Clara, puisque tel est le nom que mademoiselle de Fontaine avait entendu, n'était pas Anglaise, et le prétendu étranger n'habitait pas les bosquets fleuris et embaumés de Chatenay.

Un soir, Émilie sortie à cheval avec son oncle, qui, depuis les beaux jours, avait obtenu de sa goutte une assez longue cessation d'hostilités, rencontra lady Dudley. L'illustre étrangère avait auprès d'elle dans sa calèche M. de Vandenesse. Émilie reconnut le couple, et ses suppositions furent un moment dissipées comme se dissipent les rêves. Dépitée comme toute femme frustrée dans son attente, elle tourna bride si rapidement, que son oncle eut toutes les peines du monde à la suivre, tant elle avait lancé son poney.

— Je suis apparemment devenu trop vieux pour comprendre ces esprits de vingt ans, se dit le marin en mettant son cheval au galop, ou peut-être la jeunesse d'aujourd'hui ne ressemble-t-elle pas à celle d'autrefois. Mais qu'a donc ma nièce ? La voilà maintenant qui marche à petits pas comme un gendarme en patrouille dans les rues de Paris. Ne dirait-on pas qu'elle veut cerner ce brave bourgeois, qui m'a l'air d'être un auteur rêvassant à ses poésies, car il a, je crois, un *album* à la main. Par ma foi, je suis un grand sot ! Ne serait-ce pas le jeune homme en quête de qui nous sommes ?

A cette pensée le vieux marin fit marcher tout doucement son cheval sur le sable, de manière à pouvoir arriver sans bruit auprès de sa nièce. Le vice-amiral avait fait trop de noirceurs dans les années 1771 et suivantes, époque de nos annales où la galanterie était en honneur, pour ne pas deviner sur-le-champ qu'Émilie avait, par le plus grand hasard, rencontré l'inconnu du bal de Sceaux. Malgré le voile que l'âge répandait sur ses yeux gris, le comte de Kergarouët sut reconnaître les indices d'une agitation extraordinaire chez sa nièce, en dépit de l'immobilité qu'elle essayait d'imprimer à son visage. Les yeux perçants de la jeune fille étaient fixés avec une sorte de stupeur sur l'étranger qui marchait paisiblement devant elle.

— C'est bien ça ! se dit le marin, elle va le suivre comme un vaisseau marchand suit un corsaire. Puis quand elle l'aura vu s'éloigner, elle sera au désespoir de ne pas savoir qui elle aime, et d'ignorer si c'est un marquis ou un bourgeois. Vraiment les jeunes têtes devraient toujours avoir auprès d'elles une vieille perruque comme moi...

Il poussa tout à coup son cheval à l'improviste de manière à faire partir celui de sa nièce, et passa si vite entre elle et le jeune promeneur, qu'il le força de se jeter sur le talus de verdure qui encaissait le chemin. Arrêtant aussitôt son cheval, le comte s'écria :

— Ne pouviez-vous pas vous ranger ?

— Ah ! pardon, monsieur, répondit l'inconnu. J'ignorais que ce fût à moi de vous faire des excuses de ce que vous avez failli me renverser.

— Eh ! l'ami, finissons, reprit aigrement le marin en prenant un son de voix dont le ricanement avait quelque chose d'insultant.

En même temps le comte leva sa cravache comme pour fouetter son cheval, et toucha l'épaule de son interlocuteur en disant : — Le bourgeois libéral est raisonneur, tout raisonneur doit être sage.

Le jeune homme gravit le talus de la route en entendant ce sarcasme, et se croisa les bras et répondit d'un ton fort ému :

— Monsieur, je ne puis croire, en voyant vos cheveux blancs, que vous vous amusiez encore à chercher des duels.

— Cheveux blancs! s'écria le marin en l'interrompant, tu en as menti par ta gorge! ils ne sont que gris.

Une dispute ainsi commencée devint en quelques secondes si chaude, que le jeune adversaire oublia le ton de modération qu'il s'était efforcé de conserver. Au moment où le comte de Kergarouët vit sa nièce arrivant à eux avec toutes les marques d'une vive inquiétude, il donnait son nom à son antagoniste en lui disant de garder le silence devant la jeune personne confiée à ses soins. L'inconnu ne put s'empêcher de sourire et remit une carte au vieux marin en lui faisant observer qu'il habitait une maison de campagne à Chevreuse, et s'éloigna rapidement après la lui avoir indiquée.

— Vous avez manqué blesser ce pauvre pékin, ma nièce, dit le comte en s'empressant d'aller au-devant d'Emilie. Vous ne savez donc plus tenir votre cheval en bride. Vous me laissez là compromettre ma dignité pour couvrir vos folies; tandis que si vous étiez restée, un seul de vos regards ou une de vos paroles polies, une de celles que vous dites si joliment quand vous n'êtes pas impertinente, aurait tout raccommodé, lui eussiez-vous cassé le bras.

— Eh! mon cher oncle, c'est votre cheval, et non le mien, qui est la cause de cet accident. Je crois, en vérité, que vous ne pouvez plus monter à cheval; vous n'êtes déjà plus si bon cavalier que vous l'étiez l'année dernière. Mais au lieu de dire des riens...

— Diantre! des riens! Ce n'est donc rien que de faire une impertinence à votre oncle?

— Ne devrions-nous pas aller savoir si ce jeune homme est blessé? Il boite, mon oncle, voyez donc.

— Non, il court. Ah! je l'ai rudement morigéné.

— Ah! mon oncle, je vous reconnais là.

— Halte-là, ma nièce, dit le comte en arrêtant le cheval d'Emilie par la bride. Je ne vois pas la nécessité de faire des avances à quelque boutiquier trop heureux d'avoir été jeté à terre par une charmante fille ou par le commandant de la Belle-Poule.

— Pourquoi croyez-vous que ce soit un roturier, mon cher oncle? Il me semble qu'il a des manières fort distinguées.

— Tout le monde a des manières aujourd'hui, ma nièce.

— Non, mon oncle, tout le monde n'a pas l'air et la tournure que donne l'habitude des salons, et je parierais avec vous volontiers que ce jeune homme est noble.

— Vous n'avez pas trop eu le temps de l'examiner.

— Mais ce n'est pas la première fois que je le vois.

— Et ce n'est pas non plus la première fois que vous le cherchez, lui répliqua l'amiral en riant.

Emilie rougit, son oncle se plut à la laisser quelque temps dans l'embarras; puis il lui dit:

— Emilie, vous savez que je vous aime comme mon enfant, précisément parce que vous êtes la seule de la famille qui ayez cet orgueil légitime que donne une haute naissance. Diantre! ma petite-nièce, qui aurait cru que les bons principes deviendraient si rares? Eh bien! je veux être votre confident. Ma chère petite, je vois que ce jeune gentilhomme ne vous est pas indifférent. Chut! Ils se moqueraient de nous dans la famille si nous nous embarquions sous un méchant pavillon. Vous savez ce que cela veut dire. Ainsi, laissez-moi vous aider, ma nièce. Gardons-nous tous deux le secret, et je vous promets de l'amener au milieu du salon.

— Et quand, mon oncle?

— Demain.

— Mais, mon cher oncle, je ne serai obligée à rien?

— A rien du tout, et vous pourrez le bombarder, l'incendier, et le laisser là comme une vieille caraque si cela vous plaît. Ce ne sera pas le premier, n'est-ce pas?

— Etes-vous bon, mon oncle!

Aussitôt que le comte fut rentré, il mit ses besicles, tira secrètement la carte de sa poche et lut:

MAXIMILIEN LONGUEVILLE,
RUE DU SENTIER.

— Soyez tranquille, ma chère nièce, dit-il à Emilie, vous pouvez le harponner en toute sécurité de conscience, il appartient à l'une de nos familles historiques; et s'il n'est pas pair de France, il le sera infailliblement.

— D'où savez-vous tant de choses?

— C'est mon secret.

— Vous connaissez donc son nom?

Le comte inclina en silence sa tête grise, qui ressemblait assez à un vieux tronc de chêne autour duquel auraient voltigé quelques feuilles roulées par le froid d'automne; à ce signe, sa nièce vint essayer sur lui le pouvoir toujours neuf de ses coquetteries. Instruite dans l'art de cajoler le vieux marin, elle lui prodigua les caresses les plus enfantines, les paroles les plus tendres; elle alla même jusqu'à l'embrasser, afin d'obtenir de lui la révélation d'un secret si important.

Le vieillard, qui passait sa vie à faire jouer à sa nièce ces sortes

Maximilien de Longueville.

de scènes, et qui les payait souvent par le prix d'une parure ou par l'abandon de sa loge aux Italiens, se complut cette fois à se laisser prier et surtout caresser. Mais, comme il faisait durer ses plaisirs trop longtemps, Emilie se fâcha, passa des caresses aux sarcasmes, et bouda, puis elle revint dominée par la curiosité. Le marin diplomate obtint solennellement de sa nièce une promesse d'être à l'avenir plus réservée, plus douce, moins volontaire, de dépenser moins d'argent, et surtout de lui tout dire.

Le traité conclu et signé par un baiser qu'il déposa sur le front blanc d'Emilie, il l'amena dans un coin du salon, l'assit sur ses genoux, plaça la carte sous ses deux pouces de manière à la cacher, découvrit lettre à lettre le nom de Longueville, et refusa fort obstinément d'en laisser voir davantage.

Cet événement rendit le sentiment secret de mademoiselle de Fontaine plus intense. Elle déroula pendant une grande partie de la nuit les tableaux les plus brillants des rêves par lesquels elle avait nourri ses espérances. Enfin, grâce à ce hasard imploré si souvent, elle voyait maintenant tout autre chose qu'une chimère à la source des richesses imaginaires avec lesquelles elle dorait la vie conjugale. Comme toutes les jeunes personnes ignorant les dangers de l'amour et du mariage, elle se passionna pour les dehors trompeurs du mariage et de l'amour. N'est-ce pas dire que son sentiment naquit comme naissent presque tous ces caprices du premier âge, douces et cruelles erreurs qui exercent une si fatale influence sur l'existence des jeunes filles assez inexpérimentées pour ne s'en remettre qu'à elles-mêmes du soin de leur bonheur à venir?

Le lendemain matin, avant qu'Émilie fût réveillée, son oncle avait couru à Chevreuse. En reconnaissant dans la cour d'un élégant pavillon le jeune homme qu'il avait si résolument insulté la veille, il alla vers lui avec cette affectueuse politesse des vieillards de l'ancienne cour.

— Eh! mon cher monsieur, qui aurait dit que je me ferais une affaire, à l'âge de soixante-treize ans, avec le fils de petit-fils d'un de mes meilleurs amis? Je suis vice-amiral, monsieur. N'est-ce pas vous dire que je m'embarrasse aussi peu d'un duel que de fumer un cigare. Dans mon temps, deux jeunes gens ne pouvaient devenir intimes qu'après avoir vu la couleur de leur sang. Mais, ventre-de-biche! hier, j'avais, en ma qualité de marin, embarqué un peu trop de rhum à bord, et j'ai sombré sur vous. Touchez là! j'aimerais mieux recevoir cent rebuffades d'un Longueville que de causer la moindre peine à sa famille.

Quelque froideur que le jeune homme s'efforçât de marquer au comte de Kergarouet, il ne put longtemps tenir à la franche bonté de ses manières, et se laissa serrer la main.

— Vous allez monter à cheval, dit le comte, ne vous gênez pas. Mais, à moins que vous n'ayez des projets, venez avec moi, je vous invite à dîner aujourd'hui au pavillon Planat. Mon neveu, le comte de Fontaine, est un homme essentiel à connaître. Ah! je prétends, morbleu, vous dédommager de ma brusquerie en vous présentant à cinq des plus jolies femmes de Paris. Eh! eh! jeune homme, votre front se déride. J'aime les jeunes gens, et j'aime à les voir heureux. Leur bonheur me rappelle les bienfaisantes années de ma jeunesse, où les aventures ne manquaient pas plus que les duels. On était gai, alors! Aujourd'hui, vous raisonnez, et l'on s'inquiète de tout, comme s'il n'y avait eu ni quinzième ni seizième siècles.

— Mais, monsieur, n'avons-nous pas raison? Le seizième siècle n'a donné que la liberté religieuse à l'Europe, et le dix-neuvième lui donnera la liberté pol...

— Ah! ne parlons pas politique. Je suis une *ganache* d'ultra, voyez-vous; mais je n'empêche pas les jeunes gens d'être révolutionnaires, pourvu qu'ils laissent au roi la liberté de dissiper leurs attroupements.

— A quelques pas de là, lorsque le comte et son jeune compagnon furent au milieu des bois, le marin avisa un jeune bouleau assez mince, arrêta son cheval, prit un de ses pistolets, et la balle alla se loger au milieu de l'arbre, à quinze pas de distance.

— Vous voyez, mon cher, que je ne crains pas un duel, dit-il avec une gravité comique en regardant M. Longueville.

— Ni moi non plus, reprit ce dernier, qui arma promptement son pistolet, visa le trou fait par la balle du comte, et plaça la sienne près du but.

— Voilà ce qui s'appelle un jeune homme bien élevé! s'écria le marin avec une sorte d'enthousiasme.

Pendant la promenade qu'il fit avec celui qu'il regardait déjà comme son neveu, il trouva mille occasions de l'interroger sur toutes les bagatelles dont la parfaite connaissance constituait, selon son code particulier, un gentilhomme accompli.

— Avez-vous des dettes? demanda-t-il enfin à son compagnon après bien des questions.

— Non, monsieur.

— Comment! vous payez tout ce qui vous est fourni?

— Exactement, monsieur, autrement nous perdrions tout crédit et toute espèce de considération.

— Mais au moins vous avez plus d'une maîtresse? Ah! vous rougissez, mon camarade... les mœurs ont bien changé. Avec ces idées d'ordre légal, de kantisme et de liberté, la jeunesse s'est gâtée. Vous n'avez ni Guimard, ni Duthé, ni créanciers, et vous ne savez pas le blason; mais, mon jeune ami, vous n'êtes pas *élevé!* Sachez que celui qui ne fait pas ses folies au printemps les fait en hiver. Si j'ai quatre-vingt mille livres de rente à soixante-dix ans, c'est que j'en ai mangé le capital à trente ans... oh! avec ma femme, en tout bien tout honneur. Néanmoins, vos imperfections ne m'empêcheront pas de vous annoncer au pavillon Planat. Songez que vous m'avez promis d'y venir, et je vous y attends.

— Quel singulier petit vieillard! se dit le jeune Longueville, il est vert et gaillard; mais quoiqu'il veuille paraître bonhomme, je ne m'y fierai pas.

Le lendemain, vers quatre heures, au moment où la compagnie était éparse dans les salons ou au billard, un domestique annonça aux habitants du pavillon Planat: M. de Longueville. Au nom du favori du vieux comte de Kergarouet tout le monde, jusqu'au joueur qui allait manquer une bille, accourut, autant pour observer la contenance de mademoiselle de Fontaine que pour juger du phénix humain qui avait mérité une mention honorable au détriment de tant de rivaux. Une mise aussi élégante que simple, des manières pleines d'aisance, des formes polies, une voix douce et d'un timbre qui faisait vibrer les cordes du cœur, concilièrent à M. Longueville la bienveillance de toute la famille. Il ne sembla pas étranger au luxe de la demeure du fastueux receveur général. Quoique sa conversation fût celle d'un homme du monde, chacun put facilement deviner qu'il avait reçu la plus brillante éducation et que ses connaissances étaient aussi solides qu'étendues. Il trouva si bien le mot propre dans une discussion assez légère suscitée par le vieux marin sur les constructions navales, qu'une des femmes fit observer qu'il semblait être sorti de l'École polytechnique.

— Je crois, madame, répondit-il, qu'on peut regarder comme un titre de gloire d'y être entré.

Malgré toutes les instances qui lui furent faites, il se refusa avec politesse, mais avec fermeté, au désir qu'on lui témoigna de le garder à dîner, et arrêta les observations des dames en disant qu'il était l'Hippocrate d'une jeune sœur dont la santé délicate exigeait beaucoup de soins.

— Monsieur est sans doute médecin? demanda avec ironie une des belles-sœurs d'Émilie.

— Monsieur est sorti de l'École polytechnique, répondit avec bonté mademoiselle de Fontaine, dont la figure s'anima des teintes les plus riches au moment où elle apprit que la jeune fille du bal était la sœur de M. Longueville.

— Mais, ma chère, on peut être médecin et avoir été à l'École polytechnique; n'est-ce pas, monsieur?

— Madame, rien ne s'y oppose, répondit le jeune homme.

Tous les yeux se portèrent sur Émilie, qui regardait alors avec une curiosité inquiète le séduisant inconnu. Elle respira plus librement quand il ajouta, non sans un sourire: — Je n'ai pas l'honneur d'être médecin, madame, et j'ai même renoncé à entrer dans le service des ponts et chaussées afin de conserver mon indépendance.

— Et vous avez bien fait, dit le comte. Mais comment pouvez-vous regarder comme un honneur d'être médecin? ajouta le noble Breton. Ah! mon jeune ami, pour un homme comme vous...

— Monsieur le comte, je respecte infiniment toutes les professions qui ont un but d'utilité.

— Eh! nous sommes d'accord: vous respectez ces professions-là, j'imagine, comme un jeune homme respecte une douairière.

La visite de M. Longueville ne fut ni trop longue ni trop courte. Il se retira au moment où il s'aperçut qu'il avait plu à tout le monde, et que la curiosité de chacun s'était éveillée sur son compte.

— C'est un rusé compère, dit le comte en rentrant au salon après l'avoir reconduit.

Mademoiselle de Fontaine, qui seule était dans le secret de cette visite, avait fait une toilette assez recherchée pour attirer les regards du jeune homme; mais elle eut le petit chagrin de voir qu'il ne lui accorda pas autant d'attention qu'elle croyait en mériter. La famille fut assez surprise du silence dans lequel elle s'était renfermée. Emilie déployait ordinairement pour les nouveaux venus sa coquetterie, son babil spirituel, et l'inépuisable éloquence de ses regards et de ses attitudes. Soit que la voix mélodieuse du jeune homme et l'attrait de ses manières l'eussent charmée, qu'elle aimât sérieusement, et que ce sentiment eût opéré en elle un changement, son maintien perdit toute affectation. Devenue simple et naturelle, elle dut sans doute paraître plus belle. Quelques-unes de ses sœurs et une vieille dame, amie de la famille, virent un raffinement de coquetterie dans cette conduite. Elles supposèrent que, jugeant le jeune homme digne d'elle, Emilie se proposait peut-être de ne montrer que lentement ses avantages, afin de l'éblouir tout à coup au moment où elle lui aurait plu.

Toutes les personnes de la famille étaient curieuses de savoir ce que cette capricieuse fille pensait de cet étranger; mais lorsque, pendant le dîner, chacun prit plaisir à doter M. Longueville d'une qualité nouvelle, en prétendant l'avoir seul découverte, mademoiselle de Fontaine resta muette pendant quelque temps. Un léger sarcasme de son oncle la réveilla tout à coup de son apathie; elle dit d'une manière assez épigrammatique que cette perfection céleste devait couvrir quelque grand défaut, et qu'elle se garderait bien de juger à la première vue un homme qui paraissait être si habile. Elle ajouta que ceux qui plaisaient ainsi à tout le monde ne plaisaient à personne, et que le pire de tous les défauts était de n'en avoir aucun.

Comme toutes les jeunes filles qui aiment, elle caressait l'espérance de pouvoir cacher son sentiment au fond de son cœur en donnant le change aux argus qui l'entouraient; mais au bout d'une quinzaine de jours il n'y eut pas un des membres de cette nombreuse famille qui ne fût initié dans ce petit secret domestique. A la troisième visite que fit M. Longueville, Emilie crut y être pour beaucoup.

Cette découverte lui causa un plaisir si enivrant, qu'elle l'étonna quand elle put réfléchir. Il y avait là quelque chose de pénible pour son orgueil. Habituée à se faire le centre du monde, elle était obligée de reconnaître une force qui l'attirait hors d'elle-même. Elle essaya de se révolter, mais elle ne put chasser de son cœur la séduisante image du jeune homme. Puis vinrent bientôt des inquiétudes.

En effet deux qualités de M. Longueville très-contraires à la curiosité générale, et surtout à celle de mademoiselle de Fontaine, étaient une discrétion et une modestie inattendues. Il ne parlait jamais ni de lui, ni de ses occupations, ni de sa famille. Les finesses qu'Emilie semait dans sa conversation et les pièges qu'elle y tendait pour arracher au jeune homme des détails sur lui-même, il savait les déconcerter avec l'adresse d'un diplomate qui veut cacher des secrets.

Parlait-elle peinture, M. Longueville répondait en connaisseur. Faisait-elle de la musique, le jeune homme prouvait sans fatuité qu'il était assez fort sur le piano. Un soir, il enchanta toute la compagnie en mariant sa voix délicieuse à celle d'Emilie dans un des plus beaux duos de Cimarosa; mais, quand on essaya de s'informer s'il était artiste, il plaisanta avec tant de grâce, qu'il ne laissa pas à ces femmes si exercées dans l'art de deviner les sentiments la possibilité de découvrir à quelle sphère sociale il appartenait. Avec quelque courage que le vieil oncle jetât le grappin sur le bâtiment, Longueville s'esquivait avec souplesse pour se conserver le charme du mystère; et il lui fut d'autant plus facile de rester le *bel inconnu* au pavillon Planat, que la curiosité n'y excédait pas les bornes de la politesse. Emilie, tourmentée de cette réserve, espéra tirer meilleur parti de la sœur que du frère pour ces sortes de confidences.

Secondée par son oncle, qui s'entendait aussi bien à cette manœuvre qu'à celle d'un bâtiment, elle essaya de mettre en scène le personnage jusqu'alors muet de mademoiselle Clara Longueville. La société du pavillon manifesta bientôt le plus grand désir de connaître une si aimable personne, et de lui procurer quelque distraction. Un bal sans cérémonie fut proposé et accepté. Les dames ne désespérèrent pas complètement de faire parler une jeune fille de seize ans.

Malgré ces petits nuages amoncelés par le soupçon et créés par la curiosité, une vive lumière pénétrait l'âme de mademoiselle de Fontaine, qui jouissait délicieusement de l'existence en la rapportant à un autre qu'à elle. Elle commençait à concevoir les rapports sociaux. Soit que le bonheur nous rende meilleurs, soit qu'elle fût trop occupée pour tourmenter les autres, elle devint moins caustique, plus indulgente, plus douce.

Le changement de son caractère enchanta sa famille étonnée. Peut-être, après tout, son égoïsme se métamorphosait-il en amour. Attendre l'arrivée de son timide et secret adorateur était une joie profonde. Sans qu'un seul mot de passion eût été prononcé entre eux, elle se savait aimée, et avec quel art ne se plaisait-elle pas à faire déployer au jeune inconnu les trésors d'une instruction qui se montra variée! Elle s'aperçut qu'elle aussi était observée avec soin, et alors elle essaya de vaincre tous les défauts que son éducation avait laissé croître en elle. N'était-ce pas déjà un premier hommage rendu à l'amour et un reproche cruel qu'elle s'adressait à elle-même? Elle voulait plaire, elle enchanta, elle aima, elle fut idolâtrée.

Sa famille, sachant qu'elle était gardée par son orgueil, lui donnait assez de liberté pour qu'elle pût savourer ces petites félicités enfantines qui donnent tant de charme et de violence aux premières amours.

Plus d'une fois le jeune homme et mademoiselle de Fontaine se promenèrent seuls dans les allées de ce parc où la nature était parée comme une femme qui va au bal. Plus d'une fois ils eurent de ces entretiens sans but ni physionomie dont les phrases les plus vides de sens sont celles qui cachent le plus de sentiments. Ils admirèrent souvent ensemble le soleil couchant et ses riches couleurs. Ils cueillirent des marguerites pour les effeuiller, et chantèrent les duos les plus passionnés en se servant des notes trouvées par Pergolèse ou par Rossini comme de truchements fidèles pour exprimer leurs secrets.

Le jour du bal arriva. Clara Longueville et son frère, que les valets s'obstinaient à décorer de la noble particule, en furent les héros. Pour la première fois de sa vie, mademoiselle de Fontaine vit le triomphe d'une jeune fille avec plaisir. Elle prodigua sincèrement à Clara ces caresses gracieuses et ces petits soins que les femmes ne se rendent ordinairement entre elles que pour exciter la jalousie des hommes. Mais Emilie avait un but, elle voulait surprendre des secrets. La réserve de mademoiselle Longueville fut au moins égale à celle de son frère; mais, en sa qualité de fille, peut-être montra-t-elle plus de finesse et d'esprit que lui, car elle n'eut pas même l'air d'être discrète et sut tenir la conversation sur des sujets étrangers aux intérêts matériels, tout en y jetant un si grand charme, que mademoiselle de Fontaine en conçut une sorte d'envie, et surnomma Clara *la sirène*.

Quoique Emilie eût formé le dessein de faire causer Clara, ce fut Clara qui interrogea Emilie; elle voulait la juger, et fut jugée par elle. Elle se dépita souvent d'avoir laissé percer son caractère dans quelques réponses que lui arracha malicieusement Clara, dont l'air modeste et candide éloignait tout soupçon de perfidie. Il y eut un moment où mademoiselle de Fontaine parut fâchée d'avoir fait contre les roturiers une imprudente sortie provoquée par Clara.

— Mademoiselle, lui dit cette charmante créature, j'ai tant entendu parler de vous par Maximilien, que j'avais le plus vif désir de vous connaître par attachement pour lui; mais vouloir vous connaître, n'est-ce pas vouloir vous aimer?

— Ma chère Clara, j'avais peur de vous déplaire en parlant ainsi de ceux qui ne sont pas nobles.

— Oh! rassurez-vous. Aujourd'hui, ces sortes de discussions sont sans objet. Quant à moi, elles ne m'atteignent pas; je suis en dehors de la question.

Quelque ambitieuse que fût cette réponse, mademoiselle de Fontaine en ressentit une joie profonde; car, semblable à tous les gens passionnés, elle l'expliqua comme s'expliquent les oracles, dans le sens qui s'accordait avec ses désirs, et revint à la danse plus joyeuse que jamais en regardant Longueville, dont les formes, dont l'élégance surpassaient peut-être celles de son type imaginaire. Elle ressentit une satisfaction de plus en songeant qu'il était noble, ses yeux noirs scintillèrent, elle dansa avec tout le plaisir qu'on trouve en présence de celui qu'on aime.

Jamais les deux amants ne s'entendirent mieux qu'en ce moment, et plus d'une fois ils sentirent le bout de leurs doigts frémir et trembler lorsque les lois de la contredanse les mariaient.

Ce joli couple atteignit le commencement de l'automne au milieu des fêtes et des plaisirs de la campagne, en se laissant doucement abandonner au courant du sentiment le plus doux de la vie, en le fortifiant par mille petits accidents que chacun peut imaginer : les amours se ressemblent toujours en quelques points. L'un et l'autre ils s'étudiaient, autant que l'on peut s'étudier quand on aime.

— Enfin, jamais amourette n'a si promptement tourné en mariage d'inclination, disait le vieil oncle, qui suivait les deux jeunes gens de l'œil comme un naturaliste examine un insecte au microscope.

Ce mot effraya M. et madame de Fontaine. Le vieux Vendéen cessa d'être aussi indifférent au mariage de sa fille qu'il avait naguère promis de l'être. Il alla chercher à Paris des renseignements et n'en trouva pas. Inquiet de ce mystère, et ne sachant pas encore quel serait le résultat de l'enquête qu'il avait priée un administrateur parisien de lui faire sur la famille Longueville, il crut devoir avertir sa fille de se conduire prudemment. L'observation paternelle fut reçue avec une feinte obéissance pleine d'ironie.

— Au moins, ma chère Émilie, si vous l'aimez, ne le lui avouez pas !

— Mon père, il est vrai que je l'aime ; mais j'attendrai pour le lui dire que vous me le permettiez.

— Cependant, Émilie, songez que vous ignorez encore quelle est sa famille, son état.

— Si je l'ignore, je le veux bien. Mais, mon père, vous avez souhaité me voir mariée, vous m'avez donné la liberté de faire un choix, le mien est fait irrévocablement, que faut-il de plus ?

— Il faut savoir, ma chère enfant, si celui que tu as choisi est fils d'un pair de France, répondit ironiquement le vénérable gentilhomme.

Émilie resta un moment silencieuse. Elle releva bientôt la tête, regarda son père, et lui dit avec une sorte d'inquiétude : — Est-ce que les Longueville...

— Sont éteints en la personne du vieux duc de Rostein-Limbourg, qui a péri sur l'échafaud en 1793. Il était le dernier rejeton de la dernière branche cadette.

— Mais, mon père, il y a de fort bonnes maisons issues de bâtards. L'histoire de France fourmille de princes qui mettaient des barres à leur écu.

— Tes idées ont bien changé, dit le vieux gentilhomme en souriant.

Le lendemain était le dernier jour que la famille Fontaine dût passer au pavillon Planat. Émilie, que l'avis de son père avait fortement inquiétée, attendit avec une vive impatience l'heure à laquelle le jeune Longueville avait l'habitude de venir, afin d'obtenir de lui une explication. Elle sortit après le dîner, et alla se promener seule dans le parc en se dirigeant vers le bosquet aux confidences où elle savait que l'empressé jeune homme la chercherait ; et, tout en courant, elle songeait à la meilleure manière de surprendre, sans se compromettre, un secret si important : chose assez difficile ! Jusqu'à présent, aucun aveu direct n'avait sanctionné le sentiment qui l'unissait à cet inconnu. Elle avait secrètement joui, comme Maximilien, de la douceur d'un premier amour ; mais, aussi fiers l'un que l'autre, il semblait que chacun d'eux craignît d'avouer qu'il aimait.

Maximilien Longueville, à qui Clara avait inspiré sur le caractère d'Émilie des soupçons assez fondés, se trouvait tour à tour emporté par la violence d'une passion du jeune homme, et retenu par le désir de connaître et d'éprouver la femme à laquelle il devait confier son bonheur. Son amour n'avait pas empêché de reconnaître en Émilie les préjugés qui gâtaient ce jeune caractère ; mais il désirait savoir s'il était aimé d'elle avant de les combattre, car il ne voulait pas plus hasarder le sort de son amour que celui de sa vie. Il s'était donc constamment tenu dans un silence que ses regards, son attitude et ses moindres actions démentaient.

De l'autre côté, la fierté naturelle à une jeune fille, encore augmentée chez mademoiselle de Fontaine par la sotte vanité que lui donnaient sa naissance et sa beauté, l'empêchait d'aller au-devant d'une déclaration qu'une passion croissante lui persuadait quelquefois de solliciter. Aussi les deux amants avaient-ils instinctivement compris leur situation sans s'expliquer leurs secrets motifs. Il est des moments de la vie où le vague plaît à de jeunes âmes. Par cela même que l'un et l'autre avaient trop tardé de parler, ils semblaient tous deux se faire un jeu cruel de leur attente. L'un cherchait à découvrir s'il était aimé par l'effort que coûterait un aveu à son orgueilleuse maîtresse, l'autre espérait voir rompre à tout moment un trop respectueux silence.

Assise sur un banc rustique, Émilie songeait aux événements qui venaient de se passer pendant ces trois mois pleins d'enchantements. Les soupçons de son père étaient les dernières craintes qui pouvaient l'atteindre, elle en fit même justice par deux ou trois de ces réflexions de jeune fille inexpérimentée qui lui semblèrent victorieuses. Avant tout, elle convint avec elle-même qu'il était impossible qu'elle se trompât. Durant toute la saison, elle n'avait pu apercevoir en Maximilien ni un seul geste ni une seule parole qui indiquassent une origine ou des occupations communes ; bien mieux, sa manière de discuter décelait un homme occupé des hauts intérêts du pays.

— D'ailleurs, se dit-elle, un homme de bureau, un financier ou un commerçant, n'aurait pas eu le loisir de rester une saison entière à me faire sa cour au milieu des champs et des bois, en dispensant son temps aussi libéralement qu'un noble qui a devant lui toute une vie libre de soins.

Elle s'abandonnait au cours d'une méditation beaucoup plus intéressante pour elle que ces pensées préliminaires, quand un léger bruissement du feuillage lui annonça que depuis un moment Maximilien la contemplait sans doute avec admiration.

— Savez-vous que cela est fort mal de surprendre ainsi les jeunes filles ? lui dit-elle en souriant.

— Surtout lorsqu'elles sont occupées de leurs secrets, répondit finement Maximilien.

— Pourquoi n'aurais-je pas les miens ? vous avez bien les vôtres !

— Vous pensiez donc réellement à vos secrets ? reprit-il en riant.

— Non, je songeais aux vôtres. Les miens, je les connais.

— Mais, s'écria doucement le jeune homme en saisissant le bras de mademoiselle de Fontaine et le mettant sous le sien, peut-être mes secrets sont-ils les vôtres, et vos secrets les miens.

Après avoir fait quelques pas, ils se trouvèrent sous un massif d'arbres que les couleurs du couchant enveloppaient comme d'un nuage rouge et brun. Cette magie naturelle imprima une sorte de solennité à ce moment. L'action vive et libre du jeune homme et surtout l'agitation de son cœur bouillant, dont les pulsations précipitées parlaient au bras d'Émilie, la jetèrent dans une exaltation d'autant plus pénétrante, qu'elle ne fut excitée que par les accidents les plus simples et les plus innocents.

La réserve dans laquelle vivent les jeunes filles du grand monde donne une force incroyable aux explosions de leurs sentiments, et c'est un des plus grands dangers qui puissent les atteindre quand elles rencontrent un amant passionné. Jamais les yeux d'Émilie et de Maximilien n'avaient dit tant de ces choses qu'on n'ose pas dire. En proie à cette ivresse, ils oublièrent aisément les petites stipulations de l'orgueil et les froides considérations de la défiance. Ils ne purent même s'exprimer d'abord que par un serrement de main qui servit d'interprète à leurs joyeuses pensées.

— Monsieur, j'ai une question à vous faire, dit en tremblant et d'une voix émue mademoiselle de Fontaine après un long silence et après avoir fait quelques pas avec une certaine lenteur ; mais songez, de grâce, qu'elle m'est en quelque sorte commandée par la situation assez étrange où je me trouve vis-à-vis de ma famille.

Une pause effrayante pour Émilie succéda à ces phrases, qu'elle avait presque bégayées. Pendant le moment que dura ce silence, cette jeune fille si fière n'osa soutenir le regard éclatant de celui qu'elle aimait, car elle avait un secret sentiment de la bassesse des mots suivants qu'elle ajouta :

— Êtes-vous noble ?

Quand ces dernières paroles furent prononcées, elle aurait voulu être au fond d'un lac.

— Mademoiselle, reprit gravement Longueville, dont la figure altérée contracta une sorte de dignité sévère, je vous promets de répondre sans détour à cette demande quand vous aurez répondu avec sincérité à celle que je vais vous faire.

Il quitta le bras de la jeune fille, qui tout à coup se crut seule dans la vie, et lui dit :

— Dans quelle intention me questionnez-vous sur ma naissance ?

Elle demeura immobile, froide et muette.

— Mademoiselle, reprit Maximilien, n'allons pas plus loin si nous ne nous comprenons pas. Je vous aime, ajouta-t-il d'un son de voix profond et attendri. Eh bien ! reprit-il d'un air joyeux après avoir entendu l'exclamation de bonheur que ne put retenir la jeune fille, pourquoi me demander si je suis noble ?

— Parlerait-il ainsi s'il ne l'était pas? s'écria une voix intérieure qu'Emilie crut sortie du fond de son cœur. Elle releva gracieusement la tête, sembla puiser une nouvelle vie dans le regard du jeune homme, et lui tendit le bras comme pour faire une nouvelle alliance.

— Vous avez cru que je tenais beaucoup à des dignités? demanda-t-elle avec une finesse malicieuse.

— Je n'ai pas de titres à offrir à ma femme, répondit-il d'un air moitié gai moitié sérieux; mais, si je la prends dans un haut rang et parmi celles que la fortune paternelle habitue au luxe et aux plaisirs de l'opulence, je sais à quoi ce choix m'oblige. L'amour donne tout, ajouta-t-il avec gaieté, mais aux amants seulement. Quant aux époux, il leur faut un peu plus que le dôme du ciel et le tapis des prairies.

— Il est riche, pensa-t-elle. Quant aux titres, peut-être veut-il m'éprouver! On lui aura dit que j'étais entichée de noblesse, et que je ne voulais épouser qu'un pair de France. Mes bégueules de sœurs m'auront joué ce tour-là! — Je vous assure, monsieur, dit-elle à haute voix, que j'ai eu des idées bien exagérées sur la vie et le monde; mais aujourd'hui, reprit-elle avec intention en le regardant d'une manière à le rendre fou, je sais où sont pour une femme les véritables richesses.

— J'ai besoin de croire que vous parlez à cœur ouvert, répondit-il avec une gravité douce. Mais cet hiver, ma chère Emilie, dans moins de deux mois peut-être, je serai fier de ce que je pourrai vous offrir, si vous tenez aux jouissances de la fortune. Ce sera le seul secret que je garderai là, dit-il en montrant son cœur, car de sa réussite dépend mon bonheur, je n'ose dire le nôtre...

— Oh! dites, dites!

Ce fut au milieu des plus doux propos qu'ils revinrent à pas lents rejoindre la compagnie au salon. Jamais mademoiselle de Fontaine ne trouva son prétendu plus aimable ni plus spirituel : ses formes sveltes, ses manières engageantes, lui semblèrent plus charmantes encore depuis une conversation qui venait en quelque sorte de lui confirmer la possession d'un cœur digne d'être envié par toutes les femmes. Ils chantèrent un duo avec tant d'expression, que l'assemblée les applaudit avec enthousiasme. Leur adieu prit un accent de convention sous lequel ils cachèrent leur bonheur.

Enfin, cette journée devint pour la jeune fille comme une chaîne qui la lia plus étroitement encore à la destinée de l'inconnu. La force et la dignité qu'il venait de déployer dans la scène où ils s'étaient révélé leurs sentiments avaient peut-être imposé à mademoiselle de Fontaine ce respect sans lequel il n'existe pas de véritable amour. Lorsqu'elle resta seule avec son père dans le salon, le vénérable Vendéen s'avança vers elle, lui prit affectueusement les mains, et lui demanda si elle avait acquis quelque lumière sur la fortune et sur la famille de M. Longueville.

— Oui, mon cher père, répondit-elle, je suis plus heureuse que je ne pouvais le désirer. Enfin M. Longueville est le seul homme que je veuille épouser.

— C'est bien, Emilie, reprit le comte, je sais ce qu'il me reste à faire.

— Connaîtriez-vous quelque obstacle? demanda-t-elle avec une véritable anxiété.

— Ma chère enfant, ce jeune homme est absolument inconnu, mais, à moins que ce ne soit un malhonnête homme, du moment où tu l'aimes, il m'est aussi cher qu'un fils.

— Un malhonnête homme? reprit Emilie, je suis bien tranquille. Mon oncle, qui nous l'a présenté, peut vous répondre de lui. Dites, cher oncle, a-t-il été flibustier, forban, corsaire?

— Je savais bien que j'allais me trouver là! s'écria le vieux marin en se réveillant.

Il regarda dans le salon, mais sa nièce avait disparu comme un feu Saint-Elme, pour se servir de son expression habituelle.

— Eh bien! mon oncle, reprit M. de Fontaine, comment avez-vous pu nous cacher tout ce que vous saviez sur ce jeune homme? Vous avez cependant dû vous apercevoir de nos inquiétudes. M. Longueville est-il de bonne famille?

— Je ne le connais ni d'Eve ni d'Adam, s'écria le comte de Ker-

garouet. Me fiant au tact de cette petite folle, je lui ai amené son Saint-Preux par un moyen à moi connu. Je sais que ce garçon tire le pistolet admirablement, chasse très-bien, joue merveilleusement au billard, aux échecs et au trictrac; il fait des armes et monte à cheval comme feu le chevalier de Saint-George. Il a une érudition corsée relativement à nos vignobles; il calcule comme Barême, dessine, danse et chante bien. Eh! diantre, qu'avez-vous donc, vous autres? Si ce n'est pas là un gentilhomme parfait montrez-moi un bourgeois qui sache tout cela. Trouvez-moi un homme qui vive aussi noblement que lui! Fait-il quelque chose? Compromet-il sa dignité à aller dans des bureaux, à se courber devant des parvenus que vous appelez des directeurs généraux? Il marche droit. C'est un homme. Mais, au surplus, je viens de retrouver dans la poche de mon gilet la carte qu'il m'a donnée quand il croyait que je voulais lui couper la gorge, pauvre innocent! La jeunesse d'aujourd'hui n'est guère rusée. Tenez, voici.

— Rue du Sentier, n° 5, dit M. de Fontaine en cherchant à se rappeler parmi tous les renseignements qu'il avait obtenus celui qui pouvait concerner le jeune inconnu. Que diable cela signifie-t-il? MM. Palma, Werbrust et compagnie, dont le principal commerce est celui des mousselines, calicots et toiles peintes en gros, demeurent là. Bon! j'y suis. Longueville, le député, a un intérêt dans leur maison. Oui; mais je ne lui connais à Longueville qu'un fils de trente-deux ans, qui ne ressemble pas du tout au mien, et auquel il donne cinquante mille livres de rente en mariage afin de lui faire épouser la fille d'un ministre. Eh! il a envie d'être fait pair tout comme un autre. Jamais je ne lui ai entendu parler de ce Maximilien. A-t-il une fille? Qu'est-ce que cette Clara? Au surplus, permis à plus d'un intrigant de s'appeler Longueville. Mais la maison Palma, Werbrust et compagnie, n'est-elle pas à moitié ruinée par une spéculation au Mexique ou aux Indes? J'éclaircirai tout cela.

— Tu parles tout seul comme si tu étais sur un théâtre, et tu parais me compter pour zéro, dit tout à coup le vieux marin. Tu ne sais donc pas que s'il est gentilhomme il y a plus d'un sac dans mes écoutilles pour parer à son défaut de fortune?

— Quant à cela, s'il est fils de Longueville, il n'a besoin de rien, mais, dit M. de Fontaine, en agitant la tête de droite à gauche, son père n'a même pas acheté de savonnette à vilain. Avant la révolution, il était procureur, et le de qu'il a pris depuis la Restauration lui appartient tout autant que la moitié de sa fortune.

— Bah! bah! heureux ceux dont les pères ont été pendus! s'écria gaiement le marin.

Trois ou quatre jours après cette mémorable journée, et dans une de ces belles matinées du mois de novembre qui font voir aux Parisiens leurs boulevards nettoyés soudain par le froid piquant d'une première gelée, mademoiselle de Fontaine, parée d'une fourrure nouvelle qu'elle voulait mettre à la mode, était sortie avec deux de ses belles-sœurs sur lesquelles elle avait jadis décoché le plus d'épigrammes. Ces trois femmes étaient bien moins invitées à cette promenade parisienne par l'envie d'essayer une voiture très-élégante et des robes qui devaient donner le ton aux modes de l'hiver que par le désir de voir une pèlerine qu'une de leurs amies avait remarquée dans un riche magasin de lingerie situé au coin de la rue de la Paix. Quand les trois dames furent entrées dans la boutique, madame la baronne de Fontaine tira Emilie par la manche et lui montra Maximilien Longueville assis dans le comptoir et occupé à rendre avec une grâce mercantile la monnaie d'une pièce d'or à la lingère avec laquelle il semblait en conférence. Le bel inconnu tenait à la main quelques échantillons qui ne laissaient aucun doute sur son honorable profession. Sans qu'on pût s'en apercevoir, Emilie fut saisie d'un frisson glacial. Cependant, grâce au savoir-vivre de la bonne compagnie, elle dissimula parfaitement la rage qu'elle avait dans le cœur, et répondit à sa sœur un : — Je le savais! dont la richesse d'intonation et l'accent inimitable eussent fait envie à la plus célèbre actrice de ce temps. Elle s'avança vers le comptoir. Longueville leva la tête, mit les échantillons dans sa poche avec grâce et avec un sang-froid désespérant, salua mademoiselle de Fontaine et s'approcha d'elle en lui jetant un regard pénétrant.

— Mademoiselle, dit-il à la lingère, qui l'avait suivi d'un air très-inquiet, j'enverrai régler ce compte, ma maison le veut ainsi. Mais, tenez, ajouta-t-il à l'oreille de la jeune femme en lui remettant un billet de mille francs, prenez; ce sera une affaire entre nous. — Vous me pardonnerez, j'espère, mademoiselle, dit-il en se retournant vers Emilie. Vous aurez la bonté d'excuser la tyrannie qu'exercent les affaires.

— Mais il me semble, monsieur, que cela m'est fort indifférent, répondit mademoiselle de Fontaine en le regardant avec une assurance et un air d'insouciance moqueuse qui pouvaient faire croire qu'elle le voyait pour la première fois.

— Parlez-vous sérieusement? demanda Maximilien d'une voix entrecoupée.

Emilie lui avait tourné le dos avec une incroyable impertinence. Ce peu de mots, prononcés à voix basse, avait échappé à la curiosité des deux belles-sœurs. Quand, après avoir pris la pèlerine, les trois dames furent remontées en voiture, Emilie, qui se trouvait assise sur le devant, ne put s'empêcher d'embrasser par son dernier regard la profondeur de cette odieuse boutique où elle vit Maximilien debout et les bras croisés, dans l'attitude d'un homme supérieur au malheur qui l'atteignait si subitement. Leurs yeux se rencontrèrent et se lancèrent deux regards implacables. Chacun d'eux espéra qu'il blessait cruellement le cœur qu'il aimait. En un moment, tous deux se trouvèrent aussi loin l'un de l'autre que s'ils eussent été l'un à la Chine et l'autre au Groënland.

La vanité n'a-t-elle pas un souffle qui dessèche tout? En proie au plus violent combat qui puisse agiter le cœur d'une jeune fille, mademoiselle de Fontaine recueillit la plus ample moisson de douleurs que jamais les préjugés et les petitesses aient semée dans une âme humaine. Son visage, frais et velouté naguère, était sillonné de tons jaunes, de taches rouges, et parfois les teintes blanches de ses joues verdissaient soudain.

Dans l'espoir de dérober son trouble à ses sœurs, elle leur montrait en riant ou en passant ou une toilette ridicule; mais ce rire était convulsif. Elle se sentait plus vivement blessée de la compassion silencieuse de ses sœurs que des épigrammes par lesquelles elles auraient pu se venger. Elle employa tout son esprit à les entraîner dans une conversation où elle essaya d'exhaler sa colère par des paradoxes insensés, en accablant les négociants des injures les plus piquantes et d'épigrammes de mauvais ton.

En rentrant, elle fut saisie d'une fièvre dont le caractère eut d'abord quelque chose de dangereux. Au bout d'un mois, les soins de ses parents, ceux du médecin, la rendirent aux vœux de sa famille. Chacun espéra que cette leçon pourrait servir à dompter le caractère d'Emilie, qui reprit insensiblement ses anciennes habitudes et s'élança de nouveau dans le monde. Elle prétendait qu'il n'y avait pas de honte à se tromper. Si, comme son père, elle avait quelque influence à la Chambre, disait-elle, elle provoquerait une loi pour obtenir que les commerçants, surtout les marchands de calicot, fussent marqués au front, comme les moutons du Berry, jusqu'à la troisième génération. Elle voulait que les nobles eussent seuls le droit de porter ces anciens habits français qui allaient si bien aux courtisans de Louis XV. C'était peut-être, à l'entendre, un malheur pour la monarchie qu'il n'y eût aucune différence entre un marchand et un pair de France.

Mille autres plaisanteries faciles à deviner se succédaient rapidement quand un incident imprévu la mettait sur ce sujet. Mais ceux qui aimaient Emilie remarquaient à travers ses railleries une teinte de mélancolie qui leur fit croire que Maximilien Longueville régnait toujours au fond de ce cœur inexplicable. Parfois elle devenait douce comme pendant la saison fugitive qui vit naître son amour, et parfois aussi elle se montrait plus insupportable qu'elle ne l'avait jamais été. Chacun excusait en silence les inégalités d'une humeur qui prenait sa source dans une souffrance à la fois secrète et connue. Le comte de Kergarouët obtint un peu d'empire sur elle, grâce à un surcroît de prodigalités, genre de consolation qui manque rarement son effet sur les jeunes Parisiennes.

La première fois que mademoiselle de Fontaine alla au bal, ce fut chez l'ambassadeur de Naples. Au moment où elle prit place au plus brillant des quadrilles, elle aperçut à quelques pas d'elle Longueville, qui fit un léger signe de tête à son danseur.

— Ce jeune homme est un de vos amis? demanda-t-elle à son cavalier d'un air de dédain.

— C'est mon frère, répondit-il.

Emilie ne put s'empêcher de tressaillir.

— Ah! reprit-il d'un ton d'enthousiasme, c'est bien la plus belle âme qui soit au monde...

— Savez-vous mon nom? lui demanda Emilie en l'interrompant avec vivacité.

— Non, mademoiselle. C'est un crime, je l'avoue, de ne pas avoir retenu un nom qui est sur toutes les lèvres, je devrais dire dans tous les cœurs; mais j'ai une excuse valable, j'arrive d'Allemagne. Mon ambassadeur, qui est à Paris en congé, m'a envoyé ce soir ici pour servir de chaperon à son aimable femme, que vous pouvez voir là-bas dans un coin.

— Un vrai masque tragique, dit Emilie après avoir examiné l'ambassadrice.

— Voilà cependant sa figure de bal, reprit en riant le jeune homme. Il faudra bien que je la fasse danser! Aussi ai-je voulu avoir une compensation.

Mademoiselle de Fontaine s'inclina.

— J'ai été bien surpris, dit le babillard secrétaire d'ambassade en continuant, de trouver mon frère ici. En arrivant de Vienne, j'ai appris que le pauvre garçon était malade et au lit. Je comptais bien le voir avant d'aller au bal; mais la politique ne nous laisse pas toujours le loisir d'avoir des affections de famille. La padrona della casa ne m'a pas permis de monter chez mon pauvre Maximilien.

— M. votre frère n'est pas comme vous dans la diplomatie? dit Emilie.

— Non, dit le secrétaire en soupirant, le pauvre garçon s'est sacrifié pour moi! Lui et ma sœur Clara ont renoncé à la fortune de mon père afin qu'il pût réunir sur ma tête un majorat. Mon père rêve la pairie comme tous ceux qui votent pour le ministère. Il a la promesse d'être nommé, ajouta-t-il à voix basse. Après avoir réuni quelques capitaux, mon frère s'est alors associé à une maison de banque; et je sais qu'il vient de faire avec le Brésil une spéculation qui peut le rendre millionnaire. Vous me voyez tout joyeux d'avoir contribué par mes relations diplomatiques au succès. J'attends même avec impatience une dépêche de la légation brésilienne qui sera de nature à lui dérider le front. Comment le trouvez-vous?

— Mais la figure de M. votre frère ne me semble pas être celle d'un homme occupé d'argent.

Le jeune diplomate scruta par un seul regard la figure en apparence calme de sa danseuse.

— Comment! dit-il en souriant, les demoiselles devinent donc aussi les pensées d'amour à travers les fronts muets?

— M. votre frère est amoureux? demanda-t-elle en laissant échapper un reste de curiosité.

— Oui. Ma sœur Clara, pour laquelle il a des soins maternels, m'a écrit qu'il s'était amouraché, cet été, d'une fort jolie personne; mais depuis je n'ai pas eu de nouvelles de ses amours. Croiriez-vous que le pauvre garçon se levait à cinq heures du matin, et allait expédier ses affaires afin de pouvoir se trouver à quatre heures à la campagne de la belle? Aussi a-t-il abîmé un charmant cheval de race que je lui avais envoyé. Pardonnez-moi mon babil, mademoiselle : j'arrive d'Allemagne. Depuis un an je n'ai pas entendu parler correctement le français, je suis sevré de visages français et d'allemands, si bien que dans ma rage patriotique je parlerais, je crois, aux chimères d'un candélabre parisien. Puis, si je cause avec un abandon peu convenable chez un diplomate, la faute en est à vous, mademoiselle. N'est-ce pas vous qui m'avez montré mon frère? Quand il est question de lui, je suis intarissable. Je voudrais pouvoir dire à la terre entière combien il est bon et généreux. Il ne s'agissait de rien moins que de cent mille livres de rente que rapporte la terre de Longueville.

Si mademoiselle de Fontaine obtint ces révélations importantes, elle les dut en partie à l'adresse avec laquelle elle sut interroger son confiant cavalier, du moment où elle apprit qu'il était le frère de son amant dédaigné.

— Est-ce que vous avez pu, sans quelque peine, voir M. votre frère vendant des mousselines et des calicots? demanda Emilie après avoir accompli la troisième figure de la contredanse.

— D'où savez-vous cela? lui demanda le diplomate. Dieu merci! tout en débitant un flux de paroles, j'ai déjà l'art de ne dire que ce que je veux, ainsi que tous les apprentis diplomates de ma connaissance.

— Vous me l'avez dit, je vous assure.

M. de Longueville regarda mademoiselle de Fontaine avec un étonnement plein de perspicacité. Un soupçon entra dans son âme. Il interrogea successivement les yeux de son frère et de sa danseuse, il devina tout, pressa ses mains l'une contre l'autre, leva les yeux au plafond, se mit à rire et dit :

— Je ne suis qu'un sot! Vous êtes la plus belle personne du bal, mon frère vous regarde à la dérobée, et il danse malgré la fièvre, et vous feignez de ne pas le voir. Faites son bonheur, dit-il en la reconduisant auprès de son vieil oncle, je n'en serai pas jaloux; mais je tressaillerai toujours un peu en vous nommant ma sœur...

Cependant les deux amants devaient être aussi inexorables l'un que l'autre pour eux-mêmes. Vers les deux heures du matin, l'on servit un ambigu dans une immense galerie, où, pour laisser les personnes d'une même coterie libres de se réunir, les tables avaient été disposées comme elles le sont chez les restaurateurs. Par un de ces hasards qui arrivent toujours aux amants, mademoiselle de Fontaine se trouva placée à une table voisine de celle autour de laquelle se mirent les personnes les plus distinguées. Maximilien faisait partie de ce groupe. Emilie, qui prêta une oreille attentive aux discours tenus par ses voisins, put entendre une de ces conversations qui s'établissent si facilement entre les jeunes femmes et les jeunes gens qui ont les grâces et la tournure de Maximilien Longueville. L'interlocutrice du jeune banquier était une duchesse napolitaine, dont les yeux lançaient des éclairs, dont la peau blanche avait l'éclat du satin. L'intimité que le jeune Longueville affectait d'avoir avec elle blessa d'autant plus mademoiselle de Fontaine, qu'elle tenait de rendre à son amant vingt fois plus de tendresse qu'elle ne lui en portait jadis.

— Oui, monsieur, dans mon pays le véritable amour sait faire toute espèce de sacrifices, disait la duchesse en minaudant.

— Vous êtes plus passionnées que ne le sont les Françaises, dit Maximilien, dont le regard enflammé tomba sur Emilie. Elles sont toute vanité.

— Monsieur, reprit vivement la jeune fille, n'est-ce pas une mauvaise action que de calomnier sa patrie ? Le dévouement est de tous les pays.

— Croyez-vous, mademoiselle, reprit l'Italienne avec un sourire sardonique, qu'une Parisienne soit capable de suivre son amant partout ?

— Ah ! entendons-nous, madame. On va dans un désert habiter une tente, on ne va pas s'asseoir dans une boutique.

Elle acheva sa pensée en laissant échapper un geste de dédain. Ainsi l'influence exercée sur Emilie par sa funeste éducation tua deux fois son bonheur naissant, et lui fit manquer son existence. La froideur apparente de Maximilien et le sourire d'une femme lui arrachèrent un de ces sarcasmes dont les perfides jouissances la séduisaient toujours.

— Mademoiselle, lui dit à voix basse Longueville à la faveur du bruit que font les femmes en se levant de table, personne ne formera pour votre bonheur des vœux plus ardents que ne seront les miens ; permettez-moi de vous donner cette assurance en prenant congé de vous. Dans quelques jours je partirai pour l'Italie.

— Avec une duchesse, sans doute ?

— Non, mademoiselle, mais avec une maladie mortelle peut-être.

— N'est-ce pas une chimère ? demanda Emilie en lui lançant un regard inquiet.

— Non, il est des blessures qui ne se cicatrisent jamais.

— Vous ne partirez pas, dit l'impérieuse jeune fille en souriant.

— Je partirai, reprit gravement Maximilien.

— Vous me trouverez mariée au retour, je vous en préviens, dit-elle avec coquetterie.

— Je le souhaite.

— L'impertinent ! s'écria-t-elle, se venge-t-il assez cruellement !

Quinze jours après, Maximilien Longueville partit avec sa sœur Clara pour les chaudes et poétiques contrées de la belle Italie, laissant mademoiselle de Fontaine en proie aux plus violents regrets. Le jeune secrétaire d'ambassade épousa la querelle de son frère, et sut tirer une vengeance éclatante des dédains d'Emilie en publiant les motifs de la rupture des deux amants. Il rendit avec usure à sa danseuse les sarcasmes qu'elle avait jadis lancés sur Maximilien, et fit souvent sourire plus d'une excellence en peignant la belle ennemie des comptoirs, l'amazone qui prêchait une croisade contre les banquiers, la jeune fille dont l'amour s'était évaporé devant un demi-tiers de mousseline.

Le comte de Fontaine fut obligé d'user de son crédit pour faire obtenir à Auguste Longueville une mission en Russie afin de soustraire sa fille au ridicule que ce jeune et dangereux persécuteur versait sur elle à pleines mains. Bientôt le ministère, obligé de lever une conscription de pairs pour soutenir les opinions aristocratiques qui chancelaient dans la noble chambre à la voix d'un illustre écrivain, nomma M. *Guiraudin* de Longueville pair de France et vicomte. M. de Fontaine obtint aussi la pairie, récompense due autant à sa fidélité pendant les mauvais jours qu'à son nom, qui manquait à la chambre héréditaire.

Vers cette époque, Emilie, devenue majeure, fit sans doute de sérieuses réflexions sur la vie, car elle changea sensiblement de ton et de manières : au lieu de s'exercer à dire des méchancetés à son oncle, elle lui prodigua les soins les plus affectueux, elle lui apportait sa béquille avec une persévérance de tendresse qui faisait rire les plaisants, elle lui offrait le bras, allait dans sa voiture, et l'accompagnait dans toutes ses promenades; elle lui persuada même qu'elle n'était point incommodée par l'odeur de la pipe, et lui lisait sa chère *Quotidienne* au milieu des bouffées de tabac que le malicieux marin lui envoyait à dessein ; elle apprit le piquet pour faire la partie du vieux comte ; enfin cette jeune personne si fantasque écoutait avec attention les récits que son oncle recommençait périodiquement du combat de *la Belle-Poule*, des manœuvres de *la Ville-de-Paris*, de la première expédition de M. de Suffren ou de la bataille d'Aboukir.

Quoique le vieux marin eût souvent dit qu'il connaissait trop sa longitude et sa latitude pour se laisser capturer par une jeune corvette, un beau matin les salons de Paris apprirent que mademoiselle de Fontaine avait épousé le comte de Kergarouet.

La jeune comtesse donna des fêtes splendides pour s'étourdir; mais elle trouva sans doute le néant au fond de ce tourbillon.

Le luxe cachait imparfaitement le vide et le malheur de son âme souffrante.

La plupart du temps, malgré les éclats d'une gaieté feinte, sa belle figure exprimait une sourde mélancolie.

Emilie paraissait d'ailleurs pleine d'attentions et d'égards pour son vieux mari, qui souvent, en s'en allant dans son appartement le soir, au bruit d'un joyeux orchestre, disait qu'il ne se reconnaissait plus, et qu'il ne croyait pas qu'à l'âge de soixante-douze ans il dût s'embarquer comme pilote sur LA BELLE-EMILIE, après avoir déjà fait vingt ans de galères conjugales.

La conduite de la comtesse était empreinte d'une telle sévérité, que la critique la plus clairvoyante n'avait rien à y reprendre.

Les observateurs pensaient que le vice-amiral s'était réservé le droit de disposer de sa fortune pour enchaîner plus fortement sa femme.

Cette supposition faisait injure à l'oncle et à la nièce.

L'attitude des deux époux fut d'ailleurs si savamment calculée, qu'il devint presque impossible aux jeunes gens intéressés à deviner le secret de ce ménage de savoir si le vieux comte traitait sa femme en époux ou en père.

On lui entendait dire souvent qu'il avait recueilli sa nièce comme une naufragée, et que jadis il n'avait jamais abusé de l'hospitalité quand il lui arrivait de sauver un ennemi de la fureur des orages.

Quoique la comtesse aspirât à régner sur Paris, et qu'elle essayât de marcher de pair avec mesdames les duchesses de Maufrigneuse, de Chaulieu, les marquises d'Espard et d'Aiglemont, les comtesses Féraud, de Montcornet, de Restaud, de Camps et mademoiselle des Touches, elle ne céda point à l'amour du jeune vicomte de Portenduère, qui fit d'elle son idole.

Deux ans après son mariage, dans un des antiques salons du faubourg Saint-Germain, où l'on admirait son caractère digne des anciens temps, Emilie entendait annoncer M. le vicomte de Longueville ; et, dans le coin du salon où elle faisait le piquet de l'évêque de Persépolis, son émotion ne put être remarquée de personne : en tournant la tête, elle avait vu entrer son ancien prétendu dans tout l'éclat de la jeunesse.

La mort de son père et celle de son frère, tué par l'inclémence du climat de Pétersbourg, avaient posé sur la tête de Maximilien les plumes héréditaires du chapeau de la pairie, sa fortune égalait ses connaissances et son mérite ; la veille même, sa jeune et bouillante éloquence avait éclairé l'assemblée.

En ce moment, il apparaissait à la triste comtesse libre et paré de tous les dons qu'elle avait rêvés pour son idole.

Toutes les mères qui avaient des filles à marier faisaient de coquettes avances à un jeune homme doué des vertus qu'on lui supposait en admirant sa grâce ; mais, mieux que toute autre, Emilie savait qu'il possédait cette fermeté de caractère dans laquelle les femmes prudentes voient un gage de bonheur.

LE BAL DE SCEAUX.

Elle jeta les yeux sur l'amiral, qui, selon son expression familière, paraissait devoir tenir encore longtemps sur son bord, et maudit les erreurs de son enfance.

En ce moment M. de Persépolis lui dit avec sa grâce épiscopale :

— Ma belle dame, vous avez écarté le roi de cœur, j'ai gagné; mais ne regrettez pas votre argent, je le réserve pour mes petits séminaires.

Paris, décembre 1829.

FIN DU BAL DE SCEAUX.

... Et lui lisait sa chère *Quotidienne*. — PAGE 15.

www.ingramcontent.com/pod-product-compliance
Lightning Source LLC
Chambersburg PA
CBHW060413170426
43199CB00013B/2116